Angewandte Kryptographie

Reihe Informationssicherheit

Herausgegeben von

Prof. Dr. Günter Müller, Albert-Ludwigs-Universität, Freiburg i. Br.
Prof. Dr. Hartmut Pohl, Fachhochschule Rhein-Sieg, Sankt Augustin
Dr. Gerhard Weck, Infodas GmbH, Köln

In der Reihe „Informationssicherheit" erscheinen folgende Titel:

Bruce Schneier
Angewandte Kryptographie
Protokolle, Algorithmen und Sourcecode in C
ISBN 3-8273-854-7

Reinhard Wobst
Abenteuer Kryptologie
Methoden, Risiken und Nutzen der Datenverschlüsselung
ISBN 3-8273-1193-4

Günter Müller, Andreas Pfitzmann (Hrsg.)
Mehrseitige Sicherheit in der Kommunikationstechnik
Vertrauen in Technik durch Technik
ISBN 3-8273-1116-0

Hartmut Pohl, Winfried Gleißner
Informationssicherheit in Unternehmen
ISBN 3-8273-1088-1

Hagen Hagemann, Heino Hirsekorn, Firoz Kaderali, Heinz Müller, Andreas Rieke
Kryptologie – Interaktives Training
Technischer Datenschutz in Kommunikationsnetzen
ISBN 3-8273-1220-5

Weitere Titel in Vorbereitung

Bruce Schneier

Angewandte Kryptographie

Protokolle, Algorithmen und Sourcecode in C

 ADDISON-WESLEY PUBLISHING COMPANY

Bonn · Reading, Massachusetts · Menlo Park, California · New York
Don Mills, Ontario · Harlow, England · Amsterdam · Milan · Sydney
Tokyo · Singapore · Madrid · San Juan · Seoul · Mexico City · Taipei, Taiwan

Die Deutsche Bibliothek - CIP-Einheitsaufnahme

Schneier, Bruce:
Angewandte Kryptographie: Protokolle, Algorithmen und Sourcecode in C /
Bruce Schneier .- Bonn [u.a.]: Addison-Wesley, 1996
  ISBN 3-89319-854-7

© 1996 Addison-Wesley (Deutschland) GmbH
1. Auflage 1996 / 2., unveränderter Nachdruck 1999

Die amerikanische Originalausgabe ist erschienen unter dem Titel:
Applied Cryptography, Bruce Schneier, ISBN 0-471-11709-9
© 1996 Bruce Schneier

Übersetzung: Katja Karsunke und Thomas Merz
Satz: Thomas Merz, München (gesetzt aus der Palatino)
Belichtung, Druck und Bindung: Bercker Graphischer Betrieb, Kevelaer
Produktion: Petra Strauch
Umschlaggestaltung: Hommer DesignProduction, München

Das verwendete Papier ist aus chlorfrei gebleichten Rohstoffen hergestellt und alterungsbeständig. Die Produktion erfolgt mit Hilfe umweltschonender Technologien und unter strengsten Auflagen in einem geschlossenen Wasserkreislauf unter Wiederverwendung unbedruckter, zurückgeführter Papiere.

Text, Abbildungen und Programme wurden mit größter Sorgfalt erarbeitet. Verlag, Übersetzer und Autoren können jedoch für eventuell verbliebene fehlerhafte Angaben und deren Folgen weder eine juristische Verantwortung noch irgendeine Haftung übernehmen. Die vorliegende Publikation ist urheberrechtlich geschützt. Alle Rechte vorbehalten. Kein Teil dieses Buches darf ohne schriftliche Genehmigung des Verlages in irgendeiner Form durch Fotokopie, Mikrofilm oder andere Verfahren reproduziert oder in eine für Maschinen, insbesondere Datenverarbeitungsanlagen, verwendbare Sprache übertragen werden. Auch die Rechte der Wiedergabe durch Vortrag, Funk und Fernsehen sind vorbehalten.
Die in diesem Buch erwähnten Soft- und Hardwarebezeichnungen sind in den meisten Fällen auch eingetragene Warenzeichen und unterliegen als solche den gesetzlichen Bestimmungen.

Inhaltsverzeichnis

Vorwort von Whitfield Diffie   xiii

Vorwort   xvii

Über den Autor   xxii

1 Grundlagen   1
- 1.1 Terminologie   1
- 1.2 Steganographie   10
- 1.3 Chiffrierung durch Substitution und Transposition   11
- 1.4 Einfaches XOR   15
- 1.5 One-Time-Pads   17
- 1.6 Computer-Algorithmen   20
- 1.7 Größenordnungen   20

Teil I Kryptographische Protokolle   23

2 Protokollelemente   25
- 2.1 Einführung in Protokolle   25
- 2.2 Kommunikation mit symmetrischer Kryptographie   32
- 2.3 Einwegfunktionen   34
- 2.4 Einweg-Hashfunktionen   35
- 2.5 Kommunikation mit Public-Key-Kryptographie   37
- 2.6 Digitale Signaturen   41
- 2.7 Digitale Signaturen mit Verschlüsselung   49
- 2.8 Generieren von Zufalls- und Pseudozufallsfolgen   52

3 Grundlegende Protokolle   57
- 3.1 Schlüsselaustausch   57
- 3.2 Authentifizierung   62
- 3.3 Authentifizierung und Schlüsselaustausch   67
- 3.4 Formale Analyse von Protokollen für Authentifizierung und Schlüsselaustausch   77
- 3.5 Public-Key-Kryptographie mit mehreren Schlüsseln   81
- 3.6 Secret Splitting   83
- 3.7 Secret Sharing   84
- 3.8 Datenbankschutz durch Verschlüsselung   88

4 Weiterführende Protokolle   91
- 4.1 Zeitstempel   91

4.2	Verdeckter Kanal	95
4.3	Verbindliche digitale Signaturen	97
4.4	Signaturen mit designierter Bestätigung	99
4.5	Signaturen für Stellvertreter	100
4.6	Signaturen für Gruppen	101
4.7	Fail-stop-Signaturen	102
4.8	Berechnungen mit verschlüsselten Daten	103
4.9	Bit Commitment	104
4.10	Faires Münzenwerfen	107
4.11	Mentales Pokern	110
4.12	Einweg-Akkumulatoren	114
4.13	Alles-oder-Nichts-Geheimnisenthüllung	115
4.14	Schlüsselhinterlegung	116

5 Anspruchsvolle Protokolle — 121

5.1	Zero-Knowledge-Beweise	121
5.2	Zero-Knowledge-Identitätsbeweise	129
5.3	Blinde Signaturen	133
5.4	Auf Identität basierende Public-Key-Kryptographie	137
5.5	Oblivious Transfer	138
5.6	Nicht eindeutige Signaturen	140
5.7	Geichzeitige Vertragsunterzeichnung	140
5.8	Bestätigung elektronischer Post	145
5.9	Gleichzeitiger Geheimnisaustausch	147

6 Ausgefallene Protokolle — 149

6.1	Sichere Wahlen	149
6.2	Sichere Berechnungen mit mehreren Parteien	159
6.3	Anonyme Nachrichtenverbreitung	163
6.4	Digitales Geld	165

Teil II Kryptographische Techniken — 175

7 Schlüssellänge — 177

7.1	Symmetrische Schlüssellänge	177
7.2	Länge öffentlicher Schlüssel	185
7.3	Längenvergleich von öffentlichen und symmetrischen Schlüsseln	194
7.4	Geburtstagsangriffe gegen Einweg-Hashfunktionen	194
7.5	Wie lang sollte ein Schlüssel sein?	195
7.6	Wichtiger Hinweis	197

8 Schlüsselverwaltung — 199

8.1	Schlüsselerzeugung	200

8.2	Nichtlineare Schlüsselräume	206
8.3	Übermittlung von Schlüsseln	207
8.4	Verifizierung von Schlüsseln	209
8.5	Verwendung von Schlüsseln	211
8.6	Aktualisierung von Schlüsseln	212
8.7	Speicherung von Schlüsseln	213
8.8	Sicherungskopien von Schlüsseln	214
8.9	Kompromittierte Schlüssel	215
8.10	Geltungsdauer von Schlüsseln	216
8.11	Vernichtung von Schlüsseln	218
8.12	Schlüsselverwaltung bei Public-Key-Kryptographie	219

9 Algorithmenarten und Betriebsmodi — 223

9.1	Electronic-Codebook-Modus	223
9.2	Block Replay	225
9.3	Cipher Block Chaining	227
9.4	Stromchiffrierungen	232
9.5	Selbstsynchronisierende Stromchiffrierungen	234
9.6	Cipher-Feedback-Modus	235
9.7	Synchrone Stromchiffrierungen	238
9.8	Output-Feedback-Modus	240
9.9	Counter-Modus	243
9.10	Weitere Modi für Blockchiffrierungen	244
9.11	Wahl eines Chiffriermodus	246
9.12	Verschränkung	248
9.13	Block- und Stromchiffrierungen	249

10 Einsatz der Algorithmen — 251

10.1	Auswahl eines Algorithmus	252
10.2	Public-Key- und symmetrische Kryptographie	254
10.3	Verschlüsselung von Kommunikationskanälen	255
10.4	Verschlüsselung gespeicherter Daten	260
10.5	Hardware- und Software-Verschlüsselung	263
10.6	Kompression, Kodierung und Verschlüsselung	266
10.7	Erkennen von Verschlüsselung	267
10.8	Verbergen von Chiffretext in Chiffretext	268
10.9	Zerstören von Informationen	269

Teil III Kryptographische Algorithmen — 271

11 Mathematische Grundlagen — 273

11.1	Informationstheorie	273
11.2	Komplexitätstheorie	278
11.3	Zahlentheorie	283

11.4	Primfaktorzerlegung	299
11.5	Erzeugung von Primzahlen	302
11.6	Diskrete Logarithmen in endlichen Körpern	306

12 Data Encryption Standard (DES) — 309

12.1	Hintergrund	309
12.2	Beschreibung von DES	315
12.3	Sicherheit von DES	325
12.4	Differentielle und lineare Kryptanalyse	332
12.5	Die tatsächlichen Entwurfskriterien	341
12.6	Varianten von DES	342
12.7	Wie sicher ist DES heutzutage?	349

13 Weitere Blockchiffrierungen — 351

13.1	Lucifer	351
13.2	Madryga	352
13.3	NewDES	355
13.4	FEAL	356
13.5	REDOC	361
13.6	LOKI	363
13.7	Khufu und Khafre	366
13.8	RC2	368
13.9	IDEA	370
13.10	MMB	377
13.11	CA-1.1	379
13.12	Skipjack	380

14 Noch mehr Blockchiffrierungen — 383

14.1	GOST	383
14.2	CAST	386
14.3	Blowfish	388
14.4	SAFER	392
14.5	3-Way	395
14.6	Crab	395
14.7	SXAL8/MBAL	397
14.8	RC5	397
14.9	Weitere Blockalgorithmen	399
14.10	Theorie des Entwurfs von Blockchiffrierungen	400
14.11	Verwendung von Einweg-Hashfunktionen	406
14.12	Wahl eines Blockalgorithmus	409

15 Kombination von Blockchiffrierungen — 411

15.1	Doppelte Verschlüsselung	411
15.2	Dreifachverschlüsselung	413
15.3	Verdopplung der Blocklänge	418

15.4	Weitere Verfahren für Mehrfachverschlüsselung	419
15.5	Schlüsselverkürzung in CDMF	421
15.6	Whitening	422
15.7	Kaskadierung mehrerer Blockalgorithmen	423
15.8	Kombination mehrerer Blockalgorithmen	424

16 Pseudozufallsfolgengeneratoren und Stromchiffrierungen 425

16.1	Lineare Kongruenzgeneratoren	425
16.2	Lineare Schieberegister mit Rückkopplung	429
16.3	Entwurf und Analyse von Stromchiffrierungen	435
16.4	Stromchiffrierungen mit LFSRs	437
16.5	A5	446
16.6	Hughes XPD/KPD	447
16.7	Nanoteq	448
16.8	Rambutan	448
16.9	Additive Generatoren	449
16.10	Gifford	451
16.11	Algorithmus M	452
16.12	PKZIP	453

17 Weitere Stromchiffrierungen und echte Zufallsfolgengeneratoren 455

17.1	RC4	455
17.2	SEAL	456
17.3	WAKE	459
17.4	Schieberegister mit Rückkopplung durch Übertrag	461
17.5	Stromchiffrierungen mit FCSRs	468
17.6	Schieberegister mit nichtlinearer Rückkopplung	471
17.7	Weitere Stromchiffrierungen	473
17.8	Systemtheoretischer Ansatz zum Entwurf von Stromchiffrierungen	475
17.9	Komplexitätstheoretischer Ansatz zum Entwurf von Stromchiffrierungen	476
17.10	Weitere Ansätze zum Entwurf von Stromchiffrierungen	478
17.11	Kaskadierung von Stromchiffrierungen	480
17.12	Wahl einer Stromchiffrierung	480
17.13	Erzeugung mehrerer Ströme mit einem einzigen Pseudozufallszahlengenerator	481
17.14	Echte Zufallsfolgengeneratoren	482

18 Einweg-Hashfunktionen 491

18.1	Hintergrund	491
18.2	Snefru	493
18.3	N-Hash	495
18.4	MD4	498

18.5	MD5	498
18.6	MD2	503
18.7	Secure Hash Algorithm (SHA)	504
18.8	RIPE-MD	508
18.9	HAVAL	508
18.10	Weitere Einweg-Hashfunktionen	508
18.11	Einweg-Hashfunktionen mit symmetrischen Blockalgorithmen	509
18.12	Einsatz von Public-Key-Algorithmen	519
18.13	Wahl einer Einweg-Hashfunktion	519
18.14	Message Authentication Codes	520

19 Public-Key-Algorithmen — 525

19.1	Hintergrund	525
19.2	Rucksackalgorithmen	526
19.3	RSA	531
19.4	Pohlig-Hellman	541
19.5	Rabin	541
19.6	ElGamal	543
19.7	McEliece	546
19.8	Kryptosysteme auf Basis elliptischer Kurven	548
19.9	LUC	549
19.10	Public-Key-Kryptosysteme mit endlichen Automaten	550

20 Public-Key-Algorithmen für digitale Signaturen — 553

20.1	Digital Signature Algorithm (DSA)	553
20.2	Varianten von DSA	565
20.3	Algorithmus für digitale Signaturen mit GOST	566
20.4	Signaturverfahren mit diskreten Logarithmen	567
20.5	Ong-Schnorr-Shamir	570
20.6	ESIGN	570
20.7	Zelluläre Automaten	572
20.8	Weitere Public-Key-Algorithmen	572

21 Identifizierungsverfahren — 575

21.1	Feige-Fiat-Shamir	575
21.2	Guillou-Quisquater	581
21.3	Schnorr	583
21.4	Umwandlung von Identifizierungsverfahren in Signaturverfahren	585

22 Algorithmen für den Schlüsselaustausch — 587

22.1	Diffie-Hellman	587
22.2	Station-to-Station-Protokoll	590
22.3	Three-Pass-Protokoll von Shamir	590
22.4	COMSET	592
22.5	Encrypted Key Exchange	592

22.6	Fortified Key Negotiation	597
22.7	Schlüsselverteilung auf Konferenzen und geheimer Rundruf	598

23 Spezielle Algorithmen für Protokolle 601

23.1	Public-Key-Kryptographie mit mehreren Schlüsseln	601
23.2	Secret-Sharing-Algorithmen	602
23.3	Verdeckter Kanal	606
23.4	Verbindliche digitale Signaturen	612
23.5	Signaturen mit designierter Bestätigung	615
23.6	Rechnen mit chiffrierten Daten	616
23.7	Faires Münzenwerfen	617
23.8	Einweg-Akkumulatoren	619
23.9	Alles-oder-Nichts-Geheimnisenthüllung	620
23.10	Faire und ausfallsichere Kryptosysteme	623
23.11	Zero-Knowledge-Beweise des Wissensstands	624
23.12	Blinde Signaturen	626
23.13	Oblivious Transfer	627
23.14	Sichere Berechnungen mit mehreren Parteien	627
23.15	Probabilistische Verschlüsselung	629
23.16	Quantenkryptographie	632

Teil IV Kryptographie in der Praxis 635

24 Implementierungsbeispiele 637

24.1	IBM-Protokoll zur Verwaltung geheimer Schlüssel	637
24.2	MITRENET	638
24.3	ISDN	639
24.4	STU-III	641
24.5	Kerberos	642
24.6	KryptoKnight	649
24.7	SESAME	650
24.8	Common Cryptographic Architecture von IBM	650
24.9	ISO Authentication Framework	652
24.10	Privacy-Enhanced Mail (PEM)	656
24.11	Message Security Protocol (MSP)	663
24.12	Pretty Good Privacy (PGP)	664
24.13	Smart-Cards	667
24.14	Public-Key Cryptography Standards (PKCS)	668
24.15	Universal Electronic Payment System (UEPS)	670
24.16	Clipper	672
24.17	Capstone	675
24.18	AT&T Model 3600 Telephone Security Device (TSD)	675

25 Politik — 677

- 25.1 National Security Agency (NSA) — 677
- 25.2 National Computer Security Center (NCSC) — 679
- 25.3 National Institute of Standards and Technology (NIST) — 680
- 25.4 RSA Data Security, Inc. — 684
- 25.5 Public Key Partners — 684
- 25.6 International Association for Cryptologic Research (IACR) — 686
- 25.7 RACE Integrity Primitives Evaluation (RIPE) — 686
- 25.8 Conditional Access for Europe (CAFE) — 686
- 25.9 ISO/IEC 9979 — 687
- 25.10 Berufsverbände, Bürgerrechtsgruppen und Industrievereinigungen — 688
- 25.11 sci.crypt — 689
- 25.12 Cypherpunks — 690
- 25.13 Patente — 690
- 25.14 Ausfuhrbestimmungen der USA — 691
- 25.15 Einfuhr und Ausfuhr von Kryptographie in anderen Staaten — 698
- 25.16 Rechtliche Fragen — 699

Nachwort von Matt Blaze — 701

Teil V Sourcecode — 705

Literaturverzeichnis — 757

Stichwortverzeichnis — 825

Vorwort von Whitfield Diffie

Die Literatur über Kryptographie hat eine eigenartige Geschichte. Natürlich spielte die Geheimhaltung immer eine zentrale Rolle, aber bis zum ersten Weltkrieg wurden wichtige Erkenntnisse umgehend veröffentlicht und das Gebiet entwickelte sich auf dieselbe Weise wie andere Spezialgebiete auch. Erst 1918 erschien eine der einflußreichsten kryptanalytischen Arbeiten des zwanzigsten Jahrhunderts, die Monographie „The Index of Coincidence and its Application in Cryptography" von William F. Friedman, die als Forschungsbericht der privaten Riverbank Laboratories veröffentlicht wurde [577]. Diese Arbeit wurde nicht zurückgehalten, obwohl sie ein Teil der Kriegsanstrengungen war. Im selben Jahr reichte Edward H. Hebern aus Oakland, Kalifornien, das erste Patent für eine Rotormaschine [710] ein – ein Gerät, das fast 50 Jahre lang das Rückgrat der militärischen Kryptographie darstellte.

Nach dem ersten Weltkrieg änderte sich die Situation langsam. Organisationen der US-Army und US-Navy, die völlig geheim arbeiteten, konnten wesentliche Fortschritte in der Kryptographie aufweisen. In den dreißiger und vierziger Jahren waren einige Grundlagenarbeiten öffentlich zugänglich, und es erschienen mehrere Abhandlungen zum Thema. Letztere hinkten dem aktuellen Stand jedoch immer weiter hinterher. Zu Kriegsende war der Übergang vollzogen. Mit einer einzigen beachtenswerten Ausnahme war die öffentliche Literatur verschwunden. Diese Ausnahme war Claude Shannons Arbeit „The Communication Theory of Secrecy Systems", die 1949 im *Bell System Technical Journal* erschien [1432]. Genauso wie Friedmans 1918 erschienene Abhandlung war sie aus der Kriegstätigkeit Shannons hervorgegangen. Nach Ende des zweiten Weltkriegs wurde sie, möglicherweise versehentlich, freigegeben.

Zwischen 1949 und 1967 war die kryptographische Literatur nicht sehr ergiebig. Dann erschien 1967 eine ganz andere Art von Veröffentlichung, und zwar eine Geschichte der Kryptographie von David Kahn, *The Codebreakers* [794]. Diese enthielt keine neuen technischen Ideen, aber eine bemerkenswert vollständige Darstellung der geschichtlichen Ereignisse, wobei auch einiges erwähnt wurde, was die Regierung immer noch als geheim einstufte. Die Bedeutung von *The Codebreakers* lag nicht nur in seiner umfassenden Darstellung, sondern auch in der Tatsache, daß es sich bestens verkaufte und Zehntausende mit dem Thema vertraut machte, die noch nie einen Gedanken an Kryptographie verschwendet hatten. Allmählich erschienen neue kryptographische Arbeiten.

Etwa zur selben Zeit kam Horst Feistel, der früher für die Air Force an Geräten zur Freund/Feind-Erkennung gearbeitet hatte, mit seiner Leidenschaft für Kryptographie zum IBM Watson Laboratory in Yorktown Heights, New York. Dort begann er mit der Entwicklung dessen, was später zum US-amerikanischen *Data Encryption Standard* (DES) werden sollte; in den frühen siebziger Jahren veröffentlichte IBM mehrere technische Abhandlungen von Feistel und seinen Mitarbeitern über dieses Thema [1482, 1484, 552].

In dieser Situation wandte ich mich 1972 der Kryptographie zu. Die Auswahl an Literatur war nicht gerade üppig, es gab jedoch einige bemerkenswerte Publikationen.

Die Kryptologie wird durch eine Komplikation erschwert, die in normalen akademischen Bereichen nicht besteht: Es ist ein fruchtbarer Austausch zwischen Kryptographie und Kryptanalyse erforderlich. Dies ergibt sich aus der Tatsache, daß sich bei mangelhafter Kommunikation leicht ein System aufstellen läßt, daß scheinbar nicht zu knacken ist. Viele akademische Entwürfe sind so komplex, daß der potentielle Kryptanalytiker nicht weiß, wo er anfangen soll; Fehler in diesen Entwürfen offenzulegen ist viel schwieriger als das eigentliche Design. Das Ergebnis ist, daß die Konkurrenz, die in der akademischen Forschung eine der stärksten Motivationen darstellt, keinen Einfluß nehmen kann.

Als Martin Hellman und ich 1975 die Public-Key-Kryptographie vorstellten [496], war einer der nicht unmittelbaren Aspekte unseres Beitrags die Einführung eines Problems, das nicht leicht zu lösen schien. Ein aufstrebender Designer eines Kryptosystems konnte jetzt etwas herstellen, was als clever angesehen wurde – etwas, das mehr tat, als sinnvollen Text in Unsinn umzuwandeln. Dies erhöhte die Zahl der Leute, die sich mit Kryptographie beschäftigten, die Zahl der Fachkonferenzen sowie den Ausstoß an Büchern und Abhandlungen.

In meiner Dankesrede für den *Donald E. Fink Award* – eine Auszeichnung für den besten Grundlagenartikel in einem IEEE-Magazin – den ich gemeinsam mit Hellman 1980 erhielt, erzählte ich dem Publikum, daß ich beim Abfassen von „Privacy and Authentication" über eine Erfahrung verfügte, die selbst unter den prominenten Wissenschaftlern, die der IEEE-Preisverleihungszeremonie beiwohnen, selten ist. Ich hatte die Arbeit selbst geschrieben, die ich gesucht hatte, aber nicht finden konnte, als ich mich ernsthaft für Kryptographie zu interessieren begann. Hätte ich mir in einer Buchhandlung einfach ein modernes kryptographisches Lehrbuch aussuchen können, hätte ich von diesem Gebiet wohl Jahre früher erfahren. Das einzige, was im Herbst 1972 zu bekommen war, waren einige klassische Abhandlungen und ein paar dubiose technische Berichte.

Heutzutage hat der Wissenschaftler dieses Problem nicht mehr. Mittlerweile besteht die Schwierigkeit darin, herauszufinden, bei welchem unter den Tausenden von Dokumenten und zahlreichen Büchern man beginnen soll. Wie aber ergeht es heute dem Programmierer oder Ingenieur, der Kryptographie lediglich anwenden möchte? Was sollen solche Leute tun? Bislang waren viele Stunden nötig, um die Forschungsliteratur zu durchforsten und durchzuarbeiten, bevor man die Sorte kryptographischer Hilfsmittel entwerfen konnte, die in populären Artikeln so leichthin beschrieben wurde.

Diese Lücke schließt Bruce Schneier mit seinem Buch *Angewandte Kryptographie*. Angefangen bei der Zielsetzung der sicheren Kommunikation und elementaren Programmbeispielen zum Erreichen dieser Ziele, gibt Schneier uns einen umfassenden Überblick über die Früchte von 20 Jahren öffentlicher Forschung. Der Titel sagt schon alles; in diesem Buch finden Sie das ganze Spektrum beschrieben, von dem einfachen Bedürfnis nach sicherer Konversation bereits beim ersten Anruf bis zu den Möglichkeiten des digitalen Geldes und kryptographisch sicherer Wahlen.

Nicht genug, daß das Buch das wirkliche Leben bis hin zum Code beschreibt; Schneier stellt auch die Welt dar, in der Kryptographie entwickelt und angewendet wird. Das Buch befaßt sich mit Organisationen, die von der International Association for Cryptologic Research bis zur NSA reichen.

Als das öffentliche Interesse an der Kryptographie in den späten siebziger und frühen achtziger Jahren zu erwachen begann, unternahm die National Security Agency (NSA), das offizielle kryptographische Organ Amerikas, mehrere Versuche, es wieder zu unterdrücken. Der erste Versuch bestand in einem Brief eines langjährigen und angeblich eigenmächtig handelnden NSA-Angestellten an die IEEE. Er wies in diesem Brief darauf hin, daß die Veröffentlichung kryptographischen Materials einen Verstoß gegen das internationale Waffenkontrollgesetz (*International Traffic in Arms Regulations, ITAR*) darstelle. Es stellte sich jedoch heraus, daß diese Auslegung der Vorschriften nicht korrekt war, denn diese sahen für veröffentlichtes Material ausdrücklich eine Befreiung vor. Ganz im Gegenteil verhalf dieser Brief sowohl der öffentlichen Anwendung von Kryptographie als auch dem Information Theory Workshop zu unverhoffter Publizität.

1980 gab es einen schwererwiegenden Versuch, als die NSA das *American Council on Education* ins Leben rief. Dahinter steckte die Absicht, den Kongreß davon zu überzeugen, der NSA die juristische Kontrolle der Publikationen auf dem Gebiet der Kryptographie zu übertragen. Die Ergebnisse blieben weit hinter den Erwartungen der NSA zurück und beschränkten sich auf ein Programm zur freiwilligen Durchsicht kryptographischer Abhandlungen; Wissenschaftler wurden gebeten, vor der Veröffentlichung die Meinung der NSA darüber einzuholen, ob eine Bekanntmachung ihrer Ergebnisse die nationalen Interessen nachteilig beeinflusse.

Im Verlauf der achtziger Jahre konzentrierte sich der Druck mehr auf die praktische Kryptographie als auf die Forschung. Durch bestehende Gesetze wurde die NSA ermächtigt, über das Außenministerium den Export kryptographischer Produkte zu kontrollieren. Mit der Internationalisierung der Wirtschaft und einem Rückgang des US-amerikanischen Anteils am Weltmarkt wuchs die Notwendigkeit, ein Produkt sowohl im Inland als auch im Ausland vermarkten zu können. Solche einzelnen Produkte unterlagen der Exportkontrolle, womit die NSA beträchtlichen Einfluß nicht nur darüber erhielt, was exportiert, sondern auch darüber, was in den USA verkauft wurde.

In diesen Tagen wird die öffentliche Anwendung der Kryptographie mit einer neuen Herausforderung konfrontiert. Die US-Regierung hat den weithin veröffentlichten und verfügbaren Data Encryption Standard durch einen geheimen Algorithmus ersetzt, der in einbruchsicheren Chips integriert ist. In diesen Chips ist ein Mechanismus codiert, der staatliche Überwachung ermöglicht. Die negativen Aspekte dieses „Key-Escrow"-Programms reichen von einer möglicherweise schwerwiegenden Beeinträchtigung der Privatsphäre bis hin zu den höheren Kosten, die mit dem zusätzlichen Einsatz von Hardware in Produkten verbunden sind, die vorher mit Software-Verschlüsselung auskamen. Bislang können diese Key-Escrow-Produkte keine astronomischen Verkaufszahlen aufweisen, und das Konzept wurde allgemein negativ aufgenommen – insbesondere von den unabhängigen Kryptographen. Manche Leute aber sehen die Zukunft eher in der Programmierung als in politischen Maßnahmen und haben ihre Anstrengungen vervielfacht, die Welt mit solider Kryptographie zu versorgen, die die öffentliche Kritik nicht zu scheuen braucht.

Daß bei der Auffassung, die Gesetze zur Exportkontrolle könnten den ersten Verfassungszusatz außer Kraft setzen, ein Umdenken stattgefunden hat, zeigte sich 1980 in einer Veröffentlichung des *Federal Register* über eine Revision von ITAR, die folgenden Satz enthielt: „. . . es wird hiermit klargestellt, daß die Vorschriften für den Export technischer Daten nicht beabsichtigen, die im ersten Verfassungszusatz festlegten Bürgerrechte einzuschränken". Daß weiterhin Konflikte zwischen dem ersten Verfassungszusatz und den Gesetzen zur Exportkontrolle bestehen, zeigen die Äußerungen auf einer Konferenz, die von RSA Data Security abgehalten wurde. Der NSA-Vertreter der Exportkontrollbehörde äußerte die Auffassung, daß sich Leute, die kryptographische Programme veröffentlichen, rechtlich gesehen in einer „Grauzone" befänden. Falls das so ist, handelt es sich um eine Grauzone, auf die die erste Auflage dieses Buches etwas Licht geworfen hat. Dem Antrag auf Export des Buches wurde stattgegeben mit der Bestätigung, daß veröffentlichtes Material jenseits der Zuständigkeit des *Munition Control Board* läge. Der Antrag auf Export der enthaltenen Programme auf Diskette wurde aber abgelehnt.

Die Strategie der NSA hat sich vom Versuch einer Kontrolle kryptographischer Forschung auf die verstärkte Kontrolle der Entwicklung und Anwendung kryptographischer Produkte verlagert. Dies ist wohl der Einsicht zu verdanken, daß alle kryptographischen Abhandlungen der Welt allein keine Daten schützen. Solange dieses Buch nur im Regal steht, kann es nicht mehr erreichen als die bislang erschienenen Bücher und Abhandlungen. Neben der Workstation eines Programmierers, der kryptographische Anwendungen schreibt, sieht das schon anders aus.

Whitfield Diffie
Mountain View, Kalifornien

Vorwort

Es gibt eigentlich nur zwei Arten von Kryptographie: die eine hält Ihre kleine Schwester davon ab, Ihre Dateien zu lesen, während die andere selbst einflußreichen Regierungen den Zugang zu Ihren Dateien verwehrt. In diesem Buch behandeln wir die zweite Sorte.

Wenn ich von Ihnen verlange, einen Brief zu lesen, den ich in einen Safe gelegt und dann irgendwo in New York versteckt habe, dann hat das nichts mit Sicherheit zu tun, sondern ist ein einfaches Verstecken. Wenn ich diesen Brief jedoch in den Safe lege, Ihnen dann die Entwicklungspläne des Safes und noch hundert Safes gleicher Bauart mitsamt ihren Kombinationen gebe, so daß Sie mit Hilfe der weltbesten Safeknacker den Sperrmechanismus ausgiebig studieren können, aber immer noch nicht in der Lage sind, den Safe zu öffnen und den Brief zu lesen – dann ist das Sicherheit.

Viele Jahre lang war diese Art Kryptographie dem Militär vorbehalten. Die National Security Agency (NSA) der USA und ihre Gegenspieler in der früheren Sowjetunion, England, Frankreich, Israel usw. haben Milliarden von Dollars dafür ausgegeben, ihre eigene Kommunikation zu schützen und die aller anderen zu knacken. Privatpersonen, die über weit weniger Fachwissen und Geld verfügen, waren machtlos gegen die staatlichen Eingriffe in ihre Privatsphäre.

Während der letzten 20 Jahre ist die öffentliche akademische Forschung an der Kryptographie explosionsartig gewachsen. Die klassische Kryptographie wurde schon lange von Privatpersonen benutzt, Computer-Kryptographie war jedoch seit dem zweiten Weltkrieg ausschließlich eine Domäne des Militärs. Heute wird die modernste Computer-Kryptographie außerhalb der hohen Mauern der Militärbehörden eingesetzt. Auch dem Laien stehen jetzt Sicherheitsmaßnahmen zur Verfügung, die ihn selbst vor dem mächtigsten Gegner – und vielleicht noch auf Jahre hinaus sogar vor dem Militär – schützen können.

Braucht der Normalbürger diese Art von Sicherheit? Ja! Sei es, daß jemand eine politische Kampagne plant, Steuerangelegenheiten bespricht oder eine heimliche Affäre hat, ein neues Produkt entwirft, Marketing-Strategien entwickelt oder eine feindliche Firmenübernahme plant. Oder aber man lebt in einem Land, das die Privatsphäre seiner Bürger nicht achtet und tut etwas, das zwar verboten ist, aber der eigenen Auffassung nach erlaubt sein sollte. Aus welchen Gründen auch immer – Daten und Kommunikation sind persönlich und privat und sollten prinzipiell von niemandem eingesehen werden können.

Dieses Buch erscheint in turbulenten Zeiten. 1994 hat die Clinton-Regierung den *Escrowed Encryption Standard* (einschließlich des Clipper-Chips und der Fortezza-Karte) eingeführt und das Gesetz zum digitalen Telefonsystem ratifiziert. Beide Initiativen versuchen, der Regierung die Möglichkeit zur elektronischen Überwachung zu erhalten.

Dabei sind einige sehr gefährliche Orwellsche Ansichten im Spiel: die Regierung hat das Recht, private Kommunikation abzuhören und es ist verdächtig, wenn ein Bürger versucht, etwas vor der Regierung geheimzuhalten. Soweit gerichtlich genehmigt, konnten Ermittlungsbehörden schon immer Überwachungen durchführen, jetzt aber sind die Bürger zum ersten Mal dazu verpflichtet, durch aktive Maßnahmen *die eigene* Überwachung zu ermöglichen. Diese Initiativen sind nicht einfache Regierungsvorschläge für unwichtige Belange, sondern präventive und umfassende Versuche, Bürgerrechte außer Kraft zu setzen.

Clipper und das digitale Telefongesetz schützen die Privatsphäre nicht; sie zwingen Privatpersonen dazu, bedingungslos zu glauben, die Regierung respektiere ihre Privatsphäre. Dieselben Ermittlungsbehörden, die das Telefon von Martin Luther King überwachten, können mit Leichtigkeit ein von Clipper geschütztes Telefon abhören. In jüngster Vergangenheit sind lokale Polizeibehörden in zahlreichen Bundesstaaten – Maryland, Connecticut, Vermont, Georgia, Missouri und Nevada – immer wieder in Zivil- oder Strafrechtsprozessen verurteilt worden, weil sie illegale Abhöraktionen durchgeführt haben. Es ist keine gute Idee, eine Technologie einzusetzen, die eines Tages die Errichtung eines Polizeistaats unterstützen könnte.

Wie wir daraus sehen, reicht es nicht aus, daß wir uns durch Gesetze schützen, wir sollten uns auch durch Mathematik absichern. Die Verschlüsselung ist eine zu wichtige Sache, als daß man sie allein den Regierungen überlassen sollte.

Dieses Buch erklärt Ihnen die Verfahren, die Sie zum Schutz Ihrer eigenen Privatsphäre benötigen. Kryptographische Produkte können verboten werden, Informationen darüber aber nicht.

Wie Sie dieses Buch lesen sollten

Ich habe *Angewandte Kryptographie* als anschauliche Einführung in das Gebiet der Kryptographie sowie als umfassende Referenz geschrieben. Ich habe versucht, den Text möglichst verständlich zu gestalten, ohne dabei die Genauigkeit zu vernachlässigen. Dieses Buch ist nicht als mathematisches Werk gedacht. Ich habe zwar keine Sachverhalte absichtlich falsch dargestellt, gehe aber mit der Theorie recht locker um. Für die an den theoretischen Grundlagen Interessierten gibt es reichlich Verweise auf die akademische Literatur.

Kapitel 1 gibt eine Einführung in die Kryptographie, definiert verschiedene Begriffe und behandelt kurz die Kryptographie vor dem Aufkommen von Computern.

Kapitel 2 bis 6 (Teil I) beschreiben kryptographische Protokolle, also wozu man Kryptographie einsetzen kann. Das Spektrum reicht von einfachen Protokollen (eine verschlüsselte Nachricht zwischen zwei Personen versenden) bis zu komplexen (eine Münze per Telephon werfen) und ausgefallenen Protokollen (digitales Geld sicher und anonym austauschen). Einige dieser Protokolle sind naheliegend, andere eher erstaunlich. Mit Kryptographie lassen sich viele Probleme lösen, von denen die Leute nicht geglaubt haben, daß es möglich sei.

Kapitel 7 bis 10 (Teil II) behandeln kryptographische Verfahren. Alle vier Kapitel in diesem Abschnitt sind selbst für den elementarsten Einsatz von Kryptographie wesentlich. Kapitel 7 und 8 befassen sich mit Schlüsseln: wie lang ein Schlüssel sein sollte, um sicher zu sein, wie man Schlüssel erzeugt, wie man Schlüssel aufbewahrt, vernichtet usw. Die Schlüsselverwaltung ist der schwierigste Teil der Kryptographie und oft der wunde Punkt ansonsten sicherer Systeme. Kapitel 9 beschreibt verschiedene Arten des Einsatzes kryptographischer Algorithmen, und Kapitel 10 all die Dinge rund herum, wie Auswahl eines Algorithmus, Implementierung und Verwendung.

Kapitel 11 bis 23 (Teil III) beschreiben die Algorithmen im einzelnen, wobei Kapitel 11 den mathematischen Hintergrund liefert. Dieses Kapitel benötigen Sie nur, wenn Sie an Public-Key-Algorithmen interessiert sind. Wenn Sie ausschließlich DES (oder etwas ähnliches) implementieren möchten, können Sie dieses Kapitel überspringen. Kapitel 12 beschäftigt sich mit DES: dem Algorithmus, seiner Geschichte, seiner Sicherheit und einigen Varianten. Kapitel 13, 14 und 15 behandeln weitere Blockalgorithmen; wenn Sie ein sichereres Verfahren als DES verwenden möchten, sollten Sie gezielt die Abschnitte über IDEA und Triple-DES lesen. Wenn Sie sich über eine ganze Reihe von Algorithmen informieren möchten, von denen einige eventuell sicherer sind als DES, dann sollten Sie das ganze Kapitel lesen. Kapitel 16 und 17 befassen sich mit Stromalgorithmen. Kapitel 18 konzentriert sich auf Einweg-Hashfunktionen, wobei ich neben den am häufigsten verwendeten Funktionen MD5 und SHA zahlreiche andere beschreibe. Kapitel 19 behandelt Algorithmen zur Public-Key-Verschlüsselung, Kapitel 20 Public-Key-Algorithmen für elektronische Unterschriften, Kapitel 21 Public-Key-Algorithmen zur Identifizierung und Kapitel 22 Public-Key-Algorithmen zum Schlüsselaustausch. Die wichtigsten Algorithmen sind RSA, DSA, Fiat-Shamir bzw. Diffie-Hellman. Kapitel 23 enthält ausgefallenere Public-Key-Algorithmen und -Protokolle; die Mathematik in diesem Kapitel ist ziemlich kompliziert, stellen Sie sich also darauf ein.

Kapitel 24 und 25 (Teil IV) befassen sich mit der Kryptographie im richtigen Leben. Kapitel 24 beinhaltet Beispiele für aktuelle Implementierungen der Algorithmen und Protokolle, während Kapitel 25 einige der politischen Aspekte im Zusammenhang mit Kryptographie anspricht. Diese Kapitel erheben keinerlei Anspruch auf Vollständigkeit.

Außerdem enthält das vorliegende Buch Quellcode-Listings von zehn in Teil III beschriebenen Algorithmen. Aus Platzmangel konnte ich nicht nicht soviel Code wie beabsichtigt aufnehmen, und kryptographischer Quellcode darf auf andere Weise nicht exportiert werden. (Es ist schon erstaunlich, daß das Außenministerium den Export der ersten Auflage des Buches mit dem Quellcode darin erlaubte, aber den Export desselben Quellcodes auf Diskette nicht zuließ. Das soll noch jemand verstehen.)

Ein Nachteil dieses Buches mag darin bestehen, daß es aufgrund seiner Anlage als Enzyklopädie an Lesbarkeit verliert. Ich wollte jedoch ein Nachschlagewerk liefern, in man sich genauer informieren kann, wenn man in der Fachliteratur oder einem Produkt auf irgendeinen Algorithmus stößt. Ich bitte jene, mir zu verzeihen, die eher an einem Lehrbuch interessiert sind. Auf diesem Gebiet hat sich viel getan und es ist das erste Mal so viel in einem Buch zusammengefaßt worden. Trotz allem war ich aus Platzgründen gezwungen, zahlreiche Dinge außen vor zu lassen. Ich habe Themen aufgenommen, die ich für wichtig, praktisch oder interessant halte. Wo ich ein Thema nicht in aller Ausführlichkeit behandeln kann, verweise ich auf Veröffentlichungen, die sich eingehend damit beschäftigen.

Ich habe mich nach Kräften bemüht, alle Fehler in diesem Buch aufzuspüren und zu korrigieren, obwohl mir viele versichert haben, daß das unmöglich ist. Sicherlich enthält die zweite Auflage weit weniger Fehler als die erste. Sie können von mir eine Errata-Liste beziehen, die in regelmäßigen Abständen in der Usenet-Newsgruppe *sci.crypt* veröffentlicht wird. Wenn Sie einen Fehler finden, so lassen Sie es mich wissen.

Danksagung

Die Liste der Leute, die zu diesem Buch beigetragen haben, scheint endlos, aber alle sind es wert, erwähnt zu werden. Für die gesamte oder teilweise Durchsicht und Korrektur der ersten Auflage möchte ich folgenden Personen danken: Don Alvarez, Ross Anderson, Dave Balenson, Karl Barrus, Steve Bellovin, Dan Bernstein, Eli Biham, Joan Boyar, Karen Cooper, Whit Diffie, Joan Feigenbaum, Phil Karn, Neal Koblitz, Xuejia Lai, Tom Leranth, Mike Markowitz, Ralph Merkle, Bill Patton, Peter Pearson, Charles Pfleeger, Ken Pizzini, Bart Preneel, Mark Riordan, Joachim Schurman und Marc Schwartz; Marc Vauclair danke ich für die französische Übersetzung der ersten Auflage. Für die gesamte oder teilweise Durchsicht der zweiten Auflage danke ich Abe Abraham, Ross Anderson, Dave Banisar, Steve Bellovin, Eli Biham, Matt Bishop, Matt Blaze, Gary Carter, Jan Camenisch, Claude Crépeau, Joan Daemen, Jorge Davila, Ed Dawson, Whit Diffie, Carl Ellison, Joan Feigenbaum, Niels Ferguson, Matt Franklin, Rosario Gennaro, Dieter Gollmann, Mark Goresky, Richard Graveman, Stuart Haber, Jingman He, Bob Hogue, Kenneth Iversen, Markus Jakobsson, Burt Kaliski, Phil Karn, John Kelsey, John Kennedy, Lars Knudsen, Paul Kocher, John Ladwig, Xuejia Lai, Arjen Lenstra, Paul Leyland, Mike Markowitz, Jim Massey, Bruce McNair, William Hugh Murray, Roger Needham, Clif Neuman, Kaisa Nyberg, Luke O'Connor, Peter Pearson, René Peralta, Bart Preneel, Yisrael Radai, Matt Robshaw, Michael Roe, Phil Rogaway, Avi Rubin, Paul Rubin, Selwyn Russel, Kazue Sako, Mahmoud Salmasizadeh, Markus Stadler, Dmitry Titov, Jimmy Upton, Marc Vauclair, Serge Vaudenay, Gideon Yuval, Glen Zorn und mehreren anonymen Regierungsangestellten. Für das Beisteuern von Quellcode danke ich Lawrie Brown, Leisa Condie, Joan Daemen, Peter Gutmann, Alan Insley, Chris Johnston, John Kelsey, Xuejia Lai, Bill Leininger, Mike Markowitz, Richard Outerbridge, Peter Pearson, Ken Pizzini, Colin Plumb, RSA Data Security, Inc., Michael Roe, Michael Wood und Phil Zimmermann. Ich danke Paul McNerland für die Erstellung der Abbildungen zur ersten Auflage, Karen Cooper für das Lektorat der zweiten Auflage, Beth Friedman für das Redigieren der zweiten Auflage, Carol Kennedy für die Erstellung des Stichwortverzeichnisses zur zweiten Auflage und den Lesern von *sci.crypt* und der Mailing-Liste Cypherpunks danke ich für ihre Kommentare zu Ideen, Beantwortung von Fragen und dem Entdecken von Fehlern in der ersten Auflage. Ich danke Randy Seuss für die Bereitstellung eines Internet-Zugangs, Jeff Dunteman und Jon Erickson für ihre

Impulse, Ermutigungen, Unterstützung, Gespräche, Freundschaft und Abendessen. AT&T Bell Labs danke ich für meine Entlassung, die all dies erst ermöglichte. Durch die Hilfe all dieser Leute ist das Buch weit besser geworden, als wenn ich es alleine geschrieben hätte.

Bruce Schneier
Oak Park, Illinois
schneier@counterpane.com

Über den Autor

Bruce Schneier ist Chef der Beratungsfirma Counterpane Systems in Oak Park, Illinois, die auf Kryptographie und Computersicherheit spezialisiert ist. Er ist außerdem Autor von *E-Mail Security* (John Wiley & Sons, 1995) und *Protect Your Macintosh* (Peachpit Press, 1994) und hat zahlreiche Artikel über Kryptographie für verschiedene Zeitschriften verfaßt. Bruce Schneier schreibt regelmäßig für *Dr. Dobb's Journal*, wo er für die Kolumne „Algorithms Alley" zuständig ist, und für *Computer and Communications Security Reviews*. Bruce ist Mitglied des Vorstands der *International Association of Cryptologic Research*, Mitglied des *Advisory Board for the Electronic Privacy Information Center* und Mitglied des Programmausschusses für den *New Security Paradigms Workshop*. Darüber hinaus hält er häufig Vorträge über Kryptographie, Computersicherheit und Datenschutz.

1 Grundlagen

1.1 Terminologie

Sender und Empfänger

Angenommen, ein Sender möchte eine Nachricht an einen Empfänger schicken. Außerdem möchte der Sender die Nachricht sicher übermitteln; er möchte verhindern, daß die Nachricht von jemandem mitgelesen wird.

Nachrichten und Verschlüsselung

Eine Nachricht besteht aus **Klartext**. Das Verfahren, eine Nachricht unverständlich zu machen, um ihren Inhalt zu verbergen, heißt **Verschlüsselung**. Eine verschlüsselte Nachricht besteht aus dem **Chiffretext**. Die Umwandlung von Chiffretext in Klartext wird **Entschlüsselung** genannt. Abbildung 1.1 zeigt diese Vorgänge.

Alternativ dazu spricht man auch von „chiffrieren" und „dechiffrieren".

Kryptographie ist die Wissenschaft, die sich mit der Absicherung von Nachrichten beschäftigt. Sie wird von den **Kryptographen** praktiziert. **Kryptanalytiker** befassen sich mit der **Kryptanalyse**, der Kunst, Chiffretext aufzubrechen, d.h. dessen geheimen Inhalt lesbar zu machen. Der Zweig der Mathematik, der Kryptographie sowie Kryptanalyse umfaßt, ist die **Kryptologie**. Ihre Vertreter heißen **Kryptologen**. Moderne Kryptologen sind in der Regel auch theoretische Mathematiker – das ist auch unbedingt notwendig.

Klartext wird mit M (für Nachricht, engl. *message*) oder P (für Klartext, engl. *plaintext*) abgekürzt. Er kann eine Bitfolge, eine Textdatei, eine digitalisierte Tonsequenz, ein digitales Videobild und vieles mehr darstellen. Sofern ein Computer involviert ist, besteht M einfach aus binären Daten. (Im Anschluß an dieses Kapitel beschäftigt sich auch dieses Buch mit binären Daten und Computerkryptographie.) Der Klartext kann zur Aufbewahrung oder Übermittlung gedacht sein. In beiden Fällen stellt M die zu verschlüssende Nachricht dar.

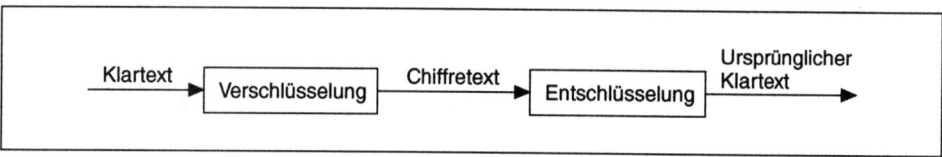

Abb. 1.1: Ver- und Entschlüsselung

Chiffretext wird mit C abgekürzt. Auch er besteht aus binären Daten, die manchmal so lang wie M oder auch länger sind. (Werden Verschlüsselung und Kompression kombiniert, ist C unter Umständen kürzer als M. Bei der Verschlüsselung allein ist dies jedoch nicht möglich.) Die Verschlüsselungsfunktion E (für engl. *encryption*) wandelt M in C um. In mathematischer Schreibweise liest sich das wie folgt:

$$E(M) = C$$

In umgekehrter Richtung wird C von der Entschlüsselungsfunktion D (für englisch *decryption*) wieder in M umgesetzt:

$$D(C) = M$$

Da der ganze Sinn und Zweck beim Ver- und Entschlüsseln einer Nachricht darin liegt, den ursprünglichen Klartext wiederherzustellen, muß folgende Gleichung gelten:

$$D(E(M)) = M$$

Authentifizierung, Integrität und Verbindlichkeit

Neben der Geheimhaltung soll Kryptographie oft noch andere Ansprüche erfüllen:

- **Authentifizierung.** Es sollte dem Empfänger möglich sein, die Herkunft einer Nachricht zu ermitteln; ein Eindringling sollte sich nicht als andere Person ausgeben können.
- **Integrität.** Der Empfänger sollte überprüfen können, ob eine Nachricht bei der Übermittlung verändert wurde; ein Eindringling sollte die echte nicht durch eine gefälschte Nachricht ersetzen können.
- **Verbindlichkeit.** Ein Sender sollte später nicht leugnen können, daß er eine Nachricht gesendet hat.

Dies sind wesentliche Voraussetzungen für soziale Interaktionen mittels Computer, die ihre Entsprechungen in der Kommunikation mit persönlicher Anwesenheit finden. So möchte man darauf vertrauen, daß eine Person auch diejenige ist, für die sie sich ausgibt; daß die Papiere einer Person, wie z.B. Führerschein, Krankenversichertenkarte oder Paß, korrekt sind; daß ein Dokument wirklich von der Person stammt, von der es zu kommen vorgibt usw. All dies sind Anforderungen, die von Authentifizierung, Integrität und Verbindlichkeit erfüllt werden.

Algorithmen und Schlüssel

Ein **kryptographischer Algorithmus**, auch **Chiffrierung** genannt, ist die mathematische Funktion, die zur Ver- und Entschlüsselung verwendet wird. (Im allgemeinen werden zwei verwandte Funktionen benutzt: eine zur Ver- und eine zur Entschlüsselung.)

Wenn die Sicherheit eines Algorithmus davon abhängt, daß seine Arbeitsweise geheim bleibt, handelt es sich um einen **eingeschränkten** Algorithmus. Eingeschränkte Algorithmen sind nur noch von historischem Interesse, da sie den heutigen Standards in keiner Weise gerecht werden. Von großen Benutzergruppen oder Gruppen mit häufig wechselnden Benutzern können sie nicht verwendet werden, da die gesamte Gruppe jedesmal auf einen anderen Algorithmus umsteigen müßte, sobald ein Benutzer die Gruppe verläßt. Auch wenn jemand das Geheimnis versehentlich preisgibt, müssen alle zu einem neuen Algorithmus wechseln.

Noch gravierender ist, daß eingeschränkte Algorithmen weder Qualitätskontrolle noch Standardisierung erlauben. Jede Benutzergruppe muß einen eigenen spezifischen Algorithmus verwenden. Sie kann keine Standard-Hardware- oder Softwareprodukte einsetzen; ein Schnüffler könnte sich dasselbe Produkt besorgen und so an den Algorithmus gelangen. Die Gruppe müßte also eigene Algorithmen entwerfen und implementieren. Verfügt sie jedoch nicht über erfahrene Kryptographen, kann sie nicht feststellen, ob ein Algorithmus sicher ist.

Trotz dieser entscheidenden Nachteile sind eingeschränkte Algorithmen bei Anwendungen mit niedrigen Sicherheitsanforderungen sehr beliebt. Benutzer erkennen oder kümmern sich nicht um die sicherheitsrelevanten Probleme, die ihre Systeme mit sich bringen.

In der modernen Kryptographie werden diese Schwierigkeiten mit einem **Schlüssel** gelöst, der mit K (für engl. *key*) abgekürzt wird. Dieser Schlüssel kann aus einem sehr umfangreichen Wertebereich gewählt werden. Der Bereich aller möglichen Schlüsselwerte wird **Schlüsselraum** genannt. Der Schlüssel wird sowohl bei der Ver- als auch bei der Entschlüsselung verwendet (d.h. beide Operationen stützen sich auf denselben Schlüssel, was durch den tiefgestellten Index angezeigt wird). Die Funktionen sehen jetzt so aus:

$$E_K(M) = C$$
$$D_K(C) = M$$

Diese Funktionen besitzen die Eigenschaft (siehe Abbildung 1.2):

$$D_K(E_K(M)) = M$$

Bei manchen Algorithmen werden zur Ver- und Entschlüsselung unterschiedliche Schlüssel verwendet (siehe Abbildung 1.3). Das bedeutet, daß der Chiffrierschlüssel K_1 nicht mit dem Dechiffrierschlüssel K_2 übereinstimmt. In diesem Fall gilt:

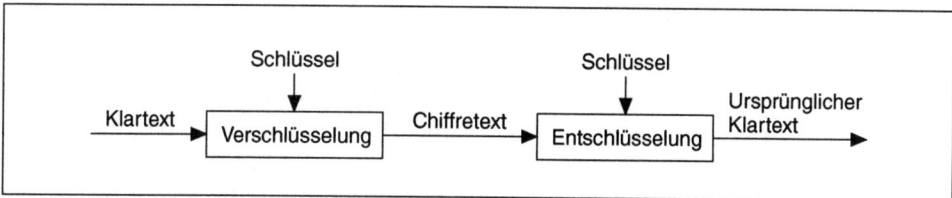

Abb. 1.2: Ver- und Entschlüsselung mit einem Schlüssel

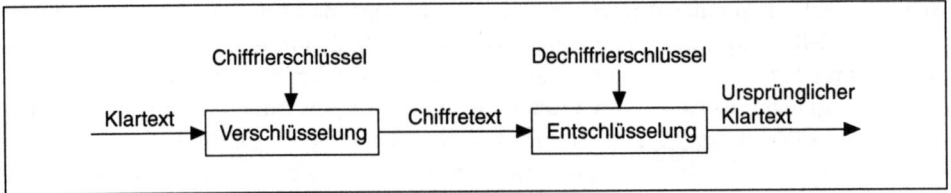

Abb. 1.3: Ver- und Entschlüsselung mit zwei unterschiedlichen Schlüsseln

$$E_{K_1}(M) = C$$
$$D_{K_2}(C) = M$$
$$D_{K_2}(E_{K_1}(M)) = M$$

Die Sicherheit dieser Algorithmen basiert ausschließlich auf dem oder den Schlüsseln und nicht auf den Eigenschaften des Algorithmus. Folglich kann der Algorithmus veröffentlicht und analysiert werden, so daß er sich auch in Massenprodukten einsetzen läßt. Es spielt keine Rolle, ob ein Schnüffler über den Algorithmus Bescheid weiß. Ohne Kenntnis Ihres Schlüssels kann er Ihre Nachrichten nicht lesen.

Ein **Kryptosystem** besteht aus einem Algorithmus einschließlich aller möglichen Klartexte, Chiffretexte und Schlüssel.

Symmetrische Algorithmen

Es gibt generell zwei Arten von Algorithmen, die auf Schlüsseln basieren: symmetrische Algorithmen und Algorithmen mit öffentlichen Schlüsseln (*public key*). Bei **symmetrischen Algorithmen**, die manchmal auch konventionelle Algorithmen genannt werden, läßt sich der Chiffrierschlüssel aus dem Dechiffrierschlüssel berechnen und umgekehrt. Chiffrier- und Dechiffrierschlüssel sind meist identisch. Bei solchen Algorithmen, die auch Algorithmen mit geheimem (*secret key*) oder einzelnem (*single key*) Schlüssel heißen, müssen Sender und Empfänger einen Schlüssel vereinbaren, bevor sie sicher miteinander kommunizieren können. Die Sicherheit eines symmetrischen Algorithmus liegt im Schlüssel; nach Preisgabe des Schlüssels können beliebige Personen Nachrichten ver- und entschlüsseln. Solange die Kommunikation geheim bleiben muß, ist auch der Schlüssel geheimzuhalten. Ver- und Entschlüsselung mit einem symmetrischen Algorithmus läßt sich wie folgt formulieren:

$$E_K(M) = C$$
$$D_K(C) = M$$

Symmetrische Algorithmen lassen sich in zwei Kategorien unterteilen. Die einen bearbeiten den Klartext bitweise (manchmal auch byteweise); sie heißen **Stromalgorithmen** oder **Stromchiffrierungen**. Die anderen bearbeiten den Klartext in Bitgruppen, die **Blöcke** genannt werden. Sie heißen **Blockalgorithmen** oder **Blockchiffrierungen**. Bei modernen Computeralgorithmen beträgt die Blockgröße oft 64 Bit – groß genug, um eine Analyse zu verhindern und klein genug, um noch berechenbar zu sein. (Als es noch keine Computer gab, wurde der Klartext meist zeichenweise bearbeitet. Sie können sich dies als Stromalgorithmus vorstellen, der einen Strom von Zeichen bearbeitet.)

Public-Key-Algorithmen

Bei **Algorithmen mit öffentlichem Schlüssel** (auch asymmetrische Algorithmen genannt) unterscheiden sich Chiffrier- und Dechiffrierschlüssel. Demzufolge kann der Dechiffrierschlüssel auch nicht aus dem Chiffrierschlüssel berechnet werden (zumindest nicht in angemessener Zeit). Diese Verfahren heißen Algorithmen mit öffentlichem Schlüssel (*public key algorithms*), da der Chiffrierschlüssel öffentlich bekannt gemacht werden kann: Ein völlig Unbekannter kann damit eine Nachricht verschlüsseln, aber nur die Person mit dem entsprechenden Dechiffrierschlüssel kann die Nachricht wieder entschlüsseln. In solchen Systemen wird der Chiffrierschlüssel oft **öffentlicher Schlüssel** und der Dechiffrierschlüssel **privater Schlüssel** genannt. Der private Schlüssel heißt manchmal auch geheimer Schlüssel. Um Verwechslungen mit symmetrischen Algorithmen zu vermeiden, benutzen wir diesen Begriff hier jedoch nicht.

Die Verschlüsselung mit öffentlichem Schlüssel wird wie folgt formuliert:

$$E_K(M) = C$$

Obwohl sich öffentlicher und privater Schlüssel unterscheiden, schreiben wir die Entschlüsselung mit dem entsprechenden privaten Schlüssel als:

$$D_K(C) = M$$

Manchmal werden Nachrichten mit dem privaten Schlüssel ver- und dem öffentlichen Schlüssel entschlüsselt; dieses Verfahren wird bei digitalen Signaturen verwendet (siehe Abschnitt 2.6). Trotz der möglichen Verwechslung werden diese Operationen wie folgt formuliert:

$$E_K(M) = C$$
$$D_K(C) = M$$

Kryptanalyse

Sinn und Zweck der Kryptographie ist es, den Klartext (oder den Schlüssel oder beides) vor Schnüfflern (auch Gegner, Angreifer, Abhörer, Lauscher, Eindringling oder einfach der Feind genannt) zu verbergen. Man setzt dabei voraus, daß die Gegner vollständigen Zugriff auf die Kommunikation zwischen Sender und Empfänger besitzen.

Kryptanalyse ist die Wissenschaft von der Wiederherstellung des Klartexts einer Nachricht ohne Zugriff auf den Schlüssel. Die Kryptanalyse ist erfolgreich, wenn der Klartext oder der Schlüssel ermittelt wird. Sie kann auch Schwachstellen in einem Kryptosystem aufspüren, die schließlich zu den eben genannten Ergebnissen führen. (Der Verlust eines Schlüssels durch nicht-kryptanalytische Mittel wird **Kompromittierung** genannt.)

Eine versuchte Kryptanalyse heißt **Angriff**. Eine grundlegende Maxime der Kryptanalyse, die im 19. Jahrhundert erstmalig von dem Niederländer A. Kerckhoffs aufgestellt wurde, besagt, daß die Sicherheit eines Verschlüsselungsverfahrens nur von der Geheimhaltung des Schlüssels abhängen darf [794]. Kerckhoffs geht davon aus, daß dem Kryptanalytiker alle Einzelheiten des kryptographischen Algorithmus und seiner Implementierung bekannt sind. (Natürlich glaubt niemand, daß der CIA dem Mossad regelmäßig über die neuesten kryptographischen Algorithmen Bericht erstattet. Aber der Mossad würde sie über kurz oder lang wohl sowieso aufdecken.) Diese Annahme ist durchaus sinnvoll, obwohl Kryptanalytiker im Normalfall nicht immer über so detaillierte Informationen verfügen. Wenn man einen Algorithmus selbst mit Kenntnis seiner Arbeitsweise nicht brechen kann, geht es ohne gewiß auch nicht.

Generell lassen sich vier Arten von kryptanalytischen Angriffen unterscheiden. Es wird generell davon ausgegangen, daß der Kryptanalytiker den Verschlüsselungsalgorithmus genau kennt:

1. *Ciphertext-only*-**Angriff**. Der Kryptanalytiker verfügt über den Chiffretext mehrerer Nachrichten, die mit demselben Verschlüsselungsalgorithmus chiffriert wurden. Seine Aufgabe besteht nun darin, den Klartext möglichst vieler Nachrichten wiederherzustellen oder besser noch, den oder die zur Chiffrierung der Nachrichten verwendeten Schlüssel abzuleiten, um damit weitere mit denselben Schlüsseln chiffrierte Nachrichten zu entschlüsseln.

    Gegeben: $C_1 = E_k(P_1)$, $C_2 = E_k(P_2)$, ..., $C_i = E_k(P_i)$
    Gesucht: entweder $P_1, P_2, \ldots, P_i$, k oder ein Algorithmus, um P_{i+1} aus $C_{i+1} = E_k(P_{i+1})$ abzuleiten

2. *Known-plaintext*-**Angriff**. Der Kryptanalytiker besitzt nicht nur Zugang zum Chiffretext diverser Nachrichten, sondern auch zum dazugehörenden Klartext. Seine Aufgabe besteht nun darin, den oder die zur Verschlüsselung der Nachrichten verwendeten Schlüssel herauszubekommen oder einen Algorithmus zu finden, mit dem weitere Nachrichten entschlüsselt werden können, die mit denselben Schlüsseln chiffriert wurden.

    Gegeben: $P_1, C_1 = E_k(P_1), P_2, C_2 = E_K(P_2), \ldots, P_i, C_i = E_k(P_i)$
    Gesucht: entweder k oder ein Algorithmus, um P_{i+1} aus $C_{i+1} = E_k(P_{i+1})$ abzuleiten

3. *Chosen-plaintext*-**Angriff**. Der Kryptanalytiker verfügt nicht nur über den Chiffre- und Klartext verschiedener Nachrichten, sondern kann darüber hinaus den zu verschlüsselnden Klartext selbst festlegen. Damit bieten sich ihm bessere Voraussetzungen als beim *known-plaintext*-Angriff, da er gezielt spezielle Klartextblöcke zur Verschlüsselung auswählen kann, die unter Umständen zu weitergehenden Informationen über den Schlüssel führen. Seine Aufgabe besteht nun darin, den oder die zur Chiffrierung der Nachrichten verwendeten Schlüssel herauszubekommen oder einen Algorithmus zu finden, mit dem weitere Nachrichten entschlüsselt werden können, die mit denselben Schlüsseln chiffriert wurden.

Gegeben: $P_1, C_1 = E_k(P_1), P_2, C_2 = E_k(P_2), \ldots, P_i, C_i = E_k(P_i)$
wobei der Kryptanalytiker $P_1, P_2, \ldots, P_i$ selbst wählt
Gesucht: entweder k oder ein Algorithmus, um P_{i+1} aus $C_{i+1} = E_k(P_{i+1})$ abzuleiten

4. **Adaptive-chosen-plaintext-Angriff.** Hierbei handelt es sich um einen Spezialfall des *chosen-plaintext*-Angriffs. Der Kryptanalytiker kann nicht nur den zu verschlüsselnden Klartext wählen, sondern seine Auswahl auch variieren, indem er die Ergebnisse der vorangehenden Verschlüsselung berücksichtigt. Bei einem *chosen-plaintext*-Angriff kann er bestenfalls einen relativ großen Block Klartext verwenden; beim *adaptive-chosen-plaintext*-Angriff dagegen kann er erst einen kleineren Klartextblock verschlüsseln lassen, auf den Ergebnissen aufbauend einen zweiten auswählen und so fort.

Es gibt noch mindestens drei weitere Arten kryptanalytischer Angriffe:

5. **Chosen-ciphertext-Angriff.** Der Kryptanalytiker kann verschiedene Chiffretexte zur Entschlüsselung auswählen und hat Zugriff auf den entschlüsselten Klartext. Beispielsweise könnte er Zugang zu einem einbruchsicheren Apparat besitzen, der automatische Entschlüsselung durchführt. Seine Aufgabe besteht darin, den Schlüssel herauszufinden.

Gegeben: $C_1, P_1 = D_k(C_1), C_2, P_2 = D_k(C_2), \ldots, C_i, P_i = D_k(C_i)$
wobei der Kryptanalytiker $P_1, P_2, \ldots, P_i$ selbst wählt
Gesucht: k

Diese Sorte Angriff eignet sich in erster Linie für Algorithmen mit öffentlichem Schlüssel und wird in Abschnitt 19.3 behandelt. Ein *chosen-ciphertext*-Angriff hat gelegentlich auch bei einem symmetrischen Algorithmus Erfolg. (Eine Kombination aus *chosen-plaintext*- und *chosen-ciphertext*-Angriff wird manchmal **chosen-text-Angriff** genannt.

6. **Chosen-key-Angriff.** Dieser Name besagt keineswegs, daß der Kryptanalytiker den Schlüssel frei wählen kann; er bedeutet vielmehr, daß bestimmte Kenntnisse über die Zusammenhänge zwischen verschiedenen Schlüsseln vorhanden sind. Diese Art von Angriff ist ungewöhnlich und spielt in der Praxis keine besondere Rolle. Er wird in Abschnitt 12.4 beschrieben.

7. **Kryptanalyse mit Gewalt.** Der Kryptanalytiker bedroht, erpreßt oder quält jemanden solange, bis er ihm den Schlüssel verrät. Bestechung wird gelegentlich „**Angriff mit gekauftem Schlüssel**" genannt. All diese Angriffsmethoden sind äußerst wirkungsvoll und oft der beste Weg, einen Algorithmus zu knacken.

Known-plaintext- und *chosen-plaintext*-Angriffe sind gebräuchlicher, als Sie vielleicht vermuten. Es kann durchaus vorkommen, daß ein Kryptanalytiker sich einen Klartext verschafft, der verschlüsselt wurde oder jemanden besticht, eine bestimmte Nachricht zu verschlüsseln. Manchmal muß man sich gar nicht dieser Mittel bedienen; übergibt man eine Nachricht an den Botschafter eines Landes, wird diese vermutlich verschlüsselt zur Begutachtung nach Hause geschickt. Viele Nachrichten beginnen und enden mit denselben Floskeln, die dem Kryptanalytiker bekannt sind. Verschlüsselter Quellcode ist besonders gefährdet, da immer wieder dieselben Schlüsselwörter auftauchen: #define, struct, else, return. Bei verschlüsselten ausführbaren Dateien sieht es nicht anders aus: es gibt Funktionsaufrufe, Schleifenstrukturen usw. Im zweiten Weltkrieg wurden *known-plaintext*-Angriffe (und sogar *chosen-plaintext*-Angriffe) erfolgreich gegen die Deutschen und Japaner geführt. In den Büchern von David Kahn [794, 795, 796] und Bauer [1654] finden Sie historische Beispiele zu dieser Sorte Angriff.

Und vergessen Sie Kerckhoffs' Maxime nicht: Verläßt sich Ihr neues Kryptosystem darauf, daß Angreifer das Innenleben des Algorithmus nicht kennen, dann haben Sie keine Chance. Es wäre falsch zu glauben, daß ein Kryptosystem sicherer ist, wenn der Algorithmus geheimgehalten statt der akademischen Gemeinde zur Analyse überlassen wird. Es ist naiv, davon auszugehen, daß schon niemand den Code disassemblieren und den Algorithmus rekonstruieren wird. (1994 geschah dies mit dem RC4-Algorithmus; siehe Abschnitt 17.1). Die besten derzeit verfügbaren Algorithmen sind solche, die veröffentlicht, jahrelang von den weltweit besten Kryptographen attackiert und bis heute nicht geknackt wurden. (Die National Security Agency hält ihre Algorithmen geheim. Im Gegensatz zu Ihnen verfügt sie aber auch über die besten Kryptographen der Welt. Darüber hinaus diskutieren diese Leute ihre Algorithmen untereinander und vertrauen darauf, daß etwaige Schwächen in ihrer Arbeit bei gegenseitiger Überprüfung aufgedeckt werden.)

Die Algorithmen sind zwar nicht immer, aber doch häufig bekannt. Als die USA im zweiten Weltkrieg beispielsweise den von japanischen Diplomaten verwendeten Code PURPLE brach [794], hatten die Kryptanalytiker keinen Zugriff auf die Algorithmen. Ist der Algorithmus Bestandteil eines kommerziellen Sicherheitsprogramms, ist es lediglich eine Zeit- und Geldfrage, das Programm zu disassemblieren und den Algorithmus herauszufinden. Wird der Algorithmus in einem vom Militär eingesetzten Kommunikationssystem verwendet, ist der Zeit- und Geldaufwand entscheidend, der zum Kauf (oder Diebstahl) der entsprechenden Ausstattung und zur Rekonstruktion des Algorithmus erforderlich ist.

Leute, die behaupten, daß sie einen unknackbaren Code besitzen, bloß weil sie ihn selbst nicht knacken können, sind entweder Genies oder Dummköpfe. Letztere sind leider weitaus häufiger vertreten. Hüten Sie sich vor Leuten, die die Vorzüge ihrer Algorithmen rühmen, diese aber trotzdem nicht offenlegen; lassen Sie sich nicht für dumm verkaufen; solchen Algorithmen sollten Sie nicht trauen.

Erfahrene Kryptographen bauen auf gegenseitige Kritik, um herauszufinden, welche Algorithmen wirklich gut sind.

Sicherheit von Algorithmen

Die verschiedenen Algorithmen bieten ein unterschiedliches Maß an Sicherheit; dies hängt davon ab, wie schwer ein Algorithmus zu knacken ist. Wenn der zum Aufbrechen eines Algorithmus erforderliche Geldaufwand den Wert der verschlüsselten Daten übersteigt, sind Sie wahrscheinlich sicher. Wenn die dafür notwendige Zeit größer ist als die Zeitspanne, die die verschlüsselten Daten geheim bleiben müssen, sind Sie wahrscheinlich sicher. Wenn das mit einem bestimmten Schlüssel chiffrierte Datenvolumen kleiner ist als die Datenmenge, die zum Knacken des Algorithmus erforderlich ist, sind Sie wahrscheinlich sicher.

Ich sage „wahrscheinlich", da immer mit der Möglichkeit neuer Durchbrüche in der Kryptanalyse zu rechnen ist. Demgegenüber nimmt der Wert der meisten Daten mit der Zeit ab. Es ist wichtig, daß der Wert der Daten immer unter den Kosten liegt, die zum Durchbrechen der entsprechenden Sicherheitsvorkehrungen erforderlich sind.

Lars Knudsen unterteilt das Knacken eines Algorithmus in verschiedene Kategorien, die mit sinkendem Schweregrad wie folgt definiert sind [858]:

1. **Vollständiges Aufbrechen.** Ein Kryptananalytiker findet den Schlüssel K, für den $D_K(C) = P$ gilt.

2. **Globale Deduktion.** Ein Kryptanalytiker findet ohne Kenntnis von K einen alternativen Algorithmus A, der äquivalent zu $D_K(C)$ ist.

3. **Punktuelle (oder lokale) Deduktion.** Ein Kryptanalytiker ermittelt den Klartext zu einem abgefangenen Chiffretext.

4. **Informationsdeduktion.** Ein Kryptanalytiker gelangt an Informationen über den Schlüssel oder den Klartext. Diese könnten aus einigen Bits des Schlüssels, Hinweisen zum Format des Klartextes o.ä. bestehen.

Ein Algorithmus ist **uneingeschränkt sicher**, wenn der Klartext auch dann nicht ermittelt werden kann, wenn Chiffretext in beliebigem Umfang vorhanden ist. Tatsache ist, daß nur ein One-Time-Pad (siehe Abschnitt 1.5) bei unbegrenzten Ressourcen nicht zu knacken ist. Alle anderen Kryptosysteme können mit einem *ciphertext-only*-Angriff gebrochen werden, indem einfach nacheinander alle denkbaren Schlüssel ausprobiert werden und dann nachgesehen wird, ob der entstandene Klartext irgendeinen Sinn ergibt. Ein solches Vorgehen wird **Brute-Force-Angriff** (Angriff mit Brachialgewalt) genannt (siehe Abschnitt 7.1).

Die Kryptographie befaßt sich eher mit Kryptosystemen, die mit angemessenem Berechnungsaufwand nicht geknackt werden können. Ein Algorithmus gilt als **berechnungssicher** (manchmal auch „stark" genannt), wenn er mit derzeit und auch zukünftig vorhandenen Ressourcen nicht gebrochen werden kann. Es ist dabei Interpretationssache, was unter „vorhandenen Ressourcen" zu verstehen ist.

Die Komplexität eines Angriffs (siehe Abschnitt 11.1) läßt sich nach verschiedenen Kriterien messen:

1. **Datenkomplexität.** Die Menge an Eingabedaten, die zur Durchführung eines Angriffs erforderlich sind.

2. **Berechnungskomplexität.** Die Zeit, die zur Durchführung eines Angriffs notwendig ist.

3. **Speicheranforderungen.** Der Speicherplatz, der für den Angriff erforderlich ist.

Als Faustregel sollte man den Aufwand für einen Angriff mit dem Minimum dieser drei Faktoren abschätzen. Bei manchen Angriffen müssen diese Faktoren gegeneinander abgewogen werden: Ein Angriff kann mit mehr verfügbarem Speicher unter Umständen schneller durchgeführt werden.

Die Anzahl der nötigen Rechenoperationen ist ein Maßstab für die Komplexität eines Algorithmus. Liegt der Berechnungsaufwand bei 2^{128}, sind 2^{128} Operationen zum Brechen des Algorithmus erforderlich. (Die Operationen können dabei komplex und zeitintensiv sein.) Selbst wenn man eine Geschwindigkeit von einer Million Operationen pro Sekunde nutzen und eine Million Parallelprozessoren auf die Aufgabe ansetzen kann, dauert es über 10^{19} Jahre, bis der Schlüssel gefunden ist. Dies entspricht dem Milliardenfachen des Alters des Universums.

Während die Komplexität eines Angriffs konstant bleibt (natürlich nur, bis Kryptanalytiker eine bessere Angriffsmethode gefunden haben), ändert sich der Berechnungsaufwand ständig. Die Verarbeitungsleistung wurde in den letzten fünfzig Jahren phänomenal gesteigert und es gibt keinen Grund, daran zu zweifeln, daß sich dieser Trend fortsetzt. Zahlreiche kryptanalytische Attacken sind auf Parallelprozessoren zugeschnitten: Die Aufgaben können in Milliarden kleiner Teilstücke zerlegt werden, wobei die Prozessoren nicht miteinander zu kommunizieren brauchen. Es ist gewagt, einen Algorithmus für sicher zu erklären, bloß weil er bei gängiger Technologie nicht geknackt werden kann. Gute Kryptosysteme sind so aufgebaut, daß sie selbst mit dem vielleicht in Jahrzehnten verfügbaren Berechnungsaufwand nicht zu brechen sind.

Historische Begriffe

Historisch gesehen bezieht sich ein **Code** auf ein Kryptosystem, das sich mit linguistischen Elementen wie Wörtern, Satzteilen, Sätzen usw. befaßt. So könnte das einzelne Wort „OZELOT" beispielsweise der Chiffretext für den ganzen Satz „Wenden Sie sich um 90 Grad nach links" sein, das Wort „LOLLIPOP" für „Wenden Sie sich um 90 Grad nach rechts" und die Wörter „GEKRÜMMTES OHR" für „Haubitze" stehen. Codes dieser Art werden in diesem Buch nicht behandelt, siehe dazu [794, 795]. Sie sind nur in bestimmten Situationen nützlich. Chiffrierungen dagegen lassen sich unter allen Bedingungen sinnvoll einsetzen. Wenn Ihr Code keinen Eintrag für „Ameisenbär" besitzt, können Sie das auch nicht mitteilen. Bei einer Chiffrierung dagegen gibt es in bezug auf die Ausdrucksmöglichkeiten keine Einschränkungen.

1.2 Steganographie

Die **Steganographie** hat den Zweck, Nachrichten in anderen Nachrichten zu verstecken, um die bloße Existenz einer geheimen Botschaft zu verbergen. Die Senderin verfaßt im allgemeinen eine harmlose Nachricht und bringt auf demselben Stück Papier noch eine geheime Botschaft unter. Zu den historischen Tricks gehören unsichtbare Tinte, winzige Einstiche in ausgewählten Buchstaben, kleinste Unterschiede in handgeschriebenen Zeichen, handschriftliche Markierungen auf getippten Buchstaben, Raster, die nur wenige Zeichen nicht überdecken usw.

Neuerdings verbirgt man geheime Nachrichten auch in graphischen Darstellungen. Wenn man die jeweils niedrigsten Bits in den Bytes eines Bilds durch die Bits einer Nachricht ersetzt, ändert sich das Bild dadurch nicht nennenswert. Die meisten Graphikstandards bieten sowieso mehr Farbabstufungen, als das menschliche Auge wahrnehmen kann. Der Empfänger kann die Nachricht dann aus dem Bild extrahieren. Auf diese Weise läßt sich in einem Graustufenbild der Größe 1024×1024 eine 64-KByte-Nachricht speichern. Es gibt einige frei erhältliche Programme, die Nachrichten auf diese Art verbergen.

Die *mimic functions* von Peter Wayner verzerren Nachrichten. Sie verändern eine Nachricht so, daß ihr statistisches Profil dem irgendeines anderen Textes ähnelt: dem Kleinanzeigenteil in der *New York Times*, einem Stück von Shakespeare oder einer News-Gruppe im Internet [1584, 1585]. Diese Art Steganographie täuscht keinen Menschen, aber womöglich irgendwelche großen Computer, die das Internet nach interessanten Nachrichten durchforsten.

1.3 Chiffrierung durch Substitution und Transposition

Bevor es Computer gab, waren kryptographische Algorithmen zeichenorientiert. Zeichen wurden durch andere Zeichen ersetzt oder miteinander vertauscht. Bessere Algorithmen kombinierten diese beiden Methoden, und das oft mehrmals hintereinander.

Heutzutage gestaltet sich die Sache etwas komplizierter, die Grundauffassung ist jedoch geblieben. Der wesentliche Unterschied besteht darin, daß Algorithmen mit Bits statt mit Zeichen arbeiten. Dies entspricht eigentlich bloß einer Reduzierung des Alphabets von 26 auf 2 Elemente. Die meisten guten kryptographischen Algorithmen kombinieren Substitution und Transposition.

Substitutions-Chiffrierung

Bei der Chiffrierung durch Substitution wird jedes Zeichen des Klartexts im Chiffretext durch ein anderes Zeichen ersetzt. Um den Klartext wiederherzustellen, führt der Empfänger im Chiffretext die umgekehrte Substitution durch.

In der klassischen Kryptographie gibt es vier Arten der Substitutions-Chiffrierung:

- Bei der **einfachen Substitutions-Chiffrierung** oder **monoalphabetischen Chiffrierung** wird jedes Zeichen des Klartexts durch ein entsprechendes Zeichen Chiffretext ersetzt. Die Kryptogramme in Zeitungen sind einfache Substitutions-Chiffrierungen.

- Die **homophone Substitutions-Chiffrierung** ähnelt der Chiffrierung durch einfache Substitution, ein Zeichen des Klartexts kann jedoch auf verschiedene Zeichen Chiffretext abgebildet werden. „A" könnte z.B. auf 5, 13, 25 oder 56 und „B" auf 7, 19, 31 oder 42 usw. abgebildet werden.

- Bei der **polygraphischen Substitutions-Chiffrierung** werden Blöcke von Zeichen zu Gruppen verschlüsselt. So könnte „ABA" auf „RTQ", „ABB" auf „SLL" usw. abgebildet werden.

- Eine **polyalphabetische Substitutions-Chiffrierung** besteht aus mehreren Chiffrierungen durch einfache Substitution. Es könnten z.B. fünf unterschiedliche einfache Substitutions-Chiffrierungen verwendet werden, wobei abhängig von der Position eines Zeichens im Klartext eine andere Substitution verwendet wird.

Die berühmte **Caesar-Chiffrierung**, bei der jedes Zeichen durch das Zeichen drei Positionen weiter rechts modulo 26 ersetzt wird, stellt eine einfache Substitutions-Chiffrierung dar („A" wird durch „D", „B" durch „E", ..., „W" durch „Z", „X" durch „A", „Y" durch „B" und „Z" durch „C" ersetzt). Sie ist an sich noch primitiver, da das Chiffre-Alphabet eine Rotation des Klartext-Alphabets und keine willkürliche Permutation darstellt.

ROT13 ist ein einfaches Verschlüsselungsprogramm, das üblicherweise auf UNIX-Systemen zu finden ist; es bedient sich ebenfalls einer einfachen Substitutions-Chiffrierung. Dabei wird „A" durch „N", „B" durch „O" usw. ersetzt. Jeder Buchstabe wird um 13 Plätze rotiert.

Eine zweifache Anwendung von ROT13 auf eine Datei stellt die Originaldatei wieder her.

$$P = ROT13\ (ROT13\ (P))$$

ROT13 ist nicht zum Schutz gedacht; es wird häufig in Usenet-Veröffentlichungen verwendet, um potentiell beleidigenden Text zu kaschieren, die Lösung eines Rätsels zu verbergen usw.

Einfache Substitutions-Chiffrierungen sind leicht zu knacken, da diese die Häufigkeit der verschiedenen Buchstaben des Klartexts nicht verändern. Ein geübter Kryptanalytiker benötigt nur etwa 25 englische Buchstaben, um den Klartext zu rekonstruieren [1434]. Ein Algorithmus zum Aufbrechen dieser Sorte Chiffrierung findet sich in [578, 587, 1600, 78, 1475, 1236, 880]. Ein guter Computer-Algorithmus wird in [703] beschrieben.

Die homophone Substitutions-Chiffrierung wurde bereits 1401 vom Herzog von Mantua benutzt [794]. Sie ist wesentlich schwieriger zu brechen als die einfache Substitutions-Chiffrierung, verbirgt aber noch nicht alle statistischen Eigenschaften der Klartextsprache. Mit einem *known-plaintext*-Angriff läßt sich diese Sorte Chiffrierung leicht knacken. Ein *ciphertext-only*-Angriff ist zwar mühsamer, benötigt auf einem Computer trotzdem nur wenige Sekunden. Einzelheiten finden Sie in [1261].

Bei der polygraphischen Substitutions-Chiffrierung werden ganze Buchstabengruppen verschlüsselt. Die 1854 erfundene Playfair-Chiffrierung wurde von den Briten während des ersten Weltkriegs verwendet [794]. Dabei werden die Buchstaben paarweise verschlüsselt. Seine Kryptananalyse wird in [587, 1475, 880] beschrieben. Ein weiteres Beispiel für eine polygraphische Substitutions-Chiffrierung stellt die Hill-Chiffrierung dar [732]. Manchmal wird zur Chiffrierung auch die Huffman-Kodierung herangezogen; sie stellt eine unsichere polygraphische Substitutions-Chiffrierung dar.

Die polyalphabetische Substitutions-Chiffrierung wurde 1568 von Leon Battista erfunden [794]. Sie wurde von der Nordstaatenarmee im amerikanischen Bürgerkrieg eingesetzt. Trotz der Tatsache, daß sie insbesondere mit Computern leicht gebrochen werden kann [819, 577, 587, 794], wird sie in kommerzieller Sicherheits-Software häufig verwendet [1387, 1390, 1502]. (In [135, 139] finden Sie ausführliche Informationen über das Aufbrechen dieses Verschlüsselungsverfahrens, wie es z.B. in WordPerfect benutzt wird.) Die erstmals 1586 veröffentlichte Vigenère- sowie die Beaufort-Chiffrierung sind weitere Beispiele für eine polyalphabetische Substitutions-Chiffrierung.

Bei der polyalphabetischen Substitutions-Chiffrierung gibt es mehrere einbuchstabige Schlüssel, wobei jeder zur Verschlüsselung eines Klartextbuchstabens verwendet wird. Der erste Schlüssel chiffriert den ersten Buchstaben des Klartexts, der zweite Schlüssel den zweiten Buchstaben usw. Nachdem alle Schlüssel aufgebraucht sind, werden sie der Reihe nach wieder verwendet. Bei 20 einbuchstabigen Schlüsseln würde jeder zwanzigste Buchstabe mit demselben Schlüssel chiffriert. Dies wird als **Periode** der Chiffrierung bezeichnet. In der klassischen Kryptographie waren Chiffrierungen mit längeren Perioden erheblich schwieriger zu knacken als solche mit kurzen Perioden. Inzwischen gibt es Computerverfahren, die Substitutions-Chiffrierungen mit sehr langen Perioden problemlos brechen.

Ein weiteres Beispiel für diese Art der Chiffrierung ist die **Chiffrierung mit fortlaufendem Schlüssel** – manchmal auch Buchchiffrierung genannt –, bei der ein Text zur Verschlüsselung eines anderen Texts verwendet wird. Obwohl diese Chiffrierung eine Periode von der Länge des Texts besitzt, kann sie doch leicht geknackt werden [576, 794].

Transpositions-Chiffrierung

Bei der **Chiffrierung durch Transposition** bleibt der Klartext im Prinzip erhalten, es werden lediglich die einzelnen Zeichen durcheinandergewürfelt. Bei einer **Chiffrierung mit einfacher Spaltentransposition** wird der Klartext horizontal in festgelegter Breite auf ein Stück Karopapier geschrieben und der Chiffretext dann vertikal davon abgelesen (siehe Abbildung 1.4). Bei der Entschlüsselung wird der Chiffretext vertikal auf Karopapier gleicher Breite geschrieben und der Klartext dann horizontal abgelesen.

Die Kryptanalyse dieser Art von Chiffrierung wird in [587, 1475] beschrieben. Da die Buchstaben des Chiffretexts mit denen des Klartexts übereinstimmen, würde eine Häufigkeitsanalyse des Chiffretexts ergeben, daß jeder Buchstabe in etwa mit derselben Wahrscheinlichkeit wie im Englischen auftritt. Dies liefert dem Kryptanalytiker einen

---

Klartext: COMPUTER GRAPHICS MAY BE SLOW BUT AT LEAST IT'S EXPENSIVE.

```
COMPUTERGR
APHICSMAYB
ESLOWBUTAT
LEASTITSEX
PENSIVE
```

Chiffretext: CAELP OPSEE MHLAN PIOSS UCWTI TSBIV EMUTE RATSG YAERB TX

Abb. 1.4: Chiffrierung mit Spaltentransposition

entscheidenen Hinweis, so daß er sich nun mit einer Vielzahl verschiedener Verfahren an die Arbeit machen kann, um die Reihenfolge der Buchstaben im Klartext zu ermitteln. Es erhöht die Sicherheit enorm, wenn der Chiffretext einer weiteren Transposition unterzogen wird. Es gibt auch kompliziertere Transpositions-Chiffrierungen, die jedoch fast ausnahmslos von Computern geknackt werden können.

Die deutsche ADFGVX-Chiffrierung, die im ersten Weltkrieg verwendet wurde, stellt eine Transpositions-Chiffrierung dar, die mit einer einfachen Substitution kombiniert ist. Für damalige Verhältnisse war dieser Algorithmus sehr komplex; er wurde jedoch von dem französischen Kryptanalytiker Georges Painvin gebrochen [794].

Wenngleich viele der modernen Algorithmen damit arbeiten, ist die Transposition doch unhandlich, da sie viel Speicherplatz benötigt und gelegentlich nur Nachrichten bestimmter Längen verträgt. Substitution ist weitaus häufiger zu finden.

Rotormaschinen

In den zwanziger Jahren wurden verschiedene mechanische Verschlüsselungsapparate erfunden, um die Chiffrierung zu automatisieren. Die meisten davon bedienten sich eines **Rotors**, einer mechanischen Walze, die so verdrahtet war, daß sie eine allgemeine Substitution durchführen konnte.

Eine **Rotormaschine** besitzt eine Tastatur und eine Reihe von Rotoren, womit eine Variante der Vigenère-Chiffrierung implementiert wird. Jeder Rotor stellt eine beliebige Permutation des Alphabets dar, besitzt 26 Positionen und führt eine einfache Substitution durch. Ein Rotor könnte beispielsweise so verdrahtet sein, daß er „A" durch „F", „B" durch „U", „C" durch „L" usw. ersetzt. Die Ausgangskontakte eines Rotors sind mit den Eingangskontakten des jeweils nächsten Rotors verbunden.

Bei einem Gerät mit vier Rotoren beispielsweise könnte der erste Rotor „A" durch „F", der zweite Rotor „F" durch „Y", der dritte „Y" durch „E" und der vierte „E" durch „C" ersetzen. Der ausgegebene Chiffretext wäre in diesem Fall „C". Danach werden einige der Rotoren weitergerückt, so daß beim nächsten Mal eine andere Substitution erfolgt.

Gerade die Kombination aus mehreren Rotoren mitsamt ihrer Verschiebevorrichtung macht die Maschine sicher. Da die Rotoren in unterschiedlichen Intervallen weitergerückt werden, beträgt die Periode eines Geräts mit n Rotoren 26^n. Bei manchen Modellen besitzt jeder Rotor unterschiedlich viele Positionen, was eine Kryptanalyse zusätzlich erschwert.

Die bekannteste Rotormaschine ist die Enigma, die von den Deutschen im zweiten Weltkrieg eingesetzt wurde. Die Idee stammt von dem Deutschen Arthur Scherbius und dem Schweden Arvid Gerhard Damm. Sie wurde in den USA von Arthur Scherbius patentiert [1383]. Die Deutschen bauten sie für den Kriegseinsatz erheblich aus.

Die deutsche Enigma war ursprünglich mit fünf Rotoren, von denen jeweils drei verwendet wurden, einem Steckerbrett, das den Klartext leicht permutierte, sowie einem Reflektor ausgestattet, der bewirkte, daß alle Rotoren jeden Klartextbuchstaben zweimal bearbeiteten. Obwohl die Enigma höchst kompliziert aufgebaut war, wurde sie im zweiten Weltkrieg geknackt. Als erstes gelang dies einem Team polnischer Kryptographen, die ihre Erkenntnisse an die Briten weitergaben. Im Verlauf des Krieges nahmen die Deutschen an der Enigma diverse Änderungen vor, und die Briten fuhren mit der Kryptanalyse dieser neuen Varianten fort. Wie die Chiffrierung mit Rotormaschinen funktioniert und wie sie geknackt wurde, wird in [794, 86, 448, 498, 446, 880, 1315, 1587, 690] beschrieben. Zwei faszinierende Beiträge darüber, wie die Enigma geknackt wurde, liefern [735, 796].

Weiterführende Literatur

Da dies kein Buch über klassische Kryptographie ist, befaßt es sich nicht weiter mit dieser Thematik. [587, 1475] sind zwei ausgezeichnete Bücher über die Kryptologie vor der Ära des Computers; [448] beschreibt moderne Kryptanalyseverfahren von Chiffriermaschinen. Dorothy Dennis behandelt viele dieser Chiffrierungen in [456], und [880] beinhaltet ziemlich komplexe mathematische Analysemethoden dieser Chiffrierverfahren. [99] ist ein älterer Text über analoge Kryptographie. Der Artikel [579] gibt eine gute Übersicht zu diesem Thema. Auch die historischen Schilderungen von David Kahn sind unbedingt lesenswert [794, 795, 796].

1.4 Einfaches XOR

XOR ist die Operation für exklusives ODER, das „^" in C und $\oplus$ in mathematischer Notation geschrieben wird. Es ist eine Standardoperation, die auf Bits arbeitet:

$$0 \oplus 0 = 0$$
$$0 \oplus 1 = 1$$
$$1 \oplus 0 = 1$$
$$1 \oplus 1 = 0$$

Beachten Sie außerdem:

$$a \oplus a = 0$$
$$a \oplus b \oplus b = a$$

Der Algorithmus für einfaches XOR ist sehr primitiv; er stellt lediglich eine polyalphabetische Vigenère-Chiffrierung dar. Er wird hier nur angeführt, weil er in kommerziellen Software-Paketen, zumindest in der MS-DOS- und Macintosh-Welt, häufig anzutreffen ist [1502, 1387]. Leider ist die Wahrscheinlichkeit groß, daß es sich um eine Variante dieses Algorithmus handelt, wenn ein Sicherheitssoftwarepaket für sich beansprucht, einen „eigenen" Verschlüsselungsalgorithmus zu verwenden, der deutlich schneller als DES ist.

```
/* Verwendung: crypto schluessel eingabedatei ausgabedatei */

void main (int argc, char *argv[])
{
    FILE *fi, *fo;
    char *cp;
    int c;

    if ((cp = argv[1]) && *cp!='\0') {
        if ((fi = fopen(argv[2], "rb")) != NULL) {
            if ((fo = fopen(argv[3], "wb")) != NULL) {
                while ((c = getc(fi)) != EOF) {
                    if (!*cp) cp = argv[1];
                    c ^= *(cp++);
                    putc(c,fo);
                }
                fclose(fo);
            }
            fclose(fi);
        }
    }
}
```

Dies ist ein symmetrischer Algorithmus. Der Chiffretext wird gebildet, indem der Klartext mit einem Schlüsselwort XOR-verknüpft wird. Da die zweifache Anwendung der XOR-Operation das Original wiederherstellt, wird zur Ver- und Entschlüsselung genau dasselbe Programm verwendet:

$$P \oplus K = C$$
$$C \oplus K = P$$

Hier ist kein wirklicher Schutz gegeben. Diese Art von Verschlüsselung läßt sich auch ohne Computer problemlos brechen [587, 1475]. Mit einem Computer dauert es nur wenige Sekunden.

Angenommen, der Klartext wurde in englisch abgefaßt. Ferner sei der Schlüssel nur wenige Bytes lang. Die Chiffrierung läßt sich dann folgendermaßen knacken:

1. Sie ermitteln die Schlüssellänge anhand eines Verfahrens namens **Koinzidenzerfassung** (*counting coincidences*) [577]. Sie XOR-verküpfen den Chiffretext mit sich selbst, wobei Sie die Kopie um einige Bytes verschieben. Sie zählen die Bytes, die gleich geblieben sind. Wenn die Verschiebung ein Vielfaches der Schlüssellänge beträgt, sind etwas über 6 Prozent der Bytes, anderenfalls weniger als 0,4 Prozent unverändert geblieben (unter der Annahme, daß normaler ASCII-Text anhand eines zufällig gewählten Schlüssels chiffriert wird; bei anderem Klartext ergeben sich abweichende Zahlen). Dies wird **Koinzidenzindex** (*index of coincidence*) genannt. Die kleinste Verschiebung, deren Ergebnisse auf ein Vielfaches der Schlüssellänge hindeuten, ist die Länge des Schlüssels.

2. Sie verschieben den Chiffretext um diese Länge und XOR-verküpfen ihn mit sich selbst. Dadurch wird der Schlüssel beseitigt, und es verbleibt der Klartext, XOR-verknüpft mit dem um die Schlüssellänge verschobenen Klartext. Da das Englische 1,3 Bits an wirklicher Information pro Byte beinhaltet (siehe Abschnitt 11.1), ist reichlich Redundanz vorhanden, um eine eindeutige Dechiffrierung zu erreichen.

Nichtsdestotrotz gibt es eine schier unglaubliche Anzahl von Software-Anbietern, die dieses Spielzeug als Algorithmus anpreisen, der „fast so sicher ist wie DES" [1387]. Dies ist der Algorithmus (mit einem 160 Bit langen periodischen „Schlüssel"), den die NSA schließlich den US-amerikanischen Mobiltelefonanbietern für geheime Telefonate zu verwenden erlaubte. Mit XOR können Sie Ihre kleine Schwester vielleicht von Ihren Dateien fernhalten, einen Kryptoanalytiker stoppen Sie aber höchstens ein paar Minuten.

1.5 One-Time-Pads

Es ist unglaublich, aber wahr: es gibt das perfekte Verschlüsselungskonzept. Es nennt sich **One-Time-Pad** (Einmalblock) und wurde 1917 von Major Joseph Mauborgne und Gilbert Vernam von AT&T erfunden [794]. (Eigentlich ist das One-Time-Pad ein Spezialfall einer Schwellenwertmethode; siehe Abschnitt 3.7.) Klassischerweise besteht ein One-Time-Pad aus nichts weiter als einer sehr langen Folge von zufällig gewählten Schlüsselbuchstaben, die auf mehrere Blätter Papier geschrieben und zu einem Block zusammengeklebt werden. In seiner ursprünglichen Form war es ein Lochstreifen für Fernschreiber. Der Sender chiffriert mit jedem Schlüsselbuchstaben auf dem Block genau ein Klartextzeichen. Die Verschlüsselung wird durch Addition modulo 26 des Klartextzeichens mit dem Schlüsselzeichen auf dem One-Time-Pad erreicht.

Dabei wird jeder Schlüsselbuchstabe genau einmal und nur in einer einzigen Nachricht verwendet. Der Sender verschlüsselt die Nachricht und vernichtet die benutzten Blockseiten oder Abschnitte des Lochstreifens. Der Empfänger besitzt einen identischen Block und dechiffriert die einzelnen Buchstaben des Chiffretexts wiederum anhand einzelner

Schlüsselzeichen im Block. Danach vernichtet er dieselben Blockseiten oder Lochstreifenabschnitte. Bei einer neuen Nachricht werden neue Schlüsselbuchstaben verwendet. Lautet die Nachricht beispielsweise

ONETIMEPAD

und die Schlüsselsequenz auf dem Block

TBFRGFARFM

dann ist der Chiffretext

IPKLPSFHGQ

da

$$O + T \bmod 26 = I$$
$$N + B \bmod 26 = P$$
$$E + F \bmod 26 = K$$
usw.

Solange ein Schnüffler keinen Zugriff auf das One-Time-Pad erlangt, das zur Verschlüsselung der Nachricht verwendet wurde, ist dieses Konzept absolut sicher. Ein bestimmter Chiffretext kann mit derselben Wahrscheinlichkeit zu jedem der möglichen Klartexte gleicher Länge gehören.

Da jede Schlüsselsequenz gleich wahrscheinlich ist (wie bereits erwähnt, werden die Schlüsselbuchstaben zufällig erzeugt), besitzt ein Gegenspieler keinerlei Informationen, mit denen er den Chiffretext einer Kryptanalyse unterziehen könnte. Die Schlüsselsequenz könnte ebensogut

POYYAEAAZX

lauten, was entschlüsselt

SALMONEGGS

ergibt oder

BXFGBMTMXM

was dechiffriert

GREENFLUID

bedeutet. Diese Tatsache sollte noch einmal betont werden: Da jede Klartextnachricht gleich wahrscheinlich ist, gibt es für den Kryptanalytiker keine Möglichkeit zu ermitteln, welche davon die richtige ist. Eine zufällig gewählte Schlüsselsequenz, die zu einem nicht zufälligen Klartext addiert wird, erzeugt einen völlig willkürlichen Chiffretext. Keine noch so überragende Verarbeitungsleistung kann daran irgend etwas ändern.

Die Vorbehalte gegen diese Methode, und diese sind nicht zu vernachlässigen, beziehen sich darauf, daß die Schlüsselbuchstaben zufällig generiert werden müssen. Jeder Angriff gegen dieses Konzept wird sich auf das Verfahren konzentrieren, das zur Erzeugung der Schlüsselbuchstaben verwendet wird. Generatoren von Pseudozufallszahlen zählen hier nicht; sie weisen immer Regelmäßigkeiten auf. Wenn Sie eine echte Zufallszahlenquelle benutzen, ist die Sache sicher. Dies ist jedoch wesentlich schwieriger, als es auf den ersten Blick erscheinen mag (siehe Abschnitt 17.14).

Der andere entscheidende Punkt ist, daß man die Schlüsselsequenz unter keinen Umständen nochmal verwenden kann. Selbst wenn Sie einen mehrere Gigabyte umfassenden Block benutzen, kann ein Kryptanalytiker den Klartext rekonstruieren, sofern er über mehrere Chiffretexte verfügt, deren Schlüssel sich überschneiden. Dazu verschiebt er die Chiffretexte paarweise gegeneinander und zählt jeweils die Anzahl der Übereinstimmungen. Wenn sie richtig ausgerichtet sind, steigt der Prozentsatz der Übereinstimmungen sprunghaft an, wobei der genaue Wert von der Klartextsprache abhängt. Ab diesem Punkt ist die Kryptanalyse einfach. Sie entspricht im wesentlichen dem Koinzidenzindex, es müssen aber nur zwei „Perioden" verglichen werden [904]. Verwenden Sie die Schlüsselsequenz daher nur einmal.

Das Konzept des One-Time-Pads läßt sich problemlos auf binäre Daten erweitern. Statt eines Einmalblocks mit Buchstaben verwendet man einen Block mit Bits. Statt Addition des Klartexts mit dem One-Time-Pad benutzt man XOR. Bei der Entschlüsselung wird der Chiffretext mit demselben One-Time-Pad XOR-verknüpft. Alles andere bleibt beim alten, und absolute Sicherheit ist gewährleistet.

Das alles klingt recht überzeugend, wirft jedoch einige Probleme auf. Da die Schlüsselbits zufällig sein müssen und nie wieder verwendet werden dürfen, muß die Länge der Schlüsselsequenz mit der Länge der Nachricht übereinstimmen. Ein One-Time-Pad eignet sich also bestenfalls für einige kurze Mitteilungen, aber keinesfalls für einen Kommunikationskanal mit 1,544 Megabit/s. Sie können 650 MB voller Zufallsbits auf einer CD-ROM speichern, das ist jedoch bereits mit Schwierigkeiten verbunden. Zum einen brauchen Sie genau zwei Kopien der Zufallsbits, CD-ROMs rechnen sich aber nur bei großen Stückzahlen. Zum zweiten müssen Sie die bereits verwendeten Bits vernichten. Auf einer CD-ROM können keine Daten gelöscht werden, falls Sie nicht die CD selbst zerstören wollen. Ein digitales Bandlaufwerk ist hier wesentlich besser geeignet.

Auch wenn Sie das Problem mit der Speicherung und Weitergabe des Schlüssels gelöst haben, müssen Sie noch sicherstellen, daß Sender und Empfänger perfekt synchronisiert sind. Wenn der Empfänger um ein Bit danebenliegt (oder Bits bei der Übertragung verlorengegangen sind), verliert die Nachricht jeden Sinn. Wenn bei der Übertragung andererseits irgendwelche Bits geändert wurden (ohne daß Bits hinzugefügt oder entfernt wurden – was durch Kanalrauschen viel eher vorkommen kann), werden auch nur diese Bits falsch entschlüsselt. Ein One-Time-Pad bietet aber keine Authentifizierung.

One-Time-Pads werden auch heute verwendet, vorzugsweise bei Kommunikationskanälen mit niedriger Bandbreite und höchsten Sicherheitsansprüchen. Gerüchten zufolge wurde die Hotline zwischen den USA und der ehemaligen Sowjetunion (gibt es das rote Telefon überhaupt noch?) mit einem One-Time-Pad verschlüsselt. Zahlreiche Nachrichten sowjetischer Spione wurden mit One-Time-Pads chiffriert. Diese Mitteilungen sind bis heute geschützt und werden es bis in alle Ewigkeit bleiben. Supercomputer können end- und erfolglos mit diesem Problem beschäftigt werden. Selbst die Aliens von Andromeda, die mit riesigen Raumschiffen und unvorstellbarer Rechenleistung vielleicht einmal auf der Erde landen, werden die sowjetischen, mit One-Time-Pads chiffrierten Botschaften nicht entschlüsseln können (falls sie nicht eine kleine Reise in die Vergangenheit unternehmen und sich die One-Time-Pads besorgen).

1.6 Computer-Algorithmen

Es gibt zahlreiche kryptographische Algorithmen, unter denen die drei folgenden am weitesten verbreitet sind:

- DES (Data Encryption Standard) ist der am häufigsten verwendete Computer-Algorithmus zur Verschlüsselung. DES ist sowohl US- als auch internationaler Standard. Er gehört zu den symmetrischen Algorithmen; zur Ver- und Entschlüsselung wird derselbe Schlüssel benutzt.

- RSA (benannt nach seinen Entwicklern Rivest, Shamir und Adleman) ist der beliebteste Algorithmus mit öffentlichem Schlüssel. Er kann sowohl zur Verschlüsselung als auch für digitale Signaturen verwendet werden.

- DSA (Digital Signature Algorithm, wird als Bestandteil des Digital Signature Standard verwendet) ist ein weiterer Algorithmus mit öffentlichem Schlüssel. Er kann nicht zur Verschlüsselung, sondern nur für digitale Signaturen eingesetzt werden.

Das vorliegende Buch beschäftigt sich mit dieser Art von Algorithmen.

1.7 Größenordnungen

Im Verlauf dieses Buches verwende ich immer wieder große Zahlen, um verschiedene Aspekte der Kryptographie zu beschreiben. Da man über solche Zahlen schnell den Überblick verliert und sich ihre Reichweite so schlecht vorstellen kann, enthält Tabelle 1.1 einige physikalische Beispiele für sehr große Zahlen.

Diese Zahlen geben geschätzte Größenordnungen wieder und wurden verschiedensten Quellen entnommen. Viele der Zahlen aus der Astrophysik werden in der Abhandlung „Time Without End: Physics and Biology in an Open Universe" von Freeman Dyson erklärt, die im Juli 1979 in *Reviews of Modern Physics*, Band 52, Nr. 3, Seite 447-460 erschien. Die Wahrscheinlichkeit, bei einem Autounfall ums Leben zu kommen, wurde anhand der Statistiken des Department of Transportation berechnet, die für 1993 163 Todesfälle pro eine Million Einwohner und eine durchschnittliche Lebenserwartung von 69,7 Jahren ausweisen.

Physikalische Beispiele	Zahl
Wahrscheinlichkeit, vom Blitz erschlagen zu werden (pro Tag)	1 zu 9 Milliarden (2^{33})
Wahrscheinlichkeit für den Hauptgewinn in einer US-Staatslotterie	1 zu 4.000.000 (2^{22})
Wahrscheinlichkeit, den Hauptgewinn in einer US-Staatslotterie zu bekommen und am gleichen Tag vom Blitz erschlagen zu werden	1 zu 2^{55}
Wahrscheinlichkeit zu ertrinken (in den USA pro Jahr)	1 zu 59.000 (2^{16})
Wahrscheinlichkeit, bei einem Autounfall ums Leben zu kommen (1993 in den USA)	1 zu 6100 (2^{13})
Wahrscheinlichkeit, bei einem Autounfall ums Leben zu kommen (im Laufe seines Lebens in den USA)	1 zu 88 (2^{7})
Beginn der nächsten Eiszeit	in 14.000 (2^{14}) Jahren
Zeit, bis die Sonne zur Nova wird	10^{9} (2^{30}) Jahre
Alter der Erde	10^{9} (2^{30}) Jahre
Alter des Universums	10^{10} (2^{34}) Jahre
Anzahl der Atome in der Erde	10^{51} (2^{170})
Anzahl der Atome in der Sonne	10^{57} (2^{190})
Anzahl der Atome in unserer Galaxie	10^{67} (2^{223})
Anzahl der Atome im Universum (ohne dunkle Materie)	10^{77} (2^{265})
Größe des Universums	10^{84} (2^{280}) cm^3
Falls das Universum geschlossen ist:	
Lebensdauer des Universums	10^{11} (2^{37}) Jahre
	10^{18} (2^{61}) Sekunden
Falls das Universum offen ist:	
Zeit, bis die Sterne mit geringer Masse erkaltet sind	10^{14} (2^{47}) Jahre
Zeit, bis sich die Planeten von den Sternen trennen	10^{15} (2^{50}) Jahre
Zeit, bis sich die Sterne von den Galaxien befreien	10^{19} (2^{64}) Jahre
Zeit, bis die Umlaufbahnen durch Gravitationsstrahlung zerfallen	10^{20} (2^{67}) Jahre
Zeit, bis schwarze Löcher durch den Hawking-Prozeß zerfallen	10^{64} (2^{213}) Jahre
Zeit, bis sämtliche Materie bei null Kelvin flüssig wird	10^{65} (2^{216}) Jahre
Zeit, bis sämtliche Materie zu Eisen zerfällt	$10^{10^{26}}$ Jahre
Zeit, bis sämtliche Materie zu schwarzen Löchern kollabiert	$10^{10^{76}}$ Jahre

Tabelle 1.1: Große Zahlen

Teil I
Kryptographische Protokolle

2 Protokollelemente

2.1 Einführung in Protokolle

Die Kryptographie dient ausschließlich der Lösung von Problemen. (Auch Computer haben eigentlich keinen anderen Zweck – viele Leute scheinen das aber immer wieder zu vergessen.) Die Kryptographie befaßt sich mit Problemen, die mit Geheimhaltung, Authentifizierung, Integrität und unehrlichen Menschen zu tun haben. Man kann alles über kryptographische Algorithmen und Verfahrensweisen lernen, diese bleiben jedoch akademisch, solange sie nicht zur Problemlösung eingesetzt werden können. Deshalb werden wir uns zunächst mit Protokollen beschäftigen.

Ein **Protokoll** dient der Durchführung einer bestimmten Aufgabe und besteht aus einer Folge von Aktionen, an denen zwei oder mehr Parteien beteiligt sind. Diese Definition ist wichtig. Eine „Folge von Aktionen" bedeutet, daß das Protokoll in einer festgelegten Abfolge von Anfang bis Ende durchgeführt wird. Die einzelnen Aktionen erfolgen nacheinander und keine davon darf vor Abschluß der vorangehenden beginnen. „Zwei oder mehr Parteien" bedeutet, daß zur Durchführung des Protokolls mindestens zwei Personen erforderlich sind; mit einer Person allein läßt sich kein Protokoll aufstellen. Eine einzelne Person kann in einer Folge von Aktionen eine Aufgabe erledigen (z.B. einen Kuchen backen), dies stellt jedoch kein Protokoll dar. (Dazu müßte der Kuchen erst noch von jemandem gegessen werden.) „Durchführung einer bestimmten Aufgabe" schließlich bedeutet, daß mit dem Protokoll etwas erreicht wird. Was wie ein Protokoll aussieht, aber kein Ziel verfolgt, ist kein Protokoll, sondern reine Zeitverschwendung.

Protokolle besitzen weitere Merkmale:

- Alle am Protokoll Beteiligten müssen das Protokoll und alle vorzunehmenden Aktionen im voraus kennen.
- Alle am Protokoll Beteiligten müssen sich an die vereinbarten Regeln halten.
- Das Protokoll darf keine Mehrdeutigkeiten aufweisen; jede Aktion ist klar definiert; es sind keine Mißverständnisse möglich.
- Das Protokoll muß vollständig sein; jeder denkbaren Situation ist eine bestimmte Aktion zugeordnet.

Die in diesem Buch beschriebenen Protokolle sind als Abfolge bestimmter Aktionen dargestellt. Die Durchführung des Protokolls vollzieht sich kontinuierlich anhand der einzelnen Aktionen, sofern keine Anweisung zur Verzweigung zu einer anderen Aktion gegeben wird. Jede Aktion umfaßt mindestens einen von zwei Aspekten: Berechnungen durch eine oder mehrere der Beteiligten, oder Nachrichten, die unter den Parteien ausgetauscht werden.

Ein **kryptographisches Protokoll** ist ein Protokoll, das kryptographische Mittel einsetzt. Die daran beteiligten Personen sind vielleicht befreundet und vertrauen einander absolut. Es könnten aber auch Kontrahenten sein, die einander überhaupt nicht über den Weg trauen. Ein kryptographisches Protokoll umfaßt zwar kryptographische Algorithmen, soll aber normalerweise nicht bloß einfache Geheimhaltung leisten. Die beteiligten Parteien nutzen z.B. Teile ihrer geheimen Daten gemeinsam, um bestimmte Werte zu berechnen, erzeugen miteinander Zufallssequenzen, überzeugen einander von ihrer jeweiligen Identität oder unterzeichnen gleichzeitig einen Vertrag. Der Sinn kryptographischer Mittel in einem Protokoll besteht darin, Lauschangriffe und Betrügereien zu verhindern oder aufzudecken. Sind Ihnen solche Protokolle völlig neu, werden sich Ihre Vorstellungen, was mißtrauische Parteien über ein Computernetz so alles zustande bringen, radikal ändern. Allgemein läßt sich folgende Richtlinie aufstellen:

- Es sollte nicht möglich sein, mehr zu tun oder zu erfahren, als im Protokoll festgeschrieben ist.

Diese Anforderung ist wesentlich höher, als sie auf den ersten Blick erscheint. In den nächsten Abschnitten werden zahlreiche Protokolle beschrieben. Bei einigen kann einer der Beteiligten den anderen betrügen. Bei manchen Protokollen kann ein Lauscher das Protokoll unterminieren oder sich geheime Informationen verschaffen. Es gibt Protokolle, die nicht funktionieren, da ihre Erfinder die Anforderungen nicht streng genug definiert haben. Wie auch bei Algorithmen ist es viel einfacher, ein Protokoll als unsicher zu entlarven als dessen Sicherheit zu beweisen.

Zweck von Protokollen

Im Alltag gibt es für fast alle Situationen informelle Protokolle: Einkaufen per Telefon, Pokern, Wählen. Niemand denkt groß über solche Protokolle nach; sie haben sich mit der Zeit herausgebildet, jeder weiß sie zu benutzen und sie erfüllen ihren Zweck recht gut.

Inzwischen werden soziale Interaktionen zunehmend über Computernetze und nicht mehr in direktem persönlichen Kontakt abgewickelt. Dazu müssen formale Protokolle entwickelt werden, die dasselbe leisten wie das, was die Leute bereits mehr oder weniger bewußt vereinbart haben. Wenn Sie in einen anderen Staat umgezogen sind und dort eine völlig ungewohnte Wahlkabine vorfinden, können Sie sich problemlos anpassen. Computer sind längst nicht so flexibel. Viele direkte Protokolle setzen die unmittelbare Anwesenheit der Beteiligten voraus, damit Sicherheit und Fairness gewährleistet sind. Würden Sie einem Fremden Geld schicken, damit er Ihre Lebensmittel einkauft? Pokern Sie mit jemandem, den Sie nicht mischen und geben sehen? Senden Sie der Regierung Ihren geheimen Wahlzettel, wenn keine Anonymität gewährleistet ist?

Es ist naiv, davon auszugehen, daß die Benutzer oder Verwalter von Computernetzen ehrlich sind. Es ist sogar naiv zu glauben, daß die Entwickler von Computernetzen ehrlich sind. Die meisten sind es natürlich schon, aber einige wenige schwarze Schafe können erheblichen Schaden anrichten. Durch die Formalisierung der Protokolle läßt sich untersuchen, auf welche Weise sie von unehrlichen Leuten unterminiert werden können. Darauf aufbauend lassen sich Protokolle entwerfen, die gegen solche Unterfangen immun sind.

Protokolle formalisieren nicht nur die Verhaltensweise, sondern abstrahieren die Durchführung einer Aufgabe auf den jeweils angewandten Mechanismus. So kann ein und dasselbe Kommunikationsprotokoll sowohl auf einem PC als auch auf einer VAX implementiert werden. Wir können uns mit dem Protokoll befassen, ohne uns in den Einzelheiten der Implementierung zu verzetteln. Wenn wir von der Qualität eines Protokolls überzeugt sind, können wir es überall einbauen, sei es nun ein Computer, ein Telefon oder ein intelligenter Toaster.

Die Mitspieler

Einige Personen haben mit zur Demonstration der verschiedenen Protokolle freundlicherweise ihre Unterstützung zugesichert (siehe Tabelle 2.1). Die ersten beiden sind Alice und Bob. Sie werden alle Protokolle durchführen, an denen zwei Parteien beteiligt sind. In der Regel wird Alice die Protokolle einleiten, und Bob wird ihr antworten. Wenn ein Protokoll eine dritte oder vierte Person erfordert, kommen Carol und Dave ins Spiel. Weitere Akteure werden in bestimmten Nebenrollen eingesetzt; sie werden später noch vorgestellt.

Tabelle 2.1: Personen der Handlung

Alice	Erste Beteiligte an allen Protokollen
Bob	Zweiter Beteiligter an allen Protokollen
Carol	Beteiligt an Protokollen mit drei oder vier Teilnehmern
Dave	Beteiligt an Protokollen mit vier Parteien
Eve	Lauscherin (*eavesdropper*)
Mallory	Bösartiger aktiver Angreifer (*malicious*)
Trent	Treuhänder und vertrauenswürdiger Vermittler
Walter	Wächter, der Alice und Bob bei manchen Protokollen bewacht
Peggy	Beweisführende (*prover*)
Victor	Verifizierer

Protokolle mit Vermittler

Ein **Vermittler** (*arbitrator*) ist eine unvoreingenommene dritte Partei, der die Durchführung eines Protokolls anvertraut wird (siehe Abbildung 2.1a). „Unvoreingenommen" bedeutet, daß der Vermittler weder ein persönliches Interesse am Protokoll noch eine spezielle Vorliebe für eine der beteiligten Parteien besitzt. „Anvertrauen" bedeutet, daß alle am Protokoll Beteiligten das glauben, was der Vermittler sagt, für richtig halten,

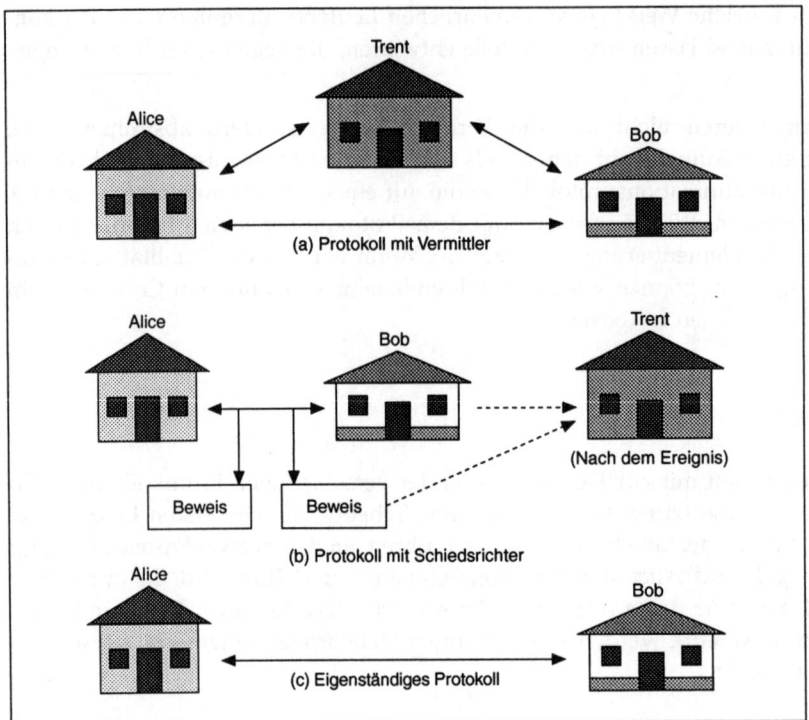

Abb. 2.1: Protokollarten

was er tut, und akzeptieren, daß er seinen Part des Protokolls durchführt. Ein Vermittler kann bei Protokollen zwischen einander mißtrauisch gegenüberstehenden Parteien vermitteln.

Im wirklichen Leben werden als Vermittler häufig Anwälte herangezogen. Angenommen, Alice verkauft einen Wagen an Bob, einen Fremden. Bob möchte mit Scheck bezahlen, Alice hat jedoch keine Möglichkeit zu überprüfen, ob der Scheck gedeckt ist. Alice möchte das Geld auf ihrem Konto haben, bevor Bob den Fahrzeugbrief erhält. Bob, der Alice nicht mehr vertraut als sie ihm, möchte seinen Scheck nicht aushändigen, ohne dafür das Dokument zu erhalten.

Also schaltet man einen Anwalt ein, dem beide vertrauen. Mit seiner Unterstützung können Alice und Bob über folgendes Protokoll sicherstellen, daß keiner vom anderen betrogen wird:

(1) Alice übergibt dem Anwalt den Fahrzeugbrief.

(2) Bob händigt Alice den Scheck aus.

(3) Alice reicht den Scheck ein.

(4) Nach der zur Gutschreibung des Betrages nötigen Zeit reicht der Anwalt den Fahrzeugbrief an Bob weiter. Ist das Geld in der vereinbarten Zeit nicht über-

wiesen, unterrichtet Alice den Anwalt davon anhand entsprechender Belege, woraufhin dieser ihr den Brief zurückgibt.

In diesem Protokoll verläßt sich Alice darauf, daß der Anwalt Bob den Fahrzeugbrief erst aushändigt, wenn der Betrag überwiesen ist und ihn anderenfalls an sie zurückgibt. Bob vertraut darauf, daß der Anwalt den Brief einbehält, bis das Geld überwiesen ist und ihm dann den Brief aushändigt. Der Anwalt interessiert sich nicht dafür, ob der Scheck gedeckt ist. Unvoreingenommen übernimmt er seinen Part des Protokolls, bezahlt wird er schließlich auf jeden Fall.

In diesem Beispiel spielt der Anwalt die Rolle eines Treuhänders (*escrow agent*). Anwälte fungieren außerdem als Vermittler in Erbangelegenheiten oder bei der Aushandlung von Verträgen. Eine Börse dient als Vermittlerin zwischen Käufern und Anbietern.

Auch Banken betätigen sich in Protokollen als Vermittler. Bob kann Alices Wagen mit einem beglaubigten Scheck bezahlen:

(1) Bob schreibt einen Scheck aus und übergibt ihn der Bank.

(2) Nachdem sich diese einen zur Deckung des Schecks ausreichenden Betrag von Bobs Guthaben gesichert hat, beglaubigt die Bank den Scheck und gibt ihn Bob zurück.

(3) Alice händigt Bob den Fahrzeugbrief aus und Bob überläßt ihr den beglaubigten Scheck.

(4) Alice reicht den Scheck ein.

Dieses Protokoll funktioniert, weil Alice der Beglaubigung durch die Bank vertraut. Alice vertraut darauf, daß die Bank Bobs Geld für sie einbehält und nicht etwa verwendet, um fragwürdige Grundstücksspekulationen in moskitoreichen Ländern zu finanzieren.

Eine weitere Variante des Vermittlers ist der Notar. Erhält Bob von Alice ein notariell beglaubigtes Dokument, so überzeugt ihn das davon, daß Alice das Dokument freiwillig und eigenhändig unterschrieben hat. Der Notar kann diese Tatsache gegebenenfalls vor Gericht bezeugen.

Die Idee des Vermittlers ist so alt wie die Gesellschaft. Immer schon gab es Leute – Herrscher, Priester usw. – denen die Autorität für gerechtes Handeln zugesprochen wurde. Vermittler haben in unserer Gesellschaft eine besondere soziale Funktion und Position; wenn sie das öffentliche Vertrauen mißbrauchen, gefährden sie ihre allgemein akzeptierte Sonderstellung. Deshalb müssen Anwälte, die als Treuhänder nicht zuverlässig sind, fast immer mit dem Entzug ihrer Lizenz rechnen. Diese stringente Auffassung von Vertrauen wird im wirklichen Leben zwar nur selten umgesetzt, stellt aber nichtsdestoweniger das Idealbild dar.

Dieses Ideal läßt sich durchaus in die Computerwelt übertragen. Elektronische Vermittler werfen jedoch einige Probleme auf:

- Eine neutrale dritte Partei ist leichter auffindbar und eher vertrauenswürdig, wenn man sie kennt und ihr direkt gegenübersteht. Zwei argwöhnische Parteien werden einem gesichtslosen Vermittler, der sich irgendwo im Netz aufhält, ebenso mißtrauisch begegnen.

- Das Computernetz muß für die Kosten aufkommen, die durch den Unterhalt eines Vermittlers entstehen. Die Honorare von Anwälten sind allgemein bekannt; wer möchte schon gerne diese Art von Netzbelastung finanzieren?
- Jedes Protokoll mit Vermittler weist eine bestimmte Verzögerung auf.
- Alle Transaktionen werden über den Vermittler abgewickelt; er stellt einen Engpaß in der großangelegten Implementierung eines Protokolls dar. Durch Hinzunahme weiterer Vermittler läßt sich das Problem in Grenzen halten, die Kosten erhöhen sich jedoch entsprechend.
- Da alle Netzteilnehmer dem Vermittler vertrauen müssen, stellt er einen Angriffspunkt für Leute dar, die das Netzwerk unterwandern möchten.

Trotz dieser Probleme spielen Vermittler noch eine Rolle. In Protokollen mit einem vertrauenswürdigen Vermittler übernimmt Trent diese Rolle.

Protokolle mit Schiedsrichter

Um die enormen Honorare von Vermittlern einzusparen, können Protokolle mit Vermittler in zwei **Teilprotokolle** untergliedert werden. Das eine bedarf keines Vermittlers und wird immer dann verwendet, wenn die Parteien das Protokoll ganz normal durchführen möchten. Das andere wird nur in Ausnahmefällen herangezogen, d.h. wenn bei Unstimmigkeiten eine Vermittlung erforderlich ist. Diese Art Vermittler heißt **Schiedsrichter** (siehe Abbildung 2.1b).

Ein Schiedsrichter stellt ebenfalls eine unvoreingenommene und vertrauenswürdige dritte Partei dar. Im Gegensatz zu einem Vermittler ist er nicht automatisch in jedes Protokoll involviert. Der Schiedsrichter wird nur herangezogen, um zu entscheiden, ob ein Protokoll fair durchgeführt wurde.

Richter sind professionelle Schiedsrichter. Im Gegensatz zu einem Notar wird ein Richter nur bei Streitigkeiten in Anspruch genommen. Alice und Bob können einen Vertrag auch ohne Richter abschließen. Ein Richter bekommt den Vertrag nur zu Gesicht, wenn einer der Vertragspartner den anderen vor Gericht bringt.

Das Protokoll zur Vertragsunterzeichnung kann folgendermaßen formalisiert werden:

Teilprotokoll ohne Vermittler (wird immer durchgeführt):

  (1) Alice und Bob handeln die Vertragsbedingungen aus.

  (2) Alice unterzeichnet den Vertrag.

  (3) Bob unterzeichnet den Vertrag.

Teilprotokoll mit Schiedsrichter (wird nur in Streitfällen durchgeführt):

(4) Alice und Bob erscheinen vor Gericht.

(5) Alice legt ihre Beweise vor.

(6) Bob legt seine Beweise vor.

(7) Der Richter entscheidet aufgrund der Beweislage.

Ein Schiedsrichter unterscheidet sich von einem Vermittler (so wie er in diesem Buch geschildert wird) darin, daß er nicht immer gebraucht wird. Bei Streitigkeiten wird ein Richter zur Klärung herangezogen. Gibt es keine Differenzen, ist auch kein Richter erforderlich.

Protokolle mit Schiedsrichter gibt es auch für Computer. Diese Protokolle gehen erst einmal von der Ehrlichkeit der beteiligten Parteien aus; kommt jedoch Betrugsverdacht auf, kann eine vertrauenswürdige dritte Partei anhand bestimmter Daten feststellen, ob jemand mit falschen Karten gespielt hat. Bei einem guten Protokoll kann der Schiedsrichter außerdem die Identität des Betrügers ermitteln. Bei Protokollen mit Schiedsrichter werden Betrügereien nicht verhütet, sondern aufgedeckt. Die zwangsläufige Aufdeckung stellt eine Präventivmaßnahme gegen Betrug dar.

Eigenständige Protokolle

Ein **eigenständiges Protokoll** (*self-enforcing protocol*) ist die zweckmäßigste Art von Protokoll, da das Protokoll selbst Fairness gewährleistet (siehe Abbildung 2.1c), so daß zu seiner Durchführung keine Vermittlung erforderlich ist. Auch der Schiedsrichter zur Klärung von Streitfällen ist überflüssig. Das Protokoll ist so aufgebaut, daß keine Unstimmigkeiten möglich sind. Versucht eine Partei zu betrügen, erkennt die andere Partei dies sofort, und das Protokoll wird abgebrochen. Was sich die betrügerische Partei versprochen hat, wird also keinesfalls eintreten.

Unter idealen Bedingungen wäre jedes Protokoll eigenständig. Es gibt aber nicht für alle Situationen eigenständige Protokolle.

Angriffe gegen Protokolle

Kryptographische Angriffe richten sich gegen die in den Protokollen verwendeten kryptographischen Algorithmen, gegen die kryptographischen Verfahren, die zur Implementierung der Algorithmen und Protokolle verwendet werden oder gegen die Protokolle selbst. Da sich dieser Abschnitt des vorliegenden Buches mit Protokollen befaßt, gehe ich einmal davon aus, daß die Algorithmen und Verfahrensweisen sicher sind und konzentriere mich auf Angriffe gegen die Protokolle selbst.

Ein Protokoll kann auf verschiedenste Art angegriffen werden. Ein Unbeteiligter könnte das Protokoll teilweise oder vollständig belauschen. Dies wird **passiver Angriff** genannt, da sich der Angreifer nicht in das Protokoll einschaltet. Er hört lediglich mit und kann dabei versuchen, Informationen zu ergattern. Diese Art Angriff entspricht einem *ciphertext-only*-Angriff (siehe Abschnitt 1.1). Da sich passive Angriffe nur schwer aufspüren lassen, sind Protokolle so angelegt, daß sie diese nach Möglichkeit verhindern. In Protokollen dieses Typs übernimmt Eve die Rolle der Lauscherin.

Alternativ dazu kann ein Angreifer versuchen, das Protokoll zu seinen Gunsten zu verändern. Er könnte sich als eine andere Person ausgeben, neue Nachrichten in das Protokoll einbringen, bestehende Nachrichten löschen, eine Nachricht durch eine andere ersetzen, alte Nachrichten erneut einspielen, einen Kommunikationskanal unterbrechen oder in einem Rechner gespeicherte Informationen manipulieren. Dies alles nennt man **aktive Angriffe**, da sie aktive Maßnahmen erfordern. Die Art dieser Angriffe hängt vom zugrundeliegenden Netzwerk ab.

Passive Angreifer haben es darauf abgesehen, Informationen über die am Protokoll beteiligten Parteien zu beschaffen. Sie sammeln Nachrichten, die unter den verschiedenen Parteien ausgetauscht werden, und versuchen, diese einer Kryptanalyse zu unterziehen. Aktive Angreifer dagegen verfolgen die unterschiedlichsten Absichten. So könnte ein Angreifer daran interessiert sein, sich bestimmte Informationen zu verschaffen, die Systemleistung zu beeinträchtigen, bestehende Informationen zu zerstören oder unberechtigten Zugriff auf Ressourcen zu erlangen.

Aktive Angriffe sind wesentlich gravierender, besonders bei Protokollen, bei denen die verschiedenen Parteien einander nicht unbedingt vertrauen müssen. Der Angreifer muß kein völlig Unbeteiligter sein, sondern könnte sich auch als legitimer Systembenutzer oder Systemadministrator entpuppen. Es könnten sogar mehrere aktive Angreifer zusammenarbeiten. In diesem Buch übernimmt Mallory die Rolle des böswilligen aktiven Angreifers.

Genauso könnte der Angriff von einer der am Protokoll beteiligten Parteien ausgehen, indem diese lügt oder sich überhaupt nicht an das Protokoll hält. Diese Art von Angreifer wird **Betrüger** genannt. **Passive Betrüger** halten sich an das Protokoll, versuchen aber, mehr Informationen zu ergattern, als ihnen eigentlich zustehen. **Aktive Betrüger** dagegen stören den Ablauf des Protokolls bei ihrem Betrugsversuch.

Es ist sehr schwierig, die Sicherheit eines Protokolls aufrechtzuerhalten, wenn die involvierten Parteien überwiegend aktive Betrüger sind. Manchmal können die legitimen Parteien jedoch wahrnehmen, daß aktiver Betrug stattfindet. Protokolle sollten auf jeden Fall gegen passive Betrüger gewappnet sein.

2.2 Kommunikation mit symmetrischer Kryptographie

Wie kommunizieren zwei Parteien sicher miteinander? Sie müssen ihre Kommunikation natürlich verschlüsseln. Das Protokoll ist insgesamt aber noch etwas komplizierter. Sehen wir uns an, was Alice alles tun muß, um Bob eine verschlüsselte Nachricht zu senden.

(1) Alice und Bob einigen sich auf ein Kryptosystem.

(2) Alice und Bob vereinbaren einen Schlüssel.

(3) Alice chiffriert ihre Klartext-Nachricht anhand des Verschlüsselungsalgorithmus und des Schlüssels. Das Ergebnis ist eine Chiffretext-Nachricht.

(4) Alice sendet die Chiffretext-Nachricht an Bob.

(5) Bob dechiffriert die Chiffretext-Nachricht anhand desselben Algorithmus und Schlüssels und liest den Klartext.

Was kann Eve, die zwischen Alice und Bob sitzt, in Erfahrung bringen, wenn sie dieses Protokoll mithört? Wenn sie lediglich die Übertragung in Schritt (4) mitbekommt, muß sie den Chiffretext einer Kryptanalyse unterziehen. Dieser passive Angriff stellt einen *ciphertext-only*-Angriff dar; wir verfügen jedoch über Algorithmen, die (jedenfalls nach unserem Kenntnisstand) jeder Rechenleistung standhalten, die Eve realistischerweise auf das Problem ansetzen könnte.

Eve ist aber nicht dumm. Sie möchte auch die Schritte (1) und (2) belauschen. Wie Bob wüßte sie dann den Algorithmus und den Schlüssel. Wird die Nachricht in Schritt (4) über den Kommunikationskanal übermittelt, muß sie sie lediglich selbst dechiffrieren.

Bei einem guten Kryptosystem hängt die Sicherheit vollständig von der Kenntnis des Schlüssels und nicht von der Kenntnis des Algorithmus ab. Deshalb ist die Schlüsselverwaltung in der Kryptographie auch so wichtig. Bei einem symmetrischen Algorithmus können Alice und Bob Schritt (1) offen durchführen, Schritt (2) dagegen muß geheim erfolgen. Der Schlüssel muß vor, während und nach Durchführung des Protokolls geheimgehalten werden, d.h. so lange, wie auch die Nachricht geheim bleiben muß. Anderenfalls ist die Sicherheit der Nachricht nicht gewährleistet. (Kryptographie mit öffentlichem Schlüssel löst dieses Problem auf andere Art; sie wird in Abschnitt 2.5 behandelt.)

Mallory, ein aktiver Angreifer, hat andere Möglichkeiten. Er kann versuchen, den Kommunikationskanal in Schritt (4) zu unterbrechen und so dafür sorgen, daß Alice überhaupt nicht mit Bob kommunizieren kann. Mallory könnte Alices Nachricht auch abfangen und durch eine eigene ersetzen. Hat er den Schlüssel (durch Abfangen der Kommunikation in Schritt (2) oder Knacken des Kryptosystems) bereits in Erfahrung gebracht, kann er seine eigene Nachricht verschlüsseln und anstelle der abgefangenen Nachricht an Bob senden. Bob kann dann unmöglich bemerken, daß die Nachricht nicht von Alice stammt. Kennt Mallory den Schlüssel nicht, könnte er lediglich eine Nachricht einsetzen, die bei der Dechiffrierung kompletten Unsinn ergibt. Bob, der davon ausgeht, daß die Nachricht von Alice kommt, könnte daraus schließen, daß entweder das Netz oder aber Alice gravierende Probleme hat.

Wie steht es mit Alice? Auf welche Art kann sie das Protokoll stören? Sie könnte Eve eine Kopie des Schlüssels überlassen, so daß Eve alle Nachrichten von Bob lesen kann. Sie kann seine Worte in der *Süddeutschen Zeitung* abdrucken. Dies wäre zweifellos ein ernstzunehmender Vorfall; das Problem liegt hier jedoch nicht im Protokoll. Nichts kann Alice daran hindern, Eve eine Fassung des Klartexts an beliebiger Stelle des Protokolls zu übergeben. Was Alice kann, ist natürlich auch Bob möglich. Das hier geschilderte Protokoll geht aber davon aus, daß Alice und Bob einander vertrauen.

Zusammenfassend bergen symmetrische Kryptosysteme folgende Probleme:

- Schlüssel müssen geheim verteilt werden. Sie sind ebenso wertvoll wie alle Nachrichten, die mit ihnen chiffriert werden, da bei Kenntnis des Schlüssels auch alle Nachrichten zugänglich sind. Bei weltumspannenden Verschlüsselungssystemen stellt die geheime Verteilung eine entmutigende Aufgabe dar. Oft werden die Schlüssel eigens von Kurieren an ihren Bestimmungsort befördert.

- Wenn ein Schlüssel kompromittiert ist (gestohlen, erraten, durch Erpressung oder Bestechung beschafft usw.), kann Eve alle Nachrichten entschlüsseln, die mit diesem Schlüssel chiffriert wurden. Außerdem kann sie sich als eine der Parteien ausgeben und die andere Partei mit gefälschten Nachrichten hinters Licht führen.

- Angenommen, für jeweils zwei Netzbenutzer wird ein eigener Schlüssel verwendet. Die Anzahl der insgesamt vorhandenen Schlüssel steigt dann mit der Anzahl der Benutzer rapide an. Für ein Netz mit n Benutzern sind $n(n-1)/2$ Schlüssel erforderlich. So benötigen 10 Benutzer z.B. 45 verschiedene Schlüssel, um miteinander kommunizieren zu können, und 100 Benutzer bereits 4950. Das Problem läßt sich dadurch begrenzen, daß die Anzahl der Benutzer gering gehalten wird. Dies ist aber nicht immer möglich.

2.3 Einwegfunktionen

Die **Einwegfunktion** spielt in der Kryptographie mit öffentlichem Schlüssel eine zentrale Rolle. Einwegfunktionen stellen selbst keine Protokolle dar, bilden aber grundlegende Bausteine für die meisten der in diesem Buch behandelten Protokolle.

Einwegfunktionen lassen sich relativ einfach berechnen, ihre Umkehrung ist aber erheblich schwieriger. Das heißt, daß $f(x)$ zu einem vorgegebenen x einfach, x dagegen zu vorgegebenem $f(x)$ nur schwer zu berechnen ist. In diesem Zusammenhang bedeutet „schwer" in etwa, daß x aus $f(x)$ selbst dann nur in Millionen von Jahren berechnet werden könnte, wenn alle weltweit verfügbaren Computer auf das Problem angesetzt würden.

Das Fallenlassen eines Tellers ist ein gutes Beispiel für eine Einwegfunktion. Ein Teller läßt sich problemlos ist tausend kleine Stücke zerschlagen. Es ist aber nicht einfach, all diese kleinen Scherben wieder zu einem Teller zusammenzusetzen.

Das Thema Einwegfunktionen ist nicht so einfach, wie es auf Anhieb scheinen mag. Streng mathematisch gibt es keinen Beweis dafür, daß Einwegfunktionen überhaupt existieren, noch irgendwelche Hinweise darauf, daß sie konstruierbar sind [230, 530, 600, 661]. Trotzdem erfüllen viele Funktionen exakt diesen Zweck: Wir können sie effizient berechnen und kennen bislang kein einfaches Verfahren, ihre Umkehrfunktion zu bilden. In einem endlichen Körper beispielsweise ist x^2 einfach zu berechnen, $x^{1/2}$ dagegen weit schwieriger zu berechnen. In diesem Abschnitt gehe ich einfach davon aus, daß es Einwegfunktionen tatsächlich gibt. Ich werde mich in Abschnitt 11.2 eingehender mit diesem Thema befassen.

Was also kann man mit Einwegfunktionen anstellen? Zur Verschlüsselung selbst können wir sie nicht einsetzen. Es macht keinen Sinn, eine Nachricht mit einer Einwegfunktion zu verschlüsseln, da sie hinterher von niemandem mehr entschlüsselt werden kann. (Übung: Schreiben Sie eine Nachricht auf einen Teller, zerschlagen Sie ihn in kleine Stücke und geben Sie die Scherben einem Freund. Fordern Sie ihn auf, die Nachricht zu lesen. Beobachten Sie, welchen Eindruck die Einwegfunktion auf ihn macht.) Für die Kryptographie mit öffentlichem Schlüssel benötigen wir etwas anderes (obwohl Einwegfunktionen in der Kryptographie durchaus Anwendung finden, siehe Abschnitt 3.2).

Eine **Einwegfunktion mit Hintertür** (*trapdoor one-way function*) ist ein Spezialfall einer Einwegfunktion, die eine geheime Hintertür besitzt. Eine solche Funktion läßt sich in einer Richtung problemlos und in der anderen Richtung nur schwer berechnen. Wenn Sie jedoch das Geheimnis kennen, können Sie die Funktion auch in der entgegengesetzten Richtung einfach berechnen. Das heißt, daß $f(x)$ aus x leicht berechenbar ist, x aus $f(x)$ dagegen nur schwer. Es gibt jedoch eine geheime Information y, mit der sich x einfach aus $f(x)$ berechnen läßt.

Eine Armbanduhr auseinanderzunehmen, stellt ein gutes Beispiel für eine Einwegfunktion mit Hintertür dar. Es ist kein Problem, eine Armbanduhr in zahlreiche winzige Teile zu zerlegen. Daraus wieder eine funktionierende Uhr zu machen, ist weitaus komplizierter. Mit der geheimen Information jedoch – dem Bauplan der Uhr – läßt sich die Uhr viel leichter wieder zusammensetzen.

2.4 Einweg-Hashfunktionen

Einweg-Hashfunktionen haben viele Namen: Kompressionsfunktion, Kontraktionsfunktion, Message-Digest, Fingerabdruck, kryptographische Prüfsumme, Integritätsprüfung von Nachrichten (*message integrity check*, MIC), Erkennung von Manipulationen (*manipulation detection code*, MDC). Einweg-Hashfunktionen sind, unter welchem Namen auch immer, ein zentraler Bestandteil der modernen Kryptographie. Sie sind ein weiterer Baustein für viele Protokolle.

Hashfunktionen werden in der Informatik seit langem eingesetzt. Ein Hashfunktion ist eine mathematisch oder anderweitig definierte Funktion, die einen Eingabe-String variabler Länge erhält und in einen (in der Regel kürzeren) Ausgabe-String fester Länge (den **Hashwert**) umwandelt. Eine einfache Hashfunktion wäre eine Funktion, die die Eingabe entgegennimmt und ein Byte zurückgibt, das sich aus der XOR-Verknüpfung aller Eingabebytes berechnet.

Der Zweck liegt hier darin, einen Fingerabdruck der Eingabe anzulegen, d.h. einen Wert zu erzeugen, der etwas darüber aussagt, ob eine bestimmte Eingabe aller Wahrscheinlichkeit nach mit dem tatsächlichen Original übereinstimmt. Da Hashfunktionen normalerweise mehrere Werte auf ein und denselben Wert abbilden, können wir mit ihnen zwar nicht hundertprozentig, aber mit ausreichender Sicherheit entscheiden, ob zwei Strings identisch sind.

Eine Einweg-Hashfunktion ist eine Hashfunktion, die nur in einer Richtung funktioniert: Zu einer Eingabe läßt sich problemlos der Hashwert berechnen. Es ist jedoch schwer, zu einem bestimmten Hashwert ein entsprechendes Original zu generieren. Die oben erwähnte Hashfunktion ist keine Einwegfunktion: Es ist trivial, einen String zu generieren, dessen Bytes XOR-verknüpft einen bestimmten Hashwert ergeben. Bei einer Einweg-Hashfunktion wäre das nicht möglich. Eine gute Einweg-Hashfunktion ist außerdem **kollisionsfrei**, d.h. es ist schwierig, zwei Originale mit demselben Hashwert zu generieren.

Die Hashfunktion ist öffentlich; das Verfahren ist nicht geheim. Die Sicherheit einer Einweg-Hashfunktion liegt gerade in der Einweg-Eigenschaft. Die Ausgabe ist nicht nachvollziehbar von der Eingabe abhängig. Durch Änderung eines einzigen Bits in der Eingabe ändert sich im Mittel die Hälfte aller Bits im Hashwert. Es ist vom Rechenaufwand her unmöglich, zu einem bestimmten Hashwert ein entsprechendes Original zu finden.

Mit diesem Verfahren läßt sich z.B. der Fingerabdruck einer Datei erstellen. Wenn Sie herausfinden möchten, ob eine bei Ihrem Partner vorhandene Datei mit der bei Ihnen vorhandenen übereinstimmt, aber nicht wollen, daß man sie Ihnen zusendet, lassen Sie sich einfach deren Hashwert geben. Schickt man Ihnen den korrekten Wert, können Sie fast sicher davon ausgehen, daß die fraglichen Dateien identisch sind. Dies ist insbesondere bei finanziellen Transaktionen nützlich, wo Sie nicht unbedingt wollen, daß man Ihnen eine Lastschrift von 100 DM irgendwo im Netz in eine über 1000 DM verwandelt. Im Normalfall würden Sie eine Einweg-Hashfunktion ohne Schlüssel verwenden, so daß der Hashwert von jedermann überprüft werden kann. Wenn nur der Empfänger den Hashwert überprüfen darf, sollten Sie dazu den nächsten Abschnitt lesen.

Codes zur Nachrichtenauthentifizierung

Ein **Code zur Nachrichtenauthentifizierung** (*message authentication code, MAC*), der auch Code zur Datenauthentifizierung (DAC) genannt wird, ist eine Einweg-Hashfunktion mit einem zusätzlichen geheimen Schlüssel (siehe Abschnitt 18.14). Der Hashwert ist eine Funktion sowohl der Eingabe als auch des Schlüssels. Die Theorie unterscheidet sich nicht von der für Hashfunktionen, mit Ausnahme der Tatsache, daß der Hashwert nur mit Kenntnis des Schlüssels überprüft werden kann. Ein MAC läßt sich aus einer Hashfunktion oder einem Blockverschlüsselungsalgorithmus erzeugen; es gibt außerdem dedizierte MACs.

2.5 Kommunikation mit Public-Key-Kryptographie

Stellen Sie sich einen symmetrischen Algorithmus als Safe vor. Der Schlüssel entspricht der Zahlenkombination. Jemand, der die Kombination kennt, kann den Safe öffnen, ein Dokument hineinlegen und ihn wieder verschließen. Ein anderer, der die Kombination ebenfalls kennt, kann den Safe öffnen und das Dokument herausnehmen. Alle, die die Kombination nicht kennen, müssen erst lernen, wie man einen Safe knackt.

1976 warfen Whitfield Diffie und Martin Hellman dieses Paradigma der Kryptographie ein für allemal über den Haufen [496]. (Die NSA behauptete, das Konzept seit 1966 zu kennen, lieferte dafür aber keinerlei Beweise.) Sie entwickelten die **Kryptographie mit öffentlichem Schlüssel** (*public-key cryptography*). Dazu werden zwei verschiedene Schlüssel verwendet, wobei der eine öffentlich und der andere privat ist. Es ist vom Rechenaufwand her schwer, den privaten aus dem öffentlichen Schlüssel herzuleiten. Mit dem öffentlichen Schlüssel kann jeder eine Nachricht zwar ver-, aber nicht entschlüsseln. Dechiffriert werden kann die Nachricht jedoch nur von der Person, die über den privaten Schlüssel verfügt. Das ist ungefähr so, als hätte jemand aus dem Safe einen Briefkasten gemacht. Das Einwerfen eines Briefes entspricht der Chiffrierung mit dem öffentlichen Schlüssel; jeder kann das tun. Man muß dazu bloß den Schlitz öffnen und den Brief hineinschieben. Die Post aus dem Briefkasten wieder herauszubekommen, entspricht der Dechiffrierung mit dem privaten Schlüssel. Das ist meist nicht ganz einfach; man benötigt dazu im allgemeinen einen Schweißbrenner. Wenn Sie jedoch das Geheimnis (den Schlüssel zum Briefkasten) besitzen, ist es kein Problem, den Briefkasten zu leeren.

Mathematisch gesehen basiert das Verfahren auf den eben besprochenen Einwegfunktionen mit Hintertür. Die Verschlüsselung ist die einfache Richtung. Die Anleitung zur Verschlüsselung ist der öffentliche Schlüssel; jeder kann eine Nachricht verschlüsseln. Die Entschlüsselung ist die schwierige Richtung. Man hat diese Richtung so erschwert, daß die Nachricht ohne Kenntnis der geheimen Information nicht einmal mit Cray-Computern in einem Zeitraum von Tausenden (oder selbst Millionen) von Jahren entschlüsselt werden könnte. Die geheime Information oder Hintertür ist der private Schlüssel. Damit ist die Entschlüsselung ebenso einfach wie die Verschlüsselung.

Über Kryptographie mit öffentlichem Schlüssel kann Alice Bob folgendermaßen eine Nachricht senden:

(1) Alice und Bob einigen sich auf ein Kryptosystem mit öffentlichem Schlüssel.

(2) Bob sendet Alice seinen öffentlichen Schlüssel.

(3) Alice chiffriert ihre Nachricht mit Bobs öffentlichem Schlüssel und sendet sie an Bob.

(4) Bob dechiffriert Alices Nachricht mit seinem privaten Schlüssel.

Beachten Sie, wie durch die Public-Key-Kryptographie das mit symmetrischen Algorithmen einhergehende Problem der Schlüsselverwaltung gelöst wird. Bislang mußten Alice und Bob insgeheim einen Schlüssel vereinbaren. Alice konnte irgendeinen zufälligen Schlüssel wählen, mußte ihn jedoch Bob zukommen lassen. Sie konnte ihn ihm irgendwann im voraus übergeben, aber das erforderte entsprechende Planung. Sie konnte ihm den Schlüssel mit einem sicheren Kurier schicken, aber das braucht Zeit. Durch Public-Key-Kryptographie wird alles einfach. Ohne irgendwelche Vorkehrungen treffen zu müssen, kann Alice Bob eine sichere Nachricht senden. Eve, die den gesamten Austausch mithört, besitzt Bobs öffentlichen Schlüssel und eine mit diesem Schlüssel chiffrierte Nachricht. Sie kann daraus aber weder Bobs privaten Schlüssel noch den Klartext der Nachricht ableiten.

Im allgemeineren Fall einigt sich ein Netz von Benutzern auf ein Kryptosystem mit öffentlichem Schlüssel. Jeder Benutzer besitzt seinen eigenen öffentlichen sowie privaten Schlüssel. Die öffentlichen Schlüssel werden in einer öffentlich zugänglichen Datenbank bekanntgegeben. Das Protokoll ist jetzt noch einfacher:

(1) Alice bezieht Bobs öffentlichen Schlüssel aus der Datenbank.

(2) Alice chiffriert ihre Nachricht mit Bobs öffentlichem Schlüssel und sendet sie an Bob.

(3) Bob dechiffriert Alices Nachricht mit seinem privaten Schlüssel.

Im ersten Protokoll mußte Bob Alice erst seinen öffentlichen Schlüssel senden, bevor sie ihm eine Nachricht schicken konnte. Das zweite Protokoll kommt der konventionellen Post am nächsten. Bob ist solange nicht am Protokoll beteiligt, bis er die an ihn gerichtete Nachricht lesen möchte.

Hybride Kryptosysteme

Die ersten Public-Key-Algorithmen wurden veröffentlicht, als die Standardisierung von DES zur Debatte stand. Diffie beschreibt es so [494]:

> Die Begeisterung, die Public-Key-Kryptosysteme in der allgemeinen Presse sowie wissenschaftlichen Zeitschriften hervorriefen, ging nicht mit einer entsprechenden Akzeptanz im kryptographischen Establishment einher. Im selben Jahr, in dem die Public-Key-Kryptographie erfunden wurde, schlug die National Security Agency (NSA) ein konventionelles kryptographisches System, das von International Business Machines (IBM) entworfen wurde, als einen bundesweiten *Data Encryption Standard* (DES) vor. Marty Hellman und ich kritisierten den Vorschlag mit der Begründung, daß der Schlüssel zu kurz sei, aber die Hersteller hatten sich bereits auf die Unterstützung des vorgeschlagenen Standards eingestellt, und unsere Kritik wurde von vielen als Versuch angesehen, den Standardisierungsprozeß zugunsten unserer eigenen Arbeit zu stören. Im Gegenzug wurde die Public-Key-Kryptographie in Vertriebsunterlagen [1125] und Fachpublikationen [849, 1159] angegriffen, jedoch eher so, als handele es sich um ein Produkt der Konkurrenz und nicht um eine neue wissenschaftliche Entdeckung. Dies hielt die NSA aber nicht davon ab, ihren Anteil am Ruhm einzufordern. Ihr Direktor wies laut *Encyclopedia Britannica* [1461] darauf hin, daß „die Kryptographie mit zwei Schlüsseln in der NSA bereits vor einem Jahrzehnt entdeckt wurde", obwohl niemals irgendwelche Belege für diese Behauptung veröffentlicht wurden.

In der Praxis stellen Public-Key-Algorithmen keinen Ersatz für symmetrische Algorithmen dar. Sie werden nicht zur Chiffrierung von Nachrichten, sondern zur Chiffrierung von Schlüsseln verwendet. Dafür gibt es zwei Gründe:

1. Public-Key-Algorithmen sind langsam. Symmetrische Algorithmen sind im allgemeinen mindestens tausendmal schneller. Natürlich werden Computer immer schneller, und in 15 Jahren können sie Public-Key-Kryptographie in einer Geschwindigkeit durchführen, die mit der von symmetrischen Algorithmen heute vergleichbar ist. Aber auch die Anforderungen an die Bandbreite steigen; die Ansprüche an die Geschwindigkeit der Datenverschlüsselung werden immer über dem liegen, was Public-Key-Kryptographie zu leisten vermag.

2. Public-Key-Kryptosysteme sind durch *chosen-plaintext*-Angriffe gefährdet. Wenn $C = E(P)$ gilt, wobei P ein Klartext aus einer Menge von n möglichen Texten ist, dann muß der Kryptanalytiker lediglich alle n möglichen Klartexte verschlüsseln und die Ergebnisse mit C vergleichen (wie Sie sich erinnern, ist der Chiffrierschlüssel öffentlich). Er kann damit zwar nicht den Dechiffrierschlüssel herleiten, aber P ermitteln.

Ein *chosen-plaintext*-Angriff ist besonders wirksam, wenn die Anzahl der möglichen verschlüsselten Nachrichten relativ gering ist. Ist P beispielsweise ein Geldbetrag unter 1 000 000 DM, dann wäre diese Art Angriff erfolgreich; der Kryptanalytiker versucht es mit jedem der eine Million möglichen Beträge. (Dieses Problem läßt sich mit probabilistischer Verschlüsselung lösen; siehe Abschnitt 23.15.) Selbst wenn P nicht so klar definiert ist, ist diese Art Angriff manchmal sehr effektiv. Die einfache Tatsache, daß ein Chiffretext nicht zu einem bestimmten Klartext gehört, kann eine nützliche Information darstellen. Symmetrische Kryptosysteme sind durch diese Sorte Angriff nicht gefährdet, da ein Kryptanalytiker keine Chiffrierversuche mit unbekanntem Schlüssel durchführen kann.

Bei den meisten Implementierungen in der Praxis wird Kryptographie mit öffentlichem Schlüssel zum Schützen und Verteilen von **Sitzungsschlüsseln** eingesetzt; bei symmetrischen Algorithmen dienen sie dazu, den Nachrichtenverkehr abzusichern [879]. Diese Methode wird manchmal auch als **hybrides Kryptosystem** bezeichnet.

(1) Bob sendet Alice seinen öffentlichen Schlüssel.

(2) Alice generiert einen zufälligen Sitzungsschlüssel K, chiffriert ihn mit Bobs öffentlichem Schlüssel und schickt ihn an Bob.

$$E_B(K)$$

(3) Bob dechiffriert Alices Nachricht mit seinem privaten Schlüssel, um den Sitzungsschlüssel zu erhalten.

$$D_B(E_B(K)) - K$$

(4) Beide chiffrieren ihre Kommunikation nun mit demselben Sitzungsschlüssel.

Mit Public-Key-Kryptographie läßt sich ein wesentliches Problem bei der Schlüsselverwaltung lösen. Bei symmetrischen Verfahren ist der Schlüssel zur Datenchiffrierung schon festgelegt, bevor er überhaupt gebraucht wird. Wenn Eve jemals an ihn herankommt, kann sie alle damit chiffrierten Nachrichten entschlüsseln. Bei obigem Protokoll wird der Sitzungsschlüssel erst generiert, wenn er zur Verschlüsselung der Kommunikation benötigt wird, und unmittelbar nach Gebrauch beseitigt. Damit reduziert sich das Risiko einer Kompromittierung. Natürlich kann immer noch der private Schlüssel kompromittiert werden, dies ist jedoch weniger wahrscheinlich, da er für jede Kommunikation nur einmal zur Chiffrierung des Sitzungsschlüssels benötigt wird. Wir gehen darauf in Abschnitt 3.1 genauer ein.

Merkles Rätsel

Ralph Merkle erfand als erster ein Modell mit Public-Key-Kryptographie. 1974 besuchte er eine Vorlesung über Computersicherheit an der University of California in Berkeley, die von Lance Hoffman gehalten wurde. Seine Semesterarbeit, die er bereits früh einreichte, widmete sich dem Problem der „sicheren Kommunikation über unsichere Kanäle" [1064]. Hoffman konnte mit Merkles Vorschlag nichts anfangen, und Merkle besuchte die Vorlesung schließlich nicht mehr. Er arbeitete weiter an dem Problem, obwohl er auch weiterhin niemandem seine Ergebnisse verständlich machen konnte.

Merkles Verfahren basieren auf „Rätseln", die für den Sender und den Empfänger einfacher zu lösen sind als für einen Lauscher. Im folgenden wird gezeigt, wie Alice Bob eine verschlüsselte Nachricht sendet, ohne vorher einen Schlüssel mit ihm auszutauschen.

(1) Bob generiert 2^{20}, d.h. etwa eine Million Nachrichten der Form: „Dies ist Rätsel Nummer x. Das ist der geheime Schlüssel Nummer y". x ist dabei eine Zufallszahl und y ein zufällig gewählter geheimer Schlüssel. x und y sind in jeder Nachricht unterschiedlich. Bob chiffriert alle Nachrichten mit einem symmetrischen Algorithmus, wobei er jeweils unterschiedliche 20-Bit-Schlüssel verwendet, und sendet sie an Alice.

(2) Alice wählt eine Nachricht zufällig aus und führt einen Brute-Force-Angriff durch, um den Klartext zu ermitteln. Der dafür erforderliche Arbeitsaufwand ist zwar groß, aber nicht unmöglich.

(3) Alice chiffriert ihre geheime Nachricht mit einem symmetrischen Algorithmus sowie dem von ihr ermittelten Schlüssel und sendet sie gemeinsam mit x an Bob.

(4) Bob weiß, welchen geheimen Schlüssel y er in Nachricht x chiffriert hat, so daß er die Nachricht dechiffrieren kann.

Eve kann dieses System zwar brechen, muß dazu aber weit mehr aufwenden als Alice oder Bob. Um die Nachricht in Schritt (3) zu ermitteln, muß sie einen Brute-Force-Angriff gegen jede der von Bob in Schritt (1) generierten 2^{20} Nachrichten durchführen; dieser Angriff besitzt eine Komplexität von 2^{40}. Die x-Werte würden Eve auch nicht weiterhelfen; sie wurden in Schritt (1) zufällig zugewiesen. Generell hat Eve im Vergleich zu Alice quadratischen Aufwand.

Dieser Vorteil von n gegenüber n^2 ist nach kryptographischen Maßstäben zwar gering, genügt jedoch in manchen Situationen bereits. Wenn Alice und Bob zehntausend

Schlüssel pro Sekunde ausprobieren können, brauchen sie für die einzelnen Schritte jeweils eine Minute und eine weitere, um die Rätsel über eine Leitung mit 1,544 MBit/s zu übertragen. Hätte Eve eine vergleichbare Rechenkapazität zur Verfügung, würde sie etwa ein Jahr zum Knacken des Systems benötigen. Andere Algorithmen sind noch schwieriger zu brechen.

2.6 Digitale Signaturen

Eigenhändige Unterschriften werden seit langem als Beweis für die Urheberschaft eines Dokuments oder zumindest das Einverständnis mit seinem Inhalt verwendet. Welche Eigenschaften machen eine Unterschrift so überzeugend [1392]?

1. Eine Unterschrift ist authentisch. Sie überzeugt den Empfänger des Dokuments davon, daß der Unterzeichner das Dokument willentlich unterschrieben hat.
2. Eine Unterschrift ist fälschungssicher. Sie beweist, daß der Unterzeichner und kein anderer das Dokument unterschrieben hat.
3. Eine Unterschrift ist nicht wiederverwendbar. Sie ist Bestandteil des Dokuments und kann in kein anderes Dokument übertragen werden.
4. Das unterzeichnete Dokument ist unveränderbar. Nachdem das Dokument unterschrieben ist, kann es nicht mehr geändert werden.
5. Die Unterschrift kann nicht zurückgenommen werden. Unterschrift und Dokument liegen physisch vor. Die Unterzeichnerin kann später nicht behaupten, daß sie das Dokument nicht unterschrieben hat.

In der Realität trifft keine dieser Aussagen über Unterschriften uneingeschränkt zu. Unterschriften können gefälscht oder von einem Dokument in ein anderes übertragen werden; man kann Dokumente auch nach ihrer Unterzeichnung noch ändern. Wir finden uns mit diesen Unzulänglichkeiten im allgemeinen ab, da Betrug schwierig ist und aller Wahrscheinlichkeit nach aufgedeckt wird.

Diese Eigenschaften möchten wir uns auch auf Computern zunutze machen. Dabei sind jedoch einige Schwierigkeiten zu bewältigen. Das Kopieren von Dateien ist leider trivial. Selbst wenn die Unterschrift einer Person (z.B. eine Graphik oder eine handgeschriebene Signatur) nur schwer zu fälschen wäre, ist es immer noch einfach, sie durch Ausschneiden und Einfügen zwischen zwei Dokumenten zu kopieren. Das bloße Vorhandensein einer solchen Unterschrift bedeutet noch gar nichts. Zudem können Dateien nach der Unterzeichnung leicht geändert werden, ohne dabei irgendwelche Spuren zu hinterlassen.

Unterzeichnen von Dokumenten mit symmetrischen Kryptosystemen und Vermittlern

Alice möchte eine elektronische Nachricht unterzeichnen und an Bob senden. Mit Unterstützung von Trent und einem symmetrischen Kryptosystem ist sie dazu in der Lage.

Trent ist ein einflußreicher, vertrauenswürdiger Vermittler. Er kann sowohl mit Alice als auch mit Bob kommunizieren (dazu mit jedem, der ein digitales Dokument signieren möchte). Er vereinbart einen geheimen Schlüssel K_A mit Alice und einen anderen geheimen Schlüssel K_B mit Bob. Diese Schlüssel wurden bereits vor Beginn des Protokolls vereinbart und können für Unterschriften immer wieder verwendet werden.

(1) Alice verschlüsselt ihre Nachricht an Bob mit K_A und sendet sie an Trent.

(2) Trent entschlüsselt die Nachricht mit K_A.

(3) Mit K_B chiffriert Trent nun die entschlüsselte Nachricht mitsamt einer Bemerkung, daß er diese Nachricht von Alice erhalten hat.

(4) Trent sendet das chiffrierte Paket an Bob.

(5) Bob dechiffriert das Paket mit K_B. Er kann nun die Nachricht lesen sowie Trents Beglaubigung, daß sie von Alice stammt.

Woher weiß Trent, daß die Nachricht tatsächlich von Alice und nicht von einem Schwindler kommt? Er schließt dies aus der Verschlüsselung. Da nur Alice und er den geheimen Schlüssel kennen, kann auch nur Alice damit eine Nachricht chiffrieren.

Ist diese Methode genauso gut wie eine Unterschrift auf dem Papier? Sehen wir uns die gewünschten Eigenschaften an:

1. Die Unterschrift ist authentisch. Trent ist ein vertrauenswürdiger Vermittler und weiß, daß die Nachricht von Alice stammt. Trents Beglaubigung dient Bob als Beweis.

2. Die Unterschrift ist fälschungssicher. Nur Alice (und Trent, aber der genießt allgemeines Vertrauen) kennen K_A, so daß nur Alice Trent eine mit K_A verschlüsselte Nachrichten senden konnte. Wenn jemand versucht hätte, sich als Alice auszugeben, hätte Trent dies in Schritt (2) sofort bemerkt und die Authentizität der Nachricht nicht beglaubigt.

3. Die Unterschrift ist nicht wiederverwendbar. Würde Bob versuchen, Trents Beglaubigung an einer anderen Nachricht anzubringen, würde Alice protestieren. Ein Vermittler (Trent oder ein anderer mit Zugriff auf die gleichen Informationen) würde Bob auffordern, sowohl die Nachricht als auch Alices verschlüsselte Nachricht anzufertigen. Der Vermittler würde die Nachricht dann mit K_A verschlüsseln und sehen, daß sie nicht mit der von Bob übergebenen verschlüsselten Nachricht übereinstimmt. Bob ist dazu nicht fähig, da er K_A nicht kennt.

4. Das unterzeichnete Dokument ist unveränderbar. Würde Bob versuchen, das Dokument nach Empfang zu ändern, könnte Trent den Betrug auf die oben beschriebene Art nachweisen.

5. Die Unterschrift kann nicht zurückgenommen werden. Auch wenn Alice später behauptet, die Nachricht nie gesendet zu haben, steht Trents Beglaubigung dagegen – und er gilt allgemein als vertrauenswürdig.

Wenn Bob Carol ein von Alice unterzeichnetes Dokument zeigen möchte, kann er dazu nicht seinen geheimen Schlüssel offenlegen. Auch hier wird Trent benötigt:

(1) Bob verschlüsselt die Nachricht mitsamt Trents Bemerkung, daß sie von Alice stammt, mit K_B und schickt sie an Trent zurück.

(2) Trent entschlüsselt das Paket mit K_B.

(3) Trent schlägt in seiner Datenbank nach und bestätigt, daß die Originalnachricht von Alice stammt.

(4) Trent chiffriert das Paket erneut mit dem geheimen Schlüssel K_C, den er mit Carol vereinbart, und sendet es Carol.

(5) Carol dechiffriert das Paket mit K_C. Sie kann nun die Nachricht lesen sowie Trents Beglaubigung, daß sie von Alice stammt.

Diese Protokolle funktionieren, sind jedoch für Trent zeitaufwendig. Er verbringt seine Zeit mit dem Ver- und Entschlüsseln von Nachrichten, wobei er als Vermittler zwischen jedem Personenpaar fungiert, das signierte Dokumente austauschen möchte. Er muß eine Datenbank mit Nachrichten halten (obwohl dies überflüssig ist, wenn dem Empfänger eine Kopie der verschlüsselten Nachricht des Senders geschickt wird). Trent stellt einen Engpaß in jedem Kommunikationssystem dar, selbst wenn er durch ein einfältiges Software-Programm realisiert wird.

Noch schwieriger ist es, Trent so einzurichten und zu betreuen, daß er das Vertrauen aller Netzteilnehmer genießt. Trent muß unfehlbar sein; wenn ihm auch nur in einem Millionstel aller Unterschriften ein Fehler unterläuft, verliert er sofort seine Glaubwürdigkeit. Trent muß hundertprozentig sicher sein. Gelangt seine Datenbank mit geheimen Schlüsseln an die Öffentlichkeit oder gelingt es jemandem, seine Programmierung zu ändern, würden alle Unterschriften nutzlos. Gefälschte, angeblich schon vor Jahren unterzeichnete Dokumente konnten auftauchen. Chaotische Zustände wären die Folge, Regierungen würden stürzen, Anarchie regieren. Das beschriebene Szenario mag theoretisch möglich sein, ist jedoch praktisch nicht machbar.

Digitale Signaturen als Baumstruktur

Ralph Merkle schlug ein Verfahren für elektronische Unterschriften vor, das auf der Kryptographie mit geheimem Schlüssel basiert und unendlich viele Einmalsignaturen in einer Baumstruktur erzeugt [1067, 1068]. Die Grundidee dieses Verfahrens besteht darin, die Wurzel des Baumes in einer öffentlichen Datei abzulegen und damit zu authentifizieren. Mit der Wurzel wird eine Nachricht unterschrieben und damit die Knoten authentifiziert, die im Baum eine Ebene tiefer liegen. Mit jedem dieser Knoten wird wiederum eine Nachricht unterschrieben und seine Folgeknoten authentifiziert usw.

Unterzeichnen von Dokumenten mit Public-Key-Kryptographie

Es gibt Algorithmen mit öffentlichem Schlüssel, die für elektronische Unterschriften verwendet werden können. Bei einigen Algorithmen, z.B. RSA (siehe Abschnitt 19.3), kann zur Verschlüsselung entweder der öffentliche oder der private Schlüssel verwendet werden. Sie brauchen Ihr Dokument bloß mit Ihrem privaten Schlüssel zu chiffrieren, und schon verfügen Sie über eine sichere digitale Signatur. In anderen Fällen, z.B. bei DSA (siehe Abschnitt 20.1), gibt es für die digitale Unterschrift einen eigenen Algorithmus, der nicht zur Verschlüsselung verwendet werden kann. Dieses Konzept stammt ursprünglich von Diffie und Hellman [496] und wurde von anderen erweitert und verfeinert [1282, 1328, 1024, 1283, 426]. In [1099] findet sich eine gute Übersicht zu diesem Thema.

Die Grundlagen des Protokolls sind einfach:

(1) Alice chiffriert das Dokument mit ihrem privaten Schlüssel, wodurch sie das Dokument unterzeichnet.

(2) Alice sendet das unterzeichnete Dokument an Bob.

(3) Bob dechiffriert das Dokument mit Alices öffentlichem Schlüssel, wodurch er die Echtheit der Unterschrift überprüft.

Dieses Protokoll ist viel besser als das vorige. Trent wird weder zur Unterzeichnung noch zur Überprüfung benötigt. (Er ist erforderlich, um zu beglaubigen, daß der öffentliche Schlüssel wirklich Alice gehört.) Die Parteien brauchen Trent nicht einmal, um Streitfälle zu entscheiden: Wenn Bob Schritt (3) nicht durchführen kann, weiß er, daß die Unterschrift ungültig ist.

Außerdem erfüllt das Protokoll die Eigenschaften, nach denen wir suchen:

1. Die Unterschrift ist authentisch; nachdem Bob die Nachricht mit Alices öffentlichem Schlüssel überprüft hat, weiß er, daß sie von ihr unterzeichnet wurde.

2. Die Unterschrift ist fälschungssicher; nur Alice kennt ihren privaten Schlüssel.

3. Die Unterschrift ist nicht wiederverwendbar; die Unterschrift ist eine spezifische Eigenschaft des Dokuments, die nicht in ein anderes Dokument übertragen werden kann.

4. Das unterzeichnete Dokument ist unveränderbar; wird das Dokument in irgendeiner Weise geändert, kann die Echtheit der Unterschrift nicht mehr mit Alices öffentlichem Schlüssel geprüft werden.

5. Die Unterschrift kann nicht zurückgenommen werden; Bob kann Alices Unterschrift auch ohne deren Unterstützung verifizieren.

Unterzeichnen von Dokumenten und Zeitstempel

Unter bestimmten Umständen kann Bob Alice sogar betrügen. Zum Beispiel kann er das Dokument gemeinsam mit der Signatur wiederholt verwenden. Dies ist nicht weiter problematisch, wenn Alice einen Vertrag unterzeichnet hat (was bedeutet schon eine Vertragskopie mehr oder weniger?). Es kann für Alice jedoch ziemlich unangenehm werden, wenn es sich um einen von ihr unterschriebenen elektronischen Scheck handelt.

Angenommen, Alice sendet Bob einen elektronischen Scheck über 100 DM. Bob bringt den Scheck zur Bank, welche die Unterschrift überprüft und dann das Geld überweist. Der skrupellose Bob aber behält eine Kopie des elektronischen Schecks. Eine Woche später begibt er sich damit wieder auf die Bank (oder vielleicht eine andere). Die Bank überprüft die Unterschrift und überweist das Geld. Wenn Alice ihre Kontoauszüge nicht irgendwann durchsieht, kann Bob jahrelang so weitermachen.

Elektronische Unterschriften enthalten deshalb häufig Zeitstempel. An die Nachricht werden Datum und Zeit der Unterschrift angehängt und gemeinsam mit der übrigen Nachricht unterschrieben. Die Bank speichert solche Zeitstempel in einer Datenbank. Versucht Bob nun ein weiteres Mal, Alices Scheck zu Geld zu machen, überprüft die Bank zunächst die Datenbank bezüglich des Zeitstempels. Hat sie einen von Alice mit diesem Zeitstempel ausgestellten Scheck bereits eingelöst, ruft sie die Polizei. Bob verbringt dann die nächsten Jahre hinter Gittern, wo er sich ausgiebig mit kryptographischen Protokollen beschäftigen kann.

Unterzeichnen von Dokumenten mit Public-Key-Kryptographie und Einweg-Hashfunktionen

In der Praxis sind Algorithmen mit öffentlichem Schlüssel häufig nicht effizient, wenn es um die Unterzeichnung langer Dokumente geht. Aus Zeitersparnis werden Protokolle für elektronische Unterschriften deshalb oft mit Einweg-Hashfunktionen implementiert [432, 433]. Statt das Dokument zu signieren, unterschreibt Alice dessen Hashwert. In einem solchen Protokoll werden sowohl die Einweg-Hashfunktion, als auch der Algorithmus zur elektronischen Unterschrift im voraus vereinbart.

(1) Alice berechnet den Einweg-Hashwert eines Dokuments.

(2) Alice chiffriert den Hashwert mit ihrem privaten Schlüssel, womit sie das Dokument unterzeichnet.

(3) Alice sendet das Dokument und den signierten Hashwert an Bob.

(4) Bob erstellt den Einweg-Hashwert des von Alice gesendeten Dokuments. Mit Alices öffentlichem Schlüssel und dem Algorithmus für elekronische Unterschriften dechiffriert er den signierten Hashwert. Stimmt dieser mit dem von ihm generierten Wert überein, ist die Unterschrift gültig.

Die Geschwindigkeitssteigerung ist enorm. Da die Wahrscheinlichkeit dafür, daß zwei Dokumente denselben 160 Bit langen Hashwert besitzen, bei 1 zu 2^{160} liegt, kann man die Unterschrift des Hashwerts getrost der Unterschrift des eigentlichen Dokuments gleichstellen. Würde jedoch statt einer Einweg- eine leicht umkehrbare Hashfunktion verwendet, ließen sich problemlos mehrere Dokumente anlegen, die auf denselben Hashwert abgebildet werden. Unterzeichnet nun jemand ein bestimmtes Dokument, signiert er damit unwissentlich auch eine Vielzahl anderer Dokumente.

Ein solches Protokoll besitzt noch weitere Vorteile. Zum einen kann die Unterschrift vom Dokument getrennt gehalten werden. Zweitens sind die Speicheranforderungen für Dokument und Unterschrift beim Empfänger viel geringer. Man könnte diese Sorte Protokoll in einem Archivierungssystem verwenden, in dem die Existenz bestimmter Dokumente nur überprüft, nicht aber deren Inhalt gespeichert wird. In der zentralen Datenbank würden bloß die Hashwerte der Dateien gespeichert, die Dateien selbst müssen dort nicht abgelegt sein. Die Benutzer übergeben die Hashwerte, die in der Datenbank dann mit Zeitstempeln versehen und gespeichert werden. Gibt es nachträglich irgendwelche Streitigkeiten über den Urheber oder das Erstellungsdatum eines Dokuments, kann das anhand der Hashwerte in der Datenbank entschieden werden. Dieses System hat für die Geheimhaltung erhebliche Bedeutung: Alice könnte ein Dokument urheberrechtlich schützen, aber noch geheim halten. Sie muß es erst veröffentlichen, wenn sie ihre Urheberschaft unter Beweis stellen möchte (siehe Abschnitt 4.1).

Algorithmen und Terminologie

Es gibt zahlreiche Algorithmen für elektronische Unterschriften. Dabei handelt es sich ausnahmslos um Public-Key-Algorithmen, in denen die geheime Information zur Unterzeichnung von Dokumenten und die öffentliche Information zur Überprüfung der Unterschriften verwendet wird. Manchmal wird das Signieren **Chiffrierung mit privatem Schlüssel** und die Überprüfung **Dechiffrierung mit öffentlichem Schlüssel** genannt. Dies ist mißverständlich und paßt nur auf einen einzigen Algorithmus, nämlich RSA. Die übrigen Algorithmen sind anders implementiert. Bei Einweg-Hashfunktionen und Zeitstempeln wird das Signieren und Überprüfen manchmal beispielsweise durch besondere Schritte ergänzt. Außerdem können im Gegensatz zur Verschlüsselung für elektronische Unterschriften die verschiedensten Algorithmen eingesetzt werden.

Generell werde ich bei der Beschreibung einer Unterschrift und deren Verifizierung nicht näher auf den verwendeten Algorithmus eingehen. Das Signieren einer Nachricht mit dem privaten Schlüssel K wird geschrieben als:

$$S_K(M)$$

und die Verifizierung der Signatur mit dem entsprechenden öffentlichen Schlüssel lautet:

$$V_K(M)$$

Der beim Unterschreiben an das Dokument angehängte Bit-String (im vorigen Beispiel war das der Einweg-Hashwert des Dokuments, chiffriert mit dem privaten Schlüssel) heißt **digitale Signatur** oder einfach **Signatur**. Das gesamte Protokoll, in dem sich der Empfänger einer Nachricht von der Identität des Senders und der Integrität der Nachricht überzeugt, heißt Authentifizierung. Diese Art von Protokollen wird in Abschnitt 3.2 ausführlicher beschrieben.

Mehrfachsignaturen

Wie können Alice und Bob dasselbe elektronische Dokument unterzeichnen? Ohne Einweg-Hashfunktionen gibt es zwei Möglichkeiten. Die eine besteht darin, daß Alice und Bob verschiedene Kopien des eigentlichen Dokuments signieren. Die daraus resultierende Nachricht wäre mehr als doppelt so lang wie das Originaldokument. Zum zweiten könnte zunächst Alice das Dokument und dann Bob Alices Signatur unterzeichnen. Das funktioniert zwar, es ist dann aber nicht mehr möglich, Alices Unterschrift zu überprüfen, ohne gleichzeitig auch Bobs Unterschrift zu verifizieren.

Mit Hilfe von Einweg-Hashfunktionen lassen sich Mehrfachsignaturen einfach bewerkstelligen:

(1) Alice unterschreibt den Hashwert des Dokuments.

(2) Bob unterzeichnet den Hashwert des Dokuments.

(3) Bob sendet seine Unterschrift an Alice.

(4) Alice sendet das Dokument, ihre sowie Bobs Unterschrift an Carol.

(5) Carol überprüft sowohl Alices als auch Bobs Unterschrift.

Alice und Bob können die Schritte (1) und (2) entweder gleichzeitig oder nacheinander durchführen. In Schritt (5) kann Carol die eine Signatur überprüfen, ohne gleichzeitig auch die andere verifizieren zu müssen.

Verbindlichkeit und digitale Signaturen

Alice kann mit ihrer digitalen Signatur betrügen. Dagegen gibt es keine Mittel. Sie kann ein Dokument erst unterzeichnen und später behaupten, das nie getan zu haben. Dazu unterschreibt sie das Dokument zunächst ganz normal. Dann veröffentlicht sie anonym ihren privaten Schlüssel, verliert ihn praktischerweise an einem öffentlichen Platz oder tut einfach so, als sei eines von beiden passiert. Alice behauptet dann, daß ihre Unterschrift kompromittiert sei und jetzt von Unbekannten unter ihrem Namen benutzt werde. Sie leugnet, dieses und andere Dokumente unterschrieben zu haben, die sie mit ihrem privaten Schlüssel signiert hat. Dies wird Nichtanerkennung genannt.

Mit Zeitstempeln läßt sich der Schaden durch diese Sorte Betrug eingrenzen. Alice kann jedoch immer behaupten, daß ihr Schlüssel schon früher kompromittiert wurde. Wenn Alice die Sache zeitlich gut plant, kann sie ein Dokument unterzeichnen und dann unanfechtbar behaupten, dies niemals getan zu haben. Aufgrund dieser Tatsache ist so häufig davon die Rede, private Schlüssel in einbruchsicheren Modulen unterzubringen: Alice soll an ihren Schlüssel nicht herankommen, damit sie ihn nicht selbst mißbrauchen kann.

Man kann diese Art des Mißbrauchs zwar nicht verhindern, aber zumindest verhindern, daß ältere Signaturen ihre Gültigkeit verlieren, wenn Unterschriften neueren Datums angezweifelt werden. (Alice könnte ihren Schlüssel beispielsweise „verlieren", um sich davor zu drücken, Bob das Schrottauto zu bezahlen, das er ihr gestern verkauft hat, und dann ihr Bankkonto auflösen.) Der Empfänger eines unterzeichneten Dokuments kann dieses Problem durch einen Zeitstempel lösen [453].

Das allgemeine Protokoll findet sich in [28]:

(1) Alice unterschreibt eine Nachricht.

(2) Alice generiert einen Header mit erläuternden Informationen. Sie hängt die unterschriebene Nachricht an diesen Header an, signiert alles und schickt es an Trent.

(3) Trent überprüft die äußere Signatur und bestätigt die erläuternden Informationen. Er ergänzt Alices unterschriebene Nachricht durch einen Zeitstempel und die erläuternden Informationen. Er unterzeichnet alles und sendet es sowohl an Alice als auch an Bob.

(4) Bob überprüft Trents Unterschrift, die erläuternden Informationen sowie Alices Signatur.

(5) Alice verifiziert die von Trent an Bob gesendete Nachricht. Wenn sie nicht Urheberin der Nachricht ist, meldet sie sich sofort.

Bei einem anderen Konzept wird Trent erst nach der Übermittlung eingesetzt [209]. Nach Empfang einer unterschriebenen Nachricht sendet Bob eine Kopie zur Überprüfung an Trent. Trent bestätigt daraufhin die Gültigkeit von Alices Unterschrift.

Anwendungen für digitale Signaturen

Eine der ersten Anwendungen für digitale Signaturen ergab sich aus dem Bedürfnis heraus, die Einhaltung des Vertrags über das Verbot von Atomwaffentests leichter überprüfen zu können [1454, 1467]. Die USA und die Sowjetunion (kennt noch jemand die Sowjetunion?) gestatteten einander zur Überwachung von Atomtests die Aufstellung von Seismometern auf dem jeweils gegnerischen Boden. Das Problem bestand für das jeweilige Land darin sicherzustellen, daß die Daten, die die von der überwachenden

Nation installierten Seismometer lieferten, im zu beobachteten Land nicht verfälscht wurden. Gleichzeitig mußte das Gastgeberland sicherstellen, daß die Überwachungsgeräte nur die vereinbarten Informationen sendeten.

Das erste Problem läßt sich mit konventionellen Authentifizierungsverfahren lösen, beide Probleme sind aber nur mit elektronischen Unterschriften zu bewältigen. Die Gastgebernation kann die Daten aus den Seismometern dann zwar lesen, aber nicht verändern, und die Beobachternation hat die Gewißheit, daß die Daten nicht verfälscht wurden.

2.7 Digitale Signaturen mit Verschlüsselung

Durch Kombination von digitalen Signaturen und Public-Key-Verfahren entwickeln wir nun ein Protokoll, das die durch Verschlüsselung gewonnene Sicherheit und die durch elektronische Unterschriften gewährleistete Authentizität in sich vereint. Stellen Sie sich einen Brief von Ihrer Mutter vor: Die Unterschrift belegt die Urheberschaft, und der Umschlag gewährleistet Geheimhaltung.

(1) Alice unterschreibt die Nachricht mit ihrem privaten Schlüssel.

$S_A(M)$

(2) Alice chiffriert die unterschriebene Nachricht mit Bobs öffentlichem Schlüssel und sendet sie an Bob.

$E_B(S_A(M))$

(3) Bob dechiffriert die Nachricht mit seinem privaten Schlüssel.

$D_B(E_B(S_A(M))) = S_A(M)$

(4) Bob überprüft die Unterschrift mit Alices öffentlichem Schlüssel und stellt die Nachricht wieder her.

$V_A(S_A(M)) = M$

Es erscheint naheliegend, das Dokument vor der Verschlüsselung zu unterzeichnen. Alice unterschreibt einen Brief erst, bevor sie ihn in einen Umschlag steckt. Steckt sie ihn ohne Unterschrift in den Umschlag und signiert dann den Umschlag, könnte Bob argwöhnen, daß der Brief heimlich ausgetauscht wurde. Zeigt Bob Carol den Brief und Umschlag von Alice, könnte Carol unterstellen, daß Brief und Umschlag gar nicht zusammengehören.

Auch in der elektronischen Korrespondenz ist es klug, vor der Verschlüsselung zu unterzeichnen [48]. Es ist nicht nur sicherer – ein Gegner kann eine Unterschrift nicht aus einer verschlüsselten Nachricht entfernen und stattdessen seine eigene unterbringen – sondern es gibt auch rechtliche Erwägungen: Wenn eine Person einen Text unterschreibt, der sie im Moment der Unterzeichnung nicht sieht, hat die Unterschrift unter

Umständen keine rechtliche Gültigkeit [1312]. Darüber hinaus sind gegen dieses Verfahren bei RSA-Signaturen kryptanalytische Angriffe möglich (siehe Abschnitt 19.3).

Es gibt keinen zwingenden Grund, weshalb Alice zur Chiffrierung und Unterzeichnung dasselbe Paar öffentlicher und privater Schlüssel verwenden sollte. Sie kann dafür auch verschiedene Schlüsselpaare benutzen, was unter Umständen durchaus vorteilhaft ist: Sie kann ihren Chiffrierschlüssel der Polizei aushändigen, ohne ihre Signatur zu kompromittieren. Einer der Schlüssel kann getrennt vom anderen hinterlegt werden (siehe Abschnitt 4.13). Die Schlüssel können unterschiedlich groß sein und zu verschiedenen Zeiten ablaufen.

Bei diesem Protokoll sollten natürlich Zeitstempel verwendet werden, um die Wiederverwendung von Nachrichten zu verhindern. Zeitstempel können auch gegen andere möglichen Fallen schützen, z.B. gegen die unten beschriebene.

Erneutes Senden einer Nachricht als Empfangsbestätigung

Betrachten Sie eine Implementierung dieses Protokolls, das um Bestätigungsnachrichten erweitert worden ist. Sobald Bob eine Nachricht empfängt, sendet er sie als Empfangsbestätigung zurück.

(1) Alice unterschreibt eine Nachricht mit ihrem privaten Schlüssel, chiffriert sie mit Bobs öffentlichem Schlüssel und sendet sie an Bob.

$$E_B(S_A(M))$$

(2) Bob dechiffriert die Nachricht mit seinem privaten Schlüssel. Er überprüft die Signatur mit Alices öffentlichem Schlüssel und verifiziert damit, daß Alice die Nachricht unterzeichnet hat. Er stellt die Nachricht wieder her.

$$V_A(D_B(E_B(S_A(M)))) = M$$

(3) Bob unterschreibt die Nachricht mit seinem privaten Schlüssel, chiffriert sie mit Alices öffentlichem Schlüssel und sendet sie an Alice zurück.

$$E_A(S_B(M))$$

(4) Alice dechiffriert die Nachricht mit ihrem privaten Schlüssel und überprüft die Unterschrift mit Bobs öffentlichem Schlüssel. Stimmt die resultierende Nachricht mit der an Bob gesendeten überein, weiß sie, daß Bob die Nachricht korrekt empfangen hat.

Wird zur Verschlüsselung und Überprüfung der elektronischen Unterschrift derselbe Algorithmus verwendet, ist ein Angriff möglich [506]. In solchen Fällen bildet die elektronische Unterschrift die Umkehroperation der Verschlüsselung: $V_X = E_X$ und $S_X = D_X$.

Angenommen, Mallory ist ein legitimer Systembenutzer mit eigenem öffentlichen und privaten Schlüssel. Beobachten wir, wie er Bobs Post liest. Mallory zeichnet zunächst die Nachricht auf, die Alice Bob in Schritt (1) sendet. Etwas später sendet er diese Nachricht an Bob, mit der Behauptung, daß sie von ihm (Mallory) stammt. Bob geht davon aus, daß es sich um eine legitime Nachricht von Mallory handelt. Also dechiffriert er die Nachricht mit seinem privaten Schlüssel. Dann versucht er, Mallorys Signatur durch Dechiffrierung mit dessem öffentlichen Schlüssel zu überprüfen. Die daraus resultierende Nachricht ist kompletter Unsinn und lautet:

$$E_M(D_B(E_B(D_A(M)))) = E_M(D_A(M))$$

Trotzdem fährt Bob mit dem Protokoll fort und sendet Mallory eine Empfangsbestätigung:

$$E_M(D_B(E_M(D_A(M))))$$

Mallory braucht die Nachricht jetzt bloß noch mit seinem privaten Schlüssel zu dechiffrieren, mit Bobs öffentlichem Schlüssel zu chiffrieren, mit seinem privaten Schlüssel wieder zu dechiffrieren und schließlich mit Alices öffentlichem Schlüssel zu chiffrieren. *Voilà!* – schon befindet sich Mallory im Besitz von *M*.

Es ist durchaus angebracht, davon auszugehen, daß Mallory von Bob automatisch eine Empfangsbestätigung erhält. Ein solches Protokoll könnte zum Beispiel in dessen Kommunikationssoftware integriert sein. Die Unsicherheit entsteht dadurch, daß der Empfang von völligem Unsinn bereitwillig bestätigt wird. Würde Bob die Nachricht auf einen verständlichen Inhalt hin durchsehen, bevor er den Empfang bestätigt, wäre dieses Sicherheitsproblem beseitigt.

Es gibt Erweiterungen dieses Angriffs, bei denen Mallory Bob eine von der mitgehörten verschiedene Nachricht schicken kann. Unterzeichnen Sie niemals die Nachrichten anderer Leute und entschlüsseln Sie nicht irgendwelche Nachrichten, die Sie dann an andere Leute weitergeben.

Vereiteln des Zurücksendeangriffs

Der eben beschriebene Angriff funktioniert nur, weil die Operationen zur Verschlüsselung sowie zur Überprüfung der Signatur identisch sind und zudem Entschlüsselung sowie Signatur auf dieselbe Weise erfolgen. Ein sicheres Protokoll würde Verschlüsselung und digitale Signaturen leicht unterschiedlich behandeln. Das Problem kann durch verschiedene Schlüssel für die jeweiligen Operationen oder durch unterschiedliche Algorithmen für die einzelnen Operationen gelöst werden. Man könnte auch Zeitstempel, welche eingehende und ausgehende Nachricht unterscheidbar machen, oder digitale Signaturen mit Einweg-Hashfunktionen verwenden (siehe Abschnitt 2.6).

Das folgende Protokoll ist im allgemeinen so sicher wie der verwendete Public-Key-Algorithmus:

(1) Alice unterzeichnet eine Nachricht.

(2) Alice chiffriert Nachricht und Unterschrift mit Bobs öffentlichem Schlüssel (mit einem Verschlüsselungsalgorithmus, der nicht für die Unterschrift verwendet wurde). Sie sendet das Ganze an Bob.

(3) Bob dechiffriert die Nachricht mit seinem privaten Schlüssel.

(4) Bob verifiziert Alices Unterschrift.

Angriffe gegen Public-Key-Verfahren

Bei der Beschreibung der Protokolle mit öffentlichem Schlüssel habe ich einfach übergangen, wie Alice an Bobs öffentlichen Schlüssel gerät. Abschnitt 3.1 geht darauf im einzelnen ein, es sollte hier jedoch kurz angesprochen werden.

Den öffentlichen Schlüssel einer bestimmten Person besorgt man sich am einfachsten aus einer sicheren Datenbank. Die Datenbank muß dazu öffentlich zugänglich sein, damit sich jeder die öffentlichen Schlüssel anderer Personen beschaffen kann. Außerdem muß die Datenbank für alle außer Trent schreibgeschützt sein, da Mallory Bobs öffentlichen Schlüssel sonst einfach austauschen könnte. Bob könnte daraufhin keine an ihn adressierten Nachrichten mehr lesen, Mallory aber sehr wohl.

Auch wenn die öffentlichen Schlüssel in einer sicheren Datenbank gespeichert sind, hätte Mallory noch die Möglichkeit, sie während der Übertragung zu ersetzen. Um das zu verhindern, sollte Trent jeden öffentlichen Schlüssel mit seinem eigenen privaten Schlüssel unterschreiben. Wird Trent zu diesem Zwecke eingesetzt, heißt er häufig **Schlüsselzertifizierungsinstanz** oder **Schlüsselverteilungsinstanz** (key distribution center, KDC). In der Praxis unterzeichnet das KDC meist Nachrichten, die zu einem Benutzer dessen Namen, den öffentlichen Schlüssel und andere wesentliche Informationen enthalten. Die unterzeichnete Nachricht wird in der Datenbank des KDC gespeichert. Wenn Alice Bobs Schlüssel erhält, überprüft sie die Unterschrift des KDC, um sich von der Gültigkeit des Schlüssels zu überzeugen.

Die abschließende Analyse zeigt, daß man Mallorys Angriffe nicht gänzlich ausschalten, aber doch deutlich erschweren kann. Auch Alice hat ja den öffentlichen Schlüssel des KDC gespeichert. Mallory müßte diesen durch seinen eigenen Schlüssel ersetzen, die Datenbank zerstören und die gültigen Schlüssel durch eigene austauschen (die mit seinem privaten Schlüssel unterschrieben sind, als wäre er das KDC). Dann hätte er es geschafft. Aber auch eigenhändige Unterschriften auf Papier können gefälscht werden, wenn Mallory den Aufwand nicht scheut. Der Austausch von Schlüsseln wird in allen Einzelheiten in Abschnitt 3.1 erläutert.

2.8 Generieren von Zufalls- und Pseudozufallsfolgen

Warum sollten wir uns im einem Buch über Kryptographie mit Zufallszahlenfolgen aufhalten? In die meisten Compiler ist bereits ein Zufallszahlengenerator integriert, ein einfacher Funktionsaufruf genügt. Warum nicht den benutzen? Bedauerlicherweise sind diese Zufallszahlengeneratoren für kryptographische Zwecke fast nie sicher genug und meist nicht einmal besonders zufällig. Die überwiegende Zahl ist beschämend schlecht.

2.8 Generieren von Zufalls- und Pseudozufallsfolgen

Zufallszahlengeneratoren generieren keine Zufallszahlen, weil niemand es von ihnen verlangt. In den meisten einfachen Anwendungen, z.B. in Computerspielen, werden so wenige Zufallszahlen benötigt, daß Regelmäßigkeiten gar nicht auffallen können. In der Kryptographie dagegen sind die Eigenschaften von Zufallszahlengeneratoren von entscheidender Bedeutung. Ein schwacher Generator produziert merkwürdige Korrelationen und seltsame Ergebnisse [1231, 1238]. Und das ist so ziemlich das letzte, was Sie sich wünschen, wenn Ihre Sicherheitsmaßnahmen davon abhängen.

Das Problem besteht darin, daß ein Zufallszahlengenerator keine Zufallssequenz generiert. Was er produziert, ähnelt einer Zufallssequenz meist nicht im geringsten. Es ist schlicht unmöglich, auf einem Computer etwas wirklich Zufälliges zu erzeugen. Donald Knuth zitiert John von Neumann mit den Worten: „Anyone who considers arithmetical methods of producing random digits is, of course, in a state of sin" [863]. Computer sind deterministische Wesen. Am einen Ende schiebt man etwas in sie hinein, was drinnen passiert, ist absolut voraussehbar, und am anderen Ende kommt etwas anderes wieder heraus. Steckt man zweimal dasselbe hinein, kommt auch dasselbe wieder heraus. Füttert man zwei identische Computer mit derselben Eingabe, kommt bei beiden auch dasselbe wieder heraus. Ein Computer kann sich nur in endlich vielen Zuständen befinden (deren Anzahl ist zwar riesig, aber doch begrenzt). Was er ausspuckt, ist immer eine deterministische Funktion seines momentanen Zustandes und seiner Eingabe. Das impliziert, daß jeder auf einem Computer (zumindest auf einem endlichen Automaten) implementierte Zufallszahlengenerator periodisch ist. Alle periodischen Vorgänge sind per Definition vorhersehbar. Ist etwas vorhersehbar, kann es nicht zufällig sein. Ein echter Zufallszahlengenerator benötigt auch eine zufällige Eingabe; ein Computer kann diese nicht liefern.

Pseudozufallsfolgen

Auf einem Computer kann bestenfalls ein **Generator für Pseudozufallsfolgen** realisiert werden. Was ist das? Viele haben sich an einer formalen Definition versucht, ich werde mich jedoch nicht daran versuchen. Eine Pseudozufallsfolge ist eine Folge, die zufällig aussieht. Ihre Periode sollte so lang sein, daß eine endliche Folge von angemessener Länge, d.h. einer Länge, die tatsächlich genutzt wird, nicht periodisch ist. Wenn Sie eine Milliarde Zufallsbits benötigen, wählen Sie keinen Zufallsgenerator, der sich bereits nach sechzehntausend Bits wiederholt. Es ist wünschenswert, daß diese relativ kurzen nicht periodischen Teilfolgen echten Zufallsfolgen möglichst nahekommen. Sie sollten z.B. ungefähr so viele Nullen wie Einsen enthalten. Außerdem sollte etwa die Hälfte aller Folgen aus identischen Bits ein Bit lang sein, rund ein Viertel 2 Bit lang, ein Achtel 3 Bit lang usw. Sie sollten nicht komprimierbar sein. Die Verteilung der Längen der Folgen sollte für Nullen und Einsen etwa gleich sein [643, 863, 99, 1357]. Diese Eigenschaften lassen sich empirisch erfassen und dann anhand eines χ^2-Tests mit den statistischen Mittelwerten vergleichen.

Nach unseren Maßstäben ist ein Generator pseudozufällig, wenn er folgende Eigenschaft besitzt:

1. Er scheint zufällig zu sein. Das bedeutet, daß er sämtliche uns zugänglichen statistischen Zufallstests besteht. (Beginnen Sie mit den Tests in [863].)

Es wurde großer Aufwand betrieben, um auf Computern gute Pseudozufallsfolgen zu produzieren. In der Fachliteratur nimmt die Diskussion über Generatoren einschließlich der verschiedensten Zufallstests breiten Raum ein. All diese Generatoren sind periodisch (das läßt sich nicht vermeiden); aber mit Perioden, deren Länge 2^{256} Bit und mehr beträgt, können sie auch für die größten Anwendungen genutzt werden.

Das Problem sind nach wie vor die merkwürdigen Korrelationen und seltsamen Ergebnisse. Damit hat jeder Zufallszahlengenerator zu kämpfen, wenn er in einer bestimmten Weise eingesetzt wird. Und genau dies nutzt ein Kryptanalytiker für einen Angriff auf das System aus.

Kryptographisch sichere Pseudozufallsfolgen

Kryptographische Anwendungen fordern von einem Generator für Pseudozufallsfolgen weitaus mehr als die meisten anderen Anwendungen. Kryptographische Zufälligkeit bedeutet nicht einfach statistische Zufälligkeit, obwohl dies eines der Kriterien ist. Eine kryptographisch sichere Pseudozufallsfolge muß außerdem folgende Eigenschaft besitzen:

2. Sie ist nicht voraussagbar. Es muß unmöglich sein zu berechnen, welches Zufallsbit als nächstes kommt, selbst wenn der Algorithmus oder die Hardware, die die Folge erzeugen, sowie alle vorangehenden Bits bekannt sind.

Kryptographisch sichere Pseudozufallssequenzen sollten nicht komprimierbar sein, es sei denn, man kennt den Schlüssel. Der Schlüssel bestimmt ja im allgemeinen den Anfangszustand des Generators.

Wie alle kryptographischen Algorithmen sind kryptographisch sichere Pseudozufallsfolgen Angriffen ausgesetzt. Genauso wie ein Verschlüsselungsalgorithmus kann auch ein kryptographisch sicherer Pseudozufallsfolgengenerator geknackt werden. In der Kryptographie geht es gerade darum, Generatoren gegen Angriffe zu immunisieren.

Echte Zufallsfolgen

Wir machen nun einen Abstecher in die Philosophie. Gibt es Zufall überhaupt? Was zeichnet eine Zufallsfolge aus? Wie kann man entscheiden, ob eine Folge zufällig ist? Ist „101110100" zufälliger als „101010101"? Aus der Quantenmechanik wissen wir, daß es in der Realität echten Zufall gibt. Können wir diese Zufälligkeit in der deterministischen Umgebung von Computerchips und endlichen Automaten erhalten?

Von philosophischen Fragen einmal abgesehen, erzeugt ein Generator aus unserer Sicht **echte Zufallszahlen**, wenn er über folgende dritte Eigenschaft verfügt:

3. Er ist nicht zuverlässig reproduzierbar. Wenn man den Generator zweimal mit exakt derselben Eingabe (zumindest soweit dies menschenmöglich ist) laufen läßt, erhält man zwei Zufallsfolgen, die keinerlei Ähnlichkeiten aufweisen.

Die Ausgabe eines Generators, der diese drei Eigenschaften besitzt, ist für ein One-Time-Pad, die Schlüsselgenerierung und beliebige andere kryptographische Algorithmen ausreichend, die einen echten Zufallsfolgengenerator voraussetzen. Die Schwierigkeit besteht darin herauszubekommen, ob eine Folge wirklich zufällig ist. Wenn ich einen String wiederholt mit DES und einem bestimmten Schlüssel chiffriere, erhalte ich eine hübsche, recht zufällig aussehende Ausgabe. Sie werden keinerlei Regelmäßigkeiten feststellen, sofern Sie nicht ein wenig Rechenzeit auf dem DES-Cracker der NSA mieten.

3 Grundlegende Protokolle

3.1 Schlüsselaustausch

Eine übliche kryptographische Methode besteht darin, jede Konversation mit einem eigenen Schlüssel zu chiffrieren. Dieser heißt Sitzungsschlüssel, da er nur für eine bestimmte Kommunikationssitzung verwendet wird. Wie in Abschnitt 8.5 beschrieben, sind Sitzungsschlüssel nützlich, da sie nur für die Dauer einer einzelnen Konversation existieren. Es ist oft nicht einfach, diesen gemeinsamen Sitzungsschlüssel dem Konversationspartner auszuhändigen.

Schlüsselaustausch mit symmetrischer Kryptographie

Dieses Protokoll setzt voraus, daß Alice und Bob Netzbenutzer sind und daß jeder mit dem Key Distribution Center (KDC) – in unseren Protokollen ist das Trent – einen geheimen Schlüssel vereinbart hat [1260]. Diese Schlüssel müssen zu Beginn des Protokolls vorliegen. (Das Protokoll bezieht die Schwierigkeiten bei der Verteilung der geheimen Schlüssel nicht mit ein; es geht einfach davon aus, daß sie vorhanden sind und Mallory sie nicht kennt.)

(1) Alice wendet sich an Trent mit der Bitte um einen Sitzungsschlüssel zur Kommunikation mit Bob.
(2) Trent generiert einen zufälligen Sitzungsschlüssel. Er chiffriert davon zwei Kopien: eine mit Alices und eine mit Bobs Schlüssel. Trent sendet beide Kopien an Alice.
(3) Alice dechiffriert ihre Kopie des Sitzungsschlüssels.
(4) Alice sendet Bob die andere Kopie.
(5) Bob dechiffriert seine Kopie des Sitzungsschlüssels.
(6) Alice und Bob verwenden diesen Sitzungsschlüssel, um sicher miteinander zu kommunizieren.

Dieses Protokoll verläßt sich darauf, daß Trent absolut sicher ist. Trent ist meist ein vertrauenswürdiges Computerprogramm und keine Vertrauensperson. Wenn Mallory Trent korrumpiert, ist das ganze Netzwerk kompromittiert. Er besitzt dann alle geheimen Schlüssel, die Trent den Benutzern zugewiesen hat; er kann die gesamte bereits stattgefundene Kommunikation lesen, die er aufbewahrt hat, sowie alle zukünftigen Konversationen. Er braucht dazu nur die Kommunikationspfade anzuzapfen und die verschlüsselten Nachrichten abzuhören.

Außerdem ist bei diesem Verfahren problematisch, daß Trent einen potentiellen Engpaß darstellt. Er ist schließlich an jedem Schlüsselaustausch beteiligt. Wenn Trent scheitert, ist das System insgesamt unterbrochen.

Schlüsselaustausch mit Public-Key-Kryptographie

Das elementare hybride Kryptosystem wurde in Abschnitt 2.5 behandelt. Alice und Bob vereinbaren mit Public-Key-Kryptographie einen Sitzungsschlüssel, den sie dann zur Datenverschlüsselung verwenden. Bei manchen Implementierungen in der Praxis sind Alices und Bobs unterschriebene öffentliche Schlüssel in einer Datenbank verfügbar. Dies erleichtert das Protokoll zum Schlüsselaustausch, denn Alice kann Bob damit sogar eine sichere Nachricht senden, wenn dieser noch nie von ihr gehört hat:

(1) Alice bezieht Bobs öffentlichen Schlüssel vom KDC.
(2) Alice generiert einen zufälligen Sitzungsschlüssel, chiffriert diesen mit Bobs öffentlichem Schlüssel und sendet ihn an Bob.
(3) Bob dechiffriert Alices Nachricht mit seinem privaten Schlüssel.
(4) Beide chiffrieren ihre Kommunikation mit demselben Sitzungsschlüssel.

Man-in-the-Middle-Angriff

Während Eve lediglich versuchen kann, den Public-Key-Algorithmus zu brechen oder einen *ciphertext-only*-Angriff auf den Chiffretext durchzuführen, stehen Mallory weit bessere Möglichkeiten offen. Er kann die zwischen Alice und Bob ausgetauschten Nachrichten nicht nur abhören, sondern auch ändern, löschen oder völlig neu generieren. Mallory kann sich bei Alice als Bob und bei Bob als Alice ausgeben. Diese Art Angriff verläuft wie folgt:

(1) Alice sendet Bob ihren öffentlichen Schlüssel. Mallory fängt diesen Schlüssel ab und schickt stattdessen seinen eigenen öffentlichen Schlüssel an Bob.
(2) Bob sendet Alice seinen öffentlichen Schlüssel. Mallory fängt diesen Schlüssel ab und schickt seinen eigenen öffentlichen Schlüssel an Alice.
(3) Sendet Alice eine Nachricht an Bob, die mit „Bobs" öffentlichem Schlüssel chiffriert ist, fängt Mallory diese ab. Da die Nachricht in Wirklichkeit mit Mallorys öffentlichem Schlüssel chiffriert ist, dechiffriert er sie mit seinem privaten Schlüssel, chiffriert sie erneut mit Bobs öffentlichem Schlüssel und sendet sie an Bob weiter.
(4) Sendet Bob eine Nachricht an Alice, die mit „Alices" öffentlichem Schlüssel chiffriert ist, fängt Mallory diese ab. Da die Nachricht in Wirklichkeit mit Mallorys öffentlichem Schlüssel chiffriert ist, dechiffriert er sie mit seinem privaten Schlüssel, chiffriert sie erneut mit Alices öffentlichem Schlüssel und sendet sie an Alice weiter.

Diese Art Angriff ist selbst dann möglich, wenn die öffentlichen Schlüssel von Alice und Bob in einer Datenbank gespeichert werden. Mallory kann Alices Datenbankanfrage abfangen und Bobs öffentlichen Schlüssel durch seinen eigenen ersetzen. Dasselbe macht er bei Bob, indem er Alices öffentlichen Schlüssel durch den eigenen ersetzt. Noch besser ist es, wenn Mallory heimlich in die Datenbank einbricht und Alices sowie Bobs Schlüssel gleich dort durch seinen eigenen ersetzt. Danach braucht er bloß noch zu warten, bis Alice und Bob eine Konversation beginnen, alle Nachrichten abzufangen und verändert weiterzuschicken und schon hat er gewonnen.

Dieser **man-in-the-middle-Angriff** hat Erfolg, da es für Alice und Bob keine Möglichkeit gibt zu überprüfen, ob sie überhaupt miteinander kommunizieren. Angenommen, Mallory ruft keine merklichen Verzögerungen in der Übertragung hervor. Die beiden haben dann nicht die geringste Ahnung, daß sich jemand zwischen ihnen befindet und ihre gesamte, angeblich geheime Kommunikation verfolgt.

Interlock-Protokoll

Das von Ron Rivest und Adi Shamir entwickelte **Interlock-Protokoll** [1327] hat gute Aussicht, einen *man-in-the-middle*-Angriff zu vereiteln. Es wird wie folgt durchgeführt:

(1) Alice sendet Bob ihren öffentlichen Schlüssel.
(2) Bob sendet Alice seinen öffentlichen Schlüssel.
(3) Alice chiffriert ihre Nachricht mit Bobs öffentlichem Schlüssel. Sie sendet die Hälfte davon an Bob.
(4) Bob chiffriert seine Nachricht mit Alices öffentlichem Schlüssel. Er sendet die Hälfte davon an Alice.
(5) Alice schickt Bob die zweite Hälfte ihrer chiffrierten Nachricht.
(6) Bob fügt die beiden Hälften von Alices Nachricht wieder zusammen und dechiffriert sie mit seinem privaten Schlüssel. Bob schickt Alice die zweite Hälfte seiner chiffrierten Nachricht.
(7) Alice setzt Bobs Nachricht zusammen und dechiffriert sie mit ihrem privaten Schlüssel.

Der entscheidende Punkt ist hier, daß eine halbe Nachricht ohne die andere Hälfte völlig nutzlos ist, da sie nicht entschlüsselt werden kann. Bob kann Alices Nachricht erst in Schritt (6) und Alice Bobs erst in Schritt (7) lesen. Das Halbieren der Nachricht läßt sich auf verschiedene Art bewerkstelligen:

- Wird ein Blockalgorithmus zur Verschlüsselung verwendet, könnte von jedem Block die Hälfte (z.B. jedes zweite Bit) in einer Hälfte der Nachricht untergebracht werden.

- Die Entschlüsselung der Nachricht könnte von einem Initialisierungsvektor abhängig gemacht werden (siehe Abschnitt 9.3), der erst mit der zweiten Hälfte der Nachricht gesendet wird.

- Die erste Hälfte der Nachricht könnte aus einer Einweg-Hashfunktion der verschlüsselten Nachricht bestehen (siehe Abschnitt 2.4), während die verschlüsselte Nachricht selbst erst in der zweiten Hälfte gesendet wird.

Diese Maßnahme bereitet Mallory erhebliche Schwierigkeiten. Kommen wir noch einmal auf seinen Versuch zur Unterwanderung des Protokolls zurück. Wie bisher kann er in den Schritten (1) und (2) Alices und Bobs öffentlichen Schlüssel durch seinen eigenen ersetzen. In Schritt (3) aber fängt er nur noch die Hälfte von Alices Nachricht ab. Es ist ihm nun nicht mehr möglich, diese mit seinem privaten Schlüssel zu dechiffrieren und mit Bobs öffentlichem Schlüssel erneut zu chiffrieren. Er muß jetzt eine völlig neue Nachricht erfinden und die Hälfte davon an Bob senden. Beim Abfangen der ersten Hälfte von Bobs Nachricht an Alice in Schritt (4) steht er vor dem gleichen Problem. Er kann sie mit seinem privaten Schlüssel nicht dechiffrieren und dann mit Alices öffentlichem Schlüssel erneut chiffrieren. Er muß sich eine völlig neue Nachricht ausdenken und die Hälfte davon an Alice senden. Zu dem Zeitpunkt, zu dem er die jeweils zweite Hälfte der echten Nachrichten in den Schritten (5) und (6) abfängt, kann er die erfundenen Nachrichten nicht mehr ändern. Die Konversation zwischen Alice und Bob ist also eine komplett andere.

Unter Umständen hat Mallory mit dieser Methode tatsächlich Erfolg. Kennt er Alice und Bob gut genug, um beide Seiten einer Konversation zwischen ihnen imitieren zu können, fällt ihnen vielleicht gar nicht auf, daß sie überlistet worden sind. Das ist natürlich wesentlich schwieriger, als einfach zwischen den beiden zu sitzen, ihre Nachrichten abzufangen und bloß zu lesen.

Schlüsselaustausch mit digitalen Signaturen

Der *man-in-the-middle*-Angriff läßt sich auch verhindern, indem in das Protokoll zum Austausch eines Sitzungsschlüssels digitale Signaturen aufgenommen werden. Trent signiert dabei die öffentlichen Schlüssel von Alice und Bob. Außerdem wird eine unterzeichnete Eigentumsbestätigung beigefügt. Wenn Alice und Bob die Schlüssel empfangen, überprüfen sie Trents Signatur. Sie ersehen daraus, daß der öffentliche Schlüssel vom jeweils anderen stammt. Das Protokoll zum Schlüsselaustausch kann nun fortgeführt werden.

Mallory bekommt dadurch ernsthafte Probleme. Er kann weder in Alices noch in Bobs Rolle schlüpfen, da er deren private Schlüssel nicht kennt. Er kann weder Alices noch Bobs öffentlichen Schlüssel durch einen eigenen ersetzen. Er besitzt zwar einen von Trent signierten Schlüssel, dieser bestätigt jedoch ihn selbst als Schlüsseleigentümer. Mallory bleibt also nichts anderes übrig, als den verschlüsselten Verkehr abzuhören oder die Kommunikationskanäle zu unterbrechen und damit eine Konversation zwischen Alice und Bob zu verhindern.

Bei diesem Protokoll wird Trent eingesetzt, aber eine Kompromittierung des KDC ist weniger riskant als das erste Protokoll. Wenn Mallory Trent kompromittiert (d.h. in das KDC einbricht), verschafft ihm das lediglich Trents privaten Schlüssel. Dieser Schlüssel befähigt ihn nur zur Unterzeichnung neuer Schlüssel; er kann damit keine Sitzungsschlüssel dechiffrieren oder Nachrichten lesen. Damit er Nachrichten lesen kann, muß sich Mallory als Netzbenutzer ausgeben und legitime Benutzer dazu bringen, Nachrichten mit seinem gefälschten öffentlichen Schlüssel zu chiffrieren.

Diese Art von Angriff kann Mallory durchaus durchführen. Mit dem privaten Schlüssel von Trent kann er unterschriebene Schlüssel fälschen und damit sowohl Alice als auch Bob täuschen. Dann kann er sie in der Datenbank statt der echten unterschriebenen

Schlüssel eintragen. Oder er hört die Datenbankanfragen von Benutzern ab und antwortet ihnen mit seinen gefälschten Schlüsseln. Mit diesem *man-in-the-middle*-Angriff kann er die Kommunikation belauschen.

Der Angriff funktioniert unter der Voraussetzung, daß Mallory Nachrichten abfangen und ändern kann. In manchen Netzen ist das sehr aufwendig. Man kann sich dort nicht einfach ins Netz hängen und die vorbeilaufenden Nachrichten lesen. Auf einem Broadcast-Kanal wie beim Rundfunk ist es fast unmöglich, Nachrichten auszutauschen, ohne gleich das ganze Netzwerk zu blockieren. Computernetze sind da vergleichsweise unkompliziert. Die Überwachung wird einem immer leichter gemacht, denken Sie nur an IP-Spoofing, Angriffe gegen Router usw. Aktive Angriffe werden heutzutage nicht nur von dubiosen Gestalten durchgeführt, die sich mit Abhörgeräten in Abwasserkanälen herumtreiben, und sind auch nicht auf Behörden mit drei Großbuchstaben beschränkt.

Übermittlung von Schlüssel und Nachricht

Alice und Bob müssen nicht erst das Protokoll zum Schlüsselaustausch durchführen, bevor sie mit dem Austausch von Nachrichten beginnen. Bei dem folgenden Protokoll sendet Alice Bob die Nachricht ohne vorherigen Schlüsselaustausch:

(1) Alice generiert einen zufälligen Sitzungsschlüssel K und chiffriert M mit K.

$E_K(M)$

(2) Alice ruft Bobs öffentlichen Schlüssel aus der Datenbank ab.
(3) Alice chiffriert K mit Bobs öffentlichem Schlüssel.

$E_B(K)$

(4) Alice sendet die chiffrierte Nachricht und den chiffrierten Sitzungsschlüssel an Bob.

$E_K(M), E_B(K)$

Um sich besser gegen *man-in-the-middle*-Angriffe zu schützen, kann Alice die Übermittlung noch unterschreiben.

(5) Bob dechiffriert Alices Sitzungsschlüssel K mit seinem privaten Schlüssel.
(6) Bob dechiffriert Alices Nachricht mit dem Sitzungsschlüssel.

In dieser Art von hybridem System wird Public-Key-Kryptographie am häufigsten zur Kommunikationsverschlüsselung eingesetzt. Es kann mit elektronischen Unterschriften, Zeitstempeln und anderen Sicherheitsprotokollen kombiniert werden.

Verteilung von Schlüssel und Nachricht

Es gibt keinen Grund, warum Alice die verschlüsselte Nachricht nicht an mehrere Personen senden sollte. So sendet Alice die verschlüsselte Nachricht an Bob, Carol und Dave:

(1) Alice generiert einen zufälligen Sitzungsschlüssel K und chiffriert M mit K.
$E_K(M)$

(2) Alice fragt die öffentlichen Schlüssel von Bob, Carol und Dave aus der Datenbank ab.

(3) Alice chiffriert K mit Bobs öffentlichem Schlüssel, chiffriert K mit Carols öffentlichem Schlüssel und chiffriert K mit Daves öffentlichem Schlüssel.
$E_B(K), E_C(K), E_D(K)$

(4) Alice verbreitet die verschlüsselte Nachricht und alle chiffrierten Schlüssel an jeden, der die Sendung empfangen möchte.
$E_B(K), E_C(K), E_D(K), E_K(M)$

(5) Nur Bob, Carol und Dave können den Schlüssel K dechiffrieren, wobei sie ihren jeweiligen privaten Schlüssel verwenden.

(6) Nur Bob, Carol und Dave können Alices Nachricht mit K dechiffrieren.

Dieses Protokoll läßt sich in einem *store-and-forward*-Netzwerk implementieren. Ein zentraler Server leitet Alices Nachricht mit dem jeweiligen chiffrierten Schlüssel an Bob, Carol und Dave weiter. Der Server muß dazu weder sicher noch vertrauenswürdig sein, da er keine der Nachrichten dechiffrieren kann.

3.2 Authentifizierung

Angenommen, Alice meldet sich bei einem Host-Rechner (einem Geldautomaten, einem Telebanking-System oder einer anderen Art von Terminal) an. Woher weiß der Host, um wen es sich handelt? Woher weiß er, daß nicht Eve am anderen Ende sitzt, die sich fälschlicherweise als Alice ausgibt? Normalerweise wird dieses Problem durch Paßwörter gelöst. Alice gibt ihr Paßwort ein, und der Host bestätigt, daß es korrekt ist. Sowohl Alice als auch der Host kennen diese geheime Information. Der Host fragt sie von Alice jedesmal ab, wenn sich Alice bei ihm anmeldet.

Authentifizierung mit Einwegfunktionen

Roger Needham und Mike Guy erkannten, daß der Host die Paßwörter nicht zu kennen braucht; er muß nur in der Lage sein, gültige Paßwörter von ungültigen zu unterscheiden. Mit Einwegfunktionen in das einfach [1599, 526, 1274, 1121]. Statt der Paßwörter selbst speichert der Host Einwegfunktionen der Paßwörter.

(1) Alice sendet dem Host ihr Paßwort.
(2) Der Host wendet eine Einwegfunktion auf das Paßwort an.
(3) Der Host vergleicht das Ergebnis der Einwegfunktion mit dem früher gespeicherten Wert.

Da der Host keine Tabelle aller gültigen Paßwörter mehr benötigt, besteht keine Gefahr, daß die Paßwortliste bei einem Einbruch in den Host gestohlen wird.

Die Paßwortliste, mit der die Einwegfunktion arbeitet, ist nutzlos, da die Einwegfunktion nicht umgekehrt werden kann, um die eigentlichen Paßwörter zu ermitteln.

Wörterbuchangriff und Salt als Gegenmittel

Eine Paßwortdatei, die mit einer Einwegfunktion verschlüsselt wurde, ist immer noch gefährdet. In seiner Freizeit stellt Mallory eine Liste der eine Million häufigsten Paßwörter zusammen. Er wendet auf jedes der eine Million Paßwörter die Einwegfunktion an und speichert die Ergebnisse. Ist jedes Paßwort etwa 8 Byte lang, beträgt die Ergebnisdatei nicht mehr als 8 MB und paßt somit auf ein paar Disketten. Nun stiehlt Mallory eine verschlüsselte Paßwortdatei. Er vergleicht diese Datei mit seiner Datei aus verschlüsselten möglichen Paßwörtern und sucht Übereinstimmungen.

Dies stellt einen **Wörterbuchangriff** (*dictionary attack*) dar, der erstaunlich erfolgreich ist (siehe Abschnitt 8.1). Mit dem sogenannten **Salt** läßt sich diese Sorte Angriff erschweren. Das Salt ist eine Zufallssequenz, die mit dem Paßwort konkateniert wird, bevor die Einwegfunktion darauf angewandt wird. In der Datenbank auf dem Host werden dann sowohl der Salt-Wert als auch das Ergebnis der Einwegfunktion gespeichert. Ist die Anzahl der möglichen Salt-Werte groß genug, schließt dies einen Wörterbuch-Angriff gegen häufig benutzte Paßwörter praktisch aus, da Mallory den Einweg-Hashwert für jeden möglichen Salt-Wert generieren müßte. Dies stellt einen einfachen Ansatz für einen Initialisierungsvektor dar (siehe Abschnitt 9.3).

Man beabsichtigt hier, Mallory eine großangelegte Vorausberechnung aller möglichen Paßwörter zu vereiteln. Zum Knacken eines Benutzerpaßworts muß er nun für jedes Paßwort in seinem Wörterbuch eine separate Verschlüsselung ausprobieren.

Salt braucht man in großen Mengen. Auf den meisten UNIX-Systemen werden nur 12 Bit lange Salt-Sequenzen verwendet. Daniel Klein entwickelte ein Programm zum Erraten von Paßwörtern, dem es selbst bei dieser Länge häufig gelang, auf einem bestimmten Host-System innerhalb einer Woche 40 Prozent der Paßwörter zu knacken [847, 848] (siehe Abschnitt 8.1). David Feldmeier und Philip Karn stellten eine Liste zusammen, in der etwa 732000 übliche Paßwörter mit jedem von 4096 möglichen Salt-Werten konkateniert wurden. Sie schätzen, daß damit auf jedem Host ungefähr 30 Prozent aller Paßwörter geknackt werden können [561].

Salt ist kein Allheilmittel; durch mehr Salt-Bits lassen sich nicht alle Gefahren beseitigen. Salt schützt lediglich gegen allgemeine Wörterbuch-Angriffe auf eine Paßwortdatei, aber nicht gegen einen gezielten Angriff auf ein einzelnes Paßwort. Es schützt Personen, die auf verschiedenen Rechnern mit demselben Paßwort arbeiten, schlecht gewählte Paßwörter werden dadurch aber auch nicht besser.

SKEY

SKEY ist ein Authentifizierungsprogramm, das Sicherheit über eine Einwegfunktion gewährleistet. Es ist einfach zu erklären.

Zum Einrichten des Systems gibt Alice die Zufallszahl R ein. Der Computer berechnet daraus etwa hundertmal $f(R)$, $f(f(R))$, $f(f(f(R)))$ usw. Wir nennen diese Zahlen x_1, x_2, x_3, ..., x_{100}. Der Computer druckt die Liste dieser Zahlen aus und Alice hebt sie in ihrer Tasche auf. Der Computer speichert darüber hinaus x_{101} als Klartext in einer Login-Datenbank neben dem Namen von Alice.

Bei der erstmaligen Anmeldung gibt Alice ihren Namen und x_{100} ein. Der Computer berechnet $f(x_{100})$ und vergleicht ihn mit dem in seiner Datenbank gespeicherten x_{101}; stimmen die beiden Werte überein, ist Alices Identität bewiesen. Der Computer ersetzt x_{101} in der Datenbank nun durch x_{100}, und Alice streicht x_{100} aus ihrer Liste.

Alice gibt bei jeder Anmeldung die letzte nicht gestrichene Zahl x_i aus ihrer Liste ein. Der Computer berechnet daraus $f(x_i)$ und vergleicht diesen Wert mit dem in seiner Datenbank gespeicherten x_{i+1}. Eve kann mit diesen Informationen nichts anfangen, da jede Zahl nur einmal verwendet wird und die Funktion eine Einwegfunktion ist. Genausowenig ist die Datenbank für einen Angreifer nützlich. Es ist klar, daß Alice das System neu initialisieren muß, wenn sie alle Zahlen verbraucht hat.

Authentifizierung mit Public-Key-Kryptographie

Auch mit Salt-Bits gibt es beim ersten Protokoll gravierende Sicherheitsprobleme. Wenn Alice ihr Paßwort an den Host sendet, kann es von jedem gelesen werden, der den Datenverkehr abhören kann. Vielleicht sendet sie ihre Daten auf verschlungenen Wegen, die durch vier konkurrierende Unternehmen, drei verschiedene Staaten und zwei fortschrittliche Universitäten führen. Eve könnte sich überall aufhalten und Alices Login-Sequenz belauschen. Hat Eve Zugriff auf den Arbeitsspeicher des Hosts, kann sie das Paßwort noch vor der Hashing-Operation einsehen.

Das Problem ist mit Public-Key-Kryptographie lösbar. Auf dem Host wird eine Datei mit den öffentlichen Schlüsseln aller Benutzer gespeichert; die privaten Schlüssel befinden sich bei den Benutzern selbst. Hier nun der einfache Ansatz eines Protokolls. Bei der Anmeldung verläuft das Protokoll wie folgt:

(1) Der Host sendet Alice einen Zufallsstring.
(2) Alice chiffriert den String mit ihrem privaten Schlüssel und schickt ihn gemeinsam mit ihrem Namen an den Host zurück.
(3) Der Host fragt Alices öffentlichen Schlüssel aus seiner Datenbank ab und dechiffriert damit die Nachricht.
(4) Stimmt der dechiffrierte String mit dem eingangs gesendeten überein, gestattet der Host Alice den Zugang zum System.

Da niemand Alices privaten Schlüssel kennt, kann sich auch niemand als Alice ausgeben. Noch wichtiger ist, daß Alice ihren privaten Schlüssel niemals an den Host übermittelt. Eve, welche die Kommunikation belauscht, erhält keinerlei Informationen, aus denen sie Alices privaten Schlüssel ableiten und sich als Alice ausgeben könnte.

Der private Schlüssel ist lang und ohne jeden Sinngehalt und wird aller Wahrscheinlichkeit nach von der Hardware oder Kommunikationssoftware des Benutzers automatisch erzeugt. Dazu ist ein intelligentes Terminal, dem Alice vertrauen kann, erforderlich. Weder der Host noch der Kommunikationspfad brauchen sicher zu sein.

Es ist in jedem Falle unklug, x-beliebige Strings zu verschlüsseln. Das gilt nicht nur für Strings, die von nicht vertrauenswürdigen dritten Parteien stammen. Es sind sonst Angriffe wie die in Abschnitt 19.3 besprochenen möglich. Sichere Protokolle zum Identitätsnachweis sehen etwas komplizierter aus:

(1) Alice berechnet aus einigen Zufallszahlen und ihrem privaten Schlüssel einen Wert, den sie an den Host sendet.
(2) Der Host schickt Alice eine andere Zufallszahl.
(3) Alice berechnet aus ihrem privaten Schlüssel und den Zufallszahlen (den von ihr generierten und den vom Host empfangenen) einen Wert, den sie an den Host sendet.
(4) Der Host berechnet aus den verschiedenen von Alice empfangenen Zahlen und deren öffentlichem Schlüssel einen Wert, mit dem er überprüft, ob Alice ihren privaten Schlüssel kennt.
(5) Tut sie das, ist ihre Identität bewiesen.

Wenn Alice dem Host nicht mehr vertraut als dieser ihr, wird Alice vom Host ebenfalls einen Identitätsbeweis verlangen.

Schritt (1) wirkt vielleicht unnötig und verwirrend, ist jedoch erforderlich, um Angriffe gegen das Protokoll zu verhindern. In den Abschnitten 21.1 und 21.2 werden einige Algorithmen und Protokolle zum Identitätsnachweis mathematisch beschrieben. Siehe auch [935].

Gegenseitige Authentifizierung mit dem Interlock-Protokoll

Alice und Bob sind zwei Benutzer, die sich gegenseitig authentifizieren möchten. Beide besitzen ein dem anderen bekanntes Paßwort, Alice P_A und Bob P_B. Nun ein Protokoll, das *nicht* funktioniert:

(1) Alice und Bob tauschen ihre öffentlichen Schlüssel aus.
(2) Alice chiffriert P_A mit Bobs öffentlichem Schlüssel und sendet es ihm.
(3) Bob chiffriert P_B mit Alices öffentlichem Schlüssel und sendet es ihr.
(4) Alice dechiffriert, was sie in Schritt (3) erhalten hat und prüft, ob es korrekt ist.
(5) Bob dechiffriert, was er in Schritt (2) erhalten hat und prüft, ob es korrekt ist.

Mallory kann hier erfolgreich einen *man-in-the-middle*-Angriff durchführen (siehe Abschnitt 3.1):

(1) Alice und Bob tauschen ihre öffentlichen Schlüssel aus. Mallory fängt beide Nachrichten ab. Er ersetzt Bobs durch seinen eigenen öffentlichen Schlüssel und sendet ihn an Alice. Dann ersetzt er Alices durch seinen öffentlichen Schlüssel und schickt ihn an Bob.
(2) Alice chiffriert P_A mit „Bobs" öffentlichem Schlüssel und sendet es Bob. Mallory fängt die Nachricht ab, dechiffriert P_A mit seinem privaten Schlüssel, chiffriert es mit Bobs öffentlichem Schlüssel erneut und leitet es an Bob weiter.
(3) Bob chiffriert P_B mit „Alices" öffentlichem Schlüssel und sendet es Alice. Mallory fängt die Nachricht ab, dechiffriert P_B mit seinem privaten Schlüssel, chiffriert es mit Alices öffentlichem Schlüssel erneut und leitet es an Alice weiter.
(4) Alice dechiffriert P_B und prüft, ob es korrekt ist.
(5) Bob dechiffriert P_A und prüft, ob es korrekt ist.

Alice und Bob sehen keine Unterschiede. Mallory allerdings kennt nun P_A und P_B.

Donald Davies und Wyn Price beschreiben, wie das (in Abschnitt 3.1 behandelte) Interlock-Protokoll diesen Angriff abwehren kann [435]. Steve Bellovin und Michael Merritt erörtern die Möglichkeiten, das Protokoll anzugreifen [110]. Ist Alice ein Benutzer und Bob ein Host, kann sich Mallory als Bob ausgeben, die ersten Schritte des Protokolls mit Alice durchführen und die Verbindung dann schließen. Wenn Mallory besonders gründlich arbeitet, simuliert er dazu Leitungsrauschen oder eine Netzunterbrechung. Am Ende besitzt Mallory jedoch das Paßwort von Alice. Er kann damit eine Verbindung zu Bob herstellen und das Protokoll durchführen, womit er auch Bobs Paßwort erfährt.

Das Protokoll läßt sich so ändern, daß Bob sein Paßwort vor Alice sendet, wenn man davon ausgeht, daß das Benutzerpaßwort geheimer als das Host-Paßwort ist. Dies ist anfällig für einen komplizierteren Angriff, der ebenfalls in [110] besprochen wird.

SKID

SKID2 und SKID3 sind Identifikationsprotokolle mit symmetrischer Kryptographie, die für das Projekt RIPE von RACE entwickelt wurden [1305] (siehe Abschnitt 25.7). Sie gewährleisten Sicherheit über einen MAC (*message authentication code*, siehe Abschnitt 2.4) und setzen beide voraus, daß Alice und Bob einen geheimen Schlüssel K vereinbart haben.

Bei SKID2 ist es möglich, daß Bob Alice seine Identität beweist. Hier das Protokoll:

(1) Alice wählt eine Zufallszahl R_A (das RIPE-Dokument legt eine 64 Bit lange Zahl fest) und sendet sie an Bob.
(2) Bob wählt eine Zufallszahl R_B (das RIPE-Dokument legt eine 64 Bit lange Zahl fest) und sendet Alice:

$$R_B, H_K(R_A, R_B, B)$$

H_K bezeichnet den MAC. (Das RIPE-Dokument schlägt die RIPE-MAC-Funktion vor, siehe Abschnitt 18.14.) B entspricht Bobs Namen.

(3) Alice berechnet $H_K(R_A, R_B, B)$ und vergleicht das Ergebnis mit dem von Bob gesendeten Wert. Stimmen die Werte überein, hat Alice die Gewißheit, daß sie mit Bob kommuniziert.

SKID3 gewährleistet eine gegenseitige Authentifizierung zwischen Alice und Bob. Die Schritte (1) bis (3) sind dieselben wie bei SKID2, danach fährt das Protokoll folgendermaßen fort:

(4) Alice sendet Bob:
$$H_K(R_B, A)$$
A ist der Name von Alice.

(5) Bob berechnet $H_K(R_B, A)$ und vergleicht das Ergebnis mit dem von Alice empfangenen Wert. Stimmen die Ergebnisse überein, hat Bob die Gewißheit, daß er mit Alice kommuniziert.

Dieses Protokoll ist nicht sicher vor einem *man-in-the-middle*-Angriff. Diese Art Angriff kann generell gegen alle Protokolle geführt werden, die nicht in irgendeiner Form mit geheimen Informationen arbeiten.

Authentifizierung von Nachrichten

Angenommen, Bob empfängt eine Nachricht von Alice. Woher weiß er, daß sie authentisch ist? Hat Alice die Nachricht unterschrieben, ist die Sache einfach. Alices elektronische Unterschrift reicht völlig aus, um jeden davon zu überzeugen, daß die Nachricht authentisch ist.

Auch symmetrische Kryptographie leistet einiges an Authentifizierung. Angenommen, Bob empfängt eine Nachricht von Alice, die mit dem gemeinsam vereinbarten Schlüssel chiffriert ist. Er weiß dann, daß die Nachricht von Alice stammt, da nur er und Alice den Schlüssel kennen. Bob hat jedoch keine Möglichkeit, eine dritte Person von dieser Tatsache zu überzeugen. Bob kann die Nachricht nicht Trent zeigen und ihm beweisen, daß sie von Alice kommt. Trent kann sich nur sicher sein, daß die Nachricht entweder von Bob oder von Alice stammt (da sonst niemand den gemeinsamen Schlüssel kennt). Er kann jedoch nicht herausfinden, um welchen der beiden es sich handelt.

Ist die Nachricht unverschlüsselt, könnte Alice auch einen MAC benutzen, um Bob von der Authentizität der Nachricht zu überzeugen. Dies wirft jedoch dieselben Probleme wie bei Lösungen mit symmetrischer Kryptographie auf.

3.3 Authentifizierung und Schlüsselaustausch

Die folgenden Protokolle kombinieren Authentifizierung mit Schlüsselaustausch. Damit lösen sie ein Problem, das bei der Kommunikation über Computer häufig auftritt: Alice und Bob sitzen an verschiedenen Enden eines Netzes und wollen sich sicher miteinander unterhalten. Wie können sie einen geheimen Schlüssel austauschen und gleichzeitig die Gewißheit erlangen, daß sie mit dem jeweils anderen und nicht mit Mallory kommunizieren? Die Protokolle setzen größtenteils voraus, daß Trent mit jedem der Teilnehmer einen eigenen geheimen Schlüssel vereinbart hat und daß diese Schlüssel zu Beginn des Protokolls bereits feststehen.

Tabelle 3.1 zeigt die in den Protokollen verwendeten Symbole.

Tabelle 3.1: Symbole in den Protokollen für Authentifizierung und Schlüsselaustausch

A	Alices Name
B	Bobs Name
E_A	Chiffrierung mit einem Schlüssel, den Trent mit Alice vereinbart hat
E_B	Chiffrierung mit einem Schlüssel, den Trent mit Bob vereinbart hat
I	Indexnummer
K	zufälliger Sitzungsschlüssel
L	Geltungsdauer
T_A, T_B	Zeitstempel
R_A, R_B	Zufallszahl, die von Alice bzw. Bob gewählt wird

Wide-Mouth Frog

Das Protokoll Wide-Mouth Frog (Breitmaulfrosch) [283, 284] ist das wohl einfachste symmetrische Protokoll zur Schlüsselverwaltung, das mit einem vertrauenswürdigen Server arbeitet. Sowohl Alice als auch Bob vereinbaren mit Trent einen geheimen Schlüssel. Diese Schlüssel werden nur zur Schlüsselverteilung und nicht zur Chiffrierung der eigentlichen Nachrichten zwischen den Benutzern verwendet. Anhand von nur zwei Nachrichten übermittelt Alice Bob einen Sitzungsschlüssel:

(1) Alice konkateniert einen Zeitstempel, Bobs Namen und einen zufälligen Sitzungsschlüssel und chiffriert alles mit dem Schlüssel, den sie mit Trent vereinbart hat. Sie sendet das Ganze gemeinsam mit ihrem Namen an Trent:

$A, E_A(T_A, B, K)$

(2) Trent dechiffriert die Nachricht von Alice. Dann konkateniert er einen neuen Zeitstempel, Alices Namen und den zufälligen Sitzungsschlüssel; er chiffriert alles mit dem Schlüssel, den er mit Bob vereinbart hat. Trent sendet an Bob:

$E_B(T_B, A, K)$

Dieses Protokoll geht von der wesentlichen Voraussetzung aus, daß Alice kompetent genug ist, um gute Sitzungsschlüssel zu erzeugen. Wie Sie sich erinnern, sind Zufallszahlen nicht einfach zu generieren. Man sollte nicht unbedingt darauf vertrauen, daß Alice mit dieser Schwierigkeit adäquat umgehen kann.

Yahalom

Bei diesem Protokoll vereinbaren sowohl Alice als auch Bob mit Trent einen geheimen Schlüssel [283, 284].

(1) Alice konkateniert ihren Namen und eine Zufallszahl und sendet beides an Bob:

A, R_A

(2) Bob konkateniert Alices Namen, Alices Zufallszahl sowie seine eigene Zufallszahl und chiffriert das Ganze mit dem Schlüssel, den er mit Trent vereinbart hat. Er sendet dies gemeinsam mit seinem Namen an Trent.

$B, E_B(A, R_A, R_B)$

(3) Trent erstellt zwei Nachrichten. Die erste besteht aus Bobs Namen, einem zufälligen Sitzungsschlüssel und Alices sowie Bobs Zufallszahl, die mit dem Schlüssel chiffriert sind, den er mit Alice vereinbart hat. Die zweite Nachricht besteht aus Alices Namen und dem zufälligen Sitzungsschlüssel, die mit dem Schlüssel chiffriert sind, den er mit Bob vereinbart hat. Er sendet beide Nachrichten an Alice.

$E_A(B, K, R_A, R_B), E_B(A, K)$

(4) Alice dechiffriert die erste Nachricht, extrahiert K und überprüft, ob R_A denselben Wert wie in Schritt (1) besitzt. Alice sendet Bob zwei Nachrichten. Die erste entspricht der von Trent empfangenen und mit Bobs Schlüssel chiffrierten Nachricht. Die zweite Nachricht besteht aus R_B, die mit dem Sitzungsschlüssel chiffriert ist.

$E_B(A, K), E_K(R_B)$

(5) Bob dechiffriert die mit seinem Schlüssel chiffrierte Nachricht, extrahiert K und überprüft, ob R_B denselben Wert wie in Schritt (2) besitzt.

Am Ende haben sowohl Alice als auch Bob die Gewißheit, mit dem jeweils anderen und nicht einem Dritten zu kommunizieren. Die Neuerung besteht hier darin, daß Bob Trent als erstes kontaktiert, welcher Alice nur eine einzige Nachricht sendet.

Needham-Schroeder

Dieses Protokoll wurde von Roger Needham und Michael Schroeder [1159] erfunden und arbeitet ebenfalls mit symmetrischer Kryptographie und Trent.

(1) Alice sendet an Trent eine Nachricht, die aus ihrem sowie Bobs Namen und einer Zufallszahl besteht.

A, B, R_A

(2) Trent generiert einen zufälligen Sitzungsschlüssel. Er chiffriert mit dem geheimen Schlüssel, den er mit Bob vereinbart hat, eine Nachricht, die den generierten Sitzungsschlüssel und Alices Namen enthält. Dann chiffriert er die Zufallszahl von Alice, Bobs Namen, den Sitzungsschlüssel und die soeben chiffrierte Nach-

richt mit dem geheimen Schlüssel, den er mit Alice vereinbart hat. Schließlich sendet er ihr die chiffrierte Nachricht:

$$E_A(R_A, B, K, E_B(K, A))$$

(3) Alice dechiffriert die Nachricht und extrahiert K. Sie überprüft, ob R_A dem Wert entspricht, den sie Trent in Schritt (1) gesendet hat. Dann schickt sie Bob die Nachricht, die Trent mit dessen Schlüssel chiffriert hat.

$$E_B(K, A)$$

(4) Bob dechiffriert die Nachricht und extrahiert K. Dann generiert er eine andere Zufallszahl R_B. Er chiffriert die Nachricht mit K und sendet sie an Alice.

$$E_K(R_B)$$

(5) Alice dechiffriert die Nachricht mit K. Sie generiert $R_B - 1$ und chiffriert diese Zahl mit K. Dann sendet sie die Nachricht an Bob zurück.

$$E_K(R_B - 1)$$

(6) Bob dechiffriert die Nachricht mit K und verifiziert, daß es sich um $R_B - 1$ handelt.

Das ganze Theater mit R_A und R_B und $R_B - 1$ dient der Abwehr von **Replay-Angriffen**. Bei dieser Art Angriff zeichnet Mallory alte Nachrichten auf und versucht mit diesen Aufzeichnungen später, das Protokoll zu unterwandern. R_A in Schritt (2) gibt Alice die Sicherheit, daß Trents Nachricht legitim ist und nicht eine Wiederholung der Antwort aus einer früheren Ausführung des Protokolls darstellt. Wenn Alice R_B erfolgreich dechiffriert und $R_B - 1$ in Schritt (5) an Bob sendet, hat Bob die Gewißheit, daß Alices Nachrichten keine Replays einer früheren Ausführung des Protokolls darstellen.

Die wesentliche Sicherheitslücke in diesem Protokoll liegt darin, daß alle Sitzungsschlüssel wertvoll sind. Kann Mallory sich einen alten Schlüssel K verschaffen, ist ein erfolgreicher Angriff möglich [461]. Er braucht dazu lediglich die Nachrichten aufzuzeichnen, die Alice in Schritt (3) an Bob sendet. Sobald er sich K verschafft hat, kann er sich als Alice ausgeben:

(1) Mallory sendet Bob folgende Nachricht:

$$E_B(K, A)$$

(2) Bob extrahiert K, generiert R_B und sendet Alice:

$$E_K(R_B)$$

(3) Mallory fängt die Nachricht ab, dechiffriert sie mit K und sendet Bob:

$$E_K(R_B - 1)$$

(4) Bob überprüft, ob „Alices" Nachricht $R_B - 1$ lautet.

Bob ist nun davon überzeugt, daß Mallory Alice ist.

Ein stärkeres Protokoll, das Zeitstempel verwendet, kann diese Art Angriff abwehren [461, 456]. In Schritt (2) wird dazu die Nachricht von Trent, die mit Bobs Schlüssel chiffriert ist, um einen Zeitstempel ergänzt: $E_B(K, A, T)$. Zeitstempel setzen eine sichere und korrekte Systemuhr voraus, was nicht unbedingt einfach zu bewerkstelligen ist.

Wird der Schlüssel, den Trent mit Alice vereinbart hat, kompromittiert, hat das einschneidende Folgen. Mallory kann sich damit Sitzungsschlüssel für die Kommunikation mit Bob (oder beliebigen anderen Personen) verschaffen. Noch gravierender ist, daß Mallory damit auch noch erfolgreich ist, nachdem Alice ihren Schlüssel geändert hat [90].

Needham und Schroeder versuchten, diese Probleme in einer geänderten Fassung ihres Protokolls zu beheben [1160]. Ihr neues Protokoll unterscheidet sich im Grunde nicht vom Protokoll von Otway und Rees, das in derselben Ausgabe derselben Zeitschrift veröffentlicht wurde.

Otway-Rees

Auch dieses Protokoll setzt symmetrische Kryptographie ein [1224].

(1) Alice erstellt eine Nachricht, die aus einer Indexnummer, ihrem sowie Bobs Namen und einer Zufallszahl besteht und chiffriert alles mit dem Schlüssel, den sie mit Trent vereinbart hat. Sie sendet die Nachricht gemeinsam mit der Indexnummer und ihrem sowie Bobs Namen an Bob:
$I, A, B, E_A(R_A, I, A, B)$

(2) Bob erzeugt eine Nachricht, die eine neue Zufallszahl, die Indexnummer und Alices sowie seinen Namen enthält und chiffriert alles mit dem Schlüssel, den er mit Trent vereinbart hat. Er sendet die Nachricht gemeinsam mit Alices chiffrierter Nachricht, der Indexnummer und ihrem sowie seinem Namen an Trent:
$I, A, B, E_A(R_A, I, A, B), E_B(R_B, I, A, B)$

(3) Trent generiert erst einen zufälligen Sitzungsschlüssel und danach zwei Nachrichten. Die erste enthält Alices Zufallszahl sowie den Sitzungsschlüssel und wird mit dem Schlüssel chiffriert, den Trent mit Alice vereinbart hat. Die zweite besteht aus Bobs Zufallszahl sowie dem Sitzungsschlüssel und wird mit dem Schlüssel chiffriert, den Trent mit Bob vereinbart hat. Trent sendet die beiden Nachrichten gemeinsam mit der Indexnummer an Bob:
$I, E_A(R_A, K), E_B(R_B, K)$

(4) Bob sendet Alice die mit ihrem Schlüssel chiffrierte Nachricht sowie die Indexnummer:
$I, E_A(R_A, K)$

(5) Alice dechiffriert die Nachricht, um ihren Schlüssel und ihre Zufallszahl wiederherzustellen. Dann überprüft sie, ob die beiden Werte im Verlauf des Protokolls gleichgeblieben sind.

Wenn alle Zufallszahlen übereinstimmen und die Indexnummer unverändert ist, sind Alice und Bob jetzt von der Identität des jeweils anderen überzeugt und besitzen darüber hinaus einen geheimen Schlüssel, mit dem sie kommunizieren.

Kerberos

Kerberos ist eine Variante von Needham-Schroeder und wird ausführlich in Abschnitt 24.5 besprochen. Beim Basisprotokoll von Kerberos Version 5 vereinbaren Alice und Bob jeweils einen Schlüssel mit Trent. Alice möchte nun einen Sitzungsschlüssel für die Konversation mit Bob generieren.

(1) Alice sendet an Trent eine Nachricht mit ihrer und Bobs Identität.

A, B

(2) Trent generiert eine Nachricht mit einem Zeitstempel, einer Geltungsdauer L, einem zufälligen Sitzungsschlüssel und Alices Identität. Er chiffriert alles mit dem Schlüssel, den er mit Bob vereinbart hat. Dann chiffriert er den Zeitstempel, die Geltungsdauer, den Sitzungsschlüssel und Bobs Identität mit dem Schlüssel, den er mit Alice vereinbart hat. Die beiden chiffrierten Nachrichten sendet er an Alice.

$E_A(T, L, K, B), E_B(T, L, K, A)$

(3) Alice generiert eine Nachricht mit ihrer Identität und dem Zeitstempel, chiffriert diese mit K und sendet sie an Bob. Alice schickt Bob außerdem die Nachricht von Trent, die mit Bobs Schlüssel chiffriert ist.

$E_K(A, T), E_B(T, L, K, A)$

(4) Bob erstellt eine Nachricht, die aus dem Zeitstempel plus eins besteht, chiffriert diese mit K und sendet sie an Alice.

$E_K(T + 1)$

Dieses Protokoll funktioniert, setzt aber voraus, daß alle Uhren mit der von Trent synchronisiert sind. In der Praxis wird dies erreicht, indem die Uhren auf ein paar Minuten genau mit einem sicheren Zeitserver abgeglichen werden, so daß Replays innerhalb dieses Zeitintervalls entdeckt werden.

Neuman-Stubblebine

Uhren können asynchron laufen, z.B. aufgrund von Systemfehlern oder Sabotage. Sobald die Uhren nicht mehr synchronisiert sind, ist ein Angriff gegen die meisten der hier geschilderten Protokolle möglich [644]. Geht die Senderuhr im Vergleich zur Empfängeruhr vor, kann Mallory eine Nachricht vom Sender abfangen und später einspielen, wenn der Zeitstempel der Uhrzeit auf der Empfängerseite entspricht. Diese Art Angriff wird **Suppress-Replay** genannt und kann ärgerliche Folgen haben.

Das folgende Protokoll, das in [820] erstmalig vorgestellt und in [1162] korrigiert wurde, versucht, den Suppress-Replay-Angriffen zu begegnen. Es stellt eine Erweiterung von Yahalom dar und ist ein ganz ausgezeichnetes Protokoll.

(1) Alice konkateniert ihren Namen mit einer Zufallszahl und sendet das Ganze an Bob.

A, R_A

(2) Bob konkateniert Alices Namen, ihre Zufallszahl sowie einen Zeitstempel und chiffriert dies mit dem Schlüssel, den er mit Trent vereinbart hat. Gemeinsam mit seinem Namen und einer neuen Zufallszahl sendet er alles an Trent.

$B, R_B, E_B(A, R_A, T_B)$

(3) Trent erzeugt erst einen zufälligen Sitzungsschlüssel und danach zwei Nachrichten. Die erste besteht aus Bobs Namen, Alices Zufallszahl, einem zufälligen Sitzungsschlüssel sowie dem Zeitstempel und wird mit dem Schlüssel chiffriert, den Trent mit Alice vereinbart hat. Die zweite enthält Alices Namen, den Sitzungsschlüssel sowie den Zeitstempel und wird mit dem Schlüssel chiffriert, den Trent mit Bob vereinbart hat. Gemeinsam mit Bobs Zufallszahl sendet er die beiden Schlüssel an Alice.

$E_A(B, R_A, K, T_B), E_B(A, K, T_B), R_B$

(4) Alice dechiffriert die mit ihrem Schlüssel chiffrierte Nachricht, extrahiert K und überprüft, ob R_A denselben Wert wie in Schritt (1) besitzt. Alice sendet Bob zwei Nachrichten. Die erste entspricht der von Trent geschickten und mit Bobs Schlüssel chiffrierten Nachricht. Die zweite enthält R_B und ist mit dem Sitzungsschlüssel chiffriert.

$E_B(A, K, T_B), E_K(R_B)$

(5) Bob dechiffriert die mit seinem Schlüssel chiffrierte Nachricht, extrahiert K und überprüft, ob T_B und R_B dieselben Werte wie in Schritt (2) besitzen.

Wenn beide Zufallszahlen und der Zeitstempel unverändert geblieben sind, sind Alice und Bob von der Identität des jeweils anderen überzeugt und besitzen einen gemeinsamen geheimen Schlüssel. Synchronisierte Uhren sind hier nicht notwendig, da der Zeitstempel sich nur auf Bobs Uhr bezieht; Bob überprüft lediglich den Zeitstempel, den er selbst erstellt hat.

Eine angenehme Eigenschaft des Protokolls besteht darin, daß Alice die von Trent empfangene Nachricht auch weiterhin für die wechselseitige Authentifizierung mit Bob verwenden kann, wenngleich nur bis zu einem vorgegebenen Zeitlimit. Angenommen, Alice und Bob führen das obige Protokoll durch, kommunizieren miteinander und schließen dann die Verbindung. Sie können sich dann in drei Schritten erneut gegenseitig authentifizieren, ohne dabei auf Trent angewiesen zu sein.

(1) Alice sendet Bob die Nachricht, die sie von Trent in Schritt (3) erhalten hat, sowie eine neue Zufallszahl.

$E_B(A, K, T_B), R'_A$

(2) Bob sendet Alice eine weitere, neue Zufallszahl sowie Alices neue Zufallszahl, die mit dem Sitzungsschlüssel chiffriert ist.

$R'_B, E_K(R'_A)$

(3) Alice sendet Bob dessen neue Zufallszahl, die mit dem Sitzungsschlüssel chiffriert ist.

$E_K(R'_B)$

Mit den neuen Zufallszahlen werden Replay-Angriffe verhindert.

DASS

Die Protokolle des Distributed Authentication Security Service (DASS), die bei Digital Equipment Corporation entwickelt wurden, sorgen ebenfalls für gegenseitige Authentifizierung und Schlüsselaustausch [604, 1519, 1518]. Im Gegensatz zu den beschriebenen Protokollen arbeitet DASS sowohl mit Public-Key- als auch mit symmetrischer Kryptographie. Alice und Bob besitzen jeweils einen eigenen privaten Schlüssel. Trent verfügt über signierte Kopien ihrer öffentlichen Schlüssel.

(1) Alice sendet Trent eine Nachricht, die aus Bobs Namen besteht.

B

(2) Trent sendet Alice Bobs öffentlichen Schlüssel K_B, der mit Trents privatem Schlüssel T unterzeichnet ist. Die signierte Nachricht enthält außerdem Bobs Namen.

$S_T(B, K_B)$

(3) Alice verifiziert Trents Signatur, um zu überprüfen, ob es sich bei dem empfangenen Schlüssel tatsächlich um Bobs öffentlichen Schlüssel handelt. Sie generiert einen zufälligen Sitzungsschlüssel sowie ein zufälliges Schlüsselpaar K_P aus öffentlichem und privatem Schlüssel. Dann chiffriert sie einen Zeitstempel mit K. Danach signiert sie die Geltungsdauer eines Schlüssels L, ihren Namen und K_P mit ihrem privaten Schlüssel K_A. Schließlich chiffriert sie K mit Bobs öffentlichem Schlüssel und signiert dies mit K_P. Das alles schickt sie Bob.

$E_K(T_A), S_{K_A}(L, A, K_P), S_{K_P}(E_{K_B}(K))$

(4) Bob sendet eine Nachricht mit Alices Namen an Trent (dies könnte auch ein anderer Trent sein).

A

(5) Trent sendet Bob Alices öffentlichen Schlüssel, der mit Trents privatem Schlüssel unterzeichnet ist. Die signierte Nachricht enthält außerdem Alices Namen.

$S_T(A, K_A)$

(6) Bob verifiziert Trents Signatur, um zu überprüfen, ob es sich bei dem empfangenen Schlüssel tatsächlich um Alices öffentlichen Schlüssel handelt. Dann verifiziert er Alices Signatur und stellt K_P wieder her. Er verifiziert die Signatur und stellt K anhand seines privaten Schlüssels wieder her. Nun dechiffriert er T_A, um sicherzustellen, daß es eine aktuelle Nachricht ist.

(7) Wenn eine gegenseitige Authentifizierung erforderlich ist, chiffriert Bob mit K einen neuen Zeitstempel und sendet diesen an Alice.

$E_K(T_B)$

(8) Alice dechiffriert T_B mit K, um sicherzustellen, daß die Nachricht aktuell ist.

Das Produkt SPX von DEC basiert auf DASS. Weitere Informationen hierzu finden Sie in [34].

Denning-Sacco

Dieses Protokoll arbeitet ebenfalls mit Public-Key-Kryptographie [461]. Trent hält eine Datenbank mit öffentlichen Schlüsseln.

(1) Alice sendet Trent eine Nachricht mit ihrer sowie Bobs Identität.

A, B

(2) Trent sendet Alice Bobs öffentlichen Schlüssel K_B, der mit Trents privatem Schlüssel T unterzeichnet ist. Außerdem schickt Trent Alice ihren eigenen öffentlichen Schlüssel K_A, der ebenfalls mit seinem privaten Schlüssel signiert ist.

$S_T(B, K_B), S_T(A, K_A)$

(3) Alice erzeugt einen zufälligen Sitzungsschlüssel sowie einen Zeitstempel, die sie mit ihrem privaten Schlüssel unterschreibt, chiffriert alles mit Bobs öffentlichem Schlüssel und sendet es gemeinsam mit den beiden unterschriebenen öffentlichen Schlüsseln an Bob.

$E_B(S_A(K, T_A)), S_T(B, K_B), S_T(A, K_A)$

(4) Bob dechiffriert Alices Nachricht mit seinem privaten Schlüssel und überprüft Alices Unterschrift dann mit ihrem öffentlichen Schlüssel. Damit überzeugt er sich davon, daß der Zeitstempel noch gültig ist.

An diesem Punkt verfügen sowohl Alice als auch Bob über K, so daß sie sicher miteinander kommunizieren können.

Das alles sieht besser aus, als es in Wirklichkeit ist. Nach Durchführung des Protokolls mit Alice kann Bob sich als Alice ausgeben [5]. Passen Sie auf:

(1) Bob sendet seinen sowie Carols Namen an Trent.

B, C

(2) Trent sendet Bob sowohl Bobs als auch Carols unterschriebenen öffentlichen Schlüssel.

$S_T(B, K_B), S_T(C, K_C)$

(3) Bob chiffriert den Sitzungsschlüssel und den Zeitstempel, den er vorher von Alice unterschrieben erhalten hat, mit Carols öffentlichem Schlüssel und sendet dies gemeinsam mit Alices Zertifikat und Carols Zertifikat an Carol.

$E_C(S_A(K, T_A)), S_T(A, K_A), S_T(C, K_C)$

(4) Carol dechiffriert Alices Nachricht mit ihrem privaten Schlüssel und verifiziert dann Alices Signatur mit deren öffentlichem Schlüssel. Damit stellt sie sicher, daß der Zeitstempel noch gültig ist.

Carol denkt nun, daß sie mit Alice kommuniziert; Bobs Täuschungsmanöver war erfolgreich. Bob kann sogar beliebige Netzbenutzer hintergehen, solange der Zeitstempel gültig ist.

Dieses Problem ist einfach zu beheben. Man ergänzt dazu die in Schritt (3) chiffrierte Nachricht um die Namen:

$$E_B(S_A(A, B, K, T_A)), S_T(A, K_A), S_T(B, K_B)$$

Bob kann die alte Nachricht nun nicht für Carol wiederverwenden, da sie eindeutig zur Kommunikation zwischen Bob und Alice bestimmt ist.

Woo-Lam

Auch dieses Protokoll arbeitet mit Public-Key-Kryptographie [1610, 1611]:

(1) Alice sendet Trent eine Nachricht mit ihrer sowie Bobs Identität.
$$A, B$$

(2) Trent sendet Alice Bobs öffentlichen Schlüssel K_B, der mit Trents privatem Schlüssel T unterzeichnet ist.
$$S_T(K_B)$$

(3) Alice verifiziert zunächst Trents Unterschrift. Dann sendet sie Bob ihren Namen und eine Zufallszahl, die mit Bobs öffentlichem Schlüssel chiffriert sind.
$$E_{K_B}(A, R_A)$$

(4) Bob sendet Trent seinen und Alices Namen sowie Alices Zufallszahl, die mit Trents öffentlichem Schlüssel K_T chiffriert ist.
$$A, B, E_{K_T}(R_A)$$

(5) Trent sendet Bob Alices öffentlichen Schlüssel K_A, der mit Trents privatem Schlüssel unterzeichnet ist. Außerdem schickt er ihm Alices Zufallszahl, einen zufälligen Sitzungsschlüssel sowie Alices und Bobs Namen, wobei alles mit Trents privatem Schlüssel unterschrieben und mit Bobs öffentlichem Schlüssel chiffriert ist.
$$S_T(K_A), E_{K_B}(S_T(R_A, K, A, B))$$

(6) Bob verifiziert Trents Unterschriften. Dann chiffriert er den zweiten Teil der Nachricht, die er von Trent in Schritt (5) erhalten hat, sowie eine neue Zufallszahl mit Alices öffentlichem Schlüssel und sendet es ihr.
$$E_{K_A}(S_T(R_A, K, A, B), R_B)$$

(7) Alice überprüft Trents Unterschrift und ihre Zufallszahl. Dann sendet sie Bob die zweite Zufallszahl, die mit dem Sitzungsschlüssel chiffriert ist.
$$E_K(R_B)$$

(8) Bob dechiffriert seine Zufallszahl und überprüft, ob sie unverändert geblieben ist.

Weitere Protokolle

In der Fachliteratur finden sich zahlreiche weitere Protokolle. Die X.509-Protokolle werden in Abschnitt 24.9, KryptoKnight in Abschnitt 24.6 und Encrypted Key Exchange in Abschnitt 22.5 besprochen.

Ein weiteres neues Public-Key-Protokoll ist Kuperee [694]. Man arbeitet gegenwärtig auch an Protokollen, die sogenannte **Beacons** (Sendestationen) verwenden. Dabei handelt es sich um vertrauenswürdige Netzknoten, die fortlaufend authentifizierte Zufallszahlen verbreiten [783].

Schlußfolgerungen

Aus den bisher betrachteten Protokollen lassen sich einige wichtige Regeln ableiten – sowohl aus den Protokollen, die geknackt wurden, als auch aus denen, die nicht geknackt wurden:

- Viele Protokolle scheitern daran, daß ihre Entwickler besonders raffiniert vorgehen wollten. Sie optimierten ihre Protokolle und ließen manche wichtigen Aspekte wie Namen, Zufallszahlen usw. außen vor. Man sollte jedoch alles möglichst explizit gestalten [43, 44].
- Eine Optimierung birgt zahlreiche Gefahren und hängt in hohem Maße von den definierten Bedingungen ab. Beispiel: Mit einem Zeitnachweis ist vieles möglich, was sonst nicht durchführbar wäre.
- Das gewählte Protokoll hängt von der zugrundeliegenden Kommunikationsstruktur ab. Ist es angebracht, die Größe der Nachrichten oder deren Anzahl minimal zu halten? Können alle oder nur einige Parteien miteinander kommunizieren?

Diese und andere Fragen haben letztendlich zur Entwicklung formaler Methoden zur Analyse von Protokollen geführt.

3.4 Formale Analyse von Protokollen für Authentifizierung und Schlüsselaustausch

Das Problem, sichere Sitzungsschlüssel zwischen zwei vernetzten Computern (und Benutzern) bereitzustellen, ist so fundamental, daß daran intensiv geforscht wird. Ein Teil der Forschung konzentrierte sich auf die Entwicklung von Protokollen, wie wir sie in den Abschnitten 3.1, 3.2 und 3.3 beschrieben haben. Diese Anstrengungen wiederum führten zu einem größeren und interessanteren Problem, und zwar zu der formalen Analyse von Protokollen für Authentifizierung und Schlüsselaustausch. Da man in scheinbar sicheren Protokollen noch Jahre nach ihrer ersten Veröffentlichung Fehler entdeckte, suchte man nach Mitteln, die Sicherheit eines Protokolls von vornherein zu beweisen. Erkenntnisse der diesbezüglichen Forschung sind auf kryptographische Protokolle ganz allgemein anwendbar. Der Schwerpunkt liegt jedoch weitgehend bei Authentifizierung und Schlüsselaustausch.

Es gibt im wesentlichen vier Methoden für die Analyse kryptographischer Protokolle [1045]:

1. Man formuliert und überprüft das Protokoll mit Spezifikationssprachen und Testwerkzeugen, die nicht speziell für die Analyse kryptographischer Protokolle vorgesehen sind.
2. Man entwickelt Expertensysteme, die von Protokolldesignern zum Entwurf und zur Untersuchung diverser Szenarien verwendet werden können.
3. Man formuliert die Anforderungen an eine Protokollgruppe mit einer speziellen Logik, die zur Analyse von Wissen und Glauben gedacht ist.
4. Man entwickelt eine formale Methode, die die algebraischen Eigenschaften der Termumformung von kryptographischen Systemen untersucht.

Eine ausführliche Behandlung dieser vier Konzepte und der damit verbundenen Forschung geht weit über den Rahmen dieses Buches hinaus. Eine gute Einführung in diese Thematik finden Sie in [1047, 1355]; ich möchte hier die wichtigsten Beiträge zu diesem Gebiet nur kurz anschneiden.

Beim ersten Ansatz wird ein kryptographisches Protokoll wie ein Computer-Programm betrachtet und versucht, dessen Korrektheit zu beweisen. Manche Forscher stellen ein Protokoll als endlichen Automaten dar [1449, 1565], einige arbeiten mit Erweiterungen der Prädikatenlogik erster Stufe [822] und andere verwenden Spezifikationssprachen zur Analyse der Protokolle [1566]. Es ist jedoch etwas anderes, ob man Korrektheit oder Sicherheit beweist. Deshalb scheitert dieser Ansatz häufig, wenn es darum geht, Fehler in Protokollen aufzuspüren. Dieses Konzept wurde anfangs intensiv untersucht, verlor jedoch zunehmend an Anziehungskraft, je mehr der dritte Ansatz an Popularität gewann.

Das zweite Konzept arbeitet mit Expertensystemen, um zu bestimmen, ob ein Protokoll in einen unerwünschten Zustand geraten, z.B. ob ein Schlüssel bekannt werden kann. Es ist zum Auffinden von Fehlern zwar besser geeignet, kann aber keine Sicherheit garantieren und bietet auch keine Möglichkeiten zur Ausarbeitung von Angriffen. Man kann damit gut herausfinden, ob ein Protokoll einen bestimmten Fehler enthält, unbekannte Fehler lassen sich aber nicht aufdecken. Beispiele dieses Konzepts finden Sie in [987, 1521]; [1092] beschreibt ein auf Regeln basierendes System namens Interrogator, das beim US-Militär entwickelt wurde.

Die dritte Methode, die von Michael Burrows, Martin Abadi und Roger Needham auf den Weg gebracht wurde, ist mit Abstand am weitesten verbreitet. Sie entwickelten in formaler Logik ein Modell für die Analyse von Wissen und Glauben und nannten es **BAN-Logik** [283, 284]. Die BAN-Logik ist die am häufigsten verwendete Logik zur Analyse von Authentifizierungsprotokollen. Die Authentifizierung wird als eine Funktion von Integrität und Neuheit (*freshness*) aufgefaßt, und diese beiden Attribute werden während des Protokolls anhand von logischen Regeln verfolgt. Es wurden zahlreiche Erweiterungen und Varianten dieser Logik vorgestellt, die meisten Protokollentwickler greifen jedoch nach wie vor auf die Originalarbeit zurück.

Die BAN-Logik liefert keinen Sicherheitsbeweis; sie kann nur über Authentifizierung urteilen. Sie besteht aus einer einfachen, leicht anwendbaren Logik und eignet sich sogar zur Fehlersuche. Hier einige Anweisungen in BAN-Logik:

> Alice glaubt X. (Alice verhält sich, als sei X wahr.)
> Alice versteht X. (Alice hat eine X enthaltende Nachricht empfangen; Alice kann X lesen und weitergeben, unter Umständen nach einer Dechiffrierung.)
> Alice sagte X. (Irgendwann hat Alice eine Nachricht mit der Aussage X verschickt. Es ist unbekannt, zu welcher Zeit die Nachricht gesendet wurde und es ist nicht einmal sicher, daß dies während der aktuellen Ausführung des Protokolls geschehen ist. Es ist bekannt, daß Alice X glaubte, als sie es sagte.)
> X ist neu (*fresh*). (X wurde vor der aktuellen Ausführung des Protokolls noch nie gesendet.)

In der BAN-Logik gibt es außerdem Regeln, um in einem Protokoll Schlüsse über den Glauben zu ziehen. Diese Regeln können auf die logischen Aussagen über das Protokoll angewandt werden, um bestimmte Sachverhalte zu beweisen oder Fragen über das Protokoll zu beantworten. Als Beispiel die *message-meaning*-Regel:

> WENN Alice glaubt, daß Alice und Bob einen geheimen Schlüssel K vereinbart haben, und Alice das mit K chiffrierte X sieht und Alice X nicht mit K chiffriert hat, DANN glaubt Alice, daß Bob X gesagt hat.

Ein anderes Beispiel ist die *nonce-verification*-Regel:

> WENN Alice glaubt, daß X erst vor kurzem geäußert wurde und daß Bob X einmal gesagt hat, DANN glaubt Alice, daß Bob X glaubt.

Eine BAN-Analyse umfaßt vier Schritte:

(1) Stelle das Protokoll mit den oben angeführten Aussagen in idealisierter Form dar.
(2) Ergänze alle Bedingungen für den Anfangszustand des Protokolls.
(3) Ordne den Aussagen logische Formeln zu: Behauptungen über den Zustand des Systems nach jeder Aussage.
(4) Wende die logischen Postulate auf die Behauptungen und Bedingungen an, um herauszufinden, was die einzelnen Parteien des Protokolls glauben.

Die Erfinder der BAN-Logik „halten die idealisierten Protokolle für klarer und vollständiger in der Darstellung als die konventionellen Beschreibungen in der Literatur..." [283, 284]. Andere sind weniger beeindruckt und kritisieren dieses Verfahren, da es das echte Protokoll nicht korrekt wiedergeben könne [1161, 1162]. Weitere Diskussionen finden Sie in [221, 1557]. Andere Kritiker der BAN-Logik versuchen zu zeigen, daß sich mit der BAN-Logik Eigenschaften über Protokolle ableiten lassen, die offensichtlich falsch sind [1161]. Eine Widerlegung steht in [285, 1509]. Außerdem wird bemängelt, daß sich die BAN-Logik nur mit Vertrauen und nicht mit Sicherheit befaßt [1509]. Eine weitergehende Diskussion ist in [1488, 706, 1002] enthalten.

Trotz aller kritischen Stimmen hatte die BAN-Logik Erfolg. Man fand damit Fehler in diversen Protokollen, z.B. in Neeedham-Schroeder und einem frühen Entwurf des CCITT X.509-Protokolls [303]. In vielen Protokollen kamen Redundanzen zum Vorschein, z.B. in Yahalom, Needham-Schroeder und Kerberos. Die BAN-Logik wird in vielen Veröffentlichungen herangezogen, um Behauptungen über die Sicherheit der eigenen Protokolle zu untermauern [40, 1162, 73].

Es wurden weitere Logiksysteme veröffentlicht, die teilweise als Erweiterung zur BAN-Logik konzipiert sind [645, 586, 1556, 828] und teilweise auf BAN beruhen, um aufgedeckte Schwächen zu korrigieren [1488, 1002]. Das erfolgreichste unter diesen Systemen ist GNY [645], wenngleich es einige Mängel aufweist [49]. Mit unterschiedlichem Erfolg wurde die BAN-Logik um Ansätze mit probabilistischem Glauben ergänzt [292, 474]. Weitere Konzepte mit formaler Logik werden in [156, 798, 288] beschrieben; [1514] schildert einen Versuch, die Merkmale aus verschiedenen logischen Systemen zu kombinieren. [1124, 1511] behandelt logische Systeme, in denen sich der Glaube mit der Zeit ändern kann.

Das vierte Konzept für die Analyse kryptographischer Protokolle stellt das Protokoll als algebraisches System dar, formuliert für die einzelnen Teilnehmer deren Zustand des Wissens über das Protokoll und analysiert, wie verschiedene Zustände erreicht werden können. Dieser Ansatz hat bislang nicht die Aufmerksamkeit der formalen Logik erfahren, das ändert sich jedoch. Er wurde erstmalig von Michael Merritt benutzt [1076], der zeigte, daß kryptographische Protokolle mit einem algebraischen Modell analysiert werden können. Weitere Konzepte werden in [473, 1508, 1530, 1531, 1532, 1510, 1612] besprochen.

Die vermutlich erfolgreichste Anwendung dieser Methoden ist der Protocol Analyzer des Navy Research Laboratory (NRL) [1512, 823, 1046, 1513]; mit seiner Hilfe fand man neue und bekannte Fehler in einer Vielzahl von Protokollen [1044, 1045, 1047]. Beim Protocol Analyzer gibt es folgende Aktionen:

- Accept(Bob, Alice, M, N). In seiner lokalen Runde N akzeptiert Bob die Nachricht M von Alice.

- Learn(Eve, M). Eve erfährt M.

- Send(Alice, Bob, Q, M). Als Antwort auf Anfrage Q sendet Alice M an Bob.

- Request(Bob, Alice, Q, N). In seiner lokalen Runde N sendet Bob Q an Alice.

Anhand dieser Aktionen können gewisse Anforderungen formuliert werden. Zum Beispiel:

- Wenn Bob die Nachricht M von Alice irgendwann einmal akzeptiert hat, dann hat Eve M nicht erfahren.

- Wenn Bob die Nachricht M von Alice in seiner lokalen Runde N akzeptiert hat, dann hat Alice M an Bob als Anwort auf eine Anfrage in Bobs lokaler Runde N gesendet.

Damit der Protocol Analyzer von NRL für ein Protokoll benutzt werden kann, muß dieses erst einmal anhand der erwähnten Konstrukte spezifiziert werden. Darauf folgen vier Phasen der Analyse: Definition von Übergangsregeln für ehrliche Teilnehmer, Beschreibung von Operationen, die allen Parteien – den ehrlichen wie den unehrlichen – offenstehen, Beschreibung der grundlegenden Bausteine des Protokolls und Beschreibung der Umformungsregeln. Der Zweck des Ganzen liegt darin zu zeigen, daß das zu betrachtende Protokoll die gestellten Anforderungen erfüllt. Werkzeuge wie der Protocol Analyzer von NRL könnten schließlich zu einem Protokoll führen, dessen Sicherheit beweisbar ist.

Während bei der Erforschung formaler Methoden bislang viel Zeit damit verbracht wurde, diese Methoden auf bereits vorhandene Protokolle anzuwenden, zeigt sich nun eine gewisse Tendenz, formale Methoden bereits zum Entwurf von Protokollen heranzuziehen. Einige erste Schritte in diese Richtung werden in [711] beschrieben. Auch der NRL Protocol Analyzer versucht sich daran [1512, 222, 1513].

Formale Methoden auf kryptographische Protokolle anzuwenden, ist immer noch eine recht neue Idee und es ist schwer zu sagen, wohin die Entwicklung führen wird. Im Moment scheint das schwächste Glied der Formalisierungsprozeß selbst zu sein.

3.5 Public-Key-Kryptographie mit mehreren Schlüsseln

Bei Verfahren mit öffentlichem Schlüssel werden zwei Schlüssel verwendet. Eine Nachricht wird mit dem einen Schlüssel chiffriert und kann mit dem anderen wieder dechiffriert werden. Normalerweise ist der eine Schlüssel privat und der andere öffentlich. Gehen wir nun aber davon aus, daß Alice den einen und Bob den anderen Schlüssel besitzt. Alice kann eine Nachricht damit so chiffrieren, daß sie nur von Bob wieder zu dechiffrieren ist. Genauso kann Bob eine Nachricht so chiffrieren, daß sie nur für Alice lesbar ist.

Dieses Konzept wurde von Colin Boyd verallgemeinert [217]. Stellen Sie sich eine Variante der Public-Key-Kryptographie mit den drei Schlüsseln K_A, K_B und K_C vor, die wie in Tabelle 3.2 gezeigt verteilt sind.

Alice kann eine Nachricht K_A so chiffrieren, daß Ellen sie mit K_B und K_C dechiffrieren kann. In geheimer Absprache gelingt das auch Bob und Carol. Bob kann eine Nachricht so chiffrieren, daß sie für Frank lesbar ist, und Carols Nachricht ist für Dave zu lesen.

Tabelle 3.2: Schlüsselverteilung bei drei Schlüsseln

Alice	K_A
Bob	K_B
Carol	K_C
Dave	K_A und K_B
Ellen	K_B und K_C
Frank	K_C und K_A

Dave kann eine Nachricht mit K_A chiffrieren, so daß Ellen sie lesen kann oder mit K_B, so daß Frank sie lesen kann, oder mit K_A und K_B, so daß sie von Carol lesbar ist. Ebenso kann Ellen eine Nachricht so verschlüsseln, daß sie entweder von Alice, Dave oder

Frank dechiffriert werden kann. Die möglichen Kombinationen werden in Tabelle 3.3 gezeigt; andere Kombinationen gibt es nicht.

Dieses Konzept läßt sich auf n Schlüssel erweitern. Wird die Nachricht mit einer bestimmten Teilmenge der Schlüssel chiffriert, sind alle übrigen zur Dechiffrierung erforderlich.

Tabelle 3.3: Chiffrierung von Nachrichten mit drei Schlüsseln

Chiffrierung mit den Schlüsseln:	Dechiffrierung mit den Schlüsseln:
K_A	K_B und K_C
K_B	K_A und K_C
K_C	K_A und K_B
K_A und K_B	K_C
K_A und K_C	K_B
K_B und K_C	K_A

Verteilung einer Nachricht

Angenommen, Sie haben 100 Vertreter im Außendienst. Sie wollen bestimmten Gruppen davon Nachrichten übermitteln, wissen aber nicht im voraus, wie sich diese Gruppen zusammensetzen. Sie können die Nachricht nun für jede Person einzeln chiffrieren oder für jede mögliche Personenkombination Schlüssel verteilen. Im ersten Fall brauchen Sie viele Nachrichten, im zweiten Fall viele Schlüssel.

Die Kryptographie mit mehreren Schlüsseln erleichtert die Sache erheblich. Wir arbeiten mit den drei Vertretern Alice, Bob und Carol. Sie händigen Alice die Schlüssel K_A und K_B aus, Bob K_B und K_C und Carol K_C und K_A. Sie können nun mit jeder beliebigen Gruppe kommunizieren. Möchten Sie eine Nachricht verschicken, die nur von Alice gelesen werden kann, so verschlüsseln Sie diese mit K_C. Nach Empfang entschlüsselt Alice die Nachricht erst mit K_A und dann mit K_B. Eine nur für Bob gedachte Nachricht verschlüsseln Sie mit K_A, eine nur an Carol gerichtete mit K_B. Wollen Sie eine Nachricht senden, die sowohl von Alice als auch von Bob gelesen werden kann, so verschlüsseln Sie diese mit K_A und K_C usw.

Dies hört sich nicht besonders aufregend an, ist bei 100 Vertretern jedoch recht effizient. Für Nachrichten an einen einzelnen Vertreter bräuchten Sie normalerweise für jeden Vertreter und jede Nachricht einen eigenen Schlüssel. Für Nachrichten an jede mögliche Teilmenge bräuchten Sie $2^{100} - 2$ verschiedene Schlüssel (Nachrichten an die ganze Gruppe sowie die leere Menge sind ausgenommen). Das vorgestellte Schema benötigt dagegen nur eine verschlüsselte Nachricht und 100 verschiedene Schlüssel. Es hat den Nachteil, daß man auch mitteilen muß, welche Teilmenge von Personen die Nachricht lesen kann, da sonst jeder alle Kombinationen möglicher Schlüssel durchprobieren müßte, um den richtigen zu finden. Selbst die Namen der gewünschten Empfänger könnten schon signifikant sein. Zumindest bei der einfachsten Implementierung dieses Verfahrens erhalten alle Beteiligten eine große Menge an Schlüsseldaten.

Es gibt weitere Methoden zum Verteilen von Nachrichten, von denen einige das eben beschriebene Problem nicht beinhalten. Sie werden in Abschnitt 22.7 behandelt.

3.6 Secret Splitting

Angenommen, Sie haben ein neues, besonders klebriges und süßes Sahnebonbon erfunden oder eine Hamburgersoße, die nach noch weniger schmeckt als die der Konkurrenz. Das ist eine wichtige Sache, die Sie geheimhalten müssen. Das genaue Rezept dürfen Sie nur den zuverlässigsten Angestellten offenbaren, was aber, wenn einer davon zur Konkurrenz überläuft? Dann ist das Geheimnis dahin, und bald wird jede Frittenbude um die Ecke Hamburger mit einer Soße anbieten, die genauso langweilig schmeckt wie die Ihre.

Hier ist die Methode des **Aufspaltens geheimer Information** (*secret splitting*) sinnvoll. Es besteht die Möglichkeit, eine Nachricht in mehrere Teile zu zerlegen [551]. Jedes Teilstück für sich ist bedeutungslos, die Nachricht kommt erst zum Vorschein, wenn alle Stücke zusammengesetzt werden. Enthält die Nachricht das Rezept, und besitzt jeder Angestellte nur einen Teil, dann können sie die Soße nur gemeinsam fabrizieren. Kündigt einer und nimmt seinen Teil des Rezepts mit, ist diese Information für sich genommen nutzlos.

Bei der einfachsten Art der Aufteilung sind zwei Personen beteiligt. Nun ein Protokoll, in dem Trent eine Nachricht zwischen Alice und Bob aufteilen kann:

(1) Trent erzeugt eine Zeichenkette R mit Zufallsbits, die dieselbe Länge wie die Nachricht M besitzt.

(2) Trent XOR-verknüpft M mit R und erhält damit S.
$$M \oplus R = S$$

(3) Trent händigt Alice R und Bob S aus.

Um die Nachricht zu rekonstruieren, müssen Alice und Bob nur einen Schritt durchführen:

(4) Alice und Bob XOR-verknüpfen ihre beiden Teile.
$$R \oplus S = M$$

Wird dieses Verfahren korrekt angewandt, ist es absolut sicher. Jedes Teilstück für sich ist völlig wertlos. Im Grunde verschlüsselt Trent die Nachricht mit einem One-Time-Pad und überläßt den Chiffretext der einen und das Pad der anderen Person. One-Time-Pads werden in Abschnitt 1.5 beschrieben; sie gewährleisten perfekte Sicherheit. Keine Rechenleistung der Welt kann die Nachricht aus nur einem der beiden Teile ermitteln.

Dieses Konzept läßt sich problemlos auf mehrere Personen ausdehnen. Um eine Nachricht auf mehr als zwei Leute zu verteilen, XOR-verknüpft man entsprechend mehr Zeichenketten mit Zufallsbits zu einer Mixtur. Im folgenden Beispiel zerlegt Trent eine Nachricht in vier Teilstücke:

(1) Trent generiert drei Zeichenketten mit Zufallsbits R, S und T, die dieselbe Länge wie die Nachricht M besitzen.
(2) Trent XOR-verknüpft M mit den drei Strings und erhält so U:
$$M \oplus R \oplus S \oplus T = U$$
(3) Trent händigt Alice R, Bob S, Carol T und Dave U aus.

Wenn Alice, Bob, Carol und Dave zusammenarbeiten, können sie die Nachricht rekonstruieren:

(4) Alice, Bob, Carol und Dave schließen sich zusammen und berechnen:
$$R \oplus S \oplus T \oplus U = M$$

Es handelt sich hier um ein Protokoll mit Schiedsrichter. Trent besitzt die absolute Verfügungsgewalt und kann tun und lassen, was er will. Er kann Unsinn verteilen und behaupten, daß es sich um einen Teil des Geheimnisses handelt; keiner kann das überprüfen, bis nicht alle gemeinsam versuchen, die geheimen Informationen zu enthüllen. Er könnte Alice, Bob, Carol und Dave je ein Stück übergeben, später verbreiten, daß nur Alice, Carol und Dave zur Enthüllung des Geheimnisses nötig sind und Bob dann feuern. Das ist jedoch nicht weiter problematisch, da es schließlich Trents Geheimnis ist, das aufgeteilt werden soll.

Ein Problem birgt das Protokoll aber doch: Wenn ein Teil verloren geht und Trent nicht mehr da ist, dann ist auch die Nachricht verloren. Wenn Carol mitsamt ihres Anteils am Soßenrezept zur Konkurrenz wechselt, haben die anderen Pech gehabt. Carol kann das Rezept nicht rekonstruieren, aber auch Alice, Bob und Dave gemeinsam haben keine Chance. Carols Teil ist für die Nachricht ebenso unentbehrlich, wie jeder der anderen Teile. Alice, Bob und Dave kennen lediglich die Länge der Nachricht – das ist aber auch alles. R, S, T, U und M sind gleich lang, so daß man auf die Länge von M schließen kann, wenn man die Länge eines der Teile kennt. Wie erwähnt, wird M nicht im eigentlichen Sinne des Wortes aufgespalten, sondern mit Zufallswerten XOR-verknüpft.

3.7 Secret Sharing

Sie richten ein Programm zum Abschuß einer Atomrakete ein. Sie möchten sicherstellen, daß kein wahnsinniger Einzeltäter die Rakete starten kann. Ebenso ist Ihnen daran gelegen, daß nicht zwei Irre einen Abschuß initiieren können. Sie möchten gewährleisten, daß mindestens drei von fünf Offizieren vollkommen durchgedreht sein müssen, bevor ein Abschuß möglich ist.

Das ist einfach zu bewerkstelligen. Bauen Sie eine mechanische Abschußvorrichtung. Geben Sie jedem der fünf Offiziere einen Schlüssel, richten Sie alles so ein, daß mindestens drei davon ihre Schlüssel in die richtigen Schlösser stecken müssen, bevor sie hochjagen können, was diese Woche gerade als Feind gilt. (Wenn Sie sich ernsthaft Sorgen machen, bringen Sie die Schlösser weit voneinander entfernt an und machen zur Bedingung, daß die Offiziere die Schlüssel gleichzeitig einstecken müssen; Ihnen wird kaum daran gelegen sein, daß ein Offizier zwei Schlüssel stehlen und damit eine ganze Stadt in Schutt und Asche legen kann.)

Die Sache läßt sich noch komplizierter gestalten. Angenommen, der General und zwei Colonels sind bevollmächtigt, die Rakete abzufeuern. Darf der General jedoch nicht beim Golf gestört werden, sind ersatzweise auch fünf Colonels zum Abschuß berechtigt. Richten Sie die Abschußsteuerung so ein, daß fünf Schlüssel erforderlich sind. Überlassen Sie dem General drei und den Colonels jeweils einen Schlüssel. Der General kann dann mit zwei der Colonels die Rakete abschießen und ebenso können dies fünf Colonels. Ein General und ein Colonel sind nicht ausreichend, ebensowenig vier Colonels.

Eine kompliziertere Methode zur gemeinsamen Wahrung von Geheiminformationen ist das **Schwellenwertverfahren** (*threshold scheme*), die all dies und noch mehr auf mathematische Weise leistet. Auf der einfachsten Ebene teilt man eine Nachricht (eine geheime Rezeptur, Abschuß-Codes, Besorgungsliste usw.) in n Teile so auf, daß mit jeweils m davon die Nachricht wieder rekonstruiert werden kann. Präziser ausgedrückt handelt es sich um ein *(m, n)-Schwellenwertverfahren*.

Beim (3, 4)-Schwellenwertverfahren kann Trent sein geheimes Soßenrezept so zwischen Alice, Bob, Carol und Dave aufteilen, daß jeweils drei davon ihre Teile zusammenlegen und die Nachricht rekonstruieren können. Ist Carol im Urlaub, können sich Alice, Bob und Dave zusammentun. Wird Bob von einem Auto überfahren, können Alice, Carol und Dave zusammenarbeiten. Wird Bob jedoch von einem Auto überfahren, während Carol im Urlaub ist, können Alice und Dave die Nachricht nicht gemeinsam wiederherstellen.

Allgemeine Schwellenwertverfahren sind noch flexibler. Man kann damit jede nur denkbare Situation mit geteilten Geheiminformationen ausdrücken. Sie können eine Nachricht so unter den Leuten in Ihrem Gebäude aufteilen, daß zu ihrer Wiederherstellung sieben aus dem ersten und fünf aus dem zweiten Stock notwendig sind, sofern nicht jemand aus dem dritten Stock beteiligt ist. Ist dies der Fall, benötigen Sie nur diese Person und drei Leute aus dem ersten sowie zwei Leute aus dem zweiten Stock, falls nicht jemand aus dem vierten Stock involviert ist. In diesem Fall benötigen Sie diese Person und einen aus dem dritten Stock, oder diese Person sowie zwei Leute aus dem ersten und eine Person aus dem zweiten Stock, sofern nicht – gut, Sie haben es begriffen.

Dieses Verfahren wurde unabhängig voneinander von Adi Shamir [1414] und George Blakley [182] erfunden und von Gus Simmons intensiv untersucht [1466]. Verschiedene Algorithmen werden in Abschnitt 23.2 beschrieben.

Secret Sharing mit Betrügern

Beim Schwellenwertverfahren kann auf viele Arten betrogen werden. Hier nur ein kleiner Ausschnitt.

Situation 1: Die Colonels Alice, Bob und Carol befinden sich in irgendeinem abgelegenen Gebiet tief unten in einem Bunker. Eines Tages erhalten sie eine chiffrierte Nachricht vom Präsidenten: „Feuern Sie die Raketen ab. Wir werden die Forschung an neuronalen Netzen bis in den letzten Winkel unseres Landes auslöschen". Alice, Bob und Carol legen ihre Teile offen, Carol ist jedoch Pazifistin und gegen jeden Raketenabschuß. Sie gibt deshalb eine Zufallszahl an. Da Carol kein korrektes Teilstück zeigt, ist das enthüllte Geheimnis falsch. Die Raketen bleiben nicht nur, wo sie sind, noch schlimmer ist, daß niemand weiß, warum. Alice und Bob können selbst in gemeinsamer Anstrengung nicht beweisen, daß Carols Teil ungültig ist.

Situation 2: Die Colonels Alice und Bob sitzen mit Mallory im Bunker. Mallory ist als Colonel verkleidet und keiner der anderen merkt etwas. Vom Präsidenten trifft dieselbe Nachricht ein, und jeder zeigt seinen Teil. „Ha!" ruft Mallory, „ich habe die Nachricht des Präsidenten gefälscht. Nun kenne ich eure beiden Teile!". Er rennt die Treppe hinauf und ist verschwunden, bevor irgendjemand ihn ergreifen kann.

Situation 3: Die Colonels Alice, Bob und Carol sitzen mit Mallory im Bunker, der auch diesmal verkleidet ist. (Wie Sie sich erinnern, besitzt Mallory keinen gültigen Teil der Geheiminformation.) Dieselbe Nachricht vom Präsidenten trifft ein und jeder legt seinen Teil offen. Mallory zeigt seinen Teil jedoch erst, nachdem er die anderen gesehen hat. Da zur Enthüllung des Geheimnisses nur drei Teilstücke erforderlich sind, kann er sich aus dem Stand ein gültiges Teilstück ausdenken und dieses vorzeigen. Schon befindet er sich im Besitz des Geheimnisses. Außerdem hat niemand wahrgenommen, daß er ein Betrüger ist.

In Abschnitt 23.2 werden einige Protokolle behandelt, die dieser Art von Betrug zuvorkommen.

Secret Sharing ohne Trent

Eine Bank möchte, daß der Tresorraum nur geöffnet werden kann, wenn drei von fünf Angestellten ihren Schlüssel eingeben. Das sieht auf den ersten Blick aus wie ein einfaches (3, 5)-Schwellenwertverfahren, hat jedoch einen Haken. Niemand darf die Geheiminformation selbst kennen. Es existiert kein Trent, der die Information in fünf Teile aufspaltet. Es gibt Protokolle, mit denen die fünf Angestellten eine Geheiminformation erstellen und unter sich aufteilen können, so daß keiner der Angestellten das Geheimnis erfährt, solange sie es nicht gemeinsam enthüllen. Ich werde hier nicht weiter auf solche Protokolle eingehen. Ausführliche Informationen hierzu finden Sie in [756].

Secret Sharing ohne Vorzeigen der Teilstücke

Die beschriebenen Methoden haben einen Nachteil: Beim Wiederherstellen der geheimen Information müssen alle Beteiligten ihre Teile offenlegen. Dies muß aber nicht unbedingt so sein. Handelt es sich bei der gemeinsamen Geheiminformation um einen privaten Schlüssel (für eine digitale Signatur beispielsweise), können die n Beteiligten jeweils eine Teilunterschrift des Dokuments leisten. Nach der n-ten Teilunterschrift ist das Dokument mit dem gemeinsamen privaten Schlüssel unterzeichnet. Keiner der Beteiligten hat dabei die Teilstücke der anderen erfahren. Der Vorteil besteht darin, daß die Geheiminformation wiederverwendet werden kann, und kein vertrauenswürdiger Verfahrensleiter erforderlich ist. Dieses Konzept wird von Yvo Desmedt und Yair Frankel weiter erforscht [483, 484].

Secret Sharing mit Überprüfung

Trent händigt Alice, Bob, Carol und Dave jeweils ein Teilstück aus oder behauptet zumindest, daß es sich um ein solches handelt. Die Gültigkeit der Einzelstücke läßt sich nur durch eine versuchsweise Zusammensetzung der Geheiminformation überprüfen. Vielleicht hat Bob von Trent ein gefälschtes Teilstück erhalten oder es wurde bei der Übertragung beschädigt. Die Überprüfung der gemeinsamen Geheiminformation bietet jedem die Möglichkeit festzustellen, ob er oder sie einen gültigen Teil besitzt. Die Zusammenstellung des gesamten Geheimnisses ist dazu nicht erforderlich [558,1235].

Secret Sharing und Prävention

Eine Geheiminformation wird unter 50 Personen so aufgeteilt, daß jeweils 10 davon die Information gemeinsam wiederherstellen können. Das ist kein Problem. Ist dasselbe Verfahren aber auch mit der Zusatzbedingung möglich, daß 20 Personen sich zusammenschließen und gemeinsam *verhindern*, daß die anderen (egal wieviele) die Geheiminformation rekonstruieren? Wie sich gezeigt hat, ist das durchaus möglich [153].

Die zugrundeliegende Mathematik ist kompliziert, aber die Grundidee besteht darin, daß jeder zwei Teilstücke, und zwar einen „Ja"-Teil und einen „Nein"-Teil, erhält. Wenn es an die Rekonstruktion der Geheiminformation geht, zeigt jeder einen seiner Schlüssel vor. Welcher das ist, hängt davon ab, ob die betreffende Person für oder gegen die Wiederherstellung der Information ist. Nur wenn m oder mehr „Ja"-Teile und weniger als n „Nein"-Teile eingereicht werden, kann das Geheimnis offengelegt werden.

Natürlich läßt sich dabei nicht verhindern, daß sich hinreichend viele „Ja"-Sager ohne Wissen der „Nein"-Sager zusammentun (sofern sie einander kennen) und das Geheimnis enthüllen. Diese Methode funktioniert jedoch in Situationen, in denen alle Personen ihr Teilstück einem zentralen Rechner übermitteln.

Secret Sharing mit Ausschluß

Sie haben Ihr System für gemeinsame Geheiminformationen eingerichtet und wollen nun einen der Beteiligten ausschließen. Sie könnten ein neues Verfahren ohne diese Person einrichten, das ist jedoch zeitaufwendig. Es gibt Methoden, mit denen sich dieses

Problem lösen läßt. Sie bieten die Möglichkeit, ein neues Verteilungsschema zu aktivieren, sobald einer der Beteiligten nicht mehr zuverlässig ist [1004].

3.8 Datenbankschutz durch Verschlüsselung

Die Mitgliederdatenbank einer Organisation ist ein wertvolles Objekt. Einerseits möchte man die Datenbank an alle Mitglieder verteilen. Sie sollen angeregt werden, miteinander zu kommunizieren, Ideen auszutauschen und sich gegenseitig zu Kaffee und Kuchen einzuladen. Überlassen Sie die Datenbank jedoch uneingeschränkt jedem, wird sie bestimmt auch Versicherungsvertretern oder anderen nervigen Geschäftemachern in die Hände fallen.

Mit Kryptographie läßt sich dieses Problem reduzieren. Wir können die Datenbank so verschlüsseln, daß sich die Adresse einer einzelnen Person leicht, eine Anschriftenliste aller Mitglieder aber nur schwer extrahieren läßt.

Die folgende Methode, die aus [550, 549] stammt, ist einfach. Man verwendet eine Einweg-Hashfunktion und einen symmetrischen Verschlüsselungsalgorithmus. Jeder Datensatz in der Datenbank besitzt zwei Spalten. Die Indexspalte enthält den Nachnamen des Mitglieds, auf den die Einweg-Hashfunktion angewandt wird. Die Datenspalte enthält den vollständigen Namen sowie die Adresse des Mitglieds und ist mit dem Nachnamen als Schlüssel chiffriert. Sie können die Datenspalte dann nur dechiffrieren, wenn Sie den Nachnamen kennen.

Die Suche nach einem bestimmten Nachnamen ist einfach. Sie wenden die Hashfunktion auf den Nachnamen an und suchen den erhaltenen Hashwert in der Indexspalte der Datenbank. Findet sich eine übereinstimmende Spalte, ist der Nachname in der Datenbank vorhanden. Gibt es mehrere Übereinstimmungen, existieren in der Datenbank mehrere Personen dieses Namens. Nun dechiffrieren Sie zu jedem passenden Eintrag den vollständigen Namen sowie die Adresse, wobei Sie den Nachnamen als Schlüssel verwenden.

In [550] wird dieses System von den Autoren eingesetzt, um ein Wörterbuch mit 6000 spanischen Verben zu schützen. Die Autoren berichten, daß die Geschwindigkeit durch die Verschlüsselung nur minimal beeinträchtigt wird. [549] befaßt sich mit komplizierteren Varianten, die Indizes über mehrere Spalten verwenden, die Grundidee bleibt jedoch dieselbe. Das Problem bei diesem System liegt hauptsächlich darin, daß nicht nach Personen gesucht werden kann, von deren Namen man die Schreibweise nicht genau weiß. Man kann zwar verschiedene Schreibweisen ausprobieren, bis man die richtige gefunden hat. Es ist jedoch kaum möglich, alle mit „Sch" beginnenden Namen durchzuprobieren, wenn man nach „Schneier" sucht.

Diese Methode bietet keinen perfekten Schutz. Ein besonders hartnäckiger Versicherungsvertreter könnte die Mitgliederdatenbank mit einem Brute-Force-Angriff rekonstruieren, indem er alle möglichen Nachnamen durchprobiert. Wenn er eine Telefondatenbank besitzt, kann er diese als Nachnamenliste verwenden. Vielleicht sind ein paar

Wochen *Number Crunching* angesagt, möglich ist dies aber allemal. Sein Job ist jedoch um einiges erschwert, und „erschwert" bedeutet in diesem Zusammenhang „zu teuer".

Ein anderes Verfahren, das in [185] beschrieben wird, ermöglicht das Erstellen von Statistiken über die chiffrierten Daten.

4 Weiterführende Protokolle

4.1 Zeitstempel

In vielen Situationen wird eine Bestätigung darüber benötigt, daß ein Dokument zu einem bestimmten Zeitpunkt vorlag. Stellen Sie sich einen Rechtsstreit über ein Copyright oder Patent vor: Es gewinnt die Partei, die die umstrittene Arbeit zuerst vorgelegt hat. Dokumente in Papierform können von Notaren unterzeichnet und von Rechtsanwälten aufbewahrt werden. Bei Streitigkeiten bezeugen Notar und Rechtsanwalt, daß das Dokument zu einem bestimmten Zeitpunkt vorhanden war.

In der digitalen Welt ist die Sache wesentlich komplizierter. Es gibt keine Möglichkeit, ein digitales Dokument auf Fälschung hin zu überprüfen. Es kann endlos kopiert und geändert werden, ohne daß dies irgendwie auffällt. Das Datum einer Computerdatei läßt sich problemlos modifizieren. Von einem digitalen Dokument könnte zum Beispiel niemand mit Sicherheit sagen, daß es vor dem 4. November 1952 erstellt wurde.

Stuart Haber und W. Scott Stornetta von der Firma Bellcore machten sich Gedanken über dieses Problem [682, 683, 92]. Sie suchten nach einem Protokoll für digitale Zeitstempel mit folgenden Eigenschaften:

- Die Daten selbst werden mit einem Zeitstempel versehen, der ihnen unabhängig davon anhaftet, auf welchem Datenträger sie sich befinden.

- Es ist ausgeschlossen, auch nur ein Bit des Dokuments zu ändern, ohne daß dies auf irgendeine Weise sichtbar wird.

- Es ist unmöglich, ein Dokument mit einem Zeitstempel zu versehen, der vom aktuellen Datum und der aktuellen Uhrzeit abweicht.

Lösungen mit Vermittler

Dieses Protokoll arbeitet mit Trent, der einen zuverlässigen Zeitstempeldienst betreibt, sowie mit Alice, die ein Dokument mit einem Zeitstempel versehen möchte.

(1) Alice übermittelt Trent eine Kopie des Dokuments.
(2) Trent zeichnet auf, zu welchem Tag und zu welcher Uhrzeit er das Dokument empfangen hat und behält eine Kopie des Dokuments zur Aufbewahrung.

Stellt jemand nun Alices Behauptung über das Erstellungsdatum des Dokuments in Frage, braucht sie sich bloß an Trent zu wenden. Dieser sucht seine Kopie des Dokuments heraus und bestätigt, daß er das Dokument zum gestempelten Datum und Zeitpunkt erhalten hat.

Dieses Protokoll funktioniert, besitzt aber offensichtliche Schwächen. Zum einen gibt es keine Geheimhaltung. Alice muß Trent eine Kopie des Dokuments übermitteln. Es könnte also von einem Lauscher auf der Leitung mitgehört werden. Alice kann das Dokument zwar verschlüsseln, kommt aber nicht daran vorbei, daß es in Trents Datenbank gespeichert wird. Keiner kann jedoch abschätzen, wie sicher diese Datenbank ist.

Zweitens müßte die Datenbank riesig sein. Außerdem erfordert die Übertragung sehr großer Dokumente an Trent eine immense Bandbreite.

Das dritte Problem hat mit potentiellen Fehlern zu tun. Ein Übertragungsfehler oder eine elektromagnetische Bombe, die irgendwo in Trents Zentralcomputer detoniert, könnte Alices Aussage über einen Zeitstempel vollständig die Grundlage entziehen.

Viertens findet sich unter Umständen keiner, der so ehrlich ist wie Trent und damit für den Zeitstempeldienst in Frage kommt. Angenommen, Alice arbeitet mit Bobs „Zeitstempel- und Bratwurst-Service" zusammen. Niemand kann Alice und Bob davon abhalten, in geheimer Absprache ein Dokument mit einer falschen Zeit zu versehen.

Verbesserte Lösung mit Vermittler

Mit Einweg-Hashfunktionen und digitalen Signaturen lassen sich die meisten dieser Probleme aus der Welt schaffen:

(1) Alice erzeugt einen Einweg-Hashwert des Dokuments.
(2) Alice übermittelt Trent den Hashwert.
(3) Trent fügt Empfangsdatum und -uhrzeit an den Hashwert an und unterzeichnet das Ergebnis elektronisch.
(4) Trent sendet den mit Zeitstempel versehenen und unterzeichneten Hashwert an Alice zurück.

Dieses Protokoll löst alle Probleme bis auf das letzte. Alice braucht sich nicht mehr um ein Bekanntwerden ihres Dokuments zu sorgen; der Hashwert ist völlig ausreichend. Trent muß keine Kopie des Dokuments (und nicht einmal des Hashwerts) speichern, so daß weder umfangreicher Speicher erforderlich ist, noch sicherheitsrelevante Probleme auftreten (wie Sie sich erinnern, besitzen Einweg-Hashfunktionen keinen Schlüssel). Alice kann den unterschriebenen Hashwert mit Zeitstempel, den sie in Schritt (4) empfangen hat, sofort auf eventuelle Übertragungsfehler überprüfen. Es bleibt lediglich das Problem, daß Alice und Trent gemeinsam Zeitstempel fälschen können.

Protokoll mit verknüpften Zeitstempeln

Eine Möglichkeit zur Lösung dieses Problems besteht darin, Alices Zeitstempel mit Zeitstempeln zu verknüpfen, die von Trent bereits generiert wurden. Solche Zeitstempel werden aller Wahrscheinlichkeit nach für von Alice verschiedene Personen generiert. Da die Reihenfolge, in der Trent verschiedene Anfragen nach Zeitstempeln erhält, nicht im voraus bekannt ist, muß Alices Zeitstempel neuer sein als der für die Anfrage davor.

Da die darauf folgende Anfrage mit Alices Zeitstempel verknüpft wird, muß ihre Anfrage zwangsläufig vorher eingetroffen sein. Auf diese Weise wird Alices Anfrage zeitlich eingegrenzt.

A sei Alices Name, H_n der Hashwert, den Alice mit einem Zeitstempel versehen möchte, und T_{n-1} der vorangehende Zeitstempel. Das Protokoll lautet dann:

(1) Alice schickt Trent H_n und A.

(2) Trent sendet Alice folgendes zurück:

$$T_n = S_K(n, A, H_n, t_n, I_{n-1}, T_{n-1}, L_n)$$

L_n besteht hier aus folgenden Verknüpfungsdaten:

$$L_n = H(I_{n-1}, H_{n-1}, T_{n-1}, L_{n-1})$$

S_K bedeutet, daß die Nachricht mit Trents privatem Schlüssel unterschrieben ist. Alices Name identifiziert sie als Urheber der Nachricht. Der Parameter n entspricht der Nummer der Anfrage: Es handelt sich um den n-ten Zeitstempel, den Trent ausgegeben hat. Der Parameter t_n bezeichnet die Zeit. Ferner angegeben sind die Identifikation, der ursprüngliche Hashwert, die Zeit und der gehashte Zeitstempel des vorangehenden, von Trent gestempelten Dokuments.

(3) Nachdem Trent das nächste Dokument mit einem Zeitstempel versehen hat, sendet er Alice die Identifikation I_{n+1} des Urhebers dieses Dokuments.

Wird Alices Zeitstempel angezweifelt, wendet sie sich einfach an die Urheber des vorangehenden und des nachfolgenden Dokuments: I_{n-1} und I_{n+1}. Werden auch diese Dokumente in Frage gestellt, können die entsprechenden Personen I_{n-2} und I_{n+2} anführen usw. Jeder kann zeigen, daß sein oder ihr Dokument nach dem vorangehenden und vor dem nachfolgenden Dokument mit einem Zeitstempel versehen wurde.

Dieses Protokoll macht es Alice und Trent sehr schwer, in gemeinsamer Absprache ein Dokument zu erstellen, dessen Zeitstempel vom aktuellen Datum abweicht. Trent kann für Alice ein Dokument nicht vordatieren, da er dazu im voraus wissen müßte, welches Dokument vor Alices zu stempeln ist. Selbst wenn er das fälschen könnte, müßte er wissen, welches Dokument vor dem gefälschten kam usw. Er kann ein Dokument nicht zurückdatieren, da der gefälschte Zeitstempel zwischen den Zeitstempeln der Dokumente unmittelbar davor und danach liegen müßte. Der einzig mögliche Weg zum Knacken dieser Methode besteht darin, eine fiktive Folge von Dokumenten vor und nach Alices Dokument zu erzeugen, die so lang ist, daß sie die Geduld eines jeden Zweiflers erschöpft.

Protokoll mit verteiltem Zeitstempel

Menschen verschwinden, Zeitstempel gehen verloren. In der Zeit zwischen einem Stempel und dessen Anfechtung kann sich vieles tun. So ist es Alice unter Umständen nicht möglich, eine Kopie des Zeitstempels von I_{n-1} zu beschaffen. Diesem Problem ließe sich abhelfen, indem man die Zeitstempel der vorangehenden zehn Personen in Alices Zeitstempel aufnimmt und Alice die Identität der nachfolgenden zehn Personen sendet. Alice hat dann größere Chancen, Leute aufzufinden, die ihre Zeitstempel noch besitzen.

Das folgende Protokoll verläuft ähnlich, um Trent gänzlich abzuschaffen:

(1) Mit H_n als Eingabe generiert Alice mit einem kryptographisch sicheren Pseudozufallszahlengenerator eine Zeichenkette aus Zufallszahlen:
$$V_1, V_2, V_3, \ldots, V_k$$

(2) Alice interpretiert diese Werte als Identifikationen I verschiedener Personen. Sie sendet H_n an jede dieser Personen.

(3) Die Empfänger fügen an den Hashwert Datum und Uhrzeit an, unterschreiben das Ergebnis und schicken es an Alice zurück.

(4) Alice sammelt alle Unterschriften und bewahrt sie als Zeitstempel auf.

Der kryptographisch sichere Pseudozufallszahlengenerator in Schritt (1) verhindert, daß Alice bewußt bestimmte bestechliche I als Verifizierer auswählt. Selbst wenn sie versucht, an ihrem Dokument einfache Änderungen vorzunehmen, um eine Gruppe bestechlicher I zusammenzustellen, sind ihre Erfolgschancen dafür vernachlässigbar gering. Die Hashfunktion sorgt für eine zufällige Auswahl der I; Alice kann dies nicht gewaltsam beeinflussen.

Dieses Protokoll funktioniert, da Alice einen Zeitstempel nur fälschen kann, wenn sie alle k Personen zur Kooperation bewegen kann. Da diese in Schritt (1) zufällig ausgewählt wurden, sind die Chancen dafür äußerst gering. Je verbreiteter Korruption in einer Gesellschaft ist, desto höher sollte k gewählt werden.

Es ist außerdem sinnvoll zu berücksichtigen, daß manche Personen den Zeitstempel nicht sofort zurücksenden können. Eine bestimmte Teilmenge von k sollte für einen gültigen Zeitstempel ausreichen. Die jeweiligen Einzelheiten hängen von der Implementierung ab.

Weiterführende Arbeiten

Weitere Verbesserungen an Protokollen für Zeitstempel werden in [92] beschrieben. Die Autoren verwenden binäre Bäume, um die Anzahl der Zeitstempel zu erhöhen, die von einem bestimmten Zeitstempel abhängig sind. Die Erzeugung einer fiktiven Folge von Zeitstempeln wird damit weiter erschwert. Zudem wird empfohlen, einen Hashwert der täglichen Zeitstempel an öffentlicher Stelle bekanntzugeben, z.B. in der Tagespresse. Dies erfüllt eine ähnliche Funktion wie das Versenden des Hashwerts an zufällig ausgewählte Leute, wie es im Protokoll mit verteiltem Zeitstempel durchgeführt wird. Tatsächlich erscheint seit 1992 in jeder Sonntagsausgabe der *New York Times* ein Zeitstempel.

Diese Protokolle für Zeitstempel sind patentiert [684, 685, 686]. Ein Ableger der Firma Bellcore namens Surety Technologies ist Eigentümer der Patente und vermarktet das Digital Notary System, in dem diese Protokolle umgesetzt werden. In der ersten Version senden Clients „certify"-Anfragen an einen zentralen Koordinations-Server. Entsprechend dem Verfahren von Merkle zum Aufbau von Bäumen anhand von Hashfunktionen [1066] baut der Server einen Baum aus Hashwerten auf, dessen Blätter aus allen Anfragen bestehen, die in einer bestimmten Sekunde eingetroffen sind. Der Server sendet an jeden Anfrager die Liste der Hashwerte zurück, die sich auf dem Pfad von dessen Blattknoten bis zur Wurzel des Baumes befinden. Die Client-Software speichert diese Liste lokal und kann eine digitale Beglaubigung (bei Digital Notary heißt sie „certificate") für jede Datei erzeugen, die einmal zertifiziert worden ist. Die Folge der Baumwurzeln heißt „Universal Validation Record", der elektronisch aus mehreren Quellen bezogen werden kann und auch auf CD-ROM veröffentlicht wurde. Die Client-Software umfaßt zudem eine „validate"-Funktion, mit der der Benutzer überprüfen kann, ob wirklich die aktuelle Fassung einer Datei beglaubigt wurde. (Dazu wird eine Quelle für die entsprechende Baumwurzel abgefragt und mit einem Hashwert verglichen, der in passender Weise aus der Datei und deren Beglaubigung neu errechnet wird.) Weitere Informationen erhalten Sie bei Surety Technologies, 1 Main St., Chatham, NJ, 07928; (201) 701-0600; Fax: (201) 701-0601.

4.2 Verdeckter Kanal

Alice und Bob werden verhaftet und landen im Gefängnis, er im Männer- und sie im Frauengefängnis. Walter, der Wächter, gestattet den beiden, Nachrichten auszutauschen, sofern diese nicht verschlüsselt sind. Walter befürchtet, daß die beiden einen gemeinsamen Fluchtplan aushecken, und möchte deshalb all ihre Mitteilungen lesen.

Außerdem hofft Walter, Alice oder Bob täuschen zu können. Er möchte erreichen, daß einer von beiden eine gefälschte Nachricht als vom anderen stammend akzeptiert. Alice und Bob nehmen dieses Betrugsrisiko in Kauf, da sie sonst überhaupt nicht kommunizieren können und gehen nun daran, ihre Pläne zu koordinieren. Dazu müssen sie den Wächter täuschen und einen Weg zur geheimen Kommunikation ersinnen. Unter den wachsamen Augen von Walter richten sie einen **verdeckten Kanal** (*subliminal channel*) ein, der in den Nachrichten verborgen liegt, die selbst keine geheimen Informationen enthalten. Über vollständig harmlose unterschriebene Nachrichten tauschen sie nun geheime Informationen aus. Walter ist überlistet, es nützt ihm nichts, die gesamte Kommunikation mitzulesen.

Ein einfacher verdeckter Kanal ist die Anzahl der Wörter in einem Satz. Eine ungerade Anzahl bedeutet zum Beispiel „1" und eine gerade Anzahl „0". Sie lesen diese scheinbar harmlosen Sätze, ich aber habe damit meinen Agenten draußen die Nachricht „001" gesendet. Das Problem bei diesem Verfahren besteht darin, daß es bloße Steganographie ist (siehe Abschnitt 1.2); es gibt keinen Schlüssel, und die Sicherheit hängt von der Geheimhaltung des Algorithmus ab.

Gustavus Simmons erfand eine Methode, einen verdeckten Kanal in einem konventionellen Algorithmus für digitale Signaturen unterzubringen [1458, 1473]. Da die unterschwelligen Nachrichten in scheinbar normalen digitalen Signaturen verborgen sind, schafft dies in gewisser Hinsicht Verwirrung. Walter sieht scheinbar harmlose unterzeichnete Nachrichten hin- und hergehen, ohne etwas von den Informationen im verdeckten Kanal zu ahnen. Der Signatur-Algorithmus mit verdecktem Kanal ist tatsächlich nicht von einem Algorithmus für normale Signaturen zu unterscheiden, zumindest nicht für Walter. Walter kann die verdeckte Nachricht nicht lesen, er hat nicht einmal eine Ahnung von ihrer Existenz.

Im allgemeinen hat dieses Protokoll folgendes Aussehen:

(1) Alice generiert eine harmlose ziemlich willkürliche Nachricht.
(2) Mit einem geheimen Schlüssel, den sie mit Bob vereinbart hat, unterzeichnet Alice die Nachricht so, daß ihre verdeckte Nachricht in der Signatur verborgen wird. (Dieser Schritt ist der wichtigste Aspekt im Protokoll mit verdecktem Kanal; siehe Abschnitt 23.3).
(3) Alice sendet die unterschriebene Nachricht über Walter an Bob.
(4) Walter liest die harmlose Nachricht und überprüft die Signatur. Er findet nichts Auffälliges daran und leitet die unterschriebene Nachricht an Bob weiter.
(5) Bob überprüft die Signatur der harmlosen Nachricht, um sicherzugehen, daß sie von Alice stammt.
(6) Bob ignoriert den harmlosen Inhalt und extrahiert die verdeckte Nachricht anhand des geheimen Schlüssels, den er mit Alice vereinbart hat.

Wie aber steht es mit Betrug? Walter traut niemandem, und keiner traut ihm. Er kann die Kommunikation zwar jederzeit unterbinden, besitzt aber keine Möglichkeit, falsche Nachrichten einzuschmuggeln. Da er keine gültigen Unterschriften erzeugen kann, würde Bob jeden Versuch in Schritt (5) erkennen. Da Walter den geheimen Schlüssel nicht kennt, kann er die verdeckten Nachrichten nicht lesen. Noch entscheidender ist, daß er nicht einmal ahnt, daß überhaupt verdeckte Nachrichten vorhanden sind. Nachrichten, die mit einem Algorithmus für digitale Signaturen unterschrieben sind, weisen keine sichtbaren Unterschiede zu Nachrichten auf, die in der Signatur verdeckte Nachrichten enthalten.

Betrügereien zwischen Alice und Bob sind da schon problematischer. Bei manchen verdeckten Kanälen entspricht die geheime Information, die Bob zum Lesen der verdeckten Nachricht benötigt, der Information, die Alice zur Unterzeichnung der harmlosen Nachricht benötigt. Ist das der Fall, kann Bob sich als Alice ausgeben. Er kann Nachrichten unterzeichnen, die angeblich von Alice stammen, und Alice kann nichts dagegen unternehmen. Wenn sie ihm verdeckte Nachrichten sendet, muß sie darauf vertrauen, daß er ihren privaten Schlüssel nicht mißbraucht.

Es gibt Implementierungen verdeckter Kanäle, die diese Art von Betrug nicht zulassen. Darin kann Alice mit einem zwischen Alice und Bob vereinbarten geheimen Schlüssel verdeckte Nachrichten an Bob senden. Dieser Schlüssel entspricht nicht Alices privatem Schlüssel, so daß Bob damit keine Nachrichten unterschreiben kann. Alice ist somit nicht mehr auf Bobs Zuverlässigkeit angewiesen.

Anwendungen eines verdeckten Kanals

Die nächstliegende Anwendungsmöglichkeit für einen verdeckten Kanal bietet sich in einem Netzwerk von Spionen. Da es allgemein üblich ist, unterschriebene Nachrichten zu senden und zu empfangen, fällt es nicht weiter auf, wenn sich Spione in unterschriebenen Dokumenten verdeckte Nachrichten senden. Die Spione der Gegenseite haben natürlich die gleichen Möglichkeiten.

Bei Vorhandensein eines verdeckten Kanals kann Alice ein Dokument selbst unter Zwang gefahrlos signieren. Sie würde bei der Unterzeichnung einfach die verdeckte Nachricht „Ich werde zu dieser Unterschrift gezwungen" unterbringen. Andere Anwendungen sind raffinierter. Ein Unternehmen kann Dokumente mit verdeckten Nachrichten unterzeichnen, die während der gesamten Lebensdauer des Dokuments existent sind. Die Regierung könnte digitales Geld „markieren". Ein bösartiges Signaturprogramm könnte in seinen Unterschriften geheime Informationen offenlegen. Es gibt Tausende von Möglichkeiten.

Signaturen ohne verdeckten Kanal

Alice und Bob senden einander unterschriebene Nachrichten, um die Einzelheiten eines Vertrages auszuhandeln. Dazu verwenden sie ein Protokoll für digitale Signaturen. Die Vertragsverhandlungen bilden jedoch nur einen Deckmantel für Alices und Bobs Spionagetätigkeit. Wenn sie den Algorithmus für digitale Signaturen verwenden, interessieren sie sich nicht für die Nachrichten, die sie unterschreiben. Sie benutzen in ihren Signaturen einen verdeckten Kanal, um geheime Informationen auszutauschen. Der Spionagedienst der Gegenseite ahnt nicht, daß die Verhandlungen und unterzeichneten Nachrichten nur der Tarnung dienen. Dieser Umstand hat zur Erfindung von **Signaturvrfahren ohne verdeckten Kanal** (*subliminal-free signature schemes*) geführt. Solche Verfahren können nicht mit einem verdeckten Kanal eingesetzt werden. Einzelheiten hierzu finden Sie in [480, 481].

4.3 Verbindliche digitale Signaturen

Normale digitale Signaturen lassen sich exakt kopieren. Diese Eigenschaft ist manchmal nützlich, zum Beispiel für öffentliche Bekanntmachungen. In anderen Fällen ist die Sache eher problematisch. Stellen Sie sich einen digital unterzeichneten persönlichen oder geschäftlichen Brief vor. Wenn viele Exemplare dieses Dokuments im Umlauf sind, könnte jedes davon von jedermann überprüft werden, was Belästigungen oder Erpressung nach sich ziehen könnte. Die beste Lösung ist eine digitale Signatur, deren Gültigkeit der Empfänger zwar nachweisen, die er aber anderen nicht ohne Zustimmung des Unterzeichners zeigen kann.

Die Alice Software Company vertreibt DEW (Do-Everything-Word). Um sicherzustellen, daß ihre Software virusfrei ist, ist jede Kopie mit einer digitalen Signatur versehen. Diese Unterschrift soll jedoch nur von rechtmäßigen Käufern und nicht von Software-Piraten verifiziert werden können. Für den Fall, daß in Kopien von DEW ein Virus entdeckt wird, soll die Alice Software Company eine gültige Unterschrift aber auch nicht abstreiten können.

Für diese Art von Aufgaben eignen sich **verbindliche Signaturen** (*undeniable signatures*) [343, 327]. Wie normale digitale Signaturen sind sie vom unterzeichneten Dokument und dem privaten Schlüssel des Unterzeichners abhängig. Aber im Gegensatz dazu können verbindliche Unterschriften nicht ohne Zustimmung des Unterzeichners verifiziert werden. Man sollte diese Unterschriften vielleicht besser „nicht übertragbare Unterschriften" nennen. Der gebräuchliche Name rührt daher, daß Alice, falls sie eine Unterschrift zum Beispiel vor Gericht anerkennen oder abstreiten muß, eine tatsächlich von ihr stammende Unterschrift nicht leugnen kann.

Die damit zusammenhängende Mathematik ist kompliziert, die Grundidee dagegen einfach:

(1) Alice übergibt Bob eine Unterschrift.
(2) Bob generiert eine Zufallszahl und sendet sie an Alice.
(3) Alice führt eine Berechnung mit der Zufallszahl und ihrem privaten Schlüssel durch und sendet Bob das Ergebnis. Alice kann diese Berechnung nur durchführen, falls die Unterschrift gültig ist.
(4) Bob überprüft das Ergebnis.

Es gibt zusätzlich ein Protokoll, mit dem Alice beweisen kann, daß sie ein Dokument nicht unterzeichnet hat, und mit dem sie eine Unterschrift nicht abstreiten kann, wenn sie tatsächlich von ihr stammt.

Bob kann nicht zu Carol gehen und sie von der Echtheit von Alices Unterschrift überzeugen, da Carol nicht beurteilen kann, ob Bobs Zahlen zufällig sind. Er könnte das Protokoll einfach ohne jede Beteiligung von Alice auf dem Papier rückwärts durchgeführt und Carol dann das Ergebnis präsentiert haben. Carol kann nur von der Gültigkeit von Alices Unterschrift überzeugt werden, wenn sie das Protokoll mit Alice selbst durchführt. Dies scheint hier keinen großen Sinn zu machen, wird Ihnen jedoch klar, wenn Sie sich die Mathematik in Abschnitt 23.4 angesehen haben.

Dieses Protokoll stellt keine perfekte Lösung dar. Yvo Desmedt und Moti Yung zeigen, daß Bob in manchen Anwendungen Carol davon überzeugen kann, daß Alices Unterschrift gültig ist [489].

Bob kauft beispielsweise eine legale Kopie von DEW. Er kann die Unterschrift im Software-Paket jederzeit überprüfen. Bob überzeugt nun Carol davon, daß er Verkäufer bei der Alice Software Company ist. Er verkauft ihr eine gestohlene Kopie von DEW. Wenn Carol die Unterschrift mit Bob zu überprüfen versucht, überprüft dieser die Unterschrift gleichzeitig mit Alice. Wenn Carol ihm die Zufallszahl sendet, schickt er sie an Alice weiter. Wenn Alice antwortet, leitet er dies an Carol weiter. Carol denkt jetzt, daß sie die Software rechtmäßig gekauft hat, selbst wenn das nicht der Fall ist. Dieser Angriff stellt ein Beispiel für das Schachgroßmeister-Problem (*chess grandmaster problem*) dar und wird ausführlich in Abschnitt 5.2 besprochen.

Trotzdem gibt es zahlreiche Anwendungen für verbindliche Signaturen; in vielen Fällen möchte Alice nicht, daß irgendjemand ihre Unterschrift überprüfen kann. Ihre persönliche Korrespondenz soll nicht von der Presse überprüft und zusammenhanglos verbreitet werden können. Auch möchte sie eine Überprüfung verhindern, wenn sich die Dinge geändert haben. Wenn Alice eine Information unterzeichnet, die sie verkauft hat, soll niemand, der nicht dafür bezahlt hat, die Authentizität überprüfen können. Durch die Kontrolle darüber, wer ihre Signatur verifiziert, kann Alice ihre Privatsphäre schützen.

Eine Variante verbindlicher Signaturen trennt die Beziehung zwischen Unterzeichner und Nachricht von der Beziehung zwischen Unterzeichner und Signatur [910]. Bei einem dieser Signaturverfahren kann jeder überprüfen, ob die Unterschrift tatsächlich vom Unterzeichner stammt, ohne Kooperation des Unterzeichners kann jedoch nicht verifiziert werden, daß die Unterschrift für die Nachricht gültig ist.

Eine ähnliche Auffassung findet sich in einer **anvertrauten verbindlichen Signatur** (*entrusted undeniable signature*) [1229]. Angenommen, Alice arbeitet für Toxins, Inc. und läßt einer Zeitung über ein Protokoll für verbindliche Signaturen Belastungsmaterial zukommen. Alice kann dem Redakteur, aber sonst niemandem, die Gültigkeit ihrer Unterschrift beweisen. Chef Bob vermutet jedoch, daß Alice hinter der Sache steckt. Er verlangt von ihr, ein Protokoll zum Abstreiten durchzuführen, um ihren guten Ruf zu retten, Alice aber weigert sich. Bob zieht daraus den Schluß, daß Alice schuldig ist, und feuert sie.

Anvertraute verbindliche Signaturen entsprechen verbindlichen Signaturen mit der Ausnahme, daß das Protokoll zum Abstreiten nur von Trent durchgeführt werden kann. Bob kann von Alice nicht verlangen, das Protokoll zum Abstreiten durchzuführen; dies ist Trent vorbehalten. Und wenn Trent der Gerichtshof ist, führt er das Protokoll nur aus, um einen offiziellen Rechtsstreit zu entscheiden.

4.4 Signaturen mit designierter Bestätigung

Die Alice Software Company hat mit DEW so großen Erfolg, daß Alice mehr Zeit mit der Überprüfung verbindlicher Signaturen verbringt als mit der Entwicklung von Programmerweiterungen.

Alice sucht nach einer Möglichkeit, einem bestimmten Angestellten die Verantwortung für die Signaturüberprüfung für die gesamte Firma zu überlassen. Alice oder irgendein anderer Programmierer könnte dann in einem verbindlichen Protokoll Dokumente unterzeichnen. Die Verifizierung würde jedoch vollständig von Carol übernommen.

Dies ist mit **Signaturen mit designierter Bestätigung** (*designated confirmer signatures*) möglich [333, 1213]. Alice kann ein Dokument so unterzeichnen, daß Bob von der Gültigkeit der Unterschrift überzeugt ist, er kann davon jedoch keinen anderen überzeugen. Gleichzeitig kann Alice Carol als Person benennen, die ihre Unterschrift zukünftig bestätigen wird. Alice muß dazu nicht einmal Carols Erlaubnis einholen; sie braucht einfach nur Carols öffentlichen Schlüssel zu verwenden. Carol kann Alices Unterschrift dann auch verifizieren, wenn diese gerade im Urlaub, nicht mehr in der Firma tätig oder auf und davon ist.

Signaturen mit designierter Bestätigung stellen eine Art Kompromiß zwischen normalen digitalen Signaturen und verbindlichen Unterschriften dar. Es gibt sicherlich Situationen, in denen Alice den Personenkreis einschränken möchte, der ihre Signatur überprüfen kann. Andererseits schwächt es die Wirksamkeit von Unterschriften, wenn Alice die vollständige Kontrolle behält. Alice könnte sich weigern, eine Unterschrift abzustreiten oder zu bestätigen, sie könnte behaupten, die dazu erforderlichen Schlüssel verloren zu haben, oder sie ist einfach nicht da. Signaturen mit designierter Bestätigung geben Alice die Sicherheit einer verbindlichen Unterschrift, lassen ihr jedoch keine Chance, diesen Schutz zu mißbrauchen. Alice hat von dieser Art Unterschrift sogar Vorteile: Signaturen mit designierter Bestätigung können einer falschen Anwendung vorbeugen, Alice schützen, wenn sie ihren Schlüssel tatsächlich verloren hat und als Ersatz dienen, wenn sie im Urlaub, im Krankenhaus oder gar tot ist.

Dieses Konzept ist in den verschiedensten Anwendungen einsetzbar. Carol richtet sich als Notar ein. Sie gibt ihren öffentlichen Schlüssel in einem Verzeichnis bekannt, und kann von anderen nun zur Bestätigungsinstanz für deren Unterschriften ernannt werden. Gegen eine geringfügige Gebühr bestätigt sie in großem Maßstab Unterschriften und macht sich so ein schönes Leben.

Carol könnte unter vielem anderen ein Patentamt oder eine Behörde sein. Organisationen wird mit diesem Protokoll ermöglicht, getrennte Personengruppen für die Dokumentunterzeichnung und die Unterschriftenverifizierung festzulegen.

4.5 Signaturen für Stellvertreter

Bei Signaturen mit designierter Bestätigung kann der Unterzeichner eine beliebige Person dazu ermächtigen, seine Unterschrift zu verifizieren. Angenommen, Alice begibt sich auf Geschäftsreise zu einer Firma, die über eine schlechte Netzanbindung verfügt – zum Beispiel in die russische Tundra. Oder sie ist nach einem größeren chirurgischen Eingriff vorübergehend nicht arbeitsfähig. Sie erwartet wichtige E-Mail und hat ihren Sekretär Bob angewiesen, wie er zu antworten hat. Wie kann Alice Bob dazu ermächtigen, für sie Nachrichten zu unterschreiben, ohne ihm ihren privaten Schlüssel auszuhändigen?

Dieses Problem läßt sich mit **Signaturen für Stellvertreter** (*proxy signatures*) lösen [1001]. Alice gibt Bob eine Vollmacht, wobei folgende Bedingungen erfüllt sind:

- *Unterscheidbarkeit.* Jeder kann Unterschriften mit Vollmacht von normalen Unterschriften unterscheiden.

- *Fälschungssicherheit.* Nur der originale Unterzeichner und sein bevollmächtigter Stellvertreter können eine gültige Unterschrift erstellen.
- *Erkennbarkeit der Unterschrift des Stellvertreters.* Ein Stellvertreter kann keine gültige Unterschrift leisten, die nicht eindeutig als Unterschrift des Stellvertreters erkennbar ist.
- *Überprüfbarkeit.* Eine Unterschrift des Stellvertreters überzeugt einen Verifizierer davon, daß der Unterzeichner mit der unterzeichneten Nachricht einverstanden ist.
- *Identifizierbarkeit.* Der Unterzeichner ersieht die Identität des Stellvertreters aus dessen Unterschrift.
- *Verbindlichkeit.* Ein Stellvertreter kann eine anerkannte, von ihm geleistete Unterschrift nicht abstreiten.

Manchmal ist als strengere Form der Identifizierbarkeit gefragt, daß beliebige Personen die Identität des Stellvertreters aus dessen Unterschrift ersehen. Signaturen für Stellvertreter, die auf verschiedenen Verfahren für digitale Signaturen beruhen, finden Sie in [100].

4.6 Signaturen für Gruppen

David Chaum führt in [330] folgendes Problem vor:

> Eine Firma besitzt mehrere Computer, die an das lokale Netzwerk angeschlossen sind. Jede Abteilung verfügt über einen eigenen Drucker (die ebenfalls ans Netz angeschlossen sind) und jeder Drucker darf nur innerhalb der jeweiligen Abteilung verwendet werden. Vor dem Drucken muß ein Benutzer den Drucker davon überzeugen, daß er in der richtigen Abteilung arbeitet. Gleichzeitig wünscht die Firma Geheimhaltung; der Benutzername darf nicht offengelegt werden. Entdeckt jedoch jemand am Abend, daß ein Drucker ungewöhnlich oft benutzt wurde, muß der entsprechende Abteilungsleiter die Möglichkeit haben herauszufinden, wer den Drucker unberechtigterweise verwendet hat, damit er diesem eine Rechnung schicken kann.

Die Lösung für dieses Problem heißt **Gruppensignatur** (*group signature*). Unterschriften für Gruppen haben folgende Eigenschaften:

- Nur Gruppenmitglieder können Nachrichten unterzeichnen.
- Der Empfänger einer Unterschrift kann überprüfen, ob es sich um eine gültige von der Gruppe geleistete Unterschrift handelt.
- Im Falle eines Streits kann die Unterschrift „geöffnet" werden, um die Identität des Unterzeichners aufzudecken.

Gruppensignaturen mit einem vertrauenswürdigen Vermittler

Das folgende Protokoll arbeitet mit einem vertrauenswürdigen Vermittler:

(1) Trent generiert einen ganzen Packen Schlüsselpaare aus öffentlichen und privaten Schlüsseln und gibt jedem Gruppenmitglied eine andere Liste eindeutiger privater Schlüssel. Es gibt keine identischen Schlüssel. (Besteht die Gruppe aus n Personen, wovon jede m Schlüsselpaare erhält, dann gibt es insgesamt $m * n$ Schlüsselpaare.)

(2) Trent veröffentlicht die Gesamtaufstellung aller öffentlichen Schlüssel der Gruppe in zufälliger Reihenfolge. Er behält eine geheime Liste, in der die Schlüssel den Mitgliedern zugeordnet sind.

(3) Wenn Gruppenmitglieder ein Dokument unterzeichnen möchten, wählen sie aus ihrer persönlichen Liste zufällig einen Schlüssel aus.

(4) Wenn jemand überprüfen möchte, ob eine Unterschrift zur Gruppe gehört, sucht er in der Gesamtaufstellung nach dem entsprechenden öffentlichen Schlüssel und verifiziert die Unterschrift.

(5) Im Falle eines Streits weiß Trent, welcher öffentliche Schlüssel zu welchem Gruppenmitglied gehört.

Das Problem bei diesem Protokoll ist, daß eine vertrauenswürdige Partei erforderlich ist. Trent kennt alle privaten Schlüssel und kann Unterschriften somit fälschen. Auch muß m groß genug sein, damit Versuche zur Analyse der Schlüssel/Mitglieder-Zuordnung ausgeschlossen sind.

Chaum [330] führt eine Reihe anderer Protokolle an, in denen Trent teilweise keine Unterschriften fälschen kann und manchmal auch überhaupt nicht benötigt wird. Weitere Protokolle [348] verbergen nicht nur die Identität des Unterzeichners, sondern gestatten auch, daß neue Mitglieder in die Gruppe aufgenommen werden. Ein weiteres Protokoll wird in [1230] beschrieben.

4.7 Fail-stop-Signaturen

Angenommen, Eve ist eine sehr ernstzunehmende Gegnerin. Sie besitzt riesige Computer-Netze und ganze Hallen voller Cray-Computer, also um Größenordnungen mehr Rechenleistung als Alice. All diese Computer arbeiten Tag und Nacht vor sich hin und versuchen nichts anderes, als Alices privaten Schlüssel zu knacken. Endlich – geschafft. Jetzt kann Eve sich als Alice ausgeben und nach Belieben mit deren gefälschter Unterschrift Dokumente unterzeichnen.

Fail-stop-Signaturen, die von Birgit Pfitzmann und Michael Waidner [1240] vorgestellt wurden, unterbinden diese Art von Betrug. Fälscht Eve Alices Unterschrift nach einem Brute-Force-Angriff, kann Alice beweisen, daß es sich um Fälschungen handelt. Unterzeichnet Alice ein Dokument und bestreitet dann die Unterschrift, weil es sich um eine Fälschung handelt, kann vor Gericht bewiesen werden, daß Alice im Recht ist.

Die Grundidee hinter *fail-stop*-Signaturen ist, daß es zu jedem möglichen öffentlichen Schlüssel viele passende private Schlüssel gibt. Jeder dieser privaten Schlüssel ergibt eine andere Unterschrift. Alice besitzt jedoch nur einen privaten Schlüssel und kann auch nur eine Unterschrift berechnen. Sie kennt keinen der anderen privaten Schlüssel.

Eve möchte Alices privaten Schlüssel knacken. (Eve könnte auch Alice sein, die versucht, für sich selbst einen zweiten privaten Schlüssel zu berechnen.) Sie sammelt unterzeichnete Nachrichten und versucht mit ihrem Heer aus Cray-Computern, Alices privaten Schlüssel zu rekonstruieren. Selbst wenn es ihr gelingt, einen gültigen privaten Schlüssel zu ermitteln, gibt es doch so viele mögliche private Schlüssel, daß es sehr unwahrscheinlich ist, daß sie den richtigen gefunden hat. Die Wahrscheinlichkeit dafür, daß Eve den richtigen privaten Schlüssel findet, kann so vernachlässigbar gering gehalten werden.

Wenn Eve nun ein unterschriebenes Dokument mit dem von ihr generierten privaten Schlüssel fälscht, erhält es eine andere Signatur, als wenn Alice das Dokument selbst unterschrieben hätte. Wird Alice vor Gericht zitiert, kann sie die Fälschung beweisen, indem sie zwei unterschiedliche Unterschriften für dieselbe Nachricht und denselben öffentlichen Schlüssel präsentiert (entsprechend ihres sowie des von Eve erzeugten privaten Schlüssels). Kann Alice jedoch keine unterschiedlichen Unterschriften vorzeigen, liegt auch keine Fälschung vor und Alice ist an ihre Unterschrift gebunden.

Dieses Signaturverfahren verhindert, daß Eve Alices Signatur mit reiner Rechenleistung knackt. Es hilft jedoch nicht gegen Mallorys viel wahrscheinlicheren Angriff, in Alices Haus einzubrechen und ihren privaten Schlüssel zu stehlen. Ebenso wirkungslos ist es gegen Alices Angriff, ein Dokument zu unterzeichnen und hinterher praktischerweise ihren privaten Schlüssel zu verlieren. Um sich gegen Einbrecher zu schützen, sollte Alice sich einen guten Wachhund zulegen; solche Dinge liegen außerhalb kryptographischer Möglichkeiten.

Weitere Theorie und Anwendung von *fail-stop*-Signaturen finden Sie in [1239, 1241, 730, 731].

4.8 Berechnungen mit verschlüsselten Daten

Alice möchte die Lösung für die Funktion $f(x)$ für einen bestimmten Wert x wissen. Leider ist ihr Computer kaputt. Bob ist einverstanden, $f(x)$ für sie zu berechnen. Alice will aber nicht, daß Bob ihr x erfährt. Wie kann Alice erreichen, daß Bob $f(x)$ berechnet, ohne daß sie ihm dazu x mitteilen muß?

Dies führt zu dem allgemeinen Problem der **Berechnungen mit verschlüsselten Daten**, das auch **Verbergen von Informationen vor einem Orakel** genannt wird. (Bob ist hier das Orakel, das Fragen beantwortet.) Es gibt Lösungsmöglichkeiten für bestimmte Funktionen, die in Abschnitt 23.6 beschrieben werden.

4.9 Bit Commitment

Die berühmte Wahrsagerin Amazing Alice stellt Ihnen nun einen außerordentlichen Beweis ihrer übersinnlichen Kräfte vor. Sie wird die von Bob gezogene Karte erraten, bevor er sie überhaupt gezogen hat! Sehen Sie sich an, wie Alice ihre Eingebung auf einem Zettel notiert. Marvel steckt den Zettel für Alice in einen Briefumschlag und versiegelt ihn. Thrill übergibt den versiegelten Umschlag einer beliebigen Person aus dem Publikum. „Ziehen Sie eine Karte, Bob". Er zieht und zeigt die Karte Alice und dem Publikum. Es ist die Karo Sieben. Alice läßt sich nun den Umschlag aus dem Publikum geben. Sie öffnet ihn. Auf dem Zettel steht ihre Voraussage, es *ist* die Karo Sieben! Applaus.

Damit dieser Trick funktioniert, muß Alice am Ende Umschläge vertauschen. Es gibt jedoch kryptographische Protokolle, die gegen diese Art Magie immun sind. Wozu das gut ist, zeigt folgende etwas bodenständigere Geschichte:

Börsenmaklerin Alice möchte Investor Bob davon überzeugen, daß sie ein gutes Gespür für gewinnträchtige Aktien hat.

> Bob: „Suchen Sie fünf Aktien für mich aus. Steigen die Kurse dieser Aktien, sind wir im Geschäft."
> Alice: „Wenn ich für Sie fünf Aktien aussuche, können Sie diese kaufen, ohne mich zu bezahlen. Ich zeige Ihnen einfach die Aktien, die ich letzten Monat gewählt habe!"
> Bob: „Wie kann ich sicher sein, daß Sie die Auswahl vom letzten Monat nicht geändert haben, nachdem Sie die Kursentwicklung gesehen haben? Verraten Sie mir Ihre momentane Einschätzung, dann habe ich die Gewißheit, daß alles in Ordnung ist. Ich werde die Aktien nicht kaufen, bevor ich Ihre Gebühren bezahlt habe. Sie können sich darauf verlassen."
> Alice: „Ich zeige Ihnen lieber, welche Aktien ich letzten Monat ausgesucht habe. Ich habe nichts daran geändert. Vertrauen Sie mir!"

Alice möchte sich auf eine Voraussage verpflichten (d.h. auf ein Bit oder eine Folge von Bits), möchte diese aber erst später offenlegen. Bob dagegen möchte sicherstellen, daß Alice ihre Ansicht nicht ändert, nachdem sie sich auf eine Voraussage festgelegt hat.

Bit Commitment mit symmetrischer Kryptographie

Das folgende Protokoll zur Bit-Festlegung (*bit commitment*) arbeitet mit symmetrischer Kryptographie:

(1) Bob erzeugt eine Zeichenkette aus Zufallsbits R und sendet sie Alice.

$$R$$

(2) Alice erstellt eine Nachricht, die aus Bobs Zufallsfolge sowie dem Bit b besteht, auf das sie sich festlegen möchte (es können auch mehrere Bits sein). Sie chiffriert die Nachricht mit einem zufälligen Schlüssel K und schickt das Ergebnis an Bob zurück.

$$E_K(R, b)$$

In diesem Protokollabschnitt findet die Festlegung statt. Bob kann die Nachricht nicht dechiffrieren und somit das Bit nicht in Erfahrung bringen.

Wenn Alice ihr Bit offenlegen muß, wird das Protokoll weitergeführt:

(3) Alice sendet Bob den Schlüssel.

(4) Bob dechiffriert die Nachricht, um das Bit zu erfahren. Er überprüft seine Zufallsfolge, um sich von der Echtheit des Bits zu überzeugen.

Enthielte die Nachricht Bobs Zufallsfolge nicht, könnte Alice die an Bob gesendete Nachricht heimlich mit verschiedenen Schlüsseln dechiffrieren, bis sie einen Schlüssel gefunden hat, der ein anderes als das von ihr festgelegte Bit liefert. Da es für das Bit nur zwei mögliche Werte gibt, kann sie sicher davon ausgehen, nach wenigen Versuchen einen geeigneten Schlüssel zu finden. Bobs Zufallsfolge verhindert, daß Alice diese Art Angriff durchführen kann; sie muß nun eine neue Nachricht finden, in der ihr Bit nicht nur invertiert, sondern auch Bobs Zufallsfolge exakt reproduziert ist. Ist der Verschlüsselungsalgorithmus gut, sind ihre Chancen dafür minimal. Alice kann ihr Bit nicht ändern, nachdem sie sich einmal darauf festgelegt hat.

Bit Commitment mit Einwegfunktionen

Das folgende Protokoll arbeitet mit Einwegfunktionen:

(1) Alice generiert zwei Zeichenketten R_1 und R_2 aus Zufallsbits.

R_1, R_2

(2) Alice erstellt eine Nachricht, die aus ihren Zufallsfolgen und dem Bit besteht, das sie festlegen möchte (es können auch mehrere Bits sein).

(R_1, R_2, b)

(3) Alice wendet auf die Nachricht eine Einwegfunktion an und sendet das Ergebnis sowie eine der beiden Zufallsfolgen an Bob.

$H(R_1, R_2, b), R_1$

Die Übermittlung von Alice ist ein Beweis für ihre Festlegung. Mit der Einwegfunktion in Schritt (3) verhindert Alice, daß Bob die Funktion umkehren und so das Bit ermitteln kann.

Wenn Alice ihr Bit offenlegen muß, wird das Protokoll weitergeführt:

(4) Alice sendet Bob die ursprüngliche Nachricht.

(R_1, R_2, b)

(5) Bob wendet die Einwegfunktion auf die Nachricht an und vergleicht das Ergebnis und R_1 mit dem Wert und der Zufallsfolge, die er in Schritt (3) erhalten hat. Stimmen die Werte überein, ist das Bit gültig.

Dieses Protokoll hat gegenüber dem vorigen den Vorteil, daß Bob keine Nachrichten zu senden braucht. Alice schickt Bob eine Nachricht zur Festlegung des Bits und eine andere zur Offenlegung dieses Bits.

Von Bob ist keine Zufallsfolge erforderlich, da sich Alices Festlegung in einer Nachricht befindet, auf die eine Einwegfunktion angewandt wurde. Alice kann nicht betrügen, indem sie eine davon abweichende Nachricht (R_1, R'_2, b') erstellt, so daß $H(R_1, R'_2, b')$ gleich $H(R_1, R_2, b)$ ist. Sie sendet Bob R_1 und legt sich damit auf b fest. Hält Alice R_2 nicht geheim, kann Bob sowohl $H(R_1, R_2, b)$ als auch $H(R_1, R_2, b')$ berechnen und vergleichen, welches der beiden Ergebnisse mit dem von Alice gesendeten übereinstimmt.

Bit Commitment mit Pseudozufallszahlengenerator

Das folgende Protokoll ist noch einfacher [1137]:

(1) Bob erzeugt eine Zeichenkette aus Zufallsbits und sendet sie an Alice.
 R_B

(2) Alice erzeugt einen Anfangswert für einen Generator für Pseudozufallsbits. Dann sendet sie Bob für jedes Bit in Bobs Zufallsbitfolge entweder:
(a) die Ausgabe des Generators, wenn Bobs Bit gleich 0 ist oder
(b) das Ergebnis der XOR-Verknüpfung der Generatorausgabe und ihrem Bit, wenn Bobs Bit gleich 1 ist.

Wenn Alice ihr Bit offenlegen muß, wird das Protokoll fortgesetzt:

(3) Alice sendet Bob ihren Anfangswert.
(4) Bob führt Schritt (2) durch, um sicherzugehen, daß Alice fair war.

Wenn Bobs Zufallsbitfolge lang genug ist, und die vom Generator erzeugten Pseudozufallsbits nicht voraussagbar sind, hat Alice praktisch keine Möglichkeit zum Betrug.

Blobs

Die Zeichenketten, die Alice zur Festlegung ihres Bits an Bob sendet, werden manchmal auch **Blobs** genannt. Ein Blob ist eine Folge von Bits, wenngleich die Protokolle auch mit beliebigen anderen Objekten funktionieren. Laut Gilles Brassard „kann es sich, wenn es sein muß, auch um Zaubertrank handeln" [236]. Blobs haben die vier folgenden Eigenschaften:

1. Alice kann sich auf Blobs festlegen. Wenn sie ein Blob festlegt, legt sie sich damit gleichzeitig auf ein Bit fest.

2. Alice kann jedes Blob offenlegen, das sie festgelegt hat. Durch Offenlegen eines Blobs kann sie Bob vom Wert des Bits überzeugen, das sie bei der Festlegung des Blobs festgelegt hat. Somit kann sie sich nicht aussuchen, ob sie ein Blob als null oder eins offenlegt.

3. Bob hat keine Möglichkeit herauszufinden, wie Alice ein von ihr fest- aber nicht offengelegtes Blob offenlegt. Dies gilt auch dann, wenn Alice bereits andere Blobs offengelegt hat.

4. Blobs beinhalten keine anderen Informationen als das Bit, das Alice festgelegt hat. Die Blobs selbst sowie das Verfahren, mit dem Alice sie fest- und offenlegt, stehen in keinem Zusammenhang zu etwas, das Alice vielleicht vor Bob geheimhalten möchte.

4.10 Faires Münzenwerfen

Jetzt kommt die Märchenstunde mit Joe Kilian [831]:

> Alice und Bob wollten eine Münze werfen, hatten jedoch keine echte Münze zur Hand. Alice kannte eine einfache Methode, wie man in Gedanken eine Münze werfen kann.
> „Erst denkst Du Dir ein Zufallsbit, dann ich. Danach XOR-verknüpfen wird die beiden Bits", schlug sie vor.
> „Aber was ist, wenn einer von uns die Münze nicht zufällig wirft?", fragte Bob.
> „Das spielt keine Rolle. Es reicht, wenn eines der Bits wirklich zufällig ist. Dann ist auch die XOR-Verknüpfung wirklich zufällig", antwortete Alice. Bob dachte einen Moment nach und stimmte ihr schließlich zu.
> Etwas später bemerkten Alice und Bob ein Buch über künstliche Intelligenz, das verlassen am Straßenrand lag. Als pflichtbewußte Bürgerin sagte Alice: „Einer muß das Buch mitnehmen und in die Mülltonne werfen". Bob nickte und schlug vor, mit ihrem Protokoll zum Münzenwerfen zu entscheiden, wer das Buch wegzuwerfen hat.
> „Ist das letzte Bit eine 0, nimmst Du das Buch, ist es eine 1, muß ich es nehmen", sagte Alice. „Welches Bit hast Du Dir gedacht?"
> „1", antwortete Bob.
> „So ein Zufall – ich auch!", sagte Alice verschmitzt, „Ich fürchte, Du hast heute nicht Deinen besten Tag".

> Natürlich hat dieses Protokoll einen entscheidenden Fehler. Es ist zwar richtig, daß man ein echt zufälliges Bit erhält, wenn man ein echt zufälliges Bit x mit einem gleich verteilten Bit y XOR-verknüpft. Alices Protokoll gewährleistet aber nicht, daß die beiden Bits gleichverteilt sind. Es ist in der Tat nicht schwer nachzuweisen, daß kein mentales Protokoll möglich ist, mit dem zwei unbegrenzt starke Parteien eine Münze werfen können. Alice und Bob plagten sich mit diesem Problem herum, bis sie einen Brief von einem ihnen unbekannten Studenten der Kryptographie bekamen. Die Informationen, die der Brief enthielt, waren viel zu theoretisch, als daß sie irgendjemandem auch nur im geringsten hätten nützen können, aber der Umschlag, in dem der Brief steckte, war sehr gut zu gebrauchen.

> Als Alice und Bob wieder einmal eine Münze werfen wollten, spielten sie das ursprüngliche Protokoll in abgewandelter Form durch. Zuerst entschied sich Bob für ein Bit, aber statt es gleich zu sagen, schrieb er es auf einen Zettel und steckte diesen in den Umschlag. Dann verriet Alice ihr Bit. Alice und Bob zogen nun Bobs Bit aus dem Umschlag und berechneten das Zufallsbit. Dieses Bit ist echt zufällig, solange zumindest einer der beiden fair ist. Alice und Bob besaßen endlich ein einsatzfähiges Protokoll, der Traum eines jeden Kryptographen von gesellschaftlicher Relevanz ging in Erfüllung, und alle lebten noch lange glücklich und zufrieden.

Solche Umschläge erinnern ziemlich an Blobs zur Bit-Festlegung. Manuel Blum beschrieb das Problem des Münzenwerfens über Modem, das er mit einem Protokoll zur Bit-Festlegung löste [194]:

(1) Alice legt ein Zufallsbit fest, wobei sie eine der in Abschnitt 4.9 beschriebenen Methoden verwendet.
(2) Bob versucht, das Bit zu erraten.
(3) Alice legt Bob das Bit offen. Bob gewinnt, wenn er das Bit richtig erraten hat.

Ganz allgemein benötigen wir ein Protokoll mit folgenden Eigenschaften:

- Alice muß die Münze werfen, bevor Bob rät.
- Alice darf die Münze nicht erneut werfen, nachdem sie Bobs Vermutung gehört hat.
- Bevor er seine Vermutung geäußert hat, darf Bob nicht in der Lage sein herauszufinden, wie die Münze fiel.

Diese Merkmale lassen sich auf verschiedene Arten umsetzen.

Münzenwerfen mit Einwegfunktionen

Wenn Alice und Bob eine Einwegfunktion vereinbaren, ist das Protokoll einfach:

(1) Alice wählt eine Zufallszahl x. Sie berechnet $y = f(x)$, wobei $f(x)$ eine Einwegfunktion ist.
(2) Alice sendet y an Bob.
(3) Bob rät, ob x gerade oder ungerade ist, und sendet seine Vermutung an Alice.
(4) Ist Bobs Vermutung richtig, zeigt die Münze Kopf. Ist Bobs Vermutung falsch, zeigt die Münze Zahl. Alice verkündet das Ergebnis des Münzwurfs und sendet x an Bob.
(5) Bob überprüft, ob y gleich $f(x)$ ist.

Die Sicherheit des Protokolls liegt in der Einwegfunktion. Findet Alice eine gerade Zahl x und eine ungerade Zahl x', so daß $y = f(x) = f(x')$ erfüllt ist, so kann sie Bob jederzeit betrügen. Das niederwertigste Bit von $f(x)$ darf zudem nicht mit x korreliert sein. Anderenfalls kann Bob Alice zumindest in einigen Fällen betrügen. Ergibt $f(x)$ zum Beispiel in 75 Prozent aller Fälle, in denen x gerade ist, ebenfalls eine gerade Zahl, hat Bob einen Vorteil. Manchmal sollte bei dieser Anwendung nicht unbedingt das niederwertigste Bit verwendet werden, da es sich leichter berechnen läßt.

Münzenwerfen mit Public-Key-Kryptographie

Das folgende Protokoll arbeitet entweder mit Public-Key- oder mit symmetrischer Kryptographie. Als einzige Bedingung wird gefordert, daß der Algorithmus kommutativ ist. Das heißt:

$$D_{K_1}(E_{K_2}(E_{K_1}(M))) = E_{K_2}(M)$$

Im allgemeinen trifft diese Eigenschaft auf symmetrische Algorithmen nicht zu, auf manche Public-Key-Verfahren aber schon (zum Beispiel auf RSA mit identischen Moduli). Das Protokoll hat folgendes Aussehen:

(1) Sowohl Alice als auch Bob erzeugen ein Paar aus öffentlichem und privatem Schlüssel.
(2) Alice erstellt zwei Nachrichten, die eine steht für Kopf und die andere für Zahl. Diese Nachrichten müssen irgendeine eindeutige Zufallsfolge enthalten, damit Alice deren Authentizität später im Protokoll verifizieren kann. Alice chiffriert beide Nachrichten mit ihrem öffentlichen Schlüssel und sendet sie in zufälliger Reihenfolge an Bob.

$E_A(M_1), E_A(M_2)$

(3) Bob, der keine der Nachrichten lesen kann, wählt zufällig eine aus. (Es spielt keine Rolle, ob er dazu „ene, mene, muh" abzählt, das Protokoll mit einem böswilligen Computer unterwandert oder das *I Ging* zu Rate zieht). Er chiffriert die ausgewählte Nachricht mit seinem öffentlichen Schlüssel und sendet sie an Alice zurück.

$E_B(E_A(M))$

M ist dabei entweder M_1 oder M_2.

(4) Alice, die die an sie zurückgeschickte Nachricht nicht lesen kann, dechiffriert sie mit ihrem privaten Schlüssel und sendet sie an Bob zurück.

$D_A(E_B(E_A(M))) = E_B(M_1)$, wenn $M = M_1$ oder
$E_B(M_2)$, wenn $M = M_2$

(5) Bob dechiffriert die Nachricht mit seinem privaten Schlüssel und erhält so das Ergebnis des Münzwurfs. Er sendet die dechiffrierte Nachricht an Alice.

$D_B(E_B(M_1)) = M_1$ oder $D_B(E_B(M_2)) = M_2$

(6) Alice liest das Ergebnis des Münzwurfs und überprüft, ob die Zufallsfolge korrekt ist.
(7) Alice und Bob legen ihre Schlüsselpaare offen, damit sie sich davon überzeugen können, daß der jeweils andere nicht betrogen hat.

Es handelt sich hier um ein eigenständiges Protokoll. Eventuelle Betrugsversuche der jeweils anderen Partei können sofort festgestellt werden. Auch ist keine vertrauenswürdige dritte Partei erforderlich, die am Protokoll selbst teilnimmt oder nach Abschluß des Protokolls irgendeine Schiedsrichterfunktion übernimmt. Zum besseren Verständnis sollten wir einmal versuchen zu betrügen.

Wenn Alice betrügen und erreichen will, daß Kopf das Ergebnis ist, kann sie das Ergebnis auf drei verschiedene Arten beeinflussen. Zum einen könnte sie in Schritt (2) zwei Nachrichten mit „Kopf" chiffrieren. Bob würde dies entdecken, nachdem Alice ihre Schlüssel in Schritt (7) offengelegt hat. Zum zweiten könnte sie die Nachricht in Schritt (4) mit irgendeinem anderen Schlüssel dechiffrieren. Das Ergebnis wäre Unsinn, und Bob würde dies in Schritt (5) feststellen. Drittens könnte Alice bestreiten, daß die Nachricht in Schritt (6) gültig ist. Bob würde dies ebenfalls in Schritt (7) bemerken, wo Alice nicht beweisen könnte, daß die Nachricht ungültig ist. Natürlich könnte Alice das Protokoll in irgendeinem Schritt nicht befolgen, aber Bob würde Alices Täuschungsversuch an dieser Stelle auffallen.

Wollte Bob betrügen und erreichen, daß „Zahl" das Ergebnis ist, hat er genauso schlechte Karten. In Schritt (3) könnte er eine Nachricht unkorrekt verschlüsseln, Alice würde dies aber bemerken, wenn sie sich die endgültige Nachricht in Schritt (6) ansieht. Er könnte Schritt (5) unsauber durchführen, aber auch dies würde zu Unsinn führen, der Alice in Schritt (6) nicht verborgen bleibt. Bob könnte behaupten, Schritt (5) nicht sauber durchführen zu können, da irgendein Betrug seitens Alice vorliegt. Diese Art Betrug würde jedoch in Schritt (7) aufgedeckt. Schließlich könnte er Alice in Schritt (5), unabhängig vom Inhalt der von ihm dechiffrierten Nachricht eine Nachricht mit „Zahl" senden. Alice könnte deren Authentizität jedoch in Schritt (6) sofort überprüfen.

Münzenwerfen in einen Schacht

Auffällig an all diesen Protokollen ist, daß Alice und Bob das Ergebnis des Münzwurfs nie zur gleichen Zeit erfahren. In jedem Protokoll gibt es einen Punkt, an dem eine der Parteien (Alice in den ersten beiden und Bob im letzten) das Ergebnis erfährt, aber nicht ändern kann. Diese Partei hat jedoch die Möglichkeit, der anderen Partei das Ergebnis erst mit gewisser Verzögerung mitzuteilen. Dies wird **Münzenwerfen in einen Schacht** (*flipping coins into a well*) genannt. Angenommen, Alice steht neben einem Schacht, Bob befindet sich etwas weiter davon entfernt. Bob wirft die Münze, die im Schacht landet. Alice kann nun in den Schacht schauen und das Ergebnis sehen, jedoch nicht hineinlangen, um das Ergebnis zu manipulieren. Bob kann sich das Ergebnis erst ansehen, wenn Alice ihm erlaubt, nah genug an den Schacht heranzutreten.

Schlüsselerzeugung durch Münzenwerfen

Eine echte Anwendung dieses Protokolls ist die Erzeugung von Sitzungsschlüsseln. Mit Protokollen zum Münzenwerfen können Alice und Bob einen zufälligen Sitzungsschlüssel generieren, ohne daß einer von beiden das Aussehen des Schlüssels beeinflussen kann. Wenn Alice und Bob ihre Mitteilungen verschlüsseln, ist die Schlüsselgenerierung auch vor neugierigen Lauschern sicher.

4.11 Mentales Pokern

Ein Protokoll, das in etwa dem Münzenwerfen mit Public-Key-Kryptographie entspricht, gestattet Alice und Bob, miteinander per E-Mail zu pokern. Alice erzeugt und verschlüsselt nun nicht eine „Kopf"- und eine „Zahl"-Nachricht, sondern gleich 52 Nachrichten $M1, M2, \ldots, M52$ für die 52 Karten eines Spiels. Bob wählt fünf Nachrichten zufällig aus, chiffriert sie mit seinem öffentlichen Schlüssel und schickt sie an Alice zurück. Alice dechiffriert die Nachrichten und sendet sie Bob zurück, der sie ebenfalls dechiffriert, um sein Blatt zu sehen. Danach wählt er fünf weitere Nachrichten zufällig aus und sendet sie an Alice zurück, so wie er die seinen erhalten hat. Alice dechiffriert die Nachrichten und erhält so ihr Blatt. Im Verlauf des Spiels können auf dieselbe Weise weitere Karten ausgegeben werden. Am Ende legen Alice und Bob ihre Karten und Schlüsselpaare offen, so daß beide sichergehen können, daß der jeweils andere nicht betrogen hat.

Mentales Pokern mit drei Spielern

Pokern ist zu mehreren lustiger. Das Basisprotokoll zum mentalen Pokern läßt sich problemlos auf drei oder mehr Spieler ausdehnen. Auch hier muß der kryptographische Algorithmus kommutativ sein.

(1) Alice, Bob und Carol erzeugen jeweils ein Schlüsselpaar aus öffentlichem und privatem Schlüssel.

(2) Alice erstellt 52 Nachrichten, eine für jede Karte im Spiel. Diese Nachrichten müssen eine eindeutige Zufallsfolge enthalten, damit Alice deren Authentizität später im Protokoll überprüfen kann. Alice chiffriert alle Nachrichten mit ihrem öffentlichen Schlüssel und sendet sie an Bob.
$E_A(M_n)$

(3) Bob, der die Nachrichten nicht lesen kann, wählt zufällig fünf davon aus. Er chiffriert sie mit seinem öffentlichen Schlüssel und sendet sie an Alice zurück.
$E_B(E_A(M_n))$

(4) Bob schickt die übrigen 47 Nachrichten an Carol weiter.
$E_A(M_n)$

(5) Carol, die keine der Nachrichten lesen kann, wählt fünf davon zufällig aus. Sie chiffriert sie mit ihrem öffentlichen Schlüssel und sendet sie an Alice.
$E_C(E_A(M_n))$

(6) Alice, die die an sie zurückgeschickten Nachrichten nicht lesen kann, dechiffriert sie mit ihrem privaten Schlüssel und sendet sie an Bob oder Carol zurück, je nachdem, von wem sie sie erhalten hat.
$D_A(E_B(E_A(M_n))) = E_B(M_n)$
$D_A(E_C(E_A(M_n))) = E_C(M_n)$

(7) Bob und Carol dechiffrieren die Nachrichten mit ihren Schlüsseln und sehen so ihre Karten.
$D_B(E_B((M_n)) = M_n$
$D_C(E_C(M_n)) = M_n$

(8) Carol wählt aus den verbleibenden 42 fünf weitere Nachrichten aus. Diese sendet sie an Alice.
$E_A(M_n)$

(9) Alice dechiffriert die Nachrichten mit ihrem privaten Schlüssel und erhält so ihr Blatt.
$D_A(E_A(M_n)) = M_n$

(10) Am Ende des Spiels legen Alice, Bob und Carol ihre Karten und Schlüssel offen, so daß alle sichergehen können, daß niemand betrogen hat.

Auf die gleiche Weise können weitere Karten ausgegeben werden. Möchten Bob oder Carol eine Karte, können sie das chiffrierte Kartenspiel nehmen und mit Alice das Protokoll durchlaufen. Möchte Alice eine Karte, erhält sie von dem, der das Kartenspiel gerade hat, eine zufällig ausgewählte Karte.

Im Idealfall ist Schritt (10) überflüssig. Am Ende des Protokolls sollten nur die Spieler ihr Blatt aufdecken, die nicht ausgestiegen sind. Da Schritt (10) nur in das Protokoll aufgenommen wurde, um Betrügereien auszuschließen, gibt es vielleicht Verbesserungsmöglichkeiten.

Beim Pokern ist nur interessant, ob der Gewinner betrogen hat. Die anderen können betrügen, soviel sie wollen, sie haben ja trotzdem verloren. (Dies ist eigentlich nicht ganz korrekt. Jemand könnte auch beim Verlieren interessante Informationen über den Poker-Stil eines anderen Spielers sammeln.) Sehen wir uns also Situationen an, in denen die verschiedenen Spieler gewinnen.

Gewinnt Alice, zeigt sie ihr Blatt und ihre Schlüssel. Bob kann mit Alices privatem Schlüssel überprüfen, ob Alice Schritt (2) korrekt durchgeführt hat, d.h. daß jede der 52 Nachrichten einer anderen Karte entspricht. Carol kann sicherstellen, daß Alice keine falschen Angaben über ihr Blatt gemacht hat, indem sie die Karten mit Alices öffentlichem Schlüssel chiffriert und überprüft, ob es dieselben sind wie die verschlüsselten Nachrichten, die sie ihr in Schritt (8) gesendet hat.

Gewinnen Bob oder Carol, zeigt der Gewinner sein Blatt und seine Schlüssel. Alice kann sich von der Rechtmäßigkeit der Karten überzeugen, indem sie ihre Zufallsfolgen überprüft. Um festzustellen, ob es sich wirklich um die ausgegebenen Karten handelt, kann sie sie außerdem mit dem öffentlichen Schlüssel des Gewinners verschlüsseln und überprüfen, ob sie den verschlüsselten Nachrichten entsprechen, die sie in Schritt (3) oder (5) erhalten hat.

Dieses Protokoll ist gegen geheime Absprachen böswilliger Spieler nicht gefeit. Alice und ein anderer Mitspieler können sich erfolgreich gegen einen Dritten verbünden und diesen Spieler gemeinsam um alles mögliche betrügen, ohne dabei Argwohn zu erregen. Es ist deshalb wichtig, die Schlüssel und Zufallsfolgen jedesmal zu überprüfen, wenn die Spieler ihre Karten offenlegen. Wenn Sie mit zwei Spielern am virtuellen Tisch sitzen, die ihre Karten nie aufdecken, wenn einer der beiden gegeben hat (im vorigen Protokoll wäre das Alice), dann sollten sie mit dem Spiel lieber aufhören.

Dies alles mag theoretisch sehr interessant sein, es wirklich zu implementieren ist jedoch eine harte Nuß. Die Implementierung mit drei Spielern auf verschiedenen SPARC-Workstations braucht schon acht Stunden zum Mischen der Karten, ganz zu schweigen vom eigentlichen Spiel [513].

Angriffe gegen Poker-Protokolle

Kryptographen haben gezeigt, daß bei Poker-Protokollen in geringem Umfang Informationen durchsickern, wenn der Public-Key-Algorithmus RSA verwendet wird [453, 573]. Entspricht die Binärdarstellung der Karte einem quadratischen Residuum (siehe Abschnitt 11.3), ist auch die Verschlüsselung der Karte ein quadratisches Residuum. Diese Eigenschaft läßt sich zur „Markierung" von Karten, z.B. aller Asse, benutzen. Damit erfährt man zwar nicht viel über ein einzelnes Blatt, in einem Spiel wie Poker aber kann schon eine winzige Information auf lange Sicht von Vorteil sein.

Shafi Goldwasser und Silvio Micali [624] entwickelten ein mentales Poker-Protokoll für zwei Spieler, in dem dieses Problem behoben ist, wenngleich es durch seine Komplexität eher von theoretischem als praktischem Interesse ist. In [389] wird ein auf n Spieler verallgemeinertes Poker-Protokoll beschrieben, das keine Informationen durchsickern läßt.

Weitere Erkenntnisse über Poker-Protokolle finden Sie in [573, 1634, 389]. Ein kompliziertes Protokoll, bei dem die Spieler ihre Karten nicht offenzulegen brauchen, wird in [390] behandelt. Don Coppersmith beschreibt zwei Möglichkeiten, wie man beim mentalen Poker mit dem RSA-Algorithmus betrügen kann [370].

Anonyme Schlüsselverteilung

Es ist unwahrscheinlich, daß jemand dieses Protokoll einsetzt, um per Modem Poker zu spielen. Charles Pfleeger beschreibt jedoch eine Situation, in der diese Art von Protokoll gut zu gebrauchen ist [1244].

Betrachten wir das Problem der Schlüsselverteilung. Wenn wir davon ausgehen, daß niemand seine Schlüssel selbst erzeugen kann (sie müssen vielleicht eine bestimmte Form aufweisen, von einer bestimmten Organisation unterschrieben sein o.ä.), müssen wir ein Key Distribution Center zur Generierung und Verteilung der Schlüssel einrichten. Das Problem besteht darin, daß wir irgendeine Möglichkeit zur Schlüsselverteilung brauchen, so daß niemand, auch nicht der Server, herausfinden kann, wer welchen Schlüssel erhalten hat.

Das folgende Protokoll löst das Problem:
   (1) Alice generiert ein Schlüsselpaar aus öffentlichem und privatem Schlüssel. Für dieses Protokoll hält sie beide Schlüssel geheim.
   (2) Das KDC erzeugt eine kontinuierliche Folge von Schlüsseln.
   (3) Das KDC chiffriert die Schlüssel einen nach dem anderen mit seinem eigenen öffentlichen Schlüssel.
   (4) Das KDC überträgt die chiffrierten Schlüssel einen nach dem anderen ins Netz.
   (5) Alice wählt zufällig einen Schlüssel aus.
   (6) Alice chiffriert den ausgewählten Schlüssel mit ihrem öffentlichen Schlüssel.

(7) Alice wartet eine Weile (so lange, daß der Server nicht ermitteln kann, welchen Schlüssel sie gewählt hat) und sendet dann den doppelt chiffrierten Schlüssel an das KDC zurück.
(8) Das KDC dechiffriert den doppelt chiffrierten Schlüssel mit seinem privaten Schlüssel, so daß ein Schlüssel zurückbleibt, der mit Alices öffentlichem Schlüssel chiffriert ist.
(9) Der Server sendet den chiffrierten Schlüssel an Alice zurück.
(10) Alice dechiffriert den Schlüssel mit ihrem privaten Schlüssel.

Eve, die die Kommunikation belauscht, erfährt nicht, welchen Schlüssel Alice gewählt hat. An ihr zieht in Schritt (4) eine kontinuierliche Folge von Schlüsseln vorbei. Schickt Alice den Schlüssel in Schritt (7) an den Server zurück, ist er bereits mit ihrem öffentlichen Schlüssel chiffriert, der während des Protokolls ebenfalls geheim ist. Eve hat keine Möglichkeit, ihn irgendwie mit der Folge von Schlüsseln in Verbindung zu bringen. Sendet der Server den Schlüssel in Schritt (9) an Alice zurück, ist er ebenfalls mit Alices öffentlichem Schlüssel chiffriert. Erst wenn Alice den Schlüssel in Schritt (10) dechiffriert, ist er wieder sichtbar.

Beim Einsatz von RSA läßt dieses Protokoll Informationen durchsickern, und zwar ein Bit pro Nachricht. Es sind hier wieder die quadratischen Residuen. Bei dieser Art der Schlüsselverteilung müssen Sie sicherstellen, daß dieses Manko keine Rolle spielt. Auch muß die vom KDC ausgehende Schlüsselfolge lang genug sein, um einen Brute-Force-Angriff auszuschließen. Natürlich sollte Alice nur Schlüssel vom KDC beziehen, wenn sie diesem auch trauen kann. Ein böswilliges KDC könnte Aufzeichnungen von allen erzeugten Schlüsseln anfertigen und Alices Schlüssel dann durch Ausprobieren aller Schlüssel herausfinden.

Dieses Protokoll setzt zudem voraus, daß Alice sich fair verhält. Mit RSA könnte sie an mehr Informationen gelangen, als sie eigentlich soll. Dies spielt in unserer Situation zwar keine Rolle, kann unter anderen Bedingungen aber problematisch werden.

4.12 Einweg-Akkumulatoren

Alice ist Mitglied von Cabal, Inc. Hin und wieder trifft sie sich mit anderen Mitgliedern in dunklen Kaschemmen, wo man die neuesten Geheimnisse austauscht. Die Lokalitäten sind aber so schummrig, daß Alice nur schwer erkennt, ob die Person am anderen Ende des Tisches überhaupt ein Mitglied ist.

Cabal, Inc. hat mehrere Lösungsmöglichkeiten zur Auswahl. Jedes Mitglied könnte beispielsweise eine Mitgliederliste mit sich führen. Diese Lösung hat zwei Nachteile. Erstens müssen alle nun eine große Datenbank mit sich herumtragen und zweitens müssen sie sehr gut auf ihre Listen aufpassen. Alternativ dazu könnte ein vertrauenswürdiger Sekretär elektronisch unterzeichnete ID-Karten ausgeben. Dies hätte zusätzlich den Vorteil, daß auch Außenstehende Mitglieder identifizieren können (z.B. für

Rabatt im Geschäft nebenan). Es wäre jedoch ein vertrauenswürdiger Sekretär erforderlich, und bei Cabal, Inc. kann man niemandem in diesem Maße vertrauen.

Eine neue Lösung ist der sogenannte **Einweg-Akkumulator** [116], eine Art Einweg-Hashfunktion, die aber kommutativ ist. Das heißt, daß die Mitgliederdatenbank in beliebiger Reihenfolge gehasht werden kann und immer denselben Wert ergibt. Darüber hinaus können Mitglieder zum Hashwert hinzugefügt werden, wobei auch der neue Hashwert von der Reihenfolge unabhängig ist.

Zeigen wir nun, wie Alice sich verhält. Sie berechnet die Akkumulation aus den Namen aller Mitglieder außer ihrem eigenen. Dann speichert sie diesen Wert gemeinsam mit ihrem Namen ab. Bob und alle anderen Mitglieder tun dasselbe. Treffen sich Alice und Bob nun an einem dunklen Ort, tauschen sie einfach Akkumulation und Namen aus. Sowohl Alice als auch Bob überprüfen, ob Bobs Name, zu seiner Akkumulation hinzugefügt, dasselbe ergibt wie Alices Name, wenn er zu ihrer Akkumulation hinzugefügt wird. Danach wissen beide, daß der jeweils andere auch Mitglied ist. Gleichzeitig bleibt beiden die Identität anderer Mitglieder verborgen.

Noch vorteilhafter ist, daß Nichtmitgliedern jedermanns Akkumulation übergeben werden kann. Alice kann ihre Mitgliedschaft einem Nichtmitglied beweisen (vielleicht um Rabatt beim örtlichen Spionage-Supermarkt zu bekommen), ohne dazu die gesamte Mitgliederliste offenlegen zu müssen.

Neue Mitglieder werden einfach durch Verteilung ihrer Namen aufgenommen. Soll ein Mitglied entfernt werden, muß leider eine neue Liste verteilt werden, und alle Mitglieder haben neue Akkumulationen zu berechnen. Bei Cabal, Inc. ist dies nur notwendig, wenn ein Mitglied austritt (seltsamerweise gab es damit nie Probleme); verstorbene Mitglieder stören in der Liste nicht.

Dies ist ein kluges Konzept, das überall dort eingesetzt werden kann, wo man sich digitale Signaturen ohne zentralen Unterzeichner wünscht.

4.13 Alles-oder-Nichts-Geheimnisenthüllung

Angenommen, Alice war früher sowjetische Agentin und ist jetzt arbeitslos. Um Geld zu verdienen, verkauft sie geheime Informationen. Jeder, der den geforderten Preis bezahlt, kann sich bei ihr geheime Informationen beschaffen. Sie hat sogar einen Katalog zusammengestellt. All ihre Geheimnisse werden dort nach Nummer und mit so reizvollen Titeln aufgeführt wie „Wo war Jimmy Hoffa?", „Wer kontrolliert insgeheim die trilaterale Kommission?" oder „Warum guckt Boris Jelzin immer so, als habe er einen Frosch verschluckt?" usw.

Alice gibt zwei Geheiminformationen nicht zum Preis von einer heraus, und verkauft ein Geheimnis auch nicht auszugsweise. Bob, ein potentieller Käufer, möchte nicht wahllos für beliebige Geheimnisse zahlen. Er möchte Alice aber auch nicht verraten, welche Geheimnisse für ihn interessant sind. Das geht Alice nichts an. Schließlich könnte sie auf die Idee kommen, ihren Katalog um die Frage „An welchen Geheimnissen ist Bob interessiert?" zu ergänzen.

Ein Poker-Protokoll funktioniert hier nicht, da Alice und Bob am Ende ihre Karten offenlegen müßten. Außerdem gibt es Tricks, mit denen Bob mehr als eine Geheiminformation in Erfahrung bringen kann.

Die Lösung heißt **Alles-oder-Nichts-Geheimnisenthüllung** (*all-or-nothing disclosure of secrets, ANDOS*) [246]. Sobald Bob Informationen über eines von Alices Geheimnissen erhalten hat, hat er keine Möglichkeit mehr, etwas über die anderen Geheimnisse zu erfahren.

In der Literatur über Kryptographie finden sich mehrere ANDOS-Protokolle. Einige davon werden in Abschnitt 23.9 beschrieben.

4.14 Schlüsselhinterlegung

Der folgende Auszug stammt aus der Einführung von Silvio Micali zu diesem Thema [1084]:

> Gerichtlich genehmigtes Abhören stellt eine effektive Methode zur Überführung von Verbrechern dar. Unserer Ansicht nach ist noch wichtiger, daß sie ein weiteres Ausbreiten der Kriminalität verhindert, indem sie als Abschreckung davor dient, normale Kommunikationsnetze für kriminelle Zwecke zu mißbrauchen. Nicht unberechtigt sind Befürchtungen, daß ein allgemeiner Einsatz von Public-Key-Kryptographie für kriminelle und terroristische Organisationen äußerst vorteilhaft ist. In vielen Gesetzesvorlagen findet sich deswegen der Vorschlag, daß eine zuverlässige Regierungsbehörde, unter Umständen sogar per Gesetz, ermächtigt werden sollte, den Klartext aller über öffentliche Netze gesendeten Nachrichten zu beschaffen. In der gegenwärtigen Situation hieße das, daß die Bürger gezwungen wären, entweder (1) *schwache Kryptosysteme zu verwenden*, d.h. Systeme, die von den richtigen Behörden (aber auch von jedermann sonst!) mit angemessenem Aufwand geknackt werden können oder (2) *ihre geheimen Schlüssel im voraus der Behörde zu übergeben*. Es überrascht nicht, daß solche Vorschläge mit großem Mißtrauen von vielen betroffenen Bürgern aufgenommen werden, die der Auffassung sind, daß der Schutz der Privatsphäre einen höheren Stellenwert als nationale Sicherheit und Strafverfolgung hat.

Das Programm Clipper der US-Regierung und ihr *Escrowed Encryption Standard* basieren ganz wesentlich auf dem Konzept der Schlüsselhinterlegung (*key escrow*). Gefordert ist hier ein Kryptosystem, das sowohl die Privatspäre schützt, als auch gerichtlich genehmigte Leitungsüberwachung ermöglicht.

Der Escrowed Encryption Standard bezieht seine Sicherheit aus abgesicherter Hardware. Jeder Verschlüsselungs-Chip verfügt über eine eindeutige Identifikationsnummer und einen geheimen Schlüssel. Dieser Schlüssel wird in zwei Teile aufgespalten und gemeinsam mit der ID-Nummer bei zwei verschiedenen Hinterlegungsinstanzen (*escrow agencies*) gespeichert. Bei der Verschlüsselung einer Datei chiffriert der Chip zunächst den Sitzungsschlüssel mit seinem eindeutigen geheimen Schlüssel. Dann überträgt er diesen chiffrierten Sitzungsschlüssel und seine ID-Nummer über den Kommunikationskanal. Möchten Ermittlungsbehörden nun die von einem dieser Chips chiffrierten Nachrichten entschlüsseln, hören sie die ID-Nummer ab, besorgen sich von den Schlüsselhinterlegungsinstanzen die entsprechenden Schlüssel, XOR-verknüpfen diese, dechiffrieren den Sitzungsschlüssel und dechiffrieren damit den Nachrichtenverkehr. Damit diese Methode auch gegen Betrug gefeit ist, sind weitere Maßnahmen erforderlich; Einzelheiten hierzu finden Sie in Abschnitt 24.16. Dasselbe läßt sich mit Public-Key-Kryptographie auch in Software erreichen [77, 1579, 1580, 1581].

Micali nennt seinen Ansatz **faire Kryptosysteme** [1084, 1085]. (Wie verlautet, hat die US-Regierung Micali eine Million Dollar für die Nutzung seiner Patente in ihrem Escrowed Encryption Standard gezahlt [1086, 1087]; danach erwarb Banker's Trust Micalis Patent.) In diesen Kryptosystemen wird der private Schlüssel in einzelne Teilstücke aufgespalten und bei verschiedenen Instanzen hinterlegt. Wie beim gemeinsamen Besitz einer Geheiminformation können diese Instanzen zusammenkommen und den privaten Schlüssel wiederherstellen. Die Teilstücke besitzen jedoch zusätzlich die Eigenschaft, daß sie einzeln auf Korrektheit überprüft werden können, ohne daß man erst den privaten Schlüssel zusammensetzen muß.

Alice kann ihren eigenen privaten Schlüssel generieren und dessen Teile n Treuhändern überlassen. Keiner dieser Treuhänder kann Alices privaten Schlüssel rekonstruieren; jeder kann jedoch feststellen, ob sein Stück ein gültiger Teil des privaten Schlüssels ist; Alice kann einem Treuhänder nicht einfach eine Zufallsbitfolge senden und hoffen, damit durchzukommen. Wird eine Leitungsüberwachung vom Gericht genehmigt, können die zuständigen Ermittlungsbehörden über eine gerichtliche Verfügung von den n Treuhändern die Herausgabe der einzelnen Teile verlangen. Mit den n Teilstücken rekonstruieren sie den privaten Schlüssel und hören dann Alices Leitungen ab. Mallory dagegen muß erst alle n Treuhänder bestechen, um Alices Schlüssel wiederherzustellen und in ihre Privatsphäre einzudringen.

Das Protokoll verläuft wie folgt:

(1) Alice erzeugt ihr Schlüsselpaar aus öffentlichem und privatem Schlüssel. Sie spaltet den privaten Schlüssel in mehrere öffentliche und private Teilstücke auf.
(2) Alice sendet an jeden Treuhänder einen öffentlichen und den dazugehörenden privaten Teil. Diese Nachrichten müssen chiffriert sein. Den öffentlichen Schlüssel sendet sie außerdem dem KDC.
(3) Die Treuhänder führen unabhängig voneinander am öffentlichen und privaten Teil bestimmte Berechnungen durch, um sich von deren Gültigkeit zu überzeugen. Sie speichern den privaten Teil an einem sicheren Ort und senden den öffentlichen Teil an das KDC.
(4) Das KDC führt mit den öffentlichen und privaten Teilen weitere Berechnungen durch. Ist alles in Ordnung, unterschreibt es den öffentlichen Schlüssel und sendet ihn entweder an Alice zurück oder trägt ihn in einer Datenbank ein.

Wird vom Gericht eine Leitungsüberwachung angeordnet, übergeben die Treuhänder ihre Teilstücke an das KDC, welches damit den privaten Schlüssel rekonstruiert. Vor der Übergabe ist dazu weder das KDC noch ein einzelner Treuhänder in der Lage; erst durch die Zusammenarbeit aller Treuhänder ist der Schlüssel wiederherstellbar.

Jeder Public-Key-Algorithmus kann auf diese Art fair gemacht werden. Einige spezielle Algorithmen werden in Abschnitt 23.10 behandelt. In Micalis Abhandlung [1084, 1085] werden Möglichkeiten beschrieben, dieses Verfahren mit einer Schwellenwertmethode zu kombinieren, so daß nicht alle (z.B. nur drei von fünf) Treuhänder zur Wiederherstellung des privaten Schlüssels erforderlich sind. Micali zeigt außerdem, wie sich dies mit *oblivious transfer* (siehe Abschnitt 5.5) kombinieren läßt, so daß die Treuhänder nicht einmal wissen, wessen privater Schlüssel rekonstruiert wird.

Faire Kryptosysteme sind keineswegs perfekt. Ein Verbrecher könnte das System ausnutzen, indem er anhand eines verdeckten Kanals (siehe Abschnitt 4.2) einen weiteren geheimen Schlüssel in seinem Teilstück unterbringt. Auf diese Weise könnte er über den verdeckten Kanal sicher kommunizieren, ohne staatliche Überwachung fürchten zu müssen. Dieses Problem wird von einem Protokoll namens *failsafe key escrowing* gelöst [946, 833]. Dieses Protokoll und der zugehörige Algorithmus werden in Abschnitt 23.10 beschrieben.

Politische Aspekte der Schlüsselhinterlegung

Neben den Plänen der US-Regierung zu Key-Escrow-Verfahren sind mehrere kommerzielle Vorschläge im Umlauf. Dies führt zu der naheliegenden Frage: Wo liegen die Vorteile für die Benutzer?

Eigentlich gibt es für Benutzer überhaupt keine Vorteile. Die Schlüsselhinterlegung bietet Benutzern nichts, was sie nicht selbst bewerkstelligen könnten. Bei Bedarf können sie ihre Schlüssel sicher verwahren (siehe Abschnitt 8.8). Schlüsselhinterlegung bedeutet, daß Konversationen polizeilich abgehört und Dateien gelesen werden können, auch wenn diese verschlüsselt sind. Key-Escrow-Verfahren garantieren, daß die NSA internationale Telefonate auch unbefugt belauschen kann, selbst wenn diese verschlüsselt sind. Vielleicht würde ein allgemein akzeptiertes Konzept zur Schlüsselhinterlegung bewirken, daß Benutzer Kryptographie auch in Ländern einsetzen könnten, in denen sie bislang verboten ist. Wahrscheinlich wäre das der einzige Vorteil.

Die Schlüsselhinterlegung hat gravierende Nachteile. Benutzer müssen sich auf die Sicherheitsvorkehrungen der Hinterlegungsinstanzen und auf die Integrität der beteiligten Parteien verlassen. Sie sind darauf angewiesen, daß die Hinterlegungsinstanzen ihre Politik nicht ändern, die Regierung ihre Gesetze beibehält und die zur Beschaffung der Schlüssel gesetzlich bevollmächtigten Behörden legal und verantwortungsbewußt vorgehen. Stellen Sie sich einen größeren terroristischen Anschlag in New York vor; welche Freiheiten würde man der Polizei danach wohl zugestehen?

Es ist schwer vorstellbar, daß Key-Escrow-Verfahren ohne Druck von seiten des Gesetzgebers so funktionieren, wie ihre Befürworter behaupten. Der nächstliegende Schritt ist offensichtlich ein völliges Verbot von Kryptographie ohne Schlüsselhinterlegung. Dies ist wahrscheinlich der einzige Weg, wie sich ein kommerzielles System lohnen würde und sicherlich die einzige Möglichkeit, technisch versierte Verbrecher und Terroristen zum Einsatz eines solchen Systems zu zwingen. Es ist keineswegs absehbar, welche

Schwierigkeiten ein Verbot von Kryptographie ohne Schlüsselhinterlegung beinhaltet. Unklar ist ebenfalls, wie sich ein solches Verbot auf die akademische Forschung auswirkt. Wie kann man an kryptographischen Computer-Algorithmen forschen, wenn man keine Software für Kryptographie ohne Schlüsselhinterlegung besitzt; benötigt man dafür dann eine besondere Lizenz?

Auch sind die rechtlichen Fragen nicht geklärt. Wie steht es mit der Haftung gegenüber Benutzern, sollten verschlüsselte Daten an die Öffentlichkeit dringen? Angenommen, die US-Regierung versucht, die Hinterlegungsinstanzen zu schützen. Dann dürfte es eine stillschweigende Übereinkunft geben, daß die Enthüllung von Geheiminformationen auf jeden Fall den Benutzern angelastet wird, selbst wenn dies auch durch die Hinterlegungsinstanzen verschuldet sein könnte.

Was geschieht, wenn einer größeren staatlichen oder kommerziellen Hinterlegungsinstanz die Datenbank mit allen hinterlegten Schlüsseln gestohlen wird? Wenn die US-Regierung dies für eine Weile geheimzuhalten versucht? Natürlich hätte das entsprechende Auswirkungen auf die Bereitschaft der Benutzer, Key-Escrow-Verfahren zu verwenden. Erfolgt die Verwendung gezwungenermaßen, würden Skandale wie dieser den politischen Druck verstärken, entweder den Einsatz freiwillig zu machen oder der Industrie komplizierte neue Vorschriften aufzuerlegen.

Noch gefährlicher ist, wenn bekannt wird, daß politische Gegner der gegenwärtigen Regierung oder offene Kritiker von Geheimdienst und Polizei jahrelang observiert wurden. Dies könnte die Vorbehalte der Öffentlichkeit gegenüber den Key-Escrow-Verfahren erheblich vergrößern.

Wenn Signaturschlüssel genauso hinterlegt werden wie Chiffrierschlüssel, gibt es weitere Probleme. Dürfen Behörden die Signaturschlüssel verwenden, um gegen Verdächtige vorzugehen? Wird die Authentizität von Unterschriften, die auf hinterlegten Schlüsseln basieren, vor Gericht anerkannt? Welche Entschädigung erhalten Benutzer, wenn die Behörden ihre Signaturschlüssel zur Unterzeichnung unvorteilhafter Verträge verwenden, um einem staatlich subventionierten Unternehmen zu helfen oder einfach, um sich zu bereichern?

Der globale Einsatz von Kryptographie wirft weitere Fragen auf. Läßt sich die Key-Escrow-Politik über nationale Grenzen hinweg abstimmen? Müssen multinationale Konzerne ihre Schlüssel in jedem Land getrennt hinterlegen, um mit den lokal geltenden Gesetzen in Einklang zu stehen? Ohne irgendeine Form der Absprache entfällt einer der angeblichen Vorteile von Schlüsselhinterlegungsverfahren, nämlich die internationale Verwendung einer leistungsfähigen Verschlüsselung.

Wie ist vorzugehen, wenn Länder die Sicherheit von Hinterlegungsinstanzen nicht so ohne weiteres akzeptieren? Wie sollen Benutzer dort ihre Geschäfte erledigen? Sind ihre elektronischen Verträge vor ihren Gerichten gültig oder können sie aufgrund der Tatsache, daß ihr Signaturschlüssel in den USA hinterlegt ist, in der Schweiz behaupten, daß irgendein anderer das elektronische Dokument unterzeichnet hat? Sind Ausnahmeregelungen für Leute sinnvoll, die in solchen Ländern Geschäfte machen?

Wie steht es mit Industriespionage? Es gibt keinen Grund zu der Annahme, daß Ländern, die derzeit Industriespionage für große oder staatliche Unternehmen durchführen, bei Key-Escrow-Verschlüsselungssystemen künftig davon Abstand nehmen. Da praktisch kein Land anderen Ländern Einsicht in seine geheimdienstliche Tätigkeit gewährt, würde der allgemeine Einsatz von Key-Escrow-Verfahren wahrscheinlich zu verstärkter Leitungsüberwachung führen.

Auch wenn Länder, die die Bürgerrechte in hohem Maße achten, Schlüsselhinterlegung nur zur Strafverfolgung von Kriminellen und Terroristen verwenden, wird sie anderswo mit Sicherheit zur Beobachtung von Dissidenten, zur Erpressung politischer Gegner o.ä. benutzt. Die digitale Kommunikation bietet weitaus bessere Voraussetzungen für eine umfassende Überwachung von Aktivitäten, Meinungen, Kapitaltransaktionen und Vereinigungen von Bürgern, als dies in der analogen Welt möglich wäre.

Es ist noch nicht abzusehen, wie sich all dies auf kommerzielle Key-Escrow-Systeme auswirken wird. Klar ist jedoch, daß in 20 Jahren der Verkauf eines fertigen Key-Escrow-Systems an die Türkei oder China nicht anders gesehen wird als heute der Verkauf von Elektroschlagstöcken an Südafrika 1970 oder der Bau einer Chemiefabrik für den Irak 1980. Erschwerend kommt hinzu, daß eine mühelose und nicht nachweisbare Kommunikationsüberwachung Regierungen dazu verleiten könnte, die Kommunikation ihrer Bürger in großem Maßstab abzuhören. Das beträfe selbst solche Regierungen, die sich davon bislang im allgemeinen ferngehalten haben. Und es gibt keine Garantie dafür, daß liberale Demokratien dieser Versuchung widerstehen werden.

5 Anspruchsvolle Protokolle

5.1 Zero-Knowledge-Beweise

Hier ist eine weitere Geschichte:

Alice: „Ich kenn' das Paßwort für einen Rechner der Bundesbank, das Geheimrezept einer McDonald's-Sauce und den Inhalt des vierten Bands von Knuth."
Bob: „Nein, kennst Du nicht."
Alice: „Kenn' ich doch."
Bob: „Nein!"
Alice: „Doch!"
Bob: „Beweis' es!"
Alice: „Gut. Ich verrat' es Dir." Sie flüstert Bob etwas ins Ohr.
Bob: „Das ist interessant. Nun weiß ich's auch. Ich denke, das wird dem *Spiegel* gefallen."
Alice: „Au weia."

Leider kann Alice Bob nur von ihrem Wissen überzeugen, wenn sie es ihm verrät. Aber dann weiß er es auch. Bob kann es beliebig weitererzählen, und Alice kann nichts dagegen unternehmen. (In der Literatur werden in diesbezüglichen Protokollen häufig andere Charaktere verwendet. Peggy tritt gewöhnlich als Prüferin auf, und Victor spielt den Verifizierer. In den Beispielen treten deshalb Alice und Bob ihre Rollen an Peggy und Victor ab.)

Mittels Einwegfunktionen kann Peggy einen **Beweis ohne Wissensvermittlung** (*zero-knowledge proof*) durchführen [626]. Ein solches Protokoll beweist Victor, daß Peggy eine bestimmte Information besitzt, ohne ihm irgendetwas über den Inhalt zu verraten.

Solche Beweise werden in Form von interaktiven Protokollen geführt. Victor stellt Peggy eine Reihe von Fragen. Kennt Peggy die geheime Information, kann sie alle Fragen korrekt beantworten. Anderenfalls hat sie eine gewisse Chance, korrekt zu antworten. In den folgenden Beispielen liegt diese Chance bei 50 Prozent. Nach etwa 10 Fragen ist Victor davon überzeugt, daß Peggy das Geheimnis kennt. Dennoch gibt keine der Fragen oder Antworten Victor irgendeinen Hinweis auf den Inhalt von Peggys Information. Er erfährt lediglich, ob Peggy die Information besitzt.

Elementares Zero-Knowledge-Protokoll

Jean-Jaques Quisquater und Louis Guillou erläutern *zero-knowledge* mit einer Geschichte über eine Höhle [1281]. Die Höhle, die in Abbildung 5.1 gezeigt ist, birgt ein Geheimnis. Wer die Zauberformel kennt, kann die geheime Tür zwischen C und D öffnen. Für alle anderen enden beide Wege in einer Sackgasse.

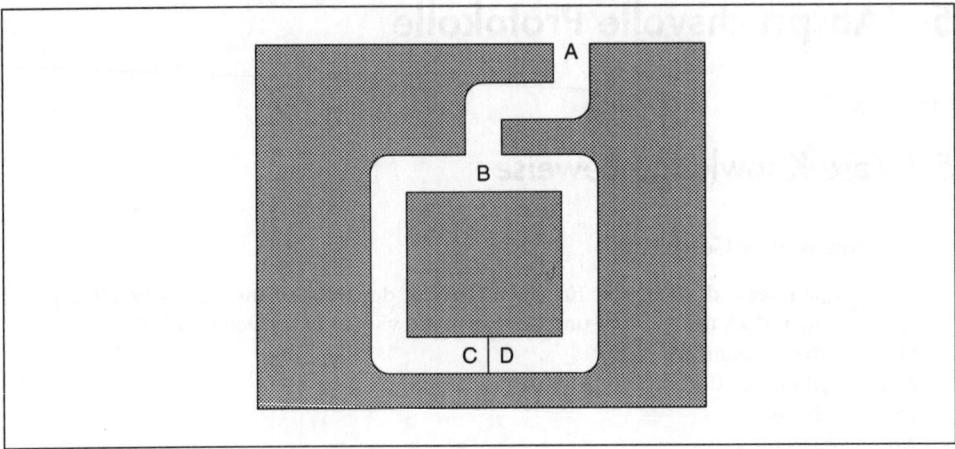

Abb. 5.1: Die Zero-Knowledge-Höhle

Peggy kennt das der Höhle anhaftende Geheimnis. Sie will Victor ihr Wissen beweisen, möchte die Zauberformel aber nicht preisgeben. Sie überzeugt ihn wie folgt:

(1) Victor befindet sich an Punkt A.
(2) Peggy begibt sich in die Höhle, entweder zu Punkt C oder zu Punkt D.
(3) Nachdem Peggy in der Höhle verschwunden ist, geht Victor zu Punkt B.
(4) Victor ruft Peggy zu, entweder:
   (a) aus dem Gang links oder
   (b) aus dem Gang rechts zu erscheinen.
(5) Peggy kommt seiner Aufforderung nach, wobei sie die geheime Türe unter Umständen mit der Zauberformel öffnen muß.
(6) Peggy und Victor durchlaufen die Schritte (1) bis (5) n Mal.

Angenommen, Victor zeichnet mit einer Videokamera alles auf, was er sieht. Er nimmt auf, wie Peggy in der Höhle verschwindet, wie er Peggy zuruft, aus welchem Gang sie erscheinen soll und aus welchem Gang Peggy wieder auftaucht. Er zeichnet alle n Durchläufe auf. Zeigt er Carol nun seine Aufnahmen, würde sie dann wohl glauben, daß Peggy die Zauberformel kennt? Nein, denn Peggy und Victor könnten vorher abgesprochen haben, was Victor rufen wird, und Peggy würde in den entsprechenden Gang gehen. Sie könnte dann jedesmal aus dem von Victor bestimmten Gang erscheinen, ohne die Zauberformel zu kennen. Vielleicht geht das aber aus irgendwelchen Gründen nicht. Peggy könnte auch in einem der Gänge verschwinden, und Victor zufällig einen Gang auswählen. Wenn Victor richtig rät, super; wenn nicht, würden sie diesen Durchlauf aus der Video-Aufzeichnung löschen. In jedem Fall kann Victor eine Aufnahme anfertigen, die dieselben Ereignisse wie beim echten Beweis von Peggys Wissen zeigt.

An dieser Geschichte zeigt sich zweierlei. Zum einen ist es Victor unmöglich, eine dritte Partei von der Richtigkeit des Beweises zu überzeugen. Zweitens handelt es sich nachgewiesenermaßen um ein *zero-knowledge*-Protokoll. In dem Fall, daß Peggy die Zauberformel nicht kennt, erhält Victor aus den Aufzeichnungen ganz offensichtlich keine Informationen. Da eine echte Aufzeichnung jedoch nicht von einer Fälschung zu unterscheiden ist, kann Victor auch aus dem echten Beweis nichts erfahren – es muß also ein *zero-knowledge*-Beweis sein.

Das in diesem Protokoll verwendete Verfahren heißt **teile und wähle**, da es dem klassischen Protokoll für gerechtes Teilen ähnelt:

(1) Alice schneidet etwas in zwei Hälften.
(2) Bob sucht sich eine der Hälften aus.
(3) Alice nimmt die andere Hälfte.

Alice hat großes Interesse daran, in Schritt (1) gerecht zu teilen, da Bob in Schritt (2) die ihm genehme Hälfte wählen darf. Michael Rabin setzte dieses Verfahren erstmalig in der Kryptographie ein [1282]. Die Konzepte des **interaktiven Protokolls** und des *zero-knowledge*-Beweises wurden später formalisiert [626, 627].

Das „teile und wähle"-Protokoll funktioniert, da Peggy nicht wiederholt erraten kann, aus welchem Gang sie laut Victor wieder herauskommen soll. Wenn Peggy das Geheimnis nicht kennt, kann sie nur aus dem Gang erscheinen, in den sie hineingegangen ist. Mit einer Wahrscheinlichkeit von 50 Prozent kann sie in jeder Runde des Protokolls erraten, welche Seite Victor wählen wird, so daß sie eine Chance von 50 Prozent besitzt, ihn erfolgreich zu täuschen. Die Wahrscheinlichkeit, ihn in zwei Runden zu täuschen, liegt bei 25 Prozent. Ihre Chancen für eine erfolgreiche Täuschung in allen n Runden beträgt 1 zu 2^n. Nach 16 Runden beträgt die Wahrscheinlichkeit 1 zu 65536. Victor darf sich also sicher sein, daß Peggy die Zauberformel zum Öffnen der Tür zwischen den Punkten C und D kennt, wenn sie sich in allen 16 Runden wie gefordert verhalten hat. (Die Analogie mit der Höhle ist nicht perfekt. Peggy kann einfach auf der einen Seite hineingehen und auf der anderen Seite wieder herauskommen; es gibt keine Notwendigkeit für ein „teile und wähle"-Protokoll. In der mathematischen Theorie zu *zero-knowledge*-Beweisen ist es jedoch erforderlich.)

Angenommen, Peggy kennt eine Information. Außerdem stellt diese Information die Lösung für ein hartes Problem dar. Das elementare *zero-knowledge*-Protokoll besteht aus mehreren Runden.

(1) Peggy verwendet ihre Information und eine Zufallszahl, um das harte Problem in ein anderes hartes Problem zu transformieren, das isomorph zum ersten ist. Mittels ihrer Information und der Zufallszahl löst sie dann diese neue Variation des harten Problems.
(2) Peggy legt sich mit einem *bit-commitment*-Verfahren auf die Lösung der neuen Variante fest.
(3) Peggy legt Victor die neue Variante offen. Victor hat keine Möglichkeit, aus dem Wissen über dieses neue Problem irgendwelche Informationen über das Original oder dessen Lösung abzuleiten.
(4) Victor bittet Peggy, entweder:
   (a) zu beweisen, daß die ursprüngliche und die neue Variante isomorph sind (d.h. zwei verschiedene Lösungen für zwei verwandte Probleme) oder

(b) die Lösung offenzulegen, die sie in Schritt (2) festgelegt hat, und zu beweisen, daß es sich um eine Lösung für die neue Problemvariante handelt.
(5) Peggy erfüllt seine Bitte.
(6) Peggy und Victor durchlaufen die Schritte (1) bis (5) n Mal.

Erinnern Sie sich an die Videokamera im Protokoll mit der Höhle? Man kann hier genauso vorgehen. Victor kann den Austausch zwischen ihm und Peggy protokollieren. Er kann mit diesem Protokoll zwar nicht Carol überzeugen, da er sich jederzeit mit Peggy absprechen und einen Simulator bauen könnte, der Peggys Wissen fälscht. Mit diesem Argument kann überprüft werden, ob es sich um einen *zero-knowledge*-Beweis handelt.

Die Mathematik, die hinter dieser Art Beweis steht, ist kompliziert. Sowohl die Probleme als auch die zufällige Transformation müssen mit Bedacht gewählt werden, damit Victor selbst nach vielen Durchläufen des Protokolls keine Informationen über die Lösung des ursprünglichen Problems erhält. Nicht alle, aber viele harte Probleme können für *zero-knowledge*-Beweise herangezogen werden.

Isomorphie von Graphen

Ein Beispiel kann einiges zur Erklärung des Konzepts beitragen; das folgende stammt aus der Graphentheorie [619, 622]. Ein Graph besteht aus einem Geflecht von Kanten, die verschiedene Ecken miteinander verbinden. Sind zwei Graphen bis auf die Benennung der Ecken identisch, so heißen sie **isomorph**. Bei zwei sehr umfangreichen Graphen sind unter Umständen Hunderte von Jahren an Rechenzeit erforderlich, um festzustellen, ob sie isomorph sind; Es wurde zwar nie bewiesen, daß die Isomorphie von Graphen ein **NP-vollständiges** Problem (siehe Abschnitt 11.1) darstellt; das Problem scheint aber hart zu sein und eignet sich vermutlich für die Kryptographie.

Angenommen, Peggy weiß, daß die beiden Graphen G_1 und G_2 isomorph sind. Das folgende Protokoll überzeugt Victor von Peggys Wissen.

(1) Peggy permutiert G_1 zufällig und erhält so einen neuen Graphen H, der isomorph zu G_1 ist. Da Peggy die Isomorphie zwischen H und G_1 bekannt ist, weiß sie auch, daß H und G_2 isomorph sind. Für jeden anderen ist es genauso schwierig, die Isomorphie zwischen G_1 und H oder G_2 und H zu beweisen wie zwischen G_1 und G_2.
(2) Peggy sendet H an Victor.
(3) Victor verlangt von Peggy, entweder:
   (a) zu beweisen, daß H und G_1 isomorph sind oder
   (b) zu beweisen, daß H und G_2 isomorph sind.
(4) Peggy kommt seiner Aufforderung nach. Sie beweist entweder:
   (a) daß H und G_1 isomorph sind, ohne dabei die Isomorphie von H und G_2 zu beweisen, oder
   (b) daß H und G_2 isomorph sind, ohne dabei die Isomorphie von H und G_1 zu beweisen.

(5) Peggy und Victor wiederholen die Schritte (1) bis (4) n Mal.

Wenn Peggy nicht weiß, ob G_1 und G_2 isomorph sind, kann sie auch keinen Graphen H bilden, der zu beiden isomorph ist. Sie kann lediglich einen entweder zu G_1 oder zu G_2 isomorphen Graphen konstruieren. Im vorigen Beispiel errät sie nur in 50 Prozent aller Fälle, welchen Beweis Victor in Schritt (3) von ihr verlangt.

Dieses Protokoll gibt Victor keine Informationen, die ihm für einen Beweis der Isomorphie zwischen G_1 und G_2 nützlich sein könnten. Da Peggy in jeder Runde des Protokolls einen neuen Graphen H generiert, bekommt er selbst nach vielen Runden keinerlei Informationen. Aus Peggys Antworten kann er keine Isomorphie zwischen G_1 und G_2 ableiten.

Victor erhält in jeder Runde eine neue zufällige Permutation H sowie eine Isomorphie zwischen H und entweder G_1 oder G_2. Er könnte diese Informationen genausogut selbst erzeugt haben. Aus der Tatsache, daß Victor das Protokoll simulieren kann, läßt sich ableiten, daß es ein *zero-knowledge*-Protokoll ist.

Hamiltonsche Wege

Eine Variante dieses Beispiels wurde erstmalig von Manuel Blum vorgestellt [196]. Peggy kennt einen geschlossenen, zusammenhängenden Weg entlang der Kanten eines Graphen, der jede Ecke genau einmal durchläuft. Man spricht hier von einem **Hamiltonschen Weg**. Einen Hamiltonschen Weg zu finden, stellt ein weiteres hartes Problem dar. Peggy befindet sich im Besitz dieser Information, sie hat den Graphen vermutlich unter Heranziehung eines bestimmten Hamiltonschen Wegs angelegt, und von genau diesem Wissen möchte sie Victor überzeugen.

Peggy kennt einen Hamiltonschen Weg zum Graphen G. Victor kennt zwar G, aber nicht den Hamiltonschen Weg. Peggy möchte Victor beweisen, daß sie den Hamiltonschen Weg kennt, ohne ihn zu verraten. Dazu geht sie folgendermaßen vor:

(1) Peggy permutiert G zufällig. Sie verschiebt die Ecken und ändert ihre Bezeichnung und erhält so einen neuen Graphen H. Da G und H topologisch isomorph (d.h. derselbe Graph) sind, kann sie einen Hamiltonschen Weg zu H mühelos finden, sofern sie einen Hamiltonschen Weg zu G kennt. Hätte sie H nicht selbst erzeugt, wäre es ein weiteres hartes Problem, die Isomorphie zwischen den beiden Graphen zu zeigen; auch dies benötigt unter Umständen Hunderte von Jahren an Rechenzeit. Danach verschlüsselt sie H und erhält so H'. (Hier ist eine probabilistische Verschlüsselung jeder Kante in H erforderlich, d.h. jede Kante in H wird zu 0 oder 1 verschlüsselt.)

(2) Peggy übergibt Victor eine Kopie von H'.

(3) Victor verlangt von Peggy, ihm entweder:
  (a) zu beweisen, daß H' die Verschlüsselung einer isomorphen Kopie von G ist oder ihm
  (b) einen Hamiltonschen Weg in H zu zeigen.

(4) Peggy kommt der Aufforderung nach.

(a) Sie beweist entweder, daß H' die Verschlüsselung einer isomorphen Kopie von G ist, indem sie die Permutationen offenlegt und alles dechiffriert, ohne dabei einen Hamiltonschen Weg zu G oder H zu zeigen, oder

(b) sie zeigt einen Hamiltonschen Weg zu H, indem sie nur die zugehörenden Kanten dechiffriert, ohne zu beweisen, daß G und H topologisch isomorph sind.

(5) Peggy und Victor wiederholen die Schritte (1) bis (4) n Mal.

Wenn Peggy ehrlich ist, kann sie Victor in Schritt (4) beide Beweise liefern. Kennt sie jedoch keinen Hamiltonschen Weg zu G, kann sie auch keinen verschlüsselten Graphen H' herstellen, der beide Anforderungen erfüllt. Sie kann höchstens einen Graphen anlegen, der isomorph zu G ist oder einen, der dieselbe Anzahl von Ecken und Kanten und einen gültigen Hamiltonschen Weg besitzt. Mit einer Wahrscheinlichkeit von 50 Prozent kann sie zwar erraten, welchen Beweis Victor in Schritt (3) von ihr verlangt, Victor kann das Protokoll jedoch so oft wiederholen, bis er davon überzeugt ist, daß Peggy einen Hamiltonschen Zyklus zu G kennt.

Parallele Zero-Knowledge-Beweise

Das elementare *zero-knowledge*-Protokoll wird zwischen Peggy und Victor n Mal durchgeführt. Man könnte diese Runden eigentlich auch parallel durchführen:

(1) Peggy verwendet ihre Information und n Zufallszahlen, um das harte Problem in n verschiedene isomorphe Probleme zu überführen. Danach löst sie anhand ihrer Information und der Zufallszahlen die n neuen harten Probleme.

(2) Peggy legt sich auf die Lösungen der n neuen harten Probleme fest.

(3) Peggy legt Victor die n neuen harten Probleme offen. Aus diesen Problemen kann Victor keinerlei Informationen über das ursprüngliche Problem oder dessen Lösung ziehen.

(4) Zu jedem der n harten Probleme verlangt Victor von Peggy, entweder:

(a) zu beweisen, daß das alte und das neue Problem isomorph sind oder

(b) die Lösung offenzulegen, die sie in Schritt (2) festgelegt hat und zu beweisen, daß es eine Lösung des neuen Problems ist.

(5) Peggy kommt Victors Aufforderung für jedes der n neuen harten Probleme nach.

Leider ist die Sache nicht so einfach. Dieses Protokoll besitzt nicht dieselben für ein *zero-knowledge*-Protokoll typischen Eigenschaften wie das vorangegangene Protokoll. In Schritt (4) könnte Victor einen Einweg-Hashwert aller in Schritt (2) festgelegten Werte verlangen und damit das Protokoll nicht simulierbar machen. Es wäre dann zwar noch ein *zero-knowledge*-Protokoll, aber von einer anderen Art. In der Praxis scheint es sicher zu sein, aber einen Beweis dafür gibt es bislang nicht. Was wir wissen ist, daß unter gewissen Umständen manche Protokolle für bestimmte Probleme parallel ausgeführt werden können, wobei ihre *zero-knowledge*-Eigenschaften erhalten bleiben [247, 106, 546, 616].

Nicht-interaktive Zero-Knowledge-Beweise

Carol kann nicht überzeugt werden, da das Protokoll interaktiv und sie an der Interaktion nicht beteiligt ist. Um Carol oder irgendjemand anderen zu überzeugen, benötigen wir ein nicht-interaktives Protokoll.

Es gibt Protokolle für nicht-interaktive *zero-knowledge*-Beweise [477, 198, 478, 197]. Solche Protokolle erfordern keinerlei Interaktionen; Peggy könnte sie veröffentlichen und somit jedem beweisen, der sich Zeit für die Überprüfung des Beweises nimmt.

Das elementare Protokoll ähnelt dem parallelen *zero-knowledge*-Beweis, Victor wird jedoch durch eine Einweg-Hashfunktion ersetzt:

(1) Peggy verwendet ihre Information und n Zufallszahlen, um das harte Problem in n verschiedene isomorphe Probleme zu überführen. Anhand ihrer Information und der Zufallszahlen löst sie dann die n neuen harten Probleme.

(2) Peggy legt sich auf die Lösungen der n harten Probleme fest.

(3) Peggy faßt all diese Festlegungen zusammen und verwendet sie als einzelne Eingabe in eine Einweg-Hashfunktion. (Schließlich sind diese Festlegungen nichts weiter als Bitfolgen.) Danach speichert sie die ersten n Ausgabebits der Einweg-Hashfunktion.

(4) Peggy verwendet nun die n in Schritt (3) generierten Bits wie folgt. Für jedes i-te neue harte Problem nimmt sie das i-te Bit dieser n Bits und verfährt wie folgt:

  (a) Wenn es gleich 0 ist, beweist sie, daß das alte und das neue Problem isomorph sind, oder

  (b) Wenn es gleich 1 ist, legt sie die in Schritt (2) festgelegte Lösung offen und beweist, daß es sich um eine Lösung des neuen Problems handelt.

(5) Peggy veröffentlicht alle Festlegungen aus Schritt (2) sowie die Lösungen in Schritt (4).

(6) Victor oder Carol oder irgendeine interessierte Person überprüft, ob die Schritte (1) bis (5) ordnungsgemäß ausgeführt wurden.

Es ist erstaunlich, daß Peggy Daten veröffentlichen kann, die keine Angaben über den Inhalt ihres Geheimnisses enthalten, aber jeden davon überzeugen, daß sie ein Geheimnis kennt. Das Protokoll kann auch für digitale Signaturen verwendet werden, wenn als Beweis ein Einweg-Hashwert der Anfangsnachrichten und der zu unterzeichnenden Nachricht verlangt wird.

Dies funktioniert, weil die Einweg-Hashfunktion als ausgewogener Zufallsbitgenerator eingesetzt wird. Damit Peggy betrügen kann, muß sie die Ausgabe der Einweg-Hashfunktion voraussagen können. (Wenn sie die Lösung des harten Problems nicht kennt, kann sie in Schritt (4) entweder (a) oder (b) durchführen, aber nicht beides.) Wüßte sie irgendwoher, was aufgrund des Ergebnisses der Einweg-Hashfunktion von ihr verlangt wird, könnte sie betrügen. Peggy hat jedoch keine Möglichkeit, die Ausgabebits der Einwegfunktion zu beeinflussen oder zu erraten. Die Einwegfunktion ersetzt im Protokoll Victor, da es um nichts anderes geht, als in Schritt (4) einen von zwei Beweisen zufällig auszuwählen.

In einem nicht-interaktiven Protokoll sind viel mehr Iterationen der Abfolge „Beweis verlangen/Beweis erbringen" nötig. Peggy, und nicht Victor, wählt die harten Probleme anhand von Zufallszahlen aus. Sie kann solange verschiedene Probleme, also verschiedene Festlegungsvektoren aussuchen, bis die Hashfunktion ein Ergebnis nach ihrem Geschmack liefert. In einem interaktiven Protokoll sind 10 Iterationen wohl in Ordnung, d.h. daß Peggy mit einer Erfolgswahrscheinlichkeit von 1 zu 2^{10} (1 zu 1024) betrügen kann. Für nicht-interaktive *zero-knowledge*-Beweise ist das jedoch nicht ausreichend. Wie Sie sich erinnern, kann Mallory in Schritt (4) immer entweder (a) oder (b) durchführen. Er kann versuchen zu erraten, welcher der beiden Beweise von ihm verlangt wird, die Schritte (1) bis (3) durchlaufen und sehen, ob er richtig lag. Hat er nicht richtig geraten, kann er es erneut versuchen – und das immer wieder. Auf einem Computer ist es leicht, 1024 Vermutungen anzustellen. Um diesen Brute-Force-Angriff zu verhindern, benötigen nicht-interaktive Protokolle 64 oder sogar 128 Iterationen, um stichhaltig zu sein.

Gerade deshalb wird die Einweg-Hashfunktion verwendet: Peggy kann die Ausgabe der Hashfunktion nicht voraussagen, da sie deren Eingabe nicht im voraus weiß. Die Festlegungen, die als Eingabe verwendet werden, sind erst bekannt, nachdem Peggy die neuen Probleme gelöst hat.

Weitere Überlegungen zu Zero-Knowledge-Beweisen

Blum hat bewiesen, daß ein mathematischer Satz so in einen Graphen überführt werden kann, daß der Beweis dieses Satzes äquivalent dazu ist, einen Hamiltonschen Weg in dem Graphen zu beweisen. Der allgemeine Fall, daß jede **NP**-Aussage einen *zero-knowledge*-Beweis besitzt, sofern Einwegfunktionen und damit gute Verschlüsselungsalgorithmen verwendet werden, wurde in [620] bewiesen. Jeder mathematische Beweis läßt sich in einen *zero-knowledge*-Beweis überführen. Mit diesem Verfahren kann ein Wissenschaftler den Rest der Welt davon überzeugen, daß er den Beweis eines bestimmten Satzes kennt, ohne die Lösung selbst offenzulegen. Blum hätte diese Ergebnisse z.B. veröffentlichen können, ohne nähere Einzelheiten preiszugeben.

Daneben gibt es **Beweise mit minimaler Wissensvermittlung** (*minimum-disclosure proofs*) [590]. Ein *minimum-disclosure*-Beweis besitzt folgende Eigenschaften:

1. Peggy kann Victor nicht betrügen. Wenn Peggy den Beweis nicht kennt, sind ihre Chancen vernachlässigbar gering, Victor erfolgreich vom Gegenteil zu überzeugen.

2. Victor kann Peggy nicht betrügen. Er erhält nicht den geringsten Hinweis in bezug auf den Beweis, mit Ausnahme der Tatsache, daß Peggy den Beweis kennt. Insbesondere kann Victor den Beweis keinem anderen vorführen, solange er ihn nicht selbst gefunden hat.

Zero-knowledge-Beweise erfüllen eine weitere Bedingung:

3. Außer der Tatsache, daß Peggy den Beweis kennt, erfährt Victor nichts, das er nicht auch ohne Peggy in Erfahrung bringen könnte.

Mathematisch gesehen unterscheiden sich *minimum-disclosure*-Beweise erheblich von *zero-knowledge*-Beweisen. Eine Beschreibung dieser Unterschiede geht über den Rahmen dieses Buches hinaus, anspruchsvollere Leser möchte ich auf einige Literaturhinweise aufmerksam machen. Eine Einführung in die Konzepte findet sich in [626, 619, 622]. In [240, 319, 239] wurden diese Ideen, die auf unterschiedlichen mathematischen Voraussetzungen beruhen, weiterentwickelt.

Es gibt auch verschiedene Arten von *zero-knowledge*-Beweisen:

- **Perfect.** Es gibt einen Simulator, der Protokolle liefert, die dieselbe Verteilung wie die echten Protokolle aufweisen (Hamiltonscher Weg und die Isomorphie von Graphen sind Beispiele hierfür)

- **Statistical.** Es gibt einen Simulator, der Protokolle liefert, die bis auf eine gleichbleibende Anzahl von Ausnahmen dieselbe Verteilung wie die echten Protokolle aufweisen.

- **Computational.** Es gibt einen Simulator, der Protokolle liefert, die von echten Protokollen nicht zu unterscheiden sind.

- **No-use.** Ein Simulator ist vielleicht nicht vorhanden, wir können aber beweisen, daß Victor keine polynomial wachsende Menge an Informationen aus dem Beweis erfährt (das parallele Beispiel).

Im Laufe der Zeit wurden *minimum-disclosure*- und *zero-knowledge*-Beweise sowohl in der Theorie als auch in der Anwendung intensiv erforscht. Mike Burmester und Yvo Desmedt erfanden **interaktive Beweise zur Verbreitung** (*broadcast interactive proofs*), bei denen der Beweisführende einen interaktiven *zero-knowledge*-Beweis an sehr viele Überprüfer verteilen kann [280]. Kryptographen haben bewiesen, daß *alles*, was über einen interaktiven Beweis gezeigt werden kann, auch über einen interaktiven *zero-knowledge*-Beweis beweisbar ist [753, 137].

Eine gute Übersicht über dieses Gebiet findet sich in [548]. Weitere mathematische Einzelheiten, Varianten, Protokolle und Anwendungen finden Sie in [590, 619, 240, 319, 620, 113, 241, 1528, 660, 238, 591, 617, 510, 592, 214, 104, 216, 832, 97, 939, 622, 482, 615, 618, 215, 476, 71]. Über dieses Thema wurde wirklich *viel* geschrieben.

5.2 Zero-Knowledge-Identitätsbeweise

Im wirklichen Leben weisen wir unsere Identität häufig mit physisch greifbaren Objekten aus, z.B. mit dem Paß, dem Führerschein oder mit Kreditkarten. Das Objekt beinhalten etwas, das mit einer bestimmten Person verknüpft ist. Das ist gewöhnlich ein Photo oder eine Unterschrift, könnte aber ebenso ein Fingerabdruck, eine Aufnahme der Netzhautstruktur oder eine Röntgenaufnahme des Gebisses sein. Wäre es nicht schön, das gleiche auch auf digitalem Wege zu bewerkstelligen?

Die Verwendung von *zero-knowledge*-Beweisen als Identitätsnachweis wurde erstmalig von Uriel Feige, Amos Fiat und Adi Shamir vorgestellt [566, 567]. Alices privater Schlüssel fungiert als ihre „Identität". Mit einem *zero-knowledge*-Beweis zeigt Alice, daß sie ihren privaten Schlüssel kennt, womit ihre Identität bewiesen wäre. Die entsprechenden Algorithmen finden Sie in Abschnitt 23.11.

Dieses Konzept ist sehr leistungsfähig, da man sich ohne ein physikalisch greifbares Objekt ausweisen kann. Es weist jedoch einige Schwächen auf. Im folgenden wird beschrieben, wie diese Schwächen ausgenutzt werden können.

Das Schachgroßmeisterproblem

Im folgenden wird gezeigt, wie Alice, ohne auch nur die Schachregeln zu kennen, einen Großmeister besiegen kann. (Dies wird manchmal das Schachgroßmeisterproblem genannt.) Alice fordert sowohl Garri Kasparow als auch Anatoli Karpow heraus, wobei beide Spiele zur selben Zeit und am selben Ort, aber in getrennten Räumen stattfinden. Sie spielt mit weiß gegen Kasparow und mit schwarz gegen Karpow. Keiner der Großmeister weiß von der Anwesenheit des jeweils anderen.

Karpow macht mit weiß seinen ersten Zug. Alice zeichnet den Zug auf und begibt sich in den Raum mit Kasparow. Da sie hier die weißen Figuren hat, setzt sie denselben Zug gegen Kasparow. Kasparow macht den ersten Zug mit schwarz. Alice zeichnet den Zug auf, begibt sich in den Raum mit Karpow und wiederholt dort den Zug. Das geht so weiter, bis sie das eine Spiel gewonnen und das andere verloren hat oder beide unentschieden enden.

In Wirklichkeit spielt Kasparow gegen Karpow und Alice fungiert nur als Vermittlerin, die die Züge der Großmeister auf den beiden Brettern nachspielt. Da jedoch weder Karpow noch Kasparow von der Anwesenheit des jeweils anderen wissen, werden beide von Alices Spiel beeindruckt sein.

Diese Art Betrug kann gegen *zero-knowledge*-Identitätsnachweise durchgeführt werden [485, 120]. Wenn Alice Mallory ihre Identität beweist, kann Mallory gleichzeitig Bob beweisen, daß er Alice ist.

Der Mafiabetrug

Beim Informationsaustausch über dieses *zero-knowledge*-Protokoll zum Identitätsnachweis, bemerkte Adi Shamir [1424]: „Selbst wenn ich ein von der Mafia kontrolliertes Geschäft eine Million Mal hintereinander aufsuche, können diese Leute meine Identität nicht für ihre Zwecke mißbrauchen".

Im folgenden wird gezeigt, wie die Mafia das doch kann. Alice ißt in Bobs Bräustüberl zu Abend, einem Lokal, das der Mafia gehört. Carol kauft bei Juwelier Dave, einem teuren Schmuckgeschäft, ein. Bob und Carol gehören zur Mafia und verständigen sich heimlich über Funk. Alice und Dave bemerken nichts von dem Betrug.

Nach dem Essen möchte Alice bezahlen, wozu sie Bob ihre Identität beweisen muß. Bob signalisiert Carol, daß der Betrug beginnen kann. Carol sucht sich irgendwelche teuren Diamanten aus und schickt sich an, Dave ihre Identität zu beweisen. Während Alice Bob ihre Identität beweist, funkt Bob Carol an und Carol führt dasselbe Protokoll mit Dave durch. Wenn Dave im Protokoll eine Frage stellt, funkt Carol die Frage an Bob zurück, der sie wiederum Alice stellt. Sobald Alice geantwortet hat, funkt Bob die richtige Antwort an Carol. Eigentlich beweist Alice Dave ihre Identität, während Bob und Carol einfach in der Mitte sitzen und Nachrichten untereinander austauschen. Nach Abschluß des Protokolls hat Alice Dave von ihrer Identität überzeugt und ein paar sehr teure Diamanten erstanden (mit denen Carol verschwindet).

Der Terroristenbetrug

Arbeitet Alice mit Carol zusammen, können sie Dave ebenfalls betrügen. In diesem Protokoll ist Carol eine bekannte Terroristin. Alice hilft ihr, ins Land zu gelangen. Dave ist Beamter des Bundesgrenzschutzes. Alice und Carol verständigen sich heimlich über Funk.

Dave befragt Carol im Rahmen eines *zero-knowledge*-Protokolls, Carol funkt die Fragen an Alice, die sie selbst beantwortet. Carol erzählt Dave diese Anworten. In Wirklichkeit beantwortet Alice die Fragen von Dave, während Carol lediglich einen Kommunikationsweg darstellt. Nach Abschluß des Protokolls hält Dave Carol für Alice und läßt sie ins Land einreisen. Drei Tage später taucht Carol in der Nähe eines Regierungsgebäudes mit einem Kleinbus voller Sprengstoff auf.

Mögliche Lösungen

Sowohl der Mafia- als auch der Terroristenbetrug sind möglich, weil die Verschwörer sich heimlich über Funk verständigen. Man könnte dies verhindern, indem man jede Identifizierung in einem Faradayschen Käfig stattfinden läßt, der vor elekromagnetischer Strahlung abschirmt. Im Terroristenbeispiel gibt das dem Grenzschutzbeamten Dave die Sicherheit, daß Carol ihre Antworten nicht von Alice erhalten hat. Im Mafiabeispiel könnte Bob in seinem Lokal zwar einfach einen defekten Faradayschen Käfig einbauen, Juwelier Dave hätte jedoch einen funktionierenden; Bob und Carol könnten nicht kommunizieren. Um das Schachgroßmeisterproblem zu lösen, müßte man Alice verbieten, ihren Platz bis zum Spielende zu verlassen.

Thomas Beth und Yvo Desmedt schlugen eine andere Lösung mit exakt laufenden Uhren vor [148]. Wenn jeder Schritt des Protokolls zu einer ganz bestimmten Zeit durchgeführt werden muß, bliebe den Verschwörern keine Zeit zur Verständigung. Beim Schachgroßmeisterproblem hätte Alice keine Zeit, von Raum zu Raum zu laufen, wenn jeder Zug genau zur vollen Minute erfolgen muß. In der Mafiageschichte haben Bob und Carol keine Zeit zum Austausch von Fragen und Antworten.

Der Betrug mit mehreren Identitäten

Zero-knowledge-Identitätsbeweise lassen sich auch auf andere Weise mißbrauchen; dies wird in [485, 120] geschildert. Bei manchen Implementierungen findet keine Überprüfung statt, wenn jemand einen öffentlichen Schlüssel registrieren läßt. Folglich kann Alice mehrere private Schlüssel und somit mehrere Identitäten besitzen. Dies ist bei einem Steuerbetrug äußerst hilfreich. Alice könnte auch ein Verbrechen begehen und dann verschwinden. Dazu erzeugt und veröffentlicht sie zunächst mehrere Identitäten, von denen sie eine normalerweise nicht verwendet. Diese Identität benutzt sie nur einmal bei einem Verbrechen, bei dem die sie identifizierende Person Zeuge ist. Danach verwendet sie diese Identität nicht mehr. Der Zeuge kennt die Identität der Person, die das Verbrechen begangen hat. Alice benutzt diese Identität jedoch nicht mehr, so daß sie nicht verfolgt werden kann.

Um dies zu verhindern, muß durch irgendeine Maßnahme sichergestellt werden, daß jede Person nur eine Identität besitzt. In [120] wird die bizarre Idee von nicht manipulierbaren Babys beschrieben, die nicht geklont werden können und in ihrem genetischen Code eine eindeutige Nummer besitzen. Außerdem soll jedes Baby bei der Geburt eine Identität beantragen. (Eigentlich wäre das die Sache der Eltern, da das Baby wohl anderweitig beschäftigt ist.) Ein Mißbrauch ist hier einfach, da die Eltern bei der Geburt des Kindes mehrere Identitäten beantragen können. Letztendlich basiert die Eindeutigkeit einer Person auf Vertrauen.

Verleihen eines Passes

Alice möchte nach Zaire reisen, die dortige Regierung erteilt ihr jedoch kein Visum. Carol bietet Alice ihre Identität an. (Bobs Angebot kam zwar früher, war jedoch aus offensichtlichen Gründen nicht annehmbar.) Carol verkauft Alice ihren privaten Schlüssel, und Alice macht sich als Carol nach Zaire auf.

Carol wurde für ihre Identität nicht nur bezahlt, sondern besitzt nun ein perfektes Alibi. Während sich Alice in Zaire aufhält, begeht Carol ein Verbrechen. „Carol" hat ihre Identität in Zaire nachgewiesen; wie könnte sie zu Hause also in kriminelle Machenschaften verstrickt sein?

Natürlich kann auch Alice Verbrechen begehen. Vor der Abreise oder nach der Rückkehr begeht sie ein Verbrechen, und zwar in der Nähe von Carols Wohnung. Sie weist sich erst als Carol aus (sie besitzt Carols privaten Schlüssel, so daß das ganz einfach ist), dann begeht sie das Verbrechen und läuft davon. Die Polizei wird also nach Carol suchen. Carol wird behaupten, Alice ihre Identität geliehen zu haben, eine so dämliche Geschichte wird ihr jedoch kaum einer abnehmen.

Das Problem besteht darin, daß Alice ihre Identität nicht wirklich beweist; sie zeigt lediglich, daß sie eine geheime Information kennt. Mißbraucht wird hier die Verbindung zwischen dieser Information und der Person, der diese Information gehört. Die Lösung mit dem nicht manipulierbaren Baby würde gegen diese Sorte Betrug schützen, genauso ein Polizeistaat, in dem alle Bürger ihre Identität ständig nachweisen müssen (jeden Abend, an jeder Straßenkreuzung usw.). Biometrische Methoden wie Fingerabdrücke, Aufnahme der Netzhautstruktur, Stimmanalysen und so weiter können zur Lösung dieses Problems beitragen.

Nachweis der Mitgliedschaft

Alice möchte Bob beweisen, daß sie zu einer supergeheimen Organisation gehört, dabei ihre Identität jedoch nicht offenlegen. Dieses Problem hat gewisse Ähnlichkeiten mit dem Identitätsbeweis und wurde auch untersucht [887, 906, 907, 1201, 1445]. Einige Lösungen sind mit dem Problem der Gruppensignaturen verwandt (siehe Abschnitt 4.6).

5.3 Blinde Signaturen

Protokolle für digitale Signaturen zeichnen sich ganz wesentlich dadurch aus, daß der Unterzeichner weiß, was er unterschreibt. Das ist im allgemeinen auch sinnvoll, außer man möchte genau das Gegenteil erreichen.

In bestimmten Fällen ist es vorteilhaft, daß eine Person ein Dokument unterschreibt, ohne es je zu Gesicht bekommen zu haben. Es gibt Möglichkeiten, einen Unterzeichner *fast*, aber nicht vollständig wissen zu lassen, was er unterschreibt. Aber fangen wir von vorne an.

Vollständig blinde Singaturen

Bob ist Notar. Alice möchte ein Dokument von ihm unterzeichnen lassen, er soll aber nicht den kleinsten Hinweis darauf erhalten, was er da eigentlich unterschreibt. Bob ist es egal, worum es in dem Dokument geht; er beglaubigt lediglich notariell, daß er es zu einem bestimmten Zeitpunkt in der Hand gehabt hat. Bob erklärt sich mit der Regelung einverstanden.

(1) Alice nimmt das Dokument und multipliziert es mit einer Zufallszahl. Diese Zufallszahl wird **Blindfaktor** (*blinding factor*) genannt.
(2) Alice sendet das unkenntlich gemachte Dokument an Bob.
(3) Bob unterzeichnet das unkenntliche Dokument.
(4) Alice rechnet den Blindfaktor heraus, so daß das von Bob unterzeichnete Originaldokument zum Vorschein kommt.

Dieses Protokoll funktioniert nur, wenn die Signaturfunktion und Multiplikation kommutativ sind. Ist das nicht der Fall, läßt sich das Dokument auch anders als durch Multiplikation verändern. In Abschnitt 23.12 werden dazu einige Algorithmen beschrieben.

Hier gehen wir von einer Multiplikation aus und nehmen an, daß die Mathematik in Ordnung ist.

Kann Bob betrügen? Kann er an Informationen über das zu unterzeichnende Dokument gelangen? Er kann nicht, wenn der Blindfaktor echt zufällig ist und das Dokument wirklich zufällig unkenntlich gemacht wird. Das Dokument, das Bob in Schritt (2) gesendet bekommt, hat keine Ähnlichkeit mehr zu dem Dokument, mit dem Alice begonnen hat. Das unkenntliche Dokument mit Bobs Unterschrift in Schritt (3) hat keine Ähnlichkeit mit dem unterzeichneten Dokument am Ende von Schritt (4). Selbst wenn Bob das Dokument mit seiner Unterschrift nach Abschluß des Protokolls in die Finger bekommt, kann er weder sich noch irgendeinem anderen beweisen, daß er es in genau diesem Protokoll unterzeichnet hat. Er weiß, daß seine Unterschrift gültig ist. Er kann, wie jeder andere auch, seine Unterschrift verifizieren. Er hat jedoch keine Möglichkeit, irgendwelche Informationen, die er während des Signaturprotokolls erhalten hat, mit dem unterzeichneten Dokument in Zusammenhang zu bringen. Selbst wenn er mit diesem Protokoll eine Million Dokumente unterzeichnen würde, könnte er nicht herausfinden, welches Dokument er in welchem Durchlauf unterschrieben hat.

Vollständig blinde Signaturen haben folgende Eigenschaften:

1. Bobs Unterschrift auf dem Dokument ist gültig. Sie ist ein Beweis dafür, daß Bob das Dokument unterzeichnet hat. Sie überzeugt Bob davon, daß er das Dokument unterzeichnet hat, sollte er es jemals zu Gesicht bekommen. Sie besitzt darüber hinaus alle anderen Merkmale digitaler Signaturen, die in Abschnitt 2.6 beschrieben wurden.

2. Bob kann das unterzeichnete Dokument nicht mit dessen Unterzeichnung in Verbindung bringen. Auch wenn er jede von ihm geleistete blinde Signatur protokolliert, kann er nicht feststellen, wann er ein bestimmtes Dokument unterzeichnet hat.

Eve, die in der Mitte sitzt und das Protokoll beobachtet, bekommt noch weniger Informationen als Bob.

Blinde Signaturen

Beim Protokoll für vollständig blinde Signaturen kann Alice Bob alles unterschreiben lassen, etwa „Bob schuldet Alice eine Million Dollar", „Bob schuldet Alice sein erstes Kind" oder „Bob schuldet Alice eine Schachtel Pralinen". Es gibt endlos viele Möglichkeiten. Das Protokoll ist deshalb in vielen Situationen keine Hilfe.

Es gibt jedoch eine Möglichkeit, Bob wissen zu lassen, was er unterschreibt, und dabei trotzdem die vorteilhaften Eigenschaften einer blinden Signatur zu erhalten. Den Kern eines solchen Protokolls bildet das „teile und wähle"-Verfahren. Betrachten Sie folgendes Beispiel. Jeden Tag kommen zahlreiche Leute ins Land und der Grenzschutz möchte sicherstellen, daß kein Kokain eingeschmuggelt wird. Die Beamten könnten jeden durchsuchen, entscheiden sich aber für eine probabilistische Lösung. Sie durchsuchen nur jeden zehnten Einreisenden. Eine von zehn Personen muß eine Durchsuchung über sich ergehen lassen, während die anderen neun unbehelligt durchgelassen werden. Professionelle Schmuggler kommen mit ihren Missetaten meist davon, werden jedoch auch in 10 Prozent der Fälle gefaßt. Urteilen die Gerichte effektiv, wird die Strafe nach der einen Verhaftung die Vorteile aus den anderen neun Malen mehr als zunichte machen.

Möchte der Grenzschutz die Chancen, Schmuggler zu fassen, erhöhen, so muß er dazu mehr Leute durchsuchen. Will er die Chancen vermindern, muß er weniger Leute durchsuchen. Durch Beeinflussung der Wahrscheinlichkeiten steuert der Grenzschutz, wie erfolgreich das Protokoll bei der Festnahme von Schmugglern ist.

Das Protokoll für blinde Signaturen verläuft auf ähnliche Weise. Bob erhält einen dicken Packen unterschiedlicher, unkenntlich gemachter Dokumente. Er **öffnet**, d.h. liest alle bis auf eines und unterzeichnet dann das letzte.

Stellen Sie sich das unkenntliche Dokument in einem Umschlag vor. Das Dokument wird unkenntlich gemacht, indem es in einen Umschlag gesteckt wird. Durch Öffnen des Umschlags wird der Blindfaktor wieder entfernt. Solange sich das Dokument im Umschlag befindet, kann es von niemandem gelesen werden. Das Dokument wird durch ein Stück Kohlepapier im Umschlag unterschrieben. Wenn der Unterzeichner den Umschlag unterschreibt, wird die Unterschrift durch das Kohlepapier auf das Dokument kopiert.

Im nächsten Beispiel geht es um eine Gruppe von Agenten der Spionageabwehr. Ihre Identität ist geheim; nicht einmal innerhalb der Spionageabwehr ist bekannt, um wen es sich handelt. Der Chef der Spionageabwehr möchte jedem Agenten ein unterzeichnetes Dokument folgenden Inhalts zukommen lassen: „Der Besitzer dieses unterzeichneten Dokuments, (hier Decknamen des Agenten eintragen), besitzt volle diplomatische Immunität". Jeder Agent hat eine Reihe von Decknamen, so daß die Zentrale die unterzeichneten Dokumente nicht einfach aushändigen kann. Die Agenten möchten ihre Decknamen nicht an die Zentrale der Spionageabwehr schicken, denn der Feind könnte in die dortigen Computer eingedrungen sein. Andererseits möchte die Behörde nicht blind irgendein Dokument unterzeichnen, das sie von einem Agenten geschickt bekommt. Ein kluger Agent könnte eine Nachricht einsetzen wie „Agent (Name) hat sich zur Ruhe gesetzt und erhält eine Pension von einer Million Dollar pro Jahr. Unterzeichnet, der Präsident". In einem solchen Fall wären blinde Signaturen hilfreich.

Angenommen, jeder Agent hat zehn Decknamen, die er selbst gewählt hat und die sonst niemand kennt. Außerdem ist es den Agenten egal, unter welchem Namen sie diplomatische Immunität erhalten. Der Computer der Spionageabwehr heißt Agency's Large Intelligent Computing Engine (ALICE) und unser spezieller Agent ist Bogota Operations Branch (BOB).

(1) BOB bereitet n Dokumente vor, wobei ihm jedes unter einem anderen Decknamen diplomatische Immunität garantiert.
(2) BOB macht jedes dieser Dokumente mit einem anderen Blindfaktor unkenntlich.
(3) BOB sendet die n unkenntlichen Dokumente an ALICE.
(4) ALICE wählt $n-1$ Dokumente zufällig aus und bittet BOB um die jeweiligen Blindfaktoren.
(5) BOB sendet ALICE die entsprechenden Blindfaktoren.

(6) ALICE öffnet $n-1$ Dokumente (d.h. sie entfernt deren Blindfaktor) und überprüft, ob sie korrekt – und keine Pensionsberechtigungen – sind.
(7) ALICE unterzeichnet das verbleibende Dokument und sendet es an BOB.
(8) Der Agent entfernt den Blindfaktor und liest seinen neuen Decknamen „Roter Blitz". Das unterzeichnete Dokument garantiert ihm unter diesem Namen diplomatische Immunität.

Dieses Protokoll ist sicher gegen Betrugsversuche seitens BOB. Um betrügen zu können, müßte er exakt voraussagen, welches Dokument sich Alice nicht ansieht. Die Chancen dafür stehen 1 zu n, d.h. ziemlich ungünstig. ALICE weiß das und fühlt sich bei der Unterzeichnung eines unbekannten Dokuments sicher. Für dieses eine Dokument entspricht das Protokoll dem vorigen Protokoll für vollständig blinde Signaturen und behält alle Eigenschaften der Anonymität bei.

Es gibt einen Trick, der BOBs Betrugschancen noch verringert. Dazu wählt ALICE in Schritt (4) $n/2$ Dokumente zufällig aus, zu denen BOB ihr in Schritt (5) die Blindfaktoren sendet. In Schritt (7) multipliziert ALICE alle anderen Dokumente und unterzeichnet dieses Megadokument. In Schritt (8) entfernt BOB die Blindfaktoren. ALICEs Unterschrift ist nur zulässig, wenn es eine gültige Unterschrift des Produkts von $n/2$ Dokumenten ist. Um zu betrügen, muß BOB exakt erraten, welche Teilmenge ALICE anfordert; die Chancen dafür sind viel kleiner als die Wahrscheinlichkeit dafür zu erraten, welches eine Dokument Alice nicht anfordert.

BOB hat eine weitere Betrugsmöglichkeit. Er kann zwei verschiedene Dokumente generieren, wovon ALICE eines unterzeichnen und das andere nicht unterzeichnen würde. BOB ermittelt dann zwei verschiedene Blindfaktoren, die beide Dokumente in dasselbe unkenntliche Dokument überführen. Verlangt Alice nun Einsicht in das Dokument, gibt BOB ihr den Blindfaktor, der das angenehme Dokument wiederherstellt. Verlangt ALICE keine Einsicht in das Dokument und unterzeichnet es, verwendet er den Blindfaktor, der das unangenehme Dokument zum Vorschein bringt. Diese Vorgehensweise ist zwar theoretisch möglich, die Mathematik der beteiligten Algorithmen macht jedoch BOBs Aussichten, ein solches Paar zu finden, vernachlässigbar gering. Seine Chance kann sogar bis auf die Wahrscheinlichkeit verringert werden, daß BOB ALICEs Unterschrift auf einer beliebigen Nachricht selbst leisten kann. In Abschnitt 23.12 gehen wir dieser Frage weiter nach.

Patente

Chaum besitzt Patente für verschiedene Varianten blinder Signaturen (siehe Tabelle 5.1).

Tabelle 5.1: Chaums Patente für blinde Signaturen

US-Patentnummer	Datum	Bezeichnung
4.759.063	19.7.88	Blind Signature Systems [323]
4.759.064	19.7.88	Blind Unanticipated Signature Systems [324]
4.914.698	3.3.90	One-Show Blind Signature Systems [326]
4.949.380	14.8.90	Returned-Value Blind Signature Systems [328]
4.991.210	5.2.91	Unpredictable Blind Signature Systems [331]

5.4 Auf Identität basierende Public-Key-Kryptographie

Alice möchte Bob eine sichere Nachricht senden. Sie möchte sich seinen öffentlichen Schlüssel aber nicht bei einem Schlüsselserver besorgen; sie möchte auch nicht die Unterschrift irgendeiner vertrauenswürdigen dritten Partei auf seinem Public-Key-Zertifikat überprüfen; sie möchte nicht einmal Bobs öffentlichen Schlüssel auf ihrem eigenen Computer speichern. Sie will ihm einfach nur eine sichere Nachricht senden.

Mit **auf Identität basierenden Kryptosystemen** (*identity-based cryptosystems*), die manchmal auch Non-Interactive Key-Sharing-Systeme (NIKS) genannt werden, läßt sich dieses Problem lösen [1422]. Bobs öffentlicher Schlüssel basiert hier auf seinem Namen und seiner Netzadresse (bzw. Telefonnummer, Postanschrift o.ä.). Bei normaler Public-Key-Kryptographie benötigt Alice eine unterschriebene Beglaubigung, die Bobs öffentlichen Schlüssel mit seiner Identität verbindet. Bei der *identity-based*-Kryptographie *ist* Bobs öffentlicher Schlüssel seine Identität. Die Idee ist wirklich gut und etwa so ausgereift, wie man das vom konventionellen Postdienst sagen kann: Kennt Alice Bobs Adresse, kann sie ihm sichere Post senden. Die beteiligte Kryptographie wird so transparent wie möglich.

Das System stützt sich auf Trent, der private Schlüssel an Benutzer vergibt, die auf deren Identität basieren. Ist Alices privater Schlüssel kompromittiert, kann sie nur dann einen neuen Schlüssel erhalten, wenn sie auf irgendeine Art ihre Identität verändert. Es ist sehr schwierig, das System so zu entwerfen, daß sich unehrliche Benutzer nicht zusammenschließen und Schlüssel fälschen können.

Die Mathematik zu dieser Art von Verfahren wurde – vorwiegend in Japan – intensiv untersucht. Es hat sich als äußerst kompliziert erwiesen, diese Verfahren sicher zu machen. Viele der vorgeschlagenen Lösungen beinhalten, daß Trent für jeden Benutzer eine Zufallszahl auswählt; meiner Meinung nach läuft das jedoch dem eigentlichen Zweck des Systems zuwider. Manche der in Kapitel 19 und 20 behandelten Algorithmen können auch auf Identität basieren. Ausführlichere Informationen, Algorithmen und Kryptanalyse finden Sie in [191, 1422, 891, 1022, 1515, 1202, 1196, 908, 692, 674, 1131, 1023, 1516, 1536, 1544, 63, 1210, 314, 313, 1545, 1539, 1543, 933, 1517, 748, 1228]. Ein Algorithmus, der nicht auf Zufallszahlen basiert, ist [1035]. Das in [1546, 1547, 1507] beschriebene System ist unsicher gegenüber einem *chosen-public-key*-Angriff, ebenso das als NIKS-TAS vorgestellte System [1542, 1540, 1541, 993, 375, 1538]. Im Grunde existiert bislang kein Vorschlag, der sowohl praktisch durchführbar als auch sicher wäre.

5.5 Oblivious Transfer

Kryptograph Bob versucht verzweifelt, die 500 Bit lange Zahl n zu faktorisieren. Er weiß, daß sie das Produkt aus fünf 100-Bit Zahlen ist, das ist aber auch schon alles. (Das ist wirklich ein Problem. Kann er den Schlüssel nicht wiederherstellen, muß er Überstunden machen und verpaßt seine wöchentliche mentale Pokerrunde mit Alice.)

Was weiß Alice?

> „Ich kenne zufälligerweise einen Faktor der Zahl", sagt sie „und ich verkaufe ihn Dir für 100 Dollar, das macht einen Dollar pro Bit". Um zu zeigen, daß ihr Angebot seriös ist, legt sie jedes Bit einzeln mit einem *bit-commitment*-Verfahren fest.
> Bob ist an dem Angebot interessiert, besitzt aber nur 50 Dollar. Alice will mit dem Preis nicht heruntergehen und bietet Bob an, ihm die Hälfte der Bits für den halben Preis zu verkaufen. „Das spart Dir eine Menge Arbeit", gibt sie zu bedenken.
> „Woher soll ich wissen, daß Deine Zahl wirklich ein Faktor von n ist? Wenn Du mir die Zahl zeigst und mich überprüfen läßt, ob sie ein Faktor ist, machen wir das Geschäft", antwortet Bob.
> Sie haben einen toten Punkt erreicht. Alice kann Bob nicht davon überzeugen, daß ihre Zahl ein Faktor von n ist, ohne sie offenzulegen und Bob will nicht 50 Bits einer Zahl kaufen, die sich womöglich als wertlos herausstellt.

Diese Geschichte, die bei Joe Kilian [831] abgeschaut ist, führt das Konzept der **nicht eindeutigen Übertragung** (*oblivious transfer*) ein. Alice übermittelt Bob eine Reihe von Nachrichten. Bob empfängt eine Teilmenge dieser Nachrichten, Alice weiß aber nicht, welche. Damit ist das Problem noch nicht gelöst. Nachdem Bob eine zufällige Hälfte der Bits erhalten hat, muß Alice ihn mit einem *zero-knowledge*-Protokoll davon überzeugen, daß die gesendeten Bits zu einem Faktor von n gehören.

Im folgenden Protokoll sendet Alice Bob eine von zwei Nachrichten. Bob erhält eine der beiden, Alice weiß aber nicht, welche.

> (1) Alice generiert zwei Schlüsselpaare aus öffentlichem und privatem Schlüssel, also insgesamt vier Schlüssel. Sie sendet die beiden öffentlichen Schlüssel an Bob.
>
> (2) Bob wählt einen Schlüssel für einen symmetrischen Algorithmus wie z.B. DES. Mit einem von Alices öffentlichen Schlüsseln chiffriert er seinen DES-Schlüssel. Er sendet Alice den chiffrierten Schlüssel, ohne ihr zu verraten, welchen ihrer öffentlichen Schlüssel er zur Chiffrierung verwendet hat.
>
> (3) Alice dechiffriert Bobs Schlüssel zweimal, wozu sie ihre beiden privaten Schlüssel verwendet. In einem der beiden Fälle verwendet sie den korrekten Schlüssel und dechiffriert erfolgreich Bobs DES-Schlüssel. In dem anderen Fall verwendet sie den falschen Schlüssel und generiert nur eine bedeutungslose Menge von

Bits, die nichtsdestoweniger wie ein zufälliger DES-Schlüssel aussehen. Da sie den richtigen Klartext nicht kennt, weiß sie nicht, welches der beiden Ergebnisse dem richtigen Schlüssel entspricht.

(4) Alice chiffriert ihre beiden Nachrichten, jede mit einem anderen der von ihr im vorigen Schritt generierten DES-Schlüssel (wobei der eine bedeutungslos und der andere echt ist) und sendet sie an Bob.

(5) Bob erhält von Alice eine Nachricht, die mit dem richtigen und eine, die mit dem sinnlosen DES-Schlüssel chiffriert ist. Dechiffriert Bob beide mit seinem DES-Schlüssel, kann er eine davon lesen, während die andere für ihn nur Unsinn enthält.

Bob besitzt nun eine der beiden Nachrichten von Alice, Alice weiß aber nicht, welche der beiden er erfolgreich lesen konnte. Würde das Protokoll hier enden, hätte Alice die Möglichkeit zu betrügen. Deshalb ist ein weiterer Schritt erforderlich.

(6) Nachdem das Protokoll abgeschlossen und beide möglichen Ergebnisse der Übertragung bekannt sind, muß Alice Bob ihren privaten Schlüssel überlassen, damit er sichergehen kann, daß sie nicht betrogen hat. Schließlich könnte sie in Schritt (4) mit beiden Schlüsseln ein und dieselbe Nachricht chiffriert haben.

An dieser Stelle kann Bob natürlich die zweite Nachricht in Erfahrung bringen.

Das Protokoll ist sicher gegenüber einem Angriff seitens Alice, da sie keine Chance hat herauszubekommen, welcher der zwei DES-Schlüssel der echte ist. Sie chiffriert beide Nachrichten, aber Bob kann nur eine davon – zumindest bis zu Schritt (6) – erfolgreich wiederherstellen. Das Protokoll ist sicher gegenüber einem Angriff von Bob, da dieser vor Schritt (6) nicht an Alices private Schlüssel herankommen kann, um den DES-Schlüssel zu ermitteln, mit dem die andere Nachricht verschlüsselt wurde. Dies erscheint vielleicht wie eine kompliziertere Variante des Münzenwerfens über Modem, hat jedoch weitreichende Folgen, wenn es in komplexeren Protokollen verwendet wird.

Natürlich kann niemand Alice davon abhalten, Bob zwei völlig sinnlose Nachrichten wie „Hüh Hott" oder „Du Trottel" zu senden. Dieses Protokoll gewährleistet lediglich, daß Alice Bob eine von zwei Nachrichten sendet; es stellt keineswegs sicher, daß Bob eine davon auch empfangen möchte.

In der Literatur finden sich weitere *oblivious-transfer*-Protokolle. Manche sind nicht-interaktiv, d.h. daß Alice ihre beiden Nachrichten veröffentlichen und Bob nur den Inhalt einer davon in Erfahrung bringen kann. Dazu wäre er auch allein in der Lage; er braucht nicht extra mit Alice zu kommunizieren [105].

In der Praxis gibt es eigentlich keinen Bedarf für *oblivious-transfer*-Protokolle, das Konzept stellt jedoch einen wichtigen Baustein für andere Protokolle dar. Es sind viele Arten nicht-eindeutiger Übertragung möglich – ich besitze zwei Geheimnisse und verrate Dir eines davon; ich besitze n Geheimnisse und erzähle Dir eines; ich besitze ein Geheimnis, was Du mit einer Wahrscheinlichkeit von $1/2$ bekommst usw. – sie sind aber alle äquivalent [245, 391, 395].

5.6 Nicht eindeutige Signaturen

Ehrlich gesagt kann ich mir keine sinnvolle Anwendung dafür vorstellen, aber es gibt zwei Arten von nicht eindeutigen Signaturen [346]:

1. Alice verfügt über n verschiedene Nachrichten. Bob kann eine der n Nachrichten für Alice zur Unterzeichnung auswählen, Alice hat aber keine Möglichkeit zu erfahren, um welche der Nachrichten es sich handelt.
2. Alice besitzt eine Nachricht. Bob kann einen von n Schlüsseln auswählen, die Alice zur Unterzeichnung der Nachricht verwendet; Alice hat aber keine Möglichkeit zu erfahren, welchen Schlüssel sie verwendet hat.

Das ist eine nette Idee und ich bin mir sicher, daß sich dafür irgendwo eine Anwendung findet.

5.7 Geichzeitige Vertragsunterzeichnung

Vertragsunterzeichnung mit Vermittler

Alice und Bob wollen einen Vertrag schließen. Sie haben sich auf den Wortlaut geeinigt, möchten jedoch erst unterzeichnen, wenn auch der jeweils andere das tut. Bei beiderseitiger physischer Anwesenheit ist das kein Problem, sie unterzeichnen dann einfach gemeinsam. Wenn sie sich nicht am selben Ort aufhalten, können sie einen Vermittler einschalten.

(1) Alice unterzeichnet eine Kopie des Vertrages und sendet sie an Trent.
(2) Bob unterzeichnet eine Kopie des Vertrages und sendet sie an Trent.
(3 Trent schickt eine Nachricht sowohl an Alice als auch an Bob mit der Mitteilung, daß der jeweils andere den Vertrag unterzeichnet hat.
(4) Alice unterzeichnet zwei Kopien des Vertrages und sendet sie an Bob.
(5) Bob unterzeichnet beide Kopien des Vertrages, behält eine davon und sendet die andere an Alice.
(6) Alice und Bob informieren Trent, daß sie sich im Besitz einer von beiden unterzeichneten Vertragskopie befinden.
(7) Trent vernichtet seine beiden Vertragskopien, die jeweils nur eine Unterschrift aufweisen.

Dieses Protokoll funktioniert, da durch Trent beide Parteien am Betrug gehindert werden. Würde Bob sich weigern, den Vertrag in Schritt (5) zu unterzeichnen, könnte Alice bei Trent eine bereits von Bob unterzeichnete Vertragskopie anfordern. Würde Alice die Vertragsunterzeichnung in Schritt (4) ablehnen, könnte Bob ebenso verfahren. Wenn Trent den Empfang beider Verträge in Schritt (3) bestätigt, wissen sowohl Alice als auch Bob, daß der jeweils andere an den Vertrag gebunden ist. Erhält Trent in den Schritten

(1) und (2) nicht beide Verträge, vernichtet er das eine Dokument, das er erhielt, und keine Partei ist daran gebunden.

Gleichzeitige Vertragsunterzeichnung ohne Vermittler (bei physischer Anwesenheit)

Wenn Alice und Bob einander gegenübersitzen, können sie den Vertrag wie folgt unterschreiben [1244]:

(1) Alice unterzeichnet mit dem ersten Buchstaben ihres Namens und reicht den Vertrag Bob.
(2) Bob unterzeichnet mit dem ersten Buchstaben seines Namens und gibt den Vertrag Alice zurück.
(3) Alice ergänzt den zweiten Buchstaben ihres Namens und reicht den Vertrag Bob.
(4) Bob ergänzt den zweiten Buchstaben seines Namens und übergibt den Vertrag Alice.
(5) Das geht so weiter, bis Alices und Bobs Namen vollständig sind.

Wenn man das bei diesem Protokoll offensichtliche Problem außer Acht läßt (Alice hat einen längeren Namen als Bob), funktioniert es recht gut. Nach der Unterzeichnung mit nur einem Buchstaben weiß Alice, daß kein Richter sie auf die Vertragsbedingungen verpflichten würde. Der Buchstabe aber stellt einen Akt guten Willens dar, und Bob antwortet dementsprechend.

Nachdem jede Partei mehrere Buchstaben ergänzt hat, könnte ein Richter wahrscheinlich davon zu überzeugen sein, daß beide Parteien den Vertrag unterzeichnet haben. Die Details bleiben dennoch unklar. Sicher sind sie nach nur einem Buchstaben nicht an den Vertrag gebunden; genauso sicher ist das Gegenteil der Fall, wenn sie ihre Namen vollständig ergänzt haben. Ab welcher Stelle des Protokolls aber ist die Unterzeichnung verbindlich? Bei der Hälfte ihrer Namen? Nach zwei Dritteln oder nach drei Vierteln?

Da weder Alice noch Bob genau wissen, ab welcher Stelle sie vertraglich gebunden sind, befürchtet zumindest jeder, daß er oder sie sich im Verlauf des Protokolls festlegen. Bob kann an keiner Stelle behaupten: „Du hast mit vier Buchstaben unterzeichnet, ich nur mit drei. Deine Unterschrift ist verbindlich, meine nicht". Für Bob gibt es keinen Grund, nicht mit dem Protokoll fortzufahren. Je weiter sie das Protokoll fortsetzen, desto größer wird die Wahrscheinlichkeit, daß ein Richter sie als vertraglich verpflichtet ansieht. Auch hier besteht kein Anlaß, nicht mit dem Protokoll fortzufahren. Schließlich wollen beide den Vertrag unterzeichnen; es will lediglich keiner vor dem anderen unterschreiben.

Gleichzeitige Vertragsunterzeichnung ohne Vermittler (ohne physische Anwesenheit)

Dieses Protokoll beinhaltet dieselbe Art von Ungewißheit [138]. Alice und Bob führen die Unterzeichnung abwechselnd in winzigen Schritten bis zum Ende durch.

Alice und Bob tauschen in diesem Protokoll eine Reihe unterzeichneter Nachrichten folgender Form aus: „Ich erkläre mich damit einverstanden, daß ich mit der Wahrscheinlichkeit p an diesen Vertrag gebunden bin."

Der Empfänger einer solchen Nachricht kann damit vor Gericht erscheinen, und der Richter wird mit der Wahrscheinlichkeit p urteilen, daß der Vertrag rechtsgültig unterschrieben ist.

(1) Alice und Bob vereinbaren ein Datum, an dem das Unterzeichnungsprotokoll abgeschlossen sein soll.

(2) Alice und Bob einigen sich auf eine Wahrscheinlichkeitsdifferenz, die sie akzeptieren können. Alice könnte beispielsweise verlangen, daß sie an den Vertrag nicht mit einer Wahrscheinlichkeit gebunden ist, die mehr als 2 Prozent über der für Bob festgelegten Wahrscheinlichkeit liegt. Alices Differenz sei a, und Bobs b.

(3) Alice sendet Bob eine unterzeichnete Nachricht mit $p = a$.

(4) Bob schickt Alice eine unterzeichnete Nachricht mit $p = a + b$.

(5) p sei die Wahrscheinlichkeit der Nachricht, die Alice im vorigen Schritt von Bob erhalten hat. Alice sendet Bob eine unterzeichnete Nachricht mit $p' = p + a$ oder 1, je nachdem, welcher Wert kleiner ist.

(6) p sei die Wahrscheinlichkeit der Nachricht, die Bob im vorigen Schritt von Alice erhalten hat. Bob sendet Alice eine unterzeichnete Nachricht mit $p' = p + b$ oder 1, je nachdem, welcher Wert kleiner ist.

(7) Alice und Bob fahren mit den Schritten (5) und (6) solange fort, bis beide eine Nachricht mit $p = 1$ erhalten haben oder das in Schritt (1) vereinbarte Datum abgelaufen ist.

Im Verlauf des Protokolls binden sich Alice und Bob mit ständig steigender Wahrscheinlichkeit an den Vertrag. Zum Beispiel definiert Alice ihr a mit 2 Prozent, und Bob sein b mit 1 Prozent. (Es wäre angenehm, wenn sie größere Schritte gewählt hätten; wir werden uns hier also eine Weile aufhalten müssen.) Alices erste Nachricht lautet zum Beispiel, daß sie mit 2 Prozent an den Vertrag gebunden ist. Bob könnte antworten, daß er mit 3 Prozent verpflichtet ist. Alices nächste Nachricht bindet sie mit 5 Prozent usw. Dies wird solange fortgesetzt, bis beide mit einer Wahrscheinlichkeit von 100 Prozent an den Vertrag gebunden sind.

Wenn sowohl Alice als auch Bob das Protokoll bis zum Abschlußdatum beendet haben, ist alles in Ordnung. Anderenfalls kann jede der Parteien den Vertrag gemeinsam mit der letzten von der anderen Partei unterzeichneten Nachricht bei Gericht vorlegen. Der Richter wählt nun zufällig eine Zahl zwischen 0 und 1, bevor er sich den Vertrag ansieht. Ist die gewählte Zahl kleiner als die von der anderen Partei unterzeichnete Wahrscheinlichkeit, sind beide Parteien an den Vertrag gebunden. Ist sie größer, ist der

Vertrag für keine der beiden Parteien verbindlich. (Der Richter speichert seine gewählte Zahl für den Fall, daß er über einen anderen Aspekt derselben Angelegenheit erneut urteilen muß.) Damit ist klar, was es heißt, mit der Wahrscheinlichkeit p an einen Vertrag gebunden zu sein.

Dies ist nur das elementare Protokoll, es kann auch noch komplizierter werden. Der Richter könnte in Abwesenheit einer der Parteien urteilen. Durch das richterliche Urteil werden entweder keine oder beide Parteien gebunden; es gibt keine Situation, in der der Vertrag nur für eine der Parteien rechtsgültig ist. Solange eine Partei damit einverstanden ist, mit etwas größerer Wahrscheinlichkeit an den Vertrag gebunden zu sein als die andere Partei (egal wie gering die Differenz auch ausfällt), wird das Protokoll irgendwann enden.

Gleichzeitige Vertragsunterzeichnung ohne Vermittler (mit Kryptographie)

Das folgende kryptographische Protokoll wird ebenfalls in winzigen Schritten durchgeführt [529]. In der Beschreibung wird DES verwendet, es kann aber auch ein anderer symmetrischer Algorithmus eingesetzt werden.

(1) Sowohl Alice als auch Bob wählen zufällig $2n$ DES-Schlüssel aus, die paarweise zusammengestellt werden. Es handelt sich dabei nicht um besondere Paare, die Schlüssel werden nur für das Protokoll so angeordnet.

(2) Alice und Bob erstellen jeweils n Nachrichtenpaare L_i und R_i, zum Beispiel mit dem Text „das ist die linke Hälfte meiner Unterschrift" und „das ist die rechte Hälfte meiner Unterschrift". Der Index i läuft von 1 bis n. Jede Nachricht wird wahrscheinlich zudem eine digitale Signatur des Vertrages und einen Zeitstempel enthalten. Der Vertrag gilt als unterzeichnet, wenn die andere Partei beide Hälften L_i und R_i zu einem Unterschriftenpaar vorweisen kann.

(3) Alice und Bob verschlüsseln ihre Nachrichtenpaare mit jedem der DES-Schlüsselpaare, die linke Nachricht mit dem linken Schlüssel des Paares und die rechte Nachricht mit dem rechten Schlüssel des Paares.

(4) Alice und Bob senden einander ihre Stapel mit den $2n$ verschlüsselten Nachrichten, wobei klargestellt ist, welche Nachricht welcher Hälfte eines welchen Paares entspricht.

(5) Alice und Bob senden einander alle Schlüsselpaare, wobei sie für jedes Paar das *oblivious-transfer*-Protokoll verwenden. Das heißt, daß Alice Bob für jedes der n Paare unabhängig entweder den zur Chiffrierung der linken Nachricht oder den zur Chiffrierung der rechten Nachricht verwendeten Schlüssel sendet. Bob verfährt genauso. Es spielt keine Rolle, ob sie sich mit dem Senden der Hälften abwechseln oder z.B. zuerst der eine 100 Nachrichten sendet und dann der andere 100 Nachrichten. Alice und Bob besitzen nun zu jedem Schlüsselpaar jeweils einen Schlüssel, aber keiner weiß, welche Hälften der andere besitzt.

(6) Alice und Bob dechiffrieren die ihnen möglichen Nachrichtenhälften mit den erhaltenen Schlüsseln. Sie überzeugen sich davon, daß die dechiffrierten Nachrichten gültig sind.
(7) Alice und Bob senden einander die jeweils ersten Bits aller $2n$ DES-Schlüssel.
(8) Alice und Bob wiederholen Schritt (7) für die zweiten Bits aller $2n$ DES-Schlüssel, die dritten Bits und so weiter, bis alle Bits der DES-Schlüssel übertragen sind.
(9) Alice und Bob dechiffrieren die übrigen Hälften der Nachrichtenpaare, und der Vertrag ist unterzeichnet.
(10) Alice und Bob tauschen ihre privaten Schlüssel aus, die sie für das *oblivious-transfer*-Protokoll in Schritt (5) verwendet haben und stellen sicher, daß der jeweils andere nicht betrogen hat.

Warum müssen Alice und Bob so kompliziert vorgehen? Sehen wir uns an, was geschieht, wenn Alice zu betrügen versucht. In den Schritten (4) und (5) könnte Alice das Protokoll stören, indem sie Bob unsinnige Bitfolgen sendet. Bob würde das in Schritt (6) beim Versuch bemerken, die empfangene Hälfte zu dechiffrieren. Bob könnte das Protokoll dann gefahrlos abbrechen, bevor Alice in der Lage wäre, irgendwelche von Bobs Nachrichtenpaaren zu dechiffrieren.

Wäre Alice sehr klug, könnte sie das Protokoll nur zur Hälfte stören. Sie könnte die eine Hälfte jedes Paares korrekt senden, statt der richtigen anderen Hälfte aber eine sinnlose Zeichenfolge. Bob empfängt dann mit einer Wahrscheinlichkeit von 50 Prozent die richtige Hälfte, so daß Alice in der Hälfte aller Fälle betrügen könnte. Dies funktioniert jedoch nur bei einem einzigen Schlüsselpaar. Bei zwei Schlüsselpaaren liegt die Erfolgsquote für einen Betrug nur noch bei 25 Prozent. n sollte deshalb groß gewählt werden. Um zu betrügen, muß Alice das Ergebnis von n *oblivious-transfer*-Protokollen richtig erraten, was ihr nur mit einer Wahrscheinlichkeit von 1 zu 2^n gelingt. Ist n gleich 10, kann Alice Bob mit einer Erfolgschance von 1 zu 1024 betrügen.

Ebenso könnte Alice Bob in Schritt (8) irgendwelche Zufallsbits schicken. Bob bemerkt dies erst, wenn er den gesamten Schlüssel erhalten hat und versucht, die Nachrichtenhälften zu dechiffrieren. Aber auch hier hat Bob die Wahrscheinlichkeit auf seiner Seite. Er hat bereits die Hälfte der Schlüssel erhalten, und Alice weiß nicht, welche das sind. Ist n groß genug, sendet Alice ihm mit Sicherheit ein unsinniges Bit zu einem Schlüssel, den er bereits erhalten hat, so daß er sofort weiß, daß Alice ihn betrügen will.

Vielleicht macht Alice mit Schritt (8) auch solange weiter, bis sie genug Bits der Schlüssel für einen Brute-Force-Angriff beisammen hat, und stellt die Bit-Übertragung dann ein. In DES ist der Schlüssel 56 Bit lang. Wenn sie 40 der 56 Bits empfangen hat, muß sie nur noch 2^{16} oder 65536 Schlüssel durchprobieren, um die Nachricht lesen zu können – eine Aufgabe, die für einen Computer gewiß lösbar ist. Aber Bob verfügt dann über genau dieselbe Anzahl von Bits ihrer Schlüssel (oder im schlechtesten Fall über ein Bit weniger), so daß er es Alice gleichtun kann. Alice hat keine andere Wahl, als mit dem Protokoll fortzufahren.

Der wesentliche Punkt ist hier, daß Alice fair sein muß, weil die Wahrscheinlichkeit für einen erfolgreichen Betrug zu gering ist. Am Ende des Protokolls besitzen beide Parteien n Paare unterzeichneter Nachrichten, wovon jede als gültige Unterschrift ausreicht.

Es gibt für Alice eine Möglichkeit zu betrügen; sie kann Bob in Schritt (5) identische Nachrichten schicken. Bob kann dies zwar erst nach Abschluß des Protokolls feststellen, einen Richter aber mit der Aufzeichnung des Protokolls von Alices Doppelspiel überzeugen.

Protokolle dieses Typs weisen zwei Schwächen auf [138]. Zum einen ist es problematisch, wenn eine Partei über entschieden mehr Rechenleistung als die andere verfügt. Kann Alice einen Brute-Force-Angriff beispielsweise schneller durchführen als Bob, so kann sie das Senden von Bits in Schritt (8) früh einstellen und Bobs Schlüssel selbst ermitteln. Bob, der dasselbe nicht in angemessener Zeit leisten kann, wäre darüber nicht sehr glücklich.

Zum zweiten gibt es Schwierigkeiten, wenn eine der Parteien das Protokoll in einem frühen Stadium unterbricht. Beendet Alice das Protokoll abrupt, haben beide vergleichbar viel Rechenzeit aufgewendet, Bob hat jedoch keinerlei Regreßansprüche. Legt der Vertrag zum Beispiel fest, daß Alice innerhalb einer Woche einen bestimmten Auftrag zu erledigen hat, und Alice beendet das Protokoll an einer Stelle, wo Bob ein Jahr Rechenzeit aufwenden müßte, bevor sie wirklich überführt ist, dann stellt das ein Problem dar. Die eigentliche Schwierigkeit hier liegt im Fehlen eines baldigen Termins, an dem der Vorgang ordnungsgemäß damit abschließt, daß entweder keine oder beide Parteien vertraglich gebunden sind.

Diese Probleme treten bei den in Abschnitt 5.8 und 5.9 beschriebenen Protokollen ebenfalls auf.

5.8 Bestätigung elektronischer Post

Dasselbe Protokoll für gleichzeitigen *oblivious transfer*, das zur Vertragsunterzeichnung verwendet wird, funktioniert mit gewissen Änderungen auch bei der Bestätigung elektronischer Post [529]. Angenommen, Alice möchte Bob eine Nachricht senden, diese soll er aber erst nach Unterzeichnung einer Empfangsbestätigung lesen. Im wirklichen Leben wird diese Prozedur von mehr oder weniger geduldigen Postboten abgewickelt, dasselbe ist aber auch über Kryptographie machbar. Das Problem wurde erstmalig von Whitfield Diffie in [490] behandelt.

Auf den ersten Blick scheint die Aufgabe mit dem Protokoll zur gleichzeitigen Vertragsunterzeichnung lösbar zu sein. Alice chiffriert ihre Nachricht einfach mit einem DES-Schlüssel. Ihre Hälfte des Protokolls könnte zum Beispiel „dies ist die linke Hälfte des DES-Schlüssels: 32f5" lauten, und Bobs Hälfte „dies ist die linke Hälfte meiner Empfangsbestätigung". Alles andere bleibt unverändert.

Warum das nicht funktioniert, wird aus der Tatsache ersichtlich, daß das Protokoll vom *oblivious transfer* in Schritt (5) abhängt, der Betrügereien verhindert. Beide Parteien wissen, daß sie dem anderen eine gültige Hälfte geschickt haben, aber keiner weiß, um welche Hälfte es sich handelt. In Schritt (8) wird nicht betrogen, da die Chancen, damit durchzukommen, winzig sind. Sendet Alice Bob keine Nachricht, sondern die Hälfte eines DES-Schlüssels, kann Bob die Gültigkeit des DES-Schlüssels aber in Schritt (6) nicht überprüfen. Alice dagegen kann die Gültigkeit von Bobs Empfangsbestätigung überprüfen, so daß Bob zur Ehrlichkeit gezwungen ist. Alice kann Bob getrost irgendeinen unsinnigen DES-Schlüssel schicken. Bob erfährt nichts davon, bevor Alice eine gültige Bestätigung besitzt. Viel Glück, Bob!

Um Abhilfe bei diesem Problem zu schaffen, muß das Protokoll in einigen Punkten korrigiert werden:

(1) Alice chiffriert ihre Nachricht mit einem zufälligen DES-Schlüssel und sendet sie an Bob.

(2) Alice generiert n Paare von DES-Schlüsseln. Der erste Schlüssel eines jeden Paares wird zufällig erzeugt; der zweite Schlüssel ist das Ergebnis der XOR-Verknüpfung des ersten Schlüssels mit dem zur Nachrichtenchiffrierung verwendeten Schlüssel.

(3) Alice chiffriert mit jedem ihrer $2n$ Schlüssel eine bedeutungslose Nachricht.

(4) Alice sendet Bob den ganzen Stapel chiffrierter Nachrichten, wobei er erfährt, welche Nachrichten welchen Hälften welcher Paare entsprechen.

(5) Bob generiert n Paare zufälliger DES-Schlüssel.

(6) Bob erstellt ein Paar von Nachrichten, die eine gültige Empfangsbestätigung bilden. „Dies ist die linke Hälfte meiner Empfangsbestätigung" und „dies ist die rechte Hälfte meiner Empfangsbestätigung" sind hier geeignet, wobei irgendeine Zufallsbitfolge hinzugefügt wird. Bob bildet n numerierte Bestätigungspaare. Wie auch beim vorigen Protokoll gilt die Empfangsbestätigung als zulässig, wenn Alice beide Hälften einer Bestätigung (mit derselben Nummer) sowie all ihre Chiffrierschlüssel wiederherstellen kann.

(7) Bob chiffriert jedes seiner Nachrichtenpaare mit DES-Schlüsselpaaren, das i-te Nachrichtenpaar mit dem i-ten Schlüsselpaar, die linke Nachricht mit dem linken Schlüssel im Paar und die rechte Nachricht mit dem rechten Schlüssel im Paar.

(8) Bob sendet Alice seinen Stapel Nachrichtenpaare, wobei Alice erfährt, welche Nachrichten welchen Hälften welcher Paare entsprechen.

(9) Alice und Bob senden einander alle Schlüsselpaare, wozu sie für jedes Paar das *oblivious-transfer*-Protokoll verwenden. Das heißt, daß Alice Bob für jedes der n Paare entweder den zur Chiffrierung der linken oder den zur Chiffrierung der rechten Nachricht verwendeten Schlüssel sendet. Bob verfährt wie Alice. Es spielt dabei keine Rolle, ob sie sich beim Senden jeder einzelnen Hälfte abwechseln oder abwechselnd n Hälften auf einmal schicken. Alice und Bob besitzen nun zu jedem Schlüsselpaar einen der beiden Schlüssel, wissen jedoch nicht, welche Hälften der andere hat.

(10) Sowohl Alice als auch Bob dechiffrieren die ihnen möglichen Hälften und überprüfen, ob die dechiffrierten Nachrichten gültig sind.

(11) Alice und Bob senden einander die jeweils ersten Bits aller $2n$ DES-Schlüssel. (Wenn sie befürchten, daß Eve diese Mail-Nachrichten lesen kann, sollten sie ihre Übertragungen chiffrieren.)

(12) Alice und Bob wiederholen Schritt (11) für das zweite Bit der $2n$ DES-Schlüssel, für das dritte Bit und so weiter, bis alle Bits der DES-Schlüssel übertragen sind.

(13) Alice und Bob dechiffrieren die übrigen Hälften der Nachrichtenpaare. Alice besitzt eine gültige Empfangsbestätigung von Bob, und Bob kann irgendein Schlüsselpaar XOR-verknüpfen, um den zur Chiffrierung der ursprünglichen Nachricht verwendeten Schlüssel zu ermitteln.

(14) Alice und Bob tauschen die privaten Schlüssel aus, die sie während des *oblivious-transfer*-Protokolls verwendet haben und überprüfen, ob der jeweils andere nicht betrogen hat.

Die Schritte (5) bis (8) sind für Bob und die Schritte (9) bis (12) für Alice und Bob identisch mit denen im Protokoll zur Vertragsunterzeichnung. Der Trick liegt in den von Alice gesendeten bedeutungslosen Nachrichten. Sie geben Bob die Möglichkeit, die Gültigkeit ihres *oblivious transfer* in Schritt (10) zu überprüfen, was sie wiederum dazu zwingt, in den Schritten (11) bis (13) ehrlich zu bleiben. Wie auch beim Protokoll zur gleichzeitigen Vertragsunterzeichnung sind sowohl die linke als auch die rechte Hälfte eines von Alices Nachrichtenpaaren erforderlich, um das Protokoll zu beenden.

5.9 Gleichzeitiger Geheimnisaustausch

Alice kennt Geheimnis A, Bob kennt Geheimnis B. Alice ist bereit, Bob A mitzuteilen, wenn Bob ihr B erzählt. Bob ist bereit, Alice B zu verraten, wenn sie ihm A mitteilt. Das folgende Protokoll, das auf einem Schulhof beobachtet wurde, funktioniert nicht:

(1) Alice: „Ich erzähl's Dir, wenn Du's mir zuerst erzählst."
(2) Bob: „Ich erzähl's Dir, wenn Du's mir zuerst erzählst."
(3) Alice: „Nein, Du zuerst."
(4) Bob: „Na gut." Bob flüstert etwas.
(5) Alice: „Ätsch! Ich sag's Dir nicht."
(6) Bob: „Das ist nicht fair."

Mit Kryptographie wird dieses Protokoll fair. Die beiden vorigen Protokolle stellen Implementierungen dieses allgemeineren Protokolls dar, in dem Alice und Bob gleichzeitig geheime Informationen austauschen können [529]. Statt das ganze Protokoll zu wiederholen, beschreibe ich hier nur die Änderungen zum Protokoll zur Bestätigung von Post.

Alice führt die Schritte (1) bis (4) durch, wobei sie A als Nachricht verwendet. Bob durchläuft dieselben Schritte mit B als Nachricht. Alice und Bob führen den *oblivious transfer* in Schritt (9) durch, dechiffrieren die ihnen möglichen Hälften in Schritt (10) und wiederholen die Schritte (11) und (12). Wenn sie sich Sorgen wegen Eve machen, sollten sie ihre Nachrichten chiffrieren. Zuletzt dechiffrieren sowohl Alice als auch Bob die übrigen Hälften der Nachrichtenpaare und XOR-verknüpfen irgendein Schlüsselpaar, um den zur Chiffrierung der ursprünglichen Nachricht verwendeten Schlüssel zu ermitteln.

Dieses Protokoll läßt Alice und Bob gleichzeitig geheime Informationen austauschen, sagt jedoch nichts über den Inhalt der ausgetauschten Geheimnisse aus. Alice könnte Bob den Lösungsplan für das Labyrinth des Minotaurus versprechen, ihm tatsächlich aber einen Plan der Münchener U-Bahn senden. Bob erhält das, was Alice ihm zu senden gewillt ist. Weitere Protokolle sind [1286, 195, 991, 1524, 705, 753, 259, 358, 415].

6 Ausgefallene Protokolle

6.1 Sichere Wahlen

Bei allgemeinen Wahlen kann auf elektronischem Wege erst abgestimmt werden, wenn ein Protokoll existiert, das Geheimhaltung garantiert und Betrug ausschließt. Ein ideal dafür geeignetes Protokoll muß zumindest die sechs folgenden Anforderungen erfüllen:

1. Nur Wahlberechtigte können abstimmen.
2. Jeder kann nur einmal wählen.
3. Niemand kann in Erfahrung bringen, für wen andere gestimmt haben.
4. Niemand kann das Votum eines anderen duplizieren (dies ist die härteste Anforderung).
5. Niemand kann das Votum eines anderen ändern, ohne dabei entdeckt zu werden.
6. Jeder Wähler kann überprüfen, ob seine Stimmabgabe in das Endergebnis eingeflossen ist.

An manche Abstimmungen wird außerdem folgende Anforderung gestellt:

7. Jeder weiß, wer gewählt hat und wer nicht.

Bevor wir uns komplizierteren Abstimmungsprotokollen zuwenden, die diese Merkmale aufweisen, sehen wir uns einige einfachere Protokolle an.

Einfaches Abstimmungsprotokoll Nr. 1

(1) Jeder Wähler chiffriert sein Votum mit dem öffentlichen Schlüssel einer zentralen Wahlleitung (*Central Tabulation Facility, CTF*).
(2) Jeder Wähler sendet sein Votum bei der CTF ein.
(3) Die CTF dechiffriert die Stimmabgaben, zählt sie aus und veröffentlicht das Ergebnis.

Dieses Protokoll steckt voller Probleme. Die CTF weiß nichts über die Herkunft der Stimmen, so daß nicht einmal feststellbar ist, ob sie überhaupt von Wahlberechtigten stammen. Außerdem kann nicht ermittelt werden, ob ein Wähler seine Stimme mehrfach abgegeben hat. Ein Vorzug ist, daß niemand das Votum eines anderen ändern kann; so kompliziert muß man allerdings auch nicht vorgehen, es wäre hier viel einfacher, das Ergebnis durch mehrmaliges Wählen in die gewünschte Richtung zu beeinflussen.

Einfaches Abstimmungsprotokoll Nr. 2

(1) Jeder Wähler unterzeichnet seine Stimmabgabe mit seinem privaten Schlüssel.
(2) Jeder Wähler chiffriert seine unterzeichnete Stimmabgabe mit dem öffentlichen Schlüssel der CTF.
(3) Jeder Wähler sendet sein Votum an die CTF.
(4) Die CTF dechiffriert die Stimmabgaben, überprüft die Unterschriften, zählt die Stimmen aus und veröffentlicht das Ergebnis.

Dieses Protokoll erfüllt die ersten beiden Anforderungen: Nur Wahlberechtigte können abstimmen, und jeder kann nur einmal wählen – die CTF würde die in Schritt (3) erhaltenen Stimmen protokollieren. Jedes Votum ist mit dem privaten Schlüssel des Wählers unterschrieben, so daß die CTF weiß, wer gewählt hat, wer nicht gewählt hat und wie oft ein Wähler seine Stimme abgegeben hat. Trifft ein Votum ein, das nicht von einem Wahlberechtigten unterschrieben wurde oder von einem Wähler stammt, der seine Stimme bereits abgegeben hat, wird es von der Wahlleitung ignoriert. Wegen der digitalen Signatur kann eine fremde Stimme auch nicht geändert werden, selbst wenn sie in Schritt (3) abgefangen wird.

Das Problem besteht bei diesem Protokoll darin, daß die Stimmabgabe mit der Unterschrift versehen ist, so daß die CTF weiß, wer für wen gestimmt hat. Die Chiffrierung der Stimmen mit dem öffentlichen Schlüssel der CTF verhindert zwar, daß jemand das Protokoll abhört und herausbekommt, wer für wen gestimmt hat, man muß jedoch der CTF vollständig vertrauen. Das ist etwa so, als würde Ihnen ein Wahlbeobachter in der Wahlkabine über die Schulter schauen.

Diese beiden Beispiele veranschaulichen, wie schwierig es ist, auch nur die ersten drei Anforderungen für ein sicheres Abstimmungsprotokoll zu erfüllen, ganz zu schweigen von den übrigen.

Wählen mit blinden Signaturen

Wir müssen das Votum irgendwie so vom Wähler trennen, daß die Möglichkeit zur Authentifizierung erhalten bleibt. Das Protokoll für blinde Signaturen leistet genau das:

(1) Jeder Wähler erstellt 10 Mengen von Nachrichten, die für jedes mögliche Ergebnis eine Stimme enthalten (geht es z.B. um eine Ja-/Nein-Entscheidung, enthält jede Menge zwei Stimmen, eine für „ja" und eine für „nein"). Ferner enthält jede Nachricht eine zufällig erzeugte Identifikationsnummer, die so groß ist, daß Überschneidungen mit anderen Wählern ausgeschlossen sind.
(2) Jeder Wähler macht die 10 Nachrichten einzeln unkenntlich (siehe Abschnitt 5.3) und sendet alle einschließlich 9 der 10 Blindfaktoren an die CTF.
(3) Die CTF überprüft in ihrer Datenbank, ob der Wähler seine unkenntlichen Stimmen nicht schon einmal zur Unterzeichnung eingereicht hat. Sie öffnet neun der Mengen und überprüft, ob sie korrekt formuliert sind. Dann unterzeichnet sie

die Nachricht, zu der sie keinen Blindfaktor erhalten hat. Diese sendet sie dem Wähler zurück und speichert dessen Namen in der Datenbank.

(4) Der Wähler macht die Nachricht wieder erkennbar und erhält eine Menge von Stimmabgaben, die von der CTF unterzeichnet sind. (Die Stimmabgaben sind unterzeichnet, aber nicht verschlüsselt, so daß der Wähler problemlos lesen kann, welche Stimme „ja" und welche „nein" besagt.)

(5) Der Wähler sucht sich eine der Stimmen aus (das ist Demokratie) und chiffriert sie mit dem öffentlichen Schlüssel der CTF.

(6) Der Wähler schickt sein Votum ein.

(7) Die CTF dechiffriert die Stimmabgaben, überprüft die Unterschriften, durchsucht ihre Datenbank nach einer doppelten Identifikationsnummer, speichert die Seriennummer und zählt die Stimmen aus. Sie veröffentlicht das Wahlergebnis mit den Seriennummern und zugehörigen Stimmen.

Ein übelgesinnter Wähler, nennen wir ihn Mallory, kann in diesem System nicht betrügen. Das Protokoll für blinde Signaturen stellt sicher, daß seine Stimmabgaben eindeutig sind. Wenn er ein Votum zweimal einzusenden versucht, erkennt die CTF die doppelte Seriennummer in Schritt (7) und ignoriert das zweite Votum. Versucht Mallory, sich in Schritt (2) mehrere Stimmen unterzeichnen zu lassen, entdeckt die CTF dies in Schritt (3). Er kann sich seine Stimmen nicht selbst erstellen, da er den privaten Schlüssel der Wahlleitung nicht kennt. Aus demselben Grund kann er die Stimmen anderer Wähler auch nicht abfangen und ändern.

Das „teile und wähle"-Protokoll in Schritt (3) stellt sicher, daß die Stimmen eindeutig sind. Ohne diesen Schritt könnte Mallory eine Menge von Stimmabgaben erstellen, die bis auf die Identifikationsnummer identisch sind, und alle würden für gültig erklärt.

Eine böswillige CTF kann nicht herausfinden, für wen die Wähler im einzelnen gestimmt haben. Das Protokoll für blinde Signaturen hindert die Wahlleitung daran, die Seriennummern auf den Stimmen vor der Abgabe einzusehen, so daß sie die unkenntlich gemachte und von ihr unterschriebene Stimme nicht mit der letztendlich abgegebenen Stimme in Zusammenhang bringen kann. Mit der Veröffentlichung einer Liste der Seriennummern und der zugehörigen Stimmen können Wähler überprüfen, ob ihre Stimme auch in der Auszählung berücksichtigt wurde.

Trotzdem gibt es Probleme. Ist Schritt (6) nicht anonym, so daß die CTF verfolgen kann, wer welche Stimme eingeschickt hat, kann sie auch herausbekommen, wer für wen gestimmt hat. Erhält sie die Stimmen dagegen in einer verschlossenen Wahlurne und zählt sie erst später aus, ist die Sache anonym. Selbst wenn die CTF keine Möglichkeit besitzt, die Stimmen einzelnen Wählern zuzuordnen, kann sie doch eine große Anzahl unterzeichneter, gültiger Stimmen generieren und diese selbst abgeben. Und wenn Alice entdeckt, daß die CTF ihre Stimme geändert hat, kann sie dies auf keinem Wege beweisen. Ein entsprechendes Protokoll, das diese Probleme zu beheben versucht, finden Sie in [1195, 1370].

Wählen bei zwei zentralen Wahlleitungen

Eine Lösung besteht darin, die CTF in zwei Wahlleitungen aufzuteilen. Keine der Parteien hätte dann die Möglichkeit, im Alleingang zu betrügen.

Das folgende Protokoll arbeitet mit einer *Central Legitimization Agency* (CLA) zur Registrierung der Wähler und einer davon unabhängigen CTF zur Stimmenauszählung [1373].

(1) Jeder Wähler schickt eine Nachricht an die CLA mit der Bitte um eine Registriernummer.

(2) Die CLA sendet dem Wähler eine zufällige Registriernummer zurück. Neben einer Liste mit den Registriernummern führt die CLA auch eine Liste mit deren Empfängern, für den Fall, daß jemand zweimal zu wählen versucht.

(3) Die CLA schickt die Liste mit den Registriernummern an die CTF.

(4) Jeder Wähler sucht sich eine zufällige Identifikationsnummer aus. Er erzeugt eine Nachricht, die diese Nummer, die von der CLA empfangene Registriernummer sowie sein Votum enthält. Diese Nachricht sendet er an die CTF.

(5) Die CTF überprüft die Registriernummer anhand der von der CLA in Schritt (3) empfangenen Liste. Ist die Registriernummer dort aufgeführt, wird sie gestrichen (um zweimaliges Wählen zu verhindern). Die CTF trägt die Identifikationsnummer in die Liste der Personen ein, die für einen bestimmten Kandidaten gestimmt haben und erhöht die Summe der für diesen Kandidaten abgegebenen Stimmen um eins.

(6) Nachdem alle Stimmen eingetroffen sind, veröffentlicht die CTF das Ergebnis sowie die kandidatenspezifischen Listen mit den Identifikationsnummern.

Wie auch im vorigen Protokoll kann jeder Wähler in den Listen mit den Identifikationsnummern nachsehen, ob seine eigene dort aufgeführt ist. Dies gibt ihm die Gewißheit, daß seine Stimme berücksichtigt wurde. Natürlich sollten alle zwischen den Parteien ausgetauschten Nachrichten verschlüsselt und unterschrieben sein, um gefälschte Identitäten oder das Abfangen von Nachrichten zu verhindern.

Die CTF kann Stimmabgaben nicht verändern, da jeder Wähler nach seiner eigenen Identifikation sucht. Findet er sie nicht oder in der Liste eines Kandidaten, für den er nicht gestimmt hat, weiß er sofort, das irgendetwas faul ist. Die CTF kann die Wahlurne nicht mit gefälschten Stimmen füllen, da sie von der CLA überwacht wird. Die CLA weiß, wie viele Wähler bestätigt wurden, kennt deren Registriernummern und entdeckt jede Abweichung.

Mallory, der nicht wahlberechtigt ist, kann durch Erraten einer gültigen Registriernummer zu betrügen versuchen. Diese Gefahr ist nur minimal, wenn die Anzahl der möglichen Registriernummern erheblich größer als die Anzahl der tatsächlich benötigten ist, z.B. 100-stellige Zahlen für eine Million Wähler. Natürlich müssen die Registriernummern zufällig gewählt werden.

Abgesehen davon muß man sich in mancher Hinsicht immer noch auf die CLA verlassen. Sie kann nicht berechtigte Wähler zulassen oder berechtigte Wähler mehrmals erfassen. Dieses Risiko könnte minimiert werden, wenn die CLA eine Liste mit den zugelassenen Wählern (aber nicht mit deren Registriernummern) veröffentlichen müßte. Ist die Anzahl der dort aufgeführten Wähler kleiner als die Anzahl der abgegebenen Stimmen, ist etwas schiefgegangen. Sind zu viele Wähler zugelassen, bedeutet das wahrscheinlich, daß einige davon keine Lust zu wählen hatten. Schließlich legen viele Wahlberechtigte keinen Wert darauf, ihre Stimme abzugeben.

Dieses Protokoll ist durch einen Zusammenschluß von CLA und CTF gefährdet. Tun sich die beiden zusammen, können sie ihre Datenbanken abgleichen und nachvollziehen, wer für wen gestimmt hat.

Wählen mit einer einzigen zentralen Wahlleitung

Mit einem komplexeren Protokoll kann man der Gefahr eines Zusammenschlusses zwischen CLA und CTF begegnen [1373]. Dieses Protokoll ist bis auf zwei Änderungen mit dem vorigen identisch:

- CLA und CTF bilden eine einzige Organisation und
- ANDOS (*all-or-nothing disclosure of secrets*, siehe Abschnitt 4.13) wird in Schritt (2) zur anonymen Verteilung von Registriernummern verwendet.

Da das anonyme Schlüsselverteilungsprotokoll verhindert, daß die CTF erfährt, welcher Wähler welche Registriernummer erhält, hat die CTF keine Chance, die Registriernummern den empfangenen Stimmen zuzuordnen. Man muß sich aber immer noch darauf verlassen, daß die CTF keine Registriernummern an nicht berechtigte Wähler vergibt. Dieses Problem läßt sich auch mit blinden Signaturen lösen.

Verbessertes Wählen mit einer einzigen zentralen Wahlleitung

Das folgende Protokoll arbeitet mit ANDOS [1175]. Es erfüllt die sechs Anforderungen an ein gutes Abstimmungsprotokoll. Die siebte Anforderung erfüllt das Protokoll nicht, es besitzt aber neben den sechs am Anfang dieses Abschnitts aufgeführten zwei weitere Eigenschaften:

7. Ein Wähler kann seine Ansicht innerhalb einer bestimmten Zeitspanne ändern (d.h. er kann sein Votum zurücknehmen und erneut wählen).
8. Stellt ein Wähler fest, daß seine Stimme falsch gezählt wurde, kann er den Fehler korrigieren, ohne die Anonymität seiner Stimmabgabe zu gefährden.

Das Protokoll verläuft wie folgt:

(1) Die CTF veröffentlicht eine Liste mit allen Wahlberechtigten.
(2) Bis zu einem festgelegten Zeitpunkt teilt jeder Wähler der CTF mit, ob er zu wählen gedenkt.
(3) Die CTF veröffentlicht eine Liste der Wahlbeteiligten.
(4) Jeder Wähler erhält über ein ANDOS-Protokoll eine Identifikationsnummer I.

(5) Jeder Wähler generiert ein Schlüsselpaar k, d aus öffentlichem und privatem Schlüssel. Mit v als Votum erstellt er folgende Nachricht und sendet sie an die CTF:

$I, E_k(I,v)$

Diese Nachricht muß anonym gesendet werden.

(6) Die CTF bestätigt den Empfang, indem sie folgendes veröffentlicht:

$E_k(I,v)$

(7) Jeder Wähler sendet der CTF:

I, d

(8) Die CTF dechiffriert die Stimmabgaben. Nach beendeter Wahl veröffentlicht sie die Abstimmungsergebnisse, und zu jedem möglichen Votum die Liste aller Werte $E_k(I,v)$, die dieses Votum enthalten.

(9) Stellt ein Wähler fest, daß seine Stimme nicht korrekt berücksichtigt wurde, protestiert er dagegen mit folgender Nachricht an die CTF:

$I, E_k(I,v), d$

(10) Möchte ein Wähler sein Votum von v zu v' ändern (bei manchen Abstimmungen ist das möglich), sendet er der CTF:

$I, E_k(I,v'), d$

Ein anderes Abstimmungsprotokoll verwendet statt ANDOS blinde Signaturen, ist aber sonst im wesentlichen mit diesem Protokoll identisch [585]. Die Schritte (1) bis (3) dienen zur Vorbereitung des eigentlichen Wahlvorgangs. Es gilt hier, die Gesamtzahl der tatsächlichen Wähler zu ermitteln und zu veröffentlichen. Manche werden vermutlich nicht an der Wahl teilnehmen, diese Maßnahme schränkt aber die Möglichkeiten der CTF ein, gefälschte Stimmen ins Spiel zu bringen.

In Schritt (4) besteht die Möglichkeit, daß zwei Wähler dieselbe Identifikationsnummer erhalten. Diese Gefahr kann minimal gehalten werden, wenn viel mehr mögliche Identifikationsnummern als tatsächliche Wähler vorhanden sind. Geben zwei Wähler ihre Stimmen mit derselben Identifikation ab, erzeugt die CTF eine neue Identifikationsnummer I', wählt eine der beiden Stimmen und veröffentlicht:

$I', E_k(I,v)$

Der Wähler, der diese Stimme abgegeben hat, erfährt das und sendet ein zweites Votum, indem er Schritt (5) mit der neuen Identifikationsnummer wiederholt.

Durch Schritt (6) erhält jeder Wähler die Möglichkeit zu überprüfen, ob sein Votum bei der CTF korrekt angekommen ist. Wurde sein Votum falsch gezählt, kann er dies in Schritt (9) beweisen. Unter der Annahme, daß die Stimme eines Wählers in Schritt (6) korrekt ist, beweist die von ihm in Schritt (9) gesendete Nachricht, daß seine Stimme falsch gezählt wurde.

Ein Problem bei diesem Protokoll besteht darin, daß eine korrupte CTF die Stimmen von Leuten sammeln kann, die in Schritt (2) zwar antworten, aber dann doch nicht wählen. Ein weiteres Problem liegt in der Komplexität des ANDOS-Protokolls. Die Autoren empfehlen, eine sehr große Wahlgemeinde in kleinere Einheiten wie Wahlbezirke aufzuteilen.

Ein weiteres, gravierenderes Problem ist, daß die CTF eine Stimme einfach nicht mitzählen könnte. Dieses Problem läßt sich nicht lösen: Alice behauptet, daß die CTF ihre Stimme absichtlich nicht berücksichtigt hat, und die CTF stellt dagegen, daß die Wählerin überhaupt keine Stimme abgegeben hat.

Wählen ohne zentrale Wahlleitung

Das folgende Protokoll macht die CTF vollständig überflüssig; die Wähler überwachen einander selbst. Es wurde von Michael Merritt entworfen [452, 1076, 453] und ist so unhandlich, daß es praktisch nur für eine Handvoll Wähler implementiert werden kann. Nichtsdestoweniger ist es sehr lehrreich.

Alice, Bob, Carol und Dave stimmen in irgendeiner Sache mit „ja" oder „nein" (0 oder 1) ab. Angenommen, jeder Wähler verfügt über einen öffentlichen und einen privaten Schlüssel. Ferner kennen alle Beteiligten die öffentlichen Schlüssel der anderen.

(1) Jeder Wähler entscheidet sich für sein Votum und geht wie folgt vor:
  (a) Er fügt an sein Votum eine Zufallsfolge an.
  (b) Er chiffriert das Ergebnis aus Schritt (a) mit Daves öffentlichem Schlüssel.
  (c) Er chiffriert das Ergebnis aus Schritt (b) mit Carols öffentlichem Schlüssel.
  (d) Er chiffriert das Ergebnis aus Schritt (c) mit Bobs öffentlichem Schlüssel.
  (e) Er chiffriert das Ergebnis aus Schritt (d) mit Alices öffentlichem Schlüssel.
  (f) An das Ergebnis aus Schritt (e) fügt er eine neue Zufallsfolge an und chiffriert dies mit Daves öffentlichem Schlüssel. Er protokolliert den Wert der Zufallsfolge.
  (g) An das Ergebnis aus Schritt (f) fügt er eine neue Zufallsfolge an und chiffriert dies mit Carols öffentlichem Schlüssel. Er protokolliert den Wert der Zufallsfolge.
  (h) An das Ergebnis aus Schritt (g) fügt er eine neue Zufallsfolge an und chiffriert dies mit Bobs öffentlichem Schlüssel. Er protokolliert den Wert der Zufallsfolge.
  (i) An das Ergebnis aus Schritt (h) fügt er eine neue Zufallsfolge an und chiffriert dies mit Alices öffentlichem Schlüssel. Er protokolliert den Wert der Zufallsfolge.
  Mit E als Chiffrierfunktion, R_i als Zufallsfolge und V als Votum sieht seine Nachricht wie folgt aus:
  $$E_A(R_5, E_B(R_4, E_C(R_3, E_D(R_2, E_A(E_B(E_C(E_D(V, R_1))))))))$$
  Jeder Wähler speichert an jedem Punkt der Berechnung die Zwischenergebnisse. Anhand dieser Ergebnisse kann er im Protokoll später überprüfen, ob sich sein Votum unter den ausgezählten befindet.
(2) Jeder Wähler sendet seine Nachricht an Alice.

(3) Alice dechiffriert alle Stimmabgaben mit ihrem privaten Schlüssel und entfernt alle Zufallsfolgen dieser Ebene.
(4) Alice vertauscht die Reihenfolge aller Stimmabgaben und sendet das Ergebnis an Bob. Jedes Votum hat nun folgendes Aussehen:

$$E_B(R_4, E_C(R_3, E_D(R_2, E_A(E_B(E_C(E_D(V, R_1))))))$$

(5) Bob dechiffriert alle Stimmabgaben mit seinem privaten Schlüssel, überprüft, ob sein Votum darin enthalten ist, entfernt alle Zufallsfolgen auf dieser Ebene, mischt alle Stimmabgaben und sendet das Ergebnis an Carol. Jedes Votum hat nun folgendes Aussehen:

$$E_C(R_3, E_D(R_2, E_A(E_B(E_C(E_D(V, R_1))))))$$

(6) Carol dechiffriert alle Stimmabgaben mit ihrem privaten Schlüssel, überprüft, ob ihr Votum dabei ist, entfernt alle Zufallsfolgen auf dieser Ebene, mischt die Stimmabgaben und sendet das Ergebnis an Dave. Jedes Votum hat nun folgendes Aussehen:

$$E_D(R_2, E_A(E_B(E_C(E_D(V, R_1)))))$$

(7) Dave dechiffriert alle Stimmabgaben mit seinem privaten Schlüssel, überprüft, ob sein Votum sich darunter befindet, entfernt alle Zufallsfolgen auf dieser Ebene, mischt die Stimmabgaben und sendet sie an Alice. Jedes Votum hat nun folgendes Aussehen:

$$E_A(E_B(E_C(E_D(V, R_1))))$$

(8) Alice dechiffriert alle Stimmabgaben mit ihrem privaten Schlüssel, überprüft, ob ihr Votum sich darunter befindet, unterschreibt alle Stimmen und sendet das Ergebnis an Bob, Carol und Dave. Jedes Votum hat nun folgendes Aussehen:

$$S_A(E_B(E_C(E_D(V, R_1))))$$

(9) Bob verifiziert und löscht Alices Unterschriften. Er dechiffriert alle Stimmen mit seinem privaten Schlüssel, überprüft, ob sich sein Votum darunter befindet, unterschreibt alle Stimmabgaben und sendet das Ergebnis an Alice, Carol und Dave. Jedes Votum hat nun folgendes Aussehen:

$$S_B(E_C(E_D(V, R_1)))$$

(10) Carol verifiziert und löscht Bobs Unterschriften. Sie dechiffriert alle Stimmen mit ihrem privaten Schlüssel, überprüft, ob sich ihr Votum darunter befindet, unterschreibt alle Stimmabgaben und sendet das Ergebnis an Alice, Bob und Dave. Jedes Votum hat nun folgendes Aussehen:

$$S_C(E_D(V, R_1))$$

(11) Dave verifiziert und löscht Carols Unterschriften. Er dechiffriert alle Stimmen mit seinem privaten Schlüssel, überprüft, ob sich sein Votum darunter befindet, unterschreibt alle Stimmabgaben und sendet das Ergebnis an Alice, Bob und Carol. Jedes Votum hat nun folgendes Aussehen:

$$S_D(V, R_1)$$

(12) Alle verifizieren und entfernen Daves Unterschrift. Sie überprüfen, ob ihre Stimmen vorhanden sind, indem sie unter den Stimmen nach ihrer Zufallsfolge suchen.

(13) Jeder entfernt die Zufallsfolgen aus allen Stimmen und zählt das Ergebnis aus.

Dieses Protokoll funktioniert nicht nur, sondern integriert sogar den Schiedsrichter. Alice, Bob, Carol und Dave merken sofort, wenn jemand zu betrügen versucht. Es ist keine CTF und auch keine CLA notwendig. Zur Veranschaulichung versuchen wir einmal zu betrügen.

Wenn jemand die Wahlurne mit gefälschten Stimmen zu füllen versucht, entdeckt Alice dies in Schritt (3), wenn sie mehr Stimmen erhält, als Wähler beteiligt sind. Derselbe Versuch seitens Alice wird von Bob in Schritt (4) aufgedeckt.

Noch hinterhältiger wäre es, ein Votum durch ein anderes zu ersetzen. Da die Stimmen mit verschiedenen öffentlichen Schlüsseln chiffriert sind, kann jeder so viele gültige Stimmen wie nötig erzeugen. Das Dechiffrierprotokoll besteht aus zwei Runden: die erste umfaßt die Schritte (3) bis (7) und die zweite die Schritte (8) bis (11). Das Ersetzen von Stimmen wird auf unterschiedliche Art in den verschiedenen Runden entdeckt.

Wird ein Votum in Runde zwei ausgetauscht, fällt dies sofort auf. In jedem Schritt werden die Stimmen unterschrieben und an alle Wähler gesendet. Merken einer oder mehrere Wähler, daß ihre Stimme nicht mehr vorhanden ist, brechen sie das Protokoll sofort ab. Da die Stimmen in jedem Schritt unterschrieben werden und jeder die zweite Runde des Protokolls zurückverfolgen kann, läßt sich problemlos feststellen, wer die Stimmen ersetzt hat.

Es ist schon raffinierter, eine Stimme in Runde eins des Protokolls auszutauschen. Alice hat dazu in Schritt (3) keine Möglichkeit, weil Bob, Carol und Dave das in Schritt (5), (6) oder (7) bemerken. Bob könnte es in Schritt (5) versuchen. Ersetzt er Carols oder Daves Stimme (er kann ja nicht wissen, welche Stimme von welchem Wähler stammt), fällt Carol oder Dave das in Schritt (6) oder (7) auf. Sie wüßten zwar nicht, wer sich an ihren Stimmen zu schaffen gemacht hat (obwohl es jemand gewesen sein müßte, durch dessen Hände die Stimmen bereits gegangen sind), es wäre aber klar, daß jemand seine Finger im Spiel hatte. Mit etwas Glück könnte Bob bei einem Ersetzungsversuch zufällig an Alices Votum geraten, was diese erst in der zweiten Runde bemerken würde. Sie würde ihre Stimme dann in Schritt (8) vermissen. Sie wüßte aber nicht, wem das zuzuschreiben ist. In der ersten Runde sind die Stimmen nicht unterzeichnet und werden in jedem Schritt durcheinandergewürfelt; man kann deshalb durch Zurückverfolgen des Protokolls nicht feststellen, wer die Stimmen gefälscht hat.

Eine andere Art des Betrugs besteht darin herauszufinden, wer für wen gestimmt hat. Wegen des Vermischens der Stimmen in der ersten Runde kann das Protokoll jedoch nicht rückwärts durchlaufen und die Stimmenabgaben den Wählern zugeordnet werden. Das Entfernen der Zufallsfolgen im Verlauf der ersten Runde trägt ebenfalls entscheidend zur Wahrung der Anonymität bei. Werden sie nicht entfernt, könnte das Mischen der Stimmen durch erneute Chiffrierung der resultierenden Stimmen mit dem öffentlichen Schlüssel des Mischers aufgehoben werden. Bei unveränderter Beschaffenheit des Protokolls ist Vertraulichkeit gewährleistet.

Noch entscheidender ist, daß aufgrund der anfänglichen Zufallsfolge R_1 sogar identische Stimmen in jedem Schritt des Protokolls unterschiedlich verschlüsselt werden. Vor Schritt (11) erfährt niemand das Ergebnis der Wahl.

Wo also liegen bei diesem Protokoll die Probleme? Zum einen ist enormer Rechenaufwand erforderlich. Das beschriebene Beispiel umfaßt lediglich vier Wähler und ist schon kompliziert. Bei einer echten Wahl mit Zehntausenden von Wählern wäre es undurchführbar. Zweitens erfährt Dave die Wahlergebnisse vor allen anderen. Obwohl er das Ergebnis damit nicht manipulieren kann, gibt ihm diese Information einen Vorteil. Allerdings trifft das auch auf Konzepte mit zentraler Wahlleitung zu.

Das dritte Problem besteht darin, daß Alice jede Stimme kopieren kann, selbst wenn sie im voraus nicht weiß, um was für eine es sich handelt. Warum dies problematisch ist, zeigt sich an einer Abstimmung mit den drei Beteiligten Alice, Bob und Eve. Eve interessiert sich nicht für das Wahlergebnis, möchte aber wissen, wie Alice gestimmt hat. Deshalb kopiert sie Alices Votum, womit das Wahlergebnis auf jeden Fall mit Alices Votum übereinstimmt.

Weitere Abstimmungskonzepte

Es wurden zahlreiche komplexe Protokolle für sichere Abstimmungen vorgestellt. Im wesentlichen lassen sie sich in zwei Kategorien unterteilen. Die eine besteht aus Protokollen, die mit Verwürfeln arbeiten, so wie das beim „Wählen ohne zentrale Wahlleitung" der Fall ist, wo die Stimmen so gemischt werden, daß sie sich den einzelnen Wählern nicht mehr zuordnen lassen.

Die andere Kategorie verteilt die einzelnen Stimmen auf verschiedene Wahlleitungen, so daß keine davon im Alleingang betrügen kann [360, 359, 118, 115]. Diese Protokolle schützen die Privatsphäre der Wähler gut, solange sich nicht verschiedene „Bereiche" der Regierung (oder wer immer auch die Wahl leiten mag) gegen die Wähler verbünden. (Die Idee, eine zentrale Autorität in verschiedene Teile aufzuspalten, auf die man sich nur als Ganzes verlassen können muß, stammt aus [316].)

Ein Beispiel für ein solches geteiltes Protokoll ist [1371]. Die Grundidee ist hier, daß jeder Wähler seine Stimme in verschiedene Bestandteile aufspaltet. Besteht z.B. die Wahl zwischen „ja" und „nein", könnte eine 1 für „ja" und eine 0 für „nein" stehen; der Wähler würde nun mehrere Zahlen generieren, deren Summe entweder 0 oder 1 ergibt. Jeder Teil wird dann an eine andere Wahlleitung geschickt und auch verschlüsselt veröffentlicht. Jede Wahlleitung zählt die empfangenen Teile (es gibt Protokolle, mit denen das überprüft werden kann). Das Endergebnis entspricht dann der Gesamtsumme aus den einzelnen Auszählungen. Ebenso gibt es Protokolle, die sicherstellen, daß sich die Teile eines jeden Wählers zu 0 oder 1 ergänzen.

Ein anderes Protokoll, das von David Chaum stammt [322], gewährleistet, daß Wähler aufgespürt werden können, die die Abstimmung zu stören versuchen. Die Wahl muß dann aber ohne Beteiligung des Störenfrieds wiederholt werden; dieses Konzept eignet sich nicht für Abstimmungen mit vielen Beteiligten.

In [770, 771] wird ein weiteres, komplexeres Abstimmungsprotokoll beschrieben, das einige dieser Probleme löst. Es gibt sogar ein Protokoll, das Chiffrierung mit mehreren Schlüsseln einsetzt [219]. Ein anderes Abstimmungsprotokoll, das in der Praxis angeblich auch für Wahlen in großem Maßstab einsetzbar ist, wird in [585] behandelt. [347] erlaubt Wählern, sich der Stimme zu enthalten.

Abstimmungsprotokolle funkionieren zwar, erleichtern aber den Stimmenkauf. Der Anreiz wird erheblich gesteigert, wenn sich der Käufer sicher sein kann, daß der Verkäufer auch so wählt, wie er es versprochen hat. Manche Protokolle sind extra **ohne Empfangsbestätigung** (*receipt-free*) konzipiert, so daß der Wähler keine Möglichkeit hat nachzuweisen, wie er abgestimmt hat [117, 1170, 1372].

6.2 Sichere Berechnungen mit mehreren Parteien

Sichere Berechnungen mit mehreren Parteien (*secure multiparty computation*) werden von einem Protokoll geleistet, in dem eine Gruppe von Leuten zusammenkommt, um auf spezielle Weise eine Funktion mit vielen Variablen zu berechnen. Jedes Gruppenmitglied trägt eine oder mehrere der Variablen bei. Das Ergebnis der Funktion wird allen Beteiligten bekanntgegeben. Keiner erfährt jedoch etwas über die von den anderen eingebrachten Werte, abgesehen von den Informationen, die aus dem Funktionsergebnis ersichtlich sind. Es folgen einige Beispiele.

Protokoll Nr. 1

Wie kann eine Gruppe von Leuten ihr Durchschnittsgehalt berechnen, ohne die anderen vom eigenen Gehalt in Kenntnis zu setzen?

(1) Alice addiert zu ihrem Gehalt eine Zufallszahl, chiffriert das Ergebnis mit Bobs öffentlichem Schlüssel und sendet es an Bob.
(2) Bob dechiffriert Alices Ergebnis mit seinem privaten Schlüssel. Er addiert sein Gehalt zu dem von Alice empfangenen Wert, chiffriert das Ergebnis mit Carols öffentlichem Schlüssel und sendet es an Carol.
(3) Carol dechiffriert Bobs Ergebnis mit ihrem privaten Schlüssel. Sie addiert ihr Gehalt, chiffriert das Ergebnis mit Daves öffentlichem Schlüssel und sendet es an Dave.
(4) Dave dechiffriert Carols Ergebnis mit seinem privaten Schlüssel. Er addiert sein Gehalt, chiffriert das Ergebnis mit Alices öffentlichem Schlüssel und sendet es an Alice.

(5) Alice dechiffriert Daves Ergebnis mit ihrem privaten Schlüssel. Sie subtrahiert die Zufallszahl aus Schritt (1), um die Summe aller Gehälter zu ermitteln.

(6) Alice dividiert die Summe durch die Anzahl der (in diesem Fall vier) Beteiligten und verkündet das Ergebnis.

Dieses Protokoll geht von der Ehrlichkeit aller Beteiligten aus; auch wenn sie vielleicht neugierig sind, befolgen sie doch das Protokoll. Gibt einer der Beteiligten sein Gehalt falsch an, ist auch der Durchschnitt nicht korrekt. Ein weiteres Problem besteht darin, daß sich mehrere Personen auf verschiedene Arten zusammenschließen können, um das Gehalt eines anderen Beteiligten in Erfahrung zu bringen. Solche Betrüger geben ihre Gehälter während des Angriffs oft falsch an. Ein gravierendes Problem ist, daß Alice das Ergbnis nicht richtig wiedergeben könnte. In Schritt (5) kann sie unbemerkt eine x-beliebige Zahl subtrahieren. Man könnte Alice daran hindern, indem man von ihr die Festlegung der Zufallszahl mit einem *bit-commitment*-Protokoll (siehe Abschnitt 4.9) verlangt. Bob erfährt dann aber ihr Gehalt, wenn sie am Ende des Protokolls ihre Zufallszahl offenlegt.

Protokoll Nr. 2

Alice und Bob sitzen gemeinsam in einem Lokal und streiten sich darüber, wer älter ist. Sie wollen einander aber nicht ihr Alter verraten. Beide könnten ihr Alter einer zuverlässigen neutralen Partei, zum Beispiel dem Kellner, ins Ohr flüstern, der die Zahlen vergleichen und das Ergebnis dann Alice und Bob mitteilen würde.

Dieses Protokoll weist zwei Probleme auf. Zum einen ist ein gestreßter Kellner nicht unbedingt die geeignetste Person, um mit Situationen dieser Art umzugehen. Zweitens wären Alice und Bob gezwungen, sofern sie ernsthaft an der Geheimhaltung ihrer Daten interessiert sind, den Kellner in der Suppe zu ertränken, damit er nicht alles sofort dem Barkeeper erzählt.

Mit Public-Key-Kryptographie bietet sich eine wesentlich weniger gewalttätige Lösung. Es gibt ein Protokoll, mit dem Alice, die einen Wert a, und Bob, der einen Wert b kennt, entscheiden können, ob $a < b$ ist, wobei Alice nichts über b und Bob nichts über a erfährt. Außerdem sind beide von der Richtigkeit des Ergebnisses überzeugt. Da der kryptographische Algorithmus für das Protokoll wesentlich ist, wird es ausführlicher in Abschnitt 23.14 beschrieben.

Natürlich bietet dieses Protokoll keinen Schutz gegen aktive Betrüger. Nichts hindert Alice (oder auch Bob) daran, ein falsches Alter anzugeben. Wäre Bob ein Computerprogramm, das das Protokoll blind ausführt, könnte Alice dessen Alter erfahren, indem sie das Protokoll wiederholt durchführt (ist das Alter eines Computer-Programms die Zeit, die seit seiner Fertigstellung oder die Zeit, die seit seinem Start vergangen ist?). Alice könnte dazu ihr Alter zuerst mit 60 angeben. Nachdem sie erfahren hat, daß sie älter ist als Bob, könnte sie das Protokoll erneut mit einem Alter von 30 durchführen. Nachdem sie erfahren hat, daß Bob älter ist, könnte sie das Protokoll mit einem Alter von 45 durchlaufen usw. Damit fährt sie solange fort, bis sie Bobs Alter mit der gewünschten Genauigkeit weiß.

Unter der Annahme, daß die Beteiligten nicht aktiv lügen, läßt sich das Protokoll einfach auf mehrere Personen ausdehnen. Eine beliebige Anzahl von Personen kann die Reihenfolge ihres Alters herausfinden, wenn sie das Protokoll entsprechend oft ehrlich durchlaufen. Keiner erfährt dabei das Alter der anderen Beteiligten.

Protokoll Nr. 3

Alice macht merkwürdige Sachen mit Teddybären. Bob hat erotische Phantasien in bezug auf Marmortische. Beiden ist ihr Fetisch etwas peinlich, sie würden jedoch gerne einen Partner finden, der ihren, sagen wir: Lebensstil teilt.

Wir bei der Partnervermittlung Secure Multiparty Computation haben ein Protokoll für solche Leute entwickelt. Von „Aas" bis „Zylinder" haben wir eine erstaunliche Liste mit Fetischen zusammengestellt. Diskret durch eine Modemverbindung getrennt, können Alice und Bob an einem sicheren Mehrparteienprotokoll teilnehmen. Sie können zusammen herausfinden, ob sie denselben Fetisch haben. Wenn ja, können sie sich auf eine glückliche gemeinsame Zukunft freuen. Wenn nicht, können sie mit dem sicheren Wissen auseinandergehen, daß ihr spezieller Fetisch vertraulich bleibt. Niemand, nicht einmal die Partnervermittlung Secure Multiparty Computation, wird ihn jemals erfahren. Im folgenden wird gezeigt, wie das funktioniert:

(1) Alice hasht ihren Fetisch mit einer Einwegfunktion zu einer siebenstelligen Zahlenfolge.
(2) Alice verwendet diese siebenstellige Zahlenfolge als Telefonnummer, ruft unter dieser Nummer an und hinterläßt eine Nachricht für Bob. Anwortet niemand oder existiert unter dieser Nummer kein Anschluß, wendet Alice solange eine Einwegfunktion auf die Telefonnummer an, bis sie jemanden findet, der beim Protokoll mitmacht.
(3) Alice erzählt Bob, wie oft sie die Einwegfunktion auf ihren Fetisch anwenden mußte.
(4) Bob hasht seinen Fetisch genauso oft wie Alice. Er verwendet die siebenstellige Zahlenfolge ebenfalls als Telefonnummer und fragt die Person am anderen Ende, ob irgendwelche Nachrichten für ihn hinterlassen wurden.

Zu beachten ist hier, daß Bob die Möglichkeit zu einem *chosen-plaintext*-Angriff hat. Er kann übliche Fetische hashen, unter den erhaltenen Telefonnummern anrufen und nach Nachrichten für ihn suchen. Dieses Protokoll funktioniert nur dann wirklich, wenn ausreichend Klartextnachrichten möglich sind, damit diese Sorte Angriff undurchführbar ist.

Es gibt ein mathematisches Protokoll, das Protokoll Nr. 2 ähnelt. Alice kennt a, Bob kennt b, und gemeinsam stellen sie fest, ob a gleich b ist. Bob erfährt dabei nichts über a und Alice nichts über b. Einzelheiten hierzu finden Sie in Abschnitt 23.14.

Protokoll Nr. 4

Es folgt ein weiteres Problem für sichere Berechnungen mit mehreren Parteien [1373]: Der Rat der Sieben trifft sich regelmäßig, um in geheimer Abstimmung verschiedene Angelegenheiten zu entscheiden. (Okay, sie regieren die Welt – aber erzählen Sie niemandem, woher Sie das wissen.) Die Ratsmitglieder können mit „ja" oder „nein" stimmen. Außerdem haben zwei Parteien die Option, „Superstimmen" abzugeben, und zwar „S-ja" und „S-nein". Diese Parteien müssen nicht unbedingt Superstimmen abgeben, sondern können auch ganz regulär wählen. Wenn keine Superstimmen abgegeben werden, entscheidet die Stimmenmehrheit. Gibt es eine oder zwei gleichlautende Superstimmen, werden alle regulären Stimmen ignoriert. Im Falle zweier widersprüchlicher Superstimmen entscheidet die Mehrheit der regulären Stimmen. Wir wünschen uns ein Protokoll, das diese Art von Abstimmung sicher durchführt.

Zwei Beispiele sollen den Wahlvorgang veranschaulichen. Angenommen, es gibt die fünf regulären Wähler N_1 bis N_5 sowie die beiden Superwähler S_1 und S_2. Die Abstimmung zu Angelegenheit Nr. 1 lautet:

S_1	S_2	N_1	N_2	N_3	N_4	N_5
S-ja	nein	nein	nein	nein	ja	ja

Bei diesem Beispiel zählt allein die Stimme von S_1, so daß das Ergebnis „ja" lautet. Die Abstimmung zu Angelegenheit Nr. 2 lautet:

S_1	S_2	N_1	N_2	N_3	N_4	N_5
S-ja	S-nein	nein	nein	nein	ja	ja

Hier heben die beiden Superstimmen einander auf und die Mehrheit der regulären „nein"-Stimmen ist entscheidend.

Wenn es nicht darauf ankommt geheimzuhalten, ob die Superstimmen oder die regulären Stimmen das Wahlergebnis entschieden haben, ist dies eine einfache Anwendung für ein sicheres Abstimmungsprotokoll. Wenn Geheimhaltung in dieser Hinsicht erforderlich ist, benötigt man ein komplizierteres Protokoll für sichere Berechnungen mit mehreren Parteien.

Diese Art zu wählen könnte auch im wirklichen Leben sinnvoll sein. Sie könnte in der Organisationsstruktur einer Firma verankert sein, wo bestimmte Leute mehr Einfluß als andere besitzen oder bei Abstimmungen der United Nations zum Einsatz kommen, wo bestimmte Länder einflußreicher sind als andere.

Uneingeschränkt sichere Mehrparteienprotokolle

Folgende Aussage ist lediglich der einfache Fall eines allgemeinen Theorems: Eine Funktion mit n Parametern kann von einer Menge von n Spielern so berechnet werden, daß alle das Funktionsergebnis erfahren, aber jede Teilmenge von weniger als $n/2$ Spielern keine weiteren Informationen erhält, außer denen, die sich aus ihren Parametern und dem Ergebnis ableiten lassen. Weitere Einzelheiten finden Sie in [136, 334, 1288, 621].

Sichere Circuit Evaluation

Alice besitzt den Parameter a, Bob den Parameter b. Gemeinsam möchten sie die allgemeine Funktion $f(a, b)$ berechnen, wobei Alice nichts über Bobs und Bobs nichts über Alices Parameter erfahren soll. Das allgemeine Problem sicherer Berechnungen mit mehreren Parteien wird auch sichere *circuit evaluation* genannt. Bob und Alice können hierbei eine beliebige Boolesche Schaltung erzeugen. Diese Schaltung erhält die Eingaben von Alice und Bob und liefert eine Ausgabe. Sichere *circuit evaluation* ist ein Protokoll, das dreierlei leistet:

1. Alice kann ihren Parameter eingeben, ohne daß Bob etwas darüber erfährt.
2. Bob kann seinen Parameter eingeben, ohne daß Alice etwas darüber erfährt.
3. Alice und Bob können die Ausgabe so berechnen, daß beide Parteien davon überzeugt sind, daß das Ergebnis korrekt und von keiner der Parteien gefälscht wurde.

Weitere Informationen über sichere *circuit evaluation* finden Sie in [831].

6.3 Anonyme Nachrichtenverbreitung

Mit Kryptographen kann man kaum Abendessen gehen, ohne Aufmerksamkeit zu erregen. David Chaum stellt in [321] das Problem der Kryptographen beim Abendessen vor (*Dining Cryptographers Problem*):

> Drei Kryptographen sitzen in ihrem Lieblings-Drei-Sterne-Lokal beim Essen. Die Ober teilen ihnen mit, daß mit dem Restaurantchef eine anonyme Begleichung der Rechnung verabredet wurde. Das Essen wird also von einem der Kryptographen bezahlt, oder die NSA hat die Sache arrangiert. Daß einer unter ihnen anonym bezahlen möchte, respektieren die Kryptographen, es würde sie aber schon interessieren, ob die NSA hinter der ganzen Sache steckt.

Wie können die Kryptographen Alice, Bob und Carol feststellen, ob einer von ihnen bezahlt und dabei dessen Anonymität wahren?

Chaum löst das Problem wie folgt:

> Jeder Kryptograph wirft, versteckt hinter seiner Speisekarte, zwischen sich und dem Kryptographen zu seiner Rechten eine ideale Münze, so daß nur diese beiden das Ergebnis sehen können. Dann sagt jeder Kryptograph laut, ob die beiden Münzen, die er gesehen hat – als die von ihm und die zu seiner Linken geworfene Münze – dieselbe oder unterschiedliche Seiten zeigen. Bezahlt einer der Kryptographen die Rechnung, sagt dieser das

Gegenteil von dem, was er sieht. Eine ungerade Anzahl am Tisch geäußerter Unterschiede besagt, daß ein Kryptograph zahlt; eine gerade Anzahl an geäußerten Unterschieden besagt, daß die NSA zahlt (unter der Annahme, daß das Essen nur einmal bezahlt wurde). Wenn einer der Kryptographen bezahlt, kann keiner der beiden anderen aus den Äußerungen schließen, um welchen es sich dabei handelt.

Um zu veranschaulichen, daß diese Methode funktioniert, stellen Sie sich vor, daß Alice herauszufinden versucht, welcher andere Kryptograph das Essen bezahlt (unter der Voraussetzung, daß weder sie noch die NSA dafür aufkommen). Sieht sie zwei unterschiedliche Münzen, dann sagten die anderen Kryptographen Bob und Carol entweder beide „gleich" oder beide „unterschiedlich". (Wenn eine ungerade Anzahl von Kryptographen „unterschiedlich" sagt, bedeutet dies, daß einer gezahlt hat.) Sagten beide „unterschiedlich", bezahlt der Kryptograph, der der Münze am nächsten sitzt, die dieselbe Seite wie die versteckte Münze zeigt (die Bob und Carol geworfen haben). Sagten beide „gleich", dann bezahlt der Kryptograph, der der Münze am nächsten sitzt, die eine andere Seite als die versteckte Münze zeigt. Sieht Alice dagegen zwei Münzen auf der gleichen Seite, dann sagte entweder Bob „gleich" und Carol „unterschiedlich" oder Bob „unterschiedlich" und Carol „gleich". Zeigt die versteckte Münze dieselbe Seite wie die beiden sichtbaren Münzen, dann zahlt der Kryptograph, der „unterschiedlich" gesagt hat. Zeigt die versteckte Münze eine andere Seite als die beiden sichtbaren Münzen, zahlt der Kryptograph, der „gleich" gesagt hat. Um den Zahler herauszufinden, muß Alice in allen Fällen das Ergebnis des Münzenwerfens zwischen Bob und Carol wissen.

Dieses Protokoll läßt sich auf eine beliebige Anzahl von Kryptographen erweitern, die alle im Kreis herum sitzen und untereinander Münzen werfen. Es kann sogar von nur zwei Kryptographen durchgeführt werden. Natürlich wissen diese dann bereits, wer von ihnen bezahlt hat. Ein Protokollbeobachter dagegen könnte nur entscheiden, ob die NSA oder einer der beiden, nicht aber, welcher Kryptograph bezahlt hat.

Anwendungen dieses Protokolls gehen weit über Situationen beim Abendessen hinaus. Es folgt ein Beispiel für **unbedingte Anonymität von Sender und Empfänger** (*unconditional sender and recipient untraceability*). Eine Gruppe von Netzbenutzern kann dieses Protokoll zum Senden anonymer Nachrichten verwenden.

(1) Die Benutzer bilden einen Kreis.
(2) In regelmäßigen Abständen werfen benachbarte Benutzer miteinander eine Münze, wobei sie ein abhörsicheres Protokoll zum Münzenwerfen verwenden.
(3) Nach jedem Wurf sagt jeder Benutzer entweder „gleich" oder „unterschiedlich".

Möchte Alice mit der Verbreitung einer Nachricht beginnen, verdreht sie ihre Aussage in jeder Runde ins Gegenteil, die einer 1 in der Binärdarstellung ihrer Nachricht entspricht. Lautet ihre Nachricht beispielsweise „1001", würde sie ihre Aussage umkehren, die Wahrheit sagen, die Wahrheit sagen und ihre Aussage dann wieder umkehren. Wären ihre Wurfergebnisse „unterschiedlich", „gleich", „gleich" und „gleich", würde sie „gleich", „gleich", „gleich" und „unterschiedlich" sagen.

Paßt das Gesamtergebnis des Protokolls nicht zu der Nachricht, die Alice zu senden versucht hat, weiß sie, daß gleichzeitig ein anderer eine Nachricht zu senden versucht. Sie bricht den Sendevorgang ab und wartet mit dem nächsten Versuch eine zufällige Anzahl von Runden. Die genauen Parameter müssen auf Grundlage des Umfangs des Nachrichtenverkehrs in diesem Netz ausgearbeitet werden, das Konzept aber dürfte klar sein.

Um die Sache noch interessanter zu gestalten, können die Nachrichten mit den öffentlichen Schlüsseln anderer Benutzer chiffriert werden. Die Nachricht wird dann zwar von allen empfangen, kann aber nur vom gewünschten Empfänger dechiffriert und gelesen werden (bei einer realen Implementierung sollte die Nachricht um einen Standardanfang und ein Standardende ergänzt werden). Niemand sonst weiß, von wem die Nachricht stammt und wer sie lesen konnte. Eine Analyse des Netzverkehrs, die Kommunikationsmuster ermittelt und sammelt, auch wenn die Nachrichten selbst verschlüsselt sind, ist hier nutzlos.

Eine Alternative zum Münzenwerfen zwischen benachbarten Parteien wäre eine gemeinsame Datei mit Zufallsbits. Die Parteien könnten sie auf CD-ROM halten oder eine der beiden Parteien könnte einen ganzen Stapel davon anlegen und der anderen Partei senden (natürlich verschlüsselt). Alternativ dazu könnten sie einen kryptographisch sicheren Pseudozufallszahlengenerator vereinbaren und für das Protokoll jeweils dieselbe Folge Zufallsbits generieren.

Ein Problem bei diesem Protokoll besteht darin, daß ein böswilliger Teilnehmer zwar keine Nachrichten lesen, aber das System unbemerkt stören kann, indem er in Schritt (3) lügt. Es gibt eine modifizierte Fassung des vorigen Protokolls, in der Störungen entdeckt werden [1578, 1242]; das Problem heißt „Kryptographen in der Disco" (*The Dining Cryptographers in the Disco*).

6.4 Digitales Geld

Bargeld ist immer ein Problem. Es ist lästig mit sich herumzutragen, verbreitet Bakterien und kann gestohlen werden. Schecks und Kreditkarten haben das umlaufende Bargeld zwar reduziert, es läßt sich aber derzeit kaum völlig abschaffen. Dies wird auch in Zukunft nicht geschehen, da sich zumindest Drogendealer und Politiker entschieden dagegen wehren würden. Schließlich können Transaktionen über Scheck und Kreditkarte überprüft werden; sie können nicht verheimlichen, wohin ihr Geld geflossen ist.

Andererseits ermöglichen Schecks und Kreditkarten in bisher ungeahntem Ausmaß, in die Privatsphäre des Einzelnen einzudringen. Sie würden kaum hinnehmen, daß die Polizei lebenslang Erkundigungen über Sie einzieht. Ihre finanziellen Transaktionen aber kann die Polizei bereits verfolgen. Die Polizei kann ermitteln, wo Sie ihr Benzin oder ihre Lebensmittel kaufen oder wen Sie anrufen – und das, ohne vom Computer aufzustehen. Man braucht deshalb eine Möglichkeit, die Anonymität zum Schutz der eigenen Privatsphäre zu wahren.

Zum Glück gibt es ein kompliziertes Protokoll, mit dem authentifizierte, aber nicht zurückverfolgbare Nachrichten möglich sind. Lobbyistin Alice kann dem Abgeordneten

Bob so **digitales Geld** zukommen lassen, daß Journalistin Eve Alices Identität nicht in Erfahrung bringt. Bob kann dieses digitale Geld auf seinem Bankkonto deponieren, selbst wenn die Bank nichts von Alice weiß. Versucht Alice aber, Kokain mit derselben Einheit digitalen Geldes zu kaufen, das sie zur Bestechung von Bob verwendet hat, wird sie von der Bank entdeckt. Versucht Bob, dieselbe Einheit digitalen Geldes zweimal auf unterschiedlichen Konten zu deponieren, wird er entdeckt, Alice bleibt dabei aber anonym. Manchmal wird dies **anonymes digitales Geld** genannt, um es von digitalem Geld wie z.B. Kreditkarten, das überwacht werden kann, zu unterscheiden.

Der gesellschaftliche Bedarf an derlei Dingen ist groß. Mit wachsender Nutzung des Internet für kommerzielle Transaktionen wird der Ruf nach Geheimhaltung und Anonymität bei Geschäften über Computernetze immer lauter. (Es hat seine Gründe, daß die Leute ihre Kreditkartennummern ungern übers Internet senden.) Andererseits scheinen Banken und Regierungen nicht gewillt, die durch das derzeitige Bankensystem ermöglichte Kontrolle abzugeben. Es wird ihnen jedoch nichts anderes übrigbleiben. Für eine weite Verbreitung digitalen Geldes ist es lediglich erforderlich, daß sich eine zuverlässige Institution bereiterklärt, die digitalen Zahlen in richtiges Geld umzuwandeln.

Protokolle für digitales Geld sind äußerst komplex. Wir werden hier eines dieser Protokolle schrittweise aufbauen. Formale Einzelheiten finden Sie in [318, 339, 325, 335, 340]. Bedenken Sie, daß das hier beschriebene Protokoll nur eines unter vielen ist.

Protokoll Nr. 1

Die folgenden Protokolle sind zu kryptographischen Protokollen analoge Beispiele aus dem wirklichen Leben. Das erste ist ein vereinfachtes Protokoll für anonyme Schecks:

(1) Alice bereitet 100 anonyme Schecks über jeweils 1000 DM vor.
(2) Alice steckt jeden in einen eigenen Umschlag, gemeinsam mit einem Stück Kohlepapier. Sie übergibt alle 100 Umschläge der Bank.
(3) Die Bank öffnet 99 Umschläge und überzeugt sich davon, daß jeder einen Scheck über 1000 DM enthält.
(4) Die Bank unterzeichnet den verbleibenden ungeöffneten Umschlag, wobei sich die Unterschrift durch das Kohlepapier auf den Scheck überträgt. Die Bank händigt den ungeöffneten Umschlag Alice aus und zieht von Alices Konto 1000 DM ab.
(5) Alice öffnet den Umschlag und bezahlt im Geschäft mit dem Scheck.
(6) Der Geschäftsinhaber überpüft die Unterschrift der Bank, um sicherzugehen, daß der Scheck gültig ist.
(7) Der Geschäftsinhaber bringt den Scheck zur Bank.
(8) Die Bank überprüft ihre Unterschrift und schreibt die 1000 DM dem Konto des Geschäftsinhabers gut.

Dieses Protokoll funktioniert. Die Bank bekommt den von ihr unterzeichneten Scheck nie zu Gesicht, so daß sie bei der Einreichung durch den Geschäftsinhaber nicht weiß, daß die Überweisung von Alice stammt. Sie ist aufgrund der Unterschrift jedoch von der Gültigkeit der Anweisung überzeugt. Wegen des „teile und wähle"-Protokolls (siehe Abschnitt 5.1) ist die Bank zuversichtlich, daß der ungeöffnete Umschlag einen Scheck über 1000 DM (und nicht über 100000 oder 100000000 DM) enthält. Da sie die anderen 99 Umschläge überprüft, bleibt Alice eine einprozentige Chance für einen Bankbetrug. Natürlich würde die Bank die Strafe für Betrug so hoch ansetzen, daß sich diese Chance nicht lohnt. Würde die Bank sich lediglich weigern, den letzten Scheck zu unterschreiben, falls Alice beim Betrug ertappt wird, ohne sie dafür zu bestrafen, würde sie solange weitermachen, bis sie einmal erfolgreich ist. Gefängnis ist ein wirksameres Mittel zur Abschreckung.

Protokoll Nr. 2

Das vorige Protokoll hindert Alice daran, einen Scheck über einen höheren als den behaupteten Betrag auszustellen, hält sie jedoch nicht davon ab, den Scheck zu photokopieren und zweimal zu benutzen. Dies wird **Problem der doppelten Bezahlung** (*double spending problem*) genannt. Wir müssen das Protokoll also etwas komplizierter gestalten:

(1) Alice bereitet 100 anonyme Schecks über jeweils 1000 DM vor. Jeden Scheck versieht sie mit einer anderen zufällig gewählten Eindeutigkeitsfolge, die so lang ist, daß die Wahrscheinlichkeit für eine Benutzung dieser Folge durch eine andere Person verschwindend gering ist.
(2) Alice steckt jeden Scheck in einen eigenen Umschlag, gemeinsam mit einem Stück Kohlepapier. Sie übergibt alle 100 Umschläge der Bank.
(3) Die Bank öffnet 99 Umschläge und überzeugt sich davon, daß jeder einen Scheck über 1000 DM enthält.
(4) Die Bank unterzeichnet den verbleibenden ungeöffneten Umschlag, wobei sich die Unterschrift durch das Kohlepapier auf den Scheck überträgt. Die Bank händigt den ungeöffneten Umschlag Alice aus und zieht von Alices Konto 1000 DM ab.
(5) Alice öffnet den Umschlag und bezahlt im Geschäft mit dem Scheck.
(6) Der Geschäftsinhaber überpüft die Unterschrift der Bank, um sicherzugehen, daß der Scheck gültig ist.
(7) Der Geschäftsinhaber bringt den Scheck zur Bank.
(8) Die Bank überprüft ihre Unterschrift und sieht in ihrer Datenbank nach, ob bereits ein Scheck mit derselben zufälligen Eindeutigkeitsfolge eingereicht wurde. Falls nicht, schreibt sie die 1000 DM auf dem Konto des Geschäftsinhabers gut und protokolliert die Zufallsfolge in der Datenbank.
(9) Wurde der Scheck bereits eingereicht, wird er von der Bank nicht akzeptiert.

Wenn Alice nun versucht, eine Photokopie des Schecks in Umlauf zu bringen, oder wenn der Geschäftsinhaber versucht, eine solche Kopie bei der Bank einzureichen, weiß die Bank, daß es sich nicht um das Original handelt.

Protokoll Nr. 3

Das vorige Protokoll schützt die Bank vor Betrügern, kann diese aber nicht identifizieren. Die Bank hat keine Möglichkeit zu entscheiden, ob die Person, die den Scheck bei der Bank gekauft hat (die Bank weiß nicht, daß das Alice ist), versucht hat, den Geschäftsinhaber zu betrügen oder ob der Geschäftsinhaber versucht, die Bank zu betrügen. Das folgende Protokoll behebt dieses Problem:

(1) Alice bereitet 100 anonyme Schecks über jeweils 1000 DM vor. Auf jedem Scheck ergänzt sie eine andere zufällig gewählte Eindeutigkeitsfolge, die so lang ist, daß die Wahrscheinlichkeit für eine Benutzung dieser Folge durch eine andere Person verschwindend gering ist.
(2) Alice steckt jeden Scheck in einen eigenen Umschlag, gemeinsam mit einem Stück Kohlepapier. Sie übergibt alle 100 Umschläge der Bank.
(3) Die Bank öffnet 99 Umschläge und überzeugt sich davon, daß jeder einen Scheck über 1000 DM enthält und alle Zufallsfolgen unterschiedlich sind.
(4) Die Bank unterzeichnet den verbleibenden ungeöffneten Umschlag, wobei sich die Unterschrift durch das Kohlepapier auf den Scheck überträgt. Die Bank händigt den ungeöffneten Umschlag Alice aus und zieht von Alices Konto 1000 DM ab.
(5) Alice öffnet den Umschlag und bezahlt im Geschäft mit dem Scheck.
(6) Der Geschäftsinhaber überpüft die Unterschrift der Bank, um sicherzugehen, daß der Scheck gültig ist.
(7) Der Geschäftsinhaber bittet Alice, den Scheck mit einer zufällig gewählten Identitätsfolge zu versehen.
(8) Alice kommt der Bitte nach.
(9) Der Geschäftsinhaber bringt den Scheck zur Bank.
(10) Die Bank überprüft ihre Unterschrift und sieht in ihrer Datenbank nach, ob bereits ein Scheck mit derselben zufälligen Eindeutigkeitsfolge eingereicht wurde. Falls nicht, schreibt sie die 1000 DM auf dem Konto des Geschäftsinhabers gut und protokolliert die Eindeutigkeits- sowie die Identitätsfolge in der Datenbank.
(11) Befindet sich die Eindeutigkeitsfolge bereits in der Datenbank, akzeptiert die Bank den Scheck nicht. Sie vergleicht die Identitätsfolge auf dem Scheck mit der in der Datenbank gespeicherten Identitätsfolge. Stimmen sie überein, weiß die Bank, daß der Geschäftsinhaber den Scheck photokopiert hat. Anderenfalls hat die Bank die Gewißheit, daß die Person die Schuldige ist, die den Scheck gekauft hat.

Dieses Protokoll setzt voraus, daß der Geschäftsinhaber die Identitätsfolge nicht ändern kann, nachdem Alice sie einmal auf den Scheck geschrieben hat. Der Scheck könnte eine Reihe kleiner Quadrate enthalten, in die Alice auf Verlangen des Geschäftsinhabers die Buchstaben X oder O eintragen soll. Er könnte aus Papier bestehen, das reißt, sobald jemand versucht, darauf zu radieren.

Da Geschäftsinhaber und Bank erst miteinander zu tun bekommen, nachdem Alice das Geld ausgegeben hat, ist der Geschäftsinhaber mit dem Scheck unter Umständen schlecht bedient. Bei Implementierungen des Protokolls in der Praxis muß Alice während der Interaktion zwischen Geschäftsinhaber und Bank möglicherweise an der Kasse der Bank warten. Dies ist ein ähnliches Verfahren wie bei der Bezahlung über Kreditkarte.

Alice könnte den Geschäftsinhaber hinters Licht führen. Sie könnte ihm die Kopie eines bereits verwendeten Schecks aushändigen und dabei in Schritt (7) dieselbe Identitätsfolge angeben. Verfügt der Geschäftsinhaber nicht über eine Datenbank der bereits erhaltenen Schecks, würde er den Betrug nicht bemerken. Das nächste Protokoll beseitigt dieses Problem.

Protokoll Nr. 4

Angenommen, die Person, die den Scheck gekauft hat, hat versucht, den Geschäftsinhaber zu betrügen. In einem solchen Fall möchte die Bank wissen, um wen es sich handelt. Dazu müssen wir uns vom wirklichen Leben in die Welt der Kryptographie begeben.

Mit der Methode zum Aufspalten einer Geheiminformation (*secret splitting*) läßt sich Alices Name im Scheck verbergen.

(1) Alice bereitet n anonyme Schecks über einen bestimmten Betrag vor.
Jeder der Schecks ist mit einer anderen zufällig gewählten Eindeutigkeitsfolge X versehen, die so lang ist, daß die Wahrscheinlichkeit für eine Benutzung dieser Folge durch eine andere Person verschwindend gering ist.
Außerdem enthält jeder Scheck n Paare von Identitätsbitfolgen $I_1, I_2, \ldots, I_n$ (also n verschiedene Paare auf *jedem* Scheck). Jedes dieser Paare wird wie folgt generiert: Alice erzeugt eine Zeichenfolge, die ihren Namen, ihre Adresse und andere personenbezogene Daten enthält, für die sich die Bank interessiert. Dann spaltet sie dieses Paar mit dem *secret-splitting*-Protokoll in zwei Teile auf (siehe Abschnitt 3.6). Nun legt sie sich mit einem *bit-commitment*-Protokoll auf jeden der Teile fest.
Angenommen, I_{37} besteht aus den beiden Teilen I_{37_L} und I_{37_R}. Jeder Teil ist ein über *bit-commitment* festgelegtes Paket, dessen Öffnung von Alice verlangt werden kann und dessen ordnungsgemäße Öffnung sofort überprüfbar ist. Jedes Paar (z.B. I_{37_L} und I_{37_R}, nicht aber I_{37_L} und I_{38_R}) enthüllt Alices Identität.
Jeder Scheck hat folgendes Aussehen:

Betrag
Eindeutigkeitsfolge: X
Identitätsfolgen:
$$I_1 = (I_{1_L}, I_{1_R})$$
$$I_2 = (I_{2_L}, I_{2_R})$$
$$\ldots$$
$$I_n = (I_{n_L}, I_{n_R})$$

(2) Alice macht die n Schecks mit einem Protokoll für blinde Unterschriften unkenntlich. Sie übergibt alle der Bank.
(3) Die Bank verlangt von Alice, zufällig gewählte $n - 1$ Schecks wieder lesbar zu machen und zu überprüfen, ob sie in Ordnung sind. Die Bank prüft den Betrag sowie die Eindeutigkeitsfolge und bittet Alice um eine Offenlegung aller Identitätsfolgen.
(4) Ist die Bank überzeugt, daß Alice in keiner Weise zu betrügen versucht, unterzeichnet sie den verbleibenden unkenntlichen Scheck. Sie gibt Alice den unkenntlichen Scheck zurück und zieht den Betrag von ihrem Konto ab.
(5) Alice macht den Scheck wieder lesbar und bezahlt damit im Geschäft.
(6) Der Geschäftsinhaber überprüft die Unterschrift der Bank, um sicherzugehen, daß der Scheck gültig ist.
(7) Der Geschäftsinhaber fordert Alice auf, zufällig entweder die linke oder die rechte Hälfte jeder Identitätsfolge auf dem Scheck offenzulegen. Eigentlich gibt der Geschäftsinhaber Alice einen zufällig gewählten, aus n Bits bestehenden **Auswahlstring** $b_1, b_2, \ldots, b_n$ vor. Alice öffnet entweder die linke oder die rechte Hälfte von I_i, je nachdem, ob b_i den Wert 0 oder 1 hat.
(8) Alice kommt der Aufforderung nach.
(9) Der Geschäftsinhaber bringt den Scheck zur Bank.
(10) Die Bank überprüft ihre Unterschrift und sieht in ihrer Datenbank nach, ob bereits ein Scheck mit derselben Eindeutigkeitsfolge eingereicht wurde. Falls nicht, schreibt sie den Betrag auf dem Konto des Geschäftsinhabers gut und protokolliert die Eindeutigkeitsfolge sowie alle Identitätsinformationen in der Datenbank.
(11) Befindet sich die Eindeutigkeitsfolge bereits in der Datenbank, akzeptiert die Bank den Scheck nicht. Sie vergleicht die Identitätsfolge auf dem Scheck mit der in der Datenbank gespeicherten Identitätsfolge. Stimmen sie überein, weiß die Bank, daß der Geschäftsinhaber den Scheck photokopiert hat. Anderenfalls hat die Bank die Gewißheit, daß die Person die Schuldige ist, die den Scheck gekauft hat. Da der zweite Geschäftsinhaber, der den Scheck akzeptiert hat, Alice einen anderen Auswahlstring als der erste Geschäftsinhaber vorgegeben hat, findet die Bank eine Bitposition, an der Alice beim ersten Geschäftsinhaber die linke Hälfte und beim zweiten Geschäftsinhaber die rechte Hälfte zu öffnen hatte. Die Bank XOR-verknüpft diese beiden Hälften und enthüllt so Alices Identität.

Dies ist ein recht erstaunliches Protokoll. Sehen wir es uns aus verschiedenen Blickwinkeln an.

Kann Alice betrügen? Ihr digitaler Scheck besteht aus lediglich einer Bitfolge, so daß sie ihn kopieren kann. Wenn sie damit das erste Mal bezahlt, gibt es keine Probleme; sie führt einfach das Protokoll durch und alles verläuft glatt. Der Geschäftsinhaber gibt ihr in Schritt (7) einen zufälligen n Bit langen Auswahlstring vor, und Alice öffnet daraufhin in Schritt (8) entweder die linke oder die rechte Hälfte eines jeden I_i. In Schritt (10) zeichnet die Bank all diese Daten sowie die Eindeutigkeitsfolge des Schecks auf.

Versucht Alice, mit dem digitalen Scheck ein zweites Mal zu bezahlen, gibt ihr derselbe oder ein anderer Geschäftsinhaber in Schritt (7) einen anderen zufälligen Auswahlstring vor. Alice muß sich darauf in Schritt (8) einlassen. Anderenfalls wäre der Geschäftsinhaber sofort beunruhigt, daß irgendetwas an der Sache nicht stimmt. Bringt der Geschäftsinhaber den Scheck nun in Schritt (10) zur Bank, würde dieser sofort auffallen, daß ein Scheck mit derselben Eindeutigkeitsfolge schon einmal eingereicht wurde. Die Bank vergleicht daraufhin die geöffneten Hälften der Identitätsfolgen. Die Wahrscheinlichkeit für eine Übereinstimmung der beiden zufälligen Auswahlstrings liegt bei 1 zu 2^n. Es ist relativ unwahrscheinlich, daß dies vor der nächsten Eiszeit passieren wird. Die Bank findet ein Paar, in dem beim ersten Mal die eine und beim zweiten Mal die zweite Hälfte geöffnet wurde. Sie XOR-verknüpft diese beiden Hälften, und schon hat sie Alices Namen. Die Bank weiß jetzt, wer zweimal mit demselben Scheck bezahlt hat.

Beachten Sie, daß dieses Protokoll Alice nicht am Betrug hindert. Ihre Versuche werden jedoch fast sicher entdeckt. Alice kann nicht verhindern, daß ihre Identität enthüllt wird, sollte sie betrügen. Sie kann weder die Eindeutigkeitsfolge noch irgendwelche der Identitätsfolgen ändern, da die Unterschrift der Bank dann nicht mehr gültig wäre. Der Geschäftsinhaber würde das in Schritt (6) sofort bemerken.

Alice könnte versuchen, bei der Bank einen falschen Scheck zu erschleichen, auf dem die Identitätsfolgen ihren Namen nicht enthüllen; besser noch wäre, wenn die Identitätsfolgen einen ganz anderen Namen enthielten. Ihre Chancen, die Bank in Schritt (3) auf diese Art zu überlisten, liegen bei 1 zu n. Es besteht also eine gewisse Möglichkeit, ist die Strafe aber hoch, wird Alice es gar nicht erst versuchen. Man könnte auch die Anzahl der redundanten Schecks erhöhen, die Alice in Schritt (1) ausfüllt.

Kann der Geschäftsinhaber betrügen? Seine Chancen sind noch geringer. Er kann den Scheck nicht zweimal einreichen; die Bank würde feststellen, daß der Auswahlstring zweimal verwendet wurde. Alice kann er das nicht in die Schuhe schieben, da nur sie in der Lage ist, die Identitätsfolgen zu öffnen.

Die Bank kann selbst dann nicht betrogen werden, wenn Alice und der Geschäftsinhaber zusammenarbeiten. Solange die Bank den Scheck mit der Eindeutigkeitsfolge unterschreibt, kann sie sicher sein, daß der Scheck nur einmal gutgeschrieben wird.

Wie steht es mit der Bank? Kann sie irgendwie herausfinden, daß der vom Geschäftsinhaber eingereichte Scheck mit dem für Alice unterschriebenen übereinstimmt? Alice ist davor durch das Protokoll für blinde Unterschriften in den Schritten (2) bis (5) geschützt. Die Bank kann nicht einmal eine Verbindung herstellen, wenn sie jede Transaktion vollständig aufzeichnet. Noch wichtiger ist, daß die Bank auch gemeinsam mit dem Geschäftsinhaber keine Möglichkeit besitzt, Alices Identität aufzudecken. Alice kann Einkaufen gehen und ihre Besorgungen völlig anonym erledigen.

Eve hat die Möglichkeit zu betrügen. Wenn sie die Kommunikation zwischen Alice und dem Geschäftsinhaber belauscht und vor dem Geschäftsinhaber in der Bank erscheint, kann sie sich das digitale Geld als erste gutschreiben lassen. Die Bank akzeptiert das und, was noch gravierender ist, der Geschäftsinhaber wird beim Einreichen des Schecks als Betrüger angesehen. Wenn Eve stiehlt und Alices Geld ausgibt, bevor Alice dazu

Gelegenneit hat, steht Alice als Betrügerin da. Es gibt keine Möglichkeit, dies zu verhindern, da es ist eine unmittelbare Konsequenz aus der Anonymität des Geldes ist. Sowohl Alice als auch der Geschäftsinhaber müssen auf ihre Bits wie auf echtes Geld aufpassen.

Dieses Protokoll liegt irgendwo zwischen einem Protokoll mit Vermittlung und einem eigenständigen Protokoll.

Digitales Geld und das perfekte Verbrechen

Digitales Geld hat auch seine Schattenseiten. Manchmal ist so viel Geheimhaltung nicht wünschenswert. Sehen wir uns an, wie Alice das perfekte Verbrechen begeht [1575]:

(1) Alice entführt ein Baby.
(2) Alice bereitet 10000 anonyme Schecks über 1000 DM vor (oder eine beliebige andere Anzahl über irgendeinen geeigneten Betrag).
(3) Alice macht die 10000 Schecks mit einem Protokoll für blinde Unterschriften unkenntlich. Sie sendet sie an die Behörden mit der Drohung, das Baby umzubringen, sofern nicht folgende Anweisungen befolgt werden:
 (a) Eine Bank unterzeichnet alle 10000 Schecks.
 (b) Das Ergebnis wird in einer Zeitung veröffentlicht.
(4) Die Behörden erfüllen die Anforderungen.
(5) Alice kauft eine Zeitung, macht die Schecks wieder lesbar und benutzt sie zum Bezahlen. Die Behörden haben keine Möglichkeit, die Schecks bis zu ihr zurückzuverfolgen.
(6) Alice läßt das Baby frei.

Beachten Sie, daß diese Situation viel ungünstiger ist als bei irgendwelchen physisch greifbaren Dingen wie z.B. Bargeld. Ohne direkten physischen Kontakt bieten sich der Polizei weniger Gelegenheiten, bei denen die Entführerin zu fassen wäre.

Im allgemeinen ist digitales Geld für Verbrecher keine lukrative Angelegenheit. Das Problem besteht darin, daß die Anonymität nur in eine Richtung funktioniert: Der Zahlende bleibt anonym, der Geschäftsinhaber aber nicht. Ferner kann der Geschäftsinhaber nicht bestreiten, Geld in Empfang genommen zu haben. Digitales Geld macht es der Regierung leicht, die Einnahmen eines Einzelnen zu ermitteln. Die Ausgaben dagegen lassen sich nicht feststellen.

Digitales Geld in der Praxis

Die niederländische Firma DigiCash besitzt die meisten Patente in bezug auf digitales Geld und hat Protokolle für digitales Geld in funktionsfähigen Produkten implementiert. Wenn Sie an näheren Informationen interessiert sind, so wenden Sie sich an DigiCash BV, Kruislaan 419, 1098 VA Amsterdam, Niederlande.

Weitere Protokolle für digitales Geld

Weitere Protokolle für digitales Geld finden Sie in [707, 1554, 734, 1633, 973]. Einige darunter erfordern ziemlich komplizierte Mathematik. Generell lassen sich die Protokolle in verschiedene Kategorien unterteilen. **Online**-Systeme verlangen, daß der Geschäftsinhaber bei jedem Verkauf mit der Bank kommuniziert, so wie das derzeit bei Protokollen für Kreditkarten üblich ist. Wenn es irgendwelche Schwierigkeiten gibt, akzeptiert die Bank das Zahlungsmittel nicht und Alice kann nicht betrügen.

Offline-Systeme wie das Protokoll Nr. 4 erfordern erst nach der Transaktion zwischen Geschäftsinhaber und Kunde eine Kommunikation zwischen dem Geschäftsinhaber und der Bank. Diese Systeme hindern Alice zwar nicht am Betrug, decken ihn aber auf. In Protokoll Nr. 4 wird Alices Identität offengelegt, sollte sie zu betrügen versuchen. Alice weiß, daß das geschieht und betrügt deshalb nicht.

Eine andere Möglichkeit besteht darin, eine spezielle Chip-Karte (siehe Abschnitt 24.13) herzustellen, die mit einem einbruchsicheren Chip, dem sogenannten **Observer**, versehen ist [332, 341, 387]. Der Observer-Chip hält eine Minidatenbank aller Einheiten digitalen Geldes, die von dieser Chip-Karte ausgegeben wurden. Versucht Alice, digitales Geld zu kopieren und es zweimal auszugeben, würde der integrierte Observer-Chip diesen Versuch wahrnehmen und die Transaktion nicht zulassen. Da der Chip einbruchsicher ist, kann Alice die Minidatenbank nicht löschen, ohne gleichzeitig die Chip-Karte unwiederbringlich zu zerstören. Das Geld kann seinen Weg durch das Wirtschaftsleben nehmen; wird es schließlich auf einem Konto gutgeschrieben, kann die Bank das Geld untersuchen und so feststellen, wer gegebenenfalls betrogen hat.

Digitale Protokolle können auch nach anderen Kriterien untergliedert werden. **Digitale Münzen** besitzen einen festen Wert; um dieses System zu nutzen, benötigt man mehrere Münzen mit unterschiedlichem Wert. **Digitale Schecks** können bis zu einem bestimmten Höchstbetrag verwendet und zur Erstattung des nicht verbrauchten Betrages zurückgegeben werden.

Zwei ausgezeichnete, völlig verschiedene Offline-Protokolle für digitale Münzen finden Sie in [225, 226, 227] und [563, 564, 565]. Ein System namens NetCash mit weniger strengen Anforderungen an die Anonymität wurde in [1048, 1049] vorgestellt. Ein weiteres neues System ist [289].

In [1211] beschreiben Tatsuaki Okamoto und Kazuo Ohta sechs Eigenschaften eines idealen Systems für digitales Geld:

1. Unabhängigkeit: Die Sicherheit digitalen Geldes ist nicht von irgendeinem physischen Ort abhängig. Das Geld kann über Computernetze transferiert werden.
2. Sicherheit: Digitales Geld kann nicht kopiert und wiederverwendet werden.
3. Privatsphäre: Die Privatsphäre des Benutzers ist geschützt; niemand kann die Geschäfte eines Benutzers nachvollziehen.
4. Offline-Bezahlung: Bezahlt ein Benutzer mit digitalem Geld, wird das Protokoll zwischen Geschäftsinhaber und Benutzer offline durchgeführt. Das heißt, daß der Laden nicht an einen Zentralrechner angeschlossen sein muß, um die Bezahlung entgegenzunehmen.

5. Transferierbarkeit: Digitales Geld kann zu anderen Benutzern übertragen werden.

6. Teilbarkeit: Eine Einheit digitalen Geldes über einen bestimmten Betrag kann in kleinere Geldeinheiten über geringere Beträge aufgespalten werden. (Natürlich muß am Ende wieder dieselbe Summe herauskommen.)

Die bislang behandelten Protokolle besitzen die Eigenschaften 1, 2, 3 und 4, nicht aber 5 und 6. Einige Online-Systeme für digitales Geld, die alle außer der vierten Anforderung erfüllen, werden in [318, 413, 1243] beschrieben. Das erste Offline-System für digitales Geld, das dem eben besprochenen ähnelt und die Eigenschaften 1, 2, 3 und 4 besitzt, wurde in [339] vorgestellt. Okamoto und Ohta schlugen ein System vor, das die Anforderungen 1 bis 5 erfüllt [1209]; daneben entwickelten sie ein System mit den Eigenschaften 1 bis 6, das jedoch für eine einzige Bezahlung fast 200 Megabyte Daten benötigt. Ein weiteres Offline-System mit teilbaren Münzen wird in [522] behandelt.

Das in [1211] vorgestellte Konzept für digitales Geld, das von denselben Autoren stammt, besitzt die Eigenschaften 1 bis 6 ohne den enormen Datenaufwand. Bei einer Bezahlung werden etwa 20 Kilobyte Daten übertragen, das Protokoll kann in mehreren Sekunden durchgeführt werden. Die Autoren betrachten dies als erstes ideales System für digitales Geld, das die Privatsphäre wirklich schützt.

Anonyme Kreditkarten

Dieses Protokoll [988] arbeitet mit verschiedenen Banken, um die Identität des Kunden zu schützen. Jeder Kunde besitzt ein Konto bei zwei verschiedenen Banken. Die erste davon kennt die Identität des Kunden und ist gewillt, ihm Kredit zu gewähren. Die zweite Bank kennt den Kunden nur unter einem Pseudonym (ähnlich einem Schweizer Nummernkonto).

Der Kunde kann Geld von einem Konto der zweiten Bank abheben, indem er nachweist, daß es sich um sein Konto handelt. Die Bank kennt die Person jedoch nicht, und möchte ihr keinen Kredit gewähren. Die erste Bank kennt den Kunden und transferiert Gelder auf die zweite Bank – ohne das Pseudonym zu kennen. Der Kunde gibt dieses Geld dann anonym aus. Am Monatsende erhält die erste Bank von der zweiten eine Rechnung, die diese hoffentlich begleichen wird. Die erste Bank reicht die Rechnung an den Kunden weiter in der Hoffnung, daß dieser die Rechnung bezahlen wird. Zahlt der Kunde, transferiert die erste Bank weitere Gelder zur zweiten Bank. Alle Transaktionen durchlaufen eine Vermittlungsinstanz, die als eine Art elektronische Bundesbank fungiert: Sie richtet Konten zwischen den Banken ein, protokolliert Nachrichten und erstellt Kontrollaufzeichnungen.

Die Transaktionen zwischen Kunde, Geschäftsinhaber und den verschiedenen Banken werden in [988] skizziert. Solange sich nicht alle gegen den Kunden verschwören, bleibt dessen Anonymität gewahrt. Das ist aber noch kein digitales Geld; die Bank kann problemlos betrügen. Das Protokoll ermöglicht Kunden, die Vorteile von Kreditkarten zu nutzen, ohne dabei ihre Privatsphäre zu opfern.

Teil II
Kryptographische Techniken

7 Schlüssellänge

7.1 Symmetrische Schlüssellänge

Die Sicherheit eines Kryptosystems läßt sich als Funktion definieren, die von der Stärke des Algorithmus und der Länge des Schlüssels abhängt. Der erste Aspekt ist wichtiger, der letzte dagegen läßt sich einfacher demonstrieren.

Gehen wir einmal davon aus, daß die Stärke des Algorithmus optimal ist. In der Praxis ist das nur unter extremen Schwierigkeiten zu erreichen, für unser Beispiel können wir es aber einfach voraussetzen. Unter „optimal" verstehe ich, daß die beste Möglichkeit zum Brechen eines Kryptosystems darin besteht, in einem Brute-Force-Angriff sämtliche möglichen Schlüssel durchzuprobieren.

Um einen solchen Angriff durchzuführen, benötigt der Kryptanalytiker etwas Chiffretext und den zugehörigen Klartext; ein Brute-Force-Angriff ist ein *known-plaintext*-Angriff. Bei einer Blockchiffrierung ist ein Block Chiffretext und der entsprechende Klartext erforderlich, im allgemeinen 64 Bit. Es ist einfacher, als man vielleicht meinen möchte, an diesen Klar- und Chiffretext heranzukommen. Ein Kryptanalytiker könnte sich irgendwie die Kopie einer Klartextnachricht besorgen und den zugehörenden Chiffretext abfangen. Er könnte bereits einige Anhaltspunkte über das Format des Chiffretexts haben, z.B. daß es einen Standard-Header für E-Mail enthält oder daß es sich um eine WordPerfect-Datei, ein UNIX-Verzeichnis, ein TIFF-Bild oder einen Standarddatensatz aus einer Kundendatenbank handelt. All diese Formate besitzen vordefinierte Bytes. Der Kryptanalytiker benötigt für einen solchen Angriff nicht viel Klartext.

Die Komplexität eines Brute-Force-Angriffs ist einfach zu berechnen. Bei einer Schlüssellänge von 8 Bit gibt es 2^8 oder 256 mögliche Schlüssel. Um den richtigen Schlüssel zu finden, sind demnach 256 Versuche notwendig, wobei eine Chance von 50 Prozent besteht, den Schlüssel nach der Hälfte der Versuche gefunden zu haben. Bei einer Schlüssellänge von 56 Bit gibt es 2^{56} mögliche Schlüssel. Selbst wenn ein Supercomputer eine Million Schlüssel pro Sekunde durchprobieren kann, benötigt er immer noch 2285 Jahre für den richtigen Schlüssel. Ist der Schlüssel 64 Bit lang, braucht derselbe Supercomputer etwa 585000 Jahre, um aus den 2^{64} möglichen Schlüsseln den richtigen herauszusuchen. Ist der Schlüssel 128 Bit lang, dauert es 10^{25} Jahre. Das ist schon eine recht beachtliche Zeit, wenn man bedenkt, daß das Universum erst 10^{10} Jahre alt ist. Bei einem 2048 Bit langen Schlüssel brauchen eine Million parallel arbeitende Computer bei einer Million Versuche pro Sekunde 10^{597} Jahre, um den Schlüssel zu finden. In diesem Zeitraum wird das Universum längst kollabiert oder ins Nichts expandiert sein.

Bevor Sie sich an die Arbeit machen, ein Kryptosystem mit einem acht Kilobyte langen Schlüssel zu erfinden, sollten Sie den anderen Sicherheitsaspekt bedenken: Der Algorithmus muß so sicher sein, daß ein Brute-Force-Angriff die beste Methode darstellt, ihn zu knacken. Das ist nicht so einfach, wie es scheint. Die Kryptographie ist eine raffinierte Kunst. Scheinbar perfekte Kryptosysteme sind oft äußerst schwach. Starke Kryptosysteme werden schon bei kleineren Änderungen schwach. Deshalb sei dem Amateur-Kryptographen geraten, jedem neuen Algorithmus mit gesundem, fast paranoidem Argwohn zu begegnen. Man sollte am besten nur Algorithmen vertrauen, die auch nach jahrelangen Bemühungen professioneller Kryptographen nicht geknackt werden konnten, und den großspurigen Versprechungen von Algorithmenentwicklern äußerst mißtrauisch gegenüberstehen.

Rufen Sie sich einen wichtigen Punkt aus Abschnitt 1.1 in Erinnerung: Die Sicherheit eines Kryptosystems sollte vom Schlüssel abhängen, und nicht von den Einzelheiten des Algorithmus. Angenommen, alle Kryptanalytiker kennen alle Einzelheiten ihres Algorithmus. Angenommen, der Angreifer hat Zugriff auf beliebig viel Chiffretext und könnte einen intensiven *ciphertext-only*-Angriff durchführen. Angenommen, er könne einen *plaintext*-Angriff mit so vielen Daten durchführen, wie er eben braucht. Er hat sogar die Möglichkeit zu einem *chosen-plaintext*-Angriff. Bleibt Ihr Kryptosystem selbst angesichts dieses ganzen Wissens sicher, dann haben Sie schon etwas in der Hand.

Eine Warnung am Rande: Der Spielraum in der Kryptographie ist groß. In der Realität ist dieses Maß an Sicherheit in vielen Situationen überhaupt nicht nötig. Die meisten Ihrer Gegner verfügen nicht über das Wissen und die Rechenleistung einer größeren Regierung. Wenn sie es doch tun, sind sie an Ihrem Kryptosystem aller Wahrscheinlichkeit nach nicht besonders interessiert. Wenn Sie den Sturz einer größeren Regierung planen, dann halten Sie sich an die erprobten Algorithmen am Ende des Buchs. Dem Rest von Ihnen: viel Spaß.

Zeit- und Kostenabschätzung für einen Brute-Force-Angriff

Ein Brute-Force-Angriff ist also in der Regel ein *known-plaintext*-Angriff; er erfordert etwas Chiffretext und den dazugehörigen Klartext. Wenn Sie davon ausgehen, daß ein Brute-Force-Angriff den wirksamsten Angriff darstellt, der gegen einen Algorithmus möglich ist – eine gewagte Annahme – dann muß der Schlüssel lang genug sein, um den Angriff zu vereiteln. Wie lang ist das?

Die Geschwindigkeit eines Brute-Force-Angriffs wird von zwei Parametern bestimmt: von der Anzahl der durchzuprobierenden Schlüssel und der Geschwindigkeit eines einzelnen Tests. Bei den meisten symmetrischen Algorithmen wird als Schlüssel ein Bitmuster fester Länge verwendet. DES besitzt einen 56-Bit-Schlüssel, d.h. es sind 2^{56} verschiedene Schlüssel möglich. Einige in diesem Buch beschriebene Algorithmen verfügen über einen 64 Bit langen Schlüssel, womit 2^{64} verschiedene Schlüssel möglich sind. Daneben gibt es auch 128-Bit-Schlüssel.

Die Geschwindigkeit, mit der jeder der möglichen Schlüssel getestet werden kann, stellt ebenfalls einen Einflußfaktor dar, ist aber nicht so wichtig. Zu Analysezwecken gehe ich davon aus, daß alle Algorithmen in derselben Zeit getestet werden können. In der Realität unterscheiden sich die Testzeiten der einzelnen Algorithmen vielleicht um das zwei-, drei- oder sogar zehnfache. Da wir aber nach Schlüssellängen suchen, die Millionen Mal schwieriger zu knacken sind, als überhaupt durchführbar wäre, spielen kleine Unterschiede in der Testgeschwindigkeit keine besondere Rolle.

Die Diskussion in der kryptologischen Gemeinde über die Effizienz von Brute-Force-Angriffen konzentriert sich in erster Linie auf den DES-Algorithmus. 1977 postulierten Whitfield Diffie und Martin Hellman [497] eine spezielle DES-Cracking-Maschine. Diese Maschine besteht aus einer Million Chips, die jeweils eine Million Schlüssel pro Sekunde testen können. Eine solche Maschine könnte 2^{56} Schlüssel in 20 Stunden testen. Wenn man sie gegen einen Algorithmus mit 64-Bit-Schlüssel ansetzen würde, könnte sie alle 2^{64} Schlüssel in 214 Tagen testen.

Ein Brute-Force-Angriff ist auf Parallelrechner zugeschnitten. Jeder Prozessor kann eine Teilmenge des Schlüsselraums testen. Die Prozessoren brauchen nicht miteinander zu kommunizieren; die einzig überhaupt erforderliche Kommunikation ist eine Erfolgsnachricht. Shared Memory ist überflüssig. Es ist nicht schwer, eine Maschine mit einer Million Parallelprozessoren zu entwerfen, die völlig unabhängig voneinander arbeiten.

Erst kürzlich beschloß Michael Wiener, eine Brute-Force-Cracking-Maschine zu entwikkeln [1597, 1598]. (Er entwarf die Maschine für DES, aber die Analyse gilt für fast jeden Algorithmus.) Er entwickelte spezielle Chips, Karten sowie Gehäuse; er schätzte die Kosten und kam zu dem Schluß, daß man für eine Million Dollar einen Rechner bauen kann, der einen 56 Bit langen DES-Schlüssel in durchschnittlich 3,5 Stunden und garantiert 7 Stunden knackt. Außerdem wäre das Preis/Geschwindigkeitsverhältnis linear. In Tabelle 7.1 werden diese Zahlen auf eine Vielzahl von Schlüssellängen übertragen. Erinnern Sie sich an das Gesetz von Moore: Die Rechenleistung verdoppelt sich etwa alle 18 Monate. Das bedeutet, daß sich die Kosten alle fünf Jahre um den Faktor 10 verringern; was 1995 eine Million Dollar kostete, liegt im Jahr 2000 bei nur noch 100000 Dollar. Pipeline-Rechner erzielen vielleicht noch bessere Werte [724].

Bei 56-Bit-Schlüsseln liegen diese Zahlen in einem Bereich, den das Budget der meisten großen Unternehmen und vieler krimineller Vereinigungen verkraften kann. Die Militärausgaben der meisten Industrienationen lassen das Knacken von 64-Bit-Schlüsseln durchaus zu. Das Brechen eines 80-Bit-Schlüssels dagegen liegt noch außerhalb aller Möglichkeiten; hält die gegenwärtige Entwicklung an, wird sich dies in 30 Jahren aber ändern.

Natürlich ist es witzlos, die in 35 Jahren verfügbare Rechenleistung schätzen zu wollen. Bei Durchbrüchen auf heute noch als Science-Fiction angesehenen Gebieten wären diese Zahlen lachhaft. Umgekehrt könnte man an physikalische Grenzen stoßen, die diese Zahlen viel zu optimistisch aussehen lassen. In der Kryptographie ist Pessimismus angebracht. Es scheint ziemlich kurzsichtig zu sein, einen Algorithmus mit einem 80-Bit-Schlüssel zu lancieren. Sie sollten auf jeden Fall einen 112-Bit-Schlüssel verwenden.

Möchte ein Angreifer einen ausreichend schlechten Schlüssel knacken, muß er dazu lediglich genug Geld bereitstellen. Es scheint deshalb eine kluge Idee zu sein, den minimalen „Wert" eines Schlüssels zu schätzen. Welchen Wert kann man einem einzelnen Schlüssel zusprechen, um abzuschätzen, ob es ökonomisch sinnvoll ist, ihn zu brechen? Ein Extrembeispiel: Ist eine verschlüsselte Nachricht 1,39 Dollar wert, wäre es in finanzi-

| | \multicolumn{6}{c}{Schlüssellänge in Bit} |
Kosten (Dollar)	40	56	64	80	112	128
100 000	2 s	35 h	1 J	70000 J	10^{14} J	10^{19} J
1 000 000	0,2 s	3,5 h	37 T	7000 J	10^{13} J	10^{18} J
10 000 000	0,02 s	21 min	4 T	700 J	10^{12} J	10^{17} J
100 000 000	2 ms	2 min	9 h	70 J	10^{11} J	10^{16} J
1 000 000 000	0,2 ms	13 s	1 h	7 J	10^{10} J	10^{15} J
10 000 000 000	0,02 ms	1 s	5,4 min	245 T	10^{9} J	10^{14} J
100 000 000 000	2 ms	0,1 s	32 s	24 T	10^{8} J	10^{13} J
10^{12}	0,2 ms	0,01 s	3 s	2,4 T	10^{7} J	10^{12} J
10^{13}	0,02 ms	1 ms	0,3 s	6 h	10^{6} J	10^{11} J

Tabelle 7.1: Mittlere Zeitschätzung für einen Brute-Force-Angriff 1995

eller Hinsicht wenig sinnvoll, eine 10 Millionen-Mark-Cracker-Maschine auf das Brechen des Schlüssels anzusetzen. Ist die Klartext-Nachricht dagegen 100 Millionen Mark wert, würde eine Dechiffrierung dieser einen Nachricht die Kosten für den Bau der Cracker-Maschine wettmachen. Außerdem ist zu bedenken, daß der Nachrichtenwert oft mit der Zeit drastisch abnimmt.

Software-Cracker

Ohne Spezial-Hardware und massiv parallele Rechner sind Brute-Force-Angriffe wesentlich schwieriger. Ein Software-Angriff ist etwa tausendmal langsamer als ein Hardware-Angriff.

Die eigentliche Bedrohung eines Brute-Force-Angriffs auf Software-Basis liegt nicht darin, daß er irgendwann mit Sicherheit zum Erfolg führt, sondern darin, daß er „umsonst" ist. Es kostet nichts, einen Microcomputer in seiner Leerlaufzeit mögliche Schlüssel durchprobieren zu lassen. Findet er den richtigen Schlüssel, ist das großartig. Wenn nicht, ist auch nichts verloren. Es kostet genausowenig, das Testen auf ein ganzes Microcomputer-Netzwerk auszudehnen. In einem erst kürzlich durchgeführten Experiment mit DES wurde die Leerlaufzeit von 40 Workstations genutzt und damit an einem einzigen Tag 2^{34} Schlüssel durchprobiert [603]. Bei dieser Geschwindigkeit braucht ein Test aller Schlüssel vier Millionen Tage. Versuchen aber ausreichend viele Leute Angriffe dieser Art, wird irgendeiner auch mal Glück haben. [603] äußert sich dazu folgendermaßen:

> Der Kern des Software-Angriffs ist einfach Glück. Stellen Sie sich einen universitäres Computernetz mit 512 vernetzten Workstations vor. An einigen Universitäten wäre das ein mittelgroßes Netzwerk. Solche Netze könnten auch über die ganze Welt verteilt sein und ihre Arbeit über E-Mail koordinieren. Angenommen, jede Workstation kann den Algorithmus bei einer Geschwindigkeit von 15000 Verschlüsselungen pro Sekunde durchführen. ... Wenn man den Aufwand zum Testen und Wechseln der Schlüssel abzieht, kommt man auf einen entsprechend niedrigeren Wert ... von 8192 Tests pro Sekunde pro Maschine.

Um mit dieser Konstellation einen (56-Bit) Schlüsselraum vollständig auszuschöpfen, sind 545 Jahre erforderlich (sofern das Netzwerk sich der Aufgabe 24 Stunden am Tag widmet). Angenommen, dieselben Kalkulationen geben unseren fiktiven Studenten-Hackern eine Chance von 1 zu 200000, einen Schlüssel an einem Tag zu brechen. An einem langen Wochenende steigen ihre Chancen auf 1 zu 66000. Je schneller ihre Hardware und je mehr Maschinen beteiligt sind, desto besser werden ihre Chancen. Beim Pferderennen könnte man mit einer solchen Erfolgswahrscheinlichkeit seinen Lebensunterhalt nicht verdienen. Die Chancen sind aber nicht so schlecht, daß man damit unbedingt Werbung für die Sicherheit machen könnte. Sie sind zum Beispiel wesentlich besser als das, was die Regierung beim Lotto zubilligt. Aussagen wie „eins-zu-einer-Million" oder „das passiert in tausend Jahren nicht" sind heutzutage nicht mehr guten Gewissens zu machen. Ist dieses Sicherheitsrisiko auf Dauer tragbar?

Bei einem Algorithmus mit einem 64-Bit- statt eines 56-Bit-Schlüssels wird dieser Angriff 256mal schwieriger. Bei einem 40-Bit-Schlüssel sieht es viel trostloser aus. Ein Netzwerk mit 400 Computern, von denen jeder 32000 Verschlüsselungen pro Sekunde durchführen kann, kann einen Brute-Force-Angriff gegen einen 40-Bit-Schlüssel an einem einzigen Tag durchführen. (1992 wurde der Export der RC2- und RC4-Algorithmen mit einem 40-Bit-Schlüssel erlaubt – siehe Abschnitt 13.8.)

Bei einem 128-Bit-Schlüssel wird es endgültig lächerlich, über einen Brute-Force-Angriff auch nur nachzudenken. Experten aus der Industrie schätzen, daß 1996 weltweit 200 Millionen Computer in Gebrauch sind. Diese Schätzung umfaßt alles vom Cray-Großrechner bis zum Notebook. Wenn all diese Rechner bei einem Brute-Force-Angriff zusammenarbeiten und jeder Computer eine Million Verschlüsselungen pro Sekunde durchführen würde, würde es immer noch eine Million Mal länger als das Alter des Universums dauern, bis der Schlüssel gefunden wäre.

Neuronale Netze

Neuronale Netze sind für die Kryptanalyse nicht besonders geeignet, in erster Linie wegen der Beschaffenheit des Lösungsraums. Neuronale Netze funktionieren am besten bei Problemen, die ein Kontinuum von Lösungen besitzen, wobei einige besser sind als andere. Dies ermöglicht einem neuronalen Netz zu lernen, indem es immer bessere Lösungen entwickelt. Das Knacken eines Algorithmus bietet eigentlich nichts, was mit Lernmöglichkeiten vergleichbar wäre: Entweder hat man den Schlüssel entdeckt oder man hat ihn nicht entdeckt. (Dies trifft zumindest auf gute Algorithmen zu.) Neuronale Netze eignen sich gut in strukturierten Umgebungen, in denen es etwas zu lernen gibt. In der scheinbar zufälligen Welt der Kryptographie, die eine hohe Entropie aufweist, sind sie eher fehl am Platze.

Viren

Die größte Schwierigkeit bei der Zusammenarbeit von Millionen von Computern für einen Brute-Force-Angriff besteht darin, Millionen von Computer-Besitzern zu einer

Teilnahme zu bewegen. Man kann höflich anfragen, das aber ist zeitaufwendig und birgt die Gefahr eines „Nein". Man kann in die Rechner einbrechen, aber das ist noch zeitaufwendiger und birgt das Risiko, im Gefängnis zu landen. Man könnte aber auch ein Computer-Virus verwenden, um das Cracking-Programm effizient über möglichst viele Rechner zu verteilen.

Diese ziemlich heimtückische Idee wurde erstmalig in [1593] vorgestellt. Der Angreifer schreibt ein Computer-Virus und läßt es auf andere Rechner los. Dieses Virus formatiert weder Festplatten noch löscht es Dateien. Es arbeitet lediglich an einem Brute-Force-Kryptanalyse-Problem, wann immer die Computer nichts anderes zu tun haben. Verschiedene Studien haben gezeigt, daß Microcomputer zwischen 70 und 90 Prozent ihrer Zeit untätig sind, so daß es dem Virus nicht schwerfallen sollte, Zeit zur Erledigung seiner Aufgabe zu finden. Ist es gutartig, wird nicht einmal auffallen, daß es einen Computer zweckentfremdet.

Irgendein Rechner wird schließlich auf den richtigen Schlüssel stoßen. An diesem Punkt gibt es zwei Möglichkeiten. Erstens könnte das Virus ein anderes Virus ins Leben rufen. Dieses neue Virus enthält bloß die Informationen über den korrekten Schlüssel und tut nichts weiter, als alle auffindbaren Kopien des Cracking-Virus zu beseitigen und sich selbst fortzupflanzen. Auf diese Art verbreitet es sich in der Computer-Welt, bis es wieder auf dem Rechner der Person gelandet ist, die das Originalvirus geschrieben hat.

Ein zweiter raffinierterer Ansatz wäre, das Virus folgende Meldung auf dem Bildschirm anzeigen zu lassen:

In diesem Computer wurde ein gravierender Fehler entdeckt.
Bitte setzen Sie sich unter 089/291224445-123 mit dem Operator in
Verbindung und geben Sie ihm folgende 64-Bit-Zahl durch:

xxxx xxxx xxxx xxxx

Die erste Person, die diesen Fehler meldet, erhält eine Belohnung von 200 DM.

Wie effizient ist dieser Angriff? Angenommen, ein infizierter Computer probiert im Mittel tausend Schlüssel pro Sekunde durch. Diese Rate liegt weit unter den maximalen Möglichkeiten des Computers, weil wir davon ausgehen, daß er gelegentlich auch anderweitig beschäftigt ist. Außerdem nehmen wir an, daß ein Virus typischerweise 10 Millionen Rechner infiziert. Ein solches Virus kann einen 56-Bit-Schlüssel in 83 Tagen und einen 64-Bit-Schlüssel in 58 Jahren brechen. Wahrscheinlich müßten Sie die Hersteller der Antivirus-Software bestechen, aber das ist Ihr Problem. Bei einer Steigerung der Computer-Geschwindigkeit oder der Virusinfektionsrate würde dieser Angriff natürlich entsprechend effektiver.

Chinesische Lotterie

Die Chinesische Lotterie ist eine ziemlich abgehobene, wenngleich denkbare Möglichkeit für eine massiv parallele Kryptanalyse-Maschine [1278]. Stellen Sie sich vor, in jedem chinesischen Radio und Fernseher ist ein Brute-Force-Cracking-Chip mit einer Million Tests pro Sekunde eingebaut. Jeder Chip ist darauf programmiert, automatisch eine andere Schlüsselmenge zu testen, wenn er über den Äther ein Klartext/Chiffretext-Paar erhalten hat. Immer wenn die chinesische Regierung einen Schlüssel brechen möchte, sendet sie die entsprechenden Daten. Alle Radios und Fernseher im Land legen dann los. Über kurz oder lang wird der richtige Schlüssel bei irgendjemandem im Land angezeigt. Die chinesische Regierung zahlt dieser Person eine Belohnung und stellt damit sicher, daß das Ergebnis prompt und korrekt gemeldet wird. Auf diese Art wird zudem der Verkauf der Radios und Fernseher mit den Cracking-Chips gefördert.

Wenn jeder Mann, jede Frau und jedes Kind in China ein eigenes Gerät hätte, wäre der korrekte Schlüssel für einen 56-Bit-Algorithmus in 61 Sekunden gefunden. Selbst wenn nur einer von zehn Chinesen Radio oder Fernseher besitzt – was der Realität sicherlich näher kommt –, wäre der korrekte Schlüssel in 10 Minuten ermittelt. Der korrekte Schlüssel für einen 64-Bit-Algorithmus wäre in 4,3 Stunden bestimmt bzw. in 43 Stunden, wenn nur jeder Zehnte über ein Gerät verfügt.

Für den praktischen Einsatz dieser Art Angriff sind einige Änderungen notwendig. Erstens wäre es einfacher, wenn jeder Chip die Schlüssel zufällig durchprobieren und nicht mit einer ihm zugewiesenen Schlüsselmenge arbeiten würde. Dies verlangsamt den Angriff um 39 Prozent – was bei den angesprochenen Zeiten nicht so entscheidend ist. Außerdem müßte die kommunistische Partei Chinas anordnen, daß jede Person eine bestimmte Sendung zu einem festgesetzten Zeitpunkt einzuschalten hat, um sicherzugehen, daß alle Geräte beim Senden des Klartext/Chiffretext-Paars wirklich laufen. Schließlich muß jedermann verpflichtet werden, irgendein Parteibüro anzurufen, sobald der Schlüssel bei ihm erscheint, und dann die Zahlenfolge durchzugeben.

Land	Bevölkerung	Anzahl der Fernseher/Radios	Zeit für erfolgreiches Knacken 56 Bit	64 Bit
China	1 190 431 000	257 000 000	280 s	20 h
USA	260 714 000	739 000 000	97 s	6,9 h
Irak	19 890 000	4 730 000	4,2 h	44 T
Israel	5 051 000	3 640 000	5,5 h	58 T
Wyoming	470 000	1 330 000	15 h	160 T
Winnemucca, NV	6 100	17 300	48 T	34 J

Tabelle 7.2: Schätzungen für einen Brute-Force-Angriff bei der Chinesischen Lotterie

Die Daten stammen aus dem *World Almanac and Book of Facts* 1995.

Tabelle 7.2 zeigt die Effektivität der Chinesischen Lotterie für verschiedene Länder und Schlüssellängen. China wäre sicher in der besten Position, einen solchen Angriff auszuführen, wenn es alle Männer, Frauen und Kinder mit eigenem Fernseher oder Radio ausstatten könnte. Die USA haben weniger Einwohner, aber die Pro-Kopf-Ausstattung ist weit besser. Allein der Staat Wyoming könnte einen 56-Bit-Schlüssel in weniger als einem Tag brechen.

Biotechnologie

Wenn Biochips möglich sind, wäre es dumm, sie nicht als Werkzeug für eine verteilte Brute-Force-Kryptanalyse einzusetzen. Stellen Sie sich ein fiktives Tier vor, daß unglücklicherweise „DESosaurus" heißt [1278]. Es besteht aus biologischen Zellen, die mögliche Schlüssel testen können. Das Klartext/Chiffretext-Paar wird den Zellen auf optischem Wege gesendet (diese Zellen sind also durchsichtig). Spezielle Zellen, die durch die Blutbahnen des Tieres wandern, transportieren die Lösungen zum Sprechorgan des DESosaurus.

Ein typischer Dinosaurier bestand aus 10^{14} Zellen (ohne Bakterien). Wenn jede davon zu einer Million Verschlüsselungen pro Sekunde in der Lage ist (das ist natürlich eine kühne Behauptung), würde das Knacken eines 56-Bit-Schlüssels sieben Zehntausendstel Sekunden dauern. Bei einem 64-Bit-Schlüssel wären es weniger als zwei Zehntel Sekunden. Das Knacken eines 128-Bit-Schlüssels dagegen würde immer noch 10^{11} Jahre beanspruchen.

Ein anderer biologischer Ansatz besteht in genetisch manipulierten kryptanalytischen Algen, die Brute-Force-Angriffe gegen kryptographische Algorithmen durchführen können [1278]. Mit diesen Organismen ließe sich eine verteilte Maschine mit mehr Prozessoren konstruieren, da die Algen ein größeres Gebiet bedecken können. Das Klartext/Chiffretext-Paar könnte über Satellit verbreitet werden. Hat ein Organismus das Ergebnis gefunden, könnte er seine Nachbarzellen zu einem Farbwechsel veranlassen, über den die Lösung zum Satelliten übertragen wird.

Angenommen, eine typische Algenzelle hat die Größe eines Würfels mit der Seitenlänge 10 Mikrometer (das ist vermutlich eine großzügige Schätzung), dann passen 10^{15} davon in einen Kubikmeter. Kippt man soviele davon ins Meer, daß sie eine Fläche von 518 Quadratkilometern bei einem Meter Tiefe bedecken (wie Sie das machen, ist Ihr Problem – ich bin hier nur für die Ideen zuständig), dann benötigt man dazu 10^{23} Exemplare (über vierhundert Milliarden Liter). (Zum Vergleich: Die Exxon Valdez verlor 40 Millionen Liter Öl.) Selbst wenn jede Alge eine Million Schlüssel pro Sekunde durchprobieren kann, finden sie den Schlüssel eines 128-Bit-Algorithmus erst in über 100 Jahren. (Wie Sie mit der Algenblüte fertig werden, ist Ihr Problem.) Durchbrüche in der Verarbeitungsleistung der Algen, dem Algendurchmesser oder dem Ausmaß an Algen, die man über den Ozean verteilen kann, würden diese Zahlen erheblich reduzieren.

Fragen Sie mich nicht, was mit Technologie im Nanometerbereich alles möglich ist.

Einschränkungen durch die Thermodynamik

Eine der Folgerungen aus dem zweiten Hauptsatz der Thermodynamik lautet, daß eine bestimmte Energie zur Repräsentation von Informationen erforderlich ist. Um bei der Zustandsänderung eines Systems ein einzelnes Bit zu setzen oder zu löschen, ist eine Energie von mindestens kT notwendig, wobei T die absolute Temperatur des Systems und k die Boltzmannsche Konstante ist. (Nur Geduld – die Physikstunde ist gleich vorbei.)

Mit $k = 1{,}38 * 10^{-16}$ erg/°Kelvin und einer Grundtemperatur des Universums von 3,2° Kelvin würde ein bei 3,2° Kelvin laufender idealer Computer jedesmal $4{,}4 * 10^{-16}$ erg benötigen, um ein Bit zu setzen oder zu löschen. Um einen Computer bei niedrigeren Temperaturen als der der kosmischen Hintergrundstrahlung laufen zu lassen, wäre zusätzliche Energie für den Betrieb einer Wärmepumpe erforderlich.

Der jährliche Energieausstoß unserer Sonne liegt bei $1{,}21 * 10^{41}$ erg. Dies würde genug Energie liefern, um auf unserem idealen Computer $2{,}7 * 10^{56}$ mal ein einzelnes Bit zu ändern; das entspricht den Zustandsänderungen, die ein 187-Bit-Zähler beim Durchlaufen all seiner Werte durchmachen würde. Würden wir um die Sonne herum eine Dyson-Sphäre aufbauen und 32 Jahre lang ihre gesamte Energie verlustfrei sammeln, könnten wir damit einen Computer bis 2^{192} zählen lassen. Natürlich bliebe dann keine Energie mehr, um mit diesem Zähler sinnvolle Berechnungen durchzuführen.

Aber das ist nur ein einzelner Stern und ein ziemlich mickriger dazu. Eine typische Supernova gibt etwa 10^{51} erg ab. (In Form von Neutrinos würde ungefähr das Hundertfache an Energie freigesetzt, aber lassen wir die mal beiseite.) Könnte all diese Energie in eine einzige Berechnungsorgie kanalisiert werden, könnten wir damit einen 219-Bit-Zähler all seine Zustände durchlaufen lassen.

Diese Zahlen haben nichts mit der Gerätetechnik zu tun; es handelt sich um die nach den Gesetzen der Thermodynamik maximal erreichbaren Werte. Und sie lassen sehr deutlich darauf schließen, daß Brute-Force-Angriffe gegen 256-Bit-Schlüssel undurchführbar sind, bis Computer nicht mehr aus Materie bestehen und keine räumliche Ausdehnung besitzen.

7.2 Länge öffentlicher Schlüssel

Einwegfunktionen wurden in Abschnitt 2.3 behandelt. Die Multiplikation zweier großer Primzahlen stellt eine Einwegfunktion dar; die Zahlen sind einfach zu multiplizieren, es ist aber eine harte Aufgabe, das Produkt wieder in die beiden großen Primzahlen zu zerlegen (siehe Abschnitt 11.3). In der Public-Key-Kryptographie wird dieses Konzept für eine Einwegfunktion mit Hintertür aufgegriffen. Eigentlich ist das nicht ganz richtig; man *vermutet lediglich*, daß es sich bei der Faktorisierung um ein hartes Problem handelt (siehe Abschnitt 11.4). Bislang sprechen alle Erkenntnisse dafür. Selbst wenn es so ist, kann doch niemand beweisen, daß harte Probleme wirklich hart sind. Es wird fast ausnahmslos angenommen, daß die Faktorisierung zu den harten Problemen gehört, es konnte bisher jedoch nicht mathematisch bewiesen werden.

Es lohnt sich, ein wenig näher darauf einzugehen. Man kann sich leicht vorstellen, daß wir uns in fünfzig Jahren gerne der guten alten Zeiten erinnern, in denen die Leute noch geglaubt haben, daß die Faktorisierung hart ist und Kryptographie auf der Faktorisierung beruht, und in denen man mit all diesem Kram tatsächlich noch Geld verdienen konnte. Auch würde es nicht weiter verwundern, wenn die Faktorisierung durch zukünftige Entwicklungen in der Zahlentheorie vereinfacht oder durch Fortschritte in der Komplexitätstheorie zu einer völlig trivialen Angelegenheit würde. Es gibt weder einen Anlaß, an eine solche Entwicklung zu glauben, noch kann man mit gutem Grund behaupten, daß es nicht geschehen wird – aber die meisten Leute, die genug wissen, um eine Meinung darüber abgeben zu können, werden Ihnen erzählen, daß es höchst unwahrscheinlich ist.

Abgesehen davon basieren die derzeit vorherrschenden Public-Key-Algorithmen auf der Schwierigkeit der Faktorisierung großer Zahlen, die das Produkt zweier großer Primzahlen sind. (Andere Algorithmen beruhen auf dem diskreten Logarithmus; Sie können aber im Moment einmal davon ausgehen, daß dafür dieselben Betrachtungen gelten.) Auch diese Algorithmen sind anfällig für einen Brute-Force-Angriff, aber für eine andere Kategorie. Zum Knacken dieser Algorithmen werden nicht alle möglichen Schlüssel durchprobiert; hier wird versucht, die große Zahl zu faktorisieren (oder den diskreten Logarithmus in einem sehr großen endlichen Körper zu finden, was ein ähnliches Problem darstellt). Ist die Zahl zu klein, bietet sie keine Sicherheit. Ist sie groß genug, sind Sie – nach heutigem Stand mathematischer Forschung – gegen alle weltweit vorhandene Rechenleistung gefeit, selbst wenn man diese gegen Sie richtet, bis die Sonne zur Nova wird. In Abschnitt 11.3 werden mathematische Details der Faktorisierung behandelt. Wir beschränken uns hier auf den Aspekt, wieviel Zeit zur Faktorisierung verschieden großer Zahlen erforderlich ist.

Die Faktorisierung großer Zahlen ist hart. Es wird jedoch zunehmend einfacher, was für die Entwickler von Algorithmen nicht erfreulich ist. Noch gravierender ist, daß es schneller einfacher wird, als die Mathematiker erwartet haben. 1976 schrieb Richard Guy: „Es sollte mich überraschen, wenn es jemandem noch in diesem Jahrhundert gelänge, Zahlen in der Dimension von 10^{80} ohne spezielle Form regelmäßig zu faktorisieren" [680]. 1977 sagte Ron Rivest, daß die Faktorisierung einer 125-stelligen Zahl 40 Billiarden Jahre dauern würde [599]. 1994 wurde eine 129-stellige Zahl faktorisiert [66]. Wenn man daraus eine Lehre ziehen kann, dann die, daß jede Vorhersage völliger Humbug ist.

Tabelle 7.3 zeigt die Faktorisierungsrekorde der letzten Jahre. Der schnellste Faktorisierungsalgorithmus in diesem Zeitraum war das quadratische Sieb (siehe Abschnitt 11.3).

Diese Zahlen sind ziemlich erschreckend. Der Einsatz von 512-Bit-Zahlen in Systemen im produktiven Einsatz ist heute nicht unüblich. Ihre Faktorisierung und damit die vollständige Kompromittierung ihrer Sicherheit liegt heute im Bereich des Möglichen: Schon ein Internet-Wurm, der über's Wochenende läuft, wäre dazu in der Lage.

Rechenleistung wird im allgemeinen in Mips-Jahren gemessen: das entspricht einem Computer mit einer Million Instruktionen pro Sekunde (Mips), der ein Jahr lang läuft, oder etwa $3*10^{13}$ Instruktionen. Traditionell entspricht eine 1-Mips-Maschine einer DEC VAX 11/780. Demzufolge bedeutet ein Mips-Jahr, daß eine VAX 11/780 oder deren Äquivalent ein Jahr läuft. (Ein Pentium mit 100 MHz entspricht in etwa einer 50 Mips-Maschine, und ein Intel Paragon mit 1800 Knoten etwa 50000 Mips.)

Zur Faktorisierung einer 71-stelligen Zahl im Jahre 1983 waren 0,1 Mips-Jahre erforderlich, und für die Faktorisierung einer 129-stelligen Zahl 1994 5000 Mips-Jahre. Diese dramatische Steigerung der Rechenleistung resultiert im wesentlichen aus der Einführung verteilter Verarbeitung, die die Leerlaufzeit in einem Netz von Workstations nutzt. Diese Methode wurde von Bob Silverman begründet und von Arjen Lenstra und Mark Manasse voll entwickelt. 1983 wurden zur Faktorisierung 9,5 Stunden CPU-Zeit einer einzigen Cray X-MP verwendet; 1994 wurden für die Faktorisierung 5000 Mips-Jahre benötigt; man nutzte dazu über acht Monate hinweg die Leerlaufzeit von weltweit 1600 Computern. Moderne Faktorisierungsmethoden eignen sich gut für diese Art verteilter Implementierung.

Jahr	Anzahl der faktorisierten Dezimalstellen	Wieviel härter ist die Faktorisierung einer 512-Bit-Zahl?
1983	71	> 20 Millionen
1985	80	> 2 Millionen
1988	90	250000
1989	100	30000
1993	120	500
1994	129	100

Tabelle 7.3: Faktorisierung mit dem quadratischen Sieb

Die Situation wird nicht besser. Ein neuer Faktorisierungsalgorithmus, das allgemeine Zahlkörpersieb, hat das quadratische Sieb abgelöst. 1989 hätten Ihnen die Mathematiker erzählt, daß das allgemeine Zahlkörpersieb niemals in die Praxis umsetzbar sei. 1992 hätte man behauptet, daß es zwar praktisch einsetzbar sei, aber nur für Zahlen ab 130 bis 150 Stellen schneller als das quadratische Sieb sei. Heute weiß man, daß es bereits für Zahlen unter 116 Stellen schneller als das quadratische Sieb ist [472, 635]. Das allgemeine Zahlkörpersieb kann eine 512-Bit-Zahl über zehnmal schneller faktorisieren als das quadratische Sieb. Der Algorithmus bräuchte auf einem Intel Paragon mit 1800 Knoten weniger als ein Jahr. Tabelle 7.4 zeigt die Anzahl der Mips-Jahre, die zur Faktorisierung von verschieden großen Zahlen bei gegenwärtigen Implementierungen des allgemeinen Zahlkörpersiebs erforderlich sind [1190].

Das allgemeine Zahlkörpersieb wird fortlaufend schneller. Mathematiker entwickeln immer neue Tricks, neue Optimierungen und neue Methoden. Es gibt keinen Grund zu der Annahme, daß dieser Trend zum Stillstand kommt. Ein verwandter Algorithmus, das spezielle Zahlkörpersieb (*special number field sieve*), kann bereits Zahlen einer bestimmten Spezialform – die aber in der Kryptographie im allgemeinen nicht verwendet werden – viel schneller faktorisieren als das allgemeine Zahlkörpersieb allgemeine Zahlen derselben Größe faktorisieren kann. Es ist nicht unvernünftig, davon auszugehen, daß das allgemeine Zahlkörpersieb auf dieselbe Geschwindigkeit optimiert werden kann [1190]; es ist durchaus möglich, daß die NSA bereits weiß, wie man das macht. Tabelle 7.5 zeigt die Anzahl der Mips-Jahre, die das spezielle Zahlkörpersieb benötigt, um Zahlen verschiedener Länge zu faktorisieren [1190].

Bei einem Workshop des Europäischen Instituts für Systemsicherheit 1991 kamen die Teilnehmer zu dem Schluß, daß ein 1024-Bit-Modul für langfristige Geheimnisse bis 2002 ausreichen sollte [150]. Sie warnten jedoch: „Selbst wenn sich die Teilnehmer dieses Workshops auf ihren jeweiligen Gebieten als hochqualifiziert ansehen, muß diese Aussage (im Hinblick auf dauerhafte Sicherheit) mit Vorsicht betrachtet werden." Dies ist kein schlechter Ratschlag.

Der weise Kryptograph ist extrem konservativ in der Wahl von Schlüssellängen für öffentliche Schlüssel. Für die Wahl einer geeigneten Schlüssellänge muß sowohl die beabsichtigte Sicherheit als auch die Lebensdauer des Schlüssels berücksichtigt werden, außerdem der aktuelle Stand der Faktorisierung. Heutzutage benötigt man bereits einen 1024-Bit-Schlüssel, um die gleiche Sicherheit zu erhalten, die man in den frühen achtziger Jahren mit einer 512-Bit-Zahl erreichte. Sollen Ihre Schlüssel über die nächsten 20 Jahre sicher sein, sind 1024 Bit wahrscheinlich zu wenig.

Selbst wenn Ihre Geheimnisse den Aufwand nicht wert sind, der zur Faktorisierung Ihres Moduls erforderlich ist, können Sie gefährdet sein. Stellen Sie sich ein automatisches Banksystem vor, das durch RSA geschützt wird. Mallory könnte bei Gericht folgendes einwenden: „Haben Sie 1994 in der Zeitung gelesen, daß RSA-129 geknackt wurde und 512-Bit-Zahlen von jeder Organisation faktorisiert werden können, die bereit ist, ein paar Millionen Dollar aufzuwenden und einige Monate zu warten? Wie Ihnen vielleicht bekannt ist, setzt meine Bank 512-Bit-Zahlen zur Absicherung ein und, nebenbei gesagt, habe ich die fraglichen sieben Beträge wirklich nicht abgehoben." Selbst wenn Mallory lügt, wird der Richter die Bank vermutlich darauf verpflichten, die Sache zu prüfen.

Bit	Zur Faktorisierung erforderliche Mips-Jahre
512	30 000
768	$2 * 10^8$
1024	$3 * 10^{11}$
1280	$1 * 10^{14}$
1536	$3 * 10^{16}$
2048	$3 * 10^{20}$

Tabelle 7.4: Faktorisierung mit dem allgemeinen Zahlkörpersieb

Bit	Zur Faktorisierung erforderliche Mips-Jahre
512	< 200
768	100 000
1024	$3 * 10^7$
1280	$3 * 10^9$
1536	$2 * 10^{11}$
2048	$4 * 10^{14}$

Tabelle 7.5: Faktorisierung mit dem speziellen Zahlkörpersieb

Warum kann man nicht einfach 10000-Bit-Schlüssel verwenden? Man kann schon, aber bedenken Sie, daß Sie längere Schlüssel mit entsprechend mehr Rechenzeit bezahlen müssen. Ihr Schlüssel muß lang genug sein, um Sicherheit zu gewährleisten, aber auch kurz genug, um in praktischen Berechnungen verwendbar zu sein.

Ich habe Voraussagen in diesem Abschnitt bereits für unsinnig erklärt – nun mache ich selber welche. Tabelle 7.6 zeigt meine Empfehlungen für die Länge öffentlicher Schlüssel, abhängig von dem Zeitraum, über den der Schlüssel sicher sein soll. Zu jedem Zeitraum werden drei Schlüssellängen angegeben, die jeweils sicher gegen Einzelpersonen, größere Unternehmen oder eine größere Regierung sind.

Hier einige Annahmen aus [66]:

> Wir glauben, daß wir ohne übermenschliche oder unmoralische Maßnahmen 100 000 Rechner zusammenbringen können. Das heißt, daß wir *keinen* Internet-Wurm und auch kein Virus freisetzen würden, um Ressourcen für uns zu finden. Viele Organisationen haben mehrere tausend Rechner im Netz. Diese Funktionalität zu nutzen, liegt im Bereich des Möglichen, würde aber geschickte Diplomatie erfordern. Bei der angenommenen Durchschnittsleistung von 5 Mips und einem Jahr Zeit wäre es nicht unrealistisch, ein Projekt zu beginnen, das eine halbe Million Mips-Jahre erfordert.

Das Projekt zur Faktorisierung der 129-stelligen Zahl nutzt schätzungsweise 0,03 Prozent der gesamten im Internet verfügbaren Rechenleistung, und man hat sich dazu noch nicht einmal große Mühe gegeben. Es wäre durchaus möglich, daß ein Projekt mit geschickter Publicity ein Jahr lang 2 Prozent der weltweit verfügbaren Rechenleistung nutzen kann.

Angenommen, ein engagierter Kryptanalytiker kann sich Rechenleistung von 10000 Mips-Jahren verschaffen, ein großes Unternehmen von 10^7 Mips-Jahren und eine große Regierung von 10^9 Mips-Jahren. Ferner verzehnfacht sich die Rechenleistung alle 5 Jahre. Wir gehen außerdem davon aus, daß uns die bei der Faktorisierung erzielten Fortschritte erlauben, allgemeine Zahlen mit der Geschwindigkeit des speziellen Zahlkörpersiebs zu faktorisieren. (Das ist bislang zwar noch nicht gelungen, ein Durchbruch ist aber jederzeit möglich.) Tabelle 7.6 empfiehlt verschiedene Schlüssellängen, die über unterschiedliche Zeiträume sicher sein dürften.

Denken Sie daran, den Wert des Schlüssels zu berücksichtigen. Öffentliche Schlüssel werden häufig zur langfristigen Sicherung äußerst wertvoller Dinge verwendet, wie

Jahr	geg. Einzelperson	geg. Unternehmen	geg. Regierung
1995	768	1280	1536
2000	1024	1280	1536
2005	1280	1536	2048
2010	1280	1536	2048
2015	1536	2048	2048

Tabelle 7.6: Empfohlene Längen für öffentliche Schlüssel (in Bit)

z.B. für den Master-Key eines Systems für digitales Geld, für den Schlüssel, mit dem die Regierung Pässe beglaubigt oder für die digitale Signatur eines Notars. Es lohnt sich wahrscheinlich nicht, Monate von Rechenzeit auf den privaten Schlüssel einer Einzelperson zu verschwenden. Wenn Sie mit einem geknackten Schlüssel eigenes Geld herstellen können, wird die Sache schon interessanter. Ein 1024-Bit-Schlüssel ist lang genug, um etwas zu unterschreiben, das in derselben Woche oder in demselben Monat oder erst ein paar Jahre später verifiziert wird. Sie möchten aber nicht in 20 Jahren mit einem elektronisch unterzeichneten Dokument vor Gericht erscheinen und von Ihren Widersachern vorgeführt bekommen, wie man Dokumente mit der gleichen Unterschrift fälscht.

Voraussagen in die fernere Zukunft sind noch unsinniger. Wer weiß schon, welche Fortschritte in Rechenleistung, Vernetzung und Mathematik man bis 2020 erzielt hat? Wenn Sie weiter zurückblicken, zeigt sich jedoch, daß man Zahlen in jedem Jahrzehnt doppelt so schnell faktorisieren konnte wie noch ein Jahrzehnt davor. Damit kommen wir zu Tabelle 7.7.

Andererseits wäre es auch möglich, daß die Erforschung der Faktorisierungsmethoden längst vor 2045 abgeschlossen ist. Vielleicht können wir schon in zwanzig Jahren alles faktorisieren. Ich halte das jedoch für ziemlich unwahrscheinlich.

Jahr	Schlüssellänge (in Bit)
1995	1024
2005	2048
2015	4096
2025	8192
2035	16384
2045	32768

Tabelle 7.7: Langfristige Voraussagen zur Faktorisierung

Meine Empfehlungen finden nicht einhellige Zustimmung. Die NSA hat sich in Ihrem Digital Signature Standard (siehe Abschnitt 20.1) für 512- bis 1024-Bit-Schlüssel ausgesprochen – das ist viel weniger, als ich für langfristigen Schutz empfehle. Pretty Good Privacy (siehe Abschnitt 24.12) besitzt eine maximale RSA-Schlüssellänge von 2047 Bit.

Arjen Lenstra, der weltbeste Faktorisierer, möchte keine Voraussagen treffen, die über die nächsten zehn Jahre hinausgehen [949]. Tabelle 7.8 zeigt die von Ron Rivest empfohlenen Schlüssellängen, die von 1990 stammen und die ich für viel zu optimistisch halte [1323]. Diese Analyse mag zwar auf dem Papier nicht schlecht aussehen, die jüngste Vergangenheit hat jedoch gezeigt, daß man jederzeit mit Überraschungen rechnen muß. Sie sollten Ihre Schlüssel deshalb so wählen, daß Sie gegen zukünftige Unwägbarkeiten gefeit sind.

Jahr	Niedrig	Mittel	Hoch
1990	398	515	1289
1995	405	542	1399
2000	422	572	1512
2005	439	602	1628
2010	455	631	1754
2015	472	661	1884
2020	489	677	2017

Tabelle 7.8: Rivests optimistische Empfehlungen für Schlüssellängen (in Bit)

Niedrig angesetzte Schätzungen gehen von einem Budget von 25000 Dollar, dem Algorithmus für das quadratische Sieb und einem technischen Fortschritt von 20 Prozent pro Jahr aus. Mittlere Schätzungen setzen ein Budget von 25 Millionen Dollar, den Algorithmus für das allgemeine Zahlkörpersieb und einen technischen Fortschritt von 33 Prozent pro Jahr voraus. Hoch angesetzte Schätzungen legen ein Budget von 25 Milliarden Dollar, einen Algorithmus für das allgemeine quadratische Sieb, der mit der Geschwindigkeit eines speziellen Zahlkörpersiebs arbeitet, und einen technischen Fortschritt von 45 Prozent pro Jahr zugrunde.

Es besteht immer die Möglichkeit, daß eine Verbesserung der Faktorisierungsverfahren auch für mich überraschend kommt, ich habe dies jedoch als Faktor in meinen Berechnungen berücksichtigt. Warum aber sollte man mir vertrauen? Damit, daß ich selbst Voraussagen getroffen habe, habe ich schließlich nur meine eigene Dummheit bewiesen.

Berechnungen mittels DNS

Nun wird es ziemlich phantastisch. 1994 zeigte Leonard M. Adleman ein Verfahren zur Lösung eines **NP-vollständigen** Problems (siehe Abschnitt 11.2), wobei er in einem biochemischen Labor DNS-Moleküle benutzte, um Vermutungen zu Lösungen des Problems zu repräsentieren. („Lösung" bedeutet hier „Antwort" und keine Flüssigkeit – mit der Terminologie wird es schwierig auf diesem Gebiet.) Das Problem, das Adleman löste, war ein Beispiel für einen gerichteten Hamiltonschen Weg: Anhand einer Karte, auf der verschiedene Städte durch Einbahnstraßen verbunden sind, sollte ein Weg von

Stadt A nach Stadt Z gefunden werden, der alle Städte auf der Karte genau einmal durchläuft. Jede Stadt wurde durch einen anderen, zufällig gewählten DNS-Strang aus 20 Basen dargestellt. Mit konventionellen molekularbiologischen Verfahren synthetisierte Adleman 50 Pikomol (30 Billionen Moleküle) von jedem der DNS-Stränge, die eine Stadt darstellen sollten. Genauso wurde jede Straße durch einen DNS-Strang aus 20 Basen dargestellt, diese Ketten aber wurden nicht zufällig gewählt: Sie wurden so klug ausgesucht, daß das „Anfangs"-Ende des DNS-Strangs, das die Straße von Stadt P nach Stadt K darstellt („Straße PK"), sich gerne mit dem DNS-Strang für Stadt P und das andere Ende von Straße PK sich mit Stadt K verbindet.

Adleman synthetisierte 50 Pikomol jeder DNS, die eine Straße repräsentiert, mischte alles mit der DNS für die Städte und fügte ein Ligase-Enzym hinzu, das dafür sorgte, daß sich die Enden der DNS-Moleküle verbinden. Aufgrund der klugen Auswahl der Straßen- und Städte-DNS-Ketten bewirkte die Ligase, daß sich die Straßen-DNS-Stränge auf die durch die Problemstellung vorgegebene Art verbanden. Das heißt, daß das „Ausgangs"-Ende der Straße von P nach K immer mit dem „Eingangs"-Ende einer Straße verbunden wurde, die in Stadt K begann und niemals mit einem „Ausgangs"-Ende einer Straße und niemals mit einem „Eingangs"-Ende einer Straße, die in einer anderen Stadt als K beginnt. Nach einer sorgfältig bemessenen Reaktionszeit hatte die Ligase eine große Anzahl von DNS-Ketten aufgebaut, die zulässige, aber ansonsten zufällige Wege aus mehreren Straßen in der Karte repräsentierte.

Aus diesem Brei zufälliger Wege konnte Adleman den kürzesten Strang – möglicherweise nur ein einzelnes Molekül – der DNS finden, der die Antwort auf das Problem darstellt. Mit in der Molekularbiologie üblichen Verfahren sonderte er alle DNS-Stränge aus, die für zu lange oder zu kurze Pfade standen. (Die Anzahl der Straßen im gewünschten Pfad muß gleich der Anzahl der Städte minus 1 sein.) Danach entfernte er alle DNS-Stränge, die nicht durch Stadt A verliefen, dann solche, die nicht durch Stadt B gingen usw. Wenn nach diesem Auswahlverfahren überhaupt noch eine DNS übrig blieb, wurde ermittelt, welche Folge von Straßen sie repräsentierte: Dies stellte dann die Lösung für einen gerichteten Hamiltonschen Weg dar.

Per Definition kann jedes **NP-vollständige** Problem in polynomialer Zeit in ein anderes **NP-vollständiges** Problem und damit in das Problem des gerichteten Hamiltonschen Weges überführt werden. Seit den siebziger Jahren versuchen Kryptologen, **NP-vollständige Probleme** für die Kryptographie zu nutzen.

Das Beispiel, das Adleman löste, war relativ bescheiden (sieben Städte auf der Karte, ein Problem, das bei näherer Betrachtung in wenigen Minuten lösbar ist). Die verwendete Technik steckt noch in den Anfängen, es gibt aber keine unüberwindbaren Hindernisse, sie auch auf größere Probleme auszudehnen. Somit werden Begründungen in bezug auf die Sicherheit kryptographischer Protokolle, die auf **NP-vollständigen** Problemen basieren und bislang mit Formulierungen wie „Angenommen, der Gegner besitzt eine Million Prozessoren, die jeweils eine Million Tests pro Sekunde durchführen können..." begannen, unter Umständen bald ersetzt durch Aussagen wie „Angenommen, der Gegner verfügt über tausend Fermentierungsgefäße, die jeweils 20000 Liter fassen...".

Quanten-Computer

Nun wird es noch phantastischer. Das der Quantenberechnung zugrundeliegende Prinzip hängt mit dem Welle-Teilchen-Dualismus von Einstein zusammen. Ein Photon kann sich gleichzeitig in einer Vielzahl von Zuständen befinden. Ein klassisches Beispiel ist das Wellenverhalten eines Photons, das auf einen teilweise versilberten Spiegel auftrifft; es wird sowohl reflektiert als auch hindurchgelassen, genauso wie eine Welle im Meer, die gegen einen Deich mit einer kleinen Öffnung prallt, sowohl zurückgeworfen als auch hindurchgeführt wird. Bei Messungen benimmt sich ein einzelnes Photon jedoch wie ein Teilchen, und es kann nur ein einziger Zustand ermittelt werden.

In [1443] beschreibt Peter Shor den Entwurf einer Faktorisierungsmaschine, die auf Prinzipien der Quantenmechanik beruht. Im Gegensatz zu einem klassischen Computer, den man zu einer bestimmten Zeit in einen einzigen, definierten Zustand versetzen kann, besitzt ein Quanten-Computer eine interne Wellenfunktion, die eine Überlagerung einer Kombination der möglichen Grundzustände ist. Berechnungen wandeln die Wellenfunktion um, wobei die gesamte Menge der Zustände in einer einzigen Operation geändert wird. Insofern stellt ein Quanten-Computer eine Verbesserung der klassischen endlichen Automaten dar: Er arbeitet mit Quanteneigenschaften, die ihm eine Faktorisierung in polynomialer Zeit ermöglichen, und theoretisch das Brechen von Kryptosystemen zulassen, die auf Faktorisierung oder dem diskreten Logarithmusproblem basieren.

Es herrscht Übereinstimmung darüber, daß Quanten-Computer den Grundgesetzen der Quantenmechanik genügen. Es ist jedoch unwahrscheinlich, daß in absehbarer Zukunft eine Quantenmaschine zur Faktorisierung gebaut werden wird – falls überhaupt. Ein wesentliches Hindernis besteht darin, daß sich überlagernde Wellen ihre Unverwechselbarkeit verlieren und den Computer scheitern lassen. Bei einer Überlagerung scheitert ein bei 1° Kelvin laufender Quanten-Computer schon nach einer Nanosekunde. Außerdem wären immens viele Gatter erforderlich, um einen Quantenapparat zur Faktorisierung zu bauen. Der Entwurf von Shor benötigt eine vollständige Einheit zur modularen Potenzierung. Es kann kein interner Zeitgeber verwendet werden, so daß Millionen oder womöglich Milliarden einzelner Gatter erforderlich sind, um kryptographisch bedeutsame Zahlen zu faktorisieren. Scheitern n Quantengatter mit einer minimalen Wahrscheinlichkeit von p, ist die pro erfolgreichem Durchlauf durchschnittlich benötigte Anzahl an Versuchen gleich $(1/(1-p))^n$. Die Anzahl der erforderlichen Gatter wächst vermutlich polynomial mit der Länge der Zahl (in Bit), so daß die Anzahl der erforderlichen Versuche überexponentiell mit der Länge der verwendeten Zahlen ansteigen würde – das ist ein schlechteres Ergebnis als bei versuchsweiser Division!

Obwohl sich akademische Kreise begeistert der Quantenfaktorisierung widmen, ist es doch sehr unwahrscheinlich, daß sie in absehbarer Zukunft zum praktischen Einsatz kommt. Aber behaupten Sie nicht, daß ich Sie nicht gewarnt habe.

7.3 Längenvergleich von öffentlichen und symmetrischen Schlüsseln

Ein System wird an seinem schwächsten Punkt angegriffen. Wenn Sie ein System entwerfen, das sowohl mit symmetrischer als auch mit Public-Key-Kryptographie arbeitet, sollten die Schlüssellängen für die jeweiligen Typen so gewählt werden, daß Angriffe gegen beide Typen gleich schwierig sind. Es macht keinen Sinn, einen symmetrischen Algorithmus mit einem 128-Bit-Schlüssel auszustatten und neben einem Public-Key-Algorithmus mit einem 386-Bit-Schlüssel zu verwenden. Ebenso sinnlos ist es, einen symmetrischen Algorithmus mit einem 56-Bit-Schlüssel neben einem Public-Key-Algorithmus mit einem 1024-Bit-Schlüssel zu verwenden.

Tabelle 7.9 führt die Längen öffentlicher Schlüssel auf, deren Faktorisierung etwa genauso aufwendig ist wie ein Brute-Force-Angriff auf übliche symmetrische Schlüssel.

Diese Tabelle besagt, daß Sie, wenn Sie sich so sehr um die Sicherheit sorgen, daß Sie einen 112-Bit-Schlüssel verwenden, für Ihren Public-Key-Algorithmus eine Modullänge von etwa 1792 Bits wählen sollten. Sie sollten aber generell eine Public-Key-Länge wählen, die mehr Sicherheit gewährleistet als Ihre symmetrische Schlüssellänge. Öffentliche Schlüssel überleben in der Regel länger und schützen auch mehr Informationen.

7.4 Geburtstagsangriffe gegen Einweg-Hashfunktionen

Gegen Einweg-Hashfunktionen gibt es zwei Brute-Force-Angriffe. Der erste ist naheliegend: Bei gegebenem Hashwert der Nachricht $H(M)$ wäre ein Widersacher gern in der Lage, ein anderes Dokument M' zu erstellen, so daß $H(M) = H(M')$. Der zweite Angriff ist raffinierter: Ein Gegner möchte zwei zufällige Nachrichten M und M' finden, so daß $H(M) = H(M')$. Dies wird **Kollision** genannt und ist ein viel einfacherer Angriff als der erste.

symmetrische Schlüssellänge	öffentliche Schlüssellänge
56 Bit	384 Bit
64 Bit	512 Bit
80 Bit	768 Bit
112 Bit	1792 Bit
128 Bit	2304 Bit

Tabelle 7.9: Symmetrische und öffentliche Schlüssellängen mit ähnlicher Resistenz gegen Brute-Force-Angriffe

Das Geburtstags-Paradoxon ist ein Standardproblem aus der Statistik. Wie viele Leute müssen sich in einem Raum befinden, damit die Wahrscheinlichkeit größer 50 Prozent ist, daß einer davon am selben Tag wie Sie Geburtstag hat? Die Antwort ist 253. Und wie viele Leute müssen sich in einem Raum aufhalten, damit die Wahrscheinlichkeit größer 50 Prozent ist, daß zwei davon am selben Tag Geburtstag haben? Die Antwort fällt erstaunlich niedrig aus: 23. Mit nur 23 Leuten in einem Raum lassen sich 253 verschiedene *Paare* bilden.

Jemanden mit einem bestimmten Geburtstag zu finden, entspricht dem ersten Angriff. Zwei Leute zu finden, die am gleichen Tag (egal welchem) Geburtstag haben, entspricht dem zweiten Angriff. Der zweite Angriff wird häufig **Geburtstagsangriff** genannt.

Angenommen, eine bestimmte Einweg-Hashfunktion ist sicher und läßt sich am besten mit Brute-Force angreifen. Sie erzeugt eine m-Bit-Ausgabe. Um eine Nachricht zu finden, die einen bestimmten Hashwert ergibt, muß die Hashfunktion auf 2^m zufällige Nachrichten angewendet werden. Um zwei Nachrichten zu finden, die denselben Hashwert ergeben, sind nur $2^{m/2}$ zufällige Nachrichten erforderlich. Ein Rechner, der pro Sekunde den Hashwert zu einer Million Nachrichten berechnet, bräuchte 600000 Jahre, um eine zweite Nachricht zu ermitteln, deren Hashwert mit einem vorgegebenen 64-Bit-Hashwert übereinstimmt. Derselbe Rechner könnte in etwa einer Stunde ein Nachrichtenpaar mit gleichem Hashwert finden.

Das bedeutet, daß Sie, falls Sie einen Geburtstagsangriff befürchten, einen doppelt so großen Hashwert wählen sollten, als Sie eigentlich für nötig halten. Möchten Sie die Wahrscheinlichkeit für einen Einbruch in Ihr System auf unter 1 zu 2^{80} senken, dann müssen Sie eine 160-Bit-Einweg-Hashfunktion verwenden.

7.5 Wie lang sollte ein Schlüssel sein?

Auf diese Frage gibt es keine eindeutige Anwort; die Antwort hängt von der Situation ab. Um herauszufinden, wieviel Sicherheit Sie benötigen, müssen Sie sich einige Fragen beantworten. Wie wertvoll sind Ihre Daten? Wie lange müssen sie geschützt bleiben? Über welche Ressourcen verfügen Ihre Gegner?

Ein Kundenverzeichnis mag 1000 Dollar wert sein. Finanzielle Hintergrundinformationen in einem erbitterten Scheidungsfall sind vielleicht 10000 Dollar wert. Marketing-Daten und Werbestrategien eines großen Unternehmens sind möglicherweise 1 Million Dollar wert. Die Master-Keys eines Systems für digitales Geld können Milliarden wert sein.

In der Welt des Rohstoffhandels müssen Informationen nur für Minuten geheim bleiben. In der Tagespresse sind die Geheimnisse von heute die Schlagzeilen von morgen. Informationen zu Produktentwicklungen müssen manchmal für ein bis zwei Jahre geheim bleiben. Daten der US-Volkszählung dürfen per Gesetz erst nach 100 Jahren veröffentlicht werden.

Die Gästeliste für die Überraschungsparty Ihrer Schwester interessiert nur Ihre neugierige Verwandtschaft. Geschäftsgeheimnisse sind nur für konkurrierende Firmen, und Militärgeheimnisse nur für feindliche Armeen von Interesse.

Sie können sogar Sicherheitsanforderungen auf diese Art formulieren. Zum Beispiel:

> Der Schlüssel muß so lang sein, daß ein Angreifer, dem 100 Millionen Dollar für einen Einbruch zur Verfügung stehen, nur mit einer Wahrscheinlichkeit unter 1 zu 2^{32} innerhalb eines Jahres in das System eindringen kann, selbst wenn man einen technischen Fortschritt von jährlich 30 Prozent im Betrachtungszeitraum ansetzt.

Tabelle 7.10, die auszugsweise aus [150] stammt, enthält Schätzungen über die Geheimhaltungsanforderungen bei verschiedenartigen Informationen.

Die Entwicklung der Rechenleistung ist schwieriger zu schätzen, es gibt aber eine sinnvolle Faustregel: Die Effizienz der Computerausstattung geteilt durch den Preis verdoppelt sich alle 18 Monate und wächst alle fünf Jahre um den Faktor 10. In 50 Jahren werden demnach die schnellsten Rechner 10 Milliarden Mal schneller sein als heute! Bedenken Sie dabei, daß sich diese Zahlen nur auf Vielzweckrechner beziehen; wer weiß, welche Art von hochspezialisierten Geräten zum Brechen von Kryptosystemen in den nächsten 50 Jahren entwickelt werden?

Wenn man einmal davon ausgeht, daß ein kryptographischer Algorithmus 30 Jahre in Gebrauch ist, kann man sich eine Vorstellung davon machen, wie sicher er sein muß. Ein Algorithmus, der heute entwickelt wird, wird kaum vor dem Jahre 2000 allgemein eingesetzt und auch noch 2025 zur Verschlüsselung von Nachrichten verwendet werden, die bis 2075 oder später geheim bleiben sollen.

Informationsart	Lebensdauer	minimale Schlüssellänge
militärtaktische Informationen	Minuten/Stunden	56-64 Bit
Produktankündigungen, Firmenzusammenschlüsse, Zinssätze	Tage/Wochen	64 Bit
langfristige Geschäftsplanungen	Jahre	64 Bit
Wirtschaftsgeheimnisse (z.B. Coca-Cola-Rezept)	Jahrzehnte	112 Bit
geheime Daten zur Wasserstoffbombe	über 40 Jahre	128 Bit
Identität von Spionen	über 50 Jahre	128 Bit
personenbezogene Daten	über 50 Jahre	128 Bit
Geheimdiplomatie	über 65 Jahre	mindestens 128 Bit
Daten der US-Volkszählung	100 Jahre	mindestens 128 Bit

Tabelle 7.10: Sicherheitsanforderungen für verschiedenartige Informationen

7.6 Wichtiger Hinweis

Dieses Kapitel enthält eine ganze Menge Unsinn. Es ist absolut lächerlich, die in 10 oder gar 50 Jahren verfügbare Rechenleistung vorauszusagen. Die hier angeführten Zahlen stellen lediglich einen gewissen Anhaltspunkt dar. Wie wir aus der Vergangenheit lernen können, sieht die Zukunft immer ganz anders aus, als wir uns vorgestellt haben.

Seien Sie konservativ. Wenn Ihre Schlüssel länger sind, als Sie für nötig halten, sind Sie besser gegen technologische Überraschungen gefeit.

8 Schlüsselverwaltung

Alice und Bob verfügen über ein sicheres Kommunikationssystem. Sie spielen mentalen Poker, unterzeichnen gleichzeitig Verträge und tauschen sogar digitales Geld aus. Ihre Protokolle sind sicher. Ihre Algorithmen sind erstklassig. Leider haben sie ihre Schlüssel bei Eves Elektro-Markt um die Ecke erstanden, dessen Slogan lautet: „Sie können uns vertrauen: Ihre Sicherheit ist uns genauso wichtig wie unser Geldbeutel".

Eve braucht die Algorithmen nicht zu brechen. Sie ist nicht auf kleine Fehler im Protokoll angewiesen. Sie kann Alices und Bobs Nachrichten einfach mit deren Schlüsseln lesen, ohne dabei den kryptanalytischen Finger krumm machen zu müssen.

Im wirklichen Leben stellt die Schlüsselverwaltung den schwierigsten Teil der Kryptographie dar. Es ist schon nicht einfach, sichere kryptographische Algorithmen und Protokolle zu entwerfen, wenngleich man auf umfangreicher akademischer Forschung aufbauen kann. Die Geheimhaltung der Schlüssel aber ist noch wesentlich schwieriger.

Eine Kryptanalyse richtet sich häufig gegen die Schlüsselverwaltung sowohl von symmetrischen als auch von Public-Key-Kryptosystemen. Wozu sollte sich Eve den ganzen Ärger aufhalsen, der mit dem Knacken eines kryptographischen Algorithmus verbunden ist, wenn sie sich den Schlüssel auch aufgrund nachlässiger Aufbewahrungsverfahren beschaffen kann? Warum sollte sie 10 Millionen für den Bau einer Kryptanalysemaschine ausgeben, wenn auch 1000 Dollar zur Bestechung eines Angestellten reichen? Es kann sich durchaus lohnen, einen an der richtigen Stelle sitzenden Botschaftsangestellten für eine Million zu kaufen. Die Walkers haben schließlich über Jahre hinweg Chiffrierschlüssel der US-Navy an die Sowjets verkauft. Der Direktor der CIA-Gegenspionage war für weniger als zwei Millionen zu haben, Frau inbegriffen. Das ist weit billiger, als große Cracking-Rechner zu bauen und brilliante Kryptanalytiker zu engagieren. Eve kann die Schlüssel stehlen. Sie kann jemanden festnehmen oder entführen, der die Schlüssel kennt. Sie kann jemanden verführen und sich die Schlüssel auf diese Art beschaffen. (Die Marines, die die US-Botschaft in Moskau bewachten, waren gegen diese Sorte Angriff nicht immun.) Es ist viel einfacher, Schwächen in Menschen als in Kryptosystemen zu entdecken.

Alice und Bob müssen ihre Schlussel genauso gut schützen wie alle Daten, die damit verschlüsselt werden. Wird ein Schlüssel nicht regelmäßig geändert, können das enorme Datenmengen sein. Leider behaupten viele Produkte von sich einfach „Wir verwenden DES" und lassen alles andere außen vor. Die Ergebnisse sind nicht besonders beeindruckend.

Das Programm DiskLock für den Macintosh zum Beispiel (Version 2.1), das in den meisten Software-Läden angeboten wird, beansprucht für sich die Sicherheit der DES-Verschlüsselung. Es verschlüsselt Dateien mit DES, seine Implementierung des DES-Algorithmus ist korrekt. Aber DiskLock speichert den DES-Schlüssel mit der verschlüsselten Datei. Wenn man eine Datei lesen möchte, die mit dem DES von DiskLock chiffriert ist, und weiß, wo man nach dem Schlüssel suchen muß, besorgt man sich erst den Schlüssel aus der chiffrierten Datei und dechiffriert die Datei dann. Es ist völlig uninteressant, daß dieses Programm DES-Verschlüsselung einsetzt – die Implementierung ist total unsicher.

Weitere Informationen zur Schlüsselverwaltung finden Sie in [457, 98, 1273, 1225, 775, 357]. In den folgenden Abschnitten werden einige der dort besprochenen Probleme und Lösungen beschrieben.

8.1 Schlüsselerzeugung

Die Sicherheit eines Algorithmus liegt im Schlüssel. Wenn Sie ein kryptographisch unzureichendes Verfahren zur Schlüsselerzeugung verwenden, ist Ihr System insgesamt schwach. Eve braucht Ihren Verschlüsselungsalgorithmus dann gar nicht zu kryptanalysieren, sondern nur Ihren Algorithmus zur Schlüsselerzeugung.

Reduzierter Schlüsselraum

DES verfügt über einen 56-Bit-Schlüssel. Bei einer sauberen Implementierung kann der Schlüssel eine beliebige 56 Bit lange Zeichenkette sein; es gibt 2^{56} (10^{16}) mögliche Schlüssel. Norton Discreet für MS-DOS (Version 8.0 oder früher) läßt nur ASCII-Schlüssel zu, wobei es das höchstwertige Bit jedes Bytes auf null setzt. Das Programm konvertiert außerdem Klein- in Großbuchstaben (so daß das fünfte Bit eines Bytes immer invers zum sechsten Bit ist) und ignoriert das niederwertigste Bit jedes Bytes, so daß nur 2^{40} Schlüssel verfügbar sind. Diese schwachen Verfahren zur Schlüsselerzeugung bewirken, daß das dort implementierte DES zehntausendmal leichter zu brechen ist als bei einer sauberen Implementierung.

	4 Byte	5 Byte	6 Byte	7 Byte	8 Byte
Kleinbuchstaben (26)	460000	$1,2*10^7$	$3,1*10^8$	$8,0*10^9$	$2,1*10^{11}$
Kleinbuchstaben und Zahlen (36)	1700000	$6,0*10^7$	$2,2*10^9$	$7,8*10^{10}$	$2,8*10^{12}$
Alphanumerische Zeichen (62)	$1,5*10^7$	$9,2*10^8$	$5,7*10^{10}$	$3,5*10^{12}$	$2,2*10^{14}$
Druckbare Zeichen (95)	$8,1*10^7$	$7,7*10^9$	$7,4*10^{11}$	$7,0*10^{13}$	$6,6*10^{15}$
ASCII-Zeichen (128)	$2,7*10^8$	$3,4*10^{10}$	$4,4*10^{12}$	$5,6*10^{14}$	$7,2*10^{16}$
8-Bit-ASCII-Zeichen (256)	$4,3*10^9$	$1,1*10^{12}$	$2,8*10^{14}$	$7,2*10^{16}$	$1,8*10^{19}$

Tabelle 8.1: Anzahl möglicher Schlüssel in verschiedenen Schlüsselräumen

Tabelle 8.1 zeigt die Anzahl der Schlüssel, die unter verschiedenen Einschränkungen der Eingabestrings möglich sind. Tabelle 8.2 gibt die Zeit an, die für eine exhaustive Durchsuchung aller Schlüssel erforderlich ist, wobei eine Million Versuche pro Sekunde vorausgesetzt werden. Wie Sie sich erinnern, ist der Zeitunterschied zwischen einer exhaustiven Suche nach 8-Byte-Schlüsseln und der nach 4-, 5-, 6-, 7- und 8-Byte-Schlüsseln sehr gering. Hier kann jede Brute-Force-Hardware und parallele Implementierung verwendet werden. Durch Testen von einer Million Schlüsseln pro Sekunde (entweder mit einer oder mit mehreren parallelen Maschinen) ist es möglich, bis zu 8 Byte lange Schlüssel aus Kleinbuchstaben bzw. Kleinbuchstaben und Zahlen, bis zu 7 Byte lange Schlüssel aus alphanumerischen Zeichen, bis zu 6 Byte lange Schlüssel aus ASCII-Zeichen sowie bis zu 5 Byte lange Schlüssel aus 8-Bit-ASCII-Zeichen zu brechen. Wie gesagt, verdoppelt sich die Rechenleistung alle 18 Monate. Wenn Sie Ihre Schlüssel für die nächsten 10 Jahre gegen Brute-Force-Angriffe wappnen möchten, sollten Sie dementsprechend planen.

	4 Byte	5 Byte	6 Byte	7 Byte	8 Byte
Kleinbuchstaben (26)	0,5 s	12 s	5 min	2,2 h	2,4 Tage
Kleinbuchstaben und Zahlen (36)	1,7 s	1 min	36 min	22 h	33 Tage
Alphanumerische Zeichen (62)	15 s	15 min	16 h	41 Tage	6,9 Jahre
Druckbare Zeichen (95)	1,4 min	2,1 h	8,5 Tage	2,2 Jahre	210 Jahre
ASCII-Zeichen (128)	4,5 min	9,5 h	51 Tage	18 Jahre	2300 Jahre
8-Bit-ASCII-Zeichen (256)	1,2 h	13 Tage	8,9 Jahre	2300 Jahre	580000 Jahre

Tabelle 8.2: Exhaustive Suche in verschiedenen Schlüsselräumen (1 Million Versuche pro Sekunde)

Schlechte Schlüsselwahl

Wenn sich die Leute ihre Schlüssel selbst aussuchen, treffen sie im allgemeinen eine schlechte Wahl. Sie entscheiden sich viel eher für einen Schlüssel wie „Thomas" als für „*9 (hH/A". Das liegt nicht nur an mangelndem Sicherheitsbewußtsein; „Thomas" läßt sich einfach besser merken. Der weltweit sicherste Algorithmus hilft nicht viel, wenn die Benutzer gewöhnlich die Namen ihrer Ehegatten wählen oder die Schlüssel auf Zettelchen in ihrer Brieftasche aufbewahren. Ein raffinierter Brute-Force-Angriff probiert die Schlüssel nicht in numerischer Reihenfolge durch, sondern nimmt die nächstliegenden zuerst.

Diese Art Angriff wird **Wörterbuchangriff** (*dictionary attack*) genannt, da der Angreifer mit einem Wörterbuch arbeitet. Daniel Klein konnte auf diese Weise durchschnittlich 40 Prozent der Paßwörter auf einem Computer knacken [847, 848]. Er versuchte dabei keineswegs, sich mit einem Paßwort nach dem anderen einzuloggen, sondern kopierte sich die verschlüsselte Paßwortdatei und inszenierte den Angriff off-line. Er versuchte folgendes:

1. Benutzername, Initialen, Account-Name und andere relevante persönliche Daten als mögliches Paßwort. Alles in allem wurden auf dieser Basis bis zu 130 verschiedene Paßwörter ausprobiert. Zum Beispiel wurden für den Account-Namen **klone** mit einem Benutzer namens „Daniel V. Klein" unter anderem folgende Paßwörter ver-

sucht: klone, klone0, klone1, klone123, dvk, dvkdvk, dklein, DKlein, leinad, nielk, dvklein, danielk, DvkkvD, DANIEL-KLEIN, (klone), KleinD, usw.

2. Wörter aus verschiedenen Datenbanken. Diese enthielten Listen mit Männer- und Frauennamen (insgesamt circa 16000); Orte (einschließlich verschiedener Variationen, bei „spain" wurde z.B. auch „spanish" und „spaniard" berücksichtigt); Namen von Berühmtheiten; Cartoons und Figuren aus Cartoons; Titel, Personen und Orte aus Filmen und Science-Fiction-Stories; Sagengestalten (aus *Bullfinch's Mythology* und Wörterbüchern mit Sagenwesen); Sport (einschließlich Mannschaftsnamen, Spitznamen und Fachausdrücke); Zahlen (sowohl als Ziffernfolge wie „2001" als auch ausgeschrieben wie „twelve"); Zahlen- und Buchstabenfolgen („a", „aa", „aaa", „aaaa" usw.); chinesische Silben (aus dem „Pinyin Romanization of Chinese", einem internationalen Standardsystem, um chinesisch auf einer englischen Tastatur zu schreiben); die „King James Bible"; biologische Ausdrücke; Ausdrücke aus der (mehr oder weniger vulgären) Umgangssprache (wie „fuckyou", „ibmsux" und „deadhead"); naheliegende Tastenfolgen (wie „qwerty", „asdf" und „zxcvbn"); Abkürzungen; Rechnernamen (aus /etc/hosts); Stücke von Shakespeare oder Personen und Orte daraus; häufige jiddische Wörter; die Namen der Asteroiden; außerdem eine Zusammenstellung von Wörtern aus diversen Fachpublikationen von Klein. Insgesamt wurden mehr als 60000 einzelne Wörter pro Benutzer probiert (wobei alle Überschneidungen innerhalb und zwischen den Wörterbüchern entfernt wurden).

3. Variationen der Wörter aus Schritt 2 anhand folgender Methoden: den ersten Buchstaben in einen Großbuchstaben oder ein Steuerzeichen konvertieren, das ganze Wort in Großbuchstaben umwandeln, das Wort umkehren (mit oder ohne die eben erwähnten Umsetzungen in Großbuchstaben), den Buchstaben „o" in die Ziffer „0" umwandeln (so daß das Wort „scholar" auch als „sch0lar" überprüft wird), den Buchstaben „l" in die Ziffer „1" umwandeln (so daß das Wort „scholar" auch als „scho1ar" überprüft wird) und eine dementsprechende Änderung von „z" in „2" und „s" in „5". Ein weiterer Test bestand darin, das Wort in den Plural zu setzen (unabhängig davon, ob das Wort tatsächlich ein Substantiv war), wobei genug Intelligenz eingebaut war, daß „dress" zu „dresses", „house" zu „houses" und „daisy" zu „daisies" konvertiert wurde. Klein berücksichtigte aber nicht alle Regeln zur Pluralbildung, so daß „datum" verzeihlicherweise zu „datums" (statt „data") und „sphynx" zu „sphynxs" (statt „sphynges") gemacht wurde. Außerdem wurden die Suffixe „-ed", „-er" und „-ing" an ein Wort angehängt, z.B. um aus „phase" „phased", „phaser" und „phasing" zu gewinnen. Diese zusätzlichen Tests erweiterten die Liste der möglichen Paßwörter um 1 000 000 neue Wörter.

4. Verschiedene Großschreibungsvarianten der Wörter aus Schritt 2, die in Schritt 3 nicht berücksichtigt wurden. Dazu gehörten alle Varianten mit einem Großbuchstaben („michael" wurde z.B. auch als „mIchael", „miChael", „micHael", „michAel" usw. überprüft), Varianten mit zwei Großbuchstaben („MIchael", „MiChael", „MicHael", ..., „mIChael", „mIcHael" usw.), Varianten mit drei Großbuchstaben usw. Mit den Varianten mit einem Großbuchstaben mußten circa weitere 400000 Wörter pro Benutzer überprüft werden, mit den Varianten mit zwei Großbuchstaben weite-

re 1500000 Wörter. Durch die Varianten mit drei Großbuchstaben kämen mindestens 3000000 Wörter pro Benutzer neu hinzu, wäre genug Zeit zur Durchführung der entsprechenden Tests gewesen. Die Überprüfung von Varianten mit vier, fünf oder sechs Buchstaben wurde ohne erheblich mehr Rechenleistung als undurchführbar angesehen.

5. Wörter aus Fremdsprachen bei ausländischen Benutzern. Insbesondere wurde ein Test durchgeführt, der Paßwörter in chinesischer Sprache bei Benutzern mit chinesischen Namen durchprobierte. Dabei wurden die Silben aus dem „Pinyin Romanization of Chinese" verwendet, die zu ein-, zwei- und dreisilbigen Wörtern zusammengesetzt wurden. Da durch keinerlei Tests entschieden wurde, ob die Silben irgendeinen Sinn ergeben, wurde eine exhaustive Suche eingeleitet. Das Pinyin-System verfügt über 298 chinesische Silben, so daß es 158404 zweisilbige Wörter und etwas mehr als 16000000 dreisilbige Wörter gibt. Eine ähnliche Form des Angriffs wäre bei englischen Wörtern ebenso einfach, wenn Regeln zur Bildung von aussprechbaren, sinnlosen Wörtern verwendet werden.

6. Wortpaare. Der Umfang eines exhaustiven Tests dieser Art ist atemberaubend. Um den Test zu vereinfachen, wurden nur drei oder vier Zeichen lange Wörter aus */usr/dict/words* verwendet. Trotzdem liegt die Anzahl der Wortpaare bei etwa zehn Millionen.

Ein Angriff über Wörterbuch ist wesentlich schlagkräftiger, wenn er gegen eine Schlüsseldatei und nicht gegen einen einzelnen Schlüssel angewandt wird. Ein einzelner Benutzer mag geschickt genug sein und gute Schlüssel auswählen. Wenn aber tausend Leute ihre Schlüssel als Paßwort für ein Computersystem selbst wählen, stehen die Chancen ausgezeichnet, daß zumindest eine Person einen Schlüssel aus dem Wörterbuch des Angreifers wählt.

Zufällige Schlüssel

Gute Schlüssel sind Zufallsbitfolgen, die durch irgendein Verfahren automatisch generiert werden. Ist der Schlüssel 64 Bit lang, muß jeder mögliche 64-Bit Schlüssel gleich wahrscheinlich sein. Sie sollten die Schlüsselbits entweder von einer zuverlässigen Zufallsquelle (siehe Abschnitt 17.14) oder von einem kryptographisch sicheren Pseudozufallsbitgenerator (siehe Kapitel 16 und 17) beziehen. Ist kein automatisches Verfahren verfügbar, sollten Sie eine Münze werfen oder würfeln.

Dieser Punkt ist wichtig, halten Sie sich aber nicht lange mit Diskussionen darüber auf, ob Zufallsrauschen aus einer Tonquelle zufälliger ist als Zufallsrauschen aus radioaktivem Zerfall. Diese Zufallsquellen sind nicht perfekt, aber wahrscheinlich gut genug. Es ist wichtig, zur Schlüsselerzeugung einen guten Zufallszahlengenerator zu verwenden, aber noch viel wichtiger ist, gute Verschlüsselungsalgorithmen und Methoden zur Schlüsselverwaltung einzusetzen. Wenn Sie sich um die Zufälligkeit Ihrer Schlüssel sorgen, sollten Sie das unten beschriebene *key-crunching*-Verfahren verwenden.

Einige Verschlüsselungsalgorithmen besitzen schwache Schlüssel: das sind bestimmte Schlüssel, die weniger sicher als andere sind. Es ist ratsam, auf solche Schlüssel zu testen und ggf. einen neuen Schlüssel zu generieren. DES besitzt bei 2^{56} möglichen Schlüsseln nur 16 schwache Schlüssel, so daß die Wahrscheinlichkeit verschwindend gering ist, einen dieser Schlüssel zu generieren. Es wurde eingewendet, daß ein Kryptanalytiker nicht weiß, daß ein schwacher Schlüssel verwendet wird und deshalb keine Vorteile von ihrem versehentlichen Einsatz hat. Es wurde ebenfalls eingewendet, daß ein Kryptanalytiker aus der Beseitigung schwacher Schlüssel Informationen ziehen kann. Das Testen auf ein paar schwache Schlüssel ist jedoch so einfach, daß es unklug scheint, diese Möglichkeit nicht zu nutzen.

Die Schlüsselerzeugung für Systeme mit Public-Key-Kryptographie ist schwieriger, da die Schlüssel häufig bestimmte mathematische Eigenschaften erfüllen müssen (sie müssen prim oder ein quadratisches Residuum sein usw.). Verfahren zur Generierung großer zufälliger Primzahlen werden in Abschnitt 11.5 besprochen. Aus der Sicht der Schlüsselverwaltung ist es wesentlich zu beachten, daß der zufällige Anfangswert für solche Generatoren seinen Namen auch verdient – also zufällig ist.

Es ist nicht immer möglich, einen zufälligen Schlüssel zu erzeugen. Manchmal müssen Sie sich Ihren Schlüssel merken können. (Wie lange brauchen Sie wohl, um 25e8 56f2 e8ba c820 auswendig zu lernen?) Wenn Sie einen leicht zu merkenden Schlüssel benötigen, so machen Sie ihn möglichst unverständlich. Ideal ist etwas leicht zu merkendes, aber schwer zu erratendes. Einige Vorschläge:

- Wortpaare, die durch eine Interpunktion getrennt sind, zum Beispiel „frosch*elch" oder „zorch!splat"
- Buchstabenfolgen, die das Akronym für einen längeren Ausdruck darstellen, zum Beispiel ergibt „Mein Luftkissenfahrzeug ist voller Aale!" den Schlüssel „MLivA!"

Vorlagephrasen

Eine bessere Lösung besteht darin, eine ganze Phrase statt eines Wortes zu verwenden und diese in einen Schlüssel zu konvertieren. Solche Phrasen werden Vorlagephrasen genannt (*pass phrases*). Ein Verfahren namens **key crunching** konvertiert die leicht zu merkenden Phrasen in zufällige Schlüssel. Sie verwenden eine Einweg-Hashfunktion, um einen beliebig langen Text in eine Pseudozufallsbitfolge zu überführen.

Der leicht zu merkende Text lautet beispielsweise:

My name is Ozymandias, king of kings. Look on my works, ye mighty, and despair.

Dieser könnte durch *key-crunching* in folgenden 64-Bit-Schlüssel überführt werden:

e6c1 4398 5ae9 0a9b

Natürlich ist es nicht unbedingt einfach, eine ganze Phrase in einen Computer mit ausgeschaltetem Echo einzugeben. Kluge Lösungsvorschläge für dieses Problem sind willkommen.

Ist die Phrase lang genug, ist der resultierende Schlüssel zufällig. Es bleibt der Interpretation überlassen, was „lang genug" genau bedeutet. Die Informationstheorie sagt uns, daß Standardenglisch 1,3 Bit an Informationen pro Zeichen besitzt (siehe Abschnitt 11.1). Für einen 64-Bit-Schlüssel sollten eine Vorlagephrase von 49 Zeichen bzw. 10 normale englische Wörter ausreichen. Als Faustregel können Sie mit fünf Wörtern pro 4 Bytes Schlüssel rechnen. Das ist eine konservative Annahme, da es Groß-/Kleinschreibung, Leerzeichen und Interpunktionen nicht einberechnet.

Dieses Verfahren kann sogar verwendet werden, um private Schlüssel für Systeme mit Public-Key-Kryptographie zu generieren: Der Text könnte per *key-crunching* in einen zufälligen Anfangswert überführt und dieser wiederum einem deterministischen System übergeben werden, das Schlüsselpaare aus öffentlichem und privatem Schlüssel erzeugt.

Als Vorlagephrase sollten Sie etwas eindeutiges und leicht zu merkendes wählen. Wählen Sie keine Zitate aus der Literatur – das Beispiel aus „Ozymandias" ist gar nicht gut. Sowohl die gesammelten Werke von Shakespeare als auch der Dialog aus *Star Wars* sind on-line verfügbar und können in einem Angriff über Wörterbuch verwendet werden. Wählen Sie etwas schwer verständliches, aber doch persönliches. Benutzen Sie Groß-/Kleinschreibung und Interpunktion; wenn möglich, sollten Sie auch Zahlen und nichtalphanumerische Symbole benutzen. Schlechtes oder unkorrektes Englisch oder eine Fremdsprache machen die Vorlagephrase weniger anfällig für einen Angriff über Wörterbuch. Ein Vorschlag besteht darin, eine Phrase mit wirklich widerlichem Inhalt zu verwenden: so ekelhaft, daß Sie sich zwar daran erinnern können, es aber kaum jemals aufschreiben würden.

Trotz all unserer Vorschläge stellt Unklarheit keinen Ersatz für echte Zufälligkeit dar. Die besten Schlüssel sind zufällig, so schwer sie auch zu merken sind.

X9.17-Schlüsselerzeugung

Der ANSI-Standard X9.17 legt ein Verfahren zur Schlüsselerzeugung fest (siehe Abbildung 8.1) [55]. Damit lassen sich keine leicht zu merkenden Schlüssel generieren; es eignet sich eher für die Erzeugung von Sitzungsschlüsseln oder Pseudozufallszahlen innerhalb eines Systems. Der zur Schlüsselerzeugung eingesetzte kryptographische Algorithmus ist DES, könnte aber ebenso ein anderer Algorithmus sein.

Angenommen, $E_K(X)$ ist die Triple-DES Verschlüsselung von X mit dem Schlüssel K. Dies ist ein besonderer Schlüssel, der für geheime Schlüsselerzeugung reserviert ist. V_0 ist ein geheimer 64-Bit-Anfangswert, und T ein Zeitstempel. Zur Generierung des zufälligen Schlüssels R_i berechnen Sie:

$$R_i = E_K(E_K(T_i) \oplus V_i)$$

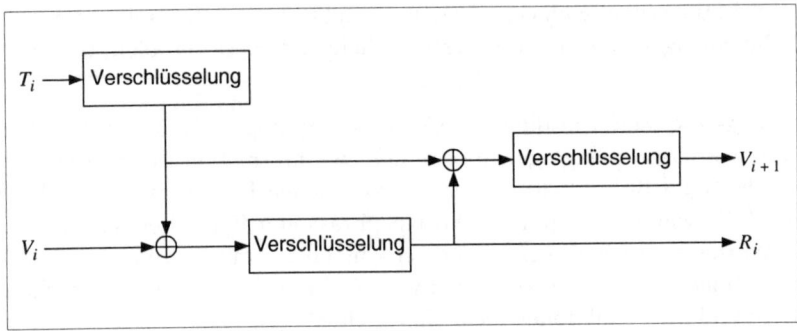

Abb. 8.1: ANSI x9.17 Schlüsselerzeugung

Zur Erzeugung von V_{i+1} berechnen Sie:

$$V_{i+1} = E_K(E_K(T_i) \oplus R_i)$$

Um R_i in einen DES-Schlüssel zu verwandeln, müssen Sie bloß jedes achte Bit als Paritätsbit verwenden. Wenn Sie einen 64-Bit-Schlüssel benötigen, können sie ihn lassen, wie er ist. Brauchen Sie einen 128-Bit-Schlüssel, generieren Sie ein Schlüsselpaar, das Sie konkatenieren.

DoD-Schlüsselerzeugung

Das US-Verteidigungsministerium (Department of Defense, DoD) empfiehlt den Einsatz von DES im OFB-Modus (siehe Abschnitt 9.8), um zufällige Schlüssel zu generieren [1144]. Generieren Sie einen DES-Schlüssel aus den Systeminterruptvektoren, den Systemstatusregistern und den Systemzählern. Erzeugen Sie einen Initialisierungsvektor aus der Systemuhr, der System-ID sowie aus Datum und Uhrzeit. Für den Klartext verwenden Sie eine extern erzeugte 64-Bit-Größe, zum Beispiel acht vom Systemadministrator eingegebene Zeichen. Verwenden Sie die Ausgabe als Ihren Schlüssel.

8.2 Nichtlineare Schlüsselräume

Angenommen, Sie arbeiten in einer dem Militär unterstellten Kryptographie-Abteilung, die ein kryptographisches Gerät für die Truppen entwickelt. Sie möchten einen sicheren Algorithmus verwenden, befürchten aber, daß das Gerät in Feindeshand gelangen könnte. Das letzte, woran Sie interessiert sind, ist, daß der Feind das Gerät zum Schutz *seiner eigenen* Geheimnisse einsetzen kann.

Kann Ihr Algorithmus in einem einbruchsicheren Modul untergebracht werden, können Sie verlangen, daß Schlüssel einer speziellen und geheimen Form verwendet werden; bei allen anderen Schlüsseln führt das Modul die Ver- und Entschlüsselung mit einem weit schwächeren Algorithmus durch. Sie können die Sache so anlegen, daß es bei Unkenntnis der Spezialform äußerst unwahrscheinlich ist, zufällig auf einen korrekten Schlüssel zu stoßen.

Dieses Konzept wird **nichtlinearer Schlüsselraum** genannt, da nicht alle Schlüssel gleich stark sind (im Gegensatz zu einem linearen oder **flachen** Schlüsselraum). Dies läßt sich einfach bewerkstelligen, indem der Schlüssel aus zwei Komponenten erzeugt wird: der Schlüssel selbst sowie eine feststehende, mit diesem Schlüssel chiffrierte Zeichenfolge. Das Modul dechiffriert zunächst die Zeichenfolge mit dem Schlüssel; erhält es daraus die feststehende Zeichenfolge, verwendet es den Schlüssel normal, anderenfalls benutzt es einen schwachen Algorithmus. Arbeitet der Algorithmus mit einem 128-Bit-Schlüssel und einer Blockgröße von 64 Bit, besteht der Schlüssel aus insgesamt 192 Bit; dies gibt dem Algorithmus einen effektiven Schlüsselraum von 2^{128} Schlüsseln, wobei die Wahrscheinlichkeit, zufällig einen korrekten Schlüssel zu wählen, nur bei 1 zu 2^{64} liegt.

Sie können noch raffinierter vorgehen und einen Algorithmus so entwerfen, daß bestimmte Schlüssel stärker sind als andere. Auch ohne schwache Schlüssel – Schlüssel, die offensichtlich schlecht sind – kann ein Algorithmus einen nichtlinearen Schlüsselraum besitzen.

Das funktioniert nur, wenn der Algorithmus geheim ist und der Feind ihn nicht rekonstruieren kann oder die Unterschiede in der Schlüsselstärke so geringfügig sind, daß der Feind sie nicht ermitteln kann. Die NSA tat dies mit den geheimen Algorithmen ihrer Overtake-Module (siehe Abschnitt 25.1). Ob sie dasselbe wohl auch bei Skipjack gemacht hat (siehe Abschnitt 13.12)? Niemand weiß das.

8.3 Übermittlung von Schlüsseln

Alice und Bob möchten einen symmetrischen kryptographischen Algorithmus zur sicheren Kommunikation verwenden; dazu benötigen sie denselben Schlüssel. Alice generiert einen Schlüssel mit einem Zufallsschlüsselgenerator. Nun muß sie ihn an Bob weiterleiten, und zwar sicher. Wenn Alice sich mit Bob irgendwo treffen kann (in einer dunklen Gasse, einem fensterlosen Raum oder auf einem der Jupiter-Monde), kann sie ihm eine Kopie des Schlüssels aushändigen. Anderenfalls haben die beiden ein Problem. Die Public-Key-Kryptographie löst das Problem gut und mit minimalen vorherigen Abmachungen, solche Verfahren sind jedoch nicht immer verfügbar (siehe Abschnitt 3.1). Manche Systeme verwenden verschiedene Kanäle, die als sicher gelten. Alice könnte Bob den Schlüssel über einen zuverlässigen Boten zukommen lassen. Sie könnte ihn per Einschreiben oder Kurier senden. Sie könnte auch einen anderen Kommunikationskanal mit Bob einrichten und darauf hoffen, daß dieser von niemandem abgehört wird.

Alice könnte Bob den symmetrischen Schlüssel über ihren Kommunikationskanal senden, also den, den sie auch zur Chiffrierung verwenden. Das ist unklug; garantiert der

Kanal Verschlüsselung, wäre beim Versenden des Chiffrierschlüssels als Klartext über diesen Kanal ebenfalls garantiert, daß ein Mithörer die gesamte Kommunikation belauschen kann.

Der Standard X9.17 [55] legt zwei Arten von Schlüsseln fest: *key-encryption*-Schlüssel und Datenschlüssel. Mit **key-encryption-Schlüsseln** werden andere Schlüssel chiffriert, um sie zu verteilen. Mit **Datenschlüsseln** werden Nachrichten verschlüsselt. Die *key-encryption*-Schlüssel müssen manuell verteilt werden (wenngleich sie in einem einbruchsicheren Gerät wie einer Chipkarte sicher untergebracht werden können), dies geschieht aber nicht allzu oft. Datenschlüssel werden häufiger verteilt. Weitere Einzelheiten finden Sie in [75]. Dieses zweigleisige Konzept wird bei der Schlüsselverteilung oft verwendet.

Das Verteilungsproblem ließe sich auch dadurch lösen, daß der Schlüssel in verschiedene Bestandteile aufgespalten wird (siehe Abschnitt 3.6), wovon jeder über einen anderen Kanal gesendet wird. Eine Komponente könnte über das Telefon, eine per Post, eine per Eilkurier und eine per Brieftaube usw. geschickt werden (siehe Abbildung 8.2). Da ein Gegner den Schlüssel selbst dann nicht kennt, wenn er alle Teile bis auf einen beschaffen kann, funktioniert diese Methode so gut wie immer. Abschnitt 3.6 beschreibt Verfahren zum Aufspalten eines Schlüssels. Alice könnte auch ein *secret-sharing*-Verfahren verwenden (siehe Abschnitt 3.7), so daß Bob den Schlüssel rekonstruieren kann, wenn irgendwelche Schlüsselteile bei der Übertragung verloren gehen.

Alice übermittelt Bob den *key-encryption*-Schlüssel auf sicherem Wege, entweder bei einem persönlichen Treffen oder anhand des eben besprochenen Aufspaltungsverfahrens. Sobald sowohl Alice als auch Bob den *key-encryption*-Schlüssel besitzen, kann Alice Bob die täglichen Datenschlüssel über denselben Kommunikationskanal senden. Jeder Datenschlüssel wird von Alice mit dem *key-encryption*-Schlüssel chiffriert. Da damit nicht viele Informationen chiffriert werden, muß er selten geändert werden. Da bei einer

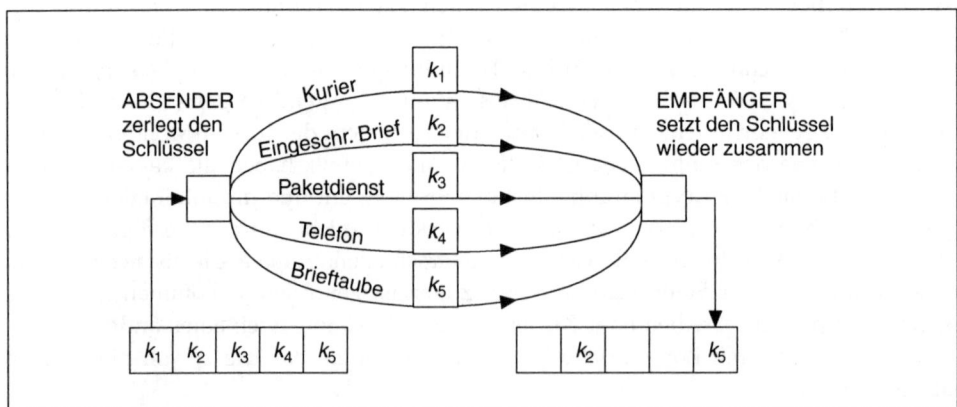

Abb. 8.2: Schlüsselverteilung über parallele Kanäle

Kompromittierung des *key-encryption*-Schlüssels alle Nachrichten kompromittiert wären, die mit einem Schlüssel chiffriert wurden, der mit dem *key-encryption*-Schlüssel chiffriert wurde, muß dieser sicher verwahrt werden.

Schlüsselverteilung in großen Netzen

Key-encryption-Schlüssel, die von jeweils zwei Benutzern gemeinsam genutzt werden, funktionieren in kleinen Netzen zwar gut, sind in großen Netzen aber oft umständlich. Da alle Benutzerpaare Schlüssel austauschen müssen, beträgt die Gesamtzahl der Schlüsseltauschs in einem Netz mit n Personen $n(n-1)/2$.

In einem Netz mit 6 Personen sind 15 Schlüsseltauschaktionen erforderlich, in einem Netz mit 1000 Personen etwa 500 000. In diesen Fällen wird der Betrieb durch Einrichten eines oder mehrerer zentraler Schlüsselserver erheblich effizienter.

Alternativ dazu kann eines der in Abschnitt 3.1 beschriebenen Protokolle für symmetrische oder Public-Key-Kryptographie verwendet werden, die für eine sichere Schlüsselverteilung sorgen.

8.4 Verifizierung von Schlüsseln

Wie kann Bob beim Empfang eines Schlüssels sicherstellen, daß dieser tatsächlich von Alice und nicht von einer Person stammt, die sich als Alice ausgibt? Händigt Alice ihm den Schlüssel persönlich aus, ist die Sache einfach. Sendet Alice ihren Schlüssel über einen zuverlässigen Kurier, muß Bob diesem vertrauen. Ist der Schlüssel mit einem *key-encryption*-Schlüssel chiffriert, muß Bob darauf vertrauen, daß nur Alice diesen Schlüssel kennt. Unterzeichnet Alice den Schlüssel mit einem Protokoll für digitale Signaturen, muß Bob sich bei der Verifizierung der Unterschrift auf die Datenbank mit den öffentlichen Schlüsseln verlassen. (Außerdem muß er darauf vertrauen, daß Alice ihren Schlüssel sicher verwahrt hat.) Wird Alices öffentlicher Schlüssel von einem Key Distribution Center (KDC) unterzeichnet, muß Bob sich darauf verlassen, daß seine Kopie des öffentlichen KDC-Schlüssels nicht manipuliert wurde.

Schließlich kann jemand, der das ganze Netz um Bob herum kontrolliert, Bob beliebig an der Nase herumführen. Mallory könnte eine verschlüsselte und unterzeichnete Nachricht senden, die angeblich von Alice stammt. Mallory könnte in der Datenbank mit den öffentlichen Schlüsseln Alices durch seinen eigenen Schlüssel ersetzen, so daß Bob fälschlicherweise diesen Schlüssel erhält, wenn er auf die Datenbank zugreift, um Alices Unterschrift zu verifizieren. Mallory könnte ein eigenes gefälschtes KDC ins Leben rufen und den öffentlichen Schlüssel des richtigen KDCs durch seine eigene Erfindung ersetzen. Bob würde davon nichts mitbekommen.

Aufgrund dieser potentiellen Gefahren halten manche Leute Public-Key-Kryptographie ganz prinzipiell für wertlos. Sie sind der Auffassung, daß die Sicherheit durch Public-

Key-Kryptographie in keiner Weise erhöht werde, da Alice und Bob nur auf eine einzige Art, nämlich durch ein persönliches Treffen, sicherstellen können, daß ihre Schlüssel nicht manipuliert wurden.

Diese Sichtweise ist zu einfach. Theoretisch ist sie zwar richtig, die Praxis ist jedoch wesentlich komplexer. Durch Public-Key-Kryptographie in Kombination mit digitalen Signaturen und zuverlässigen KDCs wird es erheblich schwieriger, einen Schlüssel durch einen anderen zu ersetzen. Bob kann sich nie absolut sicher sein, daß Mallory nicht seine gesamte Realität unter Kontrolle hat, kann aber darauf vertrauen, daß dazu mehr Ressourcen notwendig sind, als die meisten Mallorys im wirklichen Leben zur Verfügung haben.

Bob kann Alices Schlüssel auch per Telefon durch Erkennen ihrer Stimme verifizieren. Stimmerkennung ist ein wirklich gutes Verfahren zur Authentifizierung. Handelt es sich um einen öffentlichen Schlüssel, kann Bob diesen getrost öffentlich wiedergeben. Bei einem geheimen Schlüssel kann er eine Einweg-Hashfunktion zur Verifizierung des Schlüssels verwenden. Diese Art der Schlüsselüberprüfung wird sowohl von PGP (siehe Abschnitt 24.12) als auch im TSD-System von AT&T (siehe Abschnitt 24.18) eingesetzt.

Manchmal muß man nicht unbedingt wissen, zu wem genau ein öffentlicher Schlüssel gehört. Vielleicht muß man nur verifizieren, daß er zu derselben Person wie im letzten Jahr gehört. Erhält eine Bank eine unterzeichnete Nachricht zum Abheben eines bestimmten Betrags, braucht sie sich nicht darum zu kümmern, wer das Geld abheben möchte, sondern nur zu überprüfen, ob es sich um dieselbe Person handelt, die das Geld eingezahlt hat.

Fehlererkennung bei der Schlüsselübertragung

Manchmal werden Schlüssel bei der Übertragung beschädigt. Da ein entstellter Schlüssel bedeutet, daß unter Umständen Megabytes von Chiffretext nicht entschlüsselt werden können, stellt das ein Problem dar. Alle Schlüssel sollten deshalb mit Bits zur Fehlererkennung und -korrektur übertragen werden. Auf diese Weise können Übertragungsfehler leicht aufgedeckt und der Schlüssel gegebenenfalls neu gesendet werden.

Eine der häufigsten Methoden besteht darin, einen konstanten Wert mit dem Schlüssel zu chiffrieren und die ersten 2 bis 4 Bytes dieses Chiffretexts gemeinsam mit dem Schlüssel zu senden. Beim Empfänger wird genauso vorgegangen. Stimmen die verschlüsselten Konstanten überein, wurde der Schlüssel fehlerfrei übertragen. Die Wahrscheinlichkeit für einen nicht entdeckten Fehler liegt zwischen 1 zu 2^{16} und 1 zu 2^{32}.

Erkennung von Schlüsselfehlern bei der Dechiffrierung

Gelegentlich möchte der Empfänger überprüfen, ob ein bestimmter Schlüssel der korrekte symmetrische Dechiffrierschlüssel ist. Ist der Klartext lesbar, kann er versuchen, die Nachricht zu dechiffrieren und zu lesen. Ist der Klartext zufällig, gibt es andere Tricks. Der einfache Ansatz besteht im Anfügen eines **Verifizierungsblocks**: ein bekannter Header, der der Klartextnachricht vor der Verschlüsselung beigefügt wurde. Bob als Empfänger dechiffriert den Header und überprüft, ob er korrekt ist. Das funktioniert, liefert Eve jedoch einen bekannten Klartext, den sie bei der Kryptanalyse des Systems nutzen kann. Außerdem vereinfacht ein solcher Header Angriffe gegen Chiffrierungen mit kurzen Schlüsseln wie DES und alle exportierbaren Verfahren. Berechnen Sie für jeden Schlüssel einmal die Prüfsumme. Diesen können Sie dann verwenden, um den Schlüssel zu den empfangenen Nachrichten zu bestimmen. Dies ist eine Eigenschaft *jeder* Schlüsselprüfsumme, in die keine zufälligen oder zumindest unterschiedlichen Daten eingerechnet werden. Vom Konzept her ähnelt dies der Verwendung von Salt bei der Erzeugung von Schlüsseln aus Vorlagephrasen.

Hier ist eine bessere Möglichkeit, dies zu bewerkstelligen [821]:

1. Generiere einen Initialisierungsvektor (nicht den für die Nachricht verwendeten).
2. Verwende diesen IV zur Erzeugung eines großen Bitblocks, sagen wir 512.
3. Hashe das Ergebnis.
4. Verwende dieselben feststehenden Bits des Hashwerts, z.B. 32, für die Schlüsselprüfsumme.

Damit erhält Eve zwar Informationen, aber sehr wenige. Versucht sie, die unteren 32 Bit des endgültigen Hash-Werts für einen Brute-Force-Angriff zu verwenden, muß sie pro untersuchtem Schlüssel mehrere Chiffrierungen durchführen und einen Hash-Wert erzeugen; Brute-Force gegen den Schlüssel selbst wäre schneller.

Eve erhält auch keinen bekannten Klartext, den sie ausprobieren könnte. Selbst wenn sie es irgendwie schaffte, die Zufallswerte für uns auszuwählen, kann sie sich von uns keinen gewählten Klartext verschaffen, da dieser erst die Hashfunktion durchläuft, bevor sie ihn zu Gesicht bekommt.

8.5 Verwendung von Schlüsseln

Software-Verschlüsselung ist beunruhigend. Vergangen sind die Zeiten, als einfache Mikrocomputer von einzelnen Programmen gesteuert wurden. Es gibt nun Macintosh System 7, Windows NT und UNIX. Man kann nicht vorhersagen, wann das Betriebssystem eine laufende Verschlüsselungsanwendung unterbricht, alles auf die Platte schreibt und eine andere dringende Aufgabe erledigt. Kehrt das Betriebssystem schließlich zur Verschlüsselung zurück, sieht alles bestens aus. Niemand merkt, daß das Betriebssystem die Verschlüsselungsanwendung, und damit auch den Schlüssel, auf Platte geschrieben hat. Der Schlüssel liegt unchiffriert auf der Platte, bis der Rechner diesen Speicherbereich wieder überschreibt. Das kann nach Minuten oder Monaten der Fall sein. Oder auch nie; vielleicht liegt er noch da, wenn ein Gegner die Festplatte akribisch durchkämmt. In einer präemptiven Multitasking-Umgebung können Sie Ihrer Verschlüsselungsoperation eine so hohe Priorität einräumen, daß sie nicht unterbrochen wird. Damit wäre das Risiko gemindert. Trotzdem ist die ganze Sache nicht sehr vertrauenerweckend.

Hardware-Implementierungen sind sicherer. Viele Verschlüsselungsgeräte sind so beschaffen, daß sie einen manipulierten Schlüssel löschen. Die IBM PS/2-Verschlüsselungskarte verfügt beispielsweise über eine Epoxideinheit mit dem DES-Chip, Batterie und Speicher. Natürlich muß man darauf vertrauen, daß der Hardware-Hersteller die Funktionalität sauber implementiert hat.

Manche Kommunikationsanwendungen wie Telefonverschlüsseler können mit **Sitzungsschlüsseln** arbeiten. Ein Sitzungsschlüssel ist ein Schlüssel, der nur für eine einzige Kommunikationssitzung – ein einzelnes Telefongespräch – verwendet und dann gelöscht wird. Es besteht kein Anlaß, den Schlüssel nach Gebrauch zu speichern. Wenn man den Schlüssel mit einem Protokoll zum Schlüsselaustausch von einem Gesprächsteilnehmer zum anderen überträgt, muß er vor der Verwendung nicht gespeichert werden. Damit ist eine Kompromittierung des Schlüssels weit weniger wahrscheinlich.

Steuerung der Schlüsselverwendung

Bei einigen Anwendungen ist es wünschenswert zu steuern, wie ein Sitzungsschlüssel verwendet wird. Manche Benutzer benötigen Sitzungsschlüssel unter Umständen nur zur Chiffrierung oder nur zur Dechiffrierung. Sitzungsschlüssel sind möglicherweise nur auf einer bestimmten Maschine oder zu einer bestimmten Zeit erlaubt. Solche Einschränkungen können zum Beispiel mit einem **Kontrollvektor** (CV) implementiert werden, der dem Schlüssel beigefügt wird; der Kontrollvektor legt Einsatz und Einschränkungen für diesen Schlüssel fest (siehe Abschnitt 24.1) [1025, 1026]. Der CV ist gehasht und mit einem Master-Key XOR-verknüpft; das Ergebnis wird als Schlüssel zur Chiffrierung des Sitzungsschlüssels verwendet.

Diese Methode hat den Vorteil, daß der CV beliebig lang sein darf und beim chiffrierten Schlüssel immer als Klartext gespeichert wird. Sie setzt einiges an einbruchsicherer Hardware voraus und daß Benutzer nicht direkt an die Schlüssel geraten können. Dieses System wird in den Abschnitten 24.1 und 24.8 weiter behandelt.

8.6 Aktualisierung von Schlüsseln

Angenommen, Sie verfügen über eine verschlüsselte Datenverbindung, bei der die Schlüssel täglich wechseln sollen. Manchmal ist es äußerst mühsam, täglich einen neuen Schlüssel zu verteilen. Eine einfachere Lösung besteht darin, aus dem alten einen neuen Schlüssel zu generieren; dies wird manchmal **Schlüsselaktualisierung** genannt.

Man braucht dazu lediglich eine Einwegfunktion. Nutzen Alice und Bob einen Schlüssel gemeinsam und wenden beide darauf dieselbe Einwegfunktion an, erhalten sie auch dasselbe Ergebnis. Sie können dann bestimmte Bits aus den Ergebnissen zur Erstellung des neuen Schlüssels verwenden.

Die Schlüsselaktualisierung funktioniert, man muß aber bedenken, daß der neue Schlüssel nicht sicherer ist als der alte. Konnte Eve sich den alten Schlüssel beschaffen, kann sie die Funktion zur Schlüsselaktualisierung selbst durchführen. Wenn Eve den alten Schlüssel nicht besitzt und einen *ciphertext-only*-Angriff auf die verschlüsselten Nachrichten probiert, sind Alice und Bob mit dieser Methode gut geschützt.

8.7 Speicherung von Schlüsseln

Am wenigsten problematisch ist die Schlüsselspeicherung bei einer einzelnen Benutzerin, Alice, die Dateien zur späteren Wiederverwendung verschlüsselt. Da sie die einzige Beteiligte ist, ist auch sie allein für den Schlüssel verantwortlich. Manche Systeme wählen den einfachen Ansatz: Der Schlüssel wird nicht im System, sondern in Alices Gedächtnis gespeichert. Alice muß sich den Schlüssel merken und jedesmal eingeben, wenn sie eine Datei ver- oder entschlüsseln möchte.

Ein Beispiel für ein solches System ist IPS [881]. Die Benutzer können hier den 64-Bit-Schlüssel direkt oder als Schlüssel eine längere Zeichenfolge eingeben. Das System erzeugt dann mit einem *key-crunching*-Verfahren aus der Zeichenfolge einen 64-Bit-Schlüssel.

Eine weitere Lösung besteht darin, den Schlüssel auf einer Magnetstreifenkarte, einem Plastikschlüssel mit integriertem ROM-Chip (**ROM-Key** genannt) oder einer Chipkarte zu speichern [556, 557, 455]. Ein Benutzer kann seinen Schlüssel in das System eingeben, indem er seine Karte in eine spezielle Lesevorrichtung schiebt, die sich in seiner Verschlüsselungsbox befindet oder an sein Computer-Terminal angeschlossen ist. Solange der Benutzer den Schlüssel verwendet, kann er ihn nicht in Erfahrung bringen und damit auch nicht kompromittieren. Er kann ihn nur in der Art und für die Zwecke verwenden, die vom Kontrollvektor vorgegeben sind.

Ein ROM-Key ist eine äußerst kluge Idee. Die Leute haben Erfahrung mit richtigen Türschlüsseln, kennen ihre Bedeutung und wissen, wie sie zu schützen sind. Wenn man einen kryptographischen Schlüssel in dieselbe Form kleidet, macht das seine Aufbewahrung und seinen Schutz intuitiver.

Dieses Verfahren wird sicherer gemacht, indem der Schlüssel in zwei Hälften aufgespalten wird, wobei die eine Hälfte im Terminal und die andere Hälfte im ROM-Key gespeichert wird. Das sichere Telefon STU-III der US-Regierung funktioniert auf diese Art. Bei Verlust des ROM-Keys ist der kryptographische Schlüssel nicht kompromittiert – man ändert den Schlüssel und alles ist wieder in Ordnung. Dasselbe gilt für den Verlust des Terminals. Durch Kompromittierung nur des ROM-Keys oder des Terminals wird der kryptographische Schlüssel nicht kompromittiert – ein Angreifer muß erst beide Komponenten in die Hände bekommen.

Schwer zu merkende Schlüssel können mit einem *key-encryption*-Schlüssel chiffriert und in dieser Form gespeichert werden. Ein privater RSA-Schlüssel könnte zum Beispiel mit einem DES-Schlüssel chiffriert und auf Platte gespeichert werden. Zur Wiederherstellung des DES-Schlüssels muß der Benutzer den DES-Schlüssel in ein Dechiffrierprogramm eingeben.

Werden die Schlüssel (mit einem kryptographisch sicheren Pseudozufallsfolgengenerator) deterministisch generiert, ist es möglicherweise einfacher, die Schlüssel aus einem leicht zu merkenden Paßwort jedesmal neu zu generieren, wenn sie benötigt werden.

Im Idealfall sollte ein Schlüssel niemals unchiffriert außerhalb des Verschlüsselungsgeräts zu sehen sein. Das ist zwar nicht immer möglich, aber doch ein anstrebenswertes Ziel.

8.8 Sicherungskopien von Schlüsseln

Alice ist Finanzchef bei Secrets, Ltd. – „Wir verraten Ihnen unser Motto nicht". Wie jede brave Angestellte hält sie sich an die unternehmensinternen Sicherheitsvorschriften und verschlüsselt ihre Daten. Leider ignoriert sie die firmeneigenen Richtlinien zum Verhalten im Straßenverkehr und wird von einem LKW überfahren. Wie geht Firmenchef Bob damit um?

Wenn Alice keine Kopie ihres Schlüssels hinterlassen hat, steckt er in ziemlichen Schwierigkeiten. Schließlich liegt der Zweck der Chiffrierung darin, daß Dateien ohne Schlüssel nicht wiederherstellbar sind. War Alice nicht völlig auf den Kopf gefallen und hat keine miserable Verschlüsselungssoftware verwendet, sind ihre Dateien für immer dahin.

Bob kann dies auf verschiedene Weise verhindern. Die einfachste Art besteht in der **Schlüsselhinterlegung** (siehe Abschnitt 4.14): Er ordnet an, daß die Angestellten ihre Schlüssel notieren und dem Sicherheitsverantwortlichen der Firma übergeben, der sie in einem Safe deponiert (oder alle mit einem Master-Key verschlüsselt). Wird Alice nun auf der Autobahn überrollt, kann Bob sich ihren Schlüssel beim Sicherheitsverantwortlichen besorgen. Bob sollte außerdem sicherstellen, daß auch er die Kombination des Safes kennt; denn falls der Sicherheitsverantwortliche unter einen anderen LKW geraten würde, hätte er wieder Pech.

Das Problem bei diesem System zur Schlüsselverwaltung besteht darin, daß Bob sich darauf verlassen muß, daß der Sicherheitsverantwortliche keinen der Schlüssel mißbraucht. Noch entscheidender ist, daß alle Angestellten dem Sicherheitsverantwortlichen in bezug auf ihre Schlüssel vertrauen müssen. Eine viel bessere Lösung wäre hier ein *secret-sharing*-Protokoll (siehe Abschnitt 3.7).

Generiert Alice einen Schlüssel, spaltet sie diesen ebenfalls in eine bestimmte Anzahl von Komponenten auf. Dann sendet sie jede Komponente – natürlich verschlüsselt – an einen anderen Firmenangestellten. Keiner der Bestandteile stellt für sich den Schlüssel dar, einer der Angestellten kann aber alle Teile einsammeln und den Schlüssel rekonstruieren. Alice ist dann gegen jeden böswilligen Einzeltäter geschützt und Bob dagegen abgesichert, Alices gesamte Daten nach ihrem LKW-Unfall zu verlieren. Sie könnte die verschiedenen Komponenten auch einfach auf ihrer eigenen Festplatte speichern, wenn sie sie zuvor mit jedem der verschiedenen öffentlichen Schlüsseln der Angestellten chiffriert. Auf diese Weise bekommt niemand mit der Schlüsselverwaltung zu tun, bevor es wirklich notwendig ist.

Ein anderes Backup-Verfahren arbeitet mit Chip-Karten, um Schlüssel zeitweise zu hinterlegen (siehe Abschnitt 24.13) [188]. Alice kann den Schlüssel zur Absicherung ihrer Festplatte auf der Chip-Karte speichern, die sie Bob während ihrer Abwesenheit überläßt. Bob kann mit der Chip-Karte nun auf Alices Festplatte zugreifen, erfährt aber den Schlüssel nicht, da dieser sich auf der Chip-Karte befindet. Außerdem kann das System in beide Richtungen überwacht werden: Bob kann verifizieren, daß der Schlüssel Alices Laufwerk öffnet, und Alice kann bei ihrer Rückkehr überprüfen, ob und wie oft Bob ihren Schlüssel verwendet hat.

Ein solches System eignet sich nicht zur Datenübertragung. Bei einem sicheren Telefon sollte der Schlüssel nur für die Dauer des Gesprächs existieren und nicht länger. Zur Datenspeicherung, wie wir sie eben beschrieben haben, ist die Schlüsselhinterlegung unter Umständen sinnvoll. Ich verliere ungefähr alle fünf Jahre einen Schlüssel, obwohl ich ein ausgezeichnetes Gedächtnis habe. Setzen 200 Millionen Leute Kryptographie ein, hieße das bei meiner Frequenz einen Verlust von 40 Millionen Schlüsseln pro Jahr. Ich deponiere immer einen Hausschlüssel bei den Nachbarn für den Fall, daß ich meinen verliere. Wären Hausschlüssel wie kryptographische Schlüssel, käme ich bei einem Verlust nicht mehr ins Haus und mein ganzes Inventar wäre für immer verloren. Genauso, wie ich außer Haus Sicherungskopien meiner Daten aufbewahre, ist es sinnvoll, Sicherungen meiner Datenchiffrierschlüssel anzulegen.

8.9 Kompromittierte Schlüssel

Alle Protokolle, Techniken und Algorithmen aus diesem Buch sind nur sicher, solange der Schlüssel (der private Schlüssel in einem Public-Key-System) geheim bleibt. Ist Alices Schlüssel verloren gegangen, gestohlen, in der Zeitung veröffentlicht oder anderweitig kompromittiert, hat sie keinerlei Sicherheit mehr.

War der kompromittierte Schlüssel für ein symmetrisches Kryptosystem gedacht, muß Alice ihren Schlüssel ändern und kann nur hoffen, daß der tatsächlich entstandene Schaden minimal ist. Handelte es sich um einen privaten Schlüssel, sind Alices Probleme schon größer, denn ihr öffentlicher Schlüssel befindet sich vermutlich auf Servern im ganzen Netz. Erhält Eve Zugang zu Alices privatem Schlüssel, kann sie sich im Netz als Alice ausgeben und verschlüsselte E-Mail lesen, Korrespondenz unterzeichnen, Verträge abschließen usw. Eve kann im Endeffekt zu Alice werden.

Es ist unbedingt notwendig, daß die Nachricht von der Kompromittierung eines privaten Schlüssels sofort im Netz verbreitet wird. Alle Datenbanken mit öffentlichen Schlüsseln müssen unmittelbar benachrichtigt werden, wenn ein bestimmter privater Schlüssel kompromittiert ist, damit keine ahnungslose Person eine Nachricht mit dem kompromittierten Schlüssel chiffriert.

Man kann nur hoffen, daß Alice von der Kompromittierung ihres Schlüssels überhaupt erfährt. Werden die Schlüssel von einem KDC verwaltet, sollte Alice die Kompromittierung melden. Gibt es kein KDC, sollte sie alle Kommunikationspartner unterrichten, die Nachrichten von ihr empfangen könnten. Man sollte veröffentlichen, daß Nachrichten, die nach der Kompromittierung des Schlüssels empfangen werden, verdächtig sind und niemand mit dem zugehörenden öffentlichen Schlüssel Nachrichten an Alice senden soll. Die Anwendung sollte irgendeine Art von Zeitstempel verwenden, so daß Benutzer feststellen können, ob eine Nachricht in Ordnung oder verdächtig ist.

Weiß Alice nicht genau, wann ihr Schlüssel kompromittiert wurde, ist die Sache komplizierter. Alice möchte vielleicht einen Vertrag rückgängig machen, den nicht sie, sondern der Dieb ihres Schlüssels unterzeichnet hat. Läßt das System dies zu, könnte jeder einen Vertrag annulieren, indem er behauptet, daß sein Schlüssel vor der Unterzeichnung kompromittiert wurde. In solchen Fällen müßte ein Schiedsrichter entscheiden.

Das ist ein schwerwiegendes Problem und zeigt die Gefahren, die damit verbunden sind, wenn Alice ihre ganze Identität an einen einzigen Schlüssel knüpft. Es wäre besser, wenn Alice unterschiedliche Schlüssel für verschiedene Anwendungen hätte – genauso wie sie an ihrem Schlüsselbund Schlüssel für verschiedene Türen hat. Andere Lösungen für dieses Problem arbeiten mit Biometrie, Einschränkungen über die Verwendungsweise eines Schlüssels, Zeitverzögerungen und Gegenzeichnen.

Diese Verfahren und Tips sind kaum optimal, aber das beste, was wir tun können. Die Moral von der Geschichte ist, Schlüssel und vor allem private Schlüssel zu schützen.

8.10 Geltungsdauer von Schlüsseln

Kein Chiffrierschlüssel sollte für eine unbestimmte Zeit verwendet werden. Er sollte wie Pässe und Lizenzen automatisch auslaufen. Dafür gibt es verschiedene Gründe:
- Je länger ein Schlüssel verwendet wird, desto größer ist die Wahrscheinlichkeit einer Kompromittierung. Schlüssel werden notiert oder gehen verloren, und es passieren gelegentlich Unfälle. Wenn Sie ein Jahr lang denselben Schlüssel verwenden, ist die Wahrscheinlichkeit für eine Kompromittierung viel größer, als wenn er nur einen Tag in Gebrauch ist.
- Je länger ein Schlüssel benutzt wird, desto größer sind die Verluste nach einer Kompromittierung. Wird ein Schlüssel nur zur Chiffrierung eines einzigen Haushaltsdo-

kuments auf einem Fileserver verwendet, zieht ein Verlust des Schlüssels lediglich eine Kompromittierung dieses Dokuments nach sich. Wird derselbe Schlüssel für alle Informationen über Haushaltsangelegenheiten auf dem Fileserver verwendet, ist sein Verlust wesentlich folgenreicher.

- Je länger der Schlüssel verwendet wird, desto größer ist die Versuchung, den Aufwand für das Knacken des Schlüssels auf sich zu nehmen – selbst wenn dieser Aufwand ein Brute-Force-Angriff ist. Mit dem Brechen eines Schlüssels, der von zwei militärischen Einheiten einen Tag lang gemeinsam genutzt wird, wäre man in der Lage, einen Tag lang Nachrichten zwischen diesen Einheiten zu lesen und zu erstellen. Mit dem Knacken eines Schlüssels, der von einer ganzen militärischen Kommandostruktur ein Jahr lang gemeinsam genutzt wird, wäre man in der Lage, ein Jahr lang über die ganze Welt gesendete Nachrichten zu lesen und zu erstellen. Welchen Schlüssel würden Sie in unserer nach dem Ende des kalten Krieges von Ausgabenkürzungen geprägten Welt wohl als Angriffsziel wählen?

- Eine Kryptanalyse mit mehr Chiffretext, der mit demselben Schlüssel chiffriert ist, ist generell einfacher.

Bei einer kryptographischen Anwendung muß durch Regeln festgelegt werden, wie lange ein Schlüssel gültig ist. Nicht alle Schlüssel haben womöglich dieselbe Geltungsdauer. Bei einem verbindungsorientierten System wie dem Telefon ist es sinnvoll, einen Schlüssel nur für die Dauer eines Gesprächs und bei jedem Gespräch einen anderen Schlüssel zu verwenden.

Bei Systemen auf dedizierten Kommunikationskanälen ist eine Entscheidung nicht so offensichtlich. Schlüssel sollten eine relativ kurze Geltungsdauer haben, die vom Wert der Daten und der Menge der in einem bestimmten Zeitraum verschlüsselten Daten abhängt. Der Schlüssel für eine Gigabyte-pro-Sekunde-Verbindung muß wahrscheinlich häufiger geändert werden als der für eine Modemverbindung mit 9600 Baud. Wenn ein effizientes Verfahren zur Übertragung neuer Schlüssel vorhanden ist, sollten Sitzungsschlüssel zumindest täglich geändert werden.

Key-encryption-Schlüssel brauchen nicht so oft geändert zu werden. Sie werden nur fallweise zum Schlüsselaustausch verwendet (vielleicht einmal am Tag). Damit erhält der Kryptanalytiker weniger Chiffretext, und der entsprechende Klartext hat keine bestimmte Form. Wenn ein *key-encryption*-Schlüssel kompromittiert wird, kann der Verlust jedoch erheblich sein: er betrifft alle Nachrichten, die mit einem der Schlüssel chiffriert wurden, die mit dem *key-encryption*-Schlüssel chiffriert wurden. In manchen Anwendungen werden *key-encryption*-Schlüssel nur einmal pro Monat oder pro Jahr ersetzt. Sie müssen die Gefährdung eines Schlüssels, der sich längere Zeit im Umlauf befindet, gegen die Risiken abwägen, die die Verteilung eines neuen Schlüssels mit sich bringt.

Chiffrierschlüssel, die zur Chiffrierung gespeicherter Daten verwendet werden, können nicht oft gewechselt werden. Die Dateien befinden sich unter Umständen Monate oder Jahre auf der Platte, bevor sie wieder benötigt werden. Es erhöht die Sicherheit in keiner Weise, die Dateien täglich zu dechiffrieren und mit einem neuen Schlüssel wieder zu chiffrieren; es gibt einem Kryptanalytiker lediglich mehr Informationen, mit denen er arbeiten kann. Eine Möglichkeit bestünde darin, jede Datei mit einem eindeutigen Dateischlüssel zu chiffrieren und alle Dateischlüssel dann mit einem *key-encryption*-Schlüssel zu chiffrieren. Dieser sollte dann gemerkt oder an einem sicheren Ort wie einem Safe aufbewahrt werden. Natürlich wären bei einem Verlust dieses Schlüssels auch alle individuellen Dateischlüssel verloren.

Private Schlüssel für Public-Key-Kryptographie sind je nach Anwendung unterschiedlich lange gültig. Private Schlüssel, die für digitale Signaturen oder Identitätsnachweise benutzt werden, sind unter Umständen jahrelang gültig (vielleicht sogar ein Leben lang). Private Schlüssel für Protokolle zum Münzenwerfen können unmittelbar nach Abschluß des Protokolls verworfen werden. Selbst wenn man davon ausgeht, daß ein Schlüssel lebenslange Sicherheit gewährleistet, sollte man den Schlüssel alle paar Jahre wechseln. In vielen Netzen sind die privaten Schlüssel nur zwei Jahre lang zulässig; danach muß sich der Benutzer einen neuen privaten Schlüssel besorgen. Der alte Schlüssel bleibt trotzdem geheim für den Fall, daß der Benutzer eine Unterschrift aus diesem Zeitraum verifizieren muß. Für die Unterzeichnung neuer Dokumente wird der neue Schlüssel verwendet, was die Anzahl der signierten Dokumente reduziert, die einem Kryptanalytiker für einen Angriff zur Verfügung stehen.

8.11 Vernichtung von Schlüsseln

Müssen die Schlüssel regelmäßig ersetzt werden, ist eine Vernichtung der alten Schlüssel erforderlich. Alte Schlüssel sind durchaus wertvoll, selbst wenn sie nie wieder verwendet werden. Ein Angreifer kann damit alte, mit diesen Schlüsseln chiffrierte Nachrichten lesen [65].

Schlüssel müssen sicher vernichtet werden (siehe Abschnitt 10.9). Wurde der Schlüssel auf Papier festgehalten, sollte dieses in den Aktenvernichter oder verbrannt werden. Achten Sie auf die Qualität des Aktenvernichters; von denen auf dem Markt erhältlichen sind zahlreiche von miserabler Qualität. Die Algorithmen in diesem Buch sind gegen Brute-Force-Angriffe sicher, die Millionen Dollar kosten und Millionen Jahre dauern. Wenn ein Angreifer sich die Papierschnipsel aus Ihrem Abfall besorgt und 100 Arbeitslosen in einem rückständigen Land ein Jahr lang zehn Cent pro Stunde zahlt, damit sie die Schnipsel wieder zusammenkleben, kostet das 26 000 Dollar, die in diesem Fall gut angelegt wären.

Befindet sich der Schlüssel in einem Hardware-EEPROM, sollte der Schlüssel mehrfach überschrieben werden. Ist der Schlüssel in einem Hardware-EPROM oder PROM, sollte der Chip in winzige Teile zerlegt und in alle Himmelsrichtungen verteilt werden. Wird der Schlüssel auf einer Festplatte gespeichert, sollten die entsprechenden Speicherbits mehrmals überschrieben (siehe Abschnitt 10.9) oder die Festplatte in ihre Einzelteile zerlegt werden.

Ein mögliches Problem besteht darin, daß die Schlüssel in einem Rechner leicht an verschiedenen Stellen kopiert und gespeichert werden können. Jeder Computer mit eigener Speicherverwaltung, der fortlaufend Programme im Speicher ein- und auslagert, verschärft das Problem. Es ist nicht feststellbar, ob der Schlüssel im Rechner erfolgreich gelöscht wurde, insbesondere wenn der Löschvorgang vom Betriebssystem gesteuert wird. Die eher paranoid Veranlagten unter Ihnen sollten die Erstellung eines speziellen Löschprogramms erwägen, das die unbenutzten Blöcke aller Festplatten nach dem Schlüsselbitmuster durchsucht und gegebenenfalls löscht. Denken Sie auch daran, alle temporären oder Auslagerungsdateien zu löschen.

8.12 Schlüsselverwaltung bei Public-Key-Kryptographie

In der Public-Key-Kryptographie ist die Schlüsselverwaltung einfacher, hat aber ihre eigenen Probleme. Jede Person verfügt, unabhängig von der Anzahl der Netzteilnehmer, nur über einen öffentlichen Schlüssel. Um Bob eine Nachricht zu senden, muß Alice sich Bobs öffentlichen Schlüssel besorgen. Dazu hat sie verschiedene Möglichkeiten:

- Sie kann ihn von Bob erhalten.
- Sie kann ihn von einer zentralen Datenbank beziehen.
- Sie kann ihn in ihrer eigenen privaten Datenbank nachschlagen.

In Abschnitt 2.5 wurden mögliche Angriffe gegen die Public-Key-Kryptographie besprochen, in denen Mallory Bobs Schlüssel durch seinen eigenen ersetzt. Die Situation ist, daß Alice eine Nachricht an Bob senden möchte. Sie begibt sich in die Public-Key-Datenbank und besorgt sich dort Bobs öffentlichen Schlüssel. Aber der hinterlistige Mallory hat Bobs durch seinen eigenen Schlüssel ersetzt. (Bittet Alice Bob direkt, muß Mallory Bobs Übertragung abfangen und Bobs Schlüssel durch den eigenen ersetzen.) Alice chiffriert ihre Nachricht mit Mallorys Schlüssel und sendet sie an Bob. Mallory fängt die Nachricht ab, dechiffriert und liest sie. Er verschlüsselt sie mit Bobs echtem Schlüssel erneut und schickt sie Bob. Weder Alice noch Bob bekommen irgendetwas davon mit.

Public-Key-Zertifikate

Ein **Public-Key-Zertifikat** entspricht einem öffentlichen Schlüssel, der von einer vertrauenswürdigen Person unterzeichnet ist. Es wird verwendet, um die Ersetzung von Schlüsseln zu verhindern [879]. Bobs Zertifikat in der Public-Key-Datenbank enthält viel mehr als nur seinen öffentlichen Schlüssel, nämlich seinen Namen, seine Adresse usw. Es ist von jemandem unterzeichnet, dem Alice vertraut, und zwar von Trent, der gewöhnlich Beglaubigungsinstanz (*certification authority*, CA) genannt wird. Durch die Unterzeichnung des Schlüssels und der Informationen über Bob beglaubigt Trent, daß die Daten über Bob korrekt sind und der öffentliche Schlüssel Bob gehört. Alice überprüft Trents Unterschrift und verwendet den öffentlichen Schlüssel mit dem sicheren Wissen, daß es sich tatsächlich um Bobs Schlüssel handelt. Zertifikate spielen in zahlreichen Public-Key-Protokollen eine wichtige Rolle, so zum Beispiel in PEM [825] (siehe Abschnitt 24.10) und X.509 [304] (siehe Abschnitt 24.9).

Diese Art System wirft eine komplizierte, nicht die Kryptographie betreffende Frage auf. Worin liegt die Bedeutung einer Beglaubigung? Anders ausgedrückt, wem wird die Beglaubigung für wessen Daten anvertraut? Jeder kann jedem ein Zertifikat ausstellen, es braucht jedoch eine Möglichkeit, fragwürdige Zertifikate auszusondern: zum Beispiel Zertifikate für Angestellte der einen Firma, die von der CA einer anderen Firma unterzeichnet wurden. Normalerweise wird die Vertrauenswürdigkeit über eine Kette von Zertifizierungen weitergegeben: Eine zuverlässige Instanz beglaubigt zuverlässige Agenten, die wiederum beglaubigen die CAs der Firma, welche wiederum Zertifikate für ihre Angestellten ausstellen.

Hier sind einige Aspekte, die ebenfalls berücksichtigt werden müssen:

- Welches Maß an Vertrauen in die Identität einer Person wird durch das Zertifikat vermittelt?

- Welche Beziehungen bestehen zwischen einer Person und der CA, die deren öffentlichen Schlüssel beglaubigt hat und wie können diese Beziehungen in das Zertifikat einfließen?

- Wem kann man vertrauen, um ihn als „einzige vertrauenswürdige Instanz" am oberen Ende der Zertifizierungskette einzusetzen?

- Wie lang darf eine Zertifizierungskette werden?

Im Idealfall würde Bob ein Verfahren zur Authentifizierung durchlaufen, bevor die CA sein Zertifikat unterzeichnet. Außerdem ist irgendeine Art Zeitstempel und ein Hinweis auf die Geltungsdauer wichtig, um sich gegen kompromittierte Schlüssel zu schützen [461].

Zeitstempel sind nicht ausreichend. Schlüssel können vor ihrem Ablaufdatum ungültig werden, entweder durch Kompromittierung oder aus administrativen Gründen. Es ist deshalb wichtig, daß die CA eine Liste der ungültigen Zertifikate führt und die Benutzer diese Liste regelmäßig durchsehen. Dieses Problem der Schlüsselzurücknahme ist nach wie vor schwierig zu lösen.

Außerdem ist ein Paar mit öffentlichem und privatem Schlüssel nicht genug. Sicherlich benötigt jede gute Implementierung der Public-Key-Kryptographie getrennte Schlüssel für die Chiffrierung und für digitale Signaturen. Durch diese Trennung sind verschiedene Sicherheitsstufen, Ablaufzeiten, Backup-Verfahren usw. möglich. Nachrichten könnte man zum Beispiel mit einem 2048-Bit-Schlüssel unterzeichnen, der auf einer Chip-Karte gespeichert und zwanzig Jahre lang gültig ist, während man zur Chiffrierung einen 768-Bit-Schlüssel verwendet, der im Rechner gespeichert und sechs Monate lang gültig ist.

Ein einzelnes Paar von Chiffrier- und Unterschriftenschlüssel ist noch nicht genug. Ein privater Schlüssel authentifiziert eine bestimmte Funktion sowie eine Identität, die Leute haben in der Regel aber mehrere Funktionen. Vielleicht möchte Alice ein Dokument als Einzelperson Alice, ein anderes als Vizepräsidentin von Monolith, Inc. und ein drittes als Alice in ihrer Funktion als Vereinsvorstand unterzeichnen. Manche dieser Schlüssel sind wertvoller als andere, so daß sie besser geschützt werden sollten. Möglicherweise muß Alice eine Kopie ihres Arbeitsschlüssels beim Sicherheitsverantwortlichen der Firma hinterlegen; sie möchte aber nicht, daß die Firma eine Kopie des Schlüssels besitzt, mit dem sie die Hypothek für ihr Haus unterzeichnet hat. Genauso wie sie an ihrem Schlüsselbund mehrere Türschlüssel hat, wird sie auch mehrere kryptographische Schlüssel verwenden.

Verteilte Schlüsselverwaltung

In manchen Situationen funktioniert diese Art verteilter Schlüsselverwaltung nicht. Vielleicht gibt es keine CA, der Alice und Bob gemeinsam vertrauen. Vielleicht halten Alice und Bob nur ihre Freunde für zuverlässig. Vielleicht trauen Alice und Bob überhaupt niemandem.

Verteilte Schlüsselverwaltung, die in PGP (siehe Abschnitt 24.12) eingesetzt wird, löst dieses Problem mit einem **Introducer**. *Introducer* sind andere Benutzer des Systems, die die öffentlichen Schlüssel ihrer Freunde unterzeichnen. Wenn Bob beispielsweise seinen öffentlichen Schlüssel generiert, gibt er Kopien davon an seine Freunde Carol und Dave weiter. Da sie Bob kennen, unterzeichnen sie Bobs Schlüssel und übergeben Bob eine Kopie der Unterschrift. Präsentiert Bob seine Unterschrift nun einer Fremden, Alice, zeigt er sie mit den Unterschriften der beiden *Introducer*. Wenn Alice Carol ebenfalls kennt und ihr vertraut, kann sie darauf vertrauen, daß Bobs Schlüssel gültig ist. Wenn sie Carol und Dave ein wenig kennt und vertraut, kann sie darauf vertrauen, daß der Schlüssel gültig ist. Kennt sie weder Carol noch Dave, besteht kein Anlaß, sich auf Bobs Schlüssel zu verlassen.

Mit der Zeit sammelt Bob viel mehr *Introducer*. Wenn Alice und Bob in denselben Kreisen verkehren, stehen die Chancen nicht schlecht, daß Alice einen von Bobs *Introducern* kennt. Um sich dagegen zu schützen, daß Mallory einen Schlüssel ersetzt, muß ein *Introducer* vor der Unterzeichnung sicherstellen, daß Bobs Schlüssel auch wirklich Bob gehört. Womöglich sollte der *Introducer* verlangen, daß der Schlüssel persönlich übergeben oder per Telefon verifiziert wird.

Der Vorteil dieses Verfahrens besteht darin, daß es keine CA gibt, der jeder zu vertrauen hat. Der Nachteil ist, daß Alice beim Empfang von Bobs öffentlichem Schlüssel keine Garantie besitzt, daß sie einen der *Introducer* kennt und somit nicht sicher ist, ob sie der Gültigkeit des Schlüssels vertrauen kann.

9 Algorithmenarten und Betriebsmodi

Es gibt zwei Grundtypen symmetrischer Algorithmen, nämlich Block- und Stromchiffrierungen. **Blockchiffrierungen** bearbeiten Klartext und Chiffretext in Blöcken, die meist 64 Bit lang sind, aber auch länger sein können. **Stromchiffrierungen** bearbeiten immer ein Bit oder ein Byte (manchmal sogar ein 32-Bit-Wort) von Klartext und Chiffretext. Eine Blockchiffrierung überführt ein und denselben Klartextblock bei Verwendung des gleichen Schlüssels immer in den gleichen Chiffretextblock. Eine Stromchiffrierung liefert für das gleiche Klartextbit oder -byte bei jeder Verschlüsselung ein anderes Bit oder Byte.

Ein kryptographischer **Modus** verknüpft gewöhnlich die Grundchiffrierung mit einer Rückkopplung und einigen einfachen Operationen. Die Operationen sind deswegen einfach, weil die Sicherheit auf der zugrundeliegenden Chiffrierung beruht und nicht auf dem Modus. Es muß andersherum sogar gewährleistet sein, daß der Modus die Sicherheit des zugrundeliegenden Algorithmus nicht gefährdet.

Es gibt noch weitere Überlegungen zur Sicherheit: Muster im Klartext sollten verborgen werden, die Eingabe der Chiffrierung sollte gleichmäßig verteilt (randomisiert) sein, Manipulation des Klartexts durch Einfügen von Fehlern in den Chiffretext sollte schwierig sein, und es sollte möglich sein, mehr als eine Nachricht mit dem gleichen Schlüssel zu chiffrieren. Wir werden diese Überlegungen in den nächsten Abschnitten weiter ausführen.

Außerdem muß man auf die Effizienz achten. Der Modus sollte nicht wesentlich ineffizienter als die zugrundeliegende Chiffrierung sein. Manchmal ist es von Bedeutung, daß der Chiffretext die gleiche Größe hat wie der Klartext.

Die Ausfallsicherheit ist der dritte wichtige Punkt. Manche Anwendungen erfordern die parallele Ver- oder Entschlüsselung, andere müssen möglichst viele Daten im voraus verarbeiten. Wieder andere Anwendungen erfordern, daß der Entschlüsselungsprozeß Bitfehler im Chiffretextstrom sowie fehlende oder hinzugefügte Bits korrigieren kann. Wie wir noch sehen werden, treffen auf verschiedene Modi unterschiedliche dieser Eigenschaften zu.

9.1 Electronic-Codebook-Modus

Der **Electronic-Codebook-Modus** (ECB) ist die nächstliegende Art, eine Blockchiffrierung einzusetzen: ein Klartextblock wird in einen Chiffretextblock verschlüsselt. Da der gleiche Klartextblock immer in den gleichen Chiffretextblock überführt wird, ist es theoretisch möglich, ein Codebuch mit Klartexten und zugehörigen Chiffretexten anzulegen. Bei einer Blockgröße von 64 Bit hat das Codebuch allerdings 2^{64} Einträge und damit zu viele, um sie im voraus zu berechnen und zu speichern. Außerdem erzeugt jeder Schlüssel ein anderes Codebuch.

Mit diesem Modus läßt sich am einfachsten arbeiten. Jeder Klartextblock wird unabhängig von den anderen verschlüsselt. Eine Datei muß nicht linear chiffriert werden; man kann erst zehn Blöcke in der Mitte verschlüsseln, dann die Blöcke am Ende und schließlich die Blöcke am Anfang. Das ist bei Dateien wichtig, auf die wahlfrei zugegriffen wird, etwa eine Datenbank. Wird eine Datenbank mit dem ECB-Modus verschlüsselt, so kann jeder Datensatz unabhängig von den anderen Datensätzen hinzugefügt, gelöscht, ver- oder entschlüsselt werden – vorausgesetzt, ein Datensatz besteht aus einer ganzzahligen Anzahl von Verschlüsselungsblöcken. Die Verarbeitung ist parallelisierbar. Wenn es mehrere Verschlüsselungsprozessoren gibt, können diese unabhängig voneinander verschiedene Blöcke ver- oder entschlüsseln.

Das Problem beim ECB-Modus besteht darin, daß ein Kryptanalytiker ein Codebuch zusammenstellen kann, wenn er Klartext und Chiffretext für mehrere Nachrichten hat. Dazu muß er nicht einmal den Schlüssel kennen. In realen Situationen wiederholen sich oft Teile von Nachrichten. Unterschiedliche Nachrichten enthalten oft gemeinsame Bitfolgen, automatisch erzeugte Nachrichten, z.B. E-Mail, oft regelmäßige Strukturen. Nachrichten können auch hochgradig redundant sein oder lange Folgen von Nullen oder Leerzeichen enthalten.

Erkennt der Kryptanalytiker, daß der Klartextblock „5e081bc5" zum Chiffretextblock „7ea593a4" verschlüsselt wird, so kann er diesen Chiffretextblock immer wieder entschlüsseln, sobald er in einer Nachricht auftaucht. Enthalten die verschlüsselten Nachrichten viel Redundanz und tritt diese in unterschiedlichen Nachrichten immer an den gleichen Stellen auf, so erhält ein Kryptanalytiker viele Informationen. Er kann dann den zugrundeliegenden Klartext mit statistischen Methoden angreifen – unabhängig von der Stärke der Blockchiffrierung. Diese Gefahr ist am Anfang und Ende von Nachrichten am größten, da Kopf- und Fußteil hier Informationen über Absender, Empfänger, Datum etc. enthalten. Man spricht manchmal vom Problem der **stereotypen Anfänge** und **stereotypen Enden**.

Ein Vorteil des ECB-Modus ist, daß die Verschlüsselung mehrerer Nachrichten mit dem gleichen Schlüssel kein Sicherheitsrisiko birgt. Man kann sich sogar jeden Block als separate Nachricht vorstellen, die mit dem gleichen Schlüssel chiffriert wurde. Bitfehler im Chiffretext bewirken bei der Entschlüsselung, daß der gesamte Block fehlerhaft dechiffriert wird, haben jedoch keinen Einfluß auf den restlichen Klartext. Geht jedoch ein Bit des Chiffretexts verloren oder wird eines hinzugefügt, so werden alle nachfolgenden Chiffretextblöcke falsch dechiffriert, falls es keine Rahmenstruktur zur erneuten Ausrichtung an Blockgrenzen gibt.

Auffüllen

Die meisten Nachrichten lassen sich nicht problemlos in Verschlüsselungsblöcke der Länge 64 Bit (oder welcher Länge auch immer) unterteilen. Meistens entsteht am Ende

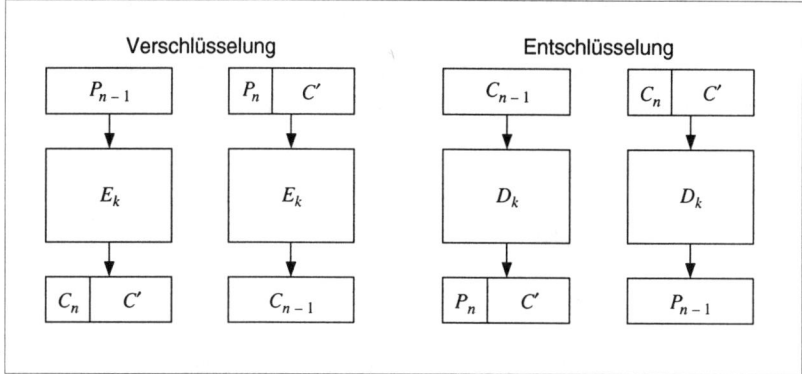

Abb. 9.1: *Ciphertext stealing beim ECB-Modus*

ein unvollständiger Block. Auffüllen (Padding) ist eine Möglichkeit zur Lösung dieses Problems.

Um den letzten Block zu vervollständigen, wird er mit einem regelmäßigen Muster aufgefüllt: Nullen, Einsen oder abwechselnd Nullen und Einsen. Wenn die Füllwerte nach der Entschlüsselung wieder entfernt werden sollen, fügt man die Anzahl der Füllbytes einfach als letztes Byte des letzten Blocks an. Beträgt die Blockgröße zum Beispiel 64 Bit und der letzte Block enthält 3 Byte (24 Bit), so sind 5 Füllbytes nötig, um den Block auf 64 Bit aufzufüllen. Also fügt man 4 Nullbytes an und ein letztes Byte mit dem Wert 5. Nach der Entschlüsselung löscht man die letzten fünf Bytes des letzten Blocks. Damit diese Methode funktioniert, muß jede Nachricht aufgefüllt werden. Selbst wenn der Klartext an einer Blockgrenze endet, muß man einen kompletten Block anfügen. Man kann auch ein Endezeichen verwenden, das das Ende des Klartexts markiert und dann ab diesem Zeichen auffüllen.

Abbildung 9.1 zeigt eine Alternative, das sogenannte *ciphertext stealing* [402]. P_{n-1} sei der letzte vollständige Klartextblock und P_n der letzte (unvollständige) Klartextblock. C_{n-1} sei der letzte vollständige Chiffretextblock und C_n der letzte (unvollständige) Chiffretextblock. C' ist nur ein Zwischenergebnis und wird nicht mit dem Chiffretext übertragen.

9.2 Block Replay

Ein ernsteres Problem beim ECB-Modus besteht darin, daß ein Angreifer verschlüsselte Meldungen modifizieren kann, um den Empfänger zu täuschen, ohne daß er dazu den Schlüssel oder Algorithmus kennen muß. Dieses Problem wurde zuerst in [291] behandelt.

Zur Erläuterung des Problems betrachten wir ein System für den Geldtransfer, das Geld zwischen Konten bei verschiedenen Banken bewegt. Um die Verarbeitung für die Computersysteme zu vereinfachen, haben sich die Banken auf ein Standardformat für die Nachrichten mit den Geldtransfers geeinigt. Es sieht etwa wie folgt aus:

Bank eins: Absender	1,5 Blöcke
Bank zwei: Empfänger	1,5 Blöcke
Name des Einzahlers	6 Blöcke
Konto des Einzahlers	2 Blöcke
Einzahlungsbetrag	1 Block

Ein Block entspricht dabei einem 8 Byte langen Verschlüsselungsblock. Die Nachrichten werden mit einem Blockalgorithmus im ECB-Modus verschlüsselt.

Mallory, der die Verbindung zwischen der Alice-Bank und der Bob-Bank abhört, kann mit diesen Informationen reich werden. Zunächst richtet er seinen Computer so ein, daß alle verschlüsselten Nachrichten, die von der Alice-Bank zur Bob-Bank übertragen werden, aufgezeichnet werden. Dann überweist er 100 Mark von der Alice-Bank auf sein Konto bei der Bob-Bank. Später überweist er noch einmal 100 Mark. Mit Hilfe seines Computers untersucht er die aufgezeichneten Nachrichten und sucht ein Paar identischer Nachrichten. Diese Nachrichten bewirken die Überweisung von 100 Mark auf sein Konto. Falls er mehr als ein Paar identischer Nachrichten findet (das ist in der Realität sehr wahrscheinlich), überweist er noch einmal Geld und speichert die Ergebnisse. So kann er schließlich die Nachricht identifizieren, die seiner Überweisung entspricht.

Jetzt kann er diese Nachricht nach eigenem Gutdünken in die Kommunikationsleitung einschleusen. Jedesmal wenn er die Nachricht an die Bob-Bank sendet, werden seinem Konto wieder 100 Mark gutgeschrieben. Wenn die beiden Banken Ihre Kontobewegungen miteinander abgleichen (wahrscheinlich gegen Ende des Arbeitstages), werden sie die Phantomüberweisungen entdecken. Wenn Mallory klug genug ist, hat er das Geld jedoch schon abgehoben und sich in eine Bananenrepublik abgesetzt, mit der es kein Auslieferungsabkommen gibt. Er hat die ganze Aktion wahrscheinlich auch mit größeren Beträgen als 100 Mark durchgeführt und viele Banken gleichzeitig betrogen.

Auf den ersten Blick scheint es einfach, wie die Bank den Betrug durch Einfügen eines Zeitstempels in ihre Nachrichten verhindern kann:

Zeit-/Datumsstempel	1 Block
Bank eins: Absender	1,5 Blöcke
Bank zwei: Empfänger	1,5 Blöcke
Name des Einzahlers	6 Blöcke
Konto des Einzahlers	2 Blöcke
Einzahlungsbetrag	1 Block

Zwei identische Nachrichten sind bei diesem System leicht zu erkennen. Mit einer Technik namens **block replay** kann Mallory allerdings immer noch reich werden. Wie aus

Blocknummer												
1	2	3	4	5	6	7	8	9	10	11	12	13
Zeit- stempel	Absender- bank	Empfänger- bank		Name des Kontoinhabers						Konto- nummer		Betrag
Feld												

Abb. 9.2: Verschlüsselungsblöcke für einen Datensatz

Abbildung 9.2 hervorgeht, kann Mallory die acht Chiffretextblöcke herauspicken, die seinem Namen und seiner Kontonummer entsprechen, nämlich die Blöcke 5 bis 12. An dieser Stelle ist ein teuflisches Lachen angebracht, denn Mallory ist jetzt bereit.

Er fängt zufällige Nachrichten von der Alice-Bank zur Bob-Bank ab und ersetzt die Blöcke 5 bis 12 der Nachricht durch die Bytes, die für seinen eigenen Namen und seine Kontonummer stehen. Dann sendet er die Nachricht an die Bob-Bank. Er muß dazu nicht wissen, wer der ursprüngliche Einzahler war. Er muß nicht einmal wissen, wie hoch der Betrag war (er könnte jedoch die Nachrichten untersuchen, die er mit seinen Überweisungen verursacht, und die Chiffretextblöcke ermitteln, die bestimmten DM-Beträgen entsprechen). Er ersetzt einfach Name und Kontonummer mit seinen eigenen Daten und schaut zu, wie sein Kontostand wächst. Mallory müßte wohl noch darauf achten, keine Einzugsanweisungen zu verändern, aber wir wollen im Moment annehmen, daß diese eine andere Länge haben oder anderweitig zu erkennen sind.

Dieser Betrug fällt den Banken nicht schon nach einem Tag auf. Wenn sie ihre Überweisungen am Abend abgleichen, stimmt noch alles. Wahrscheinlich kommt der Betrug erst dann auf, wenn einer der echten Einzahler bemerkt, daß seine Einzahlungen nicht gutgeschrieben wurden oder wenn jemand die ungewöhnliche Aktivität auf Mallorys Konto auffällt. Da Mallory nicht dumm ist, hat er sein Konto bis dahin längst aufgelöst, seinen Namen geändert und eine Villa in Argentinien gekauft.

Die Banken können das Problem durch häufigen Wechsel des Schlüssels minimieren, doch das bedeutet nur, daß Mallory schneller vorgehen muß. Hinzufügen eines MAC (*message authentication code*) löst das Problem allerdings auch. Dennoch handelt es sich hier um ein Grundproblem des ECB-Modus. Mallory kann Blöcke nach Belieben entfernen, wiederholen oder austauschen. Die Lösung besteht in einer Technik namens **chaining**.

9.3 Cipher Block Chaining

Chaining bewirkt eine **Rückkopplung** bei Blockchiffrierungen. Das Ergebnis der Verschlüsselung früherer Blöcke fließt in die Verschlüsselung des aktuellen Blocks mit ein.

Anders ausgedrückt modifiziert jeder Block die Verschlüsselung des nächsten Blocks. Jeder Chiffretextblock hängt nicht nur vom erzeugenden Klartextblock ab, sondern auch von allen vorherigen Klartextblöcken.

Beim **cipher block chaining (CBC)**-Modus wird der Klartext vor der Verschlüsselung mit dem vorherigen Chiffretextblock XOR-verknüpft. Abbildung 9.3a zeigt den Ablauf einer CBC-Verschlüsselung. Nach der Verschlüsselung eines Klartextblocks wird der erzeugte Chiffretextblock in einem Rückkopplungsregister gespeichert. Bevor der nächste Klartextblock verschlüsselt wird, wird er mit dem Rückkopplungsregister XOR-verknüpft, was die nächste Eingabe für die Verschlüsselung liefert. Der erzeugte Chiffretext wird wieder im Rückkopplungsregister gespeichert, mit dem nächsten Klartextblock XOR-verknüpft usw. bis zum Ende der Nachricht. Die Verschlüsselung jedes Blocks hängt von allen vorhergehenden Blöcken ab.

Die Entschlüsselung verläuft ganz analog (siehe Abbildung 9.3b). Ein Chiffretextblock wird normal entschlüsselt und ebenfalls in einem Rückkopplungsregister gespeichert. Nachdem der nächste Block entschlüsselt wurde, wird er mit dem Inhalt des Rückkopplungsregisters XOR-verknüpft. Dann wird der nächste Chiffretextblock im Rückkopplungsregister gespeichert usw., bis das Ende der Nachricht erreicht ist.

Mathematisch sieht das wie folgt aus:

$$C_i = E_K(P_i \oplus C_{i-1})$$
$$P_i = C_{i-1} \oplus D_K(C_i)$$

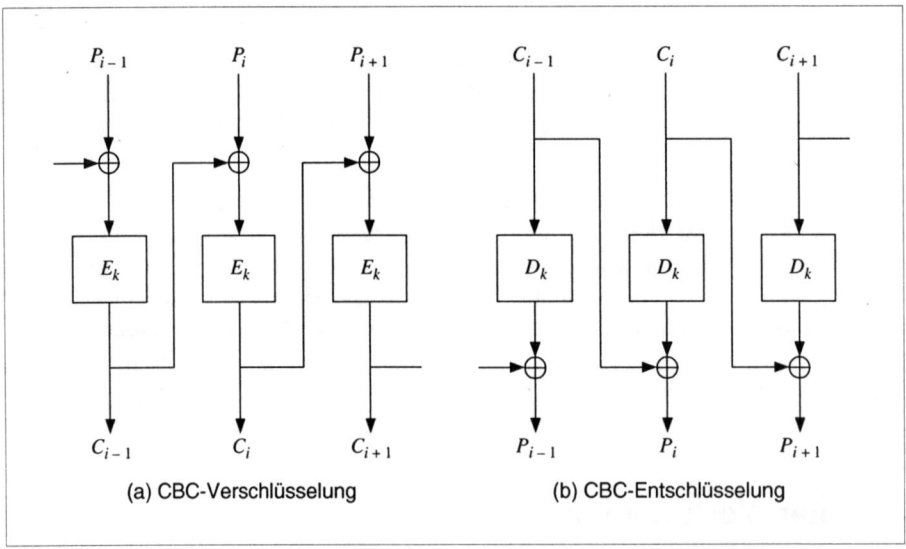

(a) CBC-Verschlüsselung   (b) CBC-Entschlüsselung

Abb. 9.3: Cipher Block Chaining-Modus

Initialisierungsvektor

Der CBC-Modus bewirkt, daß identische Klartextblöcke zu verschiedenen Chiffretextblöcken verschlüsselt werden – allerdings nur dann, wenn sie mindestens einen unterschiedlichen Vorläuferblock haben. Zwei identische Nachrichten liefern immer noch den gleichen Chiffretext. Noch schlimmer: zwei Nachrichten mit gleichem Anfang werden bis zum ersten Unterschied gleich verschlüsselt.

Manche Nachrichten haben einen gemeinsamen Anfang. Das kann ein Briefkopf, die „From:"-Zeile bei E-Mail oder etwas anderes sein. Ein Angriff mittels *block replay* ist zwar immer noch unmöglich, doch ein Kryptanalytiker könnte aus den identischen Anfängen nützliche Informationen gewinnen.

Dies läßt sich durch die Verschlüsselung von Zufallsdaten als ersten Block verhindern. Dieser Block von Zufallsdaten heißt **Initialisierungsvektor (IV)** oder Initialisierungsvariable. Der IV hat selbst keine Bedeutung, er soll nur jede Nachricht eindeutig machen. Wenn der Empfänger diesen Block erhält, füllt er damit nur das Rückkopplungsregister und ignoriert ihn ansonsten. Ein Zeitstempel ergibt oft einen guten IV. Anderenfalls sollte man einige Zufallsbits verwenden.

Das Hinzufügen von IVs bewirkt, daß identische Klartextnachrichten zu unterschiedlichen Chiffretexten verschlüsselt werden. Dies macht es einem Lauscher unmöglich, einen *block replay*-Angriff durchzuführen und erschwert das Erstellen eines Codebuchs. Jede Nachricht, die mit dem gleichen Schlüssel chiffriert wird, sollte zwar ihren eigenen IV verwenden, doch das ist nicht zwingend erforderlich.

Der IV muß nicht einmal geheim bleiben, sondern kann innerhalb des Chiffretexts mit übertragen werden. Falls Ihnen das widersinnig erscheint, bedenken Sie das folgende Argument: Angenommen, wir haben eine Nachricht aus mehreren Blöcken $B_1, B_2, \ldots, B_i$. B_1 wird mit dem IV verschlüsselt. B_2 wird mit dem Chiffretext von B_1 als IV verschlüsselt. B_3 wird mit dem Chiffretext von B_2 als IV verschlüsselt usw. Bei n Blöcken gibt es daher $n-1$ „IVs", die offengelegt werden, selbst wenn der ursprüngliche IV geheimgehalten wird. Es gibt also keinen Grund, den IV geheimzuhalten. Er dient einfach als Dummy-Chiffretextblock. Man kann sich den IV als B_0 am Anfang der Verkettung vorstellen.

Auffüllen

Das Auffüllen funktioniert genauso wie im ECB-Modus. Bei manchen Anwendungen muß der Chiffretext jedoch genauso lang wie der Klartext sein. Es kann zum Beispiel sein, daß eine Klartextdatei verschlüsselt und an genau dem gleichen Speicherplatz wieder abgelegt werden soll. In diesem Fall muß man den letzten kurzen Block anders verschlüsseln. Der letzte Block habe j Bit. Nach der Verschlüsselung des letzten vollständigen Blocks verschlüsselt man den Chiffretext noch einmal, wählt die ganz links gelegenen j Bits des verschlüsselten Chiffretexts aus und XOR-verknüpft sie mit dem kurzen Block, um den Chiffretext zu erhalten (siehe Abbildung 9.4).

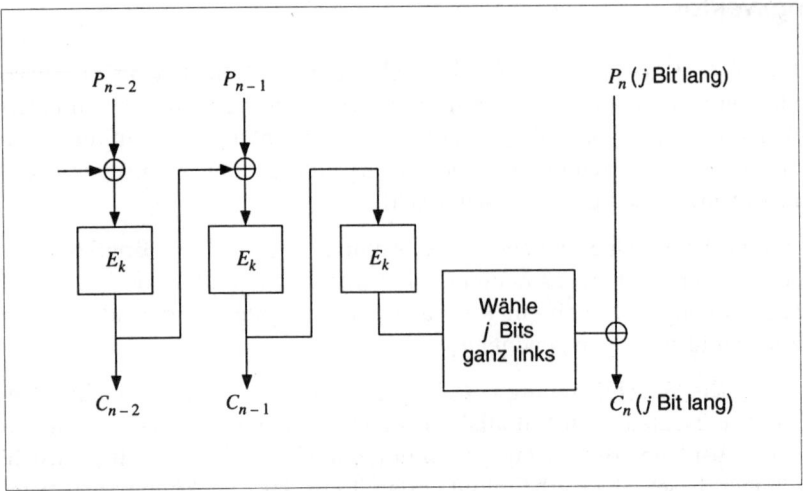

Abb. 9.4: Verschlüsselung des letzten kurzen Blocks beim CBC-Modus

Der Schwachpunkt besteht dabei darin, daß Mallory zwar den letzten Klartextblock nicht wiederherstellen, diesen jedoch systematisch verändern kann, indem er einzelne Bits im Chiffretext ändert. Wenn die letzten paar Bits des Chiffretexts wesentliche Informationen enthalten, so ist dies ein Schwachpunkt. Enthalten sie nur weniger wichtige Verwaltungsinformationen, so stellt das kein Problem dar.

Ciphertext stealing ist eine bessere Möglichkeit (siehe Abbildung 9.5) [402]. P_{n-1} ist der letzte vollständige, P_n der letzte, etwas kürzere Klartextblock. C_{n-1} ist ist der letzte vollständige, C_n der letzte, etwas kürzere Chiffretextblock. C' ist nur ein Zwischenergebnis und wird nicht mit dem Chiffretext übertragen. Diese Methode hat den Vorteil, daß alle Bits der Klartextnachricht den Verschlüsselungsalgorithmus durchlaufen.

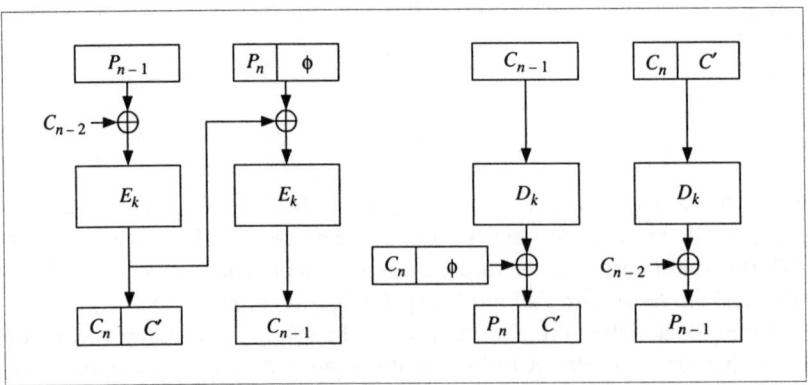

Abb. 9.5: Ciphertext stealing beim CBC-Modus

Fehlerfortpflanzung

Den CBC-Modus kann man als Rückkopplung des Chiffretexts auf der Verschlüsselungsseite und als „Vorwärtskopplung" des Chiffretexts auf der Entschlüsselungsseite beschreiben. Dies hat Auswirkungen im Zusammenhang mit dem Auftreten von Fehlern. Ein einziger Bitfehler in einem Klartextblock wirkt sich auf den zugehörigen Chiffretextblock und alle folgenden Chiffretextblöcke aus. Das spielt jedoch keine Rolle, da die Entschlüsselung diesen Effekt wieder rückgängig macht – der wiederhergestellte Klartext wird den gleichen Einzelfehler enthalten.

Fehler im Chiffretext kommen häufiger vor. Sie können durch verrauschte Kommunikationsleitungen oder fehlerhafte Speichermedien verursacht werden. Beim CBC-Modus wirkt sich ein einzelnes falsches Bit im Chiffretext auf einen Block und ein Bit des wiederhergestellten Klartexts aus. Der Block, der den Fehler enthält, ist unbrauchbar. Der nachfolgende Block enthält einen 1-Bit-Fehler an der gleichen Bitposition.

Die Eigenschaft, daß sich ein kleiner Fehler im Chiffretext zu einem großen Fehler im Klartext auswächst, heißt **Fehlerexpansion** und ist sehr unangenehm. Ab dem zweiten Block tritt kein Fehler mehr auf. Der CBC-Modus erholt sich also von selbst wieder. Zwei Blöcke sind von dem Fehler betroffen, doch das System erholt sich wieder und arbeitet bei allen folgenden Blöcken korrekt. CBC ist ein Beispiel für eine Blockchiffrierung, die sich selbst synchronisiert (allerdings nur auf Blockebene).

Während sich der CBC-Modus schnell von Bitfehlern erholt, erholt er sich von Synchronisierungsfehlern überhaupt nicht mehr. Wird ein Bit in den Chiffretextstrom eingefügt oder daraus entfernt, so sind alle nachfolgenden Blöcke um ein Bit verschoben und die Entschlüsselung liefert beliebig lange Müll. Jedes Kryptosystem, das im CBC-Modus arbeitet, muß daher sicherstellen, daß die Blockstruktur intakt bleibt. Das kann entweder durch eine Rahmenstruktur gewährleistet werden oder durch Speicherung der Daten in Einzelteilen, die jeweils mehrere Blöcke enthalten.

Sicherheitsprobleme

Die Struktur von CBC bringt einige potentielle Probleme mit sich. Da ein Chiffretextblock den folgenden Block auf einfache Art beeinflußt, kann Mallory am Ende einer verschlüsselten Nachricht Blöcke anfügen, ohne entdeckt zu werden. Zwar liefert die Entschlüsselung dieser Blöcke wahrscheinlich nur Unsinn, doch in manchen Situationen ist auch das störend.

Beim Einsatz von CBC sollte man daher den Klartext so strukturieren, daß das Ende einer Nachricht bekannt ist und hinzugefügte Blöcke erkannt werden.

Außerdem kann Mallory einen Chiffretextblock so verändern, daß er bestimmte Änderungen in den folgenden entschlüsselten Klartextblöcken bewirkt. Invertiert Mallory zum Beispiel ein einzelnes Bit im Chiffretext, so wird der gesamte Block fehlerhaft dechiffriert, und der nachfolgende Block enthält einen 1-Bit-Fehler an der entsprechenden Bitposition. In manchen Situationen kann das erwünscht sein. Die gesamte Klartextnachricht sollte eine gewisse Redundanz oder Authentifizierung enthalten.

Schließlich enthalten sehr lange Nachrichten Muster. Muster im Klartext werden durch die Verkettung verschleiert. Aus dem Geburtstagsparadoxon folgt jedoch, daß es nach $2^{m/2}$ Blöcken identische Blöcke gibt, wenn m die Blockgröße ist. Bei einer Blockgröße von 64 Bit entspricht das einer Länge von 34 Gigabyte. Ein Nachricht muß schon sehr lang sein, bevor dieser Punkt problematisch wird.

9.4 Stromchiffrierungen

Stromchiffrierungen konvertieren jeweils ein Bit des Klartexts zu Chiffretext. Abbildung 9.6 zeigt die einfachste Implementierung einer Stromchiffrierung. Ein Schlüsselstromgenerator (*keystream generator*, manchmal auch *running-key generator*) gibt einen Bitstrom $k_1, k_2, k_3, \ldots, k_i$ aus. Dieser Schlüsselstrom wird mit einem Strom von Klartextbits $p_1, p_2, p_3, \ldots, p_i$ XOR-verknüpft. Dies liefert den Strom der Chiffretextbits:

$$c_i = p_i \oplus k_i$$

Auf der Entschlüsselungsseite werden die Chiffretextbits mit einem identischen Schlüsselstrom XOR-verknüpft, um die Klartextbits wiederherzustellen:

$$p_i = c_i \oplus k_i$$

Das Verfahren funktioniert aus folgendem Grund:

$$p_i \oplus k_i \oplus k_i = p_i$$

Die Sicherheit des Systems beruht vollständig auf dem Schlüsselstromgenerator. Liefert dieser einen endlosen Strom von Nullen, so sind Chiffretext und Klartext identisch und die ganze Operation ist wertlos. Liefert der Schlüsselstromgenerator ein wiederholtes 16-Bit-Muster, besteht der Algorithmus aus einer einfachen XOR-Verknüpfung mit ver-

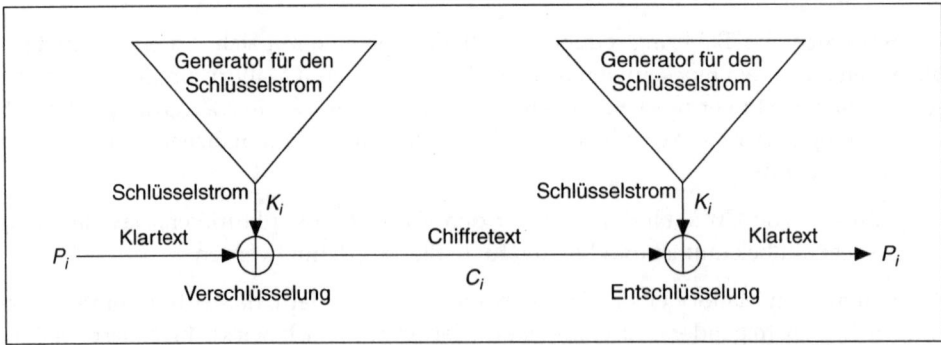

Abb. 9.6: Stromchiffrierung

nachlässigbar geringer Schutzwirkung (siehe Abschnitt 1.4). Liefert der Schlüsselstromgenerator dagegen einen endlosen Strom von Zufallsbits (echte Zufallsbits, keine Pseudozufallsbits; siehe Abschnitt 2.8), so erhält man ein One-Time-Pad und damit perfekte Sicherheit.

In der Realität liegt die Sicherheit einer Stromchiffrierung irgendwo zwischen der einfachen XOR-Verknüpfung und dem One-Time-Pad. Der Schlüsselstromgenerator liefert einen Bitstrom, der zufällig aussieht, in Wirklichkeit jedoch aus einem deterministischen Strom besteht, der zur Entschlüsselung zuverlässig reproduziert werden kann. Je näher die Ausgabe des Schlüsselstromgenerators echtem Zufall kommt, umso schwieriger wird es für den Kryptanalytiker, ihn zu knacken.

Liefert der Schlüsselstromgenerator allerdings bei jedem Einsatz den gleichen Bitstrom, so läßt sich das zugehörige Kryptosystem trivial knacken. Wir werden an einem Beispiel sehen, weshalb das so ist.

Wenn Eve einen Chiffretext und den zugehörigen Klartext besitzt, kann sie beides miteinander XOR-verknüpfen und erhält den Schlüsselstrom. Wenn sie dagegen zwei verschiedene Chiffretexte besitzt, die mit dem gleichen Schlüsselstrom chiffriert wurden, so kann sie beide miteinander XOR-verknüpfen und erhält die XOR-Verknüpfung der beiden Klartexte. Dies ist aber leicht zu knacken, so daß sie dann einen der Klartexte mit dem Chiffretext XOR-verknüpfen kann, um den Schlüsselstrom zu erhalten.

Wenn sie jetzt eine neue Chiffretextnachricht abfängt, hat sie bereits die Schlüsselstrombits, die zur Entschlüsselung nötig sind. Außerdem kann sie alle alten Chiffretextnachrichten entschlüsseln und lesen, die sie bereits früher abgefangen hat. Sobald Eve ein einziges Paar Klartext/Chiffretext besitzt, kann sie alles lesen.

Aus diesem Grund arbeiten alle Stromchiffrierungen mit Schlüsseln. Die Ausgabe des Schlüsselstromgenerators hängt vom Schlüssel ab. Wenn Eve ein Paar Klartext/Chiffretext besitzt, kann sie nur noch Nachrichten lesen, die mit einem einzigen Schlüssel chiffriert wurden. Sobald ein neuer Schlüssel eingeführt wird, steht der Angreifer wieder am Anfang seiner Bemühungen. Stromchiffrierungen eignen sich besonders für die Verschlüsselung kontinuierlicher Datenströme, etwa einer Standleitung zwischen zwei Computern.

Ein Schlüsselstromgenerator besteht aus drei Basiselementen (siehe Abbildung 9.7). Der interne Zustand beschreibt den aktuellen Zustand des Schlusselstromgenerators. Zwei Schlüsselstromgeneratoren mit dem gleichen Schlüssel und dem gleichen internen Zustand liefern den gleichen Schlüsselstrom. Die Ausgabefunktion nimmt den internen Zustand und erzeugt daraus ein Bit des Schlüsselstroms. Die Weiterschaltungsfunktion nimmt den internen Zustand und erzeugt daraus den nächsten internen Zustand.

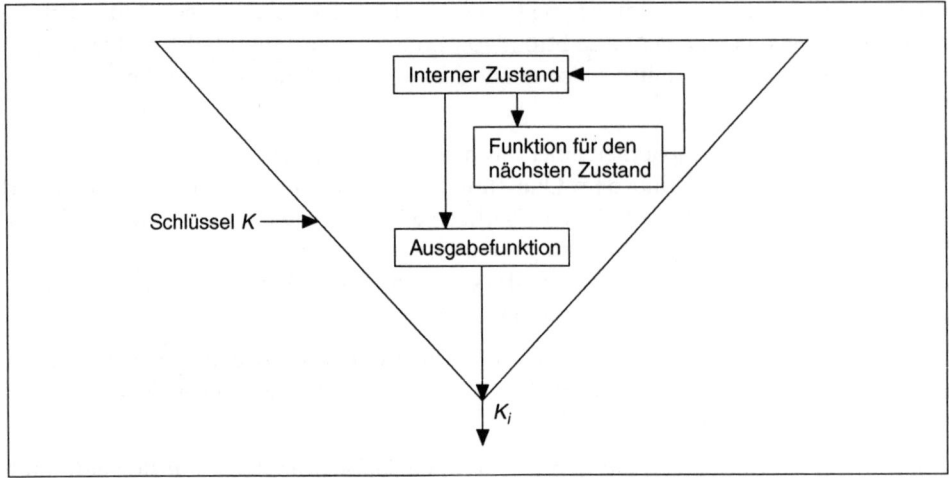

Abb. 9.7: *Innenleben eines Schlüsselstromgenerators*

9.5 Selbstsynchronisierende Stromchiffrierungen

Bei einer **selbstsynchronisierenden Stromchiffrierung** ist jedes Schlüsselstrombit eine Funktion einer festen Anzahl vorhergehender Chiffretextbits [1378]. Beim Militär spricht man von *ciphertext auto key* (CTAK). Die Grundidee wurde 1946 patentiert [667].

Abbildung 9.8 zeigt eine selbstsynchronisierende Stromchiffrierung. Der interne Zustand ist eine Funktion der vorhergehenden n Chiffretextbits. Die kryptographische Komplexität steckt in der Ausgabefunktion, die aus dem internen Zustand ein Schlüsselstrombit erzeugt.

Da der interne Zustand vollständig von den vorhergehenden n Chiffretextbits abhängt, synchronisiert sich der Schlüsselstromgenerator bei der Entschlüsselung automatisch mit dem der Verschlüsselung, sobald n Chiffretextbits empfangen wurden.

Bei raffinierten Implementierungen dieses Modus beginnt jede Nachricht mit einem zufälligen Header der Länge n Bit. Dieser Header wird verschlüsselt, übertragen und dann entschlüsselt. Das Ergebnis der Entschlüsselung ist zwar nicht korrekt, aber nach diesen n Bits sind beide Schlüsselstromgeneratoren synchronisiert.

Der Nachteil einer selbstsynchronisierenden Stromchiffrierung ist die Fehlerfortpflanzung. Bei jedem Bit, das während der Übertragung gestört wird, erzeugt der Schlüsselstromgenerator bei der Entschlüsselung n falsche Schlüsselstrombits. Daher bewirkt jeder Fehler im Chiffretext n zugehörige Fehler im Klartext, bis das gestörte Bit wieder aus dem internen Zustand verschwunden ist.

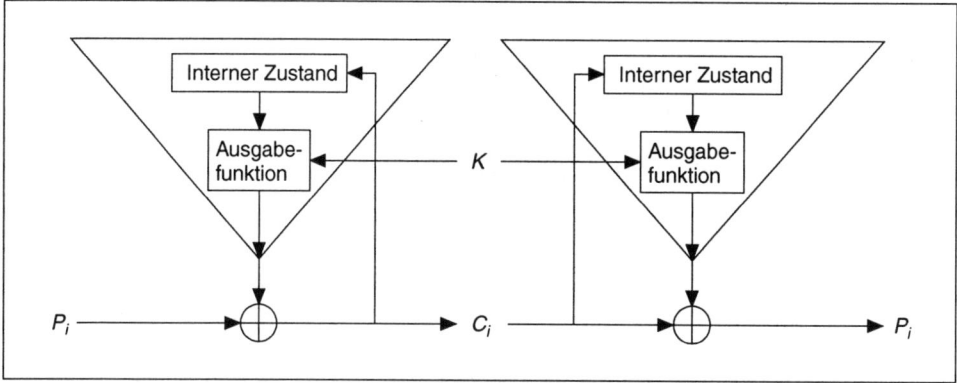

Abb. 9.8: *Selbstsynchronisierender Schlüsselstromgenerator*

Sicherheitsprobleme

Selbstsynchronisierende Stromchiffrierungen sind ebenfalls anfällig für Playback-Angriffe. Mallory speichert zunächst einige Bits Chiffretext. Zu einem späteren Zeitpunkt schleust er diese Werte in eine aktuelle Übertragung ein. Der Empfänger entschlüsselt zuerst etwas Müll, synchronisiert sich dann aber wieder und entschlüsselt den alten Chiffretext ganz normal. Der Empfänger kann nicht feststellen, daß es sich dabei nicht um aktuelle Daten, sondern um die Wiederholung alter Daten handelt. Wenn keine Zeitstempel benutzt werden, kann Mallory eine Bank dazu bringen, seinem Konto immer wieder Geld gutzuschreiben, indem er die gleiche Nachricht wiederholt verwendet (das funktioniert natürlich nur, wenn der Schlüssel nicht geändert wird). Bei sehr häufiger Resynchronisierung lassen sich bei diesem Schema andere Schwächen ausnutzen [408].

9.6 Cipher-Feedback-Modus

Auch Blockchiffrierungen können als selbstsynchronisierende Blockchiffrierungen implementiert werden; man spricht dann vom **Cipher-Feedback-Modus** (CFB). Beim CBC-Modus kann die Verschlüsselung erst dann beginnen, wenn ein vollständiger Datenblock vorliegt. Dies stellt bei manchen Netzanwendungen ein Problem dar. In einem sicheren Netzwerk muß ein Terminal zum Beispiel in der Lage sein, jedes eingetippte Zeichen sofort zum Host zu übertragen. Für Anwendungen, in denen Daten byteweise verarbeitet werden müssen, ist CBC ungeeignet.

Im CFB-Modus können Daten in Einheiten verschlüsselt werden, die kleiner sind als die Blockgröße. Das folgende Beispiel verschlüsselt jeweils ein ASCII-Zeichen (sogenanntes

8-Bit-CFB), doch die Zahl acht nimmt dabei keine Sonderstellung ein. Man kann auch jeweils nur ein Bit mittels 1-Bit-CFB verschlüsseln, allerdings ist es ziemlich aufwendig, einen kompletten Durchlauf einer Blockchiffrierung nur für ein einzelnes Bit durchzuführen. In diesem Fall wäre eine Stromchiffrierung besser geeignet. (Es ist nicht empfehlenswert, die Rundenzahl der Blockchiffrierung zur Beschleunigung zu reduzieren [1269]. Es ist auch 64-Bit-CFB möglich oder n-Bit-CFB, wobei n kleiner oder gleich der Blockgröße ist.

Abbildung 9.9 zeigt 8-Bit-CFB mit einem 64-Bit-Blockalgorithmus. Ein Blockalgorithmus im CFB-Modus bearbeitet eine Warteschlange von der Größe eines Eingabeblocks. Am Anfang enthält die Warteschlange wie im CBC-Modus einen IV. Die Warteschlange wird verschlüsselt und die acht Bit, die im Ergebnis ganz links stehen, werden mit den ersten 8 Bit des Klartexts XOR-verknüpft. Dies liefert das erste 8-Bit-Zeichen des Chiffretexts, das nun übertragen wird. Die gleichen acht Bit werden auf die acht Bitpositionen ganz rechts in der Warteschlange verschoben, alle anderen Bits wandern um acht Positionen nach links. Die acht Bit ganz links werden nicht mehr benötigt. Anschließend wird das nächste Klartextzeichen auf die gleiche Art verschlüsselt. Zur Entschlüsselung läuft der umgekehrte Prozeß ab. Sowohl bei der Verschlüsselung als auch bei der Entschlüsselung wird der Blockalgorithmus im Verschlüsselungsmodus benutzt.

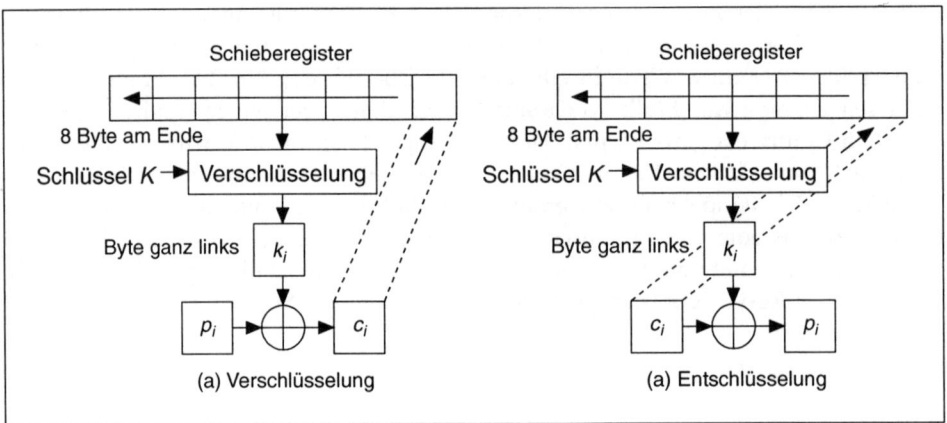

Abb. 9.9: *Cipher-Feedback-Modus mit 8 Bit*

Beträgt die Blockgröße des Algorithmus n, so sieht n-Bit-CFB wie folgt aus (siehe Abbildung 9.10):

$$C_i = P_i \oplus E_K(C_{i-1})$$
$$P_i = C_i \oplus E_K(C_{i-1})$$

Wie der CBC-Modus verknüpft auch der CFB-Modus die Klartextzeichen miteinander, so daß der Chiffretext vom gesamten vorhergehenden Klartext abhängt.

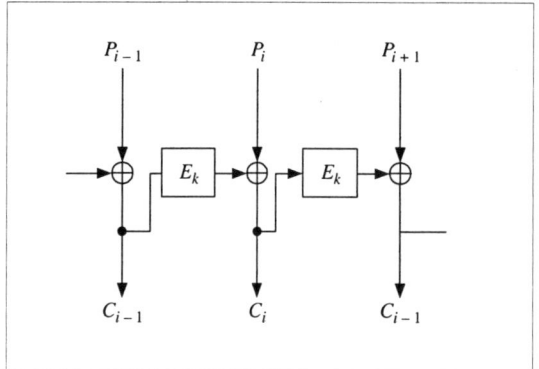

Abb. 9.10: n-Bit-CFB mit einem n-Bit-Algorithmus

Initialisierungsvektor

Um den CFB-Prozeß zu initialisieren, muß die Eingabe des Blockalgorithmus mit einem IV gefüllt werden. Wie der IV im CBC-Modus muß dieser nicht geheim bleiben.

Der IV muß jedoch eindeutig sein. Das ist ein Unterschied zum IV des CBC-Modus, der zwar eindeutig sein sollte, aber nicht unbedingt sein muß. Ist der IV im CFB-Modus nicht eindeutig, kann ein Kryptanalytiker den zugehörigen Klartext ermitteln. Der IV muß daher bei jeder Nachricht geändert werden. Dazu kann eine Seriennummer benutzt werden, die nach jeder Nachricht erhöht wird und sich während der Lebensdauer des Schlüssels nicht wiederholt. Bei Daten, die verschlüsselt gespeichert werden, kann man den IV als Funktion des Index wählen, unter dem die Daten abgespeichert sind.

Fehlerfortpflanzung

Beim CFB-Modus wirkt sich ein Fehler im Klartext auf den gesamten nachfolgenden Chiffretext aus und macht sich bei der Entschlüsselung selbst wieder rückgängig. Ein Fehler im Chiffretext ist interessanter. Zuerst bewirkt ein Ein-Bit-Fehler im Chiffretext einen einzelnen Fehler im Klartext. Dann landet der Fehler im Schieberegister, wo er so lange Chiffretext unbrauchbar macht, bis er am Ende des Schieberegisters herausfällt. Beim 8-Bit-CFB-Modus macht ein einzelner Bitfehler im Chiffretext 9 Byte des entschlüsselten Klartexts unbrauchbar. Danach erholt sich das System wieder, und der gesamte nachfolgende Chiffretext wird korrekt entschlüsselt. Allgemein gilt: Bei n-Bit-CFB wirkt sich ein einzelner Bitfehler im Chiffretext auf die Entschlüsselung des aktuellen und der folgenden $m/n-1$ Blöcke aus, wobei m die Blockgröße ist.

Diese Art der Fehlerfortpflanzung bringt ein subtiles Problem mit sich: Kennt Mallory den Klartext einer Übertragung, so kann er in einem bestimmten Block Bits so umklappen, daß er das entschlüsselte Ergebnis selbst festlegen kann. Der *nächste* Block wird zwar unbrauchbar sein, doch zu diesem Zeitpunkt ist der Schaden vielleicht schon angerichtet. Die letzten Bits einer Nachricht kann Mallory verändern, ohne entdeckt zu werden.

CFB erholt sich auch in bezug auf Synchronisierungsfehler selbst. Der Fehler landet im Schieberegister und macht acht Datenbytes unbrauchbar, bis er am anderen Ende herausfällt. CFB ist ein Beispiel für eine Blockchiffrierung, die als selbstsynchronisierende Stromchiffrierung (auf Blockebene) benutzt wird.

9.7 Synchrone Stromchiffrierungen

Bei einer synchronen Stromchiffrierung wird der Schlüsselstrom unabhängig vom Nachrichtenstrom generiert. Beim Militär heißt das *Key Auto-Key* (KAK). Auf der Verschlüsselungsseite spuckt ein Schlüsselstromgenerator der Reihe nach Schlüsselstrombits aus. Auf der Entschlüsselungsseite gibt ein anderer Schlüsselstromgenerator einen identischen Strom von Schlüsselbits aus. Das funktioniert, solange die beiden Schlüsselstromgeneratoren synchronisiert sind. Sobald einer einen Zyklus überspringt oder bei der Übertragung ein Bit des Chiffretexts verloren geht, werden alle Chiffretextzeichen nach dem Fehler falsch entschlüsselt.

Wenn so etwas passiert, müssen Absender und Empfänger ihre Schlüsselstromgeneratoren wieder synchronisieren, bevor sie weitermachen können. Noch frustrierender ist die Tatsache, daß sie das so bewerkstelligen müssen, daß kein Teil des Schlüsselstroms wiederholt wird. Die naheliegende Lösung, den Schlüsselstromgenerator auf einen früheren Zustand zurückzusetzen, funktioniert daher nicht.

Synchrone Chiffrierungen haben dafür den Vorteil, daß sich Übertragungsfehler nicht fortpflanzen. Wird ein Bit bei der Übertragung verfälscht – das ist viel wahrscheinlicher als ein völlig verlorenes Bit –, so wird nur das verfälschte Bit falsch entschlüsselt. Alle vorhergehenden und nachfolgenden Bits sind nicht davon betroffen.

Da ein Schlüsselstromgenerator auf Ver- und Entschlüsselungsseite die gleiche Ausgabe liefern muß, muß er deterministisch arbeiten. Da er auf einem endlichen Automaten (nämlich einem Computer) implementiert ist, wird sich die Folge irgendwann wiederholen. Diese Schlüsselstromgeneratoren heißen **periodisch**. Mit Ausnahme von One-Time-Pads sind alle Schlüsselstromgeneratoren periodisch.

Der Schlüsselstromgenerator muß eine lange Periode besitzen. Sie muß wesentlich größer sein als die Anzahl der Bits, die der Generator zwischen zwei Schlüsseländerungen ausgibt. Ist die Periode kürzer als der Klartext, so werden verschiedene Teile des Klartexts auf die gleiche Art verschlüsselt, was einen ernsten Schwachpunkt darstellt. Kennt ein Kryptanalytiker ein Stück Klartext, so kann er einen Teil des Schlüsselstroms rekonstruieren und damit noch mehr Klartext wiederherstellen. Selbst wenn der Kryptanalytiker nur über den Chiffretext verfügt, kann er die Abschnitte, die mit dem gleichen Schlüsselstrom chiffriert wurden, miteinander XOR-verknüpfen und erhält damit die

XOR-Verknüpfung der zugehörigen Klartexte. Das ist schlichtweg der einfache XOR-Algorithmus mit einem sehr langen Schlüssel.

Wie lang die Periode sein muß, hängt von der Anwendung ab. Ein Schlüsselstromgenerator, der eine dauerhafte T1-Verbindung[1] verschlüsselt, muß täglich 2^{37} Bits chiffrieren. Die Periode des Schlüsselstromgenerators muß um Größenordnungen höher liegen, selbst wenn der Schlüssel täglich gewechselt wird. Ist die Periode groß genug, genügt es, den Schlüssel wöchentlich oder sogar monatlich zu wechseln.

Synchrone Stromchiffrierungen schützen auch gegen Einfügen und Löschen von Daten im Chiffretext, denn dies stört die Synchronisierung und wird sofort entdeckt. Sie bieten allerdings keinen vollständigen Schutz gegen das Invertieren von Bits. Wie bei Blockchiffrierungen im CFB-Modus kann Mallory einzelne Bits des Stroms invertieren. Wenn er den Klartext kennt, kann er dafür sorgen, daß diese Bits zu beliebigem Text entschlüsselt werden.

Angriff durch Einfügen

Synchrone Stromchiffrierungen sind anfällig für einen **Angriff durch Einfügen** (*insertion attack*) [93]. Mallory hat einen Chiffretextstrom aufgezeichnet, kennt jedoch weder den Klartext noch den Schlüsselstrom, mit dem der Klartext verschlüsselt wurde:

Ursprünglicher Klartext:	$p_1\ p_2\ p_3\ p_4\ ...$
Ursprünglicher Schlüsselstrom:	$k_1\ k_2\ k_3\ k_4\ ...$
Ursprünglicher Chiffretext:	$c_1\ c_2\ c_3\ c_4\ ...$

Mallory fügt ein einzelnes bekanntes Bit p' nach p_1 in den Klartext ein und schafft es, daß der veränderte Klartext mit dem gleichen Schlüsselstrom chiffriert wird. Den erzeugten neuen Chiffretext zeichnet er auf:

Neuer Klartext:	$p_1\ p'\ p_2\ p_3\ p_4\ ...$
Ursprünglichger Schlüsselstrom:	$k_1\ k_2\ k_3\ k_4\ ...$
Veränderter Chiffretext:	$c_1\ c'_2\ c'_3\ c'_4\ ...$

Wenn Mallory den Wert von p' kennt, kann er jetzt den gesamten Klartext nach diesem Bit aus dem ursprünglichen Chiffretext und dem neuen Chiffretext ermitteln:

$k_2 = c'_2 \oplus p'$ und $p_2 = c_2 \oplus k_2$
$k_3 = c'_3 \oplus p_2$ und $p_3 = c_3 \oplus k_3$
$k_4 = c'_4 \oplus p_3$ und $p_4 = c_4 \oplus k_4$

Mallory muß nicht einmal genau wissen, an welcher Stelle das Bit eingefügt wurde. Er vergleicht einfach den ursprünglichen Chiffretext mit dem neuen und sieht, ab welcher

---

1. A.d.Ü: Eine T1-Leitung bietet eine Bandbreite von 1,544 MBit/s.

Stelle sie sich unterscheiden. Um sich vor einem solchen Angriff zu schützen, sollte man niemals zwei verschiedene Nachrichten mit dem gleichen Schlüsselstrom chiffrieren.

9.8 Output-Feedback-Modus

Der **Output-Feedback**-Modus (OFB) ist eine Methode zum Betrieb einer Blockchiffrierung als synchrone Stromchiffrierung. Er ähnelt dem CFB-Modus, nur werden hier n Bit des vorherigen Ausgabeblocks in die Positionen ganz rechts in der Warteschlange gebracht (siehe Abbildung 9.11). Zur Entschlüsselung verläuft dieser Prozeß umgekehrt. Dies wird als n-Bit-OFB bezeichnet. Sowohl bei der Verschlüsselung als auch bei der Entschlüsselung wird der Blockalgorithmus im Verschlüsselungsmodus benutzt. Das Verfahren heißt manchmal auch **interne Rückkopplung**, da der Rückkopplungsmechanismus weder vom Klartextstrom noch vom Chiffretextstrom abhängt [291].

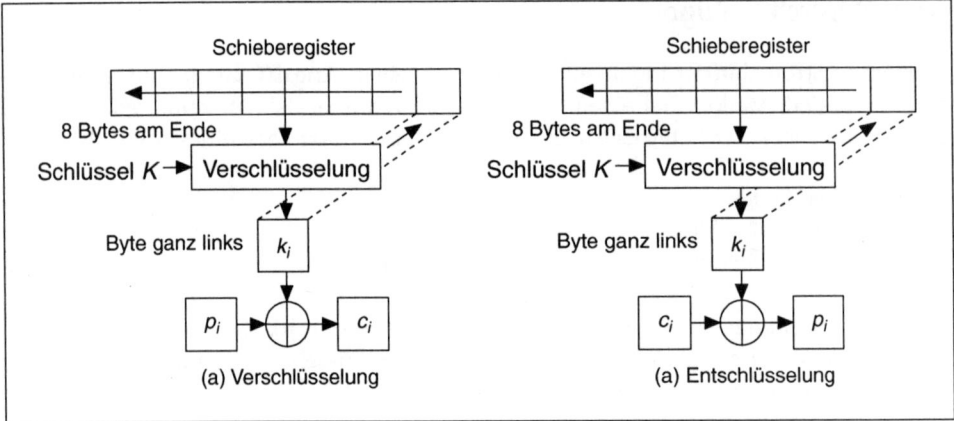

Abb. 9.11: *Output-Feedback-Modus mit 8 Bit*

Wenn n die Blocklänge des Algorithmus ist, sieht n-Bit-OFB wie folgt aus (siehe Abbildung 9.12):

$$C_i = P_i \oplus S_i \, ; \quad S_i = E_K(S_{i-1})$$
$$P_i = C_i \oplus S_i \, ; \quad S_i = E_K(S_{i-1})$$

S_i ist dabei der Zustand, der sowohl vom Klartext als auch vom Chiffretext unabhängig ist.

Der OFB-Modus hat die hübsche Eigenschaft, daß die Hauptarbeit offline erledigt werden kann, noch bevor der Klartext überhaupt existiert. Steht die Nachricht schließlich zur Verfügung, wird sie mit der Ausgabe des Algorithmus XOR-verknüpft, um den Chiffretext zu erhalten.

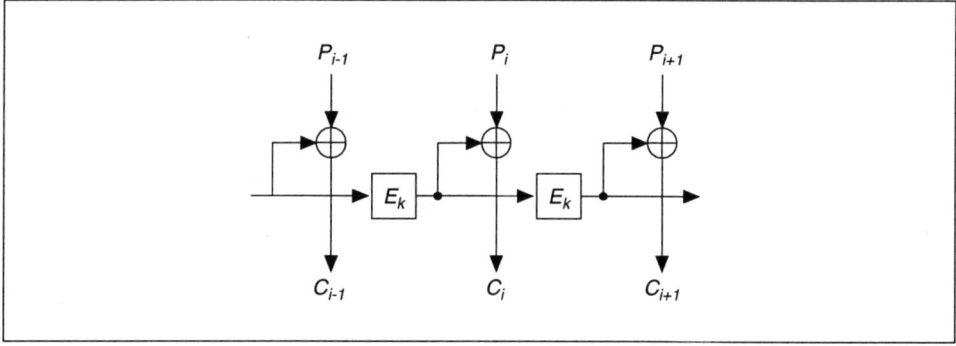

Abb. 9.12: *n-Bit-OFB mit einem n-Bit-Algorithmus*

Initialisierungsvektor (IV)

Auch beim OFB-Modus muß das Schieberegister mit einem IV initialisiert werden. Dieser sollte eindeutig sein, muß aber nicht geheim bleiben.

Fehlerfortpflanzung

Der OFB-Modus vergrößert aufgetretene Fehler nicht. Ein Ein-Bit-Fehler im Chiffretext hat einen Ein-Bit-Fehler im wiederhergestellten Klartext zur Folge. Diese Eigenschaft kann bei bestimmten Übertragungen digitalisierter Analogdaten nützlich sein, etwa digitalisierter Sprache oder Video. Dabei können gelegentliche Ein-Bit-Fehler toleriert werden, die Ausdehnung eines Fehlers jedoch nicht.

Ein Verlust der Synchronisierung wirkt sich dagegen fatal aus. Wenn die Schieberegister auf der Ver- und Entschlüsselungsseite nicht übereinstimmen, ist der wiederhergestellte Klartext völlig unbrauchbar. Jedes System, das im OFB-Modus arbeitet, muß über einen Mechanismus verfügen, der Synchronisierungsfehler erkennt. Außerdem ist eine Methode nötig, mit der die Schieberegister mit einem neuen (oder dem gleichen) IV gefüllt werden können, um beide Seiten wieder zu synchronisieren.

Sicherheitsprobleme beim OFB-Modus

Eine Analyse des OFB-Modus [588, 430, 431, 789] zeigt, daß OFB nur dann benutzt werden sollte, wenn die Länge des Rückkopplungsregisters mit der Blockgröße übereinstimmt. Ein 64-Bit-Algorithmus sollte zum Beispiel nur im 64-Bit-OFB-Modus verwendet werden. Obwohl die US-Regierung andere Rückkopplungsgrößen für DES genehmigt [1143], sollte man diese vermeiden.

Im OFB-Modus wird ein Schlüsselstrom mit dem Text XOR-verknüpft. Dieser Schlüsselstrom wird sich irgendwann wiederholen. Wichtig ist, daß er sich nicht mit dem gleichen Schlüssel wiederholt, da sonst keine Sicherheit gewährleistet ist. Wenn Rückkopplungsgröße und Blocklänge identisch sind, fungiert die Blockchiffrierung als Permutation von m-Bit-Werten (m ist dabei die Blocklänge). Die durchschnittliche Länge eines Zyklus beträgt $2^m - 1$. Bei einer Blocklänge von 64 Bit ist das eine sehr große Zahl. Ist die Rückkopplungsgröße n kleiner als die Blocklänge, vermindert sich die durchschnittliche Länge eines Zyklus auf etwa $2^{m/2}$. Bei einer Blocklänge von 64 Bit ergibt das nur 2^{32}, was sicher nicht lang genug ist.

Stromchiffrierungen im OFB-Modus

Auch eine Stromchiffrierung kann im OFB-Modus betrieben werden. In diesem Fall beeinflußt der Schlüssel die Funktion zur Erzeugung des jeweils nächsten Zustands (siehe Abbildung 9.13). Die Ausgabefunktion hängt nicht vom Schlüssel ab, sondern ist oft sehr einfach, z.B. ein einzelnes Bit des internen Zustands oder die XOR-Verknüpfung mehrerer Bits des internen Zustands. Die kryptographische Komplexität liegt in der Funktion zur Berechnung des nächsten Zustands. Diese Funktion hängt vom Schlüssel ab. Die Methode heißt auch interne Rückkopplung [291], da der Rückkopplungsmechanismus innerhalb des Schlüsselerzeugungsalgorithmus abläuft.

Bei einer Variante dieses Modus bestimmt der Schlüssel nur den Anfangszustand des Schlüsselstromgenerators. Nachdem der Schlüssel den internen Zustand des Generators eingestellt hat, läuft dieser von da an unbeeinflußt.

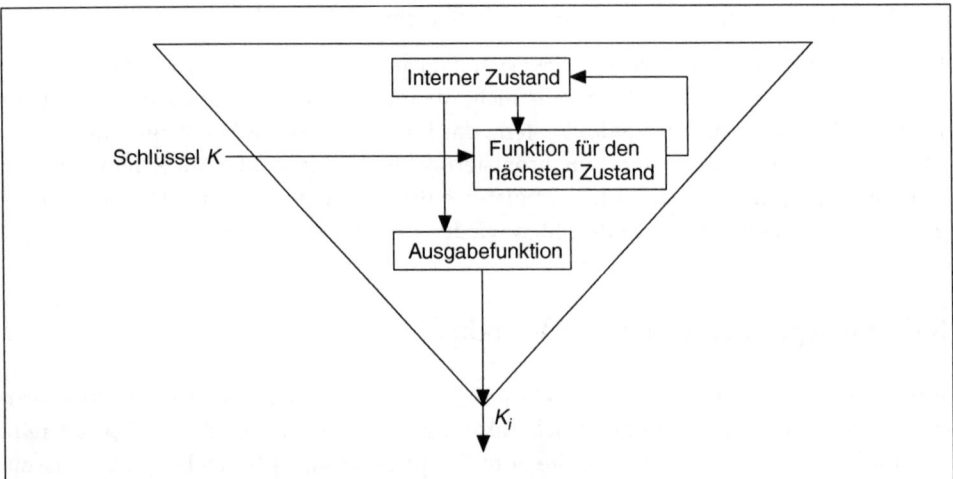

Abb. 9.13: Ein Schlüsselstromgenerator im Output-Feedback-Modus

9.9 Counter-Modus

Blockchiffrierungen im **Counter-Modus** (*counter* bedeutet Zähler) benutzen Sequenznummern als Eingabe für den Algorithmus [824, 498, 715]. Anstatt das Register mit der Ausgabe des Verschlüsselungsalgorithmus zu füllen, nimmt man einen Zähler als Eingabe. Nach jeder Blockverschlüsselung wird der Zähler um eine Konstante erhöht, meist Eins. Dieser Modus hat die gleichen Synchronisierungs- und Fehlerfortpflanzungseigenschaften wie OFB. Der Counter-Modus löst das Problem des OFB-Modus bezüglich einer n-Bit-Ausgabe, wobei n kleiner als die Blocklänge ist.

Der Zähler muß nicht alle möglichen Werte der Reihe nach durchzählen, sondern kann auch anders aussehen. Sie können jeden der Zufallsfolgengeneratoren aus den Kapiteln 16 und 17 als Eingabe für den Blockalgorithmus verwenden. Dabei spielt es keine Rolle, ob der Zufallsfolgengenerator kryptographisch sicher ist oder nicht.

Stromchiffrierungen im Counter-Modus

Stromchiffrierungen im Counter-Modus bestehen aus einer einfachen Funktion zur Berechnung des nächsten Zustands und einer komplizierten Ausgabefunktion, die vom Schlüssel abhängt. Diese Technik, die in Abbildung 9.14 illustriert wird, wurde in [498, 715] vorgeschlagen. Die Funktion zur Berechnung des nächsten Zustands kann ganz einfach sein und zum Beispiel aus einem Zähler bestehen, der zum vorherigen Zustand Eins addiert.

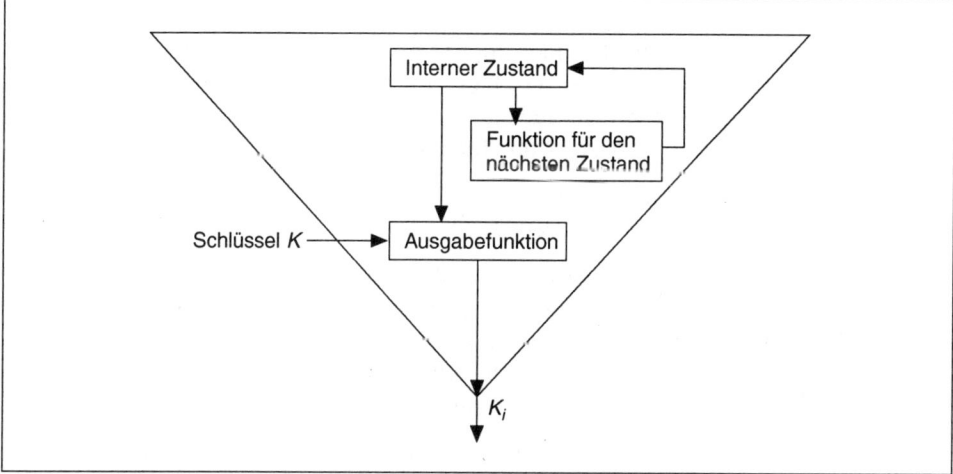

Abb. 9.14: Ein Schlüsselstromgenerator im Counter-Modus

Bei einer Stromchiffrierung im Counter-Modus kann man das i-te Schlüsselbit k_i erzeugen, ohne dazu alle vorherigen Schlüsselbits zu generieren: Man setzt einfach den Zähler auf den i-ten internen Zustand und generiert das Bit. Diese Methode ist zur Absicherung von Dateien mit wahlfreiem Zugriff nützlich, denn man kann einen bestimmten Block entschlüsseln, ohne vorher die gesamte Datei zu entschlüsseln.

9.10 Weitere Modi für Blockchiffrierungen

Block-Chaining-Modus

Um einen Blockalgorithmus im **Block-Chaining-Modus** (BC) zu betreiben, XOR-verknüpft man einfach die Eingabe der Blockchiffrierung mit der XOR-Verknüpfung aller vorherigen Chiffretextblöcke. Wie bei Cipher Block Chaining (CBC) startet der Prozeß mit einem IV.

Mathematisch sieht das wie folgt aus:

$$C_i = E_K(P_i \oplus F_i); \quad F_{i+1} = F_i \oplus C_i$$
$$P_i = F_i \oplus D_K(C_i); \quad F_{i+1} = F_i \oplus C_i$$

Der Rückkopplungsmechanismus von BC vergrößert wie CBC Fehler im Klartext. Das Hauptproblem bei BC besteht darin, daß die Entschlüsselung eines Chiffretextblocks von allen vorherigen Chiffretextblöcken abhängt. Daher bewirkt ein einziger Fehler im Chiffretext die fehlerhafte Entschlüsselung aller folgenden Chiffretextblöcke.

Propagating Cipher Block Chaining-Modus

Der **Propagating Cipher Block Chaining-Modus** (PCBC) [1080] ähnelt dem CBC-Modus, nur werden hier vor der Verschlüsselung (oder nach der Entschlüsselung) sowohl der vorige Klartextblock als auch der vorige Chiffretextblock mit dem aktuellen Klartextblock XOR-verknüpft (siehe Abbildung 9.15).

$$C_i = E_K(P_i \oplus C_{i-1} \oplus P_{i-1})$$
$$P_i = C_{i-1} \oplus P_{i-1} \oplus D_K(C_i)$$

PCBC wurde in Version 4 von Kerberos (siehe Abschnitt 24.5) dazu benutzt, um sowohl die Verschlüsselung als auch die Integritätsprüfung in einem Durchlauf zu erledigen. Beim PCBC-Modus bewirkt ein Fehler im Chiffretext die fehlerhafte Entschlüsselung aller folgenden Blöcke. Überprüft man daher einen Standardblock am Ende einer Nachricht, so kann man sichergehen, daß die gesamte Nachricht korrekt übertragen wurde.

Leider gibt es bei diesem Modus ein Problem [875]. Die Vertauschung zweier Chiffretextblöcke bewirkt die fehlerhafte Entschlüsselung der zugehörigen Klartextblöcke, doch aufgrund der XOR-Verknüpfung mit Klartext und Chiffretext heben sich die bei-

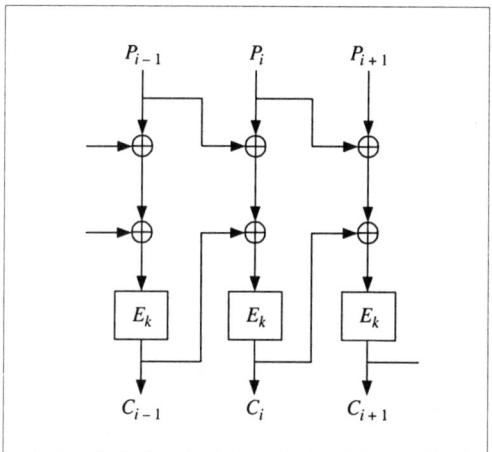

Abb. 9.15: *Propagating Cipher Block Chaining-Modus*

den Fehler auf. Bezieht die Integritätsprüfung daher nur die letzten paar Blöcke des entschlüsselten Klartexts ein, könnte sie eine teilweise zerstörte Nachricht fälschlicherweise akzeptieren. Obwohl niemand herausfand, wie man diese Schwäche ausnutzen kann, wurde nach Entdeckung dieses Schwachpunkts der CBC-Modus in Version 5 von Kerberos eingebaut.

Cipher Block Chaining mit Prüfsumme

Cipher Block Chaining mit Prüfsumme (CBCC) ist eine Variante von CBC [1618]. Dabei berechnet man die fortlaufende XOR-Verknüpfung aller Klartextblöcke und XOR-verknüpft diesen Wert vor der Verschlüsselung mit dem letzten Klartextblock. CBCC garantiert, daß jede Änderung eines Chiffretextblocks die entschlüsselte Ausgabe des letzten Blocks verändert. Enthält der letzte Block eine Integritätsprüfung oder eine Konstante, so kann man die Integrität des entschlüsselten Klartexts mit sehr geringem Zusatzaufwand überprüfen.

Ausgaberückkopplung mit einer nichtlinearen Funktion

Ausgaberückkopplung mit einer nichtlinearen Funktion (OFBNLF) [777] ist eine Variante von OFB und ECB, bei der sich der Schlüssel mit jedem Block ändert:

$$C_i = E_{K_i}(P_i)\ ;\quad K_i = E_K(K_{i-1})$$
$$P_i = D_{K_i}(C_i)\ ;\quad K_i = E_K(K_{i-1})$$

Ein einzelner Bitfehler im Chiffretext wirkt sich nur auf einen einzigen Klartextblock aus. Geht jedoch ein einzelnes Bit verloren oder wird eines hinzugefügt, so gibt es eine unendliche Fehlerfortpflanzung. Bei einem Blockalgorithmus mit komplizierter Schlüsselverwaltung, z.B. DES, ist dieser Modus langsam. Mir ist keine Kryptanalyse dieses Modus bekannt.

Weitere Modi

Es gibt noch weitere Modi, doch sind diese nicht häufig in Gebrauch. **Plaintext Block Chaining** (PBC) funktioniert wie CBC mit dem Unterschied, daß der vorherige Klartextblock mit dem Klartextblock (anstelle des Chiffretextblocks) XOR-verknüpft wird. **Plaintext Feedback** (PFB) funktioniert wie CFB mit dem Unterschied, daß der Klartext (anstelle des Chiffretexts) für die Rückkopplung benutzt wird. Diese beiden Modi ermöglichen *chosen-plaintext*-Angriffe, widerstehen dafür aber *known-plaintext*-Angriffen. Außerdem gibt es noch **Cipher Block Chaining of Plaintext Difference** (CBCPD). Ich bin mir sicher, daß noch verrücktere Sachen entwickelt wurden.

Wenn ein Kryptanalytiker über eine Maschine zur Brute-Force-Schlüsselsuche verfügt, kann er den Schlüssel ermitteln, wenn er einen der Klartextblöcke errät. Einige der selteneren Modi laufen auf eine leichte Verschlüsselung hinaus, die vor der Anwendung des eigentlichen Verschlüsselungsalgorithmus stattfindet, z.B. XOR-Verknüpfung des Texts mit einer festen geheimen Zeichenkette oder Permutation des Texts. Fast jede ungewöhnliche Methode verhindert diese Art der Kryptanalyse.

9.11 Wahl eines Chiffriermodus

Wenn Sie hauptsächlich auf Einfachheit und Geschwindigkeit bedacht sind, stellt ECB die beste Möglichkeit zum Einsatz einer Blockchiffrierung dar. ECB ist aber auch der schwächste Modus, da er nicht nur anfällig für Replay-Angriffe ist, sondern auch leicht kryptanalysiert werden kann. Ich rate vom Einsatz von ECB zur Verschlüsselung von Nachrichten ab.

ECB eignet sich gut zur Verschlüsselung zufälliger Daten, z.B. anderer Schlüssel. Da die Daten kurz und zufällig sind, wirkt sich bei dieser Anwendung keiner der Nachteile von ECB aus.

Für normalen Klartext eignen sich CBC, CFB und OFB. Dabei hängt es von Ihren speziellen Anforderungen ab, welchen Modus Sie verwenden. Tabelle 9.1 enthält eine Zusammenfassung von Sicherheit und Effizienz der verschiedenen Modi.

CBC eignet sich am besten für die Verschlüsselung von Dateien. Die Sicherheit wird signifikant erhöht. Während bei der Datenspeicherung gelegentlich Bitfehler auftreten, gibt es so gut wie nie Synchronisierungsfehler. Für Software-Anwendungen stellt CBC fast immer die beste Wahl dar.

CFB, insbesondere 8-Bit-CFB, stellt im allgemeinen die beste Wahl zur Verschlüsselung von Zeichenströmen dar, wenn alle Zeichen einzeln behandelt werden müssen, z.B. bei einer Verbindung zwischen Terminal und Host. OFB wird meist für synchrone Hochge-

9.11 Wahl eines Chiffriermodus

ECB:

Sicherheit:
- Muster im Klartext werden nicht verborgen.
- Die Eingabe für die Blockchiffrierung wird nicht randomisiert, sondern ist mit dem Klartext identisch.
+ Mit dem gleichen Schlüssel kann mehr als eine Nachricht chiffriert werden.
- Der Klartext kann leicht manipuliert werden; man kann Blöcke entfernen, wiederholen oder vertauschen.

Effizienz:
+ Die Geschwindigkeit entspricht der der Blockchiffrierung.
- Durch das Auffüllen wird der Chiffretext um bis zu einen Block länger als der Klartext.
- Es sind keine Vorausberechnungen möglich.
+ Die Verarbeitung ist parallelisierbar.

Ausfallsicherheit:
- Ein Fehler im Chiffretext betrifft einen kompletten Klartextblock.
- Synchronisierungsfehler können nicht behoben werden.

CBC:

Sicherheit:
+ Muster im Klartext werden durch XOR-Verknüpfung mit dem vorhergehenden Chiffretextblock verborgen.
+ Die Eingabe für die Blockchiffrierung wird durch XOR-Verknüpfung mit dem vorhergehenden Chiffretextblock randomisiert.
+ Mit dem gleichen Schlüssel kann mehr als eine Nachricht chiffriert werden.
+/- Manipulation des Klartexts ist etwas umständlich; Blöcke können am Anfang und Ende der Nachricht entfernt und Bits des ersten Blocks geändert werden; Wiederholung ermöglicht einige kontrollierte Änderungen.

Effizienz:
+ Die Geschwindigkeit entspricht der der Blockchiffrierung.
- Der Chiffretext wird bis zu einem Block länger als der Klartext (IV nicht mitgezählt).
- Es sind keine Vorausberechnungen möglich.
+/- Verschlüsselung ist nicht parallelisierbar; Entschlüsselung ist parallelisierbar und erlaubt wahlfreien Zugriff.

Ausfallsicherheit:
- Ein Fehler im Chiffretext betrifft einen kompletten Klartextblock sowie das entsprechende Bit im nächsten Block.
- Synchronisierungsfehler können nicht behoben werden.

CFB:

Sicherheit:
+ Muster im Klartext werden verborgen.
+ Die Eingabe für die Blockchiffrierung wird randomisiert.
+ Mit dem gleichen Schlüssel kann mehr als eine Nachricht chiffriert werden, falls unterschiedliche IVs benutzt werden.
+/- Manipulation des Klartexts ist etwas umständlich; Blöcke können am Anfang und Ende der Nachricht entfernt und Bits des letzten Blocks geändert werden; Wiederholung ermöglicht einige kontrollierte Änderungen.

Effizienz:
+ Die Geschwindigkeit entspricht bei 64-Bit-CFB der der Blockchiffrierung.
+ Der Chiffretext ist genauso lang wie der Klartext (IV nicht mitgezählt).
+/- Verschlüsselung ist nicht parallelisierbar, Entschlüsselung ist parallelisierbar und erlaubt wahlfreien Zugriff.
- Einige Vorausberechnungen sind möglich, bevor ein Block ankommt. Der vorherige Chiffretextblock kann verschlüsselt werden.

Ausfallsicherheit:
- Ein Chiffretextfehler wirkt sich auf das entsprechende Bit des Klartexts und den nächsten vollständigen Block aus.
+ Synchronisierungsfehler voller Blocklänge können behoben werden. 1-Bit-CFB kann Hinzufügen oder Entfernen einzelner Bits beheben.

OFB/Counter:

Sicherheit:
+ Muster im Klartext werden verborgen.
+ Die Eingabe für die Blockchiffrierung wird randomisiert.
+ Mit dem gleichen Schlüssel kann mehr als eine Nachricht chiffriert werden, falls unterschiedliche IVs benutzt werden.
- Manipulation des Klartexts ist sehr einfach; Jede Änderung des Chiffretexts beeinflußt direkt den Klartext.

Effizienz:
+ Die Geschwindigkeit entspricht der der Blockchiffrierung.
+ Der Chiffretext ist genauso lang wie der Klartext (IV nicht mitgezählt).
+ Vorausberechnungen sind möglich, bevor eine Nachricht ankommt.
-/+ OFB-Verarbeitung ist nicht parallelisierbar, die Verarbeitung des Zählers schon.

Ausfallsicherheit:
- Ein Chiffretextfehler wirkt sich nur auf das entsprechende Bit des Klartexts aus.
- Synchronisierungsfehler können nicht behoben werden.

Tabelle 9.1: Zusammenfassung der Blockchiffriermodi

schwindigkeitsverbindungen benutzt, bei denen Fehlerfortpflanzung nicht toleriert werden kann. OFB kommt außerdem zum Einsatz, wenn Vorausberechnungen nötig sind.

Für fehleranfällige Umgebungen eignet sich OFB am besten, da es hier keine Fehlerfortpflanzung gibt.

Vermeiden Sie die ungewöhnlichen Modi. Für fast jede Anwendung eignet sich einer der vier Standardmodi ECB, CBC, OFB und CFB. Diese Modi sind nicht übermäßig komplex und vermindern die Sicherheit eines Systems wahrscheinlich nicht. Obwohl es denkbar ist, daß ein komplizierter Modus die Sicherheit eines Systems erhöht, erhöht er wahrscheinlich doch nur dessen Komplexität. Keiner der merkwürdigen Modi ist den Standardmodi in bezug auf Fehlerfortpflanzung oder Robustheit überlegen.

9.12 Verschränkung

Bei den meisten Modi hängt die Verschlüsselung eines Bits (oder Blocks) von der Verschlüsselung der vorherigen Bits (oder Blöcke) ab. Dadurch wird die Parallelisierung der Verschlüsselung oft unmöglich. Als Beispiel betrachten wir eine Hardware-Box zur Verschlüsselung im CBC-Modus. Selbst wenn die Box vier Verschlüsselungs-Chips enthält, kann doch immer nur einer arbeiten. Der nächste Chip benötigt die Ergebnisse des ersten, bevor er seine Arbeit aufnehmen kann.

Die Lösung dieses Problems besteht in einer **Verschränkung** (*interleaving*) mehrerer Verschlüsselungsströme. (Das hat nichts mit mehrfacher Verschlüsselung zu tun, die in den Abschnitten 15.1 und 15.2 behandelt wird.) Statt einer einzigen CBC-Kette benutzt man vier. Der erste, fünfte und jeder vierte weitere Block werden mit einem IV im CBC-Modus verschlüsselt. Der zweite, sechste und jeder vierte weitere Block werden mit einem anderen IV im CBC-Modus verschlüsselt usw. Der Gesamt-IV ist wesentlich länger, als er ohne dieser Verschränkung wäre.

Stellen Sie sich das Ganze einfach als vier verschiedene Nachrichten vor, die mit dem gleichen Schlüssel, aber vier verschiedenen IVs verschlüsselt werden. Diese Nachrichten sind alle verschränkt.

Mit diesem Trick kann man auch den Gesamtdurchsatz von Hardware-Verschlüsselung erhöhen. Drei Verschlüsselungs-Chips, die jeweils mit einer Rate von 33 Megabit pro Sekunde Daten verschlüsseln, kann man so verschränken, daß sie einen einzelnen Datenstrom mit 100 Megabit pro Sekunde verschlüsseln.

Abbildung 9.16 zeigt drei parallele Ströme, die verschränkt im CFB-Modus verschlüsselt werden. Dieses Prinzip funktioniert auch im CBC- und OFB-Modus sowie mit einer beliebigen Anzahl paralleler Ströme. Man muß nur daran denken, daß jeder Strom seinen eigenen IV benötigt – die Ströme dürfen keine gemeinsamen IVs benutzen.

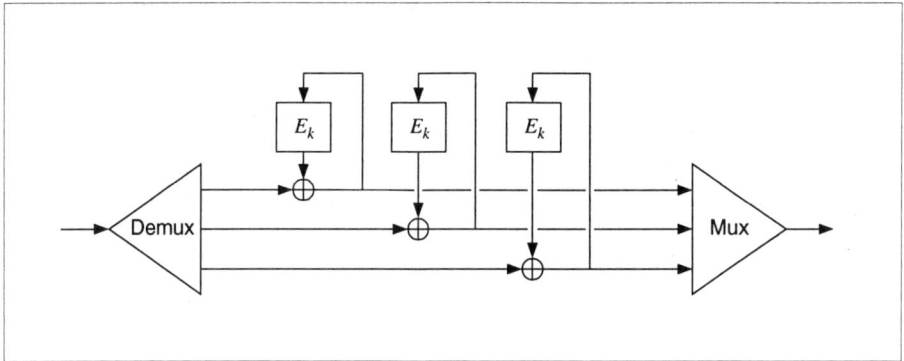

Abb. 9.16: Verschränkung dreier CFB-Verschlüsselungen

9.13 Block- und Stromchiffrierungen

Obwohl sich Block- und Stromchiffrierungen stark voneinander unterscheiden, kann man Blockchiffrierungen als Stromchiffrierungen implementieren und umgekehrt. Die beste Definition des Unterschieds fand ich bei Rainer Rueppel [1362]:

> Blockchiffrierungen bearbeiten die Daten mit einer festen Transformation und behandeln immer große Klartextblöcke. Stromchiffrierungen arbeiten mit einer zeitabhängigen Transformation und behandeln einzelne Klartextzeichen.

Für reale Anwendungen gilt, daß Blockchiffrierungen allgemeiner verwendbar zu sein scheinen (d.h. sie können in jedem der vier Modi benutzt werden); Stromchiffrierungen scheinen dagegen leichter mathematisch analysierbar zu sein. Es gibt einen großen Fundus theoretischer Arbeiten über Analyse und Entwurf von Stromchiffrierungen – aus irgendwelchen Gründen stammen die meisten der Arbeiten aus Europa. Stromchiffrierungen werden seit Erfindung der Elektronik von den Militärs auf der ganzen Welt benutzt. Diese Verteilung scheint sich jedoch zu ändern: in jüngster Zeit erschien ein ganzer Stapel theoretischer Arbeiten über den Entwurf von Blockchiffrierungen. Vielleicht gibt es bald eine Theorie über den Entwurf von Blockchiffrierungen, die genauso reichhaltig ist wie unsere aktuelle Theorie über den Entwurf von Stromchiffrierungen.

Darüber hinaus unterscheiden sich Strom- und Blockchiffrierungen in der Implementierung. Stromchiffrierungen, die Daten nur bitweise ver- oder entschlüsseln, eignen sich nicht gut für Software-Implementierungen. Blockchiffrierungen lassen sich leichter in Software implementieren, da sie oft zeitaufwendige Bitmanipulationen vermeiden und Daten in Blöcken computertauglicher Größe bearbeiten. Stromchiffrierungen eignen sich dagegen besser für Hardware-Implementierungen, da sie sehr effizient in Silizium gegossen werden können.

Das sind wichtige Überlegungen. Für ein Hardware-Gerät zur Verschlüsselung eines digitalen Kommunikationskanals ist es sinnvoll, die einzelnen Bits zu verschlüsseln, sobald sie übertragen werden, denn das entspricht genau dem Einsatzzweck des Geräts. Bei Software-Verschlüsselung ist es dagegen sinnlos, jedes einzelne Bit separat zu verschlüsseln. In einigen Sonderfällen kann die bit- oder byteweise Verschlüsselung in einem Computersystem notwendig sein (z.B. bei der Verschlüsselung der Verbindung zwischen Tastatur und CPU), doch im allgemeinen sollte der Verschlüsselungsblock mindestens so groß sein wie der Datenbus.

10 Einsatz der Algorithmen

Sicherheit, also Datensicherheit, Kommunikationssicherheit, Informationssicherheit usw., kann man sich als Kette vorstellen. Die Sicherheit des Gesamtsystems ist höchstens so groß wie die des schwächsten Glieds. Alles muß sicher sein: die kryptographischen Algorithmen, die Protokolle, die Schlüsselverwaltung und noch einiges mehr. Wenn Sie tolle Algorithmen verwenden, aber Ihr Zufallszahlengenerator nichts taugt, wird jeder clevere Kryptanalytiker Ihr System über den Zufallszahlengenerator angreifen. Wenn Sie diese Lücke schließen, aber vergessen, eine Speicherstelle, die einen Schlüssel enthält, sicher zu löschen, wird ein Kryptanalytiker auf diesem Weg einbrechen. Wenn Sie alles richtig machen und dann versehentlich eine Kopie Ihrer sicheren Daten per E-Mail an die *Süddeutsche Zeitung* schicken, hätten Sie sich die ganze Mühe auch sparen können.

Die Welt ist ungerecht: Als Entwickler eines sicheren Systems müssen Sie alle möglichen Angriffe berücksichtigen und sich davor schützen. Ein Kryptanalytiker muß dagegen nur eine einzige Lücke in Ihrem Sicherheitssystem finden und ausnutzen.

Kryptographie stellt nur einen Teil der Sicherheitsmaßnahmen dar, oft einen sehr kleinen Teil. Kryptographie liefert die Mathematik zur Absicherung eines Systems – das ist nicht das gleiche wie die Absicherung selbst. In der Kryptographie diskutieren manche Leute so ausführlich darüber, wie lang ein Schlüssel sein sollte, daß sie darüber alles andere vergessen. Wenn sich der Geheimdienst für die Daten auf Ihrem Computer interessiert, ist es für ihn wesentlich einfacher, in Ihr Haus einzubrechen und eine Kamera in der Nähe Ihres Bildschirms anzubringen, als Ihre Festplatte zu kryptanalysieren.

Darüber hinaus trifft die traditionelle Sichtweise der Computer-Kryptographie als „Spion-gegen-Spion"-Technologie immer weniger zu. Mehr als 99 Prozent der weltweit eingesetzten Kryptographie hat nichts mit militärischen Geheimnissen zu tun, sondern mit Anwendungen wie Magnetkarten für Geldautomaten, Pay-TV, Autobahngebühren, Zugang zu Gebäuden und Computern, Spielautomaten und Stromzählern [43, 44]. Bei all diesen Anwendungen soll Kryptographie die Kleinkriminalität etwas erschweren. Die Vorstellung eines finanziell gut ausgestatteten Gegners mit unzähligen Kryptographen und raumfüllenden Computern trifft hier einfach nicht zu.

Die meisten dieser Anwendungen benutzen ziemlich schwache Kryptographie, doch erfolgreiche Angriffe haben meist nichts mit Kryptanalyse zu tun. Viel wichtiger sind unehrliche Angestellte, einfältige Implementierungen, Fehler bei der Integration und beliebig viel Dummheit. (Ich empfehle wärmstens die Lektüre der Arbeit „Why Cryptosystems Fail" [44] von Ross Anderson. Sie sollte Pflichtlektüre für alle Leute sein, die auf diesem Gebiet arbeiten.) Selbst die NSA hat zugegeben, daß in ihrem Bereich die meisten Sicherheitsmängel von den Implementierungen verursacht werden und nicht von den Algorithmen oder Protokollen [1119]. In diesen Beispielen spielt die Qualität der

Kryptographie überhaupt keine Rolle – erfolgreiche Angriffe umgingen sie einfach komplett.

10.1 Auswahl eines Algorithmus

Wenn es um die Evaluierung und Auswahl eines Algorithmus geht, gibt es verschiedene Möglichkeiten:

- Man kann einen veröffentlichten Algorithmus wählen in der Annahme, daß ein öffentlich bekannter Algorithmus von vielen Kryptographen gründlich untersucht wurde. Wenn bisher niemand den Algorithmus knacken konnte, muß er ziemlich gut sein.

- Man kann einem Hersteller trauen in der Annahme, ein bekannter Hersteller müsse seinen guten Namen wahren und werde diesen nicht dadurch riskieren, daß er Geräte oder Programme mit minderwertigen Algorithmen verkauft.

- Man kann einem Berater trauen in der Annahme, ein neutraler Berater sei am besten dazu geeignet, verschiedene Algorithmen zuverlässig zu evaluieren.

- Man kann der Regierung trauen in der Annahme, die Regierung sei vertrauenswürdig und werde ihre Bürger schon in die richtige Richtung weisen.

- Man kann seine eigenen Algorithmen entwickeln in der Annahme, die eigenen kryptographischen Fähigkeiten seien immer noch die besten und man könne nur sich selbst trauen.

Jede dieser Möglichkeiten ist zwar problematisch, doch die erste scheint noch am sinnvollsten. Wenn man nur einem einzigen Hersteller, Berater oder der Regierung traut, beschwört man Probleme herauf. Die meisten Leute, die sich als Sicherheitsberater anpreisen (selbst jene von bekannten Firmen), haben gewöhnlich keine Ahnung von Verschlüsselung. Bei den meisten Herstellern von Sicherheitsprodukten sieht es nicht anders aus. Für die NSA arbeiten einige der weltbesten Kryptographen, doch die sagen nicht alles, was sie wissen. Sie verfolgen eigene Interessen, die nicht mit denen der Bürger übereinstimmen. Selbst wenn Sie ein Genie sind, ist es dumm, einen Algorithmus zu entwickeln und diesen zu benutzen, ohne die Überprüfung durch fachlich versierte Kollegen abzuwarten.

Die Algorithmen in diesem Buch sind öffentlich bekannt. Die meisten erschienen in frei erhältlicher Literatur, viele wurden von Experten kryptanalysiert. Ich führe alle veröffentlichten Ergebnisse auf, sowohl die positiven als auch die negativen. Ich habe keinen Zugang zu den kryptanalytischen Erkenntnissen, zu denen die unzähligen militärischen Sicherheitsorganisationen der Welt gelangten (diese sind meist besser als die akademischen Einrichtungen, da sie sich schon länger mit dem Thema beschäftigen und über größere Mittel verfügen). Daher ist es möglich, daß die hier vorgestellten Algorithmen leichter zu knacken sind, als es erscheinen mag. Aber selbst dann sind sie wahrscheinlich viel sicherer als ein Algorithmus, der in irgendwelchen geheimen Firmenkellern entwickelt und implementiert wurde.

Der wunde Punkt an all diesen Überlegungen besteht darin, daß wir den Wissensstand der verschiedenen militärischen Kryptographie-Organisationen nicht einschätzen können.

Welche Algorithmen kann die NSA knacken? Für die meisten von uns gibt es keine Möglichkeit, diese Frage zu beantworten. Wenn Sie Ihre Festplatte mit DES verschlüsselt haben und dennoch verhaftet werden, ist es unwahrscheinlich, daß das FBI zur Verhandlung den entschlüsselten Klartext vorlegt. Die Tatsache, daß es einen Algorithmus knacken kann, ist oft ein größeres Geheimnis als alle entschlüsselten Informationen. Im zweiten Weltkrieg verboten die Alliierten die Verwendung entschlüsselter deutscher Geheimnachrichten, es sei denn, die Informationen hätten auch anderswo beschafft werden können. Die einzige Möglichkeit, der NSA das Zugeständnis abzuringen, daß sie einen bestimmten Algorithmus knacken kann, besteht darin, etwas so wertvolles zu verschlüsseln, daß die öffentliche Bekanntmachung dieses Zugeständnis wert ist. Oder (noch besser) Sie erfinden einen wirklich guten Witz und senden ihn per verschlüsselter E-Mail an dubiose Leute in zweifelhaften Ländern. Auch die Mitarbeiter der NSA sind nur Menschen. Ich bezweifle, daß sie einen guten Witz geheimhalten können.

Eine gute Arbeitshypothese ist die Annahme, daß die NSA jede einzelne Nachricht lesen kann, wenn sie möchte; sie kann aber nicht alle Nachrichten lesen, die sie gerne lesen möchte. Die NSA verfügt nur über begrenzte Ressourcen und muß daher die wichtigsten aus ihren vielen interessanten Zielen auswählen. Eine weitere sinnvolle Annahme besagt, daß sie lieber Knochen bricht als Algorithmen. Dieses Ungleichgewicht ist so stark, daß die Behörde nur auf das Knacken von Algorithmen zurückkommt, wenn sie die Tatsache geheimhalten will, daß sie eine Nachricht lesen konnte.

Für die meisten Anwender ist es auf alle Fälle am besten, einen der öffentlichen Algorithmen auszuwählen, die eine ganze Reihe öffentlicher Untersuchungen und Kryptanalysen überstanden haben.

Algorithmen für den Export

Algorithmen, die aus den Vereinigten Staaten exportiert werden sollen, brauchen eine Genehmigung der Regierung (genauer gesagt, der NSA; siehe Abschnitt 25.1). Man geht weithin davon aus, daß diese exportfähigen Algorithmen von der NSA geknackt werden können. Obwohl niemand diese Tatsache aktenkundig zugibt, gibt es doch eine Liste von Punkten, die die NSA Gerüchten zufolge hinter vorgehaltener Hand Firmen empfiehlt, die ihre kryptographischen Produkte exportieren wollen:

- Es sollte gelegentlich ein Schlüsselbit entweichen, das in den Chiffretext eingebettet ist.

- Die effektive Schlüssellänge sollte auf den Bereich von etwa 30 Bit zurückgestutzt werden. Ein Algorithmus mag zum Beispiel Schlüssel der Länge 100 Bit akzeptieren, doch die meisten Schlüssel sind äquivalent.
- Es sollte ein fester IV benutzt werden oder jede verschlüsselte Nachricht sollte am Anfang einen festen Header enthalten. Dies erleichtert einen *known-plaintext*-Angriff.
- Es sollten einige Zufallsbytes generiert und mit dem Schlüssel chiffriert werden. Dann werden sowohl der Klartext als auch der Chiffretext dieser Zufallsbytes am Anfang der verschlüsselten Nachricht gesendet. Dies erleichtert ebenfalls einen *known-plaintext*-Angriff.

Die NSA erhält eine Kopie des Quellcodes, doch die Einzelheiten des Algorithmus bleiben für den Rest der Welt geheim. Natürlich wirbt niemand mit diesen bewußten Schwächen. Sie sollten jedoch daran denken, wenn Sie ein US-amerikanisches Verschlüsselungsprodukt kaufen, das über eine Exportzulassung verfügt.

10.2 Public-Key- und symmetrische Kryptographie

Was ist besser: Public-Key-Kryptographie oder symmetrische Kryptographie? Obwohl diese Frage sinnlos ist, wird sie seit Erfindung der Public-Key-Kryptographie diskutiert. Die Diskussion geht von der Annahme aus, man könne diese beiden Arten von Kryptographie direkt vergleichen. Dies ist jedoch nicht der Fall.

Needham und Schroeder [1159] wiesen darauf hin, daß Anzahl und Länge der Nachrichten bei Public-Key-Verfahren wesentlich größer sind als bei symmetrischen Algorithmen. Sie folgern daraus, daß ein symmetrischer Algorithmus effizienter ist als ein Public-Key-Algorithmus. Das stimmt zwar, doch bei dieser Analyse wurden die erheblichen Sicherheitsvorteile der Public-Key-Kryptographie nicht berücksichtigt.

Whitfield Diffie schreibt dazu [492, 494]:

> Weil ich Public-Key-Kryptographie nicht als eine neue Art der Schlüsselverwaltung, sondern als neue Form eines Kryptosystems ansehe, provoziere ich Kritik bezüglich Sicherheit und Geschwindigkeit. Die Kritiker wiesen flugs darauf hin, daß das RSA-System etwa tausendmal langsamer ist als DES und zehnmal so lange Schlüssel benötigt. Es war zwar von Anfang an klar, daß man den Einsatz von Public-Key-Systemen auf den Austausch von Schlüsseln für konventionelle [symmetrische] Kryptographie beschränken könnte. Es war jedoch nicht sofort klar, daß diese Einschränkung zwingend erforderlich ist. In diesem Zusammenhang wurde der Vorschlag, *hybride* Systeme [879] zu bauen, als eigenständige Entdeckung gelobt.

Public-Key-Kryptographie und symmetrische Kryptographie sind unterschiedliche Dinge, sie lösen verschiedene Arten von Problemen. Symmetrische Kryptographie eignet sich am besten zur Verschlüsselung von Daten. Sie ist um Größenordnungen schneller und nicht anfällig für *chosen-ciphertext*-Angriffe. Public-Key-Kryptographie schafft Dinge, die außerhalb des Einsatzbereichs symmetrischer Kryptographie liegen und eignet sich am besten für die Schlüsselverwaltung und eine Vielzahl der Protokolle, die in Teil I behandelt wurden.

Algorithmus	Vertrau-lichkeit	Authenti-fizierung	Integrität	Schlüssel-verwaltung
Symmetrische Verschlüsse-lungsalgorithmen	Ja	Nein	Nein	Ja
Public-Key-Algorithmen zur Verschlüsselung	Ja	Nein	Nein	Ja
Algorithmen für digitale Signaturen	Nein	Ja	Ja	Nein
Algorithmen zur Verein-barung von Schlüsseln	Ja	Optional	Nein	Ja
Einweg-Hashfunktionen	Nein	Nein	Ja	Nein
Authentifizierung von Nachrichten	Nein	Ja	Ja	Nein

Tabelle 10.1: Algorithmenklassen

In Teil I werden weitere Grundoperationen behandelt, z.B. Einweg-Hashfunktionen, Authentifizierung von Nachrichten usw. Tabelle 10.1 führt verschiedene Arten von Algorithmen und deren Eigenschaften auf.

10.3 Verschlüsselung von Kommunikationskanälen

Das ist das klassische Problem von Alice und Bob: Alice möchte Bob eine sichere Nachricht senden. Sie erreicht das durch Verschlüsselung der Nachricht.

Theoretisch kann diese Verschlüsselung auf jeder Schicht des OSI-Kommunikationsmodells stattfinden (OSI steht für Open Systems Interconnect; weitere Angaben finden Sie im OSI-Standard für Sicherheitsarchitekturen [305]). In der Praxis findet die Verschlüsselung entweder auf den untersten Schichten (eins und zwei) oder auf höheren Schichten statt. Findet sie auf den untersten Schichten statt, spricht man von **Link-by-Link-Verschlüsselung**. Alle Daten, die eine bestimmte Datenschnittstelle (*link*) durchlaufen, werden chiffriert. Findet die Verschlüsselung auf höheren Schichten statt, spricht man von **End-to-End-Verschlüsselung**. Dabei werden die Daten selektiv chiffriert und bleiben es so lange, bis sie vom gewünschten Empfänger am anderen Ende dechiffriert werden. Beide Ansätze haben spezifische Vor- und Nachteile.

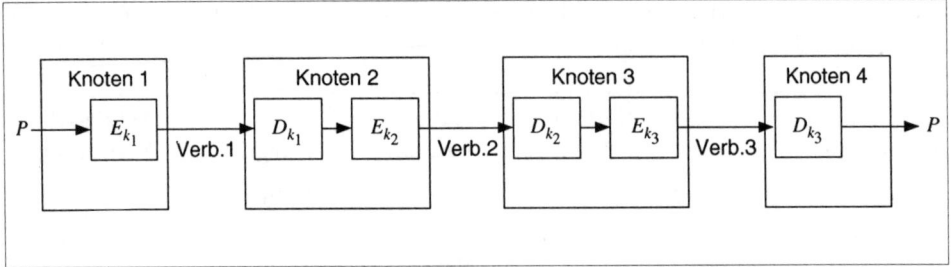

Abb. 10.1: Verschlüsselung einer Übertragungsleitung

Link-by-Link-Verschlüsselung

Am einfachsten ist es, die Verschlüsselung auf der Bitübertragungsschicht (auch physikalische Schicht genannt) einzuführen (siehe Abbildung 10.1). In diesem Fall spricht man von Link-by-Link-Verschlüsselung. Die Schnittstellen zur Bitübertragungsschicht sind meist standardisiert und es ist einfach, Hardware-Geräte zur Verschlüsselung an dieser Stelle anzuschließen. Diese Geräte chiffrieren alle durchlaufenden Daten, also Nutzdaten, Routing- und Protokoll-Informationen. Sie können bei allen Arten digitaler Kommunikation eingesetzt werden. Allerdings müssen alle intelligenten Switching- oder Speicherknoten zwischen Absender und Empfänger den Datenstrom dechiffrieren, bevor sie ihn verarbeiten können.

Diese Art der Verschlüsselung ist sehr effektiv. Da alles verschlüsselt ist, erhält ein Kryptanalytiker keinerlei Informationen über die Struktur der übertragenen Daten. Er weiß nicht, wer mit wem kommuniziert, wie lang die übertragenen Nachrichten sind, zu welchen Tageszeiten kommuniziert wird usw. Diese Konstellation wird als *traffic-flow security* bezeichnet: Der Gegner hat nicht nur keinen Zugang zu den eigentlichen Informationen, sondern weiß nicht einmal, wo und wieviel Informationen fließen.

Die Sicherheit hängt nicht von den Verfahren ab, mit denen der Informationsfluß gesteuert wird. Auch die Schlüsselverwaltung ist einfach. Nur die beiden Endpunkte der Leitung brauchen einen gemeinsamen Schlüssel. Sie können ihren Schlüssel unabhängig vom restlichen Netz wechseln.

Stellen Sie sich eine synchrone Kommunikationsleitung vor, die mit 1-Bit-CFB verschlüsselt wird. Nach der Initialisierung kann man die Leitung beliebig lange betreiben. Sie erholt sich automatisch von Bit- oder Synchronisierungsfehlern. Die Leitung verschlüsselt die Meldungen, sobald sie von einem Ende zum anderen gesandt werden. In der restlichen Zeit werden zufällige Daten ver- und entschlüsselt. Eve hat keine Ahnung, wann Nachrichten übertragen werden und wann nicht. Auch Anfang und Ende von Nachrichten kann sie nicht erkennen. Sie sieht nur einen endlosen Strom zufällig aussehender Bits.

Wird die Kommunikationsleitung asynchron betrieben, kann man ebenfalls den 1-Bit-CFB-Modus benutzen. In diesem Fall erfährt der Gegner jedoch die Übertragungsrate.

Wenn diese Angabe geheim bleiben soll, muß man Dummy-Nachrichten übertragen, wenn keine echten Nachrichten zur Übertragung anstehen.

Das größte Problem bei der Verschlüsselung auf der Bitübertragungsschicht besteht darin, daß jede physikalische Verbindung im Netz chiffriert werden muß. Sobald eine Verbindung unverschlüsselt arbeitet, ist die Sicherheit des gesamten Netzes in Gefahr. Bei großen Netzen werden die Kosten schnell so hoch, daß man von dieser Art der Verschlüsselung absehen muß.

Darüber hinaus muß jeder Knoten im Netz geschützt werden, da er unverschlüsselte Daten verarbeitet. Wenn sich alle Netzbenutzer gegenseitig vertrauen und alle Knoten an sicheren Plätzen stehen, kann diese Anordnung funktionieren, doch das ist unwahrscheinlich. Selbst innerhalb einer Organisation müssen Daten meist innerhalb einer Abteilung bleiben. Werden Daten innerhalb des Netzes versehentlich falsch weitergeleitet, können sie von jedermann gelesen werden. Tabelle 10.2 faßt die Vor- und Nachteile der Link-by-Link-Verschlüsselung zusammen.

Vorteile:

Einfache Anwendung, da die Verschlüsselung transparent für den Benutzer verläuft. Alle Daten werden vor der Übertragung chiffriert.

Pro Leitung wird nur ein Satz von Schlüsseln benötigt.

Der Datenfluß selbst bleibt geheim, da auch alle Routing-Informationen chiffriert sind.

Die Verschlüsselung findet online statt.

Nachteile:

Die Daten werden in den zwischenliegenden Knoten aufgedeckt.

Tabelle 10.2: Vor- und Nachteile der Link-by-Link-Verschlüsselung

End-to-End-Verschlüsselung

Bei einem anderen Ansatz plaziert man das Verschlüsselungsgerät zwischen Vermittlungs- und Transportschicht. Das Verschlüsselungsgerät muß die Protokolle bis zur Schicht 3 verstehen und nur die Daten der Transportschicht chiffrieren, die dann wieder mit unverschlüsselten Routing-Informationen kombiniert und an die tieferen Schichten zur Übertragung weitergeleitet werden.

Diese Methode vermeidet die mehrfache Ver- und Entschlüsselung auf der Bitübertragungsschicht. Bei End-to-End-Verschlüsselung bleiben die Daten so lange chiffriert, bis sie ihr endgültiges Ziel erreichen (siehe Abbildung 10.2). Das Hauptproblem bei der End-to-End-Verschlüsselung besteht darin, daß die Routing-Informationen der Daten nicht chiffriert sind. Ein guter Kryptanalytiker kann eine Menge daraus folgern, wer mit wem kommuniziert oder zu welchen Zeiten und wie lang. Er muß dazu nicht einmal

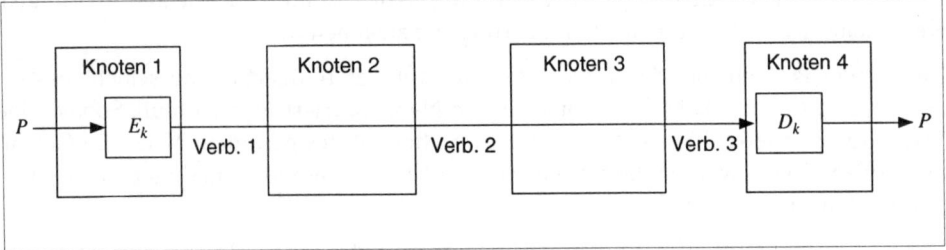

Abb. 10.2: End-to-End-Verschlüsselung

den Inhalt der Konversation kennen. Auch die Schlüsselverwaltung wird schwieriger, da sich einzelne Benutzer auf gemeinsame Schlüssel einigen müssen.

Die Konstruktion von Geräten zur End-to-End-Verschlüsselung ist schwierig. Jedes einzelne Kommunikationssystem benutzt seine eigenen Protokolle. Die Schnittstellen zwischen den Schichten sind nicht immer klar definiert, was die Sache weiter verkompliziert.

Findet die Verschlüsselung auf einer der obersten Schichten der Kommunikationsarchitektur statt, etwa auf der Anwendungs- oder Darstellungsschicht, kann sie unabhängig von der Art des benutzten Kommunikationsnetzes ablaufen. Es handelt sich immer noch um End-to-End-Verschlüsselung, doch die Implementierung muß nichts über Leitungscodes, Synchronisierung von Modems, physikalische Schnittstellen etc. wissen. In der Frühzeit der elektromechanischen Kryptographie fanden Ver- und Entschlüsselung vollständig offline statt. Das beschriebene Verfahren ist nur einen Schritt davon entfernt.

Verschlüsselung auf diesen oberen Schichten wirkt sich auf die Anwendungssoftware aus. Da sich die Anwendungsprogramme auf verschiedenen Computern unterscheiden, muß die Verschlüsselung für verschiedene Computersysteme optimiert werden. Die Verschlüsselung kann in der Software selbst oder in spezieller Hardware erfolgen. Im zweiten Fall sendet der Computer die Daten zur Verschlüsselung an die Spezialhardware, bevor sie die unteren Schichten der Kommunikationsarchitektur durchlaufen. Dieser Prozeß erfordert einige Intelligenz und eignet sich nicht für einfache Terminals. Außerdem kann es Kompatibilitätsprobleme zwischen unterschiedlichen Computern geben.

Vorteile:
Bessere Geheimhaltung.

Nachteile:
Erfordert komplexeres System zur Schlüsselverwaltung.
Verkehrsanalyse ist möglich, da die Routing-Informationen nicht verschlüsselt werden.
Die Verschlüsselung findet offline statt.

Tabelle 10.3: Vor- und Nachteile der End-to-End-Verschlüsselung

10.3 Verschlüsselung von Kommunikationskanälen

Der größte Nachteil der End-to-End-Verschlüsselung besteht darin, daß eine **Verkehrsanalyse** möglich ist. Darunter versteht man die Analyse der verschlüsselten Nachrichten: woher sie kommen, wohin sie gehen, wie lang sie sind, wann sie abgeschickt werden, wie häufig oder selten sie übertragen werden, ob sie mit äußeren Ereignissen wie Besprechungen zusammenfallen usw. Diese Angaben enthalten eine Menge nützlicher Informationen, so daß ein Kryptanalytiker immer versuchen wird, darauf Zugriff zu erhalten. Tabelle 10.3 führt die positiven und negativen Aspekte der End-to-End-Verschlüsselung auf.

Kombination der beiden Verfahren

Tabelle 10.4, die im wesentlichen aus [1244] stammt, vergleicht Link-by-Link- und End-to-End-Verschlüsselung. Die teuerste, aber auch sicherste Möglichkeit zur Absicherung ist die Kombination dieser beiden Verfahren. Die Verschlüsselung aller physikalischen Verbindungen verhindert die Analyse der Routing-Informationen, während End-to-

Link-by-Link-Verschlüsselung	End-to-End-Verschlüsselung
Sicherheit innerhalb von Rechnern	
Nachricht ist im sendenden Rechner sichtbar.	Nachricht ist im sendenden Rechner chiffriert.
Nachricht ist in zwischenliegenden Rechnern sichtbar.	Nachricht ist in zwischenliegenden Rechnern chiffriert.
Rolle des Benutzers	
Der sendende Rechner chiffriert.	Der sendende Prozeß chiffriert.
Unsichtbar für den Benutzer.	Der Benutzer führt Verschlüsselung durch.
Rechner führt Verschlüsselung durch.	Der Benutzer muß einen Algorithmus finden und auswählen.
Ein Gerät für alle Benutzer.	
Kann in Hardware implementiert sein.	Leichter in Software implementierbar.
Es werden alle Nachrichten chiffriert oder keine.	Benutzer entscheidet bei jeder Nachricht, ob sie chiffriert werden soll.
Implementierung	
Benötigt einen Schlüssel pro Rechnerpaar.	Benötigt einen Schlüssel pro Benutzerpaar.
Erfordert Verschlüsselungs-Hardware oder -Software auf jedem Rechner.	Erfordert Verschlüsselungs-Hardware oder -Software auf jedem Knoten.
Keine Authentifizierung der Knoten.	Authentifizierung der Knoten möglich.

Tabelle 10.4: Vergleich von Link-by-Link- und End-to-End-Verschlüsselung

End-Verschlüsselung die Gefahren vermindert, die von unverschlüsselten Daten in den verschiedenen Knoten eines Netzes ausgehen. Die Schlüsselverwaltung kann für beide Verfahren völlig getrennt verlaufen: Die Netzverwalter kümmern sich um die Verschlüsselung auf der Bitübertragungsschicht, während die einzelnen Benutzer für die End-to-End-Verschlüsselung verantwortlich sind.

10.4 Verschlüsselung gespeicherter Daten

Die Verschlüsselung von Daten, die gespeichert und später wieder abgerufen werden, kann man sich ebenfalls im Alice-Bob-Modell vorstellen. Alice sendet immer noch eine Nachricht an Bob, doch in diesem Fall spielt Alice zu einem späteren Zeitpunkt selbst die Rolle von Bob. Das Grundproblem unterscheidet sich jedoch prinzipiell von der Verschlüsselung eines Kommunikationskanals.

Bei einem Kommunikationskanal stellt eine übertragene Meldung keinen eigenen Wert dar. Wenn eine bestimmte Nachricht nicht bei Bob ankommt, so kann Alice die Übertragung immer noch wiederholen. Für die Verschlüsselung gespeicherter Daten trifft das nicht zu. Wenn Alice ihre Nachricht nicht dechiffrieren kann, so kann sie nicht in die Vergangenheit zurückgehen, um die Verschlüsselung zu wiederholen, sondern die Nachricht ist für immer verloren. Daher sollten Verschlüsselungsanwendungen zur Datenspeicherung einen Mechanismus enthalten, der verhindert, daß sich fatale Fehler in den Chiffretext einschleichen.

Der Chiffrierschlüssel ist genauso viel wert wie die Nachricht, nur ist er kürzer. Im Endeffekt wandelt die Kryptographie lange Geheimnisse in kurze um. Wenn sie kleiner sind, können sie aber leichter verlorengehen. Prozeduren zur Schlüsselverwaltung sollten davon ausgehen, daß die gleichen Schlüssel immer wieder benutzt werden und daß Daten jahrelang auf einer Festplatte gespeichert sein können, bevor sie dechiffriert werden.

Darüber hinaus existieren die Schlüssel für lange Zeit. Ein Schlüssel, der für eine Kommunikationsverbindung benutzt wird, sollte im Idealfall nur für die Dauer der jeweiligen Kommunikation existieren. Ein Schlüssel, der zur Datenspeicherung benutzt wird, wird unter Umständen jahrelang benötigt und muß daher auch so lange sicher aufbewahrt werden.

In [357] werden weitere Probleme in bezug auf die Verschlüsselung zur Datenspeicherung aufgeführt:

- Die Daten müssen auch in Klartextform existieren, entweder auf einer Festplatte, auf einem anderen Computer oder auf Papier. Ein Kryptanalytiker hat viel mehr Möglichkeiten für *known-plaintext*-Angriffe.

- Bei Datenbankanwendungen können die Datenfragmente kleiner sein als die Blockgröße der meisten Algorithmen. Dadurch wird der Chiffretext erheblich länger als der Klartext.

- Die Geschwindigkeit von Ein-/Ausgabegeräten erfordert schnelle Ver- und Entschlüsselung und damit in den meisten Fällen Verschlüsselungs-Hardware. Für manche Anwendungen sind spezielle Hochgeschwindigkeitsalgorithmen nötig.
- Die Schlüssel müssen sicher und über lange Zeit verwahrt werden.
- Die Schlüsselverwaltung ist viel komplizierter, da unterschiedliche Leute auf verschiedene Dateien, unterschiedliche Teile der gleichen Datei usw. zugreifen müssen.

Wenn die verschlüsselten Dateien nicht durch Datensätze und Felder strukturiert sind (z.B. Textdateien), ist die Wiederherstellung viel einfacher: Die gesamte Datei wird vor der Verwendung dechiffriert. Handelt es sich bei den verschlüsselten Dateien um Datenbankdateien, so ist diese Lösung problematisch. Die Entschlüsselung der gesamten Datenbank für den Zugriff auf einen einzelnen Datensatz ist ineffizient, doch die unabhängige Verschlüsselung einzelner Datensätze erhöht die Anfälligkeit für einen *block-replay*-Angriff.

Schließlich ist noch sicherzustellen, daß die unverschlüsselte Datei nach der Verschlüsselung gelöscht wird (siehe Abschnitt 10.9). Weitere Einzelheiten und Zusammenhänge finden Sie in [425, 569].

Dereferenzieren von Schlüsseln

Zur Verschlüsselung einer großen Festplatte stehen zwei Möglichkeiten zur Auswahl. Man kann alle Daten mit einem einzigen Schlüssel chiffrieren. Dadurch erhält ein Kryptanalytiker eine große Menge Chiffretext, die er analysieren kann. Zudem ist es nicht möglich, einzelnen Benutzern nur Teile der Festplatte zugänglich zu machen. Die zweite Möglichkeit besteht darin, jede Datei mit einem anderen Schlüssel zu chiffrieren. Dann müssen sich die Benutzer aber für jede Datei einen eigenen Schlüssel merken.

Die Lösung besteht darin, zunächst jede Datei mit einem eigenen Schlüssel zu chiffrieren. Dann werden die Schlüssel mit einem anderen Schlüssel chiffriert, der den Benutzern bekannt ist. Jeder Benutzer muß sich nur diesen einen Schlüssel merken. Verschiedene Benutzer können verschiedene Teilmengen der Schlüssel zur Dateiverschlüsselung mit ihrem eigenen Schlüssel chiffrieren. Es kann sogar einen Master-Key geben, mit dem jeder Schlüssel zur Dateiverschlüsselung chiffriert wird. Das ist sogar noch sicherer, weil die Schlüssel zur Dateiverschlüsselung zufällig und daher weniger anfällig für Wörterbuch-Angriffe sind.

Verschlüsselung auf Treiber- und Dateiebene

Eine Festplatte kann auf Treiber- oder Dateiebene chiffriert werden. Verschlüsselung auf Dateiebene bedeutet, daß jede Datei separat chiffriert wird. Um eine verschlüsselte Datei zu benutzen, muß man sie erst dechiffrieren, dann benutzen und schließlich wieder chiffrieren.

Verschlüsselung auf Treiberebene verwaltet ein logisches Laufwerk auf dem Rechner des Benutzers, auf dem alle Daten chiffriert sind. Wird dies gut implementiert, so erreicht man dadurch eine Absicherung, die neben der Wahl guter Paßwörter keinerlei Anstrengungen des Benutzers erfordert. Der Treiber ist jedoch wesentlich komplexer als ein einfaches Programm zur Verschlüsselung von Dateien, da er unter anderem als installierter Gerätetreiber arbeiten, neue Sektoren für die Dateien allozieren, alte Sektoren wiederverwenden und wahlfreie Lese- und Schreibzugriffe für alle Daten des logischen Laufwerks verarbeiten muß.

Verschlüsselung auf Dateiebene	Verschlüsselung auf Treiberebene
Vorteile	
Einfache Implementierung und Benutzung. Flexibel. Relativ geringe Geschwindigkeitseinbußen. Benutzer können problemlos Dateien zwischen Rechnern austauschen. Benutzer können problemlos Sicherungsdateien anlegen.	Temporärdateien, Arbeitsdateien etc. können auf dem sicheren Laufwerk angelegt werden. Benutzer können nicht vergessen, eine Datei wieder zu verschlüsseln.
Sicherheit	
Nicht sicherheitsüberprüfte Programme stellen eine potentielle Schwachstelle dar (z.B. durch Anlegen von Temporärdateien). Schlechte Implementierungen verwenden bei gleichem Paßwort immer den gleichen Schlüssel zur Chiffrierung.	Bei einem Gerätetreiber oder speicherresidenten Program kann viel schiefgehen. Schlechte Implementierungen erlauben *chosen-plaintext-* oder sogar *chosen-ciphertext-*Angriffe. Benutzt das gesamte System einen Master-Key mit einem Paßwort, so erhält ein Angreifer bei Verlust des Paßworts alles. Für diese Anwendung kommt nur eine eingeschränkte Zahl von Chiffrierungen für sinnvollen Einsatz in Frage. OFB-Stromchiffrierungen funktionieren zum Beispiel nicht.
Benutzbarkeit	
Der Benutzer muß wissen, was zu tun ist. Für verschiedene Dateien kann es unterschiedliche Paßwörter geben. Die einzige Zugangskontrolle besteht in der manuellen Verschlüsselung ausgewählter Dateien.	Es gibt Geschwindigkeitseinbußen. Es kann ungünstige Interaktionen zwischen dem Treiber und Windows, der DOS-Emulation von OS/2, Gerätetreibern etc. geben.

Tabelle 10.5: Vergleich von Verschlüsselung auf Treiber- und Dateiebene

Meist fragt der Treiber vor dem Start ein Paßwort vom Benutzer ab. Mit diesem Paßwort generiert er den Hauptdechiffrierschlüssel, mit dem wiederum die eigentlichen Dechiffrierschlüssel entschlüsselt werden, die für unterschiedliche Dateien benutzt wurden.

Wahlfreier Zugriff auf ein verschlüsseltes Laufwerk

Die meisten Systeme brauchen eine Möglichkeit, wahlfrei auf beliebige Einzelsektoren der Festplatte zuzugreifen. Dies verkompliziert die Angelegenheit für viele Stromchiffrierungen sowie für Blockchiffrierungen mit Verkettung (*chaining mode*). Mehrere Lösungen sind möglich.

Man kann für jeden Sektor mit Hilfe seiner Adresse einen eindeutigen IV erzeugen, der ver- oder entschlüsselt wird. Der Nachteil dabei ist, daß ein Sektor immer mit dem gleichen IV chiffriert wird. Daher sollte man sicher sein, daß das kein Problem darstellt.

Für den Master-Key generiert man einen Pseudozufallsblock von der Größe eines Sektors. (Dazu kann man zum Beispiel einen Algorithmus im OFB-Modus betreiben). Um einen Sektor zu verschlüsseln, wird er erst mit diesem Pseudozufallsblock XOR-verknüpft und dann normal mit einer Blockchiffrierung im ECB-Modus verschlüsselt. Dieses Verfahren heißt ECB+OFB (siehe Abschnitt 15.4).

Da die Modi CBC und CFB nach Fehlern wieder aufsetzen können, kann man bis auf den ersten oder zweiten Block in einem Sektor alle Blöcke zur Erzeugung des IVs für diesen Sektor verwenden. Der IV für den Sektor 3001 kann zum Beispiel der Hashwert aller Datenbits dieses Sektors mit Ausnahme der ersten 128 Bits sein. Nach der Erzeugung des IV wird normal im CBC-Modus chiffriert. Bei der Entschlüsselung benutzt man den zweiten 64-Bit-Block des Sektors als IV und entschlüsselt den Rest des Sektors. Mit den entschlüsselten Daten generiert man erneut einen IV und dechiffriert die ersten 128 Bit.

Man kann eine Blockchiffrierung mit einer genügend großen Blocklänge verwenden, um einen ganzen Sektor auf einmal zu verschlüsseln. Ein Beispiel dafür ist Crab (siehe Abschnitt 14.6).

10.5 Hardware- und Software-Verschlüsselung

Hardware

Bis vor kurzem wurden alle Verschlüsselungsprodukte in Form spezieller Hardware produziert. Eine solche Ver- oder Entschlüsselungsbox wird an eine Kommunikationsleitung angeschlossen und chiffriert alle Daten, die über die Leitung gehen. Obwohl Software-Verschlüsselung heutzutage immer wichtiger wird, ist Hardware immer noch die erste Wahl für militärische und ernsthafte kommerzielle Anwendungen. Die NSA genehmigt zum Beispiel nur Verschlüsselung in Hardware. Dafür gibt es mehrere Gründe.

Der erste Grund ist die Geschwindigkeit. Wie wir in Teil III noch sehen werden, bestehen Verschlüsselungsalgorithmen aus vielen komplizierten Operationen mit Klartextbits. Dabei handelt es nicht um Operationen, die in jeden Feld-Wald-und-Wiesen-Computer eingebaut sind. Die beiden gebräuchlichsten Verschlüsselungsalgorithmen, DES und RSA, laufen auf Vielzweckprozessoren sehr ineffizient. Obwohl einige Kryptographen versuchen, ihre Algorithmen besser auf Software-Implementierungen zu trimmen, wird Spezial-Hardware einen Geschwindigkeitsvergleich immer für sich entscheiden.

Darüber hinaus ist Verschlüsselung oft eine sehr rechenintensive Aufgabe. Es ist sehr ineffizient, damit den Hauptprozessor des Computers zu belasten. Findet die Verschlüsselung auf einem anderen Chip statt (selbst wenn dieser Chip ebenfalls ein Prozessor ist), so wird das gesamte System schneller.

Der zweite Grund ist die Sicherheit. Ein Verschlüsselungsalgorithmus, der auf einem allgemeinen Computer läuft, ist physikalisch völlig ungeschützt. Mallory kann diverse Debugger einsetzen und den Algorithmus heimlich modifizieren, ohne daß das jemals auffällt. Hardware-Geräte zur Verschlüsselung kann man auf sichere Art kapseln, um solche Manipulationen zu verhindern. Ein einbruchsicheres Gehäuse kann verhindern, daß jemand ein Hardware-Verschlüsselungsgerät modifiziert. Spezielle VLSI-Chips lassen sich mit einer Chemikalie beschichten, die bei jedem versuchten Zugriff auf das Innere des Chips dessen Logikbausteine zerstört. Die Clipper- und Capstone-Chips der US-amerikanischen Regierung (siehe Abschnitte 24.16 und 24.17) wurden einbruchsicher entwickelt. Die Chips können so gestaltet werden, daß es für Mallory unmöglich ist, den unchiffrierten Schlüssel auszulesen.

IBM entwickelte ein kryptographisches System zur Verschlüsselung von Daten und Kommunikationsverbindungen auf Mainframe-Computern [515, 1027]. Das System enthält einbruchsichere Module, die die Schlüssel enthalten. Dieses System wird in Abschnitt 24.1 behandelt.

Elektromagnetische Strahlung kann manchmal verraten, was sich innerhalb elektronischer Geräte abspielt. Dedizierte Verschlüsselungsgeräte werden deshalb abgeschirmt, so daß keine verräterischen Informationen nach außen dringen. Auch Allzweckcomputer können abgeschirmt werden, doch das ist eine viel schwierigere Aufgabe. Beim US-amerikanischen Militär spricht man von TEMPEST. Dieses Thema geht jedoch weit über den Rahmen dieses Buches hinaus.

Der letzte Grund für die Dominanz der Hardware ist schließlich die einfache Installation. An den meisten Verschlüsselungsanwendungen sind keine Vielzweckcomputer beteiligt. Die Benutzer wollen einfach ihre Telefonverbindungen, Faxübertragungen oder Datenleitungen chiffrieren. Es ist billiger, spezielle Verschlüsselungs-Hardware in die Telefone, Faxgeräte und Modems einzubauen, als einen Mikroprozessor und Software ins Spiel zu bringen.

Selbst wenn die Daten von einem Computer stammen, ist es einfacher, dedizierte Hardware zur Verschlüsselung zu installieren, als die Systemsoftware des Computers zu modifizieren. Die Verschlüsselung sollte unsichtbar sein und den Benutzer nicht behindern. Die einzige Möglichkeit, dies mit Software zu erreichen, besteht darin, die Verschlüsselung tief im Betriebssystem unterzubringen, was nicht ganz einfach ist. Im Gegensatz dazu kann selbst ein Computerlaie ein Verschlüsselungsgerät zwischen seinem Computer und einem externen Modem einstecken.

Zur Zeit werden drei Grundtypen von Verschlüsselungs-Hardware angeboten: abgeschlossene Chiffriermodule (die Paßwörter verifizieren und Schlüsselverwaltung für Banken durchführen), dedizierte Verschlüsselungsgeräte für Kommunikationsleitungen sowie Erweiterungskarten für Personal Computer.

Es gibt Verschlüsselungsgeräte, die für bestimmte Arten von Kommunikationsleitungen entwickelt wurden, z.B. T1-Verschlüsselungsboxen, die Synchronisierungsbits nicht verschlüsseln. Für synchrone und asynchrone Kommunikationsleitungen gibt es verschiedene Boxen. Neuere Boxen verkraften meist höhere Bitraten und sind vielseitiger einsetzbar.

Dennoch treten bei vielen dieser Geräte Inkompatibilitäten auf. Käufer sollten sich dieser Tatsache bewußt sein und ihre eigenen Anforderungen genau kennen, sonst sind sie bald Eigentümer von Verschlüsselungsgeräten, die für die jeweilige Aufgabe ungeeignet sind. Achten Sie besonders auf Einschränkungen hinsichtlich der Hardware, des Betriebssystems, der Anwendungssoftware, des Netzes etc.

PC-Karten zur Verschlüsselung chiffrieren meist alles, was auf die Festplatte geschrieben wird und können auch so konfiguriert werden, daß sie alle Daten chiffrieren, die zum Diskettenlaufwerk oder an die serielle Schnittstelle geschickt werden. Solche Karten sind nicht gegen elektromagnetische Strahlung oder physikalische Interferenz abgeschirmt, da es sinnlos wäre, Karten zu schützen, die in einem ungeschützten Computer arbeiten.

Immer mehr Firmen integrieren Verschlüsselungs-Hardware in ihre Kommunikationsgeräte. Es sind bereits sichere Telefone, Faxgeräte und Modems verfügbar.

Die interne Schlüsselverwaltung dieser Geräte ist im allgemeinen sicher, obwohl es etwa genauso viele verschiedene Verfahren dazu gibt wie Gerätehersteller. Manche Verfahren eignen sich für bestimmte Anwendungssituationen besser. Ein Käufer sollte daher wissen, welche Art von Schlüsselverwaltung in der Verschlüsselungsbox implementiert ist und was sie selbst noch zur Schlüsselverwaltung beitragen müssen.

Software

Jeder Verschlüsselungsalgorithmus kann in Software implementiert werden. Die Nachteile sind Geschwindigkeitseinbußen, Kosten und einfache Modifikation (oder Manipulation). Die Vorteile sind Flexibilität und Portabilität, einfache Anwendung und einfacher Ausbau. Die Algorithmen am Ende dieses Buches sind in C geschrieben und laufen mit minimalen Änderungen auf jedem Computer. Man kann sie mit geringen Kosten kopieren und auf jedem Computer installieren. Sie können auch in größere Anwendungen eingebaut werden, z.B. Kommunikationsprogramme oder Textverarbeitungssysteme.

Software zur Verschlüsselung ist sehr populär und steht für alle wichtigen Betriebssysteme zur Verfügung. Diese Programme sind zum Schutz einzelner Dateien gedacht. Meist muß der Benutzer einzelne Dateien manuell ver- und entschlüsseln. Es ist sehr wichtig, daß die Schlüsselverwaltung sicher ist: Die Schlüssel sollten nirgendwo auf der Festplatte gespeichert sein, nicht einmal in einem Teil des Hauptspeichers, der eventuell vom Prozessor auf die Festplatte ausgelagert wird. Schlüssel und unchiffrierte Dateien sollten nach der Verschlüsselung gelöscht werden. Viele Programme sind in dieser Hinsicht sehr nachlässig, so daß man als Benutzer sehr sorgfältig auswählen muß.

Mallory kann natürlich den Software-Verschlüsselungsalgorithmus immer durch etwas Unbrauchbares ersetzen. Für die meisten Anwender stellt das jedoch kein Problem dar. Wenn Mallory im Büro einbrechen und das Verschlüsselungsprogramm modifizieren kann, so kann er auch eine versteckte Kamera an der Wand installieren, eine Wanze im Telefon einbauen oder einen TEMPEST-Detektor auf der Straße aufstellen. Wenn Mallory um so viel mächtiger als der Benutzer ist, hat dieser das Spiel schon verloren, bevor es beginnt.

10.6 Kompression, Kodierung und Verschlüsselung

Der Einsatz eines Datenkompressionsalgorithmus zusammen mit einem Verschlüsselungsalgorithmus ist aus zwei Gründen sinnvoll:

- Kryptanalyse beruht auf der Ausnutzung von Redundanz im Klartext. Wird eine Datei vor der Verschlüsselung komprimiert, wird die Redundanz kleiner.
- Verschlüsselung ist zeitaufwendig. Wird eine Datei vor der Verschlüsselung komprimiert, verläuft der ganze Prozeß schneller.

Wichtig ist dabei, daß man vor der Verschlüsselung komprimieren muß. Wenn der Verschlüsselungsalgorithmus etwas taugt, läßt sich der Chiffretext nicht komprimieren, sondern sieht zufällig aus. (Daraus ergibt sich ein Plausibilitätstest für einen Verschlüsselungsalgorithmus: Läßt sich der Chiffretext komprimieren, taugt der Algorithmus wahrscheinlich nicht viel).

Wenn man für die Übertragung noch besondere Kodierungen oder Fehlererkennungscodes hinzufügen möchte, sollte man dies nach der Verschlüsselung tun. Bei verrauschten Kommunikationsleitungen bewirken die Fehlerfortpflanzungseigenschaften eine Verschlimmerung. Abbildung 10.3 faßt die einzelnen Schritte zusammen.

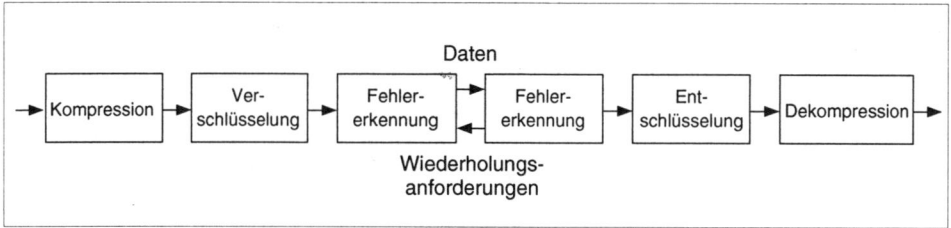

Abb. 10.3: Verschlüsselung mit Kompression und Fehlererkennung

10.7 Erkennen von Verschlüsselung

Wie erkennt Eve eine verschlüsselte Datei? Da Eve als Spionin arbeitet, ist das eine wichtige Frage. Angenommen, Eve belauscht ein Netz, in dem Nachrichten mit hoher Geschwindigkeit in allen Richtungen übertragen werden. Sie muß die interessanten Nachrichten herauspicken. Chiffrierte Dateien sind sicher interessant, doch woran erkennt sie, daß eine Datei chiffriert ist?

Im allgemeinen verläßt sie sich darauf, daß die meisten gebräuchlichen Verschlüsselungsprogramme Standard-Header verwenden. E-Mail wird meist mit PEM oder PGP verschlüsselt (siehe Abschnitte 24.10 und 24.12). Verschlüsselte Nachrichten sind daher leicht zu identifizieren.

Andere Programme zur Dateiverschlüsselung produzieren einfach eine Chiffretextdatei mit scheinbar zufälligen Bits. Wie kann Eve solche Dateien von anderen Dateien unterscheiden, die ebenfalls scheinbar zufällige Bits enthalten? Obwohl es kein sicheres Kriterium gibt, kann Eve eine Reihe von Tests durchführen:

- Sie kann die Datei untersuchen. ASCII-Text ist leicht zu erkennen. Andere Dateiformate, z.B. TIFF, T$_E$X, C, PostScript, G3-Fax oder Microsoft Excel haben Standardeigenschaften, die zur Identifizierung genügen. Auch ausführbarer Code ist identifizierbar. UNIX-Dateien haben oft eine *magic number* am Anfang, die man erkennen kann.

- Sie kann versuchen, die Datei mit den gängigen Kompressionsprogrammen zu dekomprimieren. Wenn die Datei komprimiert (und nicht verschlüsselt) ist, sollte das die ursprüngliche Datei liefern.

- Sie kann versuchen, die Datei zu komprimieren. Handelt es sich um Chiffretext (und ist der Algorithmus gut), so ist die Wahrscheinlichkeit gering, daß sich die Datei mit einem allgemeinen Kompressionsverfahren spürbar komprimieren läßt. (Unter spürbar verstehe ich mehr als 1 oder 2 Prozent.) Handelt es sich um etwas anderes (z.B. binäre Bilddaten oder andere binäre Daten), so kann sie wahrscheinlich komprimiert werden.

Jede Datei, die sich nicht komprimieren läßt, aber auch noch nicht komprimiert ist, enthält wahrscheinlich Chiffretext. (Man könnte natürlich auch absichtlich komprimierbaren Chiffretext erzeugen.) Wesentlich schwieriger ist es, den Algorithmus zu identifizieren. Ist der Algorithmus gut, so ist das unmöglich. Falls es im Algorithmus einige Ungleichgewichte gibt, finden sich diese unter Umständen in der Datei wieder. Die Ungleichwichte müssen jedoch sehr stark ausgeprägt oder die Datei ziemlich groß sein, damit diese Erkennung funktioniert.

10.8 Verbergen von Chiffretext in Chiffretext

Alice und Bob sandten sich das ganze letzte Jahr über chiffrierte Nachrichten zu. Eve sammelte diese Nachrichten, konnte sie jedoch nicht entschlüsseln. Schließlich ist der Geheimdienst den unlesbaren Chiffretext leid und inhaftiert die beiden. „Gebt uns die Chiffrierschlüssel", fordern die Beamten Alice und Bob auf. Diese weigern sich zunächst, doch dann bemerken sie die Daumenschrauben. Was können sie tun?

Wäre es nicht nützlich, eine Datei so chiffrieren zu können, daß es zwei mögliche Entschlüsselungen gibt, jeweils mit verschiedenen Schlüsseln? Alice könnte eine echte Nachricht an Bob mit dem einen Schlüssel chiffrieren und eine unverfängliche andere Nachricht mit dem anderen Schlüssel. Wenn Alice geschnappt wird, könnte sie den Schlüssel für die harmlose Nachricht preisgeben und den echten geheimhalten.

Am einfachsten läßt sich dies mit One-Time-Pads bewerkstelligen. P sei der Klartext, D der Dummy-Klartext, C der Chiffretext, K der echte Schlüssel und K' der Dummy-Schlüssel. Alice verschlüsselt P:

$$P \oplus K = C$$

Alice und Bob kennen beide K, so daß Bob C dechiffrieren kann:

$$C \oplus K = P$$

Werden sie jemals vom Geheimdienst zur Herausgabe der Schlüssel gezwungen, so verraten sie nicht K, sondern stattdessen:

$$K' = C \oplus D$$

Der Geheimdienst rekonstruiert damit den Dummy-Klartext:

$$C \oplus K' = D$$

Da es sich hier um One-Time-Pads handelt und K völlig zufällig ist, gibt es keine Möglichkeit zu beweisen, daß K' nicht der echte Schlüssel ist. Damit das Ganze noch überzeugender wirkt, sollten Alice und Bob ein paar verschwörerische Dummy-Nachrichten einfügen, die von den eigentlichen Nachrichten ablenken. Ein israelisches Spionagepärchen ging einmal so vor.

Alice könnte P mit ihrem bevorzugtem Algorithmus und dem Schlüssel K chiffrieren, wodurch sie C erhält. Dann XOR-verknüpft sie C mit einem Fragment beliebigen Klartexts, z.B. *Schuld und Sühne*, zu K'. Sie speichert sowohl C als auch den XOR-Wert auf ihrer Festplatte. Wenn sie jetzt vom Geheimdienst verhört wird, kann sie behaupten, sie sei Amateurkryptographin und K' nur ein One-Time-Pad für C. Selbst wenn die Beamten Verdacht schöpfen, können sie die Erklärung von Alice nur dann widerlegen, wenn sie K kennen.

Eine andere Methode besteht darin, P mit einem symmetrischen Algorithmus und K zu verschlüsseln und D mit K'. Jetzt bringt Alice Bits (oder Bytes) im Chiffretext durcheinander und erhält so den endgültigen Chiffretext. Wenn der Geheimdienst den Schlüssel verlangt, gibt Alice K' heraus und behauptet, die vertauschten Bits (oder Bytes) seien zufälliges Rauschen, das nur den Zweck habe, die Kryptanalyse zu erschweren. Das Problem dabei ist, daß die Erklärung so wenig plausibel ist, daß der Geheimdienst Alice wahrscheinlich nicht glauben wird (vor allem, wenn er weiß, daß das Verfahren in diesem Buch beschrieben wird).

Besser ist es, wenn Alice eine Dummy-Nachricht D derart erzeugt, daß die Konkatenierung von P und D komprimiert etwa die Größe von D hat. Diese Konkatenierung sei P'. Jetzt verschlüsselt Alice P' mit dem gewünschten Algorithmus und erhält C. Dieses C sendet sie an Bob, der C zu P' entschlüsselt und daraus P und D bestimmt. Dann berechnen beide $C \oplus D = K'$. Dieses K' wird das Dummy-One-Time-Pad, das sie benutzen, wenn sie vom Geheimdienst überrascht werden. Alice muß D übertragen, damit ihr Alibi mit dem von Bob übereinstimmt.

Wieder eine andere Methode besteht darin, daß Alice eine harmlose Nachricht mit einem fehlerkorrigierenden Code behandelt. Dann kann sie Fehler einfügen, die der geheimen verschlüsselten Nachricht entsprechen. Auf der Empfängerseite kann Bob die Fehler protokollieren, um die geheime Nachricht zu rekonstruieren und zu entschlüsseln. Mit Hilfe des fehlerkorrigierenden Codes kann er auch die harmlose Nachricht wiederherstellen. Alice und Bob könnten zwar in Erklärungsnot kommen, wenn der Geheimdienst danach fragt, wie es in einem ansonsten fehlerfrei arbeitenden Computernetz permanent eine Bitfehlerrate von 30 Prozent geben kann. In manchen Situationen kann das Verfahren jedoch funktionieren.

Schließlich können Alice und Bob mit den verdeckten Kanälen der Algorithmen für elektronische Signaturen arbeiten (siehe Abschnitte 24.2 und 23.3). Das ist nicht feststellbar und funktioniert wunderbar, hat aber den Nachteil, daß pro signierter harmloser Nachricht nur etwa 20 Zeichen verdeckten Texts übertragen werden können. Das Verfahren eignet sich höchstens zum Austausch von Schlüsseln.

10.9 Zerstören von Informationen

Auf den meisten Computern ist eine Datei nicht wirklich zerstört, wenn man sie löscht. Das einzige, was gelöscht wird, ist ein Eintrag in der Indexdatei der Festplatte, der angibt, daß die Datei existiert. Viele Software-Hersteller haben ein Vermögen mit Software verdient, die Dateien nach dem Löschen wieder herstellt.

Es gibt noch einen weiteren Grund zur Besorgnis: Die virtuelle Speicherverwaltung bewirkt, daß der Computer zu jeder Zeit Speicherbereiche auf die Festplatte auslagern oder wieder einlesen kann. Selbst wenn man ein vertrauliches Dokument nicht speichert, kann man nicht wissen, wann es auf die Festplatte kopiert wird. Daher kann es passieren, daß Ihr Computer Ihre Klartextdatei auf Platte sichert, selbst wenn Sie das nie direkt tun. Kompressionsprogramme auf Treiberebene, etwa Stacker und DoubleSpace, machen es noch schwieriger vorherzusagen, wie und wo Informationen auf einer Platte gespeichert werden.

Um eine Datei so zu löschen, daß sie auch von Software zur Wiederherstellung von Dateien nicht mehr gelesen werden kann, müssen Sie alle Bits der Datei auf der Platte physikalisch überschreiben. Das National Computer Security Center schreibt dazu [1148]:

> Überschreiben ist ein Vorgang, bei dem nichtgeheime Daten in Speicherbereiche geschrieben werden, die vorher vertrauliche Daten enthielten. ... Um ein Speichermedium zu löschen, schreibt das Verteidigungsministerium (DoD) vor, es zuerst mit einem Muster zu überschreiben, dann mit dessem Komplement und schließlich mit einem anderen Muster, z.B. erst mit 0011 0101, dann mit 1100 1010 und schließlich mit 1001 0111. Wie oft man überschreiben muß, hängt vom verwendeten Speichermedium ab, manchmal von der Geheimhaltungsstufe und manchmal auch von verschiedenen Anforderungen des DoD an die Komponenten. Ein Löschvorgang ist in allen Fällen erst dann abgeschlossen, wenn in einem letzten Durchlauf nichtgeheime Daten geschrieben wurden.

Es kann nötig sein, einzelne Dateien oder ganze Festplatten zu löschen. Außerdem sollte man alle unbenutzten Bereiche einer Festplatte löschen.

Die meisten kommerziellen Programme, die behaupten, den DoD-Standard zu implementieren, überschreiben dreimal: erst mit Einsen, dann mit Nullen und schließlich mit einem wiederholten Eins-Null-Muster. Mit der mir eigenen Paranoia empfehle ich jedoch, eine gelöschte Datei siebenmal zu überschreiben: Das erste Mal mit Einsen, das zweite Mal mit Nullen und fünfmal mit einer kryptographisch sicheren Pseudozufallssequenz. Neueste Entwicklungen am National Institute of Standards and Technology mit Elektronentunnelmikroskopen lassen vermuten, daß selbst das noch nicht genügen könnte. Wenn Ihre Daten wertvoll genug sind, sollten Sie sogar davon ausgehen, daß es *unmöglich* ist, Daten vollständig von magnetischen Medien zu löschen. Verbrennen oder schreddern Sie die Medien. Es ist billiger, neue Medien zu kaufen, als die Geheimnisse preiszugeben.

Teil III
Kryptographische Algorithmen

11 Mathematische Grundlagen

11.1 Informationstheorie

Claude Elmwood Shannon begründete 1948 die moderne Informationstheorie [1431, 1432]. (Seine Arbeiten wurden in der IEEE Press nachgedruckt [1433].) Eine gründliche mathematische Behandlung des Themas finden Sie in [593]. In diesem Abschnitt möchte ich nur die wichtigsten Grundlagen skizzieren.

Entropie und Unsicherheit

In der Informationstheorie definiert man den **Informationsgehalt** einer Nachricht als die kleinste Anzahl von Bits, mit der sich alle möglichen Bedeutungen dieser Nachricht kodieren lassen (unter der Annahme, daß alle Nachrichten gleich wahrscheinlich sind). Das Feld „Wochentag" in einer Datenbank enthält zum Beispiel nur 3 Bit an Information, denn diese Information läßt sich mit 3 Bit kodieren:

000 = Sonntag
001 = Montag
010 = Dienstag
011 = Mittwoch
100 = Donnerstag
101 = Freitag
110 = Samstag
111 wird nicht benutzt

Würde man diese Information durch die entsprechenden ASCII-Zeichenketten darstellen, so würde das zwar mehr Speicherplatz beanspruchen, aber dennoch nicht mehr Information enthalten. Entsprechend enthält das Feld „Geschlecht" in einer Datenbank nur 1 Bit an Information, obwohl es vielleicht durch die ASCII-Zeichenketten „männlich" bzw. „weiblich" dargestellt wird.

Formal wird der Informationsgehalt einer Nachricht M durch deren **Entropie** angegeben, die als $H(M)$ geschrieben wird. Die Entropie einer Nachricht, die das Geschlecht angibt, beträgt 1 Bit. Die Entropie einer Nachricht, die den Wochentag festlegt, ist geringfügig kleiner als 3 Bit. Allgemein hat die Entropie einer Nachricht in Bits den Wert $\log_2 n$, wenn n die Anzahl der möglichen Bedeutungen ist. Dabei geht man davon aus, daß alle Bedeutungen gleich wahrscheinlich sind.

Die Entropie einer Nachricht mißt außerdem deren **Unsicherheit**, das heißt die Anzahl der Klartextbits, die man wiederherstellen muß, um eine verschlüsselte Nachricht zu verstehen. Wenn der verschlüsselte Text „QHP*5M" zum Beispiel entweder „männlich" oder „weiblich" bedeutet, so hat diese Nachricht die Unsicherheit 1. Ein Kryptanalytiker muß zur Entschlüsselung der Nachricht nur ein geeignet gewähltes Bit herausbekommen.

Die Informationsrate einer Sprache

Die Informationsrate einer Sprache beträgt

$$r = H(M)/N$$

Dabei ist N die Länge der Nachricht. Die Informationsrate gewöhnlicher englischer Sprache schwankt bei großen Werten von N zwischen 1,0 und 1,5 Bit pro Buchstabe. Shannon stellt in [1434] fest, daß die Entropie von der Länge des Texts abhängt. Konkret gibt er einen Informationsgehalt von 2,3 Bit pro Buchstabe für Blöcke aus 8 Buchstaben an, der bei Blöcken aus 16 Buchstaben nur noch zwischen 1,3 und 1,5 liegt. Thomas Cover ermittelte mit einer Schätztechnik eine Entropie von 1,3 Bit pro Zeichen [386]. (Ich benutze in diesem Buch den Wert 1,3.) Die **absolute Informationsrate** einer Sprache ist die maximale Anzahl der Bits, die in jedem Zeichen kodiert werden kann, wenn man davon ausgeht, daß alle Zeichenfolgen gleich wahrscheinlich sind. Enthält die Sprache L Zeichen, so beträgt die absolute Informationsrate

$$R = \log_2 L$$

Dies ist die maximale Entropie der einzelnen Zeichen.

Für die englische Sprache mit 26 Buchstaben liegt die absolute Informationsrate bei $\log_2 26$ oder etwa 4,7 Bit pro Buchstabe. Es sollte niemanden überraschen, daß der tatsächliche Informationsgehalt des Englischen viel niedriger liegt. Natürliche Sprachen sind hochgradig redundant.

Die **Redundanz** D einer Sprache ist wie folgt definiert:

$$D = R - r$$

Geht man für Englisch von einem mittleren Informationsgehalt von 1,3 aus, so beträgt die Redundanz 3,4 Bit pro Buchstabe. Das bedeutet, daß im Englischen jedes Zeichen 3,4 Bit redundanter Information trägt.

Eine ASCII-Nachricht, die nur aus englischem Text besteht, enthält in jedem Byte der Nachricht 1,3 Bit Information, also beinhaltet jedes Byte 6,7 Bit redundanter Information. Jedes Bit eines ASCII-Texts enthält 0,84 Bit Redundanz und eine Entropie von 0,16 Bit. Wird die gleiche Nachricht in BAUDOT – mit 5 Bit pro Zeichen – dargestellt, so beträgt die Redundanz 0,74 Bit pro Bit und die Entropie 0,26 Bit pro Bit. Leerzeichen, Satzzeichen, Ziffern und Formatierung verändern diese Werte.

Sicherheit eines Kryptosystems

Shannon definierte die Sicherheit eines Kryptosystems durch ein präzises mathematisches Modell. Ein Kryptanalytiker hat das Ziel, den Schlüssel K, den Klartext P oder beides zu ermitteln. Er kann jedoch auch mit anderen probabilistischen Informationen über P zufrieden sein: Handelt es sich um digitalisierte Audiodaten, deutschen Text, die Daten einer Tabellenkalkulation oder etwas anderes?

In den meisten echten Anwendungsfällen der Kryptanalyse sind dem Kryptanalytiker schon von vornherein probabilistische Informationen über P bekannt, etwa die Sprache, in der der Klartext abgefaßt wurde. Diese Sprache beinhaltet eine gewisse Redundanz. Handelt es sich um eine Nachricht an Bob, so beginnt sie wahrscheinlich mit „Lieber Bob". Der Text „Lieber Bob" ist wahrscheinlicher als „e8T&g[,m-L". Aufgabe der Kryptanalyse ist es, die Wahrscheinlichkeiten zu ändern, mit denen jeder mögliche Klartext auftritt. Schließlich kristallisiert sich aus der großen Zahl möglicher Klartexte ein bestimmter Klartext als sicher oder zumindest sehr wahrscheinlich heraus.

Es gibt ein Kryptosystem, das **perfekte Sicherheit** bietet, also ein Kryptosystem, bei dem der Chiffretext keinerlei Informationen über den Klartext enthält (vielleicht mit Ausnahme seiner Länge). Shannons Theorie besagt, daß das nur dann der Fall sein kann, wenn die Anzahl der möglichen Schlüssel mindestens so groß ist wie die Anzahl der möglichen Nachrichten. Anders ausgedrückt: der Schlüssel muß mindestens so lang wie die Nachricht sein und jeder Schlüssel kann nur einmal benutzt werden. Das bedeutet wiederum, daß das One-Time-Pad (siehe Abschnitt 1.5) das einzige Kryptosystem darstellt, das perfekte Geheimhaltung bietet.

Sieht man einmal von perfekter Geheimhaltung ab, so ist es unvermeidbar, daß der verschlüsselte Text gewisse Informationen über den zugehörigen Klartext enthält. Ein guter kryptographischer Algorithmus minimiert diese Informationen; ein guter Kryptanalytiker nutzt diese Informationen zur Ermittlung des Klartexts aus.

Kryptanalytiker nutzen die natürliche Redundanz der Sprache aus, um die Anzahl der möglichen Klartextmeldungen zu reduzieren. Je redundanter die Sprache ist, umso einfacher ist die Kryptanalyse. Aus diesem Grund verkürzen viele Implementierungen kryptographischer Verfahren den Text vor der Verschlüsselung mit einem Kompressionsprogramm. Kompression vermindert sowohl die Redundanz einer Nachricht als auch den zur Ver- und Entschlüsselung nötigen Aufwand.

Die Entropie eines Kryptosystems ist ein Maß für die Größe des Schlüsselraums K. Sie ist näherungsweise gegeben durch den Logarithmus zur Basis 2 der Anzahl der Schlüssel:

$$H(K) = \log_2 K$$

Bei einem Kryptosystem mit 64 Bit Schlüssellänge beträgt die Entropie 64 Bit; bei einem Kryptosystem mit 56 Bit Schlüssellänge beträgt sie 56 Bit. Im allgemeinen ist ein Kryptosystem umso schwieriger zu knacken, je größer seine Entropie ist.

Unizitätslänge

Die Anzahl verschiedener Schlüssel, die einen Chiffretext in verständlichen Klartext in der Sprache des ursprünglichen Klartexts entschlüsseln (etwa eine Zeichenkette mit englischem Text), wird für eine Nachricht der Länge n durch folgende Formel beschrieben [712, 95]:

$$2^{H(K) - nD} - 1$$

Shannon [1432] definierte die **Unizitätslänge** U als Näherung für die Menge verschlüsselten Texts, bei der die Summe aus echter Information (Entropie) im zugehörigen Klartext und der Entropie des Chiffrierschlüssels gleich der Anzahl der im Chiffretext benutzten Bits ist. Er zeigte dann, daß Chiffretexte, die länger sind als dieser Wert, mit akzeptabler Sicherheit nur eine einzige sinnvolle Entschlüsselung zulassen. Ist der Klartext deutlich kürzer als dieser Wert, so gibt es wahrscheinlich mehrere Entschlüsselungsmöglichkeiten, die alle gleichermaßen gültig sind. Dies erhöht die Sicherheit der Verschlüsselung, da der Gegner erst die korrekte Möglichkeit auswählen muß.

Bei den meisten symmetrischen Kryptosystemen ist die Unizitätslänge definiert als die Entropie des Kryptosystems dividiert durch die Redundanz der Sprache:

$$U = H(K)/D$$

Die Unizitätslänge liefert keine sicheren Vorhersagen, sondern wahrscheinlichkeitstheoretische Ergebnisse. Sie schätzt die Mindestlänge des Chiffretexts ab, bei der es wahrscheinlich ist, daß bei einem versuchten Brute-Force-Angriff nur ein einziger verständlicher Klartext entschlüsselt wird. Im allgemeinen ist ein Kryptosystem umso besser, je größer die Unizitätslänge ist. Bei DES mit einer Schlüssellänge von 56 Bit und einer englischen ASCII-Nachricht beträgt die Unizitätslänge etwa 8,2 ASCII-Zeichen oder 66 Bit. Tabelle 11.1 enthält für verschiedene Schlüssellängen die zugehörigen Werte für die Unizitätslänge. [445] enthält die Werte für die Unizitätslänge einiger klassischer Kryptosysteme.

Tabelle 11.1: Unizitätslängen von ASCII-Text, der mit Algorithmen unterschiedlicher Schlüssellänge chiffriert wird

Schlüssellänge in Bit	Unizitätslänge (in Zeichen)
40	5,9
56	8,2
64	9,4
80	11,8
128	18,8
256	37,6

Die Unizitätslänge ist kein Maß dafür, wie lang der Chiffretext für die Kryptanalyse sein muß, sondern wieviel Chiffretext nötig ist, damit die Kryptanalyse nur eine sinnvolle

Lösung bringt. Ein Kryptosystem kann selbst dann rechnerisch nicht zu knacken sein, wenn es theoretisch möglich ist, es mit einer geringen Menge Chiffretext zu knacken. (Hier kommt die esoterische Theorie der relativierten Kryptographie ins Spiel [230, 231, 232, 233, 234, 235].) Die Unizitätslänge ist umgekehrt proportional zur Redundanz. Geht die Redundanz gegen Null, so kann selbst eine triviale Verschlüsselung unlösbar sein, wenn nur das Chiffretext zur Verfügung steht.

Shannon definierte ein Kryptosystem mit unendlicher Unizitätslänge als eines mit **idealer Sicherheit**. Beachten Sie, daß ein ideales Kryptosystem nicht unbedingt ein perfektes Kryptosystem darstellt, ein perfektes Kryptosystem jedoch notwendig auch ein ideales Kryptosystem sein muß. Bei einem Kryptosystem mit idealer Sicherheit bleibt selbst bei erfolgreicher Kryptanalyse eine gewisse Unsicherheit darüber bestehen, ob der rekonstruierte Klartext mit dem echten Klartext übereinstimmt.

Informationstheorie in der Praxis

Diese Konzepte sind zwar von großer theoretischer Bedeutung, spielen jedoch in der praktischen Kryptanalyse selten eine Rolle. Eine zu geringe Unizitätslänge bedeutet Unsicherheit, eine große Unizitätslänge garantiert jedoch noch keine Sicherheit. Nur wenige praktische Algorithmen sind völlig resistent gegen Analyseversuche. Alle Arten von Eigenschaften können als Angriffspunkt für die Entschlüsselung chiffrierter Nachrichten dienen. Allerdings sind derartige Überlegungen aus der Informationstheorie gelegentlich auch nützlich, um zum Beispiel für einen bestimmten Algorithmus ein Intervall für den Wechsel des Schlüssels zu empfehlen. Die Kryptanalytiker versuchen außerdem mit einer Vielzahl statistischer und informationstheoretischer Tests, die Analyse in die Richtung zu führen, die den größten Erfolg verspricht. Leider ist ein Großteil der Literatur zur Anwendung der Informationstheorie auf die Kryptanalyse unter Verschluß, auch die wegweisende Arbeit von Alan Turing aus dem Jahr 1940.

Konfusion und Diffusion

Die beiden grundlegenden Verfahren zum Verbergen der Redundanz in einer Klartextnachricht sind nach Shannon Konfusion und Diffusion [1432].

Konfusion verschleiert den Zusammenhang zwischen Klartext und Chiffrat. Dies vereitelt die Suche nach Redundanz und statistischen Mustern bei der Untersuchung des Chiffretexts. Die einfachste Möglichkeit hierfür ist die Substitution. Bei einer einfachen Substitutionsverschlüsselung, etwa der Caesar-Chiffrierung, wird jedes Vorkommen eines bestimmten Buchstabens im Klartext durch einen bestimmten anderen Buchstaben im Chiffrat ersetzt. Moderne Verfahren zur Substitutionsverschlüsselung sind komplexer: Ein langer Block des Klartexts wird durch einen anderen Block verschlüsselten Texts ersetzt. Der Mechanismus für die Ersetzung ändert sich bei jedem Bit des Klartexts oder des Schlüssels. Diese Art Substitution ist nicht unbedingt ausreichend – der deutsche Enigma-Apparat stellt einen komplexen Substitutionsalgorithmus dar, der während des zweiten Weltkriegs geknackt wurde.

Diffusion verteilt die Redundanz des Klartexts über das Chiffrat. Einem Kryptanalytiker fällt es daher schwerer, diese Redundanzen zu entdecken. Die einfachste Möglichkeit zur Diffusion ist die Transposition (auch **Permutation** genannt). Bei einer einfachen Transpositionsverschlüsselung, etwa der Spaltentransposition, werden die Buchstaben des Klartexts nur anders angeordnet. Moderne Verfahren wenden diese Art der Permutation zwar an, arbeiten jedoch zusätzlich mit anderen Arten der Diffusion, die Teile der Nachricht über die gesamte Nachricht verstreuen können.

Stromchiffrierung verläßt sich einzig auf Konfusion, obwohl manche Rückkopplungsverfahren auch Diffusion hinzufügen. Blockalgorithmen verwenden sowohl Konfusion als auch Diffusion. Allgemein können wir festhalten, daß allein angewandte Diffusion leicht zu knacken ist (obwohl Verschlüsselung durch doppelte Transposition robuster ist als viele andere Systeme, die sich mit Stift und Papier durchführen lassen).

11.2 Komplexitätstheorie

Die Komplexitätstheorie liefert einen Rahmen für die Analyse des **Berechnungsaufwands** verschiedener kryptographischer Verfahren. Sie vergleicht kryptographische Algorithmen und ermittelt, wie sicher diese sind. Aus der Informationstheorie wissen wir, daß alle kryptographischen Verfahren (mit Ausnahme des One-Time-Pads) geknackt werden können. Die Komplexitätstheorie macht Aussagen darüber, ob ein Verfahren noch vor dem Hitzetod des Universums bloßgelegt werden kann.

Komplexität von Algorithmen

Die Komplexität eines Algorithmus bestimmt die Rechenkapazität, die zu seiner Ausführung erforderlich ist. Die Berechnungskomplexität eines Algorithmus wird oft durch zwei Variablen beschrieben: T gibt die **Rechenzeit** an, S den **Speicherbedarf**. T und S werden gewöhnlich als Funktionen der Größe n der Eingabedaten betrachtet. Es gibt auch andere Meßgrößen für die Komplexität, z.B. Anzahl der Zufallsbits, Kommunikationsbandbreite, Datenmenge usw.

Die Berechnungskomplexität eines Algorithmus wird gewöhnlich in der sogenannten „Groß-O"-Schreibweise angegeben, die die Größenordnung der Komplexität beschreibt. Sie enthält einfach den Ausdruck der Komplexitätsfunktion, der mit zunehmendem n am schnellsten wächst. Terme niedrigerer Ordnung werden dabei ignoriert. Ein Algorithmus der Laufzeitkomplexität $4n^2 + 7n + 12$ hat zum Beispiel eine Berechnungskomplexität der Ordnung n^2, geschrieben $O(n^2)$.

Die Messung der Zeitkomplexität auf diese Art ist unabhängig vom benutzten System. Es ist nicht nötig, die genauen Ausführungszeiten einzelner Instruktionen oder die

Anzahl der Bits zur Darstellung der verschiedenen Variablen zu kennen, nicht einmal die Geschwindigkeit des Prozessors muß bekannt sein. Ein Computer mag um 50 Prozent schneller sein als ein anderer, bei einem dritten kann der Datenbus doppelt so breit sein – die Größenordnung der Komplexität eines Algorithmus bleibt gleich. Dies ist kein Betrug, denn bei Algorithmen, die so komplex sind wie die hier vorgestellten, ist alles andere im Vergleich zur Größenordnung der Komplexität vernachlässigbar (läßt sich also durch einen konstanten Faktor ausdrücken).

Mit dieser Schreibweise sieht man, wie der Umfang der Eingabedaten den Zeit- und Speicherplatzbedarf beeinflußt. Bei $T = O(n)$ bewirkt zum Beispiel eine Verdopplung der Eingangsdaten eine Verdopplung der Laufzeit des Algorithmus. Bei $T = O(2^n)$ verdoppelt sich die Laufzeit des Algorithmus (bis auf einen konstanten Faktor), wenn die Eingabedaten um ein Bit vergrößert werden.

Algorithmen werden meist hinsichtlich der Zeit- oder Berechnungskomplexität klassifiziert. Ein Algorithmus heißt **konstant**, wenn seine Komplexität nicht von n abhängt: $O(1)$. Ein Algorithmus mit $O(n)$ heißt **linear**. Algorithmen können auch quadratisch, kubisch usw. sein. Solche Algorithmen sind **polynomial**, also von der Ordnung $O(n^m)$, wobei m konstant ist. Die Klasse der Algorithmen mit polynomialer Laufzeitkomplexität heißt **polynomiale** Algorithmen.

Algorithmen mit der Komplexität $O(t^{f(n)})$, wobei t eine Konstante größer 1 ist und $f(n)$ ein polynomiale Funktion von n, heißen **exponentiell**. Die Teilmenge der exponentiellen Algorithmen der Komplexität $O(c^{f(n)})$, wobei c eine Konstante darstellt und $f(n)$ keine Konstante ist, aber schwächer wächst als eine lineare Funktion, heißt **superpolynomial**.

Im Idealfall sollte ein Kryptograph in der Lage sein zu behaupten, daß selbst der beste Algorithmus zum Knacken seines Verschlüsselungsverfahrens exponentielle Zeitkomplexität hat. Beim aktuellen Stand der Komplexitätstheorie kann man in der Praxis jedoch als stärkste Aussage eine Feststellung der Art „alle bekannten Entschlüsselungsalgorithmen für dieses Kryptosystem haben superpolynomiale Zeitkomplexität" wagen. Das bedeutet, daß alle bekannten Dechiffrierverfahren superpolynomiales Zeitverhalten haben; es läßt sich jedoch noch nicht beweisen, daß prinzipiell kein Dechiffrieralgorithmus möglich ist, der mit polynomialer Laufzeit auskommt. Bei entsprechenden Fortschritten in der Berechnungskomplexität könnte es eines Tages möglich sein, Algorithmen zu entwerfen, für die man die Existenz von Dechiffrieralgorithmen mit polynomialer Laufzeit mit mathematischer Sicherheit ausschließen kann.

Mit steigendem n hängt die praktische Anwendbarkeit eines Algorithmus entscheidend von seiner Zeitkomplexität ab. Tabelle 11.2 enthält die Laufzeiten verschiedener Klassen von Algorithmen, wobei n eine Million beträgt. Konstanten werden ignoriert. Aus der Tabelle geht gleichzeitig hervor, weshalb dies sinnvoll ist.

Wenn wir für unseren Computer eine „Zeiteinheit" von einer Mikrosekunde zugrundelegen, kann dieser einen konstanten Algorithmus in einer Mikrosekunde ausführen, einen linearen Algorithmus in einer Sekunde und einen quadratischen in 11,6 Tagen. Ein kubischer Algorithmus wäre erst in 32000 Jahren abgeschlossen. Das ist nicht besonders praktisch, aber ein Computer, der so konstruiert ist, daß er die nächste Eiszeit übersteht,

Tabelle 11.2: Laufzeit verschiedener Klassen von Algorithmen

Klasse	Komplexität	Anzahl der Operationen bei $n=10^6$	Laufzeit bei 10^6 Operationen/Sek.
Konstant	$O(1)$	1	1 μSek.
Linear	$O(n)$	10^6	1 Sek.
Quadratisch	$O(n^2)$	10^{12}	11,6 Tage
Kubisch	$O(n^3)$	10^{18}	32 000 Jahre
Exponentiell	$O(2^n)$	10^{301030}	10^{301006} mal das Alter des Universums

würde schließlich immerhin eine Lösung liefern. Die Ausführung des exponentiellen Algorithmus ist sinnlos, selbst wenn man immense Geschwindigkeitssteigerung, Parallelverarbeitung oder Kontakt mit superintelligenten Außerirdischen einbezieht.

Betrachten wir das Problem eines Brute-Force-Angriffs gegen einen Verschlüsselungsalgorithmus. Die Zeitkomplexität dieses Angriffs ist proportional zur Anzahl möglicher Schlüssel, die wiederum exponentiell von der Schlüssellänge abhängt. Wenn n die Länge des Schlüssels ist, beträgt die Komplexität eines Brute-Force-Angriffs $O(2^n)$. In Abschnitt 12.3 behandeln wir die Kontroverse in Bezug auf DES und den Einsatz eines 56 Bit langen Schlüssels anstelle eines 112 Bit langen Schlüssels. Die Komplexität eines Brute-Force-Angriffs gegen einen 56 Bit langen Schlüssel beträgt 2^{56}; bei 112 Bit 2^{112}. Während das erste machbar ist, ist ein Angriff gegen 112 Bit aussichtslos.

Komplexität von Problemen

In der Komplexitätstheorie klassifiziert man nicht nur die Komplexität bestimmter Algorithmen zur Lösung von Problemen, sondern auch die inhärente Komplexität von Problemen. [600, 211, 1226] enthalten ausgezeichnete Einführungen in dieses Thema; siehe auch [1096, 27, 739]. In der Komplexitätstheorie untersucht man die minimalen Zeit- und Speicherplatzanforderungen, die zur Lösung des schwierigsten Einzelfalls eines Problems mit Hilfe eines theoretischen Computers nötig sind, der als **Turing-Maschine** bezeichnet wird. Eine Turing-Maschine ist ein endlicher Automat mit einem unendlich großen les- und schreibbaren Speicherband. Es stellt sich heraus, daß die Turing-Maschine ein realistisches Modell für Berechnungen abgibt.

Probleme, die man mit polynomialen Algorithmen lösen kann, heißen **berechenbar**, weil sie bei akzeptablen Eingabegrößen gewöhnlich mit vertretbarem Aufwand und in vertretbarer Zeit gelöst werden können. Die genaue Definition von „vertretbar" hängt dabei von den jeweiligen Umständen ab. Probleme, die man nicht in polynomialer Zeit lösen kann, heißen **nicht berechenbar**, da die Berechnung der zugehörigen Lösung schnell sinnlos wird. Nicht berechenbare Probleme heißen manchmal auch **schwer**. Probleme, die man nur mit superpolynomialen Algorithmen lösen kann, sind vom Computer-Standpunkt aus nicht berechenbar, selbst wenn man nur relativ kleine Werte für n betrachtet.

Es kommt aber noch schlimmer: Alan Turing bewies, daß manche Probleme **unentscheidbar** sind: Unabhängig von der Zeitkomplexität ist es unmöglich, einen Algorithmus zu ihrer Lösung aufzustellen.

Man kann Probleme abhängig von der Komplexität der jeweiligen Lösungen in Komplexitätsklassen einordnen. Abbildung 11.1 zeigt die wichtigsten Komplexitätsklassen und die Beziehung, in der sie vermutlich zueinander stehen. Leider wurde mathematisch noch nicht viel über diese Zusammenhänge bewiesen.

Ganz unten steht die Klasse **P** der Probleme, die in polynomialer Zeit lösbar sind. Die Klasse **NP** besteht aus allen Problemen, die in polynomialer Zeit gelöst werden können, aber nur auf einer nichtdeterministischen Turing-Maschine. Das ist eine Variante der normalen Turing-Maschine, die Vermutungen anstellen kann. Die Maschine rät die Lösung des Problems – entweder durch Glück oder indem sie alle Vermutungen parallel aufstellt – und überprüft die Vermutungen in polynomialer Zeit.

Die Klasse **NP** hat wie folgt mit Kryptographie zu tun: Viele symmetrische Algorithmen und alle Verfahren mit öffentlichem Schlüssel können nichtdeterministisch in polynomialer Zeit geknackt werden. Bei gegebenem Geheimtext C rät der Kryptanalytiker einfach einen Klartext X und einen Schlüssel k. Dann läßt er in polynomialer Zeit den Verschlüsselungsalgorithmus mit den Eingangsdaten X und k laufen und überprüft, ob das Ergebnis mit C übereinstimmt. Dieser Zusammenhang ist aus theoretischen Gründen wichtig, da er eine obere Schranke für die Komplexität der Kryptanalyse dieser Algorithmen liefert. In der Praxis sucht der Kryptanalytiker natürlich einen deterministischen Algorithmus mit polynomialer Laufzeit. Außerdem gilt dieses Argument nicht für alle Klassen von Chiffren, insbesondere nicht für das One-Time-Pad. Für jedes C kann es

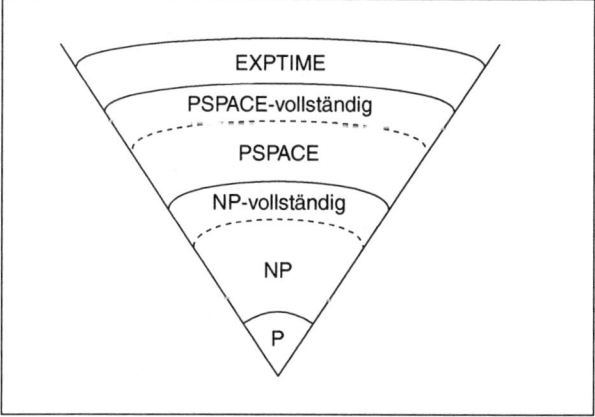

Abb. 11.1: Komplexitätsklassen

viele Paare X, k geben, die nach Anwendung des Verschlüsselungsalgorithmus C liefern. Viele dieser Eingabepaare stellen jedoch keinen zulässigen Klartext dar, sondern Unsinn.

Die Klasse **NP** schließt die Klasse **P** mit ein, denn jedes Problem, das in polynomialer Zeit auf einer deterministischen Turing-Maschine lösbar ist, ist in polynomialer Zeit auch auf einer nichtdeterministischen Turing-Maschine lösbar. Man läßt einfach die Ratestufe weg.

Wenn alle **NP**-Probleme in polynomialer Zeit auf einer deterministischen Maschine lösbar sind, dann gilt **P** = **NP**. Es scheint zwar naheliegend, daß manche **NP**-Probleme viel schwerer sind als andere (zum Beispiel ein Brute-Force-Angriff gegen einen Verschlüsselungsalgorithmus im Vergleich zur Verschlüsselung eines beliebigen Klartexts), es wurde jedoch nie bewiesen, daß **P** ≠ **NP** (oder daß **P** = **NP**). Die meisten Leute, die sich mit Komplexitätstheorie beschäftigen, glauben jedoch, daß beide nicht übereinstimmen.

Noch merkwürdiger ist, daß man beweisen kann, daß bestimmte **NP**-Probleme so schwierig sind wie ein beliebiges Problem dieser Klasse. Steven Cook [365] bewies, daß das Erfüllbarkeitsproblem (gegeben sei ein Boolescher Ausdruck; gibt es eine Möglichkeit, den Variablen so Wahrheitswerte zuzuweisen, daß der Ausdruck den Wert wahr annimmt?) **NP-vollständig** ist. Das bedeutet, daß **P** = **NP**, falls das Erfüllbarkeitsproblem in polynomialer Zeit lösbar ist. Kann man andererseits beweisen, daß es zu einem Problem in **NP** keinen deterministischen Algorithmus mit polynomialem Zeitverhalten gibt, so zeigt der Beweis, daß auch das Erfüllbarkeitsproblem keine deterministische polynomiale Lösung hat. Es gibt in **NP** kein Problem, das schwerer zu lösen ist als das Erfüllbarkeitsproblem.

Seit der Veröffentlichung der wegweisenden Arbeit von Cook wurde für viele Probleme die Äquivalenz zum Erfüllbarkeitsproblem gezeigt. In [600] werden Hunderte aufgeführt; einige Beispiele folgen weiter unten. Äquivalent bedeutet, daß diese Probleme ebenfalls **NP-vollständig** sind; sie sind in **NP** enthalten und so schwer wie jedes andere Problem in **NP**. Könnte man die Frage ihrer Lösbarkeit in deterministischer polynomialer Zeit klären, so wäre auch der Zusammenhang zwischen **P** und **NP** geklärt. Die Frage, ob **P** = **NP** ist, stellt das zentrale ungelöste Problem der Komplexitätstheorie dar. Niemand erwartet, daß es in absehbarer Zeit gelöst wird. Wenn jemand zeigen könnte, daß **P** = **NP** ist, wäre ein Großteil dieses Buchs hinfällig: Wie bereits gezeigt, kann man viele Klassen von Verschlüsselungsverfahren auf triviale Weise in nichtdeterministischer polynomialer Zeit knacken. Wäre **P** = **NP**, so könnten sie mit durchführbaren, deterministischen Algorithmen geknackt werden.

PSPACE liegt in der Komplexitätshierarchie noch weiter außen. Probleme in **PSPACE** können mit polynomialem Speicherplatz gelöst werden, nicht notwendig aber in polynomialer Zeit. **PSPACE** enthält **NP**, von manchen Problemen in **PSPACE** nimmt man jedoch an, daß sie schwerer als **NP** sind. Natürlich ist auch das noch nicht bewiesen. Innerhalb von **PSPACE** gibt es die Klasse der sogenannten **PSPACE-vollständigen** Probleme mit folgender Eigenschaft: liegt irgendeines dieser Probleme in **NP**, so gilt **PSPACE** = **NP**, liegt dagegen eines in **P**, so gilt **PSPACE** = **P**.

Schließlich gibt es noch eine Klasse von Problemen, die als **EXPTIME** bezeichnet wird. Diese Probleme sind in exponentieller Zeit lösbar. Von den **EXPTIME**-vollständigen Problemen kann man sogar zeigen, daß sie nicht in deterministischer polynomialer Zeit lösbar sind. Es wurde gezeigt, daß **P** und **EXPTIME** nicht gleich sind.

NP-vollständige Probleme

Michael Garey und David Johnson stellten eine Liste mit mehr als 300 NP-vollständigen Problemen zusammen. Im folgenden finden Sie eine kleine Auswahl:

- Das Traveling-Salesman-Problem: Ein Vertreter muß mit einer Tankfüllung n verschiedene Städte besuchen (er kann nur eine begrenzte Strecke zurücklegen). Gibt es eine Route, auf der er mit dieser einen Tankfüllung jede Stadt genau einmal besuchen kann? Dies ist eine Verallgemeinerung des Problems der Hamiltonschen Wege (siehe Abschnitt 5.1).

- Das Dreier-Hochzeitsproblem: In einem Raum befinden sich n Männer, n Frauen und n Geistliche (Priester, Rabbis oder andere). Außerdem gibt es eine Liste zulässiger Hochzeiten, zu denen jeweils ein Mann und eine Frau gehören sowie ein Geistlicher, der bereit ist, die Trauung durchzuführen. Kann man zu einer solchen Liste möglicher Tripel n Hochzeiten so arrangieren, daß alle beteiligten Personen entweder heiraten oder eine Trauung durchführen?

- Dreier-Erfüllbarkeit: Es gibt eine Liste mit n logischen Aussagen, die jeweils drei Variablen enthalten, zum Beispiel: wenn (x und y), dann z; (x und w) oder (nicht z); wenn ((nicht u und nicht x) oder (z und (u oder nicht x))), dann (nicht z und u) oder x) usw. Gibt es für die Variablen eine Belegung mit Wahrheitswerten, die alle Aussagen erfüllt? Dies ist ein Spezialfall des oben erwähnten Erfüllbarkeitsproblems.

11.3 Zahlentheorie

Da dies kein Buch über Zahlentheorie ist, möchte ich nur einige für die Kryptographie relevante Ideen skizzieren. In den Büchern [1430, 72, 1171, 12, 959, 681, 742, 420] finden Sie detaillierte mathematische Abhandlungen über Zahlentheorie. Meine Lieblingsbücher über die Mathematik endlicher Körper sind [971, 1042]. Beachten Sie auch [88, 1157, 1158, 1060].

Modulare Arithmetik

Modulares Rechnen haben wir alle auf der Schule gelernt; bei uns hieß es „Uhrenarithmetik". Erinnern Sie sich an diese Aufgaben? Wenn Mildred sagt, sie werde um 10:00 zu Hause sein und verspätet sich dann um 13 Stunden – um welche Zeit kommt sie dann heim und wie lange erhält sie von ihrem Vater Ausgehverbot? Das ist Rechnen modulo 12. 23 modulo 12 ergibt 11:

$$(10 + 13) \bmod 12 = 23 \bmod 12 = 11 \bmod 12$$

Man kann dies auch so ausdrücken: 23 und 11 sind äquivalent modulo 12:

$$10 + 13 \equiv 11 \pmod{12}$$

Es gilt $a \equiv b \pmod{n}$, falls es eine ganze Zahl k gibt mit $a = b + kn$. Wenn a nicht negativ ist und b zwischen 0 und n liegt, kann man sich b als den Rest vorstellen, der bei Division von a durch n übrig bleibt. b heißt manchmal **Residuum** von a modulo n. Man sagt auch, a sei **kongruent** zu b modulo n. Das Gleichheitszeichen mit drei Strichen $\equiv$ steht für Kongruenz. Dies sind aber nur unterschiedliche Sprechweisen für den gleichen Sachverhalt.

Die Menge der ganzen Zahlen von 0 bis $n-1$ heißt **vollständige Residuenmenge** modulo n. Das heißt, daß für jede ganze Zahl a das Residuum modulo n eine bestimmte Zahl zwischen 0 und $n-1$ ist.

Die Operation $a \bmod n$ bestimmt das Residuum von a im Bereich der ganzen Zahlen zwischen 0 und $n-1$. Diese Operation heißt **modulare Reduktion**. Es gilt zum Beispiel 5 mod 3 = 2.

Diese Definition von mod kann sich von der Definition unterscheiden, die in einigen Programmiersprachen benutzt wird. Der modulo-Operator von PASCAL liefert zum Beispiel manchmal eine negative Zahl zurück, die zwischen $-(n-1)$ und $n-1$ liegt. Der %-Operator in C liefert den Rest der Division des ersten Ausdrucks durch den zweiten. Das kann eine negative Zahl sein, wenn einer der beiden Operanden negativ ist. Sie müssen bei allen Algorithmen in diesem Buch n zum Ergebnis des modulo-Operators addieren, wenn dieser eine negative Zahl zurückliefert.

Modulare Arithmetik verhält sich wie normale Arithmetik: sie ist kommutativ, assoziativ und distributiv. Außerdem erhält man das gleiche Ergebnis, wenn man alle Zwischenresultate modulo n reduziert oder erst die ganze Rechnung durchführt und dann das Endergebnis modulo n reduziert:

$$(a + b) \bmod n = ((a \bmod n) + (b \bmod n)) \bmod n$$
$$(a - b) \bmod n = ((a \bmod n) - (b \bmod n)) \bmod n$$
$$(a * b) \bmod n = ((a \bmod n) * (b \bmod n)) \bmod n$$
$$(a * (b + c)) \bmod n = (((a * b) \bmod n) + ((a * c) \bmod n)) \bmod n$$

In der Kryptographie benutzt man häufig Berechnungen modulo n, da die Berechnung diskreter Logarithmen und Quadratwurzeln modulo n schwer lösbare Probleme sein können. Mit modularer Arithmetik läßt sich außerdem auf Computern einfacher arbeiten, da der Wertebereich für alle Zwischenresultate und das Endergebnis beschränkt ist. Bei einem Modul n der Länge k Bit wird bei Addition, Subtraktion oder Multiplikation kein Zwischenergebnis länger als $2k$ Bit. Wir können daher in der modularen Arithmetik Potenzen bestimmen, ohne riesige Zwischenergebnisse zu berechnen. Die Berechnung einer Potenz modulo einer bestimmten Zahl

$$a^x \bmod n$$

besteht einfach aus einer Reihe von Multiplikationen und Divisionen; es gibt aber auch Beschleunigungsmöglichkeiten. Eine besteht darin, die Anzahl der modularen Multiplikationen zu minimieren, eine andere optimiert die einzelnen modularen Multiplikationen. Da die Operationen distributiv sind, ist es schneller, die Potenzierung als Folge aufeinanderfolgender Multiplikationen durchzuführen, wobei in jedem Schritt der Modul bestimmt wird. Das macht jetzt zwar noch keinen großen Unterschied, spielt aber beim Umgang mit 200 Bit langen Zahlen eine große Rolle.

Um zum Beispiel a^8 mod n zu bestimmen, sollte man nicht den naiven Ansatz mit sieben Multiplikationen und einer riesigen modularen Reduktion wählen:

$$(a * a * a * a * a * a * a * a) \bmod n$$

Besser ist es, drei kleinere Multiplikationen und drei kleinere modulare Reduktionen durchzuführen:

$$((a^2 \bmod n)^2 \bmod n)^2 \bmod n$$

Nach demselben Schema berechnen wir höhere Potenzen:

$$a^{16} \bmod n = (((a^2 \bmod n)^2 \bmod n)^2 \bmod n)^2 \bmod n$$

Die Berechnung von a^x mod n, wobei x keine Zweierpotenz ist, ist nur geringfügig schwieriger. Die Binärschreibweise drückt x als Summe von Zweierpotenzen aus: 25 entspricht im Binärsystem 11001, also $25 = 2^4 + 2^3 + 2^0$. Damit gilt:

$$a^{25} \bmod n = (a * a^{24}) \bmod n = (a * a^8 * a^{16}) \bmod n$$
$$= (a * ((a^2)^2)^2 * (((a^2)^2)^2)^2) \bmod n = ((((a^2 * a)^2)^2)^2 * a) \bmod n$$

Bei geschickter Speicherung der Zwischenergebnisse braucht man nur sechs Multiplikationen:

$$(((((((a^2 \bmod n) * a) \bmod n)^2 \bmod n)^2 \bmod n)^2 \bmod n) * a) \bmod n$$

Dieses Verfahren heißt **Verkettung** [863] oder binäres Quadrieren und Multiplizieren. Es arbeitet mit einer naheliegenden Additionsverkettung, die auf der binären Darstellung basiert. In C sieht das wie folgt aus:

```
unsigned long qe2(unsigned long x, unsigned long y, unsigned long n) {
    unsigned long s,t,u;
    int i;

    s = 1; t = x; u = y;

    while(u) {
        if(u&1) s = (s*t)%n;
        u>>=1;
        t = (t*t)%n;
    }
    return(s);
}
```

Ein anderer Algorithmus arbeitet rekursiv:

```
unsigned long fast_exp(unsigned long x, unsigned long y, unsigned long N) {
    unsigned long tmp;
    if(y==1) return(x % N);
    if ((y&1)==0) {
        tmp = fast_exp(x,y/2,N);
        return ((tmp*tmp)%N);
    }
    else {
        tmp = fast_exp(x,(y-1)/2, N);
        tmp = (tmp*tmp)%N;
        tmp = (tmp*x)%N;
        return (tmp);
    }
}
```

Dieses Verfahren reduziert die Berechnung auf durchschnittlich $1{,}5*k$ Operationen, wenn k die Länge der Zahl x in Bit angibt. Die Bestimmung des Verfahrens mit der kleinsten Anzahl Operationen ist ein schweres Problem (es wurde bewiesen, daß die Folge mindestens $k-1$ Operationen enthält). Es ist jedoch nicht allzu schwer, die Anzahl der Operationen bei wachsendem k auf $1{,}1*k$ Operationen oder noch weniger zu drücken.

Das **Verfahren von Montgomery** [1111] ist eine effiziente Möglichkeit, viele modulare Reduktionen mit dem gleichen n durchzuführen. Eine andere Methode ist der **Algorithmus von Barrett** [87]. In [210] wird die Software-Performance dieser beiden Algorithmen und des oben vorgestellten Algorithmus untersucht: Das obige Verfahren stellt für einzelne modulare Reduktionen die beste Wahl dar; der Algorithmus von Barrett ist für kleine Argumente der beste, das Verfahren von Montgomery eignet sich am besten für allgemeine modulare Potenzierung. Das Verfahren von Montgomery kann mit der sogenannten gemischten Arithmetik auch kleine Exponenten ausnutzen.

Die Umkehrung der Potenzierung modulo n ist die Berechnung des **diskreten Logarithmus**, auf die ich in Kürze eingehen werde.

Primzahlen

Eine **Primzahl** ist eine ganze Zahl größer als 1, die nur 1 und sich selbst als Teiler hat, d.h. sie ist durch keine andere Zahl ohne Rest teilbar. Zwei ist eine Primzahl, ebenso 73, 2521, 2365347734339 und $2^{7568398} - 1$. Es gibt unendlich viele Primzahlen. In der Kryptographie, speziell bei Verfahren mit öffentlichen Schlüsseln, benutzt man oft große Primzahlen (mit 512 Bit und mehr).

Evangelos Kranakis schrieb ein ausgezeichnetes Buch über Zahlentheorie, Primzahlen und deren Anwendung auf die Kryptographie [896]. Von Paolo Ribenboim stammen zwei ausgezeichnete allgemeine Arbeiten über Primzahlen [1307, 1308].

Größter gemeinsamer Teiler

Zwei Zahlen sind **relativ prim** zueinander, wenn sie außer 1 keinen gemeinsamen Teiler haben. Anders ausgedrückt: der größte gemeinsame Teiler von a und n ist 1. Dies schreiben wir wie folgt:

$$\mathrm{ggT}(a,n) = 1$$

Die Zahlen 15 und 28 sind relativ prim zueinander, 15 und 27 sind es nicht, 13 und 500 sind es. Eine Primzahl ist zu allen anderen Zahlen mit Ausnahme ihrer Vielfachen relativ prim.

Eine Möglichkeit zur Berechnung des größten gemeinsamen Teilers ist der **Euklidische Algorithmus**, den Euklid etwa 300 v. Chr. in seinem Buch *Elemente* beschrieb. Er erfand den Algorithmus jedoch nicht selbst. Historiker glauben, daß der Algorithmus 200 Jahre älter sein könnte. Er ist der älteste nichttriviale Algorithmus, der bis heute überlebt hat – und es ist immer noch ein guter Algorithmus. Knuth beschreibt den Algorithmus und einige moderne Varianten [863]. In C sieht er wie folgt aus:

```
/* liefert den ggT von x und y */

int ggT (int x, int y)
{
    int g;

    if (x < 0)
        x = -x;
    if (y < 0)
        y = -y;
    if (x + y == 0)
        ERROR;
    g = y;
    while (x > 0) {
        g = x;
        x = y % x;
        y = g;
    }
    return g;
}
```

Man kann diesen Algorithmus so verallgemeinern, daß er den ggT von m Zahlen liefert:

```
/* liefert den ggT von x1, x2, ..., xm */

int multiple_ggT (int m, int *x)
{
    size_t i;
    int g;

    if (m < 1)
        return 0;
    g = x[0];
    for (i=1; i<m; ++i) {
        g = ggT(g, x[i]);
        /* Optimierung: für beliebiges x[i] gilt in 60% der Fälle g==1 */
        if (g==1)
            return 1;
    }
    return g;
}
```

Der Kehrwert modulo einer Zahl

Erinnern Sie sich an den Kehrwert? Der Kehrwert von 4 bezüglich der Multiplikation ist 1/4, da 4 * 1/4 = 1. In der Welt der modulo-Operationen ist das Problem komplizierter:

$$4 * x \equiv 1 \pmod{7}$$

Diese Gleichung ist äquivalent zur Bestimmung der ganzen Zahlen x und k, für die gilt:

$$4x = 7k + 1$$

Das allgemeine Problem lautet, ein x zu ermitteln, das

$$1 = (a * x) \bmod n$$

erfüllt. Das schreibt man auch

$$a^{-1} \equiv x \pmod{n}$$

Die Berechnung modularer Kehrwerte ist ziemlich schwer. Manchmal gibt es eine Lösung, manchmal nicht. Kehrwert von 5 modulo 14 ist zum Beispiel 3. Dagegen besitzt 2 keinen Kehrwert modulo 14.

Allgemein gilt, daß $a^{-1} \equiv x \pmod{n}$ eindeutig lösbar ist, wenn a und n relativ prim zueinander sind. Sind sie nicht relativ prim zueinander, so hat $a^{-1} \equiv x \pmod{n}$ keine Lösung. Ist n eine Primzahl, so ist jede Zahl zwischen 1 und $n-1$ relativ prim zu n und besitzt in dieser Menge genau einen Kehrwert modulo n.

So weit, so gut. Doch wie findet man den Kehrwert von a modulo n? Es gibt verschiedene Möglichkeiten dazu. Der Euklidische Algorithmus kann auch den Kehrwert einer

Zahl modulo *n* berechnen. Dies wird manchmal als **erweiterter Euklidischer Algorithmus** bezeichnet. In C++ sieht er wie folgt aus:

```cpp
#define isEven(x)     ((x & 0x01) == 0)
#define isOdd(x)      (x & 0x01)
#define swap(x,y)     (x ^= y, y ^= x, y ^= y)

void ExtBinEuclid(int *u, int *v, int *u1, int *u2, int *u3)
{
    // Warnung: u und v werden vertauscht, falls u < v
    int k, t1, t2, t3;

    if (*u < *v) swap(*u, *v);
    for (k = 0; isEven(*u) && isEven(*v); ++k) {
        *u >>= 1; *v >>= 1;
    }
    *u1 = 1; *u2 = 0; *u3 = *u; t1 = *v; t2 = *u-1; t3 = *v;
    do {
        do {
            if (isEven(*u3)) {
                if (isOdd(*u1) || isOdd(*u2)) {
                    *u1 += *v; *u2 += *u;
                }
                *u1 >>= 1; *u2 >>= 1; *u3 >>=1;
            }
            if (isEven(t3) || *u3 < t3) {
                swap(*u1, t1); swap(*u2, t2); swap(*u3, t3);
            }
        } while (isEven(*u3));
        while (*u1 < t1 || *u2 < t2) {
            *u1 += *v; *u2 += *u;
        }
        *u1 -= t1; *u2 -= t2; *u3 -= t3;
    } while (t3 > 0);
    while (*u1 >= *v && *u2 >= *u) {
        *u1 -= *v; *u2 -= *u;
    }
    *u1 <<= k; *u2 <<= k; *u3 <<= k;
}

main(int argc, char **argv) {
    int a, b, ggT;

    if (argc < 3) {
        cerr << "Aufruf: xeuclid u v" << endl;
```

```
    return -1;
}
int u = atoi(argv[1]);
int v = atoi(argv[2]);
if ( u <= 0 || v <= 0) {
    cerr << "Die Argumente müssen positiv sein!" << endl;
    return -2;
}
// Warnung: u und v werden vertauscht, falls u < v
ExtBinEuclid(&u, &v, &a, &b, &ggT);
cout << a << " * " << u << " + ( -"
    << b << ") * " << v << " = " << ggT << endl;
if ( ggT == 1 )
    cout << "Der Kehrwert von " << v << " mod " << u << " ist "
        << u - b << endl;
return 0;
}
```

Ich möchte das Verfahren hier nicht beweisen oder die zugrundeliegende Theorie erläutern. Einzelheiten finden Sie in [863] oder den oben aufgeführten Arbeiten über Zahlentheorie.

Der Algorithmus arbeitet iterativ und kann für große Zahlen sehr langsam sein. Knuth zeigte, daß die Zahl der vom Algorithmus durchschnittlich ausgeführten Divisionen

$$0{,}843 * \log_2(n) + 1{,}47$$

beträgt.

Bestimmung von Koeffizienten

Mit dem euklidischen Algorithmus kann man auch folgende Klasse von Problemen lösen: Gegeben sei eine Reihe von m Variablen $x_1, x_2, \ldots, x_m$. Bestimme m Koeffizienten $u_1, u_2, \ldots, u_m$, für die gilt

$$u_1 * x_1 + \ldots + u_m * x_m = 1$$

Der kleine Satz von Fermat

Ist m prim und a kein Vielfaches von m, so besagt der **kleine Satz von Fermat**

$$a^{m-1} \equiv 1 \ (\bmod \ m)$$

Pierre de Fermat war ein französischer Mathematiker und lebte von 1601 bis 1665. Dieser Satz hat nichts mit der Fermatschen Behauptung zu tun, die manchmal auch als großer Satz von Fermat bezeichnet wird.

Die Eulersche φ-Funktion

Es gibt noch eine weitere Methode zur Bestimmung des Kehrwerts modulo n, die jedoch nicht immer angewandt werden kann. Wir betrachten die Teilmenge der Residuen modulo n, die relativ prim zu n sind. Diese Teilmenge wird auch als **reduzierte Residuenmenge** bezeichnet. Die reduzierte Residuenmenge modulo 12 ist zum Beispiel {1, 5, 7, 11}. Ist n eine Primzahl, so enthält die reduzierte Residuenmenge modulo n alle Zahlen von 1 bis $n - 1$. Die Zahl 0 gehört für n ungleich 1 nie zur reduzierten Residuenmenge.

Die **Eulersche φ-Funktion** $\varphi(n)$ beschreibt die Anzahl der Elemente in der reduzierten Residuenmenge modulo n. Anders ausgedrückt: $\varphi(n)$ ist für jedes n größer 1 die Anzahl der positiven ganzen Zahlen kleiner n, die zu n relativ prim sind. Leonhard Euler war ein Schweizer Mathematiker und lebte von 1707 bis 1783.

Ist n prim, so gilt $\varphi(n) = n - 1$. Ist $n = pq$, wobei p und q prim sind, so gilt $\varphi(n) = (p - 1)(q - 1)$. Diese Werte tauchen in einigen Algorithmen mit öffentlichem Schlüssel auf – jetzt wissen Sie, weshalb.

Falls ggT(a, n) = 1, gilt nach der **Eulerschen Verallgemeinerung des kleinen Satzes von Fermat**

$$a^{\varphi(n)} \bmod n = 1$$

Damit läßt sich $a^{-1} \bmod n$ einfach bestimmen:

$$x = a^{\varphi(n) - 1} \bmod n$$

Wie lautet zum Beispiel der Kehrwert von 5 modulo 7? Da 7 prim ist, gilt $\varphi(7) = 7 - 1 = 6$. Der Kehrwert von 5 modulo 7 ist also

$$5^{6-1} \bmod 7 = 5^5 \bmod 7 = 3$$

Beide Verfahren zur Bestimmung des Kehrwerts lassen sich so erweitern, daß man im allgemeinen Fall nach x auflösen kann (falls ggT(a, n) = 1):

$$(a * x) \bmod n = b$$

Mit Hilfe der Eulerschen Verallgemeinerung erhalten wir

$$x = (b * a^{\varphi(n) - 1}) \bmod n$$

Mit dem Euklidischen Algorithmus erhalten wir

$$x = (b * (a^{-1} \bmod n)) \bmod n$$

Der Euklidische Algorithmus ist zur Bestimmung des Kehrwerts im allgemeinen schneller als die Eulersche Verallgemeinerung, speziell bei Zahlen um 500 Bit. Falls ggT(a, n) $\neq$ 1, ist noch nicht alles verloren. Die Gleichung ($a * x$) mod $n = b$ kann in diesem allgemeinen Fall mehrere Lösungen besitzen oder überhaupt keine.

Der chinesische Restsatz

Wenn man die Primzahlzerlegung von n kennt, kann man mit dem sogenannten **chinesischen Restsatz** ein ganzes Gleichungssystem lösen. Die grundlegende Version dieses Satzes wurde im ersten Jahrhundert von dem chinesischen Mathematiker Sun Tse entdeckt.

Besitzt n die Primfaktorzerlegung $p_1 * p_2 * \ldots * p_t$, dann hat das Gleichungssystem

$$(x \bmod p_i) = a_i, \text{ mit } i = 1, 2, \ldots, t$$

eine eindeutige Lösung x mit x kleiner als n. Einige Primzahlen können mehr als einmal auftreten, z.B. könnten p_1 und p_2 gleich sein. Anders ausgedrückt: eine Zahl, die kleiner ist als das Produkt bestimmter Primzahlen, ist durch ihre Residuen modulo dieser Primzahlen eindeutig festgelegt.

Wir wählen als Beispiel die Primzahlen 3 und 5 und die Zahl 14. Dann gilt 14 mod 3 = 2 und 14 mod 5 = 4. Es gibt nur eine Zahl mit diesen Residuen, die kleiner ist als 3 * 5 = 15, nämlich 14. Die beiden Residuen legen die Zahl eindeutig fest.

Für beliebiges $a < p$ und $b < q$, wobei p und q prim sind, existiert also eine eindeutig bestimmte Zahl x kleiner als pq, für die gilt

$$x \equiv a \pmod{p} \text{ und } x \equiv b \pmod{q}$$

Um dieses x zu finden, bestimmen wir mit dem Euklidischen Algorithmus zunächst u mit

$$u * q \equiv 1 \pmod{p}$$

Dann berechnen wir

$$x \equiv (((a - b) * u) \bmod p) * q + b$$

In C läßt sich der chinesische Restsatz wie folgt implementieren:

```c
/* r ist die Anzahl der Elemente in den Arrays m und u;
   m ist das Array mit den Moduln, die paarweise relativ prim zueinander sind
   u ist das Array mit den Koeffizienten
   Zurückgegeben wird der Wert n mit n == u[k]%m[k] (k=0..r-1) und
   n < m[0]*m[1]*...*m[r-1]
*/

/* Die Funktion euler() überlassen wir dem Leser als Übung */
int chinese_remainder (size_t r, int *m, int *u)
{
    size_t i;
    int modulus;
    int n;

    modulus = 1;
```

```
    for (i=0; i<r; ++i)
        modulus *= m[i];

    n = 0;
    for (i=0; i<r; ++i) {
        n += u[i] * modexp(modulus / m[i], euler(m[i]), m[i]);
        n %= modulus;
    }

    return n;
}
```

Mit der Umkehrung des chinesischen Restsatzes läßt sich die Lösung des folgenden Problems ermitteln: Sind p und q prim sowie p kleiner als q, so gibt es ein eindeutig bestimmtes x kleiner als pq, für das gilt

$$a \equiv x \pmod{p} \text{ und } b \equiv x \pmod{q}$$

Wenn $a \geq b \bmod p$, gilt

$$x = (((a - (b \bmod p))*u) \bmod p)*q + b$$

Für $a < b \bmod p$ gilt

$$x = (((a + p - (b \bmod p))*u) \bmod p)*q + b$$

Quadratische Reste

Ist p eine Primzahl und a größer als 0, aber kleiner als p, so heißt a **quadratischer Rest** mod p, falls es ein x gibt mit

$$x^2 \equiv a \pmod{p}$$

Nicht alle a haben diese Eigenschaft. Damit a ein quadratischer Rest modulo n ist, muß es ein quadratischer Rest modulo aller Primfaktoren von n sein. Die quadratischen Reste für $p = 7$ sind zum Beispiel 1, 2 und 4:

$$1^2 = 1 \equiv 1 \pmod{7}$$
$$2^2 = 4 \equiv 4 \pmod{7}$$
$$3^2 = 9 \equiv 2 \pmod{7}$$
$$4^2 = 16 \equiv 2 \pmod{7}$$
$$5^2 = 25 \equiv 4 \pmod{7}$$
$$6^2 = 36 \equiv 1 \pmod{7}$$

Beachten Sie, daß jeder quadratische Rest zweimal auf dieser Liste erscheint.

Es gibt keine Werte x, die die folgenden Gleichungen erfüllen:

$$x^2 \equiv 3 \pmod 7$$
$$x^2 \equiv 5 \pmod 7$$
$$x^2 \equiv 6 \pmod 7$$

Die **quadratischen Nichtreste** modulo 7, also die Zahlen, die keine quadratischen Reste sind, lauten 3, 5 und 6.

Für ungerades p gibt es genau $(p-1)/2$ quadratische Reste modulo p und ebenso viele Zahlen, die keine quadratischen Reste modulo p sind. Dies ist leicht zu beweisen, ich möchte den Beweis jedoch hier nicht durchführen. Außerdem gilt für einen quadratischen Rest a modulo p, daß a genau zwei Quadratwurzeln besitzt, nämlich eine zwischen 0 und $(p-1)/2$, die andere zwischen $(p-1)/2$ und $(p-1)$. Eine dieser Quadratwurzeln ist ebenfalls ein quadratischer Rest modulo p. Sie heißt **Hauptquadratwurzel**.

Ist n das Produkt zweier Primzahlen p und q, so gibt es genau $(p-1)(q-1)/4$ quadratische Reste modulo n. Ein quadratischer Rest modulo n ist auch ein Quadrat modulo n. Denn um ein Quadrat modulo n zu sein, muß der Rest ein Quadrat modulo p und ein Quadrat modulo q sein. Es gibt zum Beispiel elf quadratische Reste modulo 35, nämlich 1, 4, 9, 11, 14, 15, 16, 21, 25, 29 und 30. Jeder quadratische Rest besitzt genau vier Quadratwurzeln.

Das Legendre-Symbol

Das **Legendre-Symbol**, geschrieben L(a, p), ist für ganze Zahlen a und Primzahlen p größer als 2 definiert. Es kann die Werte 0, 1 und -1 annehmen:

L(a, p) = 0, falls a durch p teilbar ist,
L(a, p) = 1, falls a ein quadratischer Rest modulo p ist,
L(a, p) = -1, falls a ein quadratischer Nichtrest modulo p ist.

Eine Möglichkeit zur Berechnung von L(a, p) funktioniert wie folgt:

$$L(a, p) = a^{(p-1)/2} \bmod p$$

Man kann aber auch nach folgendem Algorithmus vorgehen:

1. Falls $a = 1$, so ist L(a, p) = 1
2. Falls a gerade ist, so ist L(a, p) = L($a/2, p$) $* (-1)^{(p^2-1)/8}$
3. Falls a ungerade (und $\neq 1$) ist, so ist
L(a, p) = L($p \bmod a, a$) $* (-1)^{((a-1)(p-1))/4}$

Dieses Verfahren stellt auch eine effiziente Möglichkeit dar, festzustellen, ob a ein quadratischer Rest modulo p ist (wenn p prim ist).

Das Jacobi-Symbol

Das **Jacobi-Symbol**, geschrieben J(a, n), ist eine Verallgemeinerung des Legendre-Symbols auf zusammengesetzte Moduln. Es ist für alle ganzen Zahlen a und alle ungeraden ganzen Zahlen n definiert. Die Funktion spielt beim Test bezüglich der Primzahleigenschaft eine Rolle. Das Jacobi-Symbol ist eine Funktion über der Menge der reduzierten Reste der Teiler von n und kann über mehrere Formeln berechnet werden [1412]. Eine dieser Methoden sieht wie folgt aus:

Definition 1: $J(a, n)$ ist nur für ungerades n definiert.
Definition 2: $J(0, n) = 0$.
Definition 3: Ist n prim, so gilt: $J(a, n) = 0$, falls n Teiler von a ist.
Definition 4: Ist n prim, so gilt: $J(a, n) = 1$, falls a ein quadratischer Rest modulo n ist.
Definition 5: Ist n prim, so gilt: $J(a, n) = -1$, falls a ein quadratischer Nichtrest modulo n ist.
Definition 6: Für zusammengesetztes n gilt: $J(a, n) = J(a, p_1) * \ldots * J(a, p_m)$, wobei $p_1 \ldots p_m$ die Primfaktoren von n sind.

Der folgende Algorithmus berechnet das Jacobi-Symbol rekursiv:

Regel 1: $J(1, n) = 1$
Regel 2: $J(a * b, n) = J(a, n) * J(b, n)$
Regel 3: $J(2, n) = 1$, falls $(n^2 - 1)/8$ gerade ist, -1 anderenfalls
Regel 4: $J(a, n) = J((a \bmod n), n)$
Regel 5: $J(a, b_1 * b_2) = J(a, b_1) * J(a, b_2)$
Regel 6: Ist ggT$(a, b) = 1$ und a und b sind ungerade, so gilt:
Regel 6a: $J(a, b) = J(b, a)$, falls $(a - 1)(b - 1)/4$ gerade ist
Regel 6b: $J(a, b) = -J(b, a)$, falls $(a - 1)(b - 1)/4$ ungerade ist

In C sieht der Algorithmus so aus:

```
/* Dieser Algorithmus berechnet das Jacobi-Symbol rekursiv */

int jacobi(int a, int b)
{
int g;

    assert(odd(b));

    if (a >= b) a%= b;      /* nach Regel 4 */
    if (a == 0) return 0;   /* nach Definition 2 */
    if (a == 1) return 1;   /* nach Regel 1 */

    if (a< 0)
        if (((b-1)/2 % 2 == 0)
            return jacobi(-a,b);
        else
            return -jacobi(-a,b);

    if (a % 2 == 0)    /* a ist gerade */
```

```
    if (((b*b - 1)/8) % 2 == 0)
        return +jacobi(a/2, b)
    else
        return -jacobi(a/2, b)      /* nach den Regeln 3 und 2 */
    g = ggT(a,b);

    assert(odd(a));                 /* wird durch die Abfrage (a%2 == 0) sichergestellt */

    if (g == a)          /* a geht in b auf */
        return 0;        /* nach Regel 5 */
    else if (g != 1)
        return jacobi(g,b) * jacobi(a/g, b);    /* nach Regel 2 */
    else if (((a-1)*b-1)/4) % 2 == 0)
        return +jacobi(b,a);         /* nach Regel 6a */
    else
        return -jacobi(b,a);         /* nach Regel 6b */
}
```

Wenn man vorher schon weiß, daß n prim ist, berechnet man einfach $a^{((n-1)/2)}$, anstatt den obigen Algorithmus anzuwenden. In diesem Fall stimmt J(a, n) mit dem Legendre-Symbol überein.

Mit dem Jacobi-Symbol läßt sich nicht feststellen, ob a ein quadratischer Rest modulo n ist (natürlich mit Ausnahme des Falls, daß n prim ist). Beachten Sie, daß a nicht notwendig ein quadratischer Rest modulo n ist, wenn J(a, n) = 1 und n zusammengesetzt ist, wie folgendes Gegenbeispiel lehrt:

$$J(7, 143) = J(7, 11) * J(7, 13) = (-1)(-1) = 1$$

Es gibt jedoch keine ganze Zahl x mit $x^2 \equiv 7 \pmod{143}$.

Blumsche Zahlen

p und q seien beide Primzahlen, die kongruent 3 modulo 4 sind. Dann heißt $n = pq$ manchmal **Blumsche Zahl**. Ist n eine Blumsche Zahl, so besitzt jeder quadratische Rest genau vier Quadratwurzeln. Eine davon ist ebenfalls ein Quadrat. Das ist die Hauptquadratwurzel. Beispiel: Die Hauptquadratwurzel von 139 modulo 437 ist 24. Die anderen drei Quadratwurzeln sind 185, 252 und 413.

Generatoren

Ist p eine Primzahl und g kleiner als p, dann heißt g ein **Generator** mod p, falls es für jedes b von 1 bis $p - 1$ eine Zahl a gibt mit $g^a \equiv b \pmod{p}$. Man sagt dann auch, g sei **primitiv** bezüglich p. Im Beispiel $p = 11$ ist die Zahl 2 ein Generator mod 11:

11.3 Zahlentheorie

$2^{10} = 1024 \equiv 1 \pmod{11}$
$2^1 = 2 \equiv 2 \pmod{11}$
$2^8 = 256 \equiv 3 \pmod{11}$
$2^2 = 4 \equiv 4 \pmod{11}$
$2^4 = 16 \equiv 5 \pmod{11}$
$2^9 = 512 \equiv 6 \pmod{11}$
$2^7 = 128 \equiv 7 \pmod{11}$
$2^3 = 8 \equiv 8 \pmod{11}$
$2^6 = 64 \equiv 9 \pmod{11}$
$2^5 = 32 \equiv 10 \pmod{11}$

Jede Zahl von 1 bis 10 kann also ausgedrückt werden als $2^a \pmod{p}$.

Für $p = 11$ lauten die Generatoren 2, 6, 7 und 8. Die anderen Zahlen sind keine Generatoren. 3 ist zum Beispiel kein Generator, da die Gleichung

$$3^a \equiv 2 \pmod{11}$$

keine Lösung besitzt. Es ist im allgemeinen nicht einfach zu überprüfen, ob eine bestimmte Zahl ein Generator ist. Es ist jedoch einfach, wenn man die Primfaktoren von $p - 1$ kennt. $q_1, q_2, \ldots, q_n$ seien die paarweise verschiedenen Primfaktoren von $p - 1$. Um zu überprüfen, ob eine Zahl g ein Generator mod p ist, berechnet man

$$g^{(p-1)/q} \bmod p$$

für alle Werte $q = q_1, q_2, \ldots, q_n$.

Nimmt diese Zahl für ein bestimmtes q den Wert 1 an, so ist g kein Generator. Hat dieser Ausdruck für kein q den Wert 1, so ist g ein Generator.

Es sei zum Beispiel $p = 11$. Die Primfaktoren von $p - 1 = 10$ lauten 2 und 5. Damit testen wir, ob 2 ein Generator ist:

$2^{(11-1)/5} \pmod{11} = 4$
$2^{(11-1)/2} \pmod{11} = 10$

Da beide Werte von 1 verschieden sind, ist 2 ein Generator.

Jetzt überprüfen wir, ob 3 ein Generator ist:

$3^{(11-1)/5} \pmod{11} = 9$
$3^{(11-1)/2} \pmod{11} - 1$

3 ist also kein Generator.

Um einen Generator mod p zu finden, wählt man einfach eine zufällige Zahl zwischen 1 und $p - 1$ und überprüft, ob sie ein Generator ist. Da das häufig der Fall sein wird, findet man auf diese Art schnell einen Generator.

Rechnen in Galois-Feldern

Diese Zwischenüberschrift sollte Sie nicht weiter beunruhigen, denn wir haben bereits in Galois-Feldern gerechnet. Ist n prim oder Potenz einer großen Primzahl, erhalten wir das, was die Mathematiker einen **endlichen Körper** nennen. Entsprechend schreiben wir p an Stelle von n. Diese Art endlicher Körper ist sogar so interessant, daß sie in der Mathematik einen eigenen Namen bekamen – die **Galois-Felder** GF(p). Évariste Galois war ein französischer Mathematiker, der im frühen neunzehnten Jahrhundert lebte und sich sehr um die Zahlentheorie verdient machte, bevor er im Alter von 20 Jahren in einem Duell starb.

In einem Galois-Feld sind Addition, Subtraktion, Multiplikation und Division durch Elemente ungleich 0 wohldefiniert. Es gibt ein neutrales Element der Addition, nämlich 0, und ein neutrales Element der Multiplikation, nämlich 1. Jede Zahl ungleich 0 besitzt ein eindeutig bestimmtes Inverses. Wäre p keine Primzahl, so würde dies nicht gelten. Das Rechnen in Galois-Feldern ist kommutativ, assoziativ und distributiv.

In der Kryptographie spielt die Arithmetik in Galois-Feldern eine große Rolle. Die Ergebnisse der Zahlentheorie gelten auch hier; alle Zahlen sind endlich, bei der Division treten keine Rundungsfehler auf. Viele Kryptosysteme basieren auf GF(p), wobei p eine große Primzahl ist.

Um die Dinge weiter zu verkomplizieren, arbeiten die Kryptographen auch mit Arithmetik modulo **irreduziblen** Polynomen vom Grad n, deren Koeffizienten ganze Zahlen modulo q sind mit q prim. Solche Körper heißen GF(q^n). Alle Berechnungen verlaufen modulo $p(x)$, wobei $p(x)$ ein irreduzibles Polynom vom Grad n ist.

Die zugrundeliegende mathematische Theorie geht weit über den Rahmen dieses Buches hinaus. Ich werde jedoch einige Kryptosysteme beschreiben, die solche Körper verwenden. Falls Sie sich näher damit beschäftigen wollen: GF(2^3) enthält die folgenden Elemente: 0, 1, x, $x + 1$, x^2, $x^2 + 1$, $x^2 + x$, $x^2 + x + 1$. Es gibt einen Algorithmus zur Berechnung der Inversen in GF(2^n), der sich für Parallelimplementierungen eignet [421].

Beim Umgang mit Polynomen wird der Begriff „prim" ersetzt durch „irreduzibel". Ein Polynom heißt irreduzibel, falls es nicht als Produkt zweier anderer Polynome ausgedrückt werden kann (natürlich mit Ausnahme von 1 und sich selbst). Das Polynom $x^2 + 1$ ist über den ganzen Zahlen irreduzibel. Das Polynom $x^3 + 2x^2 + x$ ist nicht irreduzibel, denn es kann als $x(x + 1)(x + 1)$ ausgedrückt werden.

Ein Polynom, das Generator in einem bestimmten Körper ist, heißt primitiv. All seine Koeffizienten sind relativ prim zueinander. Wir werden den primitiven Polynomen in Abschnitt 16.2 bei der Behandlung von Schieberegistern mit linearer Rückkopplung wieder begegnen.

Rechnen in GF(2^n) kann mit Hilfe von Schieberegistern mit linearer Rückkopplung schnell implementiert werden. Aus diesem Grund sind Berechnungen über GF(2^n) oft schneller als solche über GF(p). In GF(2^n) ist nicht nur die Potenzierung viel effizienter, sondern auch die Berechnung diskreter Logarithmen [180, 181, 368, 379]. In [140] finden Sie nähere Informationen zu diesem Thema.

Die Kryptographen verwenden für ein Galois-Feld GF(2^n) gerne das Trinom $p(x) = x^n + x + 1$ als Modul, da die vielen Nullen zwischen den Koeffizienten von x^n und x die Implementierung einer schnellen modularen Multiplikation erleichtern [183]. Das Trinom muß primitiv sein, sonst gelten die Rechenregeln nicht. Für die folgenden Werte von n unter 1000 ist $x^n + x + 1$ primitiv [1649, 1648]:

1, 3, 4, 6, 9, 15, 22, 28, 30, 46, 60, 63, 127, 153, 172, 303, 471, 532, 865, 900

Es gibt eine Hardware-Implementierung von GF(2^{127}) mit $p(x) = x^{127} + x + 1$ [1631, 1632, 1129]. [147] behandelt effiziente Hardware-Architekturen zur Implementierung der Potenzierung in GF(2^n).

11.4 Primfaktorzerlegung

Unter der Primfaktorzerlegung oder Faktorisierung einer Zahl versteht man die Bestimmung ihrer Primfaktoren:

$10 = 2 * 5$
$60 = 2 * 2 * 3 * 5$
$252601 = 41 * 61 * 101$
$2^{113} - 1 = 3391 * 23279 * 65993 * 1868569 * 1066818132868207$

Die Primfaktorzerlegung ist eines der ältesten Probleme der Zahlentheorie. Die Faktorisierung einer Zahl ist einfach, aber sehr zeitaufwendig. Obwohl es hier einige bedeutende Fortschritte gab, gilt dies auch heute noch.

Der zur Zeit beste Faktorisierungsalgorithmus ist das

Zahlkörpersieb (Number Field Sieve, NFS) [953] (siehe auch [952, 16, 279]). Das allgemeine Zahlkörpersieb ist der schnellste bekannte Faktorisierungsalgorithmus für Zahlen mit mehr als ca. 110 Stellen [472, 635]. Der ursprüngliche Vorschlag war für den praktischen Einsatz ungeeignet, doch das änderte sich nach einer Reihe von Verbesserungen im Laufe der letzten Jahre [953]. NFS ist zwar immer noch zu neu, um schon Faktorisierungsrekorde gebrochen zu haben, doch das wird sich bald ändern. Mit einer frühen Version wurde die neunte Fermat Zahl faktorisiert $2^{512} + 1$ [955, 954].

NFS löste verschiedene andere Faktorisierungsalgorithmen ab:

Quadratisches Sieb (QS) [1257, 1617, 1259]. Dies ist der schnellste bekannte Algorithmus für Zahlen mit weniger als 110 Dezimalstellen. Er kam sehr ausgiebig zum Einsatz [440]. Eine schnellere Version dieses Algorithmus ist das sogenannte *multiple polynomial quadratic sieve* [1453, 302]. Die schnellste Version dieses Algorithmus heißt *double large prime variation*.

Elliptische-Kurven-Methode (Elliptic Curve Method, ECM) [957, 1112, 1113]. Mit dieser Methode wurden 43-stellige Zahlen zerlegt, jedoch keine größeren.

Pollards Monte-Carlo-Algorithmus [1254, 248]. Dieser Algorithmus findet sich auch in Band 2, Seite 370 von Knuth [863].

Kettenbruchmethode. Siehe [1123, 1252, 863]. Dieser Algorithmus ist noch gar nicht richtig im Rennen.

Versuchsweise Division. Dies ist der älteste Faktorisierungsalgorithmus. Er testet einfach jede Primzahl kleiner oder gleich der Quadratwurzel der untersuchten Zahl.

[251] enthält eine gute Einführung in diese unterschiedlichen Faktorisierungsalgorithmen mit Ausnahme von NFS. Die beste Beschreibung von NFS ist [953]. Ältere Quellen sind [505, 1602, 1258]. Hinweise zur Parallelfaktorisierung finden sich in [250].

Die schnellsten QS-Varianten zur Faktorisierung von n haben eine heuristische asymptotische Laufzeit von

$$e^{(1+O(1))(\ln(n))^{1/2}(\ln(\ln(n)))^{1/2}}$$

Der NFS-Algorithmus ist viel schneller; seine heuristische asymptotische Laufzeit wird auf

$$e^{(1{,}923+O(1))(\ln(n))^{1/3}(\ln(\ln(n)))^{2/3}}$$

geschätzt. Im Jahr 1970 wurde die Faktorisierung einer schweren Zahl mit 41 Stellen als großer Fortschritt gefeiert. Eine „schwere" Zahl ist eine Zahl, die keine kleinen Faktoren besitzt und auch keine spezielle Form hat, die leicht faktorisiert werden kann. Zehn Jahre später dauerte die Faktorisierung doppelt so großer Zahlen auf einem Cray-Computer nur wenige Stunden [440].

1988 entwarf Carl Pomerance eine Maschine zur modularen Faktorisierung, die spezielle VLSI-Chips benutzt [1259]. Die Größe der Zahlen, die man damit faktorisieren kann, hängt davon ab, in welcher Größe man sich den Bau der Maschine leisten kann. Gebaut wurde die Maschine jedoch nie.

1993 wurde eine schwere Zahl mit 120 Stellen mit Hilfe des quadratischen Siebs faktorisiert. Die Berechnung dauerte 825 MIPS-Jahre und wurde in drei Monaten Echtzeit durchgeführt [463]. Weitere Ergebnisse stehen in [504].

Heutzutage benutzt man für Faktorisierungsversuche Computernetze [302, 955]. Arjen Lenstra und Mark Manasse benötigten 400 MIPS-Jahre für die Zerlegung einer Zahl mit 116 Stellen. Sie nutzten über mehrere Monate hinweg die freie Rechenzeit auf weltweit verteilten Computern.

Im März 1994 faktorisierte ein Team von Mathematikern unter Leitung von Lenstra eine 129 Dezimalstellen oder 428 Bit lange Zahl mit Hilfe der *double large prime variation* des *multiple polynomial QS* [66]. Die Berechnungen wurden von freiwilligen Helfern im Internet ausgeführt: 600 Leute und 1600 Rechner brauchten acht Monate dazu. Das war vermutlich die größte Ad-hoc-Multiprozessor-Maschine, die jemals zusammengestellt wurde. Die Berechnung entspricht etwa 4000 bis 6000 MIPS-Jahren. Die Rechner kommunizierten untereinander via E-Mail und sandten ihre Einzelresultate an einen zentralen Verwaltungsrechner, der die letzten Schritte der Zerlegung durchführte. Die Berechnung basierte auf dem QS und fünf Jahre alter Theorie. Mit dem NFS wäre nur ein

Zehntel der Zeit nötig gewesen [949]. Zitat aus [66]: „Wir schließen daraus, daß die gebräuchlichen 512 Bit langen Schlüssel für RSA keine Sicherheit vor Angriffen durch Organisationen bieten, die bereit sind, einige Millionen Dollar zu investieren und einige Monate zu warten." Die Autoren schätzen, daß die Zerlegung einer 512 Bit langen Zahl mit der gleichen Technologie 100 mal schwerer ist und mit dem NFS und moderner Technologie nur noch zehn mal schwerer [949].

Um in Sachen Faktorisierung auf dem neuesten Stand zu bleiben, rief die Firma RSA Data Security Inc. im März 1991 den RSA-Faktorisierungswettbewerb ins Leben. Der Wettbewerb besteht aus einer Liste schwerer Zahlen, die jeweils das Produkt zweier Primzahlen annähernd gleicher Größe sind. Jede Primzahl ist kongruent 2 modulo 3. Der Wettbewerb enthält 42 Zahlen, deren Länge in Zehnerschritten von 100 Stellen bis 500 Stellen reicht (plus eine zusätzliche Zahl mit 129 Stellen). Zum Zeitpunkt der Drucklegung dieses Buches waren RSA-100, RSA-110, RSA-120 und RSA-129 allesamt faktorisiert, und zwar alle mit QS. RSA-130 ist der nächste Kandidat (mittels NFS) – es sei denn, die Faktorisierungsmeister befassen sich gleich mit RSA-140.

Auf diesem Gebiet gibt es sehr schnelle Fortschritte. Es ist schwer, die Weiterentwicklung der Faktorisierungstechnologie vorherzusagen, da niemand die Fortschritte der mathematischen Theorie kennt. Bevor NFS entdeckt wurde, vermuteten viele Leute, daß QS asymptotisch genauso schnell ist wie jede beliebige andere Faktorisierungsmethode. Diese Vermutung war jedoch falsch.

Die Weiterentwicklung von NFS in der nahen Zukunft wird vermutlich die Konstante 1,923 verkleinern. Bei manchen speziellen Zahlen, etwa den Fermat-Zahlen, liegt die Konstante eher bei 1,5 [955, 954]. Hätten die schweren Zahlen, die bei der Chiffrierung mit öffentlichen Schlüsseln zum Einsatz kommen, ähnliche Konstanten, könnte man Zahlen mit 1024 Bit heute schon faktorisieren. Eine Möglichkeit zur Verminderung der Konstanten besteht darin, bessere Möglichkeiten zur Darstellung von Zahlen durch Polynome mit kleinen Koeffizienten zu finden. Dieses Problem wurde bisher nicht besonders gründlich untersucht, Fortschritte sind hier jedoch sehr wahrscheinlich [949].

Wenn Sie sich für die aktuellsten Ergebnisse des RSA-Faktorisierungswettbewerbs interessieren, können Sie eine E-Mail an *challenge-info@rsa.com* senden.

Quadratwurzeln modulo n

Wenn n das Produkt zweier Primzahlen ist, dann ist die Bestimmung von Quadratwurzeln modulo n vom Rechenaufwand her äquivalent zur Faktorisierung von n [1283, 35, 36, 193]. Mit anderen Worten: Kennt jemand die Primfaktoren von n, so kann er auch einfach die Quadratwurzeln einer Zahl modulo n bestimmen. Kennt man die Faktoren nicht, so läßt sich beweisen, daß die Berechnung genauso schwer ist wie die Bestimmung der Primfaktoren von n.

11.5 Erzeugung von Primzahlen

Algorithmen mit öffentlichem Schlüssel basieren auf Primzahlen. Jedes größere Netzwerk benötigt viele Primzahlen. Bevor wir auf die mathematischen Grundlagen der Primzahlgenerierung eingehen, möchte ich einige naheliegende Fragen beantworten.

1. Gehen uns die Primzahlen nicht aus, wenn jeder eine eigene braucht? Nein – es gibt ungefähr 10^{151} Primzahlen mit einer Länge bis zu 512 Bit. Bei Zahlen der Größenordnung n liegt die Wahrscheinlichkeit dafür, daß eine Zufallszahl prim ist, näherungsweise bei $\ln n$. Die Gesamtzahl der Primzahlen unterhalb n liegt daher bei $n/(\ln n)$. Das Universum enthält nur 10^{77} Atome. Wenn jedes Atom im Universum seit Anbeginn der Zeit bis heute in jeder Mikrosekunde eine Milliarde Primzahlen verbraucht hätte, wären dazu nur 10^{109} Primzahlen nötig. Es wären immer noch ca. 10^{151} Primzahlen der Länge 512 Bit übrig.

2. Was passiert, wenn zwei Leute zufällig die gleiche Primzahl wählen? Das wird nicht passieren. Wenn man unter mehr als 10^{151} Primzahlen wählen kann, ist die Wahrscheinlichkeit dafür wesentlich geringer als die, daß Ihr Computer plötzlich genau in dem Augenblick explodiert, da Sie im Lotto gewinnen.

3. Wenn jemand eine Datenbank mit allen Primzahlen erstellt, könnte er dann mit Hilfe dieser Datenbank Algorithmen mit öffentlichem Schlüssel brechen? Ja, aber das ist nicht möglich. Wenn man ein Gigabyte an Informationen auf einem Laufwerk speichern könnte, das nur ein Gramm wiegt, so würde eine Liste, die nur die Primzahlen mit 512 Bit enthält, so viel wiegen, daß sie das Chandrasekhar-Limit übersteigt und daher zu einem schwarzen Loch kollabieren – man könnte die Daten also gar nicht mehr auswerten.

Wenn die Primfaktorzerlegung von Zahlen so schwer ist, wie kann dann die Erzeugung von Primzahlen so einfach sein? Das liegt einfach daran, daß die ja/nein-Frage „Ist n prim?" viel einfacher zu beantworten ist als die kompliziertere Frage „Wie lauten die Primfaktoren von n?"

Die falsche Art, Primzahlen zu finden, besteht darin, Zufallszahlen zu erzeugen und diese dann zu faktorisieren. Die richtige Art besteht darin, Zufallszahlen zu erzeugen und zu testen, ob sie prim sind. Es gibt verschiedene probabilistische Primzahltests, also Tests, die mit einer vorgegebenen Sicherheit ermitteln, ob eine Zahl prim ist. Wählt man diese Sicherheit hoch genug, sind die Tests gut genug. Auf diese Art erzeugte Primzahlen wurden einmal als „Primzahlen von industrieller Qualität" bezeichnet: Diese Zahlen sind wahrscheinlich prim, und die Fehlerwahrscheinlichkeit ist bekannt.

Angenommen, ein Test ist so eingestellt, daß er bei einem von 2^{50} Versuchen fehlschlägt. Das bedeutet, daß der Test mit einer Wahrscheinlichkeit von 1 zu 10^{15} fälschlicherweise angibt, daß eine zusammengesetzte Zahl prim ist. (Der Test wird nie fälschlicherweise angeben, daß eine Primzahl zusammengesetzt ist.) Muß man aus einem bestimmten Grund mit größerer Sicherheit wissen, daß die Zahl prim ist, so kann man die Fehlerwahrscheinlichkeit noch niedriger setzen. Überlegt man sich andererseits, daß die

Wahrscheinlichkeit dafür, daß die Zahl zusammengesetzt ist, 300 Millionen mal geringer ist als die, den Hauptpreis im Lotto zu gewinnen, wird man sich keine allzu großen Sorgen mehr machen.

Einen Überblick über die aktuellen Entwicklungen auf diesem Gebiet finden sich in [1256, 206]. Weitere wichtige Arbeiten sind [1490, 384, 11, 19, 626, 651, 911].

Solovay-Strassen

Robert Solovay und Volker Strassen entwickelten einen probabilistischen Primzahltest [1490]. Ihr Algorithmus benutzt das Jacobi-Symbol, um zu testen, ob p prim ist:

(1) Wähle eine Zufallszahl a kleiner als p.
(2) Falls ggT$(a, p) \neq 1$, besteht p den Test nicht und ist zusammengesetzt.
(3) Berechne $j = a^{(p-1)/2} \mod p$.
(4) Berechne das Jacobi-Symbol $J(a, p)$.
(5) Falls $j \neq J(a, p)$, so ist p definitiv nicht prim.
(6) Falls $j = J(a, p)$, so liegt die Wahrscheinlichkeit, daß p nicht prim ist, bei höchstens 50 Prozent.

Eine Zahl a, die nicht anzeigt, daß p definitiv keine Primzahl ist, heißt **Zeuge**. Ist p zusammengesetzt, so liegt die Wahrscheinlichkeit für ein zufälliges a, Zeuge zu sein, nicht unter 50 Prozent. Diesen Test wiederholt man t-mal mit t verschiedenen Zufallswerten für a. Die Wahrscheinlichkeit, daß eine zusammengesetzte Zahl alle t Tests übersteht, ist geringer als eins zu 2^t.

Lehmann

Ein anderer, einfacherer Test wurde unabhängig von Lehmann entwickelt [945]. Er überprüft, ob p prim ist:

(1) Wähle eine Zufallszahl a kleiner als p.
(2) Berechne $a^{(p-1)/2} \mod p$.
(3) Ist $a^{(p-1)/2} \neq 1$ oder $-1 \pmod p$, so ist p definitiv nicht prim.
(4) Ist $a^{(p-1)/2} = 1$ oder $-1 \pmod p$, so liegt die Wahrscheinlichkeit, daß p nicht prim ist, bei höchstens 50 Prozent.

Auch hier liegt die Wahrscheinlichkeit, daß ein zufällig gewähltes a Zeuge dafür ist, daß p zusammengesetzt ist, nicht unter 50 Prozent. Diesen Test wiederholt man t-mal. Liefert die Berechnung 1 oder -1, aber nicht immer den Wert 1, so ist p wahrscheinlich prim und die Fehlerwahrscheinlichkeit liegt bei 1 zu 2^t.

Rabin-Miller

Der Algorithmus, der häufig zum Einsatz kommt, weil er so einfach ist, wurde von Michael Rabin entwickelt und geht zum Teil auf Ideen von Gary Miller zurück [1093, 1284]. Es handelt sich dabei um eine vereinfachte Version des Algorithmus, der im DSS-Vorschlag empfohlen wird [1149, 1154].

Wähle eine Zufallszahl p, die getestet wird. Berechne die Zahl b, die angibt, wie oft 2 die Zahl $p - 1$ teilt, d.h. 2^b ist die größte Zweierpotenz, die $p - 1$ teilt. Bestimme m so, daß $p = 1 + 2^b * m$.

(1) Wähle eine Zufallszahl a, die kleiner ist als p.
(2) Setze $j = 0$ und $z = a^m \mod p$.
(3) Falls $z = 1$ oder $z = p - 1$, besteht p den Test und ist möglicherweise prim.
(4) Falls $j > 0$ und $z = 1$, so ist p nicht prim.
(5) Setze $j = j + 1$. Falls $j < b$ und $z \neq p - 1$, setze $z = z^2 \mod p$ und gehe zurück zu Schritt (4). Falls $z = p - 1$, besteht p den Test und ist möglicherweise prim.
(6) Falls $j = b$ und $z \neq p - 1$, so ist p nicht prim.

Die Wahrscheinlichkeit, daß eine zusammengesetzte Zahl besteht, nimmt bei diesem Test schneller ab als bei den vorherigen. Drei Viertel der möglichen Werte für a sind garantiert Zeugen. Das bedeutet, daß eine zusammengesetzte Zahl bei t Tests höchstens in $\frac{1}{4}t$ der Fälle durchschlüpft. Diese Zahlen sind jedoch sehr pessimistisch. Bei den meisten Zufallszahlen sind etwa 99,9 Prozent aller möglichen Werte für a Zeugen [96].

Es gibt sogar noch bessere Abschätzungen [417]. Für Primzahlkandidaten der Länge n Bit (wobei n größer als 100 ist), liegt die Wahrscheinlichkeit für einen Fehler bei einem Test unter 1 zu $4n2^{(k/2)^{(1/2)}}$. Für ein n der Länge 256 Bit liegt die Wahrscheinlichkeit für einen Fehler bei sechs Tests unter 1 to 2^{51}. Ausführlichere Theorie hierzu findet sich in [418].

Praktische Überlegungen

In der Praxis sind Implementierungen zur Primzahlgenerierung schnell.

(1) Erzeuge eine zufällige Zahl p der Länge n Bit.
(2) Setze das höchstwertige und das niederwertigste Bit auf 1. Das höchstwertige Bit stellt sicher, daß die Zahl die gewünschte Länge hat, das niederwertigste Bit garantiert eine ungerade Zahl.
(3) Stelle sicher, daß p durch keine kleine Primzahl teilbar ist: 3, 5, 7, 11 usw. Viele Implementierungen testen die Teilbarkeit von p durch alle Primzahlen bis 256. Die effizienteste Variante testet auf Teilbarkeit durch alle Primzahlen bis 2000 [949]. Dies kann man effizient mit einem „Wheel" durchführen [863].
(4) Führe den Test von Rabin-Miller für ein zufällig gewähltes a durch. Besteht p, so erzeuge ein weiteres zufälliges a und führe den Test erneut durch. Wähle einen kleinen Wert für a, um die Berechnung zu beschleunigen, und führe fünf Tests durch [651]. (Einer mag zwar genug erscheinen, aber führe trotzdem fünf

durch.) Fällt p bei einem dieser Tests durch, so erzeuge ein neues p und versuche es noch einmal.

Eine andere Möglichkeit besteht darin, nicht jedesmal ein zufälliges p zu erzeugen, sondern die Zahlen ab einem zufälligen Startwert aufwärts zu durchsuchen, bis man eine Primzahl findet.

Schritt (3) ist zwar nicht zwingend nötig, doch sehr zu empfehlen. Der Test einer beliebigen ungeraden Zahl p auf Teilbarkeit durch 3, 5 und 7 eliminiert bereits 54 Prozent der ungeraden Zahlen vor Schritt (4). Testen mit allen Primzahlen unter 100 eliminiert 76 Prozent der ungeraden Zahlen; Testen mit allen Primzahlen unter 256 eliminiert 80 Prozent. Der Anteil der ungeraden Kandidaten, die kein Vielfaches einer Primzahl unterhalb von n sind, liegt bei $1{,}12/\ln n$. Je größer der Wert n ist, bis zu dem man testet, um so mehr Vorberechnungen sind vor dem Rabin-Miller-Test erforderlich.

Eine Implementierung dieses Verfahrens auf einer Sparc II benötigte im Durchschnitt 2,8 Sekunden, um Primzahlen der Länge 256 Bit zu finden; 24,0 Sekunden für Primzahlen der Länge 512 Bit; 2,0 Minuten für Primzahlen der Länge 768 Bit und 5,1 Minuten für Primzahlen der Länge 1024 Bit [918].

Starke Primzahlen

n sei das Produkt zweier Primzahlen p und q. Oft ist es wünschenswert, für p und q **starke Primzahlen** zu wählen. Das sind Primzahlen mit gewissen Eigenschaften, die eine Faktorisierung des Produkts n mit bekannten Zerlegungsmethoden erschweren. Es wurden unter anderm folgende Eigenschaften vorgeschlagen [1328, 651]:

Der größte gemeinsame Teiler von $p-1$ und $q-1$ sollte klein sein.
Sowohl $p-1$ als auch $q-1$ sollten große Primfaktoren p' und q' besitzen.
Sowohl $p'-1$ als auch $q'-1$ sollten große Primfaktoren besitzen.
Sowohl $(p-1)/2$ als auch $(q-1)/2$ sollten prim sein [182]. Beachten Sie, daß auch die ersten beiden Bedingungen erfüllt sind, falls diese Bedingung erfüllt ist.

Ob starke Primzahlen überhaupt nötig sind, wird noch diskutiert. Die obigen Eigenschaften sollen den Einsatz einiger älterer Faktorisierungsalgorithmen vereiteln. Die schnellsten Faktorisierungsalgorithmen zerlegen jedoch Zahlen, die diese Kriterien erfüllen, genauso gut wie solche, die sie nicht erfüllen [831].

Ich rate von der Erzeugung starker Primzahlen ab. Die Länge der Primzahlen ist viel wichtiger als deren Struktur. Die Struktur kann sogar Schaden anrichten, da sie nicht zufällig ist.

Das kann sich jedoch ändern. Es könnten neue Faktorisierungsverfahren entwickelt werden, die bei Zahlen mit bestimmten Eigenschaften besser funktionieren als bei anderen. In diesem Fall kann es sein, daß wieder starke Primzahlen benötigt werden. Aktuelle Informationen zu diesem Thema finden Sie in Zeitschriften über theoretische Mathematik.

11.6 Diskrete Logarithmen in endlichen Körpern

Eine weitere Einwegfunktion, die in der Kryptographie häufig zum Einsatz kommt, ist die modulare Potenzierung. Die Auswertung des folgenden Ausdrucks ist einfach:

$$a^x \bmod n$$

Das zur modularen Potenzierung inverse Problem besteht in der Berechnung des diskreten Logarithmus einer Zahl. Das ist ein schweres Problem:

$$\text{Bestimme } x \text{ mit } a^x \equiv b \pmod{n}$$

Beispiel:

$$\text{Aus } 3^x \equiv 15 \pmod{17} \text{ folgt } x = 6$$

Nicht alle diskreten Logarithmen haben Lösungen – beachten Sie, daß nur ganze Zahlen gültige Lösungen sind. Man sieht einfach, daß kein x folgende Gleichung erfüllt:

$$3^x \equiv 7 \pmod{13}$$

Es ist weit schwieriger, solche Probleme für Zahlen der Länge 1024 Bit zu lösen.

Berechnung diskreter Logarithmen in einer endlichen Gruppe

Es gibt drei wichtige Gruppen, deren diskrete Logarithmen in der Kryptographie von Interesse sind:

- Die multiplikative Gruppe der Primkörper: GF(p)
- Die multiplikative Gruppe der endlichen Körper mit Charakteristik 2: GF(2^n)
- Gruppen elliptischer Kurven über endlichen Körpern F: EC(F)

Da die Sicherheit vieler Algorithmen mit öffentlichem Schlüssel von der Berechnung diskreter Logarithmen abhängt, wurde dieses Problem ausgiebig erforscht. Ein guter umfassender Überblick über das Problem und die besten zur Zeit bekannten Lösungen finden sich in [1189, 1039]. Der beste aktuelle Aufsatz zu diesem Thema ist [934].

Ist der Modul p prim, so ist die Komplexität der Berechnung diskreter Logarithmen in GF(p) im wesentlichen genauso groß wie bei der Faktorisierung einer ganzen Zahl n, die in etwa etwa genauso lang ist wie p und aus zwei annähernd gleich langen Primzahlen zusammengesetzt ist [1378, 934]:

$$e^{(1 + O(1))(\ln p)^{1/2}(\ln(\ln p))^{1/2}}$$

Das Zahlkörpersieb ist schneller. Bei ihm lautet eine heuristische asymptotische Schätzung für die Laufzeit:

$$e^{(1{,}923 + O(1))(\ln p)^{1/3}(\ln(\ln p))^{2/3}}$$

Stephen Pohlig und Martin Hellman fanden eine schnelle Möglichkeit zur Berechnung diskreter Logarithmen in GF(p), falls $p - 1$ nur kleine Primfaktoren besitzt [1253]. Aus diesem Grund werden in der Kryptographie nur Körper benutzt, bei denen $p-1$ mindestens einen großen Faktor besitzt. Ein anderer Algorithmus [14] berechnet diskrete Logarithmen mit einer der Faktorisierung vergleichbaren Geschwindigkeit. Er wurde auf Körper der Gestalt $GF(p^n)$ erweitert. An diesem Algorithmus wurden einige theoretische Probleme kritisiert [727]. Andere Aufsätze zeigen, wie schwer das Problem wirklich ist [1588].

Die Berechnung diskreter Logarithmen hängt sehr eng mit der Faktorisierung zusammen. Wenn man das Problem diskreter Logarithmen lösen kann, kann man auch faktorisieren. (Die Umkehrung wurde nie bewiesen.) Zur Zeit gibt es drei Verfahren zur Berechnung diskreter Logarithmen in einem Primzahlkörper [370, 934, 648]: das lineare Sieb, das Gaußsche Ganzzahlschema und das Zahlkörpersieb.

Die vorausgehenden ausgiebigen Berechnungen müssen nur einmal für jeden Körper durchgeführt werden. Anschließend lassen sich einzelne Logarithmen schnell berechnen. Das kann zum Sicherheitsnachteil für Systeme werden, die auf diesen Körpern beruhen. Es ist wichtig, daß unterschiedliche Anwendungen auch unterschiedliche Primzahlkörper benutzen. Mehrere Benutzer der gleichen Anwendung können jedoch den gleichen Körper verwenden.

Die Forscher ignorierten bei der Untersuchung von Erweiterungskörpern auch nicht Körper der Form $GF(2^n)$. In [727] wurde ein Algorithmus vorgeschlagen. Mit dem Algorithmus von Coppersmith wird die Ermittlung diskreter Algorithmen in Körpern wie $GF(2^{127})$ realistisch und in Körpern im Bereich $GF(2^{400})$ möglich [368]. Er beruht auf Vorarbeiten in [180]. Der Algorithmus benötigt zwar enorme Vorberechnungen, ist ansonsten aber handlich und effizient. Eine praktische Implementierung einer weniger effizienten Version dieses Algorithmus fand nach siebenstündigen Vorberechnungen diskrete Logarithmen in $GF(2^{127})$ in jeweils einigen Sekunden [1130, 180]. (Dieser spezielle Körper, der früher in einigen Kryptosystemen benutzt wurde [142, 1631, 1039], ist unsicher.) Einen Überblick über einige dieser Ergebnisse finden Sie in [1189, 1039].

Vor kurzem wurden die Vorberechnungen für $GF(2^{227})$, $GF(2^{313})$ und $GF(2^{401})$ durchgeführt, bei $GF(2^{503})$ wurden bedeutende Fortschritte erzielt. Diese Berechnungen wurden auf einem massiv parallelen Computer des Typs nCube-2 mit 1024 Prozessoren durchgeführt [649, 650]. Die Berechnung diskreter Logarithmen in $GF(2^{593})$ ist noch völlig außer Reichweite.

Wie bei den diskreten Logarithmen in Primzahlkörpern müssen auch die Vorberechnungen, die zur Bestimmung diskreter Logarithmen in einem Polynomkörper nötig sind, nur einmal ausgeführt werden. Taher ElGamal [520] gibt einen Algorithmus zur Berechnung diskreter Logarithmen im Körper $GF(p^2)$ an.

12 Data Encryption Standard (DES)

12.1 Hintergrund

Der Data Encryption Standard (DES), bei ANSI als Data Encryption Algorithm (DEA) und bei ISO als DEA-1 bezeichnet, stellt seit zwanzig Jahren einen weltweiten Standard dar. DES zeigt zwar einige Alterserscheinungen, hat jedoch jahrelanger Kryptanalyse erstaunlich gut widerstanden und bietet immer noch Schutz vor den meisten Angreifern, sofern diese ihre Attacken nicht höchst aufwendig gestalten.

Entwicklung des Standards

Anfang der siebziger Jahre verlief die kryptographische Forschung im nichtmilitärischen Bereich ziemlich planlos. Die meisten Leute wußten zwar, daß das Militär mit Hilfe spezieller Kodiergeräte kommuniziert, doch nur wenige kannten sich in der Wissenschaft der Kryptographie aus. Das amerikanische Sicherheitsbüro National Security Agency (NSA) hatte zwar einen beträchtlichen Kenntnisstand erreicht, gab aber noch nicht einmal seine eigene Existenz öffentlich zu.

Käufer wußten damals nicht, was sie eigentlich erwarben. Verschiedene kleine Firmen erzeugten und verkauften kryptographische Geräte, vor allem an ausländische Regierungen. Die Geräte funktionierten alle unterschiedlich und konnten nicht zusammenarbeiten. Niemand wußte, ob sie überhaupt sicher waren, denn es gab keine unabhängige Einrichtung, die die Sicherheit hätte bestätigen können. In einem Bericht der Regierung hieß es [441]:

> Die meisten Käufer wußten und wissen nicht, wie sich Schlüsseländerungen und Arbeitsmethoden auf die tatsächliche Leistungsfähigkeit der Ver- und Entschlüsselungsgeräte auswirken. Es ist sehr schwierig, kompetente Entscheidungen bezüglich online/offline, Schlüsselgenerierung usw. zu treffen, die den Sicherheitsansprüchen des Käufers entsprechen.

1972 gab das National Bureau of Standards (NBS), heute National Institute of Standards and Technology (NIST), den Anstoß zu einem Programm zur sicheren Speicherung oder Übermittlung von Daten. Als Teil dieses Programms wollte die Behörde einen einheitlichen und standardisierten kryptographischen Algorithmus entwickeln. Einen einheitlichen Algorithmus könnte man testen und zertifizieren, und darauf basierende kryptographische Geräte könnten zusammenarbeiten. Außerdem wäre die Implementierung billiger und der Algorithmus wäre bereits verfügbar

Das NBS veröffentlichte im amerikanischen Bundesanzeiger (*Federal Register*) vom 15. Mai 1973 eine öffentliche Ausschreibung für einen standardisierten kryptographischen Algorithmus. Dabei wurde eine Reihe von Entwicklungszielen aufgezählt:

- Der Algorithmus muß einen hohen Grad an Sicherheit gewährleisten.
- Der Algorithmus muß vollständig spezifiziert und leicht nachzuvollziehen sein.
- Die Sicherheit des Algorithmus muß auf dem Schlüssel beruhen; sie darf nicht von der Geheimhaltung des Algorithmus abhängen.
- Der Algorithmus muß für alle Anwender zur Verfügung stehen.
- Der Algorithmus muß an verschiedene Anwendungen angepaßt werden können.
- Der Algorithmus muß sich kostengünstig in elektronischen Komponenten implementieren lassen.
- Der Algorithmus muß effizient in der Benutzung sein.
- Es muß möglich sein, den Algorithmus zu validieren.
- Der Algorithmus muß exportierbar sein.

Den öffentlichen Reaktionen war zu entnehmen, daß es beträchtliches Interesse an einem kryptographischen Standard gab, auf diesem Gebiet jedoch nur geringe Fachkenntnis vorhanden war. Keine der Einsendungen erfüllte die Bedingungen auch nur annähernd.

Das NBS veröffentlichte im Federal Register von 27. August 1974 eine zweite Ausschreibung. Schließlich wurde ein vielversprechender Vorschlag eingereicht. Der Algorithmus basierte auf einem anderen mit der Bezeichnung Lucifer (siehe Abschnitt 13.1), der in den frühen siebziger Jahren von IBM entwickelt worden war. Bei IBM arbeitete an den Standorten Kingston and Yorktown Heights ein Kryptographie-Team, zu dem Roy Adler, Don Coppersmith, Horst Feistel, Edna Grossman, Alan Konheim, Carl Meyer, Bill Notz, Lynn Smith, Walt Tuchman und Bryant Tuckerman gehörten.

Der Algorithmus war zwar kompliziert, doch geradlinig. Er arbeitete nur mit einfachen logischen Operationen auf kleinen Bitgruppen und konnte ziemlich effizient in Hardware implementiert werden.

Das NBS bat die NSA um Unterstützung, um die Sicherheit des Algorithmus zu untersuchen und um zu ermitteln, ob er sich als nationaler Standard eignete. Die Firma IBM hatte zwar schon einen Patentantrag eingereicht [514], war jedoch bereit, ihr geistiges Eigentum anderen zur Verfügung zu stellen. Schließlich schloß das NBS eine Vereinbarung mit IBM ab und erhielt eine nichtexklusive und kostenlose Lizenz zur Herstellung sowie zum Einsatz und Verkauf von Geräten, die den Algorithmus umsetzten.

Schließlich veröffentlichte das NBS im Bundesanzeiger vom 17. März 1975 sowohl die Einzelheiten des Algorithmus als auch die Zusage von IBM, eine nichtexklusive und kostenlose Lizenz für den Algorithmus zu gewähren. Außerdem forderte das NBS zur Abgabe von Stellungnahmen zum Algorithmus auf [536]. In einer weiteren Notiz im Bundesanzeiger vom 1. August 1975 wurden Behörden und Öffentlichkeit erneut zur Abgabe von Stellungnahmen aufgefordert.

Es wurden auch kritische Stellungnahmen eingereicht [721, 497, 1120]. Viele waren argwöhnisch wegen der undurchschaubaren Rolle, die die NSA bei der Entwicklung des Algorithmus gespielt hatte. Es wurde befürchtet, die NSA habe den Algorithmus modifiziert, um sich eine Hintertür offenzuhalten. Außerdem gab es Beschwerden darüber, daß die NSA die Schlüssellänge von ursprünglich 128 Bit auf 56 reduziert hatte (siehe Abschnitt 13.1). Die Kommentatoren beschwerten sich außerdem über die interne Funktionsweise des Algorithmus. In den frühen neunziger Jahren wurden die Motive der NSA klar, doch in den siebziger Jahren schien alles mysteriös und beunruhigend.

Das NBS führte 1976 zwei Workshops zur Evaluierung des vorgeschlagenen Standards durch. Der erste Workshop beschäftigte sich mit den mathematischen Grundlagen des Algorithmus und möglichen Hintertüren [1139]. Der zweite Workshop untersuchte Möglichkeiten zur Erhöhung der Schlüssellänge des Algorithmus [229]. Die Entwickler des Algorithmus wurden ebenso zu den Workshops eingeladen wie Gutachter, Implementierer, Hersteller, Benutzer und Kritiker. Aus allen Berichten geht hervor, daß die Workshops sehr lebhaft verliefen [1118].

Obwohl es Kritik gab, wurde der Data Encryption Standard am 23. November 1976 als Bundesstandard anerkannt [229] und zur Verwendung für alle nichtgeheimen Regierungsvorgänge freigegeben. Die offizielle Beschreibung des Standards wurde am 15. Januar 1977 unter der Bezeichnung FIPS[1] PUB 46, „Data Encryption Standard" veröffentlicht und trat sechs Monate später in Kraft [1140]. 1980 wurde FIPS PUB 81 veröffentlicht [1143]. Darin wurden die Betriebsmodi von DES beschrieben. 1981 erschien FIPS PUB 74 mit „Richtlinien zu Implementierung und Gebrauch von DES" [1142]. Außerdem veröffentlichte das NBS FIPS PUB 112, worin DES für die Verschlüsselung von Paßwörtern beschrieben wird [1144], und FIPS PUB 113, das den Einsatz von DES zur Authentifizierung elektronischer Daten beschreibt [1145].

Diese Standards stellten eine absolute Neuheit dar. Niemals zuvor wurde ein von der NSA untersuchter Algorithmus veröffentlicht. Diese Tatsache beruht vermutlich auf einem Mißverständnis zwischen NSA und NBS. Die NSA ging davon aus, DES werde nur in Hardware implementiert. Der Standard forderte zwar eine Hardware-Implementierung, doch das NBS hatte genügend Einzelheiten veröffentlicht, so daß damit auch DES-Software entwickelt werden konnte. Inoffiziell bezeichnete die NSA den DES als einen ihren größten Fehler. Hätte die Behörde gewußt, daß die Einzelheiten herausgegeben und Software-Implementierungen möglich würden, hätte sie niemals zugestimmt.

Mehr als alles andere revolutionierte DES die gesamte Kryptanalyse. Jetzt gab es einen Algorithmus, den man untersuchen konnte – sogar einen, den die NSA als sicher bezeichnete. Es ist kein Zufall, daß der nächste Standardalgorithmus der amerikanischen Regierung, nämlich Skipjack (siehe Abschnitt 13.12) als vertraulich eingestuft wurde.

---

1. Die Abkürzung FIPS steht für *Federal Information Processing Standard*.

Anerkennung des Standards

Das American National Standards Institute (ANSI) erkannte DES 1981 als Standard für den privaten Sektor an (ANSI X3.92) [50]. Das Normungsgremium bezeichnete ihn als Data Encryption Algorithm (DEA). ANSI veröffentlichte einen Standard für die Betriebsmodi von DEA (ANSI X3.106) [52], das dem NBS-Dokument glich, sowie einen Standard für netzweite Verschlüsselung mittels DES (ANSI X3.105) [51].

Zwei andere Arbeitsgruppen des ANSI, die sich mit dem Bankwesen befaßten, entwikkelten ebenfalls Standards auf Grundlage von DES. Die erste Gruppe behandelte Transaktionen zwischen Finanzinstitutionen und Privatleuten, die andere Transaktionen zwischen Finanzinstitutionen.

Die Financial Institution Retail Security Working Group des ANSI entwickelte einen Standard zur Verwaltung und Geheimhaltung von PINs (ANSI X9.8) [53] und einen weiteren Standard auf Basis von DES zur Authentifizierung von Finanztransaktionen im privaten Bereich (ANSI X9.19) [56]. Die Gruppe hat außerdem einen vorläufigen Standard zur sicheren Schlüsselverteilung entwickelt (ANSI X9.24) [58].

Die Financial Institution Wholesale Security Working Group des ANSI entwickelte eine eigene Reihe von Standards zur Authentifizierung von Nachrichten (ANSI X9.9) [54], Schlüsselverwaltung (ANSI X9.17) [55, 1151], Verschlüsselung (ANSI X9.23) [57] sowie zur sicheren Authentifizierung von Personen und Rechnerknoten (ANSI X9.26) [59].

Die American Bankers Association entwickelt freiwillige Standards für die Finanzwirtschaft. Sie veröffentlichte einen Standard, der DES zur Verschlüsselung empfiehlt [1] sowie einen weiteren Standard zur Verwaltung kryptographischer Schlüssel [2].

Vor dem Computer Security Act von 1987 war die General Services Administration (GSA) für die Entwicklung von Bundesstandards im Telekommunikationsbereich verantwortlich. Seither liegt die Verantwortung beim NIST. Die GSA veröffentlichte drei Standards, die DES benutzen: zwei mit allgemeinen Sicherheitsanforderungen und Kompatibilitätsbedingungen (Bundesstandards 1026 [662] und 1027 [663]) sowie einen für Faxgeräte der Gruppe 3 (Bundesstandard 1028 [664]).

Das Finanzministerium gab Anweisungen heraus, in denen vorgeschrieben wurde, daß alle elektronischen Kontobewegungen mittels DES authentifiziert werden müssen [468, 470]. Außerdem veröffentlichte es Kriterien auf Grundlage von DES, die alle Geräte zur Authentifizierung einhalten mußten [469].

Die International Standards Organisation (ISO) wollte DES erst als internationalen Standard anerkennen (der Algorithmus hieß bei ihr DEA-1), entschied sich dann jedoch, auf eine tragende Rolle bei der Standardisierung der Kryptographie zu verzichten. Dennoch benutzte die International Wholesale Financial Standards Group der ISO den DES in einem internationalen Authentifizierungsstandard [758] und zur Schlüsselverwaltung [761]. DES ist auch in einem australischen Bankenstandard festgeschrieben [1497].

Validierung und Zertifizierung von DES-Geräten

Im DES-Standard ist festgelegt, daß das NIST Implementierungen von DES validiert. Diese Validierung bestätigt, daß die Implementierung dem Standard genügt. Bis 1994 untersuchte das NIST nur Hardware- und Firmware-Implementierungen, denn bis dahin verbot der Standard Software-Implementierungen. Bis zum März 1995 wurden 73 verschiedene Implementierungen validiert.

Das NIST entwickelte außerdem ein Programm zur Zertifizierung der Übereinstimmung von Authentifizierungsgeräten mit ANSI X9.9 und FIPS 113. Bis zum März 1995 wurden 33 Produkte überprüft. Das Finanzministerium hat eine eigene Prozedur zur Zertifizierung eingeführt. Das NIST hat außerdem ein Programm aufgelegt, mit dem die Übereinstimmung von Geräten mit ANSI X9.17 für die umfassende Schlüsselverwaltung [1151] bestätigt wird. Bis zum März 1995 wurden vier Produkte validiert.

1987

Die Klauseln des DES-Standards enthalten die Auflage, daß er alle fünf Jahre überprüft wird. 1983 wurde DES ohne Probleme neu zertifiziert. Im Federal Register vom 6. März 1987 forderte das NBS zu Stellungnahmen bezüglich der zweiten Fünfjahresüberprüfung auf. Das NBS bot drei Alternativen zur Auswahl [1480, 1481]: Bestätigung des Standards für weitere fünf Jahre, Aufhebung des Standards oder Neuformulierung seiner Anwendungsbereiche.

NBS und NSA überprüften den Standard. Diesmal war die NSA intensiver beteiligt. Aufgrund der Anweisung NSDD-145, die von Reagan unterzeichnet wurde, hatte die NSA in Sachen Kryptographie ein Vetorecht gegenüber dem NBS. Die NSA hatte ursprünglich angekündigt, sie wolle den Standard nicht erneut zertifizieren. Das Problem bestand nicht darin, daß DES geknackt worden war oder zumindest ein diesbezüglicher Verdacht bestand. Es wurde einfach immer wahrscheinlicher, daß er demnächst geknackt werden würde.

Als Ersatz schlug die NSA das Commercial COMSEC Endorsement Program (CCEP) vor, das eine Reihe von Algorithmen enthielt, die an die Stelle von DES treten sollten [85]. Diese von der NSA entwickelten Algorithmen sollten nicht veröffentlicht werden und nur in geschützten VLSI-Chips zur Verfügung stehen (siehe Abschnitt 25.1).

Die Ankündigung stieß nicht auf Gegenliebe. Es wurde darauf hingewiesen, daß die Wirtschaft (vor allem die Finanzwirtschaft) DES in großem Umfang einsetzte und keine angemessene Alternative zur Verfügung stünde. Würde der Standard zurückgezogen, so stünden viele Organisation ohne ausreichenden Datenschutz da. Nach vielen Debatten wurde DES erneut als amerikanischer Regierungsstandard bis 1992 bestätigt. Laut NBS würde DES nicht noch einmal zertifiziert werden [1480].

1993

Sag niemals nie: 1992 gab es immer noch keine Alternative für DES. Das NBS, in der Zwischenzeit zu NIST umbenannt, forderte erneut im Federal Register zur Abgabe von Stellungnahmen zu DES auf [540]:

> Hiermit kündigen wir die Überprüfung des Standards zum Schutz elektronischer Daten an, um festzustellen, ob dieser Standard noch angemessen ist. Industrie und interessierte Öffentlichkeit werden aufgefordert, Bemerkungen zu den folgenden Alternativen für FIPS 46-1 einzureichen. Die Stellungnahmen sollten Vor- und Nachteile dieser Alternativen enthalten:
> - Bestätigung des Standards für weitere fünf Jahre. Das National Institute of Standards and Technology würde in diesem Fall auch weiterhin Geräte zur Implementierung des Standards evaluieren. FIPS 46-1 wäre weiterhin das einzige anerkannte Verfahren zum Schutz nichtgeheimer elektronischer Daten.
> - Aufhebung des Standards. Das National Institute of Standards and Technology würde den Standard nicht weiter unterstützen. Organisationen könnten existierende Geräte, die den Standard implementieren, auch weiterhin benutzen. Das NIST könnte andere Standards als Ersatz für DES festlegen.
> - Anpassung der Anwendungsbereiche oder Implementierungsdetails des Standards. Solche Anpassungen könnten zum Beispiel vorsehen, daß DES-Implementierungen nicht nur in Hardware, sondern auch in Software zulässig sind; für spezielle Anwendungen den iterativen Einsatz von DES oder den Einsatz alternativer Algorithmen erlauben, die vom NIST anerkannt und registriert sind.

Der Zeitraum für die Einreichung von Stellungnahmen endete am 10. Dezember 1992. Raymond Kammer, damals Direktor des NIST, meinte dazu [812]:

> Vor einem Jahr forderte das NIST öffentlich zu Kommentaren bezüglich der erneuten Zertifizierung des DES auf. Nach der Überprüfung dieser Kommentare und weiterer technischer Unterlagen, die ich erhalten habe, werde ich dem Wirtschaftsminister empfehlen, den DES für weitere fünf Jahre zu zertifizieren. Ich werde dem Minister außerdem vorschlagen, zusammen mit der erneuten Zertifizierung unsere Absicht anzukündigen, im Laufe der nächsten fünf Jahre Alternativen zu DES zu untersuchen. Wir hoffen, durch diese Ankündigung allen beteiligten Parteien Gelegenheit zu geben, sich zum Ablauf eines geregelten technischen Übergangs zu äußern. In der Zwischenzeit müssen wir jedoch auf die große Zahl installierter Systeme Rücksicht nehmen, die auf diesem bewährten Standard basieren.

Obwohl die zuständige Behörde (Office of Technology Assessment) den NIST-Mitarbeiter Dennis Branstead mit den Worten zitierte, DES sei Ende der neunziger Jahre überholt [1191], wurde der Algorithmus für weitere fünf Jahre zertifiziert [1150]. Schließlich wurden auch Software-Implementierungen von DES zur Zertifizierung zugelassen.

Raten Sie mal, was 1998 passieren wird...

12.2 Beschreibung von DES

DES ist eine Blockchiffrierung, die Daten in Blöcken von 64 Bit verschlüsselt. Der Algorithmus erhält als Eingabe einen Block von 64 Bit Klartext und liefert als Ausgabe 64 Bit Chiffretext. DES ist ein symmetrischer Algorithmus: Ver- und Entschlüsselung benutzen den gleichen Algorithmus und den gleichen Schlüssel (abgesehen von kleineren Unterschieden in der Verwendung des Schlüssels).

Die Schlüssellänge beträgt 56 Bit. Der Schlüssel wird zwar gewöhnlich als 64-Bit-Zahl ausgedrückt, doch dabei dient jedes achte Bit einer Paritätsprüfung und wird ignoriert. Diese Paritätsbits sind jeweils die niederwertigsten Bits der einzelnen Bytes des Schlüssels. Als Schlüssel kommt jede 56 Bit lange Zahl in Frage. Außerdem kann der Schlüssel jederzeit geändert werden. Einige Zahlen gelten als schwache Schlüssel, doch diese kann man leicht vermeiden. Die gesamte Sicherheit des Verfahrens beruht auf dem Schlüssel.

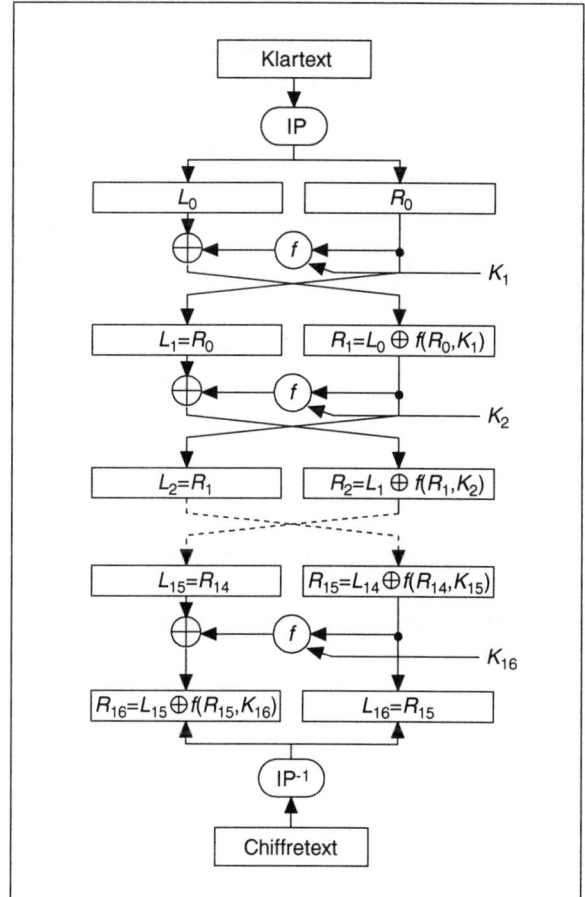

Abb. 12.1: DES

Auf der untersten Stufe enthält der Algorithmus nur eine Kombination der zwei Grundtechniken der Verschlüsselung, nämlich Konfusion und Diffusion. Der Grundbaustein von DES ist die Anwendung einer vom Schlüssel abhängigen Kombination dieser Verfahren (eine Substitution gefolgt von einer Permutation) auf den Text. Ein solcher Vorgang wird als **Runde** bezeichnet. DES arbeitet mit 16 Runden. Die gleiche Kombination von Verfahren wird sechzehnmal auf den Klartextblock angewandt (siehe Abbildung 12.1).

Da der Algorithmus nur einfache arithmetische und logische Operatoren auf Zahlen der Höchstlänge 64 Bit anwendet, konnte er mit der Hardware-Technologie der späten siebziger Jahre leicht implementiert werden. Durch seine repetitive Struktur eignet sich der Algorithmus ideal für den Einsatz in spezialisierten Chips. Die ersten Software-Implementierungen waren etwas schwerfällig, moderne Implementierungen sind aber besser.

Überblick über den Algorithmus

DES arbeitet auf einem 64 Bit langen Block des Klartexts. Nach einer Eingangspermutation wird dieser Block in eine jeweils 32 Bit lange rechte und linke Hälfte zerlegt. Jetzt folgen 16 Runden identischer Operationen – die sogenannte Funktion f –, in denen die Daten mit dem Schlüssel kombiniert werden. Nach der sechzehnten Runde werden rechte und linke Hälfte zusammengefügt. Eine Schlußpermutation, die zur Eingangspermutation invers ist, schließt den Algorithmus ab.

In jeder Runde (siehe Abbildung 12.2), werden die Bits des Schlüssels verschoben. Dann werden 48 Bit aus den 56 Bits des Schlüssels ausgewählt. Die rechte Hälfte der Daten wird mit Hilfe einer Expansionspermutation auf 48 Bit verbreitert, mittels XOR mit 48 Bits eines verschobenen und rotierten Schlüssels kombiniert, durch acht S-Boxen gesandt, die 32 neue Bits erzeugen, und schließlich wieder permutiert. Diese vier Operationen bilden zusammen die Funktion f. Die Ausgabe der Funktion f wird daraufhin mittels XOR mit der linken Hälfte kombiniert. Das Ergebnis dieser Operationen wird die neue rechte Hälfte, und die alte rechte Hälfte wird zur neuen linken Hälfte. Diese Operationen werden sechzehnmal wiederholt, woraus sich die 16 Runden von DES ergeben.

B_i sei das Ergebnis der i-ten Iteration, L_i und R_i die linken und rechten Hälften von B_i, K_i der 48 Bit lange Schlüssel der Runde i und f die Funktion, die Substitution, Permutation und XOR mit dem Schlüssel durchführt. Eine Runde sieht dann wie folgt aus:

$$L_i = R_{i-1}$$
$$R_i = L_{i-1} \oplus f(R_{i-1}, K_i)$$

Die Eingangspermutation

Die Eingangspermutation erfolgt vor der ersten Runde. Sie transponiert den Eingabeblock gemäß Tabelle 12.1. Diese Tabelle ist wie alle anderen Tabellen dieses Kapitels von

12.2 Beschreibung von DES

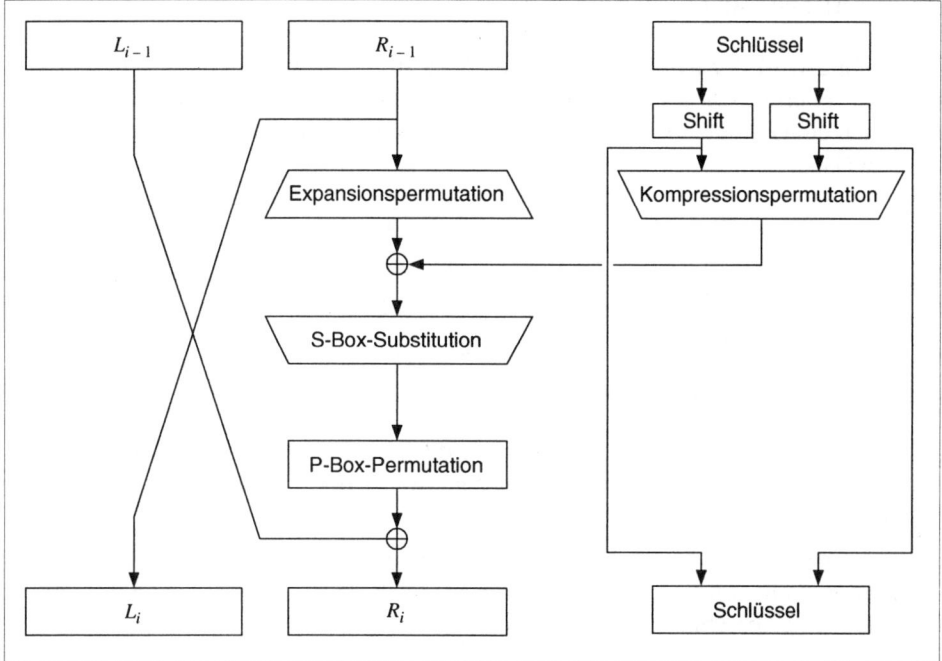

Abb. 12.2: *Eine Runde von DES*

links nach rechts und von oben nach unten zu lesen. Die Eingangspermutation verschiebt zum Beispiel Bit 58 des Klartexts auf Bitposition 1, Bit 50 auf Bitposition 2, Bit 42 auf Bitposition 3 usw.

Die Eingangspermutation und die zugehörige Schlußpermutation beeinflussen die Sicherheit von DES überhaupt nicht. Man kann davon ausgehen, daß sie nur dem Zweck dienen, Klartext und Chiffretext byteweise in einen DES-Chip zu laden. Vergessen Sie nicht, daß es zur Zeit der Entwicklung von DES noch keine 16 oder 32 Bit breiten Mikroprozessorbusse gab. Da die Implementierung dieser bitweisen Permutation in Software schwierig ist (in Hardware dagegen trivial), verzichten viele DES-Implementierungen auf die Eingangs- und Schlußpermutation. Ein derart abgeänderter Algorithmus ist zwar genauso sicher wie DES, hält sich aber nicht an den DES-Standard und sollte daher auch nicht DES genannt werden.

58	50	42	34	26	18	10	2	60	52	44	36	28	20	12	4
62	54	46	38	30	22	14	6	64	56	48	40	32	24	16	8
57	49	41	33	25	17	9	1	59	51	43	35	27	19	11	3
61	53	45	37	29	21	13	5	63	55	47	39	31	23	15	7

Tabelle 12.1: *Die Eingangspermutation*

Die Schlüsseltransformation

Am Anfang wird der 64-Bit-Schlüssel von DES auf 56 Bit reduziert, indem man jedes achte Bit ignoriert. Dieses Verfahren wird in Tabelle 12.2 beschrieben. Mit diesen Bits kann man eine Paritätsüberprüfung durchführen um sicherzustellen, daß der Schlüssel fehlerfrei ist.

57	49	41	33	25	17	9	1	58	50	42	34	26	18
10	2	59	51	43	35	27	19	11	3	60	52	44	36
63	55	47	39	31	23	15	7	62	54	46	38	30	22
14	6	61	53	45	37	29	21	13	5	28	20	12	4

Tabelle 12.2: Die Schlüsselpermutation

Nachdem der 56-Bit-Schlüssel extrahiert wurde, wird in jeder der 16 Runden von DES ein neuer Teilschlüssel der Länge 48 Bit generiert. Diese Teilschlüssel K_i werden wie folgt bestimmt.

Zunächst zerlegt man den 56-Bit-Schlüssel in zwei Hälften der Länge 28 Bit. Diese Hälften werden dann abhängig vom Rundenindex zyklisch um ein oder zwei Bit verschoben. Tabelle 12.3 beschreibt diese Verschiebung.

| Runde | 1 | 2 | 3 | 4 | 5 | 6 | 7 | 8 | 9 | 10 | 11 | 12 | 13 | 14 | 15 | 16 |
| Anzahl | 1 | 1 | 2 | 2 | 2 | 2 | 2 | 2 | 1 | 2 | 2 | 2 | 2 | 2 | 2 | 1 |

Tabelle 12.3: Anzahl der Bits, um die der Schlüssel in jeder Runde verschoben wird

Nach der Verschiebung werden 48 der 56 Bits ausgewählt. Da diese Operation sowohl die Reihenfolge der Bits ändert als auch eine Teilmenge der Bits auswählt, heißt sie **Kompressionspermutation**. Diese Operation liefert eine Teilmenge von 48 Bit. Tabelle 12.4 definiert die Kompressionspermutation. Beispiel: Das Bit auf Position 33 des verschobenen Schlüssels landet auf Position 35 der Ausgabe, das Bit in Position 18 des verschobenen Schlüssels wird ignoriert.

14	17	11	24	1	5	3	28	15	6	21	10
23	19	12	4	26	8	16	7	27	20	13	2
41	52	31	37	47	55	30	40	51	45	33	48
44	49	39	56	34	53	46	42	50	36	29	32

Tabelle 12.4: Die Kompressionspermutation

Die Verschiebung bewirkt, daß in jedem Teilschlüssel eine andere Teilmenge der Schlüsselbits benutzt wird. Jedes Bit wird in ungefähr 14 der 16 Teilschlüssel benutzt. Es kommen allerdings nicht alle Bits gleich oft an die Reihe.

Die Expansionspermutation

Diese Operation expandiert die rechte Hälfte R_i der Daten von 32 auf 48 Bit. Sie heißt **Expansionspermutation**, da sie sowohl die Reihenfolge der Bits verändert als auch manche Bits wiederholt. Sie hat zwei Aufgaben: Sie vergrößert die rechte Hälfte auf die Größe des Schlüssels, um die XOR-Operation zu ermöglichen, und liefert ein längeres Resultat, das mit Hilfe der Substitutionsoperation komprimiert werden kann. Keine dieser beiden Aufgaben entspricht jedoch dem eigentlichen kryptographischen Zweck der Operation. Da ein Bit zwei Substitutionen beeinflußt, wirken sich die Eingabebits schneller auf die Ausgabebits aus. Dies wird als **Lawineneffekt** bezeichnet. Ein Ziel beim Entwurf von DES bestand darin, so schnell wie möglich einen Zustand zu erreichen, in dem jedes Bit des Chiffretexts von jedem Bit des Klartexts und jedem Bit des Schlüssels abhängt.

Abbildung 12.3 definiert die Expansionspermutation. Sie wird manchmal als **E-Box** bezeichnet. In jedem Eingabeblock der Länge 4 Bit stellen das erste und vierte Bit jeweils zwei Bit des Ausgabeblocks dar, das zweite und dritte Bit dagegen jeweils ein Bit des Ausgabeblocks. Tabelle 12.5 gibt an, welche Ausgabepositionen zu welchen Eingabepositionen gehören. Beispiel: Das Bit in Position 3 des Eingabeblocks wandert zu Position 4 des Ausgabeblocks, das Bit in Position 21 des Eingabeblocks wandert in die Positionen 30 und 32 des Ausgabeblocks.

32	1	2	3	4	5	4	5	6	7	8	9
8	9	10	11	12	13	12	13	14	15	16	17
16	17	18	19	20	21	20	21	22	23	24	25
24	25	26	27	28	29	28	29	30	31	32	1

Tabelle 12.5: Die Expansionspermutation

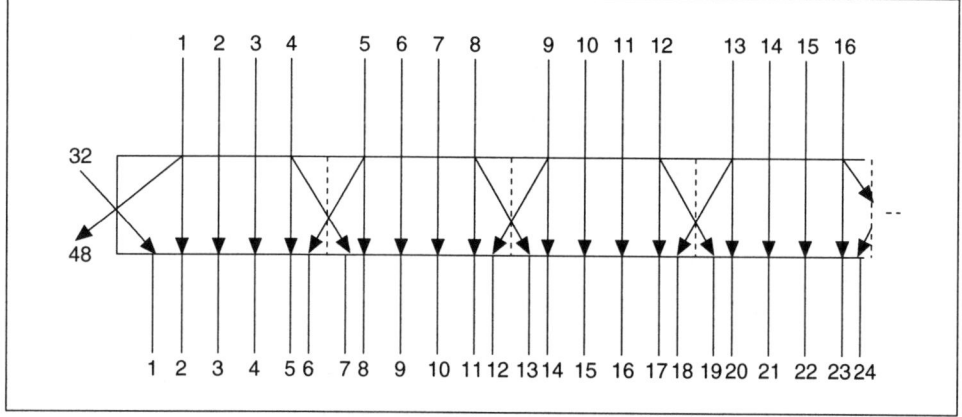

Abb. 12.3: Die Expansionspermutation

Jeder Eingabeblock erzeugt einen unterschiedlichen Ausgabeblock, obwohl dieser größer ist als der Eingabeblock.

Die S-Box-Substitution

Nachdem der komprimierte Schlüssel mit dem expandierten Block XOR-verknüpft wurde, wird mit dem 48 Bit langen Ergebnis eine Substitution durchgeführt. Die Substitutionen erfolgen in acht **Substitutions-Boxen**, den sogenannten **S-Boxen**. Jede S-Box erhält 6 Bit Eingabe und liefert 4 Bit Ausgabe. Insgesamt gibt es acht verschiedene S-Boxen. Die acht S-Boxen von DES benötigen insgesamt 256 Byte Speicherplatz. Die 48 Bits werden in acht Teilblöcke der Länge 6 Bit zerlegt. Jeder einzelne Block wird von einer eigenen S-Box bearbeitet, der erste von S-Box 1, der zweite von S-Box 2 usw. (siehe Abbildung 12.4).

Jede S-Box besteht aus einer Tabelle mit vier Zeilen und sechzehn Spalten. Jeder Tabelleneintrag enthält eine vier Bit lange Zahl. Die sechs Eingabebits legen fest, welcher Zeile und Spalte die Ausgabe zu entnehmen ist. Tabelle 12.7 enthält alle acht S-Boxen.

Die Eingabebits legen einen Eintrag der S-Box auf ganz spezielle Weise fest. Wir bezeichnen die 6 Bits der Eingabe für eine S-Box mit b_1, b_2, b_3, b_4, b_5 und b_6. Die Bits b_1 und b_6 werden zu einer zwei Bit langen Zahl zwischen 0 und 3 zusammengesetzt, die eine Zeile der Tabelle auswählt. Die mittleren vier Bits b_2 bis b_5 werden zu einer vier Bit langen Zahl zwischen 0 und 15 zusammengesetzt. Sie legt eine Spalte der Tabelle fest.

Nehmen wir zum Beispiel an, die sechste S-Box (also die Bits 31 bis 36 der XOR-Funktion) erhalte als Eingabe 110011. Das erste und letzte Bit ergeben zusammen 11, also wählen wir Zeile 3 der sechsten S-Box. Die mittleren vier Bits ergeben 1001, was Spalte 9 der gleichen S-Box bedeutet. Der Eintrag in Zeile 3 und Spalte 9 der S-Box 6 lautet 14. Beachten Sie, daß die Zeilen und Spalten nicht ab 1, sondern ab 0 zu zählen sind. Also ist für 110010 der Wert 1110 zu substituieren.

Bei einer Software-Implementierung werden die S-Boxen natürlich wesentlich schneller als Felder mit 64 Einträgen realisiert. Dazu muß man die Einträge zwar etwas umordnen, das ist jedoch nicht allzu schwierig. (Ändern Sie nicht einfach die Indizierung, ohne die Einträge umzusortieren – die S-Boxen wurden sehr sorgfältig entworfen.) Diese Beschreibung der S-Boxen hilft jedoch bei der Veranschaulichung ihrer Funktionsweise.

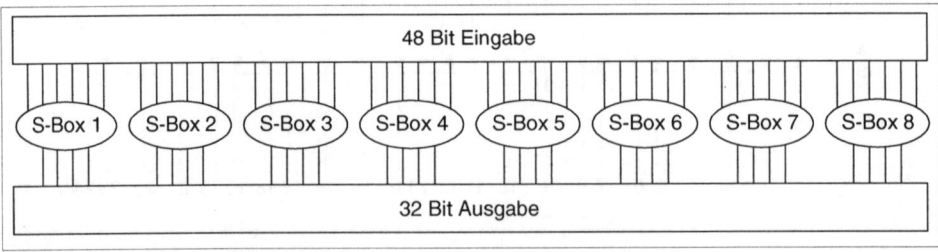

Abb. 12.4: Substitution durch die S-Boxen

Man kann sich jede S-Box als Substitutionsfunktion eines 4 Bit langen Eintrags vorstellen: b_2 bis b_5 sind die Eingabe, heraus kommt ein vier Bit langes Resultat. Die Bits b_1 und b_6 stammen aus benachbarten Blöcken; sie wählen eine von vier vorhandenen Substitutionsfunktionen der jeweiligen S-Box aus.

Die S-Box-Substitution ist die wichtigste Stelle von DES. Die anderen Operationen des Algorithmus sind linear und lassen sich leicht analysieren. Die S-Boxen sind nichtlinear und gewährleisten mehr als alles andere die Sicherheit von DES.

Die Substitutionsphase liefert als Ergebnis acht Blöcke der Länge 4 Bit, die zu einem einzelnen Block der Länge 32 Bit kombiniert werden. Auf diesen Block wird der nächste Schritt angewandt, nämlich die P-Box-Permutation.

Die P-Box-Permutation

Die 32-Bit-Ausgabe der S-Box-Substitution wird gemäß einer P-Box permutiert. Diese Permutation bildet jedes Eingabebit auf eine Ausgabeposition ab. Kein Bit wird zweimal verwendet und keines ignoriert. Eine solche Umordnung heißt **Permutation**. Tabelle 12.6 gibt an, in welche Positionen die einzelnen Bits rutschen. Beispiel: Bit 21 wandert auf Bit 4, Bit 4 dagegen auf Bit 31.

16	7	20	21	29	12	28	17	1	15	23	26	5	18	31	10
2	8	24	14	32	27	3	9	19	13	30	6	22	11	4	25

Tabelle 12.6: Die P-Box-Permutation

Schließlich wird das Ergebnis der P-Box-Permutation noch mit der linken Hälfte des ursprünglichen 64-Bit-Blocks XOR-verknüpft. Dann werden linke und rechte Hälfte vertauscht, und es beginnt eine neue Runde.

Die Schlußpermutation

Die Schlußpermutation ist invers zur Eingangspermutation und wird durch Tabelle 12.8 beschrieben. Beachten Sie, daß die linke und rechte Hälfte nach der letzten Runde von DES nicht mehr vertauscht werden. Stattdessen dient der zusammengesetzte Block $R_{16}L_{16}$ als Eingabe für die Schlußpermutation. Das hat nichts zu bedeuten: Würde man die Hälften vertauschen und dann permutieren, so käme exakt das gleiche Ergebnis heraus. Dies wurde bewußt so festgelegt, damit man mit dem Algorithmus sowohl ver- als auch entschlüsseln kann.

S-Box 1:

14	4	13	1	2	15	11	8	3	10	6	12	5	9	0	7
0	15	7	4	14	2	13	1	10	6	12	11	9	5	3	8
4	1	14	8	13	6	2	11	15	12	9	7	3	10	5	0
15	12	8	2	4	9	1	7	5	11	3	14	10	0	6	13

S-Box 2:

15	1	8	14	6	11	3	4	9	7	2	13	12	0	5	10
3	13	4	7	15	2	8	14	12	0	1	10	6	9	11	5
0	14	7	11	10	4	13	1	5	8	12	6	9	3	2	15
13	8	10	1	3	15	4	2	11	6	7	12	0	5	14	9

S-Box 3:

10	0	9	14	6	3	15	5	1	13	12	7	11	4	2	8
13	7	0	9	3	4	6	10	2	8	5	14	12	11	15	1
13	6	4	9	8	15	3	0	11	1	2	12	5	10	14	7
1	10	13	0	6	9	8	7	4	15	14	3	11	5	2	12

S-Box 4:

7	13	14	3	0	6	9	10	1	2	8	5	11	12	4	15
13	8	11	5	6	15	0	3	4	7	2	12	1	10	14	9
10	6	9	0	12	11	7	13	15	1	3	14	5	2	8	4
3	15	0	6	10	1	13	8	9	4	5	11	12	7	2	14

S-Box 5:

2	12	4	1	7	10	11	6	8	5	3	15	13	0	14	9
14	11	2	12	4	7	13	1	5	0	15	10	3	9	8	6
4	2	1	11	10	13	7	8	15	9	12	5	6	3	0	14
11	8	12	7	1	14	2	13	6	15	0	9	10	4	5	3

S-Box 6:

12	1	10	15	9	2	6	8	0	13	3	4	14	7	5	11
10	15	4	2	7	12	9	5	6	1	13	14	0	11	3	8
9	14	15	5	2	8	12	3	7	0	4	10	1	13	11	6
4	3	2	12	9	5	15	10	11	14	1	7	6	0	8	13

S-Box 7:

4	11	2	14	15	0	8	13	3	12	9	7	5	10	6	1
13	0	11	7	4	9	1	10	14	3	5	12	2	15	8	6
1	4	11	13	12	3	7	14	10	15	6	8	0	5	9	2
6	11	13	8	1	4	10	7	9	5	0	15	14	2	3	12

S-Box 8:

13	2	8	4	6	15	11	1	10	9	3	14	5	0	12	7
1	15	13	8	10	3	7	4	12	5	6	11	0	14	9	2
7	11	4	1	9	12	14	2	0	6	10	13	15	3	5	8
2	1	14	7	4	10	8	13	15	12	9	0	3	5	6	11

Tabelle 12.7: Die S-Boxen

40	8	48	16	56	24	64	32	39	7	47	15	55	23	63	31
38	6	46	14	54	22	62	30	37	5	45	13	53	21	61	29
36	4	44	12	52	20	60	28	35	3	43	11	51	19	59	27
34	2	42	10	50	18	58	26	33	1	41	9	49	17	57	25

Tabelle 12.8: Die Schlußpermutation

Entschlüsselung von DES

Nach all den Substitutionen, Permutationen, XOR-Operationen und Verschiebungen glauben Sie vielleicht, daß der Entschlüsselungsalgorithmus völlig anders aussieht und genauso verwirrend ist wie der Verschlüsselungsalgorithmus. Im Gegenteil: die ganzen Operationen wurden so gewählt, daß sie eine sehr nützliche Eigenschaft garantieren – man kann mit dem gleichen Algorithmus sowohl ver- als auch entschlüsseln.

Bei DES kann man einen Block mit der gleichen Funktion ver- und entschlüsseln. Der einzige Unterschied besteht darin, daß man die Schlüssel in umgekehrter Reihenfolge anwenden muß. Lauten also die Schlüssel für die Chiffrierung in den einzelnen Runden $K_1, K_2, K_3, \ldots, K_{16}$, so dienen $K_{16}, K_{15}, K_{14}, \ldots, K_1$ als Schlüssel für die Dechiffrierung. Der Algorithmus, der den in den einzelnen Runden benutzten Schlüssel erzeugt, arbeitet ebenfalls zirkulär. Der Schlüssel wird immer nach rechts verschoben, und zwar um jeweils 0, 1, 2, 2, 2, 2, 2, 2, 1, 2, 2, 2, 2, 2, 2, 1 Positionen.

Betriebsmodi von DES

In FIPS PUB 81 werden vier Betriebsarten definiert, nämlich ECB, CBC, OFB und CFB (siehe Kapitel 9) [1143]. Die ANSI-Standards für finanzielle Transaktionen schreiben ECB und CBC zur Verschlüsselung sowie CBC und n-Bit-CFB zur Authentifizierung fest [52].

Im Zusammenhang mit Software spielt Zertifizierung gewöhnlich keine Rolle. Aufgrund seiner Einfachheit wird in kommerzieller Standard-Software meist ECB benutzt, obwohl dieser Modus am anfälligsten für Angriffe ist. Gelegentlich kommt CBC zum Einsatz. Obwohl diese nur geringfügig komplizierter ist als ECB, bietet sie viel größere Sicherheit.

Hard- und Software-Implementierungen von DES

Über effiziente Hard- und Software-Implementierungen des Algorithmus wurde bereits viel geschrieben [997, 81, 533, 534, 437, 738, 1573, 176, 271, 1572]. Der Rekordhalter für den schnellsten DES-Chip ist zur Zeit ein Prototyp, der von Digital Equipment Corporation entwickelt wurde [512]. Er unterstützt die Betriebsarten ECB sowie CBC und basiert auf einem Galliumarsenid-Gate-Array mit 50000 Transistoren. Die Ver- und Entschlüsselungsgeschwindigkeit beträgt 1 Gigabit pro Sekunde, das bedeutet 16,8 Millionen Blöcke pro Sekunde – ein sehr beeindruckender Wert. Tabelle 12.9 enthält die Spezifikationen für einige kommerzielle DES-Chips. Scheinbare Diskrepanzen zwischen Taktgeschwindigkeit und Datenrate kommen durch Pipeline-Verarbeitung innerhalb des Chips zustande. Ein Chip kann aus mehreren DES-Verarbeitungsstufen bestehen, die parallel arbeiten.

Hersteller	Chip	Jahr	Taktrate	Datenrate	Verfügbar
AMD	Am9518	1981	3 MHz	1,3 MByte/s	nein
AMD	Am9568	?	4 MHz	1,5 MByte/s	nein
AMD	AmZ8068	1982	4 MHz	1,7 MByte/s	nein
AT&T	T7000A	1985	?	1,9 MByte/s	nein
CE-Infosys	SuperCrypt CE99C003	1992	20 MHz	12,5 MByte/s	ja
CE-Infosys	SuperCrypt CE99C003A	1994	30 MHz	20,0 MByte/s	ja
Cryptech	Cry12C102	1989	20 MHz	2,8 MByte/s	ja
Newbridge	CA20C03A	1991	25 MHz	3,85 MByte/s	ja
Newbridge	CA20C03W	1992	8 MHz	0,64 MByte/s	ja
Newbridge	CA95C68/18/09	1993	33 MHz	14,67 MByte/s	ja
Pijnenburg	PCC100	?	?	2,5 MByte/s	ja
Semaphore Communications	Roadrunner284	?	40 MHz	35,5 MByte/s	ja
VLSI Technology	VM007	1993	32 MHz	200,0 MByte/s	ja
VLSI Technology	VM009	1993	33 MHz	14,0 MByte/s	ja
VLSI Technology	6868	1995	32 MHz	64,0 MByte/s	ja
Western Digital	WD2001/2002	1984	3 MHz	0,23 MByte/s	nein

Tabelle 12.9: Kommerzielle DES-Chips

Der eindrucksvollste DES-Chip ist der Typ 6868 von VLSI (er hieß früher „Gatekeeper"). Er beherrscht nicht nur DES-Verschlüsselung in lediglich 8 Taktzyklen (Prototypen im Labor schaffen es sogar schon in vier Taktzyklen), sondern auch ECB mit Triple-DES in 25 Taktzyklen und OFB oder CBC mit Triple-DES in 35 Taktzyklen. Das klingt auch für mich unwahrscheinlich, aber ich kann Ihnen versichern, daß es funktioniert.

Eine Software-Implementierung von DES auf einem Mainframe-Computer des Typs IBM 3090 kann 32000 DES-Verschlüsselungen pro Sekunde erledigen. Die meisten Mikrocomputer sind langsamer, leisten aber immer noch beachtliches. Tabelle 12.10 [603, 793] enthält aktuelle Meßwerte und Schätzungen für verschiedene Mikroprozessoren von Intel und Motorola.

Prozessor	Geschwindigkeit (in MHz)	DES-Blöcke (pro Sekunde)
8088	4,7	370
68000	7,6	900
80286	6	1 100
68020	16	3 500
68030	16	3 900
80386	25	5 000
68030	50	10 000
68040	25	16 000
68040	40	23 000
80486	66	43 000
Sun ELC		26 000
HyperSparc		32 000
RS6000-350		53 000
Sparc 10/52		84 000
DEC Alpha 4000/610		154 000
HP 9000/887	125	196 000

Tabelle 12.10: *Geschwindigkeit von DES auf verschiedenen Mikroprozessoren und Computern*

12.3 Sicherheit von DES

Die Sicherheit von DES wurde lange Zeit in Frage gestellt [458]. Es gab viele Spekulationen über die Schlüssellänge, die Anzahl der Iterationen und die Gestalt der S-Boxen. Gerade die S-Boxen galten als besonders mysteriös – viele Konstanten und kein ersichtlicher Grund, weshalb es genau diese Konstanten sein müssen. Obwohl IBM behauptete, die Einzelheiten des Algorithmus seien das Resultat von 17 Arbeitsjahren intensiver Kryptanalyse, befürchteten viele Leute, daß die NSA eine Hintertür in den Algorithmus eingebaut habe, um chiffrierte Nachrichten einfach entschlüsseln zu können.

Ein nachrichtendienstliches Komitee des US-Senats, das auch Zugang zu geheimsten Unterlagen hatte, untersuchte die Angelegenheit im Jahr 1978. Die Erkenntnisse des Komittees sind zwar geheim, doch eine öffentlich zugängliche Zusammenfassung der Erkenntnisse sprach die NSA von dem Verdacht frei, auf irgendeine unzulässige Art am Entwurf des Algorithmus beteiligt gewesen zu sein [1552]. „Es hieß, die NSA habe IBM davon überzeugt, daß eine kürzere Schlüssellänge ausreichend sei, habe indirekt bei der Entwicklung der Struktur der S-Boxen assistiert und dem endgültigen DES-Algorithmus bescheinigt, daß er nach bestem Wissen frei von statistischen oder mathematischen Schwächen sei." [435]. Da die Regierung die Einzelheiten dieser Untersuchung jedoch niemals veröffentlichte, sind viele Leute immer noch skeptisch.

Tuchman und Meyer, zwei der an der DES-Entwicklung beteiligten IBM-Kryptographen, beteuerten, die NSA habe den Entwurf nicht verändert [841]:

> Der Hauptansatz bestand in der Suche nach starker Substitution, Permutation und Schlüsselverwaltungsfunktionen. IBM hat die Unterlagen bezüglich der Auswahlkriterien auf Anforderung der NSA gesperrt. „Die NSA teilte uns mit, wir hätten unwissentlich einige der am besten gehüteten Geheimnisse neu entdeckt, auf denen ihre eigenen Algorithmen basieren", erklärt Tuchman.

Weiter unten im gleichen Artikel wird Tuchman wie folgt zitiert: „Wir entwickelten den DES-Algorithmus vollständig bei IBM und nur mit IBM-Leuten. Die NSA hat kein einziges Bit vorgegeben!". Tuchman bekräftigte dies in seiner Rede zur Geschichte des DES auf der nationalen Konferenz über Computersicherheit im Jahr 1992.

Andererseits schrieb Coppersmith [373, 374]: „Die National Security Agency (NSA) bot IBM auch technische Hilfestellung." Konheim wurde schließlich wie folgt zitiert: „Wir sandten die S-Boxen nach Washington. Sie kamen zurück und waren völlig verändert. Wir wandten unsere Tests darauf an und sie bestanden." Dies wurde von manchen Leuten als Beweis dafür ausgelegt, daß die NSA eine Hintertür in DES eingebaut habe.

Die NSA antwortete auf die Frage, ob DES irgendwelche Schwächen aufgezwungen worden seien [363]:

> Bezüglich des Data Encryption Standard (DES) glauben wir, daß die öffentliche Stellungnahme des Senatskomitees, das 1978 die Rolle der NSA bei der Entwicklung von DES untersuchte, Ihre Frage hinreichend beantwortet. Der Bericht dieses Komitees besagt, daß die NSA den Entwurf des Algorithmus in keinster Weise beeinflußte und daß die durch DES gebotene Sicherheit für mindestens 5 bis 10 Jahre mehr als ausreichend ist für die nichtgeheimen Dokumente, für die er gedacht ist. Kurz gesagt: die NSA erlegte dem DES keinerlei Schwächen auf und hat dies auch niemals versucht.

Weshalb modifizierte sie dann die S-Boxen? Das sollte vielleicht verhindern, daß IBM eine Hintertür in DES einbaut. Es gab keinen Grund, weshalb die NSA den Forschern von IBM vertrauen sollte. Die NSA hätte ihre Pflichten vernachlässigt, wenn sie nicht absolut sichergestellt hätte, daß DES keine Hintertüren enthält. Die Vorgabe der S-Boxen war eine Möglichkeit, dies sicherzustellen.

Neue kryptanalytische Ergebnisse aus jüngster Zeit brachten etwas Licht in diese Frage, doch über viele Jahre hinweg gab es reichlich Spekulationen zu diesem Thema.

Schwache Schlüssel

Aufgrund der Art und Weise, in der der Startschlüssel in jeder Runde des Algorithmus zu einem Teilschlüssel modifiziert wird, gelten bestimmte Startschlüssel als **schwache Schlüssel** [721, 427]. Wir erinnern uns: der Startschlüssel wird in zwei Hälften zerlegt, die jeweils unabhängig voneinander verschoben werden. Sind in den beiden Hälften alle Bits entweder 0 oder 1, so wird in jeder Runde des Algorithmus der gleiche Schlüssel benutzt. Das passiert, wenn der Schlüssel entweder nur aus Einsen oder nur aus Nullen besteht, oder wenn eine Hälfte des Schlüssels nur aus Einsen und die andere nur aus Nullen besteht. Zwei dieser schwachen Schlüssel haben weitere Eigenschaften, die sie noch unsicherer machen [427].

Tabelle 12.11 enthält die vier schwachen Schlüssel in Hexadezimalschreibweise. Beachten Sie, daß jedes achte Bit als Paritätsbit fungiert.

Schwacher Schlüssel (mit Paritätsbits)				Tatsächlicher Schlüssel
0101	0101	0101	0101	0000000 0000000
1F1F	1F1F	0E0E	0E0E	0000000 FFFFFFF
E0E0	E0E0	F1F1	F1F1	FFFFFFF 0000000
FEFE	FEFE	FEFE	FEFE	FFFFFFF FFFFFFF

Tabelle 12.11: Schwache Schlüssel von DES

Darüber hinaus gibt es einige Schlüsselpaare, die den Klartext in identischen Chiffretext überführen. Mit anderen Worten: ein Schlüssel des Paars dechiffriert Nachrichten, die mit dem anderen Schlüssel des Paars chiffriert wurden. Dies liegt an der Art, wie DES Teilschlüssel generiert. Anstatt 16 verschiedene Teilschlüssel zu erzeugen, liefern diese Schlüssel nur zwei verschiedene Teilschlüssel. Jeder dieser Teilschlüssel wird achtmal im Algorithmus benutzt. Solche Schlüssel heißen **halbschwache Schlüssel**. In Tabelle 12.12 sind sie in Hexadezimalschreibweise wiedergegeben.

01FE	01FE	01FE	01FE	und	FE01	FE01	FE01	FE01
1FE0	1FE0	0EF1	0EF1	und	E01F	E01F	F10E	F10E
01E0	01E0	01F1	01F1	und	E001	E001	F101	F101
1FFE	1FFE	0EFE	0EFE	und	FE1F	FE1F	FE0E	FE0E
011F	011F	010E	010E	und	1F01	1F01	0E01	0E01
E0FE	E0FE	F1FE	F1FE	und	FEE0	FEE0	FEF1	FEF1

Tabelle 12.12: Halbschwache Schlüsselpaare von DES

Manche Schlüssel erzeugen nur vier Teilschlüssel, die dann jeweils viermal im Algorithmus benutzt werden. Tabelle 12.13 enthält diese **möglicherweise schwachen Schlüssel**.

Bevor Sie jetzt DES verdammen, weil es schwache Schlüssel gibt, sollten Sie bedenken, daß diese 64 Schlüssel im Vergleich zur Gesamtzahl von 72 057 594 037 927 936 möglichen Schlüsseln vernachlässigbar sind. Bei zufälliger Wahl eines Schlüssels ist die Chance, einen schwachen Schlüssel zu erwischen, vernachlässigbar gering. Wenn Sie das immer noch nicht beruhigt, können Sie schwache Schlüssel bei der Schlüsselgenerierung aussondern. Manche Leute glauben, daß das den Aufwand nicht wert sei. Andere meinen, das sei so einfach zu überprüfen, daß es keine Entschuldigung dafür gibt, es nicht zu tun. [1116] enthält weitergehende Analysen schwacher und halbschwacher Schlüssel. Es wurden auch andere Muster in den Schlüsseln auf Schwächen hin untersucht, jedoch keine gefunden.

1F	1F	01	01	0E	0E	01	01	E0	01	01	E0	F1	01	01	F1
01	1F	1F	01	01	0E	0E	01	FE	1F	01	E0	FE	0E	01	F1
1F	01	01	1F	0E	01	01	0E	FE	01	1F	E0	FE	01	0E	F1
01	01	1F	1F	01	01	0E	0E	E0	1F	1F	E0	F1	0E	0E	F1
E0	E0	01	01	F1	F1	01	01	FE	01	01	FE	FE	01	01	FE
FE	FE	01	01	FE	FE	01	01	E0	1F	01	FE	F1	0E	01	FE
FE	E0	1F	01	FE	F1	0E	01	E0	01	1F	FE	F1	01	0E	FE
E0	FE	1F	01	F1	FE	0E	01	FE	1F	1F	FE	FE	0E	0E	FE
FE	E0	01	1F	FE	F1	01	0E	1F	FE	01	E0	0E	FE	01	F1
E0	FE	01	1F	F1	FE	01	0E	01	FE	1F	E0	01	FE	0E	F1
E0	E0	1F	1F	F1	F1	0E	0E	1F	E0	01	FE	0E	F1	01	FE
FE	FE	1F	1F	FE	FE	0E	0E	01	E0	1F	FE	01	F1	0E	FE
FE	1F	E0	01	FE	0E	F1	01	01	01	E0	E0	01	01	F1	F1
E0	1F	FE	01	F1	0E	FE	01	1F	1F	E0	E0	0E	0E	F1	F1
FE	01	E0	1F	FE	01	F1	0E	1F	01	FE	E0	0E	01	FE	F1
E0	01	FE	1F	F1	01	FE	0E	01	1F	FE	E0	01	0E	FE	F1
01	E0	E0	01	01	F1	F1	01	1F	01	E0	FE	0E	01	F1	FE
1F	FE	E0	01	0E	FE	F0	01	01	1F	E0	FE	01	0E	F1	FE
1F	E0	FE	01	0E	F1	FE	01	01	01	FE	FE	01	01	FE	FE
01	FE	FE	01	01	FE	FE	01	1F	1F	FE	FE	0E	0E	FE	FE
1F	0E	0E	1F	0E	F1	F1	0E	FE	FE	E0	E0	FE	FE	F1	F1
01	FE	E0	1F	01	FE	F1	0E	E0	FE	FE	E0	F1	FE	FE	F1
01	E0	FE	1F	01	F1	FE	0E	FE	E0	E0	FE	FE	F1	F1	FE
1F	FE	FE	1F	0E	FE	FE	0E	E0	E0	FE	FE	F1	F1	FE	FE

Tabelle 12.13: Möglicherweise schwache Schlüssel von DES

Komplementäre Schlüssel

Wir bilden das bitweise Komplement eines Schlüssels, das heißt, wir ersetzen alle Nullen durch Einsen und umgekehrt. Wenn nun der ursprüngliche Schlüssel einen Block Klartext chiffriert, so chiffriert das Komplement des Schlüssels das Komplement des Klartexts in das Komplement des Chiffretextblocks.

Wenn x' das Komplement von x bezeichnet, dann gilt folgende Beziehung:

$$E_K(P) = C$$
$$E_{K'}(P') = C'$$

Daran ist nichts Merkwürdiges: Die Teilschlüssel werden in jeder Runde nach der Expansionspermutation mit der rechten Hälfte XOR-verknüpft. Die **Komplementäreigenschaft** folgt direkt aus dieser Tatsache.

Das bedeutet, daß ein *chosen-plaintext*-Angriff gegen DES nur die Hälfte der möglichen Schlüssel testen muß, nämlich 2^{55} statt 2^{56} [1080]. Eli Biham und Adi Shamir zeigen

[172], daß es einen *known-plaintext*-Angriff der gleichen Komplexität gibt, der mindestens 2^{33} bekannte Klartexte benötigt.

Es ist fraglich, ob diese Eigenschaft eine Schwäche darstellt, denn in den meisten Nachrichten kommen keine komplementären Klartextblöcke vor (bei zufällig gewähltem Klartext ist die Wahrscheinlichkeit dafür sehr gering). Außerdem kann man die Benutzer davor warnen, komplementäre Schlüssel zu verwenden.

Algebraische Struktur

Alle möglichen Klartextblöcke der Länge 64 Bit können auf (2^{64}!) verschiedene Arten auf alle möglichen Chiffretextblöcke der Länge 64 Bit abgebildet werden. Der DES-Algorithmus mit seinem 56-Bit-Schlüssel erlaubt 2^{56} (ca. 10^{17}) dieser Abbildungen. Es scheint, als könne man mit mehrfacher Verschlüsselung einen größeren Teil dieser möglichen Abbildungen abdecken. Dies gilt allerdings nur, wenn die DES-Operation nicht über bestimmte algebraische Strukturen verfügt.

Wäre DES **abgeschlossen**, so gäbe es für jedes K_1 und K_2 immer ein K_3 mit

$$E_{K_2}(E_{K_1}(P)) = E_{K_3}(P)$$

Anders ausgedrückt: DES-Verschlüsselung würde eine Gruppe bilden und die Verschlüsselung eines Klartextblocks mit K_1 gefolgt von K_2 entspräche der Verschlüsselung des Blocks mit K_3. Noch gravierender ist, daß DES für einen *known-plaintext*-Angriff des Typs *meet-in-the-middle* anfällig wäre, der nur 2^{38} Schritte braucht [807].

Wäre DES **rein**, so gäbe es für jedes K_1, K_2 und K_3 immer ein K_4 mit

$$E_{K_3}(E_{K_2}(E_{K_1}(P))) = E_{K_4}(P)$$

Dreifache Verschlüsselung wäre damit sinnlos. Beachten Sie, daß eine abgeschlossene Chiffrierung immer auch rein ist, eine reine Chiffrierung aber nicht notwendig auch abgeschlossen.

Ein frühes theoretisches Papier von Don Coppersmith enthielt einige Hinweise, doch das genügte noch nicht [377]. Verschiedene Kryptographen untersuchten diese Frage [588, 427, 431, 527, 723, 789]. Entsprechende Experimente lieferten „überwältigende Anzeichen" dafür, daß DES keine Gruppe ist. Die Kryptographen konnten dies allerdings erst 1992 beweisen. Coppersmith berichtet, daß dem Team von IBM diese Tatsache schon immer bewußt war.

Die Schlüssellänge

Der ursprüngliche Vorschlag von IBM an das NBS benutzte Schlüssel der Länge 112 Bit. Als DES standardisiert wurde, wurde die Schlüssellänge auf 56 Bit reduziert. Viele Kryptographen setzten sich für die längeren Schlüssel ein. Sie stützten sich in der Hauptsache auf einen Brute-Force-Angriff (siehe Abschnitt 7.1).

1976 und 1977 argumentierten Diffie und Hellman, daß ein auf das Knacken von DES spezialisierter Parallelcomputer den Schlüssel in einem Tag ermitteln könne und 20 Millionen Dollar kosten würde. 1981 korrigierte Diffie die Schätzung zu zwei Tagen Suchzeit und Kosten in Höhe von 50 Millionen Dollar [491]. Diffie und Hellman meinten damals, daß das für die meisten Anwender außer Reichweite sei – mit Ausnahme von Organisationen wie der NSA. Sie waren überzeugt, daß DES 1990 bereits völlig unsicher wäre [714].

Hellman [716] brachte ein anderes Argument gegen die geringe Schlüsselgröße vor: Der Suchprozeß lasse sich durch Einsatz von mehr Speicherplatz beschleunigen. Er sprach von der Möglichkeit, alle 2^{56} Ergebnisse der Verschlüsselung eines einzigen Klartextblocks mit jedem möglichen Schlüssel zu berechnen und zu speichern. Um einen unbekannten Schlüssel zu brechen, müßte der Kryptanalytiker nur den Klartextblock in den Verschlüsselungsstrom einfügen, den erzeugten Chiffretext untersuchen und den Schlüssel nachschauen. Hellman schätzte die Kosten einer solchen Maschine auf 5 Millionen Dollar.

Es gab immer wieder Argumente für und gegen die Existenz eines DES-Knackers, der irgendwo im Keller einer Regierungsbehörde steht. Einige Leute wiesen darauf hin, daß die Ausfallsicherheit der DES-Chips nie hoch genug sein werde, um den Betrieb der Maschine zu gewährleisten. Dieser Einwand wurde in [1278] widerlegt. Andere Leute schlugen Möglichkeiten vor, wie sich der Vorgang weiter beschleunigen lasse und wie man die Auswirkungen ausgefallener Chips reduzieren könne.

In der Zwischenzeit erreichten Hardware-Implementierungen von DES langsam den Wert von einer Million Verschlüsselungen pro Sekunde, der für die spezielle Maschine von Diffie und Hellman vorausgesetzt wurde. 1984 wurden DES-Chips hergestellt, die 256 000 Verschlüsselungen pro Sekunde durchführen konnten [533, 534]. 1987 wurden Chips entwickelt, die 512 000 Verschlüsselungen pro Sekunde schafften; eine Version, die über eine Million Schlüssel pro Sekunde überprüfen konnte, rückte in greifbare Nähe [738, 1573]. 1993 entwarf Michael Wiener eine 1 Million Dollar teure Maschine, die einen Brute-Force-Angriff gegen DES in durchschnittlich 3,5 Stunden ausführen konnte (siehe Abschnitt 7.1).

Der Bau einer solchen Maschine wurde niemals von irgendeiner Seite öffentlich zugegeben. Daß man sie gebaut hat, liegt jedoch nahe. Eine Million Dollar spielen für die Regierung eines mittelgroßen oder großen Landes keine Rolle.

Erst im Jahr 1990 entdeckten die beiden israelischen Mathematiker Biham und Shamir die **differentielle Kryptanalyse**. Diese Technik erledigte die Frage der Schlüssellänge. Bevor wir uns damit beschäftigen, wollen wir jedoch einige weitere Kritikpunkte am Design von DES untersuchen.

Anzahl der Runden

Weshalb 16 Runden und nicht 32? Nach fünf Runden hängt jedes Bit des Chiffretexts von jedem Bit des Klartexts und jedem Bit des Schlüssels ab [1078, 1080], nach acht Runden ist der Chiffretext im wesentlichen eine Zufallsfunktion, die von jedem Bit des Klartexts und jedem Bit des Schlüssels abhängt [880]. (Dieses Phänomen wird als Lawineneffekt bezeichnet.) Weshalb sollte man dann nicht schon nach acht Runden aufhören?

Im Laufe der Jahre wurden DES-Varianten mit verminderter Rundenanzahl erfolgreich angegriffen. DES mit drei oder vier Runden wurde 1982 problemlos geknackt [49]. DES mit sechs Runden war einige Jahre später fällig [336]. Die differentielle Kryptanalyse von Biham und Shamir erklärt dies auch: DES mit einer beliebigen Rundenzahl unter 16 kann mit einem *known-plaintext*-Angriff leichter geknackt werden als mit einem Brute-Force-Angriff. Ein solcher ist zwar wahrscheinlicher, es ist jedoch interessant, daß der Algorithmus genau 16 Runden enthält.

Design der S-Boxen

Die NSA wurde nicht nur beschuldigt, die Schlüssellänge reduziert zu haben, sondern auch, den Inhalt der S-Boxen modifiziert zu haben. Auf den Druck zur Rechtfertigung des Designs der S-Boxen reagierte die NSA mit dem Hinweis, daß Teile des Algorithmenentwurfs „vertraulich" seien und deshalb nicht veröffentlicht würden. Viele Kryptographen machten sich Sorgen darüber, daß die von der NSA entworfenen S-Boxen eine Hintertür enthalten, mit der die Behörde den Algorithmus einfach kryptographisch analysieren könne.

Seit damals wurde viel Aufwand in die Analyse des Entwurfs und der Funktionsweise der S-Boxen investiert. Mitte der siebziger Jahre untersuchten die Lexar Corporation [961, 721] und die Bell Laboratories [1120] die Funktionsweise der S-Boxen. Keine der beiden Analysen deckte irgendwelche Schwächen auf, allerdings fanden beide unerklärliche Eigenschaften. Die S-Boxen hatten mehr mit einer linearen Transformation gemeinsam als man bei zufälliger Auswahl erwarten würde. Das Team der Bell Laboratories schloß nicht aus, daß die S-Boxen verborgene Hintertüren haben. Der Lexar-Report stellte zusammenfassend fest:

> Wir fanden Strukturen, die zweifellos in DES eingefügt wurden, um das System gegen gewisse Angriffsarten zu stärken. Außerdem stießen wir auf Strukturen, die das System zu schwächen scheinen.

Andererseits warnte der Bericht auch:

> ... das Problem [der Suche nach Struktur in den S-Boxen] wird durch die Eigenart des menschlichen Geistes erschwert, der in zufälligen Daten vermeintliche Strukturen entdeckt, auch wenn diese gar nicht vorhanden sind.

Auf dem zweiten DES-Workshop legte die National Security Agency mehrere Entwurfskriterien bezüglich der S-Boxen offen [229]. Dies konnte jedoch nicht alle Verdachtsmomente ausräumen, so daß die Debatte weiterging [228, 422, 714, 1506, 1551].

Einige Merkwürdigkeiten der S-Boxen wurden veröffentlicht. Die letzten drei Ausgabebits der vierten S-Box können genauso abgeleitet werden wie das erste, indem man einige Eingabebits komplementiert [436, 438]. Zwei unterschiedliche, aber sorgfältig gewählte Eingabewerte können die gleiche Ausgabe liefern [436]. Es ist möglich, in einer einzigen DES-Runde die gleiche Ausgabe zu erzielen, indem man die Bits in nur drei benachbarten S-Boxen ändert [487]. Shamir bemerkte, daß die Einträge der S-Boxen nicht ganz ausgeglichen zu sein schienen. Er konnte dieses Ungleichgewicht jedoch nicht zu einem Angriff ausbauen [1423]. Er erwähnte eine Eigenschaft der fünften S-Box, doch es sollte weitere acht Jahre dauern, bevor die lineare Kryptanalyse dieses Merkmal ausnutzte. Andere Forscher zeigten, daß man mit den öffentlich bekannten Design-Prinzipien S-Boxen mit den beobachteten Eigenschaften erzeugen konnte [266].

Weitere Ergebnisse

Es gab noch weitere Versuche zur Kryptanalyse von DES. Ein Kryptograph beschäftigte sich mit Abweichungen vom Zufall auf Basis von Spektraluntersuchungen. Andere analysierten Folgen linearer Faktoren, doch ihr Angriff scheiterte nach acht Runden [1297, 336, 531]. Ein unveröffentlichter Angriff von Donald Davies aus dem Jahr 1987 nutzt die Art und Weise aus, in der die Expansionspermutation Bits in benachbarten S-Boxen wiederholt. Auch dieser Angriff ist nach acht Runden nicht mehr durchführbar [172, 429].

12.4 Differentielle und lineare Kryptanalyse

Differentielle Kryptanalyse

Elie Biham und Adi Shamir führten 1990 die differentielle Kryptanalyse ein [167, 168, 171, 172]. Dabei handelt es sich um eine neue Methode der Kryptanalyse, die bis dahin nicht öffentlich bekannt war. Biham und Shamir fanden mit dieser Methode einen *chosen-plaintext*-Angriff gegen DES, der effizienter ist als ein Brute-Force-Angriff.

Bei der differentiellen Kryptanalyse betrachtet man gezielt gewisse Paare von Chiffretexten, nämlich solche, deren zugehörige Klartexte bestimmte Differenzen aufweisen. Dann untersucht man die Entwicklung dieser Differenzen, während die beiden Klartexte die DES-Runden durchlaufen und mit dem gleichen Schlüssel chiffriert werden.

Man kann einfach Klartextpaare mit fester Differenz wählen. Die Auswahl der Paare kann zufällig erfolgen, solange die Differenz nur bestimmte Bedingungen erfüllt. Der Kryptanalytiker muß nicht einmal die Werte kennen. (Die Bezeichnung „Differenz" ist bei DES über XOR definiert. Bei anderen Algorithmen kann das anders sein.) Mit Hilfe der Differenzen der entstandenen Chiffretexte weist man verschiedenen Schlüsseln unterschiedliche Wahrscheinlichkeiten zu. Analysiert man eine genügend hohe Zahl von Chiffretext-Paaren, so kristallisiert sich schließlich ein Schlüssel als der wahrscheinlichste heraus. Dies ist der korrekte Schlüssel.

Die Einzelheiten sind komplizierter. Abbildung 12.5 zeigt die Rundenfunktion von DES. Stellen Sie sich ein Paar X und X' von Eingabewerten vor, deren Differenz ΔX beträgt.

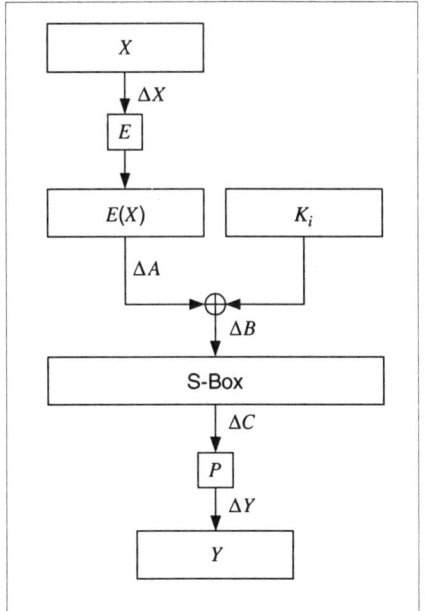

Abb. 12.5: Die Rundenfunktion von DES

Die Ausgabewerte Y und Y' sind bekannt und damit auch deren Differenz ΔY. Da sowohl die Expansionspermutation als auch die P-Box bekannt sind, sind auch ΔA und ΔC bekannt. B und B' sind sind nicht bekannt, doch ihre Differenz ΔB – sie ist identisch mit ΔA. (Wenn man nur die Differenzen betrachtet, heben sich die XOR-Verknüpfungen von K_i mit A und A' gegenseitig auf.) So weit, so gut. Jetzt kommt der Trick: Für ein bestimmtes ΔA sind nicht alle Werte von ΔC gleich wahrscheinlich. Aus der Kombination von ΔA und ΔC kann man Werte für einige Bits von $A \oplus K_i$ und $A' \oplus K_i$ schließen. Da A und A' bekannt sind, erhält man auf diese Art Informationen über K_i.

Betrachten wir die letzte Runde von DES. (Bei der differentiellen Kryptanalyse ignoriert man die Eingangs- und Schlußpermutation. Diese erschweren zwar die Erklärung des Angriffs, wirken sich aber nicht weiter darauf aus.) Wenn wir K_{16} ermitteln können, haben wir 48 Bit des Schlüssels (der Teilschlüssel in jeder Runde besteht ja aus 48 Bit des 56-Bit-Schlüssels). Die anderen acht Bit erhalten wir durch einen Brute-Force-Angriff. Die differentielle Kryptanalyse liefert K_{16}.

Bestimmte Differenzen der Klartextpaare erzeugen mit hoher Wahrscheinlichkeit bestimmte Differenzen in den Chiffretextpaaren. Solche Paare heißen **Charakteristiken**. Die Charakteristiken erstrecken sich über mehrere Runden und definieren im Grunde einen Pfad durch diese Runden. Es gibt eine Eingabedifferenz, eine Differenz in jeder Runde sowie eine Ausgabedifferenz mit einer bestimmten Wahrscheinlichkeit.

Diese Charakteristiken lassen sich bestimmen, indem man eine Tabelle anlegt, deren Zeilen die möglichen XOR-Werte der Eingabe darstellen (also den XOR-Wert zweier unterschiedlicher Sätze von Eingabebits). Die Spalten stellen die möglichen XOR-Aus-

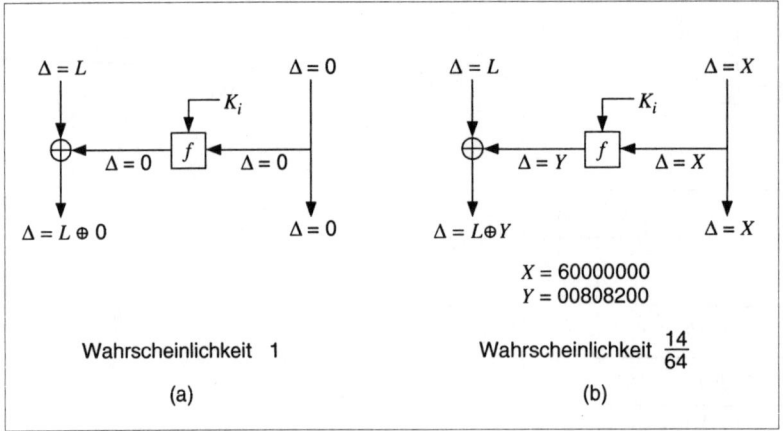

Abb. 12.6: *Charakteristiken von DES*

gabewerte dar und die Tabelleneinträge geben die Anzahl an, wie oft ein bestimmter XOR-Ausgabewert für einen bestimmten XOR-Eingabewert auftritt. Solch eine Tabelle kann man für jede der acht S-Boxen von DES aufstellen.

Abbildung 12.6a zeigt zum Beispiel eine Charakteristik für eine Runde. Die Eingabedifferenz der linken Seite ist L. Sie kann beliebige Werte annehmen. Die Eingabedifferenz der rechten Seite ist Null. Die rechten Hälften stimmen in beiden Eingabewerten überein, daher ist ihre Differenz 0. Da es bei der Eingabe der Rundenfunktion keine Differenz gibt, ist eine solche auch in ihrer Ausgabe nicht vorhanden. Die Ausgabedifferenz der linken Seite ist daher $L \oplus 0 = L$, die Ausgabedifferenz der rechten Seite ist 0. Dies ist eine triviale Charakteristik, sie trifft mit der Wahrscheinlichkeit 1 zu.

Abbildung 12.6b zeigt eine weniger offensichtliche Charakteristik. Die Eingabedifferenz L der linken Seite sei wieder beliebig. Für die rechte Seite beträgt sie 0x60000000, die beiden Eingabewerte unterscheiden sich also nur im zweiten und dritten Bit. Die Ausgabedifferenz der Rundenfunktion hat mit einer Wahrscheinlichkeit von $^{14}/_{64}$ den Wert $L \oplus 0\text{x}00808200$. Die Ausgabedifferenz der linken Seite lautet $L \oplus 0\text{x}00808200$, diejenige der rechten Seite ist 0x60000000, ebenfalls mit einer Wahrscheinlichkeit von $^{14}/_{64}$.

Man kann unterschiedliche Charakteristiken zusammenfassen und die Wahrscheinlichkeiten unter der Annahme, die Runden seien unabhängig, miteinander multiplizieren. Abbildung 12.7 faßt die beiden oben beschriebenen Charakteristiken zusammen. Die Eingabedifferenz der linken Seite ist 0x00808200, die der rechten Seite 0x60000000. Am Ende der ersten Runde heben sich die Eingabedifferenz und die Ausgabe der Rundenfunktion gegenseitig weg, es bleibt die Ausgabedifferenz 0. Diese geht in die zweite Runde. Die endgültige Ausgabedifferenz der linken Seite ist 0x60000000, die der rechten Seite 0. Diese Zwei-Runden-Charakteristik hat eine Wahrscheinlichkeit von $^{14}/_{64}$.

Ein Klartextpaar, das der Charakteristik entspricht, heißt **richtiges Paar**. Ein Klartextpaar, das der Charakteristik nicht entspricht, heißt **falsches Paar**. Aus einem richtigen

12.4 Differentielle und lineare Kryptanalyse

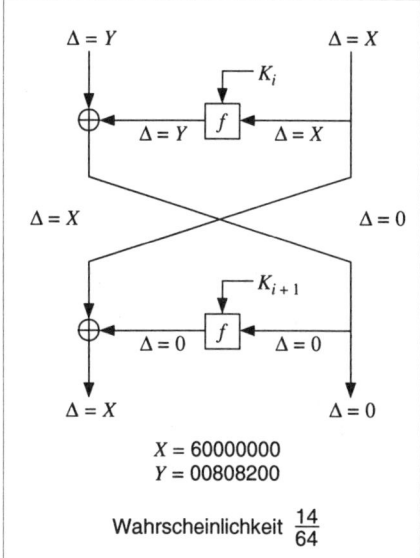

Abb. 12.7: *Zwei-Runden-Charakteristik von DES*

Paar kann man den korrekten Rundenschlüssel (für die letzte Runde der Charakteristik) folgern. Ein falsches Paar liefert einen zufälligen Rundenschlüssel. Um den korrekten Rundenschlüssel zu finden, muß man es einfach so oft versuchen, bis ein Teilschlüssel öfter als alle anderen erscheint. Schließlich wird sich der korrekte Teilschlüssel von den zufälligen Alternativen abheben.

Ein differentieller Angriff auf DES mit n Runden liefert also den 48-Bit-Teilschlüssel der Runde n. Die restlichen 8 Bit errät man durch einen Brute-Force-Angriff.

Es gibt aber immer noch beträchtliche Probleme. Solange man nicht einen bestimmten Schwellenwert überschritten hat, sind die Erfolgsaussichten verschwindend gering. Solange man noch nicht genügend Daten gesammelt hat, kann man den korrekten Teilschlüssel nicht von Zufallsdaten unterscheiden. Der Angriff ist auch nicht sehr praktikabel, denn er benötigt Zähler für die unterschiedlichen Wahrscheinlichkeiten von 2^{48} möglichen Teilschlüsseln. Dafür sind einfach zu viele Daten erforderlich.

An dieser Stelle modifizierten Biham und Shamir ihren Angriff. Statt eine 15-Runden-Charakteristik für DES mit 16 Runden zu verwenden, arbeiten sie mit einer 13-Runden-Charakteristik und ein paar Tricks zur Ermittlung der letzten Runden. Eine kürzere Charakteristik mit höherer Wahrscheinlichkeit funktioniert besser. Außerdem erhielten sie mit raffinierten mathematischen Methoden Kandidaten für den 56-Bit-Schlüssel, die man sofort testen konnte. Dadurch entfielen die vorher nötigen Zähler. Diese Sorte Angriff führt zum Erfolg, sobald ein richtiges Paar gefunden ist. Dadurch entfällt der Schwellenwert und man erhält eine lineare Erfolgswahrscheinlichkeit. Wenn man tausendmal weniger Paare hat, so ist die Erfolgswahrscheinlichkeit tausendmal kleiner. Das klingt zwar abschreckend, ist aber immer noch viel besser als der Schwellenwert. Es gibt immer eine gewisse Chance für unmittelbaren Erfolg.

Die Ergebnisse sind hochinteressant. Tabelle 12.14 enthält eine Zusammenfassung der besten differentiellen Angriffe gegen DES mit unterschiedlicher Rundenzahl [172]. Die erste Spalte enthält die Anzahl der Runden, die nächsten beiden Spalten die Anzahl der gewählten oder bekannten Klartexte, die man für den Angriff untersuchen muß. Die vierte Spalte enthält die Anzahl dieser Klartexte, die tatsächlich analysiert werden. Die letzte Spalte beschreibt die Komplexität der Analyse, nachdem die benötigten Klartexte gefunden wurden.

Tabelle 12.14: DES-Angriffe mit differentieller Kryptanalyse

Anzahl der Runden	Gewählte Klartexte	Bekannte Klartexte	Analysierte Klartexte	Komplexität der Analyse
8	2^{14}	2^{38}	4	2^{9}
9	2^{24}	2^{44}	2	2^{32} (a)
10	2^{24}	2^{43}	2^{14}	2^{15}
11	2^{31}	2^{47}	2	2^{32} (a)
12	2^{31}	2^{47}	2^{21}	2^{21}
13	2^{39}	2^{52}	2	2^{32} (a)
14	2^{39}	2^{51}	2^{29}	2^{29}
15	2^{47}	2^{56}	2^{7}	2^{37}
16	2^{47}	2^{55}	2^{36}	2^{37}

(a) Die Komplexität der Analyse läßt sich bei diesen Varianten mit Hilfe der Cliquenmethode erheblich reduzieren, indem man etwa viermal so viel Klartext nimmt.

Der beste Angriff gegen vollständigen DES mit 16 Runden benötigt 2^{47} gewählte Klartexte. Er kann auch in einen Angriff mit bekanntem Klartext abgeändert werden, benötigt dann allerdings 2^{55} bekannte Klartexte.

Differentielle Kryptanalyse wendet sich gegen DES und andere ähnliche Algorithmen mit konstanten S-Boxen. Der Angriff hängt stark von der Struktur der S-Boxen ab. Diejenigen in DES sind gerade zur Abwehr differentieller Kryptanalyse optimiert. Der Angriff funktioniert außerdem in allen Betriebsmodi von DES (ECB, CBC, CFB und OFB) mit der gleichen Komplexität [172].

Die Widerstandsfähigkeit von DES läßt sich durch eine größere Rundenzahl noch verbessern. Differentielle Kryptanalyse mit gewähltem Klartext benötigt bei DES mit 17 oder 18 Runden etwa genauso viel Zeit wie die Brute-Force-Suche [160]. Bei 19 oder mehr Runden wird differentielle Kryptanalyse unmöglich, da sie mehr als 2^{64} gewählte Klartexte benötigt. Wir erinnern uns, daß DES mit einer Blockgröße von 64 Bit arbeitet, so daß es überhaupt nur 2^{64} mögliche Klartextblöcke gibt. Allgemein kann man beweisen, daß ein Algorithmus resistent gegen differentielle Kryptanalyse ist, wenn man zeigen kann, daß zur Durchführung eines solchen Angriffs mehr Klartextblöcke nötig sind als insgesamt überhaupt möglich.

Es folgen noch einige wichtige Anmerkungen. Erstens ist dieser Angriff zum größten Teil theoretischer Natur. Die Anforderungen eines Angriffs mit differentieller Kryptanalyse bezüglich Zeit und Speicherplatz sind so enorm, daß sie fast nie erfüllt werden können. Um die für einen derartigen Angriff gegen vollständigen DES nötigen Daten zu erzeugen, muß man fast drei Jahre lang gewählten Klartext mit 1,5 Megabit pro Sekunde verschlüsseln. Zweitens handelt es sich hier im wesentlichen um einen *chosen-plaintext*-Angriff. Man kann ihn zwar auch zu einem *known-plaintext*-Angriff abändern, doch dann muß man alle Klartext-Chiffretext-Paare durchgehen, um die geeigneten herauszufinden. Bei vollständigem DES mit 16 Runden ist der Angriff geringfügig ineffizienter als ein Brute-Force-Angriff (ein differentieller Angriff benötigt $2^{55,1}$ Operationen, ein Brute-Force-Angriff 2^{55}). Man ist sich einig, daß DES immer noch Schutz vor differentieller Kryptanalyse bietet, wenn er sauber implementiert wird.

Weshalb ist DES so resistent gegen differentielle Kryptanalyse? Weshalb sind die S-Boxen dahingehend optimiert, daß diese Art von Angriff möglichst schwierig wird? Weshalb gibt es genau so viele Runden wie erforderlich und nicht mehr? Die Antwort lautet: weil die Entwickler die differentielle Kryptanalyse kannten. Don Coppersmith von IBM schrieb kürzlich [373, 374]:

> Der Entwurf nutzt bestimmte kryptanalytische Verfahren aus – vor allem die Technik der „differentiellen Kryptanalyse" –, die in der damals veröffentlichten Literatur nicht bekannt waren. Nach Diskussionen mit der NSA wurde entschieden, daß eine Offenlegung der Entwurfsziele die differentielle Kryptanalyse aufdecken würde. Da dieses leistungsfähige Verfahren gegen viele Chiffrierungen eingesetzt werden kann, würde eine Offenlegung den Vorsprung, den die Vereinigten Staaten auf dem Gebiet der Kryptographie gegenüber anderen Ländern haben, gefährden.

Als Reaktion darauf forderte Adi Shamir Coppersmith zu dem Eingeständnis auf, er habe seither keine stärkeren Angriffe gegen DES gefunden. Coppersmith beschloß jedoch, sich zu dieser Frage nicht zu äußern [1426].

Kryptanalyse mit verwandten Schlüsseln

Tabelle 12.3 enthält die Anzahl der Bits, um die der DES-Schlüssel nach jeder Runde rotiert wird: nach den Runden 1, 2, 9 und 16 um jeweils ein Bit, sonst um zwei Bit. Weshalb?

Kryptanalyse mit verwandten Schlüsseln ähnelt der differentiellen Kryptanalyse, untersucht jedoch die Differenzen zwischen Schlüsseln. Der Angriff unterscheidet sich von allen bisher diskutierten Ansätzen: Der Kryptanalytiker wählt eine Beziehung zwischen zwei Schlüsseln, die Schlüssel selbst kennt er jedoch nicht. Die Daten werden mit beiden Schlüsseln chiffriert. Bei der Version mit bekanntem Klartext kennt der Kryptanalytiker den Klartext und den Chiffretext, der mit den beiden Schlüsseln chiffriert wurde. Bei der Version mit gewähltem Klartext wählt der Kryptanalytiker dagegen den Klartext, der mit den beiden Schlüsseln chiffriert wird.

Eine modifizierte Version von DES, bei der der Schlüssel nach jeder Runde um zwei Bit rotiert wird, ist unsicherer. Durch Kryptanalyse mit verwandten Schlüsseln kann man diese Variante mit 2^{17} gewählten Klartexten oder 2^{33} bekannten Klartexten knacken [158, 163] (jeweils mit gewähltem Schlüssel).

Diese Art von Angriff ist überhaupt nicht praktikabel, aber dennoch aus drei Gründen interessant. Erstens handelt es sich dabei um den ersten kryptanalytischen Angriff gegen den DES-Algorithmus zur Erzeugung von Teilschlüsseln. Zweitens hängt dieser Angriff nicht von der Anzahl der Runden des kryptographischen Algorithmus ab. Er funktioniert bei DES mit 16 Runden genauso wie bei 32 oder 1000 Runden. Drittens ist DES mit diesem Angriff nicht beizukommen. Die Schwankung bei der Rotation vereitelt Kryptanalyse mit verwandten Schlüsseln.

Lineare Kryptanalyse

Lineare Kryptanalyse ist ein weiterer kryptanalytischer Angriff, der von Mitsuru Matsui erfunden wurde [1016, 1015, 1017]. Dieser Angriff benutzt lineare Approximationen, um die Funktion einer Blockchiffrierung zu beschreiben (in diesem Fall DES).

Wenn man einige Bits des Klartexts per XOR verknüpft, dann einige Bits des Chiffretexts XOR-verknüpft und schließlich die beiden Ergebnisse, erhält man ein einzelnes Bit, das der XOR-Verknüpfung einiger Bits des Schlüssels entspricht. Diese Verknüpfung stellt eine lineare Approximation dar, die mit einer gewissen Wahrscheinlichkeit p stimmt. Falls p ungleich $1/2$, läßt sich diese Asymmetrie ausnutzen. Aus Klartext und zugehörigem Chiffretext rät man die Werte der Schlüsselbits. Je mehr Daten man zur Verfügung hat, um so zuverlässiger ist die Schätzung. Je größer die Asymmetrie, um so eher wird man mit der gleichen Datenmenge Erfolg haben.

Wie ermittelt man gute lineare Approximationen für DES? Zunächst sucht man gute lineare Approximationen für die einzelnen Runden und verknüpft sie. (Auch hier ignoriert man die Eingangs- und Schlußpermutationen – sie haben keine Auswirkungen auf den Angriff). Jetzt betrachtet man die S-Boxen. Es gibt 6 Eingabe- und 4 Ausgabebits. Die Eingabebits kann man auf 63 sinnvolle Arten ($2^6 - 1$) miteinander kombinieren, die Ausgabebits auf 15 Arten. Für jede S-Box läßt sich also die Wahrscheinlichkeit dafür bestimmen, daß bei beliebig gewählter Eingabe eine XOR-Verknüpfung gewisser Eingabebits einer XOR-Verknüpfung gewisser Ausgabebits entspricht. Falls es eine Kombination gibt, die genügend weit von der Gleichverteilung entfernt ist, könnte die lineare Kryptanalyse funktionieren.

Wenn die linearen Approximationen ausgewogen wären, würden sie für 32 der 64 möglichen Eingabewerte funktionieren. Ich will Ihnen die seitenlangen Tabellen ersparen, aber die am wenigsten ausgewogene S-Box ist Nummer 5: Das zweite Eingabebit ist bei nur 12 Eingabewerten identisch mit der XOR-Verknüpfung aller vier Ausgabebits. Das ergibt eine Wahrscheinlichkeit von $3/16$ oder eine Bevorzugung von $5/16$ – die extremste Bevorzugung bei allen S-Boxen. Shamir wies in [1423] auf diesen Umstand hin, fand jedoch keine Möglichkeit, ihn auszunutzen.

12.4 Differentielle und lineare Kryptanalyse

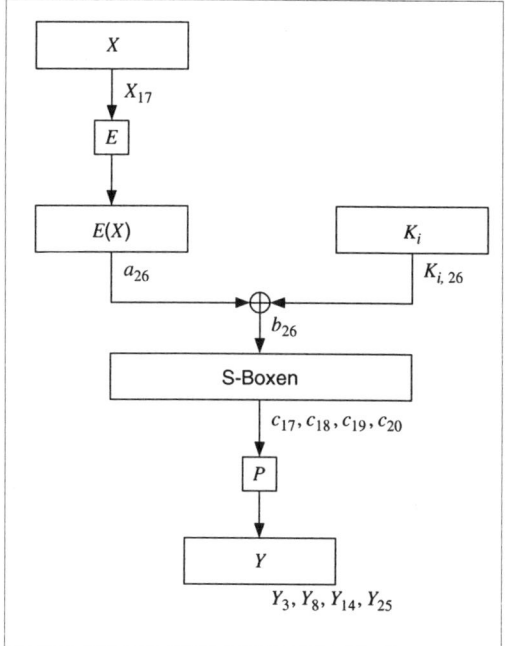

Abb. 12.8: Eine lineare Approximation für DES (eine Runde)

Abbildung 12.8 zeigt, wie man diese Tatsache in einen Angriff gegen die Rundenfunktion von DES ummünzen kann. Das Eingabebit für die S-Box 5 ist b_{26}. (Ich numeriere die Bits von links nach rechts und von 1 bis 64. Matsui ignoriert diese DES-Konvention und numeriert seine Bits von rechts nach links und von 0 bis 63 – das kann einen wahnsinnig machen.) Die vier Ausgabebits der S-Box 5 sind c_{17}, c_{18}, c_{19} und c_{20}. Wir können b_{26} vom Eingang der S-Box zurückverfolgen. Das Bit a_{26} wird mit einem Bit des Teilschlüssels $K_{i,26}$ XOR-verknüpft. Dies liefert b_{26}. Das Bit X_{17} durchläuft die Expansionspermutation und wird zu a_{26}. Nach der S-Box laufen die vier Ausgabebits durch die P-Box und liefern die vier Ausgabebits Y_3, Y_8, Y_{14} und Y_{25} der Rundenfunktion. Daher gilt mit der Wahrscheinlichkeit $1/2 - 5/16$:

$$X_{17} \oplus Y_3 \oplus Y_8 \oplus Y_{14} \oplus Y_{25} = K_{i,26}$$

Lineare Approximationen für einzelne Runden lassen sich ähnlich wie bei der differentiellen Kryptanalyse miteinander kombinieren. Abbildung 12.9 zeigt eine Approximation für drei Runden, die eine Wahrscheinlichkeit von $1/2 + 0{,}0061$ hat. Die einzelnen Approximationen sind von unterschiedlicher Güte: die letzte ist sehr gut, die erste noch ziemlich gut und die mittlere schlecht. Zusammen ergeben die drei Approximationen für jeweils eine Runde jedoch eine sehr gute Approximation für drei Runden.

Der Angriff besteht nun grundsätzlich darin, die beste lineare Approximation für DES mit 16 Runden zu benutzen. Das erfordert 2^{47} bekannte Klartextblöcke und liefert ein Bit des Schlüssels, was noch nicht sehr hilfreich ist. Vertauscht man die Rollen von Klartext und Chiffretext und benutzt sowohl Ent- als auch Verschlüsselung, kann man zwei Bits des Schlüssels ermitteln. Das ist immer noch nicht besonders hilfreich.

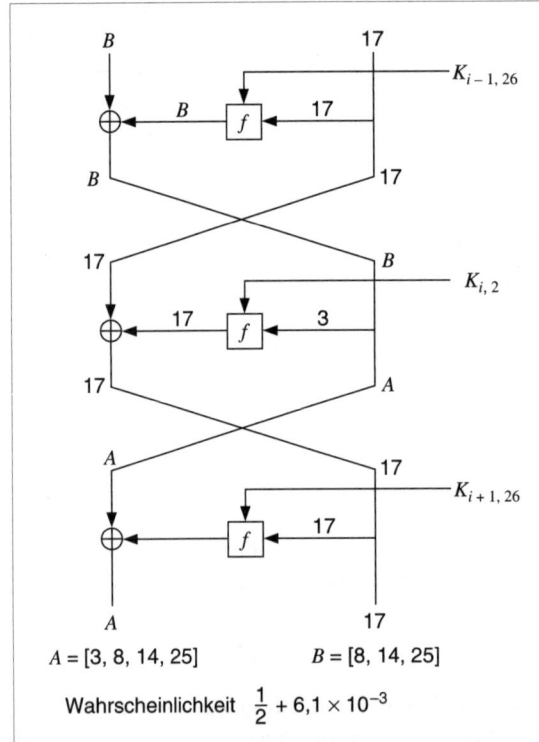

Abb. 12.9: *Eine lineare Approximation für DES (drei Runden)*

Das Verfahren läßt sich jedoch verfeinern. Man verwendet eine lineare Approximation für 14 Runden in den Runden 2 bis 15 und rät für die erste und letzte Runde die sechs Bits des Teilschlüssels, die für S-Box 5 relevant sind (also insgesamt 12 Bit des Schlüssels). Das läuft darauf hinaus, parallel 2^{12} lineare Kryptanalysen durchzuführen und auf Grundlage von Wahrscheinlichkeiten die korrekte auszuwählen. Dies liefert die 12 Bits plus b_{26}; Vertauschen von Klartext und Chiffretext liefert weitere 13 Bits. Um die restlichen 30 Bits zu ermitteln, muß man eine exhaustive Suche durchführen. Es gibt zwar noch ein paar weitere Tricks, aber in der Hauptsache ist es das.

Diese Art von Angriff kann bei vollständigem DES mit 16 Runden den Schlüssel mit durchschnittlich 2^{43} bekannten Klartexten ermitteln. Eine Software-Implementierung dieses Angriffs bestimmte einen DES-Schlüssel auf 12 Workstations des Typs HP9000/735 in 50 Tagen [1019]. Das ist zur Zeit der erfolgreichste Angriff gegen DES.

Lineare Kryptanalyse hängt sehr stark von der Struktur der S-Boxen ab, die in DES nicht gegen Angriffe dieser Art optimiert sind. Die Anordnung der S-Boxen für DES gehört zu den ca. 9 bis 16 Prozent, die den geringsten Schutz gegen lineare Kryptanalyse bieten [1018]. Laut Don Coppersmith [373, 374] war Schutz vor linearer Kryptanalyse „nicht Bestandteil der Entwurfskriterien von DES". Entweder kannten die Entwickler die lineare Kryptanalyse nicht oder sie mußten eine andere Art von Angriff berücksichtigen, die noch leistungsfähiger war und deren Abwehr daher höhere Priorität hatte.

Lineare Kryptanalyse kam erst nach der differentiellen Kryptanalyse auf. Es kann in den nächsten Jahren weitere Leistungssteigerungen geben. In [1270, 811] werden einige Ideen vorgeschlagen, es ist aber nicht klar, ob man sie effektiv gegen vollständiges DES einsetzen kann. Gegen Varianten mit geringerer Rundenzahl sind sie jedoch sehr effektiv.

Ausblick

In verschiedenen Arbeiten wird versucht, das Konzept der differentiellen Kryptanalyse auf Differentiale höherer Ordnung auszudehnen [702, 161, 927, 858, 860]. Lars Knudsen benutzt sogenannte partielle Differentiale für den Angriff auf DES mit 6 Runden. Er benötigt 32 gewählte Klartexte und 20000 Verschlüsselungen [860]. Diese Erweiterungen sind aber noch zu neu, um beurteilen zu können, ob sie einen Angriff auf vollständiges DES mit 16 Runden vereinfachen.

Eine andere Angriffsmethode ist die **differentiell-lineare Kryptanalyse**, also die Kombination von differentieller und linearer Kryptanalyse. Susan Langford und Martin Hellman entwickelten einen Angriff auf DES mit 8 Runden, der 10 Schlüsselbits bei einer Erfolgswahrscheinlichkeit von 80 Prozent mit 512 gewählten Klartexten und mit einer Erfolgswahrscheinlichkeit von 95 Prozent bei 768 gewählten Klartexten aufdeckt [938]. Nach diesem Angriff ist ein Brute-Force-Angriff auf den verbleibenden Schlüsselraum (2^{46} mögliche Schlüssel) erforderlich. Das Zeitverhalten dieses Angriffs ist zwar vergleichbar mit dem anderer Methoden, allerdings ist wesentlich weniger Klartext nötig. Die Methode scheint sich jedoch nicht einfach auf größere Rundenzahl ausdehnen zu lassen.

Diese Sorte Angriff ist jedoch noch neu und die Entwicklung geht weiter. Möglicherweise gibt es irgendwann in den nächsten Jahren einen Durchbruch. Vielleicht bringt es Vorteile, diesen Angriff mit differentieller Kryptanalyse höherer Ordnung zu kombinieren – wer weiß?

12.5 Die tatsächlichen Entwurfskriterien

Nachdem die differentielle Kryptanalyse bekannt geworden war, veröffentlichte IBM die Entwurfskriterien für die S-Boxen und die P-Box [373, 374]. Die Kriterien für die S-Boxen lauten:

- Jede S-Box hat 6 Eingabe- und 4 Ausgabebits. Das war die maximale Größe, die man mit der Technologie von 1974 auf einem einzelnen Chip unterbringen konnte.

- Kein Ausgabebit einer S-Box sollte zu nahe an einer linearen Funktion der Eingabebits liegen.

- Wenn man das ganz linke und das ganz rechte Bit einer S-Box unverändert läßt und die vier mittleren Bits variiert, sollen alle möglichen 4-Bit-Ausgaben genau einmal erzeugt werden.

- Wenn sich zwei Eingabewerte einer S-Box in genau einem Bit unterscheiden, müssen sich die Ausgabewerte in mindestens zwei Bit unterscheiden.

- Wenn sich zwei Eingabewerte einer S-Box genau in den beiden mittleren Bits unterscheiden, müssen sich die Ausgabewerte in mindestens zwei Bit unterscheiden.

- Wenn sich zwei Eingabewerte einer S-Box in den ersten beiden Bits unterscheiden und in den letzten beiden Bits übereinstimmen, dann dürfen die beiden Ausgabewerte nicht identisch sein.

- Für jede mögliche 6-Bit-Differenz (ungleich 0) zwischen zwei Eingabewerten muß gelten: höchstens 8 der 32 Paare, die diese Differenz haben, liefern die gleiche Differenz der Ausgabewerte.

- Ein Kriterium, das analog zum vorherigen eine Bedingung für drei aktive S-Boxen aufstellt.

Die Kriterien für die P-Box lauten:

- Die vier Ausgabebits jeder S-Box in Runde i werden so verteilt, daß zwei davon die mittleren Bits der S-Boxen in Runde $i + 1$ beeinflussen und die anderen beiden die äußeren Bits.

- Die vier Ausgabebits jeder S-Box beeinflussen sechs verschiedene S-Boxen. Es gibt keine zwei Bit, die die gleiche S-Box beeinflussen.

- Wenn das Ausgabebit einer S-Box ein mittleres Bit einer anderen S-Box beeinflußt, dann darf ein Ausgabebit einer anderen S-Box kein mittleres Bit der ersten S-Box beeinflussen.

In dem Dokument werden diese Kriterien ausführlich erläutert. Heutzutage ist die Erstellung von S-Boxen ziemlich einfach, in den frühen siebziger Jahren war das jedoch eine komplizierte Aufgabe. Tuchman wurde mit den Worten zitiert, daß sie monatelang Computerprogramme zur Aufstellung der S-Boxen laufen ließen.

12.6 Varianten von DES

Mehrfaches DES

Manche DES-Implementierungen verwenden Triple-DES (siehe Abbildung 12.10) [55]. Da DES keine Gruppe im mathematischen Sinn darstellt, ist der erzeugte Chiffretext mit exhaustiver Suche wesentlich schwieriger zu knacken: statt 2^{56} Versuchen sind 2^{112} Versuche nötig. In Abschnitt 15.2 finden Sie weitere Einzelheiten hierzu.

DES mit unabhängigen Teilschlüsseln

Bei einer anderen Variante benutzt man in jeder Runde neue Teilschlüssel, anstatt diese aus einem einzigen 56-Bit-Schlüssel zu generieren [851]. Da in jeder der 16 Runden 48 Schlüsselbits benutzt werden, erhöht sich die gesamte Schlüssellänge bei dieser Variante auf 768 Bit. Dies würde einen Brute-Force-Angriff gegen den Algorithmus drastisch erschweren. Der Algorithmus hat eine Komplexität von 2^{768}.

Es wäre allerdings ein Angriff des Typs *meet-in-the-middle* möglich (siehe Abschnitt 15.1), der die Komplexität auf 2^{384} reduziert. Das ist immer noch genug für alle denkbaren Sicherheitsanforderungen.

Unabhängige Teilschlüssel vereiteln zwar eine lineare Kryptanalyse, aber diese Variante ist anfällig für differentielle Kryptanalyse und kann mit 2^{61} gewählten Klartexten gebrochen werden (siehe Tabelle 12.15) [167, 172]. Es scheint, als könne man DES durch Veränderungen des Schlüsselschemas nicht viel stärker machen.

DESX

DESX ist eine DES-Variante von RSA Data Security Inc., die seit 1986 in das Programm MailSafe zum Schutz von E-Mail und seit 1987 in das BSAFE-Toolkit eingebaut wurde. DESX arbeitet mit der sogenannten *whitening*-Technik (siehe Abschnitt 15.6), um die Ein- und Ausgabe von DES zu verschleiern. Neben dem 56-Bit-Schlüssel für DES benutzt DESX einen zusätzlichen 64-Bit-Schlüssel für das *whitening*. Diese 64 Bit werden vor der ersten DES-Runde mit dem Klartext XOR-verknüpft. Weitere 64 Bit, die mit einer Einwegfunktion aus den gesamten 120 Schlüsselbits generiert werden, werden nach der letzten Runde mit dem Chiffretext XOR-verknüpft [155]. Dieses *whitening* macht DESX im Vergleich zu DES wesentlich widerstandsfähiger gegen einen Brute-Force-Angriff. Der Angriff benötigt $2^{120}/n$ Operationen bei n bekannten Klartexten.

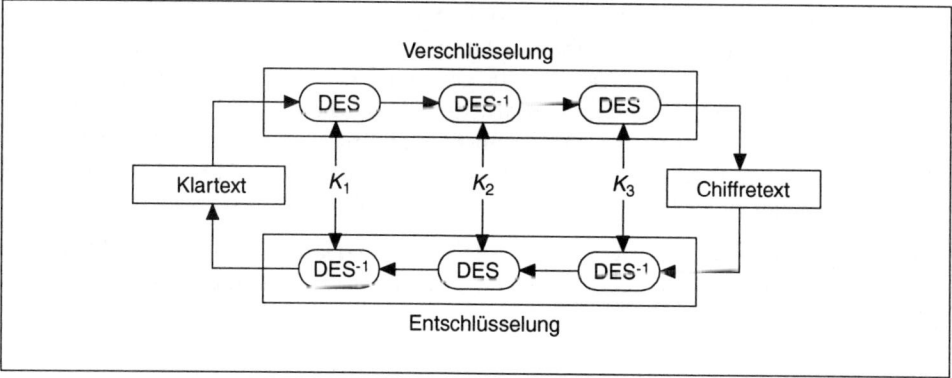

Abb. 12.10: Triple-DES

Außerdem verbessert die Methode den Schutz vor differentieller und linearer Kryptanalyse. Diese Angriffe brauchen 2^{61} gewählte bzw. 2^{60} bekannte Klartexte [1338].

Crypt(3)

Crypt(3) ist eine DES-Variante, die auf UNIX-Systemen zum Einsatz kommt. Sie dient vor allem als Einwegfunktion für Paßwörter, manchmal auch zur Verschlüsselung. Der Unterschied zwischen Crypt(3) und DES besteht darin, daß Crypt(3) eine schlüsselabhängige Expansionspermutation mit 2^{12} möglichen Permutationen verwendet. Sie wurde hauptsächlich deswegen eingeführt, um zu verhindern, daß man Standard-DES-Chips in Hardware zum Knacken von Paßwörtern verwenden kann.

Generalized DES

Generalized DES (GDES) wurde mit dem Ziel entwickelt, DES zu beschleunigen und den Algorithmus gleichzeitig zu stärken [1381, 1382]. Die gesamte Blockgröße wurde erhöht, während die Anzahl der Berechnungen unverändert blieb.

Abbildung 12.11 zeigt ein Blockdiagramm von GDES. GDES arbeitet auf Klartextblöcken variabler Länge. Zu verschlüsselnde Blocks werden in q Teilblöcke der Länge 32 Bit zerlegt. Die genaue Anzahl hängt von der gesamten Blockgröße ab (die im Entwurf variabel ist, bei einer Implementierung jedoch fest gewählt werden muß). Im allgemeinen entspricht q der Blockgröße dividiert durch 32.

Die Funktion f wird einmal pro Runde für den Block ganz rechts berechnet. Das Ergebnis wird mit allen anderen Teilen XOR-verknüpft. Diese Teile werden dann nach rechts verschoben. GDES arbeitet mit einer variablen Rundenzahl n. In der letzten Runde gibt es eine geringfügige Modifikation, so daß sich Ver- und Entschlüsselung nur in der Reihenfolge der Teilschlüssel unterscheiden (genau wie bei DES). Für $q = 2$ und $n = 16$ liefert das Verfahren den ursprünglichen DES-Algorithmus.

Biham und Shamir [167, 168] zeigten, daß GDES mit $q = 8$ und $n = 16$ durch differentielle Kryptanalyse mit nur sechs gewählten Klartexten zu knacken ist. Werden auch unabhängige Teilschlüssel benutzt, so sind 16 gewählte Klartexte erforderlich. GDES mit $q = 8$ und $n = 22$ ist mit 48 gewählten Klartexten zu knacken, GDES mit $q = 8$ und $n = 31$ mit nur 500000 gewählten Klartexten. Selbst GDES mit $q = 8$ und $n = 64$ ist schwächer als DES – in diesem Fall sind 2^{49} gewählte Klartexte nötig. In der Tat ist jede GDES-Version, die schneller ist als DES, auch unsicherer (siehe Tabelle 12.15).

Kürzlich erschien eine Variante dieses Verfahrens [1591], die vermutlich nicht sicherer ist als der ursprüngliche GDES. Allgemein ist jede DES-Variante mit großen Blöcken, die schneller ist als DES, auch unsicherer.

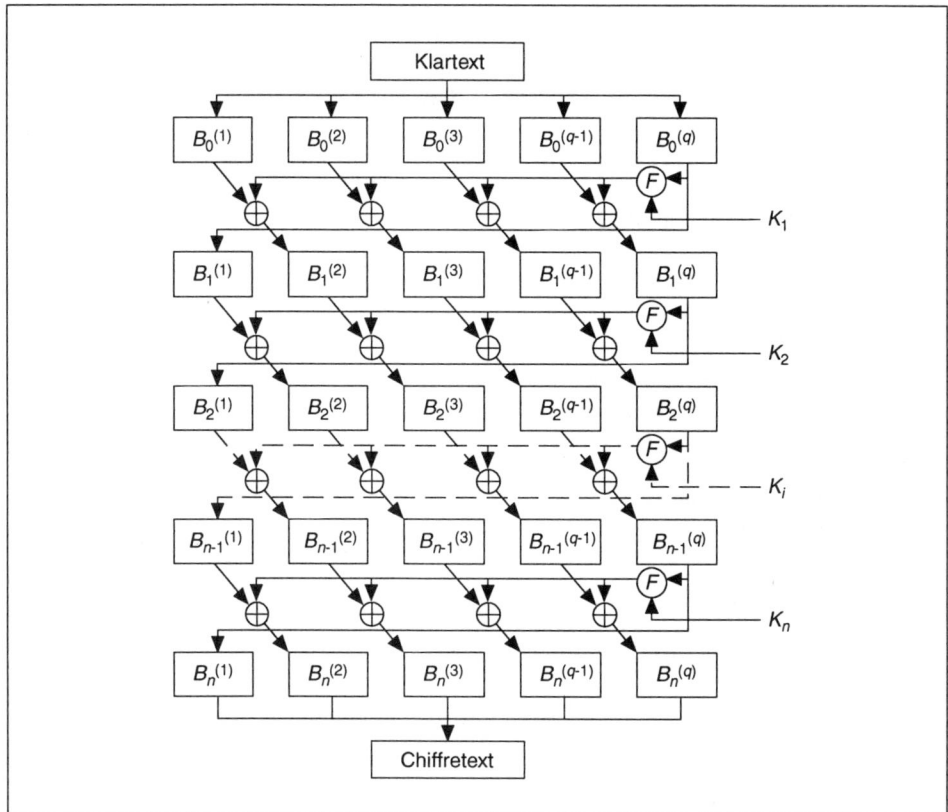

Abb. 12.11: GDES

DES mit alternativen S-Boxen

Andere Abwandlungen von DES konzentrieren sich auf die S-Boxen. Einige Entwürfe arbeiten mit variabler Anordnung der S-Boxen. Andere Entwickler variierten die Inhalte der S-Boxen selbst. Biham and Shamir [170, 172] zeigten, daß das Design der S-Boxen und selbst die Anordnung der S-Boxen gegen differentielle Kryptanalyse optimiert ist:

> Die Änderung der Reihenfolge der acht S-Boxen (ohne Änderung der Werte) schwächt DES enorm: DES mit 16 Runden ist bei einer geänderten Reihenfolge in etwa 2^{38} Schritten zu brechen ... Für DES mit zufälligen S-Boxen kann man zeigen, daß es sehr leicht zu knacken ist. Selbst eine winzige Änderung an einem einzigen S-Box-Eintrag DES bewirkt, daß das Verfahren leichter geknackt werden kann.

Die S-Boxen von DES sind nicht zur Abwehr linearer Kryptanalyse optimiert. Es gibt zwar bessere S-Boxen als die von DES, doch blinde Auswahl neuer S-Boxen ist keine gute Idee.

Tabelle 12.15 [167, 169] enthält einige DES-Modifikationen und die Anzahl der gewählten Klartexte, die zur differentiellen Kryptanalyse nötig sind. Eine nicht aufgeführte Änderung, nämlich die Kombination von linker und rechter Hälfte durch eine Addition modulo 2^4 anstelle von XOR, ist 2^{17} mal schwieriger zu brechen als DES [689].

Modifizierte Operation	Anzahl der gewählten Klartexte
Vollständiger DES (ohne Modifikation)	2^{47}
P-Permutation	Keine Stärkung möglich
Identitätspermutation	2^{19}
Anordnung der S-Boxen	2^{38}
Ersetzung von XOR durch Addition	2^{39}, 2^{31}
S-Boxen:	
zufällig	2^{18} - 2^{20}
zufällige Permutationen	2^{33} - 2^{41}
ein Eintrag	2^{33}
einheitliche Tabellen	2^{26}
Wegfall der Expansion E	2^{26}
Reihenfolge der XOR-Operation von E und Teilschlüssel	2^{44}
GDES (mit q = 8)	
16 Runden	6, 16
64 Runden	2^{49} (bei unabhängigem Schlüssel)

Tabelle 12.15: *Angriffe gegen DES-Varianten mittels differentieller Kryptanalyse*

RDES

RDES ist eine Variante, die die Vertauschung der linken und rechten Hälften am Ende jeder Runde durch eine schlüsselabhängige Vertauschung ersetzt [893]. Die Vertauschungen sind fix und hängen nur vom Schlüssel ab. Das bedeutet, daß die fünfzehn schlüsselabhängigen Vertauschungen in 2^{15} möglichen Fällen auftreten und diese Variante anfällig für differentielle Kryptanalyse ist [816, 894, 112]. Bei RDES gibt es viele schwache Schlüssel. Fast jeder ist schwächer als ein durchschnittlicher DES-Schlüssel. Man sollte diese Variante daher nicht benutzen.

Besser ist es, nur innerhalb der rechten Hälfte und am Anfang jeder Runde zu vertauschen. Günstiger ist auch, die Vertauschung von den Eingangsdaten abhängig zu machen und keine statische Funktion des Schlüssels zu verwenden. Dazu sind eine Reihe von Varianten möglich [813, 815]. Bei RDES-1 gibt es eine datenabhängige Vertauschung der 16-Bit-Wörter am Anfang jeder Runde. Bei RDES-2 gibt es nach einer 16-Bit-Vertauschung wie bei RDES-1 eine datenabhängige Vertauschung der Bytes am Anfang jeder Runde. Dieses Verfahren wird bis RDES-4 weitergeführt. RDES-1 schützt sowohl vor differentieller [815] als auch vor linearer Kryptanalyse [1136], von RDES-2 und den höheren Varianten nimmt man dies ebenfalls an.

s^nDES

Eine Gruppe koreanischer Wissenschaftler versuchte unter Leitung von Kwangjo Kim, eine Reihe von S-Boxen zu finden, die sowohl gegen lineare als auch gegen differentielle Kryptanalyse optimale Sicherheit bieten. Ihr erster Ansatz hieß s^2DES und wurde in [834] vorgestellt. Man wies jedoch nach, daß dieser Ansatz weniger Schutz vor differentieller Kryptanalyse bietet als DES [855, 858]. Ihr nächster Versuch hieß s^3DES und wurde in [839] vorgestellt. Es wurde gezeigt, daß er geringeren Schutz vor linearer Kryptanalyse bietet als DES [856, 1491, 1527, 858, 838]. Biham schlug eine kleine Änderung vor, um s^3DES sowohl gegen lineare als auch gegen differentielle Kryptanalyse abzusichern [165]. Die Gruppe setzte sich wieder an ihre Computer und entwickelte bessere Techniken zum Entwurf von S-Boxen [835, 837]. Daraus entstanden schließlich s^4DES [836] und s^5DES [838, 944].

Tabelle 12.16 enthält die S-Boxen von s^3DES, wobei die S-Boxen 1 und 2 vertauscht sind. Sie sind sowohl vor differentieller als auch vor linearer Kryptanalyse sicher. Wenn man diese Variante in Triple-DES einbaut, verwirrt man Kryptanalytiker mit Sicherheit.

DES mit schlüsselabhängigen S-Boxen

Lineare und differentielle Kryptanalyse funktionieren nur, wenn der Analytiker die Zusammensetzung der S-Boxen kennt. Hängen die S-Boxen vom Schlüssel ab und werden sie mit einer kryptographisch sicheren Methode ausgewählt, sind lineare und differentielle Kryptanalyse wesentlich schwieriger. Denken Sie jedoch daran, daß zufällig generierte S-Boxen sehr schlechte differentielle und lineare Eigenschaften haben – selbst wenn sie geheim sind.

Das folgende Verfahren erzeugt mit 48 zusätzlichen Schlüsselbits S-Boxen, die sowohl gegen lineare als auch differentielle Kryptanalyse resistent sind [165]:

(1) Ordne die S-Boxen von DES anders an: 24673158.
(2) Wähle 16 der verbliebenen Schlüsselbits. Hat das erste Bit den Wert 1, so vertausche die ersten beiden Zeilen von S-Box 1 mit den letzten beiden Zeilen von S-Box 1. Hat das zweite Bit den Wert 1, so vertausche die ersten acht Spalten von S-Box 1 mit den zweiten acht Spalten von S-Box 1. Fahre für S-Box 2 mit dem dritten und vierten Schlüsselbit fort, entsprechend für die S-Boxen 3 bis 8.
(3) Nimm die restlichen 32 Schlüsselbits. XOR-verknüpfe die ersten vier mit jedem Eintrag von S-Box 1, die zweiten vier mit jedem Eintrag von S-Box 2 usw.

Ein Angriff gegen dieses System mittels differentieller Kryptanalyse hat die Komplexität 2^{51}, bei linearer Komplexität 2^{53}. Die Komplexität exhaustiver Suche beträgt 2^{102}.

S-Box 1:

13	14	0	3	10	4	7	9	11	8	12	6	1	15	2	5
8	2	11	13	4	1	14	7	5	15	0	3	10	6	9	12
14	9	3	10	0	7	13	4	8	5	6	15	11	12	1	2
1	4	14	7	11	13	8	2	6	3	5	10	12	0	15	9

S-Box 2:

15	8	3	14	4	2	9	5	0	11	10	1	13	7	6	12
6	15	9	5	3	12	10	0	13	8	4	11	14	2	1	7
9	14	5	8	2	4	15	3	10	7	6	13	1	11	12	0
10	5	3	15	12	9	0	6	1	2	8	4	11	14	7	13

S-Box 3:

13	3	11	5	14	8	0	6	4	15	1	12	7	2	10	9
4	13	1	8	7	2	14	11	15	10	12	3	9	5	0	6
6	5	8	11	13	14	3	0	9	2	4	1	10	7	15	12
1	11	7	2	8	13	4	14	6	12	10	15	3	0	9	5

S-Box 4:

9	0	7	11	12	5	10	6	15	3	1	14	2	8	4	13
5	10	12	6	0	15	3	9	8	13	11	1	7	2	14	4
10	7	9	12	5	0	6	11	3	14	4	2	8	13	15	1
3	9	15	0	6	10	5	12	14	2	1	7	13	4	8	11

S-Box 5:

5	15	9	10	0	3	14	4	2	12	7	1	13	6	8	11
6	9	3	15	5	12	0	10	8	7	13	4	2	11	14	1
15	0	10	9	3	5	4	14	8	11	1	7	6	12	13	2
12	5	0	6	15	10	9	3	7	2	14	11	8	1	4	13

S-Box 6:

4	3	7	10	9	0	14	13	15	5	12	6	2	11	1	8
14	13	11	4	2	7	1	8	9	10	5	3	15	0	12	6
13	0	10	9	4	3	7	14	1	15	6	12	8	5	11	2
1	7	4	14	11	8	13	2	10	12	3	5	6	15	0	9

S-Box 7:

4	10	15	12	2	9	1	6	11	5	0	3	7	14	13	8
10	15	6	0	5	3	12	9	1	8	11	13	14	4	7	2
2	12	9	6	15	10	4	1	5	11	3	0	8	7	14	13
12	6	3	9	0	5	10	15	2	13	4	14	7	11	1	8

S-Box 8:

13	10	0	7	3	9	14	4	2	15	12	1	5	6	11	8
2	7	13	1	4	14	11	8	15	12	6	10	9	5	0	3
4	13	14	0	9	3	7	10	1	8	2	11	15	5	12	6
8	11	7	14	2	4	13	1	6	5	9	0	12	15	3	10

Tabelle 12.16: *Die S-Boxen von s^3DES (Die S-Boxen 1 und 2 sind vertauscht.)*

Diese DES-Variante hat die schöne Eigenschaft, daß man sie mit vorhandener Hardware implementieren kann. Einige Hersteller von DES-Chips verkaufen Modelle mit ladbaren S-Boxen. Die Erzeugung der S-Boxen kann außerhalb des Chips stattfinden, anschließend werden die S-Boxen in den Chip übertragen. Differentielle und lineare Kryptanalyse benötigen so viel bekannten oder gewählten Klartext, daß sie undurchführbar sind; ein Brute-Force-Angriff ist undenkbar. Dennoch gibt es keine Geschwindigkeitseinbußen.

12.7 Wie sicher ist DES heutzutage?

Es gibt eine einfache und eine schwierige Antwort. Die einfache Antwort berücksichtigt nur die Schlüssellänge (siehe Abschnitt 7.1). Eine Maschine zum Knacken von DES mittels Brute-Force, die einen Schlüssel in durchschnittlich 3,5 Stunden ermittelt, kostete 1993 nur 1 Mio. Dollar [1597, 1598]. DES ist so weit verbreitet, daß es naiv wäre anzunehmen, die NSA und deren Widersacher hätten keine solche Maschine gebaut. Vergessen Sie außerdem nicht, daß die Kosten alle zehn Jahre um den Faktor 5 fallen. DES wird im Laufe der Zeit nur unsicherer.

Die schwierige Antwort bezieht kryptanalytische Verfahren mit ein. Die NSA kannte differentielle Kryptanalyse schon lange, bevor DES Mitte der siebziger Jahre standardisiert wurde. Es wäre naiv, davon auszugehen, daß die Theoretiker der NSA seither untätig geblieben sind. Sie haben bestimmt neuere kryptanalytische Verfahren entwickelt, die man gegen DES einsetzen kann. Es gibt allerdings keine Fakten, sondern nur Gerüchte.

Winn Schwartau schreibt, daß die NSA bereits Mitte der achtziger Jahre eine massiv parallele Maschine zum Knacken von DES gebaut habe [1404]. Mindestens eine solche Maschine wurde von der Harris Corp. mit einer Cray Y-MP als Frontend gebaut. Es ist anzunehmen, daß sich die Komplexität einer Brute-Force-Suche bei DES durch eine Reihe von Algorithmen um mehrere Größenordnungen reduzieren läßt. Kontext-Algorithmen, die auf der internen Funktionsweise von DES beruhen, können eine Reihe möglicher Schlüssel auf der Basis von Teillösungen ausschließen. Statistische Algorithmen reduzieren die effektive Schlüssellänge noch weiter. Andere Algorithmen wählen wahrscheinliche Schlüssel – Wörter, druckbare ASCII-Zeichen usw. (siehe Abschnitt 8.1) –, die getestet werden sollen. Gerüchten zufolge soll die NSA in der Lage sein, DES in 3 bis 15 Minuten zu knacken, je nachdem, wieviel Vorarbeiten durchgeführt werden können. In größeren Stückzahlen kosten solche Maschinen nur 50000 Dollar.

Andere Gerüchte besagen, daß die Experten der NSA in dem Fall, daß große Mengen Klartext und Chiffretext vorliegen, bestimmte statistische Berechnungen durchführen und den Schlüssel mit Hilfe einer großen Zahl optischer Datenträger bestimmen können.

Das sind zwar Gerüchte, aber sie stärken nicht unbedingt mein Vertrauen in DES. Dieser Algorithmus war einfach schon zu lange ein verlockendes Ziel. Fast jede Änderung an

DES wird die Sache nur verschlimmern. Die entstandene Chiffrierung ist vielleicht leichter zu brechen, doch die NSA hat nicht unbedingt die dafür erforderlichen Ressourcen.

Ich empfehle daher den Einsatz von Bihams Konstruktion der schlüsselabhängigen S-Boxen. Sie ist leicht in Software zu implementieren, ebenso in Hardware-Chips mit ladbaren S-Boxen. Außerdem bringt sie gegenüber DES keine Geschwindigkeitseinbußen mit sich. Sie stärkt die Widerstandskraft von DES gegen Brute-Force-Angriffe, erschwert differentielle und lineare Kryptanalyse und sorgt dafür, daß sich die NSA über ein Verfahren Gedanken machen muß, das mindestens so stark wie DES, aber doch anders ist.

13 Weitere Blockchiffrierungen

13.1 Lucifer

IBM startete in den späten sechziger Jahren unter Leitung von Horst Feistel und Walt Tuchman ein Forschungsprogramm zur Computer-Kryptographie mit dem Namen Lucifer. Lucifer ist außerdem der Name eines Blockalgorithmus, der in den frühen siebziger Jahren als Resultat dieses Programms entstand [1482, 1484]. Es gibt sogar mindestens zwei verschiedene Algorithmen, die diesen Namen tragen [552, 1492]. Außerdem läßt [552] einige Lücken in der Spezifikation des Algorithmus. All dies hat reichlich Verwirrung verursacht.

Lucifer besteht aus einem Geflecht von Substitutionen und Permutationen und enthält Bausteine, die in ähnlicher Form auch in DES zu finden sind. In DES wird die Ausgabe der Funktion f mit der Eingabe der vorherigen Runde XOR-verknüpft, um die Eingabe für die nächste Runde zu erhalten. Die S-Boxen von Lucifer haben vier Bit breite Eingänge und vier Bit breite Ausgänge. Die Eingabe der S-Boxen ist die bitweise permutierte Ausgabe der S-Boxen der vorherigen Runde. Als Eingabe der S-Boxen der ersten Runde dient der Klartext. Anhand eines Bits des Schlüssels wird eine von zwei möglichen S-Boxen ausgewählt. (Lucifer stellt dies als eine einzige T-Box dar, die 9 Bit Eingabe erhält und 8 Bit Ausgabe liefert.) Im Unterschied zu DES gibt es zwischen den Runden keine Vertauschungen, die Blöcke werden auch nicht halbiert. Lucifer arbeitet mit 16 Runden, Blöcken der Länge 128 Bit und einem im Vergleich zu DES einfacheren Schlüsselschema.

Biham und Shamir zeigten mit Hilfe differentieller Kryptanalyse [170, 172], daß man die erste Fassung von Lucifer (mit 32-Bit-Blöcken und acht Runden) mit 40 gewählten Klartexten in 2^{29} Schritten knacken kann. Mit dem selben Angriff läßt sich eine Lucifer-Variante mit 128-Bit-Blöcken und acht Runden mit 60 gewählten Klartexten in 2^{53} Schritten knacken. Ein anderer Angriff mittels differentieller Kryptanalyse knackt eine Lucifer-Variante mit 18 Runden und 128-Bit-Blöcken mit 24 gewählten Klartexten in 2^{21} Schritten. All diese Angriffe benutzen die starken S-Boxen von DES. Mittels differentieller Kryptanalyse zeigten Biham und Shamir, daß die S-Boxen der zweiten Fassung wesentlich schwächer sind als die von DES. Eine weitergehende Analyse ergab, daß mehr als die Hälfte der möglichen Schlüssel unsicher ist [112]. Durch Kryptanalyse mit verwandten Schlüsseln läßt sich Lucifer mit 128-Bit und beliebiger Rundenzahl mit 2^{33} gewählten Klartexten bei gewähltem Schlüssel oder mit 2^{65} bekannten Klartexten bei gewähltem Schlüssel knacken. Die zweite Fassung von Lucifer ist noch schwächer [170, 172, 112].

Manche Leute glauben, daß Lucifer aufgrund der größeren Schlüssellänge und mangels veröffentlichter Ergebnisse sicherer ist als DES. Das ist offensichtlich nicht der Fall.

Lucifer unterliegt einigen US-Patenten [553, 554, 555, 1483], die alle schon ausgelaufen sind.

13.2 Madryga

W. E. Madryga stellte diesen Blockalgorithmus 1984 vor [999]. Er eignet sich für effiziente Software-Implementierungen, da er auf umständliche Permutationen verzichtet und alle Operationen auf Bytes arbeiten.

Es lohnt sich, die Entwurfsziele dieses Algorithmus im einzelnen anzuführen:

1. Der Klartext kann ohne Kenntnis des Schlüssels nicht aus dem Chiffretext abgeleitet werden. (Das bedeutet schlicht, daß der Algorithmus sicher ist.)

2. Die Anzahl der Operationen, die zur Ableitung des Schlüssels aus Klar- und Chiffretext nötig sind, soll im Mittel gleich dem Produkt der Anzahl der Operationen bei der Verschlüsselung und der Anzahl möglicher Schlüssel sein. (Das bedeutet, daß kein Klartextangriff schneller ist als ein Brute-Force-Angriff.)

3. Die Offenlegung des Algorithmus darf die Sicherheit der Chiffrierung nicht einschränken. (Die Sicherheit beruht allein auf dem Schlüssel.)

4. Eine Änderung des Schlüssels um ein Bit soll bei gleichem Klartext eine vollständige Änderung des Chiffretexts bewirken; eine Änderung des Klartexts um ein Bit soll bei gleichem Schlüssel eine vollständige Änderung des Chiffretexts bewirken. (Das ist der Lawineneffekt.)

5. Der Algorithmus soll eine nichtkommutative Kombination aus Substitution und Permutation enthalten.

6. Der Algorithmus soll Substitutionen und Permutationen enthalten, die sowohl von den Eingabedaten als auch vom Schlüssel abhängig sind.

7. Redundante Bitgruppen im Klartext sollen im Chiffretext vollständig unkenntlich sein.

8. Der Chiffretext soll genauso lang sein wie der Klartext.

9. Die Auswirkung der möglichen Schlüssel auf den Chiffretext muß schwer nachvollziehbar sein.

10. Jeder mögliche Schlüssel soll eine starke Chiffrierung bewirken. (Es soll keine schwachen Schlüssel geben.)

11. Es soll möglich sein, die Längen von Schlüssel und Text anzupassen, um unterschiedlichen Sicherheitsbedürfnissen Genüge zu leisten.

12. Der Algorithmus soll sich auf großen Mainframe-Rechnern, Minicomputern und Mikrocomputern effizient in Software implementieren lassen, ebenso in diskreter Logik. (Die im Algorithmus benutzten Funktionen sind also auf XOR und bitweises Verschieben beschränkt.)

DES erfüllte bereits die ersten neun Ziele, doch die nächsten drei waren neu. Geht man von Brute-Force als bester Möglichkeit zum Knacken eines Algorithmus aus, so befriedigt man mit einem Schlüssel variabler Länge sicher diejenigen, denen 56 Bit zu wenig waren. Sie konnten diesen Algorithmus mit jeder gewünschten Schlüssellänge implementieren. Außerdem würde jeder, der sich schon einmal an einer Software-Implementierung von DES versucht hat, begrüßen, daß Software-Implementierungen bereits beim Entwurf des Algorithmus berücksichtigt werden.

Beschreibung von Madryga

Madryga besteht aus zwei verschachtelten Zyklen. Der äußere Zyklus besteht aus einer Anwendung des inneren Zyklus auf den Klartext und wird achtmal wiederholt (bei höheren Sicherheitsanforderungen auch häufiger). Der innere Zyklus verwandelt Klartext in Chiffretext und wird für jeden Klartextblock der Länge acht Bit (ein Byte) wiederholt. Der Algorithmus bearbeitet den gesamten Klartext also achtmal.

Eine Iteration des inneren Zyklus arbeitet auf einem drei Byte großen Datenfenster, dem Arbeitsfenster (siehe Abbildung 13.1). Dieses Fenster bewegt sich in jeder Iteration um ein Byte weiter. (Bei der Behandlung der letzten beiden Bytes geht man von zirkulären Daten aus.) Die ersten beiden Bytes des Arbeitsfensters werden zusammen um eine variable Anzahl von Stellen rotiert, das letzte Byte wird mit einigen Bits des Schlüssels XOR-verknüpft. Während sich das Arbeitsfenster weiterbewegt, werden alle Bytes nacheinander rotiert und mit Bestandteilen des Schlüssels XOR-verknüpft. Aufeinanderfolgende Rotationen überlappen sich mit den Resultaten vorhergehender XOR- und Rotationsoperationen; Daten aus der XOR-Verknüpfung beeinflussen die Rotation. Dadurch wird der gesamte Prozeß umkehrbar.

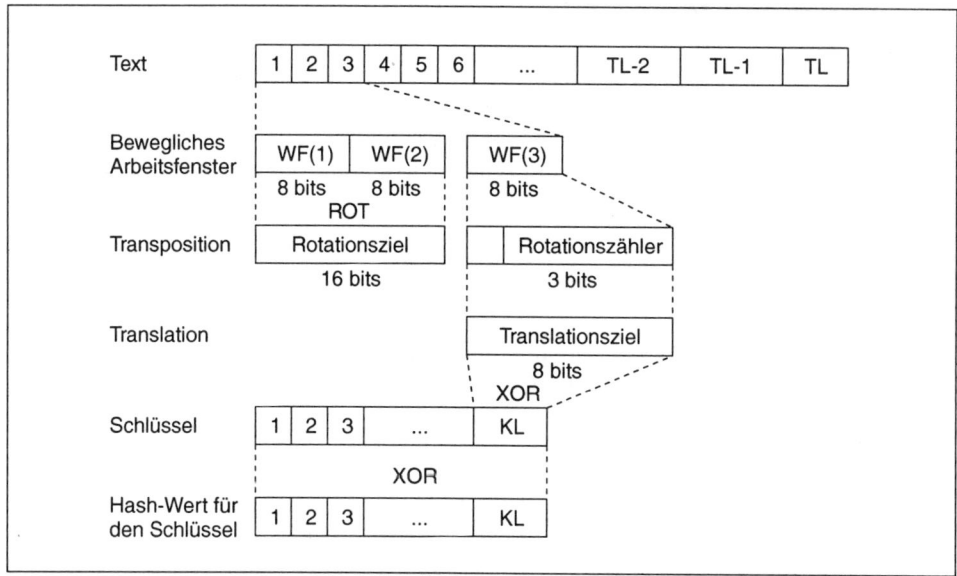

Abb. 13.1: Eine Iteration von Madryga

Da jedes Datenbyte zwei Byte auf der linken Seite und ein Byte auf der rechten Seite beeinflußt, hängt nach acht Durchläufen jedes Byte des Chiffretexts von 16 Byte auf der linken Seite und acht Byte auf der rechten Seite ab.

Bei der Verschlüsselung startet jede Iteration des inneren Zyklus das Arbeitsfenster beim vorletzten Byte des Klartexts und durchläuft diesen ringförmig bis zum drittletzten Byte. Zuerst wird der gesamte Schlüssel um drei Bit nach rechts rotiert und mit einer zufällig gewählten Konstanten XOR-verknüpft. Die niederwertigsten drei Bit des niederwertigsten Bytes des Arbeitsfensters werden gespeichert. Sie steuern die Rotation der anderen beiden Bytes. Als nächstes wird die Konkatenierung der beiden höherwertigen Bytes um eine variable Anzahl (0 bis 7) nach links rotiert. Anschließend wird das niederwertigste Byte des Arbeitsfensters mit dem niederwertigsten Byte des Schlüssels XOR-verknüpft. Schließlich wird das Arbeitsfenster um ein Byte nach rechts verschoben und der ganze Vorgang wiederholt.

Die zufällige Konstante hat den Zweck, den Schlüssel in eine Pseudo-Zufallsfolge zu verwandeln. Diese Konstante muß genauso lang sein wie der Schlüssel. Alle Parteien, die miteinander kommunizieren wollen, müssen die gleiche Konstante verwenden. Bei einem Schlüssel der Länge 64 Bit empfiehlt Madryga die Konstante 0x0f1e2d3c4b5a6978.

Zur Entschlüsselung verläuft der Prozeß umgekehrt. Jede Iteration des inneren Zyklus startet das Arbeitsfenster am drittletzten Byte des Chiffretexts und läuft in der umgekehrten Richtung zirkulär bis zum vorletzten Byte. Der Schlüssel wird nach links verschoben, die beiden Chiffretextbytes nach rechts. Die XOR-Verknüpfung findet vor den Rotationen statt.

Kryptanalyse von Madryga

Wissenschaftler an der Queensland University of Technology [675] untersuchten Madryga zusammen mit anderen Blockchiffrierungen. Sie stellten fest, daß es bei diesem Algorithmus keinen Lawineneffekt zwischen Klartext und Chiffretext gab. Außerdem ist bei vielen Chiffretexten die Wahrscheinlichkeit für Einsen größer als die für Nullen.

Ich kenne zwar keine formale Analyse des Algorithmus, doch er erscheint mir nicht besonders sicher. Eine flüchtige Betrachtung durch Eli Biham erbrachte folgende Beobachtungen [160]:

> Der Algorithmus besteht nur aus linearen Operationen (Rotationen und XOR), die abhängig von den Daten geringfügig modifiziert werden.

> Es gibt kein Element, dessen Stärke den S-Boxen von DES vergleichbar wäre.

> Die Parität aller Bits des Klartexts und des Chiffretexts ist konstant und hängt nur vom Schlüssel ab. Wenn man also einen Klartext und den zugehörigen Chiffretext kennt, kann man für jeden Klartext die Parität des Chiffretexts vorhersagen.

Diese Punkte sind zwar für sich genommen nicht gravierend, dennoch habe ich bei diesem Algorithmus kein gutes Gefühl. Ich rate vom Einsatz von Madryga ab.

13.3 NewDES

NewDES wurde 1985 von Robert Scott als möglicher Nachfolger von DES entwickelt [1405, 364]. Der Algorithmus ist keine Variante von DES, obwohl sein Name diese Vermutung nahelegt. Er arbeitet auf 64 Bit großen Blöcken des Klartexts, benutzt aber eine Schlüssellänge von 120 Bit. NewDES ist einfacher als DES und verzichtet auf die Eingangs- und Schlußpermutationen. Alle Operationen arbeiten auf ganzen Bytes. (NewDES hat eigentlich überhaupt nichts mit einer neuen Version von DES zu tun – der Name ist unglücklich gewählt.)

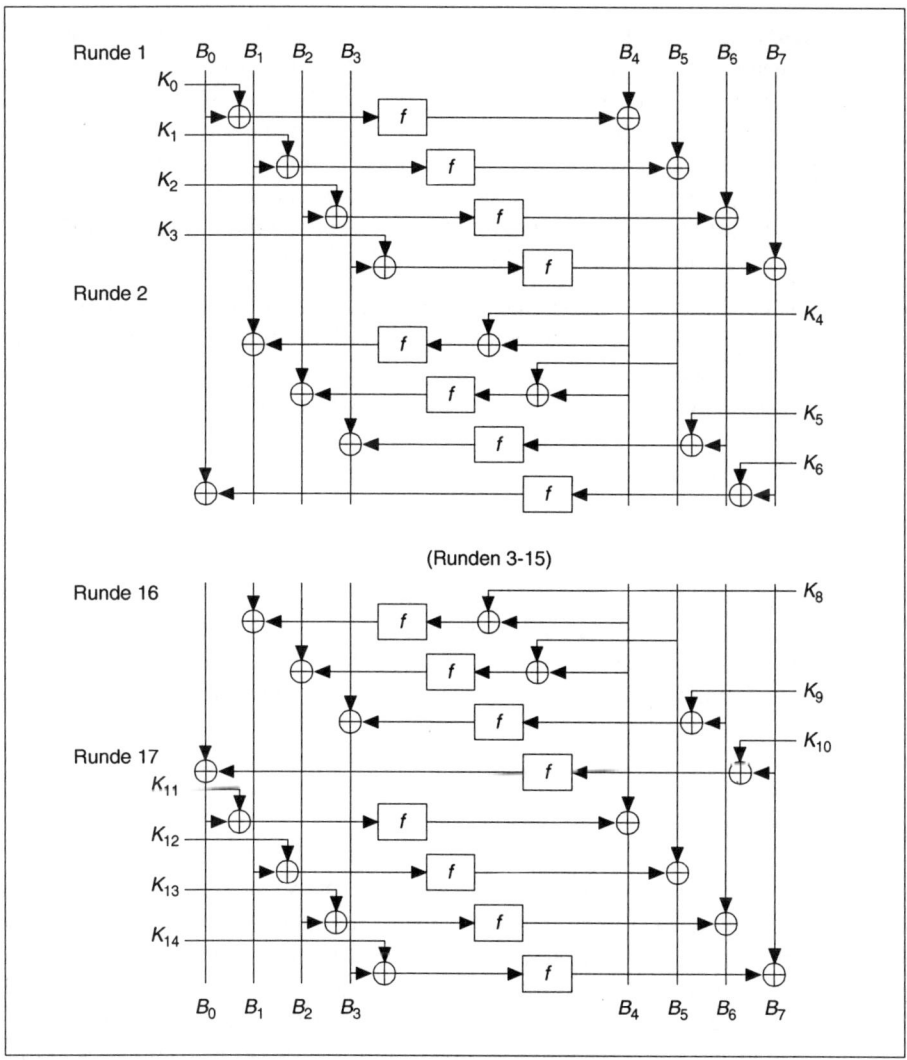

Abb. 13.2: NewDES

Der Klartextblock wird in acht Teilblöcke B_0, B_1, ..., B_6, B_7 von jeweils einem Byte Länge unterteilt. Diese Teilblöcke durchlaufen 17 Runden, die aus jeweils acht Schritten bestehen. In jedem Schritt wird einer der Teilblöcke mit Bestandteilen des Schlüssels XOR-verknüpft (es gibt eine Ausnahme), mittels einer Funktion f durch ein anderes Byte ersetzt und schließlich mit einem anderen Teilblock XOR-verknüpft, um diesen zu ersetzen. Der 120 Bit lange Schlüssel wird in 15 Teilschlüssel K_0, K_1, ..., K_{13}, K_{14} zerlegt. Der Vorgang läßt sich leichter graphisch darstellen als beschreiben: Abbildung 13.2 zeigt den Verschlüsselungsalgorithmus von NewDES.

Die Funktion f leitet sich aus der amerikanischen Unabhängigkeitserklärung ab. Einzelheiten dazu finden Sie in [1405].

Scott zeigte, daß nach nur sieben Runden jedes Bit des Klartextblocks jedes Bit des Chiffretextblocks beeinflußt. Außerdem analysierte er die Funktion f und fand dabei keine offensichtlichen Schwächen. NewDES unterliegt der gleichen Komplementäreigenschaft wie DES [364]: Für $E_K(P) = C$ gilt $E_{K'}(P') = C'$. Diese Eigenschaft vermindert den Aufwand für einen Brute-Force-Angriff von 2^{120} auf 2^{119} Schritte. Biham bemerkte, daß jede ein vollständiges Byte betreffende Änderung, die auf alle Bytes des Schlüssels und der Daten angewandt wird, eine andere Komplementäreigenschaft zur Folge hat [160]. Dies reduziert einen Brute-Force-Angriff weiter auf 2^{112} Schritte.

Damit ist der Algorithmus zwar noch nicht ganz abgeschrieben, doch Bihams kryptanalytischer Angriff mit verwandten Schlüsseln kann NewDES mit 2^{33} gewählten Klartexten bei gewählten Schlüsseln in 2^{48} Schritten knacken. Dieser Angriff ist zwar zeitaufwendig und großteils theoretisch, zeigt aber, daß NewDES schwächer ist als DES.

13.4 FEAL

FEAL wurde von Akihiro Shimizu und Shoji Miyaguchi von NTT Japan entwickelt [1435]. Er arbeitet mit 64-Bit-Blöcken und einem 64 Bit langen Schlüssel. Ziel war, einen DES-ähnlichen Algorithmus mit einer stärkeren Rundenfunktion zu entwickeln. Da er mit weniger Runden auskäme, wäre er auch schneller. Leider hinkt die Realität diesen Entwurfszielen weit hinterher.

Beschreibung von FEAL

Abbildung 13.3 enthält ein Blockdiagramm von FEAL. Die Verschlüsselung beginnt mit einem 64 Bit langen Klartextblock. Zunächst wird der Datenblock mit 64 Schlüsselbits XOR-verknüpft. Dann wird der Datenblock in eine rechte und linke Hälfte zerlegt. Die linke Hälfte wird mit der rechten XOR-verknüpft, was die neue rechte Hälfte ergibt. Die linke und die neue rechte Hälfte durchlaufen n Runden (ursprünglich vier). In jeder Runde wird die rechte Hälfte anhand der Funktion f mit 16 Bit des Schlüssels kombiniert und mit der linken Hälfte XOR-verknüpft, was die neue rechte Hälfte ergibt. Die

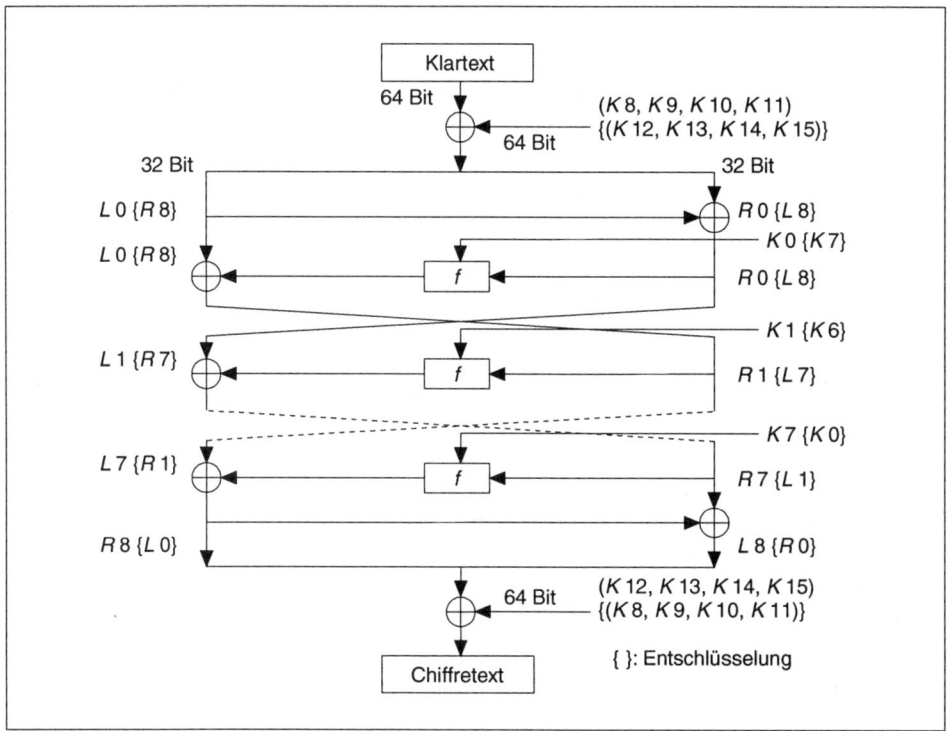

Abb. 13.3: *Eine Runde von FEAL*

ursprüngliche rechte Hälfte (vor der Runde) bildet die neue linke Hälfte. Nach n Runden (nach der n-ten Runde werden linke und rechte Hälfte nicht mehr vertauscht) wird die linke Hälfte wieder mit der rechten XOR-verknüpft, was eine neue rechte Hälfte liefert. Dann werden linke und rechte Hälfte zu einem 64 Bit langen Block konkateniert. Der Datenblock wird mit weiteren 64 Bit Schlüsselbestandteilen XOR-verknüpft, und der Algorithmus ist zu Ende.

Die Funktion f erhält 32 Datenbits sowie 16 Schlüsselbits und mischt diese. Zuerst wird der Datenblock in 8-Bit-Blöcke zerlegt, dann werden diese Blöcke XOR-verknüpft und gegenseitig substituiert. Abbildung 13.4 zeigt ein Blockdiagramm der Funktion f. Die beiden Funktionen S_0 und S_1 sind wie folgt definiert:

$S_0(a, b)$ = rotiere um zwei Bit nach links $((a + b) \mod 256)$
$S_1(a, b)$ = rotiere um zwei Bit nach links $((a + b + 1) \mod 256)$

Der gleiche Algorithmus dient auch zur Entschlüsselung. Der einzige Unterschied besteht darin, daß bei der Entschlüsselung die Schlüsselbestandteile in umgekehrter Reihenfolge benutzt werden müssen.

Abbildung 13.5 zeigt ein Blockdiagramm der Funktion zur Erzeugung von Schlüsseln. Zuerst wird der 64 Bit lange Schlüssel in zwei Hälften unterteilt. Die Hälften werden

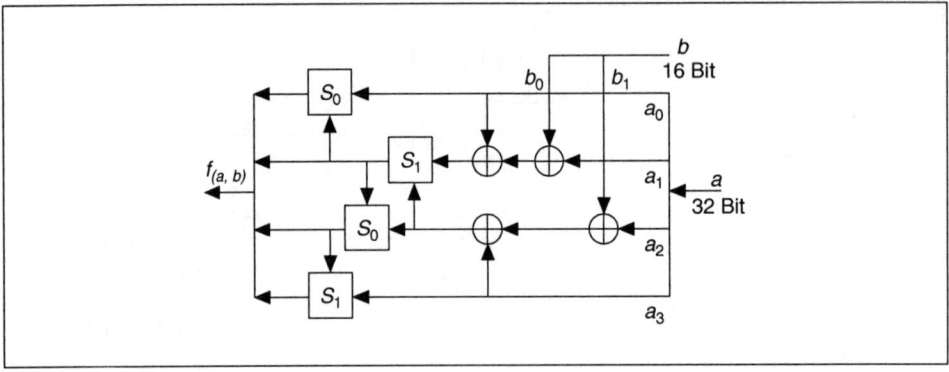

Abb. 13.4: Die Funktion f

XOR-verknüpft und die Funktion f_k darauf angewandt (siehe Diagramm). Abbildung 13.6 zeigt ein Blockdiagramm der Funktion f_k. Die beiden 32 Bit langen Eingabewerte werden in acht Bit lange Blöcke zerlegt und wie abgebildet kombiniert sowie substituiert. S_0 und S_1 sind wie oben definiert. Die 16 Bit langen Schlüsselblöcke werden dann im Ver- bzw. Entschlüsselungsalgorithmus benutzt.

Eine Implementierung von FEAL-32 in Assembler auf einem 80286-Prozessor mit 10 MHz kann Daten mit einer Geschwindigkeit von 220 Kilobit pro Sekunde verschlüsseln. FEAL-64 kann Daten mit einer Geschwindigkeit von 120 Kilobit pro Sekunde verschlüsseln [1104].

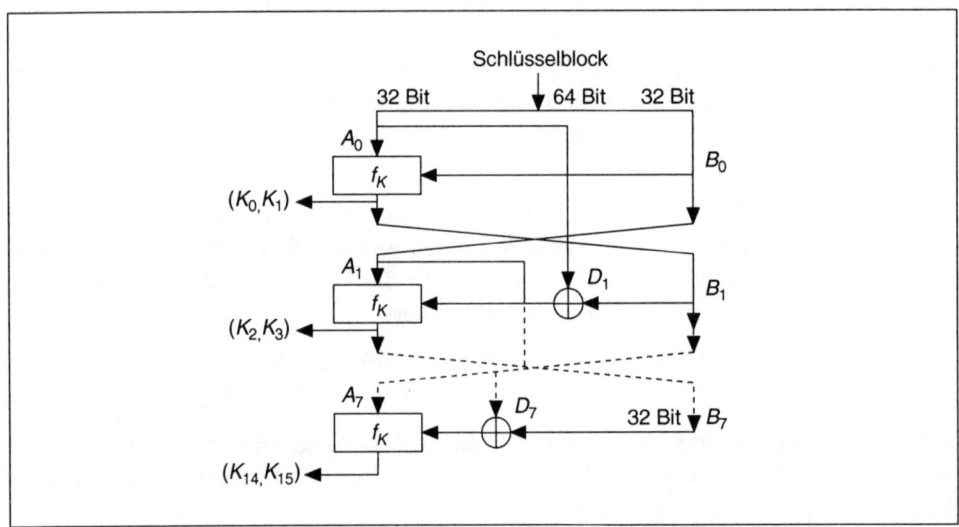

Abb. 13.5: Die Schlüsselverarbeitung in FEAL

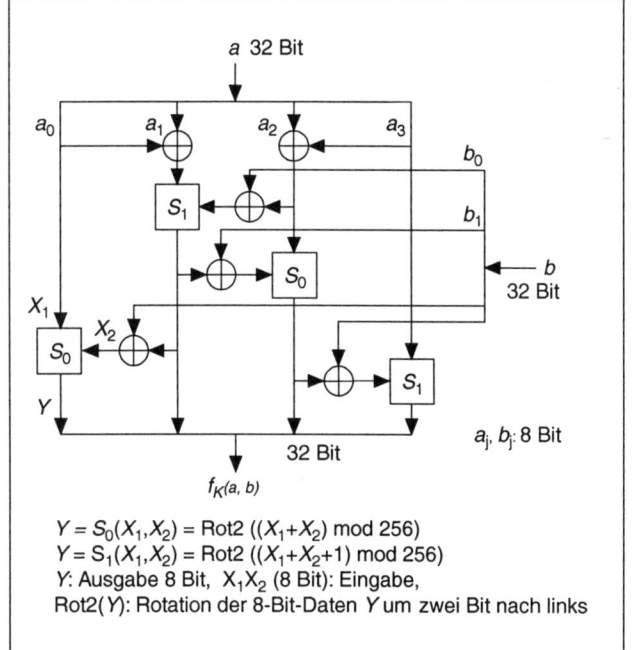

$Y = S_0(X_1, X_2) = \text{Rot2}((X_1+X_2) \bmod 256)$
$Y = S_1(X_1, X_2) = \text{Rot2}((X_1+X_2+1) \bmod 256)$
Y: Ausgabe 8 Bit, $X_1 X_2$ (8 Bit): Eingabe,
Rot2(Y): Rotation der 8-Bit-Daten Y um zwei Bit nach links

Abb. 13.6: Die Funktion f_K

Kryptanalyse von FEAL

FEAL-4 (FEAL mit vier Runden) wurde in [201] mit einem *chosen-plaintext*-Angriff erfolgreich kryptanalysiert und später in [1132] völlig zunichte gemacht. Dieser zweite Angriff stammt von Sean Murphy und stellt den ersten jemals veröffentlichten Angriff mittels differentieller Kryptanalyse dar. Er benötigt nur 20 gewählte Klartexte. Die Entwickler revanchierten sich mit einer FEAL-Version mit acht Runden [1436, 1437, 1108], die von Biham und Shamir auf der Konferenz SECURICOM '89 kryptanalysiert wurde [1424]. Nach einem weiteren *chosen-plaintext*-Angriff gegen FEAL-8, der nur 10000 Blöcke benötigte [610], standen die Entwickler mit dem Rücken zur Wand und sahen sich genötigt, FEAL-N [1102, 1104] zu definieren, bei dem die Anzahl der Runden variabel ist (natürlich größer als acht).

Biham und Shamir wandten differentielle Kryptanalyse gegen FEAL-N an. Sie konnten das Verfahren damit für N kleiner als 32 schneller knacken als mit einem Brute-Force-Angriff [169] (mit weniger als 2^{64} gewählten Klartextverschlüsselungen). Zum Knacken von FEAL-16 sind 2^{28} gewählte Klartexte oder $2^{37,5}$ bekannte Klartexte erforderlich. FEAL-4 konnte bereits mit nur acht sorgfältig gewählten Klartexten geknackt werden.

Die Entwickler von FEAL entwarfen außerdem FEAL-NX, eine FEAL-Variante, die mit 128 Bit langen Schlüsseln arbeitet (siehe Abbildung 13.7) [1103, 1104]. Biham und Shamir zeigten, daß FEAL-NX mit einem 128-Bit-Schlüssel genauso leicht zu brechen ist wie FEAL-N mit einem 64-Bit-Schlüssel (bei beliebigem N) [169]. Kürzlich wurde

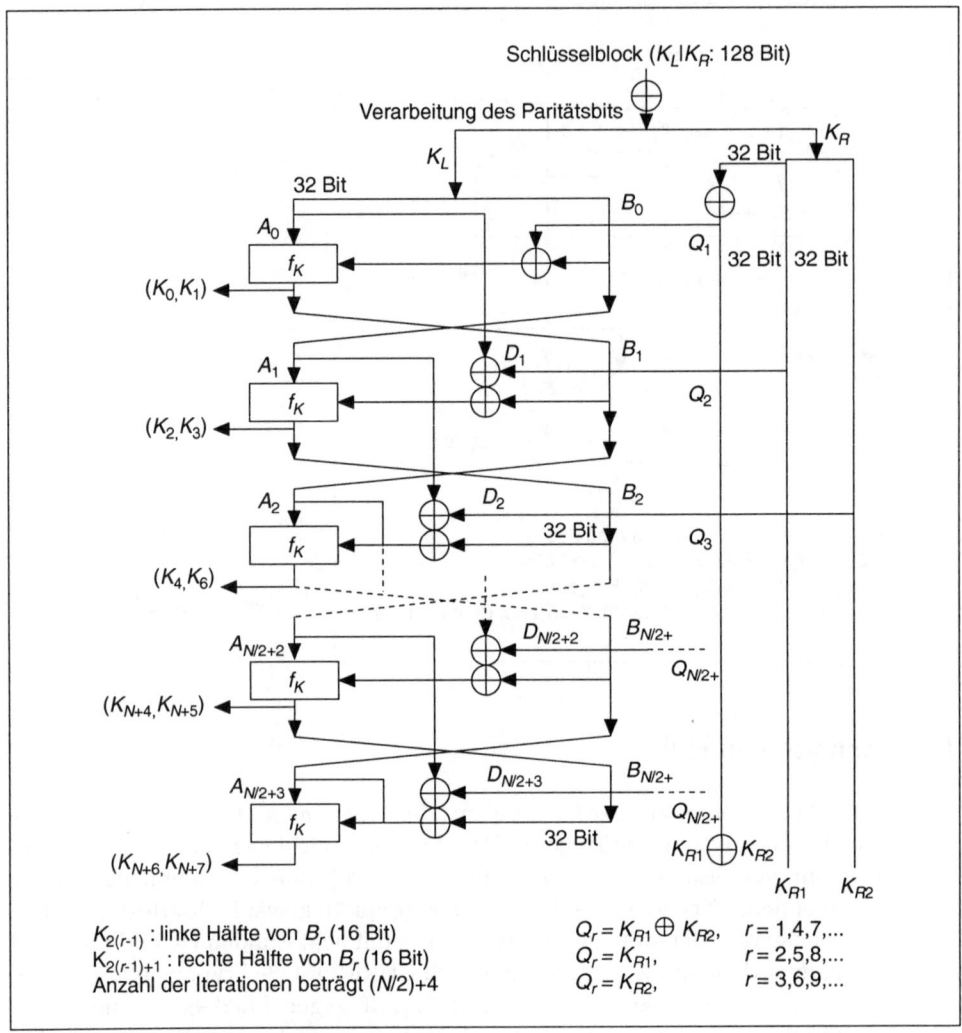

Abb. 13.7: Die Schlüsselbehandlung in FEAL-NX

FEAL-N(X)S vorgeschlagen, der FEAL durch eine dynamische Vertauschungsfunktion stärkt [1525].

Es geht aber noch weiter: In [1520] wurde ein anderer Angriff publiziert, der gegen FEAL-4 nur 1000 bekannte Klartexte benötigt und gegen FEAL-8 nur 20000. Andere Angriffe werden in [1549, 1550] beschrieben. Der beste Angriff stammt von Mitsuru Matsui und Atshuiro Yamagishi [1020]. Er ist der erste mittels linearer Kryptanalyse und kann FEAL-4 mit fünf bekannten Klartexten brechen, FEAL-6 mit 100 und FEAL-8 mit 2^{15} bekannten Klartexten. [64] enthält weitere Verfeinerungen. Mittels differentiell-linearer Kryptanalyse läßt sich FEAL-8 mit nur 12 gewählten Klartexten knacken [62]. Immer wenn ein neuer kryptanalytischer Angriff entdeckt wird, scheint er zuerst an FEAL getestet zu werden.

Patente

FEAL ist in den Vereinigten Staaten patentiert [1438] und in England, Frankreich und Deutschland zum Patent angemeldet. Wenn Sie den Algorithmus lizenzieren wollen, sollten Sie sich an folgende Adresse wenden: Intellectual Property Department, NTT, 1-6 Uchisaiwai-cho, 1-chome, Chiyoda-ku, 100 Japan.

13.5 REDOC

REDOC II ist ein weiterer Blockalgorithmus und wurde von Michael Wood für Cryptech, Inc. entwickelt [1613, 400]. Er arbeitet mit einem 20 Byte (160 Bit) langen Schlüssel und einer Blocklänge von 80 Bit.

REDOC II führt alle Operationen (Permutationen, Substitutionen und XOR-Verknüpfungen mit dem Schlüssel) auf Bytes aus. Der Algorithmus läßt sich effizient in Software implementieren. REDOC II benutzt variable Funktionstabellen. Im Gegensatz zu DES, bei dem sich die Permutations- und Substitutionstabellen nicht ändern (wenngleich sie auf Sicherheit getrimmt sind), arbeitet REDOC II mit Tabellen (S-Boxen), die von Schlüssel und Klartext abhängen. REDOC II hat zehn Runden, von denen jede aus einer komplizierten Folge von Blockmanipulationen besteht.

Eine weitere Besonderheit des Entwurfs ist der Einsatz von **Masken**. Darunter versteht man Zahlen, die aus der Schlüsseltabelle abgeleitet werden und zur Auswahl der Tabellen für eine bestimmte Funktion in einer bestimmten Runde dienen. Sowohl die Daten selbst als auch die Masken dienen zur Auswahl der Funktionstabellen.

Wenn man davon ausgeht, daß ein *Brute-Force*-Angriff den effizientesten Angriff darstellt, dann ist REDOC II sehr sicher – zur Aufdeckung des Schlüssels sind 2^{160} Operationen erforderlich. Thomas Cusick kryptanalysierte eine Runde von REDOC II, konnte den Angriff jedoch nicht auf mehrere Runden erweitern [400]. Biham und Shamir setzten differentielle Kryptanalyse erfolgreich gegen eine Runde von REDOC II mit 2300 gewählten Klartexten ein [170]. Der Angriff läßt sich zwar nicht auf mehrere Runden ausdehnen, sie waren jedoch in der Lage, nach vier Runden die Werte dreier Masken zu ermitteln. Weitere Kryptanalysen sind mir nicht bekannt.

REDOC III

REDOC III ist eine verbesserte Version von REDOC II, die ebenfalls von Michael Wood entwickelt wurde [1615]. Dieser Algorithmus arbeitet mit einer Blocklänge von 80 Bit. Die Schlüssellänge ist variabel und kann bis auf 2560 Byte (20480 Bit) ausgedehnt werden. Der Algorithmus besteht nur aus XOR-Verknüpfungen von Schlüsselbytes mit Nachrichtenbytes; es gibt weder Permutationen noch Substitutionen. Er sieht wie folgt aus:

(1) Lege mit Hilfe des geheimen Schlüssels eine Schlüsseltabelle mit 256 je zehn Byte langen Schlüsseln an.

(2) Erzeuge zwei je zehn Byte lange Maskenblöcke M_1 und M_2. M_1 entsteht durch XOR-Verknüpfung der ersten 128 10-Byte-Schlüssel, M_2 durch XOR-Verknüpfung der letzten 128 10-Byte-Schlüssel.

(3) Gehe zur Verschlüsselung eines 10 Byte langen Blocks wie folgt vor:

   (a) XOR-verknüpfe das erste Byte des Datenblocks mit dem ersten Byte von M_1. Wähle einen Schlüssel aus der in Schritt (1) berechneten Schlüsseltabelle. Benutze dazu den berechneten XOR-Wert als Index in die Tabelle. XOR-verknüpfe jedes Byte des Datenblocks mit dem entsprechenden Byte des ausgewählten Schlüssels, mit Ausnahme des ersten Datenbytes.

   (b) XOR-verknüpfe das zweite Byte des Datenblocks mit dem zweiten Byte von M_1. Wähle einen Schlüssel aus der in Schritt (1) berechneten Schlüsseltabelle. Benutze dazu den berechneten XOR-Wert als Index in die Tabelle. XOR-verknüpfe jedes Byte des Datenblocks mit dem entsprechenden Byte des ausgewählten Schlüssels, mit Ausnahme des zweiten Datenbytes.

   (c) Fahre mit dem gesamten Block (Bytes 3 bis 10) so fort, bis jedes Byte zur Auswahl eines Schlüssels aus der Schlüsseltabelle gedient hat, nachdem es mit dem entsprechenden Wert von M_1 XOR-verknüpft wurde. XOR-verknüpfe anschließend jedes Byte mit dem Schlüssel, mit Ausnahme des Bytes, mit dem der Schlüssel gewählt wurde.

   (d) Wiederhole die Schritte (a) bis (c) mit M_2.

Dieser Algorithmus ist einfach und schnell. Auf einem 80386er mit 33 MHz verschlüsselt er Daten mit 2,75 Megabit pro Sekunde. Wood schätzt, daß ein VLSI-Chip mit Pipeline-Architektur, einem 64 Bit breiten Datenbus und einer Taktrate von 20 MHz Daten mit mehr als 1,28 Gigabit pro Sekunde verschlüsseln würde.

REDOC III ist nicht sicher [1440] – er ist anfällig für differentielle Kryptanalyse. Es sind nur etwa 2^{23} gewählte Klartexte nötig, um beide Masken zu rekonstruieren.

Patente und Lizenzen

Beide Versionen von REDOC sind in den Vereinigten Staaten patentiert [1614], in anderen Ländern sind Patente angemeldet. Wenn Sie REDOC II oder REDOC III lizenzieren wollen, können Sie sich an folgende Adresse wenden: Michael C. Wood, Delta Computec, Inc., 6647 Old Thompson Rd., Syracuse, NY 13211, USA.

13.6 LOKI

LOKI stammt aus Australien und wurde 1990 als mögliche Alternative zu DES vorgestellt [273]. Der Algorithmus arbeitet auf 64-Bit-Blöcken und benutzt einen Schlüssel der Länge 64 Bit. Der allgemeine Ablauf des Algorithmus und die Verwendung des Schlüssels basieren auf [274, 275], die S-Boxen gehen auf [1247] zurück.

Biham und Shamir konnten LOKI mit elf oder weniger Runden mittels differentieller Kryptanalyse schneller als durch Brute-Force knacken [170]. Außerdem gibt es eine 8-Bit-Komplementäreigenschaft, die die Komplexität eines Brute-Force-Angriffs um den Faktor 256 reduziert [170, 916, 917].

Lars Knudsen zeigte, daß LOKI mit 14 oder weniger Runden anfällig für differentielle Kryptanalyse ist [852, 853]. Wird LOKI mit alternativen S-Boxen implementiert, so ist die entstandene Chiffrierung wahrscheinlich anfällig für differentielle Kryptanalyse.

LOKI91

Als Reaktion auf diese Angriffe machten sich die Entwickler von LOKI erneut an die Arbeit und modifizierten ihren Algorithmus. Das Ergebnis heißt LOKI91 [272]. Die vorige Version von LOKI wurde in LOKI89 umbenannt.

Um den Algorithmus besser vor differentieller Kryptanalyse zu schützen und um die Komplementäreigenschaft loszuwerden, wurden die folgenden Änderungen in den ursprünglichen Entwurf eingearbeitet:

1. Der Algorithmus zur Erzeugung von Teilschlüsseln wurde so abgeändert, daß die Hälften nicht in jeder Runde vertauscht werden, sondern nur jeder zweiten.

2. Der Algorithmus zur Erzeugung von Teilschlüsseln wurde so abgeändert, daß die Rotation des linken Teilschlüssels zwischen 12 und 13 Bits nach links alterniert.

3. Die XOR-Operationen des Blocks mit dem Schlüssel am Anfang und Ende wurden entfernt.

4. Die Funktion der S-Box wurde geändert, damit ihr XOR-Profil verwischt wird (um den Algorithmus gegen differentielle Kryptanalyse zu stärken) und um x-Werte mit $f(x) = 0$ zu vermeiden. f ist dabei die Kombination der E-, S- und P-Boxen.

Beschreibung von LOKI91

Der Ablauf von LOKI91 ähnelt dem von DES (siehe Abbildung 13.8). Der Datenblock wird in eine rechte und eine linke Hälfte unterteilt und durchläuft 16 Runden, genau wie in DES. In jeder Runde wird die rechte Hälfte mit einem Teil des Schlüssels XOR-verknüpft. Anschließend durchläuft sie eine Expansionspermutation (siehe Tabelle 13.1).

Die 48 Bit der Ausgabe werden in vier 12 Bit breite Blöcke unterteilt, jeder dieser Blöcke durchläuft eine S-Box-Substitution. Diese funktioniert wie folgt: Nimm die 12 Bit der Eingabe, bilde die Zahl r aus den beiden Bits ganz links und den beiden Bits ganz rechts. Die acht inneren Bits stellen die Zahl c dar. Die Ausgabe O der S-Box sieht wie folgt aus:

$$O(r, c) = (c + ((r * 17) \oplus \mathrm{0xff}) \& \mathrm{0xff})^{31} \bmod P_r$$

P_r ist durch Tabelle 13.2 gegeben.

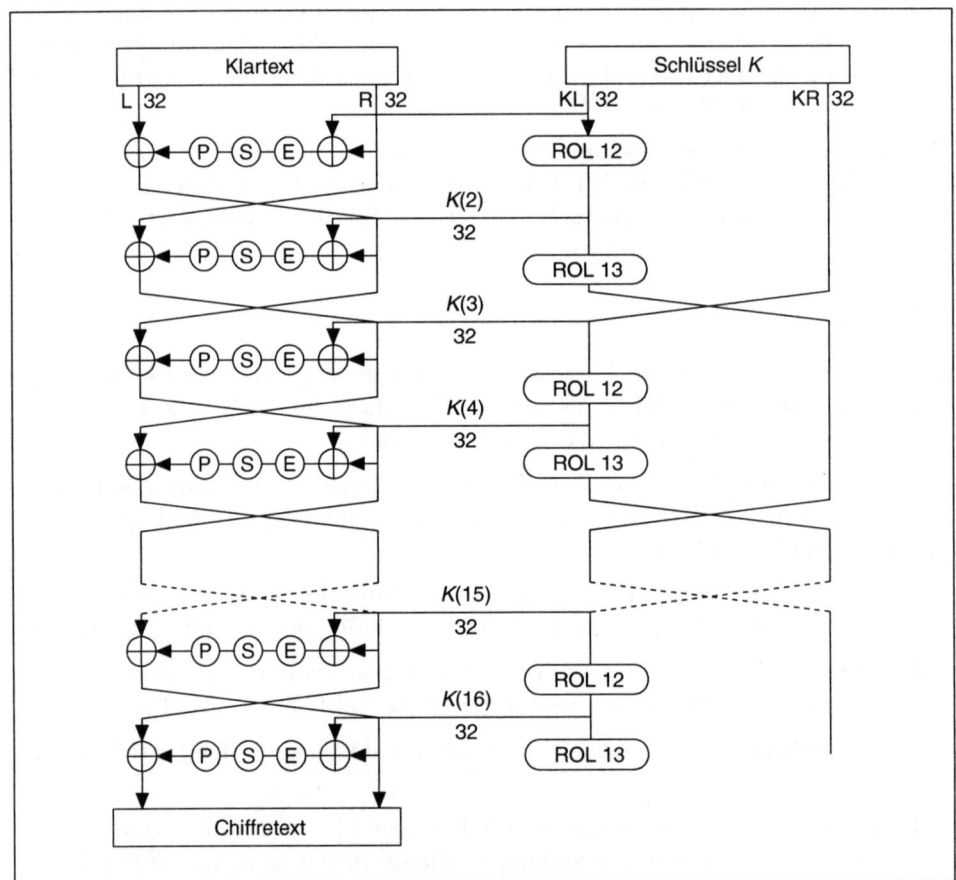

Abb. 13.8: LOKI91

Anschließend werden die vier je acht Bit breiten Ausgabewerte wieder zu einer einzelnen 32-Bit-Zahl kombiniert und durchlaufen die in Tabelle 13.3 enthaltene Permutation.

4	3	2	1	32	31	20	29	28	27	26	25
28	27	26	25	24	23	22	21	20	19	18	17
20	19	8	17	16	15	14	13	12	11	10	9
12	11	10	9	8	7	6	5	4	3	2	1

Tabelle 13.1: Die Expansionspermutation

r:	1	2	3	4	5	6	7	8	9	10	11	12	13	14	15	16
P_r:	375	379	391	395	397	415	419	425	433	445	451	463	471	477	487	499

Tabelle 13.2: P_r

Schließlich wird die rechte Hälfte mit der linken XOR-verknüpft, was die neue linke Hälfte ergibt. Die linke Hälfte wird zur neuen rechten Hälfte. Nach 16 Runden wird der Block noch einmal mit dem Schlüssel XOR-verknüpft, was den Chiffretext liefert.

32	24	16	8	31	23	15	7	30	22	14	6	29	21	13	5
28	20	12	4	27	19	11	3	26	18	10	2	25	17	9	1

Tabelle 13.3: Die P-Box-Permutation

Die Teilschlüssel werden auf einfache Art aus dem Schlüssel generiert. Der 64 Bit lange Schlüssel wird in eine rechte und eine linke Hälfte aufgeteilt. Der Teilschlüssel besteht in jeder Runde aus der linken Hälfte. Diese linke Hälfte wird dann um 12 oder 13 Bit nach links verschoben. In jeder zweiten Runde werden linke und rechte Hälfte vertauscht. Wie bei DES arbeiten Ver- und Entschlüsselung mit dem gleichen Algorithmus, wenn man die Verwendung der Teilschlüssel etwas modifiziert.

Kryptanalyse von LOKI91

Knudsen versuchte eine Kryptanalyse von LOKI91 [854, 858], fand jedoch heraus, daß der Algorithmus sicher gegen differentielle Kryptanalyse ist. Er entwickelte jedoch einen Angriff mit gewähltem Klartext und verwandten Schlüsseln, der die Komplexität einer Brute-Force-Suche fast um den Faktor vier reduziert. Dieser Angriff macht sich eine Schwäche in der Schlüsselverwendung zunutze und funktioniert auch, wenn der Algorithmus als Einweg-Hashfunktion verwendet wird (siehe Abschnitt 18.11).

Ein anderer Angriff mittels verwandten Schlüsseln knackt LOKI91 mit 2^{32} gewählten Klartexten bei gewähltem Schlüssel oder 2^{48} bekannten Klartexten bei gewähltem Schlüssel [158]. Der Angriff hängt nicht von der Rundenzahl des Algorithmus ab. Biham knackt in der gleichen Arbeit LOKI89 mittels Kryptanalyse verwandter Schlüssel mit 2^{17} gewählten Klartexten bei gewähltem Schlüssel oder 2^{33} bekannten Klartexten bei gewähltem Schlüssel. LOKI91 läßt sich leicht gegen diesen Angriff schützen, indem man die einfache Schlüsselverwaltung ändert.

Patente und Lizenzen

LOKI ist nicht patentiert, der Algorithmus darf von jedem implementiert und benutzt werden. Die Quellcode-Implementierung in diesem Buch unterliegt dem Copyright der University of New South Wales. Wenn Sie diese Implementierung (oder eine andere Implementierung, die um mehrere Größenordungen schneller ist) in einem kommerziellen Produkt verwenden wollen, wenden Sie sich an Director CITRAD, Department of Computer Science, University College, UNSW, Australian Defense Force Academy, Canberra ACT 2600, Australien, Fax +61 6 268 8581.

13.7 Khufu und Khafre

Ralph Merkle stellte 1990 zwei Algorithmen vor. Sie unterliegen den folgenden Entwurfsprinzipien [1071]:

1. Die in DES benutzte Schlüssellänge von 56 Bit ist zu gering. Zieht man die vernachlässigbaren Kosten längerer Schlüssel in Betracht (Hauptspeicher ist reichlich vorhanden und billig), so sollte man die Schlüssellänge erhöhen.

2. Die ausgiebigen Permutationen von DES eignen sich zwar gut für Hardware-Implementierungen, sind jedoch in Software schwierig zu implementieren. Schnellere Software-Implementierungen von DES realisieren die Permutationen durch Tabellen. Solche Lookup-Tabellen ermöglichen die gleichen Diffusionseigenschaften wie Permutationen, sind dabei aber viel flexibler.

3. Die S-Boxen von DES sind klein und enthalten nur 64 je vier Bit große Einträge pro Box. Bei dem heute reichlich verfügbaren Speicherplatz sollte man die S-Boxen vergrößern. Außerdem werden alle acht S-Boxen gleichzeitig benutzt. Dies eignet sich zwar für Hardware, erscheint für Software-Implementierungen aber als unnötige Einschränkung. Daher sollte man die S-Boxen vergrößern und sie sequentiell (statt parallel) verwenden.

4. Die Eingangs- und Schlußpermutationen von DES werden gemeinhin als kryptographisch nutzlos erachtet und sollten entfernt werden.

5. Alle schnelleren Implementierungen von DES berechnen die Schlüssel für jede Runde im voraus. Es spricht also nichts dagegen, diese Berechnung komplizierter zu gestalten.

6. Im Gegensatz zu DES sollten die Kriterien für den Entwurf der S-Boxen veröffentlicht werden.

Heute würde Merkle vermutlich noch „Widerstandsfähigkeit gegen differentielle Kryptanalyse und lineare Angriffe" in die Liste aufnehmen, doch diese Angriffe waren damals noch unbekannt.

Khufu

Khufu ist eine 64-Bit-Blockchiffrierung. Der 64 Bit lange Klartext wird zuerst in zwei 32-Bit-Hälften L und R zerlegt. Dann werden beide Hälften mit Bestandteilen des Schlüssels XOR-verknüpft. Danach werden sie ähnlich wie bei DES einer Reihe von Runden unterworfen. In jeder Runde dient das niederwertigste Byte von L als Eingabe für eine S-Box. Jede S-Box hat acht Eingabe- und 32 Ausgabebits. Der ausgewählte 32-Bit-Eintrag der S-Box wird dann mit R XOR-verknüpft. Anschließend wird L um ein Vielfaches von acht Bit verschoben, L und R werden vertauscht und die Runde ist beendet. Die S-Box selbst ist nicht statisch, sondern ändert sich alle acht Runden. Nach der letzten Runde werden L und R schließlich mit weiteren Bestandteilen des Schlüssels XOR-verknüpft und dann kombiniert, um den Chiffretextblock zu erzeugen.

Obwohl Teile des Schlüssels am Anfang und Ende des Algorithmus mit dem zu verschlüsselnden Block XOR-verknüpft werden, ist die Erzeugung der S-Boxen die Hauptaufgabe des Schlüssels. Diese S-Boxen sind geheim und im wesentlichen Bestandteil des Schlüssels. Khufu benötigt eine gesamte Schlüssellänge von 512 Bit (64 Byte) und enthält einen Algorithmus zur Erzeugung der S-Boxen aus dem Schlüssel. Die Anzahl der Runden für den Algorithmus ist nicht spezifiziert. Merkle schreibt, daß Khufu mit acht Runden anfällig für einen Angriff mit gewähltem Klartext ist und empfiehlt 16, 24 oder 32 Runden [1071]. (Er beschränkte die Rundenzahl auf Vielfache von acht.)

Da Khufu mit schlüsselabhängigen und geheimen S-Boxen arbeitet, widersteht es differentieller Kryptanalyse. Es gibt einen differentiellen Angriff gegen Khufu mit 16 Runden, der den Schlüssel mit 2^{31} gewählten Klartexten [611] ermittelt, doch dieser Angriff läßt sich nicht auf größere Rundenzahlen erweitern. Unter der Annahme, daß *Brute-Force* den besten Angriff auf Khufu darstellt, ist die Sicherheit des Algorithmus beeindruckend: Die Schlüssellänge von 512 Bit ergibt die unvorstellbare Komplexität von 2^{512}

Khafre

Khafre ist das zweite Kryptosystem des von Merkle vorgeschlagenen Paars [1071]. (Khufu und Khafre sind die Namen zweier agyptischer Pharaonen.) Das Schema des Algorithmus ähnelt Khufu, wurde aber für Anwendungen entwickelt, bei denen keine Zeit für Vorberechnungen zur Verfügung steht. Die S-Boxen hängen nicht vom Schlüssel ab. Khafre benutzt stattdessen feste S-Boxen. Der Schlüssel wird nicht nur vor der ersten und nach der letzten Runde mit dem zu verschlüsselnden Block XOR-verknüpft, sondern nach jeweils acht Verschlüsselungsrunden.

Merkle nahm an, daß für Khafre Schlüssellängen von 64 oder 128 Bit benutzt würden und mehr Verschlüsselungsrunden nötig seien als für Khufu. Diese Tatsache und die im Vergleich zu Khufu höhere Komplexität von Khafre in jeder Runde bewirken, daß Khafre langsamer ist. Zum Ausgleich benötigt Khafre keinerlei Vorberechnungen und verschlüsselt geringe Datenmengen schneller.

Biham und Shamir wandten ihre Technik der differentiellen Kryptanalyse 1990 gegen Khafre an [170]. Sie konnten Khafre mit 16 Runden mit einem *chosen-plaintext*-Angriff und etwa 1500 verschiedenen Verschlüsselungen brechen, was auf einem PC etwa eine Stunde dauerte. Die Umwandlung dieses Angriffs in einen *known-plaintext*-Angriff würde etwa 2^{38} Verschlüsselungen benötigen. Khafre mit 24 Runden läßt sich mit einem *chosen-plaintext*-Angriff und 2^{53} Verschlüsselungen knacken, ein *known-plaintext*-Angriff benötigt 2^{59} Verschlüsselungen.

Patente

Sowohl Khufu als auch Khafre sind patentiert [1072]. Das Patent enthält Quellcode für die Algorithmen. Wenn Sie an einer Lizenz für einen oder beide Algorithmen interessiert sind, wenden Sie sich an folgende Kontaktadresse: Director of Licensing, Xerox Corporation, P.O. Box 1600, Stamford, CT, 06904-1600.

13.8 RC2

RC2 ist ein Verschlüsselungsalgorithmus mit variabler Schlüssellänge, der von Ron Rivest für RSA Data Security, Inc. (RSADSI) entwickelt wurde. „RC" steht offensichtlich für „Ron's Code", offiziell bedeutet es jedoch „Rivest Cipher". RC3 wurde bei RSADSI während der Entwicklung geknackt, RC1 kam nie über Rivests Notizbuch hinaus. Der Algorithmus ist geschützt, seine Einzelheiten wurden nie veröffentlicht. Sie sollten jedoch keine Sekunde lang glauben, daß er dadurch sicherer wird. RC2 erschien bereits in kommerziellen Produkten. Er ist meines Wissens nicht patentiert und nur als Firmengeheimnis geschützt.

RC2 ist eine 64-Bit-Blockchiffrierung mit variabler Schlüssellänge, die als Ersatz für DES entwickelt wurde. Laut Entwicklerfirma sind Software-Implementierungen von RC2 dreimal so schnell wie DES. Der Algorithmus benutzt einen Schlüssel variabler Länge, die von 0 Byte bis zur maximalen String-Länge des Computers reichen kann. Die Geschwindigkeit der Verschlüsselung hängt nicht von der Schlüssellänge ab. Aus dem Schlüssel wird vorab eine schlüsselabhängige Tabelle mit 128 Byte berechnet. Die effektive Anzahl der verschiedenen Schlüssel beträgt damit 2^{1024}. RC2 enthält keine S-Boxen [805]. Die beiden benutzten Operationen heißen „mix" und „mash". In jeder Runde wird eine davon ausgewählt. Auszug aus den Produktdatenblättern der Firma [1334]:

> ... RC2 ist keine iterative Blockchiffrierung. Daraus ergibt sich, daß er größeren Schutz vor differentieller und linearer Kryptanalyse bietet als andere Blockchiffrierungen, deren

Sicherheitsfunktionen durch Kopieren des DES-Designs entstanden.

Die Weigerung von RSADSI, Einzelheiten zu RC2 zu veröffentlichen, weckt jedoch Zweifel an den Behauptungen des Herstellers. Die Firma stellt die Details des Algorithmus allen Leuten zur Verfügung, die ein Geheimhaltungsabkommen unterzeichnen und behauptet, daß Kryptanalytiker alle negativen Resultate veröffentlichen dürfen, die sie möglicherweise finden. Ich kenne keinen Kryptanalytiker außerhalb der Firma, der den Algorithmus studiert hätte. Das würde schließlich bedeuten, der Firma den Analyseaufwand abzunehmen.

Ron Rivest ist allerdings kein Bauernfänger, sondern ein anerkannter und kompetenter Kryptograph. Obwohl ich den Code nicht persönlich eingesehen habe, würde ich ein gehöriges Maß an Vertrauen darauf setzen. Der Algorithmus RC4, der einmal geistiges Eigentum von RSADSI war, wurde im Internet veröffentlicht (siehe Abschnitt 17.1). Es ist vielleicht nur eine Frage der Zeit, bis auch RC2 veröffentlicht wird.

Aufgrund einer Vereinbarung zwischen der Software Publishers Association (SPA) und der amerikanischen Regierung erhielten RC2 und RC4 besonderen Exportstatus (siehe Abschnitt 25.14). Unter der Voraussetzung, daß die Schlüssellänge nicht mehr als 40 Bit beträgt, unterliegen Produkte, in denen diese beiden Algorithmen implementiert sind, einem vereinfachten Exportzulassungsverfahren.

Genügt eine Schlüssellänge von 40 Bit? Es gibt eine Billion verschiedener Schlüssel. Unter der Annahme, daß *Brute-Force* die effektivste Methode der Kryptanalyse darstellt (wenn man berücksichtigt, daß der Algorithmus nie veröffentlicht wurde, ist das eine gewagte Vermutung) und daß ein Kryptanalyse-Chip eine Million Schlüssel pro Sekunde testen kann, benötigt der Chip 12,7 Tage zur Ermittlung des Schlüssels. Wenn tausend Rechner gleichzeitig daran arbeiten, dauert die Bestimmung des Schlüssels nur zwanzig Minuten.

RSA behauptet, daß Ver- und Entschlüsselung zwar schnell gehen, dies für eine exhaustive Suche jedoch nicht gilt. Für die Schlüsselverwaltung ist ein beträchtlicher Zeitaufwand erforderlich. Dieser Aufwand ist bei der Ver- und Entschlüsselung vernachlässigbar, nicht jedoch beim Ausprobieren aller möglichen Schlüssel.

Die amerikanische Regierung würde niemals den Export eines Algorithmus erlauben, den sie (zumindest theoretisch) nicht brechen kann. Sie könnte ein Magnetband oder eine CD erstellen, worauf ein bestimmter Klartext mit jedem möglichen Schlüssel chiffriert ist. Zum Entschlüsseln einer bestimmten Nachricht wäre es nur erforderlich, das Band durchzugehen und die Chiffreblöcke der Nachricht mit den Chiffretextblöcken auf dem Band zu vergleichen. Bei einer Übereinstimmung könnte man den zugehörigen Schlüssel nehmen und prüfen, ob die Nachricht damit Sinn ergibt. Wählt man einen gebräuchlichen Klartextblock (lauter Nullen, den ASCII-Code für das Leerzeichen etc.), sollte dieses Verfahren funktionieren. Der Speicherbedarf für einen 64 Bit langen Klartextblock, der mit allen 10^{12} möglichen Schlüsseln chiffriert wird, beträgt 8 Terabyte und liegt damit sicher im Rahmen des Machbaren.

Informationen zur Lizenzierung von RC2 erhalten Sie bei RSADSI (siehe Abschnitt 25.4).

13.9 IDEA

Die erste Inkarnation der IDEA-Chiffrierung von Xuejia Lai und James Massey tauchte 1990 unter der Bezeichnung PES (Proposed Encryption Standard) auf [929]. Nachdem Biham und Shamir differentielle Kryptanalyse vorgeführt hatten, sicherten die Autoren ihr Verfahrung gegen differentielle Angriffe ab und nannten den neuen Algorithmus IPES (Improved Proposed Encryption Standard) [931, 924]. 1992 wurde IPES in IDEA (International Data Encryption Algorithm) umbenannt [925].

IDEA ruht auf beeindruckenden theoretischen Fundamenten. Obwohl es einige kryptanalytische Fortschritte gegen Varianten mit reduzierter Rundenzahl gab, scheint der Algorithmus immer noch sehr stark zu sein. Meiner Meinung nach ist IDEA der beste und sicherste Blockalgorithmus, der zur Zeit öffentlich verfügbar ist.

Die Zukunft von IDEA ist noch nicht klar. Es gab keine Bestrebungen, das Verfahren als Ersatz für DES zu verwenden. Dies liegt zum Teil daran, daß IDEA patentiert ist und für kommerzielle Anwendungen lizenziert werden muß. Außerdem warten viele Leute wohl noch ab, wie sich der Algorithmus in den nächsten Jahren gegen Kryptanalyse bewährt. Für seine Bekanntheit sorgt zur Zeit die Software PGP, in der er implementiert ist (siehe Abschnitt 24.12).

Überblick über IDEA

IDEA ist eine Blockchiffrierung und arbeitet mit Klartextblöcken der Länge 64 Bit. Der Schlüssel ist 128 Bit lang. Der gleiche Algorithmus dient sowohl zur Ver- als auch zur Entschlüsselung.

Wie alle anderen Blockchiffrierungen, die wir bisher kennengelernt haben, benutzt IDEA sowohl Konfusion als auch Diffusion. Die Design-Philosophie des Algorithmus lautet „Mischung von Operationen unterschiedlicher algebraischer Gruppen". Es werden drei algebraische Operationen gemischt, die sich sowohl in Hardware als auch in Software leicht implementieren lassen:

- XOR
- Addition modulo 2^{16}
- Multiplikation modulo $2^{16} + 1$. Diese Operation kann man als S-Box von IDEA betrachten.

All diese Operationen (dies sind die einzigen Operationen des Algorithmus – es gibt keine Vertauschungen auf Bitebene) arbeiten mit Teilblöcken der Größe 16 Bit. Dieser Algorithmus ist sogar auf 16-Bit-Prozessoren sehr effizient.

Beschreibung von IDEA

Abbildung 13.9 gibt einen Überblick über IDEA. Der 64-Bit-Datenblock wird in vier Teilblöcke X_1, X_2, X_3 und X_4 der Länge 16 Bit unterteilt. Diese vier Teilblöcke dienen als Eingabe für die erste Runde des Algorithmus. Insgesamt gibt es acht Runden. In jeder Runde werden die vier Teilblöcke untereinander und mit sechs Teilschlüsseln der Länge 16 Bit XOR-verknüpft, addiert und multipliziert. Zwischen den Runden werden der zweite und dritte Teilblock vertauscht. Schließlich werden die vier Teilblöcke mit vier Teilschlüsseln in einer Ausgabetransformation kombiniert.

Der Ablauf einer Runde sieht wie folgt aus:

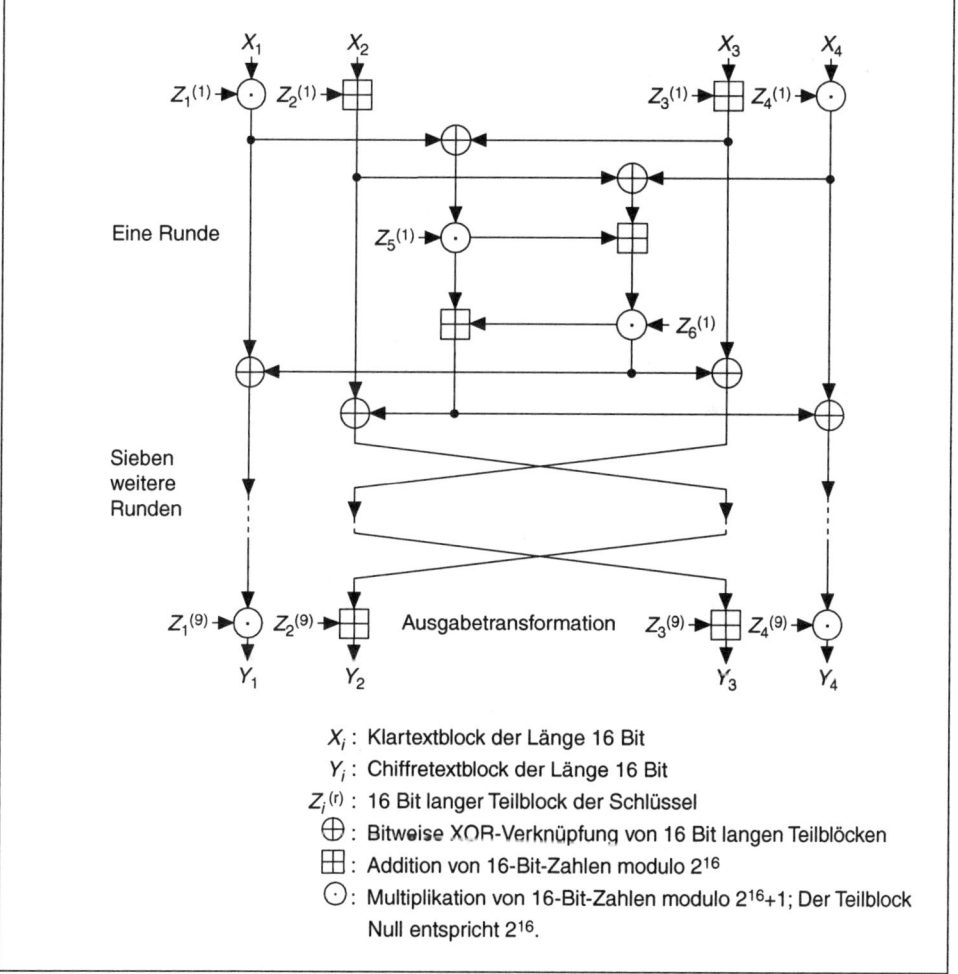

Abb. 13.9: IDEA

(1) Multipliziere X_1 mit dem ersten Teilschlüssel.

(2) Addiere X_2 und den zweiten Teilschlüssel.

(3) Addiere X_3 und den dritten Teilschlüssel.

(4) Multipliziere X_4 mit dem vierten Teilschlüssel.

(5) XOR-verknüpfe die Ergebnisse der Schritte (1) und (3).

(6) XOR-verknüpfe die Ergebnisse der Schritte (2) und (4).

(7) Multipliziere das Ergebnis aus Schritt (5) mit dem fünften Teilschlüssel.

(8) Addiere die Ergebnisse der Schritte (6) und (7).

(9) Multipliziere das Ergebnis aus Schritt (8) mit dem sechsten Teilschlüssel.

(10) Addiere die Ergebnisse der Schritte (7) und (9).

(11) XOR-verknüpfe die Ergebnisse der Schritte (1) und (9).

(12) XOR-verknüpfe die Ergebnisse der Schritte (3) und (9).

(13) XOR-verknüpfe die Ergebnisse der Schritte (2) und (10).

(14) XOR-verknüpfe die Ergebnisse der Schritte (4) und (10).

Die Ausgabe der Runde sind die vier Teilblöcke, die sich in den Schritten (11), (12), (13) und (14) ergeben. Außer in der letzten Runde werden jetzt noch die beiden inneren Blöcke vertauscht, dann erhält man die Eingabe für die nächste Runde.

Nach der achten Runde gibt es eine finale Ausgabetransformation:

(1) Multipliziere X_1 mit dem ersten Teilschlüssel.

(2) Addiere X_2 und den zweiten Teilschlüssel.

(3) Addiere X_3 und den dritten Teilschlüssel.

(4) Multipliziere X_4 mit dem vierten Teilschlüssel.

Schließlich werden die vier Teilblöcke zusammengefügt und ergeben den Chiffretext.

Die Erzeugung der Teilschlüssel ist ebenfalls einfach. Der Algorithmus benutzt 52 Teilschlüssel (sechs in jeder der acht Runden und vier weitere für die Ausgabetransformation). Der 128 Bit lange Schlüssel wird zunächst in acht Teilschlüssel der Länge 16 Bit zerlegt. Dies sind die ersten acht Teilschlüssel (sechs für die erste Runde und die ersten beiden der zweiten Runde). Dann wird der Schlüssel um 25 Bit nach links verschoben und wieder in acht Teilschlüssel zerlegt. Die ersten vier werden in der zweiten Runde benutzt, die letzten vier in der dritten Runde. Jetzt wird der Schlüssel wieder um 25 Bit nach links verschoben, um die nächsten acht Teilschlüssel zu erhalten usw. bis zum Ende des Algorithmus.

Die Entschlüsselung läuft genauso ab, mit dem Unterschied, daß sich die Reihenfolge der Teilschlüssel umdreht und diese geringfügig anders aussehen. Die Dechiffrierschlüssel sind entweder das additive oder multiplikative Inverse der Chiffrierschlüssel (in IDEA stellt der Teilschlüssel, der nur aus Nullen besteht, bezüglich der Multiplikation modulo $2^{16} + 1$ die Zahl $2^{16} = -1$ dar; das multiplikative Inverse von Null ist daher Null). Diese Berechnungen erfordern einigen Aufwand, sind aber nur einmal für jeden Chiffrierschlüssel erforderlich. Tabelle 13.4 zeigt die Teilschlüssel für die Chiffrierung und die zugehörigen Teilschlüssel für die Dechiffrierung.

Runde	Teilschlüssel zur Chiffrierung	Teilschlüssel zur Dechiffrierung
1	$Z_1^{(1)}\ Z_2^{(1)}\ Z_3^{(1)}\ Z_4^{(1)}\ Z_5^{(1)}\ Z_6^{(1)}$	$Z_1^{(9)-1}\ -Z_2^{(9)}\ -Z_3^{(9)}\ Z_4^{(9)-1}\ Z_5^{(8)}\ Z_6^{(8)}$
2	$Z_1^{(2)}\ Z_2^{(2)}\ Z_3^{(2)}\ Z_4^{(2)}\ Z_5^{(2)}\ Z_6^{(2)}$	$Z_1^{(8)-1}\ -Z_3^{(8)}\ -Z_2^{(8)}\ Z_4^{(8)-1}\ Z_5^{(7)}\ Z_6^{(7)}$
3	$Z_1^{(3)}\ Z_2^{(3)}\ Z_3^{(3)}\ Z_4^{(3)}\ Z_5^{(3)}\ Z_6^{(3)}$	$Z_1^{(7)-1}\ -Z_3^{(7)}\ -Z_2^{(7)}\ Z_4^{(7)-1}\ Z_5^{(6)}\ Z_6^{(6)}$
4	$Z_1^{(4)}\ Z_2^{(4)}\ Z_3^{(4)}\ Z_4^{(4)}\ Z_5^{(4)}\ Z_6^{(4)}$	$Z_1^{(6)-1}\ -Z_3^{(6)}\ -Z_2^{(6)}\ Z_4^{(6)-1}\ Z_5^{(5)}\ Z_6^{(5)}$
5	$Z_1^{(5)}\ Z_2^{(5)}\ Z_3^{(5)}\ Z_4^{(5)}\ Z_5^{(5)}\ Z_6^{(5)}$	$Z_1^{(5)-1}\ -Z_3^{(5)}\ -Z_2^{(5)}\ Z_4^{(5)-1}\ Z_5^{(4)}\ Z_6^{(4)}$
6	$Z_1^{(6)}\ Z_2^{(6)}\ Z_3^{(6)}\ Z_4^{(6)}\ Z_5^{(6)}\ Z_6^{(6)}$	$Z_1^{(4)-1}\ -Z_3^{(4)}\ -Z_2^{(4)}\ Z_4^{(4)-1}\ Z_5^{(3)}\ Z_6^{(3)}$
7	$Z_1^{(7)}\ Z_2^{(7)}\ Z_3^{(7)}\ Z_4^{(7)}\ Z_5^{(7)}\ Z_6^{(7)}$	$Z_1^{(3)-1}\ -Z_3^{(3)}\ -Z_2^{(3)}\ Z_4^{(3)-1}\ Z_5^{(2)}\ Z_6^{(2)}$
8	$Z_1^{(8)}\ Z_2^{(8)}\ Z_3^{(8)}\ Z_4^{(8)}\ Z_5^{(8)}\ Z_6^{(8)}$	$Z_1^{(2)-1}\ -Z_3^{(2)}\ -Z_2^{(2)}\ Z_4^{(2)-1}\ Z_5^{(1)}\ Z_6^{(1)}$
Ausgabetransformation	$Z_1^{(9)}\ Z_2^{(9)}\ Z_3^{(9)}\ Z_4^{(9)}$	$Z_1^{(1)-1}\ -Z_2^{(1)}\ -Z_3^{(1)}\ Z_4^{(1)-1}$

Tabelle 13.4: IDEA-Teilschlüssel zur Chiffrierung und Dechiffrierung

Geschwindigkeit von IDEA

Aktuelle Software-Implementierungen von IDEA sind etwa doppelt so schnell wie DES. IDEA verschlüsselt auf einem 386er mit 33 MHz 880 Kilobit pro Sekunde, auf einem 486er mit 66 MHz 2400 Kilobit pro Sekunde. Man könnte annehmen, daß IDEA noch schneller ist, aber Multiplikationen kosten relativ viel Zeit. Die Multiplikation zweier 32-Bit-Zahlen benötigt auf einem 486er 40 Taktzyklen (auf einem Pentium zehn).

Eine VLSI-Implementierung von PES verschlüsselt bei 25 Megahertz Daten mit 55 Megabit pro Sekunde [208, 398]. Ein anderer VLSI-Chip, der an der ETH Zürich entwickelt wurde und auf einer Fläche von 107,8 Quadratmillimetern 251 000 Transistoren enthält, verschlüsselt bei einer Taktrate von 25 MHz Daten mittels IDEA mit einer Geschwindigkeit von 177 Megabit pro Sekunde [926, 207, 397].

Kryptanalyse von IDEA

Die Schlüssel von IDEA sind mit 128 Bit mehr als doppelt so lang wie die von DES. Geht man von einem *Brute-Force*-Angriff als dem effizientesten Angriff aus, wären 2^{128} (10^{38}) Verschlüsselungen nötig, um den Schlüssel zu ermitteln. Wenn man einen Chip entwirft, der eine Milliarde Schlüssel pro Sekunde testen kann und eine Milliarde solcher Chips auf das Problem ansetzt, so dauert die Suche immer noch 10^{13} Jahre – das ist mehr als das Alter des Universums. Eine Anordnung mit 10^{24} solcher Chips findet den Schlüs-

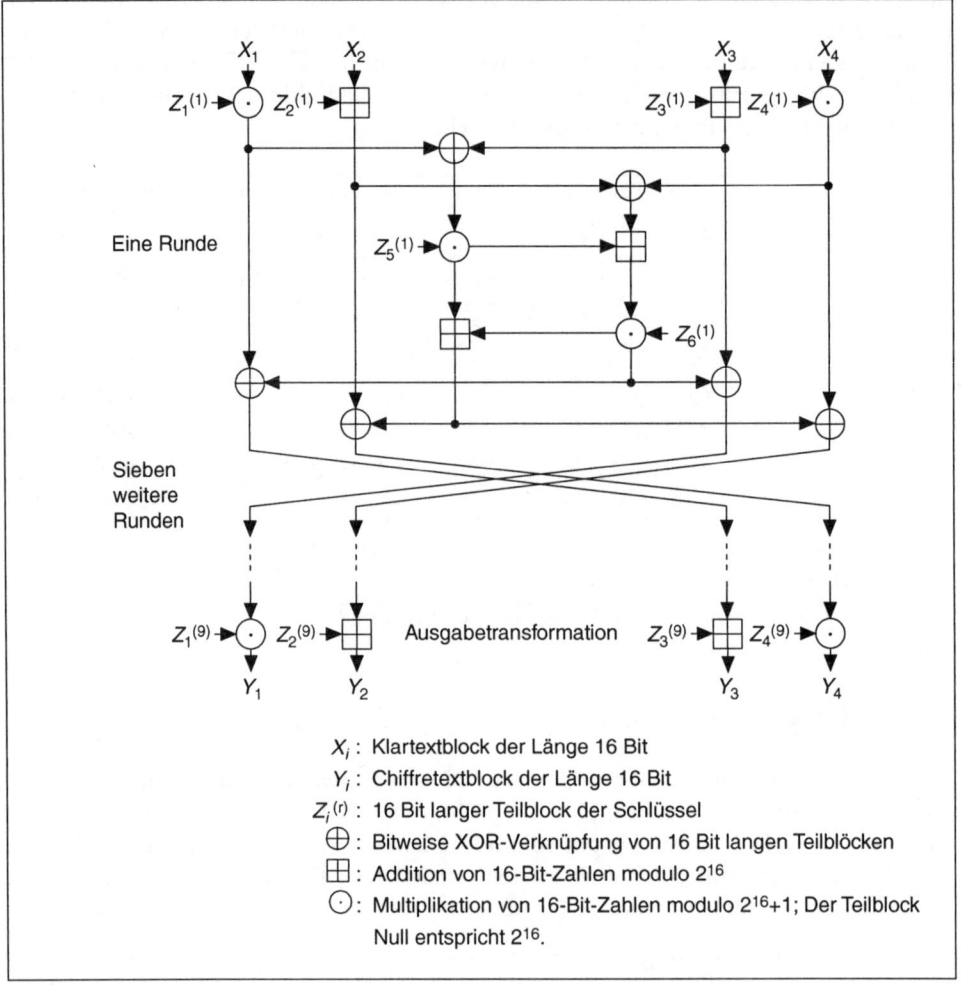

Abb. 13.10: PES

sel an einem Tag, aber es gibt im ganzen Universum nicht genügend Siliziumatome, um so eine Maschine zu bauen. Jetzt machen wir aber einen Punkt – ich werde jedenfalls die Diskussion über dunkle Materie aufmerksam verfolgen.

Vielleicht ist Brute-Force nicht der bestmögliche Angriff gegen IDEA. Der Algorithmus ist noch zu neu, als daß es bereits definitive kryptanalytische Resultate gäbe. Die Entwickler haben den Algorithmus so gut wie möglich gegen differentielle Kryptanalyse abgesichert. Sie definierten das Konzept einer Markov-Chiffrierung und zeigten, daß man die Widerstandsfähigkeit gegen differentielle Kryptanalyse modellieren und quantifizieren kann [931, 925]. Abbildung 13.10 zeigt den ursprünglichen PES-Algorithmus in Vergleich zum IDEA-Algorithmus in Abbildung 13.9, der gegen differentielle Kryptanalyse gesichert wurde. Es ist schon erstaunlich, wie einige kleine Änderungen einen so großen Unterschied bewirken können.

Lai weist in [925] auf Anzeichen dafür hin, daß IDEA schon nach vier seiner acht Runden immun gegen differentielle Kryptanalyse ist, ohne einen Beweis dafür anzugeben. Laut Biham funktioniert sein Angriff mit verwandten Schlüsseln bei IDEA ebenfalls nicht [160].

Willi Meier untersuchte die drei algebraischen Operationen von IDEA und bemerkte, daß sie zwar inkompatibel seien, in manchen Fällen jedoch so vereinfacht werden könnten, daß sich bei der Kryptanalyse etwas Zeit sparen lasse [1050]. Sein Angriff ist bei IDEA mit zwei Runden (2^{42} Operationen) effizienter als *Brute-Force*, bei IDEA mit drei und mehr Runden jedoch ineffizienter. Normales IDEA mit acht Runden ist vor diesem Angriff sicher.

Joan Daemen entdeckte eine Klasse schwacher Schlüssel für IDEA [406, 409]. Dabei handelt es sich nicht um schwache Schlüssel im Sinne von DES (d.h. die Verschlüsselungsfunktion ist selbstinvers). Es handelt sich vielmehr um schwache Schlüssel in dem Sinn, daß man sie bei einem *chosen-plaintext*-Angriff leicht identifizieren kann. Ein Beispiel für einen schwachen Schlüssel lautet in hexadezimaler Schreibweise:

$$0000,0000,0x00,0000,0000,000x,xxxx,x000$$

Dabei kann x für eine beliebige Ziffer stehen. Bei Einsatz dieses Schlüssels legt die bitweise XOR-Verknüpfung gewisser Klartextpaare den bitweisen XOR-Wert der resultierenden Chiffretextpaare fest.

Die Wahrscheinlichkeit, zufällig einen dieser schwachen Schlüssel zu erzeugen, ist jedenfalls sehr gering, nämlich eins zu 2^{96}. Es besteht daher keine Gefahr, wenn man die Schlüssel zufällig wählt. Außerdem läßt sich IDEA leicht so modifizieren, daß es keine schwachen Schlüssel gibt. Dazu führt man eine XOR-Verknüpfung aller Teilschlüssel mit dem Wert 0x0dae durch [409].

Weitere kryptanalytische Resultate gegen IDEA sind mir nicht bekannt, obwohl sich viele Leute daran versucht haben.

Betriebsmodi und Varianten von IDEA

IDEA kann in jedem der in Kapitel 9 behandelten Blockchiffriermodi benutzt werden. Jede Doppelimplementierung von IDEA wäre für den gleichen *meet-in-the-midde*-Angriff anfällig wie DES (siehe Abschnitt 15.1). Da die Schlüssel von IDEA jedoch mehr als doppelt so lang sind, ist ein solcher Angriff nicht durchführbar. Dazu wären $64 * 2^{128}$ Bit oder 10^{39} Byte Speicherplatz erforderlich. Ich bezweifle, daß es genügend Materie im Universum gibt, um einen Speicher dieser Größe zu bauen.

Falls Sie sich auch über parallele Universen Gedanken machen, sollten Sie eine Implementierung von Triple-IDEA benutzen (siehe Abschnitt 15.2):

$$C = E_{K3}(D_{K2}(E_{K1}(P)))$$

Diese Implementierung ist immun gegen den *meet-in-the-midde*-Angriff.

Es gibt auch keinen Grund, weshalb man IDEA nicht mit unabhängigen Teilschlüsseln implementieren könnte. Dies gilt insbesondere, wenn man über Werkzeuge zur Verwaltung des längeren Schlüssels verfügt. IDEA benötigt insgesamt 52 Schlüssel der Länge 16 Bit, woraus sich eine gesamte Schlüssellänge von 832 Bit ergibt. Diese Variante ist definitiv sicherer. Es weiß allerdings niemand, um wieviel.

Bei einer naiv konstruierten Variante würde man die Blockgröße verdoppeln. Der Algorithmus funktioniert genauso mit Teilblöcken der Länge 32 Bit (statt 16 Bit) und einem Schlüssel der Länge 256 Bit. Die Verschlüsselung wäre schneller und das Verfahren wäre um den Faktor 2^{32} sicherer. Stimmt das? Die dem Algorithmus zugrundeliegende Theorie beruht darauf, daß $2^{16} + 1$ prim ist; $2^{32} + 1$ ist jedoch nicht prim. Vielleicht könnte man den Algorithmus so modifizieren, daß er funktioniert, doch dann hätte er völlig andere sicherheitsrelevante Eigenschaften. Lai meint, es sei schwierig, den Algorithmus entsprechend anzupassen [926].

IDEA scheint zwar wesentlich sicherer zu sein als DES, doch es ist nicht immer einfach, in einer existierenden Anwendung den Algorithmus auszutauschen. Wenn in der Datenbank und dem Nachrichtensystem eine Schlüssellänge von 64 Bit fest eingebaut ist, ist es unter Umständen nicht möglich, die 128-Bit-Schlüssel von IDEA zu implementieren.

Für solche Anwendungen kann man den 128-Bit-Schlüssel durch Konkatenierung des 64-Bit-Schlüssels mit sich selbst erzeugen. Beachten Sie jedoch, daß IDEA durch diese Änderung geschwächt wird.

Wenn Ihnen Geschwindigkeit wichtiger ist als Sicherheit, können Sie eine Variante mit weniger Runden in Erwägung ziehen. Der zur Zeit beste Angriff gegen IDEA ist nur bei 2,5 oder weniger Runden schneller als *Brute-Force* [1050]. IDEA mit vier Runden wäre doppelt so schnell wie Standard-IDEA und meines Wissens genauso sicher.

Warnung

IDEA ist ein relativ neuer Algorithmus, und es sind noch viele Fragen offen. Bildet IDEA eine Gruppe? (Lai glaubt nicht, daß das der Fall ist [926].) Gibt es noch unentdeckte Möglichkeiten, diese Chiffrierung zu knacken? IDEA basiert zwar auf einem starken theoretischen Fundament, doch im Laufe der Zeit wurden immer wieder sicher erscheinende Algorithmen Opfer neuer Ergebnisse der Kryptanalyse. IDEA wurde von mehreren Gruppen aus dem akademischen und militärischen Bereich kryptanalysiert. Keine davon veröffentlichte irgendwelche erfolgreichen kryptanalytischen Angriffe. Das könnte sich aber ändern.

Patente und Lizenzen

IDEA ist in Europa und den Vereinigten Staaten patentrechtlich geschützt [1012, 1013]. Patentinhaberin ist die Ascom-Tech AG. Für nichtkommerzielle Nutzung ist keine Lizenzgebühr erforderlich. Kommerzielle Anwender, die an der Lizenzierung des Algorithmus interessiert sind, sollten sich an folgende Kontaktadresse wenden: Ascom Systec AG, Dept. CMVV, Gewerbepark, CH-5506, Mägenwil, Schweiz; +41 64 56 59 83; Fax +41 64 56 59 90; idea@ascom.ch

13.10 MMB

Der Nachteil von IDEA, daß er mit 64-Blöcken zur Verschlüsselung arbeitet, wurde von Joan Daemen mit dem Algorithmus MMB (Modular Multiplication-based Block Cipher) behoben [385, 405, 406]. MMB beruht auf der gleichen Theorie wie IDEA, nämlich der Mischung von Operationen aus verschiedenen algebraischen Gruppen. MMB ist ein iterativer Algorithmus, der hauptsächlich aus linearen Schritten (XOR und Schlüsselanwendungen) besteht sowie der parallelen Anwendung von vier großen nichtlinearen invertierbaren Substitutionen. Die Substitutionen werden durch eine Multiplikation modulo $2^{32} - 1$ mit konstanten Faktoren bestimmt. Dies liefert einen Algorithmus, bei dem sowohl die Schlüssellänge als auch die Blockgröße jeweils 128 Bit betragen.

MMB arbeitet auf 32 Bit langen Teilblöcken (x_0, x_1, x_2, x_3) des Texts und 32 Bit langen Teilblöcken (k_0, k_1, k_2, k_3) des Schlüssels. Dadurch eignet sich der Algorithmus gut zur Implementierung auf modernen 32-Bit-Prozessoren. Eine nichtlineare Funktion f wird sechsmal abwechselnd mit einer XOR-Verknüpfung angewandt. Der Algorithmus arbeitet wie folgt (alle Indexoperationen erfolgen modulo 4):

$x_i = x_i \oplus k_i$ für $i = 0$ bis 3
$f(x_0, x_1, x_2, x_3)$
$x_i = x_i \oplus k_{i+1}$ für $i = 0$ bis 3
$f(x_0, x_1, x_2, x_3)$
$x_i = x_i \oplus k_{i+2}$ für $i = 0$ bis 3
$f(x_0, x_1, x_2, x_3)$
$x_i = x_i \oplus k_i$ für $i = 0$ bis 3
$f(x_0, x_1, x_2, x_3)$
$x_i = x_i \oplus k_{i+1}$ für $i = 0$ bis 3
$f(x_0, x_1, x_2, x_3)$
$x_i = x_i \oplus k_{i+2}$ für $i = 0$ bis 3
$f(x_0, x_1, x_2, x_3)$

Die Funktion f besteht aus drei Schritten:

(1) $x_i = c_i * x_i$ für $i = 0$ bis 3 (Enthalten die Eingabewerte der Multiplikation nur Einsen, so besteht die Ausgabe ebenfalls aus lauter Einsen.)

(2) Hat das niederwertigste Bit von x_0 den Wert 1, so ist $x_0 = x_0 \oplus C$. Hat das niederwertigste Bit von x_3 den Wert 0, so ist $x_3 = x_3 \oplus C$.

(3) $x_i = x_{i-1} \oplus x_i \oplus x_{i+1}$ für $i = 0$ bis 3

Alle Indexoperationen erfolgen modulo 4. Die Multiplikation in Schritt (1) erfolgt modulo $2^{32} - 1$. Falls der zweite Operand den Wert $2^{32} - 1$ hat, so lautet das Ergebnis ebenfalls $2^{32} - 1$. Die Konstanten haben folgende Werte:

$$C = \text{2aaaaaaa}$$
$$c_0 = \text{025f1cdb}$$
$$c_1 = 2 * c_0$$
$$c_2 = 2^3 * c_0$$
$$c_3 = 2^7 * c_0$$

Die Konstante C ist die „einfachste" Konstante mit hohem ternärem Gewicht, bei der das niederwertigste Bit Null ist und die keine zirkuläre Symmetrie aufweist. c_0 hat bestimmte andere Eigenschaften. Die Konstanten c_1, c_2 und c_3 sind verschobene Versionen von c_0. Sie sollen Angriffe verhindern, die sich Symmetrieeigenschaften zunutze machen. In [405] finden Sie weitere Einzelheiten hierzu.

Die Entschlüsselung verläuft umgekehrt. Die Schritte (2) und (3) sind zu sich selbst invers. Schritt (1) benutzt c_i^{-1} anstelle von c_i. c_0^{-1} hat den Wert 0dad4694.

Sicherheit von MMB

Das Design von MMB garantiert, daß jede Runde unabhängig vom Schlüssel eine ausreichende Diffusion bewirkt. Bei IDEA hängt der Grad der Diffusion in gewissem Maß von den jeweiligen Teilschlüsseln ab. MMB wurde außerdem so entworfen, daß es im Gegensatz zu IDEA keine schwachen Schlüssel gibt.

MMB hat aus verschiedenen Gründen ausgedient [402], obwohl keine Kryptanalyse veröffentlicht wurde. Zunächst wurde der Algorithmus nicht mit dem Ziel der Widerstandsfähigkeit gegen lineare Kryptanalyse entworfen. Die Multiplikationsfaktoren wurden zwar so gewählt, daß sie Schutz vor differentieller Kryptanalyse bieten, doch die Entwickler kannten die lineare Kryptanalyse noch nicht.

Zweitens entwickelte Eli Biham einen wirksamen Angriff mit gewähltem Schlüssel [160]. Er nutzt die Tatsache aus, daß alle Runden identisch sind und daß die Schlüsselverwaltung nur aus einer zyklischen Verschiebung um 32 Bit besteht. Drittens: obwohl sich MMB sehr effizient in Software implementieren läßt, ist eine Hardware-Implementierung weniger effizient als DES.

Daemen empfiehlt jemandem, der sich für die Verbesserung von MMB interessiert, zunächst die modulare Multiplikation im Hinblick auf lineare Kryptanalyse zu untersuchen und einen neuen Multiplikationsfaktor zu wählen. Außerdem sei die Konstante C in jeder Runde unterschiedlich zu wählen [402]. Schließlich sei die Schlüsselverwaltung so abzuändern, daß Konstanten auf die Rundenschlüssel addiert werden, um das

Ungleichgewicht zu entfernen. Daemen selbst beschäftigt sich damit nicht mehr; stattdessen entwarf er 3-Way (siehe Abschnitt 14.5).

13.11 CA-1.1

CA ist eine Blockchiffrierung, die von Howard Gutowitz entwickelt wurde und auf zellulären Automaten beruht [677, 678, 679]. Das Verfahren verschlüsselt Klartext in Blökken der Länge 384 Bit und benutzt einen Schlüssel von 1088 Bit Länge (eigentlich zwei Schlüssel von jeweils 1024 und 64 Bit Länge). Es liegt in der Natur zellulärer Automaten, daß sich der Algorithmus am effizientesten mit massiv parallelen integrierten Schaltkreisen implementieren läßt.

CA-1.1 benutzt sowohl umkehrbare als auch nicht umkehrbare Regeln für zelluläre Automaten. Bei einer umkehrbaren Regel folgt jeder Zustand des Gitters aus einem eindeutig bestimmten Vorgängerzustand. Bei einer nicht umkehrbaren Regel kann jeder Zustand dagegen viele Vorgänger haben. Bei der Verschlüsselung werden nicht umkehrbare Regeln rückwärts durchlaufen. Um von einem bestimmten Zustand aus rückwärts zu gehen, wird zufällig einer der möglichen Vorgängerzustände ausgewählt. Dieser Prozeß kann oft wiederholt werden. Die Rückwärtsiteration mischt zufällige Informationen mit den Informationen der Nachricht. CA-1.1 benutzt eine bestimmte Art teilweise linearer nicht umkehrbarer Regeln mit der Eigenschaft, daß für jeden Zustand schnell ein zufälliger Vorgängerzustand erzeugt werden kann. Für einige Verschlüsselungsstufen werden auch umkehrbare Regeln benutzt.

Die umkehrbaren Regeln (einfache parallele Permutationen von Teilblöcken des Zustands) sind nichtlinear. Die nicht umkehrbaren Regeln werden vollständig aus dem Schlüssel abgeleitet, die umkehrbaren Regeln hängen sowohl vom Schlüssel ab als auch von den zufälligen Informationen, die in den Verschlüsselungsstufen mit nicht umkehrbaren Regeln eingefügt werden.

CA-1.1 basiert auf einer Verknüpfung von Blöcken. Das bedeutet, daß die Verarbeitung des Nachrichtenblocks teilweise von der Verarbeitung des Stroms zufälliger Informationen getrennt ist, der während der Verschlüsselung eingefügt wird. Diese zufälligen Informationen verknüpfen die Verschlüsselungsstufen miteinander. Die Informationen des Verbindungsglieds werden als Teil der Verschlüsselung erzeugt.

Da es sich bei CA-1.1 um einen neuen Algorithmus handelt, ist es für Aussagen zu seiner Sicherheit noch zu früh. Gutowitz beschreibt einige mögliche Angriffe einschließlich differentieller Kryptanalyse. Er kann den Algorithmus jedoch nicht knacken. Gutowitz setzte als Ansporn einen Preis von 1000 Dollar aus für „die erste Person, die eine nachvollziehbare Prozedur zum Knacken von CA-1.1 entwickelt".

CA-1.1 ist patentiert [678], steht jedoch für nichtkommerzielle Anwendungen zur freien Verfügung. Wenn Sie sich für die Lizenzierung des Algorithmus oder für den erwähnten Kryptanalyse-Preis interessieren, wenden Sie sich an Howard Gutowitz, ESPCI, Laboratoire d'Électronique, 10 rue Vauquelin, 75005 Paris, Frankreich.

13.12 Skipjack

Skipjack ist der Verschlüsselungsalgorithmus, der von der NSA für die Chips Clipper und Capstone entwickelt wurde (siehe Abschnitte 24.16 und 24.17). Da der Algorithmus als geheim eingestuft ist, wurden niemals Einzelheiten veröffentlicht. Er wird nur in geschützter Hardware implementiert.

Der Algorithmus ist nicht deswegen als geheim eingestuft, um seine Sicherheit zu erhöhen, sondern weil die NSA nicht möchte, daß Skipjack ohne den Treuhändermechanismus Clipper zur Schlüsselverwaltung eingesetzt wird. Die Behörde möchte verhindern, daß der Algorithmus in Software implementiert wird und sich weltweit verbreitet.

Ist Skipjack sicher? Wenn die NSA einen sicheren Algorithmus entwerfen will, so schafft sie das vermutlich auch. Wenn sie andererseits einen Algorithmus mit einer Hintertür entwickeln möchte, so kann sie das ebenfalls.

Die folgenden Fakten wurden veröffentlicht [1154, 462]:

- Skipjack ist eine iterative Blockchiffrierung.

- Die Blockgröße beträgt 80 Bit.

- Die Schlüssellänge beträgt 80 Bit.

- Der Algorithmus kann in den Betriebsmodi ECB, CBC, 64-Bit-OFB und 1-, 8-, 16- oder 32-Bit-CFB benutzt werden.

- Eine einzelne Ver- oder Entschlüsselungsoperation besteht aus 32 Runden.

- Die NSA begann 1985 mit dem Entwurf und schloß die Evaluierung 1990 ab.

Die Dokumentation des Mykotronx-Clipper-Chips besagt, daß die Latenzzeit für den Skipjack-Algorithmus 64 Taktzyklen beträgt. Das bedeutet, daß jede Runde zwei Taktzyklen benötigt, vermutlich einen Takt für die S-Box-Substitution und einen weiteren für die finale XOR-Verknüpfung am Ende der Runde. (Beachten Sie, daß Permutationen bei Hardware-Implementierungen keine Zeit verbrauchen). Die Mykotronx-Dokumentation nennt diese Operation mit zwei Taktzyklen eine „G-Box" und die gesamte Operation „Shift". Ein Teil der G-Box wird als „F-Table" bezeichnet. Dies könnte eine Tabelle mit Konstanten oder auch eine Funktionstabelle sein.

Mir kam ein Gerücht zu Ohren, daß Skipjack 16 S-Boxen benutzt. Ein anderes besagt, daß der gesamte Speicherbedarf für die S-Boxen 128 Byte beträgt. Es ist unwahrscheinlich, daß beide Gerüchte wahr sind.

Aus einem weiteren Gerücht geht hervor, daß die Runden von Skipjack im Gegensatz zu DES nicht auf der halben Blockgröße arbeiten. Bringt man dies mit den „Shifts" und einer unbeabsichtigten Aussage auf der Konferenz Crypto '94 über „eine interne 48-Bit-Struktur" zusammen, so kann man spekulieren, daß das Design von Skipjack dem von SHA (siehe Abschnitt 18.7) ähnelt, jedoch mit vier 16-Bit-Teilblöcken. Drei Teilblöcke durchlaufen eine schlüsselabhängige Einwegfunktion, die 16 Bit erzeugt, die mit dem verbliebenen Teilblock XOR-verknüpft werden. Dann wird der gesamte Block ringförmig um 16 Bit verschoben und als Eingabe der nächsten Runde verwendet. Dies impliziert außerdem 128 Datenbytes für die S-Boxen. Ich vermute, daß die S-Boxen vom Schlüssel abhängen.

Die Struktur von Skipjack ähnelt vermutlich der von DES. Die NSA ist sich der Tatsache bewußt, daß ihre geschützte Hardware eines Tages doch untersucht und analysiert werden wird. Sie will das Risiko moderner kryptographischer Methoden nicht eingehen.

Aus der Tatsache, daß die NSA ihr Defense Messaging System (DMS) mit dem Skipjack-Algorithmus implementieren will, kann man schließen, daß der Algorithmus sicher ist. Um die Skeptiker zu überzeugen, gewährte das NIST einer Reihe von „anerkannten Experten von außerhalb der Regierung . . . Zugang zu den vertraulichen Einzelheiten des Algorithmus, um dessen Eignung zu bewerten und die Ergebnisse zu veröffentlichen" [812].

Der vorläufige Bericht dieser Experten [262] (einen endgültigen Bericht gab es nie und wird es wohl nie geben) kam zu folgender Schlußfolgerung:

> Unter der Annahme, daß sich die Kosten für Rechenkapazität alle 18 Monate halbieren, wird es 36 Jahre dauern, bis der Aufwand für eine exhaustive Suche zum Knacken von Skipjack genauso hoch ist wie heute für DES. Das Risiko, daß Skipjack in den nächsten 30 bis 40 Jahren durch exhaustive Suche geknackt wird, ist vernachlässigbar gering.

> Das Risiko, daß Skipjack durch einen abgekürzten Angriff einschließlich differentieller Kryptanalyse geknackt wird, ist unbedeutend. Es gibt weder schwache Schlüssel noch eine Komplementäreigenschaft. Die Experten konnten den Algorithmus aus Zeitgründen nicht sehr intensiv untersuchen und evaluierten stattdessen den Entwurfs- und Evaluierungsprozeß der NSA.

> Die Widerstandskraft von Skipjack gegen einen kryptanalytischen Angriff hängt nicht von der Geheimhaltung des Algorithmus ab.

Die Mitglieder des Untersuchungsberichts untersuchten den Algorithmus natürlich nicht lange genug, um zu eigenen Schlußfolgerungen zu kommen. Sie konnten nur die von der NSA vorgelegten Ergebnisse bewerten.

Eine offene Frage ist, ob der Schlüsselraum von Skipjack flach ist (siehe Abschnitt 8.2). Selbst wenn Skipjack keine schwachen Schlüssel im Sinn von DES besitzt, könnten einige Schlüssel durch Eigenschaften der Schlüsselverwaltung stärker sein als andere. Skipjack könnte 2^{70} starke Schlüssel haben und damit weit mehr als DES. Die Chance, zufällig einen dieser starken Schlüssel auszuwählen, läge immer noch bei eins zu 1000. Ich persönlich glaube, daß der Schlüsselraum von Skipjack flach ist, doch die Tatsache, daß das niemals jemand öffentlich gesagt hat, ist beunruhigend.

Skipjack ist zwar patentiert, doch ein Geheimhaltungsabkommen verhindert die Veröffentlichung des Patents. Das Patent wird erst dann veröffentlicht, wenn der Skipjack-Algorithmus erfolgreich aufgedeckt worden ist. Dadurch bekommt die Regierung das Beste von beidem – patentrechtlichen Schutz und Geheimhaltung.

14 Noch mehr Blockchiffrierungen

14.1 GOST

GOST ist ein Blockalgorithmus, der aus der ehemaligen Sowjetunion stammt [655, 1393]. Das Akronym „GOST" steht für „Gosudarstvennyi Standard" und bezeichnet einen Regierungsstandard ähnlich dem amerikanischen FIPS, nur mit dem Unterschied, daß GOST alle Arten von Standards umfaßt. (Der vollständige Name lautet Gosudarstvennyi Standard Soyuza SSR – Regierungsstandard der Union der sozialistischen Sowjetrepubliken.) Der hier behandelte Standard hat die Nummer 28147-89. Er wurde vom Regierungskommittee zur Standardisierung der UdSSR festgelegt, wer auch immer dahinter gesteckt haben mag.

Ich weiß nicht, ob GOST 28147-89 für militärische Nachrichten oder nur für zivile Verschlüsselung benutzt wurde. In der Beschreibung des Standards findet sich die Behauptung, daß der Algorithmus „alle kryptographischen Anforderungen erfüllt und nicht auf eine bestimmte Art zu schützender Informationen beschränkt ist". Gerüchte besagen, daß der Algorithmus ursprünglich für hochsensible Informationen benutzt wurde, doch dafür gibt es keine Bestätigung.

Beschreibung von GOST

GOST ist ein Blockalgorithmus mit 64 Bit Blockgröße und 256 Bit Schlüssellänge. Außerdem gibt es bei GOST zusätzliche Schlüssel, die wir später behandeln werden. Der Algorithmus iteriert 32 Runden lang einen einfachen Verschlüsselungsalgorithmus.

Zur Verschlüsselung wird der Klartext zunächst in eine linke Hälfte L und eine rechte Hälfte R zerlegt. Der Teilschlüssel für Runde i ist K_i. Runde i von GOST lautet:

$$L_i = R_{i-1}$$
$$R_i = L_{i-1} \oplus f(R_{i-1}, K_i)$$

Abbildung 14.1 zeigt eine einzelne Runde von GOST. Die Funktion f ist sehr einfach. Zuerst werden die rechte Hälfte und der i-te Teilschlüssel modulo 2^{32} addiert. Das Ergebnis wird in acht Teile der Länge vier Bit zerlegt, von denen jeder als Eingabe für eine andere S-Box dient. In GOST gibt es acht verschiedene S-Boxen. Die ersten vier Bit gehen in die erste S-Box, die zweiten vier Bit in die zweite S-Box usw. Jede S-Box besteht aus einer Permutation der Zahlen 0 bis 15. Eine S-Box könnte zum Beispiel so aussehen:

7, 10, 2, 4, 15, 9, 0, 3, 6, 12, 5, 13, 1, 8, 11

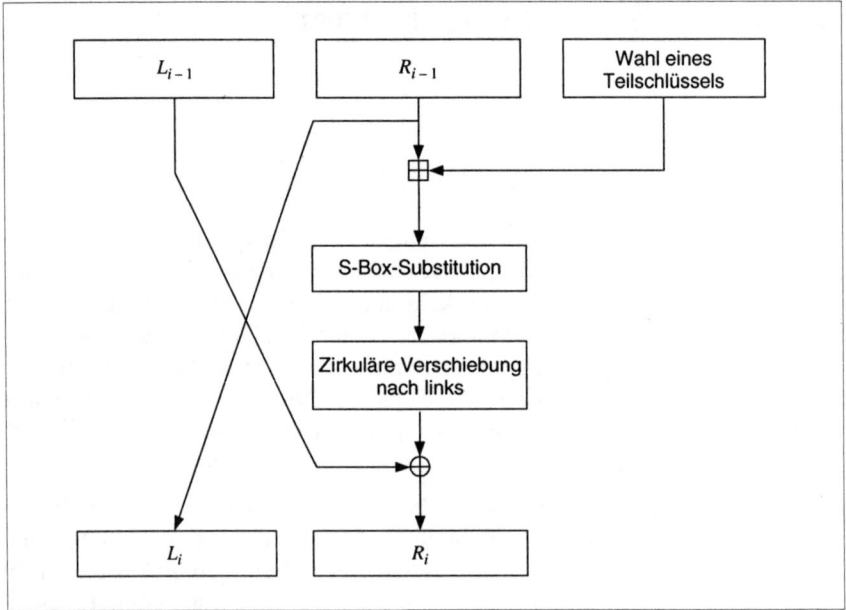

Abb. 14.1: Eine Runde von GOST

Bei dieser S-Box liefert der Eingabewert 0 den Ausgabewert 7, der Eingabewert 1 den Ausgabewert 10 usw. Alle acht S-Boxen sind verschieden. Sie gelten als zusätzlicher Schlüssel und sind geheimzuhalten.

Die Ausgabewerte der acht S-Boxen werden zu einem 32 Bit langen Wort zusammengesetzt. Dann wird das gesamte Wort um elf Bit zyklisch nach links verschoben. Das Resultat wird schließlich mit der linken Hälfte XOR-verknüpft und wird zur rechten Hälfte, die rechte Hälfte wird zur neuen linken Hälfte. Diese Runde wird 32 mal wiederholt, und der Algorithmus ist zu Ende.

Die Teilschlüssel werden sehr einfach generiert. Der 256 Bit lange Schlüssel wird in acht je 32 Bit lange Blöcke $k_1, k_2, \ldots, k_8$ unterteilt. Jede Runde benutzt einen anderen Teilschlüssel (siehe Tabelle 14.1). Die Entschlüsselung verläuft genauso wie die Verschlüsselung, nur wird die Reihenfolge der k_i umgekehrt.

Runde:	1	2	3	4	5	6	7	8	9	10	11	12	13	14	15	16
Teilschlüssel:	1	2	3	4	5	6	7	8	1	2	3	4	5	6	7	8
Runde:	17	18	19	20	21	22	23	24	25	26	27	28	29	30	31	32
Teilschlüssel:	1	2	3	4	5	6	7	8	8	7	6	5	4	3	2	1

Tabelle 14.1: Die Teilschlüssel von GOST in den einzelnen Runden

Der GOST-Standard klammert die Frage der Erzeugung der S-Boxen aus und geht davon aus, daß sie bereits existieren [655]. Es gab daher Spekulationen, ob eine sowjetische Organisation befreundeten Einrichtungen gute S-Boxen liefern könnte und schlechte S-Boxen an Organisationen, die abgehört werden sollten. Das könnte zwar sehr wohl zutreffen, doch Gespräche mit einem russischen Hersteller von GOST-Chips brachten eine andere Möglichkeit zum Vorschein. Er erzeugte die Permutationen der S-Boxen selbst mit Hilfe eines Zufallszahlengenerators.

Kürzlich tauchten die S-Boxen aus einer Anwendung für die Zentralbank der russischen Föderation auf. Diese S-Boxen werden ebenfalls in der Einweg-Hashfunktion von GOST benutzt (siehe Abschnitt 18.11) [657]. Die S-Boxen sind in Tabelle 14.2 aufgeführt.

S-Box 1:															
4	10	9	2	13	8	0	14	6	11	1	12	7	15	5	3
S-Box 2:															
14	11	4	12	6	13	15	10	2	3	8	1	0	7	5	9
S-Box 3:															
5	8	1	13	10	3	4	2	14	15	12	7	6	0	9	11
S-Box 4:															
7	13	10	1	0	8	9	15	14	4	6	12	11	2	5	3
S-Box 5:															
6	12	7	1	5	15	13	8	4	10	9	14	0	3	11	2
S-Box 6:															
4	11	10	0	7	2	1	13	3	6	8	5	9	12	15	14
S-Box 7:															
13	11	4	1	3	15	5	9	0	10	14	7	6	8	2	12
S-Box 8:															
1	15	13	0	5	7	10	4	9	2	3	14	6	11	8	12

Tabelle 14.2: S-Boxen für GOST

Kryptanalyse von GOST

DES und GOST unterscheiden sich in folgenden wesentlichen Punkten:

- Während DES die Teilschlüssel mittels einer komplizierten Prozedur aus den Schlüsseln erzeugt, benutzt GOST hierfür eine sehr einfache Prozedur.
- DES verwendet einen 56 Bit langen Schlüssel, GOST einen Schlüssel mit 256 Bit. Bezieht man die geheimen S-Box-Permutationen mit ein, arbeitet GOST mit 610 Bit geheimer Information.
- Die S-Boxen von DES haben Eingänge mit 6 Bit und Ausgänge mit 4 Bit. Bei den S-Boxen von GOST sind sowohl Eingänge als auch Ausgänge 4 Bit breit. Beide Algo-

rithmen haben acht S-Boxen, doch eine S-Box von DES ist viermal so groß wie eine S-Box von GOST.

- DES benutzt mit der P-Box eine unregelmäßige Permutation, GOST dagegen eine zirkuläre Verschiebung um 11 Bit nach links.
- DES besteht aus 16 Runden, GOST aus 32.

Wenn Brute-Force den besten Angriff gegen GOST darstellt, so ist der Algorithmus sehr sicher. GOST hat einen 256 Bit langen Schlüssel, unter Einbeziehung der geheimen S-Boxen ist er sogar noch länger. GOST widersteht differentieller und linearer Kryptanalyse wahrscheinlich besser als DES. Obwohl die zufällig gewählten S-Boxen von GOST wahrscheinlich schwächer sind als die festen S-Boxen von DES, stärkt deren Geheimhaltung die Widerstandsfähigkeit von GOST gegen differentielle und lineare Angriffe. Außerdem hängen diese beiden Angriffsarten von der Anzahl der Runden ab – bei mehr Runden, wird der Angriff um so schwieriger. Differentielle und lineare Kryptanalyse scheiden allein schon durch die im Vergleich zu DES doppelt so hohe Rundenzahl aus.

Die anderen Bestandteile von GOST sind entweder genauso gut wie DES oder schlechter. In GOST fehlt die Expansionspermutation von DES. Entfernt man diese Permutation aus DES, wird der Algorithmus schwächer, da der Lawineneffekt vermindert wird. Man kann davon ausgehen , daß GOST schwächer ist, da es keine solche Permutation gibt. Der Einsatz der Addition in GOST ist nicht weniger sicher als die XOR-Verknüpfung in DES.

Der größte Unterschied zwischen beiden Algorithmen scheint die zyklische Verschiebung zu sein, die GOST anstelle der Permutation durchführt. Die DES-Permutationen verstärken den Lawineneffekt. Bei GOST wirkt sich die Änderung eines Eingabebits in einer Runde auf eine S-Box aus, die in der nächsten Runde wiederum zwei S-Boxen beeinflußt, in der nächsten Runde drei usw. GOST benötigt daher acht Runden, bevor sich eine einzelne Änderung der Eingabe auf alle Ausgabebits auswirkt. Bei DES ist dies bereits nach fünf Runden der Fall. Dies stellt sicher einen Schwachpunkt von GOST dar. Man darf dabei jedoch nicht vergessen, daß den 32 Runden von GOST nur 16 bei DES gegenüberstehen.

Die Entwickler von GOST versuchten, Sicherheit und Effizienz gegeneinander abzuwägen. Sie modifizierten den Basisentwurf von DES zu einem Algorithmus, der sich besser für Software-Implementierungen eignet. Sie scheinen sich der Sicherheit des Algorithmus nicht allzu gewiß gewesen zu sein und versuchten dies durch sehr lange Schlüssel, geheime S-Boxen und doppelte Rundenzahl auszugleichen. Ob durch diese Anstrengungen ein Algorithmus entstand, der sicherer ist als DES, muß sich noch erweisen.

14.2 CAST

CAST wurde in Kanada von Carlisle Adams und Stafford Tavares entwickelt [10, 7]. Sie behaupten, daß der Name aus der Entwicklungsmethode abgeleitet ist, doch beachten

Sie die Initialen der Autoren. Der CAST-Algorithmus arbeitet mit einer Blockgröße von 64 Bit und Schlüsseln der Länge 64 Bit.

Die Struktur von CAST sollte Ihnen bekannt vorkommen. Der Algorithmus benutzt sechs S-Boxen mit 8 Bit Eingabe und 32 Bit Ausgabe. Die Konstruktion dieser S-Boxen hängt von der Implementierung ab und ist sehr kompliziert. In den Literaturstellen finden Sie Einzelheiten dazu.

Zur Verschlüsselung wird zunächst der Klartextblock in eine rechte und eine linke Hälfte zerlegt. Der Algorithmus besteht aus acht Runden. In jeder Runde wird die rechte Hälfte mit Hilfe der Funktion f mit bestimmten Bestandteilen des Schlüssels kombiniert und mit der linken Hälfte XOR-verknüpft, was die neue rechte Hälfte ergibt. Die ursprüngliche rechte Hälfte (vor der Runde) wird zur neuen linken Hälfte. Nach acht Runden werden die beiden Hälften konkateniert und ergeben zusammen den Chiffretext. Nach der achten Runde werden linke und rechte Hälfte nicht mehr vertauscht.

Die Funktion f ist einfach:

(1) Zerlege die 32 Bit lange Eingabe in vier 8-Bit-Viertel a, b, c und d.
(2) Zerlege den 16 Bit langen Teilschlüssel in zwei 8-Bit-Hälften e und f.
(3) Verarbeite a mit S-Box 1, b mit S-Box 2, c mit S-Box 3, d mit S-Box 4, e mit S-Box 5 und f mit S-Box 6.
(4) XOR-verknüpfe die sechs Ausgaben der S-Boxen miteinander, um die 32 Bit der endgültigen Ausgabe zu erhalten.

Alternativ dazu kann man die 32 Bit der Eingabe auch mit 32 Schlüsselbits XOR-verknüpfen, in vier 8-Bit-Viertel zerlegen, durch die S-Boxen schicken und dann miteinander XOR-verknüpfen [7]. N Runden dieser Variante scheinen so sicher zu sein wie $N + 2$ Runden der ursprünglichen Fassung.

Der 16 Bit lange Teilschlüssel für jede Runde berechnet sich einfach aus den 64 Schlüsselbits. Wenn $k_1, k_2, \ldots, k_8$ die acht Bytes des Schlüssels bezeichnen, so lauten die Teilschlüssel für jede Runde wie folgt:

Runde 1: k_1, k_2
Runde 2: k_3, k_4
Runde 3: k_5, k_6
Runde 4: k_7, k_8
Runde 5: k_4, k_3
Runde 6: k_2, k_1
Runde 7: k_8, k_7
Runde 8: k_6, k_5

Die Stärke des Algorithmus beruht auf seinen S-Boxen. CAST benutzt keine festen S-Boxen, sondern es werden für jede Anwendung neue konstruiert. Die Designkriterien stehen in [10]. Variiert werden dabei die Spalten der S-Boxen, die gemäß einer Reihe gewünschter Eigenschaften ausgewählt werden (siehe Abschnitt 14.10). Wurde für eine bestimmte Implementierung von CAST eine Reihe von S-Boxen konstruiert, so bleiben sie unverändert. Die S-Boxen hängen von der Implementierung ab, nicht aber vom Schlüssel.

In [10] wurde gezeigt, daß CAST differentieller Kryptanalyse widersteht, [728] beweist die Widerstandskraft gegen lineare Kryptanalyse. Außer Brute-Force ist keine Möglichkeit zum Knacken von CAST bekannt.

Northern Telekom benutzt CAST in seiner Sicherheitssoftware Entrust für Macintosh, PC und UNIX-Workstations. Die dabei gewählten S-Boxen wurden nicht veröffentlicht. Die kanadische Regierung überprüft die Eignung von CAST als neuen Verschlüsselungsstandard. CAST ist zum Patent angemeldet.

14.3 Blowfish

Blowfish ist ein Algorithmus, den ich selbst entworfen habe. Er ist für die Implementierung auf großen Mikroprozessoren gedacht [1388, 1389]. Der Algorithmus ist nicht patentiert, der C-Code am Ende dieses Buches frei verfügbar. Beim Entwurf von Blowfish verfolgte ich folgende Designkriterien:

1. Geschwindigkeit: Blowfish verschlüsselt auf einem 32-Bit-Mikroprozessor Daten mit 26 CPU-Zyklen pro Byte.

2. Kompaktheit: Blowfish benötigt weniger als 5 KB Speicher.

3. Einfachheit: Blowfish benutzt nur einfache Operationen, nämlich Addition, XOR-Verknüpfung und Tabellenindizierung mit 32-Bit-Operanden. Der Entwurf läßt sich leicht analysieren und damit gegen Implementierungsfehler absichern [1391].

4. Variable Sicherheitsstufen: Die Schlüssellänge von Blowfish ist variabel und kann bis zu 448 Bit betragen.

Blowfish ist für solche Anwendungen optimiert, bei denen sich der Schlüssel selten ändert, etwa ein Kommunikationskanal oder automatische Verschlüsselung von Dateien. Der Algorithmus ist wesentlich schneller als DES, wenn er auf 32-Bit-Mikroprozessoren mit großem Daten-Cache implementiert wird, z.B. Pentium oder PowerPC. Blowfish eignet sich nicht für Anwendungen mit häufigem Wechsel des Schlüssels (etwa Paketweiterleitung) oder als Einweg-Hashfunktion. Durch den hohen Speicherbedarf eignet sich das Verfahren nicht für die Implementierung auf Chipkarten.

Beschreibung von Blowfish

Blowfish ist eine 64-Bit-Blockchiffrierung mit variabler Schlüssellänge. Der Algorithmus besteht aus zwei Teilen, nämlich Schlüsselexpansion und Datenverschlüsselung. Die Schlüsselexpansion wandelt einen Schlüssel von bis zu 448 Bit in verschiedene Teilschlüssel um, die zusammen 4168 Bit umfassen.

Die Datenverschlüsselung besteht aus einer einfachen Funktion, die sechzehnmal durchlaufen wird. Jede Runde besteht aus einer schlüsselabhängigen Permutation sowie einer schlüssel- und datenabhängigen Substitution. Alle Operationen sind Additionen und XOR-Verknüpfungen von 32-Bit-Worten. Dazu kommen lediglich vier Tabellenindizierungen pro Runde.

Blowfish arbeitet mit einer großen Zahl von Teilschlüsseln. Diese Schlüssel müssen von jeder Ver- oder Entschlüsselung im voraus berechnet werden.

Das P-Array besteht aus 18 Teilschlüsseln der Länge 32 Bit:

$$P_1, P_2, \ldots, P_{18}$$

Vier S-Boxen der Länge 32 Bit enthalten je 256 Einträge:

$$S_{1,0}, S_{1,1}, \ldots, S_{1,255}$$
$$S_{2,0}, S_{2,1}, \ldots, S_{2,255}$$
$$S_{3,0}, S_{3,1}, \ldots, S_{3,255}$$
$$S_{4,0}, S_{4,1}, \ldots, S_{4,255}$$

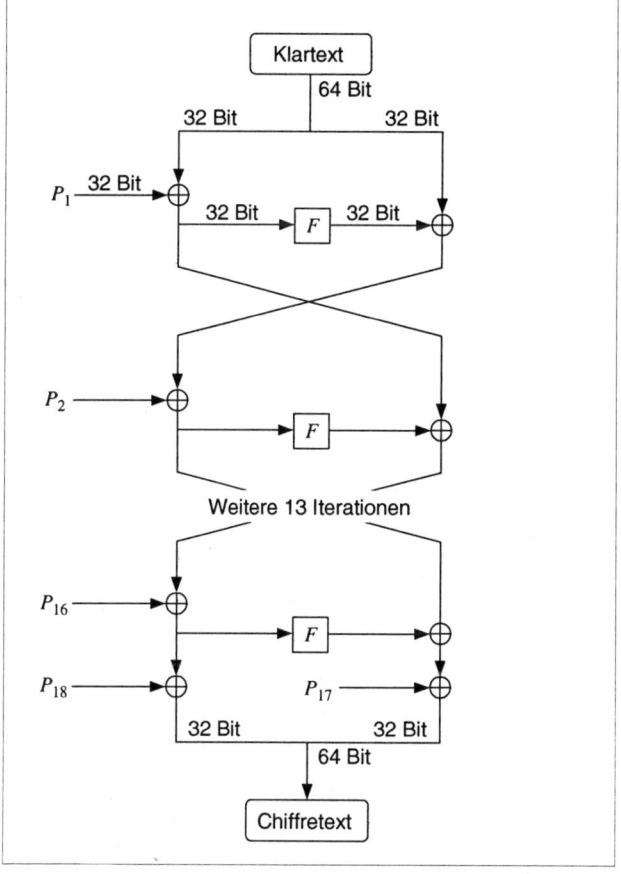

Abb. 14.2: Blowfish

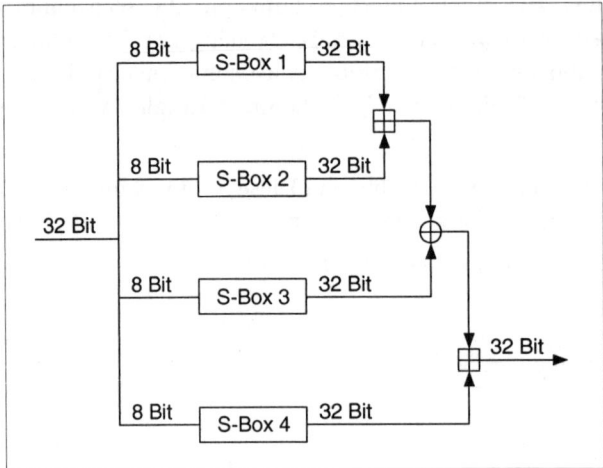

Abb. 14.3: Die Funktion F

Das genaue Verfahren zur Berechnung dieser Teilschlüssel betrachten wir weiter unten in diesem Abschnitt.

Blowfish besteht aus einem Feistel-Netzwerk (siehe Abschnitt 14.10) mit 16 Runden. Die Eingabe ist ein 64 Bit langes Datenelement x. Die Verschlüsselung verläuft wie folgt:

> Zerlege x in zwei 32-Bit-Hälften x_L und x_R
> Für $i = 1$ bis 16:
> $x_L = x_L \oplus P_i$
> $x_R = F(x_L) \oplus x_R$
> Vertausche x_L und x_R
> Vertausche x_L und x_R (dies macht die letzte Vertauschung rückgängig)
> $x_R = x_R \oplus P_{17}$
> $x_L = x_L \oplus P_{18}$
> Setze x_L und x_R wieder zusammen

Die Funktion F sieht wie folgt aus (siehe Abbildung 14.3):

> Zerlege x_L in vier 8-Bit-Viertel a, b, c und d
> $F(x_L) = ((S_{1,a} + S_{2,b} \bmod 2^{32}) \oplus S_{3,c}) + S_{4,d} \bmod 2^{32}$

Die Entschlüsselung verläuft genau wie die Verschlüsselung, nur werden $P_1, P_2, \ldots P_{18}$ in umgekehrter Reihenfolge benutzt.

Für Implementierungen von Blowfish, die mit maximaler Geschwindigkeit laufen sollen, sollte man die Schleife auflösen und sicherstellen, daß alle Teilschlüssel im Cache gespeichert werden. [568] enthält Einzelheiten hierzu.

Die Teilschlüssel werden mit Hilfe des Blowfish-Algorithmus berechnet:

(1) Initialisiere zunächst das P-Array und dann die vier S-Boxen der Reihe nach mit einer festen Zeichenkette. Diese Zeichenkette besteht aus den Hexadezimalstellen der Zahl π.

(2) XOR-verknüpfe P_1 mit den ersten 32 Bit des Schlüssels, P_2 mit den zweiten 32 Bit des Schlüssels usw. für alle Schlüsselbits (bis P_{18}). Durchlaufe die Schlüsselbits so lange zyklisch, bis das gesamte P-Array mit Schlüsselbits XOR-verknüpft wurde.
(3) Verschlüssele eine Zeichenkette aus lauter Nullen mit dem Blowfish-Algorithmus und benutze dazu die Teilschlüssel aus den Schritten (1) und (2).
(4) Ersetze P_1 und P_2 mit der Ausgabe von Schritt (3).
(5) Verschlüssele die Ausgabe von Schritt (3) mit dem Blowfish-Algorithmus und benutze dazu die modifizierten Teilschlüssel.
(6) Ersetze P_3 und P_4 mit der Ausgabe von Schritt (5).
(7) Setze den Prozeß fort und ersetze alle Elemente des P-Arrays und der Reihe nach alle vier S-Boxen mit der Ausgabe des ständig wechselnden Blowfish-Algorithmus.

Insgesamt sind zur Erzeugung aller benötigten Teilschlüssel 521 Iterationen erforderlich. Eine Anwendung kann die Teilschlüssel speichern; es ist nicht nötig, diesen Prozeß zur Ableitung der Schlüssel mehrfach auszuführen.

Sicherheit von Blowfish

Serge Vaudenay untersuchte Blowfish mit bekannten S-Boxen und r Runden. Ein differentieller Angriff kann das P-Array mit 2^{8r+1} gewählten Klartexten ermitteln [1568]. Bei bestimmten schwachen Schlüsseln, die schlechte S-Boxen erzeugen (die Wahrscheinlichkeit, sie zufällig zu erwischen, steht 1 zu 2^{14}) benötigt der gleiche Angriff nur 2^{4r+1} gewählte Klartexte, um das P-Array zu ermitteln. Bei unbekannten S-Boxen kann dieser Angriff feststellen, ob ein schwacher Schlüssel benutzt wird, kann diesen jedoch nicht bestimmen (weder die S-Boxen noch das P-Array). Dieser Angriff funktioniert nur bei Varianten mit reduzierter Rundenzahl. Gegen Blowfish mit 16 Runden ist er völlig wirkungslos.

Die Existenz schwacher Schlüssel spielt natürlich eine wichtige Rolle, selbst wenn es unmöglich scheint, diese auszunutzen. Ein schwacher Schlüssel erzeugt in einer bestimmten S-Box zwei identische Einträge. Es gibt keine Möglichkeit, vor der Schlüsselexpansion schwache Schlüssel zu erkennen. Wenn Sie sich darüber Sorgen machen, müssen Sie die Schlüsselexpansion durchführen und die S-Boxen auf identische Einträge hin überprüfen. Ich glaube jedoch nicht, daß das nötig ist.

Mir ist keine erfolgreiche Kryptanalyse von Blowfish bekannt. Um ganz sicher zu gehen, sollte man Blowfish nicht mit reduzierter Rundenzahl implementieren.

Kent Marsh Ltd. benutzt Blowfish in dem Sicherheitsprodukt FolderBolt für Microsoft Windows und Macintosh. Der Algorithmus ist außerdem Bestandteil von Nautilus und PGPfone.

14.4 SAFER

SAFER K-64 steht für „Secure And Fast Encryption Routine with a Key of 64 bits" [1009]. James Massey entwarf diesen nicht patentierten Algorithmus für die Cylink Corp., die das Verfahren in einigen ihrer Produkte einsetzt. Die Regierung von Singapur plant, diesen Algorithmus (mit einem 128 Bit langen Schlüssel [1010]) in einer Vielzahl von Anwendungen einzusetzen. Die Benutzung des Algorithmus unterliegt keinen patentrechtlichen, Copyright- oder sonstigen Einschränkungen.

Der Algorithmus arbeitet mit einer Blockgröße und einer Schlüssellänge von 64 Bit. Im Gegensatz zu DES handelt es sich nicht um ein Feistel-Netzwerk (siehe Abschnitt 14.10), sondern um eine iterierte Blockchiffrierung. Dieselbe Funktion wird über eine bestimmte Anzahl von Runden hinweg immer wieder angewandt. Jede Runde benutzt zwei 64-Bit-Teilschlüssel. Der Algorithmus arbeitet nur mit Byte-orientierten Operationen.

Beschreibung von SAFER K-64

Der Klartextblock wird in acht Teilblöcke $B_1, B_2, \ldots, B_7, B_8$ der Länge ein Byte zerlegt. Dann durchlaufen die Teilblöcke r Runden. Schließlich wird eine Ausgabetransformation auf die Teilblöcke angewandt. Jede Runde benutzt zwei Teilschlüssel K_{2i-1} und K_{2i}.

Abbildung 14.4 zeigt eine Runde von SAFER K-64. Zuerst werden die Teilblöcke entweder mit Bytes des Teilschlüssels K_{2i-1} XOR-verknüpft oder addiert. Dann werden die acht Teilblöcke einer von zwei nichtlinearen Transformationen unterworfen:

$$y = 45^x \bmod 257 \quad \text{(falls } x = 128, \text{ wird } y = 0\text{)}$$
$$y = \log_{45} x \quad \text{(falls } x = 0, \text{ wird } y = 128\text{)}$$

Dabei handelt es sich um Operationen im endlichen Körper GF(257), in dem 45 primitives Element ist. Bei der Implementierung von SAFER K-64 ist es schneller, diese Berechnungen in einer Tabelle zu speichern, als immer wieder neue Werte zu berechnen.

Als nächstes werden die Teilblöcke mit den Bytes des Teilschlüssels K_{2i} XOR-verknüpft oder addiert. Die Resultate dieser Operation durchlaufen drei Schichten linearer Operationen, die den Lawineneffekt verstärken sollen. Jede dieser Operationen ist eine sogenannte Pseudo-Hadamard-Transformation (PHT). Eine PHT liefert für die Eingabewerte a_1 und a_2 folgende Ausgabewerte:

$$b_1 = (2\,a_1 + a_2) \bmod 256$$
$$b_2 = (a_1 + a_2) \bmod 256$$

Nach r Runden gibt es eine finale Ausgabetransformation, die mit dem ersten Schritt jeder Runde übereinstimmt. B_1, B_4, B_5 und B_8 werden mit dem entsprechenden Byte des letzten Teilschlüssels XOR-verknüpft. B_2, B_3, B_6 und B_7 werden zum entsprechenden Byte des letzten Teilschlüssels addiert. Das Resultat stellt den Chiffretext dar.

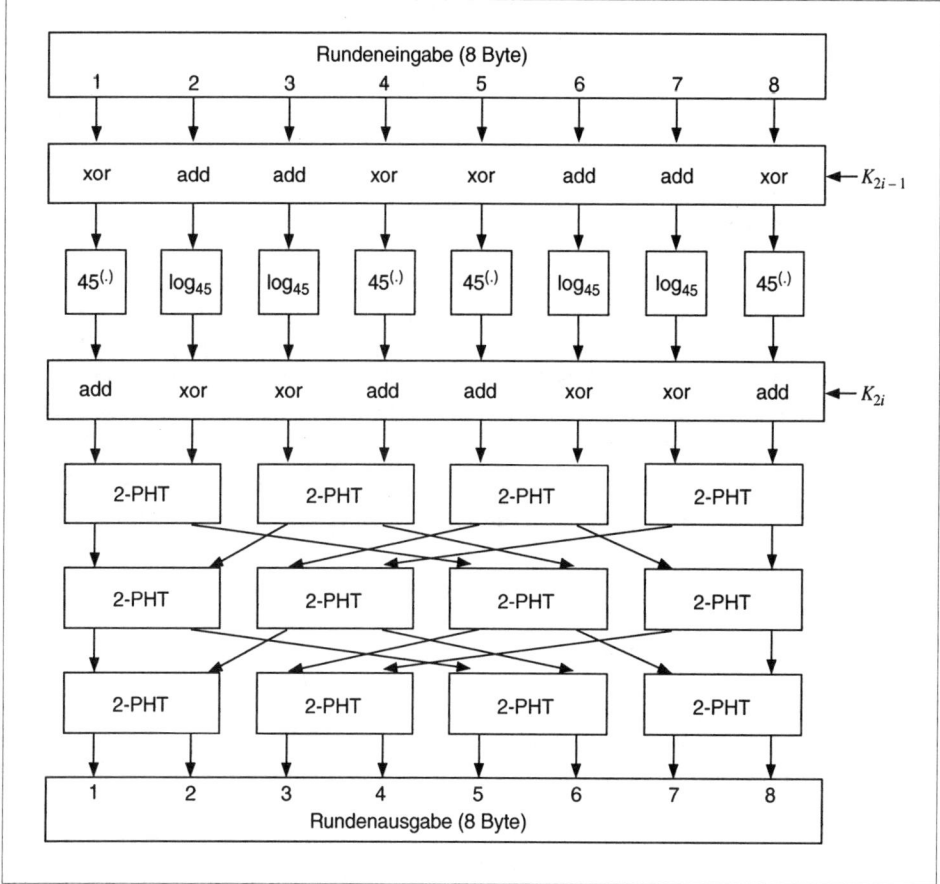

Abb. 14.4: *Eine Runde von SAFER*

Die Entschlüsselung verläuft umgekehrt: erst die Ausgabetransformation (mit Subtraktion statt Addition), dann r umgedrehte Runden. Die inverse PHT (IPHT) lautet:

$$a_1 = (b_1 - b_2) \bmod 256$$
$$a_2 = (-b_1 + 2b_2) \bmod 256$$

Massey empfiehlt sechs Runden, doch man kann die Rundenzahl bei größeren Sicherheitsanforderungen auch erhöhen.

Die Erzeugung der Teilschlüssel ist einfach. Der erste Teilschlüssel K_1 ist einfach der Schlüssel des Benutzers. Die nächsten Teilschlüssel werden mittels folgender Prozedur erzeugt:

$$K_{i+1} = (K_1 <\!<\!< 3i) + c_i$$

Dabei steht das Symbol $<\!<\!<$ für eine zirkuläre Verschiebung nach links. Die Rotation geschieht byteweise, c_i ist eine Rundenkonstante. Bezeichnet c_{ij} das j-te Byte der i-ten

Rundenkonstante, dann lassen sich mit folgender Formel alle Rundenkonstanten berechnen:

$$c_{ij} = 45^{45^{\wedge}((9i+j) \bmod 256) \bmod 257} \bmod 257$$

Diese Werte werden im allgemeinen in einer Tabelle gespeichert.

Varianten von SAFER

Das Innenministerium in Singapur entwickelte unter der Bezeichnung SAFER K-128 eine Variante der Schlüsselverwaltung, die von Massey in SAFER integriert wurde [1010]. Sie benutzt zwei Schlüssel K_a und K_b, die jeweils 64 Bit lang sind. Der Trick besteht darin, zwei Folgen mit Teilschlüsseln parallel zu generieren und dann abwechselnd Teilschlüssel aus jeder Folge zu benutzen. Wählt man also $K_a = K_b$, ist der 128-Bit-Schlüssel kompatibel zum 64-Bit-Schlüssel K_a.

Als Reaktion auf einen theoretischen Angriff von Lars Knudsen entstanden SAFER SK-40, SAFER SK-64 und SAFER SK-128, die alle mit einer veränderten Schlüsselverwaltung arbeiten.

Sicherheit von SAFER K-64

Massey zeigte, daß SAFER K-64 nach acht Runden immun gegen differentielle Kryptanalyse ist und bereits nach sechs Runden angemessenen Schutz vor diesem Angriff bietet. Lineare Kryptanalyse gegen diesen Algorithmus ist nach nur drei Runden bereits wirkungslos [1010].

Knudsen entdeckte einen Schwachpunkt der Schlüsselverwaltung: Für fast jeden Schlüssel existiert mindestens ein anderer Schlüssel (manchmal sogar neun), der bestimmte unterschiedliche Klartexte in identische Chiffretexte verschlüsselt [862]. Die Anzahl der unterschiedlichen Klartexte, die nach sechs Runden in identische Chiffretexte verschlüsselt werden, liegt irgendwo zwischen 2^{22} und 2^{28}. Dies hat zwar keinen Einfluß auf die Sicherheit von SAFER als Verschlüsselungsalgorithmus, vermindert jedoch seine Sicherheit beim Einsatz als Einweg-Hashfunktion. Knudsen empfiehlt in jedem Fall mindestens acht Runden.

SAFER wurde für die Firma CYLINK entworfen, die mit der NSA unter einer Decke steckt [80]. Ich empfehle mehrjährige intensive Kryptanalyse vor dem Einsatz von SAFER in irgendeiner Form.

14.5 3-Way

3-Way ist eine Blockchiffrierung, die von Joan Daemen stammt [402, 410]. Das Verfahren arbeitet mit einer Blocklänge und einer Schlüssellänge von 96 Bit und läßt sich sehr effizient in Hardware implementieren.

3-Way ist kein Feistel-Netzwerk, sondern eine iterierte Blockchiffrierung. 3-Way kann mit n Runden arbeiten; Daemen empfiehlt 11.

Beschreibung von 3-Way

Der Algorithmus läßt sich sehr einfach beschreiben. Zur Verschlüsselung eines Klartextblocks x verfährt man wie folgt:

$$\begin{aligned}&\text{Für } i = 0 \text{ bis } n - 1\\&\quad x = x \text{ XOR } K_i\\&\quad x = \text{theta}(x)\\&\quad x = \text{pi-1}(x)\\&\quad x = \text{gamma}(x)\\&\quad x = \text{pi-2}(x)\\&x = x \oplus K_n\\&x = \text{theta}(x)\end{aligned}$$

Die benutzten Funktionen sind:

- theta(x) ist eine lineare Substitutionsfunktion, im wesentlichen eine Reihe zirkulärer Verschiebungen und XOR-Verknüpfungen.

- pi-1(x) und pi-2(x) sind einfache Permutationen.

- gamma(x) ist eine nichtlineare Substitutionsfunktion. Der Name von 3-Way ist aus diesem Schritt abgeleitet. Der Substitutionsschritt wird parallel auf 3-Bit-Blöcken der Eingabe ausgeführt.

Die Entschlüsselung verläuft ähnlich der Verschlüsselung, nur müssen die Bits der Eingabe umgedreht werden, ebenso die Bits der Ausgabe. Am Ende dieses Buchs finden Sie Code zur Implementierung von 3-Way.

Bisher gibt es keine erfolgreiche Kryptanalyse von 3-Way. Der Algorithmus ist nicht patentiert.

14.6 Crab

Dieser Algorithmus wurde von Burt Kaliski und Matt Robshaw von den RSA Laboratories entwickelt [810]. Crab beruht auf der Idee, Techniken von Einweg-Hashfunktionen für einen schnellen Verschlüsselungsalgorithmus zu nutzen. Crab ist daher sehr ähnlich zu MD5. Dieser Abschnitt setzt voraus, daß Sie bereits mit Abschnitt 18.5 vertraut sind.

Crab benutzt sehr große Blöcke der Länge 1024 Byte. Da Crab eher als Forschungsbeitrag und nicht als echter Algorithmus vorgestellt wurde, fehlen konkrete Routinen zur Erzeugung von Schlüsseln. Die Autoren schlagen eine Methode vor, die einen 80-Bit-Schlüssel in drei nötige Teilschlüssel umwandelt. Der Algorithmus könnte aber Schlüssel variabler Länge verarbeiten.

Crab benutzt zwei Mengen großer Teilschlüssel:

Eine Permutation der Zahlen 0 bis 255: $P_0, P_1, P_2, \ldots, P_{255}$.
Ein Array mit 2048 32-Bit-Zahlen: $S_0, S_1, S_2, \ldots, S_{2047}$.

Diese Teilschlüssel müssen alle vor der Chiffrierung oder Dechiffrierung berechnet werden.

Die Verschlüsselung eines 1024 Byte langen Blocks X verläuft wie folgt:

(1) Zerlege X in 256 Teilblöcke der Länge 32 Bit: $X_0, X_1, X_2, \ldots, X_{255}$.
(2) Permutiere die Teilblöcke von X gemäß P.
(3) Für $r = 0$ bis 3
    Für $g = 0$ bis 63
        $A = X_{(4g)} <<< 2r$
        $B = X_{(4g + 1)} <<< 2r$
        $C = X_{(4g + 2)} <<< 2r$
        $D = X_{(4g + 3)} <<< 2r$
        Für $s = 0$ bis 7
            $A = A \oplus (B + f_r(B, C, D) + S_{512r + 8g + s})$
            $TEMP = D$
            $D = C$
            $C = B$
            $B = A <<< 5$
            $A = TEMP$
        $X_{(4g)} <<< 2r = A$
        $X_{(4g + 1)} <<< 2r = B$
        $X_{(4g + 2)} <<< 2r = C$
        $X_{(4g + 3)} <<< 2r = D$

(4) Setze $X_0, X_1, X_2, \ldots, X_{255}$ zum Chiffretext zusammen.

Die Funktionen $f_r(B, C, D)$ ähneln denen, die bei MD5 benutzt werden:

$f_0(B, C, D) = (B \wedge C) \vee ((\neg B) \wedge D)$
$f_1(B, C, D) = (B \wedge D) \vee (C \wedge (\neg D))$
$f_2(B, C, D) = B \oplus C \oplus D$
$f_3(B, C, D) = C \oplus (B \vee (\neg D))$

Zur Entschlüsselung wird der Prozeß umgekehrt ausgeführt.

Die Erzeugung der Teilschlüssel ist aufwendig. Der folgende Algorithmus zeigt, wie das Permutationsfeld P aus einem 80-Bit-Schlüssel K generiert werden kann:

(1) Initialisiere $K_0, K_1, K_2, \ldots, K_9$ mit den zehn Bytes von K.
(2) Für $i = 10$ bis 255
$$K_i = K_{i-2} \oplus K_{i-6} \oplus K_{i-7} \oplus K_{i-10}$$
(3) Für $i = 0$ bis 255, $P_i = i$
(4) $m = 0$
(5) Für $j = 0$ bis 1
Für $i = 256$ bis 1 in Schritten von -1
$m = (K_{256-i} + K_{257-i}) \bmod i$
$K_{257-i} = K_{257-i} <<< 3$
Vertausche P_i und P_{i-1}

Das S-Array mit 2048 Einträgen der Länge 32 Bit könnte man ähnlich erzeugen, entweder aus dem gleichen 80-Bit-Schlüssel oder aus einem anderen Schlüssel. Die Autoren fügen allerdings die Warnung an, daß diese Einzelheiten „nur der Motivation dienen; es kann sehr wohl andere Methoden der Schlüsselerzeugung geben, die effizienter sind und höhere Sicherheit bieten" [810].

Crab wurde als Testrahmen für neue Ideen vorgeschlagen, nicht als fertiger Algorithmus. Er benutzt viele Techniken, die auch in MD5 zum Einsatz kommen. Biham meint, daß ein Algorithmus mit einer sehr großen Blocklänge leichter kryptanalysiert werden könne [160]. Andererseits könnte Crab einen sehr großen Schlüssel sehr effizient nutzen. In diesem Fall würde es nicht viel bedeuten, daß der Algorithmus „leichter kryptanalysiert werden kann".

14.7 SXAL8/MBAL

Dieser 64-Bit Blockalgorithmus stammt aus Japan [769]. SXAL8 ist der Basisalgorithmus, MBAL eine erweiterte Version mit variabler Blocklänge. Da MBAL intern sehr raffiniert arbeitet, behaupten die Autoren, er biete schon bei wenigen Runden adäquate Sicherheit. MBAL ist bei einer Blocklänge von 1024 Byte etwa 70 mal schneller als DES. In [1174] wird gezeigt, daß MBAL leider anfällig für differentielle Kryptanalyse ist, [865] zeigt die Anfälligkeit für lineare Kryptanalyse.

14.8 RC5

RC5 ist eine Blockchiffrierung mit vielen Parametern: Blockgröße, Schlüssellänge und Anzahl der Runden. Der Algorithmus wurde von Ron Rivest erfunden und in den RSA Laboratories analysiert [1324, 1325].

RC5 benutzt drei Operationen, nämlich XOR, Addition und Verschiebung. Verschiebungen sind auf den meisten Prozessoren Operationen mit konstantem Zeitbedarf; variable Verschiebungen sind eine nichtlineare Funktion. Diese Verschiebungen, die sowohl vom Schlüssel als auch von den Daten abhängen, sind der interessante Teil.

RC5 arbeitet mit variabler Blocklänge, doch in diesem Beispiel betrachten wir einen Datenblock von 64 Bit Länge. Die Verschlüsselung benutzt $2r + 2$ schlüsselabhängige 32-Bit-Wörter $S_0, S_1, S_2, \ldots, S_{2r+1}$. r ist dabei die Anzahl der Runden. Wir werden diese Wörter später erzeugen. Zur Verschlüsselung wird der Klartextblock zuerst in zwei 32-Bit-Worte A und B zerlegt. RC5 geht von einer *little-endian*-Konvention für die Anordnung von Bytes in einem Wort aus: Das erste Byte landet in den niederwertigen Bitpositionen des Registers A usw. Dann geht es wie folgt weiter:

$$A = A + S_0$$
$$B = B + S_1$$
Für $i = 1$ bis r:
$$A = ((A \oplus B) <<< B) + S_{2i}$$
$$B = ((B \oplus A) <<< A) + S_{2i+1}$$

Die Ausgabe befindet sich in den Registern A und B.

Die Entschlüsselung ist genauso einfach. Zerlege den Klartextblock in zwei Worte A und B und verfahre wie folgt:

Für $i = r$ bis 1 in Schritten von -1:
$$B = ((B - S_{2i+1}) >>> A) \oplus A$$
$$A = ((A - S_{2i}) >>> B) \oplus B$$
$$B = B - S_1$$
$$A = A - S_0$$

Das Symbol $>>>$ steht für zirkuläre Rechtsverschiebung. Alle Additionen und Subtraktionen verstehen sich modulo 2^{32}.

Das Erzeugen des Arrays mit den Schlüsseln ist komplizierter, aber ebenfalls leicht durchzuführen. Kopiere zuerst die Bytes des Schlüssels in ein Array L mit c 32-Bit-Worten. Falls nötig, fülle das letzte Wort mit Nullen auf. Initialisiere dann ein Array S mit Hilfe eines linearen Kongruenzgenerators modulo 2^{32}:

$$S_0 = P$$
Für $i = 1$ bis $2(r + 1) - 1$:
$$S_i = (S_{i-1} + Q) \mod 2^{32}$$

Dabei sind P = 0xb7e15163 und Q = 0x9e3779b9. Diese Konstanten basieren auf der Binärdarstellung von e und π.

Schließlich wird L in S „hineingemischt":

$$i = j = 0$$
$$A = B = 0$$
wiederhole $3n$ mal (n ist das Maximum von $2(r + 1)$ und c):
$$A = S_i = (S_i + A + B) <<< 3$$

$$B = L_j = (L_j + A + B) <\!<\!< (A + B)$$
$$i = (i + 1) \bmod 2(r + 1)$$
$$j = (j + 1) \bmod c$$

RC5 definiert eine ganze Familie von Algorithmen. Wir betrachteten RC5 mit einer Wortgröße von 32 Bit und einer Blocklänge von 64 Bit. Es spricht nichts dagegen, den gleichen Algorithmus mit 64 Bit Wortlänge und 128 Bit Blocklänge zu betreiben. Für $w = 64$ lauten P = 0xb7e151628aed2a6b und Q = 0x9e3779b97f4a7c15. Rivest bezeichnet konkrete Implementierungen des Verfahrens als RC5-$w/r/b$, wobei w die Wortlänge angibt, r die Anzahl der Runden und b die Länge des Schlüssels in Bytes.

RC5 ist zwar neu, doch die RSA Laboratories haben schon erheblichen Aufwand in die Analyse des Algorithmus bei 64 Bit Blocklänge investiert. Nach fünf Runden sieht die Statistik sehr gut aus. Nach acht Runden beeinflußt jedes Klartextbit mindestens eine Rotation. Es gibt einen differentiellen Angriff, der 2^{24} gewählte Klartexte für 5 Runden, 2^{45} für 10 Runden, 2^{53} für 12 Runden und 2^{68} für 15 Runden benötigt. Da es natürlich nur 2^{64} mögliche gewählte Klartexte gibt, funktioniert dieser Angriff für 15 oder mehr Runden nicht mehr. Schätzungen mittels linearer Kryptanalyse besagen, daß der Algorithmus nach sechs Runden sicher ist. Rivest empfiehlt mindestens 12 Runden, besser 16 [1325]. Diese Zahl kann sich noch ändern.

RSADSI läßt RC5 zur Zeit patentieren, der Name ist geschützt. Die Firma behauptet, daß die Lizenzgebühren sehr niedrig sind, doch das klären Sie am besten direkt mit RSADSI.

14.9 Weitere Blockalgorithmen

In der Literatur findet sich ein Algorithmus mit der Bezeichnung CRYPTO-MECCANO [301], der jedoch unsicher ist. Vier japanische Kryptographen stellten auf der Eurocrypt '91 einen Algorithmus vor, der auf chaotischen Abbildungen basiert. Biham kryptanalysierte den Algorithmus auf der gleichen Konferenz [157]. Ein anderer Algorithmus beruht auf Teilmengen einer bestimmten Menge von Zufallscodes [693]. Mehrere Algorithmen basieren auf der Theorie fehlerkorrigierender Codes: eine Variante des Algorithmus von McEliece (siehe Abschnitt 19.7) [768, 1290], der Algorithmus von Rao-Nam [1292, 733, 1504, 1291, 1056, 1057, 1058, 1293], Varianten des Algorithmus von Rao-Nam [464, 749, 1503] sowie der Algorithmus von Li-Wang [964, 1561]. Sie sind jedoch alle unsicher. CALC ist ebenfalls unsicher [1109]. Ein Algorithmus mit der Bezeichnung TEA (Tiny Encryption Algorithm) ist noch zu neu, um Aussagen darüber zu machen. Ein weiterer Algorithmus ist Vino [503]. MacGuffin ist ein Blockalgorithmus, der von Matt Blaze und mir stammt – er ist ebenfalls unsicher [189]. Er wurde auf der gleichen Konferenz geknackt, auf der er vorgestellt wurde. Das Design von BaseKing ähnelt dem vom 3-Way, benutzt jedoch Blöcke der Länge 192 Bit [402]. Er ist ebenfalls noch zu neu, um ihn genauer einschätzen zu können.

Außerhalb der kryptologischen Gemeinde sind noch viele weitere Blockalgorithmen im Einsatz. Einige werden von verschiedenen Regierungen und militärischen Einrichtungen benutzt. Informationen über solche Algorithmen stehen mir nicht zur Verfügung. Daneben gibt es Dutzende kommerzieller Algorithmen. Einige davon mögen gut sein, die meisten sind es vermutlich nicht. Wenn eine Firma annimmt, daß es ihren Interessen nicht dienlich sei, ihre Algorithmen zu veröffentlichen, sollte man am besten davon ausgehen, daß das zutrifft und den Algorithmus vermeiden.

14.10 Theorie des Entwurfs von Blockchiffrierungen

In Abschnitt 11.1 stellte ich Shannons Prinzipien der Konfusion und Diffusion vor. Selbst fünfzig Jahre nach ihrer Entwicklung bilden sie immer noch einen wesentlichen Bestandteil beim Entwurf guter Blockchiffrierungen.

Konfusion verschleiert den Zusammenhang zwischen Klartext, Chiffretext und Schlüssel. Wie Sie sich erinnern, kann lineare und differentielle Kryptanalyse sogar den kleinsten Zusammenhang zwischen diesen drei Elementen ausnutzen. Gute Konfusion bewirkt so komplexe Korrelationen, daß sogar diese leistungsfähigen kryptanalytischen Werkzeuge nicht mehr funktionieren.

Diffusion verteilt die Auswirkungen einzelner Bits des Klartexts oder des Schlüssels über möglichst viel Chiffretext. Dies verschleiert ebenfalls statistische Zusammenhänge und erschwert die Kryptanalyse.

Konfusion allein gewährleistet schon Sicherheit. Ein Algorithmus, der nur aus einer einzigen schlüsselabhängigen Lookup-Tabelle besteht, die 64 Bit Klartext auf 64 Bit Chiffretext abbildet, wäre bereits sehr stark. Das Problem besteht darin, daß die Implementierung großer Lookup-Tabellen immensen Speicherplatz benötigt: die eben erwähnte Tabelle beansprucht bereits 10^{20} Byte. Beim Entwurf von Blockchiffrierungen geht es darum, etwas in der Art einer großen Lookup-Tabelle zu erstellen, nur eben mit wesentlich geringeren Speicheranforderungen.

Der Trick besteht darin, wiederholt Konfusion (mit viel kleineren Tabellen) und Diffusion in verschiedenen Kombinationen in einer einzigen Chiffrierung einzusetzen. Dies wird als **Produktchiffrierung** bezeichnet. Manchmal heißt eine Blockchiffrierung, die aus verschiedenen Schichten von Substitution und Permutation besteht, **Substitutions-Permutations-Netzwerk** (*SP network*).

Betrachten wir noch einmal die Funktion f von DES. Expansionspermutation und P-Box bewirken Diffusion, die S-Boxen Konfusion. Expansionspermutation und P-Box sind linear, die S-Boxen nichtlinear. Jede Operation ist für sich genommen ziemlich einfach; in Kombination sind sie sehr wirkungsvoll.

Am Beispiel von DES werden weitere Prinzipien beim Entwurf von Blockchiffrierungen deutlich. Dabei gibt es zunächst das Prinzip der **iterierten Blockchiffrierung**. Darunter versteht man eine einfache Rundenfunktion, die mehrfach iteriert wird. DES mit zwei

Runden ist nicht besonders stark. Erst nach fünf Runden haben sich alle Eingabebits und alle Schlüsselbits auf alle Ausgabebits ausgewirkt [1078, 1080]. DES mit sechzehn Runden ist bereits stark, DES mit 32 Runden ist noch stärker.

Feistel-Netzwerke

Die meisten Blockalgorithmen sind **Feistel-Netzwerke**. Dieses Konzept datiert aus den frühen siebziger Jahren [552, 553]. Man nimmt einen Block der Länge n und teilt ihn in zwei Hälften L und R der Länge $n/2$. Dazu muß n natürlich gerade sein. Jetzt definiert man eine iterierte Blockchiffrierung, bei der die Ausgabe der i-ten Runde durch die Ausgabe der vorherigen Runde bestimmt wird:

$$L_i = R_{i-1}$$
$$R_i = L_{i-1} \oplus f(R_{i-1}, K_i)$$

K_i ist dabei der Teilschlüssel der i-ten Runde und f eine beliebige Rundenfunktion.

Wir haben dieses Konzept in DES, Lucifer, FEAL, Khufu, Khafre, LOKI, GOST, CAST, Blowfish und anderen Algorithmen gesehen. Was ist das Besondere dabei? Die Funktion ist mit Sicherheit umkehrbar. Da die linke Hälfte per XOR mit der Ausgabe der Rundenfunktion verknüpft wird, gilt

$$L_{i-1} \oplus f(R_{i-1}, K_i) \oplus f(R_{i-1}, K_i) = L_{i-1}$$

Ein Algorithmus, der diese Konstruktion benutzt, ist sicher umkehrbar, wenn nur die Eingabewerte für die Funktion f in jeder Runde rekonstruiert werden können. Die genaue Beschaffenheit von f spielt dabei keine Rolle. Die Funktion kann noch so kompliziert sein, Ver- und Entschlüsselung müssen dennoch nicht getrennt implementiert werden. Die Struktur eines Feistel-Netzwerks bewirkt das automatisch.

Einfache Beziehungen

Für DES gilt folgende Eigenschaft: Wenn $E_K(P) = C$, dann ist $E_{K'}(P') = C'$, wobei P', C' und K' das bitweise Komplement von P, C und K bezeichnen. Diese Eigenschaft halbiert die Komplexität eines Brute-Force-Angriffs. LOKI hat Komplementäreigenschaften, die die Komplexität eines Brute-Force-Angriffs um den Faktor 256 vermindern.

Eine **einfache Beziehung** kann wie folgt definiert werden [857]:

$$\text{Wenn } E_K(P) = C, \text{ dann gilt } E_{f(K)}(g(P, K)) = h(C, K)$$

Dabei sind f, g und h einfache Funktionen. Unter einfach verstehe ich, daß sie leicht zu berechnen sind – viel einfacher als eine Iteration des Blockalgorithmus. Bei DES ist f das bitweise Komplement von K, g das bitweise Komplement von P und h das bitweise Komplement von C. Dies ist ein Ergebnis der XOR-Verknüpfung des Schlüssels mit Teilen des Textes.

Bei einer guten Blockchiffrierung gibt es keine einfachen Beziehungen. [917] enthält Methoden zum Ermitteln einiger solcher Schwächen.

Gruppenstruktur

Bei der Untersuchung eines Algorithmus taucht die Frage auf, ob er eine Gruppe bildet. Die mit jedem möglichen Schlüssel gebildeten Chiffretextblöcke sind die Elemente der Gruppe, die Hintereinanderausführung stellt die Gruppenoperation dar. Die Untersuchung der Gruppenstruktur eines Algorithmus verfolgt das Ziel, Aussagen über die zusätzlichen Auswirkungen mehrfacher Verschlüsselung zu machen.

Die eigentlich interessante Frage lautet jedoch nicht, ob ein Algorithmus tatsächlich eine Gruppe bildet, sondern nur, wie ähnlich er einer Gruppe ist. Fehlt zum Beispiel nur ein Element zu einer Gruppe, so bildet der Algorithmus keine Gruppe, doch doppelte Verschlüsselung wäre statistisch gesehen Zeitverschwendung. Die Arbeiten zu DES zeigten, daß DES sehr weit von einer Gruppe entfernt ist. Die Halbgruppe, die durch DES-Verschlüsselung entsteht, wirft dennoch einige interessante Fragen auf. Enthält sie das neutrale Element, d.h. entsteht überhaupt eine Gruppe? Anders ausgedrückt: ergibt eine Hintereinanderausführung von Verschlüsselungen (nicht Entschlüsselungen) die Identitätsfunktion? Falls ja, wie lang ist die kürzeste solche Kombination?

Das Ziel besteht darin, die Größe des Schlüsselraums für einen theoretischen Brute-Force-Angriff abzuschätzen. Das Ergebnis liefert eine größte untere Schranke für die Entropie des Schlüsselraums.

Schwache Schlüssel

Bei einer guten Blockchiffrierung sind alle Schlüssel gleich stark. Algorithmen mit einer kleinen Zahl schwacher Schlüssel stellen im allgemeinen kein Problem dar. Die Chance, zufällig einen solchen Schlüssel zu erwischen, ist sehr klein. Man kann solche Schlüssel leicht aussondern. Allerdings kann ein Angreifer schwache Schlüssel manchmal ausnutzen, wenn die Blockchiffrierung als Einweg-Hashfunktion benutzt wird (siehe Abschnitt 18.11).

Schutz von differentieller und linearer Kryptanalyse

Das Studium differentieller und linearer Kryptanalyse hat die Theorie des Entwurfs guter Blockchiffrierungen ein großes Stück voran gebracht. Die Erfinder von IDEA führten das Konzept der **Differentiale** ein, das eine Verallgemeinerung der Charakteristik darstellt [931]. Sie behaupten, daß man Blockchiffrierungen so entwerfen kann, daß sie diesem Angriff widerstehen. Das Resultat dieser Arbeiten ist IDEA [931]. In [1181, 1182] wurde das Konzept weiter formalisiert. Kaisa Nyberg und Lars Knudsen zeigten darin, wie man Blockchiffrierungen beweisbar gegen differentielle Kryptanalyse absichert.

Diese Theorie wurde auf Differentiale höherer Ordnung [702, 161, 927, 858, 860] und partielle Differentiale [860] ausgedehnt. Differentiale höherer Ordnung können anscheinend nur auf Chiffrierungen mit geringer Rundenzahl angewandt werden, doch partielle Differentiale lassen sich hübsch mit Differentialen kombinieren.

Die lineare Kryptanalyse ist neuer und wird immer noch verbessert. Dabei wurden Begriffe wie Schlüsselgewichtung (*key ranking*) [1019] und mehrfache Approximation [811, 812] definiert. [1270] enthält eine andere Erweiterung der Idee der linearen Kryptanalyse; [938] vereint lineare und differentielle Kryptanalyse in einem Angriff. Es ist noch nicht klar, welche Entwurfstechniken Schutz von solchen Angriffen bieten.

Knudsen erzielte einige Fortschritte bei der Betrachtung bestimmter notwendiger (aber vielleicht nicht hinreichender) Kriterien für etwas, das er praktisch sicheres Feistel-Netzwerk (*practically secure Feistel network*) nennt. Dabei handelt es sich um Chiffrierungen, die sowohl linearer als auch differentieller Kryptanalyse widerstehen [857]. Nyberg führte in der linearen Kryptanalyse eine Analogie zum Konzept der Differentiale bei der differentiellen Kryptanalyse ein [1180].

Es ist interessant, daß zwischen differentieller und linearer Kryptanalyse eine Dualität zu bestehen scheint. Diese Dualität wird nicht nur bei den Entwurfstechniken zur Konstruktion guter differentieller Charakteristiken und linearer Approximationen deutlich [164, 1018], sondern auch bei den Kriterien zum Entwurf von Algorithmen, die Schutz vor beiden Angriffen bieten [307]. Es ist noch nicht abzusehen, wohin dieser Forschungszweig genau führen wird. Daemen entwickelte eine Strategie zum Entwurf von Algorithmen auf Basis linearer und differentieller Kryptanalyse [402]. Diese Strategie kann als Ausgangsbasis für weitere Untersuchungen dienen.

Entwurf von S-Boxen

Die Stärke der verschiedenen Feistel-Netzwerke, speziell ihre Widerstandskraft gegen differentielle und lineare Kryptanalyse, hängt direkt von den S-Boxen ab. Dieser Zusammenhang war Anlaß für eine ganze Flut von Forschungsarbeiten über den Aufbau guter S Boxen.

Eine S-Box ist einfach eine Substitution, also eine Abbildung von m Bit Eingabe auf n Bit Ausgabe. Oben erwähnte ich eine große Lookup-Tabelle mit 64 Bit Eingabe und 64 Bit Ausgabe. Das wäre eine 64*64-Bit S-Box. Eine S-Box mit m Bit Eingabe und n Bit Ausgabe heißt **m*n-Bit** S-Box. S-Boxen stellen im allgemeinen den einzigen nichtlinearen Schritt eines Algorithmus dar. Sie machen eine Blockchiffrierung sicher. Generell sind S-Boxen um so sicherer, je größer sie sind.

DES benutzt acht verschiedene 6*4-Bit S-Boxen; Khufu und Khafre haben eine einzige 8*32-Bit S-Box, LOKI eine 12*8-Bit S-Box, Blowfish und CAST jeweils 8*32-Bit S-Boxen. In IDEA bildet die modulare Multiplikation die S-Box. Es ist eine 16*16-Bit S-Box. Je größer die S-Box, um so schwieriger ist es, nützliche Statistiken für einen Angriff mittels differentieller oder linearer Kryptanalyse aufzustellen [653, 729, 1626]. Zufällig gewählte S-Boxen bieten zwar normalerweise keinen optimalen Schutz vor differentiellen und linearen Angriffen. Starke S-Boxen sind leichter zu finden, wenn die S-Boxen größer sind. Die meisten zufälligen S-Boxen sind nichtlinear, nicht ausgeartet und sehr widerstandsfähig gegen lineare Kryptanalyse. Der Anteil von S-Boxen, für die das nicht gilt, nimmt mit sinkender Anzahl von Eingabebits rapide ab [1185, 1186, 1187].

Der Wert von m ist wichtiger als der Wert von n. Eine Erhöhung von n vermindert die Effektivität differentieller Kryptanalyse, macht jedoch lineare Kryptanalyse wesentlich effektiver. Wenn $n \geq 2^m - m$, gibt es sogar sicher einen linearen Zusammenhang zwischen den Eingabe- und Ausgabebits der S-Box. Wenn $n \geq m$, gibt es eine lineare Relation der Ausgabebits [164].

In diesem Zusammenhang ist das Studium **Boolescher Funktionen** nötig [94, 1098, 1262, 1408]. Um sicher zu sein, müssen die Booleschen Funktionen, die in den S-Boxen benutzt werden, bestimmte Bedingungen erfüllen. Sie sollten weder linear noch affin sein, nicht einmal näherungsweise [9, 1177, 1178, 1188]. Nullen und Einsen sollten ausgewogen sein, verschiedene Bitkombinationen dürfen nicht korreliert sein. Die Ausgabebits sollten sich unabhängig verändern, wenn ein einzelnes Eingabebit komplementiert wird. Diese Entwurfskriterien hängen auch mit der Untersuchung von *bent functions* zusammen; das sind Funktionen, von denen man zeigen kann, daß sie optimal nichtlinear sind. Trotz ihrer einfachen und leicht nachvollziehbaren Definition ist ihre Untersuchung äußerst kompliziert [1344, 1216, 947, 905, 1176, 1271, 295, 296, 297, 149, 349, 471, 298].

Eine Eigenschaft, die sehr wichtig zu sein scheint, ist der Lawineneffekt: Wie viele Ausgabebits einer S-Box ändern sich, wenn ein Teil der Eingabebits geändert wird? Es lassen sich leicht Bedingungen für Boolesche Funktionen aufstellen, die bestimmte Lawinenkriterien erfüllen sollen. Viel schwieriger ist es jedoch, solche Funktionen zu konstruieren. Das *strict avalange criterion* (SAC) besagt, daß sich genau die Hälfte der Ausgabebits ändert, wenn ein Eingabebit umkippt [1586]; siehe auch [982, 571, 1262, 399]. Eine Arbeit beschäftigt sich mit der Verbindung dieser Kriterien und dem Informationsfluß [1640].

Vor einigen Jahren schlugen Kryptographen die Wahl von S-Boxen vor, bei denen die Verteilungstabelle der Differenzen für alle S-Boxen gleich ist. Dies würde Schutz vor differentieller Kryptanalyse bieten, da die Differentiale in jeder Runde geglättet werden [6, 443, 444, 1177]. LOKI ist ein Beispiel für einen solchen Entwurf. Dieser Ansatz kann jedoch manchmal differentielle Kryptanalyse erleichtern [172]. Es ist vorteilhafter, ein möglichst kleines maximales Differential zu gewährleisten. Kwangjo Kim schlug fünf Kriterien für die Konstruktion von S-Boxen vor [834], die den Entwurfskriterien für die S-Boxen von DES ähneln.

Die Wahl guter S-Boxen ist nicht leicht. Es gibt viele unterschiedliche Ideen, wie das zu bewerkstelligen ist. Dabei kristallisieren sich vier Ansätze heraus:

1. Zufällige Wahl. Es ist klar, daß kleine zufällig gewählte S-Boxen unsicher sind, doch große zufällige S-Boxen könnten gut genug sein. Zufällige S-Boxen mit acht oder mehr Eingabebits sind ziemlich stark [1186, 1187]. S-Boxen mit zwölf Bit sind besser. Die S-Boxen werden noch stärker, wenn sie sowohl zufällig gewählt werden als auch

vom Schlüssel abhängen. IDEA benutzt sowohl große als auch schlüsselabhängige S-Boxen.

2. Auswählen und testen. Manche Chiffrierverfahren erzeugen zufällige S-Boxen und überprüfen sie dann auf die gewünschten Eigenschaften. In [9, 729] finden Sie Beispiele für diesen Ansatz.

3. Handgestrickte S-Boxen. Diese Technik kommt mit wenig Mathematik aus: die S-Boxen werden mit intuitiven Verfahren generiert. Bart Preneel stellte fest, daß „...theoretisch interessante Kriterien [zur Auswahl Boolescher Funktionen für S-Boxen] nicht genügen..." und „...Ad-hoc-Entwurfskriterien nötig sind" [1262].

4. Mathematik. Die S-Boxen werden gemäß mathematischen Prinzipien so erzeugt, daß sie nachweisbar Schutz vor differentieller und linearer Kryptanalyse bieten und gute Diffusionseigenschaften haben. [1179] enthält ein ausgezeichnetes Beispiel für diesen Ansatz.

Obwohl vereinzelt eine Kombination handgestrickter und mathematischer Generierung gefordert wurde [1334], dreht sich die eigentliche Diskussion um die Wahl zwischen zufälligen S-Boxen und S-Boxen mit bestimmten Eigenschaften. Letztere bieten zwar optimalen Schutz vor bekannten Angriffen (linearer und differentieller Kryptanalyse), man kann jedoch schlecht abschätzen, wie gut sie vor unbekannten Angriffsmethoden schützen. Die Entwickler von DES kannten differentielle Kryptanalyse und optimierten ihre S-Boxen dementsprechend. Von linearer Kryptanalyse schienen sie jedoch nichts zu wissen – die S-Boxen von DES bieten nur sehr geringen Schutz vor solchen Angriffen [1018]. Zufällig gewählte S-Boxen für DES böten geringeren Schutz vor differentieller Kryptanalyse, würden linearen Angriffen jedoch besser widerstehen.

Obwohl zufällige S-Boxen nicht optimal vor solchen Angriffen schützen, können sie andererseits genügend groß gemacht werden und damit auch ausreichend widerstandsfähig. Außerdem bieten sie vermutlich ausreichend Sicherheit vor unbekannten Angriffen. Die Diskussion ist zwar noch nicht abgeschlossen, ich persönlich meine jedoch, daß S-Boxen so groß wie möglich, zufällig und schlüsselabhängig sein sollten.

Entwurf einer Blockchiffrierung

Der Entwurf einer Blockchiffrierung ist einfach. Wenn man sich eine 64-Bit-Blockchiffrierung als Permutation der 64-Bit-Zahlen vorstellt, wird klar, daß fast alle dieser Permutationen sicher sind. Schwierig ist es jedoch, eine Blockchiffrierung zu entwerfen, die nicht nur sicher, sondern auch leicht nachvollziehbar und einfach zu implementieren ist.

Der Entwurf einer Blockchiffrierung ist einfach, wenn genügend Speicher für 48∗32 S-Boxen zur Verfügung steht. Es ist kaum möglich, eine unsichere DES-Variante zu entwickeln, wenn man 128 Runden durchführt. Beträgt die Schlüssellänge 512 Bit, muß man sich wirklich keine Sorgen um Komplementäreigenschaften des Schlüssels machen.

Die eigentliche Herausforderung – und der Grund, weshalb der Entwurf einer Blockchiffrierung in der Realität sehr schwierig ist – besteht darin, eine Blockchiffrierung mit dem kürzestmöglichen Schlüssel, den geringsten Speicheranforderungen und der geringsten Laufzeit zu entwickeln.

14.11 Verwendung von Einweg-Hashfunktionen

Die einfachste Möglichkeit zur Verschlüsselung mit Hilfe einer Einweg-Hashfunktion besteht darin, den vorherigen Chiffretextblock mit dem Schlüssel zu konkatenieren, die Hashfunktion darauf anzuwenden und das Ergebnis mit dem aktuellen Klartextblock mittels XOR zu verknüpfen:

$$C_i = P_i \oplus H(K, C_{i-1})$$
$$P_i = C_i \oplus H(K, C_{i-1})$$

Als Blocklänge wählt man die Ausgabelänge der Einweg-Hashfunktion. Auf diese Art benutzt man die Einwegfunktion als Blockchiffrierung im CFB-Modus. Eine ähnliche Konstruktion benutzt die Einwegfunktion im OFB-Modus:

$$C_i = P_i \oplus S_i; \quad S_i = H(K, C_{i-1})$$
$$P_i = C_i \oplus S_i; \quad S_i = H(K, C_{i-1})$$

Die Sicherheit dieses Verfahrens hängt von der Sicherheit der Einwegfunktion ab.

Karn

Diese Methode, die von Phil Karn erfunden wurde und frei verfügbar ist, erzeugt aus gewissen Einweg-Hashfunktionen einen invertierbaren Verschlüsselungsalgorithmus.

Der Algorithmus verarbeitet Klartext und Chiffretext in 32-Byte-Blöcken. Der Schlüssel kann beliebig lang sein, allerdings sind manche Schlüssellängen für bestimmte Einweg-Hashfunktionen effizienter. Für die Einweg-Hashfunktionen MD4 und MD5 funktionieren Schlüssel mit 96 Byte Länge am besten.

Bei der Verschlüsselung wird der Klartext zunächst in zwei Hälften P_l und P_r der Länge 16 Byte zerlegt. Dann zerlegt man den Schlüssel in zwei Hälften K_l und K_r der Länge 48 Byte.

$$P = P_l, P_r$$
$$K = K_l, K_r$$

Jetzt hängt man K_l an P_l an, wendet eine Einweg-Hashfunktion darauf an und verknüpft das Ergebnis per XOR mit P_r. Dies liefert die rechte Hälfte C_r des Chiffretexts. Dann hängt man K_r an C_r an, wendet die Einweg-Hashfunktion darauf an und verknüpft das Ergebnis mit P_l. Dies liefert C_l. Schließlich hängt man C_r an C_l an und erhält den Chiffretext:

$$C_r = P_r \oplus H(P_l, K_l)$$
$$C_l = P_l \oplus H(C_r, K_r)$$
$$C = C_l, C_r$$

Zur Entschlüsselung kehrt man den Prozeß einfach um: K_r wird an C_r angehängt, die Hashfunktion angewandt und per XOR mit C_l verknüpft. Dies liefert P_l. K_l wird an P_l angehängt, die Hashfunktion angewandt und per XOR mit C_r verknüpft. Dies liefert P_r.

$$P_l = C_l \oplus H(C_r, K_r)$$
$$P_r = C_r \oplus H(P_l, K_l)$$
$$P = P_l, P_r$$

Karn hat die gleiche Struktur wie viele andere in diesem Abschnitt vorgestellte Blockalgorithmen. Er besteht nur aus zwei Runden, da die Komplexität des Algorithmus in der Einweg-Hashfunktion steckt. Da der Schlüssel nur als Eingabe für die Hashfunktion dient, kann er selbst mit einem *chosen-plaintext*-Angriff nicht ermittelt werden. Dies gilt natürlich nur unter der Annahme, daß die Einweg-Hashfunktion sicher ist.

Luby-Rackoff

Michael Luby und Charles Rackoff zeigten, daß Karn nicht sicher ist [992]. Wir betrachten zwei Nachrichten AB und AC mit je einem Block. Kennt ein Kryptanalytiker sowohl Klartext als auch Chiffretext der ersten Nachricht sowie die erste Hälfte des Klartexts der zweiten Nachricht, so kann er die gesamte zweite Nachricht einfach berechnen. Dieser *known-plaintext*-Angriff ist zwar nur unter bestimmten Umständen nützlich, stellt jedoch ein massives Sicherheitsproblem dar.

Ein Verschlüsselungsalgorithmus mit drei Runden beseitigt dieses Problem [992, 1643, 1644]. Er benutzt drei verschiedene Hashfunktionen H_1, H_2 und H_3. Weitere Arbeiten zeigten, daß entweder H_1 gleich H_2 oder H_2 gleich H_3 sein, aber nicht beides zutreffen darf [1193]. Außerdem dürfen H_1, H_2 und H_3 nicht auf Iterationen derselben Basisfunktion beruhen [1643]. Unter der Annahme, daß sich $H(k, x)$ wie eine Pseudozufallsfunktion verhält, lautet die Drei-Runden-Version:

(1) Zerlege den Schlüssel in zwei Hälften K_l und K_r.

(2) Zerlege den Klartextblock in zwei Hälften L_0 und R_0.

(3) Hänge K_l an L_0 an und wende die Hashfunktion darauf an. XOR-verknüpfe das Ergebnis mit R_0. Dies liefert R_1:
$$R_1 = R_0 \oplus H(K_l, L_0)$$

(4) Hänge K_r an R_1 an und wende die Hashfunktion darauf an. XOR-verknüpfe das Ergebnis mit L_0. Dies liefert L_1:
$$L_1 = L_0 \oplus H(K_r, R_1)$$

(5) Hänge K_l an L_1 an und wende die Hashfunktion darauf an. XOR-verknüpfe das Ergebnis mit R_1. Dies liefert R_2:
$$R_2 = R_1 \oplus H(K_l, L_1)$$

(6) Hänge L_1 an R_2 an, um die Nachricht zu erzeugen.

Message Digest Cipher (MDC)

MDC wurde von Peter Gutmann entwickelt [676] und bietet die Möglichkeit, eine Einweg-Hashfunktion in eine Blockchiffrierung im CFB-Modus umzufunktionieren. Die Chiffrierung ist fast so schnell und mindestens so sicher wie die Hashfunktion. Der Rest dieses Abschnitts setzt voraus, daß Sie mit Kapitel 18 vertraut sind.

Hashfunktionen wie MD5 und SHA benutzen einen 512 Bit langen Textblock zur Umwandlung eines Eingabewerts (128 Bit bei MD5, 160 Bit bei SHA) in einen Ausgabewert gleicher Länge. Diese Transformation ist nicht umkehrbar, eignet sich jedoch perfekt für den CFB-Modus, da für Ver- und Entschlüsselung die gleiche Operation benutzt wird.

Wir betrachten MDC mit SHA. MDC arbeitet mit einer Blockgröße von 160 Bit und einem Schlüssel der Länge 512 Bit. Die Hashfunktion wird „seitwärts" betrieben, d.h. der alte Hashzustand dient als Eingabe-Klartextblock (160 Bit) und die 512 Bit lange Hasheingabe als Schlüssel (siehe Abbildung 14.5). Normalerweise (wenn die Hashfunktion nur zur Verarbeitung eines Eingabewerts benutzt wird) variiert die 512 Bit lange Eingabe der Hashfunktion mit jedem neuen Block. In diesem Fall wird die 512-Bit-Eingabe jedoch zum unveränderlichen Schlüssel.

MDC kann mit einer beliebigen Einweg-Hashfunktion benutzt werden: MD4, MD5, Snefru und anderen. Der Algorithmus ist nicht patentiert. Jedermann kann ihn ohne Lizenzgebühren für beliebige Zwecke benutzen [676].

Ich traue dieser Konstruktion jedoch nicht. Gegen die Hashfunktion sind Angriffe möglich, auf die bei ihrem Entwurf keine Rücksicht genommen wurde. Hashfunktionen

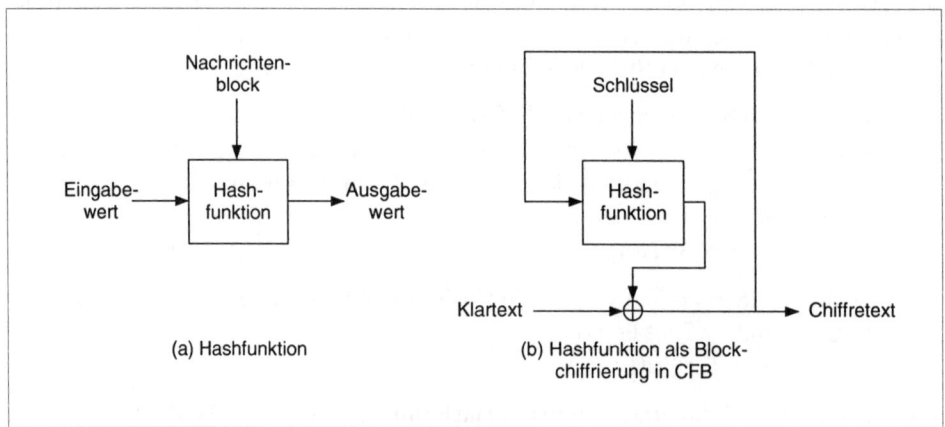

Abb. 14.5: *Message Digest Cipher (MDC)*

müssen keinen Schutz vor *chosen-plaintext*-Angriffen bieten. Dabei wählt der Kryptanalytiker einige der 160 Bit langen Startwerte, läßt sie mit dem gleichen 512-Bit-Schlüssel „chiffrieren" und erhält aus den Ergebnissen Angaben über den benutzten 512-Bit-Schlüssel. Da sich die Entwickler der Hashfunktion keine Gedanken darüber zu machen brauchten, sollte man sich nicht darauf verlassen, daß die mit der Hashfunktion konstruierte Chiffrierung diesem Angriff widersteht.

Sicherheit von Chiffrierungen auf Basis von Einweg-Hashfunktionen

Diese Konstruktionen können zwar sicher sein, hängen jedoch von der zugrundeliegenden Einweg-Hashfunktion ab. Eine gute Einweg-Hashfunktion liefert nicht unbedingt einen sicheren Verschlüsselungsalgorithmus, denn die Kryptographie stellt andere Anforderungen. Lineare Kryptanalyse ist zum Beispiel kein sinnvoller Angriff gegen Einweg-Hashfunktionen, sehr wohl aber gegen Verschlüsselungsalgorithmen. Eine Einweg-Hashfunktion, etwa SHA, könnte lineare Eigenschaften haben, die zwar ihre Sicherheit als Einweg-Hashfunktion nicht beeinträchtigen, sich jedoch beim Einsatz als Verschlüsselungsalgorithmus, etwa mittels MDC, als unsicher erweisen. Mir ist keine Kryptanalyse einer speziellen Einweg-Hashfunktion als Blockchiffrierung bekannt. Warten Sie solche Analysen ab, bevor sie diesen Verfahren trauen.

14.12 Wahl eines Blockalgorithmus

Die Auswahl eines Algorithmus ist eine schwere Entscheidung. DES bietet höchstwahrscheinlich keinen Schutz vor den großen Regierungen der Welt, es sei denn, Sie verschlüsseln immer nur ganz kleine Datenblöcke mit dem gleichen Schlüssel. Für andere Gegner eignet sich DES wohl noch, doch das kann sich schnell ändern. Spezielle Maschinen für die Brute-Force-Suche nach DES-Schlüsseln werden bald für alle Arten von Organisationen erschwinglich sein.

Bihams schlüsselabhängige S-Boxen für DES sollten zumindest in den nächsten Jahren vor fast allen Gegnern schützen, vielleicht sogar vor den am besten ausgestatteten. Wenn Sie die nächsten Jahrzehnte über sicher sein wollen oder die kryptanalytischen Anstrengungen großer Regierungen fürchten, sollten Sie Triple-DES mit drei unabhängigen Schlüsseln verwenden.

Die anderen Algorithmen sind nicht nutzlos. Ich mag Blowfish, weil er schnell ist – und von mir stammt. 3-Way sieht gut aus, auch GOST ist vermutlich in Ordnung. Das Problem bei jeder Empfehlung besteht darin, daß die NSA vermutlich eine Menge beeindruckender kryptanalytischer Methoden besitzt, die immer noch geheimgehalten werden. Ich weiß nicht, welche Algorithmen die NSA damit knacken kann. Tabelle 14.3 enthält Zeitmessungen für einige Algorithmen. Sie dienen nur Vergleichszwecken.

Ich bevorzuge den IDEA-Algorithmus. Sein 128 Bit langer Schlüssel und die Widerstandskraft gegen alle bekannten kryptanalytischen Methoden stimmen mich sehr zuversichtlich. Der Algorithmus wurde von vielen unterschiedlichen Gruppen analysiert, und es gab bisher keine gravierenden Probleme. Solange es keine außerordentlichen kryptanalytischen Neuigkeiten gibt, setze ich auf IDEA.

Tabelle 14.3: *Verschlüsselungsgeschwindigkeit einiger Blockchiffrierungen auf einem 486SX mit 33 MHz*

Algorithmus	Verschlüsselungs-geschwindigkeit in KB/s	Algorithmus	Verschlüsselungs-geschwindigkeit in KB/s
Blowfish (12 Runden)	182	MDC mit MD4	186
Blowfish (16 Runden)	135	MDC mit MD5	135
Blowfish (20 Runden)	110	MDC mit SHA	23
DES	35	NewDES	233
FEAL-8	300	REDOC II	1
FEAL-16	161	REDOC III	78
FEAL-32	91	RC5-32/8	127
GOST	53	RC5-32/12	86
IDEA	70	RC5-32/16	65
Khufu (16 Runden)	221	RC5-32/20	52
Khufu (24 Runden)	153	SAFER (6 Runden)	81
Khufu (32 Runden)	115	SAFER (8 Runden)	61
Luby-Rackoff mit MD4	47	SAFER (10 Runden)	49
Luby-Rackoff mit MD5	34	SAFER (12 Runden)	41
Luby-Rackoff mit SHA	11	3-Way	25
Lucifer	52	Triple-DES	12

15 Kombination von Blockchiffrierungen

Blockalgorithmen lassen sich auf viele Arten zu neuen Algorithmen kombinieren. Antriebsfeder solcher Bemühungen ist der Versuch, die Sicherheit zu erhöhen, ohne gleich einen neuen Algorithmus entwerfen zu müssen. DES ist ein sicherer Algorithmus; er wird seit mehr als zwanzig Jahren kryptanalysiert, doch der beste Weg zum Knacken von DES ist immer noch ein Brute-Force-Angriff. Allerdings ist der Schlüssel zu kurz. Es wäre doch schön, wenn man DES als Baustein für die Konstruktion eines anderen Algorithmus mit einem längeren Schlüssel verwenden könnte. Dadurch könnte man zwei Eigenschaften kombinieren – die Sicherheit von zwei Jahrzehnten Kryptanalyse und einen langen Schlüssel.

Eine Kombinationstechnik ist die **Mehrfachverschlüsselung**. Dabei verschlüsselt man den gleichen Klartextblock mehrmals mit dem gleichen Algorithmus, aber mit unterschiedlichen Schlüsseln. Kaskadierung funktioniert ähnlich, benutzt aber verschiedene Algorithmen. Es gibt noch weitere Techniken.

Die doppelte Chiffrierung eines Klartextblocks mit dem gleichen Schlüssel – sei es mit dem gleichen Algorithmus oder einem anderen – ist nicht besonders klug. Wird der gleiche Algorithmus benutzt, ändert sich die Komplexität einer Brute-Force-Suche nicht. (Man muß immer davon ausgehen, daß der Angreifer den Algorithmus und die Anzahl der Verschlüsselungen kennt.) Bei verschiedenen Algorithmen kann sich die Komplexität eines Angriffs ändern oder auch nicht. Wenn Sie eines der Verfahren aus diesem Kapitel einsetzen wollen, müssen Sie darauf achten, daß sich die benutzten Schlüssel unterscheiden und voneinander unabhängig sind.

15.1 Doppelte Verschlüsselung

Eine naheliegende Möglichkeit zur Erhöhung der Sicherheit eines Blockalgorithmus ist die doppelte Chiffrierung eines Blocks mit zwei verschiedenen Schlüsseln. Erst chiffriert man den Block mit dem ersten Schlüssel, dann den erzeugten Chiffretext mit dem zweiten Schlüssel. Die Dechiffrierung verläuft umgekehrt.

$$C = E_{K_2}(E_{K_1}(P))$$
$$P = D_{K_1}(D_{K_2}(C))$$

Falls der Blockalgorithmus eine Gruppe bildet (siehe Abschnitt 11.3), so gibt es immer einen Schlüssel K_3 mit

$$C = E_{K_2}(E_{K_1}(P)) = E_{K_3}(P)$$

Ist dies nicht der Fall, sollte der ausgegebene doppelt verschlüsselte Chiffretextblock mittels exhaustiver Suche viel schwieriger zu knacken sein. Statt 2^n Versuchen (n ist die

Länge des Schlüssels in Bit) wären dann 2^{2n} Versuche erforderlich. Wird ein 64-Bit-Algorithmus benutzt, sind zur Ermittlung des Schlüssels für den doppelt chiffrierten Text 2^{128} Versuche nötig.

Es stellte sich heraus, daß das für einen *known-plaintext*-Angriff nicht zutrifft. Merkle und Hellman [1075] entwickelten eine Methode zur Beschleunigung des Angriffs durch mehr Speicherplatz, die die doppelte Chiffrierung mit 2^{n+1} Verschlüsselungen (statt 2^{2n}) knacken kann. Sie zeigten das für DES, doch das Ergebnis läßt sich auf jeden Blockalgorithmus verallgemeinern. Dieser Angriff heißt *meet-in-the-middle*-Angriff, da er von einer Seite her verschlüsselt, von der anderen entschlüsselt, und die Ergebnisse in der Mitte in Übereinstimmung bringt.

Bei diesem Angriff kennt der Kryptanalytiker P_1, C_1, P_2 und C_2 mit

$$C_1 = E_{K_2}(E_{K_1}(P_1))$$
$$C_2 = E_{K_2}(E_{K_1}(P_2))$$

Für jeden möglichen Wert von K berechnet er $E_K(P_1)$ und speichert das Ergebnis. Danach berechnet er $D_K(C_1)$ für jedes K und sucht den gleichen Wert im Speicher. Findet er ihn, könnte es sein, daß der aktuelle Schlüssel K_2 ist und der Schlüssel im Speicher K_1. Er testet die Verschlüsselung von P_2 mit K_1 und K_2. Erhält er C_2, so kann er ziemlich sicher sein (mit einer Wahrscheinlichkeit von 1 zu 2^{2m-2n}, wobei m die Blockgröße ist), daß er sowohl K_1 als auch K_2 gefunden hat. Anderenfalls sucht er weiter. Er muß höchstens $2*2^n$ oder 2^{n+1} Verschlüsselungen ausprobieren. Ist die Fehlerwahrscheinlichkeit zu hoch, kann er die Erfolgswahrscheinlichkeit mit einem dritten Chiffretextblock auf 1 zu 2^{3m-2n} erhöhen. Es gibt noch weitere Optimierungen [912].

Dieser Angriff benötigt mit 2^n Blöcken sehr viel Speicherplatz. Bei einem 56-Bit-Algorithmus bedeutet das 2^{56} Blöcke der Länge 64 Bit, also 10^{17} Byte. Das ist zwar immer noch zu viel Speicher für eine praktische Umsetzung des Verfahrens. Es reicht jedoch, um die vorsichtigsten Kryptographen davon zu überzeugen, daß doppelte Verschlüsselung nutzlos ist.

Bei einem Schlüssel der Länge 128 Bit beläuft sich der benötigte Speicherplatz auf enorme 10^{39} Byte. Wenn es eine Möglichkeit gäbe, ein Bit an Information in einem einzelnen Aluminiumatom zu speichern, so bestünde der Speicher für diesen Angriff aus einem massiven Aluminiumwürfel mit der Kantenlänge ein Kilometer. Außerdem bräuchte man noch Platz, um den Speicher irgendwo aufzustellen! Bei Schlüsseln dieser Größe scheint der *meet-in-the-middle*-Angriff nicht durchführbar.

Eine weitere Methode zur doppelten Verschlüsselung, die manchmal als **Davies-Price** bezeichnet wird, ist eine Variante von CBC [435].

$$C_i = E_{K_1}(P_i \oplus E_{K_2}(C_{i-1}))$$
$$P_i = D_{K_1}(C_i) \oplus E_{K_2}(C_{i-1})$$

Die Entwickler schreiben diesem Verfahren zwar keine speziellen Eigenschaften zu, es scheint jedoch für die gleichen *meet-in-the-middle*-Angriffe anfällig zu sein wie andere Methoden zur Doppelverschlüsselung.

15.2 Dreifachverschlüsselung

Dreifachverschlüsselung mit zwei Schlüsseln

Tuchman stellte in [1551] ein besseres Verfahren vor, das einen Block dreimal mit zwei Schlüsseln bearbeitet: erst mit dem ersten Schlüssel, dann mit dem zweiten und schließlich noch einmal mit dem ersten. Tuchman schlug vor, daß der Absender erst mit dem ersten Schlüssel chiffrieren soll, dann mit dem zweiten dechiffrieren und noch einmal mit dem ersten chiffrieren. Der Empfänger dechiffriert mit dem ersten Schlüssel, chiffriert mit dem zweiten und dechiffriert schließlich wieder mit dem ersten.

$$C = E_{K_1}(D_{K_2}(E_{K_1}(P)))$$

$$P = D_{K_1}(E_{K_2}(D_{K_1}(C)))$$

Dieses Verfahren wird manchmal als **encrypt-decrypt-encrypt (EDE)**-Modus bezeichnet [55]. Arbeitet der Blockalgorithmus mit einem Schlüssel der Länge n Bit, so hat dieses Verfahren einen Schlüssel der Länge $2n$ Bit. Die eigenartige Verschlüsselung-Entschlüsselung-Verschlüsselung wurde von IBM mit dem Ziel entworfen, Kompatibilität zu bestehenden Implementierungen des Algorithmus zu erreichen. Wählt man die beiden Schlüssel gleich, so entspricht das einer einfachen Chiffrierung mit diesem Schlüssel. Das EDE-Schema allein erhöht die Sicherheit noch nicht, dieser Modus wurde jedoch zur Verbesserung von DES für die Standards X9.17 und ISO 8732 modifiziert [55, 761].

K_1 und K_2 werden abgewechselt, um den oben beschriebenen *meet-in-the-middle*-Angriff zu verhindern. Wäre $C = E_{K_2}(E_{K_1}(E_{K_1}(P)))$, könnte ein Kryptanalytiker $E_{K_1}(E_{K_1}(P))$ für jeden Wert von K_1 im voraus berechnen und dann den Angriff durchführen. Dazu sind nur 2^{n+2} Verschlüsselungen erforderlich.

Dreifach-Chiffrierung mit zwei Schlüsseln ist nicht anfällig für den oben beschriebenen *meet-in-the-middle*-Angriff. Merkle und Hellman entwickelten jedoch eine andere Technik zum Einsparen von Rechenzeit durch den Einsatz von mehr Speicher, die das Verfahren in 2^{n-1} Schritten mit 2^n gespeicherten Blöcken knacken kann [1075].

Dazu entschlüsselt man 0 mit jedem möglichen Wert von K_2 und speichert das Resultat. Dann entschlüsselt man 0 mit jedem möglichen Wert von K_1, um P zu erhalten. Dreifachverschlüsselung von P liefert C, das dann mit K_1 entschlüsselt wird. Liefert diese Entschlüsselung eine Verschlüsselung des Werts 0 mit einem gespeicherten K_2, so ist das Paar K_1K_2 ein möglicher Kandidat und wird überprüft. Falls nicht, sucht man weiter.

Dies ist ein *chosen-plaintext*-Angriff, zu dessen Ausführung eine enorme Menge gewählten Klartexts nötig ist. Der Angriff hat eine Zeit- und Speicherplatzkomplexität von 2^n und benötigt 2^m gewählte Klartexte. Dieser Angriff ist nicht besonders praktikabel, stellt jedoch eine Schwäche dar.

Paul van Oorschot und Michael Wiener entwickelten daraus einen *known-plaintext*-Angriff, der p bekannte Klartexte benötigt. Dieses Beispiel geht vom EDE-Modus aus.

(1) Rate den ersten Zwischenwert a.

(2) Erstelle mittels bekanntem Klartext eine Tabelle, die für jedes mögliche K_1 den zweiten Zwischenwert b enthält, wenn der erste Zwischenwert a lautet:
$$b = D_{K_1}(C)$$
C ist dabei der von einem bekannten Klartext abgeleitete Chiffretext.

(3) Suche für jedes mögliche K_2 Elemente der Tabelle, für die der zweite Zwischenwert b paßt:
$$b = E_{K_2}(a)$$

(4) Die Erfolgswahrscheinlichkeit beträgt p/m, wobei p die Anzahl der bekannten Klartexte und m die Blockgröße ist. Gibt es keinen Treffer, so wählt man ein neues a und versucht es weiter.

Dieser Angriff benötigt eine Laufzeit von $2^{n+m}/p$ und p Speicherplatz. Für DES ergibt das $2^{120}/p$ [1558]. Ist p größer als 256, so ist dieser Angriff schneller als eine exhaustive Suche.

Dreifachverschlüsselung mit drei Schlüsseln

Wenn Sie mit Dreifachverschlüsselung arbeiten wollen, empfehle ich drei verschiedene Schlüssel. Die Schlüssellänge ist zwar größer, doch die Speicherung der Schlüssel stellt gewöhnlich kein Problem dar – Bits sind ja billig.

$$C = E_{K_3}(D_{K_2}(E_{K_1}(P)))$$
$$P = D_{K_1}(E_{K_2}(D_{K_3}(C)))$$

Der beste Angriff, der mittels Speicherplatz Laufzeit spart, braucht 2^{2n} Schritte und Speicherplatz für 2^n Blöcke. Es handelt sich um einen *meet-in-the-middle*-Angriff [1075]. Dreifache Verschlüsselung mit drei unabhängigen Schlüsseln ist so sicher, wie man es von doppelter Verschlüsselung vermuten würde.

Dreifachverschlüsselung mit minimalem Schlüssel (TEMK)

Es gibt eine sichere Möglichkeit zum Einsatz dreifacher Verschlüsselung mit zwei Schlüsseln, die nicht anfällig für den obigen Angriff ist. Das Verfahren heißt Triple Encryption with Minimum Key (TEMK), also Dreifachverschlüsselung mit minimalem Schlüssel [858]. Der Trick besteht darin, aus zwei Schlüsseln X_1 und X_2 drei abzuleiten:

$$K_1 = E_{X_1}(D_{X_2}(E_{X_1}(T_1)))$$
$$K_2 = E_{X_1}(D_{X_2}(E_{X_1}(T_2)))$$
$$K_3 = E_{X_1}(D_{X_2}(E_{X_1}(T_3)))$$

T_1, T_2 und T_3 sind Konstanten, die nicht geheim sein müssen. Diese Spezialkonstruktion gewährleistet, daß für jedes Schlüsselpaar der beste Angriff ein *known-plaintext*-Angriff ist.

Modi für Dreifachverschlüsselung

Die Spezifikation der Dreifachverschlüsselung allein genügt noch nicht, denn es gibt mehrere Möglichkeiten zu deren Durchführung, die sich sowohl auf die Sicherheit als auch auf die Effizienz auswirken.

Im folgenden beschreiben wir zwei mögliche Modi für die Dreifachverschlüsselung:

Inner-CBC: Die gesamte Datei wird dreimal im CBC-Modus verschlüsselt (siehe Abbildung 15.1a). Dies erfordert drei verschiedene IVs (Initalisierungsvektoren).

$$C_i = E_{K_3}(S_i \oplus C_{i-1}) \, ; \, S_i = D_{K_2}(T_i \oplus S_{i-1}) \, ; \, T_i = E_{K_1}(P_i \oplus T_{i-1})$$

$$P_i = T_{i-1} \oplus D_{K_1}(T_i) \, ; \, T_i = S_{i-1} \oplus E_{K_2}(S_i) \, ; \, S_i = C_{i-1} \oplus D_{K_3}(C_i)$$

C_0, S_0 und T_0 sind IVs.

Outer-CBC: Die gesamte Datei durchläuft im CBC-Modus Dreifachverschlüsselung (siehe Abbildung 15.1b). Dies erfordert einen IV.

$$C_i = E_{K_3}(D_{K_2}(E_{K_1}(P_i \oplus C_{i-1}))) \, .$$

$$P_i = C_{i-1} \oplus D_{K_1}(E_{K_2}(D_{K_3}(C_i)))$$

Beide Modi brauchen mehr Ressourcen als einfache Verschlüsselung – entweder mehr Hardware oder mehr Zeit. Stehen jedoch drei Verschlüsselungs-Chips zur Verfügung, ist der Durchsatz bei Inner-CBC nicht geringer als bei einfacher Verschlüsselung. Da die

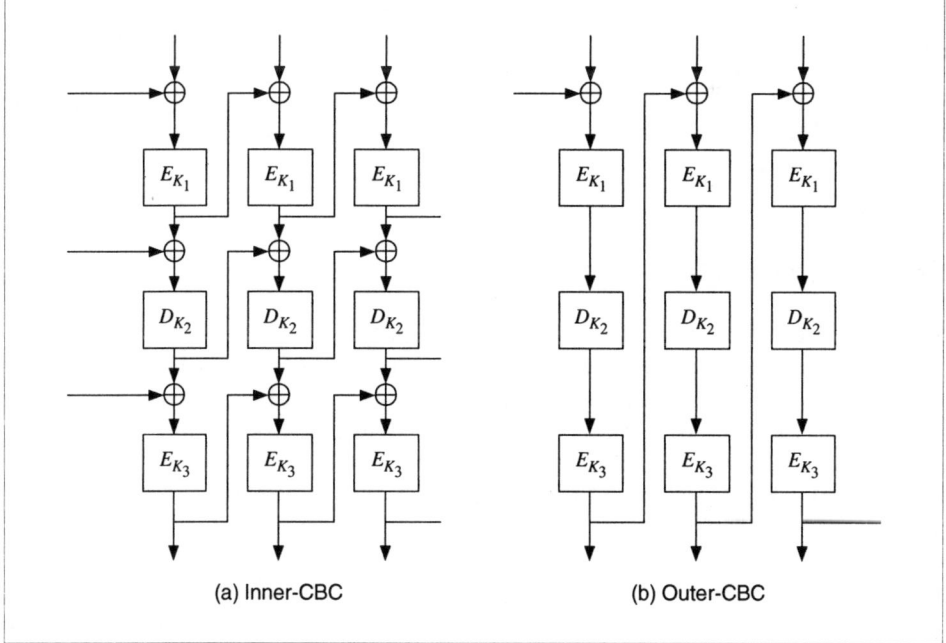

(a) Inner-CBC   (b) Outer-CBC

Abb. 15.1: Dreifachverschlüsselung im CBC-Modus

drei CBC-Verschlüsselungen voneinander unabhängig sind, kann man immer alle drei Chips gleichzeitig beschäftigen, wobei jeder mit sich selbst rückgekoppelt ist.

Bei Outer-CBC dagegen verläuft die Rückkopplung außerhalb der drei Verschlüsselungen. Das bedeutet, daß selbst beim Einsatz von drei Chips der Durchsatz nur ein Drittel des Durchsatzes bei einfacher Verschlüsselung beträgt. Um bei Outer-CBC den gleichen Durchsatz zu erreichen, muß man die IVs verschachteln (siehe Abschnitt 9.12):

$$C_i = E_{K_3}(D_{K_2}(E_{K_1}(P_i \oplus C_{i-3})))$$

In diesem Fall sind C_0, C_{-1} und C_{-2} IVs. Bei Software-Implementierungen hilft das allerdings nur dann, wenn man über eine Parallelmaschine verfügt.

Der einfachere Modus ist leider auch der unsicherste. Biham analysierte verschiedene Modi im Hinblick auf differentielle *chosen-plaintext*-Kryptanalyse und fand heraus, daß Inner-CBC nur geringfügig mehr Schutz vor differentiellen Angriffen bietet als einfache Verschlüsselung. Stellt man sich Dreifachverschlüsselung als einen einzelnen großen Algorithmus vor, so bedeutet die Rückkopplung, daß externe und bekannte Informationen in das Innenleben des Algorithmus gelangen. Dies erleichtert die Kryptanalyse. Zur Durchführung der differentiellen Angriffe sind enorme Mengen gewählten Klartexts nötig, daher sind solche Angriffe nicht praktikabel. Diese Ergebnisse sind dennoch bedenklich. Eine andere Analyse von *meet-in-the-middle*- und Brute-Force-Angriffen ergab, daß sie alle gleich sicher sind [806].

Es gibt noch weitere Modi. Man kann die ganze Datei einmal in ECB verschlüsseln, dann zweimal in CBC; oder einmal in CBC, einmal in ECB und noch einmal in CBC; oder aber zweimal in CBC und einmal in ECB. Biham zeigte, daß diese Varianten vor differentiellen kryptanalytischen *chosen-plaintext*-Angriffen nicht sicherer sind als einfaches DES [162]. Für alle anderen Varianten hat er auch keine großen Hoffnungen. Wenn Sie Dreifachverschlüsselung verwenden wollen, sollten Sie Modi mit äußerer Rückkopplung benutzen.

Varianten der Dreifachverschlüsselung

Bevor bewiesen worden war, daß DES keine Gruppe bildet, wurden verschiedene Verfahren für Mehrfachverschlüsselung entwickelt. Eine Möglichkeit sicherzustellen, daß sich dreifache Verschlüsselung nicht auf eine einfache Verschlüsselung zurückführen läßt, ist eine Änderung der effektiven Blockgröße. Ein einfaches Verfahren fügt Füllbits hinzu (*padding*). Zwischen der ersten und zweiten sowie zwischen der zweiten und dritten Verschlüsselung wird der Text mit Zufallsbits der halben Blocklänge aufgefüllt. (siehe Abbildung 15.2). Ist *p* die *padding*-Funktion, so gilt:

$$C = E_{K_3}(p(E_{K_2}(p(E_{K_1}(P)))))$$

Dieses Auffüllen verhindert nicht nur Muster, sondern bewirkt auch, daß die verschlüsselten Blöcke wie Ziegel versetzt sind. Die Nachricht wird insgesamt nur um einen Block länger.

15.2 Dreifachverschlüsselung

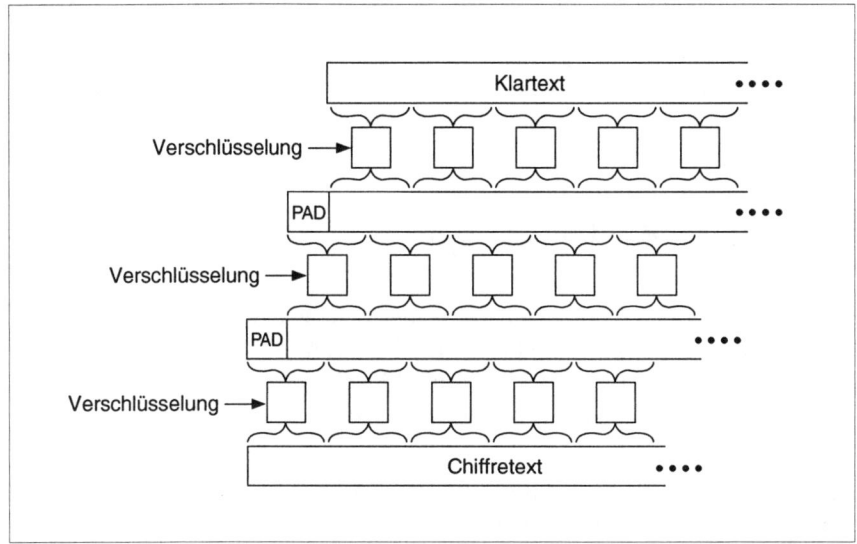

Abb. 15.2: Dreifachverschlüsselung mit Padding

Eine andere Technik, die von Carl Ellison vorgeschlagen wurde, benutzt eine schlüssellose Permutationsfunktion zwischen den drei Verschlüsselungen. Die Permutation könnte auf großen Blöcken arbeiten (z.B. 8 KB) und würde für diese Variante eine effektive Blockgröße von 8 KB bewirken. Verläuft die Permutation schnell, so ist diese Variante nicht viel langsamer als normale Dreifachverschlüsselung.

$$C = E_{K_3}(T(E_{K_2}(T(E_{K_1}(P)))))$$

T sammelt einen Eingabeblock (bis zu einer Länge von 8 KB) und transponiert ihn mit Hilfe eines Pseudozufallszahlengenerators. Ein geändertes Bit der Eingabe bewirkt nach der ersten Verschlüsselung acht veränderte Ausgabebits, bis zu 64 veränderte Ausgabebits nach der zweiten Verschlüsselung und bis zu 512 veränderte Ausgabebits nach der dritten Verschlüsselung. Arbeitet jeder Blockalgorithmus im CBC-Modus (wie ursprünglich vorgeschlagen), so wirkt sich ein einziges geändertes Eingabebit wahrscheinlich auf den gesamten 8 KB-Block aus, und das nicht nur im ersten Block.

Die jüngste Variante dieses Verfahrens wehrt Bihams Angriff auf Inner-CBC durch einen Whitening-Durchgang ab, der Muster im Klartext verbergen soll. Dieser Durchgang besteht aus einer XOR-Verknüpfung mit einem kryptographisch sicheren Zufallszahlengenerator, den wir unten als R bezeichnen. Das T auf beiden Seiten verhindert, daß der Kryptanalytiker *a priori* weiß, welcher Schlüssel zur Chiffrierung eines bestimmten Bytes bei der Eingabe zur letzten Chiffrierung benutzt wurde. Die zweite Verschlüsselung heißt nE (Chiffrierung mit einem von n unterschiedlichen Schlüsseln, die zyklisch benutzt werden):

$$C = E_{K_3}(R(T(nE_{K_2}(T(E_{K_1}(R))))))$$

Alle Chiffrierungen erfolgen im ECB-Modus, Schlüssel werden für mindestens $n+2$ Chiffrierungen und den kryptographisch sicheren Zufallszahlengenerator benötigt.

Dieses Verfahren wurde zwar für DES vorgeschlagen, funktioniert aber mit jedem Blockalgorithmus. Mir ist keine Sicherheitsanalyse des Verfahrens bekannt.

15.3 Verdopplung der Blocklänge

Unter Wissenschaftlern gibt es Diskussionen darüber, ob eine Blocklänge von 64 Bit ausreicht. Einerseits wird der Klartext bei einer Blocklänge von 64 Bit nur über 8 Byte Chiffretext verteilt. Andererseits ist es bei größerer Blocklänge schwieriger, Muster auf sichere Art zu verbergen, und es gibt mehr Gelegenheiten, Fehler zu machen.

Einige Vorschläge beschäftigen sich mit der Verdopplung der Blocklänge eines Algorithmus mittels mehrfacher Verschlüsselung [299]. Vor der Implementierung eines solchen Verfahrens sollte man die Möglichkeit eines *meet-in-the-middle*-Angriffs untersuchen. Das Verfahren von Richard Outerbridge [300], das in Abbildung 15.3 dargestellt ist, ist nicht sicherer als Dreifach-Chiffrierung eines einzelnen Blocks mit zwei Schlüsseln [859].

Ich rate von solchen Methoden ab: Sie sind nicht schneller als gewöhnliche Dreifachverschlüsselung, denn zur Chiffrierung von zwei Datenblöcken sind immer noch sechs Ver-

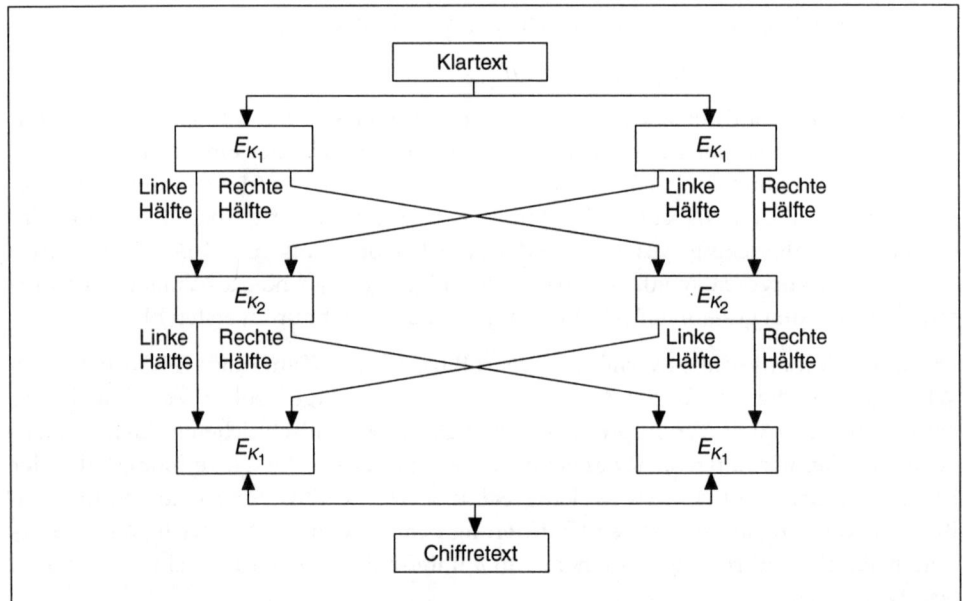

Abb. 15.3: Verdopplung der Blocklänge

schlüsselungen erforderlich. Die Eigenschaften der Dreifachverschlüsselung sind bekannt, bei diesen Konstruktionen treten dagegen oft versteckte Probleme auf.

15.4 Weitere Verfahren für Mehrfachverschlüsselung

Das Problem bei der Dreifachverschlüsselung mit zwei Schlüsseln besteht darin, daß sie die Größe des Schlüsselraums nur verdoppelt, aber drei Verschlüsselungen pro Klartextblock benötigt. Besser wäre es, zwei Verschlüsselungen geschickt so zu kombinieren, daß sich dadurch die Größe des Schlüsselraums verdoppelt.

Double OFB/Zähler

Diese Methode benutzt einen Blockalgorithmus zur Erzeugung von zwei Schlüsselströmen, mit denen dann der Klartext verschlüsselt wird.

$$S_i = E_{K_1}(S_{i-1} \oplus I_1) \,;\, I_1 = I_1 + 1$$

$$T = E_{K_2}(T_{i-1} \oplus I_2) \,;\, I_2 = I_2 + 1$$

$$C_i = P_i \oplus S_i \oplus T_i$$

S_i und T_i sind dabei interne Variablen, I_1 und I_2 sind Zähler. Zwei Versionen des Blockalgorithmus laufen in einer Art hybridem OFB/Zähler-Modus; Klartext, S_i und T_i werden miteinander XOR-verknüpft. Die beiden Schlüssel K_1 und K_2 sind voneinander unabhängig. Mir ist keine Kryptanalyse dieser Variante bekannt.

ECB + OFB

Diese Methode wurde zur Verschlüsselung mehrerer Nachrichten gleicher Länge entworfen, z.B. Blöcke auf einer Festplatte [186, 188]. Sie benutzt zwei Schlüssel K_1 und K_2. Zunächst wird mit dem Algorithmus und K_1 eine Maske mit der gewünschten Blocklänge erzeugt. Diese Maske wird immer wieder zur Verschlüsselung der Nachrichten mit den gleichen Schlüsseln benutzt. Dann wird der Klartext mit der Maske XOR-verknüpft. Schließlich verschlüsselt man den XOR-verknüpften Klartext mit dem Algorithmus und K_2 im ECB-Modus.

Dieser Modus wurde bisher nur in der Arbeit analysiert, in der er vorgeschlagen wurde. Es ist klar, daß er mindestens so stark ist wie eine einzelne ECB-Chiffrierung, sogar möglicherweise so stark wie zwei Durchläufe des Algorithmus. Ein Kryptanalytiker könnte die beiden Schlüssel unabhängig voneinander suchen, wenn mehrere Dateien mit bekanntem Klartext mit dem gleichen Schlüssel chiffriert wurden.

Um die Analyse identischer Blöcke an den gleichen Positionen verschiedener Nachrichten zu vereiteln, kann man einen IV hinzufügen. Anders als bei den IVs in allen anderen

Modi wird der IV hier vor der ECB-Verschlüsselung mit jedem Block der Nachricht XOR-verknüpft.

Matt Blaze entwickelte diesen Modus für sein Cryptographic File System (CFS) unter UNIX. Das Verfahren hat die angenehme Eigenschaft, daß die Verzögerung nur einer Verschlüsselung im ECB-Modus entspricht. Die Maske kann einmal erzeugt und gespeichert werden. CFS benutzt DES als Blockalgorithmus.

xDES^i

In [1644, 1645] dient DES als Baustein für eine Reihe von Blockalgorithmen, die sowohl mit längeren Schlüsseln als auch mit größeren Blöcken arbeiten. Die Konstruktion ist völlig unabhängig von DES und kann mit jedem Blockalgorithmus benutzt werden.

Das erste Verfahren, xDES^1, ist einfach eine Luby-Rackoff-Konstruktion mit der Blockchiffrierung als zugrundeliegender Funktion (siehe Abschnitt 14.11). Die Blockgröße entspricht der doppelten Blockgröße der zugrundeliegenden Blockchiffrierung, die Schlüssellänge ist dreimal so lang wie bei der Basis-Blockchiffrierung. In jeder der drei Runden wird die rechte Hälfte mit dem Blockalgorithmus und einem der Schlüssel chiffriert. Dann wird das Resultat mit der linken Hälfte XOR-verknüpft und die beiden Hälften vertauscht.

Das Verfahren ist schneller als konventionelle Dreifachverschlüsselung, da drei Verschlüsselungen einen Block chiffrieren, der doppelt so groß ist wie beim Basis-Algorithmus. Allerdings gibt es einen einfachen *meet-in-the-middle*-Angriff, der den Schlüssel mit Hilfe einer Tabelle der Größe 2^k findet, wobei k die Schlüssellänge des Basisalgorithmus ist. Dazu verschlüsselt man die rechte Hälfte eines Klartextblocks mit allen möglichen Werten von K_1, verknüpft sie per XOR mit der linken Hälfte des Klartexts und speichert diese Werte in einer Tabelle. Dann verschlüsselt man die rechte Hälfte des Chiffretexts mit allen möglichen Werten von K_3 und sucht in der Tabelle einen übereinstimmenden Wert. Findet man einen, so sind die Schlüssel K_1 und K_3 mögliche Kandidaten für den richtigen Schlüssel. Wiederholt man den Angriff mehrfach, so kristallisiert sich ein Kandidat heraus. Dies macht deutlich, daß xDES^1 noch keine Ideallösung darstellt. Aber es kommt noch schlimmer: Ein *chosen-plaintext*-Angriff beweist, daß xDES^1 nicht viel stärker ist als die zugrundeliegende Blockchiffrierung [858].

xDES^2 erweitert diese Idee auf einen Algorithmus mit fünf Runden, bei dem die Blocklänge viermal so groß ist wie bei der Basis-Chiffrierung und die Schlüssellänge zehnmal so groß. Abbildung 15.4 zeigt eine Runde von xDES^2. Jeder der vier Teilblöcke hat die Blocklänge des Basisalgorithmus, und alle zehn Schlüssel sind voneinander unabhängig.

Dieses Verfahren ist ebenfalls schneller als Dreifachverschlüsselung: Zehn Verschlüsselungen chiffrieren einen Block, der viermal so groß ist wie beim Basisalgorithmus. Die Methode ist jedoch anfällig für differentielle Kryptanalyse und sollte nicht benutzt werden [858]. Das Verfahren ist selbst dann anfällig, wenn DES mit unabhängigen Rundenschlüsseln benutzt wird.

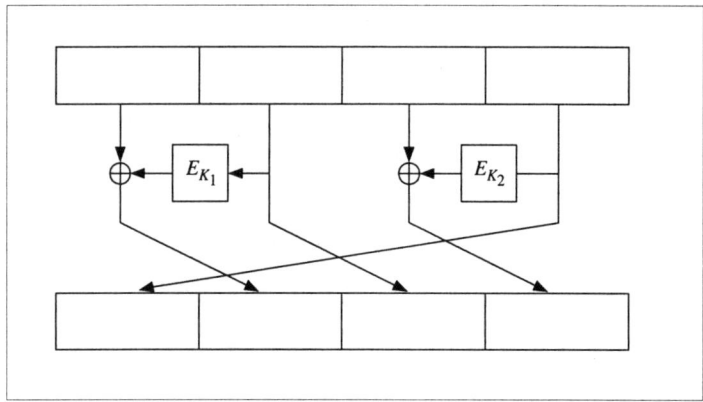

Abb. 15.4: *Eine Runde von xDES²*

Für $i \geq 3$ ist $xDES^i$ wohl zu groß, um als Blockalgorithmus noch nützlich zu sein. Die Blocklänge für $xDES^3$ ist zum Beispiel sechsmal so groß wie die der zugrundeliegenden Chiffrierung und die Schlüssellänge 21 mal so groß. Zur Chiffrierung eines Blocks, der sechsmal so groß ist wie beim Basisalgorithmus, sind 21 Verschlüsselungen nötig. Dreifachverschlüsselung ist schneller.

Fünffachverschlüsselung

Wenn Dreifach-Chiffrierung nicht sicher genug ist (vielleicht, weil Sie die Schlüssel für Dreifach-Chiffrierung mit einem noch stärkeren Algorithmus schützen müssen), mag noch häufigere Verschlüsselung angebracht sein. Fünffachverschlüsselung ist sehr widerstandsfähig gegen *meet-in-the-middle*-Angriffe. (Mit ähnlichen Argumenten wie bei der doppelten Verschlüsselung kann man zeigen, daß Vierfachverschlüsselung nur minimale Sicherheitsvorteile gegenüber Dreifachverschlüsselung bringt.)

$$C = E_{K_1}(D_{K_2}(E_{K_3}(D_{K_2}(E_{K_1}(P)))))$$
$$P = D_{K_1}(E_{K_2}(D_{K_3}(E_{K_2}(D_{K_1}(C)))))$$

Diese Konstruktion ist abwärtskompatibel zur Dreifachverschlüsselung, falls $K_2 = K_3$ ist, und abwärtskompatibel zu einfacher Verschlüsselung, falls $K_1 = K_2 = K_3$ ist. Das Verfahren wäre natürlich noch stärker, wenn alle fünf Schlüssel voneinander unabhängig wären.

15.5 Schlüsselverkürzung in CDMF

Diese Methode wurde von IBM für das Produkt Commercial Data Masking Facility (CDMF, siehe Abschnitt 24.8) entwickelt, um einen 56 Bit langen DES-Schlüssel auf exportfähige 40 Bit zu verkürzen [785]. Voraussetzung ist dabei, daß der ursprüngliche DES-Schlüssel die Paritätsbits enthält.

(1) Die Paritätsbits werden auf Null gesetzt, also die Bits 8, 16, 24, 32, 40, 48, 56, 64.
(2) Die Ausgabe von Schritt (1) wird mit DES und dem Schlüssel 0xc408b0540ba1e0ae chiffriert und das Ergebnis mit der Ausgabe von Schritt (1) XOR-verknüpft.
(3) In der Ausgabe von Schritt (2) werden die folgenden Bits auf Null gesetzt: 1, 2, 3, 4, 8, 16, 17, 18, 19, 20, 24, 32, 33, 34, 35, 36, 40, 48, 49, 50, 51, 52, 56, 64.
(4) Die Ausgabe von Schritt (3) wird mit DES und dem Schlüssel 0xef2c041ce6382fe6 chiffriert. Dies ergibt den Schlüssel zur Chiffrierung der Nachricht.

Beachten Sie, daß diese Methode den Schlüssel verkürzt und dadurch den Algorithmus schwächt.

15.6 Whitening

Whitening ist die Bezeichnung für eine Technik, bei der Bestandteile des Schlüssels mit der Eingabe eines Blockalgorithmus oder andere Bestandteile des Schlüssels mit der Ausgabe XOR-verknüpft werden. Das Verfahren wurde zum ersten Mal in der Variante DESX eingesetzt, die von RSA Data Security entwickelt wurde, und später (vermutlich unabhängig davon) in Khufu und Khafre. Die Bezeichnung des Verfahrens stammt von Rivest.

Die Grundidee ist zu verhindern, daß ein Kryptanalytiker ein Paar Klartext/Chiffretext für den zugrundeliegenden Algorithmus erhält. Das Verfahren zwingt den Kryptanalytiker, nicht nur den Schlüssel des Algorithmus zu raten, sondern auch einen der Werte für das Whitening. Da sowohl vor als auch nach dem Blockalgorithmus eine XOR-Verknüpfung stattfindet, ist diese Technik nicht anfällig für einen *meet-in-the-middle*-Angriff.

$$C = K_3 \oplus E_{K_2}(P \oplus K_1)$$
$$P = K_1 \oplus D_{K_2}(C \oplus K_3)$$

Bei $K_1 = K_3$ benötigt ein Brute-Force-Angriff $2^{n+m/p}$ Operationen. Dabei ist n die Schlüssellänge, m die Blockgröße und p die Anzahl der bekannten Klartexte. Sind K_1 und K_3 verschieden, benötigt ein Brute-Force-Angriff 2^{n+m+1} Operationen mit drei bekannten Klartexten. Diese Maßnahmen bringen nur wenige Bits zusätzlichen Schutzes gegen differentielle und lineare Kryptanalyse. Im Hinblick auf die Anzahl der Berechnungen ist das jedoch eine sehr billige Möglichkeit, die Sicherheit eines Blockalgorithmus zu erhöhen.

15.7 Kaskadierung mehrerer Blockalgorithmen

Wie sieht es aus, wenn eine Nachricht erst mit Algorithmus A und Schlüssel K_A chiffriert wird und dann ein zweites Mal mit Algorithmus B und Schlüssel K_B? Vielleicht haben Alice und Bob ja unterschiedliche Vorstellungen darüber, welche Algorithmen sicher sind – Alice möchte Algorithmus A benutzen und Bob Algorithmus B. Dieses Verfahren wird manchmal als **Kaskadierung** bezeichnet. Es läßt sich weit über zwei Algorithmen und Schlüssel hinaus ausdehnen.

Pessimisten meinen, es sei nicht garantiert, daß die Kombination der beiden Algorithmen die Sicherheit erhöht. Es könnte subtile Wechselwirkungen geben, die die Sicherheit in Wirklichkeit *vermindern*. Selbst Dreifachverschlüsselung mit drei verschiedenen Algorithmen ist nicht unbedingt so sicher, wie man vielleicht meinen könnte. Kryptographie ist eine schwarze Kunst: Wenn man nicht weiß, was man tut, gerät man leicht in Schwierigkeiten.

Die Realität ist jedoch viel angenehmer. Die obigen Warnungen treffen eben nur zu, wenn ein Zusammenhang zwischen den verschiedenen Schlüsseln besteht. Sind alle Schlüssel voneinander unabhängig, so ist die gesamte Kaskade mindestens so schwer zu knacken wie der erste Algorithmus in der Kaskade [1033]. Falls der zweite Algorithmus anfällig für einen *chosen-plaintext*-Angriff ist, könnte der erste Algorithmus einen solchen Angriff erleichtern und den zweiten Algorithmus der Kaskade für einen *known-plaintext*-Angriff anfällig machen. Dieser potentielle Angriff ist nicht auf Verschlüsselungsalgorithmen beschränkt: Wenn Sie jemand anders einen beliebigen Algorithmus spezifizieren lassen, der vor der Verschlüsselung auf Ihre Nachricht angewandt wird, so sollten Sie sicherstellen, daß Ihre Verschlüsselung einem *chosen-plaintext*-Angriff standhält. Bedenken Sie, daß der gebräuchlichste Algorithmus zur Kompression und Digitalisierung von Sprache für Modems (der vor jeder Verschlüsselung angewandt wird) CELP heißt und von der NSA entwickelt wurde.

Um es deutlicher auszudrücken: Bei einem *chosen-plaintext*-Angriff ist eine Kaskade mehrerer Chiffrierungen mindestens so schwer zu knacken wie jede der beteiligten Chiffrierungen [858]. Ein früheres Resultat besagt, daß die Kaskade mindestens so schwer zu knacken ist wie der stärkste Algorithmus, doch dieses Resultat beruht auf einigen nicht explizit formulierten Voraussetzungen [528]. Nur wenn sich die Algorithmen vertauschen lassen – was bei kaskadierten Stromchiffrierungen oder Blockchiffrierungen im OFB-Modus der Fall ist –, ist die Kaskade mindestens so widerstandsfähig wie der stärkste Algorithmus.

Wenn Alice und Bob dem fremden Algorithmus nicht trauen, können sie eine Kaskade benutzen. Handelt es sich dabei um Stromchiffrierungen, spielt die Reihenfolge keine Rolle. Handelt es sich dagegen um Blockalgorithmen, kann Alice erst Algorithmus A und dann Algorithmus B verwenden. Bob, der dem Algorithmus B eher traut, kann erst B und dann A benutzen. Sie könnten sogar eine gute Stromchiffrierung zwischen den beiden Algorithmen einfügen. Das schadet nicht und kann die Sicherheit sehr wohl verbessern.

Vergessen Sie nicht, daß die Schlüssel für die einzelnen Algorithmen in der Kaskade unabhängig voneinander sein müssen. Benutzt Algorithmus A einen Schlüssel der Länge 64 Bit und B einen der Länge 128 Bit, so muß die gesamte Kaskade einen Schlüssel mit 192 Bit Länge benutzen. Sind die Schlüssel nicht unabhängig, könnten die Pessimisten sehr wohl recht behalten.

15.8 Kombination mehrerer Blockalgorithmen

Die folgende Methode zeigt eine weitere Möglichkeit zur Kombination mehrerer Blockalgorithmen, die garantiert mindestens so sicher ist wie die beiden beteiligten Algorithmen. Mit den beiden Algorithmen und zwei unabhängigen Schlüsseln geht man wie folgt vor:

(1) Erzeuge eine Zeichenkette R aus Zufallsbits, die genauso lang ist wie die Nachricht M.
(2) Verschlüssele R mit dem ersten Algorithmus.
(3) Verschlüssele $M \oplus R$ mit dem zweiten Algorithmus.
(4) Die chiffrierte Nachricht ergibt sich aus dem Resultat der Schritte (2) und (3).

Wird die Zeichenkette wirklich zufällig generiert, veschlüsselt diese Methode M mit einem One-Time-Pad und anschließend sowohl das Pad als auch die verschlüsselte Nachricht mit jedem der beiden Algorithmen. Da zur Rekonstruktion von M beide Algorithmen erforderlich sind, muß ein Kryptanalytiker auch beide knacken. Das Verfahren hat den Nachteil, daß der Chiffretext zweimal so lang ist wie der Klartext.

Das Verfahren läßt sich auf mehrere Algorithmen erweitern, doch der Chiffretext wird mit jedem zusätzlichen Algorithmus länger. Es ist ein gutes Konzept, jedoch nicht besonders praktikabel.

16 Pseudozufallsfolgengeneratoren und Stromchiffrierungen

16.1 Lineare Kongruenzgeneratoren

Lineare Kongruenzgeneratoren sind Generatoren für Pseudozufallsfolgen der Form

$$X_n = (aX_{n-1} + b) \bmod m$$

X_n ist dabei die n-te Zahl der Folge und X_{n-1} ihr Vorläufer. Die Variablen a, b und m sind konstant: a ist der **Multiplikator**, b das **Inkrement** und m der Modul. X_0 ist der Schlüssel (*seed*).

Dieser Generator besitzt eine Periode, die höchstens so groß ist wie m. Wurden a, b und m gut gewählt, hat der Generator die **maximale Periode** m (manchmal auch Länge genannt). b sollte zum Beispiel relativ prim zu m sein. [863, 942] enthalten Einzelheiten darüber, wie die Konstanten zu wählen sind, um eine maximale Periode zu gewährleisten. [1446] ist ein weiterer guter Artikel zur Theorie der linearen Kongruenzgeneratoren.

Tabelle 16.1, die aus [1272] stammt, enthält eine Liste geeigneter Konstanten für lineare Kongruenzgeneratoren. Diese Konstanten liefern Generatoren mit maximaler Periode, und alle bestehen – was noch wichtiger ist – den Spektraltest für Zufälligkeit in den Dimensionen 2, 3, 4, 5 und 6 [385, 863]. Sie sind nach der Wortlänge angeordnet, die nötig ist, um auch beim größten Produkt keinen Überlauf zu erhalten.

Lineare Kongruenzgeneratoren haben den Vorteil, schnell zu sein, da sie wenig Operationen pro Bit benötigen.

Leider können lineare Kongruenzgeneratoren in der Kryptographie nicht benutzt werden, da sie vorhersagbar sind. Sie wurden zum ersten Mal von Jim Reeds geknackt [1294, 1295, 1296], später auch von Joan Boyar [1251]. Joan Boyar knackte auch quadratische Generatoren der Form

$$X_n = (aX_{n-1}^2 + bX_{n-1} + c) \bmod m$$

sowie kubische Generatoren

$$X_n = (aX_{n-1}^3 + bX_{n-1}^2 + cX_{n-1} + d) \bmod m$$

Andere Wissenschaftler erweiterten die Arbeiten von Boyar so, daß sie jeden polynomialen Kongruenzgenerator brechen konnten [923, 899, 900]. Auch abgeschnittene lineare Kongruenzgeneratoren wurden geknackt [582, 705, 580], ebenso abgeschnittene lineare Kongruenzgeneratoren mit unbekannten Parametern [1500, 212]. Das alles liefert überwältigende Belege dafür, daß Kongruenzgeneratoren für die Kryptographie wertlos sind.

Überlauf bei	a	b	m
2^{20}	106	1283	6075
2^{21}	211	1663	7875
2^{22}	421	1663	7875
2^{23}	430	2531	11979
	936	1399	6655
	1366	1283	6075
2^{24}	171	11213	53125
	859	2531	11979
	419	6173	29282
	967	3041	14406
2^{25}	141	28411	134456
	625	6571	31104
	1541	2957	14000
	1741	2731	12960
	1291	4621	21870
	205	29573	139968
2^{26}	421	17117	81000
	1255	6173	29282
	281	28411	134456
2^{27}	1093	18257	86436
	421	54773	259200
	1021	24631	116640
	1021	25673	121500
2^{28}	1277	24749	11718
	741	66037	312500
	2041	25673	121500
2^{29}	2311	25367	120050
	1807	45289	214326
	1597	51749	244944
	1861	49297	233280
	2661	36979	175000
	4081	25673	121500
	3661	30809	145800
2^{30}	3877	29573	139968
	3613	45289	214326
	1366	150889	714025
2^{31}	8121	28411	134456
	4561	51349	243000
	7141	54773	259200
2^{32}	9301	49297	233280
	4096	150889	714025
2^{33}	2416	374441	1771875
2^{34}	17221	107839	510300
	36261	66037	312500
2^{35}	84589	45989	217728

Tabelle 16.1: *Konstanten für lineare Kongruenzgeneratoren.*

Für andere Anwendungen, z.B. Simulationen, sind lineare Kongruenzgeneratoren allerdings schon nützlich. Sie sind effizient und zeigen bei den meisten empirischen Tests gutes statistisches Verhalten. In [942] finden Sie viele Angaben über lineare Kongruenzgeneratoren und deren Implementierung.

Kombination linearer Kongruenzgeneratoren

Die Kombination linearer Kongruenzgeneratoren wurde mehrfach untersucht [1595, 941]. Die Ergebnisse sind zwar auch nicht kryptographisch sicher, doch die Kombinationen haben längere Perioden und verhalten sich bei einigen Zufallstests besser. Auf 32-Bit-Maschinen kann man folgenden Generator benutzen [941]:

```
static long s1 = 1 ;          /* Ein "long"-Wert muß 32 Bit lang sein */
static long s2 = 1;

#define MODMULT(a, b, c, m, s) q = s/a; s = b*(s-a*q) - c*q; if (s<0) s+=m;
/* MODMULT(a, b, c, m, s) berechnet s*b mod m, falls m=a*b+c und 0 <= c < m /*

/* combinedLCG liefert eine reelle Pseudozufallszahl im Intervall (0, 1). Die Funktion
 * kombiniert lineare Kongruenzgeneratoren mit den Perioden 2^31-85 und 2^31-249. Ihre
 * Periode entspricht dem Produkt dieser beiden Primzahlen. */

double combinedLCG(void)
{
    long q;
    long z;

    MODMULT (53668, 40014, 12211, 2147483563L, s1)
    MODMULT (52774, 40692, 3791, 2147483399L, s2)
    z = s1 - s2;
    if ( z < 1 )
        z += 2147483562;
    return z * 4.656613e-10;
}

/* initLCG sollte man vor dem Aufruf von combinedLCG aufrufen */
void initLCG(long InitS1, long InitS2)
{
    s1 = InitS1;
    s2 = InitS2;
}
```

Dieser Generator funktioniert, falls die Maschine alle ganzen Zahlen zwischen $-2^{31} + 85$ und $2^{31} - 85$ darstellen kann. Die Variablen s_1 und s_2 sind global. Sie stellen den aktuellen Zustand des Generators dar und müssen vor dem ersten Aufruf initialisiert werden. s_1 braucht einen Startwert zwischen 1 und 2147483562, s_2 zwischen 1 und 2147483398. Die Periode des Generators liegt irgendwo in der Größenordnung 10^{18}.

Auf 16-Bit-Maschinen kann man folgenden Generator benutzen:

```
static int s1 = 1 ;            /* Ein "int"-Wert muß 16 Bit lang sein */
static int s2 = 1 ;
static int s3 = 1 ;

#define MODMULT(a, b, c, m, s) q = s/a; s = b*(s-a*q) - c*q; if (s<0) s+=m;

/* combinedLCG liefert eine reelle Pseudozufallszahl im Intervall (0, 1). Die Funktion
 * kombiniert lineare Kongruenzgeneratoren mit den Perioden 2^15-405, 2^15-1041 und
 * 2^15-1111. Ihre Periode entspricht dem Produkt dieser drei Primzahlen. */

double combinedLCG(void)
{
    int q;
    int z;

    MODMULT (206, 157, 21, 32363, s1)
    MODMULT (217, 146, 45, 31727, s2)
    MODMULT (222, 142, 133, 31657, s3)

    z = s1 - s2;
    if ( z > 706 )
        z -= 32362;
    z += s3;
    if ( z < 1 )
        z += 32362;
    return z * 3.0899e-5;
}

/* initLCG sollte man vor dem Aufruf von combinedLCG aufrufen */
void initLCG(int InitS1, int InitS2, int InitS3)
{
    s1 = InitS1;
    s2 = InitS2;
    s3 = InitS3;
}
```

Dieser Generator funktioniert, wenn die Maschine alle ganzen Zahlen zwischen -32363 und 32363 darstellen kann. Die Variablen s_1, s_2 und s_3 sind global. Sie stellen den aktuellen Zustand des Generators dar und müssen vor dem ersten Aufruf initalisiert werden.

s_1 braucht einen Startwert zwischen 1 und 32362, s_2 zwischen 1 und 31726, s_3 zwischen 1 und 31656. Dieser Generator hat eine Periodenlänge von $1{,}6 * 10^{13}$. In beiden Generatoren hat der konstante Term b in der linearen Kongruenz den Wert 0.

16.2 Lineare Schieberegister mit Rückkopplung

Schieberegisterfolgen lassen sich sowohl in der Kryptographie als auch in der Kodierungstheorie einsetzen. Es gibt eine Fülle theoretischer Arbeiten zu diesem Thema. Seit den Anfangszeiten der Elektronik bilden Stromchiffrierungen auf der Grundlage von Schieberegistern das Rückgrat militärischer Kryptographie.

Ein **Schieberegister mit Rückkopplung** besteht aus zwei Teilen, nämlich einem Schieberegister und einer **Rückkopplungsfunktion** (siehe Abbildung 16.1). Das Schieberegister besteht aus einer Bitfolge. Die **Länge** eines Schieberegisters wird in Bit ausgedrückt; beträgt sie n Bit, so spricht man von einem n-Bit-Schieberegister. Immer wenn ein Bit benötigt wird, werden alle Bits im Schieberegister um ein Bit nach rechts verschoben. Das neue Bit ganz links wird abhängig von den anderen Bits im Register berechnet. Das Schieberegister liefert ein Bit Ausgabe, oft das niederwertigste Bit. Die **Periode** eines Schieberegisters ist die Länge der Ausgabefolge vor der ersten Wiederholung.

In der Kryptographie waren Stromchiffrierungen auf Basis von Schieberegistern sehr beliebt, denn sie lassen sich sehr leicht in digitaler Hardware implementieren. Ich werde die mathematische Theorie nur kurz streifen. Ernst Selmer, der Chefkryptograph der norwegischen Regierung, entwickelte 1965 die Theorie der Schieberegisterfolgen [1411]. Solomon Golomb, ein Mathematiker der NSA, schrieb ein Buch über die Ergebnisse von Selmer und einige eigene Resultate [643]. Weitere Hinweise finden Sie in [970, 971, 1647].

Die einfachste Variante eines Schieberegisters mit Rückkopplung ist das **Schieberegister mit linearer Rückkopplung** oder *linear feedback shift register* LFSR (siehe Abbildung 16.2). Die Rückkopplungsfunktion besteht einfach aus einer XOR-Verknüpfung bestimmter Bits des Registers. Die Liste dieser Bits heißt *tap sequence*. Eine solche Anord-

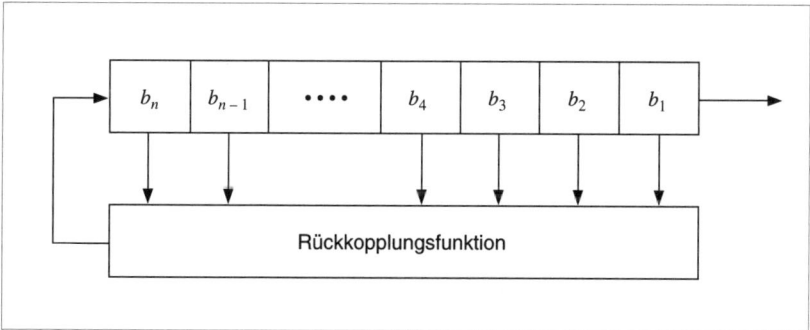

Abb. 16.1: Schieberegister mit Rückkopplung

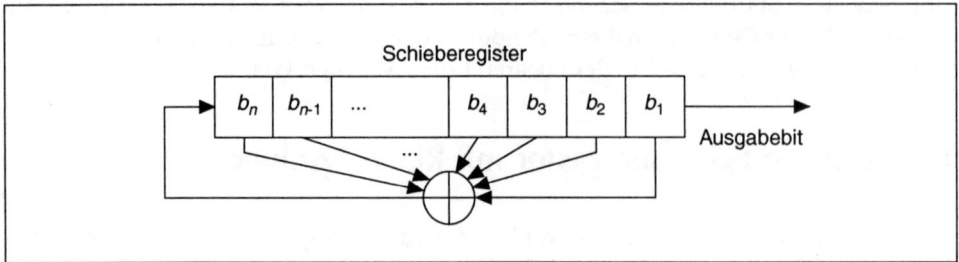

Abb. 16.2: Schieberegister mit linearer Rückkopplung

nung wird manchmal auch als **Fibonacci-Konfiguration** bezeichnet. Aufgrund dieser einfachen Rückkopplungssequenz kann man bei der Analyse von LFSRs auf umfangreiche mathematische Theorien zurückgreifen. Kryptographen analysieren die Folgen gerne, um sich davon zu überzeugen, daß sie auch zufällig genug sind, um sicher zu sein. LFSRs sind in der Kryptographie die gebräuchlichste Art von Schieberegistern.

Abbildung 16.3 zeigt ein 4-Bit-LFSR, das am ersten und vierten Bit „angezapft" wird. Wenn es mit dem Wert 1111 initialisiert wird, liefert es folgende Sequenz interner Zustände, bevor die erste Wiederholung auftritt:

```
1 1 1 1
0 1 1 1
1 0 1 1
0 1 0 1
1 0 1 0
1 1 0 1
0 1 1 0
0 0 1 1
1 0 0 1
0 1 0 0
0 0 1 0
0 0 0 1
1 0 0 0
1 1 0 0
1 1 1 0
```

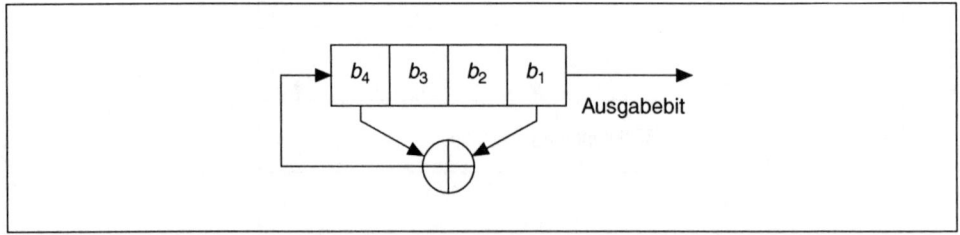

Abb. 16.3: 4-Bit-LFSR

16.2 Lineare Schieberegister mit Rückkopplung

Die Ausgabefolge, die nur aus den niederwertigsten Bits besteht, lautet:

1 1 1 1 0 1 0 1 1 0 0 1 0 0 0 ...

Ein n-Bit-LFSR kann einen von $2^n - 1$ internen Zuständen annehmen. Das bedeutet, daß es theoretisch eine Pseudozufallssequenz der Länge $2^n - 1$ generieren kann, bevor eine Wiederholung auftritt. (Die Länge beträgt $2^n - 1$ und nicht 2^n, weil ein Schieberegister mit lauter Nullen bewirkt, daß das LFSR eine unendliche Folge von Nullen ausgibt – das ist nicht besonders nützlich.) Nur LFSRs mit bestimmten *tap sequences* durchlaufen alle $2^n - 1$ internen Zustände. Sie heißen LFSRs mit maximaler Periode. Die erzeugte Ausgabesequenz heißt **m-Sequenz**.

Damit ein bestimmtes LFSR maximale Periode hat, muß das Polynom, das aus der *tap sequence* plus der Konstanten eins besteht, ein primitives Polynom modulo 2 sein. Der **Grad** des Polynoms entspricht der Länge des Schieberegisters. Ein primitives Polynom vom Grad n ist ein irreduzibles Polynom, das $x^{2^n-1}+1$ teilt, nicht aber $x^d + 1$ für jedes d, das $2^n - 1$ teilt (siehe Abschnitt 11.3). Die mathematische Theorie hierzu finden Sie in [643, 1649, 1648].

Im allgemeinen gibt es keine einfache Möglichkeit, primitive Polynome modulo 2 eines bestimmten Grads zu berechnen. Die einfachste Möglichkeit besteht darin, zufällig ein Polynom zu wählen und zu testen, ob es primitiv ist. Das ist zwar kompliziert – es entspricht etwa dem Test einer Zufallszahl auf Primalität –, doch viele mathematische Software-Pakete verfahren so. In [970, 971] finden Sie einige Methoden.

Tabelle 16.2 enthält einige primitive Polynome modulo 2 verschiedenen Grads, doch bei weitem nicht alle [1583, 643, 1649, 1648, 1272, 691]. Der Eintrag (32, 7, 5, 3, 2, 1, 0) bedeutet zum Beispiel, daß das folgende Polynom primitiv modulo 2 ist:

$$x^{32} + x^7 + x^5 + x^3 + x^2 + x + 1$$

Die Umwandlung dieses Polynoms in ein LFSR mit maximaler Periode ist einfach. Der höchste Exponent gibt die Größe n des Registers an. Die Bits werden von $n - 1$ bis 0 durchnumeriert. Die Exponenten einschließlich der Null geben die *tap sequence* vor, von der rechten Seite des Registers gezählt. Der Term x^n des Polynoms steht für die Eingabe, die links hineinläuft.

Ist das Schieberegister länger als die Wortlänge des verwendeten Computers, wird die Programmierung etwas, doch nicht sehr viel komplizierter.

Beachten Sie, daß die Anzahl der Koeffizienten bei allen Einträgen der Tabelle ungerade ist. Ich habe so viele Werte in der Tabelle aufgeführt, weil LFSRs in der Kryptographie oft für Stromchiffrierungen benutzt werden und ich eine Auswahl verschiedener primitiver Polynome anbieten möchte. Da mit $p(x)$ auch $x^n p(1/x)$ primitiv ist, beschreibt jeder Tabelleneintrag in Wirklichkeit zwei Polynome.

Ist zum Beispiel $(a, b, 0)$ primitiv, so gilt dies auch für $(a, a - b, 0)$. Ist $(a, b, c, d, 0)$ primitiv, so gilt dies auch für $(a, a - d, a - c, a - b, 0)$. Mathematisch ausgedrückt:

Falls $x^a + x^b + 1$ primitiv ist, so auch $x^a + x^{a-b} + 1$.
Falls $x^a + x^b + x^c + x^d + 1$ primitiv ist, so auch $x^a + x^{a-d} + x^{a-c} + x^{a-b} + 1$.

(1, 0)	(36, 11, 0)	(68, 9, 0)	(97, 6, 0)
(2, 1, 0)	(36, 6, 5, 4, 2, 1, 0)	(68, 7, 5, 1, 0)	(98, 11, 0)
(3, 1, 0)	(37, 6, 4, 1, 0)	(69, 6, 5, 2, 0)	(98, 7, 4, 3, 1, 0)
(4, 1, 0)	(37, 5, 4, 3, 2, 1, 0)	(70, 5, 3, 1, 0)	(99, 7, 5, 4, 0)
(5, 2, 0)	(38, 6, 5, 1, 0)	(71, 6, 0)	(100, 37, 0)
(6, 1, 0)	(39, 4, 0)	(71, 5, 3, 1, 0)	(100, 8, 7, 2, 0)
(7, 1, 0)	(40, 5, 4, 3, 0)	(72, 10, 9, 3, 0)	(101, 7, 6, 1, 0)
(7, 3, 0)	(41, 3, 0)	(72, 6, 4, 3, 2, 1, 0)	(102, 6, 5, 3, 0)
(8, 4, 3, 2, 0)	(42, 7, 4, 3, 0)	(73, 25, 0)	(103, 9, 9)
(9, 4, 0)	(42, 5, 4, 2, 1, 0)	(73, 4, 3, 2, 0)	(104, 11, 10, 1, 0)
(10, 3, 0)	(43, 6, 4, 3, 0)	(74, 7, 4, 3, 0)	(105, 16, 0)
(11, 2, 0)	(44, 6, 5, 2, 0)	(75, 6, 3, 1, 0)	(106, 15, 0)
(12, 6, 4, 1, 0)	(45, 4, 3, 1, 0)	(76, 5, 4, 2, 0)	(107, 9, 7, 4, 0)
(13, 4, 3, 1, 0)	(46, 8, 7, 6, 0)	(77, 6, 5, 2, 0)	(108, 31, 0)
(14, 5, 3, 1, 0)	(46, 8, 5, 3, 2, 1, 0)	(78, 7, 2, 1, 0)	(109, 5, 4, 23, 0)
(15, 1, 0)	(47, 5, 0)	(79, 9, 0)	(110, 6, 4, 1, 0)
(16, 5, 3, 2, 0)	(48, 9, 7, 4, 0)	(79, 4, 3, 2, 0)	(111, 10, 0)
(17, 3, 0)	(48, 7, 5, 4, 2, 1, 0)	(80, 9, 4, 2, 0)	(111, 49, 0)
(17, 5, 0)	(49, 9, 0)	(80, 7, 5, 3, 2, 1, 0)	(113, 9, 0)
(17, 6, 0)	(49, 6, 5, 4, 0)	(81, 4, 0)	(113, 15, 0)
(18, 7, 0)	(50, 4, 3, 2, 0)	(82, 9, 6, 4, 0)	(113, 30, 0)
(18, 5, 2, 1, 0)	(51, 6, 3, 1, 0)	(82, 8, 7, 6, 1, 0)	(114, 11, 2, 1, 0)
(19, 5, 2, 1, 0)	(52, 3, 0)	(83, 7, 4, 2, 0)	(115, 8, 7, 5, 0)
(20, 3, 0)	(53, 6, 2, 1, 0)	(84, 13, 0)	(116, 6, 5, 2, 0)
(21, 2, 0)	(54, 8, 6, 3, 0)	(84, 8, 7, 5, 3, 1, 0)	(117, 5, 2, 1, 0)
(22, 1, 0)	(54, 6, 5, 4, 3, 2, 0)	(85, 8, 2, 1, 0)	(118, 33, 0)
(23, 5, 0)	(55, 24, 0)	(86, 6, 5, 2, 0)	(119, 8, 0)
(24, 4, 3, 1, 0)	(55, 6, 2, 1, 0)	(87, 13, 0)	(119, 45, 0)
(25, 3, 0)	(56, 7, 4, 2, 0)	(87, 7, 5, 1, 0)	(120, 9, 6, 2, 0)
(26, 6, 2, 1, 0)	(57, 7, 0)	(88, 11, 9, 8, 0)	(121, 18, 0)
(27, 5, 2, 1, 0)	(57, 5, 3, 2, 0)	(88, 8, 5, 4 , 1, 0)	(122, 6, 2, 1, 0)
(28, 3, 0)	(58, 19, 0)	(89, 38, 0)	(123, 2, 0)
(29, 2, 0)	(58, 6, 5, 1, 0)	(89, 51, 0)	(124, 37, 0)
(30, 6, 4, 1, 0)	(59, 7, 4, 2, 0)	(89, 6, 5, 3, 0)	(125, 7, 6, 5, 0)
(31, 3, 0)	(59, 6, 5, 4, 3, 1, 0)	(90, 5, 3, 2, 0)	(126, 7, 4, 2, 0)
(31, 6, 0)	(60, 1, 0)	(91, 8, 5, 1, 0)	(127, 1, 0)
(31, 7, 0)	(61, 5, 2, 1, 0)	(91, 7, 6, 5, 3, 2, 0)	(127, 7, 0)
(31, 13, 0)	(62, 6, 5, 3, 0)	(92, 6, 5, 2, 0)	(127, 63, 0)
(32, 7, 6, 2, 0)	(63, 1, 0)	(93, 2, 0)	(128, 7, 2, 1, 0)
(32, 7, 5, 3, 2, 1, 0)	(64, 4, 3, 1, 0)	(94, 21, 0)	(129, 5, 0)
(33, 13, 0)	(65, 18, 0)	(94, 6, 5, 1, 0)	(130, 3, 0)
(33, 16, 4, 1, 0)	(65, 4, 3, 1, 0)	(95, 11, 0)	(131, 8, 3, 2, 0)
(34, 8, 4, 3, 0)	(66, 9, 8, 6, 0)	(95, 6, 5, 4, 2, 1, 0)	(132, 29, 0)
(34, 7, 6, 5, 2, 1, 0)	(66, 8, 6, 5, 3, 2, 0)	(96, 10, 9, 6, 0)	(133, 9, 8, 2, 0)
(35, 2, 0)	(67, 5, 2, 1, 0)	(96, 7, 6, 4, 3, 2, 0)	(134, 57, 0)

Tabelle 16.2: Einige primitive Polynome modulo 2

(135, 11, 0)	(152, 6, 3, 2, 0)	(178, 87, 0)	(270, 133, 0)
(135, 16, 0)	(153, 1, 0)	(183, 56, 0)	(282, 35, 0)
(135, 22, 0)	(153, 8, 0)	(194, 87, 0)	(282, 43, 0)
(136, 8, 3, 2, 0)	(154, 9, 5, 1, 0)	(198, 65, 0)	(286, 69, 0)
(137, 21, 0)	(155, 7, 5, 4, 0)	(201, 14, 0)	(286, 73, 0)
(138, 8, 7, 1, 0)	(156, 9, 5, 3, 0)	(201, 17, 0)	(294, 61, 0)
(139, 8, 5, 3, 0)	(157, 6, 5, 2, 0)	(201, 59, 0)	(322, 67, 0)
(140, 29, 0)	(158, 8, 6, 5, 0)	(201, 79, 0)	(333, 2, 0)
(141, 13, 6, 1, 0)	(159, 31, 0)	(202, 55, 0)	(350, 53, 0)
(142, 21, 0)	(159, 34, 0)	(207, 43, 0)	(366, 29, 0)
(143, 5, 3, 2, 0)	(159, 40, 0)	(212, 105, 0)	(378, 43, 0)
(144, 7, 4, 2, 0)	(160, 5, 3, 2, 0)	(218, 11, 0)	(378, 107, 0)
(145, 52, 0)	(161, 18, 0)	(218, 15, 0)	(390, 89, 0)
(145, 69, 0)	(161, 39, 0)	(218, 71, 0)	(462, 73, 0)
(146, 5, 3, 2, 0)	(161, 60, 0)	(218, 83, 0)	(521, 32, 0)
(147, 11, 4, 2, 0)	(162, 8, 7, 4, 0)	(225, 32, 0)	(521, 48, 0)
(148, 27, 0)	(163, 7, 6, 3, 0)	(225, 74, 0)	(521, 158, 0)
(149, 10, 9, 7, 0)	(164, 12, 6, 5, 0)	(225, 88, 0)	(521, 168, 0)
(150, 53, 0)	(165, 9, 8, 3, 0)	(225, 97, 0)	(607, 105, 0)
(151, 3, 0)	(166, 10, 3, 2, 0)	(225, 109, 0)	(607, 147, 0)
(151, 9, 0)	(167, 6, 0)	(231, 26, 0)	(607, 273, 0)
(151, 15, 0)	(170, 23, 0)	(231, 34, 0)	(1279, 216, 0)
(151, 31, 0)	(172, 2, 0)	(234, 31, 0)	(1279, 418, 0)
(151, 39, 0)	(174, 13, 0)	(234, 103, 0)	(2281, 715, 0)
(151, 43, 0)	(175, 6, 0)	(236, 5, 0)	(2281, 915, 0)
(151, 46, 0)	(175, 16, 0)	(250, 103, 0)	(2281, 1029, 0)
(151, 51, 0)	(175, 18, 0)	(255, 52, 0)	(3217, 67, 0)
(151, 63, 0)	(175, 57, 0)	(255, 56, 0)	(3217, 576, 0)
(151, 66, 0)	(177, 8, 0)	(255, 82, 0)	(4423, 271, 0)
(151, 67, 0)	(177, 22, 0)	(258, 83, 0)	(9689, 84, 0)
(151, 70, 0)	(177, 88, 0)	(266, 47, 0)	

Tabelle 16.2: Einige primitive Polynome modulo 2

Primitive Trinome sind am schnellsten in Software zu implementieren, weil nur zwei Bits des Schieberegisters XOR-verknüpft werden müssen, um das neue Bit zu erzeugen. Alle Rückkopplungspolynome in Tabelle 16.2 sind dünn besetzt, haben also nur wenig Koeffizienten. Diese Eigenschaft stellt allerdings eine Schwäche dar, die manchmal sogar das Knacken des Algorithmus ermöglicht. Für kryptographische Anwendungen ist es viel besser, mit dicht besetzten primitiven Polynomen zu arbeiten, also solchen mit vielen Koeffizienten. Wenn man dichte Polynome benutzt, kommt man mit viel kürzeren LFSRs aus, vor allem dann, wenn man die Polynome zu einem Teil des Schlüssels macht.

Die Erzeugung von dichten primitiven Polynomen modulo 2 ist nicht einfach. Im allgemeinen muß man zur Erzeugung primitiver Polynome vom Grad k die Faktorzerlegung von $2^k - 1$ kennen. [652, 1285, 1287] sind drei gute Arbeiten über die Bestimmung primitiver Polynome.

LFSRs sind brauchbare Generatoren für Pseudozufallsfolgen, doch sie haben einige lästige Eigenschaften, die ihr Zufallsverhalten stören. Aufeinanderfolgende Bits sind linear und somit für die Verschlüsselung unbrauchbar. Bei einem LFSR der Länge n besteht der interne Zustand aus den nächsten n Ausgabebits des Generators. Selbst wenn das Rückkopplungsschema nicht bekannt ist, kann es mit Hilfe des hoch effizienten Algorithmus von Berlekamp-Massey aus nur $2n$ Ausgabebits des Generators ermittelt werden [1082, 1083] (siehe Abschnitt 16.3).

Außerdem sind große Zufallszahlen, die aus aufeinanderfolgenden Bits generiert werden, hochgradig korreliert und für manche Anwendungen nicht zufällig genug. Dennoch dienen LFSRs oft als Bausteine für Verschlüsselungsalgorithmen.

Software-Implementierungen von LFSRs

Software-Implementierungen von LFSRs sind langsam, jedoch in Assembler schneller als in C. Eine Möglichkeit besteht darin, 16 LFSRs (oder 32, je nach Wortbreite des Computers) parallel laufen zu lassen. Dieses Schema arbeitet mit einem Feld einzelner Worte, dessen Länge der des LFSRs entspricht. Jede Bitposition in den Worten steht für ein eigenes LFSR. Wenn alle Rückkopplungspolynome gleich sind, läuft dieses Verfahren ziemlich schnell. Die beste Möglichkeit zur Aktualisierung von Schieberegistern ist im allgemeinen die Multiplikation des aktuellen Zustands mit geeigneten Binärmatrizen [901].

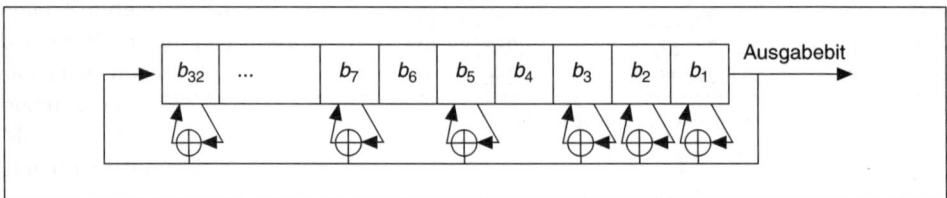

Abb. 16.4: *Galois-LFSR*

Man kann auch das Rückkopplungsschema des LFSRs modifizieren. Der entstehende Generator ist kryptographisch nicht besser, hat jedoch immer noch maximale Periode und ist leicht in Software zu implementieren [1272]. Anstatt das neue Bit an der ganz linken Position mit Hilfe der *tap sequence* zu generieren, wird jedes Bit der *tap sequence* mit der Ausgabe des Generators XOR-verknüpft und ersetzt. Die Ausgabe des Generators wird das neue Bit ganz links (siehe Abbildung 16.4). Dies wird manchmal als **Galois-Konfiguration** bezeichnet.

In C sieht das wie folgt aus:

```
#define mask 0x80000057

static unsigned long ShiftRegister = 1;
void seed_LFSR(unsigned long seed)
{
    if (seed == 0)          /* Schwierigkeiten vermeiden */
        seed = 1;
    ShiftRegister = seed;
}

int modified_LFSR(void)
{
    if (ShiftRegister & 0x00000001) {
        ShiftRegister = (ShiftRegister ^ mask) >> 1 | 0x8000000;
        return 1;
    } else {
        ShiftRegister >>= 1;
        return 0;
    }
}
```

Die Optimierung besteht darin, daß hier alle XOR-Verknüpfungen in einer einzigen Operation durchgeführt werden können. Das kann man auch parallelisieren; die einzelnen Rückkopplungspolynome können unterschiedlich sein. Die Galois-Konfiguration erlaubt auch schnelle Hardware-Implementierungen. Im allgemeinen sollte man eine Fibonacci-Konfiguration benutzen, wenn die verwendete Hardware sehr schnell verschieben kann; wenn man Parallelismus ausnutzen kann, empfiehlt sich dagegen eine Galois-Konfiguration.

16.3 Entwurf und Analyse von Stromchiffrierungen

Die meisten praktischen Entwürfe für Stromchiffrierungen basieren auf LFSRs. Sie ließen sich in den Anfangsjahren der Elektronik sehr einfach bauen. Ein Schieberegister ist nichts weiter als eine Reihe von Bitspeicherplätzen, die Rückkopplungssequenz besteht aus einer Reihe von XOR-Gattern. Selbst in VLSI-Technik ermöglicht eine Stromchiffrierung mit einem LFSR beim Einsatz weniger logischer Gatter bereits hohe Sicherheit.

Das Problem bei den LFSRs besteht darin, daß sie in Software sehr ineffizient sind. Dünn besetzte Rückkopplungspolynome sollte man vermeiden, weil sie Korrelationsangriffe erleichtern [1051, 1090, 350] – dicht besetzte Polynome sind aber ineffizient. Stromchiffrierungen geben immer nur einzelne Bits aus. Um so viel zu verschlüsseln wie eine einzige Iteration von DES, muß man sie 64 mal laufen lassen. Eine Software-

Implementierunge eines einfachen LFSR-Algorithmus (z.B. der unten beschriebene Shrinking-Generator) ist nicht schneller als DES.

Dieser Zweig der Kryptographie erlebt rasante Fortschritte und ist politisch sehr brisant. Die meisten Entwicklungen sind geheim. Die Mehrzahl der heute gebräuchlichen militärischen Verschlüsselungssysteme basiert auf LFSRs. Bei den meisten Cray-Computern (Cray 1, Cray X-MP, Cray Y-MP) gibt es eine etwas merkwürdige Anweisung, die als *population count* bezeichnet wird. Sie zählt die auf 1 gesetzten Bits in einem Register. Damit läßt sich sowohl effizient der Hamming-Abstand zweier Binärworter berechnen als auch eine vektorisierte Version eines LFSRs implementieren. Diese Anweisung wird gelegentlich als *die* NSA-Anweisung bezeichnet, die in fast allen Computerverträgen verlangt wird.

Andererseits wurden erstaunlich viele scheinbar komplexe Generatoren, die mit Schieberegistern arbeiten, geknackt. Militärische Kryptanalyse-Institute wie die NSA haben bestimmt noch viel mehr geknackt. Es ist manchmal schon amüsant zu sehen, wie die einfachen Verfahren immer wieder vorgeschlagen werden.

Lineare Komplexität

Die Analyse von Stromchiffrierungen ist oft einfacher als die Analyse von Blockchiffrierungen. Eine wichtige Meßgröße bei der Analyse von Generatoren auf Basis von LFSRs ist zum Beispiel die **lineare Komplexität** (auch *linear span*). Sie ist als die Länge n des kürzesten LFSRs definiert, das die Ausgabe des Generators simulieren kann. Jede Folge, die von einem endlichen Automaten über einem endlichen Körper generiert wird, hat endliche lineare Komplexität [1006]. Die lineare Komplexität ist von großer Bedeutung, da es mit dem **Berlekamp-Massey-Algorithmus** ein einfaches Verfahren gibt, das dieses LFSR nach der Untersuchung von nur $2n$ Bits des Schlüsselstroms generiert [1005]. Hat man erst einmal dieses LFSR generiert, ist die Stromchiffrierung geknackt.

Dieses Konzept wurde von Körpern auf Ringe verallgemeinert [1298] sowie auf Ausgabefolgen, die man als Zahlen in Körpern mit ungerader Charakteristik betrachtet [842]. Eine weitere Verbesserung ist das Konzept eines **linearen Komplexitätsprofils**, das die lineare Komplexität einer Folge mißt, die immer länger wird [1357, 1168, 411, 1582]. Ein anderer Algorithmus zur Berechnung der linearen Komplexität ist nur unter sehr speziellen Umständen nützlich [597, 595, 596, 1333]. [776] enthält eine Verallgemeinerung der linearen Komplexität. Schließlich gibt es noch das Konzept der sphärischen Komplexität [502] sowie 2-adische Komplexität [844].

Beachten Sie unbedingt, daß eine hohe lineare Komplexität nicht unbedingt einen sicheren Generator garantiert, eine geringe lineare Komplexität jedoch immer ein Anzeichen für einen unsicheren Generator ist [1357, 1249].

Immunität gegen Korrelation

Die Kryptographen versuchen, durch nichtlineare Kombination der Ausgabe mehrerer Generatoren eine hohe lineare Komplexität zu erreichen. Dies birgt jedoch die Gefahr, daß eine oder mehrere der internen Ausgabesequenzen (die oft nur aus einzelnen LFSRs bestehen) mit einem kombinierten Schlüsselstrom korreliert sein können und anfällig für Angriffe mittels linearer Algebra sind. Dies wird oft als **Korrelationsangriff** oder *divide-and-conquer*-Angriff bezeichnet. Thomas Siegenthaler zeigte, daß sich die **Immunität gegen Korrelation** exakt definieren läßt und daß es einen Zusammenhang zwischen Immunität gegen Korrelation und linearer Komplexität gibt [1450].

Die Grundidee bei einem Korrelationsangriff besteht darin, Korrelationen zwischen der Ausgabe des Generators und der Ausgabe einer seiner internen Komponenten zu bestimmen. Dann beobachtet man die Ausgabesequenz und erhält Informationen über die betreffende interne Ausgabe. Mit diesen Informationen und anderen Korrelationen sammelt man Daten über die anderen internen Ausgabefolgen, bis der gesamte Generator geknackt ist.

Korrelationsangriffe und Varianten wie die schnellen Korrelationsangriffe – die die Effektivität auf Kosten der Berechnungskomplexität erhöhen – wurden erfolgreich auf eine Reihe von Schlüsselstromgeneratoren auf Basis von LFSRs angewandt [1451, 278, 1452, 572, 1636, 1051, 1090, 350, 633, 1054, 1089, 995]. Einige interessante neue Ideen hierzu finden sich in [46, 1641].

Weitere Angriffe

Es gibt noch andere allgemeine Angriffe gegen Schlüsselstromgeneratoren. Der **lineare Konsistenztest** versucht mit Hilfe von Matrizentechniken, eine Teilmenge des Chiffrierschlüssels zu identifizieren [1638]. Es gibt auch einen **meet-in-the-middle-Konsistenzangriff**. [39, 41]. Der *linear syndrome algorithm* beruht darauf, ein Fragment der Ausgabesequenz als lineare Gleichung zu schreiben [1636, 1637]. Daneben gibt es noch den Angriff mittels **bester affiner Approximation** [502] und den mit **abgeleiteten Folgen**. Selbst die Techniken der differentiellen Kryptanalyse wurden auf Stomchiffrierungen angewandt [501], ebenso lineare Kryptanalyse [631].

16.4 Stromchiffrierungen mit LFSRs

Der Grundansatz zur Entwicklung eines Schlüsselstromgenerators mit Hilfe von LFSRs ist einfach. Man beginnt mit einem oder mehreren LFSRs, die meist unterschiedlich lang sind und unterschiedliche Rückkopplungspolynome haben. Wenn die Längen alle relativ prim zueinander sind und die Rückkopplungspolynome alle primitiv sind, hat der gesamte Generator maximale Länge. Der Anfangszustand der LFSRs bildet den Schlüssel. Zum Erzeugen eines Bits verschiebt man die LFSRs einmal (dies wird auch als **Takt** bezeichnet). Das ausgegebene Bit ist eine (am besten nichtlineare) Funktion einiger Bits der LFSRs. Diese Funktion heißt **kombinierende Funktion**, der gesamte Generator wird **Kombinationsgenerator** genannt. (Falls das Ausgabebit eine Funktion eines einzelnen LFSRs ist, heißt der Generator **Filtergenerator**). Selmer und Neal Zierler [1647] entwikkelten einen Großteil der theoretischen Grundlagen für solche Anordnungen.

Es wird noch komplizierter: Bei manchen Generatoren werden die LFSRs unterschiedlich getaktet. Manchmal hängt die Taktrate eines Generators von der Ausgabe eines anderen ab. Dabei handelt es sich um elektronische Varianten von Konzepten für Verschlüsselungsmaschinen, die es schon vor dem zweiten Weltkrieg gab. Solche Anordnungen heißen **taktgesteuerte Generatoren** [641]. Die Taktsteuerung kann vorwärts gerichtet sein (d.h. die Ausgabe eines LFSRs steuert den Takt eines anderen), oder rückwärts (d.h. ein LFSR steuert seinen eigenen Takt).

Obwohl diese Generatoren theoretisch anfällig für Einbettung und wahrscheinlichkeitstheoretische Korrelationsangriffe sind [634, 632], sind bislang viele sicher. [89] enthält weitere theoretische Grundlagen über taktgesteuerte Schieberegister.

Ian Cassels, früher Chef der Abteilung für reine Mathematik in Cambridge und Kryptanalytiker in Bletchley Park[1], meinte „Kryptographie ist eine Mischung aus Mathematik und Unordnung; ohne die Unordnung kann man die Mathematik gegen Sie einsetzen". Er meint damit, daß man bei den Stromchiffrierungen bestimmte mathematische Strukturen braucht (etwas LFSRs), um maximale Länge und andere Eigenschaften zu garantieren. Zusätzlich ist aber eine Art komplizierter nichtlinearer Unordnung nötig, um zu verhindern, daß jemand an das Register kommt und es knackt. Dieser Ratschlag gilt auch für Blockalgorithmen.

Auf den folgenden Seiten finden Sie einige Schlüsselstromgeneratoren auf Basis von LFSRs, die in Fachpublikationen veröffentlicht wurden. Mir ist nicht bekannt, ob einer davon für kryptographische Produkte verwendet wird. Die meisten sind nur von theoretischem Interesse. Einige wurden bereits geknackt, andere sind noch sicher.

Da LFSR-Verschlüsselung im allgemeinen in Hardware implementiert wird, benutzen wir in den Abbildungen die Symbole elektronischer Logik. Im Text steht $\oplus$ für XOR, $\wedge$ für AND, $\vee$ für OR und $\neg$ für NOT.

Geffe-Generator

Dieser Schlüsselstromgenerator arbeitet mit drei LFSRs, die nichtlinear kombiniert werden (siehe Abbildung 16.5). Zwei der LFSRs liefern die Eingabe für einen Multiplexer, das dritte steuert dessen Ausgabe. Wenn die drei LFSRs die Ausgabewerte a_1, a_2 und a_3 liefern, läßt sich die Ausgabe des Geffe-Generators wie folgt beschreiben:

$$b = (a_1 \wedge a_2) \oplus ((\neg a_1) \wedge a_3)$$

---

[1]. A.d.Ü.: Im englischen Ort Bletchley Park befand sich das Institut, in dem die britische Abwehr im zweiten Weltkrieg die deutsche ENIGMA-Verschlüsselung knackte.

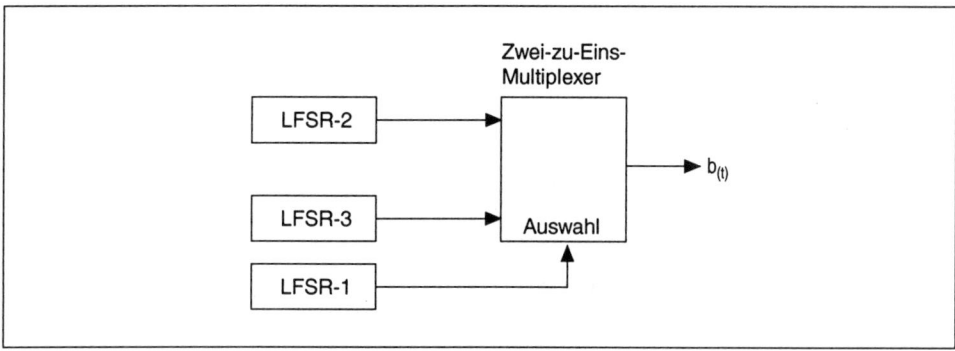

Abb. 16.5: *Geffe-Generator*

Beträgt die Länge der LFSRs jeweils n_1, n_2 und n_3, so hat der Generator die lineare Komplexität

$$(n_1 + 1)n_2 + n_1 n_3$$

Die Periode des Generators beläuft sich auf das kleinste gemeinsame Vielfache der Perioden der drei Generatoren. Sind die Grade der drei primitiven Rückkopplungspolynome relativ prim zueinander, so ist die Periode dieses Generators gerade das Produkt der Perioden der drei LFSRs.

Obwohl dieser Generator auf dem Papier einen guten Eindruck macht, ist er kryptographisch schwach und hält einem Korrelationsangriff nicht stand [829, 1638]. Die Ausgabe des Generators entspricht in 75 Prozent der Fälle der Ausgabe von LFSR-2. Ist die *tap sequence* bekannt, kann man den Startwert für LFSR-2 raten und die Ausgabesequenz dieses Registers erzeugen. Dann zählt man, wie oft die Ausgabe von LFSR-2 mit der Ausgabe des Generators übereinstimmt. Hat man falsch geraten, stimmen die beiden Sequenzen in ungefähr 50 Prozent der Fälle überein; hat man richtig geraten, stimmen sie in 75 Prozent aller Fälle überein.

Ein entsprechender Zusammenhang existiert auch mit LFSR-3: seine Ausgabe entspricht in 75 Prozent der Fälle der Ausgabe des Generators. Aufgrund dieser Korrelationen läßt sich dieser Schlüsselstromgenerator leicht knacken. Bestehen die primitiven Polynome zum Beispiel jeweils nur aus drei Termen und das längste LFSR hat die Länge n, so ist nur ein Segment der Ausgabesequenz mit der Länge $37n$ Bit nötig, um die internen Zustände aller drei LFSRs zu rekonstruieren [1639].

Verallgemeinerter Geffe-Generator

Anstatt aus zwei LFSRs auszuwählen, wählt dieses Verfahren aus k LFSRs (k muß eine Zweierpotenz sein). Es gibt insgesamt $k + 1$ LFSRs (siehe Abbildung 16.6). LFSR-1 muß $\log_2 k$ mal schneller getaktet werden als die anderen k LFSRs.

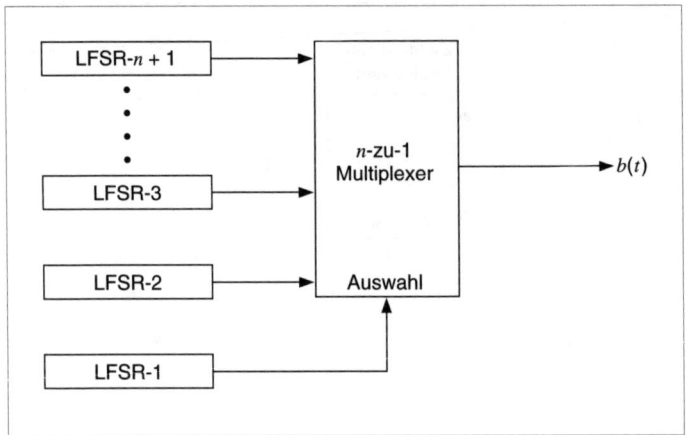

Abb. 16.6: Verallgemeinerter Geffe-Generator

Obwohl dieses Schema komplexer ist als der Geffe-Generator, ist der gleiche Korrelationsangriff möglich. Ich rate daher von diesem Generator ab.

Jennings-Generator

Dieses Verfahren kombiniert zwei LFSRs durch einen Multiplexer [778, 779, 780]. Der Multiplexer, der von LFSR-1 gesteuert wird, wählt für jedes Ausgabebit ein Bit von LFSR-2. Auch hier gibt es eine Funktion, die die Ausgabe von LFSR-2 abhängig von der Eingabe des Multiplexers beschreibt (siehe Abbildung 16.7).

Der ursprüngliche Zustand der beiden LFSRs und die Abbildungsfunktion bilden hier den Schlüssel. Dieser Generator hat zwar großartige statistische Eigenschaften, fällt jedoch einem Konsistenz-Angriff des Typs *meet-in-the-middle* von Ross Anderson zum Opfer [1638, 442]. Benutzen Sie diesen Generator nicht.

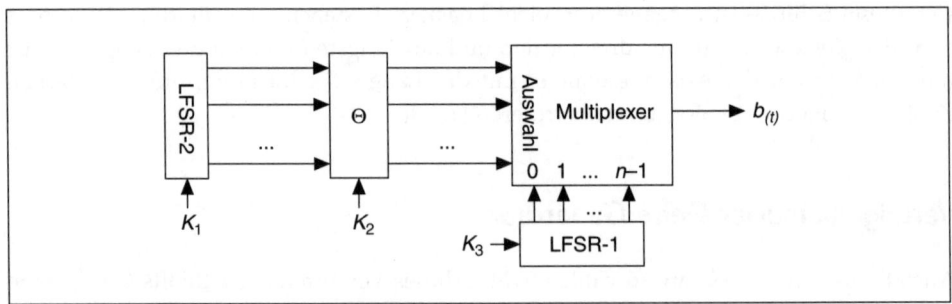

Abb. 16.7: Jennings-Generator

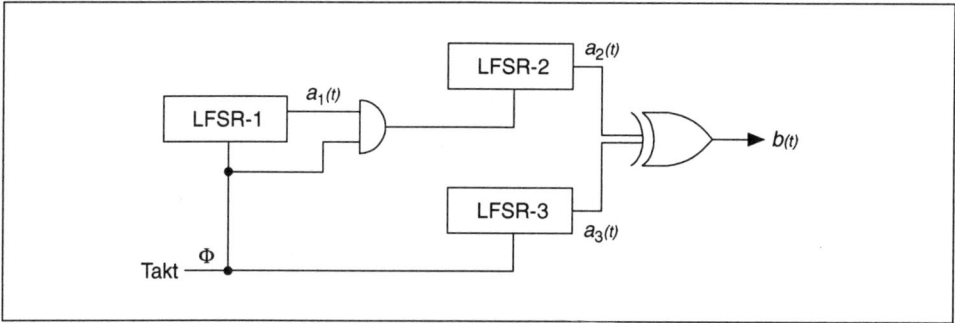

Abb. 16.8: Stop-and-Go-Generator von Beth-Piper

Stop-and-Go-Generator von Beth-Piper

Dieser Generator wird in Abbildung 16.8 dargestellt. Er benutzt die Ausgabe eines LFSRs, um damit den Takt eines weiteren LFSRs zu steuern [151]. Der Takteingang von LFSR-2 wird durch die Ausgabe von LFSR-1 gesteuert, so daß LFSR-2 seinen Zustand zur Zeit t nur dann ändern kann, wenn LFSR-1 zur Zeit $t-1$ die Ausgabe 1 lieferte.

Bisher konnte niemand für den allgemeinen Fall Aussagen über die lineare Komplexität dieses Generators beweisen. Er fällt dennoch einem Korrelationsangriff zum Opfer [1639].

Alternierender Stop-and-Go-Generator

Dieser Generator arbeitet mit drei LFSRs unterschiedlicher Länge. LFSR-2 wird getaktet, wenn LFSR-1 den Ausgabwert 1 liefert; LFSR-3 wird getaktet, wenn LFSR-1 den Ausgabewert 0 liefert. Der Generator liefert als Ausgabe die XOR-Verknüpfung von LFSR-2 und LFSR-3 (siehe Abbildung 16.9) [673].

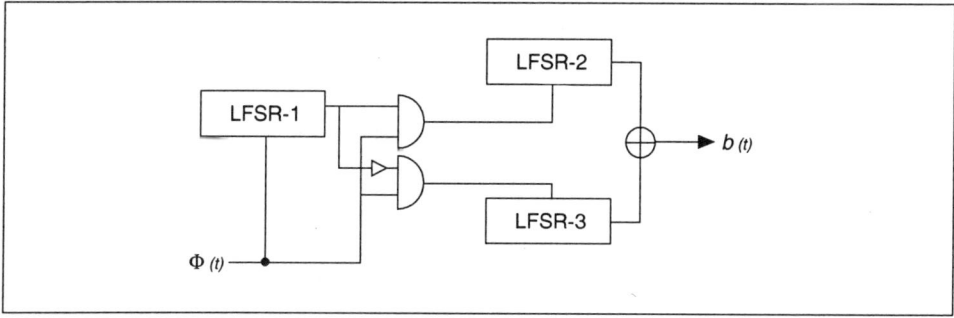

Abb. 16.9: Alternierender Stop-and-Go-Generator

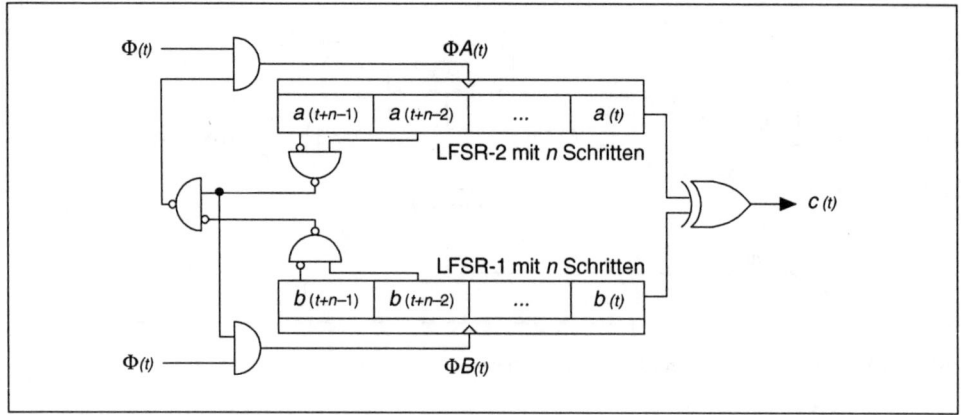

Abb. 16.10: Zweiseitiger Stop-and-Go-Generator

Dieser Generator hat eine große Periode und eine hohe lineare Komplexität. Seine Entwickler entdeckten einen Korrelationsangriff gegen LFSR-1, der den Generator jedoch nicht nennenswert schwächt. Es gab noch weitere Versuche zur Konstruktion von Schlüsselstromgeneratoren nach diesem Vorbild [1534, 1574, 1477].

Zweiseitiger Stop-and-Go-Generator

Dieser Generator benutzt zwei LFSRs der Länge n (siehe Abbildung 16.10) [1638]. Der Generator liefert als Ausgabe die XOR-Verknüpfung der Ausgaben aller LFSRs. Liefert LFSR-2 zur Zeit $t - 1$ die Ausgabe 0 und zur Zeit $t - 2$ die Ausgabe 1, so bekommt LFSR-1 zur Zeit t keinen Taktimpuls. Liefert umgekehrt LFSR-1 zur Zeit $t - 1$ die Ausgabe 0 und zur Zeit $t - 2$ die Ausgabe 1, so bekommt LFSR-2 zur Zeit t keinen Taktimpuls.

Die lineare Komplexität dieses Systems entspricht ungefähr seiner Periode. Laut [1638] „wurde in diesem System keine offensichtliche Schlüsselredundanz entdeckt".

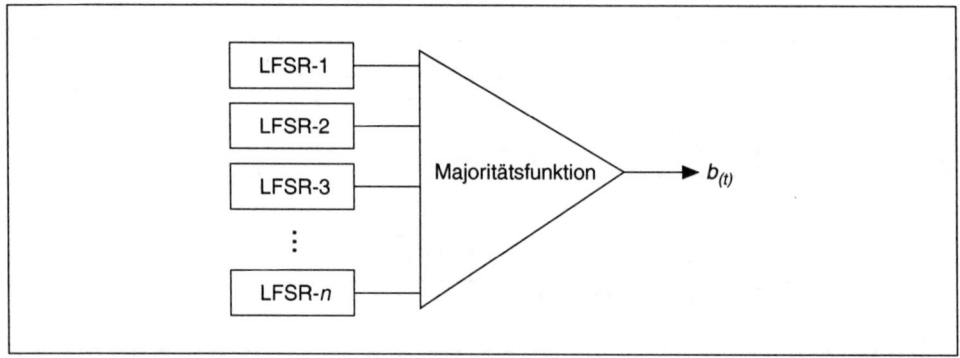

Abb. 16.11: Schwellenwert-Generator

Schwellenwert-Generator

Dieser Generator versucht die Sicherheitsprobleme der bisher vorgestellten Generatoren durch eine variable Anzahl von LFSRs zu vermeiden [277]. Theoretisch sollte die Chiffrierung schwieriger zu knacken sein, wenn man viele LFSRs benutzt.

Der Generator ist in Abbildung 16.11 dargestellt. Man benötigt die Ausgabe einer großen (ungeraden) Anzahl von LFSRs. Zur Maximierung der Periode müssen die Längen aller LFSRs relativ prim sein und alle Rückkopplungspolynome primitiv. Hat mehr als die Hälfte der Ausgabebits den Wert 1, so liefert der Generator die Ausgabe 1. Hat mehr als die Hälfte der Ausgabebits den Wert 0, so liefert der Generator die Ausgabe 0.

Bei drei LFSRs kann man den Ausgabegenerator wie folgt schreiben:

$$b = (a_1 \wedge a_2) \oplus (a_1 \wedge a_3) \oplus (a_2 \wedge a_3)$$

Dies ist dem Geffe-Generator sehr ähnlich, hat jedoch eine größere lineare Komplexität:

$$n_1 n_2 + n_1 n_3 + n_2 n_3$$

n_1, n_2 und n_3 sind dabei die Längen der drei LFSRs.

Dieser Generator ist nicht sehr beeindruckend: Jedes Ausgabebit des Generators enthält einen gewissen Anteil an Informationen über den Zustand der LFSRs (0,189 Bit, um genau zu sein). Das Verfahren ist daher anfällig für einen Korrelationsangriff. Ich rate von der Verwendung ab.

Selbststeuernde Generatoren

Selbststeuernde Generatoren sind Generatoren, die ihren eigenen Takt steuern. Es wurden zwei vorgestellt, einer von Rainer Rueppel (siehe Abbildung 16.12) [1359] und ein weiterer von Bill Chambers und Dieter Gollmann [308] (siehe Abbildung 16.13). In Rueppels Generator wird das LFSR d mal getaktet, wenn es die Ausgabe 0 liefert. Bei der Ausgabe 1 wird es k mal getaktet. Der Generator von Chambers und Gollman ist komplizierter, basiert jedoch auf der gleichen Idee. Leider sind beide Generatoren unsicher [1639]. Es wurden jedoch einige Veränderungen vorgeschlagen, die die Probleme möglicherweise beheben [1362].

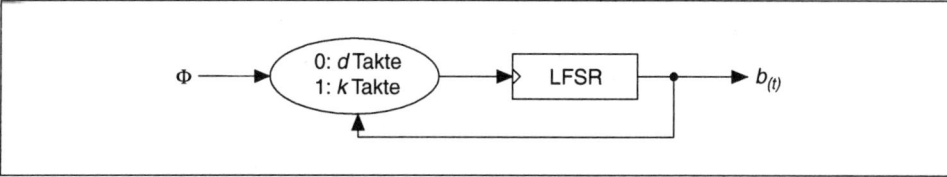

Abb. 16.12: Selbststeuernder Generator von Rueppel

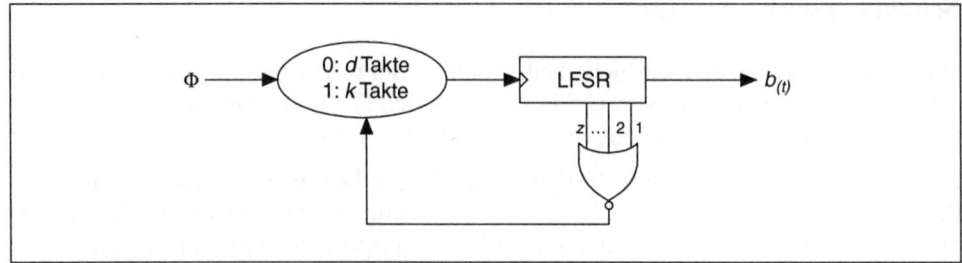

Abb. 16.13: Selbststeuernder Generator von Chambers und Gollmann

Inner-Product-Generator mit unterschiedlichen Geschwindigkeiten

Dieser Generator von Massey und Rueppel [1014] benutzt zwei LFSRs, die unterschiedlich getaktet werden (siehe Abbildung 16.14). LFSR-2 wird d mal so schnell getaktet wie LFSR-1. Die einzelnen Bits der beiden LFSRs werden AND-verknüpft und die Ergebnisse miteinander XOR-verknüpft, um das Ausgabebit des Generators zu erhalten.

Obwohl dieser Generator eine sehr hohe lineare Komplexität und ausgezeichnete statistische Eigenschaften besitzt, ist er dennoch anfällig für einen linearen Konsistenzangriff [1639]. Wenn n_1 die Länge von LFSR-1 ist, n_2 die Länge von LFSR-2, und d der Faktor, um den sich die Geschwindigkeiten der beiden unterscheiden, so läßt sich der interne Zustand des Generators aus einer Ausgabesequenz folgender Länge ermitteln:

$$n_1 + n_2 + \log_2 d$$

Summierungsgenerator

Dieser Generator stammt ebenfalls von Rainer Rueppel. Er addiert die Ausgabe zweier LFSRs (mit Übertrag) [1358, 1357]. Diese Operation ist hochgradig nichtlinear. Der

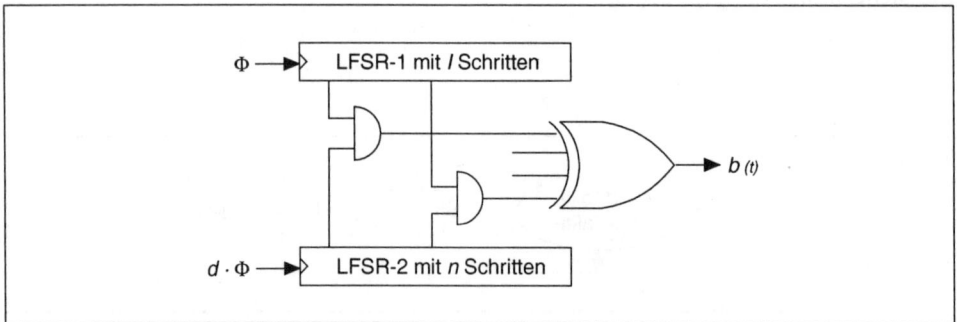

Abb. 16.14: Inner-Product-Generator mit unterschiedlichen Geschwindigkeiten

Generator galt bis in die späten achtziger Jahre als sehr sicher, fiel dann jedoch einem Korrelationsangriff zum Opfer [1053, 1054, 1091]. Außerdem wurde gezeigt, daß es sich um ein Beispiel für ein Schieberegister mit Übertrags-Rückkopplung handelt (siehe Abschnitt 17.4), und daß der Generator geknackt werden kann [844].

DNRSG

Diese Abkürzung steht für *dynamic random-sequence generator* [1117]. Die Grundidee dabei ist, zwei verschiedene Filtergeneratoren – Schwellenwert, Summierung oder andere – mit einem Satz LFSRs zu „füttern" und mit einem anderen LFSR zu steuern.

Zuerst werden alle LFSRs getaktet. Liefert LFSR-0 die Ausgabe 1, so berechnet man die Ausgabe des ersten Filtergenerators. Liefert LFSR-0 die Ausgabe 0, so berechnet man die Ausgabe des zweiten Filtergenerators. Die endgültige Ausgabe ist die XOR-Verknüpfung der ersten Ausgabe mit der zweiten.

Gollmann-Kaskade

Die Gollmann-Kaskade (siehe Abbildung 16.15) wird in [636, 309] beschrieben. Es handelt sich dabei um eine verbesserte Version des Stop-and-Go-Generators. Sie besteht aus einer Reihe LFSRs, wobei jeweils der Takteingang eines LFSRs vom vorangehenden LFSR gesteuert wird. Liefert LFSR-1 zur Zeit $t-1$ den Wert 1, so wird LFSR-2 getaktet. Liefert LFSR-2 zur Zeit $t-1$ den Wert 1, so wird LFSR-3 getaktet usw. Das letzte LFSR liefert die Ausgabe des Generators. Wenn alle LFSRs die gleiche Länge n haben, beträgt die lineare Komplexität eines Systems mit k LFSRs

$$n(2^n - 1)^{k-1}$$

Kaskaden sind eine tolle Idee: Das zugrundeliegende Konzept ist sehr einfach, und man kann damit Sequenzen mit riesigen Perioden und hoher linearer Komplexität erzeugen; außerdem haben sie gute statistische Eigenschaften, sind allerdings anfällig für einen sogenannten *lock-in*-Angriff [640]. Bei dieser Technik rekonstruiert der Kryptanalytiker die Eingabe des letzten Schieberegisters in der Kaskade und knackt anschließend die Kaskade Register für Register. Das ist in manchen Situationen ein großes Sicherheits-

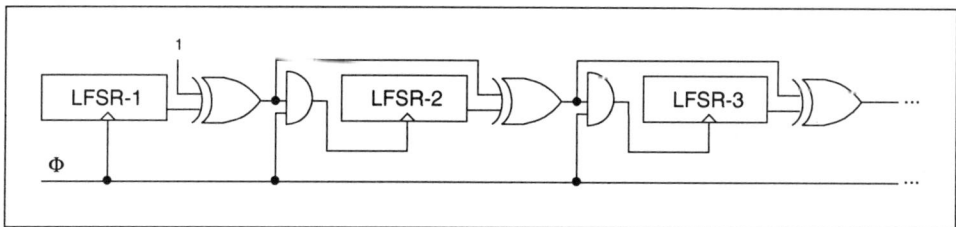

Abb. 16.15: Gollmann-Kaskade

risiko und vermindert die effektive Schlüssellänge des Algorithmus. Es gibt jedoch Vorkehrungen, die die Auswirkungen dieses Angriffs minimieren.

Weitere Analysen lieferten Anzeichen dafür, daß die Sequenz mit wachsendem k zufälliger wird [637, 638, 642, 639]. Da es kürzlich Angriffe gegen kurze Gollmann-Kaskaden gab [1063], empfehle ich für k mindestens den Wert 16. Es ist besser, viele kurze LFSRs zu verwenden als wenige lange.

Shrinking-Generator

Der Shrinking-Generator [378] steuert den Takt auf andere Art als die bisher beschriebenen Generatoren. Man nimmt zwei LFSRs, LFSR-1 und LFSR-2 und taktet beide. Liefert LFSR-1 den Wert 1, so liefert der Generator den Wert von LFSR-2 als Ausgabe. Liefert LFSR-1 den Wert 0, so verwirft man die beiden Bits, taktet beide LFSRs und versucht es erneut.

Diese Idee ist einfach und effizient und macht einen sicheren Eindruck. Wenn die Rückkopplungspolynome dünn besetzt sind, ist der Generator verwundbar, doch es wurden keine weiteren Probleme entdeckt. Allerdings ist der Generator neu. Ein Implementierungsproblem dabei ist die unregelmäßige Ausgaberate. Wenn LFSR-1 eine lange Reihe Nullen liefert, erzeugt der Generator überhaupt keine Ausgabe. Die Entwickler schlagen Pufferung zur Lösung dieses Problems vor [378]. In [901] wird die praktische Implementierung des Shrinking-Generators behandelt.

Self-Shrinking-Generator

Der Self-Shrinking-Generator [1050] ist eine Variante des Shrinking-Generators. Er benutzt statt zwei LFSRs Bitpaare eines einzelnen LFSRs. Das LFSR wird zweimal getaktet und das erzeugte Bitpaar untersucht. Hat das erste Bit des Paars den Wert 1, so liefert der Generator das zweite Bit als Ausgabe. Hat das erste Bit den Wert 0, werden beide Bits verworfen und ein neuer Versuch durchgeführt. Der Self-Shrinking-Generator braucht zwar nur halb so viel Speicherplatz wie der Shrinking-Generator, hat allerdings auch nur die halbe Geschwindigkeit.

Obwohl der Self-Shrinking-Generator sicher zu sein scheint, gibt es bei ihm unerklärliches Verhalten und unbekannte Eigenschaften. Es handelt sich um einen sehr neuen Generator. Warten Sie noch einige Zeit mit dem Einsatz.

16.5 A5

A5 ist die Stromchiffrierung, die zur Verschlüsselung von GSM (Group Special Mobile) dient. GSM ist der außeramerikanische Standard für digitale Funktelefone. Es wird nur die Verbindung zwischen Telefon und Basisstation verschlüsselt, der Rest der Verbindung erfolgt unverschlüsselt. Die Telefongesellschaft kann die Gespräche daher abhören.

Im Umfeld von A5 gibt es viel merkwürdige Politik. Ursprünglich dachte man, die in GSM benutzte Kryptographie verhindere den Export der Telefongeräte in bestimmte Länder. Jetzt wird offiziell diskutiert, ob A5 nur deshalb die Verkäufe schwächt, weil es peinlich schwach ist. Gerüchte besagen, daß die Geheimdienste der NATO-Länder Mitte der achtziger Jahre einen Streit darüber austrugen, ob GSM-Verschlüsselung stark oder schwach sein solle. Deutschland war mit Hinblick auf die benachbarte Sowjetunion für starke Kryptographie. Die anderen Länder überstimmten Deutschland jedoch. A5 ist eine französische Entwicklung.

Heutzutage sind die meisten Details zu A5 bekannt. Eine britische Telefongesellschaft übergab die gesamte Dokumentation an die Bradford University, ohne auf der Unterzeichnung eines Geheimhaltungsabkommens zu bestehen. Es gab hier und da undichte Stellen, schließlich wurde das Verfahren im Internet veröffentlicht. In [1622] wird A5 beschrieben, auch am Ende dieses Buches finden Sie Quellcode dafür.

A5 besteht aus drei LFSRs mit den Registerlängen 19, 22 und 23. Alle Rückkopplungspolynome sind dünn besetzt. Als Ausgabe dient die XOR-Verknüpfung der drei LFSRs. A5 arbeitet mit variabler Taktsteuerung. Jedes Register wird abhängig von seinem eigenen mittleren Bit getaktet, das mit der invertierten Schwellenwertfunktion der mittleren Bits aller drei Register XOR-verknüpft wird. Gewöhnlich werden in jeder Runde zwei der LFSRs getaktet.

Es gibt einen trivialen Angriff, der 2^{40} Verschlüsselungen benötigt: Man rät den Inhalt der ersten beiden LFSRs und versucht dann anhand des Schlüsselstroms, das dritte LFSR zu ermitteln. Es wird noch diskutiert, ob dieser Angriff tatsächlich durchführbar ist. Eine Maschine zur Hardware-Schlüsselsuche, die zur Zeit entwickelt wird, sollte diese Frage bald klären [45].

Nichtsdestotrotz wird allmählich klar, daß die grundlegenden Ideen von A5 gut sind. Das Verfahren ist sehr effizient. Es besteht alle bekannten statistischen Tests. Die einzige Schwäche liegt darin, daß die Register so kurz sind, daß exhaustive Suche im Bereich des Möglichen liegt. Varianten von A5 mit längeren Schieberegistern und dichter besetzten Rückkopplungspolynomen sollten sicher sein.

16.6 Hughes XPD/KPD

Dieser Algorithmus stammt von der Firma Hughes Aircraft Corp., die ihn in Militärfunkgeräte und Geräte zur Positionsbestimmung einbaut, die an fremde Armeen verkauft werden. Das Verfahren wurde 1986 entwickelt und auf den Namen XPD (Exportable Protection Device) getauft. Später wurde es zu KPD (Kinetic Protection Device) umbenannt und als nicht geheim eingestuft [1037, 1036].

Der Algorithmus benutzt ein LFSR der Länge 61 Bit. Es gibt 2^{10} verschiedene primitive Rückkopplungspolynome, die von der NSA genehmigt wurden. Der Schlüssel dient zur Auswahl eines dieser Polynome (die irgendwo im ROM gespeichert werden) sowie zur Auswahl des Grundzustands des LFSRs.

Es gibt acht verschiedene nichtlineare Filter, von denen jeder sechs Verbindungen zum LFSR hat und ein Bit erzeugt. Diese Bits ergeben zusammen ein Byte, das zur Ver- oder Entschlüsselung des Datenstroms dient.

Dieser Algorithmus sieht beeindruckend aus, doch ich bezweifle seine Stärke. Da die NSA den Export erlaubt, muß es einen Angriff der Größenordnung 2^{40} oder weniger geben. Wie mag er aussehen?

16.7 Nanoteq

Nanoteq ist eine südafrikanische Elektronikfirma. Die südafrikanische Polizei verschlüsselt mit dem von Nanoteq entwickelten Algorithmus ihre Faxübertragungen; wahrscheinlich setzt sie ihn auch für andere Zwecke ein.

Der Algorithmus wird im großen und ganzen in [902, 903] beschrieben. Er benutzt ein 127 Bit langes LFSR mit festem Rückkopplungspolynom. Der Schlüssel ist der Grundzustand des Rückkopplungsregisters. Die 127 Bit des Registers werden mit 25 primitiven Zellen auf ein einziges Bit des Schlüsselstroms reduziert. Jede Zelle hat fünf Eingänge und einen Ausgang:

$$f(x_1, x_2, x_3, x_4, x_5) = x_1 + x_2 + (x_1 + x_3)(x_2 + x_4 + x_5) + (x_1 + x_4)(x_2 + x_3) + x_5$$

Jede Eingabe der Funktion wird mit einem Bit des Schlüssels XOR-verknüpft. Außerdem gibt es eine geheime Permutation, die von der jeweiligen Implementierung abhängt und in den Artikeln nicht genauer beschrieben wird. Der Algorithmus ist nur in Hardware erhältlich.

Ich bezweifle, daß dieser Algorithmus sicher ist. Während des Demokratisierungsprozesses wurden in liberalen Zeitungen gelegentlich polizeiinterne Faxe abgedruckt, was für die Polizei sehr peinlich war. Dies könnte das Resultat amerikanischer, britischer oder sowjetischer Spionage sein. Ross Andersen leitete in [46] die Kryptanalyse dieses Algorithmus ein. Ich rechne in Kürze mit weiteren Ergebnissen.

16.8 Rambutan

Rambutan ist ein britischer Algorithmus, der von der *Communications Electronics Security Group* entworfen wurde. Er wird nur als Hardware-Modul verkauft und ist für den Schutz geheimen Materials bis zur Stufe „vertraulich" zugelassen. Der Algorithmus selbst ist geheim, der Chip nicht im freien Handel erhältlich.

Rambutan hat einen 112 Bit langen Schlüssel (plus Paritätsbits) und kann in den drei Betriebsmodi ECB, CBC und 8-Bit-CFB arbeiten. Dies ist zwar ein starkes Indiz dafür, daß es sich um einen Blockalgorithmus handelt, doch Gerüchte besagen etwas anderes. Angeblich ist Rambutan eine LFSR-Stromchiffrierung mit fünf Schieberegistern, die jeweils eine Länge von etwa 80 Bit haben. Die Rückkopplungspolynome sind mit etwa zehn *taps* ziemlich dünn besetzt. Jedes Schieberegister liefert vier Eingabewerte für eine sehr große und komplexe nichtlineare Funktion, die schließlich ein einzelnes Bit ausspuckt.

Weshalb heißt der Algorithmus Rambutan? Vielleicht, weil er wie die gleichnamige Frucht außen stachlig und abweisend ist, innen aber ganz weich. Vielleicht gibt es aber auch ganz andere Gründe.

16.9 Additive Generatoren

Additive Generatoren (manchmal auch als verzögerte Fibonacci-Generatoren bezeichnet) sind sehr effizient, weil sie statt zufälliger Bits zufällige Wörter erzeugen [863]. Sie sind allein nicht sicher, können jedoch als Bausteine für sichere Generatoren fungieren.

Der Ausgangszustand des Generators besteht aus einem Array $X_1, X_2, X_3, \ldots, X_m$ von Wörtern der Länge n Bit – 8 Bit, 16, Bit, 32 Bit oder was auch immer. Dieser Ausgangszustand bildet den Schlüssel. Das i-te Wort des Generators lautet

$$X_i = (X_{i-a} + X_{i-b} + X_{i-c} + \ldots + X_{i-m}) \bmod 2^n$$

Wählt man die Koeffizienten $a, b, c, \ldots, m$ geeignet, so beträgt die Periode des Generators mindestens $2^n - 1$. Eine der Bedingungen für die Koeffizienten besagt, daß die niederwertigsten Bits ein LFSR maximaler Länge bilden müssen.

(55, 24, 0) ist zum Beispiel laut Tabelle 16.2 ein primitives Polynom modulo 2. Das bedeutet, daß der folgende additive Generator maximale Länge hat:

$$X_i = (X_{i-55} + X_{i-24}) \bmod 2^n$$

Diese Bedingung genügt nur deshalb, weil das primitive Polynom drei Koeffizienten hat. Besitzt es mehr als drei Koeffizienten, sind zur Erreichung maximaler Länge zusätzliche Bedingungen zu erfüllen. [249] enthält hierzu weitere Einzelheiten.

Fish

Fish ist ein additiver Generator, der auf Techniken basiert, die auch im Shrinking-Generator benutzt werden [190]. Er erzeugt einen Strom von 32-Bit-Wörtern, die man mit einem Klartext XOR-verknüpfen kann, um Chiffretext zu erzeugen oder umgekehrt. Der Name des Algorithmus ist eine Abkürzung für *Fibonacci Shrinking Generator*.

Man beginnt mit folgenden beiden additiven Generatoren, wobei der Startwert der Generatoren den Schlüssel darstellt:

$$A_i = (A_{i-55} + A_{i-24}) \bmod 2^{32}$$
$$B_i = (B_{i-52} + B_{i-19}) \bmod 2^{32}$$

Diese Sequenzen werden jetzt als Paar betrachtet und entweder benutzt oder verworfen: Hat das niederwertigste Bit von B_i den Wert 1, so wird das Paar benutzt, anderenfalls ignoriert. C_j sei die Folge der benutzten Wörter von A_i und D_j die Folge der benutzten Wörter von B_i. Diese Wörter dienen jetzt paarweise (also C_{2j}, C_{2j+1}, D_{2j}, D_{2j+1}) zur Erzeugung zweier 32-Bit-Ausgabewörter K_{2j} und K_{2j+1}:

$$E_{2j} = C_{2j} \oplus (D_{2j} \wedge D_{2j+1})$$
$$F_{2j} = D_{2j+1} \wedge (E_{2j} \wedge C_{2j+1})$$
$$K_{2j} = E_{2j} \oplus F_{2j}$$
$$K_{2j+1} = C_{2j+1} \oplus F_{2j}$$

Dieser Algorithmus ist schnell: Eine C-Implementierung von Fish verschlüsselt auf einem 486er mit 33 MHz Daten mit einer Rate von 15 Megabit pro Sekunde. Leider ist der Algorithmus unsicher. Es gibt einen Angriff mit einem Aufwand von etwa 2^{40} [45].

Pike

Pike ist eine schlankere und gemeinere Variante von Fish, die von Ross Andersen stammt, also dem Mann, der Fish knackte [45]. Das Verfahren benutzt drei additive Generatoren, zum Beispiel:

$$A_i = (A_{i-55} + A_{i-24}) \bmod 2^{32}$$
$$B_i = (B_{i-57} + B_{i-7}) \bmod 2^{32}$$
$$C_i = (C_{i-58} + C_{i-19}) \bmod 2^{32}$$

Zur Erzeugung des Worts für den Schlüsselstrom betrachtet man die Übertragsbits (Carry-Bits) der Addition. Sind alle drei gleich (also entweder alle 0 oder alle 1), werden alle drei Generatoren getaktet. Anderenfalls werden nur die beiden übereinstimmenden Generatoren getaktet. Die Carry-Bits werden für die nächste Runde gespeichert. Die Ausgabe ist schließlich die XOR-Verknüpfung aller drei Generatoren.

Pike ist schneller als Fish, denn für eine Ausgabe sind durchschnittlich 2,75 Schritte nötig, während bei Fish drei erforderlich sind. Das Verfahren ist noch viel zu neu, um ihm zu trauen, doch es sieht gut aus.

Mush

Mush steht für *Mutual Shrinking Generator*. Das Verfahren ist einfach zu erklären [1590]. Man nimmt zwei additive Generatoren A und B. Ist das Carry-Bit von A gesetzt, wird B getaktet; ist das Carry-Bit von B gesetzt, wird A getaktet. A wird getaktet, und falls es einen Übertrag gibt, wird das Carry-Bit gesetzt. B wird getaktet, und falls es einen Übertrag gibt, wird das Carry-Bit gesetzt. Ausgabe ist die XOR-Verknüpfung von A und B.

Am einfachsten benutzt man die gleichen Generatoren wie in Fish:

$$A_i = (A_{i-55} + A_{i-24}) \bmod 2^{32}$$
$$B_i = (B_{i-52} + B_{i-19}) \bmod 2^{32}$$

Im Durchschnitt sind zur Erzeugung eines Ausgabeworts drei Iterationen des Generators erforderlich. Wurden die Koeffizienten der additiven Generatoren korrekt gewählt und sind sie relativ prim, so hat die Ausgabesequenz maximale Länge. Mir sind zwar keine erfolgreichen Angriffe bekannt, doch Sie dürfen nicht vergessen, daß dieser Algorithmus noch sehr neu ist.

16.10 Gifford

David Gifford erfand eine Stromchiffrierung und benutzte sie von 1984 bis 1988 zur Verschlüsselung von Nachrichtenübertragungen per Kabel in der Region von Boston [608, 607, 609]. Der Algorithmus verwendet ein einzelnes 8-Byte-Register $b_0, b_1, \ldots, b_7$. Der Ausgangszustand des Registers stellt den Schlüssel dar. Der Algorithmus arbeitet im OFB-Modus. Der Klartext beeinflußt den Algorithmus überhaupt nicht (siehe Abbildung 16.16).

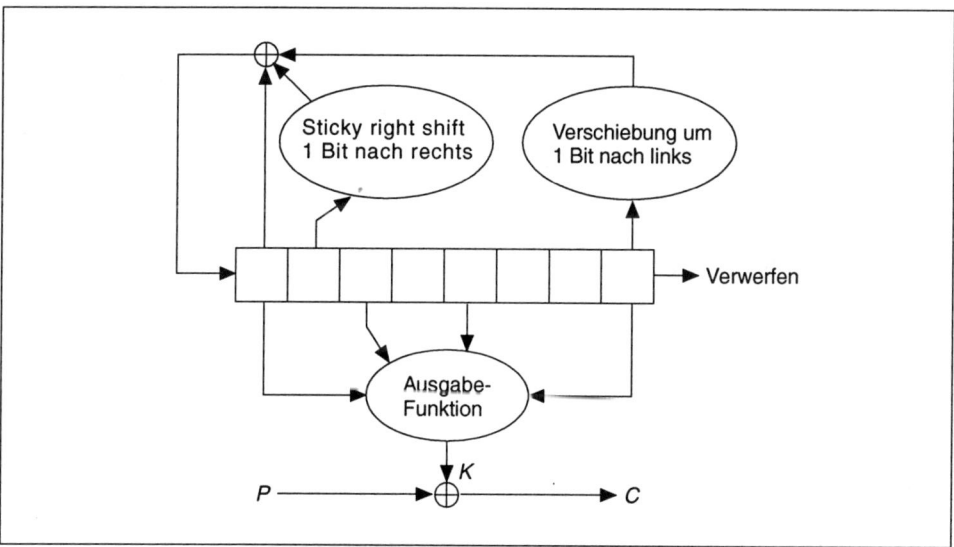

Abb. 16.16: Gifford

Zur Erzeugung eines Schlüsselbytes k_i werden b_0 und b_2 sowie b_4 und b_7 konkateniert. Beide Ergebnisse werden zu einer 32-Bit-Zahl multipliziert. Das dritte Byte von links liefert k_i.

Um den neuen Wert des Registers zu erhalten, führt man mit b_1 einen *sticky right shift* durch, das heißt, das Bit ganz links wird verschoben, bleibt aber auch an seiner alten Position erhalten. Dann wird b_7 um ein Bit nach links verschoben; das Bit ganz rechts erhält den Wert 0. Jetzt werden b_0 und die modifizierten Werte von b_1 und b_7 XOR-verknüpft. Schließlich verschiebt man das ursprüngliche Register um ein Byte nach rechts und fügt den XOR-Wert an der Position ganz links ein.

Dieser Algorithmus war während seiner gesamten Einsatzzeit sicher, wurde jedoch 1994 geknackt [287]. Es stellte sich heraus, daß das Rückkopplungspolynom nicht primitiv ist und angegriffen werden kann – au weia!

16.11 Algorithmus M

Der Name stammt von Knuth [863]. Es handelt sich bei diesem Verfahren um eine Methode zur Kombination mehrerer Pseudozufallsgeneratoren, die deren Sicherheit erhöht. Mit Hilfe der Ausgabe eines Generators wählt man eine „verzögerte" Ausgabe des anderen Generators [996, 1003]. In C sieht das wie folgt aus:

```
#define ARR_SIZE    (8192)     /* Nur als Beispiel – je größer, umso besser */

static unsigned char delay[ ARR_SIZE ]

unsigned char prngA( void ) ;
long prngB ( void ) ;

void init_algM( void )
{
    long i;

    for ( i = 0; i < ARR_SIZE ; i++ )
        delay[i] = prngA( )

} /* init_algM */

unsigned char algM( void )
{
    long j, v ;

    j = prngB( ) % ARR_SIZE ;      /* Index für delay[ ] */
    v = delay[j] ;                 /* Rückgabewert holen... */
```

```
    delay[j] = prngA( ) ;         /* ...und ersetzen */

    return ( v ) ;
}   /* algM */
```

Die Stärke des Verfahrens liegt in der Verquickung der beiden Generatoren: Wäre prngA wirklich zufällig, könnte man keinerlei Informationen über prngB erhalten (und ihn daher auch nicht kryptanalysieren). Wäre prngA so beschaffen, daß man ihn nur dann kryptanalysieren kann, wenn seine Ausgabewerte in der richtigen Reihenfolge vorliegen (d.h. wenn prngB zuerst kryptanalysiert wurde), und wäre er anderenfalls wirklich zufällig, so wäre die Kombination der beiden sicher.

16.12 PKZIP

Roger Schlafly entwickelte den Verschlüsselungsalgorithmus, der in das Datenkompressionsprogramm PKZIP eingebaut ist. Es handelt sich dabei um eine Stromchiffrierung, die die Daten byteweise verschlüsselt. Dies trifft zumindest für den Algorithmus in Version 2.04g zu. Über neuere Versionen kann ich zwar nichts sagen, doch solange sich dort keine gegenteiligen Hinweise finden, kann man davon ausgehen, daß derselbe Algorithmus verwendet wird.

Der Algorithmus arbeitet mit drei 32-Bit-Variablen, die wie folgt initialisiert werden:

$K_0 = 305419896$
$K_1 = 591751049$
$K_2 = 878082192$

Der 8-Bit-Schlüssel K_3 wird von K_2 abgeleitet. Der Algorithmus sieht wie folgt aus (alle Symbole entsprechen üblicher C-Notation):

$C_i = P_i \wedge K_3$
$K_0 = \text{crc32}(K_0, P_i)$
$K_1 = K_1 + (K_0 \,\&\, \text{0x000000ff})$
$K_1 = K_1 * 134775813 + 1$
$K_2 = \text{crc32}(K_2, K_1 >> 24)$
$K_3 = ((K_2 \mid 2) * ((K_2 \mid 2) \wedge 1)) >> 8$

Die Funktion crc32 nimmt den vorherigen Wert und ein weiteres Byte, verknüpft beide per XOR, und berechnet den nächsten Wert mit Hilfe des CRC-Polynoms, das durch 0xedb88320 beschrieben wird. In der Praxis kann man am Anfang eine Tabelle mit 256 Einträgen berechnen. Die crc32-Berechnung sieht dann so aus:

$\text{crc32}(a, b) = (a >> 8) \wedge \text{tabelle}[(a \,\&\, \text{0xff}) \oplus b]$

Die Tabelle wird vorher mittels der ursprünglichen Definition von crc32 berechnet:

$\text{tabelle}[i] = \text{crc32}(i, 0)$

Zur Verschlüsselung eines Klartextstroms durchlaufen die Schlüsselbytes zunächst den Chiffrieralgorithmus, um die Schlüssel zu aktualisieren. Die Chiffretextausgabe dieses Schritts wird ignoriert. Dann verschlüsselt man den Klartext byteweise. Vor dem Klartext werden zwölf Zufallsbytes eingefügt, doch das spielt keine große Rolle. Die Entschlüsselung verläuft ähnlich der Verschlüsselung, nur wird im zweiten Schritt des Algorithmus C_i anstelle von P_i benutzt.

Sicherheit von PKZIP

Die Sicherheit von PKZIP ist leider nicht besonders hoch. Ein Angriff benötigt 40 bis 200 Byte bekannten Klartexts und hat eine Zeitkomplexität von etwa 2^{27} [166] – das läßt sich in wenigen Stunden auf einem PC erledigen. Beginnt die komprimierte Datei mit einer Standard-Sequenz, so stellt die Beschaffung des bekannten Klartexts kein Problem dar. Benutzen Sie die eingebaute Verschlüsselung von PKZIP nicht.

17 Weitere Stromchiffrierungen und echte Zufallsfolgengeneratoren

17.1 RC4

RC4 ist eine Stromchiffrierung mit variabler Schlüssellänge, die 1987 von Ron Rivest für RSA Data Security Inc. entwickelt wurde. Der Algorithmus war sieben Jahre lang geheim; Einzelheiten waren nur nach Unterzeichnung eines Geheimhaltungsabkommens zugänglich.

Im September 1994 veröffentlichte jemand anonym den Quellcode in der Mailing-Liste *Cypherpunks*. Der Code erreichte schnell die Usenet-Gruppe *sci.crypt* und gelangte via Internet zu FTP-Servern auf der ganzen Welt. Leser mit legalen Versionen von RC4 bestätigten die Kompatibilität. Die Firma RSA Data Security versuchte zwar, den Schaden zu begrenzen, indem sie betonte, daß es sich bei dem Code immer noch um ein Betriebsgeheimnis handle, selbst wenn er veröffentlicht sei – doch es war zu spät. Seither wurde der Code im Usenet diskutiert und untersucht, auf Konferenzen verteilt und in Kryptographieseminaren erklärt.

RC4 läßt sich einfach beschreiben. Der Algorithmus arbeitet im OFB-Modus: Der Schlüsselstrom ist unabhängig vom Klartext. Es gibt eine S-Box $S_0, S_1, \ldots, S_{255}$ der Größe 8 ∗ 8. Die Einträge sind eine Permutation der Zahlen 0 bis 255; die Permutation hängt von dem Schlüssel variabler Länge ab. Außerdem gibt es zwei Zähler i und j, die mit Null initialisiert werden.

Die Erzeugung eines Zufallsbytes verläuft wie folgt:

$$i = (i + 1) \bmod 256$$
$$j = (j + S_i) \bmod 256$$
vertausche S_i und S_j
$$t = (S_i + S_j) \bmod 256$$
$$K = S_t$$

Das Byte K wird mit Klartext XOR-verknüpft, um den Chiffretext zu erhalten bzw. mit dem Chiffretext, um den Klartext zu erhalten. Die Verschlüsselung erfolgt schnell – etwa zehnmal so schnell wie DES.

Die Initialisierung der S-Box ist ebenfalls einfach. Zuerst wird sie linear gefüllt: $S_0 = 0$, $S_1 = 1, \ldots, S_{255} = 255$. Dann füllt man ein weiteres Feld der Größe 256 Byte mit dem Schlüssel, wobei der Schlüssel so oft wiederholt wird, bis das ganze Feld gefüllt ist: K_0, $K_1, \ldots, K_{255}$. Der Index j wird mit Null belegt. Dann durchläuft man folgende Schleife:

Für $i = 0$ bis 255:
$j = (j + S_i + K_i) \bmod 256$
vertausche S_i und S_j

Das ist alles! RSADSI behauptet, der Algorithmus sei resistent gegen differentielle und lineare Kryptanalyse, besitze keine kleinen Zyklen und sei hochgradig nichtlinear. (Es gibt keine öffentlich verfügbaren kryptanalytischen Ergebnisse. RC4 kann etwa 2^{1700} ($256! * 256^2$) mögliche Zustände annehmen – eine enorme Zahl.) Die S-Box verändert sich während der Benutzung langsam: i garantiert, daß sich jedes Element ändert, j garantiert, daß sich die Elemente zufällig ändern. Der Algorithmus ist so einfach, daß ihn die meisten Programmierer aus dem Kopf implementieren können.

Diese Idee sollte sich auf größere S-Boxen und Wortlängen verallgemeinern lassen. Die oben beschriebene Version ist 8-Bit-RC4. Es spricht nichts dagegen, auch 16-Bit-RC4 mit einer S-Box der Größe 16 * 16 (100 KB Speicherbedarf) und einer Wortlänge von 16 Bit zu definieren. Die Initialisierung dauert wesentlich länger – 65536 Durchläufe beim obigen Verfahren –, doch der entstehende Algorithmus sollte schneller sein.

RC4 unterliegt einer besonderen Exportgenehmigung, wenn die Schlüssellänge nicht mehr als 40 Bit beträgt (siehe Abschnitt 13.8). Diese besondere Exportgenehmigung hat nichts mit der Geheimhaltung des Algorithmus zu tun, wenn RSA auch jahrelang andeutete, daß es einen Zusammenhang gebe. Da der Name des Verfahrens geschützt ist, muß eigener Code anders genannt werden. Verschiedene interne Dokumente von RSA Data Security Inc. wurden bisher noch nicht veröffentlicht [1320, 1337].

Was hat es nun mit RC4 auf sich? Da das Verfahren kein Firmengeheimnis mehr ist, kann es wohl jedermann verwenden. RSA würde aber vermutlich jeden anzeigen, der RC4 unlizenziert in kommerziellen Produkten einsetzt. RSA würde einen solchen Prozeß kaum gewinnen, doch für eine Firma ist es billiger, eine Lizenz zu erwerben als einen Rechtsstreit zu finanzieren.

RC4 kommt in Dutzenden kommerzieller Kryptographieprodukte zum Einsatz, etwa Lotus Notes, Apple AOCE und Oracle Secure SQL. Es ist außerdem Teil der Spezifikation *Cellular Digital Packet Data* für den Mobilfunk [37].

17.2 SEAL

SEAL ist eine Stromchiffrierung, die bei IBM von Phil Rogaway und Don Coppersmith entworfen wurde [1340] und sich für effiziente Software-Implementierungen eignet. Der Algorithmus wurde für 32-Bit-Prozessoren optimiert: er läuft am besten mit acht 32-Bit-Registern und einem Cache-Speicher von einigen Kilobyte. Mit Hilfe einer relativ langsamen Operation setzt SEAL die Schlüsseloperation im voraus in eine Reihe von Tabellen um. Mit diesen Tabellen werden dann Ver- und Entschlüsselung beschleunigt.

Pseudozufallsfunktionen

Eine Neuheit von SEAL ist, daß es sich eigentlich gar nicht um eine traditionelle Stromchiffrierung handelt, sondern eine Familie von **Pseudozufallsfunktionen**. SEAL verlängert einen 160 Bit langen Schlüssel k und einen 32-Bit-Wert n in einen L Bit langen String $k(n)$. L kann einen beliebigen Wert bis zu 64 Kilobyte annehmen. Man nimmt an, daß für SEAL folgende Eigenschaft gilt: Wird k zufällig gewählt, so sollte $k(n)$ nicht von einer L-Bit-Zufallsfunktion von n unterscheidbar sein.

Die Tatsache, daß SEAL eine Familie von Pseudozufallsfunktionen darstellt, wirkt sich in der Praxis dahingehend aus, daß der Algorithmus auch in Anwendungen nützlich ist, in denen traditionelle Stromchiffrierungen unbrauchbar sind. Bei den meisten Stromchiffrierungen generiert man die Bitfolge in einer Richtung: Kennt man den Schlüssel und eine Position i, so gibt es nur eine Möglichkeit, das i-te generierte Bit zu erhalten – man muß dazu alle vorherigen Bits bis zur i-ten Position bestimmen. Bei einer Familie von Pseudozufallsfunktionen ist das anders: man kann auf jede gewünschte Position im Schlüsselstrom einfach zugreifen. Das ist sehr nützlich.

Angenommen, Sie müssen eine Festplatte sichern und wollen dazu alle je 512 Byte langen Sektoren verschlüsseln. Mit einer Familie von Pseudozufallsfunktionen wie SEAL können Sie den Inhalt des Sektors n durch XOR-Verknüpfung mit $k(n)$ verschlüsseln – ganz so, als würde man die gesamte Festplatte mit einem langen Pseudozufallsstring XOR-verknüpfen. Dabei kann jeder Teil dieses langen Strings problemlos berechnet werden.

Eine Familie von Pseudozufallsfunktionen vereinfacht auch das Synchronisierungsproblem, das bei üblichen Stromchiffrierungen auftritt. Angenommen, Sie versenden verschlüsselte Nachrichten über einen Kanal, der manchmal Nachrichten verschluckt. Mit einer Familie von Pseudozufallsfunktionen kann man die n-te Nachricht x_n als n zusammen mit der XOR-Verknüpfung von x_n und $k(n)$ verschlüsseln. Der Empfänger muß keinerlei Zustandsinformationen speichern, um x_n wiederherzustellen. Er muß auch nicht befürchten, daß verlorene Nachrichten den Entschlüsselungsprozeß beeinflussen.

Beschreibung von SEAL

Abbildung 17.1 zeigt die innere Schleife von SEAL. Der Algorithmus wird von drei Tabellen R, S und T gesteuert, die vom Schlüssel abgeleitet werden. Im Vorbereitungsschritt wird der Schlüssel k auf diese Tabellen abgebildet. Dazu dient eine Prozedur auf Basis von SHA (siehe Abschnitt 18.7). Die 2 Kilobyte große Tabelle T ist eine $9 * 32$ Bit große S-Box.

SEAL arbeitet außerdem mit vier 32-Bit-Registern A, B, C und D. Ihre Startwerte werden durch n und die von k abgeleiteten Tabellen R und T bestimmt. Diese Register werden über mehrere Iterationen hinweg modifiziert, die sich über jeweils 8 Runden erstrecken. In jeder Runde dienen 9 Bit eines ersten Registers (entweder A, B, C und D) als Index für die Tabelle T. Der aus T erhaltene Wert wird mit dem Inhalt eines zweiten Registers entweder XOR-verknüpft oder addiert. Dann wird das erste Register ringförmig um neun Stellen verschoben. In manchen Runden wird das zweite Register weiter modifiziert, indem es mit dem Inhalt des (jetzt verschobenen) ersten Registers XOR-verknüpft oder addiert wird. Nach 8 solchen Runden werden A, B, C und D zum Schlüsselstrom

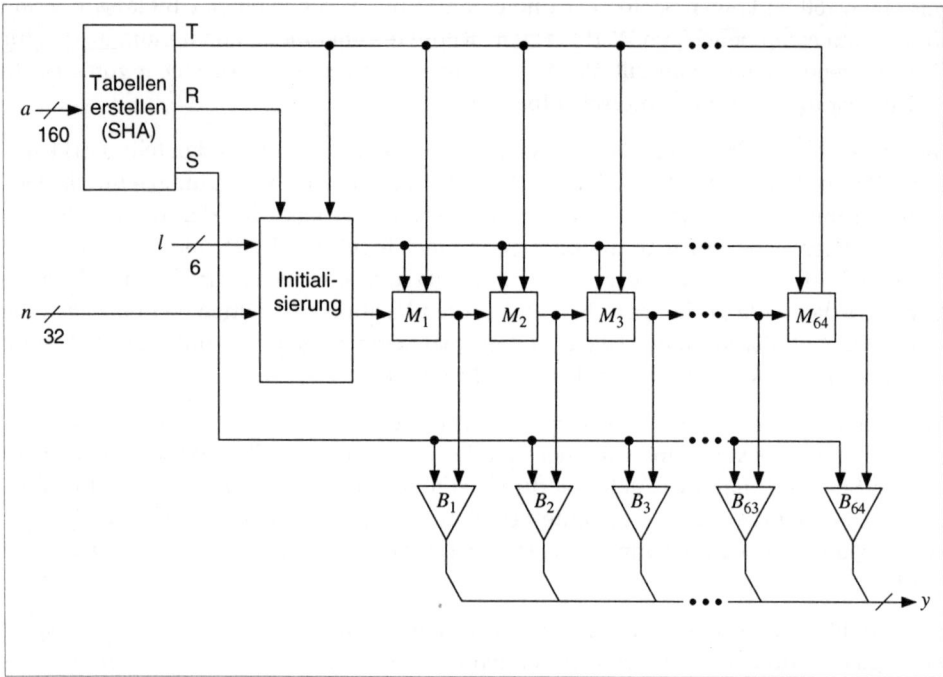

Abb. 17.1: Die innere Schleife von SEAL

addiert, wobei erst jedes maskiert wird, indem es mit einem bestimmten Wort aus S XOR-verknüpft oder addiert wird. Die Iteration wird abgeschlossen, indem zu A und C zusätzliche Werte addiert werden, die von n, n_1, n_2, n_3 und n_4 abhängen. Der benutzte Wert hängt von der Parität der Iterationszahl ab.

Die wichtigsten Ideen in diesem Entwurf lassen sich in folgenden Punkten zusammenfassen:

1. Benutzung einer großen, geheimen und vom Schlüssel abgeleiteten S-Box T.

2. Alternierende arithmetische Operationen, die nicht vertauschbar sind (Addition und XOR-Verknüpfung).

3. Benutzung eines internen Zustands der Chiffrierung, der sich nicht direkt im Datenstrom niederschlägt (die Werte n_i, die A und C am Ende jeder Iteration modifizieren).

4. Die Rundenfunktion wird abhängig von der jeweiligen Rundenzahl variiert, die Iterationsfunktion abhängig von der jeweiligen Iterationszahl.

SEAL benötigt zur Verschlüsselung jedes Klartextbytes etwa fünf elementare CPU-Operationen. Auf einem 486er mit 50 Megahertz läuft der Algorithmus mit einer Rate von 58 Megabit pro Sekunde. Das ist wahrscheinlich der schnellste Software-Algorithmus in diesem Buch.

Andererseits muß SEAL vor der eigentlichen Chiffrierung den Schlüssel in interne Tabellen umrechnen. Diese Tabellen benötigen etwa 3 Kilobyte Speicherplatz, zu ihrer Berechnung sind 200 SHA-Berechnungen nötig. SEAL eignet sich daher nicht für Situationen, in denen diese Vorausberechnungen zu lange dauern oder in denen man über zu wenig Speicherplatz für die Tabellen verfügt.

Sicherheit von SEAL

SEAL ist ein neuer Algorithmus und muß erst noch öffentlich kryptanalysiert werden. Daher ist Vorsicht angebracht. SEAL scheint auf alle Fälle gut durchdacht zu sein. Insgesamt sind seine Eigentümlichkeiten sicher sinnvoll. Außerdem gilt Don Coppersmith als der raffinierteste Kryptanalytiker der Welt.

Patente und Lizenzen

SEAL ist patentiert [380]. Wenn Sie SEAL lizenzieren wollen, sollten Sie sich an folgende Adresse wenden: Director of Licenses, IBM Corporation, 500 Columbus Ave., Thurnwood, NY, 10594.

17.3 WAKE

WAKE steht für *Word Auto Key Encryption Algorithm* und wurde von David Wheeler erfunden [1589]. Der Algorithmus erzeugt einen Strom von 32-Bit-Wörtern, die mit dem Klartext XOR-verknüpft werden können, um den Chiffretext zu erhalten, oder mit dem Chiffretext, um den Klartext zu erhalten. WAKE ist schnell.

WAKE arbeitet im CFB-Modus; das vorherige Chiffretextwort wird benutzt, um das nächste Schlüsselwort zu generieren. WAKE benutzt eine S-Box mit 256 Einträgen der Größe 32 Bit. Diese S-Box hat eine besondere Eigenschaft: Das höchstwertige Byte aller Einträge ist eine Permutation aller möglichen Bytes, die drei niederwertigen Bytes sind zufällig.

Zuerst erzeugt man aus dem Schlüssel die Einträge S_i der S-Box. Dann initialisiert man vier Register a_0, b_0, c_0 und d_0 mit dem Schlüssel (oder einem anderen Schlüssel). Ein 32 Bit langes Wort K_i des Schlüsselstroms wird aus d_i gewonnen:

$$K_i = d_i$$

Das Chiffretextwort C_i entsteht durch XOR-Verknüpfung des Klartextworts P_i mit K_i.

Dann werden die vier Register aktualisiert:

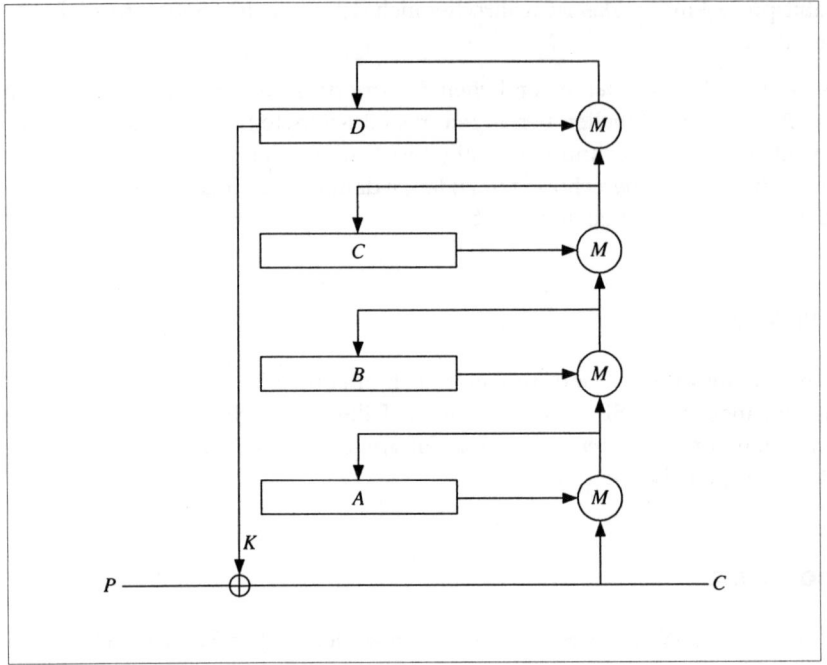

Abb. 17.2: WAKE

$$a_{i+1} = M(a_i, d_i)$$
$$b_{i+1} = M(b_i, a_{i+1})$$
$$c_{i+1} = M(c_i, b_{i+1})$$
$$d_{i+1} = M(d_i, c_{i+1})$$

Die Funktion M ist wie folgt definiert:

$$M(x, y) = (x + y) \gg 8 \oplus S_{(x+y) \wedge 255}$$

Der Ablauf ist in Abbildung 17.2 dargestellt. Die Operation >> ist keine Rotation, sondern eine Rechtsverschiebung. Die niederwertigen 8 Bit von $x + y$ bilden die Eingabe für die S-Box. Wheeler gibt zwar eine Prozedur zur Erzeugung der S-Box an, doch sie ist nicht ganz vollständig. Hierfür eignet sich jeder Algorithmus, der Zufallsbytes erzeugt, zusammen mit einer zufälligen Permutation.

Der größte Vorteil von WAKE ist seine Geschwindigkeit. Der Algorithmus ist jedoch anfällig für einen *chosen-plaintext-* oder *chosen-ciphertext-*Angriff. WAKE kommt in der aktuellen Version von *Dr. Solomons Anti Virus Program* zum Einsatz.

17.4 Schieberegister mit Rückkopplung durch Übertrag

Ein Schieberegister mit Rückkopplung durch Übertrag (*feedback with carry shift register*, FCSR) funktioniert ähnlich wie ein LFSR. Beide arbeiten mit einem Schieberegister und einer Rückkopplungsfunktion. Der Unterschied besteht darin, daß ein FCSR auch ein Übertrags- oder Carry-Register enthält (siehe Abbildung 17.3). Anstatt alle Bits der *tap sequence* per XOR zu verknüpfen, werden alle Bits sowie der Inhalt des Carry-Registers addiert. Das Ergebnis modulo 2 liefert das neue Bit; das Ergebnis dividiert durch 2 liefert den neuen Inhalt des Carry-Registers.

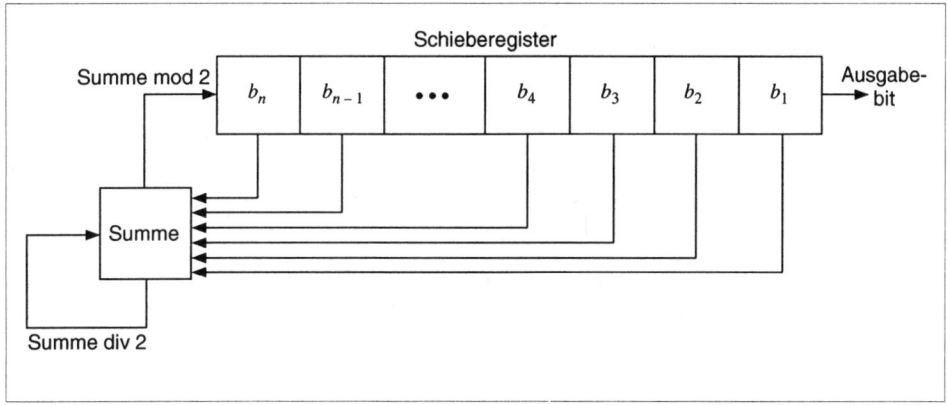

Abb. 17.3: *Schieberegister mit Rückkopplung durch Übertrag*

Abbildung 17.4 zeigt ein Beispiel für ein 3-Bit-FCSR, bei dem das erste und zweite Bit angezapft werden. Der Startwert ist 001, der Anfangswert des Carry-Registers ist 0. Ausgegeben wird das Bit ganz rechts im Schieberegister.

Schieberegister	Carry-Register
0 0 1	0
1 0 0	0
0 1 0	0
1 0 1	0
1 1 0	0
1 1 1	0
0 1 1	1
1 0 1	1
0 1 0	1
0 0 1	1
0 0 0	1
1 0 0	0

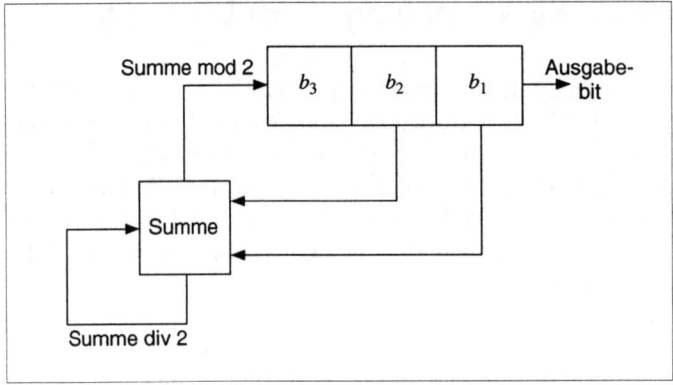

Abb. 17.4: 3-Bit-FCSR

Beachten Sie, daß der letzte interne Zustand (einschließlich Carry-Register) mit dem zweiten internen Zustand übereinstimmt. Ab dieser Stelle wiederholt sich der Zyklus mit der Periode 10.

An dieser Stelle gibt es noch einiges anzumerken. Zunächst besteht das Carry-Register nicht aus einem einzelnen Bit, sondern einer Zahl. Die Größe des Carry-Registers muß mindestens $\log_2 t$ betragen, wobei t die Anzahl der *taps* ist. Da es im vorigen Beispiel nur zwei *taps* gibt, genügt in diesem Fall ein Bit für das Carry-Register. Bei vier *taps* muß das Carry-Register zwei Bit breit sein und könnte die Werte 0, 1, 2 und 3 annehmen.

Zweitens gibt es am Anfang einen Übergangsbereich, bevor das FCSR in die periodische Wiederholung mündet. Im vorigen Beispiel wird nur ein Zustand nie wiederholt. Bei größeren und komplizierteren FCSRs kann es mehrere solche Zustände geben.

Drittens beträgt die maximale Periode eines FCSRs nicht $2^n - 1$, wenn n die Länge des Schieberegisters ist. Die maximal Periode ist $q - 1$, wobei q die **Verbindungszahl** (*connection integer*) ist. Diese Zahl liefert die *taps* und ist wie folgt definiert:

$$q = 2q_1 + 2^2 q_2 + 2^4 q_4 + \ldots + 2^n q_n - 1$$

(Die q_is werden in der Tat von links nach rechts numeriert.) q muß zudem noch eine Primzahl sein und 2 als primitive Wurzel haben. Im folgenden gehen wir davon aus, daß q diese Gestalt hat.

In diesem Beispiel ist $q = 2*0 + 4*1 + 8*1 - 1 = 11$. 11 ist Primzahl und hat 2 als primitive Wurzel. Die maximale Periode beträgt also 10.

Nicht alle Anfangszustände liefern die maximale Periode. Betrachten wir zum Beispiel das FCSR mit dem Startwert 101 und dem Wert 4 im Carry-Register.

Schieberegister	Carry-Register
1 0 1	4
1 1 0	2

```
1 1 1                    1
1 1 1                    1
```

Ab dieser Stelle gibt das Register eine endlose Folgen von Einsen aus.

Bei jedem Anfangszustand kann einer von vier Fällen auftreten. Erstens: Der Zustand ist Teil der maximalen Periode. Zweitens: Der Zustand führt nach einer Übergangsphase in die maximale Periode. Drittens: Nach einer Übergangsphase entstehen lauter Nullen. Viertens: Nach einer Übergangsphase entstehen lauter Einsen.

Es gibt zwar eine mathematische Formel, mit der man bestimmen kann, was bei einem bestimmten Anfangszustand passieren wird, doch einfacher ist es, das auszuprobieren. Lassen Sie das FCSR eine Zeitlang laufen. (Wenn m der Anfangsspeicher ist und t die Anzahl der *taps*, dann genügen $\log_2(t) + \log_2(m) + 1$ Schritte.) Wenn das FCSR eine nicht endende Folgen von Nullen oder Einsen innerhalb von n Bits erzeugt, sollten Sie es nicht verwenden (n ist die Länge des FCSRs). Passiert das nicht, so können Sie es verwenden. Da der Anfangszustand eines FCSRs dem Schlüssel der Stromchiffrierung entspricht, bedeutet das, daß ein Generator auf Basis eines FCSRs eine Reihe schwacher Schlüssel besitzt.

Tabelle 17.1 führt alle Verbindungszahlen unter 10000 auf, die 2 als primitive Wurzel haben. Sie haben alle die maximale Periode $q - 1$. Um aus einer dieser Zahlen eine *tap sequence* zu erhalten, berechnen Sie die Binärdarstellung von $q + 1$. Die Zahl 9949 liefert zum Beispiel *taps* an den Bitpositionen 1, 2, 3, 4, 6, 7, 9, 10 und 13, da

$$9950 = 2^{13} + 2^{10} + 2^9 + 2^7 + 2^6 + 2^4 + 2^3 + 2^2 + 2^1$$

Tabelle 17.2 enthält *tap sequences* mit vier *taps*, die bei Schieberegisterlängen von 32, 64 und 128 Bit FCSRs maximaler Länge liefern. Die vier Werte a, b, c und d ergeben zusammen die Primzahl q, die 2 als primitive Wurzel hat:

$$q = 2^a + 2^b + 2^c + 2^d - 1$$

Mit jeder dieser Folgen kann man ein FCSR mit der Periode $q - 1$ erzeugen.

Die Idee, FCSRs in der Kryptographie einzusetzen, ist noch sehr neu. Andy Klapper und Mark Goresky sind die Vorreiter [844, 845, 654, 843, 846]. Analog zur Analyse der LFSRs, die auf der Addition primitiver Polynome modulo 2 basiert, beruht die Analyse von FCSRs auf der Addition von Objekten, die als 2-adische Zahlen bezeichnet werden. Die zugehörige Theorie geht weit über den Rahmen dieses Buches hinaus. Es scheint für fast alles ein 2-adisches Analogon zu geben: Als Gegenstück zur linearen Komplexität kann man 2-adische Komplexität definieren. Es gibt sogar ein 2-adisches Analogon zum Algorithmus von Berlekamp-Massey. Das bedeutet, daß sich die Anzahl der potentiellen Stromchiffrierungen (mindestens) verdoppelt hat. Alles, was man mit einem LFSR tun kann, ist auch mit einem FCSR möglich.

Es gibt verschiedene Erweiterungen dieses Konzepts, die mehrere Carry-Register benutzen. Die Analyse dieser Sequenzgeneratoren basiert auf der Addition über verzweigten Erweiterungen der 2-adischen Zahlen [845, 846].

2	653	1549	2477	3539
5	659	1571	2531	3547
11	661	1619	2539	3557
13	677	1621	2549	3571
19	701	1637	2557	3581
29	709	1667	2579	3613
37	757	1669	2621	3637
53	773	1693	2659	3643
59	787	1733	2677	3659
61	797	1741	2683	3677
67	821	1747	2693	3691
83	827	1787	2699	3701
101	829	1861	2707	3709
107	853	1867	2741	3733
131	859	1877	2789	3779
139	877	1901	2797	3797
149	883	1907	2803	3803
163	907	1931	2819	3851
173	941	1949	2837	3853
179	947	1973	2843	3877
181	1019	1979	2851	3907
197	1061	1987	2861	3917
211	1091	1997	2909	3923
227	1109	2027	2939	3931
269	1117	2029	2957	3947
293	1123	2053	2963	3989
317	1171	2069	3011	4003
347	1187	2083	3019	4013
349	1213	2099	3037	4019
373	1229	2131	3067	4021
379	1237	2141	3083	4091
389	1259	2213	3187	4093
419	1277	2221	3203	4099
421	1283	2237	3253	4133
443	1291	2243	3299	4139
461	1301	2267	3307	4157
467	1307	2269	3323	4219
491	1373	2293	3347	4229
509	1381	2309	3371	4243
523	1427	2333	3413	4253
541	1451	2339	3461	4259
547	1453	2357	3467	4261
557	1483	2371	3469	4283
563	1493	2389	3491	4349
587	1499	2437	3499	4357
613	1523	2459	3517	4363
619	1531	2467	3533	4373

Tabelle 17.1: Verbindungszahlen für FCSRs mit maximaler Periode

4397	5693	6781	7717	8861
4451	5701	6803	7757	8867
4483	5717	6827	7789	8923
4493	5741	6829	7829	8933
4507	5749	6869	7853	8963
4517	5779	6883	7877	8971
4547	5813	6899	7883	9011
4603	5827	6907	7901	9029
4621	5843	6917	7907	9059
4637	5851	6947	7933	9173
4691	5869	6949	7949	9181
4723	5923	6971	8053	9203
4787	5939	7013	8069	9221
4789	5987	7019	8093	9227
4813	6011	7027	8117	9283
4877	6029	7043	8123	9293
4933	6053	7069	8147	9323
4957	6067	7109	8171	9341
4973	6101	7187	8179	9349
4987	6131	7211	8219	9371
5003	6173	7219	8221	9397
5011	6197	7229	8237	9419
5051	6203	7237	8243	9421
5059	6211	7243	8269	9437
5077	6229	7253	8291	9467
5099	6269	7283	8293	9491
5107	6277	7307	8363	9533
5147	6299	7331	8387	9539
5171	6317	7349	8429	9547
5179	6323	7411	8443	9587
5189	6373	7451	8467	9613
5227	6379	7459	8539	9619
5261	6389	7477	8563	9629
5309	6397	7499	8573	9643
5333	6469	7507	8597	9661
5387	6491	7517	8627	9677
5443	6547	7523	8669	9733
5477	6619	7541	8677	9749
5483	6637	7547	8693	9803
5501	6653	7549	8699	9851
5507	6659	7573	8731	9859
5557	6691	7589	8741	9883
5563	6701	7603	8747	9901
5573	6709	7621	8803	9907
5651	6733	7643	8819	9923
5659	6763	7669	8821	9941
5683	6779	7691	8837	9949

Tabelle 17.1: Verbindungszahlen für FCSRs mit maximaler Periode (Fortsetzung)

(32, 6, 3, 2)	(64, 24, 19, 2)	(64, 59, 28, 2)	(96, 55, 53, 2)
(32, 7, 5, 2)	(64, 25, 3, 2)	(64, 59, 38, 2)	(96, 56, 9, 2)
(32, 8, 3, 2)	(64, 25, 4, 2)	(64, 59, 44, 2)	(96, 56, 51, 2)
(32, 13, 8, 2)	(64, 25, 11, 2)	(64, 60, 49, 2)	(96, 57, 3, 2)
(32, 13, 12, 2)	(64, 25, 19, 2)	(64, 61, 51, 2)	(96, 57, 17, 2)
(32, 15, 6, 2)	(64, 27, 5, 2)	(64, 63, 8, 2)	(96, 57, 47, 2)
(32, 16, 2, 1)	(64, 27, 16, 2)	(64, 63, 13, 2)	(96, 58, 35, 2)
(32, 16, 3, 2)	(64, 27, 22, 2)	(64, 63, 61, 2)	(96, 59, 46, 2)
(32, 16, 5, 2)	(64, 28, 19, 2)		(96, 60, 29, 2)
(32, 17, 5, 2)	(64, 28, 25, 2)	(96, 15, 5, 2)	(96, 60, 41, 2)
(32, 19, 2, 1)	(64, 29, 16, 2)	(96, 21, 17, 2)	(96, 60, 45, 2)
(32, 19, 5, 2)	(64, 29, 28, 2)	(96, 25, 19, 2)	(96, 61, 17, 2)
(32, 19, 9, 2)	(64, 31, 12, 2)	(96, 25, 20, 2)	(96, 63, 20, 2)
(32, 19, 12, 2)	(64, 32, 21, 2)	(96, 29, 15, 2)	(96, 65, 12, 2)
(32, 19, 17, 2)	(64, 35, 29, 2)	(96, 29, 17, 2)	(96, 65, 39, 2)
(32, 20, 17, 2)	(64, 36, 7, 2)	(96, 30, 3, 2)	(96, 65, 51, 2)
(32, 21, 9, 2)	(64, 37, 2, 1)	(96, 32, 21, 2)	(96, 67, 5, 2)
(32, 21, 15, 2)	(64, 37, 11, 2)	(96, 32, 27, 2)	(96, 67, 25, 2)
(32, 23, 8, 2)	(64, 39, 4, 2)	(96, 33, 5, 2)	(96, 67, 34, 2)
(32, 23, 21, 2)	(64, 39, 25, 2)	(96, 35, 17, 2)	(96, 68, 5, 2)
(32, 25, 5, 2)	(64, 41, 5, 2)	(96, 35, 33, 2)	(96, 68, 19, 2)
(32, 25, 12, 2)	(64, 41, 11, 2)	(96, 39, 21, 2)	(96, 69, 17, 2)
(32, 27, 25, 2)	(64, 41, 27, 2)	(96, 40, 25, 2)	(96, 69, 36, 2)
(32, 29, 19, 2)	(64, 43, 21, 2)	(96, 41, 12, 2)	(96, 70, 23, 2)
(32, 29, 20, 2)	(64, 43, 28, 2)	(96, 41, 27, 2)	(96, 71, 6, 2)
(32, 30, 3, 2)	(64, 45, 28, 2)	(96, 41, 35, 2)	(96, 71, 40, 2)
(32, 30, 7, 2)	(64, 45, 41, 2)	(96, 42, 35, 2)	(96, 72, 53, 2)
(32, 31, 5, 2)	(64, 47, 5, 2)	(96, 43, 14, 2)	(96, 73, 32, 2)
(32, 31, 9, 2)	(64, 47, 21, 2)	(96, 44, 23, 2)	(96, 77, 27, 2)
(32, 31, 30, 2)	(64, 47, 30, 2)	(96, 45, 41, 2)	(96, 77, 31, 2)
	(64, 49, 19, 2)	(96, 47, 36, 2)	(96, 77, 32, 2)
(64, 3, 2, 1)	(64, 49, 20, 2)	(96, 49, 31, 2)	(96, 77, 33, 2)
(64, 14, 3, 2)	(64, 52, 29, 2)	(96, 51, 30, 2)	(96, 77, 71, 2)
(64, 15, 8, 2)	(64, 53, 8, 2)	(96, 53, 17, 2)	(96, 78, 39, 2)
(64, 17, 2, 1)	(64, 53, 43, 2)	(96, 53, 19, 2)	(96, 79, 4, 2)
(64, 17, 9, 2)	(64, 56, 39, 2)	(96, 53, 32, 2)	(96, 81, 80, 2)
(64, 17, 16, 2)	(64, 56, 45, 2)	(96, 53, 48, 2)	(96, 83, 14, 2)
(64, 19, 2, 1)	(64, 59, 5, 2)	(96, 54, 15, 2)	(96, 83, 26, 2)
(64, 19, 18, 2)	(64, 59, 8, 2)	(96, 55, 44, 2)	(96, 83, 54, 2)

Tabelle 17.2: Tap Sequences für FCSRs maximaler Länge

17.4 Schieberegister mit Rückkopplung durch Übertrag

(96, 83, 60, 2)	(128, 31, 25, 2)	(128, 81, 55, 2)	(128, 105, 11, 2)
(96, 83, 65, 2)	(128, 33, 21, 2)	(128, 82, 67, 2)	(128, 105, 31, 2)
(96, 83, 78, 2)	(128, 35, 22, 2)	(128, 83, 60, 2)	(128, 105, 48, 2)
(96, 84, 65, 2)	(128, 37, 8, 2)	(128, 83, 61, 2)	(128, 107, 40, 2)
(96, 85, 17, 2)	(128, 41, 12, 2)	(128, 83, 77, 2)	(128, 107, 62, 2)
(96, 85, 31, 2)	(128, 42, 35, 2)	(128, 84, 15, 2)	(128, 107, 102, 2)
(96, 85, 76, 2)	(128, 43, 25, 2)	(128, 84, 43, 2)	(128, 108, 35, 2)
(96, 85, 79, 2)	(128, 43, 42, 2)	(128, 85, 63, 2)	(128, 108, 73, 2)
(96, 86, 39, 2)	(128, 45, 17, 2)	(128, 87, 57, 2)	(128, 108, 75, 2)
(96, 86, 71, 2)	(128, 45, 27, 2)	(128, 87, 81, 2)	(128, 108, 89, 2)
(96, 87, 9, 2)	(128, 49, 9, 2)	(128, 89, 81, 2)	(128, 109, 11, 2)
(96, 87, 44, 2)	(128, 51, 9, 2)	(128, 90, 43, 2)	(128, 109, 108, 2)
(96, 87, 45, 2)	(128, 54, 51, 2)	(128, 91, 9, 2)	(128, 110, 23, 2)
(96, 88, 19, 2)	(128, 55, 45, 2)	(128, 91, 13, 2)	(128, 111, 61, 2)
(96, 88, 35, 2)	(128, 56, 15, 2)	(128, 91, 44, 2)	(128, 113, 59, 2)
(96, 88, 43, 2)	(128, 56, 19, 2)	(128, 92, 35, 2)	(128, 114, 83, 2)
(96, 88, 79, 2)	(128, 56, 55, 2)	(128, 95, 94, 2)	(128, 115, 73, 2)
(96, 89, 35, 2)	(128, 57, 21, 2)	(128, 96, 23, 2)	(128, 117, 105, 2)
(96, 89, 51, 2)	(128, 57, 37, 2)	(128, 96, 61, 2)	(128, 119, 30, 2)
(96, 89, 69, 2)	(128, 59, 29, 2)	(128, 97, 25, 2)	(128, 119, 101, 2)
(96, 89, 87, 2)	(128, 59, 49, 2)	(128, 97, 68, 2)	(128, 120, 9, 2)
(96, 92, 51, 2)	(128, 60, 57, 2)	(128, 97, 72, 2)	(128, 120, 27, 2)
(96, 92, 71, 2)	(128, 61, 9, 2)	(128, 97, 75, 2)	(128, 120, 37, 2)
(96, 93, 32, 2)	(128, 61, 23, 2)	(128, 99, 13, 2)	(128, 120, 41, 2)
(96, 93, 39, 2)	(128, 61, 52, 2)	(128, 99, 14, 2)	(128, 120, 79, 2)
(96, 94, 35, 2)	(128, 63, 40, 2)	(128, 99, 26, 2)	(128, 120, 81, 2)
(96, 95, 4, 2)	(128, 63, 62, 2)	(128, 99, 54, 2)	(128, 121, 5, 2)
(96, 95, 16, 2)	(128, 67, 41, 2)	(128, 99, 56, 2)	(128, 121, 67, 2)
(96, 95, 32, 2)	(128, 69, 33, 2)	(128, 99, 78, 2)	(128, 121, 95, 2)
(96, 95, 44, 2)	(128, 71, 53, 2)	(128, 100, 13, 2)	(128, 121, 96, 2)
(96, 95, 45, 2)	(128, 72, 15, 2)	(128, 100, 39, 2)	(128, 123, 40, 2)
	(128, 72, 41, 2)	(128, 101, 44, 2)	(128, 123, 78, 2)
(128, 5, 4, 2)	(128, 73, 5, 2)	(128, 101, 97, 2)	(128, 124, 41, 2)
(128, 15, 4, 2)	(128, 73, 65, 2)	(1287 103, 46, 2)	(128, 124, 69, 2)
(128, 21, 19, 2)	(128, 73, 67, 2)	(128, 104, 13, 2)	(128, 124, 81, 2)
(128, 25, 5, 2)	(128, 75, 13, 2)	(128, 104, 19, 2)	(128, 125, 33, 2)
(128, 26, 11, 2)	(128, 80, 39, 2)	(128, 104, 35, 2)	(128, 125, 43, 2)
(128, 27, 25, 2)	(128, 80, 53, 2)	(128, 105, 7, 2)	(128, 127, 121, 2)

Tabelle 17.2: Tap Sequences für FCSRs maximaler Länge (Fortsetzung)

17.5 Stromchiffrierungen mit FCSRs

In der Literatur finden sich bisher noch keine Stromchiffrierungen mit FCSRs – die Theorie ist noch zu neu. Um den Stein ins Rollen zu bringen, möchte ich hier einige vorschlagen. Ich werde dazu zwei Klassen von Verfahren verwenden: Einerseits FCSR-Stromchiffrierungen, die identisch zu früher behandelten LFSR-Generatoren sind. Die zweite Klasse umfaßt Stromchiffrierungen, die sowohl FCSRs als auch LFSRs benutzen. Die Sicherheit der ersten Klasse läßt sich vermutlich mittels 2-adischer Zahlen analysieren. Die zweite Klasse kann nicht mit algebraischen Verfahren analysiert werden, sondern wahrscheinlich nur indirekt. Es ist auf alle Fälle wichtig, solche LFSRs und FCSRs zu wählen, deren Perioden relativ prim zueinander sind.

Dieses Gebiet wird sich in Zukunft noch weiter entwickeln. Zur Zeit sind mir keine diesbezüglichen Implementierungen oder Analysen bekannt. Warten Sie einige Jahre und verfolgen Sie die wissenschaftlichen Arbeiten, bevor Sie einem dieser Verfahren trauen.

Kaskadengeneratoren

Es gibt zwei Möglichekeiten, FCSRs in einem Kaskadengenerator zu benutzen:

- FCSR-Kaskade: Eine Gollmann-Kaskade mit FCSRs anstelle von LFSRs.
- LFSR/FCSR-Kaskade: Eine Gollmann-Kaskade, deren Generatoren zwischen LFSRs und FCSRs abwechseln.

Generatoren mit kombinierten FCSRs

Diese Generatoren benutzen eine variable Zahl von LFSRs und/oder FCSRs und eine Vielzahl von Kombinationsfunktionen. Da die XOR-Verknüpfung die algebraischen Eigenschaften von FCSRs zerstört, ist es sinnvoll, sie zur Kombination einzusetzen. Der Generator in Abbildung 17.5 benutzt eine variable Zahl von FCSRs. Als Ausgabe dient die XOR-Verknüpfung der Ausgaben der einzelnen FCSRs.

Die folgende Aufzählung enthält andere Generatoren, die ähnlich aufgebaut sind:

- FCSR-Paritätsgenerator: Alle Register sind FCSRs, als Kombinationsfunktion dient XOR.
- LFSR/FCSR-Paritätsgenerator: Die Register sind LFSRs und FCSRs, als Kombinationsfunktion dient XOR.
- FCSR-Schwellenwertgenerator: Alle Register sind FCSRs, als Kombinationsfunktion dient die Schwellenwertfunktion.

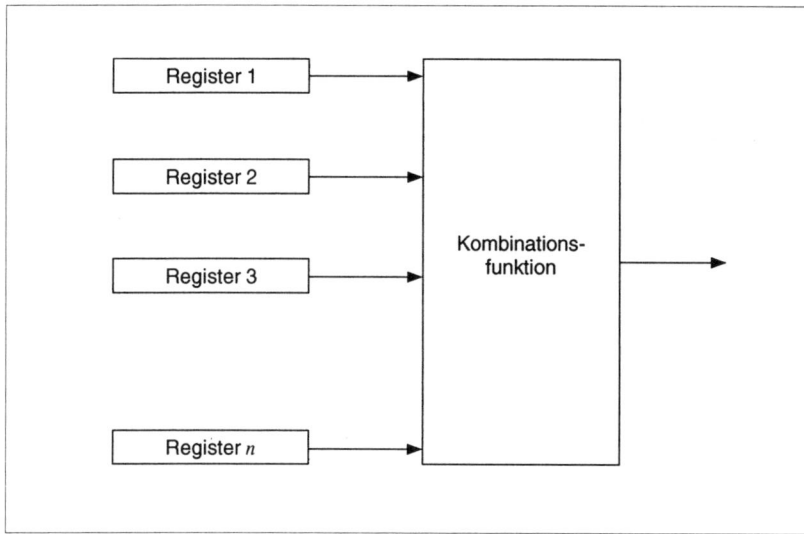

Abb. 17.5: Kombination von Generatoren

- LFSR/FCSR-Schwellenwertgenerator: Die Register sind LFSRs und FCSRs, als Kombinationsfunktion dient die Schwellenwertfunktion.
- FCSR-Summierungsgenerator: Alle Register sind FCSRs, als Kombinationsfunktion dient die Addition mit Übertrag.
- LFSR/FCSR-Summierungsgenerator: Alle Register sind FCSRs, als Kombinationsfunktion dient die Addition mit Übertrag.

LFSR/FCSR-Kaskade mit Summierung und Parität

Die Theorie besagt, daß Addition mit Übertrag die algebraischen Eigenschaften von LFSRs zerstört und XOR-Verknüpfung die algebraischen Eigenschaften von FCSRs. Der hier vorgestellte Generator kombiniert diese Konzepte (die auch im oben aufgeführten LFSR/FCSR-Summierungsgenerator und dem LFSR/FCSR-Paritätsgenerator zum Einsatz kommen) mit der Gollmann-Kaskade.

Der Generator besteht aus mehreren Registerreihen, wobei der Takteingang jeder Reihe von der Ausgabe der vorherigen Reihe gesteuert wird. Abbildung 17.6 zeigt eine Stufe dieses Generators. Die erste LFSR-Reihe wird getaktet, die Ergebnisse werden durch Addition mit Übertrag kombiniert. Liefert diese Kombinationsfunktion die Ausgabe 1, wird die nächste Reihe (mit FCSRs) getaktet und die Ausgabe dieser FCSRs mit der Ausgabe der vorherigen Kombinationsfunktion XOR-verknüpft. Liefert die erste Kombinationsfunktion die Ausgabe 0, wird die FCSR-Reihe nicht getaktet und die Ausgabe

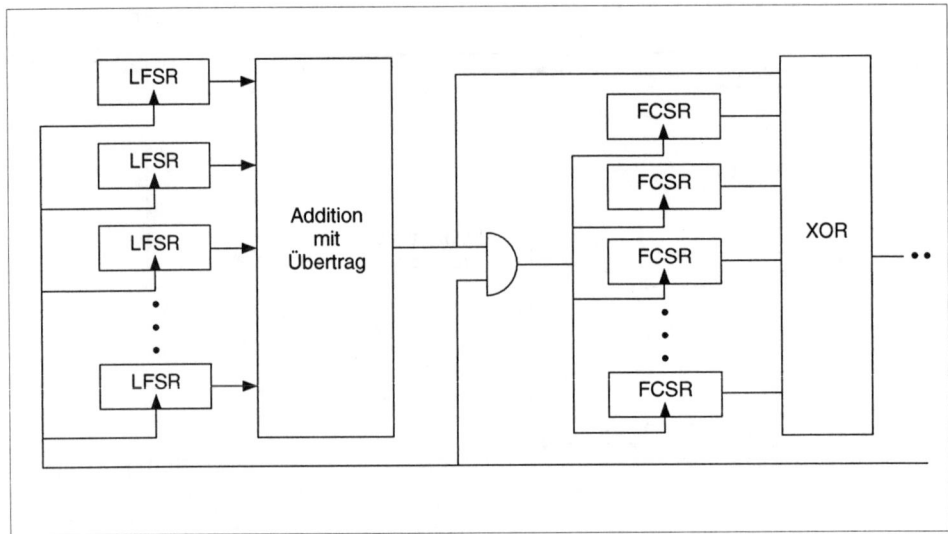

Abb. 17.6: Gemischter Generator

einfach zum Übertrag der vorigen Runde addiert. Liefert diese zweite Kombinationsfunktion die Ausgabe 1, so wird die dritte Reihe (mit LFSRs) getaktet usw.

Dieser Generator benutzt viele Register: bei n Stufen und m Registern pro Stufe benötigt man $n * m$ Register. Ich empfehle $n = 10$ und $m = 5$.

Alternierende Stop-and-Go-Generatoren

Hierbei handelt es sich um Stop-and-Go-Generatoren, bei denen einige LFSRs durch FCSRs ersetzt werden. Darüber hinaus kann man die XOR-Verknüpfung durch eine Addition mit Übertrag ersetzen (siehe Abbildung 17.7).

- Stop-and-Go-Generator mit FCSRs: Die Register 1, 2 und 3 sind FCSRs, als Kombinationsfunktion dient die XOR-Verknüpfung.

- Stop-and-Go-Generator mit FCSR und LFSRs: Register 1 ist ein FCSR, Register 2 und 3 sind LFSRs, als Kombinationsfunktion dient die Addition mit Übertrag.

- Stop-and-Go-Generator mit LFSR und FCSRs: Register 1 ist ein LFSR, Register 2 und 3 sind FCSRs, als Kombinationsfunktion dient die XOR-Verknüpfung.

Shrinking-Generatoren

Es gibt vier Grundtypen von Generatoren mit FCSRs:

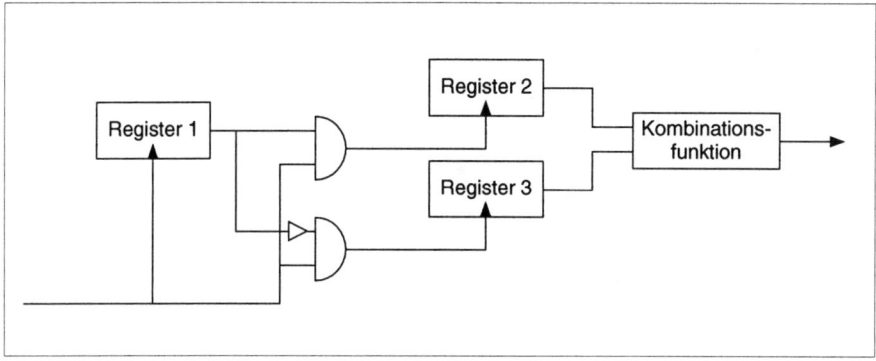

Abb. 17.7: Alternierender Stop-and-Go-Generator

- Shrinking-Generator mit FCSRs: Ein Shrinking-Generator mit FCSRs anstelle von LFSRs.
- FCSR/LFSR-Shrinking-Generator: Ein Shrinking-Generator, in dem ein LFSR ein FCSR reduziert.
- LFSR/FCSR-Shrinking-Generator: Ein Shrinking-Generator, in dem ein FCSR ein LFSR reduziert.
- FCSR-Self-Shrinking-Generator: Ein Shrinking-Generator, der sich selbst reduziert und ein FCSR anstelle eines LFSRs benutzt.

17.6 Schieberegister mit nichtlinearer Rückkopplung

Man kann sich natürlich auch kompliziertere Rückkopplungssequenzen als jene von LFSRs oder FCSRs ausdenken. Das Problem dabei ist, daß es keine mathematische Theorie gibt, mit der man die Rückkopplung analysieren könnte. Man erhält zwar verschiedene Anordnungen, weiß aber nicht genau, was dahintersteckt. Bei Schieberegisterfolgen mit nichtlinearer Rückkopplung können insbesondere folgende Probleme auftreten:

- Die Ausgabesequenz kann ungleichmäßige Verteilungen liefern, z.B. mehr Einsen als Nullen oder weniger Folgen gleicher Bits als erwartet.
- Die maximale Periode der Sequenz kann viel geringer sein als erwartet.
- Die Periode der Sequenz kann vom Startwert abhängen.
- Die Sequenz kann geraume Zeit zufällig erscheinen, endet dann aber in einer Sackgasse, d.h. produziert nur noch einen Wert. (Das läßt sich am einfachsten dadurch lösen, daß man die nichtlineare Funktion mit dem Bit ganz rechts XOR-verknüpft.)

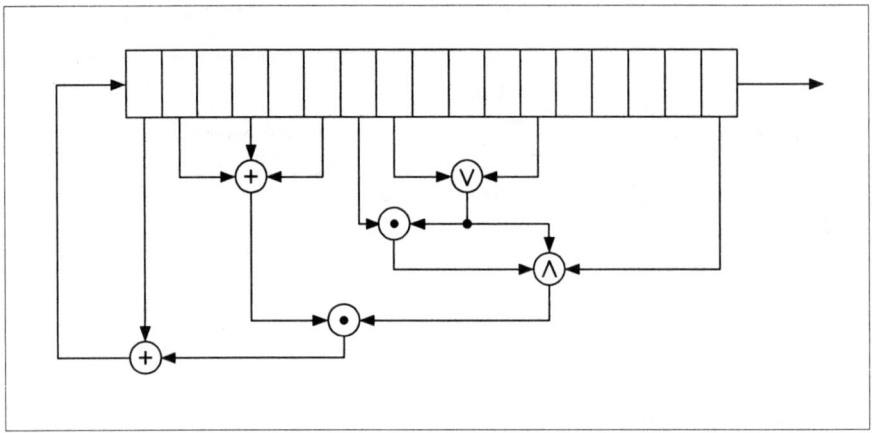

Abb. 17.8: Ein Schieberegister mit nichtlinearer Rückkopplung (wahrscheinlich unsicher)

Die Tatsache, daß es keine Theorie zur Sicherheitsanalyse von Schieberegistern mit nichtlinearer Rückkopplung gibt, hat andererseits den Vorteil, daß es für darauf basierende Stromchiffrierungen auch wenig kryptanalytische Ansatzpunkte gibt. Man kann Schieberegister mit nichtlinearer Rückkopplung zum Entwurf von Stromchiffrierungen verwenden, muß dabei jedoch vorsichtig sein.

Bei einem Schieberegister mit nichtlinearer Rückkopplung kann die Rückkopplungsfunktion beliebig aussehen (siehe Abbildung 17.8).

Abbildung 17.9 zeigt ein 3-Bit-Schieberegister mit der folgenden Rückkopplungsfunktion: Das neue Bit entsteht durch Multiplikation des ersten Bits mit dem zweiten. Mit dem Startwert 110 ergibt sich die folgende Sequenz interner Zustände:

```
1 1 0
0 1 1
1 0 1
```

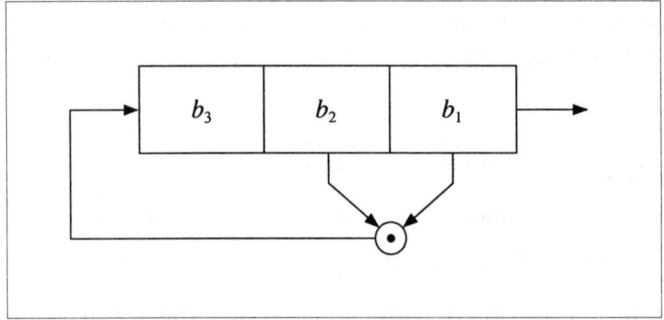

Abb. 17.9: 3-Bit-Schieberegister mit nichtlinearer Rückkopplung

010
001
000
000

Ab hier läuft die Folge immer so weiter.

Als Ausgabesequenz dient die Folge der niederwertigsten Bits:

011010000000...

Diese Folge ist nicht besonders nützlich.

Es kommt noch schlimmer: Der Startwert 100 liefert 010, 001 und dann unendlich oft 000. Der Startwert 111 liefert gleich vom Start weg nur Wiederholungen.

Es gibt einige Arbeiten zur Berechnung der linearen Komplexität des Produkts zweier LFSRs [1650, 726, 1364, 630, 658, 659]. Eine Konstruktion, die LFSRs in einem Körper ungerader Charakteristik berechnet [310], ist unsicher [842].

17.7 Weitere Stromchiffrierungen

In verschiedenen Arbeiten tauchen viele andere Stromchiffrierungen auf, von denen ich einige vorstellen möchte.

Pless-Generator

Dieser Generator macht sich die Fähigkeiten des J-K-Flipflops zunutze [1250]. Acht LFSRs steuern vier J-K-Flipflops. Jedes Flipflop fungiert als nichtlineare Kombination zweier LFSRs. Um zu vermeiden, daß man mit Kenntnis der Ausgabe des Flipflops sowohl den Eingang als auch den Wert des nächsten Ausgabebits ermitteln kann, werden die vier Flipflops getaktet. Dann werden die Ausgabewerte verschränkt, was den endgültigen Schlüsselstrom liefert.

Dieser Algorithmus wurde kryptanalysiert, indem man die vier Flipflops unabhängig voneinander angriff [1356]. Darüber hinaus ist die Kombination von J-K-Flipflops kryptographisch schwach. Generatoren dieses Typs sind anfällig für Korrelationsangriffe [1451].

Generator mit zellulären Automaten

Steve Wolfram schlug in [1608, 1609] einen eindimensionalen zellulären Automaten als Pseudozufallszahlengenerator vor. Da zelluläre Automaten nicht Gegenstand dieses Buchs sind, hier nur ein kurzer Überblick: Wolframs Generator besteht aus einem eindimensionalen Bitfeld $a_1, a_2, a_3, \ldots, a_k, \ldots, a_n$ und einer Aktualisierungsfunktion:

$$a_k' = a_{k-1} \oplus (a_k \vee a_{k+1})$$

Das Bit wird aus einem der Werte a_k extrahiert; welches genau benutzt wird, spielt keine Rolle.

Das Verhalten des Generators scheint zufällig zu sein. Es gibt allerdings einen *known-plaintext*-Angriff gegen solche Generatoren [1052]. Dieser Angriff funktioniert auf PCs für Werte von n bis zu 500 Bit. Darüber hinaus bewies Paul Bardell, daß die Ausgabe eines zellulären Automaten auch von einem Schieberegister gleicher Länge mit linearer Rückkopplung generiert werden kann und daher nicht sicherer ist [83].

1/p-Generator

Dieser Generator wurde in [193] vorgeschlagen und kryptanalysiert. Hat der Generator zur Zeit t den internen Zustand x_t, so gilt

$$x_{t+1} = bx_t \bmod p$$

Die Ausgabe des Generators besteht aus dem niederwertigsten Bit von x_t div p, wobei div für die ganzzahlige Division mit Abschneiden steht. Um maximale Periode zu erhalten, sollten die Konstanten b und p so gewählt werden, daß p prim und b primitive Wurzel modulo p ist. Leider ist dieser Generator nicht sicher. (Beachten Sie, daß für $b = 2$ ein FCSR mit der Verbindungszahl p die umgekehrte Folge erzeugt.)

crypt(1)

Der ursprüngliche UNIX-Verschlüsselungsalgorithmus crypt(1) ist eine Stromchiffrierung, die auf den gleichen Ideen wie die Enigma basiert. Es handelt sich dabei um eine Substitutionschiffrierung mit 256 Elementen, einem einzigen Rotor und einem Reflektor. Sowohl Rotor als auch Reflektor werden aus dem Schlüssel generiert. Dieser Algorithmus ist wesentlich einfacher als die deutsche Enigma aus dem zweiten Weltkrieg. Ein geübter Kryptanalytiker kann ihn leicht knacken [1576, 1299]. Mit einem frei verfügbaren UNIX-Programm, der *Crypt Breakers Workbench* (CBW), kann man Dateien knacken, die mittels crypt(1) verschlüsselt sind.

Weitere Verfahren

Ein anderer Generator basiert auf dem Rucksack-Problem (siehe Abschnitt 19.2) [1363]. CRYPTO-LEGGO ist unsicher [301]. Joan Daemen entwickelte SubStream, Jam und StepRightUp. Sie sind alle noch zu neu, um beurteilt werden zu können. In der Literatur werden viele weitere Algorithmen beschrieben. Noch viel mehr Verfahren werden geheimgehalten und in Geräte eingebaut.

17.8 Systemtheoretischer Ansatz zum Entwurf von Stromchiffrierungen

Der Entwurf von Stromchiffrierungen entspricht in der Praxis weitgehend dem Entwurf von Blockchiffrierungen. Es ist viel mehr mathematische Theorie nötig, doch schließlich schlägt ein Kryptograph einen Entwurf vor und versucht dann, ihn zu analysieren.

Nach Rainer Rueppel gibt es vier verschiedene Ansätze für die Konstruktion von Stromchiffrierungen [1360, 1362]:

- Der systemtheoretische Ansatz: Man versucht sicherzustellen, daß der Entwurf ein schweres und unbekanntes Problem für den Kryptanalytiker aufwirft. Dazu benutzt man eine Reihe grundlegender Entwurfsprinzipien und -kriterien.

- Der informationstheoretische Ansatz: Man versucht, den Kryptanalytiker bezüglich des Klartexts im Dunkeln zu lassen. Wie sehr sich der Kryptanalytiker auch anstrengen mag, er erhält nie eine eindeutige Lösung.

- Der komplexitätstheoretische Ansatz: Man versucht, ein Kryptosystem auf einem bekannten schweren Problem aufzubauen oder es dazu äquivalent zu machen, z.B. Faktorisierung oder Berechnung des diskreten Logarithmus.

- Der randomisierte Ansatz: Man versucht, ein unüberschaubar großes Problem zu generieren, indem man den Kryptographen zwingt, bei seinen Kryptanalyseversuchen große Mengen nutzloser Daten zu untersuchen.

Diese Ansätze unterscheiden sich bezüglich der Annahmen, die sie über die Fähigkeiten und Möglichkeiten des Kryptanalytikers machen, der Definition des kryptographischen Erfolgs sowie des Sicherheitsbegriffs. Die meisten Arbeiten auf diesem Gebiet sind theoretischer Natur, doch unter den nicht praktikablen Stromchiffrierungen gibt es einige gute.

Der systemtheoretische Ansatz wurde bei allen bisher vorgestellten Stromchiffrierungen benutzt. Er liefert die meisten der Stromchiffrierungen, die praktikabel genug sind, um in realen Situationen zum Einsatz zu kommen. Ein Kryptograph entwirft Schlüsselstromgeneratoren mit überprüfbaren Sicherheitseigenschaften (Periode, Verteilung von Bitmustern, lineare Komplexität usw.) und keine Chiffrierungen auf Basis mathematischer Theorie. Außerdem werden verschiedene kryptanalytische Techniken gegen diese Generatoren untersucht, um sicherzustellen, daß die Generatoren gegen solche Angriffe immun sind.

Über die Jahre lieferte der Ansatz eine Reihe von Entwurfskriterien für Stromchiffrierungen [1432, 99, 1357, 1249]. Rainer Rueppel behandelte sie in [1362]. In dieser Arbeit geht er auch genauer auf die zugrundeliegende Theorie ein:

- Lange Periode, keine Wiederholungen.

- Kriterien bezüglich der linearen Komplexität: große lineare Komplexität, lineares Komplexitätsprofil, lokale lineare Komplexität usw.

- Statistische Kriterien, etwa ideale Verteilung von k-Tupeln.
- Konfusion: Jeder Schlüsselstrom muß eine komplexe Transformation aller oder fast aller Schlüsselbits darstellen.
- Diffusion: Redundanz in Teilstrukturen muß in langfristige Verteilungen umgewandelt werden.
- Nichtlinearitätskriterien für Boolesche Funktionen, etwa Immunität gegen Korrelation m-ter Ordnung, Abstand von linearen Funktionen, Lawinenkriterium usw.

Diese Liste mit Entwurfskriterien betrifft nicht nur Stromchiffrierungen, die nach dem systemtheoretischen Ansatz entworfen werden, sondern alle Stromchiffrierungen und sogar alle Blockchiffrierungen. Das Einzigartige beim systemtheoretischen Ansatz ist die Tatsache, daß Stromchiffrierungen direkt so entworfen werden, daß sie diese Ziele erfüllen.

Das Hauptproblem bei diesen Kryptosystemen besteht darin, daß man nichts über ihre Sicherheit beweisen kann. Es wurde niemals bewiesen, daß die Entwurfskriterien notwendig oder hinreichend für Sicherheit sind. Ein Schlüsselstromgenerator mag alle Entwurfskriterien erfüllen und kann sich dennoch als unsicher erweisen. Ein anderer könnte sich dagegen als sicher erweisen – der ganzen Sache haftet noch etwas Magisches an.

Andererseits stellt das Knacken jedes dieser Schlüsselstromgeneratoren ein neues Problem für den Kryptanalytiker dar. Sind genügend verschiedene Generatoren im Einsatz, so ist die Zeit des Kryptanalytikers vielleicht einfach zu wertvoll, um jeden einzelnen zu knacken. Wahrscheinlich erlangt er eher Ruhm und Ehre, wenn er bessere Möglichkeiten zur Faktorisierung großer Zahlen oder zur Berechnung diskreter Logarithmen erfindet.

17.9 Komplexitätstheoretischer Ansatz zum Entwurf von Stromchiffrierungen

Rueppel skizzierte auch einen komplexitätstheoretischen Ansatz zum Entwurf von Stromchiffrierungen. Dabei versucht ein Kryptograph, mit Hilfe der Komplexitätstheorie zu beweisen, daß seine Generatoren sicher sind. Die Generatoren werden daher komplizierter und beruhen auf der gleichen Sorte harter Probleme, die auch bei der Public-Key-Kryptographie eine Rolle spielen. Außerdem sind sie wie die Public-Key-Algorithmen langsam und umständlich.

Shamirs Pseudozufallszahlengenerator

Adi Shamir benutzte den RSA-Algorithmus als Pseudozufallszahlengenerator [1417]. Shamir zeigte zwar, daß das Vorhersagen der Ausgabe des Pseudozufallszahlengenerators zum Knacken von RSA äquivalent ist, doch in [1401, 200] wurden mögliche Ungleichgewichte in der Ausgabe demonstriert.

Blum-Micali-Generator

Dieser Generator bezieht seine Sicherheit aus der Schwierigkeit der Berechnung diskreter Logarithmen [200]. Sei g eine Primzahl und p eine ungerade Primzahl. Der Prozeß beginnt mit einem Schlüssel x_0:

$$x_{i+1} = g^{x_i} \bmod p$$

Die Ausgabe des Generators ist 1, falls $x_i < (p-1)/2$, anderenfalls 0.

Wenn p so groß ist, daß die Berechnung diskreter Logarithmen undurchführbar ist, dann ist dieser Generator sicher. Weitere theoretische Ergebnisse finden Sie in [1627, 986, 985, 1237, 896, 799].

RSA

Der RSA-Generator [35, 36] ist eine Modifikation von [200]. Die Startparameter sind ein Modul N, der das Produkt zweier großer Primzahlen p und q ist, eine ganze Zahl e, die zu $(p-1)(q-1)$ relativ prim ist sowie ein zufälliger Startwert x_0, der kleiner ist als N.

$$x_{i+1} = x_i^e \bmod N$$

Die Ausgabe des Generators ist das niederwertigste Bit von x_i. Die Sicherheit dieses Generators beruht auf dem Problem, RSA zu knacken. Ist N groß genug, dann ist der Generator sicher. Weitere theoretische Grundlagen finden Sie in [1569, 1570, 1571, 30, 354].

Blum, Blum und Shub

Der einfachste und effizienteste komplexitätstheoretische Generator heißt nach seinen Erfindern Generator von Blum, Blum und Shub. Wir werden ihn als BBS abkürzen, obwohl er manchmal auch als quadratischer Restgenerator bezeichnet wird [193].

Die Theorie des BBS-Generators hängt mit quadratischen Resten modulo n zusammen (siehe Abschnitt 11.3). Im folgenden betrachten wir seine Funktionsweise.

Zunächst sucht man zwei große Primzahlen p und q, die kongruent 3 modulo 4 sind. Das Produkt n dieser Zahlen ist eine Blumsche Zahl. Jetzt wählt man eine andere zufällige ganze Zahl x, die zu n relativ prim ist und berechnet

$$x_0 = x^2 \bmod n$$

Das ist der Startwert des Generators.

Jetzt kann man anfangen, Bits zu berechnen. Das i-te Pseudozufallsbit ist das niederwertigste Bit von x_i, wobei

$$x_i = x_{i-1}^2 \bmod n$$

Die faszinierendste Eigenschaft dieses Generators ist, daß man nicht alle $i-1$ Bits berechnen muß, um das i-te Bit zu erhalten. Wenn p und q bekannt sind, kann man das i-te Bit direkt berechnen:

$$b_i \text{ ist das niederwertigste Bit von } x_i, \text{ wobei } x_i = x_0^{(2^i) \bmod ((p-1)(q-1))}$$

Diese Eigenschaft bedeutet, daß man diesen kryptographisch starken Pseudozufallsbitgenerator als stromorientiertes Kryptosystem für Dateien mit wahlfreiem Zugriff verwenden kann.

Die Sicherheit des Verfahrens beruht auf der schwierigen Faktorisierung von n. Man kann n veröffentlichen, so daß jedermann Bits mit dem Generator erzeugen kann. Wenn ein Kryptanalytiker jedoch die Faktorzerlegung von n nicht kennt, kann er die Ausgabe des Generators nicht vorhersagen. Er kann nicht einmal eine Aussage der Art „Das nächste Bit hat mit einer Wahrscheinlichkeit von 51 Prozent den Wert 1" machen.

Es gilt sogar die stärkere Eigenschaft, daß der BBS-Generator weder nach links noch nach rechts vorhersagbar ist. Das bedeutet, daß ein Kryptanalytiker zu einer vom Generator erzeugten Folge weder das nächste Bit der Folge noch das vorhergehende Bit der Folge bestimmen kann. Diese Sicherheit beruht nicht auf irgendeinem komplizierten Bitgenerator, den niemand versteht, sondern auf mathematischen Eigenschaften der Faktorisierung von n.

Dieser Algorithmus ist zwar langsam, doch es gibt Möglichkeiten zur Beschleunigung. Es stellt sich heraus, daß man mehr als das niederwertigste Bit jedes x_i als Pseudozufallsbit verwenden kann. Laut [1569, 1570, 1571, 35, 36] kann man die niederwertigsten $\log_2 n$ Bits von x_i verwenden, wobei n die Länge von x_i ist. Der BBS-Generator ist vergleichsweise langsam und eignet sich nicht für Stromchiffrierungen. Für Anwendungen mit hohen Sicherheitsanforderungen, z.B. Schlüsselerzeugung, stellt dieser Generator jedoch die beste Wahl dar.

17.10 Weitere Ansätze zum Entwurf von Stromchiffrierungen

James Massey und Ingemar Ingemarsson schlugen die Rip van Winkle-Chiffrierung vor [1011]. Sie ist so benannt, weil der Empfänger 2^n Bits des Chiffretexts empfangen muß, bevor er die Entschlüsselung versuchen kann. Der Algorithmus wird in Abbildung 17.10 illustriert und ist einfach zu implementieren, nachweisbar sicher – und völlig unpraktikabel. Man XOR-verknüpft einfach den Klartext mit dem Schlüsselstrom und verzögert den Schlüsselstrom um einen Wert zwischen 0 und 20 Jahren. Die genaue Ver-

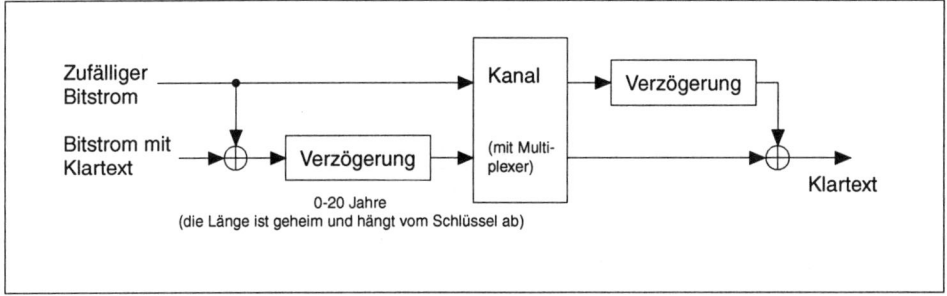

Abb. 17.10: Rip van Winkle-Chiffrierung

zögerung ist Teil des Schlüssels. Massey meint dazu: „Man kann leicht sicherstellen, daß der gegnerische Kryptanalytiker Tausende von Jahren braucht, um die Chiffrierung zu knacken. Man muß allerdings selbst bereit sein, Millionen von Jahren zu warten, bevor man den Klartext lesen kann. Weitere Ausführungen dieser Idee finden Sie in [1577, 755].

Diffies randomisierte Stromchiffrierung

Dieses Verfahren stammt von Whitfield Diffie [1362]. Die Daten sind 2^n Zufallsfolgen, der Schlüssel k ist eine zufällige Zeichenkette der Länge n Bit. Um eine Nachricht zu verschlüsseln, benutzt Alice den k-ten Zufallsstring als One-Time-Pad. Dann sendet sie den Chiffretext und die 2^n Zufallsstrings über $2^n + 1$ verschiedene Kommunikationskanäle.

Bob kennt k und kann daher leicht das One-Time-Pad auswählen, das die Nachricht entschlüsselt. Eve hat keine andere Wahl als die Zufallsfolgen einzeln zu untersuchen, bis sie das richtige One-Time-Pad findet. Jeder Angriff muß mit einer Anzahl von Bits in der Größenordnung $O(2^n)$ rechnen. Rueppel wies darauf hin, daß sich die Sicherheit nicht ändert, wenn man n Zufallsstrings statt 2^n sendet und mit dem Schlüssel eine Linearkombination dieser Zufallsstrings kennzeichnet.

Maurers randomisierte Stromchiffrierung

Ueli Maurer beschrieb ein Verfahren, das auf der XOR-Verknüpfung des Klartexts mit mehreren großen und öffentlich bekannten Zufallsbitfolgen beruht [1034, 1029, 1030]. Der Schlüssel gibt die Menge der Startpositionen innerhalb jeder Folge an. Es stellt sich heraus, daß diese Methode nachweislich fast sicher ist. Die Wahrscheinlichkeit, daß das Verfahren geknackt wird, läßt sich berechnen, wenn man weiß, wieviel Speicher dem Angreifer zur Verfügung steht – unabhängig von der verfügbaren Rechenkapazität. Maurer meint, daß diese Methode mit 100 verschiedenen Sequenzen von je 10^{20} Zufallsbits praktikabel wäre. Eine Möglichkeit, so viele Bits zu erhalten, wäre zum Beispiel die Digitalisierung der Mondoberfläche.

17.11 Kaskadierung von Stromchiffrierungen

Wenn die Geschwindigkeit keine Rolle spielt, spricht nichts dagegen, mehrere Stromchiffrierungen auszuwählen und zu einer Kaskade zu verknüpfen. Um den Chiffretext zu erhalten, XOR-verknüpft man einfach die Ausgabe jedes Generators mit dem Klartext. Aus dem Resultat von Ueli Maurer (siehe Abschnitt 15.7) folgt, daß bei unabhängigen Schlüsseln die Sicherheit der Kaskade mindestens so groß ist wie die des stärksten Algorithmus in der Kaskade. Wahrscheinlich ist die Kaskade sogar viel sicherer.

Stromchiffrierungen lassen sich genauso kombinieren wie Blockchiffrierungen (siehe Kapitel 15). Stromchiffrierungen kann man mit anderen Stromchiffrierungen kaskadieren (siehe Abschnitt 15.7) oder mit Blockchiffrierungen.

Ein guter Trick besteht darin, mit einem Algorithmus (entweder einem Block- oder Stromalgorithmus) einen schnellen Stromalgorithmus (das kann sogar ein Blockalgorithmus im OFB-Modus sein) mit neuen Schlüsseln zu versorgen. Der schnelle Algorithmus kann schwach sein, da ein Kryptanalytiker nie sehr viel Klartext erhält, der mit dem gleichen Schlüssel chiffriert wurde.

Die Größe des internen Zustands des schnellen Algorithmus (die die Sicherheit beeinflußt) und die Anzahl der Schlüsselwechsel beeinflussen sich gegenseitig. Der Wechsel des Schlüssels muß relativ schnell erfolgen. Algorithmen mit langwierigen Vorberechnungen eignen sich dafür nicht. Der Schlüsselwechsel sollte außerdem unabhängig vom internen Zustand des schnellen Algorithmus sein.

17.12 Wahl einer Stromchiffrierung

Wenn wir aus dem Studium der Stromchiffrierungen eine Lehre ziehen können, dann die, daß mit beunruhigender Regelmäßigkeit neue Arten von Angriffen entwickelt werden. Klassische Stromchiffrierungen basieren auf reichlich mathematischer Theorie. Mit Hilfe dieser Theorie kann man gute Eigenschaften der Chiffrierung beweisen, aber auch neue Angriffe dagegen entwickeln. Aus diesem Grund bereitet mir jede Stromchiffrierung Kopfzerbrechen, die ausschließlich auf LFSRs beruht.

Ich bevorzuge Stromchiffrierungen, die eher wie Blockchiffrierungen entworfen wurden: nichtlineare Transformationen, große S-Boxen usw. RC4 ist mein Favorit, gleich danach kommt SEAL. Kryptanalytische Ergebnisse bezüglich meiner Generatoren aus kombinierten LFSRs und FCSRs interessieren mich sehr. Dieses Forschungsgebiet der Stromchiffrierungen scheint mit Hinblick auf Entwürfe sehr fruchtbar zu sein. Sie können natürlich auch eine Blockchiffrierung im OFB- oder CFB-Modus benutzen, um eine Stromchiffrierung zu erhalten.

Tabelle 17.3 enthält verschiedene Zeitmessungen für einige Algorithmen. Sie sind nur zu Vergleichszwecken gedacht.

Algorithmus	Verschlüsselungsgeschwindigkeit in Kilobyte/Sekunde
A5	5
PIKE	62
RC4	164
SEAL	381

Tabelle 17.3: Verschlüsselungsgeschwindigkeit einiger Stromchiffrierungen auf einem 386er mit 33 MHz

17.13 Erzeugung mehrerer Ströme mit einem einzigen Pseudozufallszahlengenerator

Wenn Sie mehrere Kommunikationskanäle in einem Gerät, z.B. einem Multiplexer, verschlüsseln müssen, ist es am einfachsten, verschiedene Pseudozufallsfolgengeneratoren für jeden Strom zu verwenden. Diese Lösung bringt aber zwei Probleme mit sich: Es ist mehr Hardware nötig, und die verschiedenen Generatoren müssen synchronisiert sein. Einfacher wäre es, mit einem einzigen Generator zu arbeiten.

Eine Möglichkeitkeit besteht darin, den Generator mehrfach zu takten. Sind drei unabhängige Ströme nötig, taktet man den Generator dreimal und sendet in jeden Strom ein Bit. Das funktioniert zwar, aber es kann schwierig sein, den Generator schnell genug zu takten. Wenn man den Generator zum Beispiel nur dreimal so schnell takten kann wie den Datenstrom, so kann man nur drei Ströme erzeugen. Eine andere Möglichkeit besteht darin, die gleiche Folge für alle Kanäle zu verwenden, unter Umständen mit einer variablen Verzögerung. Das ist jedoch unsicher.

Abbildung 17.11 zeigt eine wirklich pfiffige Idee, die von der NSA patentiert wurde. Dabei leitet man die Ausgabe eines beliebigen Generators in ein einfaches Schieberegister der Länge m Bit. Bei jedem Takt verschiebt man den Inhalt des Registers um eins nach rechts. Dann wird der Registerinhalt für jeden Ausgabestrom mit einem anderen Kontrollvektor der Länge m Bit (den man als Identifikation für den gewünschten Ausgabestrom ansehen kann) AND-verknüpft. Um das Ausgabebit für einen Strom zu erhalten, werden alle Bits XOR-verknüpft. Braucht man mehrere parallele Ausgabeströme, so braucht man für jeden einen eigenen Kontrollvektor und einen XOR/AND-Schaltkreis.

Hierbei sind einige Dinge zu beachten. Wenn ein Strom eine Linearkombination anderer Ströme darstellt, kann das System geknackt werden. Wenn man es jedoch schlau

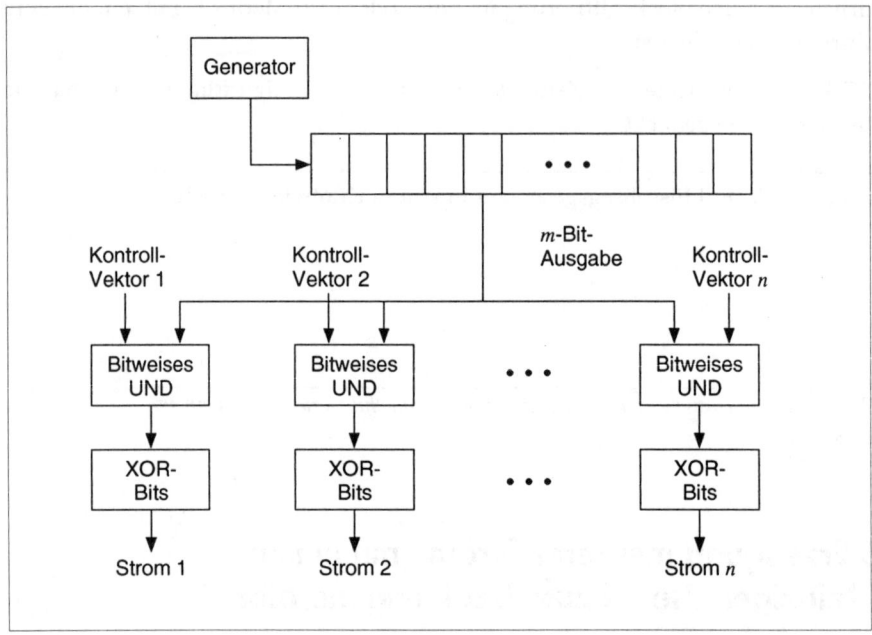

Abb. 17.11: Generator für mehrere Bitströme

anstellt, stellt das Verfahren eine einfache und sichere Möglichkeit zur Lösung des Problems dar.

17.14 Echte Zufallsfolgengeneratoren

Für manche Anwendungen sind kryptographisch sichere Pseudozufallsfolgengeneratoren nicht gut genug. Oft braucht man in der Kryptographie echte Zufallszahlen. Das wichtigste Beispiel dafür ist die Erzeugung von Schlüsseln. Es ist zwar nützlich, zufällige kryptographische Schlüssel mit Hilfe eines Pseudozufallsfolgengenerators zu erzeugen, doch wenn eine Version des Generators und der Master-Key einem Gegner in die Hände fallen, kann dieser die gleichen Schlüssel erzeugen und Ihr Kryptosystem knacken – unabhängig davon, wie sicher die Algorithmen sind. Die von einem Zufallsfolgengenerator erzeugten Folgen lassen sich dagegen nicht reproduzieren. Niemand, nicht einmal Sie selbst, kann die Bitfolge eines solchen Generators reproduzieren.

Es gibt intensive philosophische Diskussionen darüber, ob eines dieser Verfahren tatsächlich echte Zufallsbits erzeugt. Ich werde diesen Punkt jedoch ausklammern. Uns geht es um die Erzeugung von Bits, die die gleichen statistischen Eigenschaften wie Zufallsbits haben und nicht reproduzierbar sind.

Wichtig ist bei allen echten Zufallsfolgengeneratoren, daß sie getestet werden. Dazu gibt es eine Fülle von Literatur. In [863, 99] finden Sie Tests zur Überprüfung der Zufälligkeit. Maurer zeigte, daß sich all diese Tests aus dem Versuch ableiten lassen, die Folge zu komprimieren [1031, 1032]. Wenn man eine Zufallsfolge komprimieren kann, ist sie nicht wirklich zufällig.

Wir haben es hier auf jeden Fall mit viel schwarzer Magie zu tun. Es geht in erster Linie darum, eine Bitfolge zu erzeugen, die der Gegner höchstwahrscheinlich nicht erraten kann. Das mag sich einfach anhören, ist jedoch schwieriger, als Sie vielleicht denken. Ich kann von keinem der vorgestellten Verfahren beweisen, daß es Zufallsbits erzeugt. Die Verfahren liefern eine Bitfolge, die man nicht einfach reproduzieren kann. Weitere Einzelheiten finden Sie in [1375, 1376, 511].

RAND-Tabellen

Bereits 1955, als Computer noch neu waren, veröffentlichte die RAND Corporation ein Buch mit einer Million Zufallsziffern [1289]. Die benutzte Methode wird im Buch beschrieben:

> Die Zufallsziffern in diesem Buch wurden durch erneute Randomisierung einer Grundtabelle erzeugt, die mit einer elektronischen Roulettescheibe generiert wurde. Eine Pulsquelle mit zufälliger Frequenz wurde etwa einmal pro Sekunde von einem Puls konstanter Frequenz durchlaufen. Standardisierungsschaltkreise leiteten den Puls durch einen fünfstelligen Binärzähler. Die Anordnung entsprach im Prinzip einer Roulettescheibe mit 32 Plätzen, die pro Versuch durchschnittlich 3000 Umdrehungen machte und eine Zahl pro Sekunde produzierte. Ein Binär/Dezimal-Konverter wandelte 20 der 32 Zahlen (die anderen 12 wurden verworfen) um und behielt nur die letzte Stelle der zweistelligen Zahlen. Diese letzte Stelle steuerte einen IBM-Lochkartenstanzer, der schließlich eine Lochkartentabelle mit Zufallsziffern ausgab.

Weiterhin werden in dem Buch die Ergebnisse verschiedener Zufallstests mit den Daten beschrieben. Es wird außerdem eine Methode zur Benutzung des Buchs für die Ermittlung einer Zufallszahl vorgeschlagen:

> Die Zeilen der Zifferntabelle sind von 00000 bis 19999 numeriert. Bei jedem Einsatz der Tabelle sollte man zuerst eine zufällige Startposition festlegen. Dazu öffnet man üblicherweise das Buch an einer noch nicht benutzten Stelle der Zifferntabelle und wählt blind eine fünfstellige Zahl. In dieser Zahl reduziert man die erste Stelle modulo 2 und erhält so die Anfangszeile. Die beiden Ziffern rechts der gewählten fünfstelligen Zahl werden modulo 50 reduziert, um die Anfangsspalte innerhalb der Anfangszeile zu erhalten. Als Maßname gegen die Tendenz von Büchern, sich immer wieder auf der gleichen Seite zu öffnen und die natürliche Neigung von Menschen, eine Zahl in der Mitte der Seite zu wählen, sollte man alle fünfstelligen Zahlen, die bereits als Startposition benutzt wurden, markieren und kein zweites Mal zu diesem Zweck verwenden.

Der Hauptteil des Buchs umfaßt die „Tabelle der Zufallsziffern". Sie werden in Gruppen zu je fünf Ziffern aufgelistet („100097 32533 76520 13568..."). Jede Zeile enthält 50 Ziffern, jede Seite 50 Zeilen. Die Tabelle erstreckt sich über 400 Seiten und gibt – mit Ausnahme der Stelle „69696" auf Seite 283 – eine ziemlich langweilige Lektüre ab. Das Buch enthält außerdem eine Tabelle mit 100 000 Standardabweichungen.

Interessant an dem RAND-Buch sind nicht die eine Million Ziffern, sondern die Tatsache, daß sie vor der Computerrevolution erzeugt wurden. Viele kryptographische Algorithmen arbeiten mit beliebigen Konstanten, sogenannten *magic numbers*. Die Wahl einer *magic number* aus den RAND-Tabellen stellt sicher, daß sie nicht aus irgendeinem speziellen Grund genau so und nicht anders gewählt wurden. Khafre ist ein Beispiel dafür.

Zufälliges Rauschen

Die beste Möglichkeit zur Erzeugung einer großen Zahl von Zufallsbits besteht darin, den natürlichen Zufall der realen Welt auszunutzen. Dazu ist zwar häufig spezielle Hardware erforderlich, doch man kann auch mit Computern tricksen.

Suchen Sie ein Ereignis, das regelmäßig, aber zufällig stattfindet: atmosphärisches Rauschen, das einen bestimmten Schwellenwert überschreitet; ein Kleinkind, das bei den ersten Gehversuchen stürzt usw. Messen Sie die Zeit zwischen dem ersten und zweiten Ereignis und speichern Sie diesen Wert. Messen Sie dann die Zeit zwischen dem zweiten und dritten Ereignis und speichern sie den Wert ebenfalls. Ist das erste Intervall größer als das zweite, geben Sie das Bit 1 aus; ist das zweite Intervall größer, liefert das Ereignis den Wert 0. Wiederholen Sie den Vorgang für das nächste Ereignis.

Werfen Sie einen Dart-Pfeil auf die Börsennotierungen in Ihrer Tageszeitung. Vergleichen Sie den Schlußpreis der Aktie, die Sie getroffen haben, mit dem Schlußpreis der Aktie direkt darüber. Ist der getroffene Wert höher, geben Sie 0 aus, sonst 1.

Schließen Sie einen Geigerzähler an Ihren Computer an, zählen Sie die Emissionen innerhalb einer festen Zeitspanne und speichern Sie das niederwertigste Bit. Sie können auch die Zeit zwischen zwei aufeinanderfolgenden Emissionen messen. (Da die radioaktive Quelle zerfällt, wird die durchschnittliche Zeitspanne zwischen zwei aufeinanderfolgenden Emissionen kontinuierlich größer. Daher sollten Sie eine Quelle wählen, deren Halbwertszeit so groß ist, daß dieser Effekt vernachlässigbar wird, z.B. Plutonium. Wenn Sie um Ihre Gesundheit besorgt sind, können Sie stattdessen die entsprechenden statistischen Korrekturen anwenden).

G. B. Agnew schlug einen echten Zufallsbitgenerator vor, der sich für die Integration in ein VLSI-Gerät eignet [21]. Es handelt sich dabei um einen *metal insulator semiconductor capacitor* (MISC). Zwei solche Elemente werden nahe aneinander plaziert. Das Zufallsbit ist eine Funktion der Spannungsdifferenz zwischen den beiden Elementen. Ein weiterer Zufallszahlengenerator erzeugt einen zufälligen Bitstrom auf Basis der Frequenzschwankungen eines frei schwingenden Oszillators [535]. Ein kommerzieller Chip von AT&T erzeugt Zufallszahlen mit Hilfe des gleichen Phänomens [67]. M. Gude konstruierte einen Zufallszahlengenerator, der Zufallsbits aus physikalischen Erscheinungen gewinnt, etwa radioaktivem Zerfall [668, 669]. Manfield Richter entwickelte einen Zufallszahlengenerator, der das thermische Rauschen einer Halbleiterdiode ausnutzt [1309].

Man kann davon ausgehen, daß die Zeitspanne zwischen aufeinanderfolgenden 2e4-Lichtemissionen eines Quecksilberatoms zufällig sind. Sie könnten zwar dieses Phänomen ausnutzen, einfacher ist es jedoch, einen Halbleiterhersteller ausfindig zu machen, der Chips zur Generierung von Zufallszahlen produziert. Einige Firmen bieten solche Chips an.

Es gibt auch einen Zufallszahlengenerator, der die Festplatte eines Computers benutzt [439]. Er mißt die Zeit, die zum Lesen eines Plattensektors nötig ist und verwendet die Schwankung dieses Werts als Zufallsquelle. Der Generator filtert die Zeitdaten, um die durch Quantisierung entstehende Struktur zu entfernen und wendet dann eine schnelle Fouriertransformation auf Vektoren an, die aus diesen Zahlen gebildet werden. Dieser Prozeß entfernt Ungleichgewichte und Korrelationen. Schließlich benutzt der Generator die Spektralwinkel für Frequenzen im Intervall $(0, \pi)$ als Zufallsbits, nachdem diese auf das Einheitsintervall normalisiert wurden. Da die Schwankung der Rotationsgeschwindigkeit einer Festplatte hauptsächlich durch Luftströmungen verursacht wird, liefert das System Zufallswerte. Es gibt jedoch auch einige Fußangeln: Wenn man zu viele Bits der Ausgabe benutzt, fungiert effektiv die schnelle Fouriertransformation als Zufallszahlengenerator, wodurch man das Risiko der Vorhersagbarkeit eingeht. Am besten liest man immer den gleichen Festplattensektor, damit man nicht die Regelmäßigkeiten entfernen muß, die durch den Plattentreiber verursacht werden. Eine Implementierung dieses Systems schaffte etwa 100 Bit pro Minute [439].

Verwendung der Computeruhr

Wenn Sie ein einzelnes Zufallsbit (oder auch einige wenige) brauchen, können Sie das niederwertigste Bit eines Uhrenregisters verwenden. Auf UNIX-Systemen ist das aufgrund verschiedener eventueller Synchronisierungen nicht absolut zufällig, doch auf einigen Personal Computern funktioniert es.

Hüten Sie sich jedoch davor, zu viele Bits auf diese Art zu gewinnen. Die mehrfache Ausführung der gleichen Unterprozedur in Folge könnte die so gewonnenen Bits leicht verfälschen. Dauert die Ausführung der Unterprozedur zur Erzeugung eines Bits zum Beispiel eine gerade Anzahl von Taktzyklen, so liefert der Generator immer das gleiche Bit in endloser Folge. Dauert die Ausführung der Unterprozedur zur Erzeugung eines Bits eine ungerade Anzahl von Taktzyklen, so liefert der Generator eine endlose Folge alternierender Bits. Selbst wenn die Resonanz nicht so offensichtlich ist, ist der erzeugte Bitstrom bei weitem nicht zufällig.

Ein Zufallszahlengenerator arbeitet nach folgendem Prinzip [918]:

> Unser wirklich zufälliger Zahlengenerator ... zieht einen Alarm auf und erhöht dann so lange einen Zähler in einem CPU-Register, bis ein Interrupt kommt. Der Inhalt des Registers wird dann mit dem Inhalt eines Ausgabepuffers XOR-verknüpft (wodurch der Inhalt des Registers auf 8 Bit abgeschnitten wird). Nachdem jedes Byte des Ausgabepuffers gefüllt ist, wird jedes Zeichen im Puffer ringförmig um zwei Bit nach rechts verschoben. Dadurch verschieben sich die aktivsten (und zufälligen) niederwertigsten Bits in die höchstwertigen Stellen. Der gesamte Vorgang wird dreimal wiederholt. Schließlich wurde

jedes Zeichen des Puffers von den beiden zufälligsten Bits des Zählregisters nach Interrupts beeinflußt. Es traten also $4n$ Interrupts auf, wobei n die Anzahl der gewünschten Zufallsbytes ist.

Diese Methode nimmt die Zufälligkeit von System-Interrupts und die Granularität der Systemuhr sehr gut auf. Ihre Ausgabe sah bei einem Text auf einem echten UNIX-System sehr gut aus.

Messung der Tastaturverzögerung

Die Tippgeschwindigkeit von Menschen ist sowohl zufällig als auch deterministisch: Sie ist deterministisch genug, um sich als Identifizierungsmerkmal zu eignen, und zufällig genug, um damit Zufallsbits zu generieren. Dazu mißt man die Zeit zwischen zwei aufeinanderfolgenden Tastaturanschlägen und nimmt die beiden niederwertigsten Bits des Meßwerts. Diese Bits sind ziemlich zufällig. Das Verfahren funktioniert auf einem UNIX-Terminal nicht, da die Tastaturanschläge diverse Filter und andere Mechanismen durchlaufen, bevor sie bei einem Programm ankommen. Auf den meisten Personal Computern funktioniert das Verfahren jedoch.

Im Idealfall erzielt man ein Bit pro Tastendruck. Gewinnt man mehr Bits aus einem Tastendruck, kann dies die Ergebnisse verfälschen – je nachdem, wie gut der Benutzer tippt. Diese Technik hat jedoch auch Einschränkungen: Man kann zwar bei jeder Schlüsselerzeugung 100 Wörter eintippen lassen, doch zur Erzeugung eines Schlüsselstroms für ein One-Time-Pad kann man den Benutzer schlecht darum bitten, einen Essay mit 100000 Wörtern zu tippen.

Ungleichgewichte und Korrelationen

Ein großes Problem bei all diesen Systemen besteht darin, daß die erzeugte Folge nicht zufällig sein könnte. Der zugrundegelegte physikalische Prozeß läuft zwar zufällig ab, doch zwischen dem physikalischen Prozeß und dem digitalen Teil des Computers befinden sich viele Meßinstrumente. Diese Instrumente können leicht Probleme hervorrufen.

Eine Möglichkeit zur Vermeidung von Ungleichgewichten und Verfälschungen ist die XOR-Verknüpfung mehrerer Bits. Tritt der Wert 0 bei einem Zufallsbit um den Betrag e häufiger auf, so kann man die Wahrscheinlichkeit einer 0 wie folgt schreiben:

$$P(0) = 0{,}5 + e$$

Die XOR-Verknüpfung zweier solcher Bits liefert:

$$P(0) = (0{,}5 + e)^2 + (0{,}5 - e)^2 = 0{,}5 + 2e^2$$

Die gleiche Rechnung ergibt für die XOR-Verknüpfung von 4 Bits:

$$P(0) = 0{,}5 + 8e^4$$

Die XOR-Verknüpfung von m Bits konvergiert exponentiell gegen eine Gleichverteilung von 0 und 1. Kennt man die maximale Ungleichverteilung, die für die Anwendung noch akzeptabel ist, so kann man ausrechnen, wie viele Bits XOR-verknüpft werden müssen, um Zufallsbits unterhalb dieser Ungleichverteilung zu erhalten.

Bei einer noch besseren Methode betrachtet man die Bits paarweise. Sind zwei Bits identisch, ignoriert man sie und betrachtet das nächste Paar. Haben die beiden Bits unterschiedliche Werte, so nimmt man das erste Bit als Ausgabe des Generators. Dadurch verschwindet das Ungleichgewicht völlig. Andere Verfahren zur Verminderung des Ungleichgewichts benutzen Umsetzabbildungen, Kompression und schnelle Fouriertransformationen [511].

Beide Methoden bergen die potentielle Gefahr, daß das Ungleichgewicht bei einer Korrelation aufeinanderfolgender Bits durch die Methode erhöht wird. Dies kann man unter anderem durch den Einsatz mehrerer Zufallsquellen korrigieren. Man nimmt zum Beispiel vier verschiedene Zufallsquellen und XOR-verknüpft deren Bits miteinander oder nimmt zwei Zufallsquellen und betrachtet deren Ausgabebits paarweise.

Nehmen Sie zum Beispiel radioaktives Material und schließen Sie einen Geigerzähler an Ihren Computer an. Nehmen Sie ein Paar verrauschter Dioden und achten Sie darauf, wann das Rauschen einen bestimmten Schwellenwert übersteigt. Messen Sie atmosphärisches Rauschen. Nehmen Sie aus jeder Quelle ein Zufallsbit und XOR-verknüpfen Sie alles, um das Zufallsbit zu erzeugen – die Möglichkeiten sind endlos.

Aus der Tatsache, daß ein Zufallszahlengenerator nicht ausgewogen ist, muß nicht notwendigerweise folgen, daß er unbrauchbar ist. Es bedeutet nur, daß er nicht so sicher ist. Schauen wir zum Beispiel Alice über die Schulter, die einen 168 Bit langen Schlüssel für Triple-DES generieren will. Sie hat jedoch einen Zufallsbitgenerator, der häufiger Nullen erzeugt: in 55 Prozent der Fälle liefert er 0, in 45 Prozent der Fälle 1. Daraus ergibt sich eine Entropie von 0,99277 Bit pro Schlüsselbit (im Gegensatz zu einer Entropie von einem Bit bei einem perfekten Generator). Mallory, der den Schlüssel knacken will, kann seine Brute-Force-Suche so optimieren, daß der wahrscheinlichste Schlüssel (000 . . . 0) zuerst getestet wird und sich dann zu dem am wenigsten wahrscheinlichen Schlüssel (111 . . . 1) vorarbeitet. Aufgrund des Ungleichgewichts müßte Mallory mit 2^{109} Versuchen rechnen. Wäre der Generator perfekt, müßte er 2^{111} Versuche erwarten. Der erzeugte Schlüssel ist zwar unsicherer, doch nicht nennenswert.

Destillieren von Zufall

Die beste Möglichkeit zur Erzeugung von Zufallszahlen besteht im allgemeinen darin, eine ganze Reihe scheinbar zufälliger Ereignisse zu finden und daraus Zufall zu „destillieren". Die erzeugten Zufallsdaten kann man dann in einem Pool sammeln, aus dem sich Anwendungen bei Bedarf bedienen. Einweg-Hashfunktionen eignen sich hervorragend für diese Aufgabe. Sie sind schnell, so daß man viele Bits verarbeiten kann, ohne sich um die Geschwindigkeit oder den Grad des Zufalls jeder einzelnen Beobachtung Sorgen zu machen. Bearbeiten Sie alles mit der Hashfunktion, was Sie finden können und was zumindest etwas Zufall in sich birgt. Versuchen Sie es mit folgenden Ereignissen:

- Eine Kopie jedes Tastendrucks
- Mausbewegungen
- Sektornummer, Tageszeit und Zugriffszeit jeder Festplattenoperation
- Aktuelle Mausposition
- Nummer der aktuellen Rasterzeile des Monitors
- Inhalt des angezeigten Bilds
- Inhalt von Sektorzuordnungstabellen (FAT), Kernel-Tabellen usw.
- Zugriffs- und Modifikationszeiten von /dev/tty
- CPU-Auslastung
- Ankunftszeit von Netzpaketen
- Eingabe eines Mikrophons
- Werte von /dev/audio ohne angeschlossenes Mikrophon

Wenn Ihr System getrennte Schwingquarze für die CPU und die Echtzeituhr verwendet, können Sie versuchen, die Tageszeit in einer kurzen Schleife auszulesen. Auf manchen (aber nicht allen) Systemen spiegelt dies die zufällige Phasenverschiebung zwischen den beiden Oszillatoren wider.

Da ein großer Anteil des Zufalls dieser Ereignisse in ihrer Messung liegt, sollten Sie die genaueste Echtzeituhr verwenden, die verfügbar ist. Standard-PCs benutzen einen Uhrenchip des Typs Intel 8254 (oder einen gleichwertigen Chip), der mit 1,1931818 Megahertz getaktet wird. Direktes Auslesen des Uhrenregisters liefert daher eine Auflösung von 838 Nanosekunden. Um eine Verfälschung der Ergebnisse zu vermeiden, sollte Sie die Zeitmessungen nicht mit Hilfe des Timer-Interrupts durchführen.

Das folgende Listing enthält C-Code für den Vorgang mit MD5 als Hashfunktion (siehe Abschnitt 18.5):

```
char Randpool[16];

/* Rufen Sie die Funktion früh und oft mit einer Vielzahl zufälliger oder halbzufälliger
 * Systemereignisse auf, um den Zufalls-Pool durchzumischen ("churn").
 * Das genaue Format und die Länge von randevent spielen keine Rolle, solange
 * sein Inhalt zumindest etwas unvorhersehbar ist.
 */

void churnrand(char *randevent, unsigned int randlen)
{
```

```c
    MD5_CTX md5;
    MD5Init(&md5);
    MD5Update(&md5, Randpool, sizeof(Randpool));
    MD5Update(&md5, randevent, randlen);
     MD5Final(Randpool, &md5);
}
```

Wenn Sie die Funktion churnrand() hinreichend oft aufgerufen haben, um genug Zufall in Randpool „anzusammeln", können Sie damit Zufallsbits erzeugen. Auch hierfür kommt MD5 ganz gelegen, diesmal als Pseudozufallsgenerator, der einen Bytestrom im Counter-Modus erzeugt:

```c
long Randcnt;
void genrand(char *buf, unsigned int buflen)
{
    MD5_CTX md5;
    char tmp[16];
    unsigned int n;

    while(buflen != 0) {
        /* Hashe den Pool mit einem Zähler */
        MD5Init(&md5);
        MD5Update(&md5, Randpool, sizeof(Randpool));
        MD5Update(&md5, (unsigned char *) &Randcnt, sizeof(Randcnt));
        MD5Final(tmp, &md5);
        Randcnt++;          /* Zähler erhöhen */

        /* Kopiere 16 Byte oder die angeforderte Menge (je nachdem, welcher Wert
         * kleiner ist) in den Puffer des Benutzers */
        n = (buflen < 16) ? buflen : 16;
        memcpy(buf, tmp, n);
        buf += n;
        buflen -= n;
    }
}
```

Die Hashfunktion ist hier aus mehreren Gründen entscheidend. Erstens bietet sie eine einfache Möglichkeit, eine beliebige Menge von Pseudozufallsdaten zu generieren, ohne jedesmal die Funktion churnrand() aufzurufen. Im Endeffekt geht das System langsam von perfektem zu pragmatischem Zufall über, wenn mehr angefordert wird, als zur Verfügung steht. In diesem Fall ist es *theoretisch* möglich, aus dem Ergebnis eines Aufrufs von genrand() ein vorheriges oder nachfolgendes Resultat zu ermitteln. Dazu ist es jedoch erforderlich, MD5 zu invertieren, was vom Berechnungsaufwand her nicht durchführbar ist.

Das ist deswegen wichtig, weil die Funktion nicht weiß, was die Aufrufer mit den zurückgelieferten Zufallsdaten anfangen werden. Ein Aufruf könnte zum Beispiel eine Zufallszahl für ein Protokoll generieren, die im Klartext gesendet wird, etwa als Reaktion auf eine direkte Anfrage eines Angreifers. Der darauffolgende Aufruf könnte einen geheimen Schlüssel für eine ganz andere Verbindung generieren, die der Angreifer knacken möchte. Es ist natürlich sehr wichtig, daß der Angreifer nicht in der Lage ist, den geheimen Schlüssel aus der Ad-hoc-Zahl abzuleiten.

Ein Problem bleibt jedoch offen. Vor dem ersten Aufruf von genrand() muß es genug Zufall im Feld Randpool[] geben. Wenn das System einige Zeit läuft und ein lokaler Benutzer auf der Tastatur tippt, ist das kein Problem. Aber was ist mit einem Standalone-System, das automatisch bootet, ohne jemals Maus- oder Tastatureingaben zu bekommen?

Das ist ein schwieriges Problem. Für eine Teillösung könnte man fordern, daß der Operator nach dem ersten Neustart eine Weile tippt und vor dem Herunterfahren eine Datei auf der Platte anlegt, um den Zufall in Randseed[] über den Neustart hinweg zu retten. Man darf Randseed[] jedoch nicht direkt speichern. Ein Angreifer, der sich die Datei besorgt, könnte alle Ergebnisse von genrand() seit dem letzten Aufruf von churnrand() vor dem Anlegen der Datei bestimmen.

Die Lösung dieses Problems besteht darin, Randseed[] vor dem Speichern zu hashen, vielleicht einfach durch einen Aufruf von genrand(). Beim Neustart des Systems liest man die Datei, übergibt sie an churnrand() und zerstört sie sofort. Dieses Vorgehen mindert leider nicht die Gefahr, daß jemand die Datei zwischen zwei Neustarts stiehlt und daraus zukünftige Werte der Funktion genrand() ableitet. Ich sehe keine andere Lösung, als nach einem Neustart mit der Erzeugung von Werten durch genrand() so lange zu warten, bis genügend zufällige externe Ereignisse stattgefunden haben.

18 Einweg-Hashfunktionen

18.1 Hintergrund

Eine Einweg-Hashfunktion $H(M)$ verarbeitet eine beliebig lange Nachricht M (*preimage*). Die Funktion erzeugt einen Hashwert h fester Länge:

$h = H(M)$, wobei h die Länge m hat.

Viele Funktionen akzeptieren Eingabe beliebiger Länge und erzeugen daraus eine Ausgabe fester Länge, doch Einweg-Hashfunktionen besitzen zusätzliche Eigenschaften, die diesen Namen erst rechtfertigen:

- Zu gegebenem M ist es leicht, h zu berechnen.
- Zu gegebenem h ist es schwer, ein M zu berechnen mit $H(M) = m$.
- Zu gegebenem M ist es schwer, eine andere Nachricht M' zu berechnen mit $H(M) = H(M')$.

Könnte Mallory die schweren Probleme lösen, so könnte er die Sicherheit aller Protokolle unterlaufen, die eine Einweg-Hashfunktion benutzen. Im Grunde liefern Einweg-Hashfunktionen einen eindeutigen „Fingerabdruck" von M. Wenn Alice M durch Anwendung eines Algorithmus für digitale Signaturen auf $H(M)$ signiert und Bob ein M' erzeugen könnte mit $H(M) = H(M')$, so könnte er behaupten, daß Alice M' unterschrieben hat.

Bei manchen Anwendungen genügt die Einweg-Eigenschaft nicht. Man braucht zusätzlich eine Eigenschaft, die als **Kollisionsresistenz** bezeichnet wird:

Es ist schwer, zwei beliebige Nachrichten M und M' zu finden mit $H(M) = H(M')$.

Erinnern wir uns an den Geburtstagsangriff aus Abschnitt 7.4. Er beruht nicht darauf, eine andere Nachricht M' mit $H(M) = H(M')$ zu finden, sondern zwei beliebige zufällige Nachrichten M und M' mit $H(M) = H(M')$.

Das folgende Protokoll, das zuerst von Gideon Yuval beschrieben wurde, zeigt, wie Alice Bob beschwindeln kann, wenn die obige Voraussetzung nicht erfüllt ist:

1. Alice bereitet zwei Versionen eines Vertrags vor. Eine begünstigt Bob, die andere treibt ihn in den Ruin.

2. Alice bringt an jedem Dokument einige subtile Änderungen an und berechnet für jede den Hashwert. (Beispiele für solche Änderungen: ersetze ein Leerzeichen durch die Sequenz Leerzeichen, Backspace, Leerzeichen; füge vor einem Zeilenende ein oder zwei Leerzeichen ein usw.) Indem sie auf jeder von 32 Zeilen eine Änderung durchführt oder eben nicht, kann Alice leicht 2^{32} verschiedene Dokumente erzeugen.

3. Alice vergleicht die Hashwerte für alle Versionen der beiden Dokumente und sucht übereinstimmende Paare. (Liefert die Hashfunktion nur einen 64-Bit-Wert, findet sie gewöhnlich ein übereinstimmendes Paar innerhalb von 2^{32} Versionen). Sie rekonstruiert die beiden Dokumente, die denselben Hashwert liefern.

4. Alice läßt Bob die Vertragsversion unterzeichnen, die ihn begünstigt. Sie benutzt dazu ein Protokoll, bei dem er nur den Hashwert unterzeichnet.

5. Zu einem späteren Zeitpunkt ersetzt Alice den von Bob unterschriebenen Vertrag mit der Version, die er nicht unterschrieben hat. Jetzt kann sie einen Richter davon überzeugen, daß Bob diesen Vertrag unterzeichnet hat.

Das ist ein großes Problem. (Eine Moral dieser Geschichte lautet: Führen Sie an jedem unterzeichneten Dokument eine kosmetische Änderung durch.)

Ein erfolgreicher Geburtstagsangriff erlaubt noch weitere ähnliche Angriffsmethoden. Ein Angreifer könnte zum Beispiel zufällige Nachrichten mit zufälligen Signaturen an ein automatisches Zugangskontrollsystem (etwa auf einem Satelliten) schicken. Schließlich wird eine dieser zufälligen Nachrichten eine gültige Signatur liefern. Der Angreifer hat zwar keine Ahnung, welches Kommando er ausführt, doch wenn es ihm nur darum geht, den Satelliten zu stören, genügt ihm das schon.

Länge von Einweg-Hashfunktionen

Hashfunktionen mit 64 Bit sind einfach zu klein, um einem Geburtstagsangriff zu widerstehen. Die meisten Einweg-Hashfunktionen in der Praxis liefern Hashwerte mit 128 Bit. Das zwingt Angreifer, die mit der Geburtstagsmethode arbeiten, 2^{64} Dokumente zu untersuchen, um zwei mit dem gleichen Hashwert zu finden. Für langfristige Sicherheit ist das nicht genug. NIST benutzt im *Secure Hash Standard* (SHS) einen Hashwert mit 160 Bit. Dadurch wird ein Geburtstagsangriff noch schwieriger, denn es sind 2^{80} zufällige Hashwerte erforderlich.

Die folgende Methode wurde vorgeschlagen, um längere Hashwerte zu generieren als von einer bestimmten Hashfunktion erzeugt werden:

(1) Erzeuge den Hashwert einer Nachricht. Benutze dazu eine der Hashfunktionen, die in diesem Buch aufgeführt werden.

(2) Füge den Hashwert vorn in die Nachricht ein.

(3) Erzeuge den Hashwert der um den ersten Hashwert erweiterten Nachricht.

(4) Erzeuge einen größeren Hashwert, der aus dem Hashwert aus Schritt (1) konkateniert mit dem Hashwert aus Schritt (3) besteht.

(5) Wiederhole die Schritte (1) bis (3) beliebig oft und konkateniere jedesmal die Hashwerte.

Obwohl niemals bewiesen wurde, daß diese Methode sicher oder unsicher ist, haben viele Leute Vorbehalte dagegen [1262, 859].

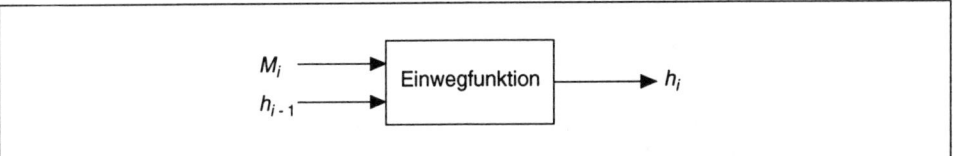

Abb. 18.1: *Einwegfunktion*

Übersicht über Einweg-Hashfunktionen

Es ist nicht einfach, eine Funktion zu entwerfen, die eine beliebig lange Eingabe akzeptiert – von der Einwegeigenschaft ganz zu schweigen. In der Praxis werden Hashfunktionen auf Grundlage einer **Kompressionsfunktion** entwickelt. Eine solche Einweg-Hashfunktion gibt einen Hashwert der Länge n zu einem größeren Eingabeblock der Länge m aus [1069, 414]. Die Kompressionsfunktion erhält als Eingabe einen Nachrichtenblock und die Ausgabe der vorherigen Textblöcke (siehe Abbildung 18.1). Die Ausgabe ist der Hashwert aller Blöcke bis zu dieser Stelle. Der Hashwert des Blocks M_i lautet also

$$h_i = f(M, h_{i-1})$$

Dieser Hashwert liefert zusammen mit dem nächsten Block der Nachricht die nächste Eingabe für die Kompressionsfunktion. Der Hashwert der gesamten Nachricht ist der Hashwert des letzten Blocks.

Das *pre-image* sollte in irgendeiner Form eine binäre Darstellung der Länge der gesamten Nachricht enthalten. Dadurch schließt man die potentielle Sicherheitslücke, die sich daraus ergibt, daß Nachrichten unterschiedlicher Länge möglicherweise den gleichen Hashwert ergeben [1069, 414]. Diese Technik wird manchmal als *MD-strengthening* bezeichnet [930].

Manche Wissenschaftler vermuten, daß diese Methode zur Bestimmung eines Hashwerts für beliebig lange Nachrichten sicher ist, wenn die Kompressionsfunktion sicher ist. Dazu ist jedoch noch nichts bewiesen [1130, 1070, 414].

Über den Entwurf von Hashfunktionen wurde bereits eine Menge geschrieben. Weitere mathematische Angaben finden Sie in [1028, 793, 791, 1138, 1069, 414, 91, 858, 1264]. Die Doktorarbeit von Bart Preenel [1262] stellt wohl die umfangreichste Abhandlung über Einweg-Hashfunktionen dar.

18.2 Snefru

Snefru ist eine Einweg-Hashfunktion, die von Ralph Merkle entworfen wurde [1070]. (Snefru war wie Khufu und Khafre ein ägyptischer Pharao.) Snefru berechnet für beliebig lange Nachrichten einen Hashwert der Länge 128 oder 256 Bit.

Zuerst wird die Nachricht in Blöcke der Länge 512 - m aufgeteilt. m ist dabei die Länge des Hashwerts. Hat der erzeugte Hashwert die Länge 128 Bit, so sind die Blöcke jeweils 384 Bit lang, bei 256 Bit langer Ausgabe je 256 Bit.

Kern des Algorithmus ist die Funktion H, die einen m Bit langen Hashwert zu einem 512 Bit langen Wert berechnet. Die ersten m Bit der Ausgabe von H stellen den Hashwert des Blocks dar, der Rest wird verworfen. Der nächste Block wird an den Hashwert des vorherigen Blocks angehängt und es wird erneut der Hashwert berechnet. Der erste Block wird an eine Reihe von Nullen angehängt. Nach dem letzten Block (besteht die Nachricht nicht aus einer ganzen Anzahl von Blöcken, wird der letzte Block mit Nullen aufgefüllt) werden die ersten m Bit an eine binäre Darstellung der Nachrichtenlänge angehängt und ein letzter Hashwert berechnet.

Die Funktion H basiert auf E, einer umkehrbaren Blockchiffrierfunktion, die Blöcke der Länge 512 Bit verarbeitet. H liefert die letzten m Bit der Ausgabe von E, XOR-verknüpft mit den ersten m Bit der Eingabe von E.

Die Sicherheit von Snefru beruht auf der Funktion E, die Daten in mehreren Durchläufen randomisiert. Jeder Durchlauf besteht aus 64 Randomisierungsrunden. In jeder Runde dient ein anderes Byte der Daten als Eingabe für eine S-Box. Das Ausgabewort der S-Box wird mit zwei benachbarten Wörtern der Nachricht XOR-verknüpft. Die S-Boxen werden ähnlich wie die von Khafre konstruiert (siehe Abschnitt 13.7). Außerdem kommen noch einige Rotationen ins Spiel. Snefru wurde ursprünglich mit zwei Durchläufen entworfen.

Kryptanalyse von Snefru

Biham und Shamir zeigten mit Hilfe differentieller Kryptanalyse, daß Snefru mit zwei Durchläufen (128 Bit langer Hashwert) unsicher ist [172]. Ihr Angriff liefert binnen Minuten Nachrichtenpaare mit dem gleichen Hashwert.

Bei 128-Bit-Snefru und maximal vier Durchläufen ist der Angriff schneller als Brute-Force. Ein Geburtstagsangriff gegen Snefru benötigt 2^{64} Operationen. Differentielle Kryptanalyse liefert ein Nachrichtenpaar mit dem gleichen Hashwert schon in $2^{28,5}$ Operationen bei Snefru mit drei Durchläufen und $2^{44,5}$ Operationen bei vier Durchläufen. Eine Nachricht mit vorgegebenem Hashwert zu ermitteln, erfordert bei Brute-Force 2^{128} Operationen, bei differentieller Kryptanalyse 2^{56} Operationen (drei Durchläufe) bzw. 2^{88} Operationen (vier Durchläufe).

Biham und Shamir analysierten zwar keine 256-Bit-Hashwerte, erweiterten ihre Analyse jedoch auf 224 Bit lange Hashwerte. Im Vergleich zu einem Geburtstagsangriff mit 2^{112} Operationen finden sie Nachrichten mit gleichem Hashwert in $2^{12,5}$ Operationen (zwei Durchläufe), 2^{33} Operationen (drei Durchläufe) bzw. 2^{81} Operationen (vier Durchläufe).

Zur Zeit empfiehlt Merkle den Einsatz von Snefru mit mindestens acht Durchläufen [1073]. Bei so vielen Durchläufen ist der Algorithmus jedoch wesentlich langsamer als MD5 und SHA.

18.3 N-Hash

N-Hash ist ein Algorithmus, der 1990 von den Entwicklern bei Nippon Telephone and Telegraph erfunden wurde – den gleichen Leuten, von denen auch FEAL stammt [1105, 1106]. N-Hash benutzt Nachrichtenblöcke der Länge 128 Bit sowie eine komplizierte Randomisierungsfunktion ähnlich der von FEAL. Der Algorithmus produziert einen 128 Bit langen Hashwert.

Der Hashwert jedes 128-Bit-Blocks hängt sowohl vom jeweiligen Block als auch vom Hashwert des vorherigen Blocks ab.

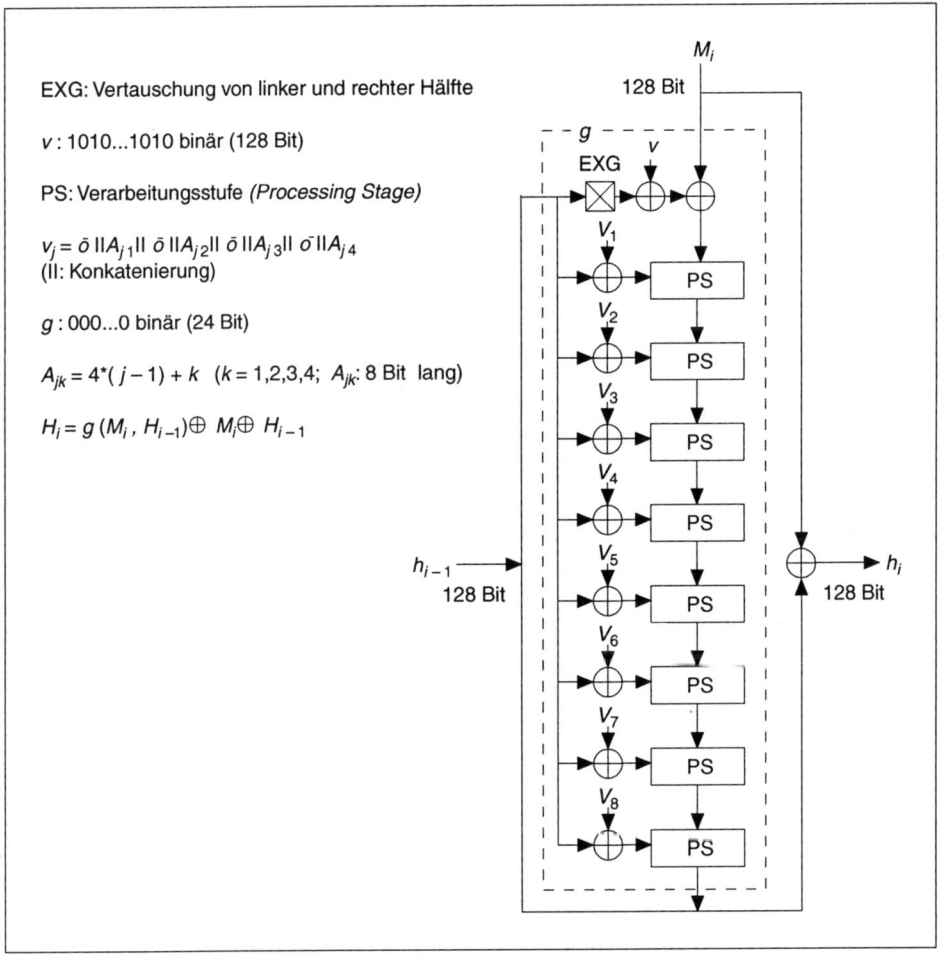

Abb. 18.2: Übersicht über N-Hash

$H_0 = I$, wobei I ein zufälliger Startwert ist
$H_i = g(M_i, H_{i-1}) \oplus M_i \oplus H_{i-1}$

Der Hashwert der gesamten Nachricht ist der Hashwert des letzten Nachrichtenblocks. Der zufällige Startwert I kann vom Benutzer beliebig gewählt werden (er kann auch aus lauter Nullen bestehen).

Die Funktion g ist kompliziert. Abbildung 18.2 zeigt einen Überblick über den Algorithmus. Zunächst werden beim 128 Bit langen Hashwert H_{i-1} der vorherigen Nachricht die je 64 Bit lange linke und rechte Hälfte vertauscht. Dann wird er mit einem wiederholten Eins-Null-Muster (128 Bit) XOR-verknüpft und schließlich mit dem aktuellen Nachrichtenblock M_i. Dieser Wert durchläuft dann N (in der Abbildung ist $N = 8$) Verarbeitungsstufen. Die Verarbeitungsstufen erhalten als Eingabe außerdem den vorherigen Hashwert, XOR-verknüpft mit einer von acht binären Konstanten.

Abbildung 18.3 zeigt eine Verarbeitungsstufe. Der Nachrichtenblock wird in vier Teile der Länge 32 Bit zerlegt, ebenso der vorherige Hashwert. Funktion f ist in Abbildung 18.4 dargestellt. Die Funktionen S_0 und S_1 sind identisch mit denen in FEAL:

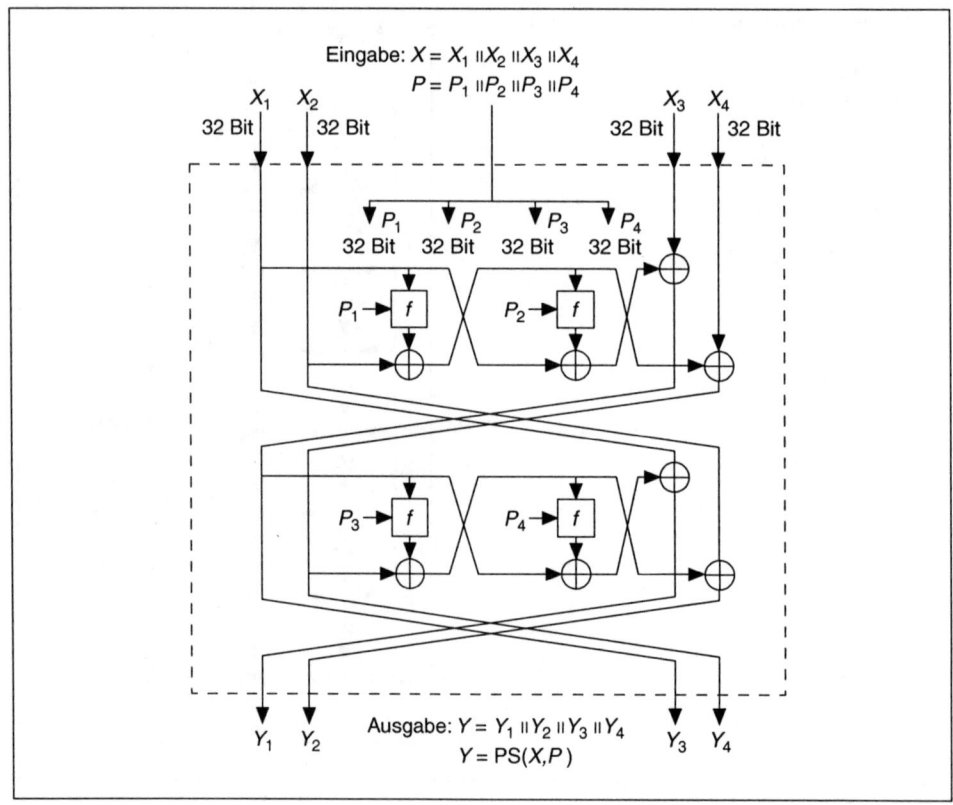

Abb. 18.3: Eine Verarbeitungsstufe von N-Hash

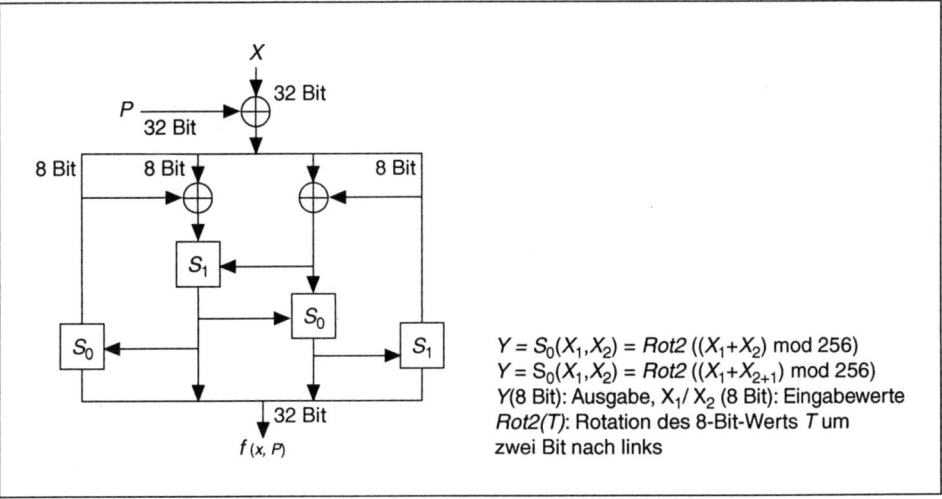

Abb. 18.4: Die Funktion f

$S_0(a, b)$ = rotiere um zwei Bit nach links $((a + b) \bmod 256)$
$S_1(a, b)$ = rotiere um zwei Bit nach links $((a + b + 1) \bmod 256)$

Die Ausgabe einer Verarbeitungsstufe wird zur Eingabe der nächsten Verarbeitungsstufe. Nach der letzten Verarbeitungsstufe wird die Ausgabe mit M_i und H_{i-1} XOR-verknüpft. Dann ist der nächste Block bereit für die Hashberechnung.

Kryptanalyse von N-Hash

Bert den Boer entdeckte eine Möglichkeit, Kollisionen in der Rundenfunktion von N-Hash zu produzieren [1262]. Biham und Shamir knackten N-Hash mit sechs Runden mit Hilfe differentieller Kryptanalyse. Dieser spezielle Angriff (es gibt sicher noch andere) funktioniert für jedes durch 3 teilbare N und ist für jedes N kleiner 15 effizienter als ein Geburtstagsangriff.

Der gleiche Angriff liefert Nachrichtenpaare mit dem gleichen Hashwert in 2^{56} Operationen für N-Hash mit 12 Runden; ein Brute-Force-Angriff benötigt 2^{64} Operationen. N-Hash mit 15 Runden ist sicher vor differentieller Kryptanalyse – der Angriff benötigt hier 2^{72} Operationen.

Die Entwickler des Algorithmus empfehlen den Einsatz von N-Hash mit mindestens 8 Runden [1106]. Berücksichtigt man die bewiesene Unsicherheit von N-Hash und FEAL (und seine Geschwindigkeit bei 8 Runden), so sollte man ganz auf den Algorithmus verzichten und stattdessen einen anderen verwenden.

18.4 MD4

MD4 ist eine Einweg-Hashfunktion, die von Ron Rivest entworfen wurde [1318, 1319, 1321]. MD steht für **Message Digest** (etwa: Zusammenfassung einer Nachricht). Der Algorithmus produziert einen 128 Bit langen Hashwert (oder Message Digest) der Eingabenachricht.

Rivest beschreibt in [1319] seine Entwurfsziele für den Algorithmus:

> *Sicherheit.* Es ist vom Berechnungsaufwand her undurchführbar, zwei Nachrichten mit gleichem Hashwert zu finden. Es gibt keinen effizienteren Angriff als Brute-Force.
> *Direkte Sicherheit.* Die Sicherheit von MD4 beruht auf keinerlei Annahmen, etwa der Schwierigkeit der Faktorisierung.
> *Geschwindigkeit.* MD4 eignet sich für schnelle Software-Implementierungen. Der Algorithmus benutzt nur einfache Bitmanipulationen mit 32-Bit-Operanden.
> *Einfachheit und Kompaktheit.* MD4 ist so einfach wie möglich und benutzt keine großen Datenstrukturen oder ein kompliziertes Programm.
> *Optimierung für Little-Endian-Architekturen.* MD4 ist für Mikroprozessorarchitekturen (speziell Intel-Mikroprozessoren) optimiert. Größere und schnellere Computer führen die nötigen Umsetzungen durch.

Nach der ersten Einführung des Algorithmus kryptanalysierten Bert den Boer und Antoon Bosselaers erfolgreich die letzten drei Runden des Algorithmus [202]. Ralph Merkle griff im Zusammenhang mit einem anderen kryptanalytischen Ergebnis die ersten beiden Runden erfolgreich an [202]. Eli Biham untersuchte einen differentiellen Kryptanalyse-Angriff gegen die ersten beiden Runden von MD4 [159]. Obwohl diese Angriffe nicht auf den ganzen Algorithmus erweitert werden konnten, verbesserte Rivest das Verfahren. Das Ergebnis ist MD5.

18.5 MD5

MD5 ist eine verbesserte Version von MD4 [1386, 1322]. Der Algorithmus ist zwar komplexer als MD4, arbeitet aber nach einem ähnlichen Prinzip und erzeugt ebenfalls einen Hashwert der Länge 128 Bit.

Beschreibung von MD5

Nach einigen Vorbereitungsschritten verarbeitet MD5 den Eingabetext in Blöcken von 512 Bit, aufgeteilt in 16 Teilblöcke der Länge 32 Bit. Die Ausgabe des Algorithmus besteht aus vier 32-Bit-Blöcken, die konkatentiert den 128 Bit langen Hashwert ergeben.

Zuerst wird die Nachricht so aufgefüllt, daß die Länge einem Vielfachen von 512 minus 64 Bit entspricht. Zum Auffüllen wird ein einzelnes Bit mit dem Wert Eins an das Ende der Nachricht angehängt und dann so viele Nullen wie nötig. Dann wird eine 64-Bit-Darstellung der Länge der Nachricht (vor dem Auffüllen) angehängt. Diese beiden

18.5 MD5

Schritte bringen die Länge der Nachricht auf ein Vielfaches von 512 Bit (was für den restlichen Algorithmus nötig ist) und stellen gleichzeitig sicher, daß verschiedene Nachrichten nach dem Auffüllen nicht identisch sind.

Jetzt werden vier 32-Bit-Variablen initialisiert:

A = 0x01234567
B = 0x89abcdef
C = 0xfedcba98
D = 0x76543210

Diese Variablen heißen **Verkettungsvariablen** (*chaining variables*).

Nun beginnt die Hauptschleife des Algorithmus. Diese Schleife wird für alle 512-Bit-Blöcke der Nachricht wiederholt.

Die vier initialisierten Variablen werden in verschiedene Variablen kopiert: a wird zu A, b wird zu B, c wird zu C und d wird zu D.

Die Hauptschleife besteht aus vier Runden (MD4 benutzt nur drei), die sich alle sehr ähnlich sind. Jede Runde benutzt 16mal jeweils eine andere Operation. Jede Operation führt mit drei der vier Werte a, b, c und d eine nichtlineare Funktion durch. Dieses Ergebnis wird zur vierten Variablen, einem Teilblock des Texts und einer Konstanten addiert. Dann wird das Ergebnis um eine variable Anzahl von Bits nach rechts rotiert und das Ergebnis zu einem der Werte a, b, c oder d addiert. Schließlich ersetzt das Ergebnis einen der Werte a, b, c oder d (siehe Abbildungen 18.5 und 18.6).

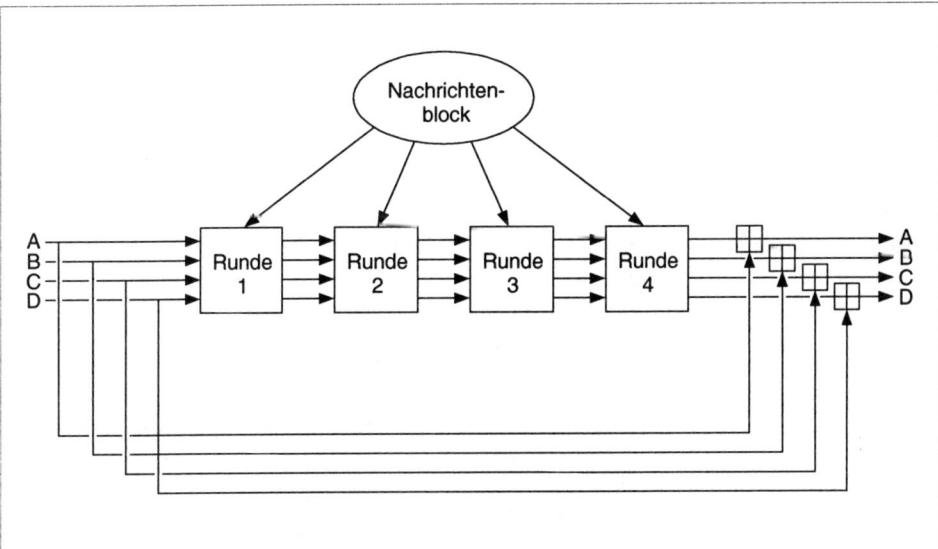

Abb. 18.5: Hauptschleife von MD5

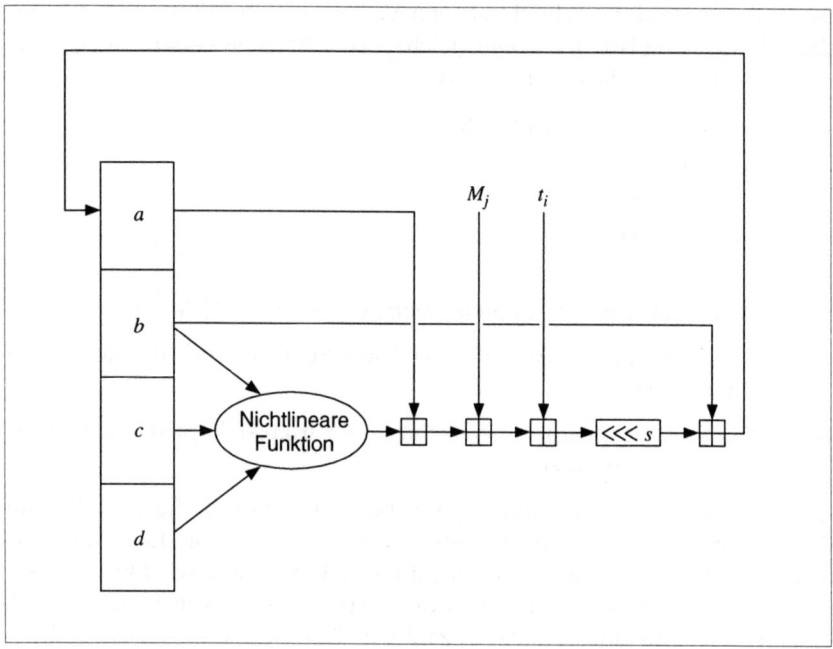

Abb. 18.6: Eine Operation von MD5

Es gibt vier nichtlineare Funktionen, von denen jeweils eine in jeder Operation benutzt wird (in jeder Runde eine andere):

$$F(X, Y, Z) = (X \wedge Y) \vee ((\neg X) \wedge Z)$$
$$G(X, Y, Z) = (X \wedge Z) \vee (Y \wedge (\neg Z))$$
$$H(X, Y, Z) = X \oplus Y \oplus Z$$
$$I(X, Y, Z) = Y \oplus (X \vee (\neg Z))$$

Dabei steht $\oplus$ für XOR, $\wedge$ für AND, $\vee$ für OR und $\neg$ für NOT.

Diese Funktionen sind so gestaltet, daß die einzelnen Bits des Ergebnisses unabhängig und gleichmäßig verteilt sind, wenn dies auch für die entsprechenden Bits von X, Y und Z gilt. Die Funktion F stellt die bitweise Fallunterscheidung dar: Wenn X, dann Y, sonst Z. Die Funktion H ist der bitweise Paritätsoperator.

Wenn M_j den j-ten Teilblock der Nachricht (von 0 bis 15) darstellt und $<<< s$ für eine zirkuläre Linksverschiebung um s Bit steht, lassen sich die vier Operationen wie folgt schreiben:

$FF(a, b, c, d, M_j, s, t_i)$ steht für $a = b + ((a + F(b, c, d) + M_j + t_i) <<< s)$
$GG(a, b, c, d, M_j, s, t_i)$ steht für $a = b + ((a + G(b, c, d) + M_j + t_i) <<< s)$
$HH(a, b, c, d, M_j, s, t_i)$ steht für $a = b + ((a + H(b, c, d) + M_j + t_i) <<< s)$
$II(a, b, c, d, M_j, s, t_i)$ steht für $a = b + ((a + I(b, c, d) + M_j + t_i) <<< s)$

Die vier Runden (64 Schritte) sehen wie folgt aus:

Runde 1:
FF $(a, b, c, d, M_0, 7, \text{0xd76aa478})$
FF $(d, a, b, c, M_1, 12, \text{0xe8c7b756})$
FF $(c, d, a, b, M_2, 17, \text{0x242070db})$
FF $(b, c, d, a, M_3, 22, \text{0xc1bdceee})$
FF $(a, b, c, d, M_4, 7, \text{0xf57c0faf})$
FF $(d, a, b, c, M_5, 12, \text{0x4787c62a})$
FF $(c, d, a, b, M_6, 17, \text{0xa8304613})$
FF $(b, c, d, a, M_7, 22, \text{0xfd469501})$
FF $(a, b, c, d, M_8, 7, \text{0x698098d8})$
FF $(d, a, b, c, M_9, 12, \text{0x8b44f7af})$
FF $(c, d, a, b, M_{10}, 17, \text{0xffff5bb1})$
FF $(b, c, d, a, M_{11}, 22, \text{0x895cd7be})$
FF $(a, b, c, d, M_{12}, 7, \text{0x6b901122})$
FF $(d, a, b, c, M_{13}, 12, \text{0xfd987193})$
FF $(c, d, a, b, M_{14}, 17, \text{0xa679438e})$
FF $(b, c, d, a, M_{15}, 22, \text{0x49b40821})$

Runde 2:
GG $(a, b, c, d, M_1, 5, \text{0xf61e2562})$
GG $(d, a, b, c, M_6, 9, \text{0xc040b340})$
GG $(c, d, a, b, M_{11}, 14, \text{0x265e5a51})$
GG $(b, c, d, a, M_0, 20, \text{0xe9b6c7aa})$
GG $(a, b, c, d, M_5, 5, \text{0xd62f105d})$
GG $(d, a, b, c, M_{10}, 9, \text{0x02441453})$
GG $(c, d, a, b, M_{15}, 14, \text{0xd8a1e681})$
GG $(b, c, d, a, M_4, 20, \text{0xe7d3fbc8})$
GG $(a, b, c, d, M_9, 5, \text{0x21e1cde6})$
GG $(d, a, b, c, M_{14}, 9, \text{0xc33707d6})$
GG $(c, d, a, b, M_3, 14, \text{0xf4d50d87})$
GG $(b, c, d, a, M_8, 20, \text{0x455a14ed})$
GG $(a, b, c, d, M_{13}, 5, \text{0xa9e3e905})$
GG $(d, a, b, c, M_2, 9, \text{0xfcefa3f8})$
GG $(c, d, a, b, M_7, 14, \text{0x676f02d9})$
GG $(b, c, d, a, M_{12}, 20, \text{0x8d2a4c8a})$

Runde 3:
HH $(a, b, c, d, M_5, 4, \text{0xfffa3942})$
HH $(d, a, b, c, M_6, 11, \text{0x8771f681})$
HH $(c, d, a, b, M_{11}, 16, \text{0x6d9d6122})$
HH $(b, c, d, a, M_{14}, 23, \text{0xfde5380c})$
HH $(a, b, c, d, M_1, 4, \text{0xa4beea44})$
HH $(d, a, b, c, M_4, 11, \text{0x4bdecfa9})$

HH (c, d, a, b, M_7, 16, 0xf6bb4b60)
HH (b, c, d, a, M_{10}, 23, 0xbebfbc70)
HH (a, b, c, d, M_{13}, 4, 0x289b7ec6)
HH (d, a, b, c, M_0, 11, 0xeaa127fa)
HH (c, d, a, b, M_3, 16, 0xd4ef3085)
HH (b, c, d, a, M_6, 23, 0x04881d05)
HH (a, b, c, d, M_9, 4, 0xd9d4d039)
HH (d, a, b, c, M_{12}, 11, 0xe6db99e5)
HH (c, d, a, b, M_{15}, 16, 0x1fa27cf8)
HH (b, c, d, a, M_2, 23, 0xc4ac5665)

Runde 4:
II (a, b, c, d, M_0, 6, 0xf4292244)
II (d, a, b, c, M_7, 10, 0x432aff97)
II (c, d, a, b, M_{14}, 15, 0xab9423a7)
II (b, c, d, a, M_5, 21, 0xfc93a039)
II (a, b, c, d, M_{12}, 6, 0x655b59c3)
II (d, a, b, c, M_3, 10, 0x8f0ccc92)
II (c, d, a, b, M_{10}, 15, 0xffeff47d)
II (b, c, d, a, M_1, 21, 0x85845dd1)
II (a, b, c, d, M_8, 6, 0x6fa87e4f)
II (d, a, b, c, M_{15}, 10, 0xfe2ce6e0)
II (c, d, a, b, M_6, 15, 0xa3014314)
II (b, c, d, a, M_{13}, 21, 0x4e0811a1)
II (a, b, c, d, M_4, 6, 0xf7537e82)
II (d, a, b, c, M_{11}, 10, 0xbd3af235)
II (c, d, a, b, M_2, 15, 0x2ad7d2bb)
II (b, c, d, a, M_9, 21, 0xeb86d391)

Die Konstanten t_i wurden wie folgt gewählt:

Im Schritt i besteht t_i aus dem ganzzahligen Anteil von $2^{32} * \text{abs}(\sin(i))$, wobei i im Bogenmaß gemessen wird.

Nach all diesen Schritten werden a, b, c und d jeweils zu A, B, C und D addiert und der Algorithmus fährt mit dem nächsten Datenblock fort. Die Ausgabe ist schließlich die Konkatenierung von A, B, C und D.

Sicherheit von MD5

Ron Rivest schilderte die Verbesserungen von MD5 gegenüber MD4 [1322]:

1. Es wurde eine vierte Runde hinzugefügt.
2. Jeder Schritt enthält jetzt eine eindeutige additive Konstante.

3. Die Funktion G in Runde 2 wurde von $((X \wedge Y) \vee (X \wedge Z) \vee (Y \wedge Z))$ zu $((X \wedge Z) \vee (Y \wedge (\neg Z)))$ geändert, um G weniger symmetrisch zu machen.
4. In jedem Schritt wird jetzt das Ergebnis des vorherigen Schritts addiert. Dies liefert einen schnelleren Lawineneffekt.
5. Die Reihenfolge, in der in den Runden 2 und 3 auf die Teilblöcke zugegriffen wird, wurde geändert, um ähnliche Muster zu vermeiden.
6. Die Beträge der zirkulären Linksverschiebungen in jeder Runde wurden optimiert, um einen schnelleren Lawineneffekt zu erreichen. Die vier Verschiebungen in den einzelnen Runden unterscheiden sich von denen in den anderen Runden.

Tom Berson versuchte differentielle Kryptanalyse gegen eine einzelne Runde von MD5 [144], doch dieser Angriff ist gegen alle vier Runden unwirksam. Ein erfolgreicherer Angriff von den Boer und Bosselaers produziert Kollisionen mit Hilfe der Kompressionsfunktion von MD5 [203, 1331, 1336]. Dies liefert jedoch nicht automatisch einen Angriff gegen MD5 im praktischen Einsatz und beeinträchtigt auch nicht die Sicherheit von MD5 in Verschlüsselungsalgorithmen des Typs Luby-Rackoff (siehe Abschnitt 14.11). Es bedeutet allerdings, daß eines der grundlegenden Entwurfsprinzipien von MD5 – nämlich eine Kompressionsfunktion, die Schutz vor Kollisionen bietet – verletzt wurde. Es mag zwar stimmen, daß „es eine Schwachstelle in der Kompressionsfunktion zu geben scheint, die keine praktischen Auswirkungen auf die Sicherheit der Hashfunktion hat" [1336], doch ich hüte mich davor, MD5 einzusetzen.

18.6 MD2

MD2 ist eine weitere Einweg-Hashfunktion mit 128 Bit, die von Ron Rivest stammt [801, 1335]. Sie wird zusammen mit MD5 in den PEM-Protokollen benutzt (siehe Abschnitt 24.10). Die Sicherheit von MD2 hängt von einer zufälligen Bytepermutation ab. Diese Permutation ist fest und hängt mit den Ziffern von π zusammen. $S_0, S_1, S_2, \ldots, S_{255}$ sei die Permutation. Die Berechnung des Hashwerts für eine Nachricht M verläuft wie folgt:

(1) Fülle die Nachricht durch i Byte mit dem Wert i auf, so daß die Länge der Nachricht ein Vielfaches von 16 Byte beträgt.
(2) Hänge eine 16 Byte lange Prüfsumme an die Nachricht an.
(3) Initialisiere einen 48 Byte langen Block $X_0, X_1, X_2, \ldots, X_{47}$. Belege die ersten 16 Byte von X mit 0, die zweiten 16 Byte von X mit den ersten 16 Byte der Nachricht und die dritten 16 Byte mit der XOR-Verknüpfung der ersten 16 und der zweiten 16 Byte von X.
(4) Die Kompressionsfunktion sieht so aus:

$t = 0$
Für $j = 0$ bis 17
Für $k = 0$ bis 47

$$t = X_k \text{ XOR } S_t$$
$$X_k = t$$
$$t = (t + j) \bmod 256$$

(5) Belege die zweiten 16 Byte von X mit den zweiten 16 Byte der Nachricht und die dritten 16 Byte von X mit der XOR-Verknüpfung der ersten 16 und der zweiten 16 Byte von X. Führe Schritt (4) durch. Wiederhole die Schritte (5) und (4) mit den jeweils nächsten 16 Byte der Nachricht.

(6) Die ersten 16 Byte von X bilden die Ausgabe.

Es wurden zwar keine Schwächen von MD2 entdeckt (siehe [1262]), doch der Algorithmus ist langsamer als die meisten anderen Hashfunktionen.

18.7 Secure Hash Algorithm (SHA)

Das NIST entwickelte zusammen mit der NSA den Secure Hash Algorithm (SHA) für den Einsatz mit dem Digital Signature Standard (siehe Abschnitt 20.2) [1154]. (Der Standard heißt *Secure Hash Standard* (SHS); SHA ist der im Standard benutzte Algorithmus.)

Im *Federal Register* steht dazu [539]:

> Es wird ein Federal Information Processing Standard (FIPS) für den Secure Hash Standard (SHS) vorgeschlagen. Dieser Standardisierungsvorschlag spezifiziert einen Secure Hash Algorithm (SHA) für den Einsatz mit dem vorgeschlagenen Digital Signature Standard... Bei Anwendungen, die keine digitalen Signaturen erfordern, sollte SHA darüber hinaus immer dann eingesetzt werden, wenn in Anwendungen der Bundesregierung ein sicherer Hashalgorithmus benötigt wird.

Und weiter:

> Dieser Standard spezifiziert einen Secure Hash Algorithm (SHA), der nötig ist, um die Sicherheit des Digital Signature Algorithm (DSA) zu garantieren. SHA produziert für jede Eingabe der Länge < 2^{64} Bit eine Ausgabe der Länge 160 Bit, die als Message Digest bezeichnet wird. Der Message Digest dient dann als Eingabe für DSA, der eine Signatur für die Nachricht berechnet. Durch das Unterzeichnen des Message Digest anstelle der Nachricht selbst wird der Prozeß effizienter, da der Message Digest gewöhnlich viel kleiner als die Nachricht ist. Um die Signatur zu verifizieren, sollte man die empfangene Nachricht als Eingabe für SHA verwenden und den gleichen Message Digest produzieren. SHA wird als sicher bezeichnet, da er so entworfen wurde, daß es vom Berechnungsaufwand her nicht durchführbar ist, eine Nachricht zu einem vorgegebenen Message Digest zu bestimmen oder zwei Nachrichten zu finden, die den gleichen Message Digest ergeben. Jede Änderung bei der Übertragung einer Nachricht wird mit sehr hoher Wahrscheinlichkeit einen anderen Message Digest zur Folge haben, so daß die Unterschrift nicht verifiziert werden kann. SHA beruht auf ähnlichen Prinzipien wie denen, die Professor Ronald L. Rivest vom MIT beim Entwurf des Message Digest-Algorithmus MD4 berücksichtigte [1319] und ist stark an diesen Algorithmus angelehnt.

SHA produziert einen 160 Bit langen Hashwert, also länger als bei MD5.

Beschreibung von SHA

Zuerst wird die Nachricht so aufgefüllt, daß die Länge ein Vielfaches von 512 Bit beträgt. Dieser Vorgang verläuft genauso wie bei MD5: Zuerst wird eine Eins angehängt, dann so viele Nullen, daß die Länge einem Vielfachen von 512 minus 64 Bit entspricht. Dann wird eine 64-Bit-Darstellung der Länge der Nachricht (vor dem Auffüllen) angehängt.

Fünf Variablen der Länge 32 Bit werden wie folgt initalisiert (MD5 benutzt vier Variablen, aber SHA produziert ja 160 Bit):

A = 0x67452301
B = 0xefcdab89
C = 0x98badcfe
D = 0x10325476
E = 0xc3d2e1f0

Dann beginnt die Hauptschleife des Algorithmus. Sie verarbeitet jeweils 512 Bit der Nachricht und wird für alle 512-Bit-Blöcke der Nachricht durchlaufen.

Jetzt werden die fünf initialisierten Variablen zunächst in verschiedene Variablen kopiert: a wird zu A, b wird zu B, c wird zu C, d wird zu D und e wird zu E.

Die Hauptschleife besteht aus vier Runden mit je 20 Operationen (MD5 besteht aus vier Runden mit je 16 Operationen). Jede Operation führt mit dreien der Werte a, b, c, d und e eine nichtlineare Funktion durch und anschließend ähnlich wie MD5 Verschiebung und Addition.

Die nichtlinearen Funktionen von SHA lauten wie folgt:

$f_t(X, Y, Z) = (X \wedge Y) \vee ((\neg X) \wedge Z)$ für t = 0 bis 19
$f_t(X, Y, Z) = X \oplus Y \oplus Z$ für t = 20 bis 39
$f_t(X, Y, Z) = (X \wedge Y) \vee (X \wedge Z) \vee (Y \wedge Z)$ für t = 40 bis 59
$f_t(X, Y, Z) = X \oplus Y \oplus Z$ für t = 60 bis 79

Im Algorithmus werden vier Konstanten benutzt:

K_t = 0x5a827999   für t = 0 bis 19
K_t = 0x6ed9eba1   für t = 20 bis 39
K_t = 0x8f1bbcdc   für t = 40 bis 59
K_t = 0xca62c1d6   für t = 60 bis 79

(Falls Sie sich über diese Konstanten wundern: 0x5a827999 = $2^{32} * 2^{1/2} / 4$, 0x6ed9eba1 = $2^{32} * 3^{1/2} / 4$, 0x8f1bbcdc = $2^{32} * 5^{1/2} / 4$, 0xca62c1d6 = $2^{32} * 10^{1/2} / 4$.)

Der Nachrichtenblock wird mit Hilfe des folgenden Algorithmus von 16 32-Bit-Wörtern (M_0 bis M_{15}) in 80 32-Bit-Wörter (W_0 bis W_{79}) umgewandelt:

$W_t = M_t$ für t = 0 bis 15
$W_t = (W_{t-3} \oplus W_{t-8} \oplus W_{t-14} \oplus W_{t-16}) <<< 1$ für t = 16 bis 79

(Interessante Nebenbemerkung: Die ursprüngliche SHA-Spezifikation enthielt die zirkuläre Linksverschiebung noch nicht. Die Änderung „korrigiert ein technisches Problem, durch das der Standard weniger sicher wurde als ursprünglich gedacht" [543]. Die NSA weigerte sich jedoch, die Natur dieses Problems genauer zu erläutern.)

t sei die Operationsnummer, die von 0 bis 79 läuft. W_t stellt den t-ten Teilblock der expandierten Nachricht dar, $<<< s$ steht für eine zirkuläre Linksverschiebung um s Bit. Mit diesen Bezeichnungen sieht die Hauptschleife wie folgt aus:

Für $t = 0$ bis 79
$TEMP = (a <<< 5) + f_t(b, c, d) + e + W_t + K_t$
$e = d$
$d = c$
$c = b <<< 30$
$b = a$
$a = TEMP$

Abbildung 18.7 zeigt eine Operation. Durch die Verschiebung der Variablen erreicht der Algorithmus das gleiche wie MD5 durch die Verwendung verschiedener Variablen an verschiedenen Stellen.

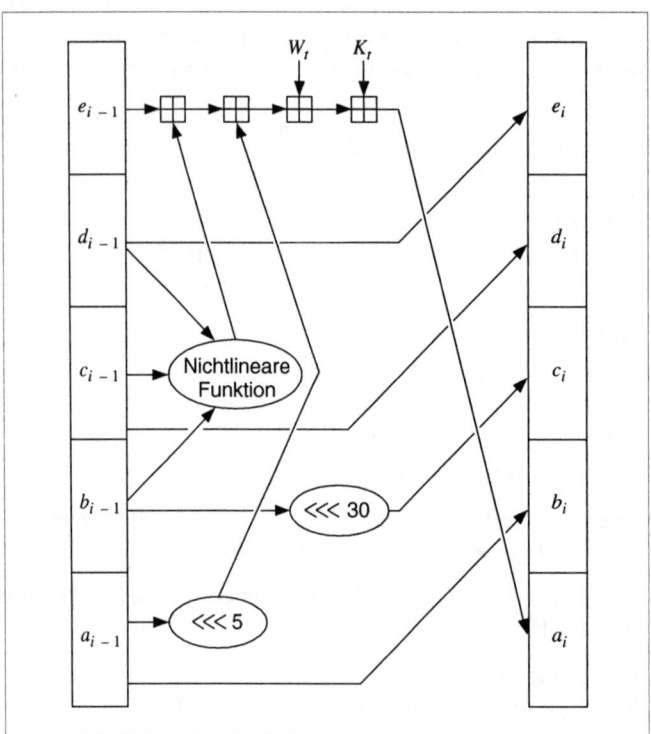

Abb. 18.7: Eine Operation von MD5

Schließlich werden a, b, c, d und e jeweils zu A, B, C, D und E addiert und der Algorithmus fährt mit dem nächsten Datenblock fort. Die Ausgabe ist die Konkatenierung von A, B, C, D und E.

Sicherheit von SHA

SHA ist MD4 sehr ähnlich, erzeugt aber Hashwerte der Länge 160 Bit. Die wichtigsten Erweiterungen sind die Hinzufügung einer Expansionstransformation und die Einbeziehung der Ausgabe des vorherigen Schritts in den nächsten Schritt, was einen schnelleren Lawineneffekt zur Folge hat. Im Gegensatz zu Ron Rivest veröffentlichten die Entwickler von SHA ihre Designprinzipien nicht. Im folgenden vergleichen wir Rivests Verbesserungen in MD5 bezüglich MD4 mit denen von SHA:

1. „Es wurde eine vierte Runde hinzugefügt." Dies gilt auch für SHA. SHA benutzt jedoch in der vierten Runde die gleiche Funktion f wie in der zweiten Runde.

2. „Jeder Schritt enthält jetzt eine eindeutige additive Konstante." SHA behält das Schema von MD4 bei und benutzt die gleichen Konstanten für jede Gruppe von 20 Runden.

3. „Die Funktion G in Runde 2 wurde von $((X \wedge Y) \vee (X \wedge Z) \vee (Y \wedge Z))$ auf $((X \wedge Z) \vee (Y \wedge (\neg Z)))$ geändert, um G weniger symmetrisch zu machen." SHA benutzt die Version von MD4: $((X \wedge Y) \vee (X \wedge Z) \vee (Y \wedge Z))$.

4. „In jedem Schritt wird jetzt das Ergebnis des vorherigen Schritts addiert. Dies liefert einen schnelleren Lawineneffekt." Diese Änderung wurde auch in SHA durchgeführt. Der Unterschied ist, daß SHA eine fünfte Variable einführt und nicht b, c oder d benutzt werden, die bereits in f_t verwendet werden. Diese subtile Änderung verhindert den Angriff von Boers-Bosselaers gegen SHA, der bei MD5 möglich ist.

5. „Die Reihenfolge, in der in den Runden 2 und 3 auf die Teilblöcke zugegriffen wird, wurde geändert, um ähnliche Muster zu vermeiden." SHA ist völlig anders, da es einen zyklischen fehlerkorrigierenden Code benutzt.

6. „Die Beträge der zirkulären Linksverschiebungen in jeder Runde wurden optimiert, um einen schnelleren Lawineneffekt zu erreichen. Die vier Verschiebungen in den einzelnen Runden unterscheiden sich von denen in den anderen Runden." SHA verschiebt in jeder Runde um einen konstanten Betrag. Der Betrag dieser Verschiebung ist wie bei MD4 relativ prim zur Wortlänge.

Daraus ergibt sich folgender Vergleich: SHA besteht aus MD4 plus einer Expansionstransformation, einer zusätzlichen Runde und besserem Lawineneffekt. MD5 besteht aus MD4 mit verbessertem Bit-Hashing, einer zusätzlichen Runde und besserem Lawineneffekt.

Es sind keine kryptographischen Angriffe gegen SHA bekannt. Durch den 160 Bit langen Hashwert bietet SHA besseren Schutz vor einem Brute-Force-Angriff (einschließlich Geburtstagsangriff) als die 128-Bit-Hashfunktionen aus diesem Kapitel.

18.8 RIPE-MD

RIPE-MD wurde für das Projekt RIPE der Europäischen Union entwickelt [1305] (siehe Abschnitt 25.7). Der Algorithmus ist eine Variante von MD4 und wurde mit dem Ziel entwickelt, bekannten kryptanalytischen Angriffen zu widerstehen. RIPE-MD produziert einen Hashwert der Länge 128 Bit. Die Rotationen und die Reihenfolge der Nachrichtenwörter wurden modifiziert. Darüber hinaus laufen zwei Versionen des Algorithmus, die sich nur in den Konstanten unterscheiden, parallel. Nach jedem Block werden die Ausgabewerte beider Versionen zu den Verkettungsvariablen addiert. Dadurch scheint der Algorithmus sehr resistent gegen Kryptanalyse zu werden.

18.9 HAVAL

HAVAL ist eine Einweg-Hashfunktion variabler Länge [1646]. Er stellt eine Modifikation von MD5 dar. HAVAL verarbeitet die Nachrichten in Blöcken von 1024 Bit, also doppelt so lang wie bei MD5. Der Algorithmus benutzt acht Verkettungsvariablen der Länge 32 Bit, also auch doppelt so viele wie MD5. Er arbeitet mit variabler Rundenzahl von drei bis fünf (mit jeweils 16 Schritten) und kann Hashwerte der Länge 128, 160, 192, 224 oder 256 Bit erzeugen.

HAVAL ersetzt die einfachen nichtlinearen Funktionen von MD5 durch hochgradig nichtlineare Funktionen mit sieben Variablen, von denen jede das strikte Lawinenkriterium erfüllt. Jede Runde benutzt eine einzelne Funktion, doch in jedem Schritt wird eine andere Permutation auf die Eingabewerte angewandt. Es gibt eine neue Reihenfolge der Nachrichten und jeder Schritt (mit Ausnahme der Schritte in der ersten Runde) benutzt eine andere additive Konstante. Der Algorithmus enthält außerdem zwei Rotationen.

Das Herzstück des Algorithmus lautet:

$$TEMP = (f(j, A, B, C, D, E, F, G) <<< 7) + (H <<< 11) + M[i][r(j)] + K(j)$$
$$H = G; G = F; F = E; E = D; D = C; C = B; B = A; A = TEMP$$

Die variable Rundenzahl und die variable Ausgabelänge ergeben insgesamt 15 Versionen dieses Algorithmus. Der Angriff von den Boers und Bosselaers gegen MD5 [203] läßt sich aufgrund der Rotation von H nicht gegen HAVAL einsetzen.

18.10 Weitere Einweg-Hashfunktionen

MD3 ist noch eine weitere Hashfunktion, die von Ron Rivest entworfen wurde. Sie hatte mehrere Mängel und kam nie so recht über das Experimentierstadium hinaus. Kürzlich wurde in [1335] eine Beschreibung veröffentlicht.

Eine Forschungsgruppe der University of Waterloo schlug eine Einweg-Hashfunktion vor, die auf iterierter Potenzierung in $GF(2^{593})$ basiert [22]. Bei diesem Verfahren wird eine Nachricht in Blöcke der Länge 593 Bit zerlegt. Beginnend mit dem ersten Block werden die Blöcke der Reihe nach potenziert. Jeder Exponent ist das Ergebnis der Berechnungen mit dem vorherigen Block. Der erste Exponent ist durch einen IV gegeben.

Ivan Damgård entwarf eine Einweg-Hashfunktion auf Basis des Rucksackproblems (siehe Abschnitt 19.2) [414]. Sie kann mit 2^{32} Operationen geknackt werden [290, 1232, 787].

Die zellulären Automaten von Steve Wolfram [1608] wurden als Grundlage für Einweg-Hashfunktionen vorgeschlagen. Eine frühe Implementierung [414] ist unsicher [1052, 404]. Eine weitere Einweg-Hashfunktion namens Cellhash [384, 404] und die verbesserte Version Subhash beruhen ebenfalls auf zellulären Automaten. Beide wurden für Hardware-Implementierungen entwickelt. Boognish kombiniert die Designprinzipien von Cellhash mit jenen von MD4 [402, 407]. StepRightUp kann ebenfalls als Hashfunktion implementiert werden [402].

Claus Schnorr stellte unter der Bezeichnung FFT-Hash im Sommer 1991 eine Einweg-Hashfunktion auf Basis der diskreten Fouriertransformation vor [1399]. Zwei verschiedene Gruppen knackten sie einige Monate später unabhängig voneinander. Schnorr stellte eine überarbeitete Fassung mit der Bezeichnung FFT-Hash II vor (die vorige Version wurde in FFT-Hash I umbenannt) [1400]. Doch auch sie wurde nach einigen Wochen geknackt [1567]. Schnorr schlug zwar weitere Änderungen vor [1402, 1403], doch der Algorithmus ist wohl wesentlich langsamer als die anderen aus diesem Kapitel. Eine weitere Hashfunktion mit der Bezeichnung SL_2 [1526] ist unsicher [315].

Weitere theoretische Arbeiten zur Konstruktion von Einweg-Hashfunktionen aus Einwegfunktionen und Einwegpermutationen finden Sie in [412, 1138, 1342].

18.11 Einweg-Hashfunktionen mit symmetrischen Blockalgorithmen

Es ist möglich, einen symmetrischen Blockalgorithmus zur Chiffrierung auch als Einweg-Hashfunktion zu verwenden. Man hofft dabei, aus einem sicheren Blockalgorithmus eine sichere Einweg-Hashfunktion zu erhalten.

Die offensichtliche Methode ist die Verschlüsselung der Nachricht mit dem Algorithmus im CBC- oder CFB-Modus, einem festen Schlüssel sowie einem IV. Der letzte Chiffretextblock liefert den Hashwert. Diese Methoden werden in verschiedenen Standards unter Einsatz von DES beschrieben: beide Modi in [1143], CFB in [1145] und CBC in [55, 56, 54]. Die Verfahren sind für Einweg-Hashfunktionen noch nicht gut genug, genügen aber für einen MAC (siehe Abschnitt 18.14) [29].

Bei einem raffinierteren Ansatz benutzt man den Nachrichtenblock als Schlüssel, den vorherigen Hashwert als Eingabe und den aktuellen Hashwert als Ausgabe.

Reale Hashfunktionen sind noch komplexer. Die Blockgröße entspricht gewöhnlich der Schlüssellänge und der Größe des Hashwerts. Da die meisten Blockalgorithmen mit 64 Bit arbeiten, wurden mehrere Verfahren entwickelt, bei denen der Hashwert doppelt so lang wie ein Block ist.

Geht man von der Korrektheit der Hashfunktion aus, basiert die Sicherheit des Verfahrens auf der Sicherheit der zugrundeliegenden Blockfunktion. Es gibt jedoch auch Ausnahmen. Differentielle Kryptanalyse ist bei Blockfunktionen in Hashfunktionen einfacher als bei Blockfunktionen zur Verschlüsselung: Man kennt den Schlüssel und kann daher verschiedene Tricks anwenden. Ein richtiges Paar genügt bereits für einen erfolgreichen Angriff. Außerdem kann man so viel gewählten Klartext wie nötig erzeugen. Einige Arbeiten in dieser Richtung finden Sie in [1263, 858, 1313].

Auf den folgenden Seiten finden Sie eine Zusammenfassung der verschiedenen Hashfunktionen, die in der Literatur auftauchen [925, 1465, 1262]. Die Aussagen über Angriffe gegen diese Verfahren gehen davon aus, daß die zugrundeliegende Blockchiffrierung sicher ist, das heißt Brute-Force ist der bestmögliche Angriff.

Ein nützlicher Vergleichswert für Hashfunktionen auf Basis von Blockchiffrierungen ist die **Hashrate**, also die Anzahl der n-Bit-Nachrichtenblöcke, die pro Verschlüsselung verarbeitet werden. n ist dabei die Blockgröße des Algorithmus. Je höher die Hashrate ist, umso schneller arbeitet der Algorithmus. (In [1262] wurde diese Maßzahl gerade umgekehrt definiert, was zu Verwirrung führen kann. Unsere Definition ist intuitiver und weiter verbreitet).

Verfahren, bei denen Hashlänge und Blockgröße gleich sind

Das allgemeine Verfahren sieht wie folgt aus (siehe Abbildung 18.8):

$H_0 = I_H$, wobei I_H ein zufälliger Startwert ist
$H_i = E_A(B) \oplus C$

Dabei können A, B und C die Werte M_i, H_{i-1}, $(M_i \oplus H_{i-1})$ annehmen oder konstant sein (mit dem Wert 0). H_0 ist irgendein zufälliger Startwert I_H. Die Nachricht wird in Fragmente M_i von der Größe eines Blocks unterteilt, die einzeln verarbeitet werden. Zudem

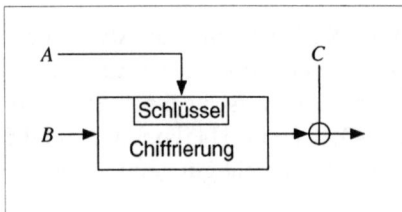

Abb. 18.8: Allgemeine Hashfunktion, bei der die Hashlänge der Blockgröße entspricht

18.11 Einweg-Hashfunktionen mit symmetrischen Blockalgorithmen

gibt es noch Schutzmechanismen, etwa die Methode zum Auffüllen, die in MD5 und SHA zum Einsatz kommt.

Da die drei Variablen einen von vier möglichen Werten annehmen können, gibt es insgesamt 64 Verfahren dieses Typs. Bart Praneel untersuchte alle in [1262].

$$H_i = E_{H_{i-1}}(M_i) \oplus M_i$$
$$H_i = E_{H_{i-1}}(M_i \oplus H_{i-1}) \oplus M_i \oplus H_{i-1}$$
$$H_i = E_{H_{i-1}}(M_i) \oplus H_{i-1} \oplus M_i$$
$$H_i = E_{H_{i-1}}(M_i \oplus H_{i-1}) \oplus M_i$$
$$H_i = E_{M_i}(H_{i-1}) \oplus H_{i-1}$$
$$H_i = E_{M_i}(M_i \oplus H_{i-1}) \oplus M_i \oplus H_{i-1}$$
$$H_i = E_{M_i}(H_{i-1}) \oplus M_i \oplus H_{i-1}$$
$$H_i = E_{M_i}(M_i \oplus H_{i-1}) \oplus H_{i-1}$$
$$H_i = E_{M_i \oplus H_{i-1}}(M_i) \oplus M_i$$
$$H_i = E_{M_i \oplus H_{i-1}}(H_{i-1}) \oplus H_{i-1}$$
$$H_i = E_{M_i \oplus H_{i-1}}(M_i) \oplus H_{i-1}$$
$$H_i = E_{M_i \oplus H_{i-1}}(H_{i-1}) \oplus M_i$$

Tabelle 18.1: *Sichere Hashfunktionen, bei denen die Hashlänge der Blockgröße entspricht*

Fünfzehn davon sind aus trivialen Gründen schwach, da das Ergebnis überhaupt nicht von der Eingabe abhängt. 37 sind aus weniger offensichtlichen Gründen unsicher. Tabelle 18.1 führt die 12 verbleibenden sicheren Verfahren auf. Die ersten vier sind vor allen Angriffen sicher (siehe Abbildung 18.9), die letzten acht sind vor allen Angriffen mit Ausnahme eines Festpunktangriffs sicher, doch es lohnt nicht, sich darüber Sorgen zu machen.

Das erste Verfahren wurde in [1028] vorgestellt. Das dritte Verfahren wurde in [1555, 1105, 1106] beschrieben und als ISO-Standard vorgeschlagen [766]. Das fünfte Verfahren wurde von Carl Meyer eingeführt, wird in der Literatur jedoch meist als Davies-Meyer bezeichnet [1606, 1607, 434, 1028]. Das zehnte Verfahren wurde als Hashmodus für LOKI vorgestellt [273].

Das erste, zweite, dritte, vierte, neunte und elfte Verfahren hat eine Hashrate von 1. Die Schlüssellänge stimmt mit der Blockgröße überein. Bei den anderen beträgt die Hashrate k/n, wobei k die Schlüssellänge bezeichnet. Ist der Schlüssel daher kürzer als die Blocklänge, kann der Nachrichtenblock nur die Länge des Schlüssels haben. Es ist nicht empfehlenswert, den Nachrichtenblock länger als den Schlüssel zu machen, selbst wenn die Schlüssellänge des Chiffrieralgorithmus größer als die Blocklänge ist.

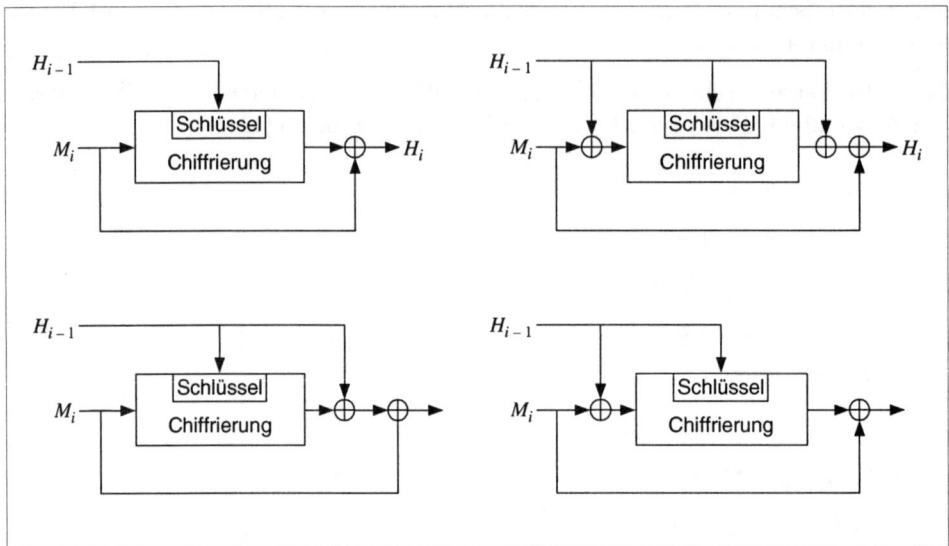

Abb. 18.9: Die vier sicheren Hashfunktionen, bei denen die Hashlänge der Blockgröße entspricht

Wenn der Blockalgorithmus eine Komplementäreigenschaft ähnlich DES und schwache Schlüssel besitzt, so ist bei allen zwölf Verfahren ein zusätzlicher Angriff möglich. Der Angriff ist nicht besonders gefährlich, so daß man sich deswegen gewöhnlich keine Sorgen zu machen braucht. Man kann den Angriff jedoch verhindern, indem man die Bits 2 und 3 des Schlüssels auf „01" oder „10" fixiert [1081, 1107]. Dies reduziert natürlich die Schlüssellänge k von 56 auf 54 Bit (im Beispiel DES) und vermindert die Hashrate.

In der Literatur sind folgende Verfahren zu finden, die sich jedoch als unsicher erwiesen:

Dieses Verfahren [1282] wurde in [369] geknackt:

$$H_i = E_{M_i}(H_{i-1})$$

Davies und Price schlugen eine Variante vor, die die gesamte Nachricht zweimal durch den Algorithmus schleust [432, 433]. Der Angriff von Coppersmith funktioniert bei dieser Variante bei kaum höheren Anforderungen an die Rechenkapazität [369].

Ein weiteres Verfahren [432, 458] wurde in [1606] als unsicher bewiesen:

$$H_i = E_{M_i \oplus H_{i-1}}(H_{i-1})$$

Dieses Verfahren wurde in [1028] als unsicher bewiesen (c ist eine Konstante):

$$H_i = E_c(M_i \oplus H_{i-1}) \oplus M_i \oplus H_{i-1}$$

Modifiziertes Davies-Meyer-Verfahren

Lai und Massey modifizierten das Verfahren von Davies-Meyer so, daß es mit der IDEA-Chiffrierung arbeitet [930, 925]. IDEA benutzt eine Blockgröße von 64 Bit und eine Schlüssellänge von 128 Bit. Das Verfahren lautet:

$H_0 = I_H$, wobei I_H ein zufälliger Startwert ist.
$H_i = E_{H_{i-1}, M_i}(H_{i-1})$

Diese Funktion hasht die Nachricht in Blöcken von 64 Bit und produziert einen Hashwert der Länge 64 Bit (siehe Abbildung 18.10). Es ist kein Angriff gegen dieses Verfahren bekannt, der einfacher als Brute-Force wäre.

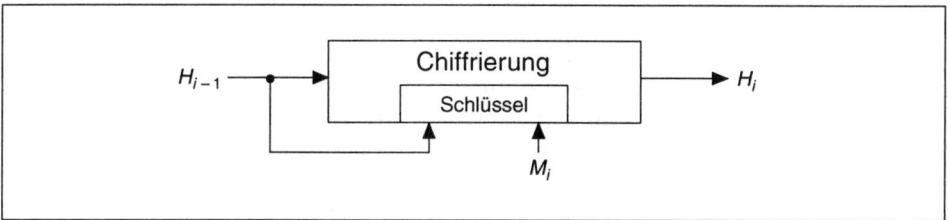

Abb. 18.10: *Modifiziertes Davies-Meyer-Verfahren*

Preneel-Bosselaers-Govaerts-Vandewalle

Diese Hashfunktion erschien zuerst in [1266]. Sie produziert einen Hashwert, der doppelt so lang ist wie ein Block des Verschlüsselungsalgorithmus. Ein 64-Bit-Algorithmus liefert zum Beispiel einen 128 Bit langen Hashwert.

Bei einem Blockalgorithmus mit 64 Bit produziert das Verfahren zwei 64 Bit lange Hashwerte G_i und H_i. Konkateniert ergeben sie zusammen den 128 Bit langen Hashwert. Die meisten Blockalgorithmen arbeiten mit einer Blocklänge von 64 Bit. Zwei aufeinanderfolgende Nachrichtenblöcke L_i und R_i, die jeweils die Länge eines Blocks haben, werden zusammen gehasht.

$G_0 = I_G$, wobei I_G ein zufälliger Startwert ist
$H_0 = I_H$, wobei I_H ein weiterer zufälliger Startwert ist
$G_i = E_{L_i \oplus H_{i-1}}(R_i \oplus G_{i-1}) \oplus R_i \oplus G_{i-1} \oplus H_{i-1}$
$H_i = E_{L_i \oplus R_i}(H_{i-1} \oplus G_{i-1}) \oplus L_i \oplus G_{i-1} \oplus H_{i-1}$

Lai führte Angriffe gegen dieses Verfahren vor, die in manchen Fällen eine triviale Lösung des Geburtstagsangriffs erlauben [925, 926]. Preneel [1262] und Coppersmith [372] entwickelten ebenfalls erfolgreiche Angriffe. Benutzen Sie dieses Verfahren nicht.

Quisquater-Girault

Dieses Verfahren erschien zuerst in [1279]. Es generiert einen Hashwert mit der doppelten Länge eines Blocks und hat die Hashrate 1. Es gibt zwei Hashwerte G_i und H_i. Zwei Blöcke L_i und R_i werden zusammen gehasht.

$$G_0 = I_G, \text{ wobei } I_G \text{ ein zufälliger Startwert ist}$$
$$H_0 = I_H, \text{ wobei } I_H \text{ ein weiterer zufälliger Startwert ist}$$
$$W_i = E_{L_i}(G_{i-1} \oplus R_i) \oplus R_i \oplus H_{i-1}$$
$$G_i = E_{R_i}(W_i \oplus L_i) \oplus G_{i-1} \oplus H_{i-1} \oplus L_i$$
$$H_i = W_i \oplus G_{i-1}$$

Das Verfahren erschien 1989 in einem Vorschlag für einen ISO-Standard [764], wurde jedoch in einer späteren Fassung wieder entfernt [765]. In [1107, 925, 1262, 372] werden Sicherheitsprobleme des Algorithmus beschrieben. (Die Version, die im Konferenzband abgedruckt wurde, war bereits eine verbesserte Version, nachdem die ursprünglich vorgestellte Fassung bereits während der Konferenz angegriffen worden war.) In manchen Fällen ist der Geburtstagsangriff mittels Brute-Force mit einer Komplexität von 2^{39} anstelle von 2^{64} durchführbar. Benutzen Sie dieses Verfahren nicht.

LOKI-Doppelblock

Dieser Algorithmus ist eine Modifikation des Verfahrens von Quisquater-Girault, die speziell für den Einsatz von LOKI entwickelt wurde [273]. Alle Parameter haben die gleiche Bedeutung wie bei Quisquater-Girault:

$$G_0 = I_G, \text{ wobei } I_G \text{ ein zufälliger Startwert ist}$$
$$H_0 = I_H, \text{ wobei } I_H \text{ ein weiterer zufälliger Startwert ist}$$
$$W_i = E_{L_i \oplus G_{i-1}}(G_{i-1} \oplus R_i) \oplus R_i \oplus H_{i-1}$$
$$G_i = E_{R_i \oplus H_{i-1}}(W_i \oplus L_i) \oplus G_{i-1} \oplus H_{i-1} \oplus L_i$$
$$H_i = W_i \oplus G_{i-1}$$

Auch hier ist in manchen Fällen eine triviale Lösung des Geburtstagsangriffs möglich [925, 926, 1262, 372, 736]. Benutzen Sie dieses Verfahren nicht.

Paralleles Davies-Meyer-Verfahren

Dies ist ein weiterer Versuch, ein Verfahren mit der Hashrate 1 zu entwickeln, das einen Hashwert mit doppelter Blocklänge produziert [736]:

$$G_0 = I_G, \text{ wobei } I_G \text{ ein zufälliger Startwert ist}$$
$$H_0 = I_H, \text{ wobei } I_H \text{ ein weiterer zufälliger Startwert ist}$$
$$G_i = E_{L_i \oplus R_i}(G_{i-1} \oplus L_i) \oplus L_i \oplus H_{i-1}$$
$$H_i = E_{L_i}(H_{i-1} \oplus R_i) \oplus R_i \oplus H_{i-1}$$

Leider ist auch dieses Verfahren nicht sicher [928, 861]. Es stellt sich heraus, daß eine Hashfunktion mit doppelter Blocklänge und der Hashrate 1 nicht sicherer sein kann als Davies-Meyer [861].

Tandem- und Abreast-Davies-Meyer

Eine weitere Möglichkeit zur Umgehung der inhärenten Beschränkungen einer Blockchiffrierung mit einem 64-Bit-Schlüssel benutzt einen Algorithmus wie IDEA (siehe Abschnitt 13.9) mit einem 64-Bit-Block und einem 128 Bit langen Schlüssel. Die folgenden beiden Verfahren produzieren 128 Bit lange Hashwerte und haben die Hashrate $\frac{1}{2}$ [930, 925].

Beim ersten Verfahren arbeiten zwei modifizierte Davies-Meyer-Funktionen als Tandem (siehe Abbildung 18.11):

$G_0 = I_G$, wobei I_G ein zufälliger Startwert ist
$H_0 = I_H$, wobei I_H ein weiterer zufälliger Startwert ist
$W_i = E_{G_{i-1}, M_i}(H_{i-1})$
$G_i = G_{i-1} \oplus E_{M_i, W_i}(G_{i-1})$
$H_i = W_i \oplus H_{i-1}$

Das folgende Verfahren benutzt zwei modifizierte Davies-Meyer-Funktionen nebeneinander (siehe Abbildung 18.12):

$G_0 = I_G$, wobei I_G ein zufälliger Startwert ist
$H_0 = I_H$, wobei I_H ein weiterer zufälliger Startwert ist
$G_i = G_{i-1} \oplus E_{M_i, H_{i-1}}(\neg G_{i-1})$
$H_i = H_{i-1} \oplus E_{G_{i-1}, M_i}(H_{i-1})$

In beiden Verfahren werden die beiden 64-Bit-Hashwerte G_i und H_i zu einem 128-Bit-Hashwert konkateniert.

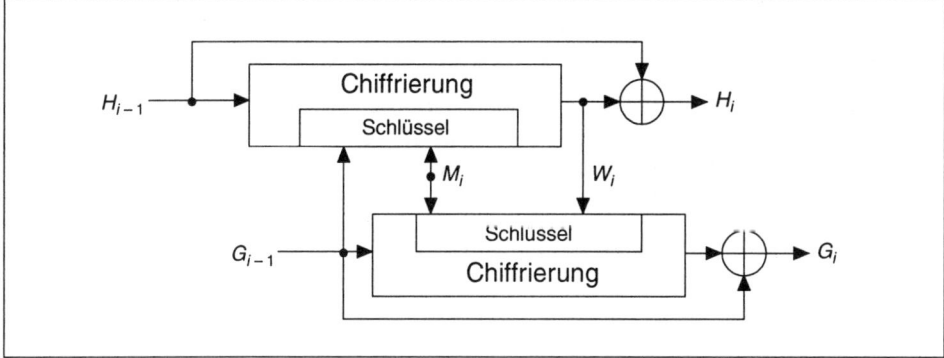

Abb. 18.11: Tandem-Davies-Meyer

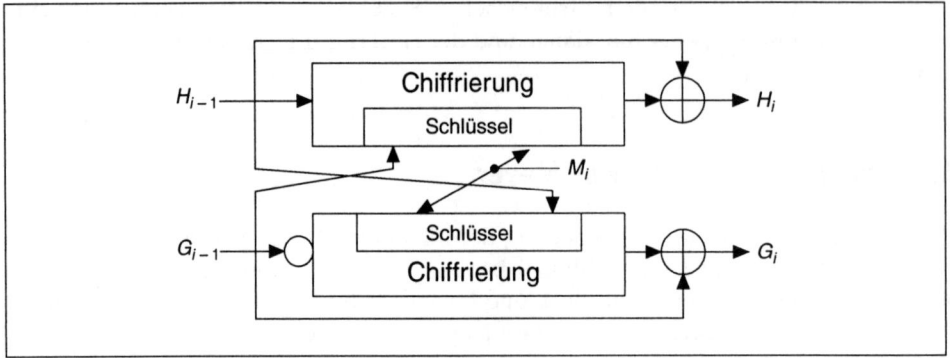

Abb. 18.12: Abreast-Davies-Meyer

Soweit bisher bekannt, bieten diese Algorithmen ideale Sicherheit für eine 128-Bit-Hashfunktion: Die Bestimmung einer Nachricht mit einem gegebenen Hashwert erfordert 2^{128} Versuche, die Bestimmung zweier zufälliger Nachrichten mit dem gleichen Hashwert erfordert 2^{64} Versuche. Diese Zahlen gelten unter der Annahme, daß es keinen effektiveren Angriff gegen den Blockalgorithmus gibt als Brute-Force.

MDC-2 und MDC-4

MDC-2 und MDC-4 wurden anfänglich bei IBM entwickelt [1081, 1079]. Das Verfahren MDC-2, das manchmal auch als Meyer-Schilling bezeichnet wird, wird auf die Eignung als ANSI- und ISO-Standard untersucht [61, 765]; eine Variante wurde in [762] vorgestellt. MDC-4 ist für das RIPE-Projekt vorgeschlagen [1305] (siehe Abschnitt 25.7). In den Spezifikationen wird DES als Blockfunktion benutzt. Theoretisch kann jedoch auch jeder andere Verschlüsselungsalgorithmus zum Einsatz kommen.

Die Hashrate von MDC-2 beträgt $1/2$. Das Verfahren produziert einen Hashwert mit der doppelten Blocklänge. Es ist in Abbildung 18.13 dargestellt. MDC-4 produziert ebenfalls einen Hashwert von der doppelten Blocklänge. Die Hashrate beträgt hier $1/4$ (siehe Abbildung 18.14).

Diese Verfahren wurden in [925, 1262] analysiert. Sie sind sicher, wenn man die heute verfügbare Rechenkapazität zugrundelegt, jedoch bei weitem nicht so sicher, wie ihre Entwickler schätzten. Für DES als Blockalgorithmus wurden sie bezüglich differentieller Kryptanalyse untersucht [1262].

Sowohl MDC-2 als auch MDC-4 sind patentiert [223].

18.11 Einweg-Hashfunktionen mit symmetrischen Blockalgorithmen   517

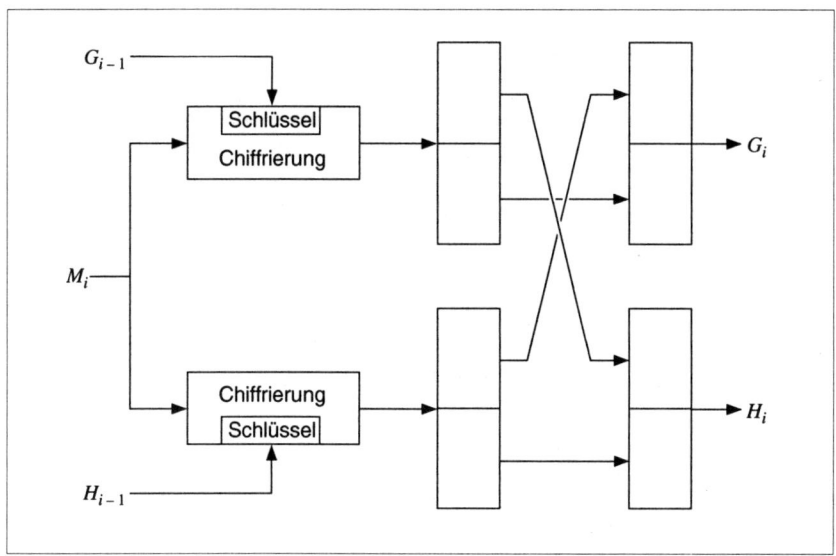

Abb. 18.13: MDC-2

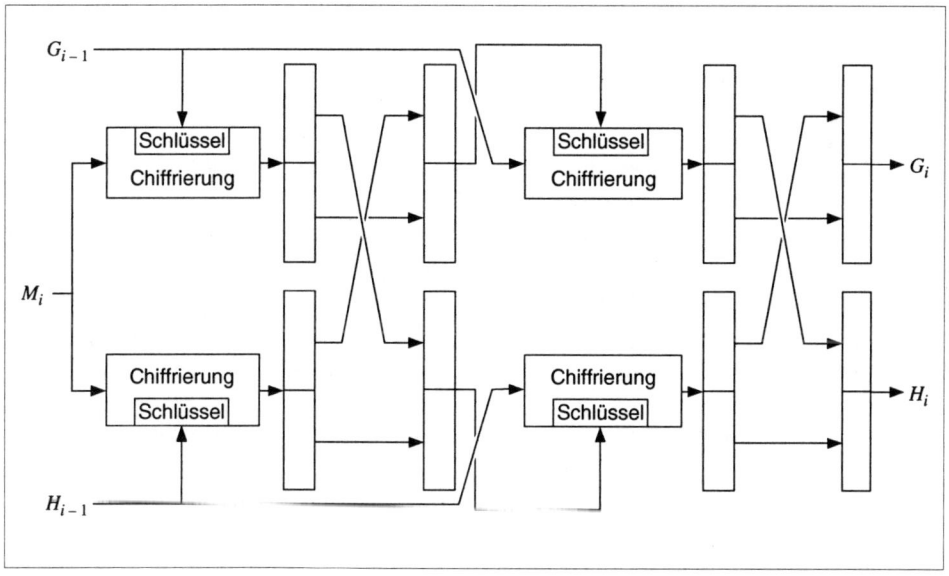

Abb. 18.14: MDC-4

AR-Hashfunktion

Die AR-Hashfunktion wurde von Algorithmic Research, Ltd. entwickelt und wurde von der ISO nur zu Informationszwecken verteilt [767]. Die Grundstruktur ist eine Variante der benutzten Blockchiffrierung (im Original DES) im CBC-Modus. Die letzten beiden Chiffretextblöcke und eine Konstante werden mit dem aktuellen Nachrichtenblock XOR-verknüpft und mit dem Algorithmus verschlüsselt. Der Hashwert besteht aus den letzten beiden berechneten Chiffretextblöcken. Da die Nachricht zweimal verarbeitet wird (jeweils mit unterschiedlichen Schlüsseln), hat die Hashfunktion die Hashrate $\frac{1}{2}$. Der erste Schlüssel lautet 0x0000000000000000, der zweite 0x2a41522f4446502a, c hat den Wert 0x0123456789abcdef. Das Ergebnis wird zu einem einzelnen 128 Bit großen Hashwert komprimiert. Einzelheiten finden Sie in [750].

$$H_i = E_K(M_i \oplus H_{i-1} \oplus H_{i-2} \oplus c) \oplus M_i$$

Das sieht interessant aus, ist jedoch unsicher. Nach beträchtlichen Vorberechnungen kann man auf einfache Art Kollisionen für diese Hashfunktion bestimmen [416].

GOST-Hashfunktion

Diese Hashfunktion stammt aus Rußland und ist im Standard GOST R 34.11-94 [657] spezifiziert. Sie benutzt den Blockalgorithmus GOST (siehe Abschnitt 14.1). Theoretisch kann man jedoch jeden Blockalgorithmus mit einer Blockgröße von 64 Bit und einem 256 Bit langen Schlüssel einsetzen. Die Funktion produziert einen 256 Bit großen Hashwert.

Die Kompressionsfunktion H_i = f(M_i, H_{i-1}) (beide Operanden sind 256 Bit lang) ist wie folgt definiert:

(1) Generiere vier Chiffrierschlüssel für GOST durch eine lineare Mischung von M_i, H_{i-1} und einigen Konstanten.
(2) Chiffriere mit jedem Schlüssel je 64 Bit von H_{i-1} im ECB-Modus. Speichere die erzeugten 256 Bit in der temporären Variablen S.
(3) H_i ist eine komplexe (jedoch lineare) Funktion von S, M_i und H_{i-1}.

Der Hashwert von M ist nicht der Hashwert des letzten Blocks. Es gibt insgesamt drei Verkettungsvariablen: H_n ist der Hashwert des letzten Nachrichtenblocks, Z die Summe aller Nachrichtenblöcke (als handle es sich um ganze Zahlen der Länge 256-Bit) und L die Länge der Nachricht. Mit diesen Variablen und dem aufgefüllten letzten Block M' ergibt sich der Hashwert schließlich zu

$$H = f(Z \oplus M', f(L, f(M', H_n)))$$

Die Dokumentation ist zwar etwas verwirrend (und auf Russisch abgefaßt), doch ich glaube, daß alles korrekt ist. Die Hashfunktion ist für den Einsatz mit dem russischen Standard für digitale Signaturen spezifiziert (siehe Abschnitt 20.3).

Weitere Verfahren

Ralph Merkle schlug ein Verfahren vor, das DES benutzt. Es ist jedoch langsam und verarbeitet pro Iteration nur sieben Bit der Nachricht. Jede Iteration erfordert zwei DES-Verschlüsselungen [1065, 1069]. Ein weiteres Verfahren [1642, 1645] ist unsicher [1267]. Es wurde früher einmal als ISO-Standard vorgeschlagen.

18.12 Einsatz von Public-Key-Algorithmen

Es ist möglich, einen Public-Key-Chiffrieralgorithmus in einem Blockverkettungsmodus als Einweg-Hashfunktion zu verwenden. Kennt man den privaten Schlüssel nicht, dann ist das Knacken der Hashfunktion genauso schwierig wie das Lesen der Nachricht ohne Kenntnis des privaten Schlüssels.

Betrachten wir ein Beispiel mit RSA. M sei die Nachricht, die gehasht werden soll, n das Produkt zweier Primzahlen p und q, und e eine weitere große Primzahl, die relativ prim zu $(p-1)(q-1)$ ist. Die Hashfunktion $H(M)$ lautet dann:

$$H(M) = M^e \bmod n$$

Bei einer einfacheren Variante benutzt man eine einzelne starke Primzahl als Modul p. Dann gilt:

$$H(M) = M^e \bmod p$$

Die Lösung dieses Problems ist vermutlich so schwer wie die Berechnung des diskreten Logarithmus von e. Das Problem bei diesem Algorithmus besteht aber darin, daß er wesentlich langsamer ist als alle anderen hier vorgestellten. Aus diesem Grund rate ich davon ab.

18.13 Wahl einer Einweg-Hashfunktion

Geeignete Kandidaten scheinen SHA, MD5 und Konstruktionen mit Blockchiffrierungen zu sein. Die anderen Verfahren wurden einfach noch nicht lange genug untersucht, um in Frage zu kommen. Ich plädiere für SHA. Es liefert einen längeren Hashwert als MD5, ist schneller als die diversen Konstruktionen mit Blockchiffrierungen und wurde von der NSA entwickelt. Ich vertraue auf die kryptanalytischen Fähigkeiten der NSA, selbst wenn diese ihre Ergebnisse nicht publiziert.

Tabelle 18.2 enthält Zeitmessungen für einige Hashfunktionen. Sie sind nur zu Vergleichszwecken gedacht.

Algorithmus	Hashlänge	Hashgeschwindigkeit in Kilobyte/Sekunde
Abreast Davies-Meyer (mit IDEA)	128	22
Davies-Meyer (mit DES)	64	9
GOST-Hashfunktion	256	11
HAVAL (3 Runden)	variabel	168
HAVAL (4 Runden)	variabel	118
HAVAL (5 Runden)	variabel	95
MD2	128	23
MD4	128	236
MD5	128	174
N-Hash (12 Runden)	128	29
N-Hash (15 Runden)	128	24
RIPE-MD	128	182
SHA	160	75
SNEFRU (4 Runden)	128	48
SNEFRU (8 Runden)	128	23

Tabelle 18.2: *Geschwindigkeit einiger Hashfunktionen auf einem 486SX mit 33 MHz*

18.14 Message Authentication Codes

Ein *Message Authentication Code* oder MAC ist eine schlüsselabhängige Einweg-Hashfunktion. MACs haben die gleichen Eigenschaften wie die bisher behandelten Einweg-Hashfunktionen, enthalten aber auch einen Schlüssel. Man kann den Hashwert nur mit einem identischen Schlüssel verifizieren. Damit kann man Authentizität ohne Geheimhaltung erreichen.

Mit Hilfe von MACs können mehrere Benutzer ihre Dateien authentifizieren. Ein einzelner Benutzer kann mit MACs überprüfen, ob seine Dateien verändert wurden, etwa von einem Virus. Der Benutzer kann den MAC seiner Dateien berechnen und diesen Wert in einer Tabelle speichern. Würde man eine Einweg-Hashfunktion anstelle des MACs benutzen, könnte der Virus nach der Infektion den neuen Hashwert berechnen und den Tabelleneintrag ändern. Bei einem MAC ist das nicht möglich, da der Virus den Schlüssel nicht kennt.

Eine einfache Möglichkeit zur Umwandlung einer Einweg-Hashfunktion in einen MAC besteht darin, den Hashwert mit einem symmetrischen Algorithmus zu chiffrieren. Jeder MAC kann in eine Einweg-Hashfunktion umgewandelt werden, indem man den Schlüssel veröffentlicht.

CBC-MAC

Die einfachste Möglichkeit zur Konstruktion einer schlüsselabhängigen Einweg-Hashfunktion ist die Verschlüsselung einer Nachricht mit einem Blockalgorithmus im CBC- oder CFB-Modus. Der Hashwert ist der letzte verschlüsselte Block, der noch einmal im CBC- oder CFB-Modus verschlüsselt wird. Die CBC-Methode wird in ANSI X9.9 [54], ANSI X9.19 [56], ISO 8731-1 [759], ISO 9797 [763] sowie einem australischen Standard [1496] spezifiziert. Benutzt dieses Verfahren als zugrundeliegenden Blockalgorithmus DES mit reduzierter Rundenzahl oder FEAL, so kann man es mittels differentieller Kryptanalyse knacken [1197].

Ein potentielles Sicherheitsproblem bei dieser Methode besteht darin, daß der Empfänger den Schlüssel kennen muß. Mit diesem Schlüssel kann er aber Nachrichten mit einem bestimmten vorgegebenen Hashwert generieren, indem er in der umgekehrten Richtung entschlüsselt.

Message Authenticator Algorithm (MAA)

Dieser Algorithmus wurde von der ISO standardisiert [760]. Er produziert einen 32 Bit langen Hashwert und wurde für Mainframe-Computer mit schneller Multiplikationsanweisung entwickelt [428].

$$v = v <<< 1$$
$$e = v \oplus w$$
$$x = ((((e + y) \bmod 2^{32}) \vee A \wedge C) * (x \oplus M_i)) \bmod 2^{32} - 1$$
$$y = ((((e + x) \bmod 2^{32}) \vee B \wedge D) * (y \oplus M_i)) \bmod 2^{32} - 2$$

Diese Anweisungen werden für jeden Nachrichtenblock M_i durchlaufen. Der Hashwert besteht aus der XOR-Verknüpfung von x und y. Die Variablen v und e werden vom Schlüssel abgeleitet. A, B, C und D sind Konstanten.

Dieser Algorithmus scheint weit verbreitet zu sein. Ich glaube allerdings nicht, daß er wirklich so sicher ist. Er wurde schon vor langer Zeit entwickelt und ist nicht besonders kompliziert.

Bidirektionaler MAC

Dieser MAC liefert einen Hashwert mit der doppelten Blocklänge des Blockalgorithmus [978]. Zuerst berechnet man den CBC-MAC der Nachricht, anschließend den CBC-MAC der Nachricht, die aus den Blöcken in umgekehrter Reihenfolge besteht. Der bidirektionale MAC besteht einfach aus der Konkatenierung dieser beiden Werte. Leider ist diese Konstruktion unsicher [1097].

Juenemans Verfahren

Dieser MAC wird auch als *quadratic congruential manipulation detection code* (QCMDC) bezeichnet [792, 789]. Zuerst zerlegt man die Nachricht in Blöcke der Größe m Bit. Dann berechnet man:

$H_0 = I_H$, wobei I_H der geheime Schlüssel ist

$H_i = (H_{i-1} + M_i)^2 \bmod p$, wobei p eine Primzahl kleiner $2^m - 1$ ist.

Das Zeichen + steht für ganzzahlige Addition.

Jueneman empfiehlt $n = 16$ und $p = 2^{31} - 1$. In [792] schlägt er außerdem einen zusätzlichen Schlüssel als H_1 vor. Die eigentliche Nachricht beginnt dann bei H_2.

Aufgrund einer Vielzahl von Angriffen des Geburtstagstyps, die er zusammen mit Don Coppersmith entdeckte, empfiehlt Jueneman, den QCMDC viermal zu berechnen, wobei das Ergebnis einer Iteration den IV für die nächste Iteration liefert. Die Ergebnisse werden dann konkateniert, was einen 128 Bit langen Hashwert liefert [793]. Diese Methode wurde noch weiter verbessert, indem man die vier Iterationen parallel durchführt und verbindet [790, 791]. Das Verfahren wurde jedoch von Coppersmith geknackt [376].

Eine andere Variante [432, 434] ersetzt die Addition durch eine XOR-Verknüpfung und benutzt Nachrichtenblöcke, die wesentlich kleiner sind als p. H_0 wurde ebenfalls festgelegt, was eine schlüssellose Einweg-Hashfunktion liefert. Nach einem Angriff auf das Verfahren [612] wurde es als Teil des Projekts European Open Shop Information-Tele-Trust verbessert [1221]. Es wurde ebenfalls in CCITT X.509 [304] zitiert und als ISO 10118 [764, 765] angenommen. Leider knackte Coppersmith auch das verbesserte Verfahren [376]. Es gab einige Forschungsarbeiten zu anderen Exponenten als 2 [603], doch keine davon sieht besonders erfolgversprechend aus.

RIPE-MAC

RIPE-MAC wurde von Bart Preneel entwickelt und in das RIPE-Projekt [1305] aufgenommen (siehe Abschnitt 18.8). Es basiert auf ISO 9797 [763] und benutzt DES als Verschlüsselungsfunktion. Es gibt zwei Varianten des Verfahrens: RIPE-MAC1 benutzt normales DES, RIPE-MAC3 benutzt zwecks höherer Sicherheit Triple-DES. RIPE-MAC1 braucht eine DES-Verschlüsselung pro 64 Bit langem Nachrichtenblock, RIPE-MAC3 drei.

Der Algorithmus besteht aus drei Teilen. Zuerst wird die Nachricht so expandiert, daß ihre Länge ein Vielfaches von 64 Bit beträgt. Die expandierte Nachricht wird dann in 64 Bit lange Blöcke zerlegt. Eine Kompressionsfunktion mit Schlüssel hasht diese Blöcke zu einem einzigen Block der Länge 64 Bit. Der Vorgang wird von einem geheimen Schlüssel gesteuert. In diesem Schritt wird entweder DES oder Triple-DES benutzt. Die Ausgabe dieser Kompression durchläuft schließlich eine weitere DES-Chiffrierung mit einem anderen Schlüssel, der aus dem zur Kompression benutzten Schlüssel abgeleitet wird. In [1305] finden Sie weitere Einzelheiten.

IBC-Hash

IBC-Hash ist ein weiterer MAC, der in das RIPE-Projekt [1305] aufgenommen wurde (siehe Abschnitt 18.8). Der Algorithmus ist sehr interessant, weil er beweisbar sicher ist. Die Wahrscheinlichkeit eines erfolgreichen Angriffs läßt sich quantifizieren. Leider muß jede Nachricht mit einem anderen Schlüssel gehasht werden. Die gewählte Sicherheitsstufe beeinflußt die maximale Länge einer Nachricht, die gehasht werden kann. Vergleichbare Einschränkungen gibt es bei keiner anderen der in diesem Kapitel vorgestellten Funktionen. Aufgrund dieser Besonderheiten empfiehlt der RIPE-Report, IBC-Hash nur für lange und selten übertragene Nachrichten einzusetzen.

Der Kern der Funktion lautet

$$h_i = ((M_i \bmod p) + v) \bmod 2^n$$

Der geheime Schlüssel besteht aus dem Paar p und v, wobei p eine Primzahl der Länge n Bit ist und v eine zufällige Zahl kleiner 2^n. Die Werte M_i werden mit Hilfe einer sorgfältig gewählten Auffüllprozedur bestimmt. Die Wahrscheinlichkeiten dafür, daß die Einwegeigenschaft oder die Kollisionsresistenz geknackt werden, lassen sich quantifizieren. Der Benutzer kann durch Verändern der Parameter die gewünschte Sicherheitsstufe einstellen.

Einweg-Hashfunktion als MAC

Eine Einweg-Hashfunktion läßt sich auch als MAC verwenden [1537]. Angenommen, Alice und Bob kennen einen gemeinsamen Schlüssel K. Alice möchte Bob einen MAC für die Nachricht M senden. Dazu konkateniert sie K und M und berechnet den Einweg-Hashwert der Konkatenierung: $H(K, M)$. Dieser Hashwert ist der MAC. Da Bob K kennt, kann er das Ergebnis von Alice reproduzieren. Mallory, der K nicht kennt, gelingt dies jedoch nicht.

Diese Methode funktioniert mit *MD-strengthening*, birgt jedoch auch schwere Probleme. Mallory kann immer neue Blöcke am Ende der Nachricht anfügen und einen gültigen MAC berechnen. Dieser Angriff läßt sich zwar vereiteln, indem man die Länge der Nachricht am Anfang einträgt, doch Preneel warnt vor diesem Verfahren [1265]. Besser ist es, den Schlussel am Ende der Nachricht einzufügen: $H(M, K)$. Doch auch hier gibt es einige Probleme [1265]. Ist H eine Einwegfunktion, aber nicht kollisionsfrei, so kann Mallory Nachrichten fälschen. Noch besser ist $H(K, M, K)$ oder $H(K_1, M, K_2)$ mit verschiedenen Schlüsseln K_1 und K_2 [1537]. Preneel warnt jedoch auch vor dieser Variante [1265].

Die folgenden Konstruktionen scheinen sicher zu sein:

$H(K_1, H(K_2, M))$
$H(K, H(K, M))$
$H(K, p, M, K)$, wobei p den Schlüssel K zu einem vollen Block auffüllt.

Der beste Ansatz besteht darin, mindestens 64 Bit des Schlüssels mit jedem Nachrichtenblock zu konkatenieren. Dadurch wird die Einweg-Hashfunktion zwar weniger effizient, da die Nachrichtenblöcke kleiner sind, doch das Verfahren ist wesentlich sicherer [1265].

Alternativ kann man auch eine Einweg-Hashfunktion und einen symmetrischen Algorithmus benutzen. Die Datei wird gehasht und der Hashwert chiffriert. Das ist sicherer, als die Datei erst zu verschlüsseln und dann die verschlüsselte Datei zu hashen. Das Verfahren ist jedoch für den gleichen Angriff wie die Methode mit $H(M, K)$ anfällig [1265].

MAC mit Stromchiffrierung

Dieser MAC benutzt Stromchiffrierungen (siehe Abbildung 18.15) [932]. Ein kryptographisch sicherer Pseudozufallsbitgenerator fungiert als Multiplexer und teilt den Nachrichtenstrom in zwei Teilströme auf. Hat das Ausgabebit k_i des Bitgenerators den Wert 1, dann wird das aktuelle Nachrichtenbit m_i in den ersten Teilstrom geleitet. Hat k_i den Wert 0, dann wird es in den zweiten Teilstrom geleitet. Die Teilströme dienen als Eingabe für unterschiedliche LFSRs (siehe Abschnitt 16.2). Die Ausgabe des MAC besteht einfach aus dem Endzustand der Schieberegister.

Leider ist diese Methode anfällig gegen kleine Änderungen der Nachricht [1523]. Ändert man zum Beispiel das letzte Bit der Nachricht, so müssen nur 2 Bit im zugehörigen MAC geändert werden, um diesen zu fälschen. Dies läßt sich mit einer ausreichend hohen Wahrscheinlichkeit bewerkstelligen. Der Autor stellt eine sicherere und kompliziertere Alternative vor.

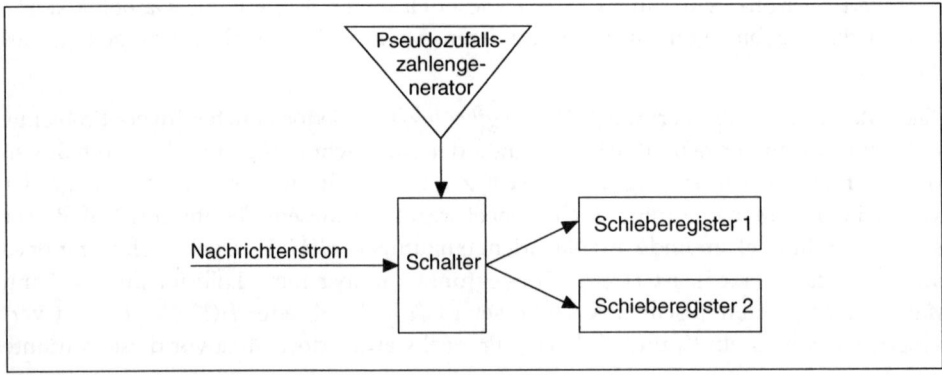

Abb. 18.15: MAC mit Stromchiffrierung

19 Public-Key-Algorithmen

19.1 Hintergrund

Das Konzept der Public-Key-Kryptographie wurde von Whitfield Diffie und Martin Hellman erfunden sowie unabhängig davon auch von Ralph Merkle. Der entscheidende neue kryptographische Gedanke dabei war, daß Schlüssel paarweise – als Chiffrier- und Dechiffrierschlüssel – auftreten können, wobei es unmöglich ist, einen Schlüssel aus dem anderen zu bestimmen (siehe Abschnitt 2.5). Diffie und Hellman stellten dieses Konzept zum ersten Mal auf der *National Computer Conference* 1976 [495] vor. Einige Monate später erschien ihre bahnbrechende Arbeit „New Directions in Cryptography" [496]. (Merkles erster Beitrag zu diesem Gebiet erschien aufgrund langsamer Publikation erst 1978 [1064].)

Seit 1976 wurden unzählige kryptographische Public-Key-Algorithmen veröffentlicht. Viele davon sind unsicher. Von denen, die als sicher gelten, sind viele nicht praktikabel – entweder ist der Schlüssel viel zu lang oder der Chiffretext ist wesentlich länger als der Klartext.

Nur wenige Algorithmen sind sowohl sicher als auch praxistauglich. Diese Algorithmen beruhen im allgemeinen auf einem der harten Probleme, die wir in Abschnitt 11.2 behandelten. Von diesen sicheren und praktikablen Public-Key-Algorithmen eignen sich einige nur für die Schlüsselverteilung. Andere eignen sich auch zur Verschlüsselung (und damit ebenfalls zur Schlüsselverteilung). Wieder andere sind nur für digitale Signaturen nützlich. Es gibt nur drei Algorithmen, die sowohl für Verschlüsselung als auch für digitale Signaturen taugen, nämlich RSA, ElGamal und Rabin. All diese Algorithmen sind langsam. Sie ver- und entschlüsseln Daten viel langsamer als symmetrische Algorithmen, was für die Chiffrierung großer Datenmengen meist nicht ausreicht.

Hybride Kryptosysteme (siehe Abschnitt 2.5) beschleunigen die Sache: Die Nachricht wird mit einem symmetrischen Algorithmus und einem zufälligen Sitzungsschlüssel chiffriert, wobei der Sitzungsschlüssel wiederum mit einem Public-Key-Algorithmus chiffriert wird.

Sicherheit von Public-Key-Algorithmen

Da ein Kryptanalytiker den öffentlichen Schlüssel kennt, kann er immer beliebig viele selbstgewählte Nachrichten verschlüsseln. Daher kann er bei gegebenem $C = E_K(P)$ den Wert von P raten und seine Vermutung einfach nachprüfen. Ist die Anzahl möglicher Klartextnachrichten klein genug für eine exhaustive Suche, so ist das ein ernstes Problem. Es läßt sich jedoch durch Auffüllen der Nachrichten mit einem zufälligen Bitstrom lösen. Dadurch werden identische Klartextnachrichten zu unterschiedlichen Chiffretextnachrichten verschlüsselt (in Abschnitt 23.15 finden Sie mehr zu diesem Konzept).

Das ist besonders wichtig, wenn ein Sitzungsschlüssel mit einem Public-Key-Algorithmus chiffriert wird. Eve kann eine Datenbank aller möglichen Sitzungsschlüssel anlegen, die mit Bobs öffentlichem Schlüssel chiffriert sind. Dies erfordert natürlich enorme Zeit und Speicherkapazität, doch bei einem exportfähigen 40-Bit-Schlüssel oder einem 56-Bit-Schlüssel für DES ist das wesentlich weniger Aufwand an Zeit und Speicherplatz, als für das Knacken von Bobs öffentlichem Schlüssel nötig wäre. Sobald Eve die Datenbank angelegt hat, verfügt sie über Bobs Schlüssel und kann seine Mail lesen.

Public-Key-Algorithmen wurden so entwickelt, daß sie *chosen-plaintext*-Angriffen widerstehen. Ihre Sicherheit beruht sowohl auf der Schwierigkeit, den geheimen Schlüssel aus dem öffentlichen Schlüssel abzuleiten als auch auf der Schwierigkeit, den Klartext aus dem Chiffretext abzuleiten. Die meisten Public-Key-Algorithmen sind jedoch besonders anfällig für *chosen-ciphertext*-Angriffe (siehe Abschnitt 1.1).

In Systemen, bei denen die Operation für die digitale Signatur der umgekehrten Verschlüsselungsoperation entspricht, kann man diesen Angriff nur durch unterschiedliche Schlüssel für Chiffrierung und Signaturen verhindern.

Es ist daher wichtig, das Gesamtsystem zu untersuchen und nicht nur die einzelnen Teile. Gute Public-Key-Protokolle sind so entworfen, daß die einzelnen Parteien nicht beliebige Nachrichten entschlüsseln können, die von anderen Parteien erzeugt wurden. Die Protokolle zum Identitätsnachweis sind dafür ein gutes Beispiel (siehe Abschnitt 5.2).

19.2 Rucksackalgorithmen

Der erste Algorithmus für verallgemeinerte Public-Key-Verschlüsselung war der Rucksackalgorithmus (*knapsack algorithm*), der von Ralph Merkle und Martin Hellman entwickelt wurde [713, 1074]. Er konnte nur zur Verschlüsselung benutzt werden. Adi Shamir modifizierte das System jedoch später für den Einsatz bei digitalen Signaturen [1413]. Die Sicherheit von Rucksackalgorithmen beruht auf dem Rucksackproblem, einem **NP-vollständigen** Problem. Obwohl sich dieser Algorithmus später als unsicher erwies, ist er eine genauere Betrachtung wert, da er zeigt, wie man ein **NP-vollständiges** Problem für Public-Key-Kryptographie einsetzen kann.

Das Rucksackproblem ist einfach zu beschreiben. Gegeben ist eine Reihe von Objekten von unterschiedlichem Gewicht. Ist es möglich, einige dieser Objekte so in einen Rucksack zu packen, daß dieser ein vorgegebenes Gesamtgewicht erreicht? Etwas formaler: Gegeben seien eine Menge von Zahlen $M_1, M_2, \ldots, M_n$ und eine Summe S. Gesucht sind Werte b_i mit

$$S = b_1 M_1 + b_2 M_2 + \ldots + b_n M_n$$

Klartext:	1 1 1 0 0 1	0 1 0 1 1 0	0 0 0 0 0 0	0 1 1 0 0 0
Rucksack:	1 5 6 11 14 20	1 5 6 11 14 20	1 5 6 11 14 20	1 5 6 11 14 20
Chiffretext:	1+5+6+20=	5+11+14=	0=	5+6=
	32	30	0	11

Abb. 19.1: *Verschlüsselung mit Rucksäcken*

Die b_i können dabei die Werte 0 und 1 annehmen. 1 bedeutet, daß das Objekt im Rucksack ist; 0 bedeutet, daß es nicht eingepackt wird.

Die Objekte haben zum Beispiel die Gewichte 1, 5, 6, 11, 14 und 20. Dann kann man einen Rucksack mit dem Gewicht 22 packen, indem man die Gewichte 5, 6 und 11 verwendet. Es ist jedoch nicht möglich, einen Rucksack mit dem Gewicht 24 zu packen. Allgemein scheint die zur Lösung des Problems benötigte Zeit exponentiell mit der Anzahl der vorhandenen Objekte zu wachsen.

Die Grundidee beim Rucksackalgorithmus von Merkle-Hellman besteht darin, eine Nachricht als Lösung zu einer Reihe von Rucksackproblemen zu kodieren. Ein Klartextblock, dessen Länge der Anzahl der verfügbaren Objekte entspricht, bestimmt, welche Objekte in den Rucksack gepackt werden (die Klartextbits entsprechen den Werten von *b*). Der Chiffretext entspricht der Gesamtsumme. Abbildung 19.1 zeigt als Beispiel einen Klartext, der mit einem Rucksackproblem verschlüsselt wird.

Der Trick ist, daß es eigentlich zwei verschiedene Rucksackprobleme gibt. Eines ist in linearer Zeit lösbar, von dem anderen nimmt man an, daß das nicht der Fall ist. Das leichte Rucksackproblem kann so modifiziert werden, daß sich das schwere Rucksackproblem ergibt. Der öffentliche Schlüssel stellt das schwere Rucksackproblem dar. Damit kann man auf einfache Art verschlüsseln, aber keine Nachrichten entschlüsseln. Der private Schlüssel stellt das einfache Rucksackproblem dar, womit man Nachrichten einfach entschlüsseln kann. Wer den privaten Schlüssel nicht kennt, muß versuchen, das schwere Rucksackproblem zu lösen.

Rucksäcke mit der Superincreasing-Eigenschaft

Wie lautet das einfache Rucksackproblem? Hat die Liste der Objekte die **Superincreasing-Eigenschaft** (*superincreasing* bedeutet soviel wie übermäßig wachsend), kann man das zugehörige Rucksackproblem einfach lösen. Eine Folge hat die Superincreasing-Eigenschaft, wenn in einer Folge jedes Element größer ist als die Summe aller vorherigen Elemente. Die Folge {1, 3, 6, 13, 27, 52} hat zum Beispiel die Superincreasing-Eigenschaft, die Folge {1, 3, 4, 9, 15, 25} dagegen nicht.

Die Lösung für einen Rucksack mit der Superincreasing-Eigenschaft ist einfach zu finden. Man nimmt das Gesamtgewicht und vergleicht es mit der größten Zahl der Folge. Ist das Gesamtgewicht kleiner als diese Zahl, so kommt sie nicht in den Rucksack. Ist das Gesamtgewicht größer oder gleich dieser Zahl, so wird die Zahl eingepackt. Jetzt reduziert man das Gewicht des Rucksacks um diesen Wert und fährt mit der nächstkleineren Zahl der Folge fort. So verfährt man bis zum Schluß. Erreicht das Gesamtgewicht den Wert 0, so gibt es eine Lösung, anderenfalls nicht.

Betrachten wir zum Beispiel das Rucksackgesamtgewicht 70 und die Folge {2, 3, 6, 13, 27, 52} von Gewichten. Das größte Gewicht 52 ist kleiner als 70 und kommt daher in den Rucksack. Subtraktion dieses Werts von 70 ergibt 18. Das nächste Gewicht 27 ist größer als 18, daher wird 27 nicht eingepackt. Das nächste Gewicht 13 ist kleiner als 18, also kommt 13 in den Rucksack. Subtraktion dieses Werts von 18 ergibt 5. Das nächste Gewicht 6 ist größer als 5 und daher nicht im Rucksack. Die Fortführung des Verfahrens zeigt, daß sowohl 2 als auch 3 im Rucksack enthalten sind. Das Gesamtgewicht erreicht 0, es gibt also eine Lösung. Handelte es sich um einen Verschlüsselungsblock gemäß Merkle-Hellman, so ergäbe sich aus dem Chiffretext 70 der Klartext 110101.

Normale Rucksäcke, also solche ohne die Superincreasing-Eigenschaft, stellen harte Probleme dar. Es ist kein schneller Lösungsalgorithmus bekannt. Die einzige bekannte Möglichkeit festzustellen, welche Objekte im Rucksack sind, besteht darin, der Reihe nach alle möglichen Lösungen zu testen, bis man über die korrekte Lösung stolpert. Die Laufzeit der schnellsten Algorithmen, die mit verschiedenen Heuristiken arbeiten, wächst exponentiell mit der Anzahl der möglichen Gewichte im Rucksack. Fügt man ein Objekt zur Folge der Gewichte hinzu, so dauert die Bestimmung der Lösung doppelt so lange. Das ist wesentlich schlechter als bei einem Rucksack mit der Superincreasing-Eigenschaft. Fügt man dort ein Gewicht hinzu, ist zur Bestimmung der Lösung nur eine zusätzliche Operation erforderlich.

Der Algorithmus von Merkle-Hellman basiert auf dieser Eigenschaft. Der private Schlüssel ist eine Folge von Gewichten für ein Rucksackproblem mit der Superincreasing-Eigenschaft. Der öffentliche Schlüssel ist eine Folge von Gewichten für ein normales Rucksackproblem mit der gleichen Lösung. Merkle und Hellman entwickelten ein Verfahren zur Umwandlung eines Rucksackproblems mit der Superincreasing-Eigenschaft in ein normales Rucksackproblem. Sie benutzten dazu modulare Arithmetik.

Erzeugung des öffentlichen Schlüssels aus dem privaten Schlüssel

Wir betrachten die Funktionsweise des Algorithmus, ohne in die Zahlentheorie einzusteigen. Um eine normale Rucksackfolge zu erhalten, nehmen wir eine Rucksackfolge mit der Superincreasing-Eigenschaft, zum Beispiel {2, 3, 6, 13, 27, 52}, und multiplizieren alle Werte mit einer Zahl n modulo m. Der Modul sollte eine Zahl sein, die größer ist als die Summe aller Zahlen in der Folge, zum Beispiel 105. Der Multiplikator sollte keine gemeinsamen Teiler mit dem Modul haben, zum Beispiel 31. Das normale Rucksackproblem lautet dann:

$$2 * 31 \bmod 105 = 62$$
$$3 * 31 \bmod 105 = 93$$
$$6 * 31 \bmod 105 = 81$$

> 13 * 31 mod 105 = 88
> 27 * 31 mod 105 = 102
> 52 * 31 mod 105 = 37

Der Rucksack besteht also aus {62, 93, 81, 88, 102, 37}.

Die Rucksackfolge mit der Superincreasing-Eigenschaft stellt den privaten Schlüssel dar. Die normale Rucksackfolge ist der öffentliche Schlüssel.

Verschlüsselung

Zur Verschlüsselung einer binären Nachricht zerlegt man diese zunächst in Blöcke, deren Länge der Anzahl der Elemente der Rucksackfolge entspricht. Dann berechnet man für jeden Block der Nachricht das Gesamtgewicht des Rucksacks. Dabei bedeutet der Wert 1, daß das Objekt im Rucksack enthalten ist, der Wert 0 bedeutet, daß das Objekt nicht eingepackt wird.

Lautet die Nachricht zum Beispiel 011000110101101110, so verläuft die Verschlüsselung mit dem obigen Rucksack wie folgt:

> Nachricht = 011000 110101 101110
> 011000 entspricht 93 + 81 = 174
> 110101 entspricht 62 + 93 + 88 + 37 = 280
> 101110 entspricht 62 + 81 + 88 + 102 = 333

Der Chiffretext lautet dann:

> 174, 280, 333

Entschlüsselung

Ein legitimer Empfänger der Nachricht kennt den privaten Schlüssel (und damit den ursprünglichen Rucksack mit der Superincreasing-Eigenschaft) sowie die Werte n und m, mit denen er in einen normalen Rucksack transformiert wird. Der Empfänger muß zur Entschlüsselung der Nachricht zunächst n^{-1} so bestimmen, daß $n(n^{-1}) \equiv 1 \pmod{m}$. Jetzt multipliziert er jeden Chiffretextwert mit n^{-1} mod m und erhält die Klartextwerte mit Hilfe des privaten Rucksacks.

Der Rucksack mit der Superincreasing-Eigenschaft lautet bei uns {2, 3, 6, 13, 27, 52}, m hat den Wert 105 und n den Wert 31. Die chiffrierte Nachricht lautet 174, 280, 333. In diesem Fall hat n^{-1} den Wert 61, d.h. die Chiffretextwerte müssen mit 61 modulo 105 multipliziert werden:

> 174 * 61 mod 105 = 9 = 3 + 6, das entspricht 011000
> 280 * 61 mod 105 = 70 = 2 + 3 + 13 + 52, das entspricht 110101
> 333 * 61 mod 105 = 48 = 2 + 6 + 13 + 27, das entspricht 101110

Der wiederhergestellte Klartext lautet damit 011000 110101 101110.

Implementierungen in der Praxis

Bei einer Folge mit nur sechs Elementen ist das Rucksackproblem selbst dann leicht zu lösen, wenn es nicht die Superincreasing-Eigenschaft hat. Echte Rucksäcke sollten mindestens 250 Elemente enthalten. Die einzelnen Werte eines Rucksacks mit der Superincreasing-Eigenschaft sollten zwischen 200 und 400 Bit lang sein, der Modul zwischen 100 und 200 Bit. Implementierungen des Algorithmus erzeugen diese Werte mit einem Zufallsfolgengenerator.

Bei solchen Rucksäcken ist der Versuch sinnlos, das Problem durch Brute-Force zu lösen. Ein Computer, der pro Sekunde eine Million Möglichkeiten testen kann, würde für alle möglichen Rucksackwerte mehr als 10^{46} Jahre benötigen. Selbst eine Million parallel arbeitender Maschinen könnte das Problem nicht lösen, bevor die Sonne zu einer Supernova wird.

Sicherheit von Rucksäcken

Das Rucksack-Kryptosystem wurde nicht von einer Million Maschinen geknackt, sondern von zwei Kryptographen. Zuerst wurde ein einzelnes Klartextbit ermittelt [725]. Dann zeigte Shamir, daß Rucksäcke unter gewissen Umständen geknackt werden können [1415, 1416]. Es gab noch weitere Teilerfolge [1428, 38, 754, 516, 488], doch niemand konnte das System von Merkle-Hellman allgemein kryptanalysieren. Schließlich fanden Shamir und Zippel [1418, 1419, 1421] Schwachpunkte in der Transformation, mit denen sie den Rucksack mit der Superincreasing-Eigenschaft aus dem normalen Rucksack rekonstruieren konnten. Eine ausführliche Behandlung geht über den Rahmen des Buches hinaus; eine schöne Zusammenfassung finden Sie in [1233, 1244]. Während der Konferenz, auf der die Ergebnisse präsentiert wurden, wurde der Angriff auf dem Podium mit Hilfe eines Apple-II-Computers demonstriert [492, 494].

Rucksack-Varianten

Seit das ursprüngliche Verfahren von Merkle-Hellman geknackt wurde, wurden viele weitere Rucksacksysteme vorgestellt: mehrfach iterierte Rucksäcke, Graham-Shamir-Rucksäcke und andere. Sie wurden alle kryptanalysiert, meist mit den gleichen Methoden. Jetzt liegen sie alle auf der Müllhalde der Kryptographie [260, 253, 269, 921, 15, 919, 920, 922, 366, 254, 263, 255]. Einen guten Überblick über diese Systeme und die entsprechenden Kryptanalysen finden Sie in [267, 479, 257, 268].

Es wurden auch andere Algorithmen vorgeschlagen, die auf ähnlichen Ideen wie die Rucksack-Kryptosysteme beruhen, doch auch sie wurden kryptanalysiert. Das Lu-Lee-Kryptosystem [990, 13] wurde in [20, 614, 873] geknackt. Eine Variante [507] ist ebenfalls unsicher [1620]. Angriffe auf das Kryptosystem von Goodman-McAuley finden sich in [646, 647, 267, 268]. Das Kryptosystem von Pieprzyk [1246] kann mit ähnlichen Angriffen gebrochen werden. Das Kryptosystem von Niemi [1169], das auf modularen Rucksäcken beruht, wurde in [345, 788] geknackt. Ein neuerer Rucksack mit mehreren Stufen [747] wurde zwar noch nicht gebrochen, doch ich bin nicht sehr optimistisch. [294] ist eine weitere Variante.

Eine Variante des Rucksackalgorithmus, der Rucksack von Chor-Rivest [356], ist zur Zeit zwar sicher (trotz eines spezialisierten Angriffs [743]), doch wegen des nötigen Berechnungsaufwands ist diese Variante bei weitem nicht so nützlich wie die anderen hier behandelten Algorithmen. Eine andere Variante, das sogenannte Powerline-System, ist unsicher [958]. Berücksichtigt man, wie schnell alle anderen Varianten geknackt wurden, so scheint es nicht besonders klug zu sein, diesen Verfahren zu trauen.

Patente

Der ursprüngliche Algorithmus von Merkle-Hellman ist in den Vereinigten Staaten patentiert [720], ebenso in vielen anderen Ländern (siehe Tabelle 19.1). Public Key Partners (PKP) vergibt Lizenzen für dieses Patent sowie andere Patente zur Public-Key-Kryptographie (siehe Abschnitt 25.5). Das US-Patent läuft am 19. August 1997 aus.

Land	Nummer	Erteilungsdatum
Belgien	871039	5. April 1979
Niederlande	7810063	10. April 1979
Großbritannien	2006580	2. Mai 1979
Deutschland	2843583	10. Mai 1979
Schweden	7810478	14. Mai 1979
Frankreich	2405532	8. Juni 1979
Deutschland	2843583	3. Juni 1982
Deutschland	2857905	15. Juli 1982
Kanada	1128159	20. Juli 1982
Großbritannien	2006580	18. August 1982
Schweiz	63416114	14. Januar 1983
Italien	1099780	28. September 1985

Tabelle 19.1: Weltweite Patente für den Merkle-Hellman-Rucksack

19.3 RSA

Kurze Zeit nach Merkles Rucksack-Algorithmus erschien mit RSA der erste vollständige Public-Key-Algorithmus, der sich sowohl für Verschlüsselung als auch für digitale Signaturen eignet [1328, 1329]. Unter all den Public-Key-Algorithmen, die im Laufe der Jahre veröffentlicht wurden, ist RSA bei weitem am einfachsten zu verstehen und zu implementieren. (Martin Gardner veröffentlichte eine frühe Beschreibung des Algorithmus in seiner Kolumne „Mathematical Games" in der Zeitschrift *Scientific American* [599].) Das Verfahren ist auch der populärste Public-Key-Algorithmus. Das RSA-Verfahren – es ist nach seinen Erfindern Ron Rivest, Adi Shamir und Leonard Adleman benannt – überstand jahrelange gründliche Kryptanalyse. Die Kryptanalyse konnte die Sicherheit von RSA zwar weder beweisen noch widerlegen, aber sie stärkt das Vertrauen in den Algorithmus.

Die Sicherheit von RSA beruht auf der Schwierigkeit, große Zahlen zu faktorisieren. Öffentlicher und privater Schlüssel hängen von einem Paar großer Primzahlen ab (100 bis 200 Stellen und mehr). Man vermutet, daß die Wiederherstellung des Klartexts aus dem öffentlichen Schlüssel und dem Chiffretext äquivalent zur Faktorisierung des Produkts der beiden Primzahlen ist.

Um die beiden Schlüssel zu erzeugen, wählt man zufällig zwei große Primzahlen p und q. Um maximale Sicherheit zu bieten, sollten p und q gleich lang sein. Jetzt berechnet man das Produkt:

$$n = pq$$

Anschließend wählt man den zufälligen Chiffrierschlüssel e so, daß e und $(p-1)(q-1)$ relativ prim zueinander sind. Mit Hilfe des erweiterten Euklidischen Algorithmus berechnet man schließlich den Dechiffrierschlüssel d so, daß gilt:

$$ed \equiv 1 \bmod ((p-1)(q-1))$$

Anders ausgedrückt:

$$d = e^{-1} \bmod ((p-1)(q-1))$$

Beachten Sie, daß d und n ebenfalls relativ prim zueinander sind. Die Zahlen e und n bilden den öffentlichen Schlüssel, d ist der private Schlüssel. Die beiden Primzahlen p und q werden nicht mehr benötigt. Sie können verworfen werden, dürfen aber niemals bekanntgegeben werden.

Zur Verschlüsselung einer Nachricht m zerlegt man diese erst in numerische Blöcke, die kleiner als n sind (bei Binärdaten wählt man die größte Zweierpotenz, die kleiner ist als n). Sind p und q Primzahlen mit je 100 Ziffern, so hat n knapp 200 Ziffern und jeder Nachrichtenblock m_i wird nicht ganz 200 Ziffern lang sein. (Wenn man eine feste Anzahl von Blöcken verschlüsseln muß, kann man sie von links mit Nullen auffüllen um sicherzustellen, daß sie immer kleiner als n sind. Die verschlüsselte Nachricht c besteht aus Nachrichtenblöcken c_i ähnlicher Größe, die alle in etwa gleich lang sind. Die Verschlüsselungsformel lautet einfach

$$c_i = m_i^e \bmod n$$

Zur Entschlüsselung einer Nachricht nimmt man jeweils den verschlüsselten Block c_i und berechnet

$$m_i = c_i^d \bmod n$$

Wegen

$$c_i{}^d = (m_i{}^e)^d = m_i{}^{ed} = m_i{}^{k(p-1)(q-1)+1} = m_i m_i{}^{k(p-1)(q-1)} = m_i * 1 = m_i;$$
alles modulo n

stellt diese Formel die Nachricht wieder her. Tabelle 19.2 enthält eine Zusammenfassung.

Öffentlicher Schlüssel:

n Produkt zweier Primzahlen p und q (diese müssen geheim bleiben)
e relativ prim zu $(p-1)(q-1)$

Privater Schlüssel:

d e^{-1} mod $((p-1)(q-1))$

Verschlüsselung:

$c = m^e$ mod n

Entschlüsselung:

$m = c^d$ mod n

Tabelle 19.2: RSA-Verschlüsselung

Die Nachricht könnte genausogut auch mit d chiffriert und mit c dechiffriert werden. Die Reihenfolge spielt keine Rolle. Ich erspare Ihnen den zahlentheoretischen Beweis, der zeigt, daß das Verfahren funktioniert. Er wird in den meisten aktuellen Lehrbüchern über Kryptographie detailliert behandelt.

An einem kleinen Beispiel wird der Vorgang wahrscheinlich viel klarer. Mit $p = 47$ und $q = 71$ gilt

$$n = pq = 3337$$

Der Chiffrierschlüssel e darf keine gemeinsame Faktoren mit

$$(p-1)(q-1) = 46 * 70 = 3220$$

haben. Wir wählen als Wert für e (zufällig) 79. Damit gilt

$$d = 79^{-1} \text{ mod } 3220 = 1019$$

Diese Zahl wurde mit dem erweiterten Euklidischen Algorithmus berechnet (siehe Abschnitt 11.3). e und n werden veröffentlicht, d bleibt geheim. p und q werden vernichtet.

Zur Verschlüsselung der Nachricht

$$m = 6882326879666683$$

wird diese zuerst in kleine Blöcke zerlegt. Blöcke mit je drei Ziffern funktionieren hier ganz gut. Die Nachricht wird also in sechs Blöcke m_i zerlegt:

$m_1 = 668$
$m_2 = 232$

$m_3 = 687$
$m_4 = 966$
$m_5 = 668$
$m_6 = 003$

Der erste Block wird wie folgt verschlüsselt:

$$688^{79} \bmod 3337 = 1570 = c_1$$

Führt man diese Operation auch für die folgenden Blöcke aus, erhält man die verschlüsselte Nachricht:

$$c = 1570\ 2756\ 2091\ 2276\ 2423\ 158$$

Zur Entschlüsselung der Nachricht muß man eine ähnliche Potenzierung mit dem Dechiffrierschlüssel, also 1019 durchführen:

$$1570^{1019} \bmod 3337 = 688 = m_1$$

Der Rest der Nachricht wird analog wiederhergestellt.

Hardware-Implementierungen von RSA

Über Hardware-Implementierungen von RSA wurde viel geschrieben [1314, 1474, 1456, 1316, 1485, 874, 1222, 87, 1410, 1409, 1343, 998, 367, 1429, 523, 772]. Einen guten Überblick findet man in [258, 872]. Viele verschiedene Chips führen RSA-Verschlüsselung durch [1310, 252, 1101, 1317, 874, 69, 737, 594, 1275, 1563, 509, 1223]. Tabelle 19.3 enthält eine unvollständige Liste momentan erhältlicher RSA-Chips, die aus [150, 258] stammt. Nicht alle Chips der Liste sind auf dem freien Markt erhältlich.

Hersteller	Taktrate	Baudrate pro 512 Bit	Taktzyklen pro 512-Bit-Verschlüsselung	Technik	Bit pro Chip	Anzahl Transistoren
Alpha Techn.	25 MHz	13 K	0,98 M	2 Mikron	1024	180 000
AT&T	15 MHz	19 K	0,4 M	1,5 Mikron	298	100 000
British Telecom	10 MHz	5,1 K	1 M	2,5 Mikron	256	—
Business Sim. Ltd.	5 MHz	3,8 K	0,67 M	Gate Array	32	—
Calmos Syst. Inc.	20 MHz	28 K	0,36 M	2 Mikron	593	95 000
CNET	25 MHz	5,3 K	2,3 M	1 Mikron	1024	100 000
Cryptech	14 MHz	17 K	0,4 M	Gate Array	120	33 000
Cylink	30 MHz	6,8 K	1,2 M	1,5 Mikron	1024	150 000
GEC Marconi	25 MHz	10,2 K	0,67 M	1,4 Mikron	512	160 000
Pijnenburg	25 MHz	50 K	0,256 M	1 Mikron	1024	400 000
Sandia	8 MHz	10 K	0,4 M	2 Mikron	272	86 000
Siemens	5 MHz	8,5 K	0,3 M	1 Mikron	512	60 000

Tabelle 19.3: Existierende RSA-Chips

Geschwindigkeit von RSA

Hardware-Implementierungen von RSA sind etwa tausendmal langsamer als DES. Die schnellste VLSI-Hardware-Implementierung von RSA mit einem 512-Bit-Modul erreicht einen Durchsatz von 64 Kilobit pro Sekunde [258]. Es gibt auch Chips, die RSA-Verschlüsselung mit 1024 Bit durchführen. Zur Zeit sind Chips in Planung, die 1 Megabit pro Sekunde bei einem 512-Bit-Modul erreichen sollen. Einige Hersteller haben RSA auch in Chipkarten implementiert. Diese Implementierungen sind langsamer.

Software-Implementierungen von DES sind etwa hundertmal schneller als RSA. Diese Zahlen können sich mit fortschreitender Entwicklung etwas verändern, doch RSA wird niemals die Geschwindigkeit symmetrischer Algorithmen erreichen. Tabelle 19.4 enthält einige Beispiele für die Geschwindigkeit von Software-Implementierungen von RSA [918].

	512 Bit	768 Bit	1024 Bit
Verschlüsselung	0,03 Sek.	0,05 Sek.	0,08 Sek.
Entschlüsselung	0,16 Sek.	0,48 Sek.	0,93 Sek.
Signatur	0,16 Sek.	0,52 Sek.	0,97 Sek.
Verifizierung	0,02 Sek.	0,07 Sek.	0,08 Sek.

Tabelle 19.4: Geschwindigkeit von RSA bei verschiedenen Modullängen und einem öffentlichen Schlüssel von 8 Bit (auf einer SPARC II)

Beschleunigung von Software-Implementierungen

Die RSA-Verschlüsselung erfolgt wesentlich schneller, wenn man den Wert von e geschickt wählt. Die gebräuchlichsten Werte sind 3, 17 und 65537 ($=2^{16} + 1$). (Da die Binärdarstellung von 65537 nur zwei Einsen enthält, sind für die Potenzierung nur 17 Multiplikationen nötig.) X.509 empfiehlt 65537 [304], PEM empfiehlt 3 [76] und PKCS # 1 (siehe Abschnitt 24.14) empfiehlt 3 oder 65537 [1345]. Die Wahl eines dieser drei Werte für e stellt kein Sicherheitsproblem dar (wenn man die Nachrichten mit zufälligen Werten auffüllt – siehe unten). Das gilt selbst dann, wenn eine Gruppe von Benutzern den gleichen Wert für e verwendet.

Operationen mit dem privaten Schlüssel lassen sich mit Hilfe des Chinesischen Restsatzes beschleunigen, wenn man die Werte von p und q speichert sowie einige weitere Werte, etwa $d \bmod (p-1)$, $d \bmod (q-1)$ und $q^{-1} \bmod p$ [1283, 1276]. Diese zusätzlichen Zahlen lassen sich einfach aus dem privaten und öffentlichen Schlüssel berechnen.

Sicherheit von RSA

Die Sicherheit von RSA basiert voll und ganz auf dem Problem der Faktorisierung großer Zahlen. Strenggenommen ist das nicht wahr: Man *vermutet*, daß die Sicherheit von RSA auf dem Problem der Faktorisierung großer Zahlen basiert. Es wurde nie mathematisch bewiesen, daß man n faktorisieren muß, um m aus c und e zu berechnen. Es ist denkbar, daß eine völlig andere Art, RSA zu kryptanalysieren, entdeckt wird. Könnte ein Kryptanalytiker allerdings auf diese neue Art den Wert von d ermitteln, so hätte man damit auch ein neues Verfahren zur Faktorisierung großer Zahlen. Ich würde mir darüber keine allzu großen Sorgen machen.

Man kann RSA auch durch Raten des Werts $(p - 1)(q - 1)$ angreifen. Dieser Angriff ist nicht einfacher als die Faktorisierung von n [1616].

Für die besonders skeptischen Anwender wurde bewiesen, daß einige RSA-Varianten genauso harte Probleme darstellen wie die Faktorisierung (siehe Abschnitt 19.5). In [36] wird außerdem gezeigt, daß sogar die Bestimmung einiger Bits an Information aus einem RSA-verschlüsselten Chiffretext genauso schwer ist wie die Entschlüsselung der gesamten Nachricht.

Faktorisierung von n ist die nächstliegende Angriffsmethode. Jeder Gegner verfügt über den öffentlichen Schlüssel e und den Modul n. Um den Dechiffrierschlüssel d zu finden, muß er n faktorisieren. Abschnitt 11.4 behandelt den aktuellen Stand der Faktorisierungstechniken. Zur Zeit stellt ein Modul mit 129 Dezimalziffern die Grenze dessen dar, was machbar ist. n muß daher größer sein als dieser Wert. Beachten Sie außerdem Abschnitt 7.2 über die Länge öffentlicher Schlüssel.

Natürlich kann ein Kryptanalytiker jedes mögliche d probieren, bis er über den korrekten Wert stolpert. Dieser Brute-Force-Angriff ist jedoch noch ineffizienter als der Versuch, n zu faktorisieren.

Ab und zu behauptet jemand, eine einfache Möglichkeit zum Knacken von RSA gefunden zu haben. Bis heute hielt jedoch noch keine dieser Behauptungen einer Überprüfung stand. 1993 wurde zum Beispiel im Entwurf einer Arbeit von William Payne eine Methode vorgeschlagen, die auf dem kleinen Satz von Fermat basiert [1234]. Leider ist diese Methode auch langsamer als die Faktorisierung des Moduls.

Es gibt einen weiteren Einwand. Die meisten Algorithmen zur Berechnung der Primzahlen p und q arbeiten probabilistisch. Was passiert, wenn p oder q zusammengesetzt sind? Zunächst kann man die Wahrscheinlichkeit dafür auf das gewünschte Maß reduzieren. Wenn es doch passiert, sind die Chancen gut, daß Ver- und Entschlüsselung nicht korrekt funktionieren, so daß man den Fehler gleich bemerkt. Es gibt einige wenige Zahlen, die sogenannten Carmichael-Zahlen, die von manchen probabilistischen Primzahlalgorithmen nicht erkannt werden. Diese Zahlen sind zwar sehr selten, aber unsicher [746]. Ich würde mir keine Sorgen darüber machen.

Chosen-Ciphertext-Angriff gegen RSA

Manche Angriffe richten sich gegen die Implementierung von RSA. Sie zielen nicht auf den Basisalgorithmus, sondern auf das Protokoll. Man sollte sich daher im klaren darüber sein, daß der bloße Einsatz von RSA nicht genügt – es kommt auf die Einzelheiten an.

Situation 1: Eve, die die Kommunikationswege von Alice abhört, fängt eine Chiffretextnachricht c ab, die mit RSA und Alices öffentlichem Schlüssel chiffriert ist. Eve möchte die Nachricht lesen. Mathematisch ausgedrückt sucht sie ein m mit

$$m = c^d$$

Um m zu ermitteln, wählt sie zuerst eine Zufallszahl r, die kleiner als n ist. Sie besorgt sich Alices öffentlichen Schlüssel e. Dann berechnet sie

$$x = r^e \bmod n$$
$$y = xc \bmod n$$
$$t = r^{-1} \bmod n$$

Wenn $x = r^e \bmod n$, dann gilt $r = x^d \bmod n$.

Jetzt bringt Eve Alice dazu, y mit ihrem privaten Schlüssel zu unterschreiben, also y zu verschlüsseln. (Alice muß die Nachricht unterzeichnen, nicht den Hashwert der Nachricht). Beachten Sie, daß Alice y vorher nie gesehen hat. Alice sendet

$$u = y^d \bmod n$$

an Eve. Diese berechnet jetzt

$$tu \bmod n = r^{-1}y^d \bmod n = r^{-1}x^d c^d \bmod n = c^d \bmod n = m$$

Eve kennt jetzt m.

Situation 2: Trent ist Computernotar. Wenn Alice ein Dokument beglaubigen lassen möchte, sendet sie es an Trent. Dieser unterschreibt es mit einer digitalen RSA-Signatur und sendet es zurück. (Hier werden keine Einweg-Hashfunktionen benutzt; Trent chiffriert die gesamte Nachricht mit seinem privaten Schlüssel.)

Mallory möchte Trent dazu bringen, eine Nachricht zu signieren, die er normalerweise nie signieren würde. Der Zeitstempel könnte gefälscht sein oder das Dokument könnte vorgeben, von einer anderen Person zu stammen. Aus welchem Grund auch immer, Trent würde es nie unterzeichnen, wenn er die Wahl hätte. Diese Nachricht sei m'.

Zuerst wählt Mallory einen beliebigen Wert x und berechnet $y = x^e \bmod n$. Er kommt leicht an e, denn das ist Trents öffentlicher Schlüssel. Er muß bekanntgegeben werden, damit man Trents Unterschrift verifizieren kann. Dann berechnet Mallory $m = ym' \bmod n$ und sendet m an Trent, damit dieser unterschreibt. Trent sendet $m^d \bmod n$ zurück. Jetzt berechnet Mallory $(m^d \bmod n)x^{-1} \bmod n$. Dieser Wert ist gleich $m'^d \bmod n$ und stellt damit die Unterschrift von m' dar.

Mallory kann das Gleiche sogar auf mehrere Arten erreichen [423, 458, 486]. Alle Verfahren nutzen aus, daß Potenzierung die multiplikative Struktur der Eingabe bewahrt, also

$$(xm)^d \bmod n = x^d m^d \bmod n$$

Situation 3: Eve möchte, daß Alice m_3 unterzeichnet. Sie generiert zwei Nachrichten m_1 und m_2 mit

$$m_3 = m_1 m_2 \pmod{n}$$

Wenn Eve Alice dazu bringt, m_1 und m_2 zu unterzeichnen, so kann sie m_3 berechnen:

$$m_3{}^d = (m_1{}^d \bmod n)(m_2{}^d \bmod n)$$

Schlußfolgerung: Unterzeichnen Sie mit RSA nicht beliebig Dokumente, die Ihnen von Unbekannten vorgelegt werden, sondern benutzen Sie vorher immer eine Einweg-Hashfunktion. Das Blockformat von ISO 9796 verhindert diesen Angriff.

Angriff gegen RSA mit gemeinsamem Modul

Es ist eine RSA-Implementierung denkbar, in der alle das gleiche n, aber unterschiedliche Exponenten e und d benutzen. Leider funktioniert das nicht. Das offensichtlichste Problem betrifft eine Nachricht, die mit zwei verschiedenen Exponenten verschlüsselt wird (jeweils mit demselben Modul), wobei die beiden Exponenten relativ prim zueinander sind (was im allgemeinen der Fall ist). In diesem Fall kann man den Klartext ohne Kenntnis der beiden Dechiffrierexponenten bestimmen [1457].

m sei die Klartextnachricht, die beiden Chiffrierschlüssel seien e_1 und e_2. Der gemeinsame Modul sei n. Die beiden Chiffretextnachrichten lauten

$$c_1 = m^{e_1} \bmod n$$

$$c_2 = m^{e_2} \bmod n$$

Der Kryptanalytiker kennt n, e_1, e_2, c_1 und c_2. Auf die folgende Art kann er m ermitteln.

Da e_1 und e_2 relativ prim zueinander sind, findet man mit dem erweiterten Euklidischen Algorithmus r und s mit

$$re_1 + se_2 = 1$$

r sei negativ (entweder r oder s ist negativ, also nennen wir den negativen Wert einfach r). Jetzt kann man den erweiterten Euklidischen Algorithmus noch einmal benutzen, um c_1^{-1} zu berechnen. Dann gilt:

$$(c_1^{-1})^{-r} * c_2^s = m \bmod n$$

Es gibt noch zwei weitere subtilere Angriffe gegen diesen Systemtyp. Ein Angriff benutzt eine probabilistische Methode zur Faktorisierung von n. Die andere benutzt einen deterministischen Algorithmus zur Berechnung eines geheimen Schlüssels, ohne den Modul zu faktorisieren. Beide Angriffe werden werden in [449] ausführlich beschrieben.

Schlußfolgerung: Eine Gruppe von Benutzern darf niemals den gleichen Wert für n wählen.

Angriff gegen RSA mit kleinem Verschlüsselungsexponenten

RSA-Verschlüsselung und Verifizierung von Unterschriften erfolgt bei kleinen Werten von e schneller, doch das kann auch unsicher sein [704]. Wenn man $e(e + 1)/2$ linear abhängige Nachrichten mit verschiedenen öffentlichen Schlüsseln und dem gleichen Wert e chiffriert, gibt es einen Angriff gegen dieses System. Sind weniger Nachrichten vorhanden oder besteht kein Zusammenhang zwischen den Nachrichten, so gibt es kein Problem. Sind die Nachrichten identisch, so genügen bereits e Nachrichten. Die einfachste Lösung besteht darin, die Nachrichten mit unabhängigen Zufallswerten aufzufüllen. Dies garantiert auch, daß $m^e \bmod n \neq m^e$. Die meisten existierenden RSA-Implementierungen, zum Beispiel PEM und PGP (siehe Abschnitte 24.10 und 24.12), tun dies.

Schlußfolgerung: Füllen Sie die Nachrichten vor der Verschlüsselung mit Zufallswerten auf. Achten Sie darauf, daß m etwa die gleiche Größe hat wie n.

Angriff gegen RSA mit kleinem Entschlüsselungsexponenten

Ein anderer Angriff von Michael Wiener liefert d, wenn die Größe von d ein Viertel der Größe von n nicht übersteigt und e kleiner als n ist [1596]. Das passiert selten, wenn e und d zufällig gewählt werden. Wenn e einen kleinen Wert hat, kann das überhaupt nicht passieren.

Schlußfolgerung: Wählen Sie einen großen Wert für d.

Erkenntnisse

Judith Moore führt auf Grundlage dieser erfolgreichen Angriffe verschiedene Einschränkungen beim Einsatz von RSA auf [1114, 1115]:

- Ein Angreifer, der ein Verschlüsselungs-/Entschlüsselungspaar von Exponenten für einen gegebenen Modul kennt, kann den Modul faktorisieren.
- Ein Angreifer, der ein Verschlüsselungs-/Entschlüsselungspaar von Exponenten für einen gegebenen Modul kennt, kann andere Verschlüsselungs-/Entschlüsselungspaare berechnen, ohne n zu faktorisieren.
- Ein Protokoll, das RSA in einem Kommunikationsnetz einsetzt, darf keinen gemeinsamen Modul verwenden. (Das sollte aus den vorigen beiden Punkten klar geworden sein.)
- Nachrichten sollten mit Zufallswerten aufgefüllt werden, um Angriffe gegen kleine Verschlüsselungsexponenten zu verhindern.

- Der Entschlüsselungsexponent sollte groß sein.

Bedenken Sie, daß es nicht ausreicht, einen sicheren kryptographischen Algorithmus zu verwenden. Das gesamte Kryptosystem muß sicher sein, ebenso das kryptographische Protokoll. Eine Schwäche auf einem der drei Gebiete macht das ganze System anfällig.

Angriff gegen Verschlüsselung und Signatur mit RSA

Es ist sinnvoll, eine Nachricht vor der Verschlüsselung zu signieren (siehe Abschnitt 2.7), doch nicht jeder folgt diesem Rat. Beim Einsatz von RSA gibt es einen Angriff gegen Protokolle, die vor der Unterschrift verschlüsseln [48].

Alice möchte eine Nachricht an Bob senden. Zuerst chiffriert sie die Nachricht mit Bobs öffentlichem Schlüssel, dann signiert sie sie mit ihrem privaten Schlüssel. Die chiffrierte und signierte Nachricht sieht etwa wie folgt aus:

$$(m^{e_B} \bmod n_B)^{d_A} \bmod n_A$$

Mit dem folgenden Trick kann Bob behaupten, Alice habe ihm m' und nicht m gesandt. Bob kann diskrete Logarithmen bezüglich n_B berechnen, da er die Faktorisierung von n_B kennt (es handelt sich um seinen Modul). Er muß also nur ein x finden mit

$$m'^{x} = m \bmod n_B$$

Wenn er jetzt xe_B als seinen neuen öffentlichen Exponenten bekanntgibt und n_B als Modul behält, kann er behaupten, Alice habe ihm die Nachricht m' geschickt, die mit diesem neuen Exponenten verschlüsselt sei.

Das ist unter manchen Umständen ein besonders hinterhältiger Angriff. Beachten Sie, daß auch Hashfunktionen das Problem nicht lösen. Mit einem festen Verschlüsselungsexponenten für alle Benutzer ist die Sache jedoch in Ordnung.

Standards

RSA ist ein De-Facto-Standard in weiten Teilen der Welt. Die ISO definierte fast (aber nicht ganz) einen RSA-Standard für digitale Signaturen. RSA ist in einem informativen Anhang zu ISO 9796 [762] enthalten. Die französischen Banken legten sich auf RSA als Standard fest [525], ebenso die australischen [1498]. In den Vereinigten Staaten gibt es aufgrund von Druck durch die NSA und ungeklärten Patentfragen zur Zeit keinen Standard für Public-Key-Verschlüsselung. Viele US-Firmen benutzen PKCS (siehe Abschnitt 24.1), das von RSA Data Security, Inc. entwickelt wurde. Der Entwurf für einen ANSI-Standard im Bankwesen spezifiziert RSA [61].

Patente

Der RSA-Algorithmus ist in den Vereinigten Staaten patentiert [1330], jedoch in keinem anderen Land. PKP vergibt Lizenzen für das Patent sowie für andere kryptographische Patente mit öffentlichem Schlüssel (siehe Abschnitt 25.5). Das US-Patent läuft am 20. September 2000 aus.

19.4 Pohlig-Hellman

Das Verschlüsselungsverfahren von Pohlig-Hellman [1253] funktioniert ähnlich wie RSA. Es ist kein symmetrischer Algorithmus, da für Ver- und Entschlüsselung verschiedene Schlüssel benutzt werden. Es ist auch kein Public-Key-Verfahren, da man die Schlüssel leicht voneinander ableiten kann. Sowohl Chiffrier- als auch Dechiffrierschlüssel müssen geheim bleiben.

Wie bei RSA gilt

$$C = P^e \bmod n$$
$$P = C^d \bmod n$$

Dabei ist

$$ed \equiv 1 \pmod{\text{einer komplizierten Zahl}}$$

Im Gegensatz zu RSA wird n nicht über zwei große Primzahlen definiert, sondern muß Teil des geheimen Schlüssels bleiben. Wenn man e und n kennt, kann man auch d berechnen. Ohne Kenntnis von e und d muß ein Gegner folgenden Ausdruck berechnen:

$$e = \log_P C \bmod n$$

Wir haben bereits gesehen, daß es sich dabei um ein hartes Problem handelt.

Patente

Der Algorithmus von Pohlig-Hellman ist in den Vereinigten Staaten patentiert [722], ebenso in Kanada. PKP vergibt Lizenzen für das Patent sowie für andere kryptographische Patente mit öffentlichem Schlüssel (siehe Abschnitt 25.5).

19.5 Rabin

Die Sicherheit des Verfahrens von Rabin [1283, 1601] basiert auf der Schwierigkeit, Quadratwurzeln modulo einer zusammengesetzten Zahl zu berechnen. Dieses Problem ist äquivalent zur Faktorisierung. Im folgenden stelle ich eine Implementierung dieses Verfahrens vor.

Zunächst wählt man zwei Primzahlen p und q, die beide kongruent 3 mod 4 sind. Diese Primzahlen bilden den privaten Schlüssel. Das Produkt $n = pq$ ist der öffentliche Schlüssel. Zur Verschlüsselung einer Nachricht M (M muß kleiner als n sein) berechnet man einfach

$$C = M^2 \bmod n$$

Die Entschlüsselung der Nachricht ist genauso einfach, aber etwas aufwendiger. Da der Empfänger p und q kennt, kann er die beiden Kongruenzen mit Hilfe des Chinesischen Restsatzes lösen. Berechne

$$m_1 = C^{(p+1)/4} \bmod p$$
$$m_2 = (p - C^{(p+1)/4}) \bmod p$$
$$m_3 = C^{(q+1)/4} \bmod q$$
$$m_4 = (q - C^{(q+1)/4}) \bmod q$$

Wähle dann zwei ganze Zahlen $a = q(q^{-1} \bmod p)$ und $b = p(p^{-1} \bmod q)$. Die vier möglichen Lösungen lauten

$$M_1 = (am_1 + bm_3) \bmod n$$
$$M_2 = (am_1 + bm_4) \bmod n$$
$$M_3 = (am_2 + bm_3) \bmod n$$
$$M_4 = (am_2 + bm_4) \bmod n$$

Einer der vier Werte M_1, M_2, M_3 oder M_4 liefert M. Handelt es sich bei der Nachricht um lesbaren Text, sollte es einfach sein, das korrekte M_i auszuwählen. Enthält die Nachricht jedoch einen zufälligen Bitstrom (zum Beispiel zur Schlüsselerzeugung oder für eine digitale Signatur), so gibt es keine Möglichkeit, das korrekte M_i zu ermitteln. Man kann das Problem lösen, indem man vor der Verschlüsselung einen bekannten Vorspann am Anfang der Nachricht einfügt.

Williams

Hugh Williams überarbeitete das Verfahren von Rabin, um diese Einschränkungen zu beheben [1601]. In seinem Verfahren werden p und q so gewählt, daß

$$p \equiv 3 \bmod 8$$
$$q \equiv 7 \bmod 8$$

und

$$N = pq$$

Außerdem gibt es eine kleine ganze Zahl S mit $J(S, N) = -1$. (J steht für das Jacobi-Symbol; siehe Abschnitt 11.3). N und S sind öffentlich bekannt. Der geheime Schlüssel ist k mit

$$k = \tfrac{1}{2} * (\tfrac{1}{4} * (p-1) * (q-1) + 1)$$

Um eine Nachricht M zu verschlüsseln, berechnet man c_1 mit $J(M, N) = (-1)^{c_1}$. Dann berechnet man $M' = (S^{c_1} * M) \bmod N$. Wie beim Verfahren von Rabin berechnet man

$C = M'^2 \mod N$ sowie $c_2 = M' \mod 2$. Die Chiffretextnachricht besteht schließlich aus dem Tripel

$$(C, c_1, c_2)$$

Um C zu entschlüsseln, berechnet der Empfänger M'' mittels

$$C^k = \pm M'' \pmod{N}$$

Das korrekte Vorzeichen von M'' erhält man aus c_2. Schließlich bestimmt man

$$M = (S^{c_1} * (-1)^{c_1} * M'') \mod N$$

Williams verfeinerte das Verfahren in [1603, 1604, 1605] noch weiter. Anstatt die Klartextnachricht zu quadrieren, wird sie zur dritten Potenz erhoben. Die großen Primzahlen müssen kongruent 1 mod 3 sein, sonst sind öffentlicher und privater Schlüssel identisch. Beim verbesserten Verfahren gibt es sogar eine eindeutige Lösung für jede Verschlüsselung.

Die Verfahren von Rabin und Williams haben gegenüber RSA den Vorteil, daß sie beweisbar so sicher sind wie Faktorisierung. Sie sind jedoch überhaupt kein Schutz vor einem *chosen-plaintext*-Angriff. Wenn Sie eines dieser Verfahren in Situationen verwenden, in denen ein Angreifer selbst Klartext wählen kann (zum Beispiel bei einem Algorithmus für digitale Signaturen, bei dem ein Angreifer die zu unterschreibenden Nachrichten wählen kann), müssen Sie vor der Unterschrift eine Hashfunktion anwenden. Rabin schlug eine andere Abwehr dieses Angriffs vor: Hängen Sie vor dem Hashen und Unterschreiben eine andere Zufallszeichenkette an jede Nachricht an. Sobald man jedoch eine Einweg-Hashfunktion in diesem System einführt, ist es leider nicht mehr beweisbar genauso sicher wie die Faktorisierung [628]. In der Praxis wird das System aber durch das Hinzufügen einer Hashfunktion nicht schwächer.

Andere Varianten des Verfahrens von Rabin sind [972, 909, 696, 697, 1439, 989]. Eine zweidimensionale Variante wird in [866, 889] beschrieben.

19.6 ElGamal

Das Verfahren von ElGamal [518, 519] kann sowohl für digitale Signaturen als auch für Verschlüsselung benutzt werden. Seine Sicherheit beruht auf der Schwierigkeit, diskrete Logarithmen über einem endlichen Körper zu berechnen.

Zur Erzeugung eines Schlüsselpaars wählt man zuerst eine Primzahl p und zwei Zufallszahlen g und x, die beide kleiner sind als p. Dann berechnet man

$$y = g^x \mod p$$

Der öffentliche Schlüssel besteht aus y, g und p. Sowohl g als auch p können innerhalb einer Benutzergruppe gemeinsam verwendet werden. x ist der private Schlüssel.

Unterschriften mit ElGamal

Um eine Nachricht M zu unterschreiben, wählt man zuerst eine Zufallszahl k, die relativ prim zu $p - 1$ ist. Dann berechnet man

$$a = g^k \bmod p$$

und löst folgende Gleichung mit Hilfe des erweiterten Euklidischen Algorithmus nach b auf:

$$M = (xa + kb) \bmod (p - 1)$$

Die Signatur besteht aus dem Paar a und b. Der Zufallswert k muß geheim bleiben.

Um eine Unterschrift zu verifizieren, überprüft man folgende Identität:

$$y^a a^b \bmod p = g^M \bmod p$$

Für jede ElGamal-Unterschrift oder -Verschlüsselung ist ein zufällig gewählter Wert für k erforderlich. Wenn Eve ein von Alice benutztes k bestimmen kann, kann sie auch den privaten Schlüssel x von Alice ermitteln. Wenn Eve zwei Nachrichten in die Finger bekommt, die mit dem gleichen k unterschrieben oder verschlüsselt wurden, so kann sie x bestimmen – selbst wenn sie den Wert von k gar nicht kennt.

Tabelle 19.5 enthält eine Zusammenfassung.

Öffentlicher Schlüssel:

p Primzahl (kann von mehreren Benutzern gemeinsam verwendet werden)

g $< p$ (kann von mehreren Benutzern gemeinsam verwendet werden)

y $= g^x \bmod p$

Privater Schlüssel:

x $< p$

Signatur:

k zufällig gewählt, relativ prim zu $p - 1$

a (Signatur) $= g^k \bmod p$

b (Signatur) erfüllt $M = (xa + kb) \bmod (p - 1)$

Verifizierung:

Unterschrift wird akzeptiert, wenn $y^a a^b \bmod p = g^M \bmod p$

Tabelle 19.5: digitale Signaturen mit ElGamal

Als Beispiel betrachten wir $p = 11$ und $g = 2$. Der private Schlüssel sei $x = 8$. Jetzt berechnet man

$$y = g^x \bmod p = 2^8 \bmod 11 = 3$$

Der öffentliche Schlüssel besteht aus $y = 3$, $g = 2$ und $p = 11$.

Um $M = 5$ zu authentifizieren, wählt man zuerst eine Zufallszahl $k = 9$ und überprüft, ob ggT(9, 10) = 1. Dann berechnet man

$$a = g^k \bmod p = 2^9 \bmod 11 = 6$$

und löst mit dem erweiterten Euklidischen Algorithmus nach b auf:

$$M = (ax + kb) \bmod (p - 1)$$
$$5 = (8 * 6 + 9 * b) \bmod 10$$

Die Lösung lautet $b = 3$, die Unterschrift besteht aus dem Paar $a = 6$ und $b = 3$.

Um eine Unterschrift zu verifizieren, überprüft man

$$y^a a^b \bmod p = g^M \bmod p$$
$$3^6 6^3 \bmod 11 = 2^5 \bmod 11$$

In [1377] wird eine Variante von ElGamal beschrieben. Thomas Beth erfand eine Variante des ElGamal-Verfahrens, die sich für Identitätsnachweise eignet [146]. Es gibt noch weitere Varianten zur Paßwort-Authentifizierung [312] und zum Schlüsselaustausch [773]. Außerdem existieren noch viele weitere Abwandlungen (siehe Abschnitt 20.4).

Verschlüsselung mit ElGamal

Mit einem modifizierten ElGamal-Verfahren kann man auch Nachrichten verschlüsseln. Um eine Nachricht M zu verschlüsseln, wählt man zuerst ein zufälliges k, das zu $p - 1$ relativ prim ist. Dann berechnet man

$$a = g^k \bmod p$$
$$b = y^k M \bmod p$$

Das Paar a und b bildet den Chiffretext. Beachten Sie, daß der Chiffretext doppelt so lang ist wie der Klartext.

Um a und b zu entschlüsseln, berechnet man

$$M = b/a^x \bmod p$$

Wegen $a^x \equiv g^{kx} \pmod{p}$ und $b/a^x \equiv y^k M/a^x \equiv g^{xk} M/g^{xk} \equiv M \pmod{p}$ funktioniert das (siehe Tabelle 19.6). Im Grunde handelt es sich hier um einen Schlüsselaustausch gemäß Diffie-Hellman (siehe Abschnitt 22.1), nur ist y hier Teil des Schlüssels und die Verschlüsselung wird mit y^k multipliziert.

Geschwindigkeit

Tabelle 19.7 enthält einige Beispiele für die Geschwindigkeit von ElGamal [918].

Öffentlicher Schlüssel:

p   Primzahl (kann von mehreren Benutzern gemeinsam verwendet werden)
g   < p (kann von mehreren Benutzern gemeinsam verwendet werden)
y   = g^x mod p

Privater Schlüssel:

x   < p

Verschlüsselung:

k   zufällig gewählt, relativ prim zu p - 1
a   (Chiffretext) = g^k mod p
b   (Chiffretext) = $y^k M$ mod p

Entschlüsselung:

M (Klartext) = b/a^x mod p

Tabelle 19.6: Verschlüsselung mit ElGamal

Patente

ElGamal unterliegt keinem Patent. Bevor Sie den Algorithmus implementieren, sollten Sie daran denken, daß PKP den Standpunkt vertritt, der Algorithmus sei vom Diffie-Hellman-Patent abgedeckt [718]. Das Diffie-Hellman-Patent läuft jedoch am 29. April 1997 aus, wodurch ElGamal zum ersten kryptographischen Public-Key-Algorithmus wird, der sich für Verschlüsselung und digitale Signaturen eignet und in den Vereinten Staaten nicht durch Patente behindert wird – ich kann es kaum erwarten.

	512 Bit	768 Bit	1024 Bit
Verschlüsselung	0,33 Sek.	0,80 Sek.	1,09 Sek.
Entschlüsselung	0, 24 Sek.	0,58 Sek.	0,77 Sek.
Signatur	0,25 Sek.	0,47 Sek.	0,63 Sek.
Verifizierung	1,37 Sek.	5,12 Sek.	9,30 Sek.

Tabelle 19.7: Geschwindigkeit von ElGamal bei verschiedenen Modullängen und 160 Bit langem Exponenten (auf einer SPARC II)

19.7 McEliece

Robert McEliece entwickelte 1978 ein Public-Key-Kryptosystem, das auf algebraischer Kodierungstheorie basiert [1041]. Der Algorithmus benutzt eine Klasse fehlerkorrigierender Codes, die als **Goppa-Codes** bezeichnet werden. Die Grundidee besteht darin, einen Goppa-Code zu konstruieren und diesen als allgemeinen linearen Code zu maskieren. Für die Dekodierung von Goppa-Codes gibt es einen schnellen Algorithmus, doch das Problem, ein Codewort mit vorgegebenem Gewicht in einem linearen Binärcode zu finden, ist **NP-vollständig**. [1233] enthält eine gute Beschreibung dieses Algorithmus; siehe auch [1562]. Im folgenden möchte ich nur eine kurze Zusammenfassung geben.

$d_H(x, y)$ bezeichne den Hamming-Abstand von x und y. Die Zahlen n, k und t sind Systemparameter.

Der private Schlüssel besteht aus drei Teilen: G' ist eine Generatormatrix der Größe $k * n$ für einen Goppa-Code, der t Fehler korrigieren kann. P ist eine Permutationsmatrix der Größe $n * n$, S eine nichtsinguläre Matrix der Größe $k * k$.

Der öffentliche Schlüssel besteht aus einer Matrix G der Größe $k * n$ mit $G = SG'P$.

Die Klartextnachrichten sind Zeichenketten der Länge k Bit, die als k-elementige Vektoren über GF(2) betrachtet werden.

Um eine Nachricht zu verschlüsseln, wählt man einen zufälligen n-elementigen Vektor z über GF(2), dessen Hamming-Abstand kleiner oder gleich t ist.

$$c = mG + z$$

Um den Chiffretext zu entschlüsseln, berechnet man zuerst $c' = cP^{-1}$. Dann ermittelt man mit Hilfe des Dekodieralgorithmus für den Goppa-Code ein m', für das $d_H(m'G, c')$ kleiner oder gleich t ist. Schließlich berechnet man $m = m'S^{-1}$.

McEliece schlägt in seiner Originalarbeit die Werte $n = 1024$, $t = 50$ und $k = 524$ vor. Dies sind die kleinsten Werte, die Sicherheit gewährleisten.

Obwohl der Algorithmus einer der ersten Public-Key-Algorithmen war und es keine erfolgreichen kryptanalytischen Angriffe dagegen gibt, konnte sich das Verfahren in kryptographischen Kreisen nicht durchsetzen. Das Verfahren ist um zwei bis drei Zehnerpotenzen schneller als RSA, doch es gibt einige Probleme dabei. Der öffentliche Schlüssel ist enorm lang, nämlich 2^{19} Bit. Die Daten werden stark expandiert, denn der Chiffretext ist doppelt so lang wie der Klartext.

In [8, 943, 1559, 306] finden Sie einige Versuche, dieses System zu kryptanalysieren. Obwohl keiner dieser Versuche für den allgemeinen Fall erfolgreich war, machen sich einige Leute über die Ähnlichkeit zwischen dem McEliece-Algorithmus und dem Rucksackverfahren Sorgen.

1991 behaupteten zwei russische Kryptographen, das McEliece-System mit bestimmten Parametern gebrochen zu haben [882]. Ihre Arbeit enthält jedoch keine Beweise für diese Behauptung und die meisten Kryptographen ignorieren sie daher. Ein weiterer russischer Angriff, der nicht direkt gegen das McEliece-System eingesetzt werden kann, findet sich in [1447, 1448]. Erweiterungen des McEliece-Verfahrens stehen in [424, 1227, 976].

Weitere Algorithmen auf Basis linearer fehlerkorrigierender Codes

Der Niederreiter-Algorithmus [1167] ist eng mit dem McEliece-Algorithmus verwandt. Er benutzt als öffentlichen Schlüssel eine zufällige Matrix zur Paritätsüberprüfung bei einem fehlerkorrigierenden Code. Der private Schlüssel ist ein effizienter Dekodierungsalgorithmus für diese Matrix.

Ein weiterer Algorithmus, der zur Identifizierung und für digitale Signaturen benutzt wird, basiert auf Syndrom-Dekodierung [1501]. In [306] finden Sie Anmerkungen dazu. Ein Algorithmus, der auf fehlerkorrigierenden Codes beruht [1621], ist unsicher [698, 33, 31, 1560, 32].

19.8 Kryptosysteme auf Basis elliptischer Kurven

Elliptische Kurven werden seit vielen Jahren untersucht und es gibt eine enorme Zahl von Arbeiten darüber. Neal Koblitz und V. S. Miller schlugen 1985 unabhängig voneinander vor, sie für Public-Key-Kryptosysteme einzusetzen [867, 1095]. Sie erfanden keinen neuen kryptographischen Algorithmus mit elliptischen Kurven über endlichen Körpern, sondern implementierten damit existierende Public-Key-Algorithmen, zum Beispiel Diffie-Hellman.

Elliptische Kurven sind deswegen interessant, weil man damit „Elemente" und „Kombinationsregeln" konstruieren kann, die zusammen eine Gruppe ergeben. Diese Gruppen haben genügend brauchbare Eigenschaften, um daraus kryptographische Algorithmen zu bauen; es fehlen jedoch einige Eigenschaften, die die Kryptanalyse erleichtern. Bei elliptischen Kurven gibt es zum Beispiel den Begriff der „Glattheit" nicht. Anders ausgedrückt: es gibt keine Menge kleiner Elemente, mit denen sich ein zufälliges Element mit hoher Wahrscheinlichkeit durch einen einfachen Algorithmus ausdrücken läßt. Aus diesem Grund funktionieren Algorithmen zur Berechnung diskreter Logarithmen, die mit Indexberechnungen arbeiten, nicht. Weitere Einzelheiten finden Sie in [1095].

Elliptische Kurven über dem endlichen Körper $GF(2^n)$ sind besonders interessant. Die arithmetischen Prozessoren für den zugrundeliegenden Körper sind leicht zu konstruieren und für n im Bereich von 130 bis 200 relativ einfach zu implementieren. Damit lassen sich möglicherweise schnellere Public-Key-Kryptosysteme mit kleineren Schlüssellängen bauen. Viele Public-Key-Algorithmen, etwa Diffie-Hellman, ElGamal und Schnorr, kann man mit elliptischen Kurven über endlichen Körpern implementieren.

Die zugrundeliegende Mathematik ist sehr komplex und geht über den Rahmen dieses Buches hinaus. Interessierten Lesern empfehle ich die beiden oben angeführten Literaturstellen sowie das ausgezeichnete Buch von Alfred Menezes [1059].[1] Zwei zu RSA

---

1. A.d.Ü.: Der Autor weist zusätzlich noch auf das hervorragende Buch von N. Koblitz, *A Course in Number Theory and Cryptography*, Second Edition, Springer Verlag 1994 hin, das in der amerikanischen Ausgabe versehentlich nicht erwähnt wurde.

analoge Verfahren arbeiten mit elliptischen Kurven [890, 454]. Weitere Arbeiten sind [23, 119, 1062, 869, 152, 871, 892, 25, 895, 353, 1061, 26, 913, 914, 915]. Kryptosysteme mit elliptischen Kurven und kleinen Schlüssellängen werden in [701] behandelt. Der Algorithmus *Fast Elliptic Encryption* (FEE) von Next Computer Inc. arbeitet ebenfalls mit elliptischen Kurven [388]. FEE hat die hübsche Eigenschaft, daß der private Schlüssel aus einer beliebigen leicht zu merkenden Zeichenkette bestehen kann. Schließlich wurden auch Public-Key-Kryptosysteme auf Basis hyperelliptischer Kurven vorgeschlagen [868, 870, 1441, 1214].

19.9 LUC

Verschiedene Kryptographen schlugen Verallgemeinerungen von RSA vor, die anstelle der Potenzierung verschiedene Permutationspolynome benutzen. Eine Variante mit der Bezeichnung Kravitz-Reed arbeitet mit irreduziblen binären Polynomen [898], ist aber unsicher [451, 589]. Winfried Müller und Wilfried Nöbauer verwenden Dickson-Polynome [1127, 1128, 965]. Rudolph Lidl und Müller erweiterten diesen Ansatz in [966, 1126] (eine Variante heißt Réidi-Verfahren). Nöbauer untersuchte die Sicherheit dieses Verfahrens in [1172, 1173]. (Anmerkungen zur Primzahlerzeugung mit dem Lucas-Verfahren finden sich in [969, 967, 968, 598].) Trotz all dieser Vorarbeiten schaffte es eine Forschungsgruppe aus Neuseeland, das Verfahren 1993 patentieren zu lassen. Sie nannte es LUC [1486, 521, 1487].

Die n-te Lucas-Zahl $V_n(P, 1)$ ist wie folgt definiert:

$$V_n(P, 1) = PV_{n-1}(P, 1) - V_{n-2}(P, 1)$$

Es gibt eine Menge Theorie zu Lucas-Zahlen, die ich hier überspringen möchte. Eine gute theoretische Behandlung von Lucas-Folgen finden Sie in [1307, 1308]. [1494, 708] enthält eine besonders schöne Beschreibung des mathematischen Hintergrunds von LUC.

Zur Bestimmung eines Paars aus öffentlichem und privatem Schlüssel wählt man zuerst zwei große Primzahlen p und q und berechnet deren Produkt n. Der Chiffrierschlüssel e ist eine Zufallszahl, die zu $p-1$, $q-1$, $p+1$ und $q+1$ relativ prim ist.

Es gibt vier mögliche Dechiffrierschlüssel:

$$d = e^{-1} \bmod (\text{kgV}((p+1, (q+1)))$$
$$d = e^{-1} \bmod (\text{kgV}((p+1, (q-1)))$$
$$d = e^{-1} \bmod (\text{kgV}((p-1, (q+1)))$$
$$d = e^{-1} \bmod (\text{kgV}((p-1, (q-1)))$$

kgV steht dabei für das kleinste gemeinsame Vielfache.

Der öffentliche Schlüssel besteht aus d und n, der private aus e und n. p und q werden vernichtet.

Zur Verschlüsselung einer Nachricht P (P muß kleiner sein als n) berechnet man

$$C = V_e(P, 1) \pmod n$$

Die Entschlüsselung verläuft folgendermaßen:

$$P = V_d(P, 1) \pmod n \text{ mit dem passenden } d$$

LUC ist höchstens so sicher wie RSA. Neueste, noch nicht veröffentlichte Resultate zeigen, wie man zumindest einige Implementierungen von LUC knacken kann. Ich traue dem Verfahren nicht.

19.10 Public-Key-Kryptosysteme mit endlichen Automaten

Der chinesische Kryptograph Tao Renji entwickelte einen Public-Key-Algorithmus auf Basis endlicher Automaten [1301, 1302, 1303, 1300, 1304, 666]. Die Faktorisierung zweier zusammengesetzter endlicher Automaten ist ebenso schwer wie die Faktorisierung des Produkts zweier großer Primzahlen. Dies gilt insbesondere für den Fall, daß einer oder beide nichtlinear sind.

Ein Großteil der Forschungsarbeiten fand im Laufe der achtziger Jahre in China statt und wurde auf chinesisch veröffentlicht. Renji beginnt jetzt, auf englisch zu schreiben. Sein Hauptresultat besagt, daß bestimmte nichtlineare Automaten (die quasilinearen Automaten) genau dann schwache Inverse besitzen, wenn sie über eine bestimmte Matrizenstruktur verfügen. Diese Eigenschaft verschwindet, wenn sie mit einem anderen Automaten kombiniert werden (sogar mit einem linearen Automaten). Bei dem Public-Key-Algorithmus besteht der geheime Schlüssel aus einem invertierbaren quasilinearen Automaten sowie einem linearen Automaten; der zugehörige öffentliche Schlüssel kann daraus abgeleitet werden, indem man beide termweise multipliziert. Die Verschlüsselung von Daten erfolgt, indem die Daten den öffentlichen Automaten durchlaufen. Zur Verschlüsselung schickt man die Daten durch die Inversen der beiden Komponenten (in manchen Fällen muß man voraussetzen, daß sie mit geeigneten Startwerten initialisiert wurden). Das Verfahren funktioniert sowohl für Verschlüsselung als auch für digitale Signaturen.

Zur Geschwindigkeit solcher Systeme kann man zusammenfassend sagen, daß sie wie das System von McEliece viel schneller als RSA laufen, aber längere Schlüssel benötigen. Die Schlüssellänge, bei der die Sicherheit der von 512-Bit-RSA entspricht, beträgt 2792 Bit und für 1024-Bit-RSA 4152 Bit. Im ersten Fall verschlüsselt das System 20869 Byte pro Sekunde und entschlüsselt 17117 Byte pro Sekunde (auf einem 80486 mit 33 MHz).

Renji veröffentlichte drei Algorithmen. Der erste heißt FAPKC0. Dabei handelt es sich um ein schwaches System mit linearen Komponenten, das vor allem der Erläuterung dient. Zwei ernsthafte Systeme mit den Bezeichnungen FAPKC1 und FAPKC2 bestehen jeweils aus einer linearen und einer nichtlinearen Komponente. FAPKC2 ist komplexer und wurde mit dem Ziel entwickelt, Operationen zur Identitätsüberprüfung zu ermöglichen.

Die Sicherheit dieser Verfahren wurde in vielen chinesischen Arbeiten untersucht. (In China gibt es jetzt über dreißig Institute, die Arbeiten zu Kryptographie und Sicherheit veröffentlichen.) Aus der beträchtlichen Anzahl von Arbeiten in chinesischer Sprache kann man schließen, daß das Problem ausführlich untersucht wurde.

Ein potentieller Vorteil von FAPKC1 und FAPKC2 besteht darin, daß sie von keinerlei US-Patenten behindert werden. Sie werden daher zweifellos frei verfügbar sein, sobald das Diffie-Hellman-Patent im Jahre 1997 abläuft.

20 Public-Key-Algorithmen für digitale Signaturen

20.1 Digital Signature Algorithm (DSA)

Im August 1991 schlug das National Institute of Standards and Technology (NIST) den Digital Signature Algorithm (DSA) für den Einsatz im Digital Signature Standard (DSS) vor. Im *Federal Register* [538] war dazu zu lesen:

> Es wird ein Federal Information Processing Standard (FIPS) für den Digital Signature Standard (DSS) vorgeschlagen. Dieser Standard spezifiziert einen Public-Key-Algorithmus für digitale Signaturen (*digital signature algorithm*, DSA), der sich für digitale Signaturen in Anwendungen der Bundesbehörden eignet. Der vorgeschlagene DSS ermöglicht dem Empfänger, mit Hilfe eines öffentlichen Schlüssels die Integrität der Daten und die Identität des Absenders der Daten zu verifizieren. Mit dem DSS können auch Dritte die Authentizität einer Signatur und der zugehörigen Daten überprüfen.
>
> Der vorgeschlagene Standard benutzt ein Signaturverfahren mit öffentlichem Schlüssel, das mit einem Transformationspaar einen digitalen Wert generiert bzw. verifiziert. Dieser Wert wird als Signatur bezeichnet.

Und weiter:

> Der vorgeschlagene FIPS ist das Ergebnis der Evaluierung einer Reihe möglicher Alternativen für digitale Unterschriften. Das NIST folgte bei der Auswahl den Vorgaben aus Abschnitt 2 des *Computer Security Act*. Sie besagen, das NIST habe Standards zu entwickeln, die „... die kostengünstigste Sicherheit und Geheimhaltung von Bundesinformationen gewährleisten und aus einer Reihe von Verfahren, die vergleichbaren Schutz bieten, dasjenige auszuwählen, das im Einsatz die passendsten Eigenschaften hat".
>
> Bei der Auswahl wurden folgende Aspekte berücksichtigt: gewährleistete Sicherheitsstufe, Einfachheit der Implementierung in Hard- und Software, problemloser Export aus den Vereinigten Staaten, patentrechtliche Fragen, Auswirkungen auf nationale Sicherheit und Strafverfolgung sowie Effizienz der Funktionen für Signatur und Verifizierung. Es wurde eine Reihe von Verfahren ermittelt, die angemessenen Schutz für Systeme der Bundesbehörden gewährleisten. Das ausgewählte Verfahren soll die nachfolgend aufgeführten Merkmale bieten.
>
> Das NIST erwartet, daß das Verfahren ohne Lizenzgebühren verfügbar ist. Die öffentliche Verfügbarkeit und der daraus resultierende breite Einsatz werden ökonomische Vorteile für die Regierung und die Öffentlichkeit mit sich bringen.
>
> Die ausgewählte Technik erlaubt eine effiziente Implementierung der Operationen für Unterschriften in Anwendungen mit Chipkarten. Bei diesen Anwendungen erfolgt die Erzeugung der Unterschrift in einer Umgebung mit geringer Rechenkapazität (der Chipkarte), während der Verifizierungsvorgang in einer Umgebung mit größerer Rechenkapazität implementiert ist, etwa einem Personal Computer, einem kryptographischen Hardware-Modul oder einem Mainframe-Computer.

Bevor es zu verwirrend wird, möchte ich noch einmal auf die Bezeichnungen hinweisen: DSA ist der Algorithmus und DSS der Standard. Der Standard verwendet den Algorithmus; der Algorithmus ist Teil des Standards.

Reaktionen auf die Ankündigung

Die Ankündigung des NIST provozierte eine Flut kritischer Bemerkungen, die leider mehr politischer denn akademischer Art waren. RSA Data Security, Inc. – Hüter des RSA-Algorithmus – führte die Reihen der DSS-Kritiker an. Die Firma wollte RSA und keinen anderen Algorithmus als Standard sehen. RSADSI verdient viel Geld mit Lizenzen für den RSA-Algorithmus. Ein lizenzfreier Standard für digitale Signaturen hätte direkten Einfluß auf die Geschäfte von RSADSI. (Bemerkung: DSA ist nicht unbedingt frei von Patentverletzungen, doch dazu später mehr.)

RSADSI machte vor der Ankündigung des Algorithmus Front gegen einen „gemeinsamen Modul", der der Regierung unter Umständen die Möglichkeit gegeben hätte, Unterschriften zu fälschen. Als der Algorithmus ohne diesen gemeinsamen Modul angekündigt wurde, bekämpfte die Firma das Verfahren mit anderen Begründungen [154] sowohl in Briefen an das NIST als auch in Pressemitteilungen. (Vier Briefe an das NIST erschienen in [1326]. Wenn Sie sie lesen, sollten Sie daran denken, daß mindestens zwei der Autoren, nämlich Rivest und Hellman, ein finanzielles Interesse daran hatten, daß DSS nicht als Standard festgelegt wird.)

Viele große Softwarefirmen, die den RSA-Algorithmus bereits lizenziert hatten, waren gegen DSS. 1982 forderte die Regierung zur Einreichung von Public-Key-Algorithmen zur Standardisierung auf [537]. Anschließend war in dieser Angelegenheit neun Jahre lang kein Sterbenswörtchen aus dem NIST zu hören. Firmen wie IBM, Apple, Novell, Lotus, Northern Telecom, Microsoft, DEC und Sun hatten für die Implementierung des RSA-Algorithmus bereits viel Geld ausgegeben. Sie wollten diese Investitionen nur ungern abschreiben.

Insgesamt erhielt das NIST bis zum Ende der ersten Bewertungsperiode am 28. Februar 1992 109 Kommentare.

Sehen wir uns die Kritikpunkte gegen DSA im einzelnen an:

1. DSA kann nicht zur Verschlüsselung oder Schlüsselverteilung benutzt werden.

   Das ist richtig, doch darum geht es in dem Standard gar nicht, sondern nur um Unterschriften. Das NIST sollte eigentlich auch einen Standard für Public-Key-Verschlüsselung festschreiben. Die Behörde schadet dem amerikanischen Volk dadurch, daß sie keinen Public-Key-Verschlüsselungsstandard festlegt. Es ist schon verdächtig, daß der vorgeschlagene Standard für digitale Signaturen nicht zur Verschlüsselung benutzt werden kann (es stellt sich allerdings heraus, daß es doch geht; siehe Abschnitt 23.3). Das bedeutet jedoch nicht, daß der Standard nutzlos ist.

2. DSA wurde von der NSA entwickelt, und der Algorithmus könnte eine Hintertür enthalten.

Ein Großteil der anfänglichen Kommentare ist nur durch Paranoia zu erklären: „Die Weigerung des NIST, ohne weitere Begründung Informationen zurückzuhalten, stärkt nicht gerade das Vertrauen in DSS, sondern verstärkt die Bedenken, daß es noch unbekannte Aspekte geben könnte, etwa die Vorbereitung eines nationalen Public-Key-Kryptosystems, das vom NIST und/oder der NSA geknackt werden kann." [154]. Arjen Lenstra und Stuart Haber von Bellcore warfen eine schwerwiegende Frage zur Sicherheit von DSA auf, auf die ich weiter unten eingehen möchte.

3. DSA ist langsamer als RSA [800].

Das ist mehr oder weniger richtig. Die Generierung von Unterschriften erfolgt ungefähr gleich schnell, doch die Verifizierung der Unterschriften dauert 10 bis 40mal länger. Die Schlüsselerzeugung ist jedoch schneller. Dies spielt aber kaum eine Rolle, denn ein Benutzer erzeugt nur selten Schlüssel. Die Verifizierung von Unterschriften ist dagegen die häufigste Operation.

Das Problem bei diesem Kritikpunkt ist, daß man die Testparameter auf viele Arten einstellen kann – je nachdem, welches Ergebnis man sich erhofft. Die Erzeugung der Unterschriften läßt sich bei DSA durch Vorausberechnungen beschleunigen. Das ist jedoch nicht in allen Fällen möglich. Die Verfechter von RSA operieren mit Zahlen, die für ihre Berechnungen besser geeignet sind; die Verfechter von DSA benutzen wiederum ihre eigenen Optimierungen. Jedenfalls werden Computer immer schneller. Es mag zwar einen Geschwindigkeitsunterschied geben, doch er ist in den meisten Anwendungen nicht spürbar.

4. RSA ist ein De-Facto-Standard.

Im folgenden möchte ich zwei Beispiele für dieses Argument zitieren. Robert Follet, der Programmdirektor für Standards bei IBM schreibt [570]:

> IBM ist besorgt darüber, daß das NIST nicht den internationalen Standard übernommen, sondern einen Standard mit einem anderen digitalen Signaturverfahren vorgeschlagen hat. Wir wurden von Anwendern und deren Vereinigungen davon überzeugt, daß der Einsatz internationaler Standards auf Basis von RSA eine Voraussetzung für die Verkäufe von Sicherheitsprodukten in nächster Zukunft sein wird.

Les Shroyer, Vizepräsident und Direktor für *Management Information Systems* und Telekommunikation bei Motorola meint [1444]:

> Wir brauchen einen einzigen, robusten und politisch akzeptierten Standard für digitale Signaturen, der weltweit einsetzbar ist – sei es in den Vereinigten Staaten oder im Ausland, innerhalb oder außerhalb von Motorola. Die mangelnde Verfügbarkeit anderer Verfahren für digitale Signaturen während der letzten acht Jahre machte RSA zu einem De-Facto-Standard.... Motorola und viele andere Firmen haben Millionen Dollar in RSA gesteckt. Wir machen uns Sorgen über die Inkompatibilität und die nötige Unterstützung zweier unterschiedlicher Standards. Diese Situation wird die Kosten erhöhen, die Verfügbarkeit verzögern und Komplikationen zur Folge haben....

Viele Firmen wollten, daß NIST ISO 9796 aufgreift, den internationalen Standard für digitale Signaturen, der mit RSA arbeitet [762]. Das ist zwar ein berechtigter Wunsch, jedoch noch keine ausreichende Rechtfertigung für einen Standardisierungsprozeß.

Ein Standard, der nicht mit Lizenzgebühren verbunden ist, kann dem öffentlichen Interesse der USA viel eher gerecht werden.

5. Der Auswahlprozeß für DSA fand nicht öffentlich statt; es gab nicht ausreichend Zeit für eine Analyse.

   Das NIST behauptete zuerst, DSA selbst entwickelt zu haben. Später gab die Behörde zu, daß die NSA mitgeholfen habe. Schließlich wurde bestätigt, daß die NSA den Algorithmus entwickelt hatte. Dies beunruhigt viele Leute, denn die NSA ist nicht besonders vertrauenserweckend. Immerhin ist der Algorithmus öffentlich bekannt und steht zur Analyse zur Verfügung. Das NIST dehnte den Zeitraum für Analyse und Kommentare aus.

6. DSA verletzt eventuell andere Patente.

   Das könnte der Fall sein. Wir werden uns im Abschnitt über Patentfragen mit diesem Punkt auseinandersetzen.

7. Die Schlüssellänge ist zu gering.

   Das war der einzige gerechtfertigte Kritikpunkt an DSS. Die ursprüngliche Implementierung legte eine Modullänge von 512 Bit fest [1149]. Da die Sicherheit des Algorithmus darauf beruht, diskrete Logarithmen zu diesem Modul zu berechnen, beunruhigte diese Frage die meisten Kryptographen. Es gab in der Zwischenzeit Fortschritte bei der Berechnung diskreter Logarithmen über endlichen Körpern. 512 Bit sind für langfristige Sicherheit zu wenig (siehe Abschnitt 7.2). Laut Brian LaMacchia und Andrew Odlyzko „... bieten selbst Primzahlen mit 512 Bit Länge nur marginale Sicherheit..." [934]. Als Reaktion auf diese Kritik machte das NIST die Schlüssellänge variabel. Sie kann jetzt 512 bis 1024 Bit betragen. Das ist nicht gerade großartig, aber immerhin besser.

Am 19. Mai 1994 wurde der Standard schließlich festgelegt [1154]. In der Ausstellungsurkunde steht [542]:

> Dieser Standard ist in allen Bundesbehörden zum Schutz nichtgeheimer Informationen anzuwenden. ... Dieser Standard soll beim Entwurf und der Implementierung von Signaturverfahren mit öffentlichem Schlüssel benutzt werden, die von Bundesbehörden oder deren Vertragspartnern betrieben werden. Übernahme und Verwendung dieses Standards steht auch privaten und kommerziellen Organisationen offen.

Bevor Sie diesen Standard allerdings in Ihrem nächsten Produkt implementieren, sollten Sie den Abschnitt weiter unten über patentrechtliche Fragen lesen.

Beschreibung von DSA

DSA ist eine Variante der Unterschriftsalgorithmen von Schnorr und ElGamal. Der Algorithmus wird in [1154] vollständig beschrieben. Er benutzt die folgenden Parameter:

p = eine Primzahl der Länge L Bit, wobei L von 512 bis 1024 reichen kann und ein Vielfaches von 64 ist. (Im ursprünglichen Standard war die Größe von p auf 512 Bit festgelegt [1149]. Das rief viele Kritiker auf den Plan und wurde vom NIST geändert [1154].)

q = ein 160 Bit langer Primfaktor von $p - 1$

$g = h^{(p-1)/q} \bmod p$, wobei h eine beliebige Zahl kleiner $p - 1$ ist, für die $h^{(p-1)/q} \bmod p$ größer als 1 ist

x = eine Zahl kleiner q

$y = g^x \bmod p$

Der Algorithmus benutzt außerdem eine Einweg-Hashfunktion $H(m)$. Der Standard legt dafür den Secure Hash Algorithm fest, der in Abschnitt 18.7 behandelt wird.

Die ersten drei Parameter p, q und g sind öffentlich bekannt und können innerhalb einer Benutzergruppe konstant sein. x ist der private, y der öffentliche Schlüssel.

Die Unterzeichnung einer Nachricht m verläuft wie folgt:

(1) Alice generiert eine Zufallszahl k, die kleiner ist als q.
(2) Alice erzeugt
$r = (g^k \bmod p) \bmod q$
$s = (k^{-1} (H(m) + xr)) \bmod q$
Die Parameter r und s bilden die Signatur, die Alice an Bob sendet.
(3) Bob verifiziert die Signatur, indem er folgende Werte berechnet:
$w = s^{-1} \bmod q$
$u_1 = (H(m) * w) \bmod q$
$u_2 = (rw) \bmod q$
$v = ((g^{u_1} * y^{u_2}) \bmod p) \bmod q$
Wenn $v = r$ gilt, ist die Signatur verifiziert.

Beweise für die mathematischen Relationen finden sich in [1154]. Tabelle 20.1 enthält eine Zusammenfassung.

Beschleunigung durch Vorausberechnungen

Tabelle 20.2 enthält einige Geschwindigkeitsangaben für Software-Implementierungen von DSA [918].

Reale Implementierungen von DSA können oft durch Vorausberechnungen beschleunigt werden. Beachten Sie, daß der Wert r nicht von der Nachricht abhängt. Man kann zufällige Werte für k erzeugen und dann die zugehörigen Werte für r für jeden dieser Werte im Voraus berechnen. Außerdem kann man für jeden dieser k-Werte k^{-1} berechnen. Dann berechnet man für eine Nachricht nur noch s für gegebenes r und k^{-1}.

Öffentlicher Schlüssel:

p Primzahl mit 512 bis 1024 Bit (kann für mehrere Benutzer gleich sein).

q 160 Bit langer Primfaktor von $p-1$ (kann für mehrere Benutzer gleich sein).

g $= h^{(p-1)/q} \bmod p$, wobei h kleiner als $p-1$ ist und $h^{(p-1)/q} \bmod p > 1$ (kann für mehrere Benutzer gleich sein).

y $= g^x \bmod p$ (eine p Bit lange Zahl)

Privater Schlüssel:

x $< q$ (eine 160 Bit lange Zahl)

Signatur:

k wird zufällig gewählt, kleiner als q

r (Signatur) $= (g^k \bmod p) \bmod q$

s (Signatur) $= (k^{-1}(H(m) + xr)) \bmod q$

Verifizierung:

w $= s^{-1} \bmod q$

u_1 $= (H(m) * w) \bmod q$

u_2 $= (rw) \bmod q$

v $= ((g^{u_1} * y^{u_2}) \bmod p) \bmod q$

Falls $v = r$, ist die Signatur verifiziert.

Tabelle 20.1: DSA-Signaturen

Solche Vorausberechnungen beschleunigen DSA erheblich. Tabelle 20.3 enthält einen Vergleich der Berechnungszeiten von DSA und RSA für eine bestimmte Chipkartenimplementierung [1479].

	512 Bit	768 Bit	1024 Bit
Signatur	0,20 Sek.	0,43 Sek.	0,57 Sek.
Verifizierung	0,35 Sek.	0,80 Sek.	1,27 Sek.

Tabelle 20.2: Geschwindigkeit von DSA bei verschiedenen Modullängen mit einem 160 Bit langen Exponenten (auf einer SPARC II)

Erzeugung von Primzahlen für DSA

Lenstra und Haber zeigten, daß manche Moduln viel leichter zu knacken sind als andere [950]. Wenn jemand einer Benutzergruppe solche „frisierten" Moduln aufzwingen kann, sind die damit erzeugten Signaturen leichter zu fälschen. Das stellt aber aus zwei Gründen kein Problem dar: Diese Moduln sind leicht zu entdecken und so selten, daß die Wahrscheinlichkeit, bei zufälliger Wahl einen solchen Modul zu erwischen, vernachlässigbar gering ist. Die Wahrscheinlichkeit ist sogar kleiner als die, mit einem

	DSA	RSA	DSA mit gemeinsamem p, q, g
Globale Berechnungen	außerhalb[a] (P)	–	außerhalb (P)
Schlüsselerzeugung	14 Sek.	außerhalb (S)	4 Sek.
Vorausberechnungen	14 Sek.	–	4 Sek.
Signatur	0,03 Sek.	15 Sek.	0,03 Sek.
Verifizierung	16 Sek.	1,5 Sek.	10 Sek.
	1-5 Sek. außerhalb (P)	1-3 Sek. außerhalb (P)	

Tabelle 20.3: Vergleich der Rechenzeiten von RSA und DSA

(a) Die Berechnungen außerhalb der Karte fanden auf einem 80386 mit 33 MHz statt. (P) bedeutet, daß die öffentlichen Parameter außerhalb der Karte berechnet wurden; (S) bedeutet, daß die geheimen Parameter außerhalb der Karte berechnet wurden. Beide Algorithmen benutzen einen Modul mit 512 Bit.

probabilistischen Primzahlgenerator zufällig eine zusammengesetzte Zahl zu generieren.

Das NIST empfiehlt in [1154] eine bestimmte Methode zur Erzeugung der beiden Primzahlen p und q, wobei q Teiler von $p - 1$ ist. Die Primzahl p ist L Bit lang. L liegt zwischen 512 und 1024 und ist ein Vielfaches von 64 Bit. Die Primzahl q ist 160 Bit lang. Es sei $L - 1 = 160n + b$, wobei L die Länge von p ist, n und b zwei Zahlen, und b kleiner als 160.

(1) Wähle eine beliebige Folge von mindestens 160 Bit Länge und nenne sie S. g sei die Länge von S in Bit.
(2) Berechne $U = SHA(S) \oplus SHA((S + 1) \mod 2^g)$. SHA steht dabei für den Secure Hash Algorithm (siehe Abschnitt 18.7).
(3) Bilde q, indem das höchst- und das niederwertige Bit von U auf 1 gesetzt werden.
(4) Überprüfe, ob q prim ist.
(5) Falls q nicht prim ist, gehe zurück zu Schritt (1).
(6) Setze $C = 0$ und $N = 2$.
(7) Für $k = 0, 1, \ldots, n$ setze $V_k = SHA((S + N + k) \mod 2^g)$
(8) W sei die ganze Zahl
$$W = V_0 + 2^{160}V_1 + \ldots + 2^{160(n-1)}V_{n-1} + 2^{160n}(V_n \mod 2^b)$$
und
$$X = W + 2^{L-1}$$
Beachten Sie, daß X eine Zahl mit L Bit ist.
(9) Setze $p = X - ((X \mod 2q) - 1)$. Beachten Sie, daß p kongruent 1 modulo $2q$ ist.
(10) Falls $p < 2^{L-1}$, gehe zu Schritt (13).
(11) Überprüfe, ob p prim ist.
(12) Falls p prim ist, gehe zu Schritt (15).
(13) Setze $C = C + 1$ und $N = N + n + 1$.
(14) Falls $C = 4096$, gehe zu Schritt (1), andernfalls zu Schritt (7).
(15) Speichere die Werte von S und C, mit denen p und q erzeugt wurden.

In [1154] wird die Variable S als *seed* bezeichnet, C als *counter* und N als *offset*.

Sinn und Zweck der Übung ist, daß es eine öffentlich bekannte Methode zur Generierung von p und q gibt. Dadurch verhindert man in der Praxis, daß frisierte Werte von p und q zum Einsatz kommen. Wenn man von jemandem die Werte p und q bekommt, könnte man sich wundern, woher diese stammen. Erhält man jedoch die Werte von S und C, die diese zufälligen Werte generieren, so kann man obige Prozedur selbst nachvollziehen. Der Einsatz der Einweg-Hashfunktion SHA verhindert, daß jemand von gegebenem p und q rückwärts arbeitet, um S und C nachträglich zu bestimmen.

Dadurch ereicht man größere Sicherheit als bei RSA. Bei RSA bleiben die Primzahlen geheim. Ein Übeltäter könnte eine gefälschte Primzahl generieren oder eine von besonderer Form einschleusen, die die Faktorisierung erleichtert. Solange man den privaten Schlüssel nicht kennt, wird das nicht auffallen. Hier kann man selbst dann überprüfen, daß p und q zufällig generiert wurden, wenn man den privaten Schlüssel einer Person nicht kennt.

ElGamal-Verschlüsselung mit DSA

Es wurde verschiedentlich behauptet, die Regierung bevorzuge DSA, da es sich dabei nur um einen Algorithmus für digitale Signaturen handle, aber keine Verschlüsselung möglich sei. Es ist aber durchaus möglich, mit dem DSA-Funktionsaufruf eine ElGamal-Verschlüsselung durchzuführen.

Der DSA-Algorithmus sei durch einen Funktionsaufruf folgender Art implementiert:

DSAsign (p, q, g, k, x, h, r, s)

Man übergibt der Funktion die Zahlen p, q, g, k, x und h und erhält die Signaturparameter r und s zurück.

Um eine ElGamal-Verschlüsselung der Nachricht m mit dem öffentlichen Schlüssel y durchzuführen, wählt man eine Zufallszahl k und führt folgenden Aufruf durch:

DSAsign (p, p, g, k, 0, 0, r, s)

Der Rückgabewert r liefert den Wert a des ElGamal-Verfahrens. s kann man ignorieren. Dann ruft man

DSAsign (p, p, y, k, 0, 0, r, s)

r wird zu u umbenannt, s ignoriert. Der nächste Aufruf lautet

DSAsign (p, p, m, 1, u, 0, r, s)

Hier ignoriert man r. Der Rückgabewert s liefert den Wert b des ElGamal-Verfahrens. Jetzt verfügt man über den Chiffretext a und b.

Die Entschlüsselung ist genauso einfach. Mit dem geheimen Schlüssel x und den Chiffretextnachrichten a und b ruft man

DSAsign (p, p, a, x, 0, 0, r, s)

auf. Der Wert r entspricht a^x mod p. Dieser Wert sei e. Jetzt ruft man

DSAsign (p, p, 1, e, b, 0, r, s)

auf. Der Wert s liefert die Klartextnachricht m.

Diese Methode funktioniert nicht bei allen DSA-Implementierungen, denn manche Implementierungen passen die Werte von p und q an oder ändern die Länge anderer Parameter. Ist die Implementierung jedoch allgemein genug, bietet dieses Verfahren die Möglichkeit, allein mit Hilfe einer Funktion für digitale Signaturen auch Nachrichten zu verschlüsseln.

RSA-Verschlüsselung mit DSA

RSA-Verschlüsselung ist noch einfacher. Mit dem Modul n, der Nachricht m und dem öffentlichen Schlüssel e ruft man

DSAsign (n, n, m, e, 0, 0, r, s)

auf. Der zurückgelieferte Wert für r entspricht dem Chiffretext.

RSA-Entschlüsselung verläuft genauso. Mit dem privaten Schlüssel d ruft man

DSAsign (n, n, m, d, 0, 0, r, s)

auf und erhält den Klartext als Wert von r.

Sicherheit von DSA

Mit 512 Bit war DSA nicht stark genug, um langfristig Sicherheit zu bieten. Mit 1024 Bit ist dies jedoch der Fall. Die NSA äußerte sich in ihrem ersten öffentlichen Interview zu diesem Thema (mit Joe Abernathy vom *Houston Chronicle*) zu angeblichen Hintertüren in DSS [363]:

> Betreff: angebliche Hintertüren in DSS. Wir halten die Bezeichnung Hintertür für etwas mißverständlich, denn sie impliziert, daß DSS-Nachrichten verschlüsselt sind und man mit

Hilfe einer Hintertür eine Nachricht entschlüsseln (lesen) könnte, ohne daß der Absender dies bemerkt.

Der DSS verschlüsselt überhaupt keine Daten. Die eigentliche Frage lautet, ob es bei DSS möglich ist, daß jemand eine Unterschrift fälschen und damit das ganze System in Frage stellen kann. Wir stellen dazu kategorisch fest, daß die Chance für jedermann einschließlich der NSA, eine DSS-Unterschrift zu fälschen, unendlich klein ist, vorausgesetzt, DSS wird ordnungsgemäß benutzt und implementiert.

Außerdem betrifft die unterstellte Anfälligkeit für Hintertüren *jedes* Authentifizierungssystem mit öffentlichem Schlüssel, auch RSA. Es ist völlig mißverständlich, anzudeuten, dieses Problem betreffe nur DSS (ein in der Presse häufig zu findendes Argument). In Wahrheit geht es um Implementierungsfragen und die Auswahl von Primzahlen. Wir möchten Sie auf die kürzlich stattgefundene EUROCRYPT-Konferenz hinweisen, auf der eine Podiumsdiskussion über die Frage von Hintertüren in DSS abgehalten wurde. Einer der Teilnehmer war der Wissenschaftler von Bellcore, der die Hintertür-Anschuldigungen als erster aufgebracht hatte. Unseres Wissens nach stellte das Podium – einschließlich des Bellcore-Mitarbeiters – schließlich fest, daß das Problem der angeblichen Hintertüren in DSS nicht existiere. Darüber hinaus schienen sich alle Beteiligten darüber einig zu sein, daß die Frage der Hintertüren trivial sei und in der Presse hochgespielt wurde. Dennoch entwickelten wir aufgrund einer Anforderung des NIST ein Verfahren zur Erzeugung von Primzahlen, das sicherstellt, daß man die relativ wenigen Primzahlen, die den Einsatz von DSS schwächen, vermeiden kann. Damit wollen wir auf die angebliche Frage der Hintertüren reagieren. Zusätzlich plant das NIST, größere Modullängen bis zu 1024 Bit zuzulassen, wodurch die Notwendigkeit, den Primzahlgenerator zur Vermeidung schwacher Primzahlen einzusetzen, im Grunde nicht mehr gegeben ist. Ein anderer sehr wichtiger Punkt, der häufig übersehen wird, ist, daß die Primzahlen bei DSS *öffentlich bekannt* sind und daher untersucht werden können. Nicht alle Public-Key-Systeme erlauben eine solche Untersuchung.

Die Zuverlässigkeit jedes Informationssicherungssystems bedarf einer sauberen Implementierung. Unter Berücksichtigung der unzähligen Schwachstellen, die sich aus den unterschiedlichen Anforderungen der Benutzer ergeben, besteht die NSA traditionell auf zentralen Trust-Centern, um die Risiken für das System zu minimieren. Wir führten zwar technische Modifikationen an DSS durch, um dem Wunsch des NIST nach einem dezentralen Ansatz zu entsprechen, möchten aber dennoch auf eine Stelle aus der DSS-Ankündigung im *Federal Register* besonders hinweisen. Sie lautet wie folgt:

„Dieser Standard verfolgt zwar das Ziel, allgemeine Sicherheitsanforderungen für die Erzeugung digitaler Signaturen festzulegen. Dennoch garantiert die Übereinstimmung mit diesem Standard nicht, daß eine bestimmte Implementierung automatisch sicher ist. Die verantwortliche Instanz einer Behörde oder Abteilung muß sicherstellen, daß eine Gesamtimplementierung eine akzeptable Sicherheitsstufe gewährleistet. Das NIST wird mit Regierungsanwendern zusammenarbeiten, um entsprechende Implementierungen sicherzustellen."

Schließlich haben wir auch die Argumente für vermeintliche Sicherheitsmängel in DSS gelesen und sind nach wie vor nicht von deren Korrektheit überzeugt. DSS wurde innerhalb der NSA intensiv untersucht. Diese Evaluierung führte zu einer Freigabe durch den Direktor für Sicherheit in Informationssystemen. Die Freigabe erstreckt sich auf den Einsatz für Unterschriften nichtgeheimer Daten, die mit bestimmten Informationssystemen verarbeitet werden, und sogar für Unterschriften geheimer Daten in ausgewählten Systemen. Wir glauben, daß diese Freigabe der Behauptung widerspricht, es gebe einen glaubwürdigen Angriff auf den durch DSS gebotenen Schutz. Voraussetzung ist dabei immer, daß das Verfahren ordnungsgemäß implementiert und benutzt wird. Auf Grundlage der technischen und sicherheitsrelevanten Vorgaben der US-Regierung für digitale Signaturen halten wir DSS für die beste Wahl. DSS wird sogar in einem Pilotprojekt für das *Defense Message System* eingesetzt, um die Authentizität digitaler Nachrichten mit lebensnotwendigen Befehls- und Kontrollinformationen sicherzustellen. An diesem Piloteinsatz sind die gemeinsame Führung der Streitkräfte, die militärischen Dienste sowie Behörden des Verteidigungsministeriums in Kooperation mit dem NIST beteiligt.

Ich möchte die Glaubwürdigkeit der NSA nicht weiter kommentieren. Lesen Sie ihre Stellungnahme und denken Sie sich Ihren Teil dazu.

Angriffe gegen *k*

Jede Signatur erfordert einen neuen Wert für k. Dieser Wert muß zufällig gewählt werden. Wenn Eve jemals ein k ermitteln kann, mit dem Alice eine Nachricht unterschrieben hat (vielleicht indem sie Eigenschaften des zur Erzeugung von k benutzten Zufallszahlengenerators ausnutzt), kann sie den privaten Schlüssel x von Alice rekonstruieren. Wenn Eve jemals zwei Nachrichten in die Hände fallen, die mit dem gleichen k unterschrieben wurden, kann sie x rekonstruieren, selbst wenn sie den Wert von k gar nicht kennt. Mit Kenntnis von x kann Eve Fälschungen von Alices Unterschrift anfertigen, die nicht als solche zu erkennen sind. Ein guter Zufallszahlengenerator ist daher bei jeder Implementierung von DSA entscheidend für die Sicherheit des Systems [1468].

Gefahren durch einen gemeinsamen Modul

DSS schreibt zwar nicht vor, daß alle Benutzer den gleichen Modul verwenden müssen, doch bei verschiedenen Implementierungen kann das durchaus der Fall sein. Die US-amerikanischen Finanzbehörden ziehen zum Beispiel den Einsatz von DSS für die digitale Abgabe von Steuererklärungen in Erwägung. Was passiert, wenn alle Steuerzahler im ganzen Land die gleichen Werte für p und q verwenden müssen? Obwohl der Standard keinen gemeinsamen Modul vorschreibt, wäre das bei einer solchen Implementierung der Fall. Ein gemeinsamer Modul wird zu leicht zum verlockenden Ziel für Kryptanalytiker. Es ist zwar noch zu früh, um Aussagen über verschiedene DSS-Implementierungen zu treffen, doch es gibt Anlaß zur Sorge.

Verdeckte Kanäle in DSA

Gus Simmons entdeckte einen verdeckten Kanal in DSA [1468, 1469] (siehe Abschnitt 23.3) Mit Hilfe dieses verdeckten Kanals kann jemand eine geheime Nachricht in seine Unterschrift einschleusen, die nur jemand lesen kann, der den Schlüssel kennt. Laut Simmons ist es ein „bemerkenswerter Zufall", daß die „offensichtlichen Nachteile der verdeckten Kanäle beim ElGamal-Verfahren in DSS alle überwunden werden können" und daß DSS die „günstigsten Voraussetzungen für verdeckte Kommunikation bietet, die bis heute entdeckt wurden". Weder das NIST noch die NSA haben sich zu diesen verdeckten Kanälen geäußert. Niemand weiß, ob die verdeckten Kanäle den beiden Behörden überhaupt bekannt waren. Da ein skrupelloser DSS-Entwickler über diesen verdeckten Kanal mit jeder Signatur Teile des privaten Schlüssels verschicken könnte, darf man keinesfalls DSS-Implementierungen trauen, deren Entwickler man nicht traut.

Patente

David Kravitz, der früher bei der NSA war, ist Inhaber eines Patents für DSA [897]. Zitat des NIST [538]:

> NIST plant, dieses DSS-Verfahren weltweit ohne Lizenzgebühren öffentlich zur Verfügung zu stellen. Wir glauben, daß diese Technik patentierbar ist und DSS keinen anderen Patenten unterliegt; wir können dies aber vor Erteilung des Patents nicht garantieren.

Dennoch behaupten drei Patentinhaber, daß DSA ihre Patente verletze, nämlich Diffie-Hellman (siehe Abschnitt 22.1) [718], Merkle-Hellman (siehe Abschnitt 19.2) [720] und Schnorr (siehe Abschnitt 21.3) [1398]. Mit dem Patent von Schnorr gibt es die größten Schwierigkeiten. Während die anderen beiden Patente 1997 auslaufen, gilt das Schnorr-Patent bis 2008. Der Schnorr-Algorithmus wurde nicht mit Geldern der US-Regierung entwickelt; im Gegensatz zu den PKP-Patenten hat die US-Regierung daher keinen Anspruch auf das Schnorr-Patent. Außerdem ließ Schnorr seinen Algorithmus weltweit patentieren. Selbst wenn Gerichte innerhalb der USA zugunsten von DSA entscheiden, ist immer noch unklar, wie sich die Gerichte in anderen Teilen der Welt verhalten. Ob eine internationale Firma wohl einen Standard einsetzen wird, der in einigen Ländern legal ist, in anderen jedoch existierende Patente verletzt? Es wird noch einige Zeit dauern, bis diese Frage geklärt ist; selbst in den Vereinigten Staaten ist sie noch ungelöst.

Im Juni 1993 schlug das NIST vor, PKP eine exklusive Lizenz für DSA zu erteilen [541]. Die Vereinbarung wurde jedoch nach einem öffentlichen Aufschrei fallengelassen und der Standard ohne Abmachungen festgeschrieben. Das NIST meinte dazu [542]:

> ...das NIST untersuchte mögliche Anzeigen wegen Patentverletzungen und kam zu dem Schluß, daß es keine gültigen Ansprüche gebe.

Damit gilt der Standard offiziell, es drohen weiterhin Prozesse und niemand weiß, was zu tun ist. Das NIST kündigte an, die Verteidigung von Leuten zu unterstützen, die wegen Patentverletzung angezeigt würden, wenn sie DSA bei der Erfüllung von Regierungsaufträgen einsetzten. Alle anderen Anwender sind offensichtlich auf sich allein gestellt. Bei ANSI gibt es einen Entwurf für einen Bankenstandard, der DSA verwendet [60]. Das NIST arbeitet daran, DSA innerhalb der Regierung zu standardisieren. Der Shell-Konzern benutzt DSA als internationalen Standard. Weitere Vorschläge für DSA-Standards sind mir nicht bekannt.

20.2 Varianten von DSA

Die folgende Variante vermindert den Berechnungsaufwand für die unterzeichnende Partei, da es nicht mehr nötig ist, k^{-1} zu berechnen [1135]. Alle Parameter haben die gleiche Bedeutung wie bei DSA. Um eine Nachricht m zu unterschreiben, generiert Alice zwei Zufallszahlen k und d, die beide kleiner als q sind. Die Unterschrift besteht aus

$r = (g^k \bmod p) \bmod q$
$s = (H(m) + xr) * d \bmod q$
$t = kd \bmod q$

Bob verifiziert die Unterschrift, indem er folgende Werte berechnet:

$w = t/s \bmod q$
$u_1 = (H(m) * w) \bmod q$
$u_2 = (rw) \bmod q$

Die Unterschrift ist verifiziert, falls $r = ((g^{u_1} * y^{u_2} \bmod p)) \bmod q$ gilt.

Die nächste Variante erleichtert die Berechnungen für die Partei, die die Unterschrift verifizieren will [1040, 1629]. Alle Parameter haben die gleiche Bedeutung wie bei DSA. Um eine Nachricht m zu unterschreiben, generiert Alice eine Zufallszahl k, die kleiner ist als q. Die Unterschrift besteht aus

$r = (g^k \bmod p) \bmod q$
$s = k * (H(m) + xr)^{-1} \bmod q$

Bob verifiziert die Unterschrift, indem er folgende Werte berechnet:

$u_1 = (H(m) * s) \bmod q$
$u_2 = (sr) \bmod q$

Die Unterschrift ist verifiziert, falls $r = ((g^{u_1} * y^{u_2} \bmod p)) \bmod q$ gilt.

Eine weitere DSA-Variante eignet sich für die Verifizierung mehrerer Unterschriften auf einmal [1135]. Bob kann damit einen ganzen Stapel von Unterschriften überprüfen. Sind sie alle gültig, so ist er fertig. Ist eine der Unterschriften ungültig, so muß er diese erst finden. Leider ist das Verfahren nicht sicher. Sowohl derjenige, der die Unterschrift leistet, als auch der, der sie verifiziert, kann leicht eine Folge gefälschter Unterschriften erzeugen, die den Gruppentest besteht [974].

Es gibt auch eine Variante der DSA-Primzahlerzeugung, bei der q und die zur Generierung der Primzahlen benutzten Parameter in p eingebettet werden. Es ist noch nicht bekannt, ob dieses Verfahren die Sicherheit von DSA vermindert. Es lautet wie folgt:

(1) Wähle eine beliebige Folge von mindestens 160 Bit und nenne sie S. g sei die Länge von S in Bit.
(2) Berechne $U = SHA(S) \oplus SHA((S + 1) \bmod 2^g)$. SHA steht dabei für den Secure Hash Algorithm (siehe Abschnitt 18.7).
(3) Bilde q, indem das höchst- und das niederwertige Bit von U auf 1 gesetzt werden.

(4) Überprüfe, ob q prim ist.
(5) p sei die Konkatenierung von q, S, C und SHA(S). C wird auf 32 Nullbits gesetzt.
(6) $p = p - (p \bmod q) + 1$
(7) $p = p + q$
(8) Falls das C in p den Wert 0x7fffffff hat, gehe zu Schritt (1).
(9) Überprüfe, ob p prim ist.
(10) Wenn p zusammengesetzt ist, gehe zu Schritt (7).

Diese Variante hat die hübsche Eigenschaft, daß man die Werte von C und S, mit denen p und q generiert wurden, nicht speichern muß; sie sind in p eingebettet. Bei Anwendungen, die nur über wenig Speicher verfügen (etwa Chipkarten), kann das eine große Rolle spielen.

20.3 Algorithmus für digitale Signaturen mit GOST

Hierbei handelt es sich um einen russichen Standard für digitale Signaturen, der offiziell GOST R 34.10-94 heißt [656]. Der Algorithmus ist DSA sehr ähnlich und benutzt die folgenden Parameter:

p = eine Primzahl, deren Länge entweder zwischen 509 und 512 Bit oder zwischen 1020 und 1024 Bit liegt

q = ein 254 bis 256 Bit langer Primfaktor von $p - 1$

a = eine beliebige Zahl kleiner $p - 1$, für die $a^q \bmod p = 1$

x = eine Zahl kleiner q

$y = a^x \bmod p$

Der Algorithmus benutzt ebenfalls eine Einweg-Hashfunktion $H(x)$. Der Standard legt GOST R 34.11-94 fest (siehe Abschnitt 18.11), eine Funktion, die auf dem symmetrischen GOST-Algorithmus basiert (siehe Abschnitt 14.1) [657].

Die ersten drei Parameter p, q und a sind öffentlich bekannt und können von mehreren Benutzern innerhalb eines Netzes gemeinsam verwendet werden. Der private Schlüssel ist x, der öffentliche Schlüssel ist y.

Die ersten drei Parameter p, q und g sind öffentlich bekannt und können innerhalb einer Benutzergruppe konstant sein. x ist der private Schlüssel, y der öffentliche Schlüssel.

Die Unterzeichnung einer Nachricht m verläuft wie folgt:

(1) Alice generiert eine Zufallszahl k, die kleiner ist als q.
(2) Alice erzeugt
$r = (a^k \bmod p) \bmod q$
$s = (xr + k(H(m))) \bmod q$
Falls $H(m) \bmod q = 0$, setzt sie den Wert auf 1. Falls $r = 0$, wählt sie ein anderes k

und beginnt von vorn. Die Signatur besteht aus zwei Zahlen: $r \mod 2^{256}$ und $s \mod 2^{256}$. Diese Zahlen sendet Alice an Bob.

(3) Bob verifiziert die Signatur, indem er folgende Werte berechnet:

$v = H(m)^{q-2} \mod q$

$z_1 = (sv) \mod q$

$z_2 = ((q - r) * v) \mod q$

$u = ((a^{z_1} * y^{z_2}) \mod p) \mod q$

Wenn $u = r$ gilt, ist die Signatur verifiziert.

Der Unterschied zu DSA besteht darin, daß bei DSA $s = (xr + k^{-1}(H(m))) \mod q$ gilt, was eine andere Verifizierungsgleichung liefert. Merkwürdig ist die Tatsache, daß q 256 Bit lang ist. Die meisten westlichen Kryptographen sind mit einem q von etwa 160 Bit zufrieden. Vielleicht spiegelt dies nur die Tendenz der Russen zu absoluter Sicherheit wider.

Der Standard ist seit Anfang 1995 im Einsatz und nicht auf „Spezialanwendungen" beschränkt – was das auch immer heißen mag.

20.4 Signaturverfahren mit diskreten Logarithmen

Die Verfahren ElGamal, Schnorr (siehe Abschnitt 21.3) und DSA für digitale Signaturen sind sich sehr ähnlich. Im Grunde handelt es sich nur um drei Beispiele eines allgemeinen Verfahrens für digitale Signaturen, das auf dem Problem der diskreten Logarithmen beruht. Sie gehören mit Tausenden weiterer Signaturverfahren zur gleichen Familie [740, 741, 699, 1184].

Wähle eine große Primzahl p und die Zahl q, die entweder den Wert $p - 1$ hat oder ein großer Primfaktor von $p - 1$ ist. Wähle anschließend eine Zahl g zwischen 1 und p mit $g^p \equiv 1 \pmod{p}$. All diese Zahlen sind öffentlich bekannt und können von einer Benutzergruppe gemeinsam verwendet werden. Der private Schlüssel ist x, das kleiner als q ist. Der öffentliche Schlüssel ist $y = g^x \mod p$.

Um eine Nachricht m zu unterschreiben, wählt man ein zufälliges k, das kleiner als q und relativ prim dazu ist. Ist q ebenfalls prim, so funktioniert jedes k, das kleiner ist als q. Jetzt berechnet man zunächst

$r = g^k \mod p$

Die verallgemeinerte **Signaturgleichung** lautet jetzt

$ak = b + cx \mod q$

Für die Koeffizienten a, b und c gibt es viele Möglichkeiten; jede Zeile in Tabelle 20.4 liefert sechs Varianten.

Um die Unterschrift zu verifizieren, muß der Empfänger folgende Gleichung überprüfen, die als **Verifizierungsgleichung** bezeichnet wird:

±r'	±s	m
±r'm	±s	1
±r'm	±ms	1
±mr'	±r's	1
±ms	±r's	1

Tabelle 20.4: Mögliche Permutationen für a, b und c (r' = r mod q)

$$r^a = g^b y^c \bmod p$$

Tabelle 20.5 führt die Signatur- und Verifizierungsgleichungen auf, die allein durch die erste Zeile der potentiellen Werte von a, b und c erzeugt werden (die Varianten durch ± sind dabei noch nicht berücksichtigt).

	Signaturgleichung	Verifizierungsgleichung
(1)	$r'k = s + mx \bmod q$	$r^{r'} = g^s y^m \bmod p$
(2)	$r'k = m + sx \bmod q$	$r^{r'} = g^m y^s \bmod p$
(3)	$sk = r' + mx \bmod q$	$r^s = g^{r'} y^m \bmod p$
(4)	$sk = m + r'x \bmod q$	$r^s = g^m y^{r'} \bmod p$
(5)	$mk = s + r'x \bmod q$	$r^m = g^s y^{r'} \bmod p$
(6)	$mk = r' + sx \bmod q$	$r^m = g^{r'} y^s \bmod p$

Tabelle 20.5: Signaturverfahren mit diskreten Logarithmen

Daraus ergeben sich sechs verschiedene Signaturverfahren; bezieht man die verschiedenen Vorzeichen mit ein, sogar 24. Mit den anderen Werten für a, b und c erhält man insgesamt 120 Verfahren.

ElGamal [518, 519] und DSA [1154] basieren im wesentlichen auf Gleichung (4), andere Verfahren auf Gleichung (2) [24, 1629]. Schnorr [1396, 1397] hängt eng mit Gleichung (5) zusammen, ebenso ein anderes Verfahren [1183]. Gleichung (1) läßt sich außerdem so umwandeln, daß sie das in [1630] vorgestellte Verfahren liefert. Die restlichen Gleichungen sind neu.

Es gibt aber noch weitere Beobachtungen. Man kann jedes dieses Verfahren DSA-ähnlicher gestalten, indem man r wie folgt definiert:

$$r = (g^k \bmod p) \bmod q$$

Die Signaturgleichung behält man bei, die Verifizierungsgleichung wird zu

$$u_1 = (a^{-1}b) \bmod q$$
$$u_2 = (a^{-1}c) \bmod q$$
$$r = ((g^{u_1} * y^{u_2}) \bmod p) \bmod q$$

Es gibt noch zwei weitere ähnliche Variationsmöglichkeiten [740, 741]. Diese sind mit jedem der 120 Verfahren zu machen, so daß man 480 Verfahren für digitale Signaturen auf Basis diskreter Logarithmen erhält.

Das ist immer noch nicht alles: Zusätzliche Verallgemeinerungen und Variationen ergeben insgesamt mehr als 13 000 Varianten (von denen nicht alle effizient sind) [740, 741].

Der Einsatz von RSA für digitale Signaturen bringt eine hübsche Funktion namens **message recovery** (Wiederherstellung der Nachricht) mit sich. Um eine RSA-Signatur zu verifizieren, berechnet man m. Dann vergleicht man das berechnete m mit der Nachricht und sieht, daß die Unterschrift für diese Nachricht gültig ist. Bei den vorigen Verfahren ist es nicht möglich, m bei der Berechnung der Unterschrift wiederherzustellen. Man braucht einen Kandidaten für m für die Verifizierungsgleichung. Es stellt sich heraus, daß sich für alle obigen Signaturverfahren Varianten konstruieren lassen, die die Nachricht wiederherstellen.

Um zu unterschreiben, berechnet man zuerst

$$r = mg^k \bmod p$$

und ersetzt in der Signaturgleichung m durch 1. Dann kann man die Verifizierungsgleichung so rekonstruieren, daß man m direkt berechnen kann.

Das Gleiche ist auch mit den DSA-ähnlichen Verfahren möglich:

$$r = (mg^k \bmod p) \bmod q$$

Da alle Varianten gleich sicher sind, ist es sinnvoll, ein Verfahren auszuwählen, mit dem sich gut rechnen läßt. Die Berechnung von Inversen bremst die meisten Verfahren. Es stellt sich heraus, daß ein Verfahren dieser Familie eine Berechnung der Signaturgleichung und der Verifizierungsgleichung ermöglicht, die ohne Inverse auskommt und außerdem die Wiederherstellung der Nachricht ermöglicht. Das Verfahren heißt **p-NEW**-Verfahren [1184]:

$$r = mg^{-k} \bmod p$$
$$s = k - r'x \bmod q$$

Um m wiederherzustellen (und die Unterschrift zu verifizieren), berechnet man

$$m = g^s y^{r'} r \bmod p$$

Einige Varianten unterzeichnen gleichzeitig zwei oder drei Nachrichtenblöcke [740]. Andere Varianten lassen sich für blinde Signaturen einsetzen [741].

Dies ist ein bemerkenswertes Forschungsergebnis. Es bettet all die verschiedenen Verfahren für digitale Signaturen auf Basis diskreter Logarithmen in einen gemeinsamen Rahmen ein. Meiner Meinung nach beendet dies auch alle Patentstreitigkeiten zwischen Schnorr [1398] und DSA [897]. DSA ist weder von Schnorr abgeleitet noch von ElGamal. Alle drei Verfahren sind Beispiele einer allgemeineren Konstruktion, die keinen Patenten unterliegt.

20.5 Ong-Schnorr-Shamir

Dieses Signaturverfahren arbeitet mit Polynomen modulo n [1219, 1220]. Man wählt eine große ganze Zahl n, deren Faktorzerlegung bekannt sein muß. Dann wählt man eine Zufallszahl k, die relativ prim zu n ist. Nun wird h berechnet mit

$$h = -k^{-2} \bmod n = -(k^{-1})^2 \bmod n$$

Der öffentliche Schlüssel besteht aus h und n, k ist der private Schlüssel.

Um eine Nachricht M zu unterschreiben, generiert man zunächst eine Zufallszahl r, die relativ prim zu n ist. Dann berechnet man

$$S_1 = 1/2 * (M/r + r) \bmod n$$
$$S_2 = k/2 * (M/r - r) \bmod n$$

Das Paar S_1 und S_2 stellt die Unterschrift dar.

Um eine Unterschrift zu verifizieren, überprüft man folgende Gleichung:

$$S_1^2 + h * S_2^2 \equiv M \pmod{n}$$

Die hier beschriebene Version des Verfahrens basiert auf quadratischen Polynomen. Als es in [1217] zum ersten Mal veröffentlicht wurde, setzten die Autoren eine Belohnung von 100 Dollar für eine erfolgreiche Kryptanalyse aus. Das Verfahren stellte sich zwar als unsicher heraus [1255, 18], doch seine Autoren ließen sich nicht abschrecken. Sie schlugen eine Modifikation des Algorithmus vor, die auf kubischen Polynomen basiert. Doch auch diese Konstruktion ist unsicher [1255]. Dann stellten die Autoren eine Version mit Polynomen vierten Grades vor, die ebenfalls geknackt wurde [524, 1255]. [1134] enthält eine Variante, die diese Probleme behebt.

20.6 ESIGN

ESIGN ist ein digitales Signaturverfahren von NTT Japan [1205, 583]. Es wird als Verfahren gehandelt, das mindestens genauso sicher und dabei wesentlich schneller als RSA oder DSA ist (bei vergleichbaren Schlüssel- und Unterschriftenlängen).

Der private Schlüssel besteht aus einem Paar p und q großer Primzahlen. Der öffentliche Schlüssel ist n, wobei

$$n = p^2 q$$

H ist eine Hashfunktion, die zu einer Nachricht m einen Wert $H(m)$ zwischen 0 und $n - 1$ liefert. Außerdem gibt es einen Sicherheitsparameter k, auf den wir in Kürze noch eingehen werden.

(1) Alice wählt eine Zufallszahl x, die kleiner ist als pq.

(2) Alice berechnet:
   w, die kleinste ganze Zahl, die größer oder gleich $(H(m) - x^k \mod n)/pq$ ist, sowie
   $s = x + ((w/kx^{k-1}) \mod p)pq$
(3) Alice sendet s an Bob.
(4) Um die Unterschrift zu verifizieren, berechnet Bob $s^k \mod n$. Außerdem berechnet er die Zahl a als kleinste ganze Zahl, die größer oder gleich der doppelten Anzahl der Bits von n dividiert durch 3 ist. Wenn $H(m)$ kleiner oder gleich $s^k \mod n$ ist und $s^k \mod n$ kleiner als $H(m) + 2^a$, wird die Unterschrift als gültig anerkannt.

Dieser Algorithmus läßt sich durch eine Vorausberechnung beschleunigen. Diese Vorausberechnung kann zu einem beliebigen Zeitpunkt stattfinden, da sie nicht von der zu unterzeichnenden Nachricht abhängt. Nach Wahl von x kann Alice Schritt (2) in zwei Teilen durchführen. Der erste kann im Voraus berechnet werden:

(2a) Alice berechnet:
   $u = x^k \mod n$, sowie
   $v = 1/(kx^{k-1}) \mod p$
(2b) Alice berechnet:
   w, die kleinste ganze Zahl, die größer oder gleich $(H(m) - u)/pq$ ist, sowie
   $s = x + (wv \mod p)pq$

Bei den üblicherweise benutzten Größenordnungen für die beteiligten Parameter beschleunigt diese Vorausberechnung die Unterschrift um den Faktor 10. Fast der gesamte Aufwand steckt in den Vorausberechnungen. [1625, 1624] behandeln modulare arithmetische Operationen zur Beschleunigung von ESIGN. Dieser Algorithmus läßt sich auch auf elliptische Kurven ausdehnen [1206].

Sicherheit von ESIGN

Als der Algorithmus erstmalig vorgestellt wurde, setzten die Entwickler den Wert von k auf 2 [1215]. Dieses Verfahren wurde bald von Ernie Brickell und John DeLaurentis geknackt [261]. Sie erweiterten ihren Angriff später auf $k = 3$. Eine modifizierte Version dieses Algorithmus [1203] wurde von Shamir gebrochen [1204]. Eine Variante, die in [1204] vorgeschlagen wurde, wurde in [1553] geknackt. ESIGN ist die aktuelle Ausprägung dieser Algorithmenfamilie. Ein anderer neuer Angriff [963] funktioniert gegen ESIGN nicht.

Die Autoren empfehlen zur Zeit folgende Werte für k: 8, 16, 32, 64, 128, 256, 512 und 1024. Sie raten außerdem, p und q jeweils mindestens 192 Bit lang zu wählen, wodurch n mindestens 576 Bit lang wird. (Ich glaube, n sollte doppelt so lang sein.) Die Autoren vermuten, daß ESIGN mit diesen Parametern so sicher ist wie RSA oder Rabin. Ihre Analyse zeigt, daß das Verfahren wesentlich schneller als RSA, ElGamal und DSA ist [582].

Patente

ESIGN ist in den Vereinigten Staaten [1208], Kanada, Großbritannien, Frankreich, Deutschland und Italien patentiert. Wenn Sie den Algorithmus lizenzieren möchten, wenden Sie sich an folgende Adresse: Intellectual Property Department, NTT, 1-6 Uchisaiwai-cho, 1-chome, Chiyada-ku, 100 Japan.

20.7 Zelluläre Automaten

Der Einsatz zellulärer Automaten in Public-Key-Kryptosystemen ist eine neue Idee, die von Papua Guam untersucht wurde [665]. Dieses System ist noch zu neu und wurde bislang nicht ausführlich untersucht. Eine vorläufige Untersuchung ergab jedoch Hinweise darauf, daß es eine kryptographische Schwäche ähnlich der in anderen Fällen geben könnte [562]. Jedenfalls handelt es sich hier um ein vielversprechendes Forschungsgebiet. Zelluläre Automaten haben die Eigenheit, daß es unmöglich ist, den Vorläufer eines beliebigen Zustands durch Umdrehen der Regel für den Nachfolger zu berechnen (selbst wenn sie invertierbar sind). Das klingt ziemlich nach einer Einwegfunktion mit Hintertür.

20.8 Weitere Public-Key-Algorithmen

Im Laufe der Jahre wurden viele weitere Public-Key-Algorithmen vorgeschlagen und geknackt. Der Algorithmus von Matsumoto-Imai [1021] wurde in [450] geknackt. Der Cade-Algorithmus wurde erstmals 1985 vorgestellt, 1986 in [774] gebrochen und im gleichen Jahr verbessert [286]. Über diese Angriffe hinaus gibt es allgemeine Angriffe zur Zerlegung von Polynomen über endlichen Körpern [605]. Jeder Algorithmus, dessen Sicherheit auf der Verknüpfung von Polynomen über endlichen Körpern beruht, sollte skeptisch bis argwöhnisch betrachtet werden.

Der Yagisawa-Algorithmus kombiniert Potenzierung modulo p mit Arithmetik modulo $p - 1$ [1623]. Er wurde in [256] geknackt. Ein anderer Public-Key-Algorithmus, Tsujii-Kurosawa-Itoh-Fujioka-Matsumoto [1548] ist unsicher [948]. Ein drittes System, Luccio-Mazzone [993], ist ebenfalls unsicher [717]. Ein Signaturverfahren auf Basis birationaler Permutationen [1425] wurde einen Tag nach seiner Vorstellung geknackt [381]. Tatsuaki Okamoto entwarf mehrere Signaturverfahren. Eines ist beweisbar so sicher wie das Problem der diskreten Logarithmen, ein anderes beweisbar so sicher wie das Problem diskreter Logarithmen *und* das Faktorisierungsproblem [1206]. Ähnliche Verfahren finden sich in [709].

Gustavus Simmons schlug J-Algebren als Basis für Public-Key-Algorithmen vor [1455, 145]. Diese Idee wurde wieder aufgegeben, nachdem effiziente Algorithmen zur Faktorisierung von Polynomen erfunden worden waren [951]. Spezielle polynomiale Halbgruppen wurden ebenfalls untersucht [1619, 962], doch bisher ohne Ergebnis. Harald Niederreiter schlug einen Public-Key-Algorithmus vor, der auf Schieberegisterfolgen basiert [1166]. Ein weiterer basiert auf Lyndon-Wörtern [1476], wieder ein anderer auf dem Propositionskalkül. Ein kürzlich veröffentlichter Public-Key-Algorithmus bezieht seine Sicherheit aus dem Überdeckungsproblem für Matrizen [82]. Tatsuaki Okamoto und Kazuo Ohta vergleichen in [1212] eine Reihe von Verfahren für digitale Signaturen.

Die Aussichten, einen völlig neuen und andersartigen kryptographischen Public-Key-Algorithmus zu entwickeln, scheinen gering zu sein. 1988 stellte Whitfield Diffie fest, daß die meisten Public-Key-Algorithmen auf einem von drei harten Problemen basieren [492, 494]:

1. Rucksack: Gegeben sei eine Menge eindeutiger Zahlen. Suche eine Teilmenge mit der Summe N.

2. Diskrete Logarithmen: p sei prim, g und M ganze Zahlen. Suche ein x mit $g^x \equiv M \pmod{p}$.

3. Faktorisierung: N sei das Produkt zweier Primzahlen:
   a) faktorisiere N,
   b) suche bei gegebenen ganzen Zahlen M und C ein d mit $M^d \equiv C \pmod{N}$,
   c) suche bei gegebenen ganzen Zahlen e und C ein M mit $M^e \equiv C \pmod{N}$ oder
   d) entscheide bei gegebenem x, ob es eine ganze Zahl y gibt mit $x \equiv y^2 \pmod{N}$.

Laut Diffie [492, 494] wurde das Problem der diskreten Logarithmen von J. Gill vorgeschlagen, das Faktorisierungsproblem von Knuth und das Rucksackproblem von Diffie selbst.

Diese beschränkten mathematischen Grundlagen der Public-Key-Kryptographie sind bedenklich. Ein Durchbruch auf dem Gebiet der Faktorisierung oder der Berechnung diskreter Logarithmen könnte ganze Klassen von Public-Key-Algorithmen unsicher werden lassen. Diffie weist darauf hin [492, 494], daß dieses Risiko durch zwei Faktoren abgemildert wird:

1. Die Operationen, von denen die Public-Key-Kryptographie zur Zeit abhängt – Multiplikation, Potenzierung und Faktorisierung – sind fundamentale arithmetische Phänomene. Sie sind seit Jahrhunderten Objekt intensiver mathematischer Untersuchungen. Die gesteigerte Aufmerksamkeit, die ihnen durch den Einsatz in der Public-Key-Kryptographie zuteil wurde, hat unser Vertrauen insgesamt eher vergrößert als verkleinert.

2. Unsere Fähigkeiten zur Durchführung großer arithmetischer Berechnungen verbesserten sich beständig. Wir können unsere Systeme jetzt mit Zahlen implementieren, die so groß sind, daß sie nur durch einen dramatischen Durchbruch bei der Faktorisierung, Logarithmierung oder Wurzelziehung gefährdet sind.

Wir wir gesehen haben, sind nicht alle Public-Key-Algorithmen sicher, die auf diesen Problemen basieren. Die Stärke eines Public-Key-Verfahrens hängt von mehr als der Berechnungskomplexität des zugrundeliegenden Problems ab. Ein hartes Problem liefert nicht unbedingt einen starken Algorithmus. Adi Shamir führt in [1415] drei Gründe dafür auf:

1. Die Komplexitätstheorie behandelt meist einzelne isolierte Beispiele eines Problems. Ein Kryptanalytiker muß oft eine große Ansammlung statistisch verwandter Probleme lösen – mehrere Chiffretexte, die mit dem gleichen Schlüssel chiffriert wurden.

2. Die Berechnungskomplexität eines Problems wird meist über das Verhalten im schlimmsten Fall oder das Durchschnittsverhalten bestimmt. Damit sich ein Problem zur Chiffrierung eignet, muß es aber in fast allen Fällen schwer zu lösen sein.

3. Ein beliebig schwieriges Problem läßt sich nicht unbedingt in ein Kryptosystem transformieren. Es muß möglich sein, Informationen für eine Hintertür in das Problem einzubetten, damit mit Hilfe dieser Informationen – aber auch nur mit diesen Informationen – eine abgekürzte Lösung möglich ist.

21 Identifizierungsverfahren

21.1 Feige-Fiat-Shamir

Das Verfahren von Amos Fiat und Adi Shamir für Authentifizierung und digitale Signaturen wird in [566, 567] beschrieben. Uriel Feige, Fiat und Shamir modifizierten den Algorithmus zu einem Zero-Knowledge-Identitätsbeweis [544, 545]. Dieses Verfahren ist der bekannteste Zero-Knowledge-Identitätsbeweis.

Die drei Autoren reichten am 9. Juli 1986 in den Vereinigten Staaten einen Patentantrag ein [1427]. Aufgrund der möglichen militärischen Anwendungen wurde der Antrag vom Militär begutachtet. Gelegentlich reagiert das Patentamt nicht mit der Erteilung eines Patents, sondern mit einer sogenannten Geheimhaltungsanordnung. Das Patentamt ordnete am 6. Januar 1987, also drei Tage vor Ablauf der Sechsmonatsfrist, auf Wunsch der Armee die Geheimhaltung an. Das Patentamt stellte fest, daß „. . . die Offenlegung oder Publikation des Themas . . . die nationale Sicherheit beinträchtigen würde. . .". Die Autoren wurden angewiesen, alle US-Bürger, denen sie ihre Forschungsergebnisse mitgeteilt hatten, davon zu unterrichten, daß ungenehmigte Weitergabe der Informationen zwei Jahre Gefängnis, eine Strafe in Höhe von 10 000 Dollar oder beides zur Folge haben könne. Darüber hinaus mußten die Autoren dem *Commisssioner of Patents and Trademarks* mitteilen, welchen Ausländern die Informationen zugänglich gemacht worden waren.

Das Ganze war grotesk. Die Autoren hatten während der zweiten Hälfte des Jahres 1986 ihre Arbeit auf Konferenzen in Israel, Europa und den Vereinigten Staaten präsentiert. Sie waren nicht einmal US-amerikanische Staatsbürger, die Forschungsarbeiten hatten am Weizmann-Institut in Israel stattgefunden.

Die Nachricht verbreitete sich in Windeseile in der akademischen Gemeinde und erreichte auch die Presse. Nach zwei Tagen wurde die Geheimhaltungsanordnung zurückgezogen. Shamir und andere glauben, daß die NSA dabei die Fäden zog, obwohl es offiziell keine Kommentare zu dem Vorgang gab. Weitere Einzelheiten dieser bizarren Geschichte finden sich in [936].

Vereinfachtes Identifizierungsverfahren von Feige-Fiat-Shamir

Vor der Ausgabe privater Schlüssel wählt der Vermittler einen zufälligen Modul n, der das Produkt zweier großer Primzahlen ist. In der Realität sollte n mindestens 512 Bit, eher 1024 Bit lang sein. Eine Gruppe von Benutzern kann den gleichen Wert für n verwenden. (Die Wahl einer Blumschen Zahl erleichtert die Berechnungen, ist jedoch für die Sicherheit nicht erforderlich.)

Um Peggys öffentlichen und privaten Schlüssel zu generieren, wählt ein vertrauenswürdiger Vermittler eine Zahl v, die ein quadratischer Rest modulo n sein muß. Mit anderen Worten: v muß so gewählt werden, daß $x^2 \equiv v \pmod{n}$ eine Lösung besitzt und v^{-1} mod n existiert. Dieses v ist Peggys öffentlicher Schlüssel. Dann berechnet man das kleinste s mit $s \equiv \text{sqrt}(v^{-1}) \pmod{n}$. Das ist Peggys privater Schlüssel.

Jetzt kann das Identifizierungsprotokoll ablaufen:

(1) Peggy wählt einen zufälligen Wert r, der kleiner ist als n. Dann berechnet sie $x = r^2$ mod n und sendet x an Victor.

(2) Victor sendet Peggy ein zufälliges Bit b.

(3) Falls $b = 0$, sendet Peggy den Wert r an Victor. Ist $b = 1$, sendet Peggy den Wert $y = r * s$ mod n an Victor.

(4) Falls $b = 0$, überprüft Victor, ob $x = r^2$ mod n. Das beweist, daß Peggy sqrt(x) kennt. Falls $b = 1$, überprüft Victor, ob $x = y^2 * v$ mod n. Das beweist, daß Peggy sqrt(v^{-1}) kennt.

Dieser Ablauf stellt eine Runde des Protokolls dar und wird auch als **Akkreditierung** bezeichnet. Peggy und Victor wiederholen das Protokoll t-mal, bis Victor davon überzeugt ist, daß Peggy den Wert von s kennt. Es handelt sich hier um ein Protokoll des Typs *teile und wähle*. Wenn Peggy s nicht kennt, kann sie r so wählen, daß sie Victor hereinlegen kann, wenn dieser ihr den Wert 0 schickt. Sie kann r auch so wählen, daß sie Victor hereinlegen kann, wenn dieser ihr den Wert 1 schickt. Beides erreicht sie allerdings nicht. Die Wahrscheinlichkeit, Victor einmal zu täuschen, beträgt 50 Prozent. Die Wahrscheinlichkeit, ihn t-mal hinters Licht zu führen, beträgt 1 zu 2^t.

Eine andere Möglichkeit für Victor, das Protokoll anzugreifen, besteht darin, sich als Peggy auszugeben. Er könnte das Protokoll mit einer anderen Person als Verifizierer durchführen, etwa Valerie. In Schritt (1) wählt er kein zufälliges r, sondern verwendet einfach einen alten Wert, den er bei Peggy abgeschaut hat. Die Wahrscheinlichkeit, daß Valerie in Schritt (2) den gleichen Wert für b wählt wie Victor bei Durchführung des Protokolls mit Peggy, beträgt 1 zu 2. Seine Chancen, Valerie hereinzulegen, stehen also bei 50 Prozent. Die Chance, sie t-mal zu täuschen, beträgt 1 zu 2^t.

Damit das Protokoll funktioniert, darf Peggy niemals einen Wert von r mehrfach verwenden. Tut sie es nämlich und sendet Victor ihr in Schritt (2) ein anderes Bit, so kennt er beide Antworten von Peggy. Dann kann er s berechnen, und das Spiel ist für Peggy vorbei.

Identifizierungsverfahren von Feige-Fiat-Shamir

In ihren Arbeiten [544, 545] zeigen Feige, Fiat und Shamir, wie sich die Anzahl der Akkreditierungen pro Runde durch Parallelkonstruktionen erhöhen und die Anzahl der Interaktionen zwischen Peggy und Victor reduzieren läßt.

Zuerst generiert man wie im vorigen Beispiel n als Produkt zweier großer Primzahlen. Um Peggys privaten und öffentlichen Schlüssel zu erzeugen, wählt man k verschiedene

Zahlen $v_1, v_2, \ldots, v_k$. Dabei ist jedes v_i ein quadratischer Rest modulo n. Mit anderen Worten: die v_i müssen so gewählt werden, daß $x^2 \equiv v_i \pmod{n}$ eine Lösung besitzt und v_i^{-1} mod n existiert. Die Folge $v_1, v_2, \ldots, v_k$ ist Peggys öffentlicher Schlüssel. Dann berechnet man das kleinste s_i mit $s_i \equiv \text{sqrt}(v_i^{-1}) \pmod{n}$. Die Folge $s_1, s_2, \ldots, s_k$ ist der private Schlüssel.

Das Protokoll verläuft wie folgt:

(1) Peggy wählt einen zufälligen Wert r, der kleiner ist als n. Dann berechnet sie $x = r^2 \bmod n$ und sendet x an Victor.

(2) Victor sendet Peggy einen zufälligen binären String der Länge k Bit: $b_1, b_2, \ldots, b_k$.

(3) Peggy berechnet $y = r * (s_1^{b_1} * s_2^{b_2} * \ldots * s_k^{b_k}) \bmod n$. (Sie multipliziert einfach alle s_i, für die $b_i = 1$ ist. Hat Victors erstes Bit den Wert 1, so ist s_1 Teil des Produkts; hat es den Wert 0, so ist s_1 nicht Teil des Produkts usw.) Sie sendet y an Viktor.

(4) Victor überprüft, ob $x = y^2 * (v_1^{b_1} * v_2^{b_2} * \ldots * v_k^{b_k}) \bmod n$. (Er multipliziert alle v_i, für die $b_i = 1$ ist. Hat sein erstes Bit den Wert 1, so ist v_1 Teil des Produkts; hat es den Wert 0, so ist v_1 nicht Teil des Produkts usw.)

Peggy und Victor wiederholen das Protokoll t-mal, bis Victor davon überzeugt ist, daß Peggy $s_1, s_2, \ldots, s_k$ kennt.

Die Wahrscheinlichkeit, daß Peggy Victor hereinlegen kann, beträgt 1 zu 2^{kt}. Die Autoren empfehlen, mit einer Betrugswahrscheinlichkeit von 1 to 2^{20} zu arbeiten und schlagen $k = 5$ und $t = 4$ vor. Wenn Sie paranoid sind, können Sie diese Werte auch erhöhen.

Beispiel

Wir wollen uns den Ablauf des Protokolls mit kleinen Zahlen ansehen.

Für $n = 35$ (die beiden Primzahlen sind 5 und 7) lauten die möglichen quadratischen Reste:

1: $x^2 \equiv 1 \pmod{35}$ besitzt die Lösungen $x = 1, 6, 29$ und 34
4: $x^2 \equiv 4 \pmod{35}$ besitzt die Lösungen $x = 2, 12, 23$ und 33
9: $x^2 \equiv 9 \pmod{35}$ besitzt die Lösungen $x = 3, 17, 18$ und 32
11: $x^2 \equiv 11 \pmod{35}$ besitzt die Lösungen $x = 9, 16, 19$ und 26
14: $x^2 \equiv 14 \pmod{35}$ besitzt die Lösungen $x = 7$ und 28
15: $x^2 \equiv 15 \pmod{35}$ besitzt die Lösungen $x = 15$ und 20
16: $x^2 \equiv 16 \pmod{35}$ besitzt die Lösungen $x = 4, 11, 24$ und 31
21: $x^2 \equiv 21 \pmod{35}$ besitzt die Lösungen $x = 14$ und 21
25: $x^2 \equiv 25 \pmod{35}$ besitzt die Lösungen $x = 5$ und 30
29: $x^2 \equiv 29 \pmod{35}$ besitzt die Lösungen $x = 8, 13, 22$ und 27
30: $x^2 \equiv 30 \pmod{35}$ besitzt die Lösungen $x = 10$ und 25

Die Inversen modulo 35 und deren Quadratwurzeln lauten:

v	v^{-1}	$s = \text{sqrt}(v^{-1})$
1	1	1
4	9	3
9	4	2
11	16	4
16	11	9
29	29	8

Beachten Sie, daß 14, 15, 21, 25 und 30 keine Inversen modulo 35 besitzen, da sie nicht relativ prim zu 35 sind. Das entspricht auch der Theorie, denn es sollte $(5 - 1) * (7 - 1)/4$ quadratische Reste modulo 35 geben, die zu 35 relativ prim sind, d.h. ggT$(x, 35) = 1$ (siehe Abschnitt 11.3).

Peggy erhält also einen öffentlichen Schlüssel, der aus $k = 4$ Werten besteht: {4, 11, 16, 29}. Der zugehörige private Schlüssel lautet {3, 4, 9, 8}. Eine Runde des Protokolls sieht wie folgt aus:

(1) Peggy wählt zufällig die Zahl $r = 16$, berechnet $16^2 \bmod 35 = 11$ und sendet diese Zahl an Victor.

(2) Victor sendet den zufälligen Binärstring {1, 1, 0, 1} an Victor.

(3) Peggy berechnet $16 * ((3^1) * (4^1) * (9^0) * (8^1)) \bmod 35 = 31$ und sendet diese Zahl an Victor.

(4) Victor überprüft, daß $31^2 * ((4^1) * (11^1) * (16^0) * (29^1)) \bmod 35 = 11$.

Peggy und Victor wiederholen das Protokoll t-mal, bis Victor zufriedengestellt ist. Sie verwenden dabei jedesmal eine anderen zufälligen Wert für r.

Bei solch kleinen Werten gibt es keine richtige Sicherheit. Beträgt die Länge von n jedoch 512 Bit oder mehr, kann Victor nichts über Peggys geheimen Schlüssel erfahren mit Ausnahme der Tatsache, daß sie ihn kennt.

Verbesserungen

Man kann in das Protokoll auch Identifizierungsinformationen einbetten. I sei eine binäre Zeichenkette, die Peggys Identifizierung darstellt, etwa Name, Adresse, Versicherungsnummer, Hutgröße, Lieblingsdrink und andere persönliche Informationen. Mit Hilfe einer Einweg-Hashfunktion $H(x)$ berechnet man $H(I, j)$. Dabei ist j eine kleine Zahl, die mit I konkateniert wird. Jetzt bestimmt man Werte von j, für die $H(I, j)$ ein quadratischer Rest modulo n ist. Diese Werte $H(I, j)$ werden zu den $v_1, v_2, \ldots, v_k$ (die Werte von j müssen keine quadratischen Reste sein). Peggys öffentlicher Schlüssel besteht aus I und der Liste der Werte von j. Sie sendet vor Schritt (1) des Protokolls I und die Liste der j an Victor (oder Victor lädt sie von einer öffentlich zugänglichen Mailbox). Aus den $H(I, j)$ generiert Victor $v_1, v_2, \ldots, v_k$.

Nach erfolgreichem Abschluß des Protokolls mit Peggy ist Victor davon überzeugt, daß Trent, der die Faktorisierung des Moduls kennt, den Zusammenhang zwischen I und

Peggy beglaubigt hat, indem er ihr die Quadratwurzeln der aus I abgeleiteten v_i überlassen hat. (Weitere Hintergrundinformationen finden Sie in Abschnitt 5.2).

Feige, Fiat und Shamir merken bezüglich der Implementierung folgendes an [544, 545]:

> Beim Einsatz einer nicht perfekten Hashfunktion ist es vielleicht ratsam, I zu randomisieren, indem man es mit einem langen Zufallsstring R konkateniert. Dieser String wird vom Vermittler gewählt und Victor zusammen mit I gezeigt.

> Bei typischen Implementierungen sollte k zwischen 1 und 18 liegen. Größere Werte für k können die Zeit- und Kommunikationskomplexität reduzieren, weil sie die Anzahl der Runden verringern.

> Der Wert n sollte mindestens 512 Bit lang sein. (Seither gab es natürlich beträchtliche Fortschritte in der Faktorisierung.)

> Wenn jeder Benutzer sein eigenes n wählt und es in einer öffentlichen Schlüsseldatei bekanntgibt, kann man auf den Vermittler verzichten. Bei dieser RSA-ähnlichen Variante ist das Verfahren aber wesentlich unbequemer.

Signaturverfahren von Fiat-Shamir

Um das Identifizierungsverfahren in ein Signaturverfahren umzuwandeln, muß man im Grunde Victor durch eine Hashfunktion ersetzen. Das Signaturverfahren von Fiat-Shamir hat gegenüber RSA vor allem den Vorteil höherer Geschwindigkeit: Bei Fiat-Shamir sind nur etwa 1 bis 4 Prozent der modularen Multiplikationen von RSA erforderlich. Für dieses Protokoll greifen wir wieder auf Alice und Bob zurück.

Die Voraussetzungen sind die gleichen wie beim Identifizierungsverfahren. n ist das Produkt zweier großer Primzahlen. Man generiert nun den öffentlichen Schlüssel $v_1, v_2, \ldots, v_k$ und den privaten Schlüssel $s_1, s_2, \ldots, s_k$ mit $s_i = \text{sqrt}(v_i^{-1}) \bmod n$.

(1) Alice wählt t Zufallszahlen $r_1, r_2, \ldots, r_t$ zwischen 1 und n und berechnet $x_1, x_2, \ldots, x_k$ mit $x_i = r_i^2 \bmod n$.

(2) Alice hasht die Konkatenierung der Nachricht und der Zeichenkette $x_i s$, was den Bitstrom $H(m, x_1, x_2, \ldots, x_k)$ liefert. Sie benutzt die ersten $k*t$ Bit dieses Strings als Werte für b_{ij}, wobei i von 1 bis t läuft und j von 1 bis k.

(3) Alice berechnet $y_1, y_2, \ldots, y_t$ mit

$$y_i = r_i * (s_1^{b_{i1}} * s_2^{b_{i2}} * \ldots * s_k^{b_{ik}}) \bmod n$$

(Sie multipliziert für alle i die Werte der s_i abhängig von den zufälligen Werten b_{ij}. Hat $b_{i,1}$ den Wert 1, so wird s_1 multipliziert, hat $b_{i,1}$ den Wert 0, so wird s_1 nicht multipliziert.)

(4) Alice sendet m an Bob sowie alle Bits von b_{ij} und die Werte der y_i. Bob hat bereits den öffentlichen Schlüssel $v_1, v_2, \ldots, v_k$ von Alice.

(5) Bob berechnet $z_1, z_2, \ldots, z_t$ mit

$$z_i = y_i^2 * (v_1^{b_{i1}} * v_2^{b_{i2}} * \ldots * v_k^{b_{ik}}) \bmod n$$

(Bob multipliziert also wieder auf Basis der Werte b_{ij}. Beachten Sie außerdem, daß z_i mit x_i übereinstimmen sollte.)

(6) Bob überprüft, ob die ersten $k*t$ Bits von $H(m, z_1, z_2, \ldots, z_t)$ mit den Werten b_{ij} übereinstimmen, die ihm Alice geschickt hat.

Die Sicherheit des Signaturverfahrens ist wie beim Identifizierungsverfahren proportional zu $1/2^{kt}$. Sie hängt außerdem von der Schwierigkeit der Faktorisierung von n ab. Fiat und Shamir weisen darauf hin, daß die Fälschung einer Unterschrift leichter ist, wenn die Komplexität der Faktorisierung von n erheblich geringer als 2^{kt} ist. Aufgrund des Geburtstagsangriffs (siehe Abschnitt 18.1) empfehlen sie außerdem, $k*t$ von 20 auf mindestens 72 zu erhöhen. Sie empfehlen $k = 9$ und $t = 8$.

Verbessertes Signaturverfahren von Fiat-Shamir

Silvio Micali und Adi Shamir verbesserten das Fiat-Shamir-Protokoll in [1088]. Sie belegen $v_1, v_2, \ldots, v_k$ mit den ersten k Primzahlen, also

$$v_1 = 2, v_2 = 3, v_3 = 5 \text{ usw.}$$

Diese Folge stellt den öffentlichen Schlüssel dar.

Der private Schlüssel $s_1, s_2, \ldots, s_k$ besteht aus zufälligen Quadratwurzeln, die wie folgt festgelegt werden:

$$s_i = \operatorname{sqrt}(v_i^{-1}) \bmod n$$

Bei dieser Version muß jede Person ein anderes n verwenden. Durch die Änderung wird es leichter, Unterschriften zu verifizieren. Die Zeit, die zum Generieren der Unterschriften nötig ist, sowie die Sicherheit dieser Signaturen bleiben unverändert.

Weitere Verbesserungen

Es gibt auch ein Identifizierungsverfahren für N Parteien, das auf dem Algorithmus von Fiat-Shamir beruht. Zwei andere Verbesserungen des Fiat-Shamir-Verfahrens werden in [1218] vorgeschlagen. [1338] enthält eine weitere Variante.

Identifizierungsverfahren von Ohta-Okamoto

Dieses Protokoll ist eine Modifikation des Identifizierungsverfahrens von Feige-Fiat-Shamir. Seine Sicherheit basiert auf dem Problem der Faktorisierung [1198, 1199]. Von den gleichen Autoren stammt auch eine Methode für Mehrfachunterschriften (siehe Abschnitt 23.1), mit der mehrere Leute der Reihe nach eine Nachricht unterzeichnen können [1200]. Dies wurde für Chipkartenimplementierungen vorgeschlagen [850].

Patente

Fiat-Shamir ist patentiert [1427]. Wenn Sie sich für die Lizenzierung des Algorithmus interessieren, wenden Sie sich an folgende Adresse: Yeda Research and Development, The Weizmann Institute of Science, Rehovot 76100, Israel.

21.2 Guillou-Quisquater

Feige-Fiat-Shamir war das erste praktikable Protokoll für Identitätsnachweise. Es minimiert die nötigen Berechnungen durch eine höhere Anzahl von Iterationen und Akkreditierungen pro Iteration. Bei manchen Implementierungen, etwa Chipkarten, ist das jedoch nicht optimal. Interaktionen mit der Außenwelt sind zeitaufwendig und der für jede Akkreditierung benötigte Speicherplatz belastet die beschränkten Ressourcen der Karte.

Louis Guillou und Jean-Jacques Quisquater entwickelten einen Zero-Knowledge-Identifizierungsalgorithmus, der sich besser für solche Anwendungen eignet [670, 1280]. Die Interaktionen zwischen Peggy und Victor sowie die parallelen Akkreditierungen bei jeder Interaktion werden auf ein absolutes Minimum beschränkt: Für jeden Beweis wird nur eine Akkreditierung ausgetauscht. Auf gleichem Sicherheitsniveau ist bei Guillou-Quisquater ein dreimal höherer Berechnungsaufwand als bei Feige-Fiat-Shamir erforderlich. Dieser Algorithmus läßt sich wie das Verfahren von Feige-Fiat-Shamir in einen Algorithmus für digitale Signaturen umwandeln.

Identifizierungsverfahren von Guillou-Quisquater

Peggy sei eine Chipkarte, die Victor ihre Identität beweisen möchte. Peggys Identität besteht aus einer Reihe von Legitimationen: einer Zeichenkette mit dem Namen der Karte, der Geltungsdauer, einer Kontonummer der Bank und anderen Daten, die für die Anwendung erforderlich sind. Dieser Bitstring sei J. (Die Legitimation kann auch länger sein und zu J gehasht werden. Solche Komplikationen beeinflussen das Protokoll nicht.) Das ist analog zum öffentlichen Schlüssel. Außerdem gibt es weitere öffentlich bekannte Informationen, die alle „Peggys" dieser Anwendung gemeinsam verwenden: ein Exponent v und ein Modul n, wobei n das Produkt zweier geheimer Primzahlen ist. Der private Schlüssel ist B, das so berechnet wird, daß $JB^v \equiv 1 \pmod{n}$.

Peggy sendet ihre Legitimation an Victor. Sie möchte beweisen, daß diese Legitimation wirklich die ihre ist. Dazu muß sie Victor davon überzeugen, daß sie B kennt. Das Protokoll verläuft wie folgt:

(1) Peggy wählt eine Zufallszahl r zwischen 1 und $n - 1$. Sie berechnet $T = r^v \bmod n$ und sendet diesen Wert an Victor.

(2) Victor wählt eine Zufallszahl d zwischen 0 und $v - 1$ und sendet sie an Peggy.

(3) Peggy berechnet $D = rB^d$ mod n und sendet den Wert an Victor.
(4) Victor berechnet $T' = D^v J^d$ mod n. Falls $T \equiv T'$ (mod n), verläuft die Authentifizierung erfolgreich.

Die zugrundeliegende Mathematik ist nicht sehr kompliziert:

$$T' = D^v J^d = (rB^d)^v J^d = r^v B^{dv} J^d = r^v (JB^v)^d = r^v \equiv T \pmod{n}$$

da

$$JB^v \equiv 1 \pmod{n}$$

Signaturverfahren von Guillou-Quisquater

Dieses Identifizierungsverfahren läßt sich zu einem Signaturverfahren umwandeln, das sich auch für Chipkartenimplementierungen eignet [671, 672].

Die Einrichtung des öffentlichen und privaten Schlüssels erfolgt wie oben. Das Protokoll sieht wie folgt aus:

(1) Alice wählt eine Zufallszahl r zwischen 1 und $n - 1$. Sie berechnet $T = r^v$ mod n und sendet diesen Wert an Victor.
(2) Alice berechnet $d = H(M, T)$. Dabei ist M die zu unterzeichnende Nachricht und $H(x)$ eine Einweg-Hashfunktion. Das von der Hashfunktion erzeugte d muß zwischen 0 und $v - 1$ liegen [1280]. Liegt die Ausgabe der Hashfunktion nicht in diesem Bereich, muß sie modulo v reduziert werden.
(3) Alice berechnet $D = rB^d$ mod n. Die Unterschrift besteht aus der Nachricht M, den beiden berechneten Werten d und D und ihrer Legitimation J. Alice sendet diese Unterschrift an Bob.
(4) Bob berechnet $T' = D^v J^d$ mod n. Anschließend berechnet er $d' = H(M, T')$. Falls $d = d'$, muß Alice den Wert von B kennen und die Unterschrift ist gültig.

Mehrfachunterschriften

Was ist zu tun, wenn mehrere Leute das gleiche Dokument unterschreiben wollen? Die einfachste Lösung besteht darin, alle einzeln unterzeichnen zu lassen. Mit dem folgenden Verfahren geht es jedoch besser. Alice und Bob unterschreiben das gleiche Dokument und Carol verifiziert die Unterschriften; an der Unterschrift kann jedoch eine beliebige Anzahl von Leuten beteiligt sein. Alice und Bob haben wie vorher jeweils eigene Werte für J und B: (J_A, B_A) und (J_B, B_B). Die Werte n und v werden innerhalb des Systems gemeinsam benutzt:

(1) Alice wählt eine Zufallszahl r_A zwischen 1 und $n - 1$. Sie berechnet $T_A = r_A{}^v$ mod n und sendet diesen Wert an Victor.
(2) Bob wählt eine Zufallszahl r_B zwischen 1 und $n - 1$. Er berechnet $T_B = r_B{}^v$ mod n und sendet diesen Wert an Alice.
(3) Alice und Bob berechnen jeweils $T = (T_A T_B)$ mod n.

(4) Alice und Bob berechnen jeweils $d = H(M, T)$. M ist dabei die zu unterschreibende Nachricht und $H(x)$ eine Einweg-Hashfunktion. Das von der Hashfunktion erzeugte d muß zwischen 0 und $v - 1$ liegen [1280]. Liegt die Ausgabe der Hashfunktion nicht in diesem Bereich, muß sie modulo v reduziert werden.

(5) Alice berechnet $D_A = r_A B_A{}^d \mod n$ und sendet diesen Wert an Bob.

(6) Bob berechnet $D_B = r_B B_B{}^d \mod n$ und sendet diesen Wert an Alice.

(7) Alice und Bob berechnen jeweils $D = D_A D_B \mod n$. Die Unterschrift besteht aus der Nachricht M, den beiden berechneten Werten d und D sowie den beiden Legitimationen J_A und J_B.

(8) Carol berechnet $J = J_A J_B \mod n$.

(9) Carol berechnet $T' = D^v J^d \mod n$ und anschließend $d' = H(M, T')$. Falls $d \equiv d'$ gilt, ist die Mehrfachunterschrift gültig.

Dieses Protokoll läßt sich auf eine beliebige Anzahl von Leuten erweitern. Wenn mehrere Leute unterschreiben wollen, müssen sie in Schritt (3) alle ihre individuellen Werte T_i multiplizieren und in Schritt (7) ihre individuellen Werte D_i. Um eine Mehrfachunterschrift zu verifizieren, multipliziert man in Schritt (8) die Werte J_i aller Unterzeichner. Entweder sind alle Unterschriften gültig, oder es gibt mindestens eine ungültige Unterschrift.

21.3 Schnorr

Die Sicherheit des Authentifizierungs- und Signaturverfahrens von Claus Schnorr [1396, 1397] beruht auf dem Problem der Berechnung diskreter Logarithmen. Um ein Schlüsselpaar zu erzeugen, wählt man zuerst zwei Primzahlen p und q, wobei q ein Primfaktor von $p - 1$ sein muß. Dann wählt man ein a ungleich 1 mit $a^q \equiv 1 \pmod{p}$. All diese Zahlen können innerhalb einer Benutzergruppe gleich sein und dürfen veröffentlicht werden.

Um ein einzelnes Paar aus öffentlichem und privatem Schlüssel zu generieren, wählt man eine Zufallszahl, die kleiner ist als q. Sie bildet den privaten Schlüssel s. Dann berechnet man $v = a^{-s} \mod p$. Das ist der öffentliche Schlüssel.

Authentifizierungsprotokoll

(1) Peggy wählt eine Zufallszahl r, die kleiner ist als q und berechnet $x = a^r \mod p$. Diese Vorausberechnung kann lange vor Victors Auftreten durchgeführt werden.

(2) Peggy sendet x an Victor.

(3) Victor sendet Peggy eine Zufallszahl e zwischen 0 und $2^t - 1$. (Ich komme gleich auf die Bedeutung von t zurück.)

(4) Peggy berechnet $y = (r + se) \mod q$ und sendet diesen Wert an Victor.

(5) Victor überprüft, ob $x = a^y v^e \mod p$.

Die Sicherheit basiert auf dem Parameter t. Das Knacken des Algorithmus hat ungefähr die Komplexität 2^t. Schnorr empfiehlt für p eine Länge von etwa 512 Bit, für q etwa 140 Bit und für t den Wert 72.

Protokoll für digitale Signaturen

Das Verfahren von Schnorr läßt sich auch als digitales Signaturprotokoll zum Unterzeichnen einer Nachricht M einsetzen. Öffentlicher und privater Schlüssel sehen genauso aus, doch jetzt kommt noch eine Einweg-Hashfunktion $H(M)$ ins Spiel:

(1) Alice wählt eine Zufallszahl r, die kleiner ist als q, und berechnet $x = a^r \bmod p$. Dies ist die Vorausberechnung.

(2) Alice konkateniert M und x und hasht das Ergebnis:
$$e = H(M, x)$$

(3) Alice berechnet $y = (r + se) \bmod q$. Die Signatur besteht aus e und y. Alice sendet diese Werte an Bob.

(4) Bob berechnet $x' = a^y v^e \bmod p$. Dann überprüft er, ob die Konkatenierung von M und x' den Hashwert e ergibt:
$$e = H(M, x')$$
Ist dies der Fall, so akzeptiert er die Unterschrift als gültig.

Schnorr gibt in seiner Arbeit die folgenden neuen Eigenschaften dieses Algorithmus an:

> Die meisten Berechnungen für die Erzeugung einer Unterschrift können im Voraus durchgeführt werden und sind unabhängig von der zu unterschreibenden Nachricht. Die Berechnungen können daher in Leerlaufzeiten durchgeführt werden und beeinflussen die Geschwindigkeit der Unterschrift nicht. In [475] wird ein Angriff auf diese Vorausberechnungsstufe beschrieben. Ich halte diesen Angriff jedoch nicht für praktikabel.

> Bei gleicher Sicherheitsstufe benötigt das Schnorr-Verfahren geringere Unterschriftslängen als RSA. Bei einem 140 Bit langen Wert für q sind die Unterschriften zum Beispiel nur 212 Bit lang, das ist weniger als die Hälfte einer RSA-Signatur. Die Unterschriften des Schnorr-Verfahrens sind auch viel kürzer als diejenigen bei ElGamal.

Natürlich können praktische Überlegungen für ein bestimmtes Verfahren eine kürzere Unterschriftenlänge rechtfertigen. Es macht einen großen Unterschied, ob der Betrüger einen Online-Angriff in wenigen Sekunden abgeschlossen haben muß oder ob er jahrelange Berechnungen für die Fälschung einer Unterschrift durchführen kann.

Eine Modifikation dieses Algorithmus, die von Ernie Brickell und Kevin McCurley stammt, erhöht dessen Sicherheit [265].

Patente

Das Schnorr-Verfahren ist in den Vereinigten Staaten [1398] und vielen anderen Ländern patentiert. PKP erwarb 1993 die weltweiten Rechte an dem Patent (siehe Abschnitt 25.5). Das US-Patent läuft am 19. Februar 2008 aus.

21.4 Umwandlung von Identifizierungsverfahren in Signaturverfahren

Es gibt eine Standardmethode zur Umwandlung eines Identifizierungsverfahrens in ein Unterschriftenverfahren. Dabei ersetzt man Victor einfach durch eine Einweg-Hashfunktion. Die Nachricht wird vor der Unterzeichnung nicht gehasht. Statt dessen ist die Hashfunktion Bestandteil des Unterschriftenalgorithmus. Grundsätzlich ist diese Umwandlung bei allen Identifizierungsverfahren möglich.

22 Algorithmen für den Schlüsselaustausch

22.1 Diffie-Hellman

Der Algorithmus von Diffie-Hellman war 1976 der erste Public-Key-Algorithmus, der jemals patentiert wurde [496]. Seine Sicherheit beruht auf dem Problem der Berechnung diskreter Logarithmen in einem endlichen Körper. Die Berechnung von Potenzen im gleichen Körper ist im Vergleich dazu einfach. Diffie-Hellman eignet sich für die Verteilung von Schlüsseln (das heißt, Alice und Bob können mit diesem Algorithmus einen geheimen Schlüssel erzeugen), doch man kann damit keine Nachrichten ver- oder entschlüsseln.

Die zugrundeliegende Mathematik ist einfach. Alice und Bob einigen sich zunächst auf eine große Primzahl n und eine Zahl g, die modulo n primitiv ist. Diese beiden Zahlen müssen nicht geheim bleiben – Alice und Bob können sich mit Hilfe eines unsicheren Kanals auf die Zahlen einigen. Es kann sogar eine ganze Benutzergruppe die gleichen Zahlen verwenden; das spielt gar keine Rolle.

Das Protokoll verläuft jetzt wie folgt:

(1) Alice wählt eine große zufällige Zahl x und sendet Bob
$$X = g^x \bmod n$$

(2) Bob wählt eine große zufällige Zahl y und sendet Alice
$$Y = g^y \bmod n$$

(3) Alice berechnet
$$k = Y^x \bmod n$$

(4) Bob berechnet
$$k' = X^y \bmod n$$

Sowohl k als auch k' sind gleich $g^{xy} \bmod n$. Jemand, der den Kommunikationskanal abhört, kann diesen Wert nicht berechnen, sondern erfährt nur die Werte von n, g, X und Y. Das Problem läßt sich nur lösen, indem man den diskreten Logarithmus berechnet und x oder y ermittelt. k stellt damit einen geheimen Schlüssel dar, den Alice und Bob unabhängig voneinander berechnet haben.

Die Sicherheit dieses Systems hängt sehr stark von der Wahl von g und n ab. Die Zahl $(n-1)/2$ sollte ebenfalls eine Primzahl sein [1253]. Am wichtigsten ist, daß n groß ist, denn die Sicherheit des Systems beruht auf dem Problem der Faktorisierung von Zahlen derselben Größenordnung wie n. g kann dagegen beliebig gewählt werden, wenn es nur primitiv modulo n ist. Es spricht nichts dagegen, das kleinstmögliche g zu nehmen – meist eine einstellige Zahl. (g muß in Wahrheit nicht einmal primitiv sein, sondern muß nur eine große Untergruppe der multiplikativen Gruppe mod n erzeugen.)

Diffie-Hellman mit drei oder mehr Parteien

Das Protokoll von Diffie-Hellman läßt sich leicht so erweitern, daß drei oder mehr Leute einen Schlüssel austauschen können. Im folgenden Beispiel generieren Alice, Bob und Carol zusammen einen geheimen Schlüssel:

(1) Alice wählt eine große zufällige Zahl x und sendet Bob
$$X = g^x \bmod n$$

(2) Bob wählt eine große zufällige Zahl y und sendet Carol
$$Y = g^y \bmod n$$

(3) Carol wählt eine große zufällige Zahl z und sendet Alice
$$Z = g^z \bmod n$$

(4) Alice sendet Bob
$$Z' = Z^x \bmod n$$

(5) Bob sendet Carol
$$X' = X^y \bmod n$$

(6) Carol sendet Alice
$$Y' = Y^z \bmod n$$

(7) Alice berechnet
$$k = Y'^x \bmod n$$

(8) Bob berechnet
$$k = Z'^y \bmod n$$

(9) Carol berechnet
$$k = X'^z \bmod n$$

Der geheime Schlüssel k ist gleich $g^{xyz} \bmod n$. Jemand, der den Kommunikationskanal abhört, kann diesen Wert nicht berechnen. Das Protokoll läßt sich leicht auf vier oder mehr Leute ausdehnen. Man fügt einfach weitere Teilnehmer und Berechnungsrunden hinzu.

Erweitertes Diffie-Hellman-Verfahren

Diffie-Hellman funktioniert auch in kommutativen Ringen [1253]. Z. Shmuley und Kevin McCurley untersuchten eine Variante des Algorithmus, bei der der Modul eine zusammengesetzte Zahl ist [1442, 1038]. V. S. Miller und Neal Koblitz erweiterten diesen Algorithmus auf elliptische Kurven [1095, 867]. Taher ElGamal benutzte die Grundidee zur Entwicklung eines Algorithmus, der sich für Verschlüsselung und digitale Signaturen eignet (siehe Abschnitt 19.6).

Der Algorithmus funktioniert auch im Galoiskörper $GF(2^k)$ [1442, 1038]. Manche Implementierungen gehen diesen Weg [884, 1631, 1632], da die Berechnungen viel schneller sind. Entsprechend schnell sind auch die kryptanalytischen Berechnungen. Daher ist es wichtig, sorgfältig einen Körper auszuwählen, der groß genug ist, um Sicherheit zu garantieren.

Hughes

Bei dieser Variante von Diffie-Hellman kann Alice einen Schlüssel generieren und an Bob schicken [745]:

(1) Alice wählt eine große zufällige Zahl x und erzeugt
$$k = g^x \bmod n$$

(2) Bob wählt eine große zufällige Zahl y und sendet Alice
$$Y = g^y \bmod n$$

Dabei muß y relativ prim zu $n - 1$ sein. Ist n eine starke Primzahl (($n - 1$)/2 ist ebenfalls prim), so kann y jede ungerade zufällig gewählte große Zahl mit Ausnahme von ($n - 1$)/2 sein.

(3) Alice sendet Bob
$$X = Y^x \bmod n$$

(4) Bob berechnet
$$z = y^{-1} \bmod (n - 1) \text{ und}$$
$$k' = X^z \bmod n$$

Verläuft alles korrekt, so ist $k = k'$.

Dieses Protokoll hat gegenüber Diffie-Hellman den Vorteil, daß man k vor Beginn der Interaktion berechnen kann. Alice kann eine Nachricht mit k verschlüsseln, bevor sie Kontakt zu Bob aufnimmt. Sie kann die Nachricht auch an mehrere Leute schicken und zu einem späteren Zeitpunkt den Schlüssel mit ihnen austauschen.

Schlüsselaustausch ohne Austausch von Schlüsseln

In einer Benutzergruppe könnte jeder einen öffentlichen Schlüssel $X = g^x \bmod n$ in einer gemeinsamen Datenbank veröffentlichen. Wenn Alice mit Bob kommunizieren möchte, muß sie sich nur Bobs öffentlichen Schlüssel aus der Datenbank besorgen und ihren gemeinsamen geheimen Schlüssel generieren. Mit diesem Schlüssel kann sie dann eine Nachricht verschlüsseln und an Bob senden. Bob besorgt sich Alices öffentlichen Schlüssel, um den gemeinsamen geheimen Schlüssel zu generieren.

Jedes Benutzerpaar besitzt einen eigenen geheimen Schlüssel, ohne daß dazu vorherige Kommunikation nötig wäre. Die öffentlichen Schlüssel müssen beglaubigt sein, um Betrügereien auszuschließen. Außerdem müssen sie regelmäßig geändert werden. Grundsätzlich ist das Verfahren aber sehr raffiniert.

Patente

Der Algorithmus von Diffie-Hellman für den Schlüsselaustausch ist in den Vereinigten Staaten [718] und Kanada [719] patentiert. Eine Gruppe mit der Bezeichnung Public Key Partners (PKP) vergibt Lizenzen für dieses Patent sowie für andere Patente zur Kryptographie mit öffentlichen Schlüsseln (siehe Abschnitt 25.5). Das US-Patent läuft am 29. April 1997 aus.

22.2 Station-to-Station-Protokoll

Der Schlüsselaustausch nach Diffie-Hellman ist anfällig für einen *man-in-the-middle*-Angriff. Eine Möglichkeit, einen solchen Angriff zu verhindern, ist das Unterzeichnen der Nachrichten [500].

Das folgende Protokoll geht davon aus, daß Alice ein Zertifikat mit Bobs öffentlichem Schlüssel hat, sowie Bob ein Zertifikat mit Alices öffentlichem Schlüssel. Diese Zertifikate wurden von einer vertrauenswürdigen Instanz außerhalb des Protokolls unterzeichnet. Alice und Bob können wie folgt einen geheimen Schlüssel k generieren:

(1) Alice erzeugt eine Zufallszahl x und sendet Bob
$$g^x \bmod n$$

(2) Bob erzeugt eine Zufallszahl y. Mit Hilfe des Protokolls von Diffie-Hellman berechnet er den gemeinsamen Schlüssel k auf Basis von $g^x \bmod n$ und y. Er unterzeichnet $g^x \bmod n$ und $g^y \bmod n$ und chiffriert die Unterschrift mit k. Die Unterschrift sendet er zusammen mit $g^y \bmod n$ an Alice:
$$g^y \bmod n, E_k(S_B(g^x \bmod n, g^y \bmod n))$$

(3) Alice berechnet ebenfalls k. Sie dechiffriert den Rest von Bobs Nachricht und verifiziert die Unterschrift. Dann sendet sie Bob eine unterzeichnete Nachricht, die aus $g^x \bmod n$ und $g^y \bmod n$ besteht und mit dem gemeinsamen Schlüssel chiffriert ist:
$$E_k(S_A(g^x \bmod n, g^y \bmod n))$$

(4) Bob dechiffriert die Nachricht und verifiziert die Unterschrift von Alice.

22.3 Three-Pass-Protokoll von Shamir

Dieses Protokoll wurde von Adi Shamir erfunden, aber nie veröffentlicht. Alice und Bob können damit auf sichere Art kommunizieren, ohne vorher geheime oder öffentliche Schlüssel austauschen zu müssen [1008].

Voraussetzung hierfür ist die Verfügbarkeit einer kommutativen symmetrischen Chiffrierung, das heißt

22.3 Three-Pass-Protokoll von Shamir

$$E_A(E_B(P)) = E_B(E_A(P))$$

A sei der geheime Schlüssel von Alice, B der von Bob. Alice möchte eine Nachricht M an Bob senden. Das Protokoll verläuft wie folgt:

(1) Alice chiffriert M mit ihrem Schlüssel und sendet Bob
$$C_1 = E_A(M)$$

(2) Bob chiffriert C_1 mit seinem Schlüssel und sendet Alice
$$C_2 = E_B(E_A(M))$$

(3) Alice dechiffriert C_2 mit ihrem Schlüssel und sendet Bob
$$C_3 = D_A(E_B(E_A(M))) = D_A(E_A(E_B(M))) = E_B(M)$$

(4) Bob dechiffriert C_3 mit seinem Schlüssel und rekonstruiert damit M.

One-Time-Pads sind kommutativ und bieten perfekte Sicherheit. Dennoch funktionieren sie mit diesem Protokoll nicht. Die drei Chiffretexte lauten bei einem One-Time-Pad:

$$C_1 = P \oplus A$$
$$C_2 = P \oplus A \oplus B$$
$$C_3 = P \oplus B$$

Wenn Eve die drei Nachrichten auf dem Weg zwischen Alice und Bob abhören kann, muß sie diese nur XOR-verknüpfen, um die Nachricht zu rekonstruieren:

$$C_1 \oplus C_2 \oplus C_3 = (P \oplus A) \oplus (P \oplus A \oplus B) \oplus (P \oplus B) = P$$

So ist das Verfahren natürlich nutzlos.

Shamir (und unabhängig von ihm Jim Omura) beschrieben einen Verschlüsselungsalgorithmus, der bei diesem Protokoll funktioniert und RSA ähnelt. p sei eine große Primzahl, für die $p-1$ einen großen Primfaktor besitzt. Dazu wählt man einen Chiffrierschlüssel e, der relativ prim zu $p-1$ ist und berechnet d mit $de \equiv 1 \pmod{p-1}$.

Zur Verschlüsselung einer Nachricht berechnet man

$$C = M^e \bmod p$$

Zur Entschlüsselung einer Nachricht berechnet man

$$M = C^d \bmod p$$

Es scheint für Eve keine andere Möglichkeit zur Bestimmung von M zu geben, als das diskrete Logarithmenproblem zu lösen. Bewiesen ist das jedoch nicht.

Wie bei Diffie-Hellman kann Alice bei diesem Protokoll eine sichere Kommunikation mit Bob initiieren, ohne vorher dessen Schlüssel kennen zu müssen. Benutzt Alice einen Public-Key-Algorithmus, so muß sie Bobs öffentlichen Schlüssel kennen. Beim Three-Pass-Protokoll von Shamir sendet sie Bob einfach den Chiffretext. Derselbe Ablauf sieht bei einem Public-Key-Algorithmus wie folgt aus:

(1) Alice fragt Bob (oder ein KDC) nach seinem öffentlichen Schlüssel.
(2) Bob (oder das KDC) sendet Alice seinen öffentlichen Schlüssel.

(3) Alice chiffriert M mit Bobs öffentlichem Schlüssel und sendet das Ergebnis an Bob.

Das Three-Pass-Protokoll von Shamir ist anfällig für einen *man-in-the-middle*-Angriff.

22.4 COMSET

COMSET (COMmunications SETup) ist ein Protokoll zur gegenseitigen Identifizierung und zum Schlüsselaustausch, das für das RIPE-Projekt [1305] entwickelt wurde (siehe Abschnitt 25.7). Damit können sich Alice und Bob unter Verwendung von Public-Key-Kryptographie gegenseitig identifizieren und auch einen geheimen Schlüssel austauschen.

Das mathematische Prinzip hinter COMSET ist das Verfahren von Rabin [1283] (siehe Abschnitt 19.5). Das Verfahren selbst wurde ursprünglich in [224] vorgeschlagen, [1305] enthält weitere Einzelheiten.

22.5 Encrypted Key Exchange

Das Protokoll Encrypted Key Exchange (EKE) stammt von Steve Bellovin und Michael Merritt [109]. Es bietet Sicherheit und Authentifizierung in Computernetzen und setzt sowohl symmetrische als auch Public-Key-Kryptographie auf neuartige Weise ein: Ein gemeinsam genutzter geheimer Schlüssel dient zur Chiffrierung eines zufällig generierten öffentlichen Schlüssels.

Grundlegendes EKE-Protokoll

Alice und Bob (das können zwei Benutzer, ein Benutzer und ein Rechner oder etwas anderes sein) kennen ein gemeinsames Paßwort P. Mit Hilfe dieses Protokolls können sie sich gegenseitig identifizieren und einen gemeinsamen Sitzungsschlüssel K generieren:

(1) Alice generiert ein zufälliges Paar aus öffentlichem und privatem Schlüssel. Sie chiffriert den öffentlichen Schlüssel K' mit einem symmetrischen Algorithmus und P als Schlüssel: $E_P(K')$. Sie sendet Bob

$A, E_P(K')$

(2) Bob kennt P. Er dechiffriert die Nachricht und erhält K'. Dann generiert er einen zufälligen Sitzungsschlüssel K und chiffriert diesen mit dem öffentlichen Schlüssel, den er von Alice erhielt, sowie dem Schlüssel P. Er sendet Alice

$E_P(E_{K'}(K))$

(3) Alice dechiffriert die Nachricht und erhält K. Sie generiert eine zufällige Zeichenkette R_A, verschlüsselt diese mit K und sendet Bob

$$E_K(R_A)$$

(4) Bob dechiffriert die Nachricht und erhält R_A. Er generiert eine weitere zufällige Zeichenkette R_B, verschlüsselt beide Zeichenketten mit K und sendet das Ergebnis an Alice:

$$E_K(R_A, R_B)$$

(5) Alice dechiffriert die Nachricht und erhält R_A und R_B. Unter der Voraussetzung, daß das von Bob erhaltene R_A mit dem übereinstimmt, das sie Bob in Schritt (3) geschickt hat, verschlüsselt sie R_B mit K und sendet das Ergebnis an Bob.

$$E_K(R_B)$$

(6) Bob dechiffriert die Nachricht und erhält R_B. Unter der Voraussetzung, daß das von Alice erhaltene R_B mit dem übereinstimmt, das er Alice in Schritt (4) geschickt hat, ist das Protokoll abgeschlossen. Jetzt können beide Parteien mit Hilfe von K als Sitzungsschlüssel kommunizieren.

In Schritt (3) kennen sowohl Alice als auch Bob K' und K. K ist der Sitzungsschlüssel; damit können Alice und Bob alle anderen Nachrichten chiffrieren, die sie einander senden. Eve, die die Leitung zwischen Alice und Bob abhört, kennt nur $E_P(K')$, $E_P(E_{K'}(K))$ sowie einige mit K verschlüsselte Nachrichten. Bei anderen Protokollen könnte Eve P einfach raten (viele Leute wählen schlechte Paßwörter; wenn Eve clever ist, kann sie ein Paßwort erraten) und es dann ausprobieren. Bei dem hier vorliegenden Protokoll kann Eve das geratene Paßwort nur dann testen, wenn sich auch den Public-Key-Algorithmus knackt. Werden K' und K wirklich zufällig gewählt, ist das ein unlösbares Problem.

Der *challenge-response*-Teil des Protokolls, also die Schritte (3) bis (6), gewährleistet Validierung. Die Schritte (3) bis (5) beweisen Alice, daß Bob K kennt; die Schritte (4) bis (6) beweisen Bob, daß Alice K kennt. Das Kerberos-Protokoll zum Austausch von Zeitstempeln besitzt die gleichen Eigenschaften.

EKE läßt sich mit einer Vielzahl von Public-Key-Algorithmen implementieren, etwa RSA, ElGamal oder Diffie-Hellman. Bei einer EKE-Implementierung mit einem Rucksackalgorithmus treten Sicherheitsprobleme auf (zusätzlich zur inhärenten Unsicherheit von Rucksackalgorithmen): die Normalverteilung der Chiffretextnachrichten macht die Vorteile von EKE zunichte.

EKE-Implementierung mit RSA

Der RSA Algorithmus scheint sich perfekt für diese Anwendung zu eignen, wirft jedoch einige subtile Probleme auf. Die Autoren empfehlen, in Schritt (1) nur den Verschlüsselungsexponenten zu chiffrieren und den Modul im Klartext zu senden. Eine Erläuterung der Überlegungen, die zu dieser Empfehlung führen, und weitere Einzelheiten zum Einsatz von RSA finden Sie in [109].

EKE-Implementierung mit ElGamal

Die Implementierung von EKE mit dem ElGamal-Algorithmus ist problemlos; das grundlegende Protokoll läßt sich sogar vereinfachen. Mit der Notation aus Abschnitt 19.6 sind g und p Teile des öffentlichen Schlüssels und werden von allen Benutzern gemeinsam verwendet. Der private Schlüssel ist eine zufällige Zahl r, der öffentliche Schlüssel ist g^r mod p. Die Nachricht, die Alice in Schritt (1) an Bob sendet, lautet

$$A, g^r \bmod p$$

Beachten Sie, daß dieser öffentliche Schlüssel nicht mit P chiffriert sein muß. Diese Aussage ist für den allgemeinen Fall nicht richtig, wohl aber für den ElGamal-Algorithmus. Details stehen in [109].

Bob wählt eine Zufallszahl R (für den ElGamal-Algorithmus, R ist unabhängig von den für EKE gewählten Zufallszahlen). Die Nachricht, die er in Schritt (2) an Alice sendet, lautet

$$E_P(g^R \bmod p, Kg^{Rr} \bmod p)$$

In Abschnitt 19.6 sind die Einschränkungen beschrieben, die für die Wahl der Variablen von ElGamal gelten.

EKE-Implementierung mit Diffie-Hellman

Beim Diffie-Hellman-Protokoll wird K automatisch generiert. Das Schlußprotokoll ist sogar noch einfacher. Die Werte von g und n werden für alle Netzbenutzer festgelegt.

(1) Alice wählt eine Zufallszahl r_A und sendet an Bob:

$$A, g^{r_A} \bmod n$$

Bei Diffie-Hellman muß Alice ihre erste Nachricht nicht mit P verschlüsseln.

(2) Bob wählt eine Zufallszahl r_B und berechnet:

$$K = g^{r_A * r_B} \bmod n$$

Er erzeugt eine zufällige Zeichenkette R_B und berechnet folgenden Wert, den er an Alice sendet:

$$E_P(g^{r_B} \bmod n), E_K(R_B)$$

(3) Alice dechiffriert die erste Hälfte von Bobs Nachricht und erhält g^{r_B} mod n. Dann berechnet sie K und dechiffriert damit R_B. Sie erzeugt eine weitere zufällige Zeichenkette R_A und chiffriert beide Zeichenketten mit K. Das Ergebnis sendet sie an Bob:

$$E_K(R_A, R_B)$$

(4) Bob dechiffriert die Nachricht und erhält R_A und R_B. Unter der Voraussetzung, daß das von Alice empfangene R_B mit dem Wert übereinstimmt, den er in Schritt

(2) an Alice geschickt hat, verschlüsselt er R_A mit K und sendet das Ergebnis an Alice:

$E_K(R_A)$

(5) Alice dechiffriert die Nachricht, um R_A zu überprüfen. Unter der Voraussetzung, daß das von Bob empfangene R_A mit dem Wert übereinstimmt, den sie in Schritt (3) an Bob geschickt hat, ist das Protokoll nun abgeschlossen. Beide können jetzt mit Hilfe von K als Sitzungsschlüssel miteinander kommunizieren.

Stärkung von EKE

Bellovin und Merrit schlagen eine Verbesserung des *challenge-response*-Teils des Protokolls vor. Sie soll einen möglichen Angriff verhindern, bei dem ein Kryptanalytiker einen alten Wert von K wiederherstellt.

Betrachten wir das grundlegende EKE-Protokoll. Alice erzeugt in Schritt (3) eine Zufallszahl S_A und sendet Bob

$E_K(R_A, S_A)$

Bob erzeugt in Schritt (4) eine weitere Zufallszahl S_B und sendet Alice

$E_K(R_A, R_B, S_B)$

Alice und Bob können jetzt beide den richtigen Sitzungsschlüssel $S_A \oplus S_B$ berechnen. Dieser Schlüssel wird für alle zukünftigen Nachrichten zwischen Alice und Bob benutzt. Der Schlüssel K dient nur zum Austausch des eigentlichen Schlüssels.

Welche Schutzebenen bietet EKE? Wenn Eve einen Wert von S wiederherstellen kann, hat sie damit noch keinerlei Informationen über P, denn mit P wird nichts verschlüsselt, was direkt zu S führt. Ein kryptanalytischer Angriff auf K ist ebenfalls nicht durchführbar, denn mit K werden nur zufällige Daten chiffriert, und S wird nie allein chiffriert.

Augmented-EKE

Das EKE-Protokoll hat den großen Nachteil, daß beide Parteien P kennen müssen. Die meisten Authentifizierungssysteme, die mit einem Paßwort arbeiten, speichern nicht das Paßwort selbst, sondern einen Einweg-Hashwert des Benutzer-Paßworts (siehe Abschnitt 3.2). Das Protokoll Augmented-EKE (A-EKE, was soviel wie erweitertes EKE bedeutet) benutzt einen Einweg-Hashwert des Benutzer-Paßworts als Superchiffrierschlüssel für die Diffie-Hellman-Variante von EKE. Der Benutzer sendet dann eine zusätzliche Nachricht auf Basis des ursprünglichen Paßworts. Diese Nachricht authentifiziert den neu gewählten Sitzungsschlüssel.

Es funktioniert wie folgt: Alice und Bob wollen sich wie üblich gegenseitig ausweisen und einen gemeinsamen Schlüssel generieren. Sie einigen sich auf ein Verfahren für digitale Signaturen, bei dem jede Zahl als privater Schlüssel fungieren kann und der öffentliche Schlüssel nicht zusammen mit dem privaten generiert, sondern von diesem abgeleitet wird. Die Algorithmen ElGamal und DSA eignen sich hierfür. Alices Paßwort P (oder auch ein einfacher Hashwert davon) dient als privater Schlüssel und als P':

(1) Alice wählt ihren zufälligen Exponenten R_a und überträgt
$$E_{P'}(g^{R_a} \bmod n)$$

(2) Bob, der nur P' kennt und P nicht daraus ableiten kann, wählt R_b und sendet
$$E_{P'}(g^{R_b} \bmod n)$$

(3) Sowohl Alice als auch Bob berechnen den gemeinsamen Sitzungsschlüssel
$$K = g^{R_a * R_b} \bmod n$$

Schließlich beweist Alice, daß sie P selbst (und nicht nur P') kennt, indem sie folgenden Wert sendet:
$$E_K(S_P(K))$$

Bob, der sowohl K als auch P' kennt, kann die Unterschrift dechiffrieren und validieren. Da nur Alice P kennt, kann nur sie die Nachricht geschickt haben. Ein Angreifer, der sich eine Kopie von Bobs Paßwortdatei verschaffen konnte, kann zwar versuchen, P zu raten, kann aber den Sitzungsschlüssel nicht unterzeichnen.

Das Verfahren A-EKE funktioniert nicht mit der Public-Key-Variante von EKE, da dabei eine Partei den Sitzungsschlüssel wählt und der anderen aufdrängt. Dies ermöglicht einen *man-in-the-middle*-Angriff durch einen Angreifer, der P' abfängt.

Anwendungen von EKE

Bellovin und Merrit schlagen vor, dieses Protokoll für sichere öffentliche Telefone zu verwenden[109]:

> Angenommen, es sollen öffentliche Telefone mit Verschlüsselung eingeführt werden. Wenn jemand eines dieser Telefone benutzen möchte, braucht er irgendeine Art von Schlüsselinformation. Bei konventionellen Lösungen muß der Anrufer einen physikalischen Schlüssel besitzen. Das ist in vielen Situationen nicht wünschenswert. EKE ermöglicht die Verwendung eines kurzen Paßworts, das über die Tastatur eingegeben wird. Für den Anruf aber wird ein viel längerer Sitzungsschlüssel verwendet.
>
> Auch bei Mobiltelefonen wäre EKE nützlich. Im Umgang mit Mobiltelefonen ist Betrug ein großes Problem. EKE kann davor schützen und die Vertraulichkeit des Anrufs gewährleisten, indem es ein Telefon nutzlos macht, solange keine PIN eingegeben wurde. Da die PIN nicht innerhalb des Telefons gespeichert wird, ist es nicht möglich, eine PIN aus einem gestohlenen Gerät zu rekonstruieren.

Der Hauptvorteil von EKE ist, daß dabei symmetrische und Public-Key-Kryptographie so zusammenarbeiten, daß sie sich gegenseitig stärken:

> EKE fungiert ganz allgemein als Sicherheitsverstärker. Das bedeutet, daß es vergleichsweise schwache symmetrische und asymmetrische Systeme stärken kann, wenn diese zusammen benutzt werden. Betrachten wir zum Beispiel die Schlüssellänge, die beim

exponentiellen Schlüsselaustausch zur Gewährleistung der Sicherheit erforderlich ist. Wie LaMacchia und Odlyzko zeigten [934], sind sogar solche Modullängen, die einmal als sicher erachtet wurden (nämlich 192 Bit) anfällig für einen Angriff, der nur wenige Minuten Rechenzeit erfordert. Ihr Angriff ist aber nicht durchführbar, wenn man ein Paßwort erst erraten muß, bevor man es anwenden kann.

Andersherum kann man den wirkungsvollen Schutz durch exponentiellen Schlüsselaustausch dazu benutzen, Versuche zum Erraten eines Paßworts zu vereiteln. Das Erraten von Paßwörtern ist nur dann sinnvoll, wenn jeder Versuch schnell verifiziert werden kann. Wenn zur Verifizierung die Lösung eines exponentiellen Schlüsseltauschs erforderlich ist, steigt die Gesamtzeit dramatisch an.

EKE ist patentiert [111].

22.6 Fortified Key Negotiation

Auch dieses Verfahren schützt Methoden zum Schlüsselaustausch vor schlecht gewählten Paßwörtern und *man-in-the-middle*-Angriffen [47, 983]. Es benutzt eine Hashfunktion zweier Variabler, die eine ganz spezielle Eigenschaft besitzt: Es gibt viele Kollisionen der ersten Variablen, jedoch so gut wie keine Kollisionen der zweiten Variablen.

$H'(x, y) = H(H(k, x) \mod 2^m, x)$,
wobei $H(k, x)$ eine normale Hashfunktion von k und x ist (man kann einfach eine Hashfunktion auf die Konkatenierung von k und x anwenden). k ist das Paßwort.

Das Protokoll sieht so aus: Alice und Bob kennen beide ein geheimes Paßwort P und haben gerade einen geheimen Schlüssel K gemäß Diffie-Hellman ausgetauscht. Mittels P stellen sie sicher, daß ihre beiden Sitzungsschlüssel übereinstimmen (und Eve keinen *man-in-the-middle*-Angriff versucht), ohne P an Eve weiterzugeben.

(1) Alice sendet Bob
$H'(P, K)$

(2) Bob berechnet $H'(P, K)$ und vergleicht sein Ergebnis mit dem Wert, der er von Alice erhalten hat. Stimmen sie überein, sendet er Alice
$H'(H(P, K))$

(3) Alice berechnet $H'(H(P, K))$ und vergleicht ihr Ergebnis mit dem Wert, den sie von Bob erhalten hat.

Wenn Eve einen *man-in-the-middle*-Angriff versucht, teilt sie einen Schlüssel K_1 mit Alice, und einen anderen Schlüssel K_2 mit Bob. Um Bob in Schritt (2) zu täuschen, muß sie das gemeinsame Paßwort ermitteln und Bob dann $H'(P, K_2)$ senden. Bei einer normalen Hashfunktion könnte sie gebräuchliche Paßwörter testen, bis sie das richtige erraten hat und sich dann in das Protokoll einschleichen. Bei dieser Hashfunktion liefern jedoch viele Paßwörter den gleichen Wert, wenn sie mit K_1 gehasht werden. Bei einem Treffer hat sie höchstwahrscheinlich das falsche Paßwort und kann Bob daher nicht täuschen.

22.7 Schlüsselverteilung auf Konferenzen und geheimer Rundruf

Alice möchte eine Nachricht M von einem einzelnen Sender aus per Rundruf übertragen. Allerdings soll nicht jeder Hörer die Nachricht verstehen können. Stattdessen soll nur eine ausgewählte Teilmenge von Hörern in der Lage sein, M wiederherzustellen, während alle anderen nur nur sinnlose Daten empfangen.

Alice könnte mit jedem Hörer einen anderen Schlüssel (geheim oder öffentlich) vereinbaren. Sie chiffriert die Nachricht mit einem zufälligen Schlüssel K. Anschließend chiffriert sie eine Kopie von K mit jedem der Schlüssel der gewünschten Empfänger. Schließlich sendet sie die chiffrierte Nachricht und alle chiffrierten Ks per Rundruf. Bob, der zuhört, versucht, alle Ks mit seinem geheimen Schlüssel zu dechiffrieren, bis er einen korrekten Wert gefunden hat. Wenn es Alice nicht stört, daß jeder den Empfänger ihrer Nachrichten kennt, kann Bob auch nach seinem Namen suchen, auf den ein chiffrierter Schlüssel folgt. Die bereits behandelte Methode der Kryptographie mit mehreren Schlüsseln funktioniert ebenfalls.

In [352] wird eine andere Methode vorgeschlagen. Zunächst braucht jeder Hörer einen geheimen Schlüssel, den er mit Alice teilt. Der Schlüssel ist länger als alle möglichen chiffrierten Nachrichten. All diese Schlüssel sollten paarweise teilerfremd sein. Alice verschlüsselt die Nachricht mit einem zufälligen Schlüssel K. Dann berechnet sie eine einzelne ganze Zahl R so, daß R modulo einem geheimen Schlüssel kongruent zu K ist, wenn dieser geheime Schlüssel die Nachricht dechiffrieren soll. Andernfalls soll R modulo einem geheimen Schlüssel den Wert Null haben.

Wenn Alice zum Beispiel möchte, daß Bob, Carol und Ellen die Nachricht lesen können, nicht aber Dave und Frank, so chiffriert sie die Nachricht mit K und berechnet R so, daß

$$R \equiv K \pmod{K_B}$$
$$R \equiv K \pmod{K_C}$$
$$R \equiv 0 \pmod{K_D}$$
$$R \equiv K \pmod{K_E}$$
$$R \equiv 0 \pmod{K_F}$$

Dabei handelt es sich um ein algebraisches Problem, das Alice leicht lösen kann. Wenn die Hörer den Rundruf empfangen, berechnen sie den empfangenen Schlüssel modulo ihrem geheimen Schlüssel. Sollen sie die Nachricht verstehen können, so können sie den Schlüssel rekonstruieren, ansonsten nicht.

In [141] wird noch eine weitere Methode vorgeschlagen, die ein Schwellenwertverfahren benutzt (siehe Abschnitt 3.7). Wie bei den anderen Methoden erhält jeder potentielle Hörer einen geheimen Schlüssel. Dieser Schlüssel bildet ein Teilgeheimnis in einem Schwellenwertverfahren, das noch gar nicht existiert. Alice behält einige geheime Schlüssel bei sich, was das System etwas zufälliger macht. Angenommen, es gibt k Hörer.

Um jetzt M per Rundruf zu senden, chiffriert Alice M mit dem Schlüssel K und verfährt wie folgt:

(1) Alice wählt eine Zufallszahl j. Diese Zahl hat den Zweck, die Anzahl der Nachrichtenempfänger zu verschleiern. j muß nicht sehr groß sein und kann auch den Wert Null haben.
(2) Alice erzeugt ein $(k + j + 1, 2k + j + 1)$-Schwellenwertverfahren. Dabei gilt:
K ist das Geheimnis.
Die geheimen Schlüssel der gewünschten Empfänger sind Teilgeheimnisse.
Die geheimen Schlüssel der unerwünschten Empfänger sind keine Teilgeheimnisse.
j Teilgeheimnisse werden zufällig gewählt; sie stimmen nicht mit denen der geheimen Schlüssel überein.
(3) Alice verbreitet per Rundruf $k + j$ zufällig gewählte Teilgeheimnisse. Darunter befindet sich keines der in Schritt (2) aufgeführten Teilgeheimnisse.
(4) Alle Hörer, die den Rundruf empfangen, fügen ihre Teilgeheimnisse zu den $k + j$ Teilgeheimnissen hinzu, die sie empfangen haben. Wenn sie durch Hinzufügen des Teilgeheimnisses das Geheimnis berechnen können, haben sie den Schlüssel bestimmt, anderenfalls nicht.

Ein anderer Ansatz findet sich in [885, 886, 1194], ein weiterer in [1000].

Schlüsselverteilung auf Konferenzen

Mit diesem Protokoll kann eine Gruppe von n Benutzern einen geheimen Schlüssel aushandeln, wobei nur über unsichere Kanäle kommuniziert wird. Alle Mitglieder der Gruppe kennen zwei große Primzahlen p und q sowie einen Generator g, der genauso lang ist wie q.

(1) Benutzer i (i läuft dabei von 1 bis n) wählt eine Zufallszahl r_i, die kleiner ist als q, und sendet per Rundruf

$$z_i = g^{r_i} \bmod p$$

(2) Alle Benutzer verifizieren, daß $z_i{}^q \equiv 1 \pmod{p}$ (für i von 1 bis n).
(3) Benutzer i sendet per Rundruf

$$x_i = (z_{i+1}/z_{i-1})^{r_i} \bmod p$$

(4) Benutzer i berechnet

$$K = (z_{i-1})^{nr_i} * x_i^{n-1} * x_{i+1}^{n-2} * \ldots * x_{i-2} \bmod p$$

Bei diesem Protokoll sind alle Indexberechnungen ($i - 1$, $i - 2$ und $i + 1$) modulo n auszuführen. Nach Abschluß des Protokolls verfügen alle ehrlichen Benutzer über den gleichen Wert von K. Andere Benutzer gehen leer aus. Dieses Protokoll ist allerdings anfällig für einen *man-in-the-middle*-Angriff. Ein anderes Protokoll, das nicht ganz so hübsch ist, wird in [757] beschrieben.

Tatebayashi-Matsuzaki-Newman

Dieses Protokoll zur Verteilung von Schlüsseln eignet sich für Netzwerke [1521]. Alice möchte unter Mitwirkung von Trent (er fungiert als KDC) einen Sitzungsschlüssel mit Bob generieren. Alle Teilnehmer kennen Trents öffentlichen Schlüssel n. Trent kennt die beiden großen Primzahlen, aus denen n besteht und kann daher einfach Kubikwurzeln modulo n ziehen. Im folgenden Protokoll fehlen viele Einzelheiten, doch die Grundidee ist zu erkennen:

(1) Alice wählt eine Zufallszahl r_A und sendet Trent
$$r_A^3 \bmod n$$
(2) Trent teilt Bob mit, daß jemand einen Schlüssel mit ihm vereinbaren möchte.
(3) Bob wählt eine Zufallszahl r_B und sendet Trent
$$r_B^3 \bmod n$$
(4) Trent rekonstruiert mit Hilfe seines privaten Schlüssels r_A und r_B. Er sendet Alice
$$r_A \oplus r_B$$
(5) Alice berechnet
$$(r_A \oplus r_B) \oplus r_A = r_B$$
Mit Hilfe des Werts r_B kann sie jetzt sicher mit Bob kommunizieren.

Dieses Protokoll sieht zwar gut aus, birgt jedoch ein großes Problem. Carol kann in Schritt (3) lauschen und die Information zusammen mit dem nichtsahnenden Trent und einem weiteren bösartigen Benutzer (Dave) zur Rekonstruktion von r_B benutzen [1472]:

(1) Carol wählt eine Zufallszahl r_C und sendet Trent
$$r_B^3 r_C^3 \bmod n$$
(2) Trent teilt Dave mit, daß jemand einen Schlüssel mit ihm vereinbaren möchte.
(3) Dave wählt eine Zufallszahl r_D und sendet Trent
$$r_D^3 \bmod n$$
(4) Trent rekonstruiert mit Hilfe seines privaten Schlüssels r_C und r_D. Er sendet Carol
$$(r_B r_C) \bmod n \oplus r_D$$
(5) Dave sendet r_D an Carol.
(6) Carol bestimmt r_B mit Hilfe von r_C und r_D. Mit r_B kann sie Alice und Bob jetzt belauschen.

Das hört sich nicht gut an.

23 Spezielle Algorithmen für Protokolle

23.1 Public-Key-Kryptographie mit mehreren Schlüsseln

Das folgende Verfahren ist eine Verallgemeinerung von RSA (siehe Abschnitt 19.3) [217, 212]. Der Modul n ist das Produkt zweier Primzahlen p und q. Anstatt jedoch e und d so zu wählen, daß $ed \equiv 1 \mod ((p-1)(q-1))$, wählt man t Schlüssel K_i mit

$$K_1 * K_2 * \ldots * K_t \equiv 1 \mod ((p-1)(q-1))$$

Wegen

$$M^{K_1 * K_2 * \ldots * K_t} = M$$

liefert das ein Verfahren mit mehreren Schlüsseln (siehe Abschnitt 3.5).

Gibt es zum Beispiel fünf Schlüssel, so kann man eine Nachricht, die mit K_3 und K_5 chiffriert wurde, mit K_1, K_2 und K_4 dechiffrieren:

$$C = M^{K_3 * K_5} \mod n$$
$$M = C^{K_1 * K_2 * K_4} \mod n$$

Eine Einsatzmöglichkeit für dieses Verfahren sind Mehrfachunterschriften. Stellen Sie sich eine Situation vor, in der sowohl Alice als auch Bob ein Dokument unterzeichnen müssen, damit es gültig ist. Es gibt drei Schlüssel K_1, K_2 und K_3. Die ersten beiden werden an Alice und Bob ausgegeben, der dritte Schlüssel wird veröffentlicht.

(1) Zuerst unterzeichnet Alice M und sendet das Ergebnis an Bob:

$$M' = M^{K_1} \mod n$$

(2) Bob kann M aus M' wiederherstellen:

$$M = M'^{K_2 * K_3} \mod n$$

(3) Er fügt außerdem seine Unterschrift hinzu:

$$M'' = M'^{K_2} \mod n$$

(4) Alle Benutzer können die Unterschrift mit Hilfe des öffentlichen Schlüssels K_3 verifizieren:

$$M = M''^{K_3} \mod n$$

Beachten Sie, daß zur Einrichtung dieses Systems eine vertrauenswürdige Partei nötig ist, die die Schlüssel an Alice und Bob verteilt. Ein weiteres Verfahren mit der gleichen Einschränkung ist [484]; ein drittes Verfahren ist [695, 830, 700]. Bei diesem ist der Aufwand für die Verifizierung jedoch proportional zur Anzahl der Unterzeichner. Neuere

Methoden [220, 1200], die auf Zero-Knowledge-Identifizierungsverfahren basieren, beheben beide Einschränkungen obiger Systeme.

23.2 Secret-Sharing-Algorithmen

In Abschnitt 3.7 haben wir das Prinzip der *secret-sharing*-Verfahren behandelt. Die im folgenden vorgestellten vier Algorithmen lassen sich alle in einen gemeinsamen theoretischen Rahmen einbetten [883].

Polynomverfahren mit LaGrange-Interpolation

Adi Shamir benutzt Polynomgleichungen über einem endlichen Körper zur Konstruktion eines Schwellenwertverfahrens [1414]. Man wählt eine Primzahl p, die sowohl größer als die Anzahl der möglichen Teilgeheimnisse als auch größer als das größte mögliche Geheimnis ist. Zum Aufteilen des Geheimnisses generiert man ein beliebiges Polynom vom Grad $m - 1$. Um zum Beispiel ein $(3, n)$-Schwellenwertverfahren zu erzeugen (zur Wiederherstellung von M sind drei Teilgeheimnisse nötig), generiert man ein quadratisches Polynom

$$(ax^2 + bx + M) \bmod p$$

Dabei ist p eine zufällig gewählte Primzahl, die größer als alle Koeffizienten ist. Die Koeffizienten a und b werden zufällig gewählt. Sie bleiben geheim und werden nach Ausgabe der Teilgeheimnisse vernichtet. M ist die Nachricht. Die Primzahl muß öffentlich bekanntgegeben werden.

Die Teilgeheimnisse erhält man durch Auswertung des Polynoms an n verschiedenen Punkten:

$$k_i = F(x_i)$$

Das erste Teilgeheimnis könnte also durch Auswertung des Polynoms bei $x = 1$ entstehen, das zweite durch Auswertung bei $x = 2$ usw.

Da das quadratische Polynom drei unbekannte Koeffizienten a, b und M enthält, kann man mit drei beliebigen Teilgeheimnissen drei Gleichungen aufstellen. Ein oder zwei Teilgeheimnisse genügen dazu nicht. Vier oder fünf Teilgeheimnisse sind redundant.

M habe zum Beispiel den Wert 11. Um ein $(3, 5)$-Schwellenwertverfahren zu konstruieren (das heißt, drei von fünf Leuten können M rekonstruieren), generiert man zuerst eine quadratische Gleichung (die Werte 7 und 8 wurden zufällig gewählt):

$$F(x) = (7x^2 + 8x + 11) \bmod 13$$

Die fünf Teilgeheimnisse lauten:

$k_1 = F(1) = 7 + 8 + 11 \equiv 0 \pmod{13}$
$k_2 = F(2) = 28 + 16 + 11 \equiv 3 \pmod{13}$
$k_3 = F(3) = 63 + 24 + 11 \equiv 7 \pmod{13}$
$k_4 = F(4) = 112 + 32 + 11 \equiv 12 \pmod{13}$
$k_5 = F(5) = 175 + 40 + 11 \equiv 5 \pmod{13}$

Um M aus drei Teilgeheimnissen, etwa k_2, k_3 und k_5 zu rekonstruieren, löst man das lineare Gleichungssystem

$$a * 2^2 + b * 2 + M \equiv 3 \pmod{13}$$
$$a * 3^2 + b * 3 + M \equiv 7 \pmod{13}$$
$$a * 5^2 + b * 5 + M \equiv 5 \pmod{13}$$

Die Lösung lautet $a = 7$, $b = 8$ und $M = 11$. Damit ist M wiederhergestellt.

Dieses *secret-sharing*-Verfahren läßt sich leicht auf größere Zahlen ausdehnen. Soll die Nachricht so in 30 gleiche Teile aufgeteilt werden, daß mit sechs Teilgeheimnissen die Nachricht rekonstruiert werden kann, gibt man jedem der 30 Beteiligten ein Polynom fünften Grades zur Auswertung:

$$F(x) = (ax^5 + bx^4 + cx^3 + dx^2 + ex + M) \pmod{p}$$

Sechs Leute können nach den sechs Unbekannten (einschließlich M) auflösen; fünf Leute erfahren überhaupt nichts über M.

Das Verrückteste an den gemeinsamen Geheiminformationen ist die Tatsache, daß bei zufälliger Wahl der Koeffizienten auch fünf Leute mit unbegrenzter Rechenkapazität nichts über die Nachricht in Erfahrung bringen können mit Ausnahme deren Länge – die aber ohnehin schon jeder kennt. Das Verfahren ist so sicher wie ein One-Time-Pad. Der Versuch einer exhaustiven Suche (also Ausprobieren aller möglichen sechs Teilgeheimnisse) wird die Erkenntnis liefern, daß jede mögliche Nachricht das Geheimnis sein könnte. Diese Eigenschaft gilt für alle hier vorgestellten Verfahren für gemeinsame Geheimnisse.

Vektorverfahren

George Blakley erfand ein Verfahren, das mit Punkten im Raum arbeitet [182]. Die Nachricht wird als Punkt im m-dimensionalen Raum definiert. Jedes Teilgeheimnis besteht aus der Gleichung einer $(m-1)$-dimensionalen Hyperebene, die diesen Punkt enthält. Der Schnittpunkt beliebiger m Hyperebenen legt den Punkt exakt fest.

Sind zur Rekonstruktion der Nachricht zum Beispiel drei Teilgeheimnisse erforderlich, so nimmt man einen Punkt im dreidimensionalen Raum. Jedes Teilgeheimnis stellt eine andere Ebene dar. Bei zwei Teilgeheimnissen weiß man, daß sich der Punkt auf der Geraden befindet, die die Schnittmenge der beiden Ebenen bildet. Mit drei Teilgeheimnissen kann man den Punkt exakt bestimmen, nämlich als Schnittpunkt der drei Ebenen.

Asmuth-Bloom

Dieses Verfahren arbeitet mit Primzahlen [65]. Für ein (m, n)-Schwellenwertverfahren wählt man eine große Primzahl p, die größer ist als M. Dann wählt man n Zahlen d_1, $d_2, \ldots, d_n$, die kleiner als p sind und für die gilt:

1. Die d Werte sind in aufsteigender Reihenfolge sortiert: $d_i < d_{i+1}$
2. Alle d_i sind paarweise prim zueinander.
3. $d_1 * d_2 * \ldots * d_m > p * d_{n-m+2} * d_{n-m+3} * \ldots * d_n$

Um die Teilgeheimnisse zu verteilen, wählt man zuerst eine Zufallszahl r und berechnet

$$M' = M + rp$$

Die Teilgeheimnisse k_i lauten

$$k_i = M' \bmod d_i$$

Unter Ausnutzung des chinesischen Restsatzes läßt sich mit beliebigen m Teilgeheimnissen M rekonstruieren. Mit $m - 1$ Teilgeheimnissen ist das nicht möglich. Weitere Einzelheiten finden Sie in [65].

Karnin-Greene-Hellman

Dieses Verfahren arbeitet mit Matrizenmultiplikation [818]. Man wählt $n + 1$ m-dimensionale Vektoren $V_0, V_1, \ldots, V_n$ so aus, daß jede mögliche aus diesen Vektoren gebildete $m * m$-Matrix den Rang m besitzt. Der Vektor U ist ein Zeilenvektor der Dimension $m + 1$.

M ist das Matrizenprodukt $U \cdot V_0$. Die Teilgeheimnisse sind die Produkte $U \cdot V_i$, wobei i von 1 bis n läuft.

Mit je m Teilgeheimnissen kann man das $m * m$-System linearer Gleichungen lösen, dessen Unbekannte die Koeffizienten von U sind. $U \cdot V_0$ läßt sich aus U berechnen. Mit nur $m - 1$ Teilgeheimnissen kann man das lineare Gleichungssystem nicht lösen und daher auch das Geheimnis nicht ermitteln.

Erweiterte Schwellenwertverfahren

Die vorigen Beispiele illustrieren nur die einfachsten Schwellenwertverfahren: Teile ein Geheimnis so in n Teilgeheimnisse auf, daß man mit beliebigen m Teilgeheimnissen das Geheimnis rekonstruieren kann. Mit diesen Algorithmen lassen sich jedoch noch viel komplizierterer Verfahren erzeugen. In den folgenden Beispielen kommt der Algorithmus von Shamir zum Einsatz, es kann jedoch auch jeder andere benutzt werden.

Für ein Verfahren, bei dem eine Person wichtiger ist als die anderen, gibt man dieser Person mehrere Teilgeheimnisse. Es seien zum Beispielen fünf Teilgeheimnisse zur

Rekonstruktion des Geheimnisses erforderlich; eine Person verfügt über drei Teilgeheimnisse, alle anderen nur über eines. Dann können diese eine Person und zwei beliebige andere Leute das Geheimnis rekonstruieren. Ohne die bevorzugte Person sind fünf Leute zur Rekonstruktion des Geheimnisses nötig.

Zwei oder mehr Leute könnten mehrere Teilgeheimnisse bekommen; jede Person kann über eine andere Zahl von Teilgeheimnissen verfügen. Es spielt keine Rolle, wie die Teilgeheimnisse verteilt werden – mit jeweils m Teilen läßt sich das Geheimnis rekonstruieren. Verfügt jemand nur über $m-1$ Teile, so ist die Rekonstruktion unmöglich. Es ist egal, ob es sich dabei um eine einzelne Person oder einen ganzen Saal voller Leute handelt.

Für andere Verfahrenstypen können wir uns eine Situation mit zwei gegnerischen Delegationen vorstellen. Man kann das Geheimnis so aufteilen, daß zwei der sieben Mitglieder von Delegation A und drei der zwölf Mitglieder von Delegation B zur Rekonstruktion des Geheimnisses nötig sind. Dazu erzeugt man ein Polynom dritten Grades, das das Produkt eines linearen und eines quadratischen Ausdrucks ist. Jedes Mitglied von Delegation A erhält ein Teilgeheimnis, das einer Auswertung der linearen Gleichung entspricht; jedes Mitglied der Delegation B erhält ein Teilgeheimnis, das einer Auswertung der quadratischen Gleichung entspricht.

Mit beliebigen zwei Teilgeheimnissen der Delegation A kann man die lineare Gleichung rekonstruieren. Egal, über wie viele Teilgeheimnisse die andere Gruppe verfügt – sie kann keine Informationen über das Geheimnis erhalten. Entsprechendes gilt für Delegation B: Sie kann die quadratische Gleichung mit Hilfe von drei Teilgeheimnissen rekonstruieren, hat jedoch nicht genügend Informationen, um das ganze Geheimnis zu rekonstruieren. Nur wenn die beiden Delegationen ihre beiden Gleichungen offenlegen, können sie sie multiplizieren, um das Geheimnis zu rekonstruieren.

Im allgemeinen lassen sich alle denkbaren Aufteilungsverfahren implementieren. Man muß dazu nur ein System von Gleichungen aufstellen, das der jeweils gewünschten Aufteilung entspricht. [1462, 1463, 1464] sind ausgezeichnete Arbeiten über verallgemeinerte Aufteilungsverfahren.

Gemeinsame Geheimnisse mit Betrügern

Dieser Algorithmus wandelt das normale (m, n)-Schwellenwertverfahren so ab, daß man Betrüger entdecken kann [1529]. Ich führe ihn hier mit dem LaGrange-Verfahren vor, er funktioniert jedoch auch mit anderen.

Man wählt eine Primzahl p, die größer als n ist und außerdem größer als

$$(s-1)(m-1)/e + m$$

s ist dabei das größte mögliche Geheimnis und e die Wahrscheinlichkeit, erfolgreich zu betrügen. e kann beliebig klein werden; das verkompliziert nur die Berechnungen. Die Teilgeheimnisse werden wie früher konstruiert, nur nimmt man jetzt anstelle der Werte $1, 2, 3, \ldots, n$ zufällig gewählte Zahlen zwischen 1 und $p-1$ für die x_i.

Wenn sich Mallory nun mit seinem falschen Teilgeheimnis in das Treffen zur Rekonstruktion des Geheimnisses einschleicht, ist die Wahrscheinlichkeit hoch, daß sein Teilgeheimnis unmöglich ist. Ein unmögliches Geheimnis ist natürlich gefälscht. Die mathematischen Grundlagen finden Sie in [1529].

Mallory wird zwar als Betrüger entlarvt, erfährt aber leider das Geheimnis (vorausgesetzt, es gibt m andere gültige Teilgeheimnisse). Ein anderes Protokoll aus [1529, 975] verhindert das. Die Grundidee ist eine Reihe von k Geheimnissen. Keiner der Teilnehmer weiß vorher, welches davon korrekt ist. Jedes Geheimnis ist länger als das vorherige, mit Ausnahme des richtigen Geheimnisses. Die Teilnehmer kombinieren ihre Teilgeheimnisse eins nach dem anderen, bis sie ein Geheimnis erzeugen, das kürzer ist als die vorherigen. Das ist dann das korrekte Geheimnis.

Bei diesem Verfahren werden Betrüger entlarvt, bevor das Geheimnis generiert wird. Wenn die Teilnehmer ihre Teile der Reihe nach aufdecken, treten Komplikationen auf; in den angeführten Arbeiten finden Sie Einzelheiten hierzu. Weitere Arbeiten zur Aufdeckung und Verhütung von Betrug bei Schwellenwertverfahren sind [355, 114, 270].

23.3 Verdeckter Kanal

Ong-Schnorr-Shamir

Dieser verdeckte Kanal (siehe Abschnitt 4.2) wurde von Gustavus Simmons entworfen [1458, 1459, 1460]. Er benutzt das Identifizierungsverfahren von Ong-Schnorr-Shamir (siehe Abschnitt 20.5). Wie beim ursprünglichen Verfahren wählt der Absender (Alice) einen öffentlichen Modul n und einen privaten Schlüssel k, wobei n und k relativ prim zueinander sind. Im Gegensatz zum ursprünglichen Schema kennt auch Bob, der Empfänger der verdeckten Nachricht, den Schlüssel k.

Der öffentliche Schlüssel wird wie folgt berechnet:

$$h = -k^2 \bmod n$$

Alice möchte die verdeckte Nachricht M mit Hilfe der unverdächtigen Nachricht M' senden. Dazu überprüft sie zunächst, ob M' und n sowie M und n relativ prim zueinander sind. Dann berechnet sie

$$S_1 = 1/2 * ((M'/M + M)) \bmod n$$
$$S_2 = k/2 * ((M'/M - M)) \bmod n$$

Das Paar S_1 und S_2 bildet die Unterschrift beim traditionellen Verfahren von Ong-Schnorr-Shamir und wird zum Träger der verdeckten Nachricht.

Erinnern Sie sich noch an Walter, den Wächter? Er kann die Nachricht so authentifizieren, wie es im Verfahren von Ong-Schnorr-Shamir beschrieben ist. Bob kann jedoch noch mehr. Er kann die Nachricht authentifizieren (Walter könnte ja auch seine eigenen Nachrichten fabrizieren). Bob überprüft, ob

$$S_1^2 - S_2^2/k^2 \equiv M' \pmod{n}$$

Ist die Nachricht authentisch, so kann der Empfänger die verdeckte Nachricht mit Hilfe folgender Formel wiederherstellen:

$$M = M'/(S_1 + S_2 k^{-1}) \bmod n$$

Das funktioniert zwar, Sie sollten dabei jedoch nicht vergessen, daß das ursprüngliche Verfahren von Ong-Schnorr-Shamir geknackt wurde.

ElGamal

Simmons zweiter verdeckter Kanal [1459], der in [1407, 1473] beschrieben wird, beruht auf dem Signaturverfahren von ElGamal (siehe Abschnitt 19.6).

Die Generierung der Schlüssel erfolgt genauso wie beim einfachen Signaturverfahren von ElGamal. Zuerst wählt man eine Primzahl p und zwei zufällige Zahlen g und r, so daß sowohl g als auch r kleiner als p sind. Dann berechnet man

$$K = g^r \bmod p$$

Der öffentliche Schlüssel besteht aus K, g und p, der private Schlüssel aus r. Außer Alice kennt auch Bob r. Mit diesem Schlüssel wird nicht nur die harmlose Nachricht unterzeichnet, sondern auch die verdeckte Nachricht versandt und gelesen.

Um eine verdeckte Nachricht M mit Hilfe der harmlosen Nachricht M' zu senden, müssen M, M' und p alle relativ prim zueinander sein, ebenso M und $p - 1$. Alice berechnet

$$X = g^M \bmod p$$

und löst mit Hilfe des erweiterten Euklidischen Algorithmus die folgende Gleichung nach Y:

$$M' = rX + MY \bmod (p - 1)$$

Die Unterschrift besteht wie beim einfachen ElGamal-Verfahren aus dem Paar X und Y.

Walter kann die ElGamal-Unterschrift verifizieren. Er überprüft dazu folgende Identität:

$$K^X X^Y \equiv g^{M'} \pmod{p}$$

Bob kann die verdeckte Nachricht wiederherstellen. Zuerst überprüft er, ob

$$(g^r)^X X^Y \equiv g^{M'} \pmod{p}$$

gilt. Ist dies der Fall, akzeptiert er die Nachricht als echt (also als nicht von Walter stammend). Um jetzt M zu bestimmen, berechnet er

$$M = (Y^{-1}(M' - rX)) \bmod (p - 1)$$

Es sei zum Beispiel $p = 11$ und $g = 2$. Der private Schlüssel r wird auf den Wert 8 gesetzt. Das liefert den öffentlichen Schlüssel $g^r \bmod p = 2^8 \bmod 11 = 3$, mit dem Walter die Unterschrift verifizieren kann.

Alice möchte die verdeckte Nachricht $M = 9$ mit Hilfe der harmlosen Nachricht $M' = 5$ senden. Sie überprüft dazu, ob 9 und 11 sowie 5 und 11 relativ prim zueinander sind. Außerdem testet sie noch, ob 9 und $11 - 1 = 10$ relativ prim zueinander sind. Da dies der Fall ist, berechnet sie

$$X = g^M \bmod p = 2^9 \bmod 11 = 6$$

Dann löst sie folgende Gleichung nach Y auf:

$$5 = 8 * 6 + 9 * Y \bmod 10$$

$Y = 3$ liefert als Unterschrift das Paar X und Y, also 6 und 3.

Bob überprüft, ob

$$(g^r)^X X^Y \equiv g^{M'} \pmod{p}$$
$$(2^8)^6 \, 6^3 \equiv 2^5 \pmod{11}$$

Da das der Fall ist (rechnen Sie nach, wenn Sie mir nicht trauen!), stellt er die verdeckte Nachricht wieder her, indem er folgenden Wert berechnet:

$$M = (Y^{-1}(M' - rX)) \bmod (p-1) = 3^{-1}(5 - 8*6) \bmod 10 = 7\,(7) \bmod 10 = 49 \bmod 10 = 9$$

ESIGN

Auch bei ESIGN kann man einen verdeckten Kanal aufbauen [1460] (siehe Abschnitt 20.6).

Bei ESIGN besteht der geheime Schlüssel aus einem Paar p und q großer Primzahlen; der öffentliche Schlüssel ist $n = p^2 q$. Bei einem verdeckten Kanal besteht der private Schlüssel aus drei Primzahlen p, q und r; der öffentliche Schlüssel ist n mit

$$n = p^2 q r$$

Die Variable r stellt die zusätzliche Information dar, die Bob braucht, um die verdeckte Nachricht lesen zu können.

Um eine normale Nachricht zu unterzeichnen, wählt Alice zuerst eine Zufallszahl x, die kleiner ist als pqr, und berechnet:

w, die kleinste ganze Zahl, die größer ist als $(H(m) - x^k \bmod n)/pqr$
$s = x + ((w/kx^{k-1}) \bmod p)\,pqr$

$H(m)$ ist der Hashwert der Nachricht, k ein Sicherheitsparameter. Der Wert s bildet die Unterschrift.

Um die Unterschrift zu verifizieren, berechnet Bob $s^k \bmod n$. Er berechnet außerdem die kleinste ganze Zahl a, die größer ist als die Anzahl der Bits von n dividiert durch 3. Ist $H(m)$ kleiner oder gleich $s^k \bmod n$ und $s^k \bmod n$ kleiner als $H(m) + 2^a$, betrachtet er die Unterschrift als gültig.

Alice möchte mit Hilfe der harmlosen Nachricht M' die verdeckte Nachricht M senden. Dazu berechnet sie s, wobei sie M anstelle $H(m)$ verwendet. Das bedeutet, daß die Nachricht kleiner sein muß als p^2qr. Dann wählt sie eine Zufallszahl u und berechnet

$$x' = M' + ur$$

Diesen Wert x' benutzt sie jetzt als „Zufallszahl" x für die Unterzeichnung von M'. Dieser zweite Wert s wird als Unterschrift übertragen.

Walter kann überprüfen, ob dieses zweite s eine gültige Unterschrift von M' darstellt.

Bob kann die Nachricht genauso authentifizieren. Da er aber auch r kennt, kann er folgende Berechnung durchführen:

$$s = x' + ypqr = M + ur + ypqr \equiv M \ (\bmod \ r)$$

Diese Implementierung eines verdeckten Kanals ist wesentlich besser als die vorigen beiden. Bei den Implementierungen mit den Verfahren von Ong-Schnorr-Shamir und ElGamal kennt Bob den privaten Schlüssel von Alice. Bob ist also nicht nur in der Lage, verdeckte Nachrichten von Alice zu lesen, sondern kann sich auch als Alice ausgeben und normale Dokumente unterzeichnen. Alice kann das nicht verhindern; sie muß Bob vertrauen, wenn sie den verdeckten Kanal nutzen will.

Beim ESIGN-Verfahren tritt dieses Problem nicht auf. Der private Schlüssel von Alice besteht aus den drei Primzahlen p, q und r. Bobs geheimer Schlüssel umfaßt nur r. Er weiß, daß $n = p^2qr$ ist, doch um p und q zu ermitteln, muß er diese Zahl faktorisieren. Sind die Primzahlen groß genug, so ist es für Bob genauso schwer, sich für Alice auszugeben wie für Walter und alle anderen.

DSA

Auch in DSA (siehe Abschnitt 20.1) gibt es einen verdeckten Kanal [1468, 1469, 1473], genaugenommen sogar mehrere. Der einfachste verdeckte Kanal hängt mit der Wahl von k zusammen. k sollte ein zufälliger 160 Bit langer Wert sein. Wählt Alice jedoch einen bestimmten Wert für k, so kann Bob, der den privaten Schlüssel von Alice kennt, den Wert rekonstruieren. Alice kann Bob in jeder DSA-Signatur eine verdeckte Nachricht von 160 Bit Länge schicken. Alle anderen verifizieren nur Alices Unterschrift. Es gibt noch eine weitere Komplikation: Da k zufällig sein sollte, müssen Alice und Bob ein gemeinsames One-Time-Pad benutzen und die verdeckte Nachricht mit dem One-Time-Pad chiffrieren, um ein k zu generieren.

Es gibt auch verdeckte Kanäle in DSA, bei denen Bob den privaten Schlüssel von Alice nicht kennen muß. Dabei wählt Alice ebenfalls bestimmte Werte von k, doch man kann damit keine 160 Bit an Informationen versenden. Mit dem in [1468, 1469] vorgestellten

Verfahren können Alice und Bob mit jeder Unterschrift ein Bit an verdeckter Information austauschen:

(1) Alice und Bob einigen sich auf eine zufällige Primzahl P (sie hat nichts mit dem Parameter p des Signaturverfahrens zu tun). P bildet den geheimen Schlüssel für den verdeckten Kanal.
(2) Alice unterzeichnet eine harmlose Nachricht M. Wenn sie Bob das verdeckte Bit 1 senden möchte, sorgt sie dafür, daß der Parameter r der Unterschrift ein quadratischer Rest modulo P ist. Möchte sie ihm das Bit 0 senden, sorgt sie dafür, daß der Parameter r kein quadratischer Rest modulo P ist. Um das zu erreichen, unterzeichnet sie die Nachricht mit zufälligen Werten von K, bis sie eine Signatur mit einem r erhält, das die gewünschte Eigenschaft aufweist. Da es gleich wahrscheinlich ist, ob ein Wert einen quadratischen Rest liefert oder nicht, sollte das nicht allzu schwierig sein.
(3) Alice sendet die unterzeichnete Nachricht an Bob.
(4) Bob verifiziert die Unterschrift, um die Authentizität der Nachricht sicherzustellen. Dann prüft er, ob r ein quadratischer Rest modulo P ist oder nicht und rekonstruiert damit das verdeckte Bit.

Um mit dieser Methode mehrere Bits zu senden, sorgt man dafür, daß r bezüglich einer Reihe von Parametern entweder ein quadratischer Rest ist oder nicht. Einzelheiten hierzu finden Sie in [1468, 1469].

Dieses Verfahren läßt sich einfach dahingehend erweitern, daß man mit jeder Unterschrift mehrere verdeckte Bits sendet. Wenn sich Alice und Bob auf zw4ei zufällige Primzahlen P und Q geeinigt haben, kann Alice zwei Bit senden, indem sie einen zufälligen Wert für k derart wählt, daß r entweder ein quadratischer Rest modulo P ist oder nicht sowie entweder ein quadratischer Rest modulo Q oder nicht. Bei einem zufälligen Wert von k beträgt die Wahrscheinlichkeit 25 Prozent, daß das erzeugte r die korrekte Form hat.

Mit dem folgenden Verfahren kann Mallory mit einer manipulierten Implementierung von DSA jedesmal, wenn Alice ein Dokument unterzeichnet, 10 Bit ihres privaten Schlüssels herausschleusen:

(1) Mallory implementiert den DSA-Algorithmus in einem einbruchsicheren VLSI-Chip, damit niemand dessen Innenleben untersuchen kann. Er legt in seiner DSA-Implementierung einen verdeckten Kanal mit 14 Bit an. Er wählt also 14 Primzahlen und läßt den Chip einen Wert für k wählen, für den r modulo jeder dieser 14 Primzahlen entweder ein quadratischer Rest ist oder nicht – abhängig von der verdeckten Nachricht.
(2) Mallory verteilt seine Chips an Alice, Bob und alle anderen Benutzer, die ihn haben wollen.
(3) Alice unterzeichnet eine Nachricht normal, wobei sie ihren 160 Bit langen privaten Schlüssel x benutzt.
(4) Der Chip wählt zufällig einen 10 Bit langen Block von x, also die ersten 10 Bit, die zweiten zehn Bit usw. Da es 16 mögliche Blöcke der Länge 10 Bit gibt, kann

man den Block mit einer 4-Bit-Zahl identifizieren. Diese vier Bit plus die 10 Schlüsselbits ergeben die 14 Bit der verdeckten Nachricht.

(5) Der Chip testet Zufallswerte für k, bis er einen findet, der die korrekten quadratischen Resteigenschaften für die verdeckte Nachricht besitzt. Die Wahrscheinlichkeit, daß ein zufälliges k die korrekte Form hat, beträgt 1 zu 16 384. Wenn der Chip in jeder Sekunde 10 000 Werte für k testen kann, findet er in weniger als zwei Sekunden einen passenden. Da diese Berechnung von der Nachricht unabhängig ist, kann sie bereits stattfinden, bevor Alice eine Nachricht unterzeichnet.

(6) Der Chip unterzeichnet die Nachricht normal und benutzt dazu den in Schritt (5) gewählten Wert von k.

(7) Alice sendet die digitale Signatur an Bob, veröffentlicht sie im Netz oder benutzt sie anderweitig.

(8) Mallory stellt r wieder her und dechiffriert die verdeckte Nachricht, da er die 14 Primzahlen kennt.

Das Schreckliche dabei ist, daß Alice nichts beweisen kann – selbst wenn sie weiß, was vorgeht. Mallory ist so lange sicher, wie die 14 geheimen Primzahlen auch geheim bleiben.

Mallory kann das Verfahren sogar noch um den Faktor 16 beschleunigen: Anstatt zufällig einen 4-Bit-Block zu wählen und dann ein k zu suchen, das die richtigen 14 Bit erzeugt, benutzt er einfach die unteren vier Bit von r zur Auswahl desjenigen Blocks der Unterschrift, der nach außen geschleust wird. Dann muß er im Durchschnitt nur noch 1024 Werte von k testen, bis die 10 Bits des verdeckten Kanals den 10 Bits des geheimen Schlüssels entsprechen, die durch r ausgewählt werden.

Verhindern des verdeckten Kanals bei DSA

Der verdeckte Kanal beruht darauf, daß Alice k wählen kann, um damit verdeckte Informationen zu übertragen. Will man den verdeckten Kanal verhindern, so darf Alice k nicht frei wählen. Jemand anders darf den Wert jedoch auch nicht wählen, denn sonst könnte diese Person ja Alices Unterschrift fälschen. Die einzige Lösung besteht darin, daß Alice k zusammen mit einer anderen Partei, etwa Bob, gemeinsam erzeugt. Dies muß so erfolgen, daß Alice kein einziges Bit von k beeinflussen kann und Bob kein einziges Bit von k erfährt. Am Ende des Protokolls sollte Bob verifizieren können, daß Alice den Wert von k benutzte, den sie gemeinsam erzeugt haben.

Das Protokoll sieht wie folgt aus [1470, 1472, 1473]:

(1) Alice wählt k' und sendet Bob
$$u = g^{k'} \bmod p$$

(2) Bob wählt k'' und sendet es an Alice.

(3) Alice berechnet $k = k'k'' \bmod (p-1)$. Sie unterzeichnet mit k ihre Nachricht M per DSA und sendet Bob die Signatur, also r und s.

(4) Bob überprüft, ob
$$((u^{k''} \bmod p) \bmod q) = r$$

Ist das der Fall, so weiß er, daß M mit k unterzeichnet wurde.

Bob weiß nach Schritt (4), daß in r keine verdeckten Informationen eingebettet sein können. Wenn er eine vertrauenswürdige Partei darstellt, so kann er bestätigen, daß die Unterschrift von Alice frei von verdeckten Nachrichten ist. Andere müssen diesem Zertifikat trauen, denn Bob kann diese Tatsache einer dritten Partei gegenüber nicht durch eine Mitschrift des Protokolls beweisen.

Überraschend ist, daß Bob mit diesem Protokoll seinen eigenen verdeckten Kanal einrichten kann, wenn er es möchte. Er kann eine verdeckte Nachricht in eine von Alices Unterschriften einbetten, indem er k'' mit gewissen Eigenschaften wählt. Als Simmons dies entdeckte, nannte er es den „Kuckuckskanal". In [1471, 1473] werden Einzelheiten zur Funktionsweise des Kuckuckskanals behandelt und ein Three-Pass-Protokoll vorgestellt, mit sich Werte von k generieren lassen, die den Kuckuckskanal verhindern.

Weitere Verfahren

Jedes Signaturverfahren läßt sich in einen verdeckten Kanal umwandeln [1458, 1460, 1406]. [485] behandelt ein Protokoll zur Einbettung eines verdeckten Kanals in die Protokolle von Fiat-Shamir und Feige-Fiat-Shamir sowie Mißbrauchsmöglichkeiten des verdeckten Kanals.

23.4 Verbindliche digitale Signaturen

Der Algorithmus für verbindliche Signaturen (siehe Abschnitt 4.3) stammt von David Chaum [343, 327]. Zuerst werden eine große Primzahl p und ein primitives Element g veröffentlicht. Sie werden von einer Gruppe von Unterzeichnern benutzt. Alice besitzt einen privaten Schlüssel x und einen öffentlichen Schlüssel $g^x \bmod p$.

Um eine Nachricht zu unterschreiben, berechnet Alice $z = m^x \bmod p$. Das ist bereits alles, was sie zu tun hat. Die Verifizierung ist etwas komplizierter:

(1) Bob wählt zwei Zufallszahlen a und b, die beide kleiner sind als p, und sendet sie an Alice:
$$c = z^a(g^x)^b \bmod p$$

(2) Alice berechnet $t = x^{-1} \bmod (p-1)$ und sendet Bob
$$d = c^t \bmod p$$

(3) Bob überprüft, ob
$$d \equiv m^a g^b \pmod{p}$$

Ist dies der Fall, so akzeptiert er die Unterschrift als echt.

Angenommen, Alice und Bob führten dieses Protokoll durch und Bob ist davon überzeugt, daß die Unterschrift von Alice stammt. Bob möchte Carol davon überzeugen und zeigt ihr eine Mitschrift des Protokolls. Dave möchte Carol allerdings davon überzeugen, daß eine andere Person das Dokument unterzeichnet hat. Er legt eine gefälschte Mitschrift des Protokolls an. Zuerst erzeugt er die Nachricht aus Schritt (1). In Schritt (3) generiert er dann d und die gefälschte Übertragung der anderen Person für Schritt (2). Schließlich erzeugt er die Nachricht aus Schritt (2). Für Carol sind die Mitschriften von Bob und Dave identisch. Sie ist nur dann von der Gültigkeit der Unterschrift überzeugt, wenn sie das Protokoll selbst durchführt.

Wenn Sie Bob dagegen bei der Durchführung des Protokolls über die Schulter schauen könnte, wäre sie natürlich überzeugt. Carol muß die Schritte in der richtigen Reihenfolge sehen, so wie sie Bob auch ausführt.

Bei diesem Signaturverfahren gibt es vielleicht ein Problem, doch mir sind keine Einzelheiten bekannt. Beachten Sie die verfügbare Literatur, bevor Sie das Verfahren verwenden.

Ein anderes Protokoll beinhaltet nicht nur ein Protokoll zur Bestätigung (Alice kann Bob von der Gültigkeit ihrer Unterschrift überzeugen), sondern auch ein Protokoll zur Ableugnung. Alice kann Bob mit Hilfe eines interaktiven *zero-knowledge*-Protokolls davon überzeugen, daß die Unterschrift ungültig ist (sofern das wirklich stimmt) [329].

Wie im vorigen Protokoll arbeitet eine Gruppe von Benutzern mit einer gemeinsamen öffentlichen großen Primzahl p und einem primitiven Element g. Alice besitzt einen eindeutigen privaten Schlüssel x und einen öffentlichen Schlüssel g^x mod p. Um eine Nachricht zu unterschreiben, berechnet Alice $z = m^x$ mod p.

Die Verifizierung einer Unterschrift verläuft wie folgt:

(1) Bob wählt zwei Zufallszahlen a und b, die beide kleiner sind als p und sendet Alice
$$c = m^a g^b \bmod p$$

(2) Alice wählt eine Zufallszahl q, die kleiner ist als p und berechnet folgende Werte, die sie an Bob schickt:
$$s_1 = cg^q \bmod p, s_2 = (cg^q)^x \bmod p$$

(3) Bob sendet Alice a und b, damit diese sicherstellen kann, daß Bob in Schritt (1) nicht betrogen hat.

(4) Alice sendet Bob q, damit dieser m^x benutzen und s_1 und s_2 rekonstruieren kann. Falls
$$s_1 \equiv cg^q \pmod{p} \text{ und}$$
$$s_2 \equiv (g^x)^{b+q} z^a \pmod{p}$$
so ist die Unterschrift gültig.

Alice kann eine Unterschrift z für eine Nachricht m abstreiten. Einzelheiten finden Sie in [329].

Weitere Protokolle für verbindliche Unterschriften finden sich in [584, 344]. Lein Harn und Shoubao Yang schlugen ein Verfahren für verbindliche Gruppenunterschriften vor [700].

Konvertierbare verbindliche Signaturen

[213] enthält einen Algorithmus für eine **konvertierbare verbindliche Signatur**, die verifiziert, abgestritten und auch in eine konventionelle digitale Signatur konvertiert werden kann. Das Verfahren basiert auf dem ElGamal-Algorithmus für digitale Signaturen.

Wie bei ElGamal wählt man zuerst zwei Primzahlen p und q so, daß q ein Teiler von $p - 1$ ist. Jetzt muß man eine Zahl g erzeugen, die kleiner ist als q. Dazu wählt man eine Zufallszahl h zwischen 2 und $p - 1$ und berechnet

$$g = h^{(p-1)/q} \bmod p$$

Hat g den Wert 1, so wählt man einen anderen Wert für h. Die privaten Schlüssel sind zwei verschiedene Zufallszahlen x und z, die beide kleiner sind als q. Die öffentlichen Schlüssel sind p, q, g, y und u, wobei gilt:

$$y = g^x \bmod p$$
$$u = g^z \bmod p$$

Um die konvertierbare verbindliche Signatur einer Nachricht m zu berechnen (m ist eigentlich der Hashwert einer Nachricht), wählt man zuerst eine Zufallszahl t zwischen 1 und $q - 1$ und berechnet dann:

$$T = g^t \bmod p$$
$$m' = Ttzm \bmod q$$

Jetzt berechnet man die normale ElGamal-Signatur von m' und wählt eine Zufallszahl R, die kleiner als $p - 1$ ist und relativ prim dazu. Dann berechnet man $r = g^R \bmod p$. Mit dem erweiterten Euklidischen Algorithmus berechnet man s mit

$$m' \equiv rx + Rs \pmod{q}$$

Die Unterschrift besteht aus der ElGamal-Unterschrift (r, s) und T.

Alice kann ihre Unterschrift Bob gegenüber wie folgt verifizieren:

(1) Bob erzeugt zwei Zufallszahlen a und b. Er berechnet $c = T^{Tma}g^b \bmod p$ und sendet diesen Wert an Alice.

(2) Alice erzeugt eine Zufallszahl k und berechnet $h_1 = cg^k \bmod p$ und $h_2 = h_1^z \bmod p$. Sie sendet beide Zahlen an Bob.

(3) Bob sendet a und b an Alice.

(4) Alice überprüft, ob $c = T^{Tma}g^b \bmod p$. Sie sendet k an Bob.

(5) Bob überprüft, ob $h_1 = T^{Tma}g^{b+k} \bmod p$ und $h_2 = y^{ra}r^{sa}u^{b+k} \bmod p$.

Alice kann all ihre verbindlichen Unterschriften in normale Unterschriften konvertieren, indem sie z veröffentlicht. Jetzt können alle Teilnehmer Alices Unterschrift ohne ihre Unterstützung verifizieren.

Man kann Verfahren für verbindliche Unterschriften mit *secret-sharing*-Verfahren kombinieren. Dies liefert verteilte **konvertierbare verbindliche Unterschriften** [1235]. Jemand kann eine Nachricht unterschreiben und dann die Fähigkeit, die Gültigkeit der Signatur zu überprüfen, verteilen. Man könnte es zum Beispiel so einrichten, daß drei von fünf Leuten am Protokoll teilnehmen müssen, um Bob von der Gültigkeit der Unterschrift zu überzeugen. Weitere Verbesserungen dieses Prinzips machen den vertrauenswürdigen Vermittler überflüssig [700, 1369].

23.5 Signaturen mit designierter Bestätigung

Jetzt lernen wir, wie Alice eine Nachricht unterschreiben und Bob diese so verifizieren kann, daß Carol zu einem späteren Zeitpunkt Alices Unterschrift gegenüber Dave verifizieren kann (siehe Abschnitt 4.4) [333].

Zuerst werden eine große Primzahl p und ein primitives Element g veröffentlicht. Diese Werte werden von einer Benutzergruppe gemeinsam verwendet. Das Produkt n der beiden Primzahlen wird ebenfalls veröffentlicht. Carol besitzt einen privaten Schlüssel z. Der öffentliche Schlüssel ist $h = g^x \bmod p$.

Mit diesem Protokoll kann Alice m so unterzeichnen, daß Bob von der Gültigkeit der Unterschrift überzeugt ist, aber Dritte nicht davon überzeugen kann:

(1) Alice wählt ein zufälliges x und berechnet
$$a = g^x \bmod p$$
$$b = h^x \bmod p$$

Sie berechnet den Hashwert $H(m)$ von m sowie den Hashwert $H(a, b)$ der Konkatenierung von a und b. Dann berechnet sie
$$j = (H(m) \oplus H(a, b))^{1/3} \bmod n$$

und sendet a, b und j an Bob.

(2) Bob wählt zwei Zufallszahlen s und t, die beide kleiner sind als p, und sendet Alice
$$c = g^s h^t \bmod p$$

(3) Alice wählt eine Zufallszahl q, die kleiner ist als p, und sendet Bob
$$d = g^q \bmod p$$
$$e = (cd)^x \bmod p$$

(4) Bob sendet s und t an Alice.

(5) Alice überprüft, ob
$$g^s h^t \equiv c \pmod{p}$$

Dann sendet sie q an Bob.

(6) Bob überprüft, ob
$$d \equiv g^q \pmod{p}$$
$$e/a^q \equiv a^s b^t \pmod{p}$$
$$H(m) \oplus H(a, b) \equiv j^{1/3} \bmod n$$

Sind alle drei Kongruenzen erfüllt, akzeptiert er die Unterschrift als echt.

Bob kann Dave mit einer Mitschrift dieses Beweises nicht von der Echtheit der Unterschrift überzeugen. Dave kann das Protokoll jedoch mit Alices designiertem Bestätiger (Carol) durchführen. Auf folgende Art kann Carol Dave davon überzeugen, daß a und b eine gültige Unterschrift darstellen:

(1) Dave wählt zwei Zufallszahlen u und v, die beide kleiner sind als p, und sendet Carol
$$k = g^u a^v \bmod p$$

(2) Carol wählt eine Zufallszahl w, die kleiner ist als p, und sendet Dave
$$l = g^w \bmod p$$
$$y = (kl)^z \bmod p$$

(3) Dave sendet u und v an Carol.
(4) Carol überprüft, ob
$$g^u a^v \equiv k \pmod{p}$$

Dann sendet sie w an Dave.

(5) Dave überprüft, ob
$$g^w \equiv 1 \pmod{p}$$
$$y/h^w \equiv h^u b^v \pmod{p}$$

Sind beide Kongruenzen erfüllt, akzeptiert er die Unterschrift als echt.

Bei einem anderen Verfahren kann Carol das Protokoll mit designiertem Bestätiger in eine konventionelle digitale Signatur konvertieren. [333] enthält Einzelheiten hierzu.

23.6 Rechnen mit chiffrierten Daten

Das diskrete Logarithmenproblem

Es gibt eine große Primzahl p und einen Generator g. Alice hat einen bestimmten Wert x und möchte ein e bestimmen, für das gilt

$$g^e \equiv x \pmod{p}$$

Das ist ein schweres Problem; Alice verfügt nicht über genug Rechenkapazität, um das Ergebnis zu berechnen. Bob hat genügend Rechenkapazität zur Lösung des Problems – er stellt die Regierung, eine große Computerorganisation oder etwas ähnliches dar. Mit dem folgenden Verfahren kann Bob die Berechnung durchführen, ohne daß Alice x preisgeben muß [547, 4]:

(1) Alice wählt eine Zufallszahl r, die kleiner ist als p.
(2) Alice berechnet
$$x' = xg^r \bmod p$$
(3) Alice bittet Bob um die Lösung von
$$g^{e'} \equiv x' \pmod p$$
(5) Bob berechnet e' und sendet es an Alice.
(6) Alice rekonstruiert e durch folgende Berechnung:
$$e = (e' - r) \bmod (p - 1)$$

Ähnliche Protokolle für das Problem der quadratischen Reste und der primitiven Wurzeln finden sich in [3, 4] (siehe auch Abschnitt 4.8)

23.7 Faires Münzenwerfen

Mit den folgenden Protokollen können Alice und Bob eine ideale Münze in einem Datennetz werfen (siehe Abschnitt 4.9) [194]. Das Protokoll ist ein Beispiel für das Münzenwerfen in einen Schacht (siehe Abschnitt 4.10). Zuerst kennt nur Bob den Ausgang des Münzwurfs und teilt Alice das Ergebnis mit. Später kann Alice überprüfen, ob Bob ihr das korrekte Ergebnis mitgeteilt hat.

Münzenwerfen mit Quadratwurzeln

Das Teilprotokoll für den Münzwurf lautet:

(1) Alice wählt zwei große Primzahlen p und q und sendet deren Produkt n an Bob.
(2) Bob wählt eine zufällige positive ganze Zahl r, die kleiner ist als $n/2$. Bob berechnet
$$z = r^2 \bmod n$$
und sendet z an Alice.
(3) Alice berechnet die vier Quadratwurzeln von z (mod n). Das ist möglich, weil sie die Faktorisierung von n kennt. Die Wurzeln seien $+x$, $-x$, $+y$ und $-y$. x' sei die kleinere der folgenden beiden Zahlen:
$x \bmod n$
$-x \bmod n$

Entsprechend sei y' die kleinere der folgenden beiden Zahlen:
$y \bmod n$
$-y \bmod n$

Beachten Sie, daß r entweder mit x' oder y' übereinstimmt.
(4) Alice rät, ob $r = x'$ oder $r = y'$ und sendet ihre Vermutung an Bob.

(5) Ist die Vermutung von Alice richtig, so lautet das Ergebnis des Münzwurfs „Kopf". Ist ihre Vermutung falsch, so lautet das Ergebnis „Zahl". Bob gibt das Ergebnis des Münzwurfs bekannt.

Das Teilprotokoll für die Verifizierung lautet:

(6) Alice sendet p und q an Bob.
(7) Bob berechnet x' und y' und sendet die Werte an Alice.
(8) Alice berechnet r.

Da Alice r nicht kennen kann, muß sie wirklich raten. Sie teilt Bob in Schritt (4) nur ein Bit ihrer Vermutung mit, um zu verhindern, daß Bob sowohl x' als auch y' bekommt. Hätte er beide Werte, könnte er r nach Schritt (4) ändern.

Münzenwerfen mit Potenzierung modulo p

In diesem Protokoll dient die Potenzierung modulo einer Primzahl p als Einwegfunktion [1306]:

Das Teilprotokoll für den Münzwurf lautet:

(1) Alice wählt eine Primzahl p so, daß die Faktorisierung von $p - 1$ bekannt ist und mindestens eine große Primzahl enthält.
(2) Bob wählt zwei primitive Elemente h und t in GF(p) und sendet sie an Alice.
(3) Alice überprüft, ob h und t primitiv sind und wählt dann eine Zufallszahl x, die zu $p - 1$ relativ prim ist. Dann berechnet sie einen der folgenden beiden Werte:
$$y = h^x \bmod p \quad \text{oder} \quad y = t^x \bmod p$$
Sie sendet y an Bob.
(4) Bob rät, ob Alice y mittels h oder mittels t berechnet hat und sendet seine Vermutung an Alice.
(5) Ist die Vermutung von Bob richtig, so lautet das Ergebnis des Münzwurfs „Kopf". Ist seine Vermutung falsch, so lautet das Ergebnis „Zahl". Alice gibt das Ergebnis des Münzwurfs bekannt.

Das Teilprotokoll für die Verifizierung lautet:

(6) Alice gibt Bob den Wert von x bekannt. Bob berechnet $h^x \bmod p$ und $y = t^x \bmod p$, um sicherzustellen, daß Alice fair war, und um das Ergebnis des Münzwurfs zu überprüfen. Er überprüft außerdem, ob x und $p - 1$ relativ prim zueinander sind.

Um zu betrügen, müßte Alice zwei Zahlen x und x' kennen mit $h^x \equiv t^{x'} \pmod{p}$. Hätte sie solche Werte, so könnte sie folgende Berechnung durchführen:

$$\log_t h = x'x^{-1} \bmod p - 1 \quad \text{und} \quad \log_t h = x^{-1}x' \bmod p - 1$$

Dabei handelt es sich um schwere Probleme.

Alice könnte die Berechnung durchführen, wenn sie den Wert von $\log_t h$ wüßte, doch die Werte von h und t hat Bob in Schritt (4) gewählt. Alice bleibt keine andere Möglichkeit, als den diskreten Logarithmus zu berechnen. Alice könnte versuchen, Bob zu betrügen, indem sie ein x wählt, das nicht teilerfremd zu $p-1$ ist, doch das würde Bob in Schritt (6) entdecken.

Bob kann betrügen, wenn h und t nicht primitiv in GF(p) sind, doch Alice kann das nach Schritt (2) einfach überprüfen, da sie die Primfaktorzerlegung von $p-1$ kennt.

Eine hübsche Eigenschaft des Protokolls zeigt sich, wenn Alice und Bob mehrere Münzen werfen wollen. Dazu können sie nämlich die gleichen Werte für p, h und t verwenden. Alice erzeugt einfach ein neues x und das Protokoll läuft ab Schritt (3) weiter.

Münzenwurf mit Blumschen Zahlen

Es gibt auch ein Protokoll zum Münzwurf mit Blumschen Zahlen:

(1) Alice generiert eine Blumsche Zahl n, ein zufälliges x, das relativ prim zu n ist sowie $x_0 = x^2 \bmod n$ und $x_1 = x_0^2 \bmod n$. Sie sendet n und x_1 an Bob.
(2) Bob rät, ob x_0 gerade oder ungerade ist.
(3) Alice sendet x an Bob.
(4) Bob überprüft, ob n eine Blumsche Zahl ist (Alice muß Bob die Faktoren von n nennen und Beweise für deren Primzahleigenschaft vorlegen oder ihn mit einem *zero-knowledge*-Protokoll davon überzeugen, daß n ein Blumsche Zahl ist). Bob überprüft weiter, ob $x_0 = x^2 \bmod n$ und $x_1 = x_0^2 \bmod n$. Sind alle Bedingungen erfüllt, so gewinnt Bob den Münzwurf, falls er richtig geraten hat.

Es ist entscheidend, daß es sich bei n um eine Blumsche Zahl handelt. Andernfalls könnte Alice ein x'_0 finden mit $x'^2_0 \bmod n = x_0^2 \bmod n = x_1$, wobei x'_0 auch ein quadratischer Rest ist. Wäre x_0 gerade und x'_0 ungerade (oder umgekehrt), könnte Alice beliebig betrügen.

23.8 Einweg-Akkumulatoren

Es gibt einen einfachen Einweg-Akkumulator [116] (siehe Abschnitt 4.12):

$$A(x_i, y) = x_{i-1}^y \bmod n$$

Die Zahlen n (das Produkt zweier Primzahlen) und x_0 müssen vorher vereinbart werden. Die Akkumulation von y_1, y_2 und y_3 lautet dann

$$\left((x_0^{y_1} \bmod n)^{y_2} \bmod n\right)^{y_3} \bmod n$$

Diese Berechnung ist unabhängig von der Reihenfolge von y_1, y_2 und y_3.

23.9 Alles-oder-Nichts-Geheimnisenthüllung

Mit Hilfe dieses Protokolls können mehrere Parteien (es sind mindestens zwei nötig, damit das Protokoll funktioniert), einzelne Geheimnisse vom gleichen Verkäufer erwerben (siehe Abschnitt 4.13) [1374, 1175]. Zunächst eine Definition: Gegeben seien zwei Bitstrings x und y. Der **Fixed Bit Index (FBI)** von x und y besteht aus den Bits, an denen das i-te Bit von x mit dem i-ten Bit von y übereinstimmt.

Beispiel:

x = 110101001011
y = 101010000110
FBI(x, y) = {1, 4, 5, 11}
(Wir lesen die Bits von rechts nach links und beginnen rechts mit Null.)

Jetzt sehen wir uns das Protokoll an. Alice ist die Verkäuferin, Bob und Carol sind Käufer. Alice hat k Geheimnisse $S_1, S_2, \ldots, S_k$ mit n Bit. Bob möchte das Geheimnis S_b kaufen, Carol das Geheimnis S_c.

(1) Alice generiert ein Paar aus öffentlichem und privatem Schlüssel und teilt Bob (aber nicht Carol) den öffentlichen Schlüssel mit. Dann generiert sie ein weiteres Paar aus öffentlichem und privatem Schlüssel und teilt Carol (aber nicht Bob) den öffentlichen Schlüssel mit.

(2) Bob generiert k Zufallszahlen $B_1, B_2, \ldots, B_k$ der Länge n Bit und teilt sie Carol mit. Carol generiert k Zufallszahlen $C_1, C_2, \ldots, C_k$ der Länge n Bit und teilt sie Bob mit.

(3) Bob chiffriert C_b mit Alices öffentlichem Schlüssel (S_b ist das Geheimnis, das er kaufen möchte). Er berechnet den FBI von C_b und dem eben chiffrierten Wert. Den FBI sendet er an Carol.

Carol chiffriert B_c mit Alices öffentlichem Schlüssel (S_c ist das Geheimnis, das sie kaufen möchte). Sie berechnet den FBI von B_c und dem eben chiffrierten Wert. Den FBI sendet sie an Bob.

(4) Bob ersetzt in jeder der n-Bit-Zahlen $B_1, B_2, \ldots, B_k$ die Bits, deren Index nicht in dem von Carol erhaltenen FBI ist, durch deren Komplement. Diese neue Liste von n-Bit-Zahlen $B'_1, B'_2, \ldots, B'_k$ sendet er an Alice.

Carol ersetzt in jeder der n-Bit-Zahlen $C_1, C_2, \ldots, C_k$ die Bits, deren Index nicht in dem von Bob erhaltenen FBI ist, durch deren Komplement. Diese neue Liste von n-Bit-Zahlen $C'_1, C'_2, \ldots, C'_k$ sendet sie an Alice.

(5) Alice dechiffriert alle C'_i mit Bobs privatem Schlüssel und erhält k n-Bit-Zahlen $C''_1, C''_2, \ldots, C''_k$. Sie berechnet $S_i \oplus C''_i$ für $i = 1$ bis k und sendet das Ergebnis an Bob.

Alice dechiffriert alle B'_i mit Carols privatem Schlüssel und erhält k n-Bit-Zahlen $B''_1, B''_2, \ldots, B''_k$. Sie berechnet $S_i \oplus B''_i$ für $i = 1$ bis k und sendet das Ergebnis an Carol.

(6) Bob berechnet S_b, indem er C_b mit der b-ten von Alice empfangenen Zahl XOR-verknüpft.

23.9 Alles-oder-Nichts-Geheimnisenthüllung

Carol berechnet S_c, indem sie B_c mit der c-ten von Alice empfangenen Zahl XOR-verknüpft.

Das Protokoll ist ziemlich kompliziert; wir wollen uns zum besseren Verständnis ein Beispiel ansehen.

Alice bietet die folgenden acht 12-Bit-Geheimnisse zum Kauf an: $S_1 = 1990$, $S_2 = 471$, $S_3 = 3860$, $S_4 = 1487$, $S_5 = 2235$, $S_6 = 3751$, $S_7 = 2546$, $S_8 = 4043$. Bob möchte S_7 kaufen, und Carol S_2.

(1) Alice benutzt den RSA-Algorithmus. Mit Bob verwendet sie $n = 7387$, $e = 5145$, $d = 777$ zur Verschlüsselung, mit Carol $n = 2747$, $e = 1421$, $d = 2261$. Sie teilt Bob und Carol jeweils ihre öffentlichen Schlüssel mit.

(2) Bob generiert acht 12-Bit-Zufallszahlen $B_1 = 743$, $B_2 = 1988$, $B_3 = 4001$, $B_4 = 2942$, $B_5 = 3421$, $B_6 = 2210$, $B_7 = 2306$, $B_8 = 222$ und teilt sie Carol mit. Carol generiert acht 12-Bit-Zufallszahlen $C_1 = 1708$, $C_2 = 711$, $C_3 = 1969$, $C_4 = 3112$, $C_5 = 4014$, $C_6 = 2308$, $C_7 = 2212$, $C_8 = 222$ und teilt sie Bob mit.

(3) Bob möchte S_7 kaufen und chiffriert daher C_7 mit dem öffentlichen Schlüssel, den er von Alice bekommen hat:
$$2212^{5145} \bmod 7387 = 5928$$

Weiter gilt:
$$2212 = 0100010100100$$
$$5928 = 1011100101000$$

Der FBI dieser beiden Zahlen lautet also $\{0, 1, 4, 5, 6\}$. Diesen FBI sendet er Carol. Carol möchte S_2 kaufen und chiffriert daher B_2 mit dem öffentlichen Schlüssel, den sie von Alice bekam, und berechnet den FBI von B_2 mit dem Ergebnis der Chiffrierung. Das Ergebnis $\{0, 1, 2, 6, 9, 10\}$ sendet sie an Bob.

(4) Bob ersetzt in $B_1, B_2, \ldots, B_8$ alle Bits, deren Index nicht in der Menge $\{0, 1, 2, 6, 9, 10\}$ enthalten ist, durch ihr Komplement, zum Beispiel:
$$B_2 = 111111000100 = 1988$$
$$B'_2 = 011001111100 = 1660$$

Er sendet $B'_1, B'_2, \ldots, B'_8$ an Alice.
Carol ersetzt in $C_1, C_2, \ldots, C_8$ alle Bits, deren Index nicht in der Menge $\{0, 1, 4, 5, 6\}$ enthalten ist, durch ihr Komplement, zum Beispiel:
$$C_7 = 0100010100100 = 2212$$
$$C'_7 = 1011100101000 = 5928$$

Sie sendet $C'_1, C'_2, \ldots, C'_8$ an Alice.

(5) Alice dechiffriert alle C'_i mit Bobs privatem Schlüssel und XOR-verknüpft das Ergebnis mit S_i. Für $i = 7$ erhält sie zum Beispiel:
$$5928^{777} \bmod 7387 = 2212; \; 2546 \oplus 2212 = 342$$

Sie sendet das Ergebnis an Bob.
Alice dechiffriert alle B'_i mit Carols privatem Schlüssel und XOR-verknüpft das Ergebnis mit S_i. Für $i = 2$ erhält sie zum Beispiel:
$$1660^{2261} \bmod 2747 = 1988; \; 471 \oplus 1988 = 1555$$

Sie sendet das Ergebnis an Carol.

(6) Bob berechnet S_7, indem er C_7 mit der siebten von Alice empfangenen Zahl XOR-verknüpft:

$$2212 \oplus 342 = 2546$$

Carol berechnet S_2, indem sie B_2 mit der zweiten von Alice empfangenen Zahl XOR-verknüpft:

$$1988 \oplus 1555 = 471$$

Dieses Protokoll funktioniert mit einer beliebigen Anzahl von Käufern. Wenn Bob, Carol und Dave Geheimnisse kaufen wollen, gibt Alice jedem zwei öffentliche Schlüssel, einen für jeden der beiden anderen. Jeder Käufer erhält eine Menge von Zahlen von jedem anderen Käufer. Dann führen sie das Protokoll mit Alice für jede der Zahlenmengen durch und XOR-verknüpfen all ihre Endergebnisse, die sie von Alice erhalten, um das Geheimnis zu bestimmen. Weitere Einzelheiten finden Sie in [1374, 1175].

Leider ist es für ein Paar unehrlicher Teilnehmer möglich, zu betrügen. Alice und Carol, die zusammenarbeiten, können leicht herausfinden, welches Geheimnis Bob bekommt: Wenn sie den FBI von C_b und Bobs Verschlüsselungsalgorithmus kennen, können sie b so bestimmen, daß C_b den richtigen FBI hat. Wenn Bob und Carol zusammenarbeiten, können sie sich alle Geheimnisse von Alice besorgen.

Wenn man von ehrlichen Parteien ausgeht, kann man ein einfacheres Protokoll verwenden [389]:

(1) Alice chiffriert alle Geheimnisse mit RSA und sendet sie an Bob:

$$C_i = S_i^e \bmod n$$

(2) Bob wählt sein geheimes C_b und eine Zufallszahl r und sendet C' an Alice:

$$C' = C_b r^e \bmod n$$

(3) Alice sendet P' an Bob:

$$P' = C'^d \bmod n$$

(4) Bob berechnet S_b:

$$S_b = P' r^{-1} \bmod n$$

Wenn es sein kann, daß die Parteien unehrlich sind, kann Bob mit einem *zero-knowledge-Verfahren* beweisen, daß er ein r kennt mit $C' = C_b r^e \bmod n$, und b so lange geheimhalten, bis ihm Alice in Schritt (3) P' gibt [246].

23.10 Faire und ausfallsichere Kryptosysteme

Faires Diffie-Hellman-Verfahren

Faire Kryptosysteme sind eine Möglichkeit zur Implementierung eines Schlüsselhinterlegungsverfahrens in Software (siehe Abschnitt 4.14). Das folgende Beispiel stammt von Silvio Micali [1084, 1085]. Es ist patentiert [1086, 1087].

Beim grundlegenden Diffie-Hellman-Verfahren kennt eine Gruppe von Benutzern eine Primzahl p und einen Generator g. Alices privater Schlüssel ist s, ihr öffentlicher Schlüssel lautet $t = g^s \mod p$.

Auf die folgende Art kann man das Diffie-Hellman-Verfahren fair machen (dieses Beispiel geht von fünf Treuhändern aus):

(1) Alice wählt fünf ganze Zahlen s_1, s_2, s_3, s_4, s_5, die alle kleiner sind als $p - 1$. Alices privater Schlüssel ist

$$s = (s_1 + s_2 + s_3 + s_4 + s_5) \mod p - 1$$

Ihr öffentlicher Schlüssel lautet

$$t = g^s \mod p$$

Alice berechnet außerdem

$$t_i = g^{s_i} \mod p \text{ für } i = 1 \text{ bis } 5$$

Die öffentlichen Teile von Alice sind die t_i, die privaten Teile die s_i.

(2) Alice sendet jedem Treuhänder einen privaten und einen öffentlichen Teil. Treuhänder 1 erhält zum Beispiel s_1 und t_1. t sendet sie an das KDC.

(3) Jeder Treuhänder überprüft, ob

$$t_i = g^{s_i} \mod p$$

Ist das der Fall, unterzeichnet der Treuhänder t_i und sendet es an das KDC. Der Treuhänder speichert s_i an einem sicheren Ort.

(4) Nachdem das KDC alle fünf öffentlichen Teile empfangen hat, überprüft es, ob

$$t = (t_1 * t_2 * t_3 * t_4 * t_5) \mod p$$

Ist das der Fall, erkennt das KDC den öffentlichen Schlüssel an.

An dieser Stelle weiß das KDC, daß alle Treuhänder einen gültigen Teil besitzen und den privaten Schlüssel bei Bedarf rekonstruieren können. Allerdings können weder das KDC noch beliebige vier Treuhänder zusammen den privaten Schlüssel von Alice rekonstruieren.

Die Arbeiten von Micali [1084, 1085] enthalten außerdem eine Prozedur, mit der man RSA fair machen kann sowie die Kombination eines Schwellenwertverfahrens mit dem fairen Kryptosystem. Damit erreicht man, daß m von n Treuhändern den privaten Schlüssel rekonstruieren können.

Ausfallsicheres Diffie-Hellman-Verfahren

Wie im vorigen Protokoll kennt eine Gruppe von Benutzern eine Primzahl p und einen Generator g. Der private Schlüssel von Alice ist s, ihr öffentlicher Schlüssel $t = g^s \bmod p$.

(1) Das KDC wählt eine Zufallszahl B zwischen 0 und $p - 2$ und verpflichtet sich mit einem *bit-commitment*-Protokoll auf B (siehe Abschnitt 4.9)

(2) Alice wählt eine Zufallszahl A zwischen 0 und $p - 2$. Sie sendet $g^A \bmod p$ an das KDC.

(3) Der Benutzer „teilt" A anhand eines verifizierbaren *secret-sharing*-Protokolls mit jedem Treuhänder (siehe Abschnitt 3.7).

(4) Das KDC gibt Alice B bekannt.

(5) Alice überprüft die Bit-Festlegung aus Schritt (1). Dann setzt sie ihren öffentlichen Schlüssel auf

$$t = (g^A)g^B \bmod p$$

Ihren privaten Schlüssel setzt sie auf

$$s = (A + B) \bmod (p - 1)$$

Die Treuhänder können A rekonstruieren. Da das KDC B kennt, genügt das zur Rekonstruktion von s. Außerdem kann Alice keine verdeckten Kanäle zum Versenden nicht autorisierter Informationen benutzen. Dieses Protokoll wird in [946, 833] beschrieben. Es wird zur Zeit patentiert.

23.11 Zero-Knowledge-Beweise des Wissensstands

Zero-Knowledge-Beweis eines diskreten Logarithmus

Peggy möchte Victor beweisen, daß sie x kennt, das folgender Kongruenz genügt:

$$A^x \equiv B \pmod{p}$$

Dabei ist p eine Primzahl und x ist eine Zufallszahl, die zu $p - 1$ relativ prim ist. Die Zahlen A, B und p sind öffentlich bekannt, x ist geheim. Mit dem folgenden Protokoll kann Peggy beweisen, daß sie x kennt, ohne dessen Wert preiszugeben (siehe Abschnitt 5.1) [338, 337]:

(1) Peggy generiert t Zufallszahlen $r_1, r_2, \ldots, r_t$, die alle kleiner sind als $p - 1$.

(2) Peggy berechnet $h_i = A^{r_i} \bmod p$ für alle i und sendet die Werte an Victor.

(3) Peggy und Victor führen ein Protokoll zum Münzenwerfen aus, um t Bits $b_1, b_2, \ldots, b_t$ zu generieren.

(4) Peggy führt für alle t Bits folgendes durch:

a) Falls $b_i = 0$, sendet sie Victor r_i.

b) Falls $b_i = 1$, sendet sie Victor $s_i = (r_i - r_j) \mod (p - 1)$. Dabei ist j der kleinste Wert, für den $b_j = 1$.

(5) Victor überprüft für alle t Bits eine der folgenden Kongruenzen:

a) Falls $b_i = 0$: $A^{r_i} \equiv h_i \pmod{p}$

b) Falls $b_i = 1$: $A^{s_i} \equiv h_i h_j^{-1} \pmod{p}$

(6) Peggy sendet Victor folgenden Wert:
$$Z = (x - r_j) \mod (p - 1)$$

(7) Victor überprüft, ob
$$A^Z \equiv B h_j^{-1} \pmod{p}$$

Die Wahrscheinlichkeit dafür, daß Peggy mit Erfolg betrügen kann, beträgt 2^{-t}.

Zero-Knowledge-Beweis der Fähigkeit, RSA zu knacken

Alice kennt den privaten Schlüssel von Carol. Sie könnte RSA geknackt haben oder in Carols Haus eingebrochen sein und den Schlüssel gestohlen haben. Alice möchte Bob davon überzeugen, daß sie Carols Schlüssel kennt. Sie möchte Bob den Schlüssel jedoch nicht mitteilen oder gar eine von Carols Nachrichten für Bob dechiffrieren. Mit dem folgenden Protokoll kann Alice Bob davon überzeugen, daß sie Carols privaten Schlüssel kennt [888].

Carols öffentlicher Schlüssel sei e, ihr privater Schlüssel d und der RSA-Modul n.

(1) Alice und Bob vereinbaren einen zufälligen Wert k und ein m mit
$$km \equiv e \pmod{((p-1)(q-1))}$$

Sie sollten die Zahlen zufällig wählen, k mit einem Protokoll zum Münzenwerfen generieren und dann m berechnen. Sind sowohl k als auch m größer als 3, geht das Protokoll weiter; andernfalls wählen sie erneut.

(2) Alice und Bob generieren einen zufälligen Chiffretext C. Auch hier benutzen sie ein Protokoll zum Münzenwerfen.

(3) Alice berechnet mit Carols privatem Schlüssel
$$M = C^d \mod n$$

Dann berechnet sie
$$X = M^k \mod n$$

und sendet X an Bob.

(4) Bob überprüft, ob $X^m \mod n = C$. Ist das der Fall, glaubt er Alice.

Mit einem ähnlichen Protokoll kann man beweisen, daß man ein diskretes Logarithmenproblem knacken kann [888].

Zero-Knowledge-Beweis für eine Blumsche Zahl n

Es sind keine wirklich praktikablen *zero-knowledge*-Beweise für $n = pq$ bekannt, wobei p und q Primzahlen sind, die kongruent 3 modulo 4 sind. Läßt man jedoch zu, daß n von der Form $p^r q^s$ ist, wobei r und s ungerade sind, so gelten die Eigenschaften immer noch, die die Blumschen Zahlen für die Kryptographie so nützlich machen. Zudem gibt es einen *zero-knowledge*-Beweis dafür, daß n diese Form hat.

Angenommen, Alice kennt die Faktorisierung der Blumschen Zahl n, wobei n die oben beschriebene Form hat. Mit dem folgenden Protokoll kann sie Bob davon überzeugen, daß n wirklich von dieser Form ist [660]:

(1) Alice sendet Bob eine Zahl u, deren Jacobi-Symbol modulo n den Wert -1 hat.
(2) Alice und Bob vereinbaren k Zufallsbits $b_1, b_2, \ldots, b_k$.
(3) Alice und Bob vereinbaren k Zufallszahlen $x_1, x_2, \ldots, x_k$.
(4) Für jedes $i = 1, 2, \ldots, k$ sendet Alice eine Quadratwurzel modulo n an Bob, und zwar von einer der vier Zahlen x_i, $-x_i$, ux_i und $-ux_i$. Die Quadratwurzel muß das Jacobi-Symbol b_i besitzen.

Die Wahrscheinlichkeit dafür, daß Alice erfolgreich betrügen kann, beträgt 1 zu 2^k.

23.12 Blinde Signaturen

Das Konzept der blinden Signaturen (siehe Abschnitt 5.3) wurde von David Chaum erfunden [317, 323], von dem auch die erste Implementierung dazu stammt [318]. Sie benutzt den RSA-Algorithmus.

Bob besitzt einen öffentlichen Schlüssel e, einen privaten Schlüssel d sowie einen öffentlichen Modul n. Alice möchte, daß Bob die Nachricht m blind unterschreibt.

(1) Alice wählt eine Zufallszahl k zwischen 1 und n. Dann verbirgt sie m durch Berechnung von
$$t = mk^e \bmod n$$

(2) Bob unterschreibt t:
$$t^d = (mk^e)^d \bmod n$$

(3) Alice „enttarnt" t^d wieder durch Berechnung von
$$s = t^d / k \bmod n$$

(4) Das Ergebnis lautet
$$s = m^d \bmod n$$

Dazu rechnet man leicht nach, daß
$$t^d \equiv (mk^e)^d \equiv m^d k \pmod{n}, \text{ also } t^d/k = m^d k/k \equiv m^d \pmod{n}$$

Chaum erfand in [320, 324] eine Familie komplizierterer Algorithmen für blinde Signaturen, die als blinde nicht vorhersagbare Unterschriften bezeichnet werden. Die Konstruktion dieser Unterschriften ist zwar komplexer, dafür sind sie aber flexibler.

23.13 Oblivious Transfer

Bei diesem Protokoll von Michael Rabin [1286] hat Alice eine Chance von 50 Prozent, Bob zwei Primzahlen p und q zu senden. Alice weiß nicht, ob die Übertragung erfolgreich verläuft (siehe Abschnitt 5.5). (Mit diesem Protokoll kann man Bob eine beliebige Nachricht mit einer Erfolgswahrscheinlichkeit von 50 Prozent senden, wenn p und q einen privaten RSA-Schlüssel darstellen).

(1) Alice sendet Bob das Produkt $n = pq$ der beiden Primzahlen.
(2) Bob wählt eine Zufallszahl x, die kleiner ist als n und zu n relativ prim ist. Er sendet folgenden Wert an Alice:
$$a = x^2 \bmod n$$
(3) Alice, die p und q kennt, berechnet die vier Wurzeln x, $n - x$, y und $n - y$ von a. Sie wählt zufällig eine dieser Wurzeln und sendet sie an Bob.
(4) Empfängt Bob y oder $n - y$, so kann er den größten gemeinsamen Teiler von $x + y$ und n berechnen, der entweder den Wert p oder q hat. Dann gilt natürlich $n/p = q$. Falls Bob x oder $n - x$ empfängt, kann er überhaupt nichts berechnen.

Dieses Protokoll könnte einen Schwachpunkt haben: es wäre möglich, daß Bob eine Zahl a berechnen kann, so daß er zu gegebener Quadratwurzel von a immer einen Faktor von n berechnen kann.

23.14 Sichere Berechnungen mit mehreren Parteien

Dieses Protokoll stammt aus [1373]. Alice kennt die ganze Zahl i, Bob die ganze Zahl j. Sie wollen feststellen, ob $i \leq j$ oder $j > i$ gilt, doch weder Alice noch Bob möchten ihre Zahl preisgeben. Dieser Sonderfall einer sicheren Berechnung mit mehreren Parteien (siehe Abschnitt 6.2) wird manchmal als **Yaos Millionärsproblem** bezeichnet [1627].

In diesem Beispiel gehen wir davon aus, daß i und j Werte zwischen 1 und 100 annehmen. Bob verfügt über einen öffentlichen und einen privaten Schlüssel.

(1) Alice wählt eine große Zufallszahl x und chiffriert sie mit Bobs öffentlichem Schlüssel:
$$c = E_B(x)$$
(2) Alice berechnet $c - i$ und sendet das Ergebnis an Bob:
(3) Bob berechnet die folgenden 100 Zahlen:
$$y_u = D_B(c - i + u) \quad \text{für } 1 \leq u \leq 100$$

D_B steht für den Verschlüsselungsalgorithmus mit Bobs privatem Schlüssel.

Bob wählt eine große Primzahl p. (Die Länge von p sollte etwas größer sein als die von x. Bob kennt x zwar nicht, doch Alice kann ihm zumindest die Länge mitteilen.) Dann berechnet er die folgenden 100 Zahlen:

$$z_u = (y_u \bmod p) \quad \text{für } 1 \leq u \leq 100$$

Dann überprüft er, ob für alle $u \neq v$

$$|z_u - z_u| \geq 2$$

gilt sowie für alle u

$$0 < z_u < p - 1$$

Ist das nicht der Fall, wählt Bob eine andere Primzahl und testet erneut.

(4) Bob sendet Alice diese Zahlenfolge in genau dieser Reihenfolge:

$$z_1, z_2, \ldots, z_j, z_{j+1}+1, z_{j+2}+1, \ldots, z_{100}+1, p$$

(5) Alice überprüft, ob die i-te Zahl der Folge kongruent zu x modulo p ist. Ist das der Fall, schließt sie daraus, daß $i \leq j$. Ist das nicht der Fall, schließt sie auf $i > j$.

(6) Alice teilt Bob das Ergebnis mit.

Die Überprüfung, die Bob in Schritt (3) durchführt, soll sicherstellen, daß die in Schritt (4) generierte Folge keine Zahl zweimal enthält. Gäbe es zwei Werte mit $z_a = z_b$, wüßte Alice, daß $a \leq j < b$ gilt.

Der einzige Nachteil dieses Protokolls besteht darin, daß Alice das Ergebnis der Berechnung vor Bob erfährt. Es läßt sich nicht verhindern, daß sie das Protokoll bis Schritt (5) durchführt und Bob anschließend das Ergebnis verweigert. Sie könnte Bob in Schritt (6) sogar belügen.

Beispiel für das Protokoll

Wir wollen annehmen, daß Alice und Bob RSA benutzen. Bobs öffentlicher Schlüssel hat den Wert 7, sein privater Schlüssel ist 23. n hat den Wert 55. Die geheime Zahl von Alice ist $i = 4$, die von Bob lautet $j = 2$. (Wir gehen davon aus, daß i und j nur die Werte 1, 2, 3 und 4 annehmen können.)

(1) Alice wählt $x = 39$ und $c = E_B(39) = 19$.
(2) Alice berechnet $c - i = 19 - 4 = 15$. Sie sendet Bob die Zahl 15.
(3) Bob berechnet die folgenden vier Zahlen:

$$y_1 = D_B(15 + 1) = 26$$
$$y_2 = D_B(15 + 2) = 18$$
$$y_3 = D_B(15 + 3) = 2$$
$$y_4 = D_B(15 + 4) = 39$$

Er wählt $p = 31$ und berechnet:

$$z_1 = D_B(26 \bmod 31) = 26$$
$$z_2 = D_B(18 \bmod 31) = 18$$

$z_3 = D_B(2 \bmod 31) = 2$
$z_4 = D_B(39 \bmod 31) = 8$

Er führt alle Überprüfungen durch und stellt fest, ob die erzeugte Folge in Ordnung ist.

(4) Bob sendet Alice die Zahlenfolge in genau dieser Reihenfolge:
26, 18, 2 + 1, 8 + 1, 31 = 26, 18, 3, 9, 31

(5) Alice überprüft, ob die vierte Zahl dieser Folge kongruent zu $x \bmod p$ ist. Da $9 \not\equiv 39 \pmod{31}$ ist, gilt $i > j$.

(6) Alice teilt Bob das Ergebnis mit.

Auf Grundlage dieses Protokolls lassen sich noch weit kompliziertere Protokolle bilden. Eine Gruppe mit mehreren Personen kann eine geheime Auktion über ein Computernetz abwickeln. Sie ordnen sich in einem logischen Kreis an und stellen durch einzelne paarweise Vergleiche fest, wer den höchsten Preis bietet. Um zu verhindern, daß jemand im Verlauf der Aktion sein Gebot ändert, sollte man zusätzlich noch ein *bit-commitment*-Protokoll verwenden. Handelt es sich um eine Auktion im niederländischen Stil, erhält der Bieter mit dem höchsten Gebot das Objekt zu diesem höchsten Preis. Bei einer englischen Auktion bekommt er das Objekt zum zweithöchsten Preis. (Diesen Preis kann man durch eine zweite Runde paarweiser Vergleiche ermitteln.) Ähnliche Ideen lassen sich im Zusammenhang mit Rabatten, Verhandlungen und Vermittlungen anwenden.

23.15 Probabilistische Verschlüsselung

Das Konzept der **probabilistischen Verschlüsselung** wurde von Shafi Goldwasser und Silvio Micali erfunden [624]. Theoretisch liefert sie zwar das sicherste jemals erfundene Kryptosystem; die erste Implementierung war jedoch nicht praktikabel [625]. Durch neuere Implementierungen änderte sich das jedoch.

Die Grundidee der probabilistischen Verschlüsselung besteht darin, zu verhindern, daß wie bei der Public-Key-Kryptographie Informationen entweichen können. Ein Kryptanalytiker kann immer etwas Information erhalten, indem er zufällige Nachrichten mit einem öffentlichen Schlüssel chiffriert. Um die Klartextnachricht M aus dem Chiffretext $C = E_K(M)$ zu rekonstruieren, kann er eine zufällige Nachricht M' verschlüsseln: $C' = E_K(M')$. Falls $C' = C$, hat er den richtigen Klartext geraten; falls nicht, rät er einfach noch einmal.

Außerdem will man keine Teilinformationen über die ursprüngliche Nachricht entweichen lassen. Bei der Public-Key-Kryptographie erfährt ein Kryptanalytiker manchmal etwas über die einzelnen Bits, zum Beispiel: die XOR-Verknüpfung der Bits 5, 17 und 39 ergibt 1 usw. Bei der probabilistischen Verschlüsselung bleiben sogar solche Informationen verborgen.

Es gibt zwar nicht viele Informationen zu gewinnen, doch es ist immer ein potentielles Problem, wenn ein Kryptanalytiker zufällige Nachrichten mit einem öffentlichen Schlüsel chiffrieren kann. Aus jeder chiffrierten Nachricht kann er ein bißchen Information gewinnen. Niemand weiß genau, um wie viele Informationen es sich dabei handelt.

Mit probabilistischer Verschlüsselung versucht man, diesen Informationsfluß zu verhindern. Das Ziel ist, daß der Kryptanalytiker weder durch Berechnungen mit dem Chiffretext noch mit anderen versuchsweise eingesetzten Klartexten irgendwelche Informationen über den zugehörigen Klartext erhält.

Der Chiffrieralgorithmus ist bei der probabilistischen Verschlüsselung nicht deterministisch, sondern probabilistisch. Mit anderen Worten: eine große Zahl von Chiffretexten läßt sich zu einem gegebenen Klartext dechiffrieren. Der für eine bestimmte Chiffrierung benutzte Chiffretext wird zufällig ausgewählt.

$$C_1 = E_K(M), C_2 = E_K(M), C_3 = E_K(M), \ldots, C_i = E_K(M)$$
$$M = D_K(C_1) = D_K(C_2) = D_K(C_3) = \ldots = D_K(C_i)$$

Bei probabilistischer Verschlüsselung kann ein Kryptanalytiker nicht mehr zufälligen Klartext chiffrieren und nach dem korrekten Chiffretext suchen. Angenommen, dem Kryptanalytiker liegt der Chiffretext $C_i = E_K(M)$ vor. Selbst wenn er M richtig errät und dann $E_K(M)$ chiffriert, erhält er für C ein völlig anderes Ergebnis C_1. Da er C_i und C_j nicht vergleichen kann, kann er auch nicht wissen, daß er die Nachricht korrekt erraten hat.

Das ist wirklich eine verblüffend raffinierte Idee. Selbst wenn ein Kryptanalytiker den öffentlichen Schlüssel, den Klartext und den Chiffretext kennt, kann er ohne Kenntnis des privaten Dechiffrierschlüssels nicht beweisen, daß der Chiffretext dem verschlüsselten Klartext entspricht. Selbst wenn er eine exhaustive Suche durchführt, kann er nur beweisen, daß jeder denkbare Klartext auch ein möglicher Klartext ist.

Bei diesem Verfahren wird der Chiffretext immer länger sein als der Klartext. Um diese Tatsache kommt man nicht herum. Sie folgt daraus, daß die Entschlüsselung vieler Chiffretexte die gleichen Klartexte liefert. Das erste Verfahren zur probabilistischen Verschlüsselung [625] lieferte Chiffretext, der um so viel größer war als der Klartext, daß es völlig unbrauchbar war.

Manuel Blum und Goldwasser entwickelten jedoch eine effiziente Implementierung der probabilistischen Verschlüsselung mit Hilfe des Zufallsbitgenerators von Blum, Blum und Shub (BBS), den wir in Abschnitt 17.9 behandelten [199].

Der BBS-Generator beruht auf der Theorie der quadratischen Reste. Im Klartext heißt das, daß es zwei Primzahlen p und q gibt, die kongruent 3 modulo 4 sind. Sie bilden den privaten Schlüssel. Das Produkt $n = pq$ ist der öffentliche Schlüssel. (Achten Sie auf die ps und qs, denn die Sicherheit des Verfahrens basiert auf dem Problem der Faktorisierung von n.)

Um eine Nachricht M zu chiffrieren, wählt man zuerst eine Zufallszahl x, die relativ prim zu n ist. Dann berechnet man

$$x_0 = x^2 \bmod n$$

23.15 Probabilistische Verschlüsselung

x_0 dient als Startwert für den BBS-Pseudozufallsbitgenerator. Die Ausgabe des Generators fungiert als Stromchiffrierung. Dazu XOR-verknüpft man M bitweise mit der Ausgabe des Generators. Der Generator liefert die Bits b_i (das niederwertige Bit von x_i, wobei $x_i = x_{i-1}^2 \mod n$), also

$$M = M_1, M_2, M_3, \ldots, M_t$$
$$C = M_1 \oplus b_1, M_2 \oplus b_2, M_3 \oplus b_3, \ldots, M_t \oplus b_t$$

t ist dabei die Länge des Klartexts

Zuletzt hängt man den letzten berechneten Wert x_t an das Ende der Nachricht an.

Die einzige Möglichkeit zur Entschlüsselung der Nachricht ist, x_0 zu rekonstruieren und dann den gleichen BBS-Generator einzurichten, um den Chiffretext mit dessen Ausgabe per XOR zu verknüpfen. Da der BBS-Generator nach links sicher ist, hat x_t für den Kryptanalytiker keinen Wert. Die Nachricht läßt sich nur mit Kenntnis von p und q dechiffrieren.

Der C-Code zur Berechnung von x_0 aus x_t sieht wie folgt aus:

```
int x0 (int p, int q, int n, int t, int xt)
{
    int a, b, u, v, w, z;

    /* wir wissen bereits, daß ggT(p, q) == 1 */
    (void) extended_euclidian(p, q, &a, &b);
    u = modexp ((p+1)/4, t, p-1);
    v = modexp ((q+1)/4, t, q-1);
    w = modexp (xt%p, u, p);
    z = modexp (xt&q, v, q);
    return(b*q*w + a*p*z) % n;
}
```

Mit Hilfe von x_0 ist die Entschlüsselung ganz einfach: man muß nur den BBS-Generator einrichten und dessen Ausgabe mit dem Chiffretext XOR-verknüpfen.

Dieses Verfahren läßt sich weiter beschleunigen, indem man alle bekannten sicheren Bits von x_i benutzt und nicht nur das niederwertige Bit. Mit dieser Verbesserung ist die probabilistische Verschlüsselung von Blum-Goldwasser schneller als RSA, ohne Teilinformationen über den Klartext entweichen zu lassen. Es läßt sich außerdem beweisen, daß das Knacken dieses Verfahrens so schwer ist wie die Faktorisierung von n.

Andererseits bietet das Verfahren überhaupt keinen Schutz vor einem *chosen-ciphertext*-Angriff. Aus den niederwertigen Bits der rechten quadratischen Reste kann man die Quadratwurzel aller quadratischen Reste berechnen. Dann kann man aber auch faktorisieren. Einzelheiten finden Sie in [1570, 1571, 35, 36].

23.16 Quantenkryptographie

Quantenkryptographie nutzt die natürliche Ungewißheit der Quantenwelt aus. Damit läßt sich ein Kommunikationskanal aufbauen, bei dem jeder Abhörversuch die Übertragung stört. Dieser Quantenkanal wird durch die Gesetze der Physik abgesichert: selbst wenn der Lauscher alles durchführen könnte, was er will, oder über unbegrenzte Rechenkapazität verfügte, ja selbst wenn **P = NP** wäre. Charles Bennett, Gilles Brassard, Claude Crépeau und andere bauten diese Idee aus. Sie beschreiben quantenbasierte Schlüsselverteilung, quantenbasierten Münzwurf, quantenbasiertes Bit Commitment, quantenbasiertes Oblivious Transfer und quantenbasierte sichere Berechnungen mit mehreren Parteien. Ihre Arbeit wird in [128, 129, 123, 124, 125, 133, 126, 394, 134, 392, 243, 517, 132, 130, 244, 393, 396] beschrieben. Der beste Überblick über Quantenkryptographie findet sich in [131]. Ein weiterer nichttechnischer Überblick ist [1651]. [237] enthält eine komplette Bibliographie zur Quantenkryptographie.

Das Thema wäre immer noch einer esoterischen Ecke der Kryptographie zuzuordnen, wenn Bennett und Brassard nicht wirklich ein funktionierendes Modell gebaut hätten [127, 121, 122]. Jetzt gibt es also *experimentelle* Quantenkryptographie.

Lehnen Sie sich also zurück, holen Sie sich etwas zu trinken und entspannen Sie sich. Ich werde versuchen zu erklären, worum es bei der Quantenkryptographie geht.

Die Quantenmechanik besagt, daß ein Teilchen nicht an einem bestimmten Ort, sondern gleichzeitig an mehreren Orten existiert. Für jeden Ort gibt es eine gewisse Wahrscheinlichkeit, das Teilchen dort zu beobachten. Es „kollabiert" aber erst dann zu einem einzelnen Ort, wenn sich ein Wissenschaftler anschickt, das Teilchen zu messen. Man kann jedoch nicht alle Aspekte eines Teilchens (zum Beispiel Ort und Geschwindigkeit) gleichzeitig messen. Sobald man eine der beiden Größen mißt, macht der Meßvorgang selbst die Möglichkeit zunichte, die andere Größe zu messen. In der Quantenmechanik gibt es eine grundlegende Unschärfe, die sich nicht vermeiden läßt.

Diese Unschärfe läßt sich zur Generierung geheimer Schlüssel benutzen. Photonen schwingen auf ihrem Weg in einer bestimmten Richtung: von oben nach unten, von links nach rechts oder (was wahrscheinlicher ist) unter einem bestimmten Winkel. Schwingt eine große Zahl von Photonen in der gleichen Richtung, so heißen sie **polarisiert**. Polarisationsfilter lassen nur Photonen durch, die in einer bestimmten Richtung polarisiert sind, der Rest wird blockiert. Ein horizontales Polarisationsfilter läßt zum Beispiel nur horizontal polarisierte Photonen durch. Dreht man das Filter um 90 Grad, so kommen nur vertikal polarisierte Photonen durch.

Wir betrachten eine Folge horizontal polarisierter Photonen. Beim Versuch, ein horizontal polarisiertes Filter zu durchlaufen, kommen alle Photonen durch. Dreht man das Filter langsam um 90 Grad, so wird die Anzahl der Photonen nach und nach kleiner, bis schließlich überhaupt keine mehr durchkommen. Das entspricht nicht der Intuition. Man könnte meinen, daß alle Photonen blockiert werden, sobald man das Filter nur ein bißchen dreht, denn die Photonen sind ja horizontal polarisiert. In der Quantenmechanik wechselt jedoch jedes Teilchen mit einer gewissen Wahrscheinlichkeit unvermittelt seine Polarisierung und paßt sich dadurch an das Filter an. Unterscheiden sich die Winkel nur ein wenig, so ist die Wahrscheinlichkeit für ein Passieren des Filters hoch. Unterscheiden sich die Winkel um 90 Grad, beträgt die Wahrscheinlichkeit Null. Unterscheiden sich die Winkel um 45 Grad, durchläuft das Teilchen den Filter mit einer Wahrscheinlichkeit von 50 Prozent.

Polarisierung kann man in einer beliebigen **Basis** messen, also zwei Richtungen, die im rechten Winkel aufeinander stehen. Ein Beispiel ist eine gerade Basis, also horizontal und vertikal. Eine andere Basis ist diagonal, also von links oben nach rechts unten und von rechts oben nach links unten. Wenn ein Photon in einer bestimmten Basis polarisiert ist und man in der gleichen Basis mißt, so erfährt man die Polarisierung. Mißt man in der falschen Basis, erhält man ein zufälliges Ergebnis. Diese Eigenschaft nutzen wir bei der Erzeugung eines geheimen Schlüssels aus:

(1) Alice sendet Bob eine Folge von Photonenstößen. Jeder Photonenstoß ist zufällig in einer von vier Richtungen polarisiert: horizontal, vertikal, schräg-links oder schräg-rechts.
Alice sendet Bob zum Beispiel:
| | / — — \ — | — /

(2) Bob hat einen Polarisationsdetektor. Er kann ihn entweder für die Messung gerader Polarisation oder für die Messung schräger Polarisation einrichten, aber nicht für beides. Das lassen die Gesetze der Quantenmechanik nicht zu. Mißt er eine Richtung, so gibt es keine Möglichkeit mehr, die andere zu messen. Daher stellt er seinen Detektor zufällig ein, zum Beispiel:
× + + × × × + × + +

Stellt Bob seinen Detektor jetzt richtig ein, so kann er die korrekte Polarisierung aufzeichnen. Stellt er den Detektor so ein, daß er gerade Polarisierung mißt, und die Photonen sind gerade polarisiert, so kann er feststellen, in welcher Richtung Alice ein Photon polarisiert hat. Stellt er den Detektor so ein, daß er schräge Polarisierung mißt, die Photonen sind aber gerade polarisiert, so erhält er zufällige Ergebnisse. Er kann den Unterschied nicht feststellen. In unserem Beispiel erhält er folgendes Resultat:
/ | — \ / \ — / — |

(3) Bob teilt Alice über einen unsicheren Kanal mit, welche Einstellungen er benutzt hat.
(4) Alice teilt Bob mit, welche Einstellungen korrekt waren. In unserem Beispiel war der Detektor für die Photonenstöße 2, 6, 7 und 9 korrekt eingestellt.
(5) Alice und Bob behalten nur die Polarisationsmessungen, die korrekt durchgeführt wurden. In unserem Beispiel liefert das:
* | * * * \ — * — *

Mit Hilfe eines vorbereiteten Codes übersetzen Alice und Bob diese Polarisierungsmessungen in Bits. Horizontal und schräg-links könnte zum Beispiel für eine Eins stehen, vertikal und schräg-rechts für eine Null. In unserem Beispiel erhalten beide:

0 0 1 1

Damit haben Alice und Bob vier Bit generiert. Mit diesem System können sie beliebig viele zusätzliche Bits erzeugen. Bob wird in durchschnittlich 50 Prozent der Fälle die richtige Einstellung verwenden. Daher muß Alice $2n$ Photonen senden, um n Bits zu erzeugen. Die beiden können diese Bits als geheimen Schlüssel für einen symmetrischen Algorithmus verwenden oder perfekte Sicherheit erreichen, indem sie genügend Bits für ein One-Time-Pad generieren.

Das wirklich verblüffende an dem Verfahren ist, daß Eve nicht lauschen kann. Sie muß wie Bob raten, welche Polarisation zu messen ist. Wie Bob wird sie in der Hälfte der Fälle falsch raten. Da ein falscher Versuch aber die Polarisationsrichtung der Photonen ändert, verfälscht sie die Photonen zwangsläufig durch das Abhören. In diesem Fall erhalten Alice und Bob unterschiedliche Bitfolgen. Alice und Bob schließen das Protokoll daher wie folgt ab:

(6) Alice und Bob vergleichen einige Bits ihrer Folgen. Wenn es Unterschiede gibt, so wissen sie, daß sie belauscht wurden. Gibt es keine Unterschiede, werfen sie die zum Vergleich benutzten Bits weg und verwenden nur den Rest.

Mit Erweiterungen dieses Protokolls können Alice und Bob ihre Bits sogar in Gegenwart von Eve verwenden [133, 134, 192]. Sie könnten nur die Parität von Teilmengen der Bits vergleichen. Gibt es keine Unterschiede, müssen sie nur ein Bit der Teilmenge wegwerfen. Dadurch entdecken sie Abhöraktionen zwar nur mit einer Wahrscheinlichkeit von 50 Prozent. Wenn sie allerdings n verschiedene Teilmengen überprüfen, sinkt die Wahrscheinlichkeit für Eve, unentdeckt zu lauschen, auf 1 zu 2^n.

In der Quantenwelt ist es unmöglich, passiv zu lauschen. Wenn Eve versucht, alle Bits abzuhören, zerstört sie zwangsläufig die Kommunikation.

Bennett und Brassard bauten ein funktionierendes Modell quantenbasierter Schlüsselverteilung und konnten mit Hilfe einer Laservorrichtung auf sichere Art Bits austauschen. Mein letzter Kenntnisstand ist, daß es Leute bei British Telecom geschafft haben, Bits über eine zehn Kilometer lange Glasfaserverbindung zu übertragen [276, 1245, 1533]. Sie schätzen, daß auch fünfzig Kilometer machbar sind. Das ist wirklich kaum zu glauben!

Teil IV
Kryptographie in der Praxis

24 Implementierungsbeispiele

Der Entwurf von Protokollen und Algorithmen ist eine Sache, die Umsetzung in betriebsbereite Systeme jedoch eine völlig andere. Eigentlich gibt es keinen Unterschied zwischen Theorie und Praxis, in der Realität ist er aber sehr wohl vorhanden. Konzepte, die auf dem Papier nicht schlecht aussehen, funktionieren im richtigen Leben häufig nicht. Manchmal ist vielleicht die erforderliche Bandbreite zu hoch oder das Protokoll zu langsam. Kapitel 10 behandelt einige Fragen in bezug auf den Einsatz von Kryptographie; dieses Kapitel zeigt an Beispielen, was in der Praxis bereits verwirklicht wurde.

24.1 IBM-Protokoll zur Verwaltung geheimer Schlüssel

In den späten siebziger Jahren entwickelte IBM zur sicheren Kommunikation und Datenspeicherung in einem Computernetz ein vollständiges Schlüsselverwaltungssystem, für das nur symmetrische Kryptographie verwendet wurde [515, 1027]. Dieses Protokoll ist weniger wegen seiner einzelnen Eigenschaften als seiner Gesamtkonzeption von Bedeutung: Durch Automatisierung der Erstellung, Verteilung, Installation, Speicherung, Änderung und Vernichtung von Schlüsseln gewährleistet dieses Protokoll eine weitreichende Sicherheit der zugrundeliegenden kryptographischen Algorithmen.

Das Protokoll liefert dreierlei: sichere Kommunikation zwischen einem Server und mehreren Terminals, sichere Datenspeicherung auf dem Server und sichere Kommunikation zwischen mehreren Servern. Das Protokoll bietet keine echte direkte Kommunikation zwischen Terminals, kann aber entsprechend abgeändert werden.

Jeder Server im Netz wird an eine kryptographische Einheit angeschlossen, die die gesamte Ver- und Entschlüsselung durchführt. Jeder Server besitzt einen **Master-Key**, KM_0 sowie zwei Varianten KM_1 und KM_2, die einfache Varianten von KM_0 darstellen. Diese Schlüssel werden zur Chiffrierung anderer Schlüssel und zur Erzeugung neuer Schlüssel verwendet. Jedes Terminal besitzt einen **Master-Terminal-Key**, KMT, der zum Austausch von Schlüsseln mit anderen Terminals benutzt wird.

Die Server speichern den mit KM_1 verschlüsselten KMT. Außer den Schlüsseln, die zur Chiffrierung von Schlüsseldateien (die KNF heißen) benutzt werden, werden alle mit KM_2 chiffriert gespeichert. Der Master-Key KM_0 wird in einem nichtflüchtigen Sicherheitsmodul abgelegt. Heute könnte das ein ROM-Key oder eine Magnetkarte sein. Alternativ dazu konnte der Master-Key auch vom Benutzer eingegeben werden (wahrscheinlich als Textfolge, die dann mit einem *key-crunching*-Verfahren umgewandelt wird). KM_1 und KM_2 werden nicht im System gespeichert, sondern bei Bedarf aus KM_0 berechnet. Sitzungsschlüssel für die Kommunikation zwischen den Servern werden mit einem Pseudozufallsverfahren im Server generiert. Schlüssel zur Chiffrierung von abzuspeichernden Dateien (KNF) werden auf dieselbe Weise erzeugt.

Der Kern des Protokolls besteht aus einem einbruchsicheren Modul, einer sogenannten **kryptographischen Einheit**. Sowohl auf dem Server als auch im Terminal findet jede Ver- und Entschlüsselung in dieser Einheit statt. Die wichtigsten Schlüssel, nämlich jene zur Generierung der eigentlichen Chiffrierschlüssel, werden in diesem Modul abgelegt. Sind diese Schlüssel einmal gespeichert, können sie nicht mehr gelesen werden. Darüber hinaus ist ihre Verwendung festgelegt: Ein für einen bestimmten Zweck vorgesehener Schlüssel kann nicht versehentlich für andere Aufgaben benutzt werden. Dieses Konzept der **Schlüsselkontrollvektoren** ist wohl der bedeutsamste Beitrag des Systems. Donald Davies und William Price beschreiben dieses Protokoll zur Schlüsselverwaltung ausführlich in [435].

Eine Variante

In [1478] wird eine Variante dieses Konzepts mit Master-Key und Sitzungsschlüssel beschrieben. Es wird um Netzknoten mit sogenannten *key-notarization*-Einheiten herum aufgebaut, die lokale Terminals bedienen. Diese Variante soll folgendes leisten:

- sichere bidirektionale Kommunikation zwischen zwei Terminalbenutzern
- sichere Kommunikation über verschlüsselte E-Mail
- Schutz persönlicher Dateien
- Möglichkeit zu digitalen Signaturen

Zur Kommunikation und Dateiübertragung zwischen Benutzern verwendet dieses Konzept Schlüssel, die in der *key-notarization*-Einheit generiert werden und den Benutzern mit einem Master-Key verschlüsselt gesendet werden. Die Identität der Benutzer ist im Schlüssel enthalten, damit nachgewiesen werden kann, zwischen welchen beiden Benutzern der Sitzungsschlüssel verwendet wurde. Die **key notarization** stellt ein zentrales Merkmal des Systems dar. Obwohl das System nicht mit Public-Key-Kryptographie arbeitet, verfügt es über eine der digitalen Signatur vergleichbare Eigenschaft: Ein Schlüssel kann nur aus einer bestimmten Quelle stammen und von einem bestimmten Ziel gelesen werden.

24.2 MITRENET

Eine der ersten Implementierungen der Public-Key-Kryptographie war das experimentelle System MEMO (MITRE Encrypted Mail Office). MITRE ist ein Vertragspartner des US-amerikanischen Verteidigungsministeriums und ein staatliches Forschungszentrum. MEMO war ein sicheres E-Mail-System für Benutzer im MITRENET-Netz, das Public-Key-Kryptographie zum Schlüsselaustausch und DES zur Dateiverschlüsselung verwendet.

Im MEMO-System werden alle öffentlichen Schlüssel in einem *Public Key Distribution Center* gespeichert, das einen eigenen Knoten im Netz darstellt. Die öffentlichen Schlüssel werden in einem EPROM gespeichert, um jede Änderung zu verhindern. Private Schlüssel werden von den Benutzern oder vom System generiert.

Damit ein Benutzer sichere Nachrichten senden kann, richtet das System zuerst einen sicheren Kommunikationsweg beim *Public Key Distribution Center* ein. Der Benutzer fordert vom Center eine Datei mit allen öffentlichen Schlüsseln an. Nachdem der Benutzer anhand seines privaten Schlüssels eine Identifikationsüberprüfung bestanden hat, sendet das Center die angeforderte Liste an die Workstation des Benutzers. Die Liste ist mit DES chiffriert, um die Integrität der Datei sicherzustellen.

Die Implementierung verwendet DES zur Nachrichtenverschlüsselung. Das System erzeugt einen zufälligen DES-Schlüssel für die Datenchiffrierung; der Benutzer chiffriert die Datei mit dem DES-Schlüssel und den DES-Schlüssel mit dem öffentlichen Schlüssel des Empfängers. Sowohl die mit DES chiffrierte Datei als auch der mit dem öffentlichen Schlüssel chiffrierte Schlüssel werden an den Empfänger geschickt.

MEMO sieht keine Maßnahmen für den Fall vor, daß ein Schlüssel verlorengeht. Es gibt eine gewisse Integritätsprüfung der Nachrichten mittels Prüfsummen. In das System ist keine Authentifizierung integriert.

Der für das System verwendete Public-Key-Algorithmus – Diffie-Hellman-Schlüsselaustausch über $GF(2^{127})$ – wurde bereits vor der Implementierung des Systems als unsicher bewiesen (siehe Abschnitt 11.6). Es ist jedoch einfach, das System auf größere Zahlen zu erweitern. MEMO war in erster Linie für experimentelle Zwecke gedacht und wurde nie auf einem echten MITRENET-System eingesetzt.

24.3 ISDN

Bell-Northern Research entwickelte einen Prototyp für ein sicheres ISDN-Telefonterminal (Integrated Services Digital Network) [499, 1192, 493, 500]. Als Telefon ging dieses System nie über einen Prototyp hinaus. Das daraus resultierende Produkt war das Packet Data Security Overlay. Das Terminal verwendet Diffie-Hellman-Schlüsselaustausch, digitale Signaturen mit RSA und Datenchiffrierung mit DES; es kann Sprache und Daten mit 64 Kilobit pro Sekunde übertragen und empfangen.

Schlüssel

In das Telefon ist ein für langfristigen Gebrauch vorgesehenes Schlüsselpaar aus öffentlichem und privatem Schlüssel integriert. Der private Schlüssel wird in einem einbruchsicheren Teil des Apparats gespeichert. Der öffentliche Schlüssel dient als Identifikation des Telefons. Diese Schlüssel sind Teil des Telefons selbst und können unter keinen Umständen geändert werden.

Außerdem werden im Apparat zwei weitere öffentliche Schlüssel gespeichert. Einer davon ist der öffentliche Schlüssel des Eigentümers. Dieser Schlüssel wird zur Authentifizierung von Befehlen des Eigentümers verwendet und kann über einen vom Eigentümer unterschriebenen Befehl geändert werden. Ein Eigentümer kann damit den Telefonbesitz auf eine andere Person übertragen.

Der öffentliche Schlüssel des Netzes wird ebenfalls im Apparat abgelegt. Er wird zur Authentifizierung der Befehle von der Schlüsselverwaltungsinstanz des Netzes und der Anrufe von anderen Netzbenutzern verwendet. Auch dieser Schlüssel kann über einen unterzeichneten Befehl vom Eigentümer geändert werden. Dies ermöglicht dem Eigentümer, sein Telefon von einem Netz in ein anderes zu verlegen.

Diese Schlüssel werden als langfristige Schlüssel angesehen: Sie werden selten oder nie geändert. Im Telefon wird auch ein Schlüsselpaar aus einem kurzfristigen öffentlichen und privaten Schlüssel gespeichert. Sie sind in ein Zertifikat eingeschlossen, das von der Schlüsselverwaltungsinstanz unterzeichnet ist. Beim Verbindungsaufbau tauschen die beiden beteiligten Apparate die Zertifikate aus. Mit dem öffentlichen Schlüssel des Netzes werden diese Beglaubigungen authentifiziert.

Durch Austausch und Verifizierung der Beglaubigungen wird lediglich eine sichere Verbindung zwischen zwei Apparaten hergestellt. Für eine sichere benutzerspezifische Verbindung besitzt das Protokoll eine zusätzliche Vorrichtung. Der private Schlüssel des Eigentümers wird in einem Hardware-**Zündschlüssel** (*ignition key*) gespeichert, der vom Eigentümer in das Telefon gesteckt wird. Dieser Zündschlüssel enthält den privaten Schlüssel des Eigentümers, der mit einem geheimen, nur dem Eigentümer bekannten Paßwort chiffriert ist (es ist weder dem Apparat noch der Schlüsselverwaltungsinstanz des Netzes noch irgendjemand anderem bekannt). Außerdem enthält der Zündschlüssel ein von der Schlüsselverwaltungsinstanz des Netzes unterzeichnetes Zertifikat, das den öffentlichen Schlüssel des Eigentümers sowie einige Informationen zur Identifikation enthält (Name, Firma, Tätigkeit, Unbedenklichkeitserklärung, Lieblingspizza, sexuelle Vorlieben o.ä.). Auch dies wird chiffriert. Um diese Daten zu dechiffrieren und in das Telefon einzugeben, tippt der Eigentümer sein geheimes Paßwort auf der Telefontastatur ein. Der Apparat verwendet diese Informationen dann zum Einrichten von Gesprächen. Sie werden gelöscht, sobald der Eigentümer seinen Zündschlüssel entfernt hat.

Das Telefon speichert außerdem eine Reihe von Beglaubigungen von der Schlüsselverwaltungsinstanz des Netzes. Diese berechtigen bestimmte Benutzer zur Verwendung bestimmter Telefone.

Anruf

Ein Anruf von Alice an Bob verläuft wie folgt:
  (1) Alice steckt ihren Zündschlüssel in das Telefon und gibt ihr Paßwort ein.
  (2) Das Telefon fragt die Identität von Alice vom Zündschlüssel ab und gibt Alice ein Freizeichen.

(3) Der Apparat überprüft anhand seiner Zertifikate, ob Alice zur Nutzung dieses Telefons berechtigt ist.
(4) Alice wählt die Nummer, und das Telefon führt den Anruf durch.
(5) Die beiden Apparate verwenden ein Public-Key-Protokoll zum Schlüsselaustausch, um einen eindeutigen und zufälligen Sitzungsschlüssel zu generieren. Alle darauf folgenden Schritte werden mit diesem Schlüssel chiffriert.
(6) Alices Telefon überträgt seine Beglaubigung und die Benutzerauthentifizierung.
(7) Bobs Telefon authentifiziert die Unterschrift auf der Beglaubigung und der Benutzerauthentifizierung mit dem öffentlichen Schlüssel des Netzes.
(8) Bobs Telefon setzt eine *challenge-and-reply*-Sequenz ab. Dabei werden in Echtzeit unterzeichnete Antworten auf zeitabhängige Fragen verlangt. (Dies verhindert, daß ein Gegner Beglaubigungen mißbraucht, die aus einem vorangehenden Austausch kopiert wurden.) Eine der Antworten muß mit dem privaten Schlüssel von Alices Telefon unterzeichnet sein und eine andere mit Alices privatem Schlüssel.
(9) Bobs Telefon läutet, wenn er nicht bereits am Apparat ist.
(10) Ist Bob zu Hause, steckt er seinen Zündschlüssel in das Telefon. Sein Apparat fragt den Zündschlüssel ab und überprüft Bobs Beglaubigung wie in Schritt (2) und (3).
(11) Bob übermittelt seine Beglaubigung und Benutzerauthentifizierung.
(12) Alices Apparat authentifiziert Bobs Unterschriften wie in Schritt (7) und setzt eine *challenge-and-reply*-Sequenz wie in Schritt (8) ab.
(13) Beide Apparate zeigen die Identität des anderen Benutzers und Telefons auf den Displays an.
(14) Eine sichere Kommunikation beginnt.
(15) Hängt eine der Parteien auf, werden der Sitzungsschlüssel, die Beglaubigungen, die Bobs Telefon von Alices empfangen hat, und die Zertifikate, die Alices Telefon von Bobs Apparat empfangen hat, gelöscht.

Jedem Anruf wird ein eigener DES-Schlüssel zugeordnet. Er existiert nur innerhalb der beiden Telefone sowie für die Dauer des Anrufs und wird unmittelbar danach vernichtet. Besorgt sich ein Gegner einen oder beide der am Gespräch beteiligten Apparate, ist er trotzdem nicht in der Lage, ein bereits stattgefundenes Gespräch zwischen den beiden Apparaten zu dechiffrieren.

24.4 STU-III

STU ist ein Akronym für „Secure Telephone Unit", ein von der NSA entworfenes sicheres Telefon. Der Apparat hat in etwa die Größe und Form eines konventionellen Telefons und kann als solches verwendet werden. Diese Telefone sind außerdem einbruchsicher und nicht geheim, wenn sie unverschlüsselt sind. Sie verfügen zudem über einen

Datenport und können für sichere Modemübertragung sowie für Sprachübertragung benutzt werden [1133].

Whitfield Diffie beschreibt STU-III in [494]:

> Um mit einem STU-III ein Gespräch zu führen, setzt der Anrufer zuerst einen normalen Anruf an ein anderes STU-III ab, steckt dann eine wie ein Schlüssel geformte Vorrichtung ein, die eine kryptographische Variable enthält, und drückt den Knopf „go secure". Nach ungefähr 15 Sekunden, die für die kryptographische Initialisierung nötig sind, zeigen die beiden Telefone auf ihren Displays Informationen über die Identität und Unbedenklichkeit der jeweils anderen Partei an und der Anruf kann fortgesetzt werden.
>
> In einem bislang beispiellosen Schritt kündigte Walter Deeley, stellvertretender Direktor für Kommunikationssicherheit der NSA, das STU-III oder Future Secure Voice System in einem Exklusivinterview für die *New York Times* [282] an. Das neue System wurde in erster Linie entwickelt, um das US-Verteidigungsministerium und dessen Auftragnehmer mit einer sicheren Sprachübermittlung und Datenkommunikation niedriger Bandbreite zu versorgen. Aus dem Interview ging nicht viel über die Funktionsweise des Systems hervor, aber allmählich sickerten Informationen darüber durch. Das neue System arbeitet mit öffentlichen Schlüsseln.
>
> Der neue Ansatz zur Schlüsselverwaltung wurde bereits in [68] angeführt, und in einem Artikel werden Telefone erwähnt, die „die einmal pro Jahr über eine sichere Telefonverbindung umprogrammiert werden". Diese Formulierung deutet sehr auf ein Protokoll zur Zertifikatübermittlung hin, wie es in Abschnitt 24.3 beschrieben wird, bei dem Telefone kaum noch mit der Schlüsselverwaltungsinstanz zu kommunizieren brauchen. Neueste Berichte sind aufschlußreicher und sprechen von einem Schlüsselverwaltungssystem namens FIREFLY, das „aus Public-Key-Verfahren entstanden ist und zur Einrichtung von Schlüsselpaaren zur Chiffrierung von Kommunikation verwendet wird" [1341]. Sowohl diese Beschreibung als auch die dem US-Kongreß vorgelegte Aussage von Lee Neuwirth von Cylink [1164] deuten auf eine Kombination von Schlüsselaustausch und Beglaubigungen hin, ähnlich wie sie im sicheren ISDN-Telefon verwendet wird und es ist einleuchtend, daß auch FIREFLY auf Potenzierung beruht.

STU-III-Telefone werden von AT&T und GE produziert. 1994 wurden zwischen 300 000 und 400 000 Apparate verkauft. Eine neue Version names Secure Terminal Equipment (STE) arbeitet auf ISDN-Leitungen.

24.5 Kerberos

Kerberos ist ein Authentifizierungsprotokoll mit einer vertrauenswürdigen dritten Partei, das für TCP/IP-Netze entwickelt wurde. Ein Kerberos-Dienst, der sich im Netz befindet, fungiert als vertrauenswürdiger Vermittler. Kerberos bietet sichere Netzwerkauthentifizierung, anhand derer ein Benutzer auf verschiedene Rechner im Netz zugreifen kann. Kerberos beruht auf symmetrischer Kryptographie (DES ist implementiert, alternativ dazu können aber auch andere Algorithmen verwendet werden). Kerberos teilt sich mit jeder Einheit im Netz einen anderen geheimen Schlüssel, und die Kenntnis dieses geheimen Schlüssels dient als Identitätsbeweis.

Kerberos wurde ursprünglich am MIT für das Projekt Athena entwickelt. Das Kerberos-Modell basiert auf dem Protokoll von Needham-Schroeder mit vertrauenswürdiger dritter Partei (siehe Abschnitt 3.3) [1159]. Die Originalversion, Version 4, ist in [1094, 1499] spezifiziert. (Die Versionen 1 bis 3 waren interne Entwicklungsversionen.) Version 5, die aus Version 4 abgeleitet wurde, ist in [876, 877, 878] spezifiziert. Die beste Übersicht über Kerberos gibt [1163]. Weitere Zusammenfassungen finden Sie in [1384, 1493], zwei gute Artikel über den Einsatz von Kerberos in der Praxis sind [781, 782].

Das Kerberos-Modell

Das elementare Kerberos-Modell wurde in Abschnitt 3.3 skizziert. Es umfaßt bestimmte Einheiten – Clients und Server – die sich im Netz befinden. Clients können Benutzer, aber auch unabhängige Software-Programme sein, die bestimmte Aufgaben erledigen müssen: Dateien von den Servern herunterkopieren, Nachrichten senden, auf Datenbanken und Drucker zugreifen, administrative Berechtigungen anfordern o.ä.

Kerberos hält eine Datenbank, in der die Clients und deren geheime Schlüssel gespeichert sind. Bei einem menschlichen Benutzer besteht der geheime Schlüssel aus einem chiffrierten Paßwort. Netzdienste, für die eine Authentifizierung erforderlich ist, sowie Clients, die diese Dienste nutzen möchten, lassen ihren geheimen Schlüssel bei Kerberos registrieren.

Da Kerberos alle geheimen Schlüssel kennt, kann es Nachrichten erstellen, die eine Einheit von der Identität einer anderen Einheit überzeugen. Kerberos generiert zudem Sitzungsschlüssel, die jeweils nur an den Client und den Server (oder zwei Clients), aber an niemand anderen vergeben werden. Der Sitzungsschlüssel wird zur Chiffrierung von Nachrichten zwischen den beiden Parteien verwendet und danach vernichtet.

Kerberos verwendet DES zur Verschlüsselung. Kerberos Version 4 verfügte über einen nicht standardmäßig eingestellten Modus zur Authentifizierung. Dieser Modus ist nicht sehr leistungsfähig: Er war nicht in der Lage, bestimmte Änderungen am Chiffretext wahrzunehmen (siehe Abschnitt 9.10). Kerberos Version 5 arbeitet im CBC-Modus.

Arbeitsweise von Kerberos

In diesem Abschnitt wird Kerberos Version 5 beschrieben, wobei die Unterschiede zwischen Version 4 und 5 weiter ausgeführt werden. Das Kerberos-Protokoll ist einfach (siehe Abbildung 24.1). Ein Client fordert von Kerberos ein Ticket für einen Ticket-Granting Service (TGS) an. Dieses Ticket wird dem Client mit dessen geheimem Schlüssel chiffriert gesendet. Will der Client einen bestimmten Server benutzen, fordert er vom TGS ein Ticket für diesen Server an. Falls alles in Ordnung ist, sendet der TGS das Ticket an den Client zurück. Der Client präsentiert dem Server dieses Ticket dann gemeinsam mit einem Authentikator. Ist die Legitimation des Clients in Ordnung, erhält er vom Server die Erlaubnis zum Zugriff auf den Dienst.

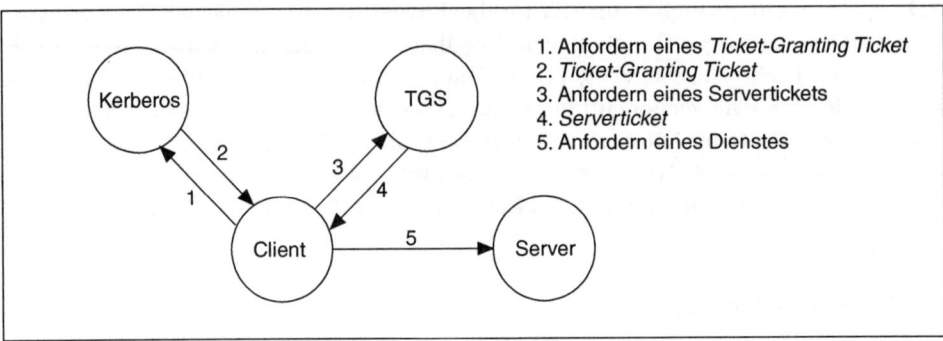

Abb. 24.1: Authentifizierungsschritte bei Kerberos

Legitimationen

Kerberos verwendet zwei Arten der Legitimation: **Tickets** und **Authentikatoren**. (Ab hier benutzen wir die in den Kerberos-Dokumenten verwendete Notation – siehe Tabelle 24.1). Ein Ticket wird verwendet, um die Identität des Clients, für den das Ticket ausgegeben wurde, sicher an den Server zu übertragen. Es enthält außerdem Informationen, die der Server verwenden kann, um zu überprüfen, ob das Ticket auch wirklich für den Client ausgegeben wurde, der es gerade benutzt. Ein Authentikator ist eine zusätzliche Legitimation, die mit dem Ticket präsentiert wird.

Ein Kerberos-Ticket hat folgende Form:

$$T_{c,s} = s, \{c, a, v, K_{c,s}\}K_s$$

c	= Client
s	= Server
a	= Netzadresse des Clients
v	= Beginn und Ende der Geltungsdauer des Tickets
t	= Zeitstempel
K_x	= geheimer Schlüssel von x
$K_{x,y}$	= Sitzungsschlüssel für x und y
$\{m\}K_x$	= m, mit dem geheimen Schlüssel von x chiffriert
$T_{x,y}$	= Ticket von x für die Verwendung von y
$A_{x,y}$	= Authentikator von x nach y

Tabelle 24.1: Tabelle der Abkürzungen für Kerberos

Ein Ticket bezieht sich auf einen einzelnen Server und einen einzelnen Client. Es enthält den Namen und die Netzadresse des Clients, den Namen des Servers, einen Zeitstempel und einen Sitzungsschlüssel. Diese Informationen werden mit dem geheimen Schlüssel des Servers chiffriert. Sobald der Client das Ticket erhalten hat, kann er es solange für Zugriffe auf den Server verwenden, bis es abgelaufen ist. Der Client kann das Ticket nicht dechiffrieren (da er den geheimen Schlüssel des Servers nicht kennt), kann es aber in chiffrierter Form dem Server präsentieren. Das Ticket kann bei der Übertragung über das Netz von keinem Mithörer gelesen oder geändert werden.

Ein Kerberos-Authentikator hat folgende Form:

$$A_{c,s} = \{c, t, \textit{Schlüssel}\} K_{c,s}$$

Der Client generiert den Authentikator jedesmal, wenn er einen Dienst auf dem Server nutzen möchte. Der Authentikator enthält den Namen des Clients, einen Zeitstempel und optional einen weiteren Sitzungsschlüssel, wobei alles mit dem von Client und Server gemeinsam benutzten Sitzungsschlüssel chiffriert wird. Im Gegensatz zu einem Tikket kann der Authentikator nur einmal verwendet werden. Das stellt jedoch kein Problem dar, da der Client Authentikatoren je nach Bedarf erzeugen kann (schließlich kennt er den gemeinsamen geheimen Schlüssel).

Der Authentikator hat zwei Aufgaben. Zum einen enthält er Klartext, der mit dem Sitzungsschlüssel chiffriert ist. Dies beweist, daß er den Schlüssel ebenfalls kennt. Genauso wichtig ist der Zeitstempel im Klartext. Ein Lauscher, der sowohl das Ticket als auch den Authentikator mithört, ist somit nicht in der Lage, diese zwei Tage später einfach wieder einzuspielen.

Nachrichten in Kerberos Version 5

In Kerberos Version 5 gibt es fünf Nachrichten (siehe Abbildung 24.1):

1. Client an Kerberos: c, tgs
2. Kerberos an Client: $\{K_{c,tgs}\}K_c \{T_{c,tgs}\}K_{tgs}$
3. Client an TGS: $\{A_{c,s}\}K_{c,tgs} \{T_{c,tgs}\}K_{tgs}$
4. TGS an Client: $\{K_{c,s}\}K_{c,tgs} \{T_{c,s}\}K_s$
5. Client an Server: $\{A_{c,s}\}K_{c,s} \{T_{c,s}\}K_s$

Diese Nachrichten werden nun im einzelnen besprochen.

Bezug eines Anfangstickets

Der Client verfügt über eine Information, die seine Identität beweist, und zwar sein Paßwort. Natürlich möchten wir nicht, daß er dieses Paßwort über das Netz sendet. Das Kerberos-Protokoll minimiert die Wahrscheinlichkeit für eine Kompromittierung des Paßworts, während es gleichzeitig einem Benutzer ohne Kenntnis des Paßworts keinen korrekten Identitätsnachweis gestattet.

Der Client sendet eine Nachricht mit seinem Namen und dem Namen seines TGS-Servers an den Kerberos-Authentifizierungsserver. (Es kann verschiedene TGS-Server geben.) Im Normalfall gibt die Benutzerin wahrscheinlich einfach ihren Namen in das System ein und das Login-Programm verschickt die Anfrage.

Der Kerberos-Authentifizierungsserver sucht den Client in seiner Datenbank. Ist der Client dort aufgeführt, erzeugt Kerberos einen Sitzungsschlüssel, der zwischen Client und TGS verwendet wird. Dieser wird **Ticket Granting Ticket (TGT)** genannt. Kerberos chiffriert diesen Sitzungsschlüssel mit dem geheimen Schlüssel des Clients. Danach erzeugt er ein TGT für den Client, mit dem dieser seine Identität gegenüber dem TGS nachweisen kann, und chiffriert das TGT mit dem geheimen Schlüssel des TGS. Der Authentifizierungsserver sendet die beiden chiffrierten Nachrichten an den Client zurück.

Der Client dechiffriert nun die erste Nachricht und erhält so den Sitzungsschlüssel. Der geheime Schlüssel ist ein Einweg-Hashwert des Client-Paßworts, so daß eine berechtigte Benutzerin damit keine Probleme hat. Ist die Benutzerin eine Betrügerin, kennt sie das richtige Paßwort nicht und kann die Antwort vom Kerberos-Authentifizierungsserver somit nicht dechiffrieren. Folglich würde der Zugriff verweigert, so daß sie weder an ein Ticket noch einen Sitzungsschlüssel gelangen kann.

Der Client speichert das TGT und den Sitzungsschlüssel und löscht das Paßwort sowie den Einweg-Hashwert. Dies geschieht, um die Wahrscheinlichkeit einer Kompromittierung möglichst gering zu halten. Gelingt es einem Gegner, den Speicher des Clients zu kopieren, erhält er damit nur das TGT und den Sitzungsschlüssel. Dies sind wertvolle Informationen, jedoch nur für die Geltungsdauer des TGT. Nach Ablauf des TGT sind sie nicht mehr zu gebrauchen.

Der Client kann dem TGS seine Identität nun beweisen, solange das TGT gültig ist.

Bezug von Servertickets

Ein Client muß sich für jeden gewünschten Dienst ein eigenes Ticket besorgen. Das TGS gibt Tickets für einzelne Server aus.

Benötigt der Client ein Ticket, das er nicht bereits bezogen hat, sendet er eine Anfrage an den TGS. (In der Realität würde das vom Programm automatisch erledigt und ist für den Benutzer nicht sichtbar.)

Nach Empfang der Anfrage dechiffriert der TGS das TGT mit seinem privaten Schlüssel. Dann dechiffriert er den Authentikator mit dem im TGT enthaltenen Sitzungsschlüssel. Zum Schluß vergleicht er die Informationen auf dem Authentikator und dem Ticket, die Netzadresse des Clients mit der Adresse, von der die Anfrage stammt und den Zeitstempel mit der aktuellen Zeit. Stimmt alles überein, wird die Anfrage weiter bearbeitet.

Damit Zeitstempel sinnvoll überprüft werden können, müssen die Uhren auf allen Rechnern bis auf ein paar Minuten genau synchronisiert sein. Liegt die in der Anfrage angegebene Zeit zu weit voraus oder zurück, betrachtet der TGS sie als Versuch, eine bereits stattgefundene Anfrage wieder einzuspielen. Der TGS sollte einen Überblick über alle aktuellen Authentikatoren haben, da bereits durchgeführte Anfragen noch gültige Zeitstempel besitzen können. Eine Anfrage, die dasselbe Ticket und denselben Zeitstempel wie eine bereits empfangene Anfrage besitzt, kann deshalb ignoriert werden.

Der TGS beantwortet eine gültige Anfrage mit einem gültigen Ticket an den Client, das dieser dem Server präsentieren kann. Der TGS erzeugt außerdem für den Client und den Server einen neuen Sitzungsschlüssel, der mit dem Sitzungsschlüssel chiffriert ist, den Client und TGS gemeinsam haben. Beide Nachrichten werden dann an den Client zurückgesendet. Der Client dechiffriert die Nachricht und extrahiert den Sitzungsschlüssel.

Anfordern eines Dienstes

Der Client hat nun alles beisammen, um dem Server seine Identität zu beweisen. Er erzeugt eine Nachricht, die der Nachricht an das TGS sehr ähnlich ist (was naheliegend ist, schließlich ist auch der TGS ein Dienst).

Der Client erzeugt einen Authentikator, der aus seinem Namen, seiner Netzadresse sowie einem Zeitstempel besteht, und chiffriert diesen mit dem vom TGS für ihn und den Server generierten Sitzungsschlüssel. Die Anfrage enthält das von Kerberos erhaltene (bereits mit dem geheimen Schlüssel des Servers chiffrierte) Ticket und den chiffrierten Authentikator.

Der Server dechiffriert und prüft Ticket und Authentikator wie oben beschrieben und überprüft zudem die Clientadresse und den Zeitstempel. Ist alles in Ordnung, weiß der Server, daß der Client gemäß Kerberos derjenige ist, für den er sich ausgibt.

Bei Anwendungen, die eine gegenseitige Authentifizierung erfordern, sendet der Server dem Client eine Nachricht zurück, die den mit dem Sitzungsschlüssel chiffrierten Zeitstempel enthält. Dies beweist, daß der Server den geheimen Schlüssel kennt und das Ticket und damit den Authentikator dechiffrieren konnte.

Client und Server können alle weiteren Nachrichten bei Bedarf mit ihrem gemeinsamen Schlüssel chiffrieren. Da nur sie beide den Schlüssel kennen, können sie davon ausgehen, daß eine kürzlich gesendete Nachricht, die mit diesem Schlüssel chiffriert wurde, von der jeweils anderen Partei stammt.

Kerberos Version 4

Die vorigen Abschnitte befaßten sich mit Kerberos Version 5. Version 4 unterscheidet sich geringfügig in den Nachrichten und im Aufbau der Tickets und Authentikatoren.

In Kerberos Version 4 sahen die Nachrichten folgendermaßen aus:

1. Client an Kerberos: c, tgs

2. Kerberos an Client: $\{K_{c,tgs}\{T_{c,tgs}\}K_{tgs}\}K_c$

3. Client an TGS: $\{A_{c,s}\}K_{c,tgs}\{T_{c,tgs}\}K_{tgs}$

4. TGS an Client: $\{K_{c,s}\{T_{c,s}\}K_s\}K_{c,tgs}$

5. Client an Server: $\{A_{c,s}\}K_{c,s}\{T_{c,s}\}K_s$
$T_{c,s} = \{s, c, a, v, l, K_{c,s}\}K_s$
$A_{c,s} = \{c, a, t\}K_{c,s}$

Die Nachrichten 1, 3 und 5 sind mit denen in Version 5 identisch. Die doppelte Chiffrierung des Tickets in den Schritten 2 und 4 wurde in Version 5 beseitigt. Das Ticket in Version 5 ermöglicht mehrere Adressen und ersetzt das „lifetime"-Feld l durch eine Anfangs- und Ablaufzeit. Der Authentikator in Version 5 bietet die Möglichkeit, einen weiteren Schlüssel aufzunehmen.

Sicherheit von Kerberos

Steve Bellovin und Michael Merritt haben mehrere potentielle Sicherheitslücken von Kerberos beschrieben [108]. Der Bericht bezieht sich zwar auf Protokolle von Version 4, viele Sachverhalte treffen aber auch auf Version 5 zu.

Unter Umständen ist es möglich, sich alte Authentikatoren zu beschaffen und diese erneut zu verwenden. Obwohl dies durch Zeitstempel verhindert werden soll, ist es doch innerhalb der Geltungsdauer eines Tickets möglich. Um eine Wiederverwendung zu verhindern, sollten die Server alle gültigen Tickets speichern. Dies ist jedoch nicht immer möglich. Außerdem kann ein Ticket recht lange gültig sein, im Normalfall sind das acht Stunden.

Authentikatoren sind davon abhängig, daß alle Uhren im Netz mehr oder weniger synchron laufen. Kann man einem Rechner eine falsche Zeit vorspiegeln, läßt sich ein alter Authentikator problemlos wiederverwenden. Da die meisten Netzsynchronisierungsprotokolle unsicher sind, kann das ein ernsthaftes Problem darstellen.

Kerberos ist außerdem anfällig für Angriffe durch Erraten von Paßwörtern. Ein Angreifer könnte Tickets sammeln und zu dechiffrieren versuchen. Wie bereits erwähnt, wählen die meisten Benutzer in der Regel keine guten Paßwörter. Sammelt Mallory genug Tickets, stehen seine Chancen für die Dechiffrierung eines Paßworts nicht schlecht.

Der vielleicht schlimmste Angriff wird durch bösartige Software verursacht. Das Kerberos-Protokoll ist auf die Zuverlässigkeit der Kerberos-Software angewiesen. Nichts hält Mallory davon ab, heimlich jede Kerberos-Client-Software durch eine Version zu ersetzen, die nicht nur das Kerberos-Protokoll durchführt, sondern auch Paßwörter aufzeichnet. Dieses Problem stellt sich auf einem unsicheren Rechner bei jeder kryptographischen Software, der weit verbreitete Einsatz von Kerberos auf solchen Systemen macht es jedoch zu einem besonders reizvollen Angriffsziel.

An Verbesserungen von Kerberos einschließlich der Implementierung von Public-Key-Kryptographie und einer Chipkartenschnittstelle zur Schlüsselverwaltung wird gearbeitet.

Lizenzen

Kerberos ist keine Public-Domain-Software, der Code des MIT ist aber frei verfügbar. Die Integration in eine funktionierende UNIX-Umgebung ist eine andere Geschichte. Kerberos-Versionen werden von mehreren Firmen vertrieben; eine gute Version erhalten Sie kostenlos von Cygnus Support, 814 University Ave., Palo Alto, CA, 94301; (415) 322-3811; Fax: (415) 322-3270.

24.6 KryptoKnight

KryptoKnight[1] ist ein System zur Authentifizierung und Schlüsselverteilung, das von IBM entwickelt wurde. Es ist ein *secret-key*-Protokoll, das entweder DES im CBC-Modus (siehe Abschnitt 9.3) oder eine modifizierte Fassung von MD5 verwendet (siehe Abschnitt 18.5).

KryptoKnight unterstützt vier Sicherheitsdienste:

- Benutzerauthentifizierung (sogenanntes *single sign-on*)
- Zwei-Parteien-Authentifizierung
- Schlüsselverteilung
- Authentifizierung von Datenherkunft und -inhalt

Aus Benutzersicht ist KryptoKnight Kerberos recht ähnlich, unterscheidet sich von diesem aber unter anderem in folgenden Punkten:

- KryptoKnight verwendet eine Hashfunktion zur Authentifizierung und Verschlüsselung von Tickets.
- KryptoKnight ist nicht auf synchronisierte Uhren angewiesen; es verwendet Zufallszahlen für *challenge-and-reply* (siehe Abschnitt 3.3).
- KryptoKnight bietet Alice die Möglichkeit, zum Kommunikationsaufbau an Bob eine Nachricht zu senden, auf die Bob mit der Einleitung des Protokolls zum Schlüsselaustausch reagieren kann.

Genauso wie Kerberos verfügt KryptoKnight über Tickets und Authentikatoren. Es gibt Ticket Granting Server, die bei KryptoKnight Authentifizierungsserver heißen. Die Ent-

---

1. A.d.Ü.: Der Name ist ein Wortspiel mit Kryptonite, einem Handelsnamen für stabile Sicherheitsschlösser.

wickler von KryptoKnight haben mit beachtlichem Aufwand die Anzahl und Länge der Nachrichten sowie den Verschlüsselungsumfang minimiert. Weitere Informationen über KryptoKnight finden Sie in [1110, 173, 174, 175].

24.7 SESAME

SESAME ist ein Akronym für „Secure European System for Applications in a Multivendor Environment". Dieses Sicherheitsprojekt der Europäischen Union wird zu fünfzig Prozent von RACE (siehe Abschnitt 25.7) finanziert. Bei dem Projekt lag die wesentliche Zielsetzung darin, eine Technologie für Benutzerauthentifizierung mit verteilter Zugriffskontrolle zu entwickeln. Das Projekt stellt gewissermaßen eine europäische Variante von Kerberos dar. Es wird in zwei Abschnitten durchgeführt: In der ersten Stufe wird ein elementarer Prototyp der Architektur entwickelt und in der zweiten Stufe eine Reihe kommerzieller Projekte. Die drei an der Entwicklung maßgeblich beteiligten Firmen sind ICL in England, Siemens in Deutschland und Bull in Frankreich.

SESAME ist ein System für Authentifizierung und Schlüsselaustausch [361, 1248, 797, 1043]. Es arbeitet mit dem Needham-Schroeder-Protokoll und verwendet Public-Key-Kryptographie zur Kommunikation zwischen verschiedenen Sicherheitsdomänen. Das System weist in mehrerer Hinsicht schwerwiegende Fehler auf. Statt eines echten Verschlüsselungsalgorithmus wird XOR-Verknüpfung mit einer Schlüssellänge von 64 Bit verwendet. Noch gravierender ist, daß XOR im CBC-Modus benutzt wird, so daß die Hälfte des Klartexts unverschlüsselt bleibt. Als Reaktion auf derartige Kritik plante man den Einsatz von DES, aber die französische Regierung protestierte; man validierte den Code mit DES, entfernte ihn dann aber und legt den Leuten nun nahe, ihn wieder hinzuzufügen. Ich bin trotzdem nicht beeindruckt.

Die Authentifizierung in SESAME wird anhand des ersten Blocks und nicht der gesamten Nachricht durchgeführt. Dies hat zur Folge, daß in einem Brief nur die Anrede „Sehr geehrte Damen und Herren" und nicht der eigentliche Inhalt authentifiziert wird. Die Schlüsselgenerierung besteht aus zwei Aufrufen der UNIX-Funktion *rand*, die keine besonders zufälligen Werte liefert. Als Einweg-Hashfunktionen verwendet SESAME crc32 und MD5. Und natürlich ist SESAME ebenso wie Kerberos anfällig für Angriffe über das Erraten von Paßwörtern.

24.8 Common Cryptographic Architecture von IBM

Die Common Cryptographic Architecture (CCA) wurde von IBM entwickelt, um kryptographische Grundbausteine für die Gewährleistung von Vertraulichkeit und Integrität, Schlüsselverwaltung und Vergabe persönlicher Identifikationsnummern (PIN) bereitzustellen [751, 784, 1025, 1026, 940, 752]. Die Schlüssel werden von Kontrollvektoren (CV) verwaltet (siehe Abschnitt 8.5). Mit jedem Schlüssel wird ein CV XOR-verknüpft, von dem er nur innerhalb sicherer Hardware wieder getrennt wird. Der CV ist eine Datenstruktur, die ein intuitives Verständnis der mit einem bestimmten Schlüssel verbundenen Berechtigungen ermöglicht.

Die einzelnen Bits des CV haben eine bestimmte Bedeutung für die Verwendung und Behandlung des von der CCA verwalteten Schlüssels. Der CV wird mit dem chiffrierten Schlüssel in Datenstrukturen namens *key tokens* transportiert. Interne *key tokens* werden lokal verwendet und enthalten Schlüssel, die mit dem lokalen Master-Key (MK) chiffriert sind. Externe *key tokens* werden zum Exportieren und Importieren von chiffrierten Schlüsseln zwischen den Systemen verwendet. Schlüssel in externen *key tokens* werden mit *key-encryption*-Schlüsseln (KEK) chiffriert. Die KEKs werden in internen *key tokens* verwaltet. Die Schlüssel werden gemäß ihrer Nutzungsrechte eingeteilt.

Über die Bits des CV wird auch die Schlüssellänge festgelegt und durchgesetzt. Schlüssel einfacher Länge umfassen 56 Bit und werden für Aufgaben wie Geheimhaltung und Nachrichtenauthentifizierung verwendet. Schlüssel doppelter Länge umfassen 112 Bit und werden zur Schlüsselverwaltung, für PIN-Aufgaben und andere Spezialzwecke benutzt. Von Schlüsseln kann eine der folgenden Eigenschaften gefordert werden: DOUBLE-ONLY bedeutet, daß sich linke und rechte Schlüsselhälfte unterscheiden müssen, bei DOUBLE dürfen linke und rechte Hälfte zufällig gleich sein, bei SINGLE-REPLICATED sind linke und rechte Hälfte gleich und SINGLE zeigt eine Länge von nur 56 Bit an. Die CCA-Funktionen legen in der Hardware fest, daß für manche Operationen bestimmte Schlüsselarten verwendet werden müssen.

Der CV wird in einem sicheren Hardware-Prozessor überprüft: Er muß den für jede CCA-Funktion zulässigen Regeln entsprechen. Hat der CV den Test erfolgreich bestanden, wird eine Variante des KEK bzw. MK durch XOR-Verknüpfung des KEK bzw. MK mit dem CV erzeugt und der Klartextzielschlüssel zur internen Verwendung mit der CCA-Funktion wiederhergestellt. Bei der Erzeugung neuer Schlüssel bestimmt der CV über die Verwendungsmöglichkeiten des generierten Schlüssels. Kombinationen von Schlüsselarten, die zu einem Angriff auf das System verwendet werden könnten, werden in einem gemäß CCA konzipierten System weder generiert noch importiert.

CCA benutzt zur Schlüsselverteilung eine Kombination aus Public-Key- und Secret-Key-Kryptographie. Das KDC teilt sich mit jedem Benutzer einen geheimen Master-Key, mit dem es die Sitzungsschlüssel chiffriert. Die Master-Keys werden mit Public-Key-Verfahren verteilt.

Die Entwickler des Systems haben sich aus zwei Gründen für dieses Mischkonzept entschieden. Der erste ist die Performance: Public-Key-Kryptographie ist rechenintensiv; die Verteilung von Sitzungsschlüsseln mit Public-Key-Verfahren überfordert manche Rechner. Der zweite Grund liegt in der Abwärtskompatibilität; das System kann bei minimaler Beeinträchtigung über vorhandene *secret-key*-Verfahren gelegt werden.

CCA-Systeme sind für Systemoffenheit entwickelt. Durch eine spezielle Funktion zur Kontrollvektorumsetzung (Control Vector Translate – CVXLT) können Schlüssel zwischen einer CCA- und einer nicht CCA-gemäßen Implementierung übertragen werden. Bei der Initialisierung der CVXLT-Funktion ist eine Steuerung von beiden Seiten erforderlich, die die benötigten Umsetzungstabellen unabhängig voneinander einrichten müssen. Diese doppelte Kontrolle gewährleistet hochgradige Sicherheit in bezug auf Integrität und Qualität der in das System eingebrachten Schlüssel.

Zur Kompatibilität mit anderen Systemen gibt es einen Schlüssel des Typs DATA. Ein DATA-Schlüssel wird mit einem CV gespeichert, der den Schlüssel als solchen identifiziert. DATA-Schlüssel werden häufig benutzt und müssen deshalb mißtrauisch betrachtet und mit Vorsicht verwendet werden. Sie können nicht für alle Funktionen der Schlüsselverwaltung herangezogen werden.

Die Commercial Data Masking Facility (CDMF) liefert eine exportierbare Version der CCA. Sie besitzt eine besondere Funktion, die DES-Schlüssel zum Export auf effektive 40 Bit reduziert (siehe Abschnitt 15.5) [785].

24.9 ISO Authentication Framework

Public-Key-Kryptographie wurde für den Einsatz mit dem ISO Authentication Framework empfohlen, das auch als X.509-Protokoll bekannt ist [304] und einen Rahmen zur Authentifizierung in Netzen bietet. In der Spezifikation ist kein bestimmter Algorithmus für Sicherheit oder Authentifizierung festgelegt, es wird aber RSA empfohlen. Es wurden jedoch Vorkehrungen für viele Algorithmen und Hashfunktionen getroffen. X.509 wurde erstmalig 1988 vorgestellt. Nach öffentlicher Begutachtung und Kritik wurde es 1993 überarbeitet, wobei einige Sicherheitsprobleme behoben wurden [1100, 750].

Zertifikate

Der wichtigste Teil von X.509 besteht in seiner Struktur für Public-Key-Zertifikate. Jeder Benutzer erhält einen anderen Namen. Eine vertrauenswürdige Beglaubigungsinstanz (Certification Authority, CA) weist jedem Benutzer einen eindeutigen Namen zu und vergibt ein unterschriebenes Zertifikat mit dem Namen sowie dem öffentlichen Schlüssel des Benutzers. Abbildung 24.2 zeigt ein X.509-Zertifikat [304].

Das Feld „Version" gibt das Format des Zertifikats an. Die „Seriennummer" (*serial number*) ist innerhalb der CA eindeutig. Das nächste Feld „Algorithmenidentifikation" (*algorithm identifier*) bezeichnet den Algorithmus, der zur Unterzeichnung des Zertifikats verwendet wurde, sowie weitere notwendige Informationen. Unter „Aussteller" (*issuer*) befindet sich der Name der CA. Die „Geltungsdauer" (*period of validity*) besteht aus zwei Daten, zwischen denen das Zertifikat gültig ist. „Betreff" (*subject*) gibt den Namen des Benutzers an. Unter „Public Key des Betreffs" (*subject's public key*) wird der Name des Algorithmus, erforderliche Parameter und der öffentliche Schlüssel aufgeführt. Das letzte Feld „Signatur" enthält die Unterschrift der CA.

Abb. 24.2: Ein X.509-Zertifikat

Wenn Alice mit Bob kommunizieren möchte, bezieht sie erst einmal Bobs Zertifikat aus einer Datenbank. Dann überprüft sie dessen Authentizität. Besitzen beide dieselbe CA, ist die Sache einfach. Alice verifiziert dann auf Bobs Zertifikat einfach die Unterschrift der CA.

Haben Alice und Bob unterschiedliche CAs, ist die Angelegenheit komplizierter. Stellen Sie sich dazu eine Baumstruktur vor, in der verschiedene CAs andere CAs und Benutzer beglaubigen. An der Spitze befindet sich eine Master-CA. Jede CA besitzt ein Zertifikat, das von der über ihr liegenden CA sowie den unter ihr liegenden CAs unterzeichnet ist. Mit diesen Zertifikaten verifiziert Alice Bobs Zertifikat.

Abbildung 24.3 veranschaulicht dies. Alices Zertifikat wird von CA_A beglaubigt und Bobs von CA_B. Alice kennt den öffentlichen Schlüssel von CA_A. CA_C besitzt ein von CA_A unterzeichnetes Zertifikat, so daß Alice dies verifizieren kann. CA_D verfügt über ein von CA_C unterzeichnetes Zertifikat und CA_B über ein von CA_D unterzeichnetes Zertifikat, während Bobs Zertifikat von CA_B unterschrieben ist. Alice verifiziert Bobs Zertifikat, indem sie sich den Zertifizierungsbaum nach oben bis zu einem gemeinsamen

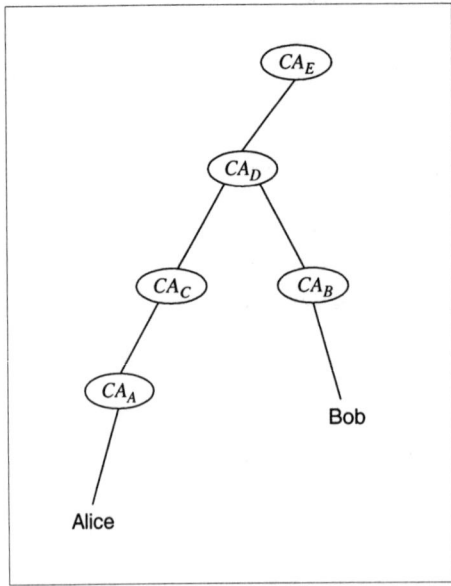

Abb. 24.3: *Beispiel für eine Zertifizierungshierarchie*

Punkt hangelt, in unserem Fall CA_D, von dem aus sie nach unten bis zu Bob wandern kann.

Zertifikate können in Datenbanken, die über das Netz verteilt sind, gespeichert werden. Benutzer können sie einander zusenden. Verfällt ein Zertifikat, sollte es aus allen öffentlichen Verzeichnissen entfernt werden. Nur die CA, die das Zertifikat ausgegeben hat, sollte eine Kopie davon behalten. Bei einem späteren Streit wird es unter Umständen noch gebraucht.

Zertifikate können auch zurückgezogen werden, zum Beispiel weil der Schlüssel des Benutzers kompromittiert ist, weil der Schlüssel der CA kompromittiert ist oder weil die CA dem Benutzer kein Zertifikat mehr überlassen möchte. Jede CA muß eine Liste aller zurückgezogenen, aber noch nicht abgelaufenen Zertifikate halten. Empfängt Alice ein neues Zertifikat, muß sie überprüfen, ob es zurückgenommen wurde. Dazu könnte sie im Netz in einer Datenbank zurückgenommener Schlüssel nachsehen, wahrscheinlicher aber ist, daß sie eine lokal gespeicherte Liste zurückgezogener Zertifikate überprüft. Dieses System kann sicherlich mißbraucht werden und die zurückgezogenen Schlüssel sind wohl sein schwächster Punkt.

Authentifizierungsprotokolle

Alice möchte mit Bob kommunizieren. Zuerst begibt sie sich in eine Datenbank und besorgt sich dort einen sogenannten **Zertifizierungspfad** von Alice zu Bob sowie Bobs öffentlichen Schlüssel. Alice kann nun mit einem Einweg-, Zweiweg- oder Dreiweg-Authentifizierungsprotokoll beginnen.

Das Einwegprotokoll besteht aus einem einzigen Kommunikationsschritt von Alice zu Bob. Es stellt die Identität von Alice und Bob fest sowie die Integrität der von Alice an Bob übermittelten Informationen. Es verhindert außerdem Replay-Angriffe auf die Kommunikation.

Das Zweiwegprotokoll ergänzt eine Antwort von Bob. Es stellt sicher, daß Bob und kein Betrüger die Antwort gesendet hat. Es sorgt zudem für einen sicheren Austausch und verhindert Replay-Angriffe.

Sowohl das Einweg- als auch das Zweiwegprotokoll arbeiten mit Zeitstempeln. Das Dreiwegprotokoll ergänzt eine weitere Nachricht von Alice an Bob und macht so Zeitstempel (und damit authentifizierte Zeit) überflüssig.

Das Einwegprotokoll verläuft wie folgt:

(1) Alice erzeugt eine Zufallszahl R_A.
(2) Alice generiert eine Nachricht $M = (T_A, R_A, I_B, d)$, wobei T_A Alices Zeitstempel, I_B Bobs Identität und d eine beliebige Information ist. Die Daten können zur Sicherheit mit Bobs öffentlichem Schlüssel E_B chiffriert sein.
(3) Alice sendet $(C_A, D_A(M))$ an Bob. (C_A ist Alices Zertifikat; D_A ist Alices geheimer Schlüssel.)
(4) Bob verifiziert C_A und erhält E_A. Er überprüft, ob diese Schlüssel abgelaufen sind. (E_A ist Alices öffentlicher Schlüssel.)
(5) Bob dechiffriert $D_A(M)$ mit E_A. Damit verifiziert er sowohl Alices Unterschrift als auch die Integrität der unterzeichneten Information.
(6) Bob überprüft, ob die I_B in M korrekt ist.
(7) Bob sieht sich den T_A in M an und überprüft, ob die Nachricht aktuell ist.
(8) Bob kann bei Bedarf zudem in einer Datenbank mit alten Zufallszahlen nachsehen, ob R_A aus M dort nicht schon vorhanden ist, um sicherzugehen, daß es sich nicht um eine alte, wieder eingespielte Nachricht handelt.

Das Zweiwegprotokoll besteht aus dem Einwegprotokoll und nachfolgend einem weiteren, ganz ähnlichen Einwegprotokoll, das aber von Bob zu Alice verläuft. Nach Durchlaufen der Schritte (1) bis (8) des obigen Einwegprotokolls fährt das Zweiwegprotokoll folgendermaßen fort:

(9) Bob erzeugt eine andere Zufallszahl R_B.
(10) Bob generiert eine Nachricht $M' = (T_B, R_B, I_A, R_A, d)$, wobei T_B Bobs Zeitstempel, I_A Alices Identität und d eine beliebige Information ist. Die Daten können zur Sicherheit mit Alices öffentlichem Schlüssel E_A chiffriert sein. R_A ist die Zufallszahl, die Alice in Schritt 1 erzeugt hat.
(11) Bob sendet $D_B(M')$ an Alice.
(12) Alice dechiffriert $D_B(M')$ mit E_B. Damit verifiziert sie sowohl Bobs Unterschrift als auch die Integrität der unterzeichneten Information.
(13) Alice überprüft, ob die I_A in M' korrekt ist.
(14) Alice sieht sich den T_B in M' an und überprüft, ob die Nachricht aktuell ist.
(15) Alice kann bei Bedarf zudem R_B in M' überprüfen, um sicherzugehen, daß es sich nicht um eine alte, wieder eingespielte Nachricht handelt.

Das Dreiwegprotokoll leistet dasselbe wie das Zweiwegprotokoll, nur ohne Zeitstempel. Die Schritte (1) bis (15) sind mit dem Zweiwegprotokoll identisch, wobei $T_A = T_B = 0$ ist.

(16) Alice vergleicht die empfangene Zufallszahl R_A mit der R_A, die sie Bob in Schritt (3) gesendet hat.
(17) Alice sendet $D_A(R_B)$ an Bob.
(18) Bob dechiffriert $D_A(R_B)$ mit E_A. Damit verifiziert er sowohl Alices Unterschrift als auch die Integrität der unterzeichneten Information.
(19) Bob vergleicht die empfangene Zufallszahl R_B mit der R_B, die er Alice in Schritt (10) gesendet hat.

24.10 Privacy-Enhanced Mail (PEM)

PEM ist der Standard für Privacy-Enhanced Mail im Internet, der vom Internet Architecture Board (IAB) für sichere elektronische Post über das Internet gewählt wurde. PEM wurde ursprünglich von der Privacy and Security Research Group (PSRG) der Internet Research Task Force (IRTF) entwickelt und dann der PEM-Arbeitsgruppe der Internet Engineering Task Force (IETF) übergeben. Die PEM-Protokolle bieten Verschlüsselung, Authentifizierung, Nachrichtenintegrität und Schlüsselverwaltung.

Die gesamten PEM-Protokolle wurden anfangs in einer Reihe von RFCs (Requests for Comment) in [977] ausführlich beschrieben und dann in [978] überarbeitet. Die dritte Fassung der Protokolle [979, 827, 980] ist in [177, 178] zusammengefaßt. Die Protokolle wurden verändert und verbessert; die endgültige Fassung wurde in einer weiteren Reihe von RFCs [981, 825, 76, 802] genau beschrieben. In einem anderen Dokument von Matthew Bishop [179] werden die Änderungen aufgeführt. Berichte über Implementierungsversuche von PEM sind [602, 1505, 1522, 74, 351, 1366, 1367]. Siehe auch [1394].

PEM ist ein umfassender Standard. Die PEM-Prozeduren und -Protokolle sind zur Kompatibilität mit einem breiten Spektrum von Konzepten zur Schlüsselverwaltung gedacht, einschließlich symmetrischer und Public-Key-Verfahren zur Chiffrierung von Datenchiffrierschlüsseln. Zur Chiffrierung von Nachrichtentext wird symmetrische Kryptographie, zur Nachrichtenintegrität kryptographische Hashalgorithmen verwendet. Weitere Dokumente befassen sich mit Verfahren zur Schlüsselverwaltung mit Public-Key-Zertifikaten und liefern Algorithmen, Nutzungsarten sowie zugehörige Identifier. Außerdem steuern sie diese Dienste unterstützende Details und Anleitungen für die Schlüsselverwaltungsinfrastruktur in gedruckter und elektronischer Form bei.

PEM unterstützt nur bestimmte Algorithmen, man kann aber später andere Algorithmen festlegen. Nachrichten werden mit DES im CBC-Modus verschlüsselt. Zur Authentifizierung, die ein sogenannter **Message Integrity Check (MIC)** durchführt, wird entweder MD2 oder MD5 verwendet. Zur symmetrischen Schlüsselverwaltung kann entweder DES im ECB-Modus oder Triple-DES mit zwei Schlüsseln (EDE-Modus) eingesetzt werden. PEM unterstützt außerdem Public-Key-Zertifikate für die Schlüsselverwaltung, wofür der RSA-Algorithmus (Schlüssellänge bis 1024 Bit) und der X.509-Standard für die Zertifikatstruktur verwendet werden.

PEM bietet drei Dienste zur Geheimhaltung: Vertraulichkeit, Authentifizierung und Nachrichtenintegrität. An das E-Mail-System werden keine besonderen Anforderungen hinsichtlich der Rechenleistung gestellt. PEM kann von einem Standort oder einem Benutzer integriert werden, ohne sich auf das übrige Netz auszuwirken.

PEM-Dokumente

Die Spezifikation zu PEM stammt aus vier Dokumenten:

- RFC 1421: Part I „Message Encryption and Authentication Procedures". Dieses Dokument definiert Prozeduren zur Nachrichtenverschlüsselung und Authentifizierung, um PEM-Dienste zum Versenden von E-Mail im Internet bereitzustellen.

- RFC 1422: Part II „Certificate-Based Key Management". Dieses Dokument definiert eine die Schlüsselverwaltung stützende Architektur und Infrastruktur, die auf Public-Key-Verfahren zur Zertifizierung beruhen und Nachrichtensendern sowie -Empfängern Schlüsseldaten verfügbar machen.

- RFC 1423: Part III „Algorithms, Modes, and Identifiers". Dieses Dokument liefert Definitionen, Formate, Referenzen und Anmerkungen zu kryptographischen Algorithmen, Benutzungsarten und zugehörigen Identifiern sowie Parametern.

- RFC 1424: Part IV „Key Certification and related Services". Dieses Dokument beschreibt drei Arten von Diensten, die PEM unterstützen. Schlüsselzertifizierung, Speicherung und Abruf der Liste mit den zurückgenommenen Zertifikaten (*certificate revocation list, CRL*).

Zertifikate

PEM ist kompatibel zum Authentication Framework, das in [304] beschrieben wird; siehe auch [826]. PEM bildet eine Obermenge zu X.509; es schafft Prozeduren und Konventionen für eine Infrastruktur zur Schlüsselverwaltung, die mit PEM und anderen Protokollen (aus der TCP/IP- sowie der OSI-Suite) zukünftig verwendet wird.

Die Infrastruktur zur Schlüsselverwaltung richtet für alle Internet-Zertifizierungen eine einzige Wurzel ein. Die Internet Policy Registration Authority (IPRA) legt global eine Regelung fest, die sich auf jede Zertifizierung in dieser Hierarchie bezieht. Neben der IPRA-Wurzel gibt es Policy Certification Authorities (PCAs), die ihre eigenen Regelungen zur Registrierung von Benutzern und Organisationen aufstellen. Jede PCA wird von der IPRA zertifiziert. Unter den PCAs liegen die CAs, die Benutzer und untergeordnete organisatorische Einheiten (wie Abteilungen, Filialen, Tochtergesellschaften) zertifizieren. Es wird davon ausgegangen, daß sich die Mehrheit der Benutzer bei irgendeiner Organisation registrieren läßt.

Es wird erwartet, daß manche PCAs eine Zertifizierung für Benutzer bereitstellen, die sich organisationsunabhängig registrieren lassen wollen. Für Benutzer, die anonym bleiben, aber doch die Vorteile der PEM-Geheimhaltung nutzen möchten, sollten eine oder mehrere PCAs eingerichtet werden, deren Regelungen eine Registrierung von Benutzern vorsehen, die ihre Identität nicht offenlegen möchten.

PEM-Nachrichten

Der Kern von PEM ist das Nachrichtenformat. Abbildung 24.4 zeigt eine chiffrierte Nachricht bei symmetrischer Schlüsselverwaltung. Abbildung 24.5 zeigt eine authentifizierte und chiffrierte Nachricht bei Public-Key-Schlüsselverwaltung, und Abbildung 24.6 eine authentifizierte (aber nicht chiffrierte) Nachricht bei Public-Key-Schlüsselverwaltung.

Das erste Feld „Proc-Type" zeigt an, auf welche Art die Nachricht bearbeitet wurde. Es gibt drei Typen von Nachrichten. „ENCRYPTED" besagt, daß die Nachricht verschlüsselt und unterzeichnet ist. „MIC-ONLY" und „MIC-CLEAR" zeigen an, daß die Nachricht unterzeichnet, aber nicht verschlüsselt ist. MIC-CLEAR-Nachrichten sind nicht kodiert und können auch mit anderer Software als PEM gelesen werden. MIC-ONLY-Nachrichten benötigen PEM-Software, um sie in lesbare Form zu überführen. Eine PEM-Nachricht ist immer unterzeichnet und optional chiffriert.

```
-----BEGIN PRIVACY-ENHANCED MESSAGE-----
Proc-Type: 4,ENCRYPTED
Content-Domain: RFC822
DEK-Info: DES-CBC,F8143EDE5960C597
Originator-ID-Symmetric: schneier@counterpane.com,,
Recipient-ID-Symmetric: schneier@chinet.com,ptf-kmc,3
Key-Info:
DES-ECB,RSA-MD2,9FD3AAD2F2691B9A,B70665BB9BF7CBCDA60195DB94F727D3
Recipient-ID-Symmetric: pem-dev@tis.com,ptf-kmc,4
Key-Info:
DES-ECB,RSA-MD2,161A3F75DC82EF26,E2EF532C65CBCFF79F83A2658132DB47
LLrHB0eJzyhP+/fSStdW8okeEnv47jxe7SJ/iN72ohNcUk2jHEUSoH1nvNSIWL9M
8tEjmF/zxB+bATMtPjCUWbz8Lr9wloXIkjHUlBLpvXROUrUzYbkNpk0agV2IzUpk
J6UiRRGcDSvzrsoK+oNvqu6z7Xs5Xfz5rDqUcMlK1Z6720dcBWGGsDLpTpSCnpot
dXd/H5LMDWnonNvPCwQUHt==
-----END PRIVACY-ENHANCED MESSAGE-----
```

Abb. 24.4: Beispiel für eine gekapselte Nachricht (symmetrischer Fall)

24.10 Privacy-Enhanced Mail (PEM)

```
-----BEGIN PRIVACY-ENHANCED MESSAGE-----
Proc-Type: 4,ENCRYPTED
Content-Domain: RFC822
DEK-Info: DES-CBC,BFF968AA74691AC1
Originator-Certificate:
MIIB1TCCASCCAWUWDQYJKOZIhVCNAQECBQAWUTELMAkGA1UEBhMCVVMXIDAeBgNV
BAOTF1JTQSBEYXRhIFN1Y3VYaXR5LCBJbmMUMQ8WDQYDVQQLEWZCZXRhIDExDzAN
BgNVBASTBk5PVEFSWTAeFWO5MTA5MDQXODM4MTdaFWO5MZA5MDMXODM4MIZaMEUX
CZAJBgNVBAYTA1VTMSAwHgYDVQQKExdSUOEgRGFOYSBTZWN1cm1OeSwgSW5jLjEU
MBIGA1UEAXMLVGVZdCBVC2VYIDEWWTAKBgRVCAEBAgICAANLADBJAkEAwHZH17i+
yjcqDtjjCowzTdBjrdAiLAnSC+CnnjOJELyuQiBgkGrglh3j8/xOfM+YrsyFlu3F
LZPVtz1ndhYFJQIDAQABMAQGCSqGSIb3DQEBAgUAA1kACKrOPqphJYw1J+YPtcIq
iWlFPUN5jJ79Khfg7ASFXSkYkEMjRNZV/HZDzQEhtvau7Jxfzs2wfx5byMp2x3u/
5XUXGX7qUSDgHQGS7Jk9W8CW1fuSWUgN4w==
Key-Info: RSA,
I3rRIGXUGWAF8js5wCzRTkdhO34PIHdRzY9Tuvmo3M+NM7fx6qc5udixps2LngO+
    wGrti Um/ovtKdinz6ZQ/aQ==
Issuer-Certificate:
MIIB3DCCAUgCAQOWDQYJKCZIhVCNAQECBQAWTZELMAkGA1UEBbMCVVMXJDAeBgNV
BAoTF1JTQSBEYXRhJFN1Y3VyaXR5LCBJbmMuMQ8wDQYDVQQLEwZCZXRhIDExDTAL
BgNVBASTBFRMQOEWWhhCN<TEWOTAXMDgWMDAWWhCNOTIWQIAXMDC1OTU5WjBRMQSW
CQYDVQQGEwJVUZEgMB4GA1UEChMXU1NBIERhdGEgU2VjdXJpdHksTEluYy4xDzAN
BgNVBAsTBkJldEEgMTEPMAOGA1UECXMGTk9UQVVJZMHAWCgYEVQgBAQICArWDYgAW
XwJYCsnp61QCxYykN1ODWUtF/jMJ3kL+3PjYyHOwk+/9rLg6x658/LD4bJHtO5XW
cqAz/7R7XhjYCmOPcqbdzaACztIlETrKrCJiDYOP+DkZ8k1gCk7hQHpbJWIDAQAB
MA<GGSqGSJb3DQEBAgUAA38AAICPV4f9GX/tY4-D+4DB7MV+tKZnVBOy8Z9OMGOX
dD2JMZ/3HsyWKWgSFOeH/AJB3qr9zo5G47pyMnTf3aSy2nBo7cMxpuwRBcxupE+x
EREZd9++32ofGBIXaialnOgVUnOOzSYgugiQO77nJLDUjOhQehCizEs5wuJ35a5h
MIC-Info: RSA-MD5,RSA,
UdfJR8U/TIGhfH65ieewe2lOW4tooa3vZCvVNG3Zirf/7nrgzWDABz8w9NsXSexv
    AJRFbHONPZBUXWmOAFeAOHJSZL4yBvhG
Recipient-ID-Asymmetric:
MFEXCZAJBgNVBAYTAlVTMSAwHgYDVQQKExdSUOEgRGFOYSBTZWN1cmlOeSwgSW5j
    LjEPMAOGATUECXMGQmVOYSAXMQ8WDQYDVQQLEwZOT1RBU1k=,
    66
Key-Info:RSA,
O6BS1WW9CTYHPtS3bMLD+LOheJdVX6QV1HK2dS2;QPEaXhXBEhvVphHYijwekdWv
    7XOZ3JX2VTAhOYHMCqqCJA==
qeWlj/YJ2Uf5ng9yznPbtDOmYloSwIuV9FRYx+gzY+8iXd/NQrXHfi6/MhPfPF3d
    jIqCJAxvld2xgqQimuzoSla4r7kQQ5c/Jua4LqKeq3ciFzEv/MbZhA==
-----END PRIVACY-ENHANCED MESSAGE-----
```

Abb. 24.5: Beispiel für eine gekapselte ENCRYPTED-Nachricht (asymmetrischer Fall)

```
-----BEGIN PRIVACY-ENHANCED MESSAGE-----
Proc-Type: 4,MIC-ONLY
Content-Domain: RFC822
Originator-Certificate:
MIIB1TCCAScCAWUwDQYJKOZIhvCNAQECBQAwUTELMAkGA1UEBhMCVVMxIDAeBgNV
BAoTF1JIOSBEYXRhIFN]Y3VyaXR5LCBJbmMuMQ8wDQYDVOQLEwZCZXRhJDExDzAN
BgNVBAsTBk5PVEFSWTAeFwO5MTA5MDQxCDM4MTdaFwO5MzA5MDMxODM4MTZaMEUx
CZAJBgNVBAYTA1VTMSAwHgYDVQQKExdSUOEgRGFOYSBTZWN1cm1OeSwgSW5jLjEU
MBIGA1UEAxMLVGVZdCBVc2VyIDEwWTAKBgRVCAEBAgICAANLADBIAkEAwHZH171+
yJcqDtjJCawzldBJrdAiLAnSC+CnnjOJELyuOiBgkGrgIh3jBIxOfM+YrsyFlu3F
LZPVtz1ndhYFJQIDAQABMAOGCSqGSIb3DQEBAgUAA1kACKrOPqphJYW1j+YPtcJq
IW1FPuN5JJ79Khfg7ASFXSkYkEMJRNZV/
HZDZQEhtVaU7JXfZS2WfX5byMp2X3U/
   5XUXGx7qusDgHQGS7Jk9WBCW1fuSWUgN4w==
   Issuer-Certificate:
MIIB3DCCAUgCAQOwDOYJKCZIhVCNAQECBQAWTZELMAkGA1UEBhMCVVMXJDAeBgNV
BAoTF1JTQSBEYXRhIFN1Y3VyaXR5LCBJbmMuMQBwDQYDVQQLEwZCZXRhIDExDIAL
BgNVBAsTBFRMQQEwHhcN.TEwOTAxMDgwMDAwWhcNOTIwOTAxMDc1OTU5WjBRMQsW
CQYDVQQGEwJVUzEgMB4GA1UEChMXU1NBIERhdGEgU2VjdXJpdHksIEluYy4xDzAN
BgNVBASTBkJ1dEGEgMTEPMAOGA1UECxMGTk9UQVVJZMHAwCgYEVQgBAQICArwDYgAw
XwJYCsnp6lOCxYykNlODwutF/jMJ3kL+3PjYyHQwk+/9rLg6X65B/LD4bJHtO5XW
cqAz/7R7XhjYCmOPcqbdzoACZtI1ETrKrcJiDYoP+DkZ8k1gCk7hQHpbIwIDAQAB
MAOGCSqGSIb3DQEBAgUAA3BAAICPv4f9Gx/tY4+p+4DB7MV+tKZnvBoy8zgoMGOx
dD2JMZ/3HsyWKWgSFOeH/AJB3qr9zosG47pyMnTf3aSy2nBQ7CMxpUWRBcXUpE+x
EREZd9++32ofGBJXaialnCgVUnOOzSYgugiQO77nJLDUjOhQehCizEs5wUJ35a5h
   MIC-Info: RSA-MD5,RSA,
jV2OfH+nnXHU8bnL8kPAad/
mSQ1TDZ1bVuXvZAOVRZ5q5+EJ15bQvqNeqOUNQjr6
   EtE7K2QDeVMCyXsdJ1A8fA==
LSBBIGilc3NhZ2UgZm9yJHVzZSBpbiBOZXNOaW5nLgOKLSBGb2xsb3dpbmcgaXMg
   YSBIbGFuayBsaW51OgOKDQpUaG1zIC1zIHRaZSBlbmQuDQo=
-----END PRIVACY-ENHANCED MESSAGE-----
```

Abb. 24.6: Beispiel für eine gekapselte MIC-ONLY-Nachricht (asymmetrischer Fall)

Das nächste Feld „Content-Domain" legt die Art der Mail-Nachricht fest. Diese Information hat nichts mit Sicherheit zu tun. Das Feld „DEK-Info" liefert Informationen über den **Data Exchange Key (DEK)**, den zur Textchiffrierung verwendeten Verschlüsselungsalgorithmus und zugehörige Parameter. Gegenwärtig ist nur DES im CBC-Modus (angegeben als „DES-CBC") spezifiziert. Der zweite Untereintrag legt den IV fest. Zukünftig können durch PEM wohl auch andere Algorithmen festgelegt werden; ihre Verwendung ist aus DEK-Info und anderen Feldern für die Definition des Algorithmus ersichtlich.

Für Nachrichten mit symmetrischer Schlüsselverwaltung (siehe Abbildung 24.4) ist das nächste Feld „Originator-ID-Symmetric", das drei Untereinträge enthält. Der erste davon bezeichnet den Absender durch eine eindeutige E-Mail-Adresse. Der zweite ist optional und gibt die Instanz an, die den *interchange key* ausgegeben hat. Der dritte Eintrag ist ein optionales Feld für Version und Ablaufdatum.

Im Falle symmetrischer Schlüsselverwaltung gibt es für jeden Empfänger die beiden Felder „Recipient-ID-Symmetric" und „Key-Info". „Recipient-ID-Symmetric" besitzt drei Untereinträge; diese bezeichnen den Empfänger auf dieselbe Art wie „Originator-ID-Symmetric" den Absender.

Das Feld „Key-Info" legt die Parameter zur Schlüsselverwaltung fest. Es enthält vier Untereinträge. Der erste davon gibt den Algorithmus an, mit dem der DEK chiffriert wurde. Da die Schlüsselverwaltung in dieser Nachricht symmetrisch ist, müssen Absender und Empfänger einen gemeinsamen Schlüssel besitzen. Dieser wird **Interchange Key (IK)** genannt und zur Verschlüsselung des DEK verwendet. Der DEK kann entweder mit DES im ECB-Modus („DES-ECB") oder mit Triple-DES („DES-EDE") chiffriert sein. Der zweite Untereintrag legt den MIC-Algorithmus fest. Dieser ist entweder MD2 („RSA-MD2") oder MD5 („RSA-MD5"). Der dritte Untereintrag mit dem DEK und der vierte mit dem MIC sind mit dem IK chiffriert.

Die Abbildungen 24.5 und 24.6 zeigen Nachrichten bei Public-Key-Schlüsselverwaltung (dies wird bei PEM „asymmetrisch" genannt). Die Header sind verschieden. Bei ENCRYPTED-Nachrichten kommt nach dem Feld „DEK-Info" das Feld „Originator-Certificate". Das Zertifikat genügt dem X.509-Standard (siehe Abschnitt 14.9). Das nächste Feld „Key-Info" enthält zwei Untereinträge. Der erste legt den Public-Key-Algorithmus fest, der zur Chiffrierung des DEK verwendet wird; gegenwärtig wird nur RSA unterstützt. Der nächste Untereintrag ist der DEK, der mit dem öffentlichen Schlüssel des Urhebers chiffriert ist. Dieser Eintrag ist optional und erlaubt dem Urheber die Dechiffrierung seiner eigenen Nachricht für den Fall, daß sie vom Mail-System zurückgeschickt wird. Das nächste Feld „Issuer-Certificate" ist das Zertifikat von demjenigen, der das Urheberzertifikat unterzeichnet hat.

Bei der asymmetrischen Schlüsselverwaltung lautet das nächste Feld „MIC-Info". Der erste Untereintrag gibt den Algorithmus an, mit dem der MIC berechnet wurde. Der zweite Untereintrag zeigt den Algorithmus, mit dem der MIC unterzeichnet wurde. Der dritte besteht aus dem MIC, der vom privaten Schlüssel des Absenders unterschrieben ist.

Bei der asymmetrischen Schlüsselverwaltung befassen sich die nächsten Felder mit den Empfängern. Für jeden Empfänger gibt es die beiden Felder „Recipient-ID-Asymmetric" und „Key-Info". „Recipient-ID-Asymmetric" enthält zwei Untereinträge. Der erste bezeichnet die Instanz, die den öffentlichen Schlüssel des Empfängers ausgegeben hat; der zweite ist optional für Version und Ablaufdatum. Das Feld „Key-Info" legt die Parameter zur Schlüsselverwaltung fest: der erste Untereintrag enthält den Algorithmus, der zur Chiffrierung der Nachricht verwendet wird und der zweite entspricht dem DEK, der mit dem öffentlichen Schlüssel des Empfängers chiffriert ist.

Sicherheit vom PEM

RSA-Schlüssel liegen in PEM zwischen 508 und 1024 Bit. Dies sollte für alle Sicherheitsanforderungen ausreichen. Wahrscheinlicher ist schon ein Angriff gegen die Protokolle zur Schlüsselverwaltung. Mallory könnte Ihren privaten Schlüssel stehlen – schreiben Sie ihn niemals auf – oder versuchen, Ihnen einen gefälschten öffentlichen Schlüssel unterzuschieben. Die Maßnahmen zur Schlüsselzertifizierung von PEM machen dies unwahrscheinlich, sofern jeder die Prozeduren korrekt befolgt – aber die Anwender sind bekanntlich nachlässig.

Mallory könnte heimtückischer sein und die PEM-Implementierung auf Ihrem System manipulieren. Diese geänderte Fassung könnte Mallory heimlich all Ihre Post, mit seinem öffentlichen Schlüssel chiffriert, senden. Sie könnte ihm sogar eine Kopie Ihres privaten Schlüssels zukommen lassen. Funktioniert die manipulierte Implementierung gut, bemerken Sie überhaupt nichts davon.

Es gibt praktisch keine Möglichkeit, diese Art von Angriff zu verhindern. Sie könnten mit einer Einweg-Hashfunktion einen digitalen Fingerabdruck des PEM-Codes erstellen. Bei jeder Ausführung können Sie den digitalen Fingerabdruck auf Änderungen überprüfen. Aber Mallory könnte gleichzeitig mit dem PEM-Code auch den Code des Fingerabdrucks ändern. Sie könnten einen Fingerabdruck des Fingerabdruck-Codes erstellen, aber Mallory könnte auch diesen modifizieren. Wenn sich Mallory Zugang zu Ihrem System verschaffen kann, kann er auch die Sicherheit von PEM unterminieren.

Das bedeutet, daß einer Software nie uneingeschränkt zu trauen ist, wenn die Hardware, auf der sie ausgeführt wird, nicht absolut zuverlässig ist. Die meisten Leute halten dieses Mißtrauen nicht für gerechtfertigt. Für einige aber ist es überlebensnotwendig.

TIS/PEM

Trusted Information Systems, teilweise unterstützt von der Advanced Research Projects Agency der US-Regierung, hat eine Referenzimplementierung zu PEM entwickelt und eingerichtet (TIS/PEM). Sie wurde auf UNIX-Plattformen entwickelt, aber auch auf VMS, DOS und Windows portiert.

Obwohl die PEM-Spezifikationen eine einzige Zertifizierungshierarchie für die Verwendung im Internet vorsehen, unterstützt TIS/PEM mehrere. Standorte können eine Reihe von Zertifikaten festlegen, die als gültig angesehen werden, einschließlich aller von ihnen selbst ausgegebenen Zertifikate. Ein Standort muß sich nicht an der Internet-Hierarchie beteiligen, um TIS/PEM nutzen zu können.

TIS/PEM steht gegenwärtig allen US-amerikanischen und kanadischen Bürgern und Organisationen auf Anfrage zur Verfügung. Es wird als Quellcode vertrieben. Interessierte können sich an folgende Adresse werden: Privacy-Enhanced Mail, Trusted Information Systems, Inc., 3060 Washington Road (Rte. 97), Glenwood, MD 21738; (301) 854-6889; Fax: (301) 854-5363; Internet: pem-info@tis.com.

RIPEM

RIPEM ist ein Programm von Mark Riordan, in dem die PEM-Protokolle implementiert sind. Obwohl es eigentlich keine Public-Domain-Software ist, ist es doch öffentlich verfügbar und kann für private, nicht kommerzielle Anwendungen gebührenfrei eingesetzt werden. Die Lizenzbedingungen sind in der Dokumentation enthalten.

Der Code darf nicht exportiert werden. Die Gesetze der US-Regierung gelten jedoch außerhalb der USA nicht, und manche Leute haben die Ausfuhrbeschränkungen ignoriert. Der RIPEM-Code ist nun auf Bulletin-Boards weltweit verfügbar. Ein Programm namens RIPEM/SIG, das nur digitale Signaturen leistet, darf exportiert werden.

Beim Abfassen dieses Abschnitts stellte RIPEM keine vollständige Implementierung der PEM-Protokolle dar; es sind keine Zertifikate zur Authentifizierung von Schlüsseln vorhanden.

Vor der Entwicklung von RIPEM schrieb Riordan ein ähnliches Programm namens RPEM. Dieses war als frei erhältliches Programm zur Verschlüsselung von E-Mail gedacht. Um patentrechtliche Schwierigkeiten zu vermeiden, verwendete Riordan den Algorithmus von Rabin (siehe Abschnitt 19.5). Die Firma Public Key Partners behauptete, daß ihre Patente so weit auslegbar seien, daß sie jede Public-Key-Kryptographie einschlössen und drohte mit einer Klage; Riordan stoppte den Vertrieb des Programms.

RPEM wird eigentlich nicht mehr eingesetzt. Es ist nicht kompatibel zu RIPEM. Da RIPEM mit dem Segen von Public Key Partners verwendet werden kann, besteht kein Anlaß, stattdessen RPEM zu benutzen.

24.11 Message Security Protocol (MSP)

Das Message Security Protocol (MSP) ist das militärische Pendant zu PEM. Es wurde von der NSA in den späten achtziger Jahren in Rahmen des Programms Secure Date Network System (SDNS) entwickelt. Es stellt ein zu X.400 kompatibles Protokoll auf Anwendungsebene für sichere elektronische Post dar. MSP soll in dem vom US-Verteidigungsministerium geplanten Netzwerk Defense Message System (DMS) zur Unterzeichnung und Verschlüsselung von Nachrichten eingesetzt werden.

Das Preliminary Message Security Protocol (PMSP), das für „nicht geheime, aber vertrauliche" Nachrichten verwendet werden soll, ist eine modifizierte Version von MSP für den Einsatz mit X.400 sowie TCP/IP. Dieses Protokoll wird auch Mosaic genannt.

Wie PEM sind MSP- und PMSP-Softwareanwendungen flexibel und für eine Vielzahl von Algorithmen für Sicherheitsaufgaben wie Unterschriften, Berechnung von Hashwerten und Verschlüsselung geeignet. PSMP arbeitet auch mit dem Capstone-Chip (siehe Abschnitt 24.17).

24.12 Pretty Good Privacy (PGP)

Pretty Good Privacy (PGP) ist ein frei erhältliches Programm für sichere elektronische Post, das ursprünglich von Philip Zimmermann entwickelt wurde [1652]. Es verwendet IDEA zur Datenverschlüsselung, RSA (mit Schlüsseln bis zu 2047 Bit) zur Schlüsselverwaltung und für digitale Signaturen sowie MD5 als Einweg-Hashfunktion.

Die zufällig gewählten öffentlichen Schlüssel von PGP werden mittels eines probabilistischen Primzahlverfahrens bestimmt und beziehen ihre Anfangswerte durch Messen der Verzögerungen des Benutzers beim Tippen. PGP generiert zufällige IDEA-Schlüssel mit dem in ANSI X9.17, Anhang C skizzierten Verfahren (siehe Abschnitt 8.1) [55]. Als symmetrischer Algorithmus wird aber IDEA statt DES verwendet. Außerdem chiffriert PGP den privaten Schlüssel des Benutzers nicht anhand eines Paßworts, sondern einer gehashten Vorlagephrase.

Mit PGP chiffrierte Nachrichten bieten mehrstufige Sicherheit. Das einzige, was ein Kryptanalytiker über eine chiffrierte Nachricht erfahren kann, ist der Empfänger, sofern er die Schlüssel-ID des Empfängers kennt. Erst nachdem der Empfänger die Nachricht dechiffriert hat, erfährt er, wer die Nachricht unterzeichnet hat (falls sie überhaupt unterzeichnet ist). Vergleichen Sie diesen Ansatz mit PEM, wo einiges an Informationen über Absender, Empfänger und Nachricht im unchiffrierten Header verbleibt.

Am interessantesten an PGP ist sein Konzept für eine verteilte Schlüsselverwaltung (siehe Abschnitt 8.12). Es gibt keine Instanzen zur Schlüsselzertifizierung; PGP unterstützt statt dessen ein „Vertrauensgeflecht" (*web of trust*). Jeder Benutzer generiert und verteilt seinen eigenen öffentlichen Schlüssel. Die Benutzer unterzeichnen ihre öffentlichen Schlüssel gegenseitig und schaffen so eine zusammenhängende Gemeinschaft von PGP-Benutzern.

Alice könnte ihren öffentlichen Schlüssel Bob beispielsweise direkt aushändigen. Da Bob Alice kennt, unterzeichnet er ihren öffentlichen Schlüssel. Dann gibt er ihr den unterschriebenen Schlüssel zurück und behält eine Kopie für sich. Möchte Alice mit Carol kommunizieren, sendet sie ihr eine Kopie des von Bob unterzeichneten Schlüssels. Carol, die bereits über Bobs öffentlichen Schlüssel verfügt (sie hat ihn bereits früher erhalten) und Bobs Beglaubigung des Schlüssels anderer Personen vertraut, verifiziert dessen Unterschrift auf Alices Schlüssel und sieht ihn als gültig an. Somit hat Bob Alice bei Carol eingeführt.

PGP sieht kein spezielles Verfahren vor, um Vertrauen herzustellen; die Benutzer entscheiden selbst, wen sie für zuverlässig halten und wen nicht. PGP stellt Mechanismen bereit, um Vertrauenswürdigkeit an öffentliche Schlüssel zu koppeln und mit Vertrauen zu arbeiten. Jeder Benutzer hält eine Zusammenstellung unterschriebener öffentlicher Schlüssel in einer Datei, die **öffentlicher Schlüsselring** (*public-key ring*) genannt wird. Jeder Schlüssel im Ring besitzt ein Feld für die Schlüssellegitimation, das anzeigt, in welchem Maße der Benutzer der Gültigkeit des Schlüssels traut. Je größer das Maß an Vertrauen ist, desto stärker glaubt der Benutzer an die Gültigkeit. Ein Feld für die Zuverlässigkeit der Unterschrift gibt an, wie weit der Benutzer dem Unterzeichner

24.12 Pretty Good Privacy (PGP)

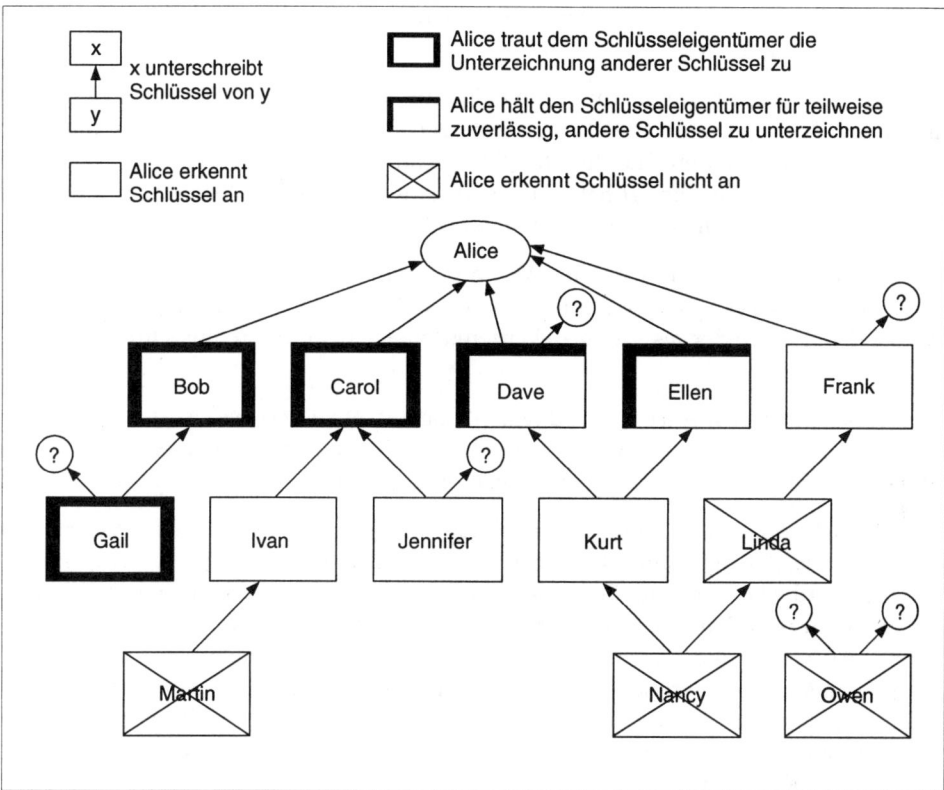

Abb. 24.7: Vertrauensmodell in PGP

zutraut, die öffentlichen Schlüssel anderer Benutzer zu zertifizieren. Außerdem gibt es ein Feld für das Vertrauen in den Eigentümer, das anzeigt, für wie zuverlässig der Benutzer den Schlüsseleigentümer bei der Unterzeichnung von anderen öffentlichen Schlüsseln hält; dieses Feld wird vom Benutzer manuell gesetzt. PGP aktualisiert diese Felder fortlaufend, sofern neue Informationen von den Benutzern vorliegen.

Abbildung 24.7 zeigt, wie dieses Modell für die Benutzerin Alice aussehen könnte. Alices Schlüssel steht an der Spitze, der Wert für das Vertrauen in den Eigentümer zeigt unbedingtes Vertrauen an. Alice hat Bobs, Carols, Daves, Ellens und Franks Schlüssel unterschrieben. Sie traut Bob und Carol zu, die öffentlichen Schlüssel anderer Personen zu unterzeichnen und hält Dave und Ellen für teilweise zuverlässig. Außerdem vertraut sie Gail, anderer Leute öffentliche Schlüssel zu signieren, obwohl sie Gails Schlüssel nicht selbst unterzeichnet hat.

Zwei teilweise vertrauenswürdige Unterschriften können ausreichen, um einen Schlüssel zu zertifizieren. Alice glaubt, daß Kurts Schlüssel legitim ist, da Dave und Ellen ihn unterzeichnet haben. Dafür gibt es in PGP keinen Automatismus; Alice kann ihren Argwohn selbst bestimmen.

Nur weil Alice einen Schlüssel für gültig hält, muß sie ihm doch nicht soweit vertrauen, daß er die Schlüssel anderer Personen unterzeichnen kann. Sie hält Frank nicht für zuverlässig genug, anderer Leute öffentliche Schlüssel zu unterschreiben, obwohl sie seinen Schlüssel selbst signiert hat. Und sie traut weder Ivans Unterschrift auf Martins Schlüssel noch Kurts Unterschrift auf Nancys Schlüssel.

Owens Schlüssel paßt gar nicht ins Vertrauensgeflecht; vielleicht hat Alice ihn von einem Schlüsselserver. PGP setzt nicht voraus, daß der Schlüssel gültig ist; Alice muß den Schlüssel entweder als gültig deklarieren oder einem der Schlüsselunterzeichner vertrauen.

Selbstverständlich hält Alice nichts davon ab, Schlüssel zu verwenden, denen sie nicht vertraut. Die Aufgabe von PGP besteht darin, Alice auf die Unzuverlässigkeit des Schlüssels aufmerksam zu machen, und nicht darin, die Kommunikation zu verhindern.

Das schwächste Glied in dem ganzen System ist die Schlüsselzurücknahme: Es gibt keine Garantie, daß ein kompromittierter Schlüssel nicht von irgendjemandem verwendet wird. Wird Alices privater Schlüssel gestohlen, kann sie ein sogenanntes **Schlüsselzurücknahmezertifikat** (*key revocation certificate*) losschicken, aber da die Schlüsselverteilung bei Bedarf und durch Mund-zu-Mund-Propaganda erfolgt, gibt es keinerlei Garantie, daß dieses Zertifikat alle erreicht, die Alices öffentlichen Schlüssel in ihrem Schlüsselring haben. Außerdem muß Alice das Schlüsselzurücknahmezertifikat mit ihrem privaten Schlüssel unterschreiben; wenn sie ihren Schlüssel ganz verloren hat, kann sie ihn nicht zurücknehmen.

Bei Drucklegung des Buches war PGP Version 2.6.2 aktuell. Zu den Änderungen in der nächsten Version mit der Nummer 3.0 gehören Optionen für Triple-DES, SHA und andere Public-Key-Algorithmen, eine Aufteilung der Chiffrier- und Signatur-Schlüsselpaare mit öffentlichem und privatem Schlüssel, verbesserte Prozeduren für die Schlüsselzurücknahme, verbesserte Funktionen für die Schlüsselringverwaltung, ein API für die Integration von PGP in andere Programme sowie ein vollständig neu erstellter Basiscode.

PGP ist für MS-DOS, UNIX, Macintosh, Amiga und Atari verfügbar. Es darf im privaten, nicht kommerziellen Bereich gebührenfrei verwendet werden und kann von vielen FTP-Servern im Internet bezogen werden. Um PGP per FTP vom MIT zu beziehen, stellen Sie mit *telnet* eine Verbindung zu *net-dist.mit.edu* her, loggen sich unter *getpgp* ein und beantworten die Fragen. Dann gehen Sie mit FTP nach *net-dist.mit.edu* und wechseln in das Verzeichnis, das in der Telnet-Sitzung genannt wurde. PGP ist auch von *ftp.ox.ac.uk*, *ftp.dsi.unimi.it*, *ftp.funet.fi*, *ftp.demon.co.uk*, Compuserve, AOL usw. erhältlich. Für kommerziellen Gebrauch in den USA kann PGP einschließlich Lizenzen für etwa 100 Dollar von folgender Firma bezogen werden: ViaCrypt, 9033 N 24th Ave., Phoenix, AZ, 85021; (602) 944-0773; viacrypt@acm.org. Als Shareware sind mehrere Frontends verfügbar, die die Integration von PGP in MS-DOS, Microsoft Windows, Macintosh und UNIX erleichtern.

Es gibt verschiedene Bücher zu PGP [601, 1394, 1495]. Sogar der Quellcode ist in Buchform erschienen [1653], um das US-Außenministerium zu frustrieren, das weiterhin der Auffassung ist, daß der Quellcode nur auf Papier, aber nicht in elektronischer Form exportiert werden darf. Sofern Sie IDEA vertrauen, bekommen Sie mit PGP wohl die Verschlüsselung, die selbst militärischen Ansprüchen am ehesten gerecht wird.

24.13 Smart-Cards

Eine Smart-Card ist eine Plastikkarte von Größe und Form einer Kreditkarte, in die ein Computer-Chip eingebettet ist. Die Idee ist alt – die ersten Patente wurden vor 20 Jahren eingereicht – aber aufgrund technischer Beschränkungen werden sie erst seit etwa fünf Jahren in der Praxis eingesetzt. Seither genießen sie vor allem in Europa rasante Verbreitung. In vielen Ländern werden Smart-Cards als Telefonkarten verwendet. Es gibt außerdem smarte Kreditkarten, smarte Bankkarten und smarte Für-Alles-Karten. Die US-Kreditkartenunternehmen nehmen sich der Technologie mittlerweile an und in ein paar Jahren werden selbst die rückständigsten Amerikaner Smart-Cards in ihren Brieftaschen tragen.

Eine Smart-Card enthält einen kleinen Computer (gewöhnlich einen 8-Bit-Mikroprozessor), RAM (etwa ein Viertel Kilobyte), ROM (6 bis 8 Kilobyte) und entweder EPROM oder EEPROM (einige Kilobyte). Smart-Cards zukünftiger Generationen werden zweifellos über eine größere Kapazität verfügen, aber gewisse physikalische Grenzen erschweren eine Erweiterung. Die Karte besitzt ein eigenes Betriebssystem sowie eigene Programme und Daten. (Sie besitzt keine eigene Stromversorgung; die bekommt sie erst beim Einstecken in das Lesegerät.) Eine Smart-Card ist sicher: In einer Umgebung, in der Sie keinem Computer, Telefon oder welchem Gerät auch immer vertrauen können, können Sie sich getrost auf eine Karte verlassen, die Sie in der Brieftasche mit sich herumtragen.

In Smart-Cards können unterschiedliche kryptographische Protokolle und Algorithmen einprogrammiert sein. Einige sind als elektronische Geldbörse konfiguriert und zahlen oder erhalten digitales Geld. Andere führen *zero-knowledge*-Protokolle zur Authentifizierung durch; manche haben eigene Chiffrierschlüssel. Wieder andere können Dokumente unterzeichnen oder Anwendungen auf einem Rechner entsperren.

Manche Smart-Cards sollen einbruchsicher sein; dies dient häufig dem Schutz der Institution, die die Karten ausgegeben hat. Eine Bank ist kaum daran interessiert, daß Sie Ihre Karte umprogrammieren, um an mehr Geld heranzukommen.

Das Interesse an Smart-Cards ist groß, und es sind zahlreiche Informationen verfügbar. Eine gute Übersicht über die Kryptographie in Smart-Cards gibt [672]. In Paris findet jeden Oktober die Konferenz CARTES statt, die CardTech wird jeden April in Washington D.C. ausgerichtet. Die Protokolle über zwei andere Smart-Card-Konferenzen finden sich in [342, 382]. Es gibt Hunderte von Smart-Card-Patenten, die meist europäischen Unternehmen erteilt wurden. Ein interessantes Dokument über mögliche zukünftige

Anwendungen – Integritätsüberprüfung, Audit-Trails, Kopierschutz, digitales Geld, sichere Frankiermaschinen – ist [1628].

24.14 Public-Key Cryptography Standards (PKCS)

Die Public-Key Cryptography Standards (PKCS) sind der Versuch von RSA Data Security, Inc., einen Industriestandard für eine Schnittstelle für Public-Key-Kryptographie zu schaffen. Normalerweise befaßt sich ANSI mit solchen Angelegenheiten, aber in Anbetracht der aktuellen Situation in der Kryptographiepolitik kam RSADSI zu dem Schluß, besser selbst ans Werk zu gehen. In Zusammenarbeit mit verschiedensten Unternehmen entwickelte die Firma eine Reihe von Standards, die teilweise zu anderen Standards kompatibel sind.

Dabei handelt es sich nicht um Standards im herkömmlichen Sinne des Wortes; es wurde kein Standardisierungkomitee zur Abstimmung über PKCS einberufen. Gemäß eigener Aussage wird RSADSI „die alleinige Entscheidungsbefugnis über die einzelnen Standards behalten" und „bei Bedarf überarbeitete Standards veröffentlichen" [803].

Trotzdem findet sich hier jede Menge interessantes Material. Wenn Sie sich nicht sicher sind, welche Syntax und Datenstrukturen Sie bei der Programmierung von Public-Key-Kryptographie verwenden sollen, finden Sie in diesen Standards Ideen, die wahrscheinlich genauso gut sind wie alles, was Sie sich selbst ausdenken. Da es sich nicht um echte Standards handelt, können Sie alles an Ihre Bedürfnisse anpassen.

Im folgenden werden die einzelnen PKCS kurz beschrieben (PKCS #2 und PKCS #4 wurden in PKCS #1 integriert).

PKCS #1 [1345] beschreibt eine Methode zur Ver- und Entschlüsselung mit RSA in erster Linie im Hinblick auf die in PKCS #7 behandelte Konstruktion von digitalen Signaturen und digitalen Umschlägen. Für digitale Signaturen wird die Nachricht gehasht und der Hashwert mit dem privaten Schlüssel des Unterzeichners chiffriert. Nachricht und Hashwert werden gemeinsam wie in PKCS #7 ausgeführt repräsentiert. Für digitale Umschläge (chiffrierte Nachrichten) wird die Nachricht zunächst mit einem symmetrischen Algorithmus und der Nachrichtenschlüssel dann mit dem öffentlichen Schlüssel des Empfängers chiffriert. Die chiffrierte Nachricht sowie der chiffrierte Schlüssel werden gemeinsam gemäß der Syntax von PKCS #7 dargestellt. Beide Methoden sind zu den PEM-Standards kompatibel. PKCS #1 beschreibt außerdem eine mit der Syntax in X.509 und PEM identische Syntax für öffentliche und private RSA-Schlüssel und drei Signaturalgorithmen – MD2 und RSA, MD4 und RSA, MD5 und RSA – die der Unterzeichnung von Zertifikaten und ähnlichem dienen.

PKCS #3 [1346] behandelt ein Verfahren zur Implementierung des Schlüsselaustauschs mittels Diffie-Hellman.

PKCS #5 [1347] erläutert eine Methode zur Nachrichtenverschlüsselung mit einem geheimen Schlüssel, der von einem Paßwort abgeleitet ist. Der Schlüssel wird mit MD2

24.14 Public-Key Cryptography Standards (PKCS)

oder MD5 aus dem Paßwort berechnet, und zur Verschlüsselung wird DES im CBC-Modus verwendet. Die Methode ist in erster Linie zur Chiffrierung privater Schlüssel gedacht, die zwischen Computersystemen übertragen werden sollen, kann aber auch zur Nachrichtenchiffrierung herangezogen werden.

PKCS #6 [1348] befaßt sich mit einer Standardsyntax für Public-Key-Zertifikate. Die Syntax stellt eine Obermenge eines X.509-Zertifikats dar, so daß daraus bei Bedarf X.509-Zertifikate gewonnen werden können. Außer den in X.509 definierten Angaben wird der Zertifizierungsvorgang über den öffentlichen Schlüssel hinaus durch zusätzliche Attribute erweitert. Diese enthalten weitere Informationen wie z.B. die E-Mail-Adresse.

PKCS #7 [1349] stellt eine allgemeine Syntax für Daten wie digitale Umschläge oder Unterschriften dar, die chiffriert oder unterschrieben sein können. Die Syntax ist rekursiv, so daß Umschläge verschachtelt oder bereits chiffrierte Daten unterschrieben werden können. Die Syntax ermöglicht, daß weitere Attribute wie z.B. Zeitstempel mit dem Nachrichteninhalt authentifiziert werden. PKCS #7 ist zu PEM kompatibel, so daß unterschriebene und chiffrierte Nachrichten ohne kryptographische Operationen in PEM-Nachrichten und umgekehrt konvertiert werden können. PKCS #7 unterstützt eine Vielzahl von Architekturen – darunter PEM – für die Schlüsselverwaltung auf Basis von Zertifikaten.

PKCS #8 [1350] beschreibt eine Syntax für private Schlüsseldaten – einschließlich eines privaten Schlüssels und einer Reihe von Attributen – sowie eine Syntax für chiffrierte private Schlüssel. PKCS #5 kann zur Chiffrierung der privaten Schlüsseldaten herangezogen werden.

PKCS #9 [1351] definiert ausgewählte Attributtypen für die erweiterten Zertifikate von PKCS #6, für die elektronisch unterzeichneten Nachrichten von PKCS #7 und die privaten Schlüsseldaten von PKCS #8.

PKCS #10 [1352] befaßt sich mit einer Standardsyntax für Zertifizierungsanfragen. Eine Zertifizierung besteht aus einem eindeutigen Namen, einem öffentlichen Schlüssel und (optional) einer Reihe von Attributen, die gemeinsam von der die Zertifizierung anfordernden Person unterschrieben sind. Zertifizierungsanfragen werden an eine Beglaubigungsinstanz gesendet, die die Anfrage entweder in ein X.509-Public-Key-Zertifikat oder ein PKCS #6-Zertifikat umwandelt.

PKCS #11 [1353], der Cryptographic Token API Standard, definiert eine Programmierschnittstelle namens „Cryptoki" für portierbare kryptographische Module aller Art. Cryptoki liefert ein gemeinsames logisches Modell, das Anwendungen die Ausführung kryptographischer Operationen in portierbaren Modulen ermöglicht, ohne Einzelheiten der zugrundeliegenden Techniken zu kennen. Der Standard definiert außerdem Anwendungsprofile, d.h. Mengen von Algorithmen, die ein Modul unterstützen kann.

PKCS #12 [1354] beschreibt die Syntax zur Speicherung eines öffentlichen Benutzerschlüssels in Software, geschützte private Schlüssel, Zertifikate und andere zugehörige kryptographische Informationen. Ziel ist die Standardisierung einer einzigen Schlüsseldatei, die von einer Vielzahl von Anwendungen benutzt wird.

Diese Standards sind umfassend, aber nicht ganz vollständig. Es gibt noch viele ungeklärte Punkte: das Benennungsproblem, nicht kryptographische Fragen bezüglich Zertifizierung und Schlüssellängen sowie Bedingungen zu verschiedenen Parametern. Die PKCS liefern ein Format zur Datenübertragung, das auf Public-Key-Kryptographie basiert, sowie eine Infrastruktur zur Unterstützung dieser Übertragung.

24.15 Universal Electronic Payment System (UEPS)

Das UEPS ist eine Bankanwendung mit Smart-Card, die ursprünglich für das ländliche Südafrika entwickelt wurde, später aber von allen größeren Bankengruppen des Landes übernommen wurde. Seit Anfang 1995 wurden mehr als 2 Millionen Karten ausgegeben. Es wurde auch in Namibia übernommen und wird außerdem von mindestens einer Bank in Rußland eingesetzt.

Das System bietet ein sicheres Zahlungsmittel, das sich für Regionen eignet, in denen eine Online-Überprüfung aufgrund schlecht ausgebauter Telekommunikation nicht möglich ist. Sowohl die Kunden als auch die Händler besitzen Karten, so daß Kunden ihre Karten zur Geldübertragung an die Händler benutzen können. Die Händler können ihre Karten dann zu einem Telefon tragen und sich den Betrag auf ihrem Bankkonto gutschreiben lassen; die Kunden können ihre Karten zu einem Telefon tragen und sich Geld auf ihre Karte übertragen lassen. Das System ist nicht zur Wahrung von Anonymität gedacht, sondern soll lediglich Betrug verhindern. Im folgenden betrachten wir das Protokoll zwischen Kundin Alice und Händler Bob. (Im Grunde stecken Alice und Bob nur ihre Karten in eine Maschine und warten, bis diese die Transaktion durchgeführt hat.) Wenn Alice ihre Karte von der Bank ausgehändigt bekommt, erhält sie ein Schlüsselpaar K_1 und K_2, das die Bank aus Alices Namen und einer geheimen Funktion berechnet. Nur die Händlerkarten besitzen die Geheiminformationen, die zur Ermittlung der Kundenschlüssel erforderlich sind.

(1) Alice sendet Bob ihren Namen A, seinen Namen B und eine Zufallszahl R_A, die mit DES chiffriert sind, und zwar zuerst mit K_2 und dann mit K_1. Außerdem sendet sie ihren Namen als Klartext.

$$A, E_{K_1}(E_{K_2}(A, B, R_A))$$

(2) Bob berechnet K_1 und K_2 aus Alices Namen. Er dechiffriert die Nachricht, überprüft, ob A und B korrekt sind, und chiffriert dann Alices zweite unverschlüsselte Nachricht mit K_2.

$$E_{K_2}(A, B, R_A)$$

Bob sendet diese Nachricht nicht an Alice, sondern verwendet 56 Bit des Chifretexts als K_3. Bob schickt Alice nun seinen Namen, ihren Namen und eine weitere Zufallszahl R_B, die mit DES chiffriert sind, und zwar zuerst mit K_3 und dann mit K_1.

$$E_{K_1}(E_{K_3}(B, A, R_B))$$

24.15 Universal Electronic Payment System (UEPS)

(3) Alice berechnet K_3 auf dieselbe Art wie Bob. Sie dechiffriert Bobs Nachricht, überprüft, ob B und A korrekt sind und chiffriert dann Bobs unverschlüsselte Nachricht mit K_3.

$$E_{K_3}(B, A, R_B)$$

Alice schickt diese Nachricht nicht an Bob, sondern verwendet 56 Bit des Chiffretexts als K_4. Dann sendet sie Bob ihren Namen, seinen Namen und den digitalen Scheck C. Dieser Scheck enthält den Namen von Absender und Empfänger, das Datum, die Schecknummer, den Betrag und zwei MACs, die alle mit DES chiffriert sind, und zwar zuerst mit K_4 und dann mit K_1. Einer der MACs kann von Alices Bank, der andere nur vom Clearing Center verifiziert werden. Alice überweist von ihrem Konto den korrekten Betrag.

$$E_{K_1}(E_{K_4}(A, B, C))$$

(4) Bob berechnet K_4 auf dieselbe Art wie Alice. Wenn alle Namen stimmen und der Scheck korrekt ausgefüllt ist, akzeptiert er ihn als Bezahlung.

Wirklich raffiniert an diesem Protokoll ist, daß der Chiffrierschlüssel für jede Nachricht von der vorherigen Nachricht abhängt. Jede Nachricht fungiert auch als Authentikator für *alle* vorangehenden Nachrichten. Das bedeutet, daß niemand eine alte Nachricht wieder einspielen kann, da der Empfänger sie nicht dechiffrieren könnte. Ich bin von dieser Idee beeindruckt und hoffe, daß sie weitere Verbreitung findet, wenn sie erst einmal allgemein bekannt ist.

Eine weitere raffinierte Eigenschaft dieses Protokolls ist, daß es selbst für eine korrekte Implementierung sorgt. Das Protokoll funktioniert nur, wenn es vom Anwendungsentwickler auch korrekt implementiert wird.

Beide Karten speichern die Aufzeichnungen einer jeden Transaktion. Wenn die Karten zur Kommunikation mit der Bank schließlich online gebracht werden – der Händler zahlt sein Geld ein und der Kunde läßt sich mehr Geld auszahlen – kopiert sich die Bank diese Aufzeichnungen zur Überprüfung herunter.

Einbruchsichere Hardware hält die Beteiligten davon ab, an den Daten herumzubasteln; Alice kann den Wert ihrer Karte nicht ändern. Ausführliche Audit-Trails liefern Daten, anhand derer betrügerische Transaktionen aufgedeckt und verfolgt werden können. In den Karten sind universelle Geheiminformationen gespeichert – MAC-Schlüssel in den Kundenkarten und Funktionen zur Konvertierung von Kundennamen zu K_1 und K_2 in den Händlerkarten – es ist jedoch davon auszugehen, daß sich diese nur unter großen Schwierigkeiten rekonstruieren lassen.

Dieses Konzept soll keine perfekte, sondern lediglich mehr Sicherheit gewährleisten, als Schecks in Papierform oder konventionelle Kreditkarten bieten. Die Gefahr geht hier nicht von gegnerischem Militär, sondern mißgünstigen Kunden und Händlern aus. UEPS schützt gegen diese Art Mißbrauch.

Der Nachrichtenaustausch ist ein ausgezeichnetes Beispiel für ein robustes Protokoll: Jede Nachricht enthält die Namen beider Parteien sowie eindeutige Informationen zur

Sicherstellung der Aktualität und ist außerdem ausdrücklich von allen vorangehenden Nachrichten abhängig.

24.16 Clipper

Der Clipper-Chip (auch MYK-78T genannt) ist ein von der NSA entworfener einbruchsicherer VLSI-Chip, der zur Verschlüsselung von Gesprächen entwickelt wurde; es ist einer der beiden Chips, die den Escrowed Encryption Standard (EES) der US-Regierung implementieren [1153]. Er wird von VLSI Technologies, Inc., produziert und von Mykotronx, Inc., programmiert. Der Chip wird zum ersten Mal im AT&T Model 3600 Telephone Security Device (siehe Abschnitt 24.18) verwendet. Der Chip implementiert den Verschlüsselungsalgorithmus Skipjack (siehe Abschnitt 13.12), einen von der NSA entworfenen und für geheim erklärten *secret-key*-Verschlüsselungsalgorithmus, aber nur im OFB-Modus.

Der kontroverseste Aspekt des Clipper-Chips und des EES überhaupt ist das Protokoll zur Schlüsselhinterlegung (siehe Abschnit 4.14). Jeder Chip besitzt einen besonderen Schlüssel, der nicht für Nachrichten benötigt wird. Dieser Schlüssel wird zur Chiffrierung einer Kopie des Nachrichtenschlüssels eines jeden Benutzers verwendet. Als Teil des Synchronisierungsprozesses generiert und schickt der Clipper-Chip auf der Senderseite ein **Law Enforcement Access Field** (**LEAF**) an den Clipper-Chip auf der Empfängerseite. Das LEAF enthält eine Kopie des aktuellen Sitzungsschlüssels, der mit einem speziellen Schlüssel (namens **unit key**) chiffriert ist. Damit wird für einen staatlichen Lauscher die Möglichkeit geschaffen, den Sitzungsschlüssel wiederherzustellen und den Klartext der Konversation zu rekonstruieren.

Der Direktor von NIST stellt sich das folgendermaßen vor [812]:

> Man strebt ein „Key-Escrow-System" an, das sicherstellt, daß der Clipper-Chip den Schutz der Privatsphäre gesetzestreuer Amerikaner gewährleistet. Jedes Gerät, das den Chip enthält, hat zwei eindeutige „Schlüssel". Dabei handelt es sich um Zahlen, die befugte Regierungsstellen benötigen, um mit diesem Gerät codierte Nachrichten zu decodieren. Bei der Herstellung des Geräts werden die beiden Schlüssel getrennt in zwei „Key-Escrow"-Datenbanken hinterlegt, die vom Generalbundesanwalt eingerichtet werden. Der Zugriff auf diese Schlüssel bleibt auf Regierungsbeamte beschränkt, die eine richterliche Vollmacht für eine Abhöraktion haben.

Die Regierung möchte zudem den Vertrieb von Telefonen mit solchen Geräten forcieren; niemand weiß, wie der Umgang mit solchen *key-escrow*-Datenbanken aussehen soll.

Neben politischen Erwägungen ist die interne Struktur des LEAF eine Betrachtung wert [812, 1154, 1594, 459, 107, 462]. Das LEAF ist ein 128 Bit langer String, der ausreichend Informationen zur Wiederherstellung des Sitzungsschlüssels K_S im Rahmen staatlicher Ermittlungen ermöglicht, sofern die beiden **Hinterlegungsbehörden** (*escrow agencies*), die für die *key-escrow*-Datenbanken verantwortlich sind, zusammenarbeiten. Das LEAF enthält einen 32 Bit langen *unit identifier U*, der dem Clipper-Chip eindeutig zugeordnet ist. Außerdem enthält es den aktuellen 80 Bit langen Sitzungsschlüssel K_S, der mit dem eindeutigen *unit key* K_U des Chips chiffriert ist sowie eine 16 Bit lange Prüfsumme C, die *escrow identifier* heißt. Diese Prüfsumme ist eine Funktion des Sitzungsschlüssels, des IVs und unter Umständen weiterer Informationen. Sie wird vom Chip auf der Empfängerseite verwendet, um sicherzustellen, daß er ein gültiges LEAF erhalten hat. Diese drei Felder werden mit einem festgelegten *family key* K_F chiffriert, der von allen miteinander kommunizierenden Clipper-Chips gemeinsam genutzt wird. Der *family key*, die verwendeten Chiffriermodi, Details zur Prüfsumme sowie die genaue Struktur des LEAF sind Geheimsache. Das Ganze sieht in etwa so aus:

$$E_{K_F}(U, E_{K_U}(K_S, C))$$

K_U wird in die Clipper-Chips bereits bei der Herstellung einprogrammiert. Dieser Schlüssel wird dann aufgespalten (siehe Abschnitt 3.6) und in zwei verschiedenen *key-escrow*-Datenbanken gespeichert, die von zwei verschiedenen Hinterlegungsbehörden überwacht werden.

Um K_S aus dem LEAF wiederherzustellen, muß Eve das LEAF zunächst mit K_F dechiffrieren und U rekonstruieren. Danach muß sie bei jeder Hinterlegungsbehörde eine gerichtliche Verfügung vorlegen und erhält zum vorgegebenen U jeweils einen halben Schlüssel. Eve stellt K_U dann durch XOR-Verknüpfung der beiden Hälften wieder her, rekonstruiert anhand dieses K_U den K_S und belauscht damit schließlich die Konversation.

Die Prüfsumme ist so angelegt, daß das Schema von niemandem umgangen werden kann; der Clipper-Chip auf der Empfängerseite dechiffriert nur, wenn die Prüfsumme stimmt. Für die Prüfsumme gibt es jedoch nur 216 mögliche Werte, so daß man ein gefälschtes LEAF mit der korrekten Prüfsumme, aber einem falschen Schlüssel in etwa 42 Minuten finden kann [187]. Dies ist bei Gesprächen mit Clipper aber nicht sehr hilfreich. Da das Protokoll zum Schlüsselaustausch nicht Bestandteil des Clipper-Chips ist, muß der 42 Minuten lange Brute-Force-Angriff danach erfolgen; er kann zudem nicht vor dem Telefonanruf stattfinden. Ein solcher Angriff könnte bei Faxübertragungen oder der Fortezza-Karte funktionieren (siehe Abschnitt 24.17).

Angeblich ist der Clipper-Chip resistent gegen Rekonstruktionsversuche durch einen „sehr raffinierten und kundigen Gegner" [1154], Gerüchten zufolge hat man in den Sandia National Laboratories aber bereits einen Chip geknackt. Selbst wenn diese Gerüchte nicht stimmen, vermute ich doch, daß die weltweit größten Chip-Hersteller Clipper rekonstruieren können; es ist nur eine Frage der Zeit, bis jemand mit der richtigen Kombination aus Ressourcen und Weltanschauung auftaucht.

Mit diesem Konzept sind weitreichende Fragen hinsichtlich der Privatsphäre verbunden. Zahlreiche Bürgerrechtsorganisationen führen Kampagnen gegen Verfahren mit Schlüsselhinterlegung durch, die dem Staat das Recht zur Überwachung seiner Bürger einräumt. Raffiniert an der Sache ist, daß sie niemals den Kongreß passiert hat; NIST hat den Escrowed Encryption Standard als FIPS (Federal Information Processing Standard) [1153] veröffentlicht und damit das lästige Gesetzgebungsverfahren umgangen.

Momentan scheint EES eher sang- und klanglos unterzugehen. Gewiß ist das aber nicht, denn Standards schleichen sich oft langsam ein.

Wie auch immer die Sache enden mag – Tabelle 24.2 listet die verschiedenen, an diesem Programm beteiligten Behörden auf. Wie wäre es mit einer Analyse der Gefahren, die sich daraus ergeben, daß beide Hinterlegungsbehörden in der Exekutive zu finden sind? Oder daß diese Behörden überhaupt nichts über die Abhöranforderungen wissen und sie blind gutheißen? Oder daß der Staat einen geheimen Algorithmus als kommerziellen Standard erzwingt?

Justiz	Sponsor des Systems und *familiy-key*-Behörde
NIST	Programmverwalter und Hinterlegungsbehörde
FBI	Aufdeckung von Benutzern und *family-key*-Behörde
Finanzministerium	Hinterlegungsbehörde
NSA	Programmentwickler

Tabelle 24.2: *Behörden, die am EES beteiligt sind*

In jedem Fall entstehen durch die Implementierung von Clipper genug Probleme, um seinen Wert vor Gericht in Frage zu stellen. Wie bereits erwähnt, arbeitet Clipper nur im OFB-Modus. Selbst wenn Sie Gegenteiliges gehört haben, gewährleistet das weder Integrität noch Authentifizierung. Angenommen, Alice steht vor Gericht und ein mit Clipper verschlüsseltes Telefongespräch wird als Beweis vorgelegt. Alice behauptet, das Gespräch niemals geführt zu haben; das sei nicht ihre Stimme. Der Kompressionsalgorithmus des Telefons ist so schlecht, daß Alices Stimme schwer zu erkennen ist, die Staatsanwaltschaft argumentiert jedoch, daß das Gespräch nur mit Alices hinterlegtem Schlüssel dechiffriert werden kann und es deshalb von ihrem Telefon aus stattgefunden haben muß.

Alice wendet ein, daß der Anruf folgendermaßen gefälscht wurde [984, 1339]: Ein vorgegebener Chiffre- und Klartext kann durch XOR-Verknüpfung in den Schlüsselstrom überführt werden. Dieser Schlüsselstrom kann dann mit einem völlig anderen Klartext zu einem gefälschten Chiffretext XOR-verknüpft werden, der nun in den gefälschten Klartext konvertiert werden kann, wenn er in den Clipper-Dechiffrierer eingegeben wird. Unabhängig von seinem Wahrheitsgehalt könnte dieses Argument vor Gericht solche Zweifel aufkommen lassen, daß das Gespräch als Beweismittel abgelehnt wird.

Ein anderer Trick namens Squeeze-Angriff ermöglicht Alice, Bob die Sache anzuhängen. Das funktioniert wie folgt [575]: Alice ruft Bob mittels Clipper an. Sie speichert eine Kopie seines LEAFs sowie den Sitzungsschlüssel. Dann ruft sie Carol an (sie weiß, daß Carol abgehört wird). Während der Schlüsseleinrichtung bewirkt Alice, daß der Sitzungsschlüssel derselbe ist wie der, den sie mit Bob verwendet; dazu muß man das Telefon umprogrammieren, was nicht allzu schwierig ist. Alice sendet nun nicht ihr eigenes, sondern Bobs LEAF. Carols Telefon bemerkt den Unterschied nicht, da es sich um ein gültiges LEAF handelt. Alice kann nun mit Carol alles besprechen, was ihr gerade im Kopf herum geht; bei der Dechiffrierung des LEAF erfährt die Polizei, daß es

Bob gehört. Selbst wenn Bob nicht von Alice hintergangen wurde, wird der Zweck des ganzen Konzepts durch die bloße Tatsache in Frage gestellt, daß er es vor Gericht behaupten kann.

Die Ermittlungsbehörden der Vereinigten Staaten sollten sich nicht damit aufhalten, Informationen über kriminelle Machenschaften zu sammeln, die vor Gericht nicht verwertbar sind. Selbst wenn die Schlüsselhinterlegung an sich eine gute Idee wäre, ist Clipper zur Implementierung ungeeignet.

24.17 Capstone

Capstone (auch MYK-80 genannt) ist ein weiterer von der NSA entwickelter kryptographischer VLSI-Chip, der den Escrowed Encryption Standard der US-Regierung implementiert [1153]. Capstone enthält folgende Funktionalität [1155, 462]:

- den Skipjack-Algorithmus in einem der vier elementaren Modi: ECB, CBC, CFB und OFB
- einen Public-Key-Algorithmus zum Schlüsselaustausch (*key exchange algorithm,* KEA), wahrscheinlich Diffie-Hellman
- den Digital Signature Algorithm (DSA)
- den Secure Hash Algorithm (SHA)
- einen Vielzweckalgorithmus zur Potenzierung
- einen Vielzweck-Zufallszahlengenerator, der eine reine Rauschquelle verwendet

Capstone bietet die kryptographische Funktionalität, die für sichere elektronische Geschäfte und andere Computer-Anwendungen erforderlich ist. Capstone wurde erstmalig in einer PCMCIA-Karte namens Fortezza eingesetzt. (Diese hieß ursprünglich Tessera, bis eine Firma namens Tessera, Inc. dagegen Einspruch erhob.)

Die NSA erwog, die Prüfsumme im LEAF von Capstone in Produktionsversionen für den Einsatz in Fortezza-Karten zu verlängern, um die eben geschilderten Brute-Force-Angriffe gegen das LEAF zu vereiteln. Dann entschied sie sich aber für eine Funktion, die die Karte nach 10 nicht korrekten LEAFs zurücksetzt. Dies erhöht lediglich die Zeit, die zum Auffinden eines gefälschten, aber gültigen LEAFs erforderlich ist – und zwar um 10 Prozent auf 46 Minuten. Ich bin nicht gerade beeindruckt.

24.18 AT&T Model 3600 Telephone Security Device (TSD)

Das Telephone Security Device (TSD) von AT&T ist das Clipper-Telefon. Eigentlich gibt es vier Modelle des TSD. Das eine enthält den Clipper-Chip, das zweite einen exportierbaren Verschlüsselungsalgorithmus von AT&T, das dritte einen Algorithmus für den Einsatz in den USA plus einem exportierbaren Algorithmus und das vierte den Clipper-Chip sowie den nur inden USA zugelassenen und den exportierbaren Algorithmus.

TSDs verwenden für jeden Telefonanruf einen anderen Sitzungsschlüssel. Zwei TSDs generieren unabhängig vom Clipper-Chip einen Sitzungsschlüssel mit dem Schlüsselaustausch von Diffie-Hellman. Da Diffie-Hellman keine Authentifizierung enthält, stehen dem TSD zwei Methoden zur Abwehr eines *man-in-the-middle*-Angriffs offen.

Die erste Methode erfolgt über eine Anzeige. Das TSD hasht den Sitzungsschlüssel und zeigt den Hashwert auf einer kleinen Anzeige als vier Hex-Ziffern an. Die Gesprächspartner sollten einander bestätigen, daß ihre Anzeigen dieselben Ziffern zeigen. Die Stimmqualität ist so gut, daß sie die Stimme des jeweils anderen erkennen können.

Eve hat immer noch die Möglichkeit zu einem Angriff. Angenommen, sie befindet sich in der Mitte von Alices und Bobs Konversation. Sie verwendet ein TSD in der Leitung zu Alice und ein modifiziertes TSD in der Leitung zu Bob; in der Mitte überbrückt sie die beiden Telefonanrufe. Alice versucht sicherzugehen: Sie generiert wie üblich einen Schlüssel, nur agiert jetzt Eve als Bob. Eve stellt den Schlüssel wieder her und bewirkt anhand des modifizierten TSD, daß der Schlüssel, den sie mit Bob erzeugt, denselben Hashwert besitzt. Dieser Angriff scheint nicht sehr wahrscheinlich, aber das TSD benutzt eine Variante des Interlock-Protokolls, um ihn zu verhindern.

Das TSD erzeugt Zufallszahlen mit einer Rauschquelle und einem Chaosverstärker mit digitaler Rückkopplung. Dadurch entsteht ein Bitstrom, der anhand eines digitalen Signalprozessors durch einen nachgeschalteten Whitening-Filter geführt wird.

Nichtsdestotrotz wird im TSD-Handbuch Sicherheit mit keiner Silbe erwähnt. Ganz im Gegenteil findet sich dort folgende Aussage [70]:

> AT&T gibt keine Garantie, daß das TSD kryptanalytische Angriffe gegen eine verschlüsselte Übermittlung von seiten einer Regierungsbehörde, deren Beamten oder einer dritten Partei verhindert. Ferner gewährleistet AT&T nicht, daß das TSD vor einem Angriff auf die Kommunikation durch Methoden schützt, die die Verschlüsselung umgehen.

25 Politik

25.1 National Security Agency (NSA)

Die National Security Agency, abgekürzt NSA, (man nannte sie auch „No Such Agency" oder „Never Say Anything", doch in jüngster Zeit ist die Behörde etwas offener) ist das offizielle Sicherheitsorgan der US-Regierung. Die dem Verteidigungsministerium unterstellte Behörde wurde 1952 von Harry Truman gegründet; ihre Existenz blieb lange geheim. Die NSA befaßt sich mit dem Abhören von Kommunikationswegen; ihre Aufgabe besteht darin, alle ausländischen Kommunikationswege abzuhören und zu dekodieren, die die Sicherheitsinteressen der Vereinigten Staaten tangieren. Die folgenden Paragraphen stammen aus der ersten Satzung der NSA, die von Präsident Truman 1952 unterzeichnet und viele Jahre lang geheim gehalten wurde [1535].

> Die COMINT-Mission der National Security Agency (NSA) liegt darin, als effektive und einheitliche Organisation die geheimdienstliche Kommunikation der USA gegen fremde Mächte zu steuern und für eine Integration aller diesbezüglichen Maßnahmen und Vorkehrungen zu sorgen. „COMINT" oder „Communications Intelligence" steht hier für alle Verfahren und Methoden, die zum Abfangen sämtlicher Kommunikation ausgenommen der ausländischen Presse und Propagandasendungen sowie zur Beschaffung von Informationen aus solcher Kommunikation durch andere Personen als die intendierten Empfänger verwendet werden. Zensurmaßnahmen sowie die Herstellung und Verbreitung vorgefertigter Informationen sind dabei ausgenommen.
>
> Aufgrund der besonderen Eigenart der COMINT sind die dort tätigen Personen in jeder Hinsicht unabhängig von der Struktur anderer oder allgemeiner geheimdienstlicher Aktivitäten zu behandeln. Aufträge, Direktiven, Grundsätze oder Empfehlungen von Behörden der Exekutive, die die Zusammenstellung, Herstellung, Sicherheit, Handhabung, Verbreitung oder Nutzung von geheimdienstlichen und/oder als geheim eingestuften Informationen betreffen, beziehen sich nicht auf COMINT-Tätige, sofern dies nicht ausdrücklich von einem Bevollmächtigen des Ministeriums oder der Behörde, die im Gremium vertreten ist, angeordnet wird. Andere geheimdienstliche Direktiven des National Security Council an den Director of Central Intelligence und entsprechende Direktiven vom Director of Central Intelligence betreffen die COMINT-Tätigkeit nicht, sofern das National Security Council seine Direktive nicht speziell auf die COMINT bezieht.

Die NSA führt kryptologische Forschungen durch. Diese befassen sich sowohl mit der Entwicklung sicherer Algorithmen zum Schutz der US-Kommunikation, als auch mit kryptanalytischen Verfahren zum Abhören der Kommunikation außerhalb der USA. Die NSA ist als weltweit größter Arbeitgeber von Mathematikern bekannt; sie ist darüber hinaus der weltweit größte Einkäufer von Computer-Hardware. Die NSA besitzt vermutlich kryptographische Kenntnisse, die dem öffentlichen Stand der Technik (und zwar in bezug auf die Algorithmen, aber wohl nicht bei den Protokollen) um viele Jahre voraus ist. Sie kann zweifellos zahlreiche der in der Praxis eingesetzten Systeme brechen. Aus nationalen Sicherheitsinteressen sind jedoch fast alle Informationen über die NSA – sogar ihr Budget – Geheimsache. (Gerüchten zufolge ist es bei jährlich etwa 13

Milliarden Dollar angesiedelt – dies umfaßt auch NSA-Projekte, die vom Militär finanziert sind; man geht von circa 16000 Angestellten aus.)

Die NSA benutzt ihren Einfluß, um die öffentliche Verfügbarkeit von Kryptographie einzuschränken. Damit will sie verhindern, daß Staatsfeinde Verschlüsselungsverfahren anwenden, die die NSA nicht brechen kann. James Massey befaßt sich mit dem Konflikt zwischen akademischer und militärischer Forschung in der Kryptographie [1007]:

> Wenn man Kryptologie als das Vorrecht der Regierung auffaßt, ist zu akzeptieren, daß kryptologische Forschung vorwiegend hinter verschlossenen Türen stattfindet. Es steht zweifelsfrei fest, daß weit mehr Wissenschaftler mit solch geheimer Forschung in der Kryptologie befaßt sind als mit der offen zugänglichen Kryptologie. Erst seit etwa zehn Jahren gibt es ausgedehnte freie Forschung in der Kryptologie. Es gab Konflikte zwischen diesen Forschergemeinden, und es wird sie auch in Zukunft geben. Freie Forschung beinhaltet ein allgemeines Streben nach Erkenntnis, das in seiner Dynamik von einem ungehinderten Austausch an Ideen in Form von Konferenzen und Veröffentlichungen in Fachzeitschriften abhängig ist. Aber kann eine Regierungsbehörde, die mit der Aufgabe betraut ist, die Chiffren anderer Nationen zu brechen, die Veröffentlichung einer Chiffrierung gutheißen, die sie selbst nicht brechen kann? Kann ein Wissenschaftler guten Gewissens eine Chiffrierung veröffentlichen, die möglicherweise die Effektivität der Codebrecher der eigenen Regierung unterwandert? Man könnte argumentieren, daß die Veröffentlichung einer nachweislich sicheren Chiffrierung alle Staaten dazu zwingen würde, sich wie Stimsons „Gentlemen" zu verhalten, man muß sich jedoch der Tatsache bewußt sein, daß die öffentliche Forschung in der Kryptographie politische und ethische Fragen von einer Tragweite aufwirft, wie sie in anderen Wissenschaften selten zu finden ist. Es ist weniger erstaunlich, daß zwischen Behörden und freien Kryptologen Konflikte auftreten, sondern eher, daß diese Konflikte (zumindest die uns bekannten) so harmlos ausfallen.

James Bamford hat ein faszinierendes Buch über die NSA namens *The Puzzle Palace* [79] verfaßt, das kürzlich von Bamford und Wayne Madson aktualisiert wurde [80].

Commercial COMSEC Endorsement Program (CCEP)

Das Commercial COMSEC Endorsement Programm (CCEP) mit dem Codenamen Overtake ist eine von der NSA 1984 ins Leben gerufene Initiative für eine Erleichterung der Entwicklung von Computer- und Kommunikationsprodukten mit integrierter Kryptographie [85, 1165]. Das Militär hatte für solche Angelegenheiten immer selbst gezahlt und es war ausgesprochen teuer. Die NSA war der Ansicht, daß ein Verkauf an Benutzer aus dem Militär wie aus der Wirtschaft, selbst nach Europa, die Kosten senken würde und alle davon profitieren könnten. Die NSA würde nicht länger eine Ausstattung billigen, die dem Federal Standard 1027 genügt, und das CCEP würde von staatlicher Seite gutgeheißene kryptographische Produkte liefern [419].

Die NSA entwickelte eine Reihe kryptographischer Module für verschiedene Aufgaben. In den Modulen sollten für verschiedene Anwendungen unterschiedliche Algorithmen verwendet werden, und die Hersteller sollten die Module kundengerecht austauschen können. Es gab Module für den militärischen Einsatz (Typ I), Module für „nicht geheime, aber vertrauliche" Regierungsangelegenheiten (Typ II), Module für den kommerziellen Einsatz (Typ III) und Module für den Export (Typ IV). Tabelle 25.1 zeigt die verschiedenen Module, Anwendungen und Namen.

Anwendung	Typ I	Typ II
Sprache/Daten geringer Übertragungsrate	Winster	Edgeshot
Computer	Tepache	Bulletproof
Daten hoher Übertragungsrate	Foresee	Brushstroke
Nächste Generation	Countersign I	Countersign II

Tabelle 25.1: CCEP-Module

Das Programm existiert noch, fand aber außerhalb von Regierungskreisen keinen Anklang. Alle Module waren einbruchsicher, alle Algorithmen geheim und die Schlüssel mußten von der NSA bezogen werden. Die Unternehmen konnten sich nicht so richtig mit der Idee anfreunden, einen vom Staat vorgeschriebenen, geheimgehaltenen Algorithmus einzusetzen. Man sollte meinen, daß die NSA aus der Sache gelernt hat und einen nicht weiter mit Clipper, Skipjack und Escrow-Encryption-Chips belästigt.

25.2 National Computer Security Center (NCSC)

Das National Computer Security Center, ein Zweig der NSA, ist für das Trusted Computer Program der Regierung verantwortlich. Gegenwärtig evaluiert das Center kommerzielle Sicherheitsprodukte (Hard- und Software), sponsert und publiziert Forschungsprojekte, entwickelt technische Richtlinien und bietet ganz allgemein Rat, Unterstützung und Fortbildung.

Das NCSC veröffentlicht das berüchtigte „Orange Book" [465]. Eigentlich heißt das Buch *Department of Defense Trusted Computer System Evaluation Criteria*, das ist jedoch ziemlich lang – der orange Umschlag des Buchs liefert einen prägnanteren Titel. Das Orange Book versucht, Sicherheitsanforderungen zu definieren, gibt Computer-Herstellern objektive Kriterien zur Abschätzung der Sicherheit ihrer Systeme an die Hand und liefert ihnen Vorschläge, was sie in ihre sicheren Produkte integrieren sollen. Es konzentriert sich auf Computer-Sicherheit und befaßt sich nicht viel mit Kryptographie.

Das Orange Book definiert vier allgemeine Kategorien zur Gewährleistung von Sicherheit. Manche dieser Kategorien enthalten Unterklassen. Tabelle 25.2 zeigt eine Übersicht der Kategorien und Unterklassen.

Manchmal sprechen Hersteller davon, daß sie „C2-Sicherheit gewährleisten". Damit meinen sie die im Orange Book definierte Kategorie. Weitere Informationen hierzu finden Sie in [1365]. Das Modell zur Computer-Sicherheit, das für diese Kriterien verwendet wird, ist das Modell Bell-LaPadula [100, 101, 102, 103].

D: Minimal Security

C: Discretionary Protection

    C1: Discretionary Security Protection

    C2: Controlled Access Protection

B: Mandatory Protection

    B1: Labeled Security Protection

    B2: Structured Protection

    B3: Security Domains

A: Verified Protection

    A1: Verified Design

Tabelle 25.2: Klassifizierung durch das Orange Book

Das NCSC hat eine ganze Reihe von Büchern über Computer-Sicherheit veröffentlicht, die manchmal „Rainbow Books" genannt werden, da jedes einen andersfarbigen Umschlag besitzt. In *Trusted Network Interpretation of the Trusted Computer System Evaluation Criteria* [1146], das manchmal als „Red Book" bezeichnet wird, wird zum Beispiel die Anwendung des Orange Book auf Netzwerke und Netzwerkprodukte erläutert. *Trusted Database Management System Interpretation of the Trusted Computer System Evaluation Criteria* [1147] – der Umschlag hat eine unbeschreibliche Farbe – erledigt dasselbe für Datenbanken. Es gibt mittlerweile über dreißig solcher Bücher, die teilweise wirklich grauenhafte Farben haben.

Wenn Sie an einem kompletten Satz der Rainbow Books interessiert sind, wenden Sie sich an den Director, National Security Agency, INFOSEC Awareness, Attention: C81, 9800 Savage Road, Fort George G. Meade, MD 20755-6000; [410] 766-8729. Aber erwähnen Sie lieber nicht, daß Sie die Adresse von mir haben.

25.3 National Institute of Standards and Technology (NIST)

Das NIST ist eine Abteilung des US-Handelsministeriums. Es hieß früher NBS (National Bureau of Standards), bis es 1988 in National Institute of Standards and Technology umbenannt wurde. Über sein Computer Systems Laboratory (CSL) fördert das NIST offene Standards und Systemoffenheit, die der wirtschaftlichen Entwicklung der Computerindustrie Vorschub leisten sollen. Dazu gibt das NIST Standards und Richtlinien heraus, von denen es sich erhofft, daß sie von allen Computer-Systemen in den USA übernommen werden. Offizielle Standards werden als FIPS (Federal Information Processing Standards) veröffentlicht.

Wenn Sie an bestimmten FIPS (oder anderen Publikationen des NIST) interessiert sind, wenden Sie sich an den National Technical Information Service (NTIS), U.S. Department of Commerce, 5285 Port Royal Road, Springfield, VA 2261; (703) 487-4650; Sie können ihre Anfragen auch an gopher://csrc.ncsl.nist.gov richten.

Als der Kongreß 1987 den Computer Security Act verabschiedete, wurde das NIST mit der Aufgabe betraut, Standards für die Sicherheit von sensitiven, aber nicht als geheim eingestuften Daten in staatlichen Computer-Systemen zu definieren. (Als geheim eingestufte Informationen und Daten des Warner Amendments liegen im Zuständigkeitsbereich der NSA.) Das Gesetz ermächtigt das NIST zur Zusammenarbeit mit anderen Regierungsbehörden und der nichtstaatlichen Industrie, um Vorschläge für technische Standards auszuwerten.

Das NIST gibt Standards für kryptographische Aufgaben heraus. US-Regierungsbehörden sind angehalten, diese Standards für sensitive, aber nicht als geheim eingestufte Daten zu verwenden. Oft werden diese Standards auch in nichtstaatlichen Bereichen übernommen. DES, DSS, SHS sowie EES wurden vom NIST herausgegeben.

Bei der Entwicklung all dieser Algorithmen war die NSA in irgendeiner Form beteiligt. So analysierte sie DES und entwickelte DSS, SHS und den Skipjack-Algorithmus in EES. Das NIST wurde von verschiedenen Seiten kritisiert, der NSA einen zu großen Einfluß auf diese Standards zu gewähren, da die Interessen der NSA nicht unbedingt mit denen des NIST übereinstimmen würden. Es ist unklar, wie groß der Einfluß der NSA auf den Entwurf und die Entwicklung der Algorithmen tatsächlich ist. In Anbetracht des begrenzten Personals und Budgets sowie der begrenzten Ressourcen des NIST dürfte die NSA in nicht unbeträchtlichem Maße beteiligt sein. Die NSA kann erhebliche Ressourcen beisteuern, einschließlich einer unübertroffenen Computerausstattung.

Die offizielle Vereinbarung, das „Memorandum of Understanding" (MOU), zwischen den beiden Behörden lautet:

VEREINBARUNG ZWISCHEN DEM DIREKTOR DES NATIONAL INSTITUTE OF STANDARDS AND TECHNOLOGY UND DEM DIREKTOR DER NATIONAL SECURITY AGENCY BEZÜGLICH DER UMSETZUNG DES PUBLIC LAW 100-235

Es wird folgendes festgestellt:
    A. In Abschnitt 2 des Computer Security Act von 1987 (Public Law 100-235), (im folgenden einfach „Gesetz" genannt), trägt das National Institute of Standards and Technology (NIST) innerhalb der Bundesregierung die Verpflichtung für die:
    1. Entwicklung technischer, physikalischer und verwaltungstechnischer Standards und Richtlinien zur kosteneffektiven Gewährleistung der Sicherheit und Geheimhaltung sensitiver Daten in staatlichen Computersystemen, wie sie im Gesetz definiert ist;
    2. Diesbezügliche Zuhilfenahme der technischen Sicherheitsrichtlinien für Computersysteme der National Security Agency (NSA), wo immer es angemessen ist.

    B. In Abschnitt 3 des Gesetzes wird das NIST verpflichtet, seine Arbeit eng mit anderen Behörden einschließlich der NSA abzustimmen, um folgende Punkte zu gewährleisten:
    1. Umfassende Einbeziehung aller vorhandenen und geplanten Programme, Daten, Untersuchungen und Berichte in bezug auf Sicherheit und Geheimhaltung von Computersystemen, um unnötigen und kostspieligen doppelten Aufwand zu vermeiden;
    2. Standards, die vom NIST im Rahmen dieses Gesetzes entwickelt wurden,

sind so weit wie möglich konsistent und kompatibel zu Standards und Verfahren zu halten, die für den Schutz als geheim eingestufter Daten in staatlichen Computersystemen entwickelt wurden.

C. Im Rahmen dieses Gesetzes erhält der Handelsminister den Auftrag, den er an den Direktor des NIST übertragen hat, zur Ernennung der Mitglieder des Computer System Security and Privacy Advisory Board, wobei mindestens ein Mitglied von der NSA zu kommen hat.

Zur Förderung der in dieser Vereinbarung festgelegten Ziele sind der Direktor des NIST und der Direktor der NSA zu folgender Übereinkunft gelangt:

I. Das NIST wird:
1. Mindestens einen vom Direktor der NSA vorgeschlagenen Repräsentanten zum Mitglied des Computer Security and Privacy Advisory Board ernennen.
2. Sich insofern auf technische, von der NSA entwickelte Sicherheitsrichtlinien für Computersysteme stützen, als daß das NIST bestimmt, daß diese Richtlinien den Anforderungen zum Schutz sensitiver Daten in staatlichen Computersystemen entsprechen.
3. Die im Rahmen des Trusted Computer Security Evaluation Criteria Program gewonnene Bewertung der NSA für sichere Systeme ohne weitergehende Beurteilung anerkennen.
4. Sicherheitsstandards für die Telekommunikation zum Schutz sensitiver, nicht geheimer Computerdaten entwickeln, unter möglichst weitgehender Zuhilfenahme der Kenntnisse und Produkte der National Security Agency, so daß diese Aufgaben zügig und kosteneffektiv durchgeführt werden können.
5. Doppelten Aufwand nach Möglichkeit vermeiden und in beiderseitigem Einverständnis Vereinbarungen mit der NSA zur Unterstützung durch die NSA eingehen.
6. Die Unterstützung der NSA in allen Fragen zu kryptographischen Algorithmen und Verfahren in Anspruch nehmen, einschließlich Forschung, Entwicklung, Evaluierung oder Genehmigung, aber nicht darauf beschränkt.

II. Die NSA wird:
1. Das NIST mit technischen Richtlinien in bezug auf Sicherheitstechnologie, sichere Telekommunikation, kryptographische Verfahren und persönliche Identifizierung versorgen, die in kosteneffektiven Systemen zum Schutz sensitiver Computerdaten verwendet werden können.
2. Forschungs- und Entwicklungsprogramme in bezug auf Sicherheitstechnologie, sichere Telekommunikation, kryptographische Verfahren und Methoden zur persönlichen Identifizierung durchführen oder einleiten.
3. Für die Anfragen des NIST nach Unterstützung in Hinsicht auf alle Fragen zu kryptographischen Algorithmen und Verfahren zuständig sein, einschließlich Forschung, Entwicklung, Evaluierung und Genehmigung, aber nicht darauf beschränkt.
4. Standards festlegen und Produkte für die Anwendung in sicheren Systemen gemäß 10 USC Section 2315 (das Warner Amendment) billigen.
5. Auf Anfrage von Regierungsbehörden, deren Vertragspartnern oder anderen staatlich unterstützten Organisationen die Bedrohung durch feindliche Geheimdienste auf staatliche Informationssysteme beurteilen sowie gegen diese Bedrohung technischen Beistand leisten und genehmigte Produkte zum Einsatz in sicheren Systemen empfehlen.

III. NIST und NSA werden:
1. Gemeinsam Vorhaben der Behörden zur Sicherheit und Geheimhaltung von

Computersystemen prüfen, die dem NIST und der NSA gemäß Abschnitt 6(b) dieses Gesetzes vorgelegt wurden.

    2. Bei Bedarf technische Standards und Richtlinien austauschen, um die Ziele des Gesetzes zu verwirklichen.

    3. Zur Erreichung der Ziele dieser Vereinbarung mit größtmöglicher Effizienz zusammenarbeiten, um jeden doppelten Aufwand zu vermeiden.

    4. Einen dauerhaften offenen Dialog aufrechterhalten, um sicherzustellen, daß beide Organisationen über die neuesten Techniken und aktuellsten Informationen in bezug auf die Automatisierung der Sicherheit in Computersystemen verfügen.

    5. Eine technische Arbeitsgruppe einrichten, die für beide Seiten interessante Sachverhalte in bezug auf den Schutz von Systemen überprüft und analysiert, die sensitive und andere, nicht geheime Daten verarbeiten. Die Gruppe ist aus sechs Angestellten der Bundesbehörden zusammengesetzt, wobei jeweils drei vom NIST und der NSA gewählt werden, und bei Bedarf durch Vertreter anderer Behörden zu ergänzen. Fragen können der Gruppe über den stellvertretenden NSA-Direktor für Informationssicherheit oder den stellvertretenden Direktor des NIST zugetragen werden, oder werden von der Gruppe selbst formuliert und den stellvertretenden Direktoren zur Ansicht vorgelegt. Wird der Gruppe von einem der stellvertretenden Direktoren eine Frage vorgelegt, antwortet diese innerhalb weniger Tage mit einem Verfahrensbericht und gegebenenfalls einem Plan für weitergehende Analysen.

    6. alljährlich Arbeitspläne über alle Forschungs- und Entwicklungsprojekte in bezug auf den Schutz von Systemen austauschen, die sensitive oder andere, nicht geheime Daten verarbeiten, einschließlich Sicherheitstechnologie, Gewährleistung von Integrität und Verfügbarkeit von Daten, sichere Telekommunikation und persönliche Identifizierung. Informationen über Fortschritte in den Projekten werden vierteljährlich ausgetauscht, und Projektberichte werden auf Anfrage der jeweils anderen Partei zur Verfügung gestellt.

    7. sicherstellen, daß die technische Arbeitsgruppe vor öffentlicher Bekanntgabe alle Sachverhalte in bezug auf die Systemsicherheitstechniken überprüft, die zum Schutz sensitiver Daten in Computersystemen der Bundesbehörden entwickelt werden sollen, damit gewährleistet ist, daß sie den nationalen Sicherheitsanforderungen der Vereinigten Staaten entsprechen. Sind weder das NIST noch die NSA in der Lage, eine solche Frage innerhalb von 60 Tagen zu lösen, kann eine der Behörden die Entscheidung treffen, das Problem dem Verteidigungs- und dem Handelsminister vorzulegen. Es ist möglich, daß die betreffende Frage über das NSC dem Präsidenten zur Klärung vorgelegt wird. Eine solche Frage erfährt erst nach abgeschlossener Klärung weitere Behandlung.

    8. Legen nach gegenseitiger Übereinkunft weitere Vereinbarungen in Anhängen zu diesem MOU fest.

    IV. Jede der Parteien kann von dieser Vereinbarung mit einer Frist von sechs Monaten zurücktreten. Dieses MOU tritt nach Unterzeichnung durch beide Parteien in Kraft.

/unterzeichnet/

RAYMOND G. KAMMER
Stellvertretender Direktor des National Institute of Standards and Technology, 24. März 1989

W. O. STUDEMAN
Vizeadmiral der US-Marine; Direktor der National Security Agency, 23. März 1989

25.4 RSA Data Security, Inc.

Die Firma RSA Data Security, Inc. (RSADSI) wurde 1982 zur Entwicklung, Lizenzierung und Vermarktung des RSA-Patents gegründet. Sie verfügt über kommerzielle Produkte, darunter ein eigenständiges Paket für sichere E-Mail sowie verschiedene kryptographische Bibliotheken (die entweder als Quellcode oder kompiliert erhältlich sind). RSADSI vertreibt darüber hinaus die symmetrischen Algorithmen RC2 und RC4 (siehe Abschnitt 11.8). Die RSA Laboratories, ein an RSADSI angeschlossenes Forschungsinstitut, führen kryptographische Grundlagenforschung durch und bieten Beratung an. Wenn Sie an Patenten oder Produkten interessiert sind, wenden Sie sich an den Director of Sales, RSA Data Security, Inc., 100 Marine Parkway, Redwood City, CA 94065; (415) 595-8782; Fax: (415) 595-1873.

25.5 Public Key Partners

Die fünf in Tabelle 25.3 aufgeführten Patente gehören Public Key Partners (PKP) aus Sunnyvale, Kalifornien, einer Kooperation von RSADSI und Caro-Kahn, Inc., dem Mutterhaus von Cylink. (RSADSI hat Anspruch auf 65 Prozent des Gewinns und Caro-Kahn auf 35 Prozent.) PKP behauptet, daß diese Patente, darunter insbesondere 4218582, *jeden* Einsatz von Public-Key-Kryptographie abdecken.

In [574] schrieb PKP:

> Diese Patente [4200770, 4218582, 4405829 und 4424414] umfassen alle bekannten Verfahren zum praktischen Einsatz öffentlicher Schlüssel, einschließlich der zusammen als ElGamal bezeichneten Varianten.
> Aufgrund der breiten internationalen Akzeptanz digitaler Signaturen mit RSA befürwortet Public Key Partners nachdrücklich dessen Aufnahme in einen Standard für digitale Signaturen. Wir versichern allen interessierten Parteien, daß Public Key Partners alle Vorgaben von ANSI und dem IEEE in bezug auf die Erteilung von Lizenzen erfüllt, damit diese Verfahren in die Praxis umgesetzt werden können. Zur Unterstützung eines künftigen Standards für RSA-Signaturen versichert Public Key Partners insbesondere, daß Lizenzen zur Verwendung von RSA-Unterschriften zu angemessenen Konditionen verfügbar sind, die niemanden in irgendeiner Form benachteiligen.

Der Wahrheitsgehalt dieser Aussage hängt vom jeweiligen Gesprächspartner ab. Lizenzen werden von PKP meist geheim vergeben, so daß man schlecht überprüfen kann, ob es sich um Standardlizenzen handelt. Obwohl man bei PKP vorgibt, niemals eine Lizenz verweigert zu haben, behaupten mindestens zwei Unternehmen, daß sie sich vergeblich um eine Lizenz bemüht haben. PKP hütet seine Patente streng und droht allen, die Public-Key-Kryptographie ohne Lizenz zu nutzen versuchen. Dies ist zum Teil dem US-Patentgesetz zuzuschreiben. Wenn ein Patentinhaber Patentverletzungen nicht verfolgt, kann er sein Patent verlieren. Man diskutierte eifrig, ob die Patente rechtmäßig seien, aber bislang gab es keine Konsequenzen. Alle juristischen Anfechtungen von PKP-Patenten wurden vor einem rechtskräftigen Urteil beigelegt.

Patent Nr.	Datum	Erfinder	Patent deckt ab:
4200770	29.4.80	Hellman, Diffie, Merkle	Schlüsselaustausch nach Diffie-Hellman
4218582	19.8.80	Hellman, Merkle	Rucksackverfahren nach Merkle-Hellman
4405829	20.9.83	Rivest, Shamir, Adleman	RSA
4424414	3.3.84	Hellman, Pohlig	Pohlig-Hellman
4995082	19.2.91	Schnorr	Signaturen nach Schnorr

Tabelle 25.3: Patente von Public Key Partners

Ich habe keineswegs vor, in diesem Buch als Rechtsberater aufzutreten. Möglicherweise wird das RSA-Patent vor Gericht nicht bestehen. Vielleicht ist nicht die gesamte Kryptographie durch diese Patente abgedeckt. (Ich kann ehrlich gesagt nicht nachvollziehen, weshalb die Patente auch auf ElGamal oder Kryptosysteme mit elliptischen Kurven anwendbar sein sollen.) Vielleicht gewinnt jemand einmal einen Prozeß gegen PKP oder RSADSI. Es ist allerdings zu bedenken, daß selbst Unternehmen mit großen Rechtsabteilungen wie IBM, Microsoft, Lotus, Apple, Novell, Digital, National Semiconductor, AT&T und Sun Lizenzen zur Verwendung von RSA in ihren Produkten besitzen, statt diese vor Gericht anzufechten. Boeing, Shell, DuPont, Raytheon und Citicorp haben RSA für den firmeninternen Einsatz lizenziert.

In einem Fall prozessierte PKP gegen TRW Corporation, da diese den ElGamal-Algorithmus ohne Lizenz benutzte. TRW war der Überzeugung, dafür keine Lizenz zu benötigen. PKP und TRW einigten sich im Juni 1992. Die Einzelheiten der Übereinkunft sind nicht bekannt, TRW erklärte sich jedoch zu einer Lizenzierung der Patente bereit. Das ist kein gutes Zeichen. TRW kann sich gute Anwälte leisten; ich kann nur vermuten, daß TRW die Sache durchgefochten hätte, wenn sie den Prozeß ihrer Ansicht nach mit vertretbarem Aufwand hätte gewinnen können.

Mittlerweile hat PKP interne Probleme. Im Juni 1994 klagte Caro-Kahn gegen RSADSI unter anderem mit der Behauptung, daß das RSA-Patent nicht rechtmäßig und somit nicht durchsetzbar sei [401]. Beide Partner versuchen, ihre Kooperation aufzulösen. Sind die Patente nun gültig oder nicht? Müssen sich Benutzer eine Lizenz von Caro-Kahn besorgen, um den RSA-Algorithmus zu verwenden? Wer ist Inhaber des Schnorr-Patents? Die Angelegenheit wird inzwischen vermutlich geklärt sein.

Patente gelten nur 17 Jahre und können nicht erneuert werden. Ab dem 29. April 1997 wird der Schlüsselaustausch nach Diffie-Hellman (und der ElGamal-Algorithmus) öffentlich verfügbar sein. Ab dem 20. September 2000 ist RSA öffentlich verfügbar. Tragen Sie das in Ihren Kalender ein.

25.6 International Association for Cryptologic Research (IACR)

Die International Association for Cryptologic Research ist eine weltweite Organisation für kryptologische Forschung. Ihr erklärtes Ziel liegt in der Förderung theoretischer und praktischer Kryptologie sowie verwandter Gebiete. Jeder kann Mitglied werden. Die Vereinigung finanziert zwei jährlich stattfindende Konferenzen, die Crypto (im August in Santa Barbara) und die Eurocrypt (die jeden Mai in Europa stattfindet). Außerdem veröffentlicht sie vierteljährlich *The Journal of Cryptology* und den *IACR Newsletter*.

Die Adresse des IACR Business Office ändert sich mit jedem Vorsitzenden. Die aktuelle Adresse lautet: IACR Business Office, Aarhus Science Park, Gustav Wieds Vej 10, DK-8000 Aarhus C, Denmark.

25.7 RACE Integrity Primitives Evaluation (RIPE)

Das Programm Reseach and Development in Advanced Communication Technologies (RACE) wurde von der Europäischen Union ins Leben gerufen, um Vorarbeiten für Kommunikationsstandards und -techniken für die Integrated Broadband Communication (IBC) zu leisten. Diese Vorarbeiten sollen vor der Vermarktung und Standardisierung der Systeme durchgeführt werden. Zu diesem Zwecke richtete RACE die RACE Integrity Primitives Evaluation (RIPE) ein, um eine Sammlung von Techniken zusammenzustellen, die den erwarteten Sicherheitsanforderungen von IBC entsprechen.

Das RIPE-Konsortium besteht aus sechs in der Kryptographie führenden europäischen Forschungsgruppen: Center for Mathematics and Computer Science, Amsterdam; Siemens AG; Philips Crypto BV; Royal PTT Nederland NV, PTT Research; Katholieke Universiteit Leuven und Aarhus Universiteit. Nach Aufrufen zur Einreichung von Algorithmen 1989 und 1991 [1564], 32 aus aller Welt eingereichten Vorschlägen und einer 350 Arbeitsmonate umfassenden Auswertung veröffentlichte das Konsortium die *RIPE Integrity Primitives* [1305, 1332]. Der Bericht enthielt eine Einführung und grundlegende Integritätskonzepte sowie folgende Basisalgorithmen: MDC-4 (siehe Abschnitt 18.11), RIPE-MD (siehe Abschnitt 18.8), RIPE-MAC (siehe Abschnitt 18.14), IBC-HASH, SKID (siehe Abschnitt 3.2), RSA, COMSET (siehe Abschnitt 16.1) und die Schlüsselgenerierung mit RSA.

25.8 Conditional Access for Europe (CAFE)

Conditional Access for Europe (CAFE) ist ein Projekt im Rahmen des ESPRIT-Programms der Europäischen Union [204, 205]. Die Arbeiten begannen im Dezember 1992 und sollten Ende 1995 abgeschlossen sein. Das Konsortium umfaßt Gruppen aus der Sozial- und Marktforschung (Cardware, Institut für Sozialforschung), Software- und Hardware-Herstellern (DigiCash, Gemplus, Ingenico, Siemens) und Kryptographen (CWI Amsterdam, PTT Research Netherlands, SPET, Sintef Delab Trondheim, die Universitäten von Aarhus, Hildesheim und Leuven).

Das Ziel besteht in der Entwicklung von Systemen für bedingten Zugriff, insbesondere von digitalen Bezahlungssystemen. Bezahlungssysteme müssen für alle Beteiligten jederzeit rechtliche Sicherheit gewährleisten und in möglichst geringem Umfang auf Vertrauen basieren – zudem sollte diese Sicherheit darauf beruhen, daß die benutzten Geräte möglichst einbruchsicher sind.

Das Basisgerät von CAFE ist eine elektronische Brieftasche – ein kleiner Computer, der so ähnlich wie ein Taschenrechner aussieht. Er verfügt über Batterie, Tastatur, Bildschirm und einen Infrarotkanal zur Kommunikation mit anderen Brieftaschen. Jeder Benutzer besitzt und verwendet eine eigene Brieftasche, die seine Ansprüche regelt und seine Sicherheit gewährleistet.

Ein Gerät mit Tastatur und Bildschirm ist vorteilhafter als eine Smart-Card, da es vom Terminal unabhängig agieren kann. Ein Benutzer kann sein Paßwort sowie den zu zahlenden Betrag direkt eingeben. Er braucht seine Brieftasche, wie dies momentan bei Kreditkarten üblich ist, nicht aus der Hand zu geben, um eine Transaktion durchzuführen.

Weitere Merkmale sind:

- Offline-Transaktionen: Der Zweck des Systems besteht darin, Transaktionen mit geringen Geldbeträgen zu ersetzen; ein Online-System wäre hierfür zu schwerfällig.
- Keine Nachteile bei Verlust: Wenn ein Benutzer seine Brieftasche verliert, sie kaputtgeht oder gestohlen wird, kann er sein Geld wiederbekommen.
- Unterstützung verschiedener Währungen.
- Offene Architektur und offenes System: Ein Benutzer sollte für beliebige Dienste bezahlen können, etwa für Einkauf, Telefon und öffentliche Transportmittel sowie bei verschiedenen Dienstleistern. Das System sollte mit beliebigen Ausgabestellen für digitales Geld sowie unterschiedlichen Brieftaschentypen und -herstellern zusammenarbeiten können.
- Geringe Kosten.

Bei Niederschrift dieses Buches war eine Software-Version des Systems verfügbar, und das Konsortium arbeitet angestrengt an einem Hardware-Prototyp.

25.9 ISO/IEC 9979

Mitte der achtziger Jahre versuchte die ISO, DES zu standardisieren, das bereits FIPS und ANSI-Standard war. Nach einigem politischen Hin und Her beschloß die ISO, kryptographische Algorithmen nicht zu standardisieren, sondern sie statt dessen lediglich zu registrieren. Die Registrierung ist auf Verschlüsselungsalgorithmen beschränkt; Hashfunktionen und Signaturverfahren können nicht registriert werden. Jedes nationale Gremium kann einen Algorithmus zur Registrierung einreichen.

Momentan sind nur drei Algorithmen zur Registrierung eingereicht (siehe Tabelle 25.4). Bei der Einreichung werden Informationen über Anwendungen, Parameter, Implementierungen, Modi und Testvektoren gefordert. Eine detaillierte Beschreibung ist optional; es ist auch möglich, geheime Algorithmen zu registrieren.

Die Registrierung eines Algorithmus sagt noch nichts über dessen Qualität aus. Auch stellt eine Registrierung keine Anerkennung des Algorithmus durch ISO/IEC dar. Eine Registrierung bedeutet lediglich, daß ein einzelnes nationales Gremium den Algorithmus auf Basis seiner eigenen Kriterien registrieren lassen möchte.

Ich bin von dieser Idee nicht besonders beeindruckt. Die Registrierung steht dem Standardisierungsprozeß im Wege. Statt sich auf einige wenige Algorithmen festzulegen, erlaubt die ISO die Registrierung beliebiger Algorithmen. Bei so geringer Kontrolle klingt das Etikett „dieser Algorithmus ist bei ISO/IEC 9979 registriert" nach wesentlich mehr, als eigentlich dahintersteckt. Die Registrierung wird vom National Computer Centre Ltd., Oxford Road, Manchester, M1 7ED, United Kingdom, vorgenommen.

Registrierungsnummer	Name
0001	B-CRYPT
0002	IDEA
0003	LUC

Tabelle 25.4: *Bei ISO/IEC 9979 registrierte Algorithmen*

25.10 Berufsverbände, Bürgerrechtsgruppen und Industrievereinigungen

Electronic Privacy Information Center (EPIC)

Das EPIC wurde 1994 gegründet und konzentriert sich auf Fragen zur Wahrung der Privatsphäre, soweit sie mit der nationalen Informationsinfrastruktur zusammenhängen, wie zum Beispiel auf den Clipper-Chip, die Gesetzesvorlage zum digitalen Telefon, nationale Identitätskennungen und -systeme, Geheimhaltung medizinischer Befunde und den Verkauf von Kundendaten. Das EPIC führt Prozesse, finanziert Konferenzen, erstellt Berichte, veröffentlicht den *EPIC Alert* und führt Kampagnen für die Wahrung der Privatsphäre durch. Wenn Sie an einer Mitgliedschaft interessiert sind, wenden Sie sich an das Electronic Privacy Information Center, 666 Pennsylvania Avenue SE, Suite 301, Washington, D.C. 20003; (202) 544-9240; Fax: (202) 547-5482; Internet: info@epic.org.

Electronic Frontier Foundation (EFF)

Die EFF dient dem Schutz der Bürgerrechte im Cyberspace. In Anbetracht der US-Politik zur Kryptographie tritt sie für einen von staatlicher Seite unbeschränkten Zugang zu kryptographischen Informationen ein, da dies ein grundlegendes Recht sei. Sie organisierte die Digital Privacy and Security Working Group, einen Zusammenschluß von 50 Organisationen. Die Gruppe opponierte gegen den Gesetzesentwurf zum digitalen Telefon und gegen die Clipper-Initiative. Die EFF unterstützt zudem eine Klage gegen Ausfuhrbeschränkungen in bezug auf Kryptographie [143]. Wenn Sie an der EFF interessiert sind, wenden Sie sich an die Electronic Frontier Foundation, 1001 G Street NW, Suite 950E, Washington, D.C. 20001; (202) 347-5400; Fax.: (202) 393-5509; Internet: eff@eff.org.

Association for Computing Machinery (ACM)

Die ACM ist eine internationale Organisation der Computerindustrie. 1994 veröffentlichte das US-amerikanische ACM Public Policy Committee einen ausgezeichneten Bericht über die US-Politik zur Kryptographie [935]. Dieser Bericht ist allen wärmstens zu empfehlen, die an den politischen Maßnahmen zur Kryptographie interessiert sind. Er kann via Anonymous-FTP von info.acm.org aus /reports/acm_crypto/acm_crypto_study.ps bezogen werden.

Institute of Electrical and Electronics Engineers (IEEE)

Das IEEE ist ein weiterer Berufsverband. Das US-Büro führt Untersuchungen durch und gibt Empfehlungen zu Fragen der Geheimhaltung, zum Beispiel über die Verschlüsselungspolitik, Identitätskennungen und Wahrung der Privatsphäre im Internet.

Software Publishers Association (SPA)

Die SPA ist ein Verband von über 100 PC-Software-Unternehmen. Als Lobby hat er sich für eine Lockerung der Ausfuhrbestimmungen für Kryptographie eingesetzt. Außerdem betreut er eine Liste kommerziell verfügbarer ausländischer Kryptographie-Produkte.

25.11 sci.crypt

sci.crypt ist die Usenet-Newsgruppe zur Kryptologie. Sie wird weltweit von schätzungsweise 100 000 Personen gelesen. Die meisten Veröffentlichungen sind Unsinn, Streitereien oder beides; einige sind politisch, der Rest sind größtenteils Anfragen nach

Informationen oder grundlegende Fragen. Gelegentlich finden sich einige Perlen mit nützlichen, neuen Informationen darunter. Wenn Sie sci.crypt regelmäßig verfolgen, werden Sie lernen, mit einem sogenannten *kill file* umzugehen.

Außerdem gibt es die Usenet-Newsgruppe sci.crypt.research, eine moderierte Newsgruppe, die sich Diskussionen über kryptologische Forschung widmet. Sie enthält weniger, dafür aber interessantere Veröffentlichungen.

25.12 Cypherpunks

Die Cypherpunks sind eine informelle Gruppe von Leuten, die daran interessiert sind, Kryptographie zu vermitteln und zu lernen. Darüber hinaus experimentieren sie mit Kryptographie und versuchen, sie in die Praxis umzusetzen. Ihrer Ansicht nach nutzt alle kryptographische Forschung der Gesellschaft nur, wenn sie auch eingesetzt wird.

In „A Cypherpunk's Manifesto" schreibt Eric Hughes [744]:

> Wir, die Cypherpunks, widmen uns dem Aufbau anonymer Systeme. Wir verteidigen unsere Privatsphäre durch Kryptographie, Systeme für anonyme E-Mail, digitale Signaturen und digitales Geld.
> Die Cypherpunks schreiben Code. Wir wissen, daß irgendwer die Software zur Verteidigung der Privatsphäre erstellen muß, und da wir Geheimhaltung nur erreichen, wenn wir alles selbst in die Hand nehmen, schreiben wir die Software. Wir veröffentlichen unsere Programme, so daß alle Cypherpunks sie ausprobieren und damit spielen können. Unser Code darf weltweit für alle Zwecke eingesetzt werden. Es kümmert uns wenig, wenn einem unsere Software nicht gefällt. Wir wissen, daß Software nicht zerstört werden kann und weit verstreute Systeme nicht abzuschalten sind.

Wenn Sie sich in die Mailing-Liste cypherpunks im Internet eintragen möchten, senden Sie eine Mail an majordomo@toad.com. Die Mailing-Liste wird auf ftp.csua.berkeley.edu in /pub/cypherpunks archiviert.

25.13 Patente

Die Behandlung von Software-Patenten geht weit über den Rahmen dieses Buches hinaus. Ob sie nun gut sind oder schlecht, sie existieren jedenfalls. Algorithmen einschließlich kryptographischer Algorithmen sind in den Vereinigten Staaten patentierbar. IBM ist Inhaber des DES-Patents [514], IDEA ist auch patentiert. Fast alle kryptographischen Algorithmen sind patentiert. Selbst das NIST besitzt ein Patent für den DSA. Einige Kryptographie-Patente wurden durch Intervention der NSA blockiert, unter Berufung auf den Invention Secrecy Act von 1940 und den National Security Act von 1947. Das heißt, daß der Erfinder statt eines Patents eine Geheimhaltungsauflage erhält und mit niemandem über seine Erfindung sprechen darf.

Die NSA hat eine besondere Art im Umgang mit Patenten. Sie kann ein Patent einreichen und dann dessen Erteilung blockieren. Darauf folgt eine Geheimhaltungsauflage, aber hier stellt die NSA sowohl den Erfinder als auch den Verordner der Auflage dar. Wird die Geheimhaltungsauflage später zurückgezogen, vergibt das Patentamt das Patent standardmäßig für 17 Jahre. Dies schützt die Erfindung und hält sie gleichzeitig geheim. Wenn jemand dieselbe Erfindung macht, hat die NSA das Patent bereits eingereicht. Anderenfalls bleibt die Sache geheim.

Dies ist nicht nur ein eklatanter Verstoß gegen den ursprünglichen Zweck von Patenten, die Erfindungen sowohl öffentlich machen als auch schützen sollen. Diese Methode gibt der NSA zudem die Möglichkeit, ein Patent länger als 17 Jahre zu halten. Die siebzehnjährige Frist beginnt nicht mit der Einreichung, sondern erst mit der Erteilung des Patents. Ob sich dies ändern wird, nachdem die Vereinigten Staaten das GATT-Abkommen ratifiziert haben, ist unklar.

25.14 Ausfuhrbestimmungen der USA

Laut US-Regierung gilt Kryptographie als Waffe. Das bedeutet, daß sie denselben Bestimmungen wie eine Lenkrakete oder ein M1-Panzer unterliegt. Wenn Sie Kryptographie ohne ordnungsgemäße Ausfuhrgenehmigung nach Europa exportieren, gelten Sie als internationaler Waffenschmuggler. Sofern Sie nicht davon ausgehen, daß der Aufenthalt in einem Bundesgefängnis Ihren Lebenslauf bereichert, sollten Sie die Bestimmungen beachten.

Zu Beginn des Kalten Krieges 1949 gründeten die NATO-Länder (mit Ausnahme von Island) sowie später Australien, Japan und Spanien das Coordinating Committee for Multilateral Export Controls (CoCom). Diese inoffizielle nicht vertragsgebundene Organisation wurde zu dem Zweck gegründet, nationale Ausfuhrbeschränkungen für kritische Militärtechnologie an die Sowjetunion, andere Staaten des Warschauer Paktes sowie die Volksrepublik China zu koordinieren. Ausfuhrbeschränkungen gibt es zum Beispiel für Computer, Metallbearbeitungsmaschinen und Kryptographie. Zweck war, den Technologietransfer in diese Länder zu verlangsamen und militärisch die Oberhand zu behalten.

Nach Ende des Kalten Krieges waren viele der Beschränkungen überflüssig geworden. Die CoCom-Länder beschäftigen sich nun mit der Definition eines sogenannten „Neuen Forums", einer weiteren multinationalen Organisation, die die Verbreitung von Militärtechnologie in unliebsame Länder stoppen soll.

Die US-Exportpolitik in bezug auf strategische Waren wird im Export Administration Act, dem Arms Export Control Act, dem Atomic Energy Act und dem Nuclear Non-Proliferation Act festgelegt. Die durch all diese Gesetze definierten Beschränkungen werden durch eine Reihe von Bestimmungen festgeschrieben, die überhaupt nicht aufeinander abgestimmt sind. Mehr als ein Dutzend Behörden einschließlich des Militärs üben die Kontrolle aus; ihre Vorschriften überschneiden sich oft oder widersprechen einander gar.

Beschränkungen von Technologie finden sich auf mehreren Listen. Kryptographie gilt traditionell als Waffe und wird in der U.S. Munitions List (USML), der International Munitions List (IML), der Commerce Control List (CCL) sowie der International Industrial List (IIL) aufgeführt. In den USA ist das Außenministerium für die USML zuständig; sie wird als Teil der International Traffic in Arms Regulations publiziert (ITAR) [466, 467].

Zwei US-Regierungsbehörden kontrollieren die Ausfuhr von Kryptographie. Die eine ist das Bureau of Export Administration (BXA) im Handelsministerium, das seine Vollmacht aus den Export Administration Regulations (EAR) bezieht. Die andere ist das Office of Defense Trade Controls (DTC) im Außenministerium, das durch die ITAR autorisiert ist. Im allgemeinen sind die Anforderungen des dem Handelsministerium unterstellten BXA weit schwächer, aber das dem Außenministerium unterstellte DTC (das in technischen und nationalen Aspekten der Sicherheit von der NSA beraten wird und diesen Ratschlägen immer zu folgen scheint) sieht sich alle Kryptographie-Exporte erst einmal an und kann eine Übertragung der Zuständigkeit an das BXA ablehnen.

Durch die ITAR-Bestimmungen werden diese Angelegenheiten geregelt. (Das Office of Munitions Controls wurde 1990 in Office of Defense Trade Controls umbenannt; diese Übung in Öffentlichkeitsarbeit soll uns vermutlich vergessen lassen, daß wir mit Gewehren und Bomben handeln.) Rückblickend hat das DTC Ausfuhrgenehmigungen für Verschlüsselungsprodukte, deren Leistungsfähigkeit ein bestimmtes Niveau übersteigt, nur sehr zögerlich vergeben – bis heute weiß jedoch niemand genau, wo dieses Niveau eigentlich liegt.

Die folgenden Abschnitte sind den ITAR-Bestimmungen entnommen [466, 467]:

§ 120.10 Technische Daten.
Der Begriff „technische Daten" ist im Rahmen dieses Unterkapitels wie folgt auszulegen:
(1) Informationen, die nicht Software im Sinne von 120.10(d) sind, die für Entwurf, Entwicklung, Verarbeitung, Herstellung, Zusammenbau, Betrieb, Reparatur, Wartung oder Änderung von Verteidigungsgütern erforderlich sind. Dies umfaßt zum Beispiel Informationen in Form von Blaupausen, Zeichnungen, Photos, Plänen, Anleitungen und Dokumentation;
(2) Geheime Informationen in bezug auf Verteidungsgüter und -dienste;
(3) Informationen, die mit einer Geheimhaltungsauflage für Erfindungen belegt sind;
(4) Software, wie in Abschnitt 121.8(f) definiert, die unmittelbar mit Verteidigungsgütern in Zusammenhang steht;
(5) Diese Definition beinhaltet keine Informationen zu allgemeinen wissenschaftlichen, mathematischen oder technischen Prinzipien, die gemeinhin an öffentlich zugänglichen Schulen, Colleges und Universitäten gelehrt werden, wie in § 120.11 definiert. Ausgenommen sind ebenfalls Marketing-Daten über Funktion und Zweck von Verteidigungsgütern sowie allgemeine Systembeschreibungen hierzu.

§ 120.11 Öffentliche Informationen.

Öffentliche Informationen sind Informationen, die veröffentlicht werden und der Öffentlichkeit allgemein zugänglich oder verfügbar sind:
(1) durch Verkauf an Kiosken oder in Buchhandlungen;
(2) durch Abonnement, das uneingeschränkt allen Personen offensteht, welche die publizierten Informationen erhalten oder erwerben möchten;
(3) durch bevorzugten Postversand, der von der US-Regierung genehmigt wurde;
(4) in Büchereien, die der Öffentlichkeit zugänglich sind oder von denen sie Dokumente beziehen kann;
(5) durch Patente, die in einem Patentamt verfügbar sind;
(6) durch unbegrenzte Verbreitung auf Konferenzen, Meetings, Seminaren, Verkaufsveranstaltungen oder Ausstellungen in den Vereinigten Staaten, die der Öffentlichkeit allgemein zugänglich sind;
(7) durch öffentliche Herausgabe (d.h. unbeschränkte Verbreitung) in irgendeiner Form (z.B. nicht unbedingt gedruckter Form) nach Billigung durch das zuständige US-Ministerium oder die zuständige Behörde (siehe auch § 125.4(b)(13)).
(8) durch Grundlagenforschung in Wissenschaft und Technik an anerkannten höheren US-Bildungseinrichtungen, wo die Forschungsergebnisse gewöhnlich veröffentlicht und einer breiten Forschergemeinde zur Verfügung gestellt werden. Grundlagenforschung ist auszulegen als grundlegende und angewandte Forschung in Wissenschaft und Technik, wo die Forschungsergebnisse gewöhnlich veröffentlicht und einer breiten Forschergemeinde zur Verfügung gestellt werden, im Gegensatz zu Forschung, deren Ergebnisse aus eigentümerrechtlichen Gründen oder durch besondere staatliche Regelungen zur Kontrolle der Verbreitung beschränkt sind. Akademische Forschung wird nicht als Grundlagenforschung erachtet, wenn:
(i) die Universität oder deren Wissenschaftler andere Einschränkungen in bezug auf die Veröffentlichung von wissenschaftlichen oder technischen Informationen anerkennen, die sich aus dem Projekt oder der Tätigkeit ergeben, oder
(ii) die Forschung von der US-Regierung finanziert wird und besondere Beschränkungen in bezug auf Zugriff und Verbreitung zum Schutz der Forschungsergebnisse vorliegen.

§ 120.17 Ausfuhr.

Der Begriff „Ausfuhr" bezieht sich auf:
(1) Versendung oder anderweitige Beförderung von Verteidigungsgütern aus den Vereinigten Staaten, mit Ausnahme des Reiseverkehrs ins Ausland durch eine Person, deren persönliche Kenntnisse technische Informationen umfassen;
(2) Übertragung von Registrierung, Kontrolle oder Besitz eines Flugzeugs, Schiffs oder Satellits, welche in der U.S. Munitions List aufgeführt sind, an einen Ausländer inner- oder außerhalb der Vereinigten Staaten;
(3) Bekanntmachung (einschließlich mündlicher oder bildlicher Mitteilung) oder Übergabe von Verteidigungsgütern in den Vereinigten Staaten an einen Botschafter, eine Behörde oder Unterabteilung eines fremden Landes (z.B. an diplomatische Vertretungen);
(4) Bekanntmachung (einschließlich mündlicher oder bildlicher Mitteilung) oder Weiterleitung von technischen Daten an einen Ausländer inner- oder außerhalb der Vereinigten Staaten;
(5) Durchführung eines Verteidigungsdienstes im Auftrag oder zugunsten eines Ausländers inner- oder außerhalb der Vereinigten Staaten.
(6) Der Abschuß einer Rakete mit Nutzlast wird nicht als Ausfuhr im Sinne dieses Unterkapitels angesehen. Die Bestimmungen in diesem Unterkapitel beziehen sich in

bestimmten Fällen (siehe § 126.1 dieses Unterkapitels) auf den Verkauf und andere Übertragung von Verteidigungsgütern und -diensten.

Teil 121 – United States Munitions List
§ 121.1 Allgemeines. United States Munitions List
  Kategorie XIII – militärische Hilfsgüter
    (1) Kryptographische Systeme (einschließlich Schlüsselverwaltung), Ausstattung, Bauteile, Module, integrierte Schaltkreise, Komponenten oder Software mit der Fähigkeit zur Gewährleistung von Sicherheit oder Vertraulichkeit von Informationen oder Informationssystemen, mit Ausnahme folgender kryptographischer Produkte und Software:
    (i) die beschränkt sind auf Dechiffrierfunktionen, die speziell zur Ausführung kopiergeschützter Software vorgesehen sind, sofern der Benutzer nicht auf die Dechiffrierfunktionen zugreifen kann.
    (ii) die speziell entworfen, entwickelt oder modifiziert wurden zur Verwendung in Maschinen für Bank- oder Geldtransaktionen und sich auf diese Verwendung beschränken. Maschinen für Bank- oder Geldtransaktionen umfassen automatische Zählmaschinen, Kontostandsdrucker mit Selbstbedienung, Verkaufsterminals oder Geräte zur Verschlüsselung bankinterner Transaktionen.
    (iii) die nur Analogtechnik zur kryptographischen Verarbeitung einsetzen, die Informationssicherheit in folgenden Anwendungen gewährleistet . . . .
    (iv) Persönliche Chipkarten, die Kryptographie verwenden und nur in Ausstattung oder Systemen eingesetzt werden, die nicht den Bestimmungen der USML unterliegen.
    (v) die auf Zugangskontrolle beschränkt sind, wie automatische Zählmaschinen, Kontostandsdrucker mit Selbstbedienung oder Verkaufsterminals, die Paßwörter oder persönliche Identifikationskennungen (PIN) oder vergleichbare Daten schützen, um unberechtigten Zugriff auf Einrichtungen zu verhindern, aber keine Verschlüsselung von Dateien oder Text vorsehen, mit Ausnahme des unmittelbaren Schutzes von Paßwort oder PIN.
    (vi) die beschränkt sind auf Datenauthentifizierung, die einen Message Authentication Code (MAC) oder vergleichbares berechnet, um sicherzustellen, daß keine Textänderung stattgefunden hat, oder Benutzer authentifiziert, aber keine Verschlüsselung von Daten, Text oder anderen Medien vorsieht als denjenigen, die zur Authentifizierung benötigt werden.
    (vii) die sich auf festgelegte Verfahren zur Datenkompression oder Kodierung beschränken.
    (viii) die beschränkt sind auf den Empfang von Rundfunksendungen, Pay-TV oder Fernsehen mit vergleichbar eingeschränktem Publikum, ohne digitale Verschlüsselung, wo die digitale Entschlüsselung auf Video-, Audio- und Verwaltungsfunktionen beschränkt ist.
    (ix) Software, die zum Schutz gegen böswillige Beschädigung von Computern (z.B. Viren) entwickelt oder modifiziert wurde.
    (2) Kryptographische Systeme (einschließlich Schlüsselverwaltung), Ausstattung, Bauteile, Module, integrierte Schaltkreise, Komponenten oder Software, die die Fähigkeit zur Generierung von Verteilungscodes für Spread-Spectrum-Systeme haben.
    (3) Kryptographische Systeme, Ausstattung, Bauteile, Module, integrierte Schaltkreise, Komponenten oder Software.

§ 125.2 Ausfuhr nicht geheimer technischer Daten.
    (a) Allgemeines. Eine Genehmigung (DSP-5) ist für die Ausfuhr nicht geheimer technischer Daten erforderlich, sofern die Ausfuhr nicht von den Genehmigungsbestimmungen dieses Unterkapitels ausgenommen ist. Im Falle eines Werksbesuchs müssen die Einzelhei-

ten der beabsichtigten Besprechungen dem Office of Defense Trade Controls zur Beurteilung der technischen Daten übergeben werden. Es sind sieben Kopien der technischen Daten oder Einzelheiten der Besprechungen vorzulegen.

(b) Patente. Eine Genehmigung vom Office of Defense Trade Controls ist für die Ausfuhr technischer Daten erforderlich, wenn die Daten über das hinausgehen, was bei der Einreichung einer Patentanmeldung im Inland oder bei der Einreichung einer Patentanmeldung im Ausland mitgeteilt wird, wenn keine Anmeldung im Inland eingereicht wurde. Gesuche zur Einreichung von Patentanmeldungen im Ausland und Gesuche zur Einreichung von Zusätzen, Änderungen oder Ergänzungen an solchen Patenten unterliegen den Bestimmungen des U.S. Patent and Trademark Office gemäß 37 CFR Teil 5. Die Ausfuhr technischer Daten für die Einreichung und Bearbeitung von Patentanmeldungen im Ausland unterliegen den Bestimmungen des U.S. Patent and Trademark Office gemäß 35 U.S.C. 184.

(c) Bekanntmachung. Sofern in diesem Unterkapitel nicht ausdrücklich ausgenommen, ist eine Genehmigung für die mündliche, bildliche oder schriftliche Bekanntgabe technischer Daten durch US-Bürger an Ausländer erforderlich. Eine Genehmigung ist unabhängig von der Art der Übermittlung der technischen Daten (z.B. bei persönlichem Kontakt, über Telefon, Brief, elektronische Wege usw.) erforderlich. Eine Genehmigung ist für derartige Bekanntmachungen durch US-Bürger in Verbindung mit dem Besuch von fremden diplomatischen Vertretungen und Konsulaten erforderlich.

Das ist noch längst nicht alles. Dieses Dokument enthält zahlreiche weitere Angaben. Wenn Sie versuchen wollen, Kryptographie zu exportieren, sollten Sie sich das ganze Gesetzeswerk besorgen und dazu einen guten Anwalt, der diese Sprache versteht.

In Wirklichkeit besitzt die NSA die Kontrolle über kryptographische Produkte. Wenn Sie eine Commodity Jurisdiction (CJ) erlangen möchten, müssen Sie der NSA Ihr Produkt zur Begutachtung vorlegen und den CJ-Antrag dem Außenministerium. Nach Billigung durch das Außenministerium gerät die Sache in den Zuständigkeitsbereich des Handelsministeriums, das sich nie besonders um die Ausfuhr von Kryptographie gekümmert hat. Das Außenministerium aber erteilt keine CJ ohne Bestätigung durch die NSA.

1977 verfaßte ein NSA-Angestellter namens Joseph A. Meyer einen Brief – nach offiziellen Angaben unbefugt – an das IEEE mit der Warnung, daß die beabsichtigte Präsentation des Original-RSA-Dokuments eine Verletzung der ITAR-Bestimmungen darstelle. Dazu ein Auszug aus *The Puzzle Palace*:

Da hatte er recht. Die ITAR-Bestimmungen umfassen alle „nicht geheimen Informationen, die verwendet oder zur Verwendung angepaßt werden können für Entwurf, Produktion, Herstellung, Reparatur, Überholung, Bearbeitung, Konstruktion, Entwicklung, Betrieb, Wartung oder Rekonstruktion" des aufgeführten Materials ebenso wie „jede Technologie, die über den aktuellen Stand hinausgeht oder eine neue Dimension in einem Bereich entscheidender militärischer Anwendbarkeit in den Vereinigten Staaten begründet". Eine Ausfuhr ist gegeben, wenn Informationen in schriftlicher, mündlicher oder bildlicher Form, einschließlich Besprechungen und Symposien, in denen Ausländer anwesend sind, übermittelt werden.

Wenn man diese vagen, weit auslegbaren Bestimmungen wortwörtlich befolgt, müßte man jedesmal, bevor man über ein in der Munitions List zu findendes Thema öffentlich sprechen oder schreiben will, eine Genehmigung des Außenministeriums einholen – eine äußerst unerquickliche Aussicht, die keinesfalls mit dem ersten Verfassungszusatz in Einklang steht und bislang vom Obersten Gerichtshof nicht bestätigt wurde.

Am Ende stritt die NSA Meyers Vorgehen ab, und das RSA-Dokument wurde wie vorgesehen präsentiert. Es wurden keinerlei Schritte gegen die Erfinder eingeleitet, obwohl ihre Arbeit die kryptographischen Möglichkeiten im Ausland wohl mehr verbesserte als alles, was bis dahin herausgebracht worden war.

Folgende Verlautbarung der NSA befaßt sich mit der Ausfuhr von Kryptographie [363]:

> Kryptographische Technologie wird als für die nationalen Sicherheitsinteressen unerläßlich erachtet. Dies umfaßt wirtschaftliche, militärische sowie außenpolitische Interessen.
> Wir stimmen nicht mit den auf der Anhörung des House Judiciary Committee am 7. Mai 1992 und in jüngsten Zeitungsartikeln geäußerten Ansichten überein, daß die US-Ausfuhrgesetze die Herstellung und Verwendung von modernsten Verschlüsselungsprodukten durch US-Firmen behindern. Uns ist kein Fall bekannt, in dem ein US-Unternehmen durch die US-Ausfuhrbeschränkungen an der Herstellung oder Verwendung von Verschlüsselungsprodukten innerhalb dieses Landes oder an der Verwendung durch die US-Firma oder ihren Niederlassungen an Standorten außerhalb der USA gehindert worden wäre. Ganz im Gegenteil hat die NSA den Einsatz von Verschlüsselung durch US-Firmen im In- und Ausland zum Schutz sensitiver Daten immer unterstützt.
> Für die Ausfuhr ins Ausland prüft die NSA als Behörde des Verteidigungsministeriums (gemeinsam mit dem Außen- und dem Handelsministerium) Ausfuhrgenehmigungen nach Technologie für Informationssicherheit, die von den Export Administration Regulations oder den International Traffic in Arms Regulations betroffen ist. Vergleichbare Systeme der Exportkontrolle existieren in allen Staaten des CoCom (Coordinating Committee for Multilateral Export Controls) sowie in zahlreichen nicht dem CoCom angehörenden Ländern, da diese Technologie allgemein als kritisch angesehen wird. Solche Techniken sind von der Ausfuhr nicht ausgeschlossen, sondern werden fallweise geprüft. Im Rahmen der Exportprüfung können für diese Systeme Genehmigungen erforderlich sein, die auf mögliche Auswirkungen auf nationale Sicherheitsinteressen hin untersucht werden – dazu gehören wirtschaftliche, militärische und politische Sicherheitsinteressen. Ausfuhrgenehmigungen werden abhängig von der Art des Produkts, dem vorgesehenen Einsatz und dem Endbenutzer erteilt oder verweigert.
> Nach unseren Analysen sind die USA weltweit führend in Herstellung und Ausfuhr von Technologie für Informationssicherheit. Von den kryptologischen Produkten, die das Außenministerium der NSA für Ausfuhrgenehmigungen vorlegte, wurden regelmäßig über 90 Prozent gebilligt. Ausfuhrgenehmigungen für Produkte der Informationssicherheit, die im Zuständigkeitsbereich des Handelsministeriums liegen, werden ohne Weiterleitung an die NSA oder das Verteidigungsministerium bearbeitet und gebilligt. Dazu gehören Produkte, die Techniken wie DSS oder RSA verwenden und Authentifizierung sowie Zugangskontrolle für Computer und Netzwerke bieten. In der Vergangenheit war die NSA maßgeblich und erfolgreich an einer Lockerung der Ausfuhrkontrolle für RSA und verwandte Techniken zur Authentifizierung beteiligt. Solche Techniken sind äußerst wertvoll zum Schutz gegen Hacker und die unberechtigte Benutzung von Ressourcen.

Es ist die ausdrückliche Politik der NSA, nicht die Ausfuhr von Authentifizierungsprodukten, sondern nur die Ausfuhr von Verschlüsselungsprodukten zu beschränken. Wenn Sie ein ausschließlich der Authentifizierung dienendes Produkt exportieren möchten, müssen Sie für eine Genehmigung lediglich nachweisen, daß Ihr Produkt nicht auch leicht zur Verschlüsselung eingesetzt werden kann. Die bürokratischen Pro-

25.14 Ausfuhrbestimmungen der USA

zeduren sind für Authentifizierungsprodukte wesentlich einfacher als für Verschlüsselungsprodukte. Ein Authentifizierungsprodukt benötigt die Billigung des Außenministeriums nur einmal für ein CJ; bei einem Verschlüsselungsprodukt ist eine Begutachtung unter Umständen für jede neue Version oder sogar jeden einzelnen Verkauf erforderlich.

Ohne CJ muß der Export für jeden einzelnen Fall beantragt werden. Das Außenministerium erteilt keine Genehmigung für den Export von Produkten mit starker Verschlüsselung, nicht einmal für solche, die DES verwenden. Ausnahmen in Einzelfällen betreffen die Ausfuhr in US-Niederlassungen zum Zwecke der Kommunikation mit den USA, die Ausfuhr von Bankanwendungen und die Ausfuhr zu Angehörigen der US-Armee. Die Software Publishers Association (SPA) steht mit der Regierung in Verhandlungen über eine Lockerung der Exportbeschränkungen. In einer 1992 erzielten Übereinkunft zwischen der SPA und dem Außenministerium wurden die Ausfuhrgenehmigungen für die beiden Algorithmen RC2 und RC4 erleichtert, sofern die Schlüssellänge 40 Bit nicht übersteigt. Weitere Informationen finden Sie in Abschnitt 7.1.

1993 brachte die Abgeordnete Maria Cantwell (D-WA) auf Drängen der Software-Industrie eine Gesetzesvorlage ein, um die Ausfuhrbeschränkungen für Verschlüsselungssoftware zu lockern. Senator Patty Murray (D-WA) legte dem Senat einen entsprechenden Entwurf vor. Die „Cantwell Bill" wurde den allgemeinen Ausfuhrkontrollgesetzen angefügt, die den Kongreß durchliefen, wurde jedoch vom House Intelligence Committee auf massiven Druck von seiten der NSA wieder gestrichen. Wie auch immer die NSA dabei vorgegangen war, es hatte den gewünschten Effekt; das Kommittee sprach sich einstimmig für eine Streichung der Formulierung aus. Ich kann mich nicht entsinnen, wann mehrere Abgeordnete zum letzten Mal einstimmig irgendetwas entschieden haben.

1995 verklagte Dan Bernstein die US-Regierung mit Unterstützung der EFF mit dem Ziel, der Regierung die Möglichkeit zu versperren, die Veröffentlichung kryptographischer Dokumente und Software zu beschränken [143]. Die Klage stellt die Konformität der Ausfuhrkontrollgesetze mit der Verfassung in Frage. Es handle sich um eine „unzulässige Einschränkung des Rechts auf freie Meinungsäußerung, die den ersten Verfassungszusatz verletzt". In der Klage wurde insbesondere bemängelt, daß das gegenwärtige Verfahren zur Ausfuhrkontrolle:

- Bürokraten eine Beschränkung von Veröffentlichungen ohne Gerichtsverfahren ermöglicht;
- zu wenig verfahrensrechtlichen Schutz der im ersten Verfassungszusatz festgeschriebenen Rechte vorsieht;
- Herausgeber zu einer staatlichen Registrierung zwingt, was im Endeffekt zu einer „lizenzierten Presse" führt;
- eine allgemeine Veröffentlichung unmöglich macht, da die Empfänger im einzelnen benannt werden müssen;

- so vage ist, daß der Normalbürger nicht abschätzen kann, welches Verhalten erlaubt und welches verboten ist;

- zu weitreichend ist, da es Verhaltensweisen untersagt, die eindeutig geschützt sind (etwa das Sprechen mit Ausländern innerhalb der Vereinigten Staaten);

- zu breit angewandt wird, da selbst die Ausfuhr von Software ohne Kryptographie verboten ist, in der Einschätzung, daß kryptographische Funktionalität nachträglich integriert werden könnte;

- durch ein Verbot privater Gespräche über Kryptographie eine ungeheuerliche Verletzung des ersten Verfassungszusatzes darstelle, da die Regierung der Öffentlichkeit ihre eigene Meinung über Kryptographie als Leitlinie aufzwingen möchte;

- die vom Kongreß in den Ausfuhrkontrollgesetzen erteilten Befugnisse in vielerlei Hinsicht überschreitet, ebenso wie die von der Verfassung zugestandenen Rechte;

Man geht allgemein davon aus, daß der Fall mehrere Jahre zur Klärung bedarf; niemand weiß, was dabei letztendlich herauskommen wird.

Inzwischen hat sich das Computer Security and Privacy Advisory Board, ein offizielles Beratungsgremium des NIST, im März 1992 für eine Revision der nationalen Politik in bezug auf Kryptographie einschließlich der Exportpolitik ausgesprochen. Man ist dort der Auffassung, daß die Exportpolitik ausschließlich von Behörden für nationale Sicherheit bestimmt werde, ohne Behörden zu berücksichtigen, die mit Wirtschaftsförderung befaßt sind. Diese auf nationale Sicherheit konzentrierten Behörden setzen alle Hebel in Bewegung, damit das auch so bleibt, aber letztendlich ist eine Änderung unausweichlich.

25.15 Einfuhr und Ausfuhr von Kryptographie in anderen Staaten

Andere Staaten verfügen über eigene Ein- und Ausfuhrbestimmungen [311]. Die folgende Übersicht ist unvollständig und vermutlich nicht mehr aktuell. Manche Länder ignorieren ihre Bestimmungen vielleicht oder besitzen zwar keine Bestimmungen, schränken Import, Export und Verwendung jedoch auf irgendeine Weise ein.

- Australien fordert eine Einfuhrgenehmigung für Kryptographie nur auf Anfrage aus dem exportierenden Land.

- Kananda besitzt keine Einfuhrkontrolle, die Ausfuhrkontrolle ist der in den Vereinigten Staaten ähnlich. Die Ausfuhr von Gütern aus Kanada unterliegt Beschränkungen, wenn die Güter in der Export Control List gemäß dem Export and Import Permits Act aufgeführt sind. Kanada richtet sich in bezug auf kryptographische Technologie nach den CoCom-Bestimmungen. Verschlüsselungsgeräte werden in Kategorie 5, Teil 2 der kanadischen Ausfuhrbestimmungen aufgeführt. Diese Bestimmungen ähneln der Kategorie 5 in den US-amerikanischen Export Administration Regulations.

- China verfügt über ein Genehmigungsverfahren zur Einfuhr von Gütern; Exporteure müssen einen Antrag beim Außenhandelsministerium einreichen. Auf Basis von Chinas Liste der verbotenen und beschränkten Einfuhren und Ausfuhren, die 1987 erlassen wurde, beschränkt China den Import und Export von Geräten zur Sprachverschlüsselung.

- Frankreich besitzt keine besonderen Bestimmungen für die Einfuhr von Kryptographie, es gibt aber Bestimmungen hinsichtlich Verkauf und Einsatz von Kryptographie im Inland. Alle Produkte unterliegen einer Genehmigungspflicht: Sie haben entweder einer publizierten Spezifikation zu entsprechen, oder die unternehmenseigene Spezifikation muß der Regierung vorgelegt werden. Die Regierung kann zudem zwei Exemplare zur eigenen Verwendung verlangen. Firmen benötigen eine Genehmigung, um Kryptographie im Inland verkaufen zu können; in der Genehmigung ist der Zielmarkt festgehalten. Benutzer brauchen eine Lizenz, um Kryptographie zu kaufen und einzusetzen; in dieser ist ein Passus enthalten, daß die Benutzer sich bereiterklären müssen, ihre Schlüssel bis vier Monate nach Gebrauch der Regierung auszuhändigen. Auf diese Einschränkung kann in manchen Fällen verzichtet werden, zum Beispiel bei Banken, großen Unternehmen usw. Für aus den USA exportierbare Kryptographie ist keine Benutzungsgenehmigung erforderlich.

- Deutschland hält sich an die CoCom-Richtlinien. Zur Ausfuhr von Kryptographie ist eine Genehmigung erforderlich. Man kontrolliert insbesondere frei verfügbare und für den Massenmarkt gedachte Kryptographie-Software.

- Israel verfügt über Einfuhrbeschränkungen, aber niemand scheint genau zu wissen, worum es sich dabei handelt.

- Belgien, Italien, Japan, die Niederlande und England halten sich an die CoCom-Richtlinien zur Kryptographie und verlangen eine Ausfuhrgenehmigung.

- Brasilien, Indien, Mexiko, Rußland, Saudi-Arabien, Spanien, Südafrika, Schweden und die Schweiz besitzen keine Ein- oder Ausfuhrkontrolle in bezug auf Kryptographie.

25.16 Rechtliche Fragen

Sind digitale Signaturen echte Unterschriften? Sind sie vor Gericht verwertbar? Einige vorläufige juristische Untersuchungen brachten das Ergebnis, daß digitale Signaturen die Anforderungen rechtsverbindlicher Unterschriften in den meisten Fällen erfüllen, auch für kommerziellen Einsatz wie es im Uniform Commercial Code (UCC) festlegt ist. In einem Beschluß des GAO (General Accounting Office), der auf Anfrage des NIST zustande kam, wird die Auffassung vertreten, daß digitale Signaturen die rechtlichen Standards handschriftlicher Unterschriften erfüllen [362].

Am 1. Mai 1995 trat der Utah Digital Signature Act in Kraft, mit dem ein rechtlicher Rahmen für den Einsatz digitaler Signaturen in der Justiz geschaffen wurde. In Kalifornien ist eine Gesetzesvorlage anhängig, Oregon und Washington arbeiten an eigenen Entwürfen. Texas und Florida sind weit hinterher. Bei Veröffentlichung dieses Buches werden weitere Staaten nachgezogen haben.

Die American Bar Association (die Abteilung Electronic Data Interchange und Information Technology der Sektion Science and Technology) hat ein Gesetzesmodell erstellt, das Staaten für ihre eigene Gesetzgebung verwenden können. Das Gesetz versucht, digitale Signaturen in die vorhandene Rechtsstruktur für Unterschriften einzubinden: dazu gehören der Uniform Commercial Code, die Bestimmungen der United States Federal Reverve, das allgemeine Gesetz zu Verträgen und Unterschriften, die United Nations Convention on Contracts for the International Sale of Goods und die United Nations Convention on International Bills of Exchange and International Promissory Committees. Das Gesetz enthält Zuständigkeiten und Verpflichtungen der Beglaubigungsinstanzen, Regelungen zur Haftung sowie Beschränkungen und Vorkehrungen.

Die US-Gesetze zu Unterschriften, Verträgen und geschäftlichen Transaktionen sind Gesetze der einzelnen Bundesstaaten. Dieses Gesetzesmodell ist deshalb für die einzelnen Bundesstaaten konzipiert. Das endgültige Ziel ist ein Bundesgesetz, aber wenn man alles erst einmal auf der Ebene der einzelnen Bundesstaaten regelt, ist die Wahrscheinlichkeit geringer, daß die NSA die ganze Sache vermasselt.

Bislang hat niemand die Gültigkeit digitaler Signaturen vor Gericht angefochten; ihr rechtlicher Status ist nach wie vor ungeklärt. Damit digitale Signaturen denselben Stellenwert wie handschriftliche Unterschriften erhalten, müssen sie erst zur Unterzeichnung rechtsverbindlicher Verträge verwendet und dann von einer Partei vor Gericht angefochten werden; das Gericht würde daraufhin die Sicherheit des Signaturverfahrens untersuchen und ein Urteil fällen. Mit der Zeit, wenn das regelmäßig passiert, gäbe es eine Reihe von Präzendenzfällen, die festlegen, welche Signaturverfahren und welche Schlüssellänge für rechtsverbindliche digitale Signaturen erforderlich sind. Das wird wahrscheinlich Jahre dauern.

Bislang ist Leuten, die digitale Signaturen zur Vertragsunterzeichnung (oder für Bestellungen oder Aufträge o.ä.) verwenden möchten, zu empfehlen, daß sie sich in einem handschriftlichen Vertrag damit einverstanden erklären, alle zukünftig mit digitalen Signaturen unterzeichneten Dokumente als bindend anzusehen [1099]. In diesem Dokument werden auch der Algorithmus, die Schlüssellänge und andere Parameter festgelegt. Es sollte außerdem klargestellt werden, wie in Streitfällen vorzugehen ist.

Nachwort von Matt Blaze

Einer der gefährlichsten Aspekte der Kryptologie (und damit dieses Buches) ist, daß man Kryptologie nahezu messen kann. Die Kenntnis der Schlüssellängen, Faktorisierungsmethoden und kryptanalytischen Verfahren macht es möglich, den Aufwand abzuschätzen, der zum Brechen einer bestimmten Chiffrierung erforderlich ist (da es keine richtige Theorie zur Entwicklung von Chiffrierungen gibt). Man gerät leicht in Versuchung, solche Schätzungen als Maßstab für die Gesamtsicherheit der Systeme mißzuverstehen, in denen sie eingesetzt werden. Die Realität bietet einem Angreifer viel mehr Auswahl an Möglichkeiten als bloße Kryptanalyse. Beunruhigender sind oft Angriffe auf Protokolle, Trojanische Pferde, Viren, elektromagnetisches Abhören, physische Gefährung, Erpressung oder Einschüchterung von Schlüsselinhabern, Betriebssystemfehler, Fehler in Anwendungsprogrammen, Hardware-Fehler, Fehlverhalten von Benutzern, Abhören von Leitungen, Bestechung oder Wühlen in Abfalltonnen, um nur einiges zu nennen.

Gute Chiffrierungen und Protokolle sind wichtige Tools, stellen aber keinen Ersatz für realistische und kritische Überlegungen darüber dar, was eigentlich geschützt werden soll und wie verschiedene Verteidigungsvorkehrungen zu Fall gebracht werden können (Angreifer beschränken sich nur selten auf die sauberen, wohldefinierten, von Akademikern ersonnenen Gefahrenmodelle). Ross Anderson zeigt Beispiele für kryptographisch starke Systeme (im Bankwesen), die scheitern, wenn sie mit den Gefahren im realen Leben konfrontiert werden [43, 44]. Selbst wenn der Angreifer nur Zugriff auf den Chiffretext hat, können durch scheinbar unbedeutende Lücken in anderen Teilen des Systems genug Informationen entweichen, die gute Kryptosysteme völlig nutzlos machen. Im zweiten Weltkrieg brachen die Alliierten die Verschlüsselung der deutschen Enigma in erster Linie durch sorgfältige Auswertung von Fehlern der Operatoren [1587].

Ein bei der NSA beschäftigter Bekannter witzelte, als er befragt wurde, ob die Regierung DES-Kommunikation brechen könne, daß reale Systeme so unsicher seien, daß man sich die Mühe gleich ganz sparen könne. Leider gibt es kein einfaches Rezept, ein System sicher zu machen, und keinen Ersatz für sorgfältige Konstruktion und fortlaufende, kritische Überprüfung. Gute Kryptosysteme haben die vorteilhafte Eigenschaft, einem Angreifer das Leben wesentlich schwerer zu machen als einem berechtigten Benutzer; dies trifft auf fast jeden anderen Aspekt von Computer- und Kommunikationssicherheit nicht zu. Führen Sie sich die folgende (ziemlich unvollständige) Liste der „Zehn Hauptgefahren für die Sicherheit in realen Systemen" zu Gemüte; all diese Dinge sind leichter auszunutzen als zu verhindern.

1. Der traurige Zustand der Software: Jeder weiß, daß niemand weiß, wie man Software schreibt. Moderne Systeme sind komplex und bestehen aus Hunderttausenden von Codezeilen; jede Zeile birgt die Wahrscheinlichkeit für eine Gefährdung des Systems. Fatale Fehler können auch weit entfernt vom Code für die Sicherheitsvorkehrungen stehen.

2. Kein effektiver Schutz gegen *denial-of-service*-Angriffe: Manche kryptographischen Protokolle bieten Anonymität. Der Einsatz anonymer Protokolle kann besonders gefährlich sein, wenn damit nicht identifizierbare Vandalen bessere Möglichkeiten zum Lahmlegen des Dienstes erhalten; anonyme Systeme müssen deshalb gegen *denial-of-service*-Angriffe besonders widerstandsfähig sein. Stabile Netze können Anonymität leichter unterstützen; schließlich sorgt sich kaum einer um die Millionen anonymer Einstiegspunkte in stabile Netze wie das Telefonsystem oder den Postdienst, wo es für einen Einzelnen relativ schwierig (oder teuer) ist, Ausfälle in großem Maßstab zu produzieren.

3. Kein Platz zur Aufbewahrung von geheimen Informationen: Kryptosysteme schützen große Geheimnisse mit kleineren (nämlich den Schlüsseln). Leider sind moderne Computer nicht besonders gut zum Schutz selbst kleinster Geheimnisse geeignet. In vernetzte Mehrbenutzer-Workstations kann eingebrochen und deren Speicher gefährdet werden. Nicht vernetzte Einzelbenutzersysteme können gestohlen oder durch Viren gefährdet werden, die Geheimnisse asynchron durchsickern lassen. Server, bei denen es keinen Benutzer zur Eingabe einer Vorlagephrase gibt (siehe aber Gefahr Nr. 5), sind besonders problematisch.

4. Generierung schlechter Zufallszahlen: Schlüssel und Sitzungsvariablen benötigen gute Quellen für nicht vorhersagbare Bits. Ein laufender Computer besitzt in sich viel Entropie, bietet Anwendungen aber selten eine bequeme und zuverlässige Möglichkeit, diese auch zu nutzen. Es wurden zahlreiche Verfahren zur Erzeugung echter Zufallszahlen in Software vorgestellt (die sich unvorhersehbarer Eigenschaften bei der Reihenfolge von Ein-/Ausgabeoperationen, Uhr- und Zeitgeber-Ungenauigkeiten und sogar der Luftturbulenzen in Festplattengehäusen bedienen). All diese Verfahren reagieren jedoch äußerst empfindlich auf kleine Änderungen der Umgebung, in der sie benutzt werden.

5. Schlechte Vorlagephrasen. Kryptographische Software stützt sich bei der Schlüsselgenerierung und -speicherung meist auf vom Benutzer erzeugte Vorlagephrasen, die für unvorhersehbar genug gehalten werden, um gute Schlüssel zu generieren und außerdem so leicht zu merken sind, daß sie keine sichere Speicherung erfordern. Bei kurzen Paßwörtern sind Wörterbuchangriffe ein bekanntes Problem, weit weniger ist über Angriffe gegen Schlüssel bekannt, die auf vom Benutzer gewählten Vorlagephrasen basieren. Laut Shannon besitzt englischer Text nur etwas über ein Bit Entropie pro Zeichen, was die meisten Vorlagephrasen durchaus für Brute-Force-Suchen anfällig machen würde. Man weiß jedoch zu wenig über gute Verfahren zur Aufzählung von Vorlagephrasen, um diesen Umstand auszunutzen. Solange wir nicht mehr über den Angriff auf Vorlagephrasen wissen, können wir überhaupt nicht abschätzen, wie stark oder schwach sie sind.

6. Unberechtigtes Vertrauen: Fast jede derzeit erhältliche kryptographische Software geht davon aus, daß der Benutzer die direkte Kontrolle über den die Software ausführenden Rechner ausübt und über einen sicheren Pfad darauf zugreifen kann. Die Schnittstellen zu Programmen wie PGP beispielsweise rechnen damit, daß sie die Vorlagephrase vom Benutzer stets über einen sicheren Pfad wie die lokale Konsole bekommen. Das ist aber längst nicht immer der Fall; denken Sie an das Problem, Ihre

verschlüsselte Post zu lesen, wenn Sie über eine Netzverbindung eingeloggt sind. Was der Systementwickler für bewährt hält, erfüllt nicht unbedingt die Anforderungen oder Erwartungen der realen Benutzer. Dies gilt insbesondere dann, wenn die Software von entfernten Systemen über unsichere Netze gesteuert werden kann.

7. Unzureichendes Wissen über die Interaktionen zwischen Protokollen und Diensten: Wenn die Systeme größer und komplexer werden, werden bislang nützliche Eigenschaften oft problematisch, und es ist nicht einfach, auch nur herauszufinden, wo man mit der Fehlersuche beginnen soll. Der Internet-Wurm wurde über ein wenig beachtetes, unschuldig wirkendes Merkmal im sendmail-Programm verbreitet; wie viele andere Eigenheiten in wie viel mehr Programmen haben unerwartete Auswirkungen, die nur darauf warten, entdeckt zu werden?

8. Unrealistische Gefahren- und Risiko-Abschätzung: Sicherheitsexperten konzentrieren sich gerne auf solche Gefahren, die sie nachbilden und abwehren können. Leider konzentrieren sich Angreifer auf das, was sie mißbrauchen können – beides ist selten identisch. Zu viele „sichere" Systeme wurden ohne Rücksicht darauf entwickelt, was der Angreifer aller Wahrscheinlichkeit nach tatsächlich unternehmen würde.

9. Schnittstellen, die Sicherheit teuer und spezialisiert machen: Wenn Sicherheitsfunktionen verwendet werden sollen, müssen sie so bequem und transparent sein, daß die Benutzer sie auch aktivieren. Es ist einfach, Verschlüsselungsmechanismen nur im Hinblick auf Performance und Benutzerfreundlichkeit zu entwerfen, und es ist noch leichter, diese Mechanismen so zu entwickeln, daß sie Fehler provozieren. Sicherheitsfunktionen sollten schwieriger aus- als einzuschalten sein; leider beherzigen nur die wenigsten Systeme diese Maxime.

10. Geringe Marktbedürfnisse nach Sicherheitsfunktionen: Dieses Problem ist fast allen wohlbekannt, die ihr Glück mit dem Vertrieb von Sicherheitsprodukten oder -diensten versuchen. Solange es keinen breiten Bedarf für transparente Sicherheit gibt, bleiben die Tools und die Infrastruktur zu ihrer Unterstützung teuer und für viele Anwendungen unerreichbar. Dies liegt teilweise an mangelndem Wissen und Aufzeigen der Risiken in realen Anwendungen und teilweise an dem Mangel an Systemen, die Sicherheit als elementare Funktionalität enthalten statt als später ergänztes Zusatzmerkmal.

Eine umfassendere Liste und die ausführlichere Behandlung dieser Gefahren könnten leicht ein Buch dieses Umfangs füllen und würden doch nur an der Oberfläche kratzen. Was die Bedrohung so schwierig und gefährlich macht, ist, daß es zum Schutz keine Zaubertricks gibt, sondern einfach gutes Handwerk und andauernde Überprüfung gefragt sind. Die Lehre für den angehenden Kryptographen besteht darin, die Grenzen des Machbaren anzuerkennen.

Matt Blaze
New York, NY

Teil V
Sourcecode

1. DES
2. LOKI91
3. IDEA
4. GOST
5. BLOWFISH
6. 3-Way
7. RC5
8. A5
9. SEAL

DES

```
#define EN0   0      /* MODE == encrypt */
#define DE1   1      /* MODE == decrypt */

typedef struct {
        unsigned long ek[32];
        unsigned long dk[32];
} des_ctx;

extern void deskey(unsigned char *, short);
/*                 hexkey[8]     MODE
 * Sets the internal key register according to the hexadecimal
 * key contained in the 8 bytes of hexkey, according to the DES,
 * for encryption or decryption according to MODE.
 */

extern void usekey(unsigned long *);
/*               cookedkey[32]
```

```c
 * Loads the internal key register with the data in cookedkey.
 */

extern void cpkey(unsigned long *);
/*                cookedkey[32]
 * Copies the contents of the internal key register into the storage
 * located at &cookedkey[0].
 */

extern void des(unsigned char *, unsigned char *);
/*              from[8]         to[8]
 * Encrypts/Decrypts (according to the key currently loaded in the
 * internal key register) one block of eight bytes at address 'from'
 * into the block at address 'to'. They can be the same.
 */

static void scrunch(unsigned char *, unsigned long *);
static void unscrun(unsigned long *, unsigned char *);
static void desfunc(unsigned long *, unsigned long *);
static void cookey(unsigned long *);

static unsigned long KnL[32] = { 0L };
static unsigned long KnR[32] = { 0L };
static unsigned long Kn3[32] = { 0L };
static unsigned char Df_Key[24] = {
      0x01,0x23,0x45,0x67,0x89,0xab,0xcd,0xef,
      0xfe,0xdc,0xba,0x98,0x76,0x54,0x32,0x10,
      0x89,0xab,0xcd,0xef,0x01,0x23,0x45,0x67 };

static unsigned short bytebit[8]   = {
      0200, 0100, 040, 020, 010, 04, 02, 01 };

static unsigned long bigbyte[24] = {
      0x800000L,    0x400000L,    0x200000L,    0x100000L,
      0x80000L,     0x40000L,     0x20000L,     0x10000L,
      0x8000L,      0x4000L,      0x2000L,      0x1000L,
      0x800L,                   0x400L,         0x200L,       0x100L,
      0x80L,                    0x40L,          0x20L,        0x10L,
      0x8L,         0x4L,         0x2L,         0x1L   };

/* Use the key schedule specified in the Standard (ANSI X3.92-1981). */

static unsigned char pc1[56] = {
      56, 48, 40, 32, 24, 16,  8,   0, 57, 49, 41, 33, 25, 17,
       9,  1, 58, 50, 42, 34, 26,  18, 10,  2, 59, 51, 43, 35,
      62, 54, 46, 38, 30, 22, 14,   6, 61, 53, 45, 37, 29, 21,
      13,  5, 60, 52, 44, 36, 28,  20, 12,  4, 27, 19, 11,  3 };

static unsigned char totrot[16] = {
      1,2,4,6,8,10,12,14,15,17,19,21,23,25,27,28 };

static unsigned char pc2[48] = {
      13, 16, 10, 23,  0,  4,    2, 27, 14,  5, 20,  9,
      22, 18, 11,  3, 25,  7,   15,  6, 26, 19, 12,  1,
      40, 51, 30, 36, 46, 54,   29, 39, 50, 44, 32, 47,
      43, 48, 38, 55, 33, 52,   45, 41, 49, 35, 28, 31 };
```

```
void deskey(key, edf)          /* Thanks to James Gillogly & Phil Karn! */
unsigned char *key;
short edf;
{
        register int i, j, l, m, n;
        unsigned char pc1m[56], pcr[56];
        unsigned long kn[32];

        for ( j = 0; j < 56; j++ ) {
                l = pc1[j];
                m = l & 07;
                pc1m[j] = (key[l >> 3] & bytebit[m]) ? 1 : 0;
                }
        for( i = 0; i < 16; i++ ) {
                if( edf == DE1 ) m = (15 - i) << 1;
                else m = i << 1;
                n = m + 1;
                kn[m] = kn[n] = 0L;
                for( j = 0; j < 28; j++ ) {
                        l = j + totrot[i];
                        if( l < 28 ) pcr[j] = pc1m[l];
                        else pcr[j] = pc1m[l - 28];
                        }
                for( j = 28; j < 56; j++ ) {
                        l = j + totrot[i];
                        if( l < 56 ) pcr[j] = pc1m[l];
                        else pcr[j] = pc1m[l - 28];
                        }
                for( j = 0; j < 24; j++ ) {
                        if( pcr[pc2[j]] ) kn[m] |= bigbyte[j];
                        if( pcr[pc2[j+24]] ) kn[n] |= bigbyte[j];
                        }
                }
        cookey(kn);
        return;
}

static void cookey(raw1)
register unsigned long *raw1;
{
        register unsigned long *cook, *raw0;
        unsigned long dough[32];
        register int i;

        cook = dough;
        for( i = 0; i < 16; i++, raw1++ ) {
                raw0 = raw1++;
                *cook    = (*raw0 & 0x00fc0000L) << 6;
                *cook   |= (*raw0 & 0x00000fc0L) << 10;
                *cook   |= (*raw1 & 0x00fc0000L) >> 10;
                *cook++ |= (*raw1 & 0x00000fc0L) >> 6;
                *cook    = (*raw0 & 0x0003f000L) << 12;
                *cook   |= (*raw0 & 0x0000003fL) << 16;
                *cook   |= (*raw1 & 0x0003f000L) >> 4;
                *cook++ |= (*raw1 & 0x0000003fL);
```

```c
                }
        usekey(dough);
        return;
}

void cpkey(into)
register unsigned long *into;
{
        register unsigned long *from, *endp;

        from = KnL, endp = &KnL[32];
        while( from < endp ) *into++ = *from++;
        return;
}

void usekey(from)
register unsigned long *from;
{
        register unsigned long *to, *endp;

        to = KnL, endp = &KnL[32];
        while( to < endp ) *to++ = *from++;
        return;
}

void des(inblock, outblock)
unsigned char *inblock, *outblock;
{
        unsigned long work[2];

        scrunch(inblock, work);
        desfunc(work, KnL);
        unscrun(work, outblock);
        return;
}

static void scrunch(outof, into)
register unsigned char *outof;
register unsigned long *into;
{
        *into   = (*outof++ & 0xffL) << 24;
        *into  |= (*outof++ & 0xffL) << 16;
        *into  |= (*outof++ & 0xffL) << 8;
        *into++ |= (*outof++ & 0xffL);
        *into   = (*outof++ & 0xffL) << 24;
        *into  |= (*outof++ & 0xffL) << 16;
        *into  |= (*outof++ & 0xffL) << 8;
        *into  |= (*outof   & 0xffL);
        return;
}

static void unscrun(outof, into)
register unsigned long *outof;
register unsigned char *into;
{
```

```
        *into++ = (*outof >> 24) & 0xffL;
        *into++ = (*outof >> 16) & 0xffL;
        *into++ = (*outof >>  8) & 0xffL;
        *into++ =  *outof++            & 0xffL;
        *into++ = (*outof >> 24) & 0xffL;
        *into++ = (*outof >> 16) & 0xffL;
        *into++ = (*outof >>  8) & 0xffL;
        *into   =  *outof        & 0xffL;
        return;
}

static unsigned long SP1[64] = {
        0x01010400L, 0x00000000L, 0x00010000L, 0x01010404L,
        0x01010004L, 0x00010404L, 0x00000004L, 0x00010000L,
        0x00000400L, 0x01010400L, 0x01010404L, 0x00000400L,
        0x01000404L, 0x01010004L, 0x01000000L, 0x00000004L,
        0x00000404L, 0x01000400L, 0x01000400L, 0x00010400L,
        0x00010400L, 0x01010000L, 0x01010000L, 0x01000404L,
        0x00010004L, 0x01000004L, 0x01000004L, 0x00010004L,
        0x00000000L, 0x00000404L, 0x00010404L, 0x01000000L,
        0x00010000L, 0x01010404L, 0x00000004L, 0x01010000L,
        0x01010400L, 0x01000000L, 0x01000000L, 0x00000400L,
        0x01010004L, 0x00010000L, 0x00010400L, 0x01000004L,
        0x00000400L, 0x00000004L, 0x01000404L, 0x00010404L,
        0x01010404L, 0x00010004L, 0x01010000L, 0x01000404L,
        0x01000004L, 0x00000404L, 0x00010404L, 0x01010400L,
        0x00000404L, 0x01000400L, 0x01000400L, 0x00000000L,
        0x00010004L, 0x00010400L, 0x00000000L, 0x01010004L };

static unsigned long SP2[64] = {
        0x80108020L, 0x80008000L, 0x00008000L, 0x00108020L,
        0x00100000L, 0x00000020L, 0x80100020L, 0x80008020L,
        0x80000020L, 0x80108020L, 0x80108000L, 0x80000000L,
        0x80008000L, 0x00100000L, 0x00000020L, 0x80100020L,
        0x00108000L, 0x00100020L, 0x80008020L, 0x00000000L,
        0x80000000L, 0x00008000L, 0x00108020L, 0x80100000L,
        0x00100020L, 0x80000020L, 0x00000000L, 0x00108000L,
        0x00008020L, 0x80108000L, 0x80100000L, 0x00008020L,
        0x00000000L, 0x00108020L, 0x80100020L, 0x00100000L,
        0x80008020L, 0x80100000L, 0x80108000L, 0x00008000L,
        0x80100000L, 0x80008000L, 0x00000020L, 0x80108020L,
        0x00108020L, 0x00000020L, 0x00008000L, 0x80000000L,
        0x00008020L, 0x80108000L, 0x00100000L, 0x80000020L,
        0x00100020L, 0x80008020L, 0x80000020L, 0x00100020L,
        0x00108000L, 0x00000000L, 0x80008000L, 0x00008020L,
        0x80000000L, 0x80100020L, 0x80108020L, 0x00108000L };

static unsigned long SP3[64] = {
        0x00000208L, 0x08020200L, 0x00000000L, 0x08020008L,
        0x08000200L, 0x00000000L, 0x00020208L, 0x08000200L,
        0x00020008L, 0x08000008L, 0x08000008L, 0x00020000L,
        0x08020208L, 0x00020008L, 0x08020000L, 0x00000208L,
        0x08000000L, 0x00000008L, 0x08020200L, 0x00000200L,
        0x00020200L, 0x08020000L, 0x08020008L, 0x00020208L,
```

```
     0x08000208L, 0x00020200L, 0x00020000L, 0x08000208L,
     0x00000008L, 0x08020208L, 0x00000200L, 0x08000000L,
     0x08020200L, 0x08000000L, 0x00020008L, 0x00000208L,
     0x00020000L, 0x08020200L, 0x08000200L, 0x00000000L,
     0x00000200L, 0x00020008L, 0x08020208L, 0x08000200L,
     0x08000008L, 0x00000200L, 0x00000000L, 0x08020008L,
     0x08000208L, 0x00020000L, 0x08000000L, 0x08020208L,
     0x00000008L, 0x00020208L, 0x00020200L, 0x08000008L,
     0x08020000L, 0x08000208L, 0x00000208L, 0x08020000L,
     0x00020208L, 0x00000008L, 0x08020008L, 0x00020200L };

static unsigned long SP4[64] = {
     0x00802001L, 0x00002081L, 0x00002081L, 0x00000080L,
     0x00802080L, 0x00800081L, 0x00800001L, 0x00002001L,
     0x00000000L, 0x00802000L, 0x00802000L, 0x00802081L,
     0x00000081L, 0x00000000L, 0x00800080L, 0x00800001L,
     0x00000001L, 0x00002000L, 0x00800000L, 0x00802001L,
     0x00000080L, 0x00800000L, 0x00002001L, 0x00002080L,
     0x00800081L, 0x00000001L, 0x00002080L, 0x00800080L,
     0x00002000L, 0x00802080L, 0x00802081L, 0x00000081L,
     0x00800080L, 0x00800001L, 0x00802000L, 0x00802081L,
     0x00000081L, 0x00000000L, 0x00000000L, 0x00802000L,
     0x00002080L, 0x00800080L, 0x00800081L, 0x00000001L,
     0x00802001L, 0x00002081L, 0x00002081L, 0x00000080L,
     0x00802081L, 0x00000081L, 0x00000001L, 0x00002000L,
     0x00800001L, 0x00002001L, 0x00802080L, 0x00800081L,
     0x00002001L, 0x00002080L, 0x00800000L, 0x00802001L,
     0x00000080L, 0x00800000L, 0x00002000L, 0x00802080L };

static unsigned long SP5[64] = {
     0x00000100L, 0x02080100L, 0x02080000L, 0x42000100L,
     0x00080000L, 0x00000100L, 0x40000000L, 0x02080000L,
     0x40080100L, 0x00080000L, 0x02000100L, 0x40080100L,
     0x42000100L, 0x42080000L, 0x00080100L, 0x40000000L,
     0x02000000L, 0x40080000L, 0x40080000L, 0x00000000L,
     0x40000100L, 0x42080100L, 0x42080100L, 0x02000100L,
     0x42080000L, 0x40000100L, 0x00000000L, 0x42000000L,
     0x02080100L, 0x02000000L, 0x42000000L, 0x00080100L,
     0x00080000L, 0x42000100L, 0x00000100L, 0x02000000L,
     0x40000000L, 0x02080000L, 0x42000100L, 0x40080100L,
     0x02000100L, 0x40000000L, 0x42080000L, 0x02080100L,
     0x40080100L, 0x00000100L, 0x02000000L, 0x42080000L,
     0x42080100L, 0x00080100L, 0x42000000L, 0x42080100L,
     0x02080000L, 0x00000000L, 0x40080000L, 0x42000000L,
     0x00080100L, 0x02000100L, 0x40000100L, 0x00080000L,
     0x00000000L, 0x40080000L, 0x02080100L, 0x40000100L };

static unsigned long SP6[64] = {
     0x20000010L, 0x20400000L, 0x00004000L, 0x20404010L,
     0x20400000L, 0x00000010L, 0x20404010L, 0x00400000L,
     0x20004000L, 0x00404010L, 0x00400000L, 0x20000010L,
     0x00400010L, 0x20004000L, 0x20000000L, 0x00004010L,
     0x00000000L, 0x00400010L, 0x20004010L, 0x00004000L,
     0x00404000L, 0x20004010L, 0x00000010L, 0x20400010L,
```

```
        0x20400010L, 0x00000000L, 0x00404010L, 0x20404000L,
        0x00004010L, 0x00404000L, 0x20404000L, 0x20000000L,
        0x20004000L, 0x00000010L, 0x20400010L, 0x00404000L,
        0x20404010L, 0x00400000L, 0x00004010L, 0x20000010L,
        0x00400000L, 0x20004000L, 0x20000000L, 0x00004010L,
        0x20000010L, 0x20404010L, 0x00404000L, 0x20400000L,
        0x00404010L, 0x20404000L, 0x00000000L, 0x20400010L,
        0x00000010L, 0x00004000L, 0x20400000L, 0x00404010L,
        0x00004000L, 0x00400010L, 0x20004010L, 0x00000000L,
        0x20404000L, 0x20000000L, 0x00400010L, 0x20004010L };

static unsigned long SP7[64] = {
        0x00200000L, 0x04200002L, 0x04000802L, 0x00000000L,
        0x00000800L, 0x04000802L, 0x00200802L, 0x04200800L,
        0x04200802L, 0x00200000L, 0x00000000L, 0x04000002L,
        0x00000002L, 0x04000000L, 0x04200002L, 0x00000802L,
        0x04000800L, 0x00200802L, 0x00200002L, 0x04000800L,
        0x04000002L, 0x04200000L, 0x04200800L, 0x00200002L,
        0x04200000L, 0x00000800L, 0x00000802L, 0x04200802L,
        0x00200800L, 0x00000002L, 0x04000000L, 0x00200800L,
        0x04000000L, 0x00200800L, 0x00200000L, 0x04000802L,
        0x04000802L, 0x04200002L, 0x04200002L, 0x00000002L,
        0x00200002L, 0x04000000L, 0x04000800L, 0x00200000L,
        0x04200800L, 0x00000802L, 0x00200802L, 0x04200800L,
        0x00000802L, 0x04000002L, 0x04200802L, 0x04200000L,
        0x00200800L, 0x00000000L, 0x00000002L, 0x04200802L,
        0x00000000L, 0x00200802L, 0x04200000L, 0x00000800L,
        0x04000002L, 0x04000800L, 0x00000800L, 0x00200002L };

static unsigned long SP8[64] = {
        0x10001040L, 0x00001000L, 0x00040000L, 0x10041040L,
        0x10000000L, 0x10001040L, 0x00000040L, 0x10000000L,
        0x00040040L, 0x10040000L, 0x10041040L, 0x00041000L,
        0x10041000L, 0x00041040L, 0x00001000L, 0x00000040L,
        0x10040000L, 0x10000040L, 0x10001000L, 0x00001040L,
        0x00041000L, 0x00040040L, 0x10040040L, 0x10041000L,
        0x00001040L, 0x00000000L, 0x00000000L, 0x10040040L,
        0x10000040L, 0x10001000L, 0x00041040L, 0x00040000L,
        0x00041040L, 0x00040000L, 0x10041000L, 0x00001000L,
        0x00000040L, 0x10040040L, 0x00001000L, 0x00041040L,
        0x10001000L, 0x00000040L, 0x10000040L, 0x10040000L,
        0x10040040L, 0x10000000L, 0x00040000L, 0x10001040L,
        0x00000000L, 0x10041040L, 0x00040040L, 0x10000040L,
        0x10040000L, 0x10001000L, 0x10001040L, 0x00000000L,
        0x10041040L, 0x00041000L, 0x00041000L, 0x00001040L,
        0x00001040L, 0x00040040L, 0x10000000L, 0x10041000L };

static void desfunc(block, keys)
register unsigned long *block, *keys;
{
        register unsigned long fval, work, right, leftt;
        register int round;

        leftt = block[0];
```

```c
right = block[1];
work = ((leftt >> 4) ^ right) & 0x0f0f0f0fL;
right ^= work;
leftt ^= (work << 4);
work = ((leftt >> 16) ^ right) & 0x0000ffffL;
right ^= work;
leftt ^= (work << 16);
work = ((right >> 2) ^ leftt) & 0x33333333L;
leftt ^= work;
right ^= (work << 2);
work = ((right >> 8) ^ leftt) & 0x00ff00ffL;
leftt ^= work;
right ^= (work << 8);
right = ((right << 1) | ((right >> 31) & 1L)) & 0xffffffffL;
work = (leftt ^ right) & 0xaaaaaaaaL;
leftt ^= work;
right ^= work;
leftt = ((leftt << 1) | ((leftt >> 31) & 1L)) & 0xffffffffL;

for( round = 0; round < 8; round++ ) {
        work  = (right << 28) | (right >> 4);
        work ^= *keys++;
        fval  = SP7[ work            & 0x3fL];
        fval |= SP5[(work >>  8) & 0x3fL];
        fval |= SP3[(work >> 16) & 0x3fL];
        fval |= SP1[(work >> 24) & 0x3fL];
        work  = right ^ *keys++;
        fval |= SP8[ work            & 0x3fL];
        fval |= SP6[(work >>  8) & 0x3fL];
        fval |= SP4[(work >> 16) & 0x3fL];
        fval |= SP2[(work >> 24) & 0x3fL];
        leftt ^= fval;
        work  = (leftt << 28) | (leftt >> 4);
        work ^= *keys++;
        fval  = SP7[ work            & 0x3fL];
        fval |= SP5[(work >>  8) & 0x3fL];
        fval |= SP3[(work >> 16) & 0x3fL];
        fval |= SP1[(work >> 24) & 0x3fL];
        work  = leftt ^ *keys++;
        fval |= SP8[ work            & 0x3fL];
        fval |= SP6[(work >>  8) & 0x3fL];
        fval |= SP4[(work >> 16) & 0x3fL];
        fval |= SP2[(work >> 24) & 0x3fL];
        right ^= fval;
        }

right = (right << 31) | (right >> 1);
work = (leftt ^ right) & 0xaaaaaaaaL;
leftt ^= work;
right ^= work;
leftt = (leftt << 31) | (leftt >> 1);
work = ((leftt >> 8) ^ right) & 0x00ff00ffL;
right ^= work;
leftt ^= (work << 8);
```

```
        work = ((leftt >> 2) ^ right) & 0x33333333L;
        right ^= work;
        leftt ^= (work << 2);
        work = ((right >> 16) ^ leftt) & 0x0000ffffL;
        leftt ^= work;
        right ^= (work << 16);
        work = ((right >> 4) ^ leftt) & 0x0f0f0f0fL;
        leftt ^= work;
        right ^= (work << 4);
        *block++ = right;
        *block = leftt;
        return;
}
/* Validation sets:
 *
 * Single-length key, single-length plaintext -
 * Key     : 0123 4567 89ab cdef
 * Plain   : 0123 4567 89ab cde7
 * Cipher  : c957 4425 6a5e d31d
 *
 **********************************************************************/
void des_key(des_ctx *dc, unsigned char *key){
        deskey(key,EN0);
        cpkey(dc->ek);
        deskey(key,DE1);
        cpkey(dc->dk);
}
/* Encrypt several blocks in ECB mode.  Caller is responsible for
   short blocks. */
void des_enc(des_ctx *dc, unsigned char *data, int blocks){
        unsigned long work[2];
        int i;
        unsigned char *cp;

        cp = data;
        for(i=0;i<blocks;i++){
                scrunch(cp,work);
                desfunc(work,dc->ek);
                unscrun(work,cp);
                cp+=8;
        }
}

void des_dec(des_ctx *dc, unsigned char *data, int blocks){
        unsigned long work[2];
        int i;
        unsigned char *cp;

        cp = data;
        for(i=0;i<blocks;i++){
                scrunch(cp,work);
                desfunc(work,dc->dk);
```

```c
                unscrun(work,cp);
                cp+=8;
        }
}
void main(void){
        des_ctx dc;
        int i;
        unsigned long data[10];
        char *cp,key[8] = {0x01,0x23,0x45,0x67,0x89,0xab,0xcd,0xef};
        char x[8] = {0x01,0x23,0x45,0x67,0x89,0xab,0xcd,0xe7};

        cp = x;

        des_key(&dc,key);
        des_enc(&dc,cp,1);
        printf("Enc(0..7,0..7) = ");
        for(i=0;i<8;i++) printf("%02x ", ((unsigned int) cp[i])&0x00ff);
        printf("\n");

        des_dec(&dc,cp,1);

        printf("Dec(above,0..7) = ");
        for(i=0;i<8;i++) printf("%02x ",((unsigned int)cp[i])&0x00ff);
        printf("\n");

        cp = (char *) data;
        for(i=0;i<10;i++)data[i]=i;

        des_enc(&dc,cp,5); /* Enc 5 blocks. */
        for(i=0;i<10;i+=2) printf("Block %01d = %08lx %08lx.\n",
                        i/2,data[i],data[i+1]);

        des_dec(&dc,cp,1);
        des_dec(&dc,cp+8,4);
        for(i=0;i<10;i+=2) printf("Block %01d = %08lx %08lx.\n",
                        i/2,data[i],data[i+1]);

}
```

LOKI91

```c
#include <stdio.h>

#define LOKIBLK     8           /* No of bytes in a LOKI data-block     */
#define ROUNDS      16          /* No of LOKI rounds                    */

typedef unsigned long   Long;   /* type specification for aligned LOKI blocks */

extern Long     lokikey[2];     /* 64-bit key used by LOKI routines     */
extern char     *loki_lib_ver;  /* String with version no. & copyright  */

#ifdef __STDC__                 /* declare prototypes for library functions */
extern void enloki(char *b);
```

```c
extern void deloki(char *b);
extern void setlokikey(char key[LOKIBLK]);
#else                           /* else just declare library functions extern */
extern void enloki(), deloki(), setlokikey();
#endif __STDC__

char P[32] = {
        31, 23, 15,  7, 30, 22, 14,  6,
        29, 21, 13,  5, 28, 20, 12,  4,
        27, 19, 11,  3, 26, 18, 10,  2,
        25, 17,  9,  1, 24, 16,  8,  0
        };

typedef     struct {
        short   gen;            /* irreducible polynomial used in this field */
        short   exp;            /* exponent used to generate this s function */
        } sfn_desc;

sfn_desc sfn[] = {
        { /* 101110111 */ 375, 31}, { /* 101111011 */ 379, 31},
        { /* 110000111 */ 391, 31}, { /* 110001011 */ 395, 31},
        { /* 110001101 */ 397, 31}, { /* 110011111 */ 415, 31},
        { /* 110100011 */ 419, 31}, { /* 110101001 */ 425, 31},
        { /* 110110001 */ 433, 31}, { /* 110111101 */ 445, 31},
        { /* 111000011 */ 451, 31}, { /* 111001111 */ 463, 31},
        { /* 111010111 */ 471, 31}, { /* 111011101 */ 477, 31},
        { /* 111100111 */ 487, 31}, { /* 111110011 */ 499, 31},
        { 00, 00}       };

typedef struct {
        Long loki_subkeys[ROUNDS];
} loki_ctx;

static Long     f();                    /* declare LOKI function f */
static short    s();                    /* declare LOKI S-box fn s */

#define ROL12(b) b = ((b << 12) | (b >> 20));
#define ROL13(b) b = ((b << 13) | (b >> 19));

#ifdef LITTLE_ENDIAN
#define bswap(cb) {                                     \
        register char   c;                              \
        c = cb[0]; cb[0] = cb[3]; cb[3] = c;            \
        c = cb[1]; cb[1] = cb[2]; cb[2] = c;            \
        c = cb[4]; cb[4] = cb[7]; cb[7] = c;            \
        c = cb[5]; cb[5] = cb[6]; cb[6] = c;            \
}
#endif

void
setlokikey(loki_ctx *c, char *key)
{
        register            i;
        register Long   KL, KR;
```

```c
#ifdef LITTLE_ENDIAN
        bswap(key);                     /* swap bytes round if little-endian */
#endif
        KL = ((Long *)key)[0];
        KR = ((Long *)key)[1];

        for (i=0; i<ROUNDS; i+=4) {     /* Generate the 16 subkeys */
            c->loki_subkeys[i] = KL;
            ROL12 (KL);
            c->loki_subkeys[i+1] = KL;
            ROL13 (KL);
            c->loki_subkeys[i+2] = KR;
            ROL12 (KR);
            c->loki_subkeys[i+3] = KR;
            ROL13 (KR);
        }

#ifdef LITTLE_ENDIAN
        bswap(key);                     /* swap bytes back if little-endian */
#endif
}

void
enloki (loki_ctx *c, char *b)
{
        register         i;
        register Long    L, R;          /* left & right data halves */

#ifdef LITTLE_ENDIAN
        bswap(b);                       /* swap bytes round if little-endian */
#endif

        L = ((Long *)b)[0];
        R = ((Long *)b)[1];

        for (i=0; i<ROUNDS; i+=2) {     /* Encrypt with the 16 subkeys */
            L ^= f (R, c->loki_subkeys[i]);
            R ^= f (L, c->loki_subkeys[i+1]);
        }

        ((Long *)b)[0] = R;             /* Y = swap(LR) */
        ((Long *)b)[1] = L;

#ifdef LITTLE_ENDIAN
        bswap(b);                       /* swap bytes round if little-endian */
#endif
}

void
deloki(loki_ctx *c, char *b)
{
        register         i;
        register Long    L, R;          /* left & right data halves */

#ifdef LITTLE_ENDIAN
```

```
        bswap(b);                       /* swap bytes round if little-endian */
#endif

        L = ((Long *)b)[0];             /* LR = X XOR K */
        R = ((Long *)b)[1];

        for (i=ROUNDS; i>0; i-=2) {                /* subkeys in reverse order */
            L ^= f(R, c->loki_subkeys[i-1]);
            R ^= f(L, c->loki_subkeys[i-2]);
        }

        ((Long *)b)[0] = R;             /* Y = LR XOR K */
        ((Long *)b)[1] = L;
}

#define MASK12        0x0fff            /* 12 bit mask for expansion E */

static Long
f(r, k)
register Long   r;      /* Data value R(i-1) */
Long            k;      /* Key     K(i)      */
{
        Long    a, b, c;                /* 32 bit S-box output, & P output */

        a = r ^ k;                      /* A = R(i-1) XOR K(i) */

        /* want to use slow speed/small size version */
        b = ((Long)s((a         & MASK12))       ) |   /* B = S(E(R(i-1))^K(i)) */
            ((Long)s(((a >>  8) & MASK12)) <<  8) |
            ((Long)s(((a >> 16) & MASK12)) << 16) |
            ((Long)s((((a >> 24) | (a << 8)) & MASK12)) << 24);

        perm32(&c, &b, P);              /* C = P(S( E(R(i-1)) XOR K(i))) */

        return(c);                      /* f returns the result C */
}

static short s(i)
register Long i;        /* return S-box value for input i */
{
        register short r, c, v, t;
        short   exp8();                 /* exponentiation routine for GF(2^8) */

        r = ((i>>8) & 0xc) | (i & 0x3);         /* row value-top 2 & bottom 2 */
        c = (i>>2) & 0xff;                      /* column value-middle 8 bits */
        t = (c + ((r * 17) ^ 0xff)) & 0xff;     /* base value for Sfn */
        v = exp8(t, sfn[r].exp, sfn[r].gen);    /* Sfn[r] = t ^ exp mod gen */
        return(v);
}

#define         MSB     0x80000000L     /* MSB of 32-bit word */

perm32(out, in , perm)
Long    *out;           /* Output 32-bit block to be permuted            */
```

```
Long    *in;            /* Input  32-bit block after permutation       */
char    perm[32];       /* Permutation array                           */
{
        Long    mask = MSB;             /* mask used to set bit in output   */
        register int    i, o, b;        /* input bit no, output bit no, value */
        register char   *p = perm;      /* ptr to permutation array */

        *out = 0;                       /* clear output block */
        for (o=0; o<32; o++) {          /* For each output bit position o */
                i =(int)*p++;           /* get input bit permuted to output o */
                b = (*in >> i) & 01;    /* value of input bit i */
                if (b)                  /* If the input bit i is set */
                        *out |= mask;           /* OR in mask to output i */
                mask >>= 1;                     /* Shift mask to next bit     */
        }
}

#define SIZE 256                /* 256 elements in GF(2^8) */

short mult8(a, b, gen)
short   a, b;           /* operands for multiply */
short   gen;            /* irreducible polynomial generating Galois Field */
{
        short   product = 0;    /* result of multiplication */

        while(b != 0) {                 /* while multiplier is non-zero */
                if (b & 01)
                        product ^= a;           /* add multiplicand if LSB of b set */
                a <<= 1;                /* shift multiplicand one place */
                if (a >= SIZE)
                        a ^= gen;       /* and modulo reduce if needed */
                b >>= 1;                /* shift multiplier one place   */
        }
        return(product);
}

short exp8(base, exponent, gen)
short   base;           /* base of exponentiation          */
short   exponent;       /* exponent                        */
short   gen;            /* irreducible polynomial generating Galois Field */
{
        short   accum = base;   /* superincreasing sequence of base */
        short   result = 1;     /* result of exponentiation        */

        if (base == 0)          /* if zero base specified then     */
                return(0);      /* the result is "0" if base = 0   */

        while (exponent != 0) {         /* repeat while exponent non-zero */
                if (( exponent & 0x0001) == 0x0001)             /* multiply if exp 1 */
                        result = mult8(result, accum, gen);
                exponent >>= 1;                 /* shift exponent to next digit */
                accum = mult8(accum, accum, gen);               /* & square     */
        }
        return(result);
}
```

```
void loki_key(loki_ctx *c, unsigned char *key){
        setlokikey(c,key);
}

void loki_enc(loki_ctx *c, unsigned char *data, int blocks){
        unsigned char *cp;
        int i;

        cp = data;
        for(i=0;i<blocks;i++){
                enloki(c,cp);
                cp+=8;
        }
}

void loki_dec(loki_ctx *c, unsigned char *data, int blocks){
        unsigned char *cp;
        int i;

        cp = data;
        for(i=0;i<blocks;i++){
                deloki(c,cp);
                cp+=8;
        }
}

void main(void){
        loki_ctx lc;
        unsigned long data[10];
        unsigned char *cp;
        unsigned char key[] = {0,1,2,3,4,5,6,7};
        int i;

        for(i=0;i<10;i++) data[i]=i;

        loki_key(&lc,key);

        cp = (char *)data;
        loki_enc(&lc,cp,5);
        for(i=0;i<10;i+=2) printf("Block %01d = %08lx %08lx\n",
                        i/2,data[i],data[i+1]);
        loki_dec(&lc,cp,1);
        loki_dec(&lc,cp+8,4);
        for(i=0;i<10;i+=2) printf("Block %01d = %08lx %08lx\n",
                        i/2,data[i],data[i+1]);
}
```

IDEA

```
typedef unsigned char boolean;    /* values are TRUE or FALSE */
typedef unsigned char byte;  /* values are 0-255 */
typedef byte *byteptr;       /* pointer to byte */
```

```c
typedef char *string;/* pointer to ASCII character string */
typedef unsigned short word16;      /* values are 0-65535 */
typedef unsigned long word32;       /* values are 0-4294967295 */

#ifndef TRUE
#define FALSE 0
#define TRUE (!FALSE)
#endif /* if TRUE not already defined */

#ifndef min    /* if min macro not already defined */
#define min(a,b) ( (a)<(b) ? (a) : (b) )
#define max(a,b) ( (a)>(b) ? (a) : (b) )
#endif /* if min macro not already defined */

#define IDEAKEYSIZE 16
#define IDEABLOCKSIZE 8

#define IDEAROUNDS 8
#define IDEAKEYLEN (6*IDEAROUNDS+4)

typedef struct{
        word16 ek[IDEAKEYLEN],dk[IDEAKEYLEN];
}idea_ctx;

/* End includes for IDEA.C */
#ifdef IDEA32          /* Use >16-bit temporaries */
#define low16(x) ((x) & 0xFFFF)
typedef unsigned int uint16;/* at LEAST 16 bits, maybe more */
#else
#define low16(x) (x) /* this is only ever applied to uint16's */
typedef word16 uint16;
#endif

#ifdef SMALL_CACHE
static uint16
mul(register uint16 a, register uint16 b)
{
        register word32 p;

        p = (word32)a * b;
        if (p) {
                b = low16(p);
                a = p>>16;
                return (b - a) + (b < a);
        } else if (a) {
                return 1-b;
        } else {
                return 1-a;
        }
} /* mul */
#endif /* SMALL_CACHE */

static uint16
mulInv(uint16 x)
{
```

```c
        uint16 t0, t1;
        uint16 q, y;

        if (x <= 1)
                return x;       /* 0 and 1 are self-inverse */
        t1 = 0x10001L / x;      /* Since x >= 2, this fits into 16 bits */
        y = 0x10001L % x;
        if (y == 1)
                return low16(1-t1);
        t0 = 1;
        do {
                q = x / y;
                x = x % y;
                t0 += q * t1;
                if (x == 1)
                        return t0;
                q = y / x;
                y = y % x;
                t1 += q * t0;
        } while (y != 1);
        return low16(1-t1);
} /* mukInv */

static void
ideaExpandKey(byte const *userkey, word16 *EK)
{
        int i,j;

        for (j=0; j<8; j++) {
                EK[j] = (userkey[0]<<8) + userkey[1];
                userkey += 2;
        }
        for (i=0; j < IDEAKEYLEN; j++) {
                i++;
                EK[i+7] = EK[i & 7] << 9 | EK[i+1 & 7] >> 7;
                EK += i & 8;
                i &= 7;
        }
} /* ideaExpandKey */

static void
ideaInvertKey(word16 const *EK, word16 DK[IDEAKEYLEN])
{
        int i;
        uint16 t1, t2, t3;
        word16 temp[IDEAKEYLEN];
        word16 *p = temp + IDEAKEYLEN;

        t1 = mulInv(*EK++);
        t2 = -*EK++;
        t3 = -*EK++;
        *--p = mulInv(*EK++);
        *--p = t3;
        *--p = t2;
```

```
                *--p = t1;

        for (i = 0; i < IDEAROUNDS-1; i++) {
                t1 = *EK++;
                *--p = *EK++;
                *--p = t1;

                t1 = mulInv(*EK++);
                t2 = -*EK++;
                t3 = -*EK++;
                *--p = mulInv(*EK++);
                *--p = t2;
                *--p = t3;
                *--p = t1;
        }
        t1 = *EK++;
        *--p = *EK++;
        *--p = t1;

        t1 = mulInv(*EK++);
        t2 = -*EK++;
        t3 = -*EK++;
        *--p = mulInv(*EK++);
        *--p = t3;
        *--p = t2;
        *--p = t1;
/* Copy and destroy temp copy */
        memcpy(DK, temp, sizeof(temp));
        for(i=0;i<IDEAKEYLEN;i++)temp[i]=0;
} /* ideaInvertKey */

#ifdef SMALL_CACHE
#define MUL(x,y) (x = mul(low16(x),y))
#else /* !SMALL_CACHE */
#ifdef AVOID_JUMPS
#define MUL(x,y) (x = low16(x-1), t16 = low16((y)-1), \
                t32 = (word32)x*t16 + x + t16 + 1, x = low16(t32), \
                t16 = t32>>16, x = (x-t16) + (x<t16) )
#else /* !AVOID_JUMPS (default) */
#define MUL(x,y) \
        ((t16 = (y)) ? \
                (x=low16(x)) ? \
                        t32 = (word32)x*t16, \
                        x = low16(t32), \
                        t16 = t32>>16, \
                        x = (x-t16)+(x<t16) \
                : \
                        (x = 1-t16) \
        : \
                (x = 1-x))
#endif
#endif

        static void
```

```c
ideaCipher(byte *inbuf, byte *outbuf, word16 *key)
{
    register uint16 x1, x2, x3, x4, s2, s3;
    word16 *in, *out;
#ifndef SMALL_CACHE
    register uint16 t16; /* Temporaries needed by MUL macro */
    register word32 t32;
#endif
    int r = IDEAROUNDS;

    in = (word16 *)inbuf;
    x1 = *in++;   x2 = *in++;
    x3 = *in++;   x4 = *in;
#ifndef HIGHFIRST
    x1 = (x1 >>8) | (x1<<8);
    x2 = (x2 >>8) | (x2<<8);
    x3 = (x3 >>8) | (x3<<8);
    x4 = (x4 >>8) | (x4<<8);
#endif
    do {
        MUL(x1,*key++);
        x2 += *key++;
        x3 += *key++;
        MUL(x4, *key++);

        s3 = x3;
        x3 ^= x1;
        MUL(x3, *key++);
        s2 = x2;
        x2 ^= x4;
        x2 += x3;
        MUL(x2, *key++);
        x3 += x2;

        x1 ^= x2;   x4 ^= x3;

        x2 ^= s3;   x3 ^= s2;
    } while (--r);
    MUL(x1, *key++);
    x3 += *key++;
    x2 += *key++;
    MUL(x4, *key);

    out = (word16 *)outbuf;
#ifdef HIGHFIRST
    *out++ = x1;
    *out++ = x3;
    *out++ = x2;
    *out = x4;
#else /* !HIGHFIRST */
    *out++ = (x1 >>8) | (x1<<8);
    *out++ = (x3 >>8) | (x3<<8);
    *out++ = (x2 >>8) | (x2<<8);
    *out = (x4 >>8) | (x4<<8);
```

```
#endif
} /* ideaCipher */

void idea_key(idea_ctx *c, unsigned char *key){
        ideaExpandKey(key,c->ek);
        ideaInvertKey(c->ek,c->dk);
}

void idea_enc(idea_ctx *c, unsigned char *data, int blocks){
        int i;
        unsigned char *d = data;

        for(i=0;i<blocks;i++){
                ideaCipher(d,d,c->ek);
                d+=8;
        }
}

void idea_dec(idea_ctx *c, unsigned char *data, int blocks){
        int i;
        unsigned char *d = data;

        for(i=0;i<blocks;i++){
                ideaCipher(d,d,c->dk);
                d+=8;
        }
}

#include <stdio.h>

#ifndef BLOCKS
#ifndef KBYTES
#define KBYTES 1024
#endif
#define BLOCKS (64*KBYTES)
#endif

int
main(void)
{       /* Test driver for IDEA cipher */
        int i, j, k;
        idea_ctx c;
        byte userkey[16];
        word16 EK[IDEAKEYLEN], DK[IDEAKEYLEN];
        byte XX[8], YY[8], ZZ[8];
        word32 long_block[10]; /* 5 blocks */
        long l;
        char *lbp;

        /* Make a sample user key for testing... */
        for(i=0; i<16; i++)
                userkey[i] = i+1;

        idea_key(&c,userkey);

        /* Make a sample plaintext pattern for testing... */
```

```
        for (k=0; k<8; k++)
                XX[k] = k;

        idea_enc(&c,XX,1);  /* encrypt */

        lbp = (unsigned char *) long_block;
        for(i=0;i<10;i++) long_block[i] = i;
        idea_enc(&c,lbp,5);
        for(i=0;i<10;i+=2) printf("Block %01d = %08lx %08lx.\n",
                                i/2,long_block[i],long_block[i+1]);

        idea_dec(&c,lbp,3);
        idea_dec(&c,lbp+24,2);

        for(i=0;i<10;i+=2) printf("Block %01d = %08lx %08lx.\n",
                                i/2,long_block[i],long_block[i+1]);

        return 0;          /* normal exit */
} /* main */
```

GOST

```
typedef unsigned long u4;
typedef unsigned char byte;

typedef struct {
        u4 k[8];
        /* Constant s-boxes -- set up in gost_init(). */
        char k87[256],k65[256],k43[256],k21[256];
} gost_ctx;

/* Note:  encrypt and decrypt expect full blocks--padding blocks is
          caller's responsibility.  All bulk encryption is done in
          ECB mode by these calls.  Other modes may be added easily
          enough.                                                       */
void gost_enc(gost_ctx *, u4 *, int);
void gost_dec(gost_ctx *, u4 *, int);
void gost_key(gost_ctx *, u4 *);
void gost_init(gost_ctx *);
void gost_destroy(gost_ctx *);

#ifdef __alpha   /* Any other 64-bit machines? */
typedef unsigned int word32;
#else
typedef unsigned long word32;
#endif

kboxinit(gost_ctx *c)
{
        int i;

        byte k8[16] = {14, 4, 13, 1, 2, 15, 11, 8, 3, 10, 6,
                       12, 5, 9, 0, 7 };
        byte k7[16] = {15, 1, 8, 14, 6, 11, 3, 4, 9, 7, 2,
```

```
                                13, 12,  0,  5, 10 };
             byte k6[16] = {10,  0,  9, 14,  6,  3, 15,  5,  1, 13, 12,
                                 7, 11,  4,  2,  8 };
             byte k5[16] = { 7, 13, 14,  3,  0,  6,  9, 10,  1,  2,  8,
                                 5, 11, 12,  4, 15 };
             byte k4[16] = { 2, 12,  4,  1,  7, 10, 11,  6,  8,  5,  3,
                                15, 13,  0, 14,  9 };
             byte k3[16] = {12,  1, 10, 15,  9,  2,  6,  8,  0, 13,  3,
                                 4, 14,  7,  5, 11 };
             byte k2[16] = { 4, 11,  2, 14, 15,  0,  8, 13,  3, 12,  9,
                                 7,  5, 10,  6,  1 };
             byte k1[16] = {13,  2,  8,  4,  6, 15, 11,  1, 10,  9,  3,
                                14,  5,  0, 12,  7 };

        for (i = 0; i < 256; i++) {
                c->k87[i] = k8[i >> 4] << 4 | k7[i & 15];
                c->k65[i] = k6[i >> 4] << 4 | k5[i & 15];
                c->k43[i] = k4[i >> 4] << 4 | k3[i & 15];
                c->k21[i] = k2[i >> 4] << 4 | k1[i & 15];
        }
}

static word32
f(gost_ctx *c,word32 x)
{
        x = c->k87[x>>24 & 255] << 24 | c->k65[x>>16 & 255] << 16 |
            c->k43[x>> 8 & 255] <<  8 | c->k21[x & 255];

        /* Rotate left 11 bits */
        return x<<11 | x>>(32-11);
}

void gostcrypt(gost_ctx *c, word32 *d){
        register word32 n1, n2; /* As named in the GOST */

        n1 = d[0];
        n2 = d[1];

        /* Instead of swapping halves, swap names each round */
        n2 ^= f(c,n1+c->k[0]); n1 ^= f(c,n2+c->k[1]);
        n2 ^= f(c,n1+c->k[2]); n1 ^= f(c,n2+c->k[3]);
        n2 ^= f(c,n1+c->k[4]); n1 ^= f(c,n2+c->k[5]);
        n2 ^= f(c,n1+c->k[6]); n1 ^= f(c,n2+c->k[7]);

        n2 ^= f(c,n1+c->k[0]); n1 ^= f(c,n2+c->k[1]);
        n2 ^= f(c,n1+c->k[2]); n1 ^= f(c,n2+c->k[3]);
        n2 ^= f(c,n1+c->k[4]); n1 ^= f(c,n2+c->k[5]);
        n2 ^= f(c,n1+c->k[6]); n1 ^= f(c,n2+c->k[7]);

        n2 ^= f(c,n1+c->k[0]); n1 ^= f(c,n2+c->k[1]);
        n2 ^= f(c,n1+c->k[2]); n1 ^= f(c,n2+c->k[3]);
        n2 ^= f(c,n1+c->k[4]); n1 ^= f(c,n2+c->k[5]);
        n2 ^= f(c,n1+c->k[6]); n1 ^= f(c,n2+c->k[7]);

        n2 ^= f(c,n1+c->k[7]); n1 ^= f(c,n2+c->k[6]);
        n2 ^= f(c,n1+c->k[5]); n1 ^= f(c,n2+c->k[4]);
```

```
        n2 ^= f(c,n1+c->k[3]); n1 ^= f(c,n2+c->k[2]);
        n2 ^= f(c,n1+c->k[1]); n1 ^= f(c,n2+c->k[0]);

        d[0] = n2; d[1] = n1;
}

void
gostdecrypt(gost_ctx *c, u4 *d){
        register word32 n1, n2; /* As named in the GOST */

        n1 = d[0]; n2 = d[1];

        n2 ^= f(c,n1+c->k[0]); n1 ^= f(c,n2+c->k[1]);
        n2 ^= f(c,n1+c->k[2]); n1 ^= f(c,n2+c->k[3]);
        n2 ^= f(c,n1+c->k[4]); n1 ^= f(c,n2+c->k[5]);
        n2 ^= f(c,n1+c->k[6]); n1 ^= f(c,n2+c->k[7]);

        n2 ^= f(c,n1+c->k[7]); n1 ^= f(c,n2+c->k[6]);
        n2 ^= f(c,n1+c->k[5]); n1 ^= f(c,n2+c->k[4]);
        n2 ^= f(c,n1+c->k[3]); n1 ^= f(c,n2+c->k[2]);
        n2 ^= f(c,n1+c->k[1]); n1 ^= f(c,n2+c->k[0]);

        n2 ^= f(c,n1+c->k[7]); n1 ^= f(c,n2+c->k[6]);
        n2 ^= f(c,n1+c->k[5]); n1 ^= f(c,n2+c->k[4]);
        n2 ^= f(c,n1+c->k[3]); n1 ^= f(c,n2+c->k[2]);
        n2 ^= f(c,n1+c->k[1]); n1 ^= f(c,n2+c->k[0]);

        n2 ^= f(c,n1+c->k[7]); n1 ^= f(c,n2+c->k[6]);
        n2 ^= f(c,n1+c->k[5]); n1 ^= f(c,n2+c->k[4]);
        n2 ^= f(c,n1+c->k[3]); n1 ^= f(c,n2+c->k[2]);
        n2 ^= f(c,n1+c->k[1]); n1 ^= f(c,n2+c->k[0]);

        d[0] = n2; d[1] = n1;
}

void gost_enc(gost_ctx *c, u4 *d, int blocks){
        int i;

        for(i=0;i<blocks;i++){
                gostcrypt(c,d);
                d+=?;
        }
}

void gost_dec(gost_ctx *c, u4 *d, int blocks){
        int i;

        for(i=0;i<blocks;i++){
                gostdecrypt(c,d);
                d+=2;
        }
}

void gost_key(gost_ctx *c, u4 *k){
        int i;
        for(i=0;i<8;i++) c->k[i]=k[i];
```

```c
}

void gost_init(gost_ctx *c){
        kboxinit(c);
}

void gost_destroy(gost_ctx *c){
        int i;
        for(i=0;i<8;i++) c->k[i]=0;
}

void main(void){
        gost_ctx gc;
        u4 k[8],data[10];
        int i;

        /* Initialize GOST context. */
        gost_init(&gc);

        /* Prepare key--a simple key should be OK, with this many rounds! */
        for(i=0;i<8;i++) k[i] = i;
        gost_key(&gc,k);

        /* Try some test vectors. */
        data[0] = 0; data[1] = 0;
        gostcrypt(&gc,data);
        printf("Enc of zero vector:   %08lx %08lx\n",data[0],data[1]);
        gostcrypt(&gc,data);
        printf("Enc of above:         %08lx %08lx\n",data[0],data[1]);
        data[0] = 0xffffffff; data[1] = 0xffffffff;
        gostcrypt(&gc,data);
        printf("Enc of ones vector:   %08lx %08lx\n",data[0],data[1]);
        gostcrypt(&gc,data);
        printf("Enc of above:         %08lx %08lx\n",data[0],data[1]);

        /* Does gost_dec() properly reverse gost_enc()?  Do
           we deal OK with single-block lengths passed in gost_dec()?
           Do we deal OK with different lengths passed in? */

        /* Init data */
        for(i=0;i<10;i++) data[i]=i;

        /* Encrypt data as 5 blocks. */
        gost_enc(&gc,data,5);

        /* Display encrypted data. */
        for(i=0;i<10;i+=2) printf("Block %02d = %08lx %08lx\n",
                                  i/2,data[i],data[i+1]);

        /* Decrypt in different sized chunks. */
        gost_dec(&gc,data,1);
        gost_dec(&gc,data+2,4);
        printf("\n");

        /* Display decrypted data. */
```

```
        for(i=0;i<10;i+=2) printf("Block %02d = %08lx %08lx\n",
                              i/2,data[i],data[i+1]);

        gost_destroy(&gc);
}
```

BLOWFISH

```
#include <math.h>
#include <stdio.h>
#include <stdlib.h>
#include <time.h>

#ifdef little_endian    /* Eg: Intel */
   #include <alloc.h>
#endif

#include <ctype.h>

#ifdef little_endian    /* Eg: Intel */
   #include <dir.h>
   #include <bios.h>
#endif

#ifdef big_endian
   #include <Types.h>
#endif

typedef struct {
        unsigned long S[4][256],P[18];
} blf_ctx;

#define MAXKEYBYTES 56          /* 448 bits */
// #define little_endian 1              /* Eg: Intel */
#define big_endian 1                    /* Eg: Motorola */

void Blowfish_encipher(blf_ctx *,unsigned long *xl, unsigned long *xr);
void Blowfish_decipher(blf_ctx *,unsigned long *xl, unsigned long *xr);

#define N               16
#define noErr           0
#define DATAERROR       -1
#define KEYBYTES        8

FILE*      SubkeyFile;

unsigned long F(blf_ctx *bc, unsigned long x)
{
   unsigned short a;
   unsigned short b;
   unsigned short c;
   unsigned short d;
   unsigned long  y;
```

```
        d = x & 0x00FF;
        x >>= 8;
        c = x & 0x00FF;
        x >>= 8;
        b = x & 0x00FF;
        x >>= 8;
        a = x & 0x00FF;
        //y = ((S[0][a] + S[1][b]) ^ S[2][c]) + S[3][d];
        y = bc->S[0][a] + bc->S[1][b];
        y = y ^ bc->S[2][c];
        y = y + bc->S[3][d];

        return y;
}
void Blowfish_encipher(blf_ctx *c,unsigned long *xl, unsigned long *xr)
{
        unsigned long  Xl;
        unsigned long  Xr;
        unsigned long  temp;
        short          i;

        Xl = *xl;
        Xr = *xr;

        for (i = 0; i < N; ++i) {
            Xl = Xl ^ c->P[i];
            Xr = F(c,Xl) ^ Xr;

            temp = Xl;
            Xl = Xr;
            Xr = temp;
        }

        temp = Xl;
        Xl = Xr;
        Xr = temp;

        Xr = Xr ^ c->P[N];
        Xl = Xl ^ c->P[N + 1];

        *xl = Xl;
        *xr = Xr;
}
void Blowfish_decipher(blf_ctx *c, unsigned long *xl, unsigned long *xr)
{
        unsigned long  Xl;
        unsigned long  Xr;
        unsigned long  temp;
        short          i;

        Xl = *xl;
        Xr = *xr;
```

```
    for (i = N + 1; i > 1; --i) {
        Xl = Xl ^ c->P[i];
        Xr = F(c,Xl) ^ Xr;

        /* Exchange Xl and Xr */
        temp = Xl;
        Xl = Xr;
        Xr = temp;
    }

    /* Exchange Xl and Xr */
    temp = Xl;
    Xl = Xr;
    Xr = temp;

    Xr = Xr ^ c->P[1];
    Xl = Xl ^ c->P[0];

    *xl = Xl;
    *xr = Xr;
}

short InitializeBlowfish(blf_ctx *c, char key[], short keybytes)
{
    short           i;
    short           j;
    short           k;
    short           error;
    short           numread;
    unsigned long   data;
    unsigned long   datal;
    unsigned long   datar;

unsigned long ks0[] = {
0xd1310ba6, 0x98dfb5ac, 0x2ffd72db, 0xd01adfb7, 0xb8e1afed, 0x6a267e96,
0xba7c9045, 0xf12c7f99, 0x24a19947, 0xb3916cf7, 0x0801f2e2, 0x858efc16,
0x636920d8, 0x71574e69, 0xa458fea3, 0xf4933d7e, 0x0d95748f, 0x728eb658,
0x718bcd58, 0x82154aee, 0x7b54a41d, 0xc25a59b5, 0x9c30d539, 0x2af26013,
0xc5d1b023, 0x286085f0, 0xca417918, 0xb8db38ef, 0x8e79dcb0, 0x603a180e,
0x6c9e0e8b, 0xb01e8a3e, 0xd71577c1, 0xbd314b27, 0x78af2fda, 0x55605c60,
0xe65525f3, 0xaa55ab94, 0x57489862, 0x63e81440, 0x55ca396a, 0x2aab10b6,
0xb4cc5c34, 0x1141e8ce, 0xa15486af, 0x7c72e993, 0xb3ee1411, 0x636fbc2a,
0x2ba9c55d, 0x741831f6, 0xce5c3e16, 0x9b87931e, 0xafd6ba33, 0x6c24cf5c,
0x7a325381, 0x28958677, 0x3b8f4898, 0x6b4bb9af, 0xc4bfe81b, 0x66282193,
0x61d809cc, 0xfb21a991, 0x487cac60, 0x5dec8032, 0xef845d5d, 0xe98575b1,
0xdc262302, 0xeb651b88, 0x23893e81, 0xd396acc5, 0x0f6d6ff3, 0x83f44239,
0x2e0b4402, 0xa4842004, 0x69c8f04a, 0x9e1f9b5e, 0x21c66842, 0xf6e96c9a,
0x670c9c61, 0xabd388f0, 0x6a51a0d2, 0xd8542f68, 0x960fa728, 0xab5133a3,
0x6eef0b6c, 0x137a3be4, 0xba3bf050, 0x7efb2a98, 0xa1f1651d, 0x39af0176,
0x66ca593e, 0x82430e88, 0x8cee8619, 0x456f9fb4, 0x7d84a5c3, 0x3b8b5ebe,
0xe06f75d8, 0x85c12073, 0x401a449f, 0x56c16aa6, 0x4ed3aa62, 0x363f7706,
0x1bfedf72, 0x429b023d, 0x37d0d724, 0xd00a1248, 0xdb0fead3, 0x49f1c09b,
0x075372c9, 0x80991b7b, 0x25d479d8, 0xf6e8def7, 0xe3fe501a, 0xb6794c3b,
```

```
    0x976ce0bd,  0x04c006ba,  0xc1a94fb5,  0x409f60c4,  0x5e5c9ec2,  0x196a2463,
    0x68fb6faf,  0x3e6c53b5,  0x1339b2eb,  0x3b52ec6f,  0x6dfc511f,  0x9b30952c,
    0xcc814544,  0xaf5ebd09,  0xbee3d004,  0xde334afd,  0x660f2807,  0x192e4bb3,
    0xc0cba857,  0x45c8740f,  0xd20b5f39,  0xb9d3fbdb,  0x5579c0bd,  0x1a60320a,
    0xd6a100c6,  0x402c7279,  0x679f25fe,  0xfb1fa3cc,  0x8ea5e9f8,  0xdb3222f8,
    0x3c7516df,  0xfd616b15,  0x2f501ec8,  0xad0552ab,  0x323db5fa,  0xfd238760,
    0x53317b48,  0x3e00df82,  0x9e5c57bb,  0xca6f8ca0,  0x1a87562e,  0xdf1769db,
    0xd542a8f6,  0x287effc3,  0xac6732c6,  0x8c4f5573,  0x695b27b0,  0xbbca58c8,
    0xe1ffa35d,  0xb8f011a0,  0x10fa3d98,  0xfd2183b8,  0x4afcb56c,  0x2dd1d35b,
    0x9a53e479,  0xb6f84565,  0xd28e49bc,  0x4bfb9790,  0xe1ddf2da,  0xa4cb7e33,
    0x62fb1341,  0xccee4c6e8, 0xef20cada,  0x36774c01,  0xd07e9efe,  0x2bf11fb4,
    0x95dbda4d,  0xae909198,  0xeaad8e71,  0x6b93d5a0,  0xd08ed1d0,  0xafc725e0,
    0x8e3c5b2f,  0x8e7594b7,  0x8ff6e2fb,  0xf2122b64,  0x8888b812,  0x900df01c,
    0x4fad5ea0,  0x688fc31c,  0xd1cff191,  0xb3a8c1ad,  0x2f2f2218,  0xbe0e1777,
    0xea752dfe,  0x8b021fa1,  0xe5a0cc0f,  0xb56f74e8,  0x18acf3d6,  0xce89e299,
    0xb4a84fe0,  0xfd13e0b7,  0x7cc43b81,  0xd2ada8d9,  0x165fa266,  0x80957705,
    0x93cc7314,  0x211a1477,  0xe6ad2065,  0x77b5fa86,  0xc75442f5,  0xfb9d35cf,
    0xebcdaf0c,  0x7b3e89a0,  0xd6411bd3,  0xae1e7e49,  0x00250e2d,  0x2071b35e,
    0x226800bb,  0x57b8e0af,  0x2464369b,  0xf009b91e,  0x5563911d,  0x59dfa6aa,
    0x78c14389,  0xd95a537f,  0x207d5ba2,  0x02e5b9c5,  0x83260376,  0x6295cfa9,
    0x11c81968,  0x4e734a41,  0xb3472dca,  0x7b14a94a,  0x1b510052,  0x9a532915,
    0xd60f573f,  0xbc9bc6e4,  0x2b60a476,  0x81e67400,  0x08ba6fb5,  0x571be91f,
    0xf296ec6b,  0x2a0dd915,  0xb6636521,  0xe7b9f9b6,  0xff34052e,  0xc5855664,
    0x53b02d5d,  0xa99f8fa1,  0x08ba4799,  0x6e85076a};
unsigned long ks1[] = {
    0x4b7a70e9,  0xb5b32944,  0xdb75092e,  0xc4192623,  0xad6ea6b0,  0x49a7df7d,
    0x9cee60b8,  0x8fedb266,  0xecaa8c71,  0x699a17ff,  0x5664526c,  0xc2b19ee1,
    0x193602a5,  0x75094c29,  0xa0591340,  0xe4183a3e,  0x3f54989a,  0x5b429d65,
    0x6b8fe4d6,  0x99f73fd6,  0xa1d29c07,  0xefe830f5,  0x4d2d38e6,  0xf0255dc1,
    0x4cdd2086,  0x8470eb26,  0x6382e9c6,  0x021ecc5e,  0x09686b3f,  0x3ebaefc9,
    0x3c971814,  0x6b6a70a1,  0x687f3584,  0x52a0e286,  0xb79c5305,  0xaa500737,
    0x3e07841c,  0x7fdeae5c,  0x8e7d44ec,  0x5716f2b8,  0xb03ada37,  0xf0500c0d,
    0xf01c1f04,  0x0200b3ff,  0xae0cf51a,  0x3cb574b2,  0x25837a58,  0xdc0921bd,
    0xd19113f9,  0x7ca92ff6,  0x94324773,  0x22f54701,  0x3ae5e581,  0x37c2dadc,
    0xc8b57634,  0x9af3dda7,  0xa9446146,  0x0fd0030e,  0xecc8c73e,  0xa4751e41,
    0xe238cd99,  0x3bea0e2f,  0x3280bba1,  0x183eb331,  0x4e548b38,  0x4f6db908,
    0x6f420d03,  0xf60a04bf,  0x2cb81290,  0x24977c79,  0x5679b072,  0xbcaf89af,
    0xde9a771f,  0xd9930810,  0xb38bae12,  0xdccf3f2e,  0x5512721f,  0x2e6b7124,
    0x501adde6,  0x9f84cd87,  0x7a584718,  0x7408da17,  0xbc9f9abc,  0xe94b7d8c,
    0xec7aec3a,  0xdb851dfa,  0x63094366,  0xc464c3d2,  0xef1c1847,  0x3215d908,
    0xdd433b37,  0x24c2ba16,  0x12a14d43,  0x2a65c451,  0x50940002,  0x133ae4dd,
    0x71dff89e,  0x10314e55,  0x81ac77d6,  0x5f11199b,  0x043556f1,  0xd7a3c76b,
    0x3c11183b,  0x5924a509,  0xf28fe6ed,  0x97f1fbfa,  0x9ebabf2c,  0x1e153c6e,
    0x86e34570,  0xeae96fb1,  0x860e5e0a,  0x5a3e2ab3,  0x771fe71c,  0x4e3d06fa,
    0x2965dcb9,  0x99e71d0f,  0x803e89d6,  0x5266c825,  0x2e4cc978,  0x9c10b36a,
    0xc6150eba,  0x94e2ea78,  0xa5fc3c53,  0x1e0a2df4,  0xf2f74ea7,  0x361d2b3d,
    0x1939260f,  0x19c27960,  0x5223a708,  0xf71312b6,  0xebadfe6e,  0xeac31f66,
    0xe3bc4595,  0xa67bc883,  0xb17f37d1,  0x018cff28,  0xc332ddef,  0xbe6c5aa5,
    0x65582185,  0x68ab9802,  0xeecea50f,  0xdb2f953b,  0x2aef7dad,  0x5b6e2f84,
    0x1521b628,  0x29076170,  0xecdd4775,  0x619f1510,  0x13cca830,  0xeb61bd96,
    0x0334fe1e,  0xaa0363cf,  0xb5735c90,  0x4c70a239,  0xd59e9e0b,  0xcbaade14,
    0xeeecc86bc, 0x60622ca7,  0x9cab5cab,  0xb2f3846e,  0x648b1eaf,  0x19bdf0ca,
    0xa02369b9,  0x655abb50,  0x40685a32,  0x3c2ab4b3,  0x319ee9d5,  0xc021b8f7,
    0x9b540b19,  0x875fa099,  0x95f7997e,  0x623d7da8,  0xf837889a,  0x97e32d77,
```

```
0x11ed935f, 0x16681281, 0x0e358829, 0xc7e61fd6, 0x96dedfa1, 0x7858ba99,
0x57f584a5, 0x1b227263, 0x9b83c3ff, 0x1ac24696, 0xcdb30aeb, 0x532e3054,
0x8fd948e4, 0x6dbc3128, 0x58ebf2ef, 0x34c6ffea, 0xfe28ed61, 0xee7c3c73,
0x5d4a14d9, 0xe864b7e3, 0x42105d14, 0x203e13e0, 0x45eee2b6, 0xa3aaabea,
0xdb6c4f15, 0xfacb4fd0, 0xc742f442, 0xef6abbb5, 0x654f3b1d, 0x41cd2105,
0xd81e799e, 0x86854dc7, 0xe44b476a, 0x3d816250, 0xcf62a1f2, 0x5b8d2646,
0xfc8883a0, 0xc1c7b6a3, 0x7f1524c3, 0x69cb7492, 0x47848a0b, 0x5692b285,
0x095bbf00, 0xad19489d, 0x1462b174, 0x23820e00, 0x58428d2a, 0x0c55f5ea,
0x1dadf43e, 0x233f7061, 0x3372f092, 0x8d937e41, 0xd65fecf1, 0x6c223bdb,
0x7cde3759, 0xcbee7460, 0x4085f2a7, 0xce77326e, 0xa6078084, 0x19f8509e,
0xe8efd855, 0x61d99735, 0xa969a7aa, 0xc50c06c2, 0x5a04abfc, 0x800bcadc,
0x9e447a2e, 0xc3453484, 0xfdd56705, 0x0e1e9ec9, 0xdb73dbd3, 0x105588cd,
0x675fda79, 0xe3674340, 0xc5c43465, 0x713e38d8, 0x3d28f89e, 0xf16dff20,
0x153e21e7, 0x8fb03d4a, 0xe6e39f2b, 0xdb83adf7};
unsigned long ks2[] = {
0xe93d5a68, 0x948140f7, 0xf64c261c, 0x94692934, 0x411520f7, 0x7602d4f7,
0xbcf46b2e, 0xd4a20068, 0xd4082471, 0x3320f46a, 0x43b7d4b7, 0x500061af,
0x1e39f62e, 0x97244546, 0x14214f74, 0xbf8b8840, 0x4d95fc1d, 0x96b591af,
0x70f4ddd3, 0x66a02f45, 0xbfbc09ec, 0x03bd9785, 0x7fac6dd0, 0x31cb8504,
0x96eb27b3, 0x55fd3941, 0xda2547e6, 0xabca0a9a, 0x28507825, 0x530429f4,
0x0a2c86da, 0xe9b66dfb, 0x68dc1462, 0xd7486900, 0x680ec0a4, 0x27a18dee,
0x4f3ffea2, 0xe887ad8c, 0xb58ce006, 0x7af4d6b6, 0xaace1e7c, 0xd3375fec,
0xce78a399, 0x406b2a42, 0x20fe9e35, 0xd9f385b9, 0xee39d7ab, 0x3b124e8b,
0x1dc9faf7, 0x4b6d1856, 0x26a36631, 0xeae397b2, 0x3a6efa74, 0xdd5b4332,
0x6841e7f7, 0xca7820fb, 0xfb0af54e, 0xd8feb397, 0x454056ac, 0xba489527,
0x55533a3a, 0x20838d87, 0xfe6ba9b7, 0xd096954b, 0x55a867bc, 0xa1159a58,
0xcca92963, 0x99e1db33, 0xa62a4a56, 0x3f3125f9, 0x5ef47e1c, 0x9029317c,
0xfdf8e802, 0x04272f70, 0x80bb155c, 0x05282ce3, 0x95c11548, 0xe4c66d22,
0x48c1133f, 0xc70f86dc, 0x07f9c9ee, 0x41041f0f, 0x404779a4, 0x5d886e17,
0x325f51eb, 0xd59bc0d1, 0xf2bcc18f, 0x41113564, 0x257b7834, 0x602a9c60,
0xdff8e8a3, 0x1f636c1b, 0x0e12b4c2, 0x02e1329e, 0xaf664fd1, 0xcad18115,
0x6b2395e0, 0x333e92e1, 0x3b240b62, 0xeebeb922, 0x85b2a20e, 0xe6ba0d99,
0xde720c8c, 0x2da2f728, 0xd0127845, 0x95b794fd, 0x647d0862, 0xe7ccf5f0,
0x5449a36f, 0x877d48fa, 0xc39dfd27, 0xf33e8d1e, 0x0a476341, 0x992eff74,
0x3a6f6eab, 0xf4f8fd37, 0xa812dc60, 0xa1ebddf8, 0x991be14c, 0xdb6e6b0d,
0xc67b5510, 0x6d672c37, 0x2765d43b, 0xdcd0e804, 0xf1290dc7, 0xcc00ffa3,
0xb5390f92, 0x690fed0b, 0x667b9ffb, 0xcedb7d9c, 0xa091cf0b, 0xd9155ea3,
0xbb132f88, 0x515bad24, 0x7b9479bf, 0x763bd6eb, 0x37392eb3, 0xcc115979,
0x8026e297, 0xf42e312d, 0x6842ada7, 0xc66a2b3b, 0x12754ccc, 0x782ef11c,
0x6a124237, 0xb79251e7, 0x06a1bbe6, 0x4bfb6350, 0x1a6b1018, 0x11caedfa,
0x3d25bdd8, 0xe2e1c3c9, 0x44421659, 0x0a121386, 0xd90cec6e, 0xd5abea2a,
0x64af674e, 0xda86a85f, 0xbebfe988, 0x64e4c3fe, 0x9dbc8057, 0xf0f7c086,
0x60787bf8, 0x6003604d, 0xd1fd8346, 0xf6381fb0, 0x7745ae04, 0xd736fccc,
0x83426b33, 0xf01eab71, 0xb0804187, 0x3c005e5f, 0x77a057be, 0xbde8ae24,
0x55464299, 0xbf582e61, 0x4e58f48f, 0xf2ddfda2, 0xf474ef38, 0x8789bdc2,
0x5366f9c3, 0xc8b38e74, 0xb475f255, 0x46fcd9b9, 0x7aeb2661, 0x8b1ddf84,
0x846a0e79, 0x915f95e2, 0x466e598e, 0x20b45770, 0x8cd55591, 0xc902de4c,
0xb90bace1, 0xbb8205d0, 0x11a86248, 0x7574a99e, 0xb77f19b6, 0xe0a9dc09,
0x662d09a1, 0xc4324633, 0xe85a1f02, 0x09f0be8c, 0x4a99a025, 0x1d6efe10,
0x1ab93d1d, 0x0ba5a4df, 0xa186f20f, 0x2868f169, 0xdcb7da83, 0x573906fe,
0xa1e2ce9b, 0x4fcd7f52, 0x50115e01, 0xa70683fa, 0xa002b5c4, 0x0de6d027,
0x9af88c27, 0x773f8641, 0xc3604c06, 0x61a806b5, 0xf0177a28, 0xc0f586e0,
0x006058aa, 0x30dc7d62, 0x11e69ed7, 0x2338ea63, 0x53c2dd94, 0xc2c21634,
0xbbbcbee56, 0x90bcb6de, 0xebfc7da1, 0xce591d76, 0x6f05e409, 0x4b7c0188,
```

```
0x39720a3d, 0x7c927c24, 0x86e3725f, 0x724d9db9, 0x1ac15bb4, 0xd39eb8fc,
0xed545578, 0x08fca5b5, 0xd83d7cd3, 0x4dad0fc4, 0x1e50ef5e, 0xb161e6f8,
0xa28514d9, 0x6c51133c, 0x6fd5c7e7, 0x56e14ec4, 0x362abfce, 0xddc6c837,
0xd79a3234, 0x92638212, 0x670efa8e, 0x406000e0};
unsigned long ks3[] = {
0x3a39ce37, 0xd3faf5cf, 0xabc27737, 0x5ac52d1b, 0x5cb0679e, 0x4fa33742,
0xd3822740, 0x99bc9bbe, 0xd5118e9d, 0xbf0f7315, 0xd62d1c7e, 0xc700c47b,
0xb78c1b6b, 0x21a19045, 0xb26eb1be, 0x6a366eb4, 0x5748ab2f, 0xbc946e79,
0xc6a376d2, 0x6549c2c8, 0x530ff8ee, 0x468dde7d, 0xd5730a1d, 0x4cd04dc6,
0x2939bbdb, 0xa9ba4650, 0xac9526e8, 0xbe5ee304, 0xa1fad5f0, 0x6a2d519a,
0x63ef8ce2, 0x9a86ee22, 0xc089c2b8, 0x43242ef6, 0xa51e03aa, 0x9cf2d0a4,
0x83c061ba, 0x9be96a4d, 0x8fe51550, 0xba645bd6, 0x2826a2f9, 0xa73a3ae1,
0x4ba99586, 0xef5562e9, 0xc72fefd3, 0xf752f7da, 0x3f046f69, 0x77fa0a59,
0x80e4a915, 0x87b08601, 0x9b09e6ad, 0x3b3ee593, 0xe990fd5a, 0x9e34d797,
0x2cf0b7d9, 0x022b8b51, 0x96d5ac3a, 0x017da67d, 0xd1cf3ed6, 0x7c7d2d28,
0x1f9f25cf, 0xadf2b89b, 0x5ad6b472, 0x5a88f54c, 0xe029ac71, 0xe019a5e6,
0x47b0acfd, 0xed93fa9b, 0xe8d3c48d, 0x283b57cc, 0xf8d56629, 0x79132e28,
0x785f0191, 0xed756055, 0xf7960e44, 0xe3d35e8c, 0x15056dd4, 0x88f46dba,
0x03a16125, 0x0564f0bd, 0xc3eb9e15, 0x3c9057a2, 0x97271aec, 0xa93a072a,
0x1b3f6d9b, 0x1e6321f5, 0xf59c66fb, 0x26dcf319, 0x7533d928, 0xb155fdf5,
0x03563482, 0x8aba3cbb, 0x28517711, 0xc20ad9f8, 0xabcc5167, 0xccad925f,
0x4de81751, 0x3830dc8e, 0x379d5862, 0x9320f991, 0xea7a90c2, 0xfb3e7bce,
0x5121ce64, 0x774fbe32, 0xa8b6e37e, 0xc3293d46, 0x48de5369, 0x6413e680,
0xa2ae0810, 0xdd6db224, 0x69852dfd, 0x09072166, 0xb39a460a, 0x6445c0dd,
0x586cdecf, 0x1c20c8ae, 0x5bbef7dd, 0x1b588d40, 0xccd2017f, 0x6bb4e3bb,
0xdda26a7e, 0x3a59ff45, 0x3e350a44, 0xbcb4cdd5, 0x72eacea8, 0xfa6484bb,
0x8d6612ae, 0xbf3c6f47, 0xd29be463, 0x542f5d9e, 0xaec2771b, 0xf64e6370,
0x740e0d8d, 0xe75b1357, 0xf8721671, 0xaf537d5d, 0x4040cb08, 0x4eb4e2cc,
0x34d2466a, 0x0115af84, 0xe1b00428, 0x95983a1d, 0x06b89fb4, 0xce6ea048,
0x6f3f3b82, 0x3520ab82, 0x011a1d4b, 0x277227f8, 0x611560b1, 0xe7933fdc,
0xbb3a792b, 0x344525bd, 0xa08839e1, 0x51ce794b, 0x2f32c9b7, 0xa01fbac9,
0xe01cc87e, 0xbcc7d1f6, 0xcf0111c3, 0xa1e8aac7, 0x1a908749, 0xd44fbd9a,
0xd0dadecb, 0xd50ada38, 0x0339c32a, 0xc6913667, 0x8df9317c, 0xe0b12b4f,
0xf79e59b7, 0x43f5bb3a, 0xf2d519ff, 0x27d9459c, 0xbf97222c, 0x15e6fc2a,
0x0f91fc71, 0x9b941525, 0xfae59361, 0xceb69ceb, 0xc2a86459, 0x12baa8d1,
0xb6c1075e, 0xe3056a0c, 0x10d25065, 0xcb03a442, 0xe0ec6e0e, 0x1698db3b,
0x4c98a0be, 0x3278e964, 0x9f1f9532, 0xe0d392df, 0xd3a0342b, 0x8971f21e,
0x1b0a7441, 0x4ba3348c, 0xc5be7120, 0xc37632d8, 0xdf359f8d, 0x9b992f2e,
0xe60b6f47, 0x0fe3f11d, 0xe54cda54, 0x1edad891, 0xce6279cf, 0xcd3e7e6f,
0x1618b166, 0xfd2c1d05, 0x848fd2c5, 0xf6fb2299, 0xf523f357, 0xa6327623,
0x93a83531, 0x56cccd02, 0xacf08162, 0x5a75ebb5, 0x6e163697, 0x88d273cc,
0xde966292, 0x81b949d0, 0x4c50901b, 0x71c65614, 0xe6c6c7bd, 0x327a140a,
0x45e1d006, 0xc3f27b9a, 0xc9aa53fd, 0x62a80f00, 0xbb25bfe2, 0x35bdd2f6,
0x71126905, 0xb2040222, 0xb6cbcf7c, 0xcd769c2b, 0x53113ec0, 0x1640e3d3,
0x38abbd60, 0x2547adf0, 0xba38209c, 0xf746ce76, 0x77afa1c5, 0x20756060,
0x85cbfe4e, 0x8ae88dd8, 0x7aaaf9b0, 0x4cf9aa7e, 0x1948c25c, 0x02fb8a8c,
0x01c36ae4, 0xd6ebe1f9, 0x90d4f869, 0xa65cdea0, 0x3f09252d, 0xc208e69f,
0xb74e6132, 0xce77e25b, 0x578fdfe3, 0x3ac372e6};

unsigned long ps[18]={
0x243f6a88, 0x85a308d3, 0x13198a2e, 0x03707344, 0xa4093822, 0x299f31d0,
0x082efa98, 0xec4e6c89, 0x452821e6, 0x38d01377, 0xbe5466cf, 0x34e90c6c,
0xc0ac29b7, 0xc97c50dd, 0x3f84d5b5, 0xb5470917, 0x9216d5d9, 0x8979fb1b};
/* Initialize P array */
          for(i=0;i<18;i++) c->P[i]=ps[i];

/* Initialize s-boxes without file read. */
        for(i=0;i<256;i++){
```

```c
                c->S[0][i] = ks0[i];
                c->S[1][i] = ks1[i];
                c->S[2][i] = ks2[i];
                c->S[3][i] = ks3[i];
        }

        j = 0;
        for (i = 0; i < N + 2; ++i) {
                data = 0x00000000;
                for (k = 0; k < 4; ++k) {
                        data = (data << 8) | key[j];
                        j = j + 1;
                        if (j >= keybytes) {
                                j = 0;
                        }
                }
                c->P[i] = c->P[i] ^ data;
        }

    datal = 0x00000000;
        datar = 0x00000000;

        for (i = 0; i < N + 2; i += 2) {
                Blowfish_encipher(c,&datal, &datar);

                c->P[i] = datal;
                c->P[i + 1] = datar;
        }

        for (i = 0; i < 4; ++i) {
                for (j = 0; j < 256; j += 2) {

                        Blowfish_encipher(c,&datal, &datar);

                        c->S[i][j] = datal;
                        c->S[i][j + 1] = datar;
                }
        }
}
void blf_key(blf_ctx *c, char *k, int len){
        InitializeBlowfish(c,k,len);
}

void blf_enc(blf_ctx *c, unsigned long *data, int blocks){
        unsigned long *d;
        int i;

        d = data;
        for(i=0;i<blocks;i++){
                Blowfish_encipher(c,d,d+1);
                d += 2;
        }
}

void blf_dec(blf_ctx *c, unsigned long *data, int blocks){
        unsigned long *d;
        int i;
```

```
                d = data;
                for(i=0;i<blocks;i++){
                        Blowfish_decipher(c,d,d+1);
                        d += 2;
                }
}

void main(void){
        blf_ctx c;
        char key[]="AAAAA";
        unsigned long data[10];
        int i;

        for(i=0;i<10;i++) data[i] = i;

        blf_key(&c,key,5);
        blf_enc(&c,data,5);
        blf_dec(&c,data,1);
        blf_dec(&c,data+2,4);
        for(i=0;i<10;i+=2) printf("Block %01d decrypts to: %08lx %08lx.\n",
                                  i/2,data[i],data[i+1]);
}
```

3-Way

```
#define    STRT_E    0x0b0b  /* round constant of first encryption round */
#define    STRT_D    0xb1b1  /* round constant of first decryption round */
#define    NMBR      11      /* number of rounds is 11                   */

typedef    unsigned long int   word32 ;
                   /* the program only works correctly if long = 32bits */
typedef unsigned long u4;
typedef unsigned char u1;

typedef struct {
        u4 k[3],ki[3], ercon[NMBR+1],drcon[NMBR+1];
} twy_ctx;

/* Note:  encrypt and decrypt expect full blocks--padding blocks is
          caller's responsibility.  All bulk encryption is done in
          ECB mode by these calls.  Other modes may be added easily
          enough.                                                       */

/* destroy: Context. */
/* Scrub context of all sensitive data. */
void twy_destroy(twy_ctx *);

/* encrypt:  Context, ptr to data block, # of blocks. */
void twy_enc(twy_ctx *, u4 *, int);

/* decrypt:  Context, ptr to data block, # of blocks. */
void twy_dec(twy_ctx *, u4 *, int);
```

```
/* key:   Context, ptr to key data. */
void twy_key(twy_ctx *, u4 *);

/* ACCODE----------------------------------------------------------- */
/* End of AC code prototypes and structures.                         */
/* ---------------------------------------------------------------- */

void mu(word32 *a)        /* inverts the order of the bits of a */
{
int i ;
word32 b[3] ;

b[0] = b[1] = b[2] = 0 ;
for( i=0 ; i<32 ; i++ )
   {
   b[0] <<= 1 ; b[1] <<= 1 ; b[2] <<= 1 ;
   if(a[0]&1) b[2] |= 1 ;
   if(a[1]&1) b[1] |= 1 ;
   if(a[2]&1) b[0] |= 1 ;
   a[0] >>= 1 ; a[1] >>= 1 ; a[2] >>= 1 ;
   }

a[0] = b[0] ;    a[1] = b[1] ;    a[2] = b[2] ;
}

void gamma(word32 *a)   /* the nonlinear step */
{
word32 b[3] ;

b[0] = a[0] ^ (a[1]|(~a[2])) ;
b[1] = a[1] ^ (a[2]|(~a[0])) ;
b[2] = a[2] ^ (a[0]|(~a[1])) ;

a[0] = b[0] ;    a[1] = b[1] ;    a[2] = b[2] ;
}

void theta(word32 *a)   /* the linear step */
{
word32 b[3];

b[0] = a[0] ^  (a[0]>>16) ^ (a[1]<<16) ^     (a[1]>>16) ^ (a[2]<<16) ^
               (a[1]>>24) ^ (a[2]<<8)  ^     (a[2]>>8)  ^ (a[0]<<24) ^
               (a[2]>>16) ^ (a[0]<<16) ^     (a[2]>>24) ^ (a[0]<<8)  ;
b[1] = a[1] ^  (a[1]>>16) ^ (a[2]<<16) ^     (a[2]>>16) ^ (a[0]<<16) ^
               (a[2]>>24) ^ (a[0]<<8)  ^     (a[0]>>8)  ^ (a[1]<<24) ^
               (a[0]>>16) ^ (a[1]<<16) ^     (a[0]>>24) ^ (a[1]<<8)  ;
b[2] = a[2] ^  (a[2]>>16) ^ (a[0]<<16) ^     (a[0]>>16) ^ (a[1]<<16) ^
               (a[0]>>24) ^ (a[1]<<8)  ^     (a[1]>>8)  ^ (a[2]<<24) ^
               (a[1]>>16) ^ (a[2]<<16) ^     (a[1]>>24) ^ (a[2]<<8)  ;

a[0] = b[0] ;    a[1] = b[1] ;    a[2] = b[2] ;
}

void pi_1(word32 *a)
```

```c
{
a[0] = (a[0]>>10) ^ (a[0]<<22);
a[2] = (a[2]<<1)  ^ (a[2]>>31);
}

void pi_2(word32 *a)
{
a[0] = (a[0]<<1)  ^ (a[0]>>31);
a[2] = (a[2]>>10) ^ (a[2]<<22);
}

void rho(word32 *a)     /* the round function        */
{
theta(a) ;
pi_1(a) ;
gamma(a) ;
pi_2(a) ;
}

void rndcon_gen(word32 strt,word32 *rtab)
{                            /* generates the round constants */
int i ;

for(i=0 ; i<=NMBR ; i++ )
    {
    rtab[i] = strt ;
    strt <<= 1 ;
    if( strt&0x10000 ) strt ^= 0x11011 ;
    }
}

/* Modified slightly to fit the caller's needs. */
void encrypt(twy_ctx *c, word32 *a)
{
char i ;
for( i=0 ; i<NMBR ; i++ )
    {
    a[0] ^= c->k[0] ^ (c->ercon[i]<<16) ;
    a[1] ^= c->k[1] ;
    a[2] ^= c->k[2] ^ c->ercon[i] ;
    rho(a) ;
    }
a[0] ^= c->k[0] ^ (c->ercon[NMBR]<<16) ;
a[1] ^= c->k[1] ;
a[2] ^= c->k[2] ^ c->ercon[NMBR] ;
theta(a) ;
}

/* Modified slightly to meet caller's needs. */
void decrypt(twy_ctx *c, word32 *a)
{
char i ;

mu(a) ;
```

```
for( i=0 ; i<NMBR ; i++ )
   {
   a[0] ^= c->ki[0] ^ (c->drcon[i]<<16) ;
   a[1] ^= c->ki[1] ;
   a[2] ^= c->ki[2] ^ c->drcon[i] ;
   rho(a) ;
   }
a[0] ^= c->ki[0] ^ (c->drcon[NMBR]<<16) ;
a[1] ^= c->ki[1] ;
a[2] ^= c->ki[2] ^ c->drcon[NMBR] ;
theta(a) ;
mu(a) ;
}

void twy_key(twy_ctx *c, u4 *key){
        c->ki[0] = c->k[0] = key[0];
        c->ki[1] = c->k[1] = key[1];
        c->ki[2] = c->k[2] = key[2];
        theta(c->ki);
        mu(c->ki);
        rndcon_gen(STRT_E,c->ercon);
        rndcon_gen(STRT_D,c->drcon);

}

/* Encrypt in ECB mode. */
void twy_enc(twy_ctx *c, u4 *data, int blkcnt){
        u4 *d;
        int i;

        d = data;
        for(i=0;i<blkcnt;i++) {
                encrypt(c,d);
                d +=3;
        }
}

/* Decrypt in ECB mode. */
void twy_dec(twy_ctx *c, u4 *data, int blkcnt){
        u4 *d;
        int i;

        d = data;
        for(i=0;i<blkcnt;i++){
                decrypt(c,d);
                d+=3;
        }
}

/* Scrub sensitive values from memory before deallocating. */
void twy_destroy(twy_ctx *c){
        int i;

        for(i=0;i<3;i++) c->k[i] = c->ki[i] = 0;
```

```
}

void printvec(char *chrs, word32 *d){
        printf("%20s : %08lx %08lx %08lx \n",chrs,d[2],d[1],d[0]);
}

main()
{
twy_ctx gc;
word32 a[9],k[3];
int i;

/* Test vector 1. */

k[0]=k[1]=k[2]=0;
a[0]=a[1]=a[2]=1;
twy_key(&gc,k);

printf("**********\n");
printvec("KEY = ",k);
printvec("PLAIN = ",a);
encrypt(&gc,a);
printvec("CIPHER = ",a);

/* Test vector 2. */

k[0]=6;k[1]=5;k[2]=4;
a[0]=3;a[1]=2;a[2]=1;
twy_key(&gc,k);

printf("**********\n");
printvec("KEY = ",k);
printvec("PLAIN = ",a);
encrypt(&gc,a);
printvec("CIPHER = ",a);

/* Test vector 3. */

k[2]=0xbcdef012;k[1]=0x456789ab;k[0]=0xdef01234;
a[2]=0x01234567;a[1]=0x9abcdef0;a[0]=0x23456789;
twy_key(&gc,k);

printf("**********\n");
printvec("KEY = ",k);
printvec("PLAIN = ",a);
encrypt(&gc,a);
printvec("CIPHER = ",a);

/* Test vector 4. */

k[2]=0xcab920cd;k[1]=0xd6144138;k[0]=0xd2f05b5e;
a[2]=0xad21ecf7;a[1]=0x83ae9dc4;a[0]=0x4059c76e;
twy_key(&gc,k);

printf("**********\n");
```

```
printvec("KEY = ",k);
printvec("PLAIN = ",a);
encrypt(&gc,a);
printvec("CIPHER = ",a);

/*  TEST VALUES

key        : 00000000 00000000 00000000
plaintext  : 00000001 00000001 00000001
ciphertext : ad21ecf7 83ae9dc4 4059c76e

key        : 00000004 00000005 00000006
plaintext  : 00000001 00000002 00000003
ciphertext : cab920cd d6144138 d2f05b5e

key        : bcdef012 456789ab def01234
plaintext  : 01234567 9abcdef0 23456789
ciphertext : 7cdb76b2 9cdddb6d 0aa55dbb

key        : cab920cd d6144138 d2f05b5e
plaintext  : ad21ecf7 83ae9dc4 4059c76e
ciphertext : 15b155ed 6b13f17c 478ea871

*/

/* Enc/dec test: */
for(i=0;i<9;i++) a[i]=i;
twy_enc(&gc,a,3);
for(i=0;i<9;i+=3) printf("Block %01d encrypts to %08lx %08lx %08lx\n",
                         i/3,a[i],a[i+1],a[i+2]);

twy_dec(&gc,a,2);
twy_dec(&gc,a+6,1);

 for(i=0;i<9;i+=3) printf("Block %01d decrypts to %08lx %08lx %08lx\n",
                          i/3,a[i],a[i+1],a[i+2]);
}
```

RC5

```
#include <stdio.h>

/* An RC5 context needs to know how many rounds it has, and its subkeys. */
typedef struct {
        u4 *xk;
        int nr;
} rc5_ctx;

/* Where possible, these should be replaced with actual rotate instructions.
   For Turbo C++, this is done with _lrotl and _lrotr. */

#define ROTL32(X,C) (((X)<<(C))|((X)>>(32-(C))))
#define ROTR32(X,C) (((X)>>(C))|((X)<<(32-(C))))
```

```
/* Function prototypes for dealing with RC5 basic operations. */
void rc5_init(rc5_ctx *, int);
void rc5_destroy(rc5_ctx *);
void rc5_key(rc5_ctx *, u1 *, int);
void rc5_encrypt(rc5_ctx *, u4 *, int);
void rc5_decrypt(rc5_ctx *, u4 *, int);

/* Function implementations for RC5. */

/* Scrub out all sensitive values. */
void rc5_destroy(rc5_ctx *c){
        int i;
    for(i=0;i<(c->nr)*2+2;i++) c->xk[i]=0;
    free(c->xk);
}

/* Allocate memory for rc5 context's xk and such. */
void rc5_init(rc5_ctx *c, int rounds){
    c->nr = rounds;
    c->xk = (u4 *) malloc(4*(rounds*2+2));
}

void rc5_encrypt(rc5_ctx *c, u4 *data, int blocks){
        u4 *d,*sk;
        int h,i,rc;

    d = data;
        sk = (c->xk)+2;
        for(h=0;h<blocks;h++){
                d[0] += c->xk[0];
                d[1] += c->xk[1];
                for(i=0;i<c->nr*2;i+=2){
                        d[0] ^= d[1];
                        rc = d[1] & 31;
                        d[0] = ROTL32(d[0],rc);
                        d[0] += sk[i];
                d[1] ^= d[0];
                        rc = d[0] & 31;
                        d[1] = ROTL32(d[1],rc);
                        d[1] += sk[i+1];
/*printf("Round %03d : %08lx %08lx   sk= %08lx %08lx\n",i/2,
                                d[0],d[1],sk[i],sk[i+1]);*/
                }
           d+=2;
        }
}

void rc5_decrypt(rc5_ctx *c, u4 *data, int blocks){
    u4 *d,*sk;
        int h,i,rc;

    d = data;
       sk = (c->xk)+2;
    for(h=0;h<blocks;h++){
                for(i=c->nr*2-2;i>=0;i-=2){
```

```
        /*printf("Round %03d: %08lx %08lx   sk: %08lx %08lx\n",
                i/2,d[0],d[1],sk[i],sk[i+1]); */
                                d[1] -= sk[i+1];
                                rc = d[0] & 31;
                                d[1] = ROTR32(d[1],rc);
                                d[1] ^= d[0];

                                d[0] -= sk[i];
                                rc = d[1] & 31;
                                d[0] = ROTR32(d[0],rc);
                    d[0] ^= d[1];
                     }
                    d[0] -= c->xk[0];
                    d[1] -= c->xk[1];
            d+=2;
        }
}

void rc5_key(rc5_ctx *c, u1 *key, int keylen){
    u4 *pk,A,B; /* padded key */
    int xk_len, pk_len, i, num_steps,rc;
    u1 *cp;

    xk_len = c->nr*2 + 2;
    pk_len = keylen/4;
    if((keylen%4)!=0) pk_len += 1;

    pk = (u4 *) malloc(pk_len * 4);
    if(pk==NULL) {
        printf("An error occurred!\n");
        exit(-1);
    }

    /* Initialize pk -- this should work on Intel machines, anyway.... */
    for(i=0;i<pk_len;i++) pk[i]=0;
    cp = (u1 *)pk;
    for(i=0;i<keylen;i++) cp[i]=key[i];

    /* Initialize xk. */
    c->xk[0] = 0xb7e15163; /* P32 */
    for(i=1;i<xk_len;i++) c->xk[i] = c->xk[i-1] + 0x9e3779b9; /* Q32 */

    /* TESTING */
    A = B = 0;
    for(i=0;i<xk_len;i++) {
        A = A + c->xk[i];
        B = B ^ c->xk[i];
    }

    /* Expand key into xk. */
    if(pk_len>xk_len) num_steps = 3*pk_len;else num_steps = 3*xk_len;

    A = B = 0;
    for(i=0;i<num_steps;i++){
        A = c->xk[i%xk_len] = ROTL32(c->xk[i%xk_len] + A + B,3);
        rc = (A+B) & 31;
```

```
            B = pk[i%pk_len] = ROTL32(pk[i%pk_len] + A + B,rc);
    }

    /* Clobber sensitive data before deallocating memory. */
    for(i=0;i<pk_len;i++) pk[i] =0;

    free(pk);
}
void main(void){
    rc5_ctx c;
    u4 data[8];
    char key[] = "ABCDE";
    int i;

    printf("-------------------------------------------------\n");

       for(i=0;i<8;i++) data[i] = i;
    rc5_init(&c,10); /* 10 rounds */
    rc5_key(&c,key,5);

       rc5_encrypt(&c,data,4);
       printf("Encryptions:\n");
       for(i=0;i<8;i+=2) printf("Block %01d = %08lx %08lx\n",
                              i/2,data[i],data[i+1]);
       rc5_decrypt(&c,data,2);
    rc5_decrypt(&c,data+4,2);
       printf("Decryptions:\n");
       for(i=0;i<8;i+=2) printf("Block %01d = %08lx %08lx\n",
                              i/2,data[i],data[i+1]);

}
```

A5

```
typedef struct {
        unsigned long r1,r2,r3;
} a5_ctx;

static int threshold(r1, r2, r3)
unsigned int r1;
unsigned int r2;
unsigned int r3;
{
int total;

   total = (((r1 >>  9) & 0x1) == 1) +
           (((r2 >> 11) & 0x1) == 1) +
           (((r3 >> 11) & 0x1) == 1);

   if (total > 1)
     return (0);
```

```c
    else
      return (1);
}
unsigned long clock_r1(ctl, r1)
int ctl;
unsigned long r1;
{
unsigned long feedback;

  ctl ^= ((r1 >> 9) & 0x1);
  if (ctl)
  {
    feedback = (r1 >> 18) ^ (r1 >> 17) ^ (r1 >> 16) ^ (r1 >> 13);
    r1 = (r1 << 1) & 0x7ffff;
    if (feedback & 0x01)
       r1 ^= 0x01;
  }
  return (r1);
}

unsigned long clock_r2(ctl, r2)
int ctl;
unsigned long r2;
{
unsigned long feedback;

  ctl ^= ((r2 >> 11) & 0x1);
  if (ctl)
  {
    feedback = (r2 >> 21) ^ (r2 >> 20) ^ (r2 >> 16) ^ (r2 >> 12);
    r2 = (r2 << 1) & 0x3fffff;
    if (feedback & 0x01)
       r2 ^= 0x01;
  }
  return (r2);
}

unsigned long clock_r3(ctl, r3)
int ctl;
unsigned long r3;
{
unsigned long feedback;

  ctl ^= ((r3 >> 11) & 0x1);
  if (ctl)
  {
    feedback = (r3 >> 22) ^ (r3 >> 21) ^ (r3 >> 18) ^ (r3 >> 17);
    r3 = (r3 << 1) & 0x7fffff;
    if (feedback & 0x01)
       r3 ^= 0x01;
  }
  return (r3);
}
```

```c
int keystream(key, frame, alice, bob)
unsigned char *key;     /* 64 bit session key                */
unsigned long frame;    /* 22 bit frame sequence number     */
unsigned char *alice;   /* 114 bit Alice to Bob key stream */
unsigned char *bob;     /* 114 bit Bob to Alice key stream */
{
unsigned long r1;       /* 19 bit shift register */
unsigned long r2;       /* 22 bit shift register */
unsigned long r3;       /* 23 bit shift register */
int i;                  /* counter for loops      */
int clock_ctl;          /* xored with clock enable on each shift register */
unsigned char *ptr;     /* current position in keystream */
unsigned char byte;     /* byte of keystream being assembled */
unsigned int bits;      /* number of bits of keystream in byte */
unsigned int bit;       /* bit output from keystream generator */

  /* Initialise shift registers from session key */

  r1 = (key[0] | (key[1] << 8) | (key[2] << 16) ) & 0x7fffff;
  r2 = ((key[2] >> 3) | (key[3] << 5) | (key[4] << 13) | (key[5] << 21)) & 0x3fffff;
  r3 = ((key[5] >> 1) | (key[6] << 7) | (key[7] << 15) ) & 0x7fffff;

  /* Merge frame sequence number into shift register state, by xor'ing it
   * into the feedback path
   */

  for (i=0;i<22;i++)
  {
    clock_ctl = threshold(r1, r2, r2);
    r1 = clock_r1(clock_ctl, r1);
    r2 = clock_r2(clock_ctl, r2);
    r3 = clock_r3(clock_ctl, r3);
    if (frame & 1)
    {
      r1 ^= 1;
      r2 ^= 1;
      r3 ^= 1;
    }
    frame = frame >> 1;
  }

  /* Run shift registers for 100 clock ticks to allow frame number to
   * be diffused into all the bits of the shift registers
   */

  for (i=0;i<100;i++)
  {
    clock_ctl = threshold(r1, r2, r2);
    r1 = clock_r1(clock_ctl, r1);
    r2 = clock_r2(clock_ctl, r2);
    r3 = clock_r3(clock_ctl, r3);
  }

  /* Produce 114 bits of Alice->Bob key stream */
```

```
ptr = alice;
bits = 0;
byte = 0;
for (i=0;i<114;i++)
{
  clock_ctl = threshold(r1, r2, r2);
  r1 = clock_r1(clock_ctl, r1);
  r2 = clock_r2(clock_ctl, r2);
  r3 = clock_r3(clock_ctl, r3);

  bit = ((r1 >> 18) ^ (r2 >> 21) ^ (r3 >> 22)) & 0x01;
  byte = (byte << 1) | bit;
  bits++;
  if (bits == 8)
  {
    *ptr = byte;
    ptr++;
    bits = 0;
    byte = 0;
  }
}
if (bits)
  *ptr = byte;

/* Run shift registers for another 100 bits to hide relationship between
 * Alice->Bob key stream and Bob->Alice key stream.
 */

for (i=0;i<100;i++)
{
  clock_ctl = threshold(r1, r2, r2);
  r1 = clock_r1(clock_ctl, r1);
  r2 = clock_r2(clock_ctl, r2);
  r3 = clock_r3(clock_ctl, r3);
}

/* Produce 114 bits of Bob->Alice key stream */

ptr = bob;
bits = 0;
byte = 0;
for (i=0;i<114;i++)
{
  clock_ctl = threshold(r1, r2, r2);
  r1 = clock_r1(clock_ctl, r1);
  r2 = clock_r2(clock_ctl, r2);
  r3 = clock_r3(clock_ctl, r3);

  bit = ((r1 >> 18) ^ (r2 >> 21) ^ (r3 >> 22)) & 0x01;
  byte = (byte << 1) | bit;
  bits++;
  if (bits == 8)
  {
    *ptr = byte;
```

```c
            ptr++;
            bits = 0;
            byte = 0;
        }
    }
    if (bits)
        *ptr = byte;

    return (0);

}

void a5_key(a5_ctx *c, char *k){
        c->r1 = k[0]<<11|k[1]<<3 | k[2]>>5           ; /* 19 */
        c->r2 = k[2]<<17|k[3]<<9 | k[4]<<1 | k[5]>>7; /* 22 */
        c->r3 = k[5]<<15|k[6]<<8 | k[7]              ; /* 23 */
}

/* Step one bit in A5, return 0 or 1 as output bit. */
int a5_step(a5_ctx *c){
        int control;
        control = threshold(c->r1,c->r2,c->r3);
        c->r1 = clock_r1(control,c->r1);
        c->r2 = clock_r2(control,c->r2);
        c->r3 = clock_r3(control,c->r3);
        return( (c->r1^c->r2^c->r3)&1);
}

/* Encrypts a buffer of len bytes. */
void a5_encrypt(a5_ctx *c, char *data, int len){
        int i,j;
        char t;

        for(i=0;i<len;i++){
                for(j=0;j<8;j++) t = t<<1 | a5_step(c);
                data[i]^=t;
        }
}

void a5_decrypt(a5_ctx *c, char *data, int len){
        a5_encrypt(c,data,len);
}

void main(void){
        a5_ctx c;
        char data[100];
        char key[] = {1,2,3,4,5,6,7,8};
        int i,flag;

        for(i=0;i<100;i++) data[i] = i;

        a5_key(&c,key);
        a5_encrypt(&c,data,100);

        a5_key(&c,key);
```

```c
        a5_decrypt(&c,data,1);
        a5_decrypt(&c,data+1,99);

        flag = 0;
        for(i=0;i<100;i++) if(data[i]!=i)flag = 1;
        if(flag)printf("Decrypt failed\n"); else printf("Decrypt succeeded\n");
}
```

SEAL

```c
#undef SEAL_DEBUG

#define ALG_OK 0
#define ALG_NOTOK 1
#define WORDS_PER_SEAL_CALL 1024

typedef struct {
    unsigned long t[520]; /* 512 rounded up to a multiple of 5 + 5*/
    unsigned long s[265]; /* 256 rounded up to a multiple of 5 + 5*/
    unsigned long r[20];  /* 16 rounded up to multiple of 5 */
        unsigned long counter; /* 32-bit synch value. */
        unsigned long ks_buf[WORDS_PER_SEAL_CALL];
        int ks_pos;
} seal_ctx;

#define ROT2(x) (((x) >> 2) | ((x) << 30))
#define ROT9(x) (((x) >> 9) | ((x) << 23))
#define ROT8(x) (((x) >> 8) | ((x) << 24))
#define ROT16(x) (((x) >> 16) | ((x) << 16))
#define ROT24(x) (((x) >> 24) | ((x) << 8))
#define ROT27(x) (((x) >> 27) | ((x) << 5))

#define WORD(cp)   ((cp[0] << 24)|(cp[1] << 16)|(cp[2] << 8)|(cp[3]))

#define F1(x, y, z) (((x) & (y)) | ((~(x)) & (z)))
#define F2(x, y, z) ((x)^(y)^(z))
#define F3(x, y, z) (((x) & (y)) | ((x) & (z)) | ((y) & (z)))
#define F4(x, y, z) ((x)^(y)^(z))

int g(in, i, h)
unsigned char *in;
int i;
unsigned long *h;
{
unsigned long h0;
unsigned long h1;
unsigned long h2;
unsigned long h3;
unsigned long h4;
unsigned long a;
unsigned long b;
unsigned long c;
unsigned long d;
unsigned long e;
```

```c
unsigned char *kp;
unsigned long w[80];
unsigned long temp;

    kp = in;
    h0 = WORD(kp); kp += 4;
    h1 = WORD(kp); kp += 4;
    h2 = WORD(kp); kp += 4;
    h3 = WORD(kp); kp += 4;
    h4 = WORD(kp); kp += 4;

    w[0] = i;
    for (i=1;i<16;i++)
        w[i] = 0;
    for (i=16;i<80;i++)
        w[i] = w[i-3]^w[i-8]^w[i-14]^w[i-16];

    a = h0;
    b = h1;
    c = h2;
    d = h3;
    e = h4;

    for (i=0;i<20;i++)
    {
        temp = ROT27(a) + F1(b, c, d) + e + w[i] + 0x5a827999;
        e = d;
        d = c;
        c = ROT2(b);
        b = a;
        a = temp;
    }
    for (i=20;i<40;i++)
    {
        temp = ROT27(a) + F2(b, c, d) + e + w[i] + 0x6ed9eba1;
        e = d;
        d = c;
        c = ROT2(b);
        b = a;
        a = temp;
    }
    for (i=40;i<60;i++)
    {
        temp = ROT27(a) + F3(b, c, d) + e + w[i] + 0x8f1bbcdc;
        e = d;
        d = c;
        c = ROT2(b);
        b = a;
        a = temp;
    }
    for (i=60;i<80;i++)
    {
        temp = ROT27(a) + F4(b, c, d) + e + w[i] + 0xca62c1d6;
        e = d;
        d = c;
```

```
                c = ROT2(b);
                b = a;
                a = temp;
        }
        h[0] = h0+a;
        h[1] = h1+b;
        h[2] = h2+c;
        h[3] = h3+d;
        h[4] = h4+e;

        return (ALG_OK);
}

unsigned long gamma(a, i)
unsigned char *a;
int i;
{
unsigned long h[5];

        (void) g(a, i/5, h);
        return h[i % 5];
}

int  seal_init(seal_ctx *result, unsigned char *key)
{
int i;
unsigned long h[5];

        for (i=0;i<510;i+=5)
                g(key, i/5, &(result->t[i]));
        /* horrible special case for the end */
        g(key, 510/5, h);
        for (i=510;i<512;i++)
                result->t[i] = h[i-510];
        /* 0x1000 mod 5 is +1, so have horrible special case for the start */
        g(key, (-1+0x1000)/5, h);
        for (i=0;i<4;i++)
                result->s[i] = h[i+1];
        for (i=4;i<254;i+=5)
                g(key, (i+0x1000)/5, &(result->s[i]));
        /* horrible special case for the end */
        g(key, (254+0x1000)/5, h);
        for (i=254;i<256;i++)
                result->s[i] = h[i-254];
        /* 0x2000 mod 5 is +2, so have horrible special case at the start */
        g(key, (-2+0x2000)/5, h);
        for (i=0;i<3;i++)
                result->r[i] = h[i+2];
        for (i=3;i<13;i+=5)
                g(key, (i+0x2000)/5, &(result->r[i]));
        /* horrible special case for the end */
        g(key, (13+0x2000)/5, h);
        for (i=13;i<16;i++)
                result->r[i] = h[i-13];
        return (ALG_OK);
```

```
}

int seal(seal_ctx *key, unsigned long in, unsigned long *out)
{
int i;
int j;
int l;
unsigned long a;
unsigned long b;
unsigned long c;
unsigned long d;
unsigned short p;
unsigned short q;
unsigned long n1;
unsigned long n2;
unsigned long n3;
unsigned long n4;
unsigned long *wp;

     wp = out;

     for (l=0;l<4;l++)
     {
          a = in ^ key->r[4*l];
          b = ROT8(in) ^ key->r[4*l+1];
          c = ROT16(in) ^ key->r[4*l+2];
          d = ROT24(in) ^ key->r[4*l+3];

          for (j=0;j<2;j++)
          {
               p = a & 0x7fc;
               b += key->t[p/4];
               a = ROT9(a);

               p = b & 0x7fc;
               c += key->t[p/4];
               b = ROT9(b);

               p = c & 0x7fc;
               d += key->t[p/4];
               c = ROT9(c);

               p = d & 0x7fc;
               a += key->t[p/4];
               d = ROT9(d);
          }
          n1 = d;
          n2 = b;
          n3 = a;
          n4 = c;

          p = a & 0x7fc;
          b += key->t[p/4];
```

```
    a = ROT9(a);

    p = b & 0x7fc;
    c += key->t[p/4];
    b = ROT9(b);

    p = c & 0x7fc;
    d += key->t[p/4];
    c = ROT9(c);

    p = d & 0x7fc;
    a += key->t[p/4];
    d = ROT9(d);

/* This generates 64 32-bit words, or 256 bytes of keystream. */
    for (i=0;i<64;i++)
    {
        p = a & 0x7fc;
        b += key->t[p/4];
        a = ROT9(a);
        b ^= a;

        q = b & 0x7fc;
        c ^= key->t[q/4];
        b = ROT9(b);
        c += b;

        p = (p+c) & 0x7fc;
        d += key->t[p/4];
        c = ROT9(c);
        d ^= c;

        q = (q+d) & 0x7fc;
        a ^= key->t[q/4];
        d = ROT9(d);
        a += d;

        p = (p+a) & 0x7fc;
        b ^= key->t[p/4];
        a = ROT9(a);

        q = (q+b) & 0x7fc;
        c += key->t[q/4];
        b = ROT9(b);

        p = (p+c) & 0x7fc;
        d ^= key->t[p/4];
        c = ROT9(c);

        q = (q+d) & 0x7fc;
        a += key->t[q/4];
        d = ROT9(d);

        *wp = b + key->s[4*i];
```

```c
                    wp++;
                    *wp = c ^ key->s[4*i+1];
                    wp++;
                    *wp = d + key->s[4*i+2];
                    wp++;
                    *wp = a ^ key->s[4*i+3];
                    wp++;

                    if (i & 1)
                    {
                        a += n3;
                        c += n4;
                    }
                    else
                    {
                        a += n1;
                        c += n2;
                    }

            }
        }
        return (ALG_OK);
}

/* Added call to refill ks_buf and reset counter and ks_pos. */
void seal_refill_buffer(seal_ctx *c){
        seal(c,c->counter,c->ks_buf);
        c->counter++;
        c->ks_pos = 0;
}

void seal_key(seal_ctx *c, unsigned char *key){
        seal_init(c,key);
        c->counter = 0;   /* By default, init to zero. */
        c->ks_pos = WORDS_PER_SEAL_CALL;
                /* Refill keystream buffer on next call. */
}

/* This encrypts the next w words with SEAL. */
void seal_encrypt(seal_ctx *c, unsigned long *data_ptr, int w){
        int i;

        for(i=0;i<w;i++){
                if(c->ks_pos>=WORDS_PER_SEAL_CALL) seal_refill_buffer(c);
                data_ptr[i]^=c->ks_buf[c->ks_pos];
                c->ks_pos++;
        }
}

void seal_decrypt(seal_ctx *c, unsigned long *data_ptr, int w) {
        seal_encrypt(c,data_ptr,w);
}

void seal_resynch(seal_ctx *c, unsigned long synch_word){
        c->counter = synch_word;
```

```c
        c->ks_pos = WORDS_PER_SEAL_CALL;
}

void main(void){
        seal_ctx sc;
        unsigned long buf[1000],t;
        int i,flag;
        unsigned char key[] =
                {0,1,2,3,4,5,6,7,8,9,10,11,12,13,14,15,16,17,18,19};

        printf("1\n");
        seal_key(&sc,key);

        printf("2\n");
        for(i=0;i<1000;i++) buf[i]=0;
        printf("3\n");
        seal_encrypt(&sc,buf,1000);
        printf("4\n");
        t = 0;
        for(i=0;i<1000;i++) t = t ^ buf[i];
                printf("XOR of buf is %08lx.\n",t);

        seal_key(&sc,key);
        seal_decrypt(&sc,buf,1);
        seal_decrypt(&sc,buf+1,999);
        flag = 0;
        for(i=0;i<1000;i++) if(buf[i]!=0)flag=1;
        if(flag) printf("Decrypt failed.\n");
        else printf("Decrypt succeeded.\n");

}
```

Literaturverzeichnis

1. ABA Bank Card Standard, "Management and Use of Personal Information Numbers," Aids from ABA, Catalog no. 207213, American Bankers Association, 1979.
2. ABA Document 4.3, "Key Management Standard," American Bankers Association, 1980.
3. M. Abadi, J. Feigenbaum, and J. Kilian, "On Hiding Information from an Oracle," *Proceedings of the 19th ACM Symposium on the Theory of Computing*, 1987, pp. 195-203.
4. M. Abadi, J. Feigenbaum, and J. Kilian, "On Hiding Information from an Oracle," *Journal of Computer and System Sciences*, v. 39, n. 1, Aug 1989, pp. 21-50.
5. M. Abadi and R. Needham, "Prudent Engineering Practice for Cryptographic Protocols," Research Report 125, Digital Equipment Corp Systems Research Center, Jun 1994.
6. C.M. Adams, "On Immunity Against Biham and Shamir's 'Differential Cryptanalysis,'" *Information Processing Letters*, v. 41, 14 Feb 1992, pp. 77-80.
7. C.M. Adams, "Simple and Effective Key Scheduling for Symmetric Ciphers," *Workshop on Selected Areas in Cryptography—Workshop Record*, Kingston, Ontario, 5-6 May 1994, pp. 129-133.
8. C.M. Adams and H. Meijer, "Security-Related Comments Regarding McEliece's Public-Key Cryptosystem," *Advances in Cryptology—CRYPTO '87 Proceedings*, Springer-Verlag, 1988, pp. 224-230.
9. C.M. Adams and S.E. Tavares, "The Structured Design of Cryptographically Good S-Boxes," *Journal of Cryptology*, v. 3, n. 1, 1990, pp. 27-41.
10. C.M. Adams and S.E. Tavares, "Designing S-Boxes for Ciphers Resistant to Differential Cryptanalysis," *Proceedings of the 3rd Symposium on State and Progress of Research in Cryptography*, Rome, Italy, 15-16 Feb 1993, pp. 181-190.
11. W. Adams and D. Shanks, "Strong Primality Tests That Are Not Sufficient," *Mathematics of Computation*, v. 39, 1982, pp. 255-300.
12. W.W. Adams and L.J. Goldstein, *Introduction to Number Theory*, Englewood Cliffs, N.J.: Prentice-Hall, 1976.
13. B.S. Adiga and P. Shankar, "Modified Lu-Lee Cryptosystem," *Electronics Letters*, v. 21, n. 18, 29 Aug 1985, pp. 794-795.
14. L.M. Adleman, "A Subexponential Algorithm for the Discrete Logarithm Problem with Applications to Cryptography," *Proceedings of the IEEE 20th Annual Symposium of Foundations of Computer Science*, 1979, pp. 55-60.
15. L.M. Adleman, "On Breaking Generalized Knapsack Public Key Cryptosystems," *Proceedings of the 15th ACM Symposium on Theory of Computing*, 1983, pp. 402-412.

16. L.M. Adleman, "Factoring Numbers Using Singular Integers," *Proceedings of the 23rd Annual ACM Symposium on the Theory of Computing*, 1991, pp. 64–71.
17. L.M. Adleman, "Molecular Computation of Solutions to Combinatorial Problems," *Science*, v. 266, n. 11, Nov 1994, p. 1021.
18. L.M. Adleman, D. Estes, and K. McCurley, "Solving Bivariate Quadratic Congruences in Random Polynomial Time," *Mathematics of Computation*, v. 48, n. 177, Jan 1987, pp. 17–28.
19. L.M. Adleman, C. Pomerance, and R.S. Rumley, "On Distinguishing Prime Numbers from Composite Numbers," *Annals of Mathematics*, v. 117, n. 1, 1983, pp. 173–206.
20. L.M. Adleman and R.L. Rivest, "How to Break the Lu-Lee (COMSAT) Public-Key Cryptosystem," MIT Laboratory for Computer Science, Jul 1979.
21. G.B. Agnew, "Random Sources for Cryptographic Systems," *Advances in Cryptology—EUROCRYPT '87 Proceedings*, Springer-Verlag, 1988, pp. 77–81.
22. G.B. Agnew, R.C. Mullin, I.M. Onyszchuk, and S.A. Vanstone, "An Implementation for a Fast Public-Key Cryptosystem," *Journal of Cryptology*, v. 3, n. 2, 1991, pp. 63–79.
23. G.B. Agnew, R.C. Mullin, and S.A. Vanstone, "A Fast Elliptic Curve Cryptosystem," *Advances in Cryptology—EUROCRYPT '89 Proceedings*, Springer-Verlag, 1990, pp. 706–708.
24. G.B. Agnew, R.C. Mullin, and S.A. Vanstone, "Improved Digital Signature Scheme Based on Discrete Exponentiation," *Electronics Letters*, v. 26, n. 14, 5 Jul 1990, pp. 1024–1025.
25. G.B. Agnew, R.C. Mullin, and S.A. Vanstone, "On the Development of a Fast Elliptic Curve Cryptosystem," *Advances in Cryptology—EUROCRYPT '92 Proceedings*, Springer-Verlag, 1993, pp. 482–287.
26. G.B. Agnew, R.C. Mullin, and S.A. Vanstone, "An Implementation of Elliptic Curve Cryptosystems over $F_2 155$," *IEEE Selected Areas of Communications*, v. 11, n. 5, Jun 1993, pp. 804–813.
27. A. Aho, J. Hopcroft, and J. Ullman, *The Design and Analysis of Computer Algorithms*, Addison-Wesley, 1974.
28. S.G. Akl, "Digital Signatures: A Tutorial Survey," *Computer*, v. 16, n. 2, Feb 1983, pp. 15–24.
29. S.G. Akl, "On the Security of Compressed Encodings," *Advances in Cryptology: Proceedings of Crypto 83*, Plenum Press, 1984, pp. 209–230.
30. S.G. Akl and H. Meijer, "A Fast Pseudo-Random Permutation Generator with Applications to Cryptology," *Advances in Cryptology: Proceedings of CRYPTO 84*, Springer-Verlag, 1985, pp. 269–275.
31. M. Alabbadi and S.B. Wicker, "Security of Xinmei Digital Signature Scheme," *Electronics Letters*, v. 28, n. 9, 23 Apr 1992, pp. 890–891.
32. M. Alabbadi and S.B. Wicker, "Digital Signature Schemes Based on Error-Correcting Codes," *Proceedings of the 1993 IEEE-ISIT*, IEEE Press, 1993, p. 199.
33. M. Alabbadi and S.B. Wicker, "Cryptanalysis of the Harn and Wang Modification of the Xinmei Digital Signature Scheme," *Electronics Letters*, v. 28, n. 18, 27 Aug 1992, pp. 1756–1758.
34. K. Alagappan and J. Tardo, "SPX Guide: Prototype Public Key Authentication Service," Digital Equipment Corp., May 1991.
35. W. Alexi, B.-Z. Chor, O. Goldreich, and C.P. Schnorr, "RSA and Rabin Functions: Certain Parts Are as Hard as the Whole," *Proceedings of the 25th IEEE Symposium on the Foundations of Computer Science*, 1984, pp. 449–457.
36. W. Alexi, B.-Z. Chor, O. Goldreich, and C.P. Schnorr, "RSA and Rabin Functions: Certain Parts are as Hard as the Whole," *SIAM Journal on Computing*, v. 17, n. 2, Apr 1988, pp. 194–209.
37. Ameritech Mobile Communications et al., "Cellular Digital Packet Data System Specifications: Part 406: Airlink Security," CDPD Industry Input Coordinator, Costa Mesa, Calif., Jul 1993.
38. H.R. Amirazizi, E.D. Karnin, and J.M. Reyneri, "Compact Knapsacks are Polynomial Solvable," *ACM SIGACT News*, v. 15, 1983, pp. 20–22.
39. R.J. Anderson, "Solving a Class of Stream Ciphers," *Cryptologia*, v. 14, n. 3, Jul 1990, pp. 285–288.
40. R.J. Anderson, "A Second Generation Electronic Wallet," *ESORICS 92, Proceedings of the Second European Symposium on*

Research in Computer Security, Springer-Verlag, 1992, pp. 411–418.
41. R.J. Anderson, "Faster Attack on Certain Stream Ciphers," *Electronics Letters*, v. 29, n. 15, 22 Jul 1993, pp. 1322–1323.
42. R.J. Anderson, "Derived Sequence Attacks on Stream Ciphers," presented at the rump session of CRYPTO '93, Aug 1993.
43. R.J. Anderson, "Why Cryptosystems Fail," *1st ACM Conference on Computer and Communications Security*, ACM Press, 1993, pp. 215–227.
44. R.J. Anderson, "Why Cryptosystems Fail," *Communications of the ACM*, v. 37, n. 11, Nov 1994, pp. 32–40.
45. R.J. Anderson, "On Fibonacci Keystream Generators," *K.U. Leuven Workshop on Cryptographic Algorithms*, Springer-Verlag, 1995, to appear.
46. R.J. Anderson, "Searching for the Optimum Correlation Attack," *K.U. Leuven Workshop on Cryptographic Algorithms*, Springer-Verlag, 1995, to appear.
47. R.J. Anderson and T.M.A. Lomas, "Fortifying Key Negotiation Schemes with Poorly Chosen Passwords," *Electronics Letters*, v. 30, n. 13, 23 Jun 1994, pp. 1040–1041.
48. R.J. Anderson and R. Needham, "Robustness Principles for Public Key Protocols," *Advances in Cryptology—CRYPTO '95 Proceedings*, Springer-Verlag, 1995, to appear.
49. D. Andleman and J. Reeds, "On the Cryptanalysis of Rotor Machines and Substitution-Permutation Networks," *IEEE Transactions on Information Theory*, v. IT-28, n. 4, Jul 1982, pp. 578–584.
50. ANSI X3.92, "American National Standard for Data Encryption Algorithm (DEA)," American National Standards Institute, 1981.
51. ANSI X3.105, "American National Standard for Information Systems—Data Link Encryption," American National Standards Institute, 1983.
52. ANSI X3.106, "American National Standard for Information Systems—Data Encryption Algorithm—Modes of Operation," American National Standards Institute, 1983.
53. ANSI X9.8, "American National Standard for Personal Information Number (PIN) Management and Security," American Bankers Association, 1982.
54. ANSI X9.9 (Revised), "American National Standard for Financial Institution Message Authentication (Wholesale)," American Bankers Association, 1986.
55. ANSI X9.17 (Revised), "American National Standard for Financial Institution Key Management (Wholesale)," American Bankers Association, 1985.
56. ANSI X9.19, "American National Standard for Retail Message Authentication," American Bankers Association, 1985.
57. ANSI X9.23, "American National Standard for Financial Institution Message Encryption," American Bankers Association, 1988.
58. ANSI X9.24, "Draft Proposed American National Standard for Retail Key Management," American Bankers Association, 1988.
59. ANSI X9.26 (Revised), "American National Standard for Financial Institution Sign-On Authentication for Wholesale Financial Transaction," American Bankers Association, 1990.
60. ANSI X9.30, "Working Draft: Public Key Cryptography Using Irreversible Algorithms for the Financial Services Industry," American Bankers Association, Aug 1994.
61. ANSI X9.31, "Working Draft: Public Key Cryptography Using Reversible Algorithms for the Financial Services Industry," American Bankers Association, Mar 1993.
62. K. Aoki and K. Ohta, "Differential-Linear Cryptanalysis of FEAL-8," *Proceedings of the 1995 Symposium on Cryptography and Information Security (SCIS 95)*, Inuyama, Japan, 24–27 Jan 1995, pp. A3.4.1-11. (In Japanese.)
63. K. Araki and T. Sekine, "On the Conspiracy Problem of the Generalized Tanaka's Cryptosystem," *IEICE Transactions*, v. E74, n. 8, Aug 1991, pp. 2176–2178.
64. S.'Araki, K. Aoki, and K. Ohta, "The Best Linear Expression Search for FEAL," *Proceedings of the 1995 Symposium on Cryptography and Information Security (SCIS 95)*, Inuyama, Japan, 24–27 Jan 1995, pp. A4.4.1-10.
65. C. Asmuth and J. Bloom, "A Modular Approach to Key Safeguarding," *IEEE Transactions on Information Theory*, v. IT-29, n. 2, Mar 1983, pp. 208–210.

66. D. Atkins, M. Graff, A.K. Lenstra, and P.C. Leyland, "The Magic Words are Squeamish Ossifrage," *Advances in Cryptology—ASIACRYPT '94 Proceedings*, Springer-Verlag, 1995, pp. 263–277.
67. AT&T, "T7001 Random Number Generator," Data Sheet, Aug 1986.
68. AT&T, "AT&T Readying New Spy-Proof Phone for Big Military and Civilian Markets," *The Report on AT&T*, 2 Jun 1986, pp. 6–7.
69. AT&T, "T7002/T7003 Bit Slice Multiplier," product announcement, 1987.
70. AT&T, "Telephone Security Device TSD 3600—User's Manual," AT&T, 20 Sep 1992.
71. Y. Aumann and U. Feige, "On Message Proof Systems with Known Space Verifiers," *Advances in Cryptology—CRYPTO '93 Proceedings*, Springer-Verlag, 1994, pp. 85–99.
72. R.G. Ayoub, *An Introduction to the Theory of Numbers*, Providence, RI: American Mathematical Society, 1963.
73. A. Aziz and W. Diffie, "Privacy and Authentication for Wireless Local Area Networks," *IEEE Personal Communications*, v. 1, n. 1, 1994, pp. 25–31.
74. A. Bahreman and J.D. Tygar, "Certified Electronic Mail," *Proceedings of the Internet Society 1994 Workshop on Network and Distributed System Security*, The Internet Society, 1994, pp. 3–19.
75. D. Balenson, "Automated Distribution of Cryptographic Keys Using the Financial Institution Key Management Standard," *IEEE Communications Magazine*, v. 23, n. 9, Sep 1985, pp. 41–46.
76. D. Balenson, "Privacy Enhancement for Internet Electronic Mail: Part III: Algorithms, Modes, and Identifiers," RFC 1423, Feb 1993.
77. D. Balenson, C.M. Ellison, S.B. Lipner, and S.T. Walker, "A New Approach to Software Key Escrow Encryption," TIS Report #520, Trusted Information Systems, Aug 94.
78. R. Ball, *Mathematical Recreations and Essays*, New York: MacMillan, 1960.
79. J. Bamford, *The Puzzle Palace*, Boston: Houghton Mifflin, 1982.
80. J. Bamford and W. Madsen, *The Puzzle Palace*, Second Edition, Penguin Books, 1995.
81. S.K. Banerjee, "High Speed Implementation of DES," *Computers & Security*, v. 1, 1982, pp. 261–267.
82. Z. Baodong, "MC-Veiled Linear Transform Public Key Cryptosystem," *Acta Electronica Sinica*, v. 20, n. 4, Apr 1992, pp. 21–24. (In Chinese.)
83. P.H. Bardell, "Analysis of Cellular Automata Used as Pseudorandom Pattern Generators," *Proceedings of 1990 International Test Conference*, pp. 762–768.
84. T. Baritaud, H. Gilbert, and M. Girault, "FFT Hashing is not Collision-Free," *Advances in Cryptology—EUROCRYPT '92 Proceedings*, Springer-Verlag, 1993, pp. 35–44.
85. C. Barker, "An Industry Perspective of the CCEP," *2nd Annual AIAA Computer Security Conference Proceedings*, 1986.
86. W.G. Barker, *Cryptanalysis of the Hagelin Cryptograph*, Aegean Park Press, 1977.
87. P. Barrett, "Implementing the Rivest Shamir and Adleman Public Key Encryption Algorithm on a Standard Digital Signal Processor," *Advances in Cryptology—CRYPTO '86 Proceedings*, Springer-Verlag, 1987, pp. 311–323.
88. T.C. Bartee and D.I. Schneider, "Computation with Finite Fields," *Information and Control*, v. 6, n. 2, Jun 1963, pp. 79–98.
89. U. Baum and S. Blackburn, "Clock-Controlled Pseudorandom Generators on Finite Groups," *K.U. Leuven Workshop on Cryptographic Algorithms*, Springer-Verlag, 1995, to appear.
90. K.R. Bauer, T.A. Bersen, and R.J. Feiertag, "A Key Distribution Protocol Using Event Markers," *ACM Transactions on Computer Systems*, v. 1, n. 3, 1983, pp. 249–255.
91. F. Bauspiess and F. Damm, "Requirements for Cryptographic Hash Functions," *Computers & Security*, v. 11, n. 5, Sep 1992, pp. 427–437.
92. D. Bayer, S. Haber, and W.S. Stornetta, "Improving the Efficiency and Reliability of Digital Time-Stamping," *Sequences '91: Methods in Communication, Security, and Computer Science*, Springer-Verlag, 1992, pp. 329–334.
93. R. Bayer and J.K. Metzger, "On the Encipherment of Search Trees and Random Access Files," *ACM Transactions on Database Systems*, v. 1, n. 1, Mar 1976, pp. 37–52.

94. M. Beale and M.F. Monaghan, "Encrytion Using Random Boolean Functions," *Cryptography and Coding*, H.J. Beker and F.C. Piper, eds., Oxford: Clarendon Press, 1989, pp. 219–230.
95. P. Beauchemin and G. Brassard, "A Generalization of Hellman's Extension to Shannon's Approach to Cryptography," *Journal of Cryptology*, v. 1, n. 2, 1988, pp. 129–132.
96. P. Beauchemin, G. Brassard, C. Crépeau, C. Goutier, and C. Pomerance, "The Generation of Random Numbers that are Probably Prime," *Journal of Cryptology*, v. 1, n. 1, 1988, pp. 53–64.
97. D. Beaver, J. Feigenbaum, and V. Shoup, "Hiding Instances in Zero-Knowledge Proofs," *Advances in Cryptology—CRYPTO '90 Proceedings*, Springer-Verlag, 1991, pp. 326–338.
98. H. Beker, J. Friend, and P. Halliden, "Simplifying Key Management in Electronic Funds Transfer Points of Sale Systems," *Electronics Letters*, v. 19, n. 12, Jun 1983, pp. 442–444.
99. H. Beker and F. Piper, *Cipher Systems: The Protection of Communications*, London: Northwood Books, 1982.
100. D.E. Bell and L.J. LaPadula, "Secure Computer Systems: Mathematical Foundations," Report ESD-TR-73-275, MITRE Corp., 1973.
101. D.E. Bell and L.J. LaPadula, "Secure Computer Systems: A Mathematical Model," Report MTR-2547, MITRE Corp., 1973.
102. D.E. Bell and L.J. LaPadula, "Secure Computer Systems: A Refinement of the Mathematical Model," Report ESD-TR-73-278, MITRE Corp., 1974.
103. D.E. Bell and L.J. LaPadula, "Secure Computer Systems: Unified Exposition and Multics Interpretation," Report ESD-TR-75-306, MITRE Corp., 1976.
104. M. Bellare and S. Goldwasser, "New Paradigms for Digital Signatures and Message Authentication Based on Non-Interactive Zero Knowledge Proofs," *Advances in Cryptology—CRYPTO '89 Proceedings*, Springer-Verlag, 1990, pp. 194–211.
105. M. Bellare and S. Micali, "Non-Interactive Oblivious Transfer and Applications," *Advances in Cryptology—CRYPTO '89 Proceedings*, Springer-Verlag, 1990, pp. 547–557.
106. M. Bellare, S. Micali, and R. Ostrovsky, "Perfect Zero-Knowledge in Constant Rounds," *Proceedings of the 22th ACM Symposium on the Theory of Computing*, 1990, pp. 482–493.
107. S.M. Bellovin, "A Preliminary Technical Analysis of Clipper and Skipjack," unpublished manuscript, 20 Apr 1993.
108. S.M. Bellovin and M. Merritt, "Limitations of the Kerberos Protocol," *Winter 1991 USENIX Conference Proceedings*, USENIX Association, 1991, pp. 253–267.
109. S.M. Bellovin and M. Merritt, "Encrypted Key Exchange: Password-Based Protocols Secure Against Dictionary Attacks," *Proceedings of the 1992 IEEE Computer Society Conference on Research in Security and Privacy*, 1992, pp. 72–84.
110. S.M. Bellovin and M. Merritt, "An Attack on the Interlock Protocol When Used for Authentication," *IEEE Transactions on Information Theory*, v. 40, n. 1, Jan 1994, pp. 273–275.
111. S.M. Bellovin and M. Merritt, "Cryptographic Protocol for Secure Communications," U.S. Patent #5,241,599, 31 Aug 93.
112. I. Ben-Aroya and E. Biham, "Differential Cryptanalysis of Lucifer," *Advances in Cryptology—CRYPTO '93 Proceedings*, Springer-Verlag, 1994, pp. 187–199.
113. J.C. Benaloh, "Cryptographic Capsules: A Disjunctive Primitive for Interactive Protocols," *Advances in Cryptology—CRYPTO '86 Proceedings*, Springer-Verlag, 1987, 213–222.
114. J.C. Benaloh, "Secret Sharing Homorphisms: Keeping Shares of a Secret Secret," *Advances in Cryptology—CRYPTO '86 Proceedings*, Springer-Verlag, 1987, pp. 251–260.
115. J.C. Benaloh, "Verifiable Secret-Ballot Elections," Ph.D. dissertation, Yale University, YALEU/DCS/TR-561, Dec 1987.
116. J.C. Benaloh and M. de Mare, "One-Way Accumulators: A Decentralized Alternative to Digital Signatures," *Advances in Cryptology—EUROCRYPT '93 Proceedings*, Springer-Verlag, 1994, pp. 274–285.
117. J.C. Benaloh and D. Tuinstra, "Receipt-Free Secret Ballot Elections," *Proceedings of the 26th ACM Symposium on the Theory of Computing*, 1994, pp. 544–553.
118. J.C. Benaloh and M. Yung, "Distributing the Power of a Government to Enhance

the Privacy of Voters," *Proceedings of the 5th ACM Symposium on the Principles in Distributed Computing*, 1986, pp. 52–62.
119. A. Bender and G. Castagnoli, "On the Implementation of Elliptic Curve Cryptosystems," *Advances in Cryptology—CRYPTO '89 Proceedings*, Springer-Verlag, 1990, pp. 186–192.
120. S. Bengio, G. Brassard, Y.G. Desmedt, C. Goutier, and J.-J. Quisquater, "Secure Implementation of Identification Systems," *Journal of Cryptology*, v. 4, n. 3, 1991, pp. 175–184.
121. C.H. Bennett, F. Bessette, G. Brassard, L. Salvail, and J. Smolin, "Experimental Quantum Cryptography," *Advances in Cryptology—EUROCRYPT '90 Proceedings*, Springer-Verlag, 1991, pp. 253–265.
122. C.H. Bennett, F. Bessette, G. Brassard, L. Salvail, and J. Smolin, "Experimental Quantum Cryptography," *Journal of Cryptology*, v. 5, n. 1, 1992, pp. 3–28.
123. C.H. Bennett and G. Brassard, "Quantum Cryptography: Public Key Distribution and Coin Tossing," *Proceedings of the IEEE International Conference on Computers, Systems, and Signal Processing*, Banjalore, India, Dec 1984, pp. 175–179.
124. C.H. Bennett and G. Brassard, "An Update on Quantum Cryptography," *Advances in Cryptology: Proceedings of CRYPTO 84*, Springer-Verlag, 1985, pp. 475–480.
125. C.H. Bennett and G. Brassard, "Quantum Public-Key Distribution System," *IBM Technical Disclosure Bulletin*, v. 28, 1985, pp. 3153–3163.
126. C.H. Bennett and G. Brassard, "Quantum Public Key Distribution Reinvented," *SIGACT News*, v. 18, n. 4, 1987, pp. 51–53.
127. C.H. Bennett and G. Brassard, "The Dawn of a New Era for Quantum Cryptography: The Experimental Prototype is Working!" *SIGACT News*, v. 20, n. 4, Fall 1989, pp. 78–82.
128. C.H. Bennett, G. Brassard, and S. Breidbart, *Quantum Cryptography II: How to Re-Use a One-Time Pad Safely Even if P=NP*, unpublished manuscript, Nov 1982.
129. C.H. Bennett, G. Brassard, S. Breidbart, and S. Weisner, "Quantum Cryptography, or Unforgeable Subway Tokens," *Advances in Cryptology: Proceedings of Crypto 82*, Plenum Press, 1983, pp. 267–275.
130. C.H. Bennett, G. Brassard, C. Crépeau, and M.-H. Skubiszewska, "Practical Quantum Oblivious Transfer," *Advances in Cryptology—CRYPTO '91 Proceedings*, Springer-Verlag, 1992, pp. 351–366.
131. C.H. Bennett, G. Brassard, and A.K. Ekert, "Quantum Cryptography," *Scientific American*, v. 267, n. 4, Oct 1992, pp. 50–57.
132. C.H. Bennett, G. Brassard, and N.D. Mermin, "Quantum Cryptography Without Bell's Theorem," *Physical Review Letters*, v. 68, n. 5, 3 Feb 1992, pp. 557–559.
133. C.H. Bennett, G. Brassard, and J.-M. Robert, "How to Reduce Your Enemy's Information," *Advances in Cryptology—CRYPTO '85 Proceedings*, Springer-Verlag, 1986, pp. 468–476.
134. C.H. Bennett, G. Brassard, and J.-M. Robert, "Privacy Amplification by Public Discussion," *SIAM Journal on Computing*, v. 17, n. 2, Apr 1988, pp. 210–229.
135. J. Bennett, "Analysis of the Encryption Algorithm Used in WordPerfect Word Processing Program," *Cryptologia*, v. 11, n. 4, Oct 1987, pp. 206–210.
136. M. Ben-Or, S. Goldwasser, and A. Wigderson, "Completeness Theorems for Non-Cryptographic Fault-Tolerant Distributed Computation," *Proceedings of the 20th ACM Symposium on the Theory of Computing*, 1988, pp. 1–10.
137. M. Ben-Or, O. Goldreich, S. Goldwasser, J. Håstad, J. Kilian, S. Micali, and P. Rogaway, "Everything Provable is Provable in Zero-Knowledge," *Advances in Cryptology—CRYPTO '88 Proceedings*, Springer-Verlag, 1990, pp. 37–56.
138. M. Ben-Or, O. Goldreich, S. Micali, and R.L. Rivest, "A Fair Protocol for Signing Contracts," *IEEE Transactions on Information Theory*, v. 36, n. 1, Jan 1990, pp. 40–46.
139. H.A. Bergen and W.J. Caelli, "File Security in WordPerfect 5.0," *Cryptologia*, v. 15, n. 1, Jan 1991, pp. 57–66.
140. E.R. Berklecamp, *Algebraic Coding Theory*, Aegean Park Press, 1984.
141. S. Berkovitz, "How to Broadcast a Secret," *Advances in Cryptology—EUROCRYPT '91 Proceedings*, Springer-Verlag, 1991, pp. 535–541.
142. S. Berkovitz, J. Kowalchuk, and B. Schanning, "Implementing Public-Key Scheme," *IEEE Communications Magazine*, v. 17, n. 3, May 1979, pp. 2–3.

143. D.J. Bernstein, Bernstein vs. U.S. Department of State et al., Civil Action No. C95-0582-MHP, United States District Court for the Northern District of California, 21 Feb 1995.
144. T. Berson, "Differential Cryptanalysis Mod 2^{32} with Applications to MD5," *Advances in Cryptology—EUROCRYPT '92 Proceedings*, 1992, pp. 71–80.
145. T. Beth, *Verfahren der schnellen Fourier-Transformation*, Teubner, Stuttgart, 1984. (In German.)
146. T. Beth, "Efficient Zero-Knowledge Identification Scheme for Smart Cards," *Advances in Cryptology—EUROCRYPT '88 Proceedings*, Springer-Verlag, 1988, pp. 77–84.
147. T. Beth, B.M. Cook, and D. Gollmann, "Architectures for Exponentiation in $GF(2^n)$," *Advances in Cryptology—CRYPTO '86 Proceedings*, Springer-Verlag, 1987, pp. 302–310.
148. T. Beth and Y. Desmedt, "Identification Tokens—or: Solving the Chess Grandmaster Problem," *Advances in Cryptology—CRYPTO '90 Proceedings*, Springer-Verlag, 1991, pp. 169–176.
149. T. Beth and C. Ding, "On Almost Nonlinear Permutations," *Advances in Cryptology—EUROCRYPT '93 Proceedings*, Springer-Verlag, 1994, pp. 65–76.
150. T. Beth, M. Frisch, and G.J. Simmons, eds., *Lecture Notes in Computer Science 578; Public Key Cryptography: State of the Art and Future Directions*, Springer-Verlag, 1992.
151. T. Beth and F.C. Piper, "The Stop-and-Go Generator," *Advances in Cryptology: Proceedings of EUROCRYPT 84*, Springer-Verlag, 1984, pp. 88–92.
152. T. Beth and F. Schaefer, "Non Supersingular Elliptic Curves for Public Key Cryptosystems," *Advances in Cryptology—EUROCRYPT '91 Proceedings*, Springer-Verlag, 1991, pp. 316–327.
153. A. Beutelspacher, "How to Say 'No'," *Advances in Cryptology—EUROCRYPT '89 Proceedings*, Springer-Verlag, 1990, pp. 491–496.
154. J. Bidzos, letter to NIST regarding DSS, 20 Sep 1991.
155. J. Bidzos, personal communication, 1993.
156. P. Bieber, "A Logic of Communication in a Hostile Environment," *Proceedings of the Computer Security Foundations Workshop III*, IEEE Computer Society Press, 1990, pp. 14–22.
157. E. Biham, "Cryptanalysis of the Chaotic-Map Cryptosystem Suggested at EUROCRYPT '91," *Advances in Cryptology—EUROCRYPT '91 Proceedings*, Springer-Verlag, 1991, pp. 532–534.
158. E. Biham, "New Types of Cryptanalytic Attacks Using Related Keys," Technical Report #753, Computer Science Department, Technion—Israel Institute of Technology, Sep 1992.
159. E. Biham, "On the Applicability of Differential Cryptanalysis to Hash Functions," lecture at EIES Workshop on Cryptographic Hash Functions, Mar 1992.
160. E. Biham, personal communication, 1993.
161. E. Biham, "Higher Order Differential Cryptanalysis," unpublished manuscript, Jan 1994.
162. E. Biham, "On Modes of Operation," *Fast Software Encryption, Cambridge Security Workshop Proceedings*, Springer-Verlag, 1994, pp. 116–120.
163. E. Biham, "New Types of Cryptanalytic Attacks Using Related Keys," *Journal of Cryptology*, v. 7, n. 4, 1994, pp. 229–246.
164. E. Biham, "On Matsui's Linear Cryptanalysis," *Advances in Cryptology—EUROCRYPT '94 Proceedings*, Springer-Verlag, 1995, pp. 398–412.
165. E. Biham and A. Biryukov, "How to Strengthen DES Using Existing Hardware," *Advances in Cryptology—ASIACRYPT '94 Proceedings*, Springer-Verlag, 1995, to appear.
166. E. Biham and P.C. Kocher, "A Known Plaintext Attack on the PKZIP Encryption," *K.U. Leuven Workshop on Cryptographic Algorithms*, Springer-Verlag, 1995, to appear.
167. E. Biham and A. Shamir, "Differential Cryptanalysis of DES-like Cryptosystems," *Advances in Cryptology—CRYPTO '90 Proceedings*, Springer-Verlag, 1991, pp. 2–21.
168. E. Biham and A. Shamir, "Differential Cryptanalysis of DES-like Cryptosystems," *Journal of Cryptology*, v. 4, n. 1, 1991, pp 3–72.
169. E. Biham and A. Shamir, "Differential Cryptanalysis of Feal and N-Hash," *Advances in Cryptology—EUROCRYPT*

'91 Proceedings, Springer-Verlag, 1991, pp. 1–16.
170. E. Biham and A. Shamir, "Differential Cryptanalysis of Snefru, Khafre, REDOC-II, LOKI, and Lucifer," Advances in Cryptology—CRYPTO '91 Proceedings, 1992, pp. 156–171.
171. E. Biham and A. Shamir, "Differential Cryptanalysis of the Full 16-Round DES," Advances in Cryptology—CRYPTO '92 Proceedings, Springer-Verlag, 1993, 487–496.
172. E. Biham and A. Shamir, Differential Cryptanalysis of the Data Encryption Standard, Springer-Verlag, 1993.
173. R. Bird, I. Gopal, A. Herzberg, P. Janson, S. Kutten, R. Molva, and M. Yung, "Systematic Design of Two-Party Authentication Protocols," Advances in Cryptology—CRYPTO '91 Proceedings, Springer-Verlag, 1992, pp. 44–61.
174. R. Bird, I. Gopal, A. Herzberg, P. Janson, S. Kutten, R. Molva, and M. Yung, "Systematic Design of a Family of Attack-Resistant Authentication Protocols," IEEE Journal of Selected Areas in Communication, to appear.
175. R. Bird, I. Gopal, A. Herzberg, P. Janson, S. Kutten, R. Molva, and M. Yung, "A Modular Family of Secure Protocols for Authentication and Key Distribution," IEEE/ACM Transactions on Networking, to appear.
176. M. Bishop, "An Application for a Fast Data Encryption Standard Implementation," Computing Systems, v. 1, n. 3, 1988, pp. 221–254.
177. M. Bishop, "Privacy-Enhanced Electronic Mail," Distributed Computing and Cryptography, J. Feigenbaum and M. Merritt, eds., American Mathematical Society, 1991, pp. 93–106.
178. M. Bishop, "Privacy-Enhanced Electronic Mail," Internetworking: Research and Experience, v. 2, n. 4, Dec 1991, pp. 199–233.
179. M. Bishop, "Recent Changes to Privacy Enhanced Electronic Mail," Internetworking: Research and Experience, v. 4, n. 1, Mar 1993, pp. 47–59.
180. I.F. Blake, R. Fuji-Hara, R.C. Mullin, and S.A. Vanstone, "Computing Logarithms in Finite Fields of Characteristic Two," SIAM Journal on Algebraic Discrete Methods, v. 5, 1984, pp. 276–285.

181. I.F. Blake, R.C. Mullin, and S.A. Vanstone, "Computing Logarithms in GF (2^n)," Advances in Cryptology: Proceedings of CRYPTO 84, Springer-Verlag, 1985, pp. 73–82.
182. G.R. Blakley, "Safeguarding Cryptographic Keys," Proceedings of the National Computer Conference, 1979, American Federation of Information Processing Societies, v. 48, 1979, pp. 242–268.
183. G.R. Blakley, "One-Time Pads are Key Safeguarding Schemes, Not Cryptosystems—Fast Key Safeguarding Schemes (Threshold Schemes) Exist," Proceedings of the 1980 Symposium on Security and Privacy, IEEE Computer Society, Apr 1980, pp. 108–113.
184. G.R. Blakley and I. Borosh, "Rivest-Shamir-Adleman Public Key Cryptosystems Do Not Always Conceal Messages," Computers and Mathematics with Applications, v. 5, n. 3, 1979, pp. 169–178.
185. G.R. Blakley and C. Meadows, "A Database Encryption Scheme which Allows the Computation of Statistics Using Encrypted Data," Proceedings of the 1985 Symposium on Security and Privacy, IEEE Computer Society, Apr 1985, pp. 116–122.
186. M. Blaze, "A Cryptographic File System for UNIX," 1st ACM Conference on Computer and Communications Security, ACM Press, 1993, pp. 9–16.
187. M. Blaze, "Protocol Failure in the Escrowed Encryption Standard," 2nd ACM Conference on Computer and Communications Security, ACM Press, 1994, pp. 59–67.
188. M. Blaze, "Key Management in an Encrypting File System," Proceedings of the Summer 94 USENIX Conference, USENIX Association, 1994, pp. 27–35.
189. M. Blaze and B. Schneier, "The MacGuffin Block Cipher Algorithm," K.U. Leuven Workshop on Cryptographic Algorithms, Springer-Verlag, 1995, to appear.
190. U. Blöcher and M. Dichtl, "Fish: A Fast Software Stream Cipher," Fast Software Encryption, Cambridge Security Workshop Proceedings, Springer-Verlag, 1994, pp. 41–44.
191. R. Blom, "Non-Public Key Distribution," Advances in Cryptology: Proceedings of Crypto 82, Plenum Press, 1983, pp. 231–236.

192. K.J. Blow and S.J.D. Phoenix, "On a Fundamental Theorem of Quantum Cryptography," *Journal of Modern Optics*, v. 40, n. 1, Jan 1993, pp. 33–36.
193. L. Blum, M. Blum, and M. Shub, "A Simple Unpredictable Pseudo-Random Number Generator," *SIAM Journal on Computing*, v. 15, n. 2, 1986, pp. 364–383.
194. M. Blum, "Coin Flipping by Telephone: A Protocol for Solving Impossible Problems," *Proceedings of the 24th IEEE Computer Conference (CompCon)*, 1982, pp. 133–137.
195. M. Blum, "How to Exchange (Secret) Keys," *ACM Transactions on Computer Systems*, v. 1, n. 2, May 1983, pp. 175–193.
196. M. Blum, "How to Prove a Theorem So No One Else Can Claim It," *Proceedings of the International Congress of Mathematicians*, Berkeley, CA, 1986, pp. 1444–1451.
197. M. Blum, A. De Santis, S. Micali, and G. Persiano, "Noninteractive Zero-Knowledge," *SIAM Journal on Computing*, v. 20, n. 6, Dec 1991, pp. 1084–1118.
198. M. Blum, P. Feldman, and S. Micali, "Non-Interactive Zero-Knowledge and Its Applications," *Proceedings of the 20th ACM Symposium on Theory of Computing*, 1988, pp. 103–112.
199. M. Blum and S. Goldwasser, "An *Efficient* Probabilistic Public-Key Encryption Scheme Which Hides All Partial Information," *Advances in Cryptology: Proceedings of CRYPTO 84*, Springer-Verlag, 1985, pp. 289–299.
200. M. Blum and S. Micali, "How to Generate Cryptographically-Strong Sequences of Pseudo-Random Bits," *SIAM Journal on Computing*, v. 13, n. 4, Nov 1984, pp. 850–864.
201. B. den Boer, "Cryptanalysis of F.E.A.L.," *Advances in Cryptology—EUROCRYPT '88 Proceedings*, Springer-Verlag, 1988, pp. 293–300.
202. B. den Boer and A. Bosselaers, "An Attack on the Last Two Rounds of MD4," *Advances in Cryptology—CRYPTO '91 Proceedings*, Springer-Verlag, 1992, pp. 194–203.
203. B. den Boer and A. Bosselaers, "Collisions for the Compression Function of MD5," *Advances in Cryptology—EUROCRYPT '93 Proceedings*, Springer-Verlag, 1994, pp. 293–304.
204. J.-P. Boly, A. Bosselaers, R. Cramer, R. Michelsen, S. Mjølsnes, F. Muller, T. Pedersen, B. Pfitzmann, P. de Rooij, B. Schoenmakers, M. Schunter, L. Vallée, and M. Waidner, "Digital Payment Systems in the ESPRIT Project CAFE," *Securicom 94*, Paris, France, 2–6 Jan 1994, pp. 35–45.
205. J.-P. Boly, A. Bosselaers, R. Cramer, R. Michelsen, S. Mjølsnes, F. Muller, T. Pedersen, B. Pfitzmann, P. de Rooij, B. Schoenmakers, M. Schunter, L. Vallée, and M. Waidner, "The ESPRIT Project CAFE—High Security Digital Payment System," *Computer Security—ESORICS 94*, Springer-Verlag, 1994, pp. 217–230.
206. D.J. Bond, "Practical Primality Testing," *Proceedings of IEE International Conference on Secure Communications Systems*, 22–23 Feb 1984, pp. 50–53.
207. H. Bonnenberg, *Secure Testing of VSLI Cryptographic Equipment*, Series in Microelectronics, Vol. 25, Konstanz: Hartung Gorre Verlag, 1993.
208. H. Bonnenberg, A. Curiger, N. Felber, H. Kaeslin, and X. Lai, "VLSI Implementation of a New Block Cipher," *Proceedings of the IEEE International Conference on Computer Design: VLSI in Computers and Processors (ICCD 91)*, Oct 1991, pp. 510–513.
209. K.S. Booth, "Authentication of Signatures Using Public Key Encryption," *Communications of the ACM*, v. 24, n. 11, Nov 1981, pp. 772–774.
210. A. Bosselaers, R. Govaerts, and J. Vanderwalle, *Advances in Cryptology—CRYPTO '93 Proceedings*, Springer-Verlag, 1994, pp. 175–186.
211. D.P. Bovet and P. Crescenzi, *Introduction to the Theory of Complexity*, Englewood Cliffs, N.J.: Prentice-Hall, 1994.
212. J. Boyar, "Inferring Sequences Produced by a Linear Congruential Generator Missing Low-Order Bits," *Journal of Cryptology*, v. 1, n. 3, 1989, pp. 177–184.
213. J. Boyar, D. Chaum, and I. Damgård, "Convertible Undeniable Signatures," *Advances in Cryptology—CRYPTO '90 Proceedings*, Springer-Verlag, 1991, pp. 189–205.
214. J. Boyar, K. Friedl, and C. Lund, "Practical Zero-Knowledge Proofs: Giving Hints and Using Deficiencies," *Advances in Cryptology—EUROCRYPT '89 Proceedings*, Springer-Verlag, 1990, pp. 155–172.

215. J. Boyar, C. Lund, and R. Peralta, "On the Communication Complexity of Zero-Knowledge Proofs," *Journal of Cryptology*, v. 6, n. 2, 1993, pp. 65–85.
216. J. Boyar and R. Peralta, "On the Concrete Complexity of Zero-Knowledge Proofs," *Advances in Cryptology—CRYPTO '89 Proceedings*, Springer-Verlag, 1990, pp. 507–525.
217. C. Boyd, "Some Applications of Multiple Key Ciphers," *Advances in Cryptology—EUROCRYPT '88 Proceedings*, Springer-Verlag, 1988, pp. 455–467.
218. C. Boyd, "Digital Multisignatures," *Cryptography and Coding*, H.J. Beker and F.C. Piper, eds., Oxford: Clarendon Press, 1989, pp. 241–246.
219. C. Boyd, "A New Multiple Key Cipher and an Improved Voting Scheme," *Advances in Cryptology—EUROCRYPT '89 Proceedings*, Springer-Verlag, 1990, pp. 617–625.
220. C. Boyd, "Multisignatures Revisited," *Cryptography and Coding III*, M.J. Ganley, ed., Oxford: Clarendon Press, 1993, pp. 21–30.
221. C. Boyd and W. Mao, "On the Limitation of BAN Logic," *Advances in Cryptology—EUROCRYPT '93 Proceedings*, Springer-Verlag, 1994, pp. 240–247.
222. C. Boyd and W. Mao, "Designing Secure Key Exchange Protocols," *Computer Security—ESORICS 94*, Springer-Verlag, 1994, pp. 217–230.
223. B.O. Brachtl, D. Coppersmith, M.M. Hyden, S.M. Matyas, C.H. Meyer, J. Oseas, S. Pilpel, and M. Schilling, "Data Authentication Using Modification Detection Codes Based on a Public One Way Function," U.S. Patent #4,908,861, 13 Mar 1990.
224. J. Brandt, I.B. Damgård, P. Landrock, and T. Pederson, "Zero-Knowledge Authentication Scheme with Secret Key Exchange," *Advances in Cryptology—CRYPTO '88*, Springer-Verlag, 1990, pp. 583–588.
225. S.A. Brands, "An Efficient Off-Line Electronic Cash System Based on the Representation Problem," Report CS-R9323, Computer Science/Department of Algorithms and Architecture, CWI, Mar 1993.
226. S.A. Brands, "Untraceable Off-line Cash in Wallet with Observers," *Advances in Cryptology—CRYPTO '93*, Springer-Verlag, 1994, pp. 302–318.
227. S.A. Brands, "Electronic Cash on the Internet," *Proceedings of the Internet Society 1995 Symposium on Network and Distributed Systems Security*, IEEE Computer Society Press 1995, pp 64–84.
228. D.K. Branstad, "Hellman's Data Does Not Support His Conclusion," *IEEE Spectrum*, v. 16, n. 7, Jul 1979, p. 39.
229. D.K. Branstad, J. Gait, and S. Katzke, "Report on the Workshop on Cryptography in Support of Computer Security," NBSIR 77-1291, National Bureau of Standards, Sep 21–22, 1976, September 1977.
230. G. Brassard, "A Note on the Complexity of Cryptography," *IEEE Transactions on Information Theory*, v. IT-25, n. 2, Mar 1979, pp. 232–233.
231. G. Brassard, "Relativized Cryptography," *Proceedings of the IEEE 20th Annual Symposium on the Foundations of Computer Science*, 1979, pp. 383–391.
232. G. Brassard, "A Time-Luck Tradeoff in Relativized Cryptography," *Proceedings of the IEEE 21st Annual Symposium on the Foundations of Computer Science*, 1980, pp. 380–386.
233. G. Brassard, "A Time-Luck Tradeoff in Relativized Cryptography," *Journal of Computer and System Sciences*, v. 22, n. 3, Jun 1981, pp. 280–311.
234. G. Brassard, "An Optimally Secure Relativized Cryptosystem," *SIGACT News*, v. 15, n. 1, 1983, pp. 28–33.
235. G. Brassard, "Relativized Cryptography," *IEEE Transactions on Information Theory*, v. IT-29, n. 6, Nov 1983, pp. 877–894.
236. G. Brassard, *Modern Cryptology: A Tutorial*, Springer-Verlag, 1988.
237. G. Brassard, "Quantum Cryptography: A Bibliography," *SIGACT News*, v. 24, n. 3, Oct 1993, pp. 16–20.
238. G. Brassard, D. Chaum, and C. Crépeau, "An Introduction to Minimum Disclosure," *CWI Quarterly*, v. 1, 1988, pp. 3–17.
239. G. Brassard, D. Chaum, and C. Crépeau, "Minimum Disclosure Proofs of Knowledge," *Journal of Computer and System Sciences*, v. 37, n. 2, Oct 1988, pp. 156–189.
240. G. Brassard and C. Crépeau, "Non-Transitive Transfer of Confidence: A Perfect Zero-Knowledge Interactive Protocol for SAT and Beyond," *Proceedings of the 27th IEEE Symposium on Foundations of Computer Science*, 1986, pp. 188–195.

241. G. Brassard and C. Crépeau, "Zero-Knowledge Simulation of Boolean Circuits," *Advances in Cryptology—CRYPTO '86 Proceedings*, Springer-Verlag, 1987, pp. 223-233.

242. G. Brassard and C. Crépeau, "Sorting Out Zero-Knowledge," *Advances in Cryptology—EUROCRYPT '89 Proceedings*, Springer-Verlag, 1990, pp. 181-191.

243. G. Brassard and C. Crépeau, "Quantum Bit Commitment and Coin Tossing Protocols," *Advances in Cryptology—CRYPTO '90 Proceedings*, Springer-Verlag, 1991, pp. 49-61.

244. G. Brassard, C. Crépeau, R. Jozsa, and D. Langlois, "A Quantum Bit Commitment Scheme Provably Unbreakable by Both Parties," *Proceedings of the 34th IEEE Symposium on Foundations of Computer Science*, 1993, pp. 362-371.

245. G. Brassard, C. Crépeau, and J.-M. Robert, "Information Theoretic Reductions Among Disclosure Problems," *Proceedings of the 27th IEEE Symposium on Foundations of Computer Science*, 1986, pp. 168-173.

246. G. Brassard, C. Crépeau, and J.-M. Robert, "All-or-Nothing Disclosure of Secrets," *Advances in Cryptology—CRYPTO '86 Proceedings*, Springer-Verlag, 1987, pp. 234-238.

247. G. Brassard, C. Crépeau, and M. Yung, "Everything in NP Can Be Argued in Perfect Zero-Knowledge in a Bounded Number of Rounds," *Proceedings on the 16th International Colloquium on Automata, Languages, and Programming*, Springer-Verlag, 1989, pp. 123-136.

248. R.P. Brent, "An Improved Monte-Carlo Factorization Algorithm," *BIT*, v. 20, n. 2, 1980, pp. 176-184.

249. R.P. Brent, "On the Periods of Generalized Fibonacci Recurrences, *Mathematics of Computation*, v. 63, n. 207, Jul 1994, pp. 389-401.

250. R.P. Brent, "Parallel Algorithms for Integer Factorization," Research Report CMA-R49-89, Computer Science Laboratory, The Australian National University, Oct 1989.

251. D.M. Bressoud, *Factorization and Primality Testing*, Springer-Verlag, 1989.

252. E.F. Brickell, "A Fast Modular Multiplication Algorithm with Applications to Two Key Cryptography," *Advances in Cryptology: Proceedings of Crypto 82*, Plenum Press, 1982, pp. 51-60.

253. E.F. Brickell, "Are Most Low Density Polynomial Knapsacks Solvable in Polynomial Time?" *Proceedings of the 14th Southeastern Conference on Combinatorics, Graph Theory, and Computing*, 1983.

254. E.F. Brickell, "Solving Low Density Knapsacks," *Advances in Cryptology: Proceedings of Crypto 83*, Plenum Press, 1984, pp. 25-37.

255. E.F. Brickell, "Breaking Iterated Knapsacks," *Advances in Cryptology: Proceedings of Crypto 84*, Springer-Verlag, 1985, pp. 342-358.

256. E.F. Brickell, "Cryptanalysis of the Uagisawa Public Key Cryptosystem," *Abstracts of Papers, EUROCRYPT '86*, 20-22 May 1986.

257. E.F. Brickell, "The Cryptanalysis of Knapsack Cryptosystems," *Applications of Discrete Mathematics*, R.D. Ringeisen and F.S. Roberts, eds., Society for Industrial and Applied Mathematics, Philadelphia, 1988, pp. 3-23.

258. E.F. Brickell, "Survey of Hardware Implementations of RSA," *Advances in Cryptology—CRYPTO '89 Proceedings*, Springer-Verlag, 1990, pp. 368-370.

259. E.F. Brickell, D. Chaum, I.B. Damgård, and J. van de Graff, "Gradual and Verifiable Release of a Secret," *Advances in Cryptology—CRYPTO '87 Proceedings*, Springer-Verlag, 1988, pp. 156-166.

260. E.F. Brickell, J.A. Davis, and G.J. Simmons, "A Preliminary Report on the Cryptanalysis of Merkle-Hellman Knapsack," *Advances in Cryptology: Proceedings of Crypto 82*, Plenum Press, 1983, pp. 289-303.

261. E.F. Brickell and J. DeLaurentis, "An Attack on a Signature Scheme Proposed by Okamoto and Shiraishi," *Advances in Cryptology—CRYPTO '85 Proceedings*, Springer-Verlag, 1986, pp. 28-32.

262. E.F. Brickell, D.E. Denning, S.T. Kent, D.P. Maher, and W. Tuchman, "SKIPJACK Review—Interim Report," unpublished manuscript, 28 Jul 1993.

263. E.F. Brickell, J.C. Lagarias, and A.M. Odlyzko, "Evaluation of the Adleman Attack of Multiple Iterated Knapsack Cryptosystems," *Advances in Cryptology:*

264. E.F. Brickell, P.J. Lee, and Y. Yacobi, "Secure Audio Teleconference," *Advances in Cryptology—CRYPTO '87 Proceedings*, Springer-Verlag, 1988, pp. 418–426.
265. E.F. Brickell and K.S. McCurley, "An Interactive Identification Scheme Based on Discrete Logarithms and Factoring," *Advances in Cryptology—EUROCRYPT '90 Proceedings*, Springer-Verlag, 1991, pp. 63–71.
266. E.F. Brickell, J.H. Moore, and M.R. Purtill, "Structure in the S-Boxes of the DES," *Advances in Cryptology—CRYPTO '86 Proceedings*, Springer-Verlag, 1987, pp. 3–8.
267. E.F. Brickell and A.M. Odlyzko, "Cryptanalysis: A Survey of Recent Results," *Proceedings of the IEEE*, v. 76, n. 5, May 1988, pp. 578–593.
268. E.F. Brickell and A.M. Odlyzko, "Cryptanalysis: A Survey of Recent Results," *Contemporary Cryptology: The Science of Information Integrity*, G.J. Simmons, ed., IEEE Press, 1991, pp. 501–540.
269. E.F. Brickell and G.J. Simmons, "A Status Report on Knapsack Based Public Key Cryptosystems," *Congressus Numerantium*, v. 7, 1983, pp. 3–72.
270. E.F. Brickell and D.R. Stinson, "The Detection of Cheaters in Threshold Schemes," *Advances in Cryptology—CRYPTO '88 Proceedings*, Springer-Verlag, 1990, pp. 564–577.
271. A.G. Broscius and J.M. Smith, "Exploiting Parallelism in Hardware Implementation of the DES," *Advances in Cryptology—CRYPTO '91 Proceedings*, Springer-Verlag, 1992, pp. 367–376.
272. L. Brown, M. Kwan, J. Pieprzyk, and J. Seberry, "Improving Resistance to Differential Cryptanalysis and the Redesign of LOKI," *Advances in Cryptology—ASIACRYPT '91 Proceedings*, Springer-Verlag, 1993, pp. 36–50.
273. L. Brown, J. Pieprzyk, and J. Seberry, "LOKI: A Cryptographic Primitive for Authentication and Secrecy Applications," *Advances in Cryptology—AUSCRYPT '90 Proceedings*, Springer-Verlag, 1990, pp. 229–236.
274. L. Brown, J. Pieprzyk, and J. Seberry, "Key Scheduling in DES Type Cryptosystems," *Advances in Cryptology—AUSCRYPT '90 Proceedings*, Springer-Verlag, 1990, pp. 221–228.
275. L. Brown and J. Seberry, "On the Design of Permutation P in DES Type Cryptosystems," *Advances in Cryptology—EUROCRYPT '89 Proceedings*, Springer-Verlag, 1990, pp. 696–705.
276. W. Brown, "A Quantum Leap in Secret Communications," *New Scientist*, n. 1585, 30 Jan 1993, p. 21.
277. J.O. Brüer, "On Pseudo Random Sequences as Crypto Generators," *Proceedings of the International Zurich Seminar on Digital Communication*, Switzerland, 1984.
278. L. Brynielsson "On the Linear Complexity of Combined Shift Register Sequences," *Advances in Cryptology—EUROCRYPT '85*, Springer-Verlag, 1986, pp. 156–166.
279. J. Buchmann, J. Loho, and J. Zayer, "An Implementation of the General Number Field Sieve," *Advances in Cryptology—CRYPTO '93 Proceedings*, Springer-Verlag, 1994, pp. 159–165.
280. M. Burmester and Y. Desmedt, "Broadcast Interactive Proofs," *Advances in Cryptology—EUROCRYPT '91 Proceedings*, Springer-Verlag, 1991, pp. 81–95.
281. M. Burmester and Y. Desmedt, "A Secure and Efficient Conference Key Distribution System," *Advances in Cryptology—EUROCRYPT '94 Proceedings*, Springer-Verlag, 1995, to appear.
282. D. Burnham, "NSA Seeking 500,000 'Secure' Telephones," *The New York Times*, 6 Oct 1994.
283. M. Burrows, M. Abadi, and R. Needham, "A Logic of Authentication," Research Report 39, Digital Equipment Corp. Systems Research Center, Feb 1989.
284. M. Burrows, M. Abadi, and R. Needham, "A Logic of Authentication," *ACM Transactions on Computer Systems*, v. 8, n. 1, Feb 1990, pp. 18–36.
285. M. Burrows, M. Abadi, and R. Needham, "Rejoinder to Nessett," *Operating System Review*, v. 20, n. 2, Apr 1990, pp. 39–40.
286. J.J. Cade, "A Modification of a Broken Public-Key Cipher," *Advances in Cryptology—CRYPTO '86 Proceedings*, Springer-Verlag, 1987, pp. 64–83.
287. T.R. Cain and A.T. Sherman, "How to Break Gifford's Cipher," *Proceedings of the 2nd Annual ACM Conference on*

Computer and Communications Security, ACM Press, 1994, pp. 198–209.

288. C. Calvelli and V. Varadharajan, "An Analysis of Some Delegation Protocols for Distributed Systems," *Proceedings of the Computer Security Foundations Workshop V*, IEEE Computer Society Press, 1992, pp. 92–110.

289. J.L. Camenisch, J.-M. Piveteau, and M.A. Stadler, "An Efficient Electronic Payment System Protecting Privacy," *Computer Security—ESORICS 94*, Springer-Verlag, 1994, pp. 207–215.

290. P. Camion and J. Patarin, "The Knapsack Hash Function Proposed at Crypto '89 Can Be Broken," *Advances in Cryptology—EUROCRYPT '91*, Springer-Verlag, 1991, pp. 39–53.

291. C.M. Campbell, "Design and Specification of Cryptographic Capabilities," *IEEE Computer Society Magazine*, v. 16, n. 6, Nov 1978, pp. 15–19.

292. E.A. Campbell, R. Safavi-Naini, and P.A. Pleasants, "Partial Belief and Probabilistic Reasoning in the Analysis of Secure Protocols," *Proceedings of the Computer Security Foundations Workshop V*, IEEE Computer Society Press, 1992, pp. 92–110.

293. K.W. Campbell and M.J. Wiener, "DES Is Not a Group," *Advances in Cryptology—CRYPTO '92 Proceedings*, Springer-Verlag, pp. 512–520.

294. Z.F. Cao and G. Zhao, "Some New MC Knapsack Cryptosystems," *CHINACRYPT '94*, Xidian, China, 11–15 Nov 1994, pp. 70–75. (In Chinese).

295. C. Carlet, "Partially-Bent Functions," *Advances in Cryptology—CRYPTO '92 Proceedings*, Springer-Verlag, 1993, pp. 280–291.

296. C. Carlet, "Partially Bent Functions," *Designs, Codes and Cryptography*, v. 3, 1993, pp. 135–145.

297. C. Carlet, "Two New Classes of Bent Functions" *Advances in Cryptology—EUROCRYPT '93 Proceedings*, Springer-Verlag, 1994, pp. 77–101.

298. C. Carlet, J. Seberry, and X.M. Zhang, "Comments on 'Generating and Counting Binary Bent Sequences,'" *IEEE Transactions on Information Theory*, v. IT-40, n. 2, Mar 1994, p. 600.

299. J.M. Carroll, *Computer Security*, 2nd edition, Butterworths, 1987.

300. J.M. Carroll, "The Three Faces of Information Security," *Advances in Cryptology—AUSCRYPT '90 Proceedings*, Springer-Verlag, 1990, pp. 433–450.

301. J.M. Carroll, "'Do-it-yourself' Cryptography," *Computers & Security*, v. 9, n. 7, Nov 1990, pp. 613–619.

302. T.R. Caron and R.D. Silverman, "Parallel Implementation of the Quadratic Scheme," *Journal of Supercomputing*, v. 1, n. 3, 1988, pp. 273–290.

303. CCITT, Draft Recommendation X.509, "The Directory—Authentication Framework," Consultation Committee, International Telephone and Telegraph, International Telecommunications Union, Geneva, 1987.

304. CCITT, Recommendation X.509, "The Directory—Authentication Framework," Consultation Committee, International Telephone and Telegraph, International Telecommunications Union, Geneva, 1989.

305. CCITT, Recommendation X.800, "Security Architecture for Open Systems Interconnection for CCITT Applications," International Telephone and Telegraph, International Telecommunications Union, Geneva, 1991.

306. F. Chabaud, "On the Security of Some Cryptosystems Based on Error-Correcting Codes," *Advances in Cryptology—EUROCRYPT '94 Proceedings*, Springer-Verlag, 1995, to appear.

307. F. Chabaud and S. Vaudenay, "Links Between Differential and Linear Cryptanalysis," *Advances in Cryptology—EUROCRYPT '94 Proceedings*, Springer-Verlag, 1995, to appear.

308. W.G. Chambers and D. Gollmann, "Generators for Sequences with Near-Maximal Linear Equivalence," *IEE Proceedings*, V. 135, Pt. E, n. 1, Jan 1988, pp. 67–69.

309. W.G. Chambers and D. Gollmann, "Lock-In Effect in Cascades of Clock-Controlled Shirt Registers," *Advances in Cryptology—EUROCRYPT '88 Proceedings*, Springer Verlag, 1988, pp. 331–343.

310. A. Chan and R. Games, "On the Linear Span of Binary Sequences from Finite Geometries," *Advances in Cryptology—CRYPTO '86 Proceedings*, Springer-Verlag, 1987, pp. 405–417.

311. J.P. Chandler, D.C. Arrington, D.R. Berkelhammer, and W.L. Gill, "Identification and

Analysis of Foreign Laws and Regulations Pertaining to the Use of Commercial Encryption Products for Voice and Data Communications," National Intellectual Property Law Institute, George Washington University, Washington, D.C., Jan 1994.

312. C.C. Chang and S.J. Hwang, "Cryptographic Authentication of Passwords," *Proceedings of the 25th Annual 1991 IEEE International Carnahan Conference on Security Technology*, Taipei, Taiwan, 1-3 Oct 1991, pp. 126-130.

313. C.C. Chang and S.J. Hwang, "A Strategy for Transforming Public-Key Cryptosystems into Identity-Based Cryptosystems," *Proceedings of the 25th Annual 1991 IEEE International Carnahan Conference on Security Technology*, Taipei, Taiwan, 1-3 Oct 1991, pp. 68-72.

314. C.C. Chang and C.H. Lin, "An ID-Based Signature Scheme Based upon Rabin's Public Key Cryptosystem," *Proceedings of the 25th Annual 1991 IEEE International Carnahan Conference on Security Technology*, Taipei, Taiwan, 1-3 Oct 1991, pp. 139-141.

315. C. Charnes and J. Pieprzyk, "Attacking the SL_2 Hashing Scheme," *Advances in Cryptology—ASIACRYPT '94 Proceedings*, Springer-Verlag, 1995, pp. 322-330.

316. D. Chaum, "Untraceable Electronic Mail, Return Addresses, and Digital Pseudonyms," *Communications of the ACM*, v. 24, n. 2, Feb 1981, pp. 84-88.

317. D. Chaum, "Blind Signatures for Untraceable Payments," *Advances in Cryptology: Proceedings of Crypto 82*, Plenum Press, 1983, pp. 199-203.

318. D. Chaum, "Security Without Identification: Transaction Systems to Make Big Brother Obsolete," *Communications of the ACM*, v. 28, n. 10, Oct 1985, pp. 1030-1044.

319. D. Chaum, "Demonstrating that a Public Predicate Can Be Satisfied without Revealing Any Information about How," *Advances in Cryptology—CRYPTO '86 Proceedings*, Springer-Verlag, 1987, pp. 159-199.

320. D. Chaum, "Blinding for Unanticipated Signatures," *Advances in Cryptology—EUROCRYPT '87 Proceedings*, Springer-Verlag, 1988, pp. 227-233.

321. D. Chaum, "The Dining Cryptographers Problem: Unconditional Sender and Receiver Untraceability," *Journal of Cryptology*, v. 1, n. 1, 1988, pp. 65-75.

322. D. Chaum, "Elections with Unconditionally Secret Ballots and Disruptions Equivalent to Breaking RSA," *Advances in Cryptology—EUROCRYPT '88 Proceedings*, Springer-Verlag, 1988, pp. 177-181.

323. D. Chaum, "Blind Signature Systems," U.S. Patent #4,759,063, 19 Jul 1988.

324. D. Chaum, "Blind Unanticipated Signature Systems," U.S. Patent #4,759,064, 19 Jul 1988.

325. D. Chaum, "Online Cash Checks," *Advances in Cryptology—EUROCRYPT '89 Proceedings*, Springer-Verlag, 1990, pp. 288-293.

326. D. Chaum, "One-Show Blind Signature Systems," U.S. Patent #4,914,698, 3 Apr 1990.

327. D. Chaum, "Undeniable Signature Systems," U.S. Patent #4,947,430, 7 Aug 1990.

328. D. Chaum, "Returned-Value Blind Signature Systems," U.S. Patent #4,949,380, 14 Aug 1990.

329. D. Chaum, "Zero-Knowledge Undeniable Signatures," *Advances in Cryptology—EUROCRYPT '90 Proceedings*, Springer-Verlag, 1991, pp. 458-464.

330. D. Chaum, "Group Signatures," *Advances in Cryptology—EUROCRYPT '91 Proceedings*, Springer-Verlag, 1991, pp. 257-265.

331. D. Chaum, "Unpredictable Blind Signature Systems," U.S. Patent #4,991,210, 5 Feb 1991.

332. D. Chaum, "Achieving Electronic Privacy," *Scientific American*, v. 267, n. 2, Aug 1992, pp. 96-101.

333. D. Chaum, "Designated Confirmer Signatures," *Advances in Cryptology—EUROCRYPT '94 Proceedings*, Springer-Verlag, 1995, to appear.

334. D. Chaum, C. Crépeau, and I.B. Damgård, "Multiparty Unconditionally Secure Protocols," *Proceedings of the 20th ACM Symposium on the Theory of Computing*, 1988, pp. 11-19.

335. D. Chaum, B. den Boer, E. van Heyst, S. Mjølsnes, and A. Steenbeek, "Efficient Offline Electronic Checks," *Advances in Cryptology—EUROCRYPT '89 Proceedings*, Springer-Verlag, 1990, pp. 294-301.

336. D. Chaum and J.-H. Evertse, "Cryptanalysis of DES with a Reduced Number of Rounds; Sequences of Linear Factors in Block Ciphers," *Advances in Cryptology—CRYPTO '85 Proceedings*, Springer-Verlag, 1986, pp. 192–211.
337. D. Chaum, J.-H. Evertse, and J. van de Graff, "An Improved Protocol for Demonstrating Possession of Discrete Logarithms and Some Generalizations," *Advances in Cryptology—EUROCRYPT '87 Proceedings*, Springer-Verlag, 1988, pp. 127–141.
338. D. Chaum, J.-H. Evertse, J. van de Graff, and R. Peralta, "Demonstrating Possession of a Discrete Logarithm without Revealing It," *Advances in Cryptology—CRYPTO '86 Proceedings*, Springer-Verlag, 1987, pp. 200–212.
339. D. Chaum, A. Fiat, and M. Naor, "Untraceable Electronic Cash," *Advances in Cryptology—CRYPTO '88 Proceedings*, Springer-Verlag, 1990, pp. 319–327.
340. D. Chaum and T. Pedersen, "Transferred Cash Grows in Size," *Advances in Cryptology—EUROCRYPT '92 Proceedings*, Springer-Verlag, 1993, pp. 391–407.
341. D. Chaum and T. Pedersen, "Wallet Databases with Observers," *Advances in Cryptology—CRYPTO '92 Proceedings*, Springer-Verlag, 1993, pp. 89–105.
342. D. Chaum and I. Schaumuller-Bichel, eds., *Smart Card 2000*, North Holland: Elsevier Science Publishers, 1989.
343. D. Chaum and H. van Antwerpen, "Undeniable Signatures," *Advances in Cryptology—CRYPTO '89 Proceedings*, Springer-Verlag, 1990, pp. 212–216.
344. D. Chaum, E. van Heijst, and B. Pfitzmann, "Cryptographically Strong Undeniable Signatures, Unconditionally Secure for the Signer," *Advances in Cryptology—CRYPTO '91 Proceedings*, Springer-Verlag, 1992, pp. 470–484.
345. T.M. Chee, "The Cryptanalysis of a New Public-Key Cryptosystem Based on Modular Knapsacks," *Advances in Cryptology—CRYPTO '91 Proceedings*, Springer-Verlag, 1992, pp. 204–212.
346. L. Chen, "Oblivious Signatures," *Computer Security—ESORICS 94*, Springer-Verlag, 1994, pp. 161–172.
347. L. Chen and M. Burminster, "A Practical Secret Voting Scheme which Allows Voters to Abstain," *CHINACRYPT '94*, Xidian, China, 11–15 Nov 1994, pp. 100–107.
348. L. Chen and T.P. Pedersen "New Group Signature Schemes," *Advances in Cryptology—EUROCRYPT '94 Proceedings*, Springer-Verlag, 1995, to appear.
349. J. Chenhui, "Spectral Characteristics of Partially-Bent Functions," *CHINACRYPT '94*, Xidian, China, 11–15 Nov 1994, pp. 48–51.
350. V. Chepyzhov and B. Smeets, "On a Fast Correlation Attack on Certain Stream Ciphers," *Advances in Cryptology—EUROCRYPT '91 Proceedings*, Springer-Verlag, 1991, pp. 176–185.
351. T.C. Cheung, "Management of PEM Public Key Certificates Using X.500 Directory Service: Some Problems and Solutions," *Proceedings of the Internet Society 1994 Workshop on Network and Distributed System Security*, The Internet Society, 1994, pp. 35–42.
352. G.C. Chiou and W.C. Chen, "Secure Broadcasting Using the Secure Lock," *IEEE Transactions on Software Engineering*, v. SE-15, n. 8, Aug 1989, pp. 929–934.
353. Y.J. Choie and H.S. Hwoang, "On the Cryptosystem Using Elliptic Curves," *Proceedings of the 1993 Korea-Japan Workshop on Information Security and Cryptography*, Seoul, Korea, 24–26 Oct 1993, pp. 105–113.
354. B. Chor and O. Goldreich, "RSA/Rabin Least Significant Bits are $1/2 + 1/\text{poly}(\log N)$ Secure," *Advances in Cryptology: Proceedings of CRYPTO 84*, Springer-Verlag, 1985, pp. 303–313.
355. B. Chor, S. Goldwasser, S. Micali, and B. Awerbuch, "Verifiable Secret Sharing and Achieving Simultaneity in the Presence of Faults," *Proceedings of the 26th Annual IEEE Symposium on the Foundations of Computer Science*, 1985, pp. 383–395.
356. B. Chor and R.L. Rivest, "A Knapsack Type Public Key Cryptosystem Based on Arithmetic in Finite Fields," *Advances in Cryptology: Proceedings of CRYPTO 84*, Springer-Verlag, 1985, pp. 54–65.
357. P. Christoffersson, S.-A. Ekahll, V. Fåk, S. Herda, P. Mattila, W. Price, and H.-O. Widman, *Crypto Users' Handbook: A Guide for Implementors of Cryptographic Protection in Computer Systems*, North Holland: Elsevier Science Publishers, 1988.

358. R. Cleve, "Controlled Gradual Disclosure Schemes for Random Bits and Their Applications," *Advances in Cryptology—CRYPTO '89 Proceedings*, Springer-Verlag, 1990, pp. 572–588.
359. J.D. Cohen, "Improving Privacy in Cryptographic Elections," Yale University Computer Science Department Technical Report YALEU/DCS/TR-454, Feb 1986.
360. J.D. Cohen and M.H. Fischer, "A Robust and Verifiable Cryptographically Secure Election Scheme," *Proceedings of the 26th Annual IEEE Symposium on the Foundations of Computer Science*, 1985, pp. 372–382.
361. R. Cole, "A Model for Security in Distributed Systems," *Computers and Security*, v. 9, n. 4, Apr 1990, pp. 319–330.
362. Comptroller General of the United States, "Matter of National Institute of Standards and Technology—Use of Electronic Data Interchange Technology to Create Valid Obligations," File B-245714, 13 Dec 1991.
363. M.S. Conn, letter to Joe Abernathy, National Security Agency, Ser: Q43-111-92, 10 Jun 1992.
364. C. Connell, "An Analysis of NewDES: A Modified Version of DES," *Cryptologia*, v. 14, n. 3, Jul 1990, pp. 217–223.
365. S.A. Cook, "The Complexity of Theorem-Proving Procedures," *Proceedings of the 3rd Annual ACM Symposium on the Theory of Computing*, 1971, pp. 151–158.
366. R.H. Cooper and W. Patterson, "A Generalization of the Knapsack Method Using Galois Fields," *Cryptologia*, v. 8, n. 4, Oct 1984, pp. 343–347.
367. R.H. Cooper and W. Patterson, "RSA as a Benchmark for Multiprocessor Machines," *Advances in Cryptology—AUSCRYPT '90 Proceedings*, Springer-Verlag, 1990, pp. 356–359.
368. D. Coppersmith, "Fast Evaluation of Logarithms in Fields of Characteristic Two," *IEEE Transactions on Information Theory*, v. 30, n. 4, Jul 1984, pp. 587–594.
369. D. Coppersmith, "Another Birthday Attack," *Advances in Cryptology—CRYPTO '85 Proceedings*, Springer-Verlag, 1986, pp. 14–17.
370. D. Coppersmith, "Cheating at Mental Poker," *Advances in Cryptology—CRYPTO '85 Proceedings*, Springer-Verlag, 1986, pp. 104–107.
371. D. Coppersmith, "The Real Reason for Rivest's Phenomenon," *Advances in Cryptology—CRYPTO '85 Proceedings*, Springer-Verlag, 1986, pp. 535–536.
372. D. Coppersmith, "Two Broken Hash Functions," Research Report RD 18397, IBM T.J. Watson Center, Oct 1992.
373. D. Coppersmith, "The Data Encryption Standard (DES) and Its Strength against Attacks," Technical Report RC 18613, IBM T.J. Watson Center, Dec 1992.
374. D. Coppersmith, "The Data Encryption Standard (DES) and its Strength against Attacks," *IBM Journal of Research and Development*, v. 38, n. 3, May 1994, pp. 243–250.
375. D. Coppersmith, "Attack on the Cryptographic Scheme NIKS-TAS," *Advances in Cryptology—CRYPTO '94 Proceedings*, Springer-Verlag, 1994, pp. 294–307.
376. D. Coppersmith, personal communication, 1994.
377. D. Coppersmith and E. Grossman, "Generators for Certain Alternating Groups with Applications to Cryptography," *SIAM Journal on Applied Mathematics*, v. 29, n. 4, Dec 1975, pp. 624–627.
378. D. Coppersmith, H. Krawczyk, and Y. Mansour, "The Shrinking Generator," *Advances in Cryptology—CRYPTO '93 Proceedings*, Springer-Verlag, 1994, pp. 22–39.
379. D. Coppersmith, A. Odlykzo, and R. Schroeppel, "Discrete Logarithms in GF(p)," *Algorithmica*, v. 1, n. 1, 1986, pp. 1–16.
380. D. Coppersmith and P. Rogaway, "Software Efficient Pseudo Random Function and the Use Thereof for Encryption," U.S. Patent pending, 1995.
381. D. Coppersmith, J. Stern, and S. Vaudenay, "Attacks on the Birational Signature Schemes," *Advances in Cryptology—CRYPTO '93 Proceedings*, Springer-Verlag, 1994, pp. 435–443.
382. V. Cordonnier and J.-J. Quisquater, eds., *CARDIS '94—Proceedings of the First Smart Card Research and Advanced Application Conference*, Lille, France, 24–26 Oct 1994.
383. C. Couvreur and J.-J. Quisquater, "An Introduction to Fast Generation of Large Prime Numbers," *Philips Journal Research*, v. 37, n. 5–6, 1982, pp. 231–264.

384. C. Couvreur and J.-J. Quisquater, "An Introduction to Fast Generation of Large Prime Numbers," *Philips Journal Research*, v. 38, 1983, p. 77.
385. C. Coveyou and R.D. MacPherson, "Fourier Analysis of Uniform Random Number Generators," *Journal of the ACM*, v. 14, n. 1, 1967, pp. 100–119.
386. T.M. Cover and R.C. King, "A Convergent Gambling Estimate of the Entropy of English," *IEEE Transactions on Information Theory*, v. IT-24, n. 4, Jul 1978, pp. 413–421.
387. R.J.F. Cramer and T.P. Pedersen, "Improved Privacy in Wallets with Observers," *Advances in Cryptology—EUROCRYPT '93 Proceedings*, Springer-Verlag, 1994, pp. 329–343.
388. R.E. Crandell, "Method and Apparatus for Public Key Exchange in a Cryptographic System," U.S. Patent #5,159,632, 27 Oct 1992.
389. C. Crépeau, "A Secure Poker Protocol That Minimizes the Effect of Player Coalitions," *Advances in Cryptology—CRYPTO '85 Proceedings*, Springer-Verlag, 1986, pp. 73–86.
390. C. Crépeau, "A Zero-Knowledge Poker Protocol that Achieves Confidentiality of the Players' Strategy, or How to Achieve an Electronic Poker Face," *Advances in Cryptology—CRYPTO '86 Proceedings*, Springer-Verlag, 1987, pp. 239–247.
391. C. Crépeau, "Equivalence Between Two Flavours of Oblivious Transfer," *Advances in Cryptology—CRYPTO '87 Proceedings*, Springer-Verlag, 1988, pp. 350–354.
392. C. Crépeau, "Correct and Private Reductions among Oblivious Transfers," Ph.D. dissertation, Department of Electrical Engineering and Computer Science, Massachusetts Institute of Technology, 1990.
393. C. Crépeau, "Quantum Oblivious Transfer," *Journal of Modern Optics*, v. 41, n. 12, Dec 1994, pp. 2445–2454.
394. C. Crépeau and J. Kilian, "Achieving Oblivious Transfer Using Weakened Security Assumptions," *Proceedings of the 29th Annual Symposium on the Foundations of Computer Science*, 1988, pp. 42–52.
395. C. Crépeau and J. Kilian, "Weakening Security Assumptions and Oblivious Transfer," *Advances in Cryptology—CRYPTO '88 Proceedings*, Springer-Verlag, 1990, pp. 2–7.
396. C. Crépeau and L. Salvail, "Quantum Oblivious Mutual Identification," *Advances in Cryptology—EUROCRYPT '95 Proceedings*, Springer-Verlag, 1995, pp. 133–146.
397. A. Curiger, H. Bonnenberg, R. Zimmermann, N. Felber, H. Kaeslin and W. Fichtner, "VINCI: VLSI Implementation of the New Block Cipher IDEA," *Proceedings of IEEE CICC '93*, San Diego, CA, May 1993, pp. 15.5.1–15.5.4.
398. A. Curiger and B. Stuber, "Specification for the IDEA Chip," Technical Report No. 92/03, Institut für Integrierte Systeme, ETH Zurich, Feb 1992.
399. T. Cusick, "Boolean Functions Satisfying a Higher Order Strict Avalanche Criterion," *Advances in Cryptology—EUROCRYPT '93 Proceedings*, Springer-Verlag, 1994, pp. 102–117.
400. T.W. Cusick and M.C. Wood, "The REDOC-II Cryptosystem," *Advances in Cryptology—CRYPTO '90 Proceedings*, Springer-Verlag, 1991, pp. 545–563.
401. Cylink Corporation, Cylink Corporation vs. RSA Data Security, Inc., Civil Action No. C94-02332-CW, United States District Court for the Northern District of California, 30 Jun 1994.
402. J. Daeman, "Cipher and Hash Function Design," Ph.D. Thesis, Katholieke Universiteit Leuven, Mar 95.
403. J. Daeman, A. Bosselaers, R. Govaerts, and J. Vandewalle, "Collisions for Schnorr's Hash Function FFT-Hash Presented at Crypto '91," *Advances in Cryptology—ASIACRYPT '91 Proceedings*, Springer-Verlag, 1993, pp. 477–480.
404. J. Daeman, R. Govaerts, and J. Vandewalle, "A Framework for the Design of One-Way Hash Functions Including Cryptanalysis of Damgård's One-Way Function Based on Cellular Automata," *Advances in Cryptology—ASIACRYPT '91 Proceedings*, Springer-Verlag, 1993, pp. 82–96.
405. J. Daeman, R. Govaerts, and J. Vandewalle, "A Hardware Design Model for Cryptographic Algorithms," *ESORICS 92, Proceedings of the Second European Symposium on Research in Computer Security*, Springer-Verlag, 1992, pp. 419–434.
406. J. Daemen, R. Govaerts, and J. Vandewalle, "Block Ciphers Based on Modular Arith-

metic," *Proceedings of the 3rd Symposium on State and Progress of Research in Cryptography*, Rome, Italy, 15–16 Feb 1993, pp. 80–89.

407. J. Daemen, R. Govaerts, and J. Vandewalle, "Fast Hashing Both in Hardware and Software," presented at the rump session of CRYPTO '93, Aug 1993.

408. J. Daemen, R. Govaerts, and J. Vandewalle, "Resynchronization Weaknesses in Synchronous Stream Ciphers," *Advances in Cryptology—EUROCRYPT '93 Proceedings*, Springer-Verlag, 1994, pp. 159–167.

409. J. Daemen, R. Govaerts, and J. Vandewalle, "Weak Keys for IDEA," *Advances in Cryptology—CRYPTO '93 Proceedings*, Springer-Verlag, 1994, pp. 224–230.

410. J. Daemen, R. Govaerts, and J. Vandewalle, "A New Approach to Block Cipher Design," *Fast Software Encryption, Cambridge Security Workshop Proceedings*, Springer-Verlag, 1994, pp. 18–32.

411. Z.-D. Dai, "Proof of Rueppel's Linear Complexity Conjecture," *IEEE Transactions on Information Theory*, v. IT-32, n. 3, May 1986, pp. 440–443.

412. I.B. Damgård, "Collision Free Hash Functions and Public Key Signature Schemes," *Advances in Cryptology—EUROCRYPT '87 Proceedings*, Springer-Verlag, 1988, pp. 203–216.

413. I.B. Damgård, "Payment Systems and Credential Mechanisms with Provable Security Against Abuse by Individuals," *Advances in Cryptology—CRYPTO '88 Proceedings*, Springer-Verlag, 1990, pp. 328–335.

414. I.B. Damgård, "A Design Principle for Hash Functions," *Advances in Cryptology—CRYPTO '89 Proceedings*, Springer-Verlag, 1990, pp. 416–427.

415. I.B. Damgård, "Practical and Provably Secure Release of a Secret and Exchange of Signatures," *Advances in Cryptology—EUROCRYPT '93 Proceedings*, Springer-Verlag, 1994, pp. 200–217.

416. I.B. Damgård and L.R. Knudsen, "The Breaking of the AR Hash Function," *Advances in Cryptology—EUROCRYPT '93 Proceedings*, Springer-Verlag, 1994, pp. 286–292.

417. I.B. Damgård and P. Landrock, "Improved Bounds for the Rabin Primality Test," *Cryptography and Coding III*, M.J. Ganley, ed., Oxford: Clarendon Press, 1993, pp. 117–128.

418. I.B. Damgård, P. Landrock and C. Pomerance, "Average Case Error Estimates for the Strong Probable Prime Test," *Mathematics of Computation*, v. 61, n. 203, Jul 1993, pp. 177–194.

419. H.E. Daniels, Jr., letter to Datapro Research Corporation regarding CCEP, 23 Dec 1985.

420. H. Davenport, *The Higher Arithmetic*, Dover Books, 1983.

421. G.I. Davida, "Inverse of Elements of a Galois Field," *Electronics Letters*, v. 8, n. 21, 19 Oct 1972, pp. 518–520.

422. G.I. Davida, "Hellman's Scheme Breaks DES in Its Basic Form," *IEEE Spectrum*, v. 16, n. 7, Jul 1979, p. 39.

423. G.I. Davida, "Chosen Signature Cryptanalysis of the RSA (MIT) Public Key Cryptosystem," *Technical Report TR-CS-82-2*, Department of EECS, University of Wisconsin, 1982.

424. G.I. Davida and G.G. Walter, "A Public Key Analog Cryptosystem," *Advances in Cryptology—EUROCRYPT '87 Proceedings*, Springer-Verlag, 1988, pp. 143–147.

425. G.I. Davida, D. Wells, and J. Kam, "A Database Encryption System with Subkeys," *ACM Transactions on Database Systems*, v. 6, n. 2, Jun 1981, pp. 312–328.

426. D.W. Davies, "Applying the RSA Digital Signature to Electronic Mail," *Computer*, v. 16, n. 2, Feb 1983, pp. 55–62.

427. D.W. Davies, "Some Regular Properties of the DES," *Advances in Cryptology: Proceedings of Crypto 82*, Plenum Press, 1983, pp. 89–96.

428. D.W. Davies, "A Message Authentication Algorithm Suitable for a Mainframe Computer," *Advances in Cryptology: Proceedings of Crypto 82*, Springer-Verlag, 1985, pp. 393–400.

429. D.W. Davies and S. Murphy, "Pairs and Triplets of DES S-boxes," *Cryptologia*, v. 8, n. 1, 1995, pp. 1–25.

430. D.W. Davies and G.I.P. Parkin, "The Average Size of the Key Stream in Output Feedback Encipherment," *Cryptography, Proceedings of the Workshop on Cryptography, Burg Feuerstein, Germany, March 29–April 2, 1982*, Springer-Verlag, 1983, pp. 263–279.

431. D.W. Davies and G.I.P. Parkin, "The Average Size of the Key Stream in Output Feed-

back Mode," *Advances in Cryptology: Proceedings of Crypto 82*, Plenum Press, 1983, pp. 97–98.

432. D.W. Davies and W.L. Price, "The Application of Digital Signatures Based on Public-Key Cryptosystems," *Proceedings of the Fifth International Computer Communications Conference*, Oct 1980, pp. 525–530.

433. D.W. Davies and W.L. Price, "The Application of Digital Signatures Based on Public-Key Cryptosystems," National Physical Laboratory Report DNACS 39/80, Dec 1980.

434. D.W. Davies and W.L. Price, "Digital Signature—An Update," *Proceedings of International Conference on Computer Communications, Sydney, Oct 1984*, North Holland: Elsevier, 1985, pp. 843–847.

435. D.W. Davies and W.L. Price, *Security for Computer Networks*, second edition, John Wiley & Sons, 1989.

436. M. Davio, Y. Desmedt, M. Fosseprez, R. Govaerts, J. Hulsbrosch, P. Neutjens, P. Piret, J.-J. Quisquater, J. Vandewalle, and S. Wouters, "Analytical Characteristics of the Data Encryption Standard," *Advances in Cryptology: Proceedings of Crypto 83*, Plenum Press, 1984, pp. 171–202.

437. M. Davio, Y. Desmedt, J. Goubert, F. Hoornaert, and J.-J. Quisquater, "Efficient Hardware and Software Implementation of the DES," *Advances in Cryptology: Proceedings of CRYPTO 84*, Springer-Verlag, 1985, pp. 144–146.

438. M. Davio, Y. Desmedt, and J.-J. Quisquater, "Propagation Characteristics of the DES," *Advances in Cryptology: Proceedings of EUROCRYPT 84*, Springer-Verlag, 1985, 62–73.

439. D. Davis, R. Ihaka, and P. Fenstermacher, "Cryptographic Randomness from Air Turbulence in Disk Drives," *Advances in Cryptology—CRYPTO '94 Proceedings*, Springer-Verlag, 1994, pp. 114–120.

440. J.A. Davis, D.B. Holdbridge, and G.J. Simmons, "Status Report on Factoring (at the Sandia National Laboratories)," *Advances in Cryptology: Proceedings of CRYPTO 84*, Springer-Verlag, 1985, pp. 183–215.

441. R.M. Davis, "The Data Encryption Standard in Perspective," *Computer Security and the Data Encryption Standard*, National Bureau of Standards Special Publication 500-27, Feb 1978.

442. E. Dawson and A. Clard, "Cryptanalysis of Universal Logic Sequences," *Advances in Cryptology—EUROCRYPT '93 Proceedings*, Springer-Verlag, to appear.

443. M.H. Dawson and S.E. Tavares, "An Expanded Set of Design Criteria for Substitution Boxes and Their Use in Strengthening DES-Like Cryptosystems," *IEEE Pacific Rim Conference on Communications, Computers, and Signal Processing*, Victoria, BC, Canada, 9–10 May 1991, pp. 191–195.

444. M.H. Dawson and S.E. Tavares, "An Expanded Set of S-Box Design Criteria Based on Information Theory and Its Relation to Differential-like Attacks," *Advances in Cryptology—EUROCRYPT '91 Proceedings*, Springer-Verlag, 1991, pp. 352–367.

445. C.A. Deavours, "Unicity Points in Cryptanalysis," *Cryptologia*, v. 1, n. 1, 1977, pp. 46–68.

446. C.A. Deavours, "The Black Chamber: A Column; How the British Broke Enigma," *Cryptologia*, v. 4, n. 3, Jul 1980, pp. 129–132.

447. C.A. Deavours, "The Black Chamber: A Column; La Méthode des Bâtons," *Cryptologia*, v. 4, n. 4, Oct 1980, pp. 240–247.

448. C.A. Deavours and L. Kruh, *Machine Cryptography and Modern Cryptanalysis*, Norwood MA: Artech House, 1985.

449. J.M. DeLaurentis, "A Further Weakness in the Common Modulus Protocol for the RSA Cryptosystem," *Cryptologia*, v. 8, n. 3, Jul 1984, pp. 253–259.

450. P. Delsarte, Y. Desmedt, A. Odlyzko, and P. Piret, "Fast Cryptanalysis of the Matsumoto-Imai Public-Key Scheme," *Advances in Cryptology: Proceedings of EUROCRYPT 84*, Springer-Verlag, 1985, pp. 142–149.

451. P. Delsarte and P. Piret, "Comment on 'Extension of RSA Cryptostructure: A Galois Approach'," *Electronics Letters*, v. 18, n. 13, 24 Jun 1982, pp. 582–583.

452. R. DeMillo, N. Lynch, and M. Merritt, "Cryptographic Protocols," *Proceedings of the 14th Annual Symposium on the Theory of Computing*, 1982, pp. 383–400.

453. R. DeMillo and M. Merritt, "Protocols for Data Security," *Computer*, v. 16, n. 2, Feb 1983, pp. 39–50.

454. N. Demytko, "A New Elliptic Curve Based Analogue of RSA," *Advances in Cryptol-*

ogy—EUROCRYPT '93 Proceedings, Springer-Verlag, 1994, pp. 40–49.
455. D.E. Denning, "Secure Personal Computing in an Insecure Network," *Communications of the ACM*, v. 22, n. 8, Aug 1979, pp. 476–482.
456. D.E. Denning, *Cryptography and Data Security*, Addison-Wesley, 1982.
457. D.E. Denning, "Protecting Public Keys and Signature Keys," *Computer*, v. 16, n. 2, Feb 1983, pp. 27–35.
458. D.E. Denning, "Digital Signatures with RSA and Other Public-Key Cryptosystems," *Communications of the ACM*, v. 27, n. 4, Apr 1984, pp. 388–392.
459. D.E. Denning, "The Data Encryption Standard: Fifteen Years of Public Scrutiny," *Proceedings of the Sixth Annual Computer Security Applications Conference*, IEEE Computer Society Press, 1990.
460. D.E. Denning, "The Clipper Chip: A Technical Summary," unpublished manuscript, 21 Apr 1993.
461. D.E. Denning and G.M. Sacco, "Timestamps in Key Distribution Protocols," *Communications of the ACM*, v. 24, n. 8, Aug 1981, pp. 533–536.
462. D.E. Denning and M. Smid, "Key Escrowing Today," *IEEE Communications Magazine*, v. 32, n. 9, Sep 1994, pp. 58–68.
463. T. Denny, B. Dodson, A.K. Lenstra, and M.S. Manasse, "On the Factorization of RSA-120," *Advances in Cryptology—CRYPTO '93 Proceedings*, Springer-Verlag, 1994, pp. 166–174.
464. W.F. Denny, "Encryptions Using Linear and Non-Linear Codes: Implementations and Security Considerations," Ph.D. dissertation, The Center for Advanced Computer Studies, University of Southern Louisiana, Spring 1988.
465. Department of Defense, "Department of Defense Trusted Computer System Evaluation Criteria," DOD 5200.28-STD, Dec 1985.
466. Department of State, "International Traffic in Arms Regulations (ITAR)," 22 CFR 120-130, Office of Munitions Control, Nov 1989.
467. Department of State, "Defense Trade Regulations," 22 CFR 120–130, Office of Defense Trade Controls, May 1992.
468. Department of the Treasury, "Electronic Funds and Securities Transfer Policy," Department of the Treasury Directives Manual, Chapter TD 81, Section 80, Department of the Treasury, 16 Aug 1984.
469. Department of the Treasury, "Criteria and Procedures for Testing, Evaluating, and Certifying Message Authentication Decisions for Federal E.F.T. Use," Department of the Treasury, 1 May 1985.
470. Department of the Treasury, "Electronic Funds and Securities Transfer Policy—Message Authentication and Enhanced Security," Order No. 106-09, Department of the Treasury, 2 Oct 1986.
471. H. Dobbertin, "A Survey on the Construction of Bent Functions," *K.U. Leuven Workshop on Cryptographic Algorithms*, Springer-Verlag, 1995, to appear.
472. B. Dodson and A.K. Lenstra, "NFS with Four Large Primes: An Explosive Experiment," draft manuscript.
473. D. Dolev and A. Yao, "On the Security of Public-Key Protocols," *Communications of the ACM*, v. 29, n. 8, Aug 1983, pp. 198–208.
474. J. Domingo-Ferrer, "Probabilistic Authentication Analysis," *CARDIS 94—Proceedings of the First Smart Card Research and Applications Conference*, Lille, France, 24–26 Oct 1994, pp. 49–60.
475. P. de Rooij, "On the Security of the Schnorr Scheme Using Preprocessing," *Advances in Cryptology—EUROCRYPT '91 Proceedings*, Springer-Verlag, 1991, pp. 71–80.
476. A. De Santis, G. Di Crescenzo, and G. Persiano, "Secret Sharing and Perfect Zero Knowledge," *Advances in Cryptology—CRYPTO '93 Proceedings*, Springer-Verlag, 1994, pp. 73–84.
477. A. De Santis, S. Micali, and G. Persiano, "Non-Interactive Zero-Knowledge Proof Systems," *Advances in Cryptology—CRYPTO '87 Proceedings*, Springer-Verlag, 1988, pp. 52–72.
478. A. De Santis, S. Micali, and G. Persiano, "Non-Interactive Zero-Knowledge with Preprocessing," *Advances in Cryptology—CRYPTO '88 Proceedings*, Springer-Verlag, 1990, pp. 269–282.
479. Y. Desmedt, "What Happened with Knapsack Cryptographic Schemes" *Performance Limits in Communication, Theory and Practice*, NATO ASI Series E: Applied Sciences, v. 142, Kluwer Academic Publishers, 1988, pp. 113–134.
480. Y. Desmedt, "Subliminal-Free Authentication and Signature," *Advances in Cryptol-*

ogy—*EUROCRYPT '88 Proceedings*, Springer-Verlag, 1988, pp. 23–33.
481. Y. Desmedt, "Abuses in Cryptography and How to Fight Them," *Advances in Cryptology—CRYPTO '88 Proceedings*, Springer-Verlag, 1990, pp. 375–389.
482. Y. Desmedt and M. Burmester, "An Efficient Zero-Knowledge Scheme for the Discrete Logarithm Based on Smooth Numbers," *Advances in Cryptology—ASIACRYPT '91 Proceedings*, Springer-Verlag, 1993, pp. 360–367.
483. Y. Desmedt and Y. Frankel, "Threshold Cryptosystems," *Advances in Cryptology—CRYPTO '89 Proceedings*, Springer-Verlag, 1990, pp. 307–315.
484. Y. Desmedt and Y. Frankel, "Shared Generation of Authentication and Signatures," *Advances in Cryptology—CRYPTO '91 Proceedings*, Springer-Verlag, 1992, pp. 3457–469.
485. Y. Desmedt, C. Goutier, and S. Bengio, "Special Uses and Abuses of the Fiat-Shamir Passport Protocol," *Advances in Cryptology—CRYPTO '87 Proceedings*, Springer-Verlag, 1988, pp. 21–39.
486. Y. Desmedt and A.M. Odlykzo, "A Chosen Text Attack on the RSA Cryptosystem and Some Discrete Logarithm Problems," *Advances in Cryptology—CRYPTO '85 Proceedings*, Springer-Verlag, 1986, pp. 516–522.
487. Y. Desmedt, J.-J. Quisquater, and M. Davio, "Dependence of Output on Input in DES: Small Avalanche Characteristics," *Advances in Cryptology: Proceedings of CRYPTO 84*, Springer-Verlag, 1985, pp. 359–376.
488. Y. Desmedt, J. Vandewalle, and R. Govaerts, "Critical Analysis of the Security of Knapsack Public Key Algorithms," *IEEE Transactions on Information Theory*, v. IT-30, n. 4, Jul 1984, pp. 601–611.
489. Y. Desmedt and M. Yung, "Weaknesses of Undeniable Signature Schemes," *Advances in Cryptology—EUROCRYPT '91 Proceedings*, Springer-Verlag, 1991, pp. 205–220.
490. W. Diffie, lecture at IEEE Information Theory Workshop, Ithaca, N.Y., 1977.
491. W. Diffie, "Cryptographic Technology: Fifteen Year Forecast," BNR Inc., Jan 1981.
492. W. Diffie, "The First Ten Years of Public-Key Cryptography," *Proceedings of the IEEE*, v. 76, n. 5, May 1988, pp. 560–577.
493. W. Diffie, "Authenticated Key Exchange and Secure Interactive Communication," *Proceedings of SECURICOM '90*, 1990.
494. W. Diffie, "The First Ten Years of Public-Key Cryptography," in *Contemporary Cryptology: The Science of Information Integrity*, G.J. Simmons, ed., IEEE Press, 1992, pp. 135–175.
495. W. Diffie and M.E. Hellman, "Multiuser Cryptographic Techniques," *Proceedings of AFIPS National Computer Conference*, 1976, pp. 109–112.
496. W. Diffie and M.E. Hellman, "New Directions in Cryptography," *IEEE Transactions on Information Theory*, v. IT-22, n. 6, Nov 1976, pp. 644–654.
497. W. Diffie and M.E. Hellman, "Exhaustive Cryptanalysis of the NBS Data Encryption Standard," *Computer*, v. 10, n. 6, Jun 1977, pp. 74–84.
498. W. Diffie and M.E. Hellman, "Privacy and Authentication: An Introduction to Cryptography," *Proceedings of the IEEE*, v. 67, n. 3, Mar 1979, pp. 397–427.
499. W. Diffie, L. Strawczynski, B. O'Higgins, and D. Steer, "An ISDN Secure Telephone Unit," *Proceedings of the National Telecommunications Forum*, v. 41, n. 1, 1987, pp. 473–477.
500. W. Diffie, P.C. van Oorschot, and M.J. Wiener, "Authentication and Authenticated Key Exchanges," *Designs, Codes and Cryptography*, v. 2, 1992, 107–125.
501. C. Ding, "The Differential Cryptanalysis and Design of Natural Stream Ciphers," *Fast Software Encryption, Cambridge Security Workshop Proceedings*, Springer-Verlag, 1994, pp. 101–115.
502. C. Ding, G. Xiao, and W. Shan, *The Stability Theory of Stream Ciphers*, Springer-Verlag, 1991.
503. A. Di Porto and W. Wolfowicz, "VINO: A Block Cipher Including Variable Permutations," *Fast Software Encryption, Cambridge Security Workshop Proceedings*, Springer-Verlag, 1994, pp. 205–210.
504. B. Dixon and A.K. Lenstra, "Factoring Integers Using SIMD Sieves," *Advances in Cryptology—EUROCRYPT '93 Proceedings*, Springer-Verlag, 1994, pp. 28–39.
505. J.D. Dixon, "Factorization and Primality Tests," *American Mathematical Monthly*, v. 91, n. 6, 1984, pp. 333–352.
506. D. Dolev and A. Yao, "On the Security of Public Key Protocols," *Proceedings of the*

22nd Annual Symposium on the Foundations of Computer Science, 1981, pp. 350–357.
507. L.X. Duan and C.C. Nian, "Modified Lu-Lee Cryptosystems," Electronics Letters, v. 25, n. 13, 22 Jun 1989, p. 826.
508. R. Durstenfeld, "Algorithm 235: Random Permutation," Communications of the ACM, v. 7, n. 7, Jul 1964, p. 420.
509. S. Dussé and B. Kaliski, Jr., "A Cryptographic Library for the Motorola DSP56000," Advances in Cryptology—EUROCRYPT '90 Proceedings, Springer-Verlag, 1991, pp. 230–244.
510. C. Dwork and L. Stockmeyer, "Zero-Knowledge with Finite State Verifiers," Advances in Cryptology—CRYPTO '88 Proceedings, Springer-Verlag, 1990, pp. 71–75.
511. D.E. Eastlake, S.D. Crocker, and J.I. Schiller, "Randomness Requirements for Security," RFC 1750, Dec 1994.
512. H. Eberle, "A High-Speed DES Implementation for Network Applications," Advances in Cryptology—CRYPTO '92 Proceedings, Springer-Verlag, pp. 521–539.
513. J. Edwards, "Implementing Electronic Poker: A Practical Exercise in Zero-Knowledge Interactive Proofs," Master's thesis, Department of Computer Science, University of Kentucky, May 1994.
514. W.F. Ehrsam, C.H.W. Meyer, R.L. Powers, J.L. Smith, and W.L. Tuchman, "Product Block Cipher for Data Security," U.S. Patent #3,962,539, 8 Jun 1976.
515. W.F. Ehrsam, C.H.W. Meyer, and W.L. Tuchman, "A Cryptographic Key Management Scheme for Implementing the Data Encryption Standard," IBM Systems Journal, v. 17, n. 2, 1978, pp. 106–125.
516. R. Eier and H. Lagger, "Trapdoors in Knapsack Cryptosystems," Lecture Notes in Computer Science 149; Cryptography—Proceedings, Burg Feuerstein 1982, Springer-Verlag, 1983, pp. 316–322.
517. A.K. Ekert, "Quantum Cryptography Based on Bell's Theorem," Physical Review Letters, v. 67, n. 6, Aug 1991, pp. 661–663.
518. T. ElGamal, "A Public-Key Cryptosystem and a Signature Scheme Based on Discrete Logarithms," Advances in Cryptology: Proceedings of CRYPTO 84, Springer-Verlag, 1985, pp. 10–18.
519. T. ElGamal, "A Public-Key Cryptosystem and a Signature Scheme Based on Discrete Logarithms," IEEE Transactions on Information Theory, v. IT-31, n. 4, 1985, pp. 469–472.
520. T. ElGamal, "On Computing Logarithms Over Finite Fields," Advances in Cryptology—CRYPTO '85 Proceedings, Springer-Verlag, 1986, pp. 396–402.
521. T. ElGamal and B. Kaliski, letter to the editor regarding LUC, Dr. Dobb's Journal, v. 18, n. 5, May 1993, p. 10.
522. T. Eng and T. Okamoto, "Single-Term Divisible Electronic Coins," Advances in Cryptology—EUROCRYPT '94 Proceedings, Springer-Verlag, 1995, to appear.
523. M.H. Er, D.J. Wong, A.A. Sethu, and K.S. Ngeow, "Design and Implementation of RSA Cryptosystem Using Multiple DSP Chips," 1991 IEEE International Symposium on Circuits and Systems, v. 1, Singapore, 11–14 Jun 1991, pp. 49–52.
524. D. Estes, L.M. Adleman, K. Konpella, K.S. McCurley, and G.L. Miller, "Breaking the Ong-Schnorr-Shamir Signature Schemes for Quadratic Number Fields," Advances in Cryptology—CRYPTO '85 Proceedings, Springer-Verlag, 1986, pp. 3–13.
525. ETEBAC, "Échanges Télématiques Entre Les Banques et Leurs Clients," Standard ETEBAC 5, Comité Français d'Organisation et de Normalisation Bancaires, Apr 1989. (In French.)
526. A. Evans, W. Kantrowitz, and E. Weiss, "A User Identification Scheme Not Requiring Secrecy in the Computer," Communications of the ACM, v. 17, n. 8, Aug 1974, pp. 437–472.
527. S. Even and O. Goldreich, "DES-Like Functions Can Generate the Alternating Group," IEEE Transactions on Information Theory, v. IT-29, n. 6, Nov 1983, pp. 863–865.
528. S. Even and O. Goldreich, "On the Power of Cascade Ciphers," ACM Transactions on Computer Systems, v. 3, n. 2, May 1985, pp. 108–116.
529. S. Even, O. Goldreich, and A. Lempel, "A Randomizing Protocol for Signing Contracts," Communications of the ACM, v. 28, n. 6, Jun 1985, pp. 637–647.
530. S. Even and Y. Yacobi, "Cryptography and NP-Completeness," Proceedings of the 7th International Colloquium on Automata,

Languages, and Programming, Springer-Verlag, 1980, pp. 195–207.

531. H.-H. Evertse, "Linear Structures in Block Ciphers," *Advances in Cryptology—EUROCRYPT '87 Proceedings*, Springer-Verlag, 1988, pp. 249–266.
532. P. Fahn and M.J.B. Robshaw, "Results from the RSA Factoring Challenge," Technical Report TR-501, Version 1.3, RSA Laboratories, Jan 1995.
533. R.C. Fairfield, A. Matusevich, and J. Plany, "An LSI Digital Encryption Processor (DEP)," *Advances in Cryptology: Proceedings of CRYPTO 84*, Springer-Verlag, 1985, pp. 115–143.
534. R.C. Fairfield, A. Matusevich, and J. Plany, "An LSI Digital Encryption Processor (DEP)," *IEEE Communications*, v. 23, n. 7, Jul 1985, pp. 30–41.
535. R.C. Fairfield, R.L. Mortenson, and K.B. Koulthart, "An LSI Random Number Generator (RNG)," *Advances in Cryptology: Proceedings of CRYPTO 84*, Springer-Verlag, 1985, pp. 203–230.
536. "International Business Machines Corp. License Under Patents," *Federal Register*, v. 40, n. 52, 17 Mar 1975, p. 12067.
537. "Solicitation for Public Key Cryptographic Algorithms," *Federal Register*, v. 47, n. 126, 30 Jun 1982, p. 28445.
538. "Proposed Federal Information Processing Standard for Digital Signature Standard (DSS)," *Federal Register*, v. 56, n. 169, 30 Aug 1991, pp. 42980–42982.
539. "Proposed Federal Information Processing Standard for Secure Hash Standard," *Federal Register*, v. 57, n. 21, 31 Jan 1992, pp. 3747–3749.
540. "Proposed Reaffirmation of Federal Information Processing Standard (FIPS) 46-1, Data Encryption Standard (DES)," *Federal Register*, v. 57, n. 177, 11 Sep 1992, p. 41727.
541. "Notice of Proposal for Grant of Exclusive Patent License," *Federal Register*, v. 58, n. 108, 8 Jun 1993, pp. 23105–23106.
542. "Approval of Federal Information Processing Standards Publication 186, Digital Signature Standard (DSS)," *Federal Register*, v. 58, n. 96, 19 May 1994, pp. 26208–26211.
543. "Proposed Revision of Federal Information Processing Standard (FIPS) 180, Secure Hash Standard," *Federal Register*, v. 59, n. 131, 11 Jul 1994, pp. 35317–35318.
544. U. Feige, A. Fiat, and A. Shamir, "Zero Knowledge Proofs of Identity," *Proceedings of the 19th Annual ACM Symposium on the Theory of Computing*, 1987, pp. 210–217.
545. U. Feige, A. Fiat, and A. Shamir, "Zero Knowledge Proofs of Identity," *Journal of Cryptology*, v. 1, n. 2, 1988, pp. 77–94.
546. U. Feige and A. Shamir, "Zero Knowledge Proofs of Knowledge in Two Rounds," *Advances in Cryptology—CRYPTO '89 Proceedings*, Springer-Verlag, 1990, pp. 526–544.
547. J. Feigenbaum, "Encrypting Problem Instances, or, . . . , Can You Take Advantage of Someone Without Having to Trust Him," *Advances in Cryptology—CRYPTO '85 Proceedings*, Springer-Verlag, 1986, pp. 477–488.
548. J. Feigenbaum, "Overview of Interactive Proof Systems and Zero-Knowledge," in *Contemporary Cryptology: The Science of Information Integrity*, G.J. Simmons, ed., IEEE Press, 1992, pp. 423–439.
549. J. Feigenbaum, E. Grosse, and J.A. Reeds, "Cryptographic Protection of Membership Lists," *Newsletter of the International Association of Cryptologic Research*, v. 9, 1992, pp. 16–20.
550. J. Feigenbaum, M.Y. Liverman, and R.N. Wright, "Cryptographic Protection of Databases and Software," *Distributed Computing and Cryptography*, J. Feigenbaum and M. Merritt, eds., American Mathematical Society, 1991, pp. 161–172.
551. H. Feistel, "Cryptographic Coding for Data-Bank Privacy," RC 2827, Yorktown Heights, NY: IBM Research, Mar 1970.
552. H. Feistel, "Cryptography and Computer Privacy," *Scientific American*, v. 228, n. 5, May 1973, pp. 15–23.
553. H. Feistel, "Block Cipher Cryptographic System," U.S. Patent #3,798,359, 19 Mar 1974.
554. H. Feistel, "Step Code Ciphering System," U.S. Patent #3,798,360, 19 Mar 1974.
555. H. Feistel, "Centralized Verification System," U.S. Patent #3,798,605, 19 Mar 1974.
556. H. Feistel, W.A. Notz, and J.L. Smith, "Cryptographic Techniques for Machine to Machine Data Communications," RC 3663, Yorktown Heights, N.Y.: IBM Research, Dec 1971.

557. H. Feistel, W.A. Notz, and J.L. Smith, "Some Cryptographic Techniques for Machine to Machine Data Communications," *Proceedings of the IEEE*, v. 63, n. 11, Nov 1975, pp. 1545–1554.

558. P. Feldman, "A Practical Scheme for Non-interactive Verifiable Secret Sharing," *Proceedings of the 28th Annual Symposium on the Foundations of Computer Science*, 1987, pp. 427–437.

559. R.A. Feldman, "Fast Spectral Test for Measuring Nonrandomness and the DES," *Advances in Cryptology—CRYPTO '87 Proceedings*, Springer-Verlag, 1988, pp. 243–254.

560. R.A. Feldman, "A New Spectral Test for Nonrandomness and the DES," *IEEE Transactions on Software Engineering*, v. 16, n. 3, Mar 1990, pp. 261–267.

561. D.C. Feldmeier and P.R. Karn, "UNIX Password Security—Ten Years Later," *Advances in Cryptology—CRYPTO '89 Proceedings*, Springer-Verlag, 1990, pp. 44–63.

562. H. Fell and W. Diffie, "Analysis of a Public Key Approach Based on Polynomial Substitution," *Advances in Cryptology—CRYPTO '85 Proceedings*, Springer-Verlag, 1986, pp. 427–437.

563. N.T. Ferguson, "Single Term Off-Line Coins," Report CS-R9318, Computer Science/Department of Algorithms and Architecture, CWI, Mar 1993.

564. N.T. Ferguson, "Single Term Off-Line Coins," *Advances in Cryptology—EUROCRYPT '93 Proceedings*, Springer-Verlag, 1994, pp. 318–328.

565. N.T. Ferguson, "Extensions of Single-term Coins," *Advances in Cryptology—CRYPTO '93 Proceedings*, Springer-Verlag, 1994, pp. 292–301.

566. A. Fiat and A. Shamir, "How to Prove Yourself: Practical Solutions to Identification and Signature Problems," *Advances in Cryptology—CRYPTO '86 Proceedings*, Springer-Verlag, 1987, pp. 186–194.

567. A. Fiat and A. Shamir, "Unforgeable Proofs of Identity," *Proceedings of Securicom 87*, Paris, 1987, pp. 147–153.

568. P. Finch, "A Study of the Blowfish Encryption Algorithm," Ph.D. dissertation, Department of Computer Science, City University of New York Graduate School and University Center, Feb 1995.

569. R. Flynn and A.S. Campasano, "Data Dependent Keys for Selective Encryption Terminal," *Proceedings of NCC, vol. 47*, AFIPS Press, 1978, pp. 1127–1129.

570. R.H. Follett, letter to NIST regarding DSS, 25 Nov 1991.

571. R. Forré, "The Strict Avalanche Criterion: Spectral Properties and an Extended Definition," *Advances in Cryptology—CRYPTO '88 Proceedings*, Springer-Verlag, 1990, pp. 450–468.

572. R. Forré, "A Fast Correlation Attack on Nonlinearity Feedforward Filtered Shift Register Sequences," *Advances in Cryptology—CRYPTO '89 Proceedings*, Springer-Verlag, 1990, pp. 568–595.

573. S. Fortune and M. Merritt, "Poker Protocols," *Advances in Cryptology: Proceedings of CRYPTO 84*, Springer-Verlag, 1985, pp. 454–464.

574. R.B. Fougner, "Public Key Standards and Licenses," RFC 1170, Jan 1991.

575. Y. Frankel and M. Yung, "Escrowed Encryption Systems Visited: Threats, Attacks, Analysis and Designs," *Advances in Cryptology—CRYPTO '95 Proceedings*, Springer-Verlag, 1995, to appear.

576. W.F. Friedman, *Methods for the Solution of Running-Key Ciphers*, Riverbank Publication No. 16, Riverbank Labs, 1918.

577. W.F. Friedman, *The Index of Coincidence and Its Applications in Cryptography*, Riverbank Publication No. 22, Riverbank Labs, 1920. Reprinted by Aegean Park Press, 1987.

578. W.F. Friedman, *Elements of Cryptanalysis*, Laguna Hills, CA: Aegean Park Press, 1976.

579. W.F. Friedman, "Cryptology," *Encyclopedia Britannica*, v. 6, pp. 844–851, 1967.

580. A.M. Frieze, J. Hastad, R. Kannan, J.C. Lagarias, and A. Shamir, "Reconstructing Truncated Integer Variables Satisfying Linear Congruences," *SIAM Journal on Computing*, v. 17, n. 2, Apr 1988, pp. 262–280.

581. A.M. Frieze, R. Kannan, and J.C. Lagarias, "Linear Congruential Generators Do not Produce Random Sequences," *Proceedings of the 25th IEEE Symposium on Foundations of Computer Science*, 1984, pp. 480–484.

582. E. Fujiaski and T. Okamoto, "On Comparison of Practical Digitial Signature Schemes," *Proceedings of the 1992 Sym-*

posium on Cryptography and Information Security (SCIS 92), Tateshina, Japan, 2–4 Apr 1994, pp. 1A.1–12.
583. A. Fujioka, T. Okamoto, and S. Miyaguchi, "ESIGN: An Efficient Digital Signature Implementation for Smart Cards," Advances in Cryptology—EUROCRYPT '91 Proceedings, Springer-Verlag, 1991, pp. 446–457.
584. A. Fujioka, T. Okamoto, and K. Ohta, "Interactive Bi-Proof Systems and Undeniable Signature Schemes," Advances in Cryptology—EUROCRYPT '91 Proceedings, Springer-Verlag, 1991, pp. 243–256.
585. A. Fujioka, T. Okamoto, and K. Ohta, "A Practical Secret Voting Scheme for Large Scale Elections," Advances in Cryptology—AUSCRYPT '92 Proceedings, Springer-Verlag, 1993, pp. 244–251.
586. K. Gaardner and E. Snekkenes, "Applying a Formal Analysis Technique to the CCITT X.509 Strong Two-Way Authentication Protocol," Journal of Cryptology, v. 3, n. 2, 1991, pp. 81–98.
587. H.F. Gaines, Cryptanalysis, American Photographic Press, 1937. (Reprinted by Dover Publications, 1956.)
588. J. Gait, "A New Nonlinear Pseudorandom Number Generator," IEEE Transactions on Software Engineering, v. SE-3, n. 5, Sep 1977, pp. 359–363.
589. J. Gait, "Short Cycling in the Kravitz-Reed Public Key Encryption System," Electronics Letters, v. 18, n. 16, 5 Aug 1982, pp. 706–707.
590. Z. Galil, S. Haber, and M. Yung, "A Private Interactive Test of a Boolean Predicate and Minimum-Knowledge Public-Key Cryptosystems," Proceedings of the 26th IEEE Symposium on Foundations of Computer Science, 1985, pp. 360–371.
591. Z. Galil, S. Haber, and M. Yung, "Cryptographic Computation: Secure Fault-Tolerant Protocols and the Public-Key Model," Advances in Cryptology—CRYPTO '87 Proceedings, Springer-Verlag, 1988, pp. 135–155.
592. Z. Galil, S. Haber, and M. Yung, "Minimum-Knowledge Interactive Proofs for Decision Problems," SIAM Journal on Computing, v. 18, n. 4, 1989, pp. 711–739.
593. R.G. Gallager, Information Theory and Reliable Communications, New York: John Wiley & Sons, 1968.

594. P. Gallay and E. Depret, "A Cryptography Microprocessor," 1988 IEEE International Solid-State Circuits Conference Digest of Technical Papers, 1988, pp. 148–149.
595. R.A. Games, "There are no de Bruijn Sequences of Span n with Complexity $2^{n-1} + n + 1$," Journal of Combinatorical Theory, Series A, v. 34, n. 2, Mar 1983, pp. 248–251.
596. R.A. Games and A.H. Chan, "A Fast Algorithm for Determining the Complexity of a Binary Sequence with 2^n," IEEE Transactions on Information Theory, v. IT-29, n. 1, Jan 1983, pp. 144–146.
597. R.A. Games, A.H. Chan, and E.L. Key, "On the Complexity of de Bruijn Sequences," Journal of Combinatorical Theory, Series A, v. 33, n. 1, Nov 1982, pp. 233–246.
598. S.H. Gao and G.L. Mullen, "Dickson Polynomials and Irreducible Polynomials over Finite Fields," Journal of Number Theory, v. 49, n. 1, Oct 1994, pp. 18–132.
599. M. Gardner, "A New Kind of Cipher That Would Take Millions of Years to Break," Scientific American, v. 237, n. 8, Aug 1977, pp. 120–124.
600. M.R. Garey and D.S. Johnson, Computers and Intractability: A Guide to the Theory of NP-Completeness, W.H. Freeman and Co., 1979.
601. S.L. Garfinkel, PGP: Pretty Good Privacy, Sebastopol, CA: O'Reilly and Associates, 1995.
602. C.W. Gardiner, "Distributed Public Key Certificate Management," Proceedings of the Privacy and Security Research Group 1993 Workshop on Network and Distributed System Security, The Internet Society, 1993, pp. 69–73.
603. G. Garon and R. Outerbridge, "DES Watch: An Examination of the Sufficiency of the Data Encryption Standard for Financial Institution Information Security in the 1990's," Cryptologia, v. 15, n. 3, Jul 1991, pp. 177–193.
604. M. Gasser, A. Goldstein, C. Kaufman, and B. Lampson, "The Digital Distributed Systems Security Architecture," Proceedings of the 12th National Computer Security Conference, NIST, 1989, pp. 305–319.
605. J. von zur Gathen, D. Kozen, and S. Landau, "Functional Decomposition of Polynomials," Proceedings of the 28th IEEE Symposium on the Foundations of Com-

606. P.R. Geffe, "How to Protect Data With Ciphers That are Really Hard to Break," *Electronics*, v. 46, n. 1, Jan 1973, pp. 99–101.
607. D.K. Gifford, D. Heitmann, D.A. Segal, R.G. Cote, K. Tanacea, and D.E. Burmaster, "Boston Community Information System 1986 Experimental Test Results," MIT/LCS/TR-397, MIT Laboratory for Computer Science, Aug 1987.
608. D.K. Gifford, J.M. Lucassen, and S.T. Berlin, "The Application of Digital Broadcast Communication to Large Scale Information Systems," *IEEE Journal on Selected Areas in Communications*, v. 3, n. 3, May 1985, pp. 457–467.
609. D.K. Gifford and D.A. Segal, "Boston Community Information System 1987–1988 Experimental Test Results," MIT/LCS/TR-422, MIT Laboratory for Computer Science, May 1989.
610. H. Gilbert and G. Chase, "A Statistical Attack on the Feal-8 Cryptosystem," *Advances in Cryptology—CRYPTO '90 Proceedings*, Springer-Verlag, 1991, pp. 22–33.
611. H. Gilbert and P. Chauvaud, "A Chosen Plaintext Attack of the 16-Round Khufu Cryptosystem," *Advances in Cryptology—CRYPTO '94 Proceedings*, Springer-Verlag, 1994, pp. 259–268.
612. M. Girault, "Hash-Functions Using Modulo-N Operations," *Advances in Cryptology—EUROCRYPT '87 Proceedings*, Springer-Verlag, 1988, pp. 217–226.
613. J. Gleick, "A New Approach to Protecting Secrets is Discovered," *The New York Times*, 18 Feb 1987, pp. C1 and C3.
614. J.-M. Goethals and C. Couvreur, "A Cryptanalytic Attack on the Lu-Lee Public-Key Cryptosystem," *Philips Journal of Research*, v. 35, 1980, pp. 301–306.
615. O. Goldreich, "A Uniform-Complexity Treatment of Encryption and Zero-Knowledge, *Journal of Cryptology*, v. 6, n. 1, 1993, pp. 21–53.
616. O. Goldreich and H. Krawczyk, "On the Composition of Zero Knowledge Proof Systems," *Proceedings on the 17th International Colloquium on Automata, Languages, and Programming*, Springer-Verlag, 1990, pp. 268–282.
617. O. Goldreich and E. Kushilevitz, "A Perfect Zero-Knowledge Proof for a Problem Equivalent to Discrete Logarithm," *Advances in Cryptology—CRYPTO '88 Proceedings*, Springer-Verlag, 1990, pp. 58–70.
618. O. Goldreich and E. Kushilevitz, "A Perfect Zero-Knowledge Proof for a Problem Equivalent to Discrete Logarithm," *Journal of Cryptology*, v. 6, n. 2, 1993, pp. 97–116.
619. O. Goldreich, S. Micali, and A. Wigderson, "Proofs That Yield Nothing but Their Validity and a Methodology of Cryptographic Protocol Design," *Proceedings of the 27th IEEE Symposium on the Foundations of Computer Science*, 1986, pp. 174–187.
620. O. Goldreich, S. Micali, and A. Wigderson, "How to Prove All **NP** Statements in Zero Knowledge and a Methodology of Cryptographic Protocol Design," *Advances in Cryptology—CRYPTO '86 Proceedings*, Springer-Verlag, 1987, pp. 171–185.
621. O. Goldreich, S. Micali, and A. Wigderson, "How to Play Any Mental Game," *Proceedings of the 19th ACM Symposium on the Theory of Computing*, 1987, pp. 218–229.
622. O. Goldreich, S. Micali, and A. Wigderson, "Proofs That Yield Nothing but Their Validity and a Methodology of Cryptographic Protocol Design," *Journal of the ACM*, v. 38, n. 1, Jul 1991, pp. 691–729.
623. S. Goldwasser and J. Kilian, "Almost All Primes Can Be Quickly Certified," *Proceedings of the 18th ACM Symposium on the Theory of Computing*, 1986, pp. 316–329.
624. S. Goldwasser and S. Micali, "Probabilistic Encryption and How to Play Mental Poker Keeping Secret All Partial Information," *Proceedings of the 14th ACM Symposium on the Theory of Computing*, 1982, pp. 270–299.
625. S. Goldwasser and S. Micali, "Probabilistic Encryption," *Journal of Computer and System Sciences*, v. 28, n. 2, Apr 1984, pp. 270–299.
626. S. Goldwasser, S. Micali, and C. Rackoff, "The Knowledge Complexity of Interactive Proof Systems," *Proceedings of the 17th ACM Symposium on Theory of Computing*, 1985, pp. 291–304.

627. S. Goldwasser, S. Micali, and C. Rackoff, "The Knowledge Complexity of Interactive Proof Systems," *SIAM Journal on Computing*, v. 18, n. 1, Feb 1989, pp. 186–208.
628. S. Goldwasser, S. Micali, and R.L. Rivest, "A Digital Signature Scheme Secure Against Adaptive Chosen-Message Attacks," *SIAM Journal on Computing*, v. 17, n. 2, Apr 1988, pp. 281–308.
629. S. Goldwasser, S. Micali, and A.C. Yao, "On Signatures and Authentication," *Advances in Cryptology: Proceedings of Crypto 82*, Plenum Press, 1983, pp. 211–215.
630. J.D. Golić, "On the Linear Complexity of Functions of Periodic GF(q) Sequences," *IEEE Transactions on Information Theory*, v. IT-35, n. 1, Jan 1989, pp. 69–75.
631. J.D. Golić, "Linear Cryptanalysis of Stream Ciphers," *K.U. Leuven Workshop on Cryptographic Algorithms*, Springer-Verlag, 1995, pp. 262–282.
632. J.D. Golić, "Towards Fast Correlation Attacks on Irregularly Clocked Shift Registers," *Advances in Cryptology—EUROCRYPT '95 Proceedings*, Springer-Verlag, 1995, to appear.
633. J.D. Golić and M.J. Mihajlević, "A Generalized Correlation Attack on a Class of Stream Ciphers Based on the Levenshtein Distance," *Journal of Cryptology*, v. 3, n. 3, 1991, pp. 201–212.
634. J.D. Golić and L. O'Connor, "Embedding and Probabilistic Correlation Attacks on Clock-Controlled Shift Registers," *Advances in Cryptology—EUROCRYPT '94 Proceedings*, Springer-Verlag, 1995, to appear.
635. R. Golliver, A.K. Lenstra, K.S. McCurley, "Lattice Sieving and Trial Division," *Proceedings of the Algorithmic Number Theory Symposium*, Cornell, 1994, to appear.
636. D. Gollmann, "Kaskadenschaltungen taktgesteuerter Schieberegister als Pseudozufallszahlengeneratoren," Ph.D. dissertation, Universität Linz, 1983. (In German.)
637. D. Gollmann, "Pseudo Random Properties of Cascade Connections of Clock Controlled Shift Registers," *Advances in Cryptology: Proceedings of EUROCRYPT 84*, Springer-Verlag, 1985, pp. 93–98.
638. D. Gollmann, "Correlation Analysis of Cascaded Sequences," *Cryptography and Coding*, H.J. Beker and F.C. Piper, eds., Oxford: Clarendon Press, 1989, pp. 289–297.
639. D. Gollmann, "Transformation Matrices of Clock-Controlled Shift Registers," *Cryptography and Coding III*, M.J. Ganley, ed., Oxford: Clarendon Press, 1993, pp. 197–210.
640. D. Gollmann and W.G. Chambers, "Lock-In Effect in Cascades of Clock-Controlled Shift-Registers," *Advances in Cryptology—EUROCRYPT '88 Proceedings*, Springer-Verlag, 1988, pp. 331–343.
641. D. Gollmann and W.G. Chambers, "Clock-Controlled Shift Registers: A Review," *IEEE Journal on Selected Areas in Communications*, v. 7, n. 4, May 1989, pp. 525–533.
642. D. Gollmann and W.G. Chambers, "A Cryptanalysis of Step$_{k,m}$-cascades," *Advances in Cryptology—EUROCRYPT '89 Proceedings*, Springer-Verlag, 1990, pp. 680–687.
643. S.W. Golomb, *Shift Register Sequences*, San Francisco: Holden-Day, 1967. (Reprinted by Aegean Park Press, 1982.)
644. L. Gong, "A Security Risk of Depending on Synchronized Clocks," *Operating Systems Review*, v. 26, n. 1, Jan 1992, pp. 49–53.
645. L. Gong, R. Needham, and R. Yahalom, "Reasoning About Belief in Cryptographic Protocols," *Proceedings of the 1991 IEEE Computer Society Symposium on Research in Security and Privacy*, 1991, pp. 234–248.
646. R.M. Goodman and A.J. McAuley, "A New Trapdoor Knapsack Public Key Cryptosystem," *Advances in Cryptology: Proceedings of EUROCRYPT 84*, Springer-Verlag, 1985, pp. 150–158.
647. R.M. Goodman and A.J. McAuley, "A New Trapdoor Knapsack Public Key Cryptosystem," *IEE Proceedings*, v. 132, pt. E, n. 6, Nov 1985, pp. 289–292.
648. D.M. Gordon, "Discrete Logarithms Using the Number Field Sieve," Preprint, 28 Mar 1991.
649. D.M. Gordon and K.S. McCurley, "Computation of Discrete Logarithms in Fields of Characteristic Two," presented at the rump session of CRYPTO '91, Aug 1991.
650. D.M. Gordon and K.S. McCurley, "Massively Parallel Computation of Discrete Logarithms," *Advances in Cryptology—*

CRYPTO '92 Proceedings, Springer-Verlag, 1993, pp. 312–323.

651. J.A. Gordon, "Strong Primes are Easy to Find," *Advances in Cryptology: Proceedings of EUROCRYPT 84*, Springer-Verlag, 1985, pp. 216–223.

652. J.A. Gordon, "Very Simple Method to Find the Minimal Polynomial of an Arbitrary Non-Zero Element of a Finite Field," *Electronics Letters*, v. 12, n. 25, 9 Dec 1976, pp. 663–664.

653. J.A. Gordon and R. Retkin, "Are Big S-Boxes Best?" *Cryptography, Proceedings of the Workshop on Cryptography, Burg Feuerstein, Germany, March 29–April 2, 1982*, Springer-Verlag, 1983, pp. 257–262.

654. M. Goresky and A. Klapper, "Feedback Registers Based on Ramified Extension of the 2-adic Numbers," *Advances in Cryptology—EUROCRYPT '94 Proceedings*, Springer-Verlag, 1995, to appear.

655. GOST, Gosudarstvennyi Standard 28147-89, "Cryptographic Protection for Data Processing Systems," Government Committee of the USSR for Standards, 1989. (In Russian.)

656. GOST R 34.10-94, Gosudarstvennyi Standard of Russian Federation, "Information technology. Cryptographic Data Security. Produce and check procedures of Electronic Digital Signature based on Asymmetric Cryptographic Algorithm." Government Committee of the Russia, 1994. (In Russian.)

657. GOST R 34.11-94, Gosudarstvennyi Standard of Russian Federation, "Information technology. Cryptographic Data Security. Hashing function." Government Committee of the Russia, 1994. (In Russian.)

658. R. Göttfert and H. Neiderreiter, "On the Linear Complexity of Products of Shift-Register Sequences," *Advances in Cryptology—EUROCRYPT '93 Proceedings*, Springer-Verlag, 1994, pp. 151–158.

659. R. Göttfert and H. Neiderreiter, "A General Lower Bound for the Linear Complexity of the Product of Shift-Register Sequences," *Advances in Cryptology—EUROCRYPT '94 Proceedings*, Springer-Verlag, 1995, to appear.

660. J. van de Graaf and R. Peralta, "A Simple and Secure Way to Show the Validity of Your Public Key," *Advances in Cryptology—CRYPTO '87 Proceedings*, Springer-Verlag, 1988, pp. 128–134.

661. J. Grollman and A.L. Selman, "Complexity Measures for Public-Key Cryptosystems," *Proceedings of the 25th IEEE Symposium on the Foundations of Computer Science*, 1984, pp. 495–503.

662. GSA Federal Standard 1026, "Telecommunications: General Security Requirements for Equipment Using the Data Encryption Standard," General Services Administration, Apr 1982.

663. GSA Federal Standard 1027, "Telecommunications: Interoperability and Security Requirements for Use of the Data Encryption Standard in the Physical and Data Link Layers of Data Communications," General Services Administration, Jan 1983.

664. GSA Federal Standard 1028, "Interoperability and Security Requirements for Use of the Data Encryption Standard with CCITT Group 3 Facsimile Equipment," General Services Administration, Apr 1985.

665. P. Guam, "Cellular Automaton Public Key Cryptosystems," *Complex Systems*, v. 1, 1987, pp. 51–56.

666. H. Guan, "An Analysis of the Finite Automata Public Key Algorithm," *CHINACRYPT '94*, Xidian, China, 11–15 Nov 1994, pp. 120–126. (In Chinese.)

667. G. Guanella, "Means for and Method for Secret Signalling," U.S. Patent #2,405,500, 6 Aug 1946.

668. M. Gude, "Concept for a High-Performance Random Number Generator Based on Physical Random Phenomena," *Frequenz*, v. 39, 1985, pp. 187–190.

669. M. Gude, "Ein quasi-idealer Gleichverteilungsgenerator basierend auf physikalischen Zufallsphänomenen," Ph.D. dissertation, Aachen University of Technology, 1987. (In German.)

670. L.C. Guillou and J.-J. Quisquater, "A Practical Zero-Knowledge Protocol Fitted to Security Microprocessor Minimizing Both Transmission and Memory," *Advances in Cryptology—EUROCRYPT '88 Proceedings*, Springer-Verlag, 1988, pp. 123–128.

671. L.C. Guillou and J.-J. Quisquater, "A 'Paradoxical' Identity-Based Signature Scheme Resulting from Zero-Knowledge," *Advances in Cryptology—CRYPTO '88 Proceedings*, Springer-Verlag, 1990, pp. 216–231.

672. L.C. Guillou, M. Ugon, and J.-J. Quisquater, "The Smart Card: A Standardized

Security Device Dedicated to Public Cryptology," *Contemporary Cryptology: The Science of Information Integrity*, G. Simmons, ed., IEEE Press, 1992, pp. 561–613.
673. C.G. Günther, "Alternating Step Generators Controlled by de Bruijn Sequences," *Advances in Cryptology—EUROCRYPT '87 Proceedings*, Springer-Verlag, 1988, pp. 5–14.
674. C.G. Günther, "An Identity-based Key-exchange Protocol," *Advances in Cryptology—EUROCRYPT '89 Proceedings*, Springer-Verlag, 1990, pp. 29–37.
675. H. Gustafson, E. Dawson, and B. Caelli, "Comparison of Block Ciphers," *Advances in Cryptology—AUSCRYPT '90 Proceedings*, Springer-Verlag, 1990, pp. 208–220.
676. P. Gutmann, personal communication, 1993.
677. H. Gutowitz, "A Cellular Automaton Cryptosystem: Specification and Call for Attack," unpublished manuscript, Aug 1992.
678. H. Gutowitz, "Method and Apparatus for Encryption, Decryption, and Authentication Using Dynamical Systems," U.S. Patent #5,365,589, 15 Nov 1994.
679. H. Gutowitz, "Cryptography with Dynamical Systems," *Cellular Automata and Cooperative Phenomenon*, Kluwer Academic Press, 1993.
680. R.K. Guy, "How to Factor a Number," *Fifth Manitoba Conference on Numeral Mathematics Congressus Numerantium*, v. 16, 1976, pp. 49–89.
681. R.K. Guy, *Unsolved Problems in Number Theory*, Springer-Verlag, 1981.
682. S. Haber and W.S. Stornetta, "How to Time-Stamp a Digital Document," *Advances in Cryptology—CRYPTO '90 Proceedings*, Springer-Verlag, 1991, pp. 437–455.
683. S. Haber and W.S. Stornetta, "How to Time-Stamp a Digital Document," *Journal of Cryptology*, v. 3, n. 2, 1991, pp. 99–112.
684. S. Haber and W.S. Stornetta, "Digital Document Time-Stamping with Catenate Certificate," U.S. Patent #5,136,646, 4 Aug 1992.
685. S. Haber and W.S. Stornetta, "Method for Secure Time-Stamping of Digital Documents," U.S. Patent #5,136,647, 4 Aug 1992.
686. S. Haber and W.S. Stornetta, "Method of Extending the Validity of a Cryptographic Certificate," U.S. Patent #5,373,561, 13 Dec 1994.
687. T. Habutsu, Y. Nishio, I. Sasase, and S. Mori, "A Secret Key Cryptosystem by Iterating a Chaotic Map," *Transactions of the Institute of Electronics, Information, and Communication Engineers*, v. E73, n. 7, Jul 1990, pp. 1041–1044.
688. T. Habutsu, Y. Nishio, I. Sasase, and S. Mori, "A Secret Key Cryptosystem by Iterating a Chaotic Map," *Advances in Cryptology—EUROCRYPT '91 Proceedings*, Springer-Verlag, 1991, pp. 127–140.
689. S. Hada and H. Tanaka, "An Improvement Scheme of DES against Differential Cryptanalysis," *Proceedings of the 1994 Symposium on Cryptography and Information Security (SCIS 94)*, Lake Biwa, Japan, 27–29 Jan 1994, pp 14A.1–11. (In Japanese.)
690. B.C.W. Hagelin, "The Story of the Hagelin Cryptos," *Cryptologia*, v. 18, n. 3, Jul 1994, pp. 204–242.
691. T. Hansen and G.L. Mullen, "Primitive Polynomials over Finite Fields," *Mathematics of Computation*, v. 59, n. 200, Oct 1992, pp. 639–643.
692. S. Harada and S. Kasahara, "An ID-Based Key Sharing Scheme Without Preliminary Communication," IEICE Japan, Technical Report, ISEC89-38, 1989. (In Japanese.)
693. S. Harari, "A Correlation Cryptographic Scheme," *EUROCODE '90—International Symposium on Coding Theory*, Springer-Verlag, 1991, pp. 180–192.
694. T. Hardjono and J. Seberry, "Authentication via Multi-Service Tickets in the Kuperee Server," *Computer Security—ESORICS 94*, Springer-Verlag, 1994, pp. 144–160.
695. L. Harn and T. Kiesler, "New Scheme for Digital Multisignatures," *Electronics Letters*, v. 25, n. 15, 20 Jul 1989, pp. 1002–1003.
696. L. Harn and T. Kiesler, "Improved Rabin's Scheme with High Efficiency," *Electronics Letters*, v. 25, n. 15, 20 Jul 1989, p. 1016.
697. L. Harn and T. Kiesler, "Two New Efficient Cryptosystems Based on Rabin's Scheme," *Fifth Annual Computer Security Applications Conference*, IEEE Computer Society Press, 1990, pp. 263–270.
698. L. Harn and D.-C. Wang, "Cryptanalysis and Modification of Digital Signature Scheme Based on Error-Correcting Codes," *Electronics Letters*, v. 28, n. 2, 10 Jan 1992, p. 157–159.

699. L. Harn and Y. Xu, "Design of Generalized ElGamal Type Digital Signature Schemes Based on Discrete Logarithm," *Electronics Letters*, v. 30, n. 24, 24 Nov 1994, p. 2025–2026.
700. L. Harn and S. Yang, "Group-Oriented Undeniable Signature Schemes without the Assistance of a Mutually Trusted Party," *Advances in Cryptology—AUSCRYPT '92 Proceedings*, Springer-Verlag, 1993, pp. 133–142.
701. G. Harper, A. Menezes, and S. Vanstone, "Public-Key Cryptosystems with Very Small Key Lengths," *Advances in Cryptology—EUROCRYPT '92 Proceedings*, Springer-Verlag, 1993, pp. 163–173.
702. C. Harpes, "Notes on High Order Differential Cryptanalysis of DES," internal report, Signal and Information Processing Laboratory, Swiss Federal Institute of Technology, Aug 1993.
703. G.W. Hart, "To Decode Short Cryptograms," *Communications by the ACM*, v. 37, n. 9, Sep 1994, pp. 102–108.
704. J. Hastad, "On Using RSA with Low Exponent in a Public Key Network," *Advances in Cryptology—CRYPTO '85 Proceedings*, Springer-Verlag, 1986, pp. 403–408.
705. J. Hastad and A. Shamir, "The Cryptographic Security of Truncated Linearly Related Variables," *Proceedings of the 17th Annual ACM Symposium on the Theory of Computing*, 1985, pp. 356–362.
706. R.C. Hauser and E.S. Lee, "Verification and Modelling of Authentication Protocols," *ESORICS 92, Proceedings of the Second European Symposium on Research in Computer Security*, Springer-Verlag, 1992, pp. 131–154.
707. B. Hayes, "Anonymous One-Time Signatures and Flexible Untraceable Electronic Cash," *Advances in Cryptology—AUSCRYPT '90 Proceedings*, Springer-Verlag, 1990, pp. 294–305.
708. D.K. He, "LUC Public Key Cryptosystem and its Properties," *CHINACRYPT '94*, Xidian, China, 11–15 Nov 1994, pp. 60–69. (In Chinese.)
709. J. He and T. Kiesler, "Enhancing the Security of ElGamal's Signature Scheme," *IEE Proceedings on Computers and Digital Techniques*, v. 141, n. 3, 1994, pp. 193–195.
710. E.H. Hebern, "Electronic Coding Machine," U.S. Patent #1,510,441, 30 Sep 1924.
711. N. Heintze and J.D. Tygar, "A Model for Secure Protocols and their Compositions," *Proceedings of the 1994 IEEE Computer Society Symposium on Research in Security and Privacy*, 1994, pp. 2–13.
712. M.E. Hellman, "An Extension of the Shannon Theory Approach to Cryptography," *IEEE Transactions on Information Theory*, v. IT-23, n. 3, May 1977, pp. 289–294.
713. M.E. Hellman, "The Mathematics of Public-Key Cryptography," *Scientific American*, v. 241, n. 8, Aug 1979, pp. 146–157.
714. M.E. Hellman, "DES Will Be Totally Insecure within Ten Years," *IEEE Spectrum*, v. 16, n. 7, Jul 1979, pp. 32–39.
715. M.E. Hellman, "On DES-Based Synchronous Encryption," Dept. of Electrical Engineering, Stanford University, 1980.
716. M.E. Hellman, "A Cryptanalytic Time-Memory Trade Off," *IEEE Transactions on Information Theory*, v. 26, n. 4, Jul 1980, pp. 401–406.
717. M.E. Hellman, "Another Cryptanalytic Attack on 'A Cryptosystem for Multiple Communications'," *Information Processing Letters*, v. 12, 1981, pp. 182–183.
718. M.E. Hellman, W. Diffie, and R.C. Merkle, "Cryptographic Apparatus and Method," U.S. Patent #4,200,770, 29 Apr 1980.
719. M.E. Hellman, W. Diffie, and R.C. Merkle, "Cryptographic Apparatus and Method," Canada Patent #1,121,480, 6 Apr 1982.
720. M.E. Hellman and R.C. Merkle, "Public Key Cryptographic Apparatus and Method," U.S. Patent #4,218,582, 19 Aug 1980.
721. M.E. Hellman, R. Merkle, R. Schroeppel, L. Washington, W. Diffie, S. Pohlig, and P. Schweitzer, "Results of an Initial Attempt to Cryptanalyze the NBS Data Encryption Standard," Technical Report SEL 76-042, Information Systems Lab, Department of Electrical Engineering, Stanford University, 1976.
722. M.E. Hellman and S.C. Pohlig, "Exponentiation Cryptographic Apparatus and Method," U.S. Patent #4,424,414, 3 Jan 1984.
723. M.E. Hellman and J.M. Reyneri, "Distribution of Drainage in the DES," *Advances in Cryptology: Proceedings of Crypto 82*, Plenum Press, 1983, pp. 129–131.
724. F. Hendessi and M.R. Aref, "A Successful Attack Against the DES," *Third Canadian*

Workshop on Information Theory and Applications, Springer-Verlag, 1994, pp. 78–90.
725. T. Herlestam, "Critical Remarks on Some Public-Key Cryptosystems," *BIT*, v. 18, 1978, pp. 493–496.
726. T. Herlestam, "On Functions of Linear Shift Register Sequences", *Advances in Cryptology—EUROCRYPT '85*, Springer-Verlag, 1986, pp. 119–129.
727. T. Herlestam and R. Johannesson, "On Computing Logarithms over GF(2_p)," *BIT*, v. 21, 1981, pp. 326–334.
728. H.M. Heys and S.E. Tavares, "On the Security of the CAST Encryption Algorithm," *Proceedings of the Canadian Conference on Electrical and Computer Engineering*, Halifax, Nova Scotia, Sep 1994, pp. 332–335.
729. H.M. Heys and S.E. Tavares, "The Design of Substitution-Permutation Networks Resistant to Differential and Linear Cryptanalysis," *Proceedings of the 2nd Annual ACM Conference on Computer and Communications Security*, ACM Press, 1994, pp. 148–155.
730. E. Heyst and T.P. Pederson, "How to Make Fail-Stop Signatures," *Advances in Cryptology—EUROCRYPT '92 Proceedings*, Springer-Verlag, 1993, pp. 366–377.
731. E. Heyst, T.P. Pederson, and B. Pfitzmann, "New Construction of Fail-Stop Signatures and Lower Bounds," *Advances in Cryptology—CRYPTO '92 Proceedings*, Springer-Verlag, 1993, pp. 15–30.
732. L.S. Hill, "Cryptography in an Algebraic Alphabet," *American Mathematical Monthly*, v. 36, Jun–Jul 1929, pp. 306–312.
733. P.J.M. Hin, "Channel-Error-Correcting Privacy Cryptosystems," Ph.D. dissertation, Delft University of Technology, 1986. (In Dutch.)
734. R. Hirschfeld, "Making Electronic Refunds Safer," *Advances in Cryptology—CRYPTO '92 Proceedings*, Springer-Verlag, 1993, pp. 106–112.
735. A. Hodges, *Alan Turing: The Enigma of Intelligence*, Simon and Schuster, 1983.
736. W. Hohl, X. Lai, T. Meier, and C. Waldvogel, "Security of Iterated Hash Functions Based on Block Ciphers," *Advances in Cryptology—CRYPTO '93 Proceedings*, Springer-Verlag, 1994, pp. 379–390.
737. F. Hoornaert, M. Decroos, J. Vandewalle, and R. Govaerts, "Fast RSA-Hardware: Dream or Reality?" *Advances in Cryptology—EUROCRYPT '88 Proceedings*, Springer-Verlag, 1988, pp. 257–264.
738. F. Hoornaert, J. Goubert, and Y. Desmedt, "Efficient Hardware Implementation of the DES," *Advances in Cryptology: Proceedings of CRYPTO 84*, Springer-Verlag, 1985, pp. 147–173.
739. E. Horowitz and S. Sahni, *Fundamentals of Computer Algorithms*, Rockville, MD: Computer Science Press, 1978.
740. P. Horster, H. Petersen, and M. Michels, "Meta-ElGamal Signature Schemes," *Proceedings of the 2nd Annual ACM Conference on Computer and Communications Security*, ACM Press, 1994, pp. 96–107.
741. P. Horster, H. Petersen, and M. Michels, "Meta Message Recovery and Meta Blind Signature Schemes Based on the Discrete Logarithm Problem and their Applications," *Advances in Cryptology—ASIACRYPT '94 Proceedings*, Springer-Verlag, 1995, pp. 224–237.
742. L.K. Hua, *Introduction to Number Theory*, Springer-Verlag, 1982.
743. K. Hubr, "Specialized Attack on Chor-Rivest Public Key Cryptosystem," *Electronics Letters*, v. 27, n. 23, 7 Nov 1991, pp. 2130–2131.
744. E. Hughes, "A Cypherpunk's Manifesto," 9 Mar 1993.
745. E. Hughes, "An Encrypted Key Transmission Protocol," presented at the rump session of CRYPTO '94, Aug 1994.
746. H. Hule and W.B. Müller, "On the RSA-Cryptosystem with Wrong Keys," *Contributions to General Algebra 6*, Vienna: Verlag Hölder-Pichler-Tempsky, 1988, pp. 103–109.
747. H.A. Hussain, J.W.A. Sada, and S.M. Kalipha, "New Multistage Knapsack Public-Key Cryptosystem," *International Journal of Systems Science*, v. 22, n. 11, Nov 1991, pp. 2313–2320.
748. T. Hwang, "Attacks on Okamoto and Tanaka's One-Way ID-Based Key Distribution System," *Information Processing Letters*, v. 43, n. 2, Aug 1992, pp. 83–86.
749. T. Hwang and T.R.N. Rao, "Secret Error-Correcting Codes (SECC)," *Advances in Cryptology—CRYPTO '88 Proceedings*, Springer-Verlag, 1990, pp. 540–563.
750. C. I'Anson and C. Mitchell, "Security Defects in CCITT Recommendation

X.509—the Directory Authentication Framework," *Computer Communications Review*, v. 20, n. 2, Apr 1990, pp. 30–34.
751. IBM, "Common Cryptographic Architecture: Cryptographic Application Programming Interface Reference," SC40-1675-1, IBM Corp., Nov 1990.
752. IBM, "Common Cryptographic Architecture: Cryptographic Application Programming Interface Reference—Public Key Algorithm," IBM Corp., Mar 1993.
753. R. Impagliazzo and M. Yung, "Direct Minimum-Knowledge Computations," *Advances in Cryptology—CRYPTO '87 Proceedings*, Springer-Verlag, 1988, pp. 40–51.
754. I. Ingemarsson, "A New Algorithm for the Solution of the Knapsack Problem," *Lecture Notes in Computer Science 149; Cryptography: Proceedings of the Workshop on Cryptography*, Springer-Verlag, 1983, pp. 309–315.
755. I. Ingemarsson, "Delay Estimation for Truly Random Binary Sequences or How to Measure the Length of Rip van Winkle's Sleep," *Communications and Cryptography: Two Sides of One Tapestry*, R.E. Blahut et al., eds., Kluwer Adademic Publishers, 1994, pp. 179–186.
756. I. Ingemarsson and G.J. Simmons, "A Protocol to Set Up Shared Secret Schemes without the Assistance of a Mutually Trusted Party," *Advances in Cryptology—EUROCRYPT '90 Proceedings*, Springer-Verlag, 1991, pp. 266–282.
757. I. Ingemarsson, D.T. Tang, and C.K. Wong, "A Conference Key Distribution System," *IEEE Transactions on Information Theory*, v. IT-28, n. 5, Sep 1982, pp. 714–720.
758. ISO DIS 8730, "Banking—Requirements for Message Authentication (Wholesale)," Association for Payment Clearing Services, London, Jul 1987.
759. ISO DIS 8731-1, "Banking—Approved Algorithms for Message Authentication—Part 1: DEA," Association for Payment Clearing Services, London, 1987.
760. ISO DIS 8731-2, "Banking—Approved Algorithms for Message Authentication—Part 2: Message Authenticator Algorithm," Association for Payment Clearing Services, London, 1987.
761. ISO DIS 8732, "Banking—Key Management (Wholesale)," Association for Payment Clearing Services, London, Dec 1987.

762. ISO/IEC 9796, "Information Technology—Security Techniques—Digital Signature Scheme Giving Message Recovery," International Organization for Standardization, Jul 1991.
763. ISO/IEC 9797, "Data Cryptographic Techniques—Data Integrity Mechanism Using a Cryptographic Check Function Employing a Block Cipher Algorithm," International Organization for Standardization, 1989.
764. ISO DIS 10118 DRAFT, "Information Technology—Security Techniques—Hash Functions," International Organization for Standardization, 1989.
765. ISO DIS 10118 DRAFT, "Information Technology—Security Techniques—Hash Functions," International Organization for Standardization, April 1991.
766. ISO N98, "Hash Functions Using a Pseudo Random Algorithm," working document, ISO-IEC/JTC1/SC27/WG2, International Organization for Standardization, 1992.
767. ISO N179, "AR Fingerprint Function," working document, ISO-IEC/JTC1/SC27/WG2, International Organization for Standardization, 1992.
768. ISO/IEC 10118, "Information Technology—Security Techniques—Hash Functions—Part 1: General and Part 2: Hash-Functions Using an n-Bit Block Cipher Algorithm," International Organization for Standardization, 1993.
769. K. Ito, S. Kondo, and Y. Mitsuoka, "SXAL8/MBAL Algorithm," Technical Report, ISEC93-68, IEICE Japan, 1993. (In Japanese.)
770. K.R. Iversen, "The Application of Cryptographic Zero-Knowledge Techniques in Computerized Secret Ballot Election Schemes," Ph.D. dissertation, IDT-report 1991:3, Norwegian Institute of Technology, Feb 1991.
771. K.R. Iversen, "A Cryptographic Scheme for Computerized General Elections," *Advances in Cryptology—CRYPTO '91 Proceedings*, Springer-Verlag, 1992, pp. 405–419.
772. K. Iwamura, T. Matsumoto, and H. Imai, "An Implementation Method for RSA Cryptosystem with Parallel Processing," *Transactions of the Institute of Electronics, Information, and Communication Engineers*, v. J75-A, n. 8, Aug 1992, pp. 1301–1311.

773. W.J. Jaburek, "A Generalization of ElGamal's Public Key Cryptosystem," *Advances in Cryptology—EUROCRYPT '89 Proceedings*, 1990, Springer-Verlag, pp. 23–28.
774. N.S. James, R. Lidi, and H. Niederreiter, "Breaking the Cade Cipher," *Advances in Cryptology—CRYPTO '86 Proceedings*, 1987, Springer-Verlag, pp. 60–63.
775. C.J.A. Jansen, "On the Key Storage Requirements for Secure Terminals," *Computers and Security*, v. 5, n. 2, Jun 1986, pp. 145–149.
776. C.J.A. Jansen, "Investigations on Nonlinear Streamcipher Systems: Construction and Evaluation Methods," Ph.D. dissertation, Technical University of Delft, 1989.
777. C.J.A. Jansen and D.E. Boekee, "Modes of Blockcipher Algorithms and their Protection against Active Eavesdropping," *Advances in Cryptology—EUROCRYPT '87 Proceedings*, Springer-Verlag, 1988, pp. 281–286.
778. S.M. Jennings, "A Special Class of Binary Sequences," Ph.D. dissertation, University of London, 1980.
779. S.M. Jennings, "Multiplexed Sequences: Some Properties of the Minimum Polynomial," *Lecture Notes in Computer Science 149; Cryptography: Proceedings of the Workshop on Cryptography*, Springer-Verlag, 1983, pp. 189–206.
780. S.M. Jennings, "Autocorrelation Function of the Multiplexed Sequence," *IEE Proceedings*, v. 131, n. 2, Apr 1984, pp. 169–172.
781. T. Jin, "Care and Feeding of Your Three-Headed Dog," Document Number IAG-90-011, Hewlett-Packard, May 1990.
782. T. Jin, "Living with Your Three-Headed Dog," Document Number IAG-90-012, Hewlett-Packard, May 1990.
783. A. Jiwa, J. Seberry, and Y. Zheng, "Beacon Based Authentication," *Computer Security—ESORICS 94*, Springer-Verlag, 1994, pp. 125–141.
784. D.B. Johnson, G.M. Dolan, M.J. Kelly, A.V. Le, and S.M. Matyas, "Common Cryptographic Architecture Cryptographic Application Programming Interface," *IBM Systems Journal*, v. 30, n. 2, 1991, pp. 130–150.
785. D.B. Johnson, S.M. Matyas, A.V. Le, and J.D. Wilkins, "Design of the Commercial Data Masking Facility Data Privacy Algorithm," *1st ACM Conference on Computer and Communications Security*, ACM Press, 1993, pp. 93–96.
786. J.P. Jordan, "A Variant of a Public-Key Cryptosystem Based on Goppa Codes," *Sigact News*, v. 15, n. 1, 1983, pp. 61–66.
787. A. Joux and L. Granboulan, "A Practical Attack Against Knapsack Based Hash Functions," *Advances in Cryptology—EUROCRYPT '94 Proceedings*, Springer-Verlag, 1995, to appear.
788. A. Joux and J. Stern, "Cryptanalysis of Another Knapsack Cryptosystem," *Advances in Cryptology—ASIACRYPT '91 Proceedings*, Springer-Verlag, 1993, pp. 470–476.
789. R.R. Jueneman, "Analysis of Certain Aspects of Output-Feedback Mode," *Advances in Cryptology: Proceedings of Crypto 82*, Plenum Press, 1983, pp. 99–127.
790. R.R. Jueneman, "Electronic Document Authentication," *IEEE Network Magazine*, v. 1, n. 2, Apr 1978, pp. 17–23.
791. R.R. Jueneman, "A High Speed Manipulation Detection Code," *Advances in Cryptology—CRYPTO '86 Proceedings*, Springer-Verlag, 1987, pp. 327–346.
792. R.R. Jueneman, S.M. Matyas, and C.H. Meyer, "Message Authentication with Manipulation Detection Codes," *Proceedings of the 1983 IEEE Computer Society Symposium on Research in Security and Privacy*, 1983, pp. 733–54.
793. R.R. Jueneman, S.M. Matyas, and C.H. Meyer, "Message Authentication," *IEEE Communications Magazine*, v. 23, n. 9, Sep 1985, pp. 29–40.
794. D. Kahn, *The Codebreakers: The Story of Secret Writing*, New York: Macmillan Publishing Co., 1967.
795. D. Kahn, *Kahn on Codes*, New York: Macmillan Publishing Co., 1983.
796. D. Kahn, *Seizing the Enigma*, Boston: Houghton Mifflin Co., 1991.
797. P. Kaijser, T. Parker, and D. Pinkas, "SESAME: The Solution to Security for Open Distributed Systems," *Journal of Computer Communications*, v. 17, n. 4, Jul 1994, pp. 501–518.
798. R. Kailar and V.D. Gilgor, "On Belief Evolution in Authentication Protocols," *Proceedings of the Computer Security Foundations Workshop IV*, IEEE Computer Society Press, 1991, pp. 102–116.

799. B.S. Kaliski, "A Pseudo Random Bit Generator Based on Elliptic Logarithms," Master's thesis, Massachusetts Institute of Technology, 1987.
800. B.S. Kaliski, letter to NIST regarding DSS, 4 Nov 1991.
801. B.S. Kaliski, "The MD2 Message Digest Algorithm," RFC 1319, Apr 1992.
802. B.S. Kaliski, "Privacy Enhancement for Internet Electronic Mail: Part IV: Key Certificates and Related Services," RFC 1424, Feb 1993.
803. B.S. Kaliski, "An Overview of the PKCS Standards," RSA Laboratories, Nov 1993.
804. B.S. Kaliski, "A Survey of Encryption Standards, *IEEE Micro*, v. 13, n. 6, Dec 1993, pp. 74–81.
805. B.S. Kaliski, personal communication, 1993.
806. B.S. Kaliski, "On the Security and Performance of Several Triple-DES Modes," RSA Laboratories, draft manuscript, Jan 1994.
807. B.S. Kaliski, R.L. Rivest, and A.T. Sherman, "Is the Data Encryption Standard a Group?", *Advances in Cryptology—EUROCRYPT '85*, Springer-Verlag, 1986, pp. 81–95.
808. B.S. Kaliski, R.L. Rivest, and A.T. Sherman, "Is the Data Encryption Standard a Pure Cipher? (Results of More Cycling Experiments in DES)," *Advances in Cryptology—CRYPTO '85 Proceedings*, Springer-Verlag, 1986, pp. 212–226.
809. B.S. Kaliski, R.L. Rivest, and A.T. Sherman, "Is the Data Encryption Standard a Group? (Results of Cycling Experiments on DES)," *Journal of Cryptology*, v. 1, n. 1, 1988, pp. 3–36.
810. B.S. Kaliski and M.J.B. Robshaw, "Fast Block Cipher Proposal," *Fast Software Encryption, Cambridge Security Workshop Proceedings*, Springer-Verlag, 1994, pp. 33–40.
811. B.S. Kaliski and M.J.B. Robshaw, "Linear Cryptanalysis Using Multiple Approximations," *Advances in Cryptology—CRYPTO '94 Proceedings*, Springer-Verlag, 1994, pp. 26–39.
812. B.S. Kaliski and M.J.B. Robshaw, "Linear Cryptanalysis Using Multiple Approximations and FEAL," *K.U. Leuven Workshop on Cryptographic Algorithms*, Springer-Verlag, 1995, to appear.
813. R.G. Kammer, statement before the U.S. government Subcommittee on Telecommunications and Finance, Committee on Energy and Commerce, 29 Apr 1993.
814. T. Kaneko, K. Koyama, and R. Terada, "Dynamic Swapping Schemes and Differential Cryptanalysis, *Proceedings of the 1993 Korea-Japan Workshop on Information Security and Cryptography*, Seoul, Korea, 24–26 Oct 1993, pp. 292–301.
815. T. Kaneko, K. Koyama, and R. Terada, "Dynamic Swapping Schemes and Differential Cryptanalysis," *Transactions of the Institute of Electronics, Information, and Communication Engineers*, v. E77-A, n. 8, Aug 1994, pp. 1328–1336.
816. T. Kaneko and H. Miyano, "A Study on the Strength Evaluation of Randomized DES-Like Cryptosystems against Chosen Plaintext Attacks," *Proceedings of the 1993 Symposium on Cryptography and Information Security (SCIS 93)*, Shuzenji, Japan, 28–30 Jan 1993, pp. 15C.1–10.
817. J. Kari, "A Cryptosystem Based on Propositional Logic," *Machines, Languages, and Complexity: 5th International Meeting of Young Computer Scientists, Selected Contributions*, Springer-Verlag, 1989, pp. 210–219.
818. E.D. Karnin, J.W. Greene, and M.E. Hellman, "On Sharing Secret Systems," *IEEE Transactions on Information Theory*, v. IT-29, 1983, pp. 35–41.
819. F.W. Kasiski, *Die Geheimschriften und die Dechiffrir-kunst*, E.S. Miller und Sohn, 1863. (In German.)
820. A. Kehne, J. Schonwalder, and H. Langendorfer, "A Nonce-Based Protocol for Multiple Authentications," *Operating Systems Review*, v. 26, n. 4, Oct 1992, pp. 84–89.
821. J. Kelsey, personal communication, 1994.
822. R. Kemmerer, "Analyzing Encryption Protocols Using Formal Verification Techniques," *IEEE Journal on Selected Areas in Communications*, v. 7, n. 4, May 1989, pp. 448–457.
823. R. Kemmerer, C.A. Meadows, and J. Millen, "Three Systems for Cryptographic Protocol Analysis," *Journal of Cryptology*, v. 7, n. 2, 1994, pp. 79–130.
824. S.T. Kent, "Encryption-Based Protection Protocols for Interactive User-Computer Communications," MIT/LCS/TR-162,

MIT Laboratory for Computer Science, May 1976.

825. S.T. Kent, "Privacy Enhancement for Internet Electronic Mail: Part II: Certificate-Based Key Management," RFC 1422, Feb 1993.

826. S.T. Kent, "Understanding the Internet Certification System," *Proceedings of INET '93*, The Internet Society, 1993, pp. BAB1-BAB10.

827. S.T. Kent and J. Linn, "Privacy Enhancement for Internet Electronic Mail: Part II: Certificate-Based Key Management," RFC 1114, Aug 1989.

828. V. Kessler and G. Wedel, "AUTOLOG—An Advanced Logic of Authentication," *Proceedings of the Computer Security Foundations Workshop VII*, IEEE Computer Society Press, 1994, pp. 90–99.

829. E.L. Key, "An Analysis of the Structure and Complexity of Nonlinear Binary Sequence Generators," *IEEE Transactions on Information Theory*, v. IT-22, n. 6, Nov 1976, pp. 732–736.

830. T. Kiesler and L. Harn, "RSA Blocking and Multisignature Schemes with No Bit Expansion," *Electronics Letters*, v. 26, n. 18, 30 Aug 1990, pp. 1490–1491.

831. J. Kilian, *Uses of Randomness in Algorithms and Protocols*, MIT Press, 1990.

832. J. Kilian, "Achieving Zero-Knowledge Robustly," *Advances in Cryptology—CRYPTO '90 Proceedings*, Springer-Verlag, 1991, pp. 313–325.

833. J. Kilian and T. Leighton, "Failsafe Key Escrow," MIT/LCS/TR-636, MIT Laboratory for Computer Science, Aug 1994.

834. K. Kim, "Construction of DES-Like S-Boxes Based on Boolean Functions Satisfying the SAC," *Advances in Cryptology—ASIACRYPT '91 Proceedings*, Springer-Verlag, 1993, pp. 59–72.

835. K. Kim, S. Lee, and S. Park, "Necessary Conditions to Strengthen DES S-Boxes Against Linear Cryptanalysis," *Proceedings of the 1994 Symposium on Cryptography and Information Security (SCIS 94)*, Lake Biwa, Japan, 27–29 Jan 1994, pp. 15D.1–9.

836. K. Kim, S. Lee, and S. Park, "How to Strengthen DES against Differential Attack," unpublished manuscript, 1994.

837. K. Kim, S. Lee, S. Park, and D. Lee, "DES Can Be Immune to Differential Cryptanalysis," *Workshop on Selected Areas in Cryptography—Workshop Record*, Kingston, Ontario, 5–6 May 1994, pp. 70–81.

838. K. Kim, S. Park, and S. Lee, "How to Strengthen DES against Two Robust Attacks," *Proceedings of the 1995 Japan-Korea Workshop on Information Security and Cryptography*, Inuyama, Japan, 24–27 Jan 1995, 173–182.

839. K. Kim, S. Park, and S. Lee, "Reconstruction of s^2DES S-Boxes and their Immunity to Differential Cryptanalysis," *Proceedings of the 1993 Korea-Japan Workshop on Information Security and Cryptography*, Seoul, Korea, 24–26 Oct 1993, pp. 282–291.

840. S. Kim and B.S. Um, "A Multipurpose Membership Proof System Based on Discrete Logarithm," *Proceedings of the 1993 Korea-Japan Workshop on Information Security and Cryptography*, Seoul, Korea, 24–26 Oct 1993, pp. 177–183.

841. P. Kinnucan, "Data Encryption Gurus: Tuchman and Meyer," *Cryptologia*, v. 2, n. 4, Oct 1978.

842. A. Klapper, "The Vulnerability of Geometric Sequences Based on Fields of Odd Characteristic," *Journal of Cryptology*, v. 7, n. 1, 1994, pp. 33–52.

843. A. Klapper, "Feedback with Carry Shift Registers over Finite Fields," *K.U. Leuven Workshop on Cryptographic Algorithms*, Springer-Verlag, 1995, to appear.

844. A. Klapper and M. Goresky, "2-adic Shift Registers," *Fast Software Encryption, Cambridge Security Workshop Proceedings*, Springer-Verlag, 1994, pp. 174–178.

845. A. Klapper and M. Goresky, "2-adic Shift Registers," Technical Report #239-93, Department of Computer Science, University of Kentucky, 19 Apr 1994.

846. A. Klapper and M. Goresky, "Large Period Nearly de Bruijn FCSR Sequences," *Advances in Cryptology—EUROCRYPT '95 Proceedings*, Springer-Verlag, 1995, pp. 263–273.

847. D.V. Klein, " 'Foiling the Cracker': A Survey of, and Implications to, Password Security," *Proceedings of the USENIX UNIX Security Workshop*, Aug 1990, pp. 5–14.

848. D.V. Klein, personal communication, 1994.

849. C.S. Kline and G.J. Popek, "Public Key vs. Conventional Key Cryptosystems," *Pro-

ceedings of AFIPS National Computer Conference, pp. 831–837.

850. H.-J. Knobloch, "A Smart Card Implementation of the Fiat-Shamir Identification Scheme," *Advances in Cryptology—EUROCRPYT '88 Proceedings*, Springer-Verlag, 1988, pp. 87–95.

851. T. Knoph, J. Frößl, W. Beller, and T. Giesler, "A Hardware Implementation of a Modified DES Algorithm," *Microprocessing and Microprogramming*, v. 30, 1990, pp. 59–66.

852. L.R. Knudsen, "Cryptanalysis of LOKI," *Advances in Cryptology—ASIACRYPT '91 Proceedings*, Springer-Verlag, 1993, pp. 22–35.

853. L.R. Knudsen, "Cryptanalysis of LOKI," *Cryptography and Coding III*, M.J. Ganley, ed., Oxford: Clarendon Press, 1993, pp. 223–236.

854. L.R. Knudsen, "Cryptanalysis of LOKI91," *Advances in Cryptology—AUSCRYPT '92 Proceedings*, Springer-Verlag, 1993, pp. 196–208.

855. L.R. Knudsen, "Iterative Characteristics of DES and s^2DES," *Advances in Cryptology—CRYPTO '92*, Springer-Verlag, 1993, pp. 497–511.

856. L.R. Knudsen, "An Analysis of Kim, Park, and Lee's DES-Like S-Boxes," unpublished manuscript, 1993.

857. L.R. Knudsen, "Practically Secure Feistel Ciphers," *Fast Software Encryption, Cambridge Security Workshop Proceedings*, Springer-Verlag, 1994, pp. 211–221.

858. L.R. Knudsen, "Block Ciphers—Analysis, Design, Applications," Ph.D. dissertation, Aarhus University, Nov 1994.

859. L.R. Knudsen, personal communication, 1994.

860. L.R. Knudsen, "Applications of Higher Order Differentials and Partial Differentials," *K.U. Leuven Workshop on Cryptographic Algorithms*, Springer-Verlag, 1995, to appear.

861. L.R. Knudsen and X. Lai, "New Attacks on All Double Block Length Hash Functions of Hash Rate 1, Including the Parallel-DM," *Advances in Cryptology—EUROCRYPT '94 Proceedings*, Springer-Verlag, 1995, to appear.

862. L.R. Knudsen, "A Weakness in SAFER K-64," *Advances in Cryptology–CRYPTO '95 Proceedings*, Springer-Verlag, 1995, to appear.

863. D. Knuth, *The Art of Computer Programming: Volume 2, Seminumerical Algorithms*, 2nd edition, Addison-Wesley, 1981.

864. D. Knuth, "Deciphering a Linear Congruential Encryption," *IEEE Transactions on Information Theory*, v. IT-31, n. 1, Jan 1985, pp. 49–52.

865. K. Kobayashi and L. Aoki, "On Linear Cryptanalysis of MBAL," *Proceedings of the 1995 Symposium on Cryptography and Information Security (SCIS 95)*, Inuyama, Japan, 24–27 Jan 1995, pp. A4.2.1–9.

866. K. Kobayashi, K. Tamura, and Y. Nemoto, "Two-dimensional Modified Rabin Cryptosystem," *Transactions of the Institute of Electronics, Information, and Communication Engineers*, v. J72-D, n. 5, May 1989, pp. 850–851. (In Japanese.)

867. N. Koblitz, "Elliptic Curve Cryptosystems," *Mathematics of Computation*, v. 48, n. 177, 1987, pp. 203–209.

868. N. Koblitz, "A Family of Jacobians Suitable for Discrete Log Cryptosystems," *Advances in Cryptology—CRYPTO '88 Proceedings*, Springer-Verlag, 1990, pp. 94–99.

869. N. Koblitz, "Constructing Elliptic Curve Cryptosystems in Characteristic 2," *Advances in Cryptology—CRYPTO '90 Proceedings*, Springer-Verlag, 1991, pp. 156–167.

870. N. Koblitz, "Hyperelliptic Cryptosystems," *Journal of Cryptology*, v. 1, n. 3, 1989, pp. 129–150.

871. N. Koblitz, "CM-Curves with Good Cryptographic Properties," *Advances in Cryptology—CRYPTO '91 Proceedings*, Springer-Verlag, 1992, pp. 279–287.

872. Ç.K. Koç, "High-Speed RSA Implementation," Version 2.0, RSA Laboratories, Nov 1994.

873. M.J. Kochanski, "Remarks on Lu and Lee's Proposals," *Cryptologia*, v. 4, n. 4, 1980, pp. 204–207.

874. M.J. Kochanski, "Developing an RSA Chip," *Advances in Cryptology—CRYPTO '85 Proceedings*, Springer-Verlag, 1986, pp. 350–357.

875. J.T. Kohl, "The Use of Encryption in Kerberos for Network Authentication," *Advances in Cryptology—CRYPTO '89 Proceedings*, Springer-Verlag, 1990, pp. 35–43.

876. J.T. Kohl, "The Evolution of the Kerberos Authentication Service," *EurOpen Conference Proceedings*, May 1991, pp. 295–313.
877. J.T. Kohl and B.C. Neuman, "The Kerberos Network Authentication Service," RFC 1510, Sep 1993.
878. J.T. Kohl, B.C. Neuman, and T. Ts'o, "The Evolution of the Kerberos Authentication System," *Distributed Open Systems*, IEEE Computer Society Press, 1994, pp. 78–94.
879. Kohnfelder, "Toward a Practical Public Key Cryptosystem," Bachelor's thesis, MIT Department of Electrical Engineering, May 1978.
880. A.G. Konheim, *Cryptography: A Primer*, New York: John Wiley & Sons, 1981.
881. A.G. Konheim, M.H. Mack, R.K. McNeill, B. Tuckerman, and G. Waldbaum, "The IPS Cryptographic Programs," *IBM Systems Journal*, v. 19, n. 2, 1980, pp. 253–283.
882. V.I. Korzhik and A.I. Turkin, "Cryptanalysis of McEliece's Public-Key Cryptosystem," *Advances in Cryptology—EUROCRYPT '91 Proceedings*, Springer-Verlag, 1991, pp. 68–70.
883. S.C. Kothari, "Generalized Linear Threshold Scheme," *Advances in Cryptology: Proceedings of CRYPTO 84*, Springer-Verlag, 1985, pp. 231–241.
884. J. Kowalchuk, B.P. Schanning, and S. Powers, "Communication Privacy: Integration of Public and Secret Key Cryptography," *Proceedings of the National Telecommunication Conference*, IEEE Press, 1980, pp. 49.1.1–49.1.5.
885. K. Koyama, "A Master Key for the RSA Public-Key Cryptosystem," *Transactions of the Institute of Electronics, Information, and Communication Engineers*, v. J65-D, n. 2, Feb 1982, pp. 163–170.
886. K. Koyama, "A Cryptosystem Using the Master Key for Multi-Address Communications," *Transactions of the Institute of Electronics, Information, and Communication Engineers*, v. J65-D, n. 9, Sep 1982, pp. 1151–1158.
887. K. Koyama, "Demonstrating Membership of a Group Using the Shizuya-Koyama-Itoh (SKI) Protocol," *Proceedings of the 1989 Symposium on Cryptography and Information Security (SCIS 89)*, Gotenba, Japan, 1989.
888. K. Koyama, "Direct Demonstration of the Power to Break Public-Key Cryptosystems," *Advances in Cryptology—AUSCRYPT '90 Proceedings*, Springer-Verlag, 1990, pp. 14–21.
889. K. Koyama, "Security and Unique Decipherability of Two-dimensional Public Key Cryptosystems," *Transactions of the Institute of Electronics, Information, and Communication Engineers*, v. E73, n. 7, Jul 1990, pp. 1057–1067.
890. K. Koyama, U.M. Maurer, T. Okamoto, and S.A. Vanstone, "New Public-Key Schemes Based on Elliptic Curves over the Ring Z_n," *Advances in Cryptology—CRYPTO '91 Proceedings*, Springer-Verlag, 1992, pp. 252–266.
891. K. Koyama and K. Ohta, "Identity-based Conference Key Distribution System," *Advances in Cryptology—CRYPTO '87 Proceedings*, Springer-Verlag, 1988, pp. 175–184.
892. K. Koyama and T. Okamoto, "Elliptic Curve Cryptosystems and Their Applications," *IEICE Transactions on Information and Systems*, v. E75-D, n. 1, Jan 1992, pp. 50–57.
893. K. Koyama and R. Terada, "How to Strengthen DES-Like Cryptosystems against Differential Cryptanalysis," *Transactions of the Institute of Electronics, Information, and Communication Engineers*, v. E76-A, n. 1, Jan 1993, pp. 63–69.
894. K. Koyama and R. Terada, "Probabilistic Swapping Schemes to Strengthen DES against Differential Cryptanalysis," *Proceedings of the 1993 Symposium on Cryptography and Information Security (SCIS 93)*, Shuzenji, Japan, 28–30 Jan 1993, pp. 15D.1–12.
895. K. Koyama and Y. Tsuruoka, "Speeding up Elliptic Cryptosystems Using a Singled Binary Window Method," *Advances in Cryptology—CRYPTO '92 Proceedings*, Springer-Verlag, 1993, pp. 345–357.
896. E. Kranakis, *Primality and Cryptography*, Wiler-Tuebner Series in Computer Science, 1986.
897. D. Kravitz, "Digital Signature Algorithm," U.S. Patent #5,231,668, 27 Jul 1993.
898. D. Kravitz and I. Reed, "Extension of RSA Cryptostructure: A Galois Approach," *Electronics Letters*, v. 18, n. 6, 18 Mar 1982, pp. 255–256.

899. H. Krawczyk, "How to Predict Congruential Generators," *Advances in Cryptology—CRYPTO '89 Proceedings*, Springer-Verlag, 1990, pp. 138–153.
900. H. Krawczyk, "How to Predict Congruential Generators," *Journal of Algorithms*, v. 13, n. 4, Dec 1992, pp. 527–545.
901. H. Krawczyk, "The Shrinking Generator: Some Practical Considerations," *Fast Software Encryption, Cambridge Security Workshop Proceedings*, Springer-Verlag, 1994, pp. 45–46.
902. G.J. Kühn, "Algorithms for Self-Synchronizing Ciphers," *Proceedings of COMSIG 88*, 1988.
903. G.J. Kühn, F. Bruwer, and W. Smit, "'n Vinnige Veeldoelige Enkripsievlokkie," *Proceedings of Infosec 90*, 1990. (In Afrikaans.)
904. S. Kullback, *Statistical Methods in Cryptanalysis*, U.S. Government Printing Office, 1935. Reprinted by Aegean Park Press, 1976.
905. P.V. Kumar, R.A. Scholtz, and L.R. Welch, "Generalized Bent Functions and their Properties," *Journal of Combinational Theory*, Series A, v. 40, n. 1, Sep 1985, pp. 90–107.
906. M. Kurosaki, T. Matsumoto, and H. Imai, "Simple Methods for Multipurpose Certification," *Proceedings of the 1989 Symposium on Cryptography and Information Security (SCIS 89)*, Gotenba, Japan, 1989.
907. M. Kurosaki, T. Matsumoto, and H. Imai, "Proving that You Belong to at Least One of the Specified Groups," *Proceedings of the 1990 Symposium on Cryptography and Information Security (SCIS 90)*, Hihondaira, Japan, 1990.
908. K. Kurosawa, "Key Changeable ID-Based Cryptosystem," *Electronics Letters*, v. 25, n. 9, 27 Apr 1989, pp. 577–578.
909. K. Kurosawa, T. Ito, and M. Takeuchi, "Public Key Cryptosystem Using a Reciprocal Number with the Same Intractability as Factoring a Large Number," *Cryptologia*, v. 12, n. 4, Oct 1988, pp. 225–233.
910. K. Kurosawa, C. Park, and K. Sakano, "Group Signer/Verifier Separation Scheme," *Proceedings of the 1995 Japan-Korea Workshop on Information Security and Cryptography*, Inuyama, Japan, 24–27 Jan 1995, 134–143.
911. G.C. Kurtz, D. Shanks, and H.C. Williams, "Fast Primality Tests for Numbers Less than $50*10^9$," *Mathematics of Computation*, v. 46, n. 174, Apr 1986, pp. 691–701.
912. K. Kusuda and T. Matsumoto, "Optimization of the Time-Memory Trade-Off Cryptanalysis and Its Application to Block Ciphers," *Proceedings of the 1995 Symposium on Cryptography and Information Security (SCIS 95)*, Inuyama, Japan, 24–27 Jan 1995, pp. A3.2.1–11. (In Japanese.)
913. H. Kuwakado and K. Koyama, "Security of RSA-Type Cryptosystems Over Elliptic Curves against Hastad Attack," *Electronics Letters*, v. 30, n. 22, 27 Oct 1994, pp. 1843–1844.
914. H. Kuwakado and K. Koyama, "A New RSA-Type Cryptosystem over Singular Elliptic Curves," *IMA Conference on Applications of Finite Fields*, Oxford University Press, to appear.
915. H. Kuwakado and K. Koyama, "A New RSA-Type Scheme Based on Singular Cubic Curves," *Proceedings of the 1995 Japan-Korea Workshop on Information Security and Cryptography*, Inuyama, Japan, 24–27 Jan 1995, pp. 144–151.
916. M. Kwan, "An Eight Bit Weakness in the LOKI Cryptosystem," technical report, Australian Defense Force Academy, Apr 1991.
917. M. Kwan and J. Pieprzyk, "A General Purpose Technique for Locating Key Scheduling Weakness in DES-Like Cryptosystems," *Advances in Cryptology—ASIACRYPT '91 Proceedings*, Springer-Verlag, 1991, pp. 237–246.
918. J.B. Lacy, D.P. Mitchell, and W.M. Schell, "CryptoLib: Cryptography in Software," *UNIX Security Symposium IV Proceedings*, USENIX Association, 1993, pp. 1–17.
919. J.C. Lagarias, "Knapsack Public Key Cryptosystems and Diophantine Approximations," *Advances in Cryptology: Proceedings of Crypto 83*, Plenum Press, 1984, pp. 3–23.
920. J.C. Lagarias, "Performance Analysis of Shamir's Attack on the Basic Merkle-Hellman Knapsack Cryptosystem," *Lecture Notes in Computer Science 172; Proceedings of the 11th International Colloquium on Automata, Languages, and Programming (ICALP)*, Springer-Verlag, 1984, pp. 312–323.
921. J.C. Lagarias and A.M. Odlyzko, "Solving Low-Density Subset Sum Problems," *Proceedings of the 24th IEEE Symposium on Foundations of Computer Science*, 1983, pp. 1–10.

922. J.C. Lagarias and A.M. Odlyzko, "Solving Low-Density Subset Sum Problems," *Journal of the ACM*, v. 32, n. 1, Jan 1985, pp. 229–246.
923. J.C. Lagarias and J. Reeds, "Unique Extrapolation of Polynomial Recurrences," *SIAM Journal on Computing*, v. 17, n. 2, Apr 1988, pp. 342–362.
924. X. Lai, *Detailed Description and a Software Implementation of the IPES Cipher*, unpublished manuscript, 8 Nov 1991.
925. X. Lai, *On the Design and Security of Block Ciphers*, ETH Series in Information Processing, v. 1, Konstanz: Hartung-Gorre Verlag, 1992.
926. X. Lai, personal communication, 1993.
927. X. Lai, "Higher Order Derivatives and Differential Cryptanalysis," *Communications and Cryptography: Two Sides of One Tapestry*, R.E. Blahut et al., eds., Kluwer Adademic Publishers, 1994, pp. 227–233.
928. X. Lai and L. Knudsen, "Attacks on Double Block Length Hash Functions," *Fast Software Encryption, Cambridge Security Workshop Proceedings*, Springer-Verlag, 1994, pp. 157–165.
929. X. Lai and J. Massey, "A Proposal for a New Block Encryption Standard," *Advances in Cryptology—EUROCRYPT '90 Proceedings*, Springer-Verlag, 1991, pp. 389–404.
930. X. Lai and J. Massey, "Hash Functions Based on Block Ciphers," *Advances in Cryptology—EUROCRYPT '92 Proceedings*, Springer-Verlag, 1992, pp. 55–70.
931. X. Lai, J. Massey, and S. Murphy, "Markov Ciphers and Differential Cryptanalysis," *Advances in Cryptology—EUROCRYPT '91 Proceedings*, Springer-Verlag, 1991, pp. 17–38.
932. X. Lai, R.A. Rueppel, and J. Woollven, "A Fast Cryptographic Checksum Algorithm Based on Stream Ciphers," *Advances in Cryptology—AUSCRYPT '92 Proceedings*, Springer-Verlag, 1993, pp. 339–348.
933. C.S. Laih, J.Y. Lee, C.H. Chen, and L. Harn, "A New Scheme for ID-based Cryptosystems and Signatures," *Journal of the Chinese Institute of Engineers*, v. 15, n. 2, Sep 1992, pp. 605–610.
934. B.A. LaMacchia and A.M. Odlyzko, "Computation of Discrete Logarithms in Prime Fields," *Designs, Codes, and Cryptography*, v. 1, 1991, pp. 46–62.
935. L. Lamport, "Password Identification with Insecure Communications," *Communications of the ACM*, v. 24, n. 11, Nov 1981, pp. 770–772.
936. S. Landau, "Zero-Knowledge and the Department of Defense," *Notices of the American Mathematical Society*, v. 35, n. 1, Jan 1988, pp. 5–12.
937. S. Landau, S. Kent, C. Brooks, S. Charney, D. Denning, W. Diffie, A. Lauck, D. Mikker, P. Neumann, and D. Sobel, "Codes, Keys, and Conflicts: Issues in U.S. Crypto Policy," Report of a Special Panel of the ACM U.S. Public Policy Committee (USACM), Association for Computing Machinery, Jun 1994.
938. S.K. Langford and M.E. Hellman, "Cryptanalysis of DES," presented at 1994 RSA Data Security conference, Redwood Shores, CA, 12–14 Jan 1994.
939. D. Lapidot and A. Shamir, "Publicly Verifiable Non-Interactive Zero-Knowledge Proofs," *Advances in Cryptology—CRYPTO '90 Proceedings*, Springer-Verlag, 1991, pp. 353–365.
940. A.V. Le, S.M. Matyas, D.B. Johnson, and J.D. Wilkins, "A Public-Key Extension to the Common Cryptographic Architecture," *IBM Systems Journal*, v. 32, n. 3, 1993, pp. 461–485.
941. P. L'Ecuyer, "Efficient and Portable Combined Random Number Generators," *Communications of the ACM*, v. 31, n. 6, Jun 1988, pp. 742–749, 774.
942. P. L'Ecuyer, "Random Numbers for Simulation," *Communications of the ACM*, v. 33, n. 10, Oct 1990, pp. 85–97.
943. P.J. Lee and E.F. Brickell, "An Observation on the Security of McEliece's Public-Key Cryptosystem," *Advances in Cryptology—EUROCRYPT '88 Proceedings*, Springer-Verlag, 1988, pp. 275–280.
944. S. Lee, S. Sung, and K. Kim, "An Efficient Method to Find the Linear Expressions for Linear Cryptanalysis," *Proceedings of the 1995 Korea-Japan Workshop on Information Security and Cryptography*, Inuyama, Japan, 24–26 Jan 1995, pp. 183–190.
945. D.J. Lehmann, "On Primality Tests," *SIAM Journal on Computing*, v. 11, n. 2, May 1982, pp. 374–375.
946. T. Leighton, "Failsafe Key Escrow Systems," Technical Memo 483, MIT Laboratory for Computer Science, Aug 1994.

947. A. Lempel and M. Cohn, "Maximal Families of Bent Sequences," *IEEE Transactions on Information Theory*, v. IT-28, n. 6, Nov 1982, pp. 865–868.
948. A.K. Lenstra, "Factoring Multivariate Polynomials Over Finite Fields," *Journal of Computer System Science*, v. 30, n. 2, Apr 1985, pp. 235–248.
949. A.K. Lenstra, personal communication, 1995.
950. A.K. Lenstra and S. Haber, letter to NIST Regarding DSS, 26 Nov 1991.
951. A.K. Lenstra, H.W. Lenstra Jr., and L. Lovácz, "Factoring Polynomials with Rational Coefficients," *Mathematische Annalen*, v. 261, n. 4, 1982, pp. 515–534.
952. A.K. Lenstra, H.W. Lenstra, Jr., M.S. Manasse, and J.M. Pollard, "The Number Field Sieve," *Proceedings of the 22nd ACM Symposium on the Theory of Computing*, 1990, pp. 574–572.
953. A.K. Lenstra and H.W. Lenstra, Jr., eds., *Lecture Notes in Mathematics 1554: The Development of the Number Field Sieve*, Springer-Verlag, 1993.
954. A.K. Lenstra, H.W. Lenstra, Jr., M.S. Manasse, and J.M. Pollard, "The Factorization of the Ninth Fermat Number," *Mathematics of Computation*, v. 61, n. 203, 1993, pp. 319–349.
955. A.K. Lenstra and M.S. Manasse, "Factoring by Electronic Mail," *Advances in Cryptology—EUROCRYPT '89 Proceedings*, Springer-Verlag, 1990, pp. 355–371.
956. A.K. Lenstra and M.S. Manasse, "Factoring with Two Large Primes," *Advances in Cryptology—EUROCRYPT '90 Proceedings*, Springer-Verlag, 1991, pp. 72–82.
957. H.W. Lenstra Jr. "Elliptic Curves and Number-Theoretic Algorithms," Report 86-19, Mathematisch Instituut, Universiteit van Amsterdam, 1986.
958. H.W. Lenstra Jr. "On the Chor-Rivest Knapsack Cryptosystem," *Journal of Cryptology*, v. 3, n. 3, 1991, pp. 149–155.
959. W.J. LeVeque, *Fundamentals of Number Theory*, Addison-Wesley, 1977.
960. L.A. Levin, "One-Way Functions and Pseudo-Random Generators," *Proceedings of the 17th ACM Symposium on Theory of Computing*, 1985, pp. 363–365.
961. Lexar Corporation, "An Evaluation of the DES," Sep 1976.
962. D.-X. Li, "Cryptanalysis of Public-Key Distribution Systems Based on Dickson Polynomials," *Electronics Letters*, v. 27, n. 3, 1991, pp. 228–229.
963. F.-X. Li, "How to Break Okamoto's Cryptosystems by Continued Fraction Algorithm," *ASIACRYPT '91 Abstracts*, 1991, pp. 285–289.
964. Y.X. Li and X.M. Wang, "A Joint Authentication and Encryption Scheme Based on Algebraic Coding Theory," *Applied Algebra, Algebraic Algorithms and Error Correcting Codes 9*, Springer-Verlag, 1991, pp. 241–245.
965. R. Lidl, G.L. Mullen, and G. Turwald, *Pitman Monographs and Surveys in Pure and Applied Mathematics 65: Dickson Polynomials*, London: Longman Scientific and Technical, 1993.
966. R. Lidl and W.B. Müller, "Permutation Polynomials in RSA-Cryptosystems," *Advances in Cryptology: Proceedings of Crypto 83*, Plenum Press, 1984, pp. 293–301.
967. R. Lidl and W.B. Müller, "Generalizations of the Fibonacci Pseudoprimes Test," *Discrete Mathematics*, v. 92, 1991, pp. 211–220.
968. R. Lidl and W.B. Müller, "Primality Testing with Lucas Functions," *Advances in Cryptology—AUSCRYPT '92 Proceedings*, Springer-Verlag, 1993, pp. 539–542.
969. R. Lidl, W.B. Müller, and A. Oswald, "Some Remarks on Strong Fibonacci Pseudoprimes," *Applicable Algebra in Engineering, Communication and Computing*, v. 1, n. 1, 1990, pp. 59–65.
970. R. Lidl and H. Niederreiter, "Finite Fields," *Encyclopedia of Mathematics and its Applications*, v. 20, Addison-Wesley, 1983.
971. R. Lidl and H. Niederreiter, *Introduction to Finite Fields and Their Applications*, London: Cambridge University Press, 1986.
972. K. Lieberherr, "Uniform Complexity and Digital Signatures," *Theoretical Computer Science*, v. 16, n. 1, Oct 1981, pp. 99–110.
973. C.H. Lim and P.J. Lee, "A Practical Electronic Cash System for Smart Cards," *Proceedings of the 1993 Korea-Japan Workshop on Information Security and Cryptography*, Seoul, Korea, 24–26 Oct 1993, pp. 34–47.
974. C.H. Lim and P.J. Lee, "Security of Interactive DSA Batch Verification," *Electronics Letters*, v. 30, n. 19, 15 Sep 1994, pp. 1592–1593.

975. H.-Y. Lin and L. Harn, "A Generalized Secret Sharing Scheme with Cheater Detection," *Advances in Cryptology—ASIACRYPT '91 Proceedings*, Springer-Verlag, 1993, pp. 149–158.
976. M.-C. Lin, T.-C. Chang, and H.-L. Fu, "Information Rate of McEliece's Public-key Cryptosystem," *Electronics Letters*, v. 26, n. 1, 4 Jan 1990, pp. 16–18.
977. J. Linn, "Privacy Enhancement for Internet Electronic Mail: Part I—Message Encipherment and Authentication Procedures," RFC 989, Feb 1987.
978. J. Linn, "Privacy Enhancement for Internet Electronic Mail: Part I—Message Encipherment and Authentication Procedures," RFC 1040, Jan 1988.
979. J. Linn, "Privacy Enhancement for Internet Electronic Mail: Part I—Message Encipherment and Authentication Procedures," RFC 1113, Aug 1989.
980. J. Linn, "Privacy Enhancement for Internet Electronic Mail: Part III—Algorithms, Modes, and Identifiers," RFC 1115, Aug 1989.
981. J. Linn, "Privacy Enhancement for Internet Electronic Mail: Part I—Message Encipherment and Authentication Procedures," RFC 1421, Feb 1993.
982. S. Lloyd, "Counting Binary Functions with Certain Cryptographic Properties," *Journal of Cryptology*, v. 5, n. 2, 1992, pp. 107–131.
983. T.M.A. Lomas, "Collision-Freedom, Considered Harmful, or How to Boot a Computer," *Proceedings of the 1995 Korea-Japan Workshop on Information Security and Cryptography*, Inuyama, Japan, 24–26 Jan 1995, pp. 35–42.
984. T.M.A. Lomas and M. Roe, "Forging a Clipper Message," *Communications of the ACM*, v. 37, n. 12, 1994, p. 12.
985. D.L. Long, "The Security of Bits in the Discrete Logarithm," Ph.D. dissertation, Princeton University, Jan 1984.
986. D.L. Long and A. Wigderson, "How Discrete Is the Discrete Log," *Proceedings of the 15th Annual ACM Syposium on the Theory of Computing*, Apr 1983.
987. D. Longley and S. Rigby, "An Automatic Search for Security Flaws in Key Management Schemes," *Computers and Security*, v. 11, n. 1, Jan 1992. pp. 75–89.
988. S.H. Low, N.F. Maxemchuk, and S. Paul, "Anonymous Credit Cards," *Proceedings of the 2nd Annual ACM Conference on Computer and Communications Security*, ACM Press, 1994, pp. 108–117.
989. J.H. Loxton, D.S.P. Khoo, G.J. Bird, and J. Seberry, "A Cubic RSA Code Equivalent to Factorization," *Journal of Cryptology*, v. 5, n. 2, 1992, pp. 139–150.
990. S.C. Lu and L.N. Lee, "A Simple and Effective Public-Key Cryptosystem," *COMSAT Technical Review*, 1979, pp. 15–24.
991. M. Luby, S. Micali, and C. Rackoff, "How to Simultaneously Exchange a Secret Bit by Flipping a Symmetrically-Biased Coin," *Proceedings of the 24nd Annual Symposium on the Foundations of Computer Science*, 1983, pp. 11–22.
992. M. Luby and C. Rackoff, "How to Construct Pseudo-Random Permutations from Pseudorandom Functions," *SIAM Journal on Computing*, Apr 1988, pp. 373–386.
993. F. Luccio and S. Mazzone, "A Cryptosystem for Multiple Communications," *Information Processing Letters*, v. 10, 1980, pp. 180–183.
994. V. Luchangco and K. Koyama, "An Attack on an ID-Based Key Sharing System, *Proceedings of the 1993 Korea-Japan Workshop on Information Security and Cryptography*, Seoul, Korea, 24–26 Oct 1993, pp. 262–271.
995. D.J.C. MacKay, "A Free Energy Minimization Framework for Inferring the State of a Shift Register Given the Noisy Output Sequence," *K.U. Leuven Workshop on Cryptographic Algorithms*, Springer-Verlag, 1995, to appear.
996. M.D. MacLaren and G. Marsaglia, "Uniform Random Number Generators," *Journal of the ACM* v. 12, n. 1, Jan 1965, pp. 83–89.
997. D. MacMillan, "Single Chip Encrypts Data at 14Mb/s," *Electronics*, v. 54, n. 12, 16 June 1981, pp. 161–165.
998. R. Madhavan and L.E. Peppard, "A Multiprocessor GaAs RSA Cryptosystem," *Proceedings CCVLSI-89: Canadian Conference on Very Large Scale Integration*, Vancouver, BC, Canada, 22–24 Oct 1989, pp. 115–122.
999. W.E. Madryga, "A High Performance Encryption Algorithm," *Computer Security: A Global Challenge*, Elsevier Science Publishers, 1984, pp. 557–570.
1000. M. Mambo, A. Nishikawa, S. Tsujii, and E. Okamoto, "Efficient Secure Broadcast

Communication System," *Proceedings of the 1993 Korea-Japan Workshop on Information Security and Cryptography*, Seoul, Korea, 24–26 Oct 1993, pp. 23–33.

1001. M. Mambo, K. Usuda, and E. Okamoto, "Proxy Signatures," *Proceedings of the 1995 Symposium on Cryptography and Information Security (SCIS 95)*, Inuyama, Japan, 24–27 Jan 1995, pp. B1.1.1–17.

1002. W. Mao and C. Boyd, "Towards Formal Analysis of Security Protocols," *Proceedings of the Computer Security Foundations Workshop VI*, IEEE Computer Society Press, 1993, pp. 147–158.

1003. G. Marsaglia and T.A. Bray, "On-Line Random Number Generators and their Use in Combinations," *Communications of the ACM*, v. 11, n. 11, Nov 1968, p. 757–759.

1004. K.M. Martin, "Untrustworthy Participants in Perfect Secret Sharing Schemes," *Cryptography and Coding III*, M.J. Ganley, ed., Oxford: Clarendon Press, 1993, pp. 255–264.

1005. J.L. Massey, "Shift-Register Synthesis and BCH Decoding," *IEEE Transactions on Information Theory*, v. IT-15, n. 1, Jan 1969, pp. 122–127.

1006. J.L. Massey, "Cryptography and System Theory," *Proceedings of the 24th Allerton Conference on Communication, Control, and Computers*, 1–3 Oct 1986, pp. 1–8.

1007. J.L. Massey, "An Introduction to Contemporary Cryptology," *Proceedings of the IEEE*, v. 76, n. 5., May 1988, pp. 533–549.

1008. J.L. Massey, "Contemporary Cryptology: An Introduction," in *Contemporary Cryptology: The Science of Information Integrity*, G.J. Simmons, ed., IEEE Press, 1992, pp. 1–39.

1009. J.L. Massey, "SAFER K-64: A Byte-Oriented Block-Ciphering Algorithm," *Fast Software Encryption, Cambridge Security Workshop Proceedings*, Springer-Verlag, 1994, pp. 1–17.

1010. J.L. Massey, "SAFER K-64: One Year Later," *K.U. Leuven Workshop on Cryptographic Algorithms*, Springer-Verlag, 1995, to appear.

1011. J.L. Massey and I. Ingemarsson, "The Rip Van Winkle Cipher—A Simple and Provably Computationally Secure Cipher with a Finite Key," *IEEE International Symposium on Information Theory*, Brighton, UK, May 1985.

1012. J.L. Massey and X. Lai, "Device for Converting a Digital Block and the Use Thereof," International Patent PCT/CH91/00117, 28 Nov 1991.

1013. J.L. Massey and X. Lai, "Device for the Conversion of a Digital Block and Use of Same," U.S. Patent #5,214,703, 25 May 1993.

1014. J.L. Massey and R.A. Rueppel, "Linear Ciphers and Random Sequence Generators with Multiple Clocks," *Advances in Cryptology: Proceedings of EUROCRYPT 84*, Springer-Verlag, 1985, pp. 74–87.

1015. M. Matsui, "Linear Cryptanalysis Method for DES Cipher," *Advances in Cryptology—EUROCRYPT '93 Proceedings*, Springer-Verlag, 1994, pp. 386–397.

1016. M. Matsui, "Linear Cryptanalysis of DES Cipher (I)," *Proceedings of the 1993 Symposium on Cryptography and Information Security (SCIS 93)*, Shuzenji, Japan, 28–30 Jan 1993, pp. 3C.1–14. (In Japanese.)

1017. M. Matsui, "Linear Cryptanalysis Method for DES Cipher (III)," *Proceedings of the 1994 Symposium on Cryptography and Information Security (SCIS 94)*, Lake Biwa, Japan, 27–29 Jan 1994, pp. 4A.1–11. (In Japanese.)

1018. M. Matsui, "On Correlation Between the Order of the S-Boxes and the Strength of DES," *Advances in Cryptology—EUROCRYPT '94 Proceedings*, Springer-Verlag, 1995, to appear.

1019. M. Matsui, "The First Experimental Cryptanalysis of the Data Encryption Standard," *Advances in Cryptology—CRYPTO '94 Proceedings*, Springer-Verlag, 1994, pp. 1–11.

1020. M. Matsui and A. Yamagishi, "A New Method for Known Plaintext Attack of FEAL Cipher," *Advances in Cryptology—EUROCRYPT '92 Proceedings*, Springer-Verlag, 1993, pp. 81–91.

1021. T. Matsumoto and H. Imai, "A Class of Asymmetric Crypto-Systems Based on Polynomials Over Finite Rings," *IEEE International Symposium on Information Theory*, 1983, pp. 131–132.

1022. T. Matsumoto and H. Imai, "On the Key Production System: A Practical Solution to the Key Distribution Problem," *Advances in Cryptology—CRYPTO '87 Proceedings*, Springer-Verlag, 1988, pp. 185–193.

1023. T. Matsumoto and H. Imai, "On the Security of Some Key Sharing Schemes (Part

2)," IEICE Japan, Technical Report, ISEC90-28, 1990.
1024. S.M. Matyas, "Digital Signatures—An Overview," *Computer Networks*, v. 3, n. 2, Apr 1979, pp. 87–94.
1025. S.M. Matyas, "Key Handling with Control Vectors," *IBM Systems Journal*, v. 30, n. 2, 1991, pp. 151–174.
1026. S.M. Matyas, A.V. Le, and D.G. Abraham, "A Key Management Scheme Based on Control Vectors," *IBM Systems Journal*, v. 30, n. 2, 1991, pp. 175–191.
1027. S.M. Matyas and C.H. Meyer, "Generation, Distribution, and Installation of Cryptographic Keys," *IBM Systems Journal*, v. 17, n. 2, 1978, pp. 126–137.
1028. S.M. Matyas, C.H. Meyer, and J. Oseas, "Generating Strong One-Way Functions with Cryptographic Algorithm," *IBM Technical Disclosure Bulletin*, v. 27, n. 10A, Mar 1985, pp. 5658–5659.
1029. U.M. Maurer, "Provable Security in Cryptography," Ph.D. dissertation, ETH No. 9260, Swiss Federal Institute of Technology, Zürich, 1990.
1030. U.M. Maurer, "A Provable-Secure Strongly-Randomized Cipher," *Advances in Cryptology—EUROCRYPT '90 Proceedings*, Springer-Verlag, 1990, pp. 361–373.
1031. U.M. Maurer, "A Universal Statistical Test for Random Bit Generators," *Advances in Cryptology—CRYPTO '90 Proceedings*, Springer-Verlag, 1991, pp. 409–420.
1032. U.M. Maurer, "A Universal Statistical Test for Random Bit Generators," *Journal of Cryptology*, v. 5, n. 2, 1992, pp. 89–106.
1033. U.M. Maurer and J.L. Massey, "Cascade Ciphers: The Importance of Being First," *Journal of Cryptology*, v. 6, n. 1, 1993, pp. 55–61.
1034. U.M. Maurer and J.L. Massey, "Perfect Local Randomness in Pseudo-Random Sequences," *Advances in Cryptology—CRYPTO '89 Proceedings*, Springer-Verlag, 1990, pp. 110–112.
1035. U.M. Maurer and Y. Yacobi, "Noninteractive Public Key Cryptography," *Advances in Cryptology—EUROCRYPT '91 Proceedings*, Springer-Verlag, 1991, pp. 498–507.
1036. G. Mayhew, "A Low Cost, High Speed Encryption System and Method," *Proceedings of the 1994 IEEE Computer Society Symposium on Research in Security and Privacy*, 1994, pp. 147–154.
1037. G. Mayhew, R. Frazee, and M. Bianco, "The Kinetic Protection Device," *Proceedings of the 15th National Computer Security Conference*, NIST, 1994, pp. 147–154.
1038. K.S. McCurley, "A Key Distribution System Equivalent to Factoring," *Journal of Cryptology*, v. 1, n. 2, 1988, pp. 95–106.
1039. K.S. McCurley, "The Discrete Logarithm Problem," *Cryptography and Computational Number Theory (Proceedings of the Symposium on Applied Mathematics)*, American Mathematics Society, 1990, pp. 49–74.
1040. K.S. McCurley, open letter from the Sandia National Laboratories on the DSA of the NIST, 7 Nov 1991.
1041. R.J. McEliece, "A Public-Key Cryptosystem Based on Algebraic Coding Theory," *Deep Space Network Progress Report 42–44*, Jet Propulsion Laboratory, California Institute of Technology, 1978, pp. 42–44.
1042. R.J. McEliece, *Finite Fields for Computer Scientists and Engineers*, Boston: Kluwer Academic Publishers, 1987.
1043. P. McMahon, "SESAME V2 Public Key and Authorization Extensions to Kerberos," *Proceedings of the Internet Society 1995 Symposium on Network and Distributed Systems Security*, IEEE Computer Society Press, 1995, pp. 114–131.
1044. C.A. Meadows, "A System for the Specification and Analysis of Key Management Protocols," *Proceedings of the 1991 IEEE Computer Society Symposium on Research in Security and Privacy*, 1991, pp. 182–195.
1045. C.A. Meadows, "Applying Formal Methods to the Analysis of a Key Management Protocol," *Journal of Computer Security*, v. 1, n. 1, 1992, pp. 5–35.
1046. C.A. Meadows, "A Model of Computation for the NRL Protocol Analyzer," *Proceedings of the Computer Security Foundations Workshop VII*, IEEE Computer Society Press, 1994, pp. 84–89.
1047. C.A. Meadows, "Formal Verification of Cryptographic Protocols: A Survey," *Advances in Cryptology—ASIACRYPT '94 Proceedings*, Springer-Verlag, 1995, pp. 133–150.

1048. G. Medvinsky and B.C. Neuman, "NetCash: A Design for Practical Electronic Currency on the Internet," *Proceedings of the 1st Annual ACM Conference on Computer and Communications Security*, ACM Press, 1993, pp. 102–106.

1049. G. Medvinsky and B.C. Neuman, "Electronic Currency for the Internet," *Electronic Markets*, v. 3, n. 9/10, Oct 1993, pp. 23–24.

1050. W. Meier, "On the Security of the IDEA Block Cipher," *Advances in Cryptology—EUROCRYPT '93 Proceedings*, Springer-Verlag, 1994, pp. 371–385.

1051. W. Meier and O. Staffelbach, "Fast Correlation Attacks on Stream Ciphers," *Journal of Cryptology*, v. 1, n. 3, 1989, pp. 159–176.

1052. W. Meier and O. Staffelbach, "Analysis of Pseudo Random Sequences Generated by Cellular Automata," *Advances in Cryptology—EUROCRYPT '91 Proceedings*, Springer-Verlag, 1991, pp. 186–199.

1053. W. Meier and O. Staffelbach, "Correlation Properties of Combiners with Memory in Stream Ciphers," *Advances in Cryptology—EUROCRYPT '90 Proceedings*, Springer-Verlag, 1991, pp. 204–213.

1054. W. Meier and O. Staffelbach, "Correlation Properties of Combiners with Memory in Stream Ciphers," *Journal of Cryptology*, v. 5, n. 1, 1992, pp. 67–86.

1055. W. Meier and O. Staffelbach, "The Self-Shrinking Generator," *Communications and Cryptography: Two Sides of One Tapestry*, R.E. Blahut et al., eds., Kluwer Adademic Publishers, 1994, pp. 287–295.

1056. J. Meijers, "Algebraic-Coded Cryptosystems," Master's thesis, Technical University Eindhoven, 1990.

1057. J. Meijers and J. van Tilburg, "On the Rao-Nam Private-Key Cryptosystem Using Linear Codes," *International Symposium on Information Theory*, Budapest, Hungary, 1991.

1058. J. Meijers and J. van Tilburg, "An Improved ST-Attack on the Rao-Nam Private-Key Cryptosystem," *International Conference on Finite Fields, Coding Theory, and Advances in Communications and Computing*, Las Vegas, NV, 1991.

1059. A. Menezes, *Elliptic Curve Public Key Cryptosystems*, Kluwer Academic Publishers, 1993.

1060. A. Menezes, ed., *Applications of Finite Fields*, Kluwer Academic Publishers, 1993.

1061. A. Menezes and S.A. Vanstone, "Elliptic Curve Cryptosystems and Their Implementations," *Journal of Cryptology*, v. 6, n. 4, 1993, pp. 209–224.

1062. A. Menezes and S.A. Vanstone, "The Implementation of Elliptic Curve Cryptosystems," *Advances in Cryptology—AUSCRYPT '90 Proceedings*, Springer-Verlag, 1990, pp. 2–13.

1063. R. Menicocci, "Short Gollmann Cascade Generators May Be Insecure," *Codes and Ciphers*, Institute of Mathematics and its Applications, 1995, pp. 281–297.

1064. R.C. Merkle, "Secure Communication Over Insecure Channels," *Communications of the ACM*, v. 21, n. 4, 1978, pp. 294–299.

1065. R.C. Merkle, "Secrecy, Authentication, and Public Key Systems," Ph.D. dissertation, Stanford University, 1979.

1066. R.C. Merkle, "Method of Providing Digital Signatures," U.S. Patent #4,309,569, 5 Jan 1982.

1067. R.C. Merkle, "A Digital Signature Based on a Conventional Encryption Function," *Advances in Cryptology—CRYPTO '87 Proceedings*, Springer-Verlag, 1998, pp. 369–378.

1068. R.C. Merkle, "A Certified Digital Signature," *Advances in Cryptology—CRYPTO '89 Proceedings*, Springer-Verlag, 1990, pp. 218–238.

1069. R.C. Merkle, "One Way Hash Functions and DES," *Advances in Cryptology—CRYPTO '89 Proceedings*, Springer-Verlag, 1990, pp. 428–446.

1070. R.C. Merkle, "A Fast Software One-Way Hash Function," *Journal of Cryptology*, v. 3, n. 1, 1990, pp. 43–58.

1071. R.C. Merkle, "Fast Software Encryption Functions," *Advances in Cryptology—CRYPTO '90 Proceedings*, Springer-Verlag, 1991, pp. 476–501.

1072. R.C. Merkle, "Method and Apparatus for Data Encryption," U.S. Patent #5,003,597, 26 Mar 1991.

1073. R.C. Merkle, personal communication, 1993.

1074. R.C. Merkle and M. Hellman, "Hiding Information and Signatures in Trapdoor Knapsacks," *IEEE Transactions on Infor-*

mation Theory, v. 24, n. 5, Sep 1978, pp. 525–530.
1075. R.C. Merkle and M. Hellman, "On the Security of Multiple Encryption," *Communications of the ACM*, v. 24, n. 7, 1981, pp. 465–467.
1076. M. Merritt, "Cryptographic Protocols," Ph.D. dissertation, Georgia Institute of Technology, GIT-ICS-83/6, Feb 1983.
1077. M. Merritt, "Towards a Theory of Cryptographic Systems: A Critique of Crypto-Complexity," *Distributed Computing and Cryptography*, J. Feigenbaum and M. Merritt, eds., American Mathematical Society, 1991, pp. 203–212.
1078. C.H. Meyer, "Ciphertext/Plaintext and Ciphertext/Key Dependencies vs. Number of Rounds for Data Encryption Standard," *AFIPS Conference Proceedings*, 47, 1978, pp. 1119–1126.
1079. C.H. Meyer, "Cryptography—A State of the Art Review," *Proceedings of Compeuro '89, VLSI and Computer Peripherals, 3rd Annual European Computer Conference*, IEEE Press, 1989, pp. 150–154.
1080. C.H. Meyer and S.M. Matyas, *Cryptography: A New Dimension in Computer Data Security*, New York: John Wiley & Sons, 1982.
1081. C.H. Meyer and M. Schilling, "Secure Program Load with Manipulation Detection Code," *Proceedings of Securicom '88*, 1988, pp. 111–130.
1082. C.H. Meyer and W.L. Tuchman, "Pseudo-Random Codes Can Be Cracked," *Electronic Design*, v. 23, Nov 1972.
1083. C.H. Meyer and W.L. Tuchman, "Design Considerations for Cryptography," *Proceedings of the NCC*, v. 42, Montvale, NJ: AFIPS Press, Nov 1979, pp. 594–597.
1084. S. Micali, "Fair Public-Key Cryptosystems," *Advances in Cryptology—CRYPTO '92 Proceedings*, Springer-Verlag, 1993, pp. 113–138.
1085. S. Micali, "Fair Cryptosystems," MIT/LCS/TR-579.b, MIT Laboratory for Computer Science, Nov 1993.
1086. S. Micali, "Fair Cryptosystems and Methods for Use," U.S. Patent #5,276,737, 4 Jan 1994.
1087. S. Micali, "Fair Cryptosystems and Methods for Use," U.S. Patent #5,315,658, 24 May 1994.
1088. S. Micali and A. Shamir, "An Improvement on the Fiat-Shamir Identification and Signature Scheme," *Advances in Cryptology—CRYPTO '88 Proceedings*, Springer-Verlag, 1990, pp. 244–247.
1089. M.J. Mihajlević, "A Correlation Attack on the Binary Sequence Generators with Time-Varying Output Function," *Advances in Cryptology—ASIACRYPT '94 Proceedings*, Springer-Verlag, 1995, pp. 67–79.
1090. M.J. Mihajlević and J.D. Golić, "A Fast Iterative Algorithm for a Shift Register Internal State Reconstruction Given the Noisy Output Sequence," *Advances in Cryptology—AUSCRYPT '90 Proceedings*, Springer-Verlag, 1990, pp. 165–175.
1091. M.J. Mihajlević and J.D. Golić, "Convergence of a Bayesian Iterative Error-Correction Procedure to a Noisy Shift Register Sequence," *Advances in Cryptology—EUROCRYPT '92 Proceedings*, Springer-Verlag, 1993, pp. 124–137.
1092. J.K. Millen, S.C. Clark, and S.B. Freedman, "The Interrogator: Protocol Security Analysis," *IEEE Transactions on Software Engineering*, v. SE-13, n. 2, Feb 1987, pp. 274–288.
1093. G.L. Miller, "Riemann's Hypothesis and Tests for Primality," *Journal of Computer Systems Science*, v. 13, n. 3, Dec 1976, pp. 300–317.
1094. S.P. Miller, B.C. Neuman, J.I. Schiller, and J.H. Saltzer, "Section E.2.1: Kerberos Authentication and Authorization System," MIT Project Athena, Dec 1987.
1095. V.S. Miller, "Use of Elliptic Curves in Cryptography," *Advances in Cryptology—CRYPTO '85 Proceedings*, Springer-Verlag, 1986, pp. 417–426.
1096. M. Minsky, *Computation: Finite and Infinite Machines*, Englewood Cliffs, NJ: Prentice-Hall, 1967.
1097. C.J. Mitchell, "Authenticating Multi-Cast Internet Electronic Mail Messages Using a Bidirectional MAC Is Insecure," draft manuscript, 1990.
1098. C.J. Mitchell, "Enumerating Boolean Functions of Cryptographic Significance," *Journal of Cryptology*, v. 2, n. 3, 1990, pp 155–170.
1099. C.J. Mitchell, F. Piper, and P. Wild, "Digital Signatures," *Contemporary Cryptology: The Science of Information Integrity*, G.J. Simmons, ed., IEEE Press, 1991, pp. 325–378.
1100. C.J. Mitchell, M. Walker, and D. Rush, "CCITT/ISO Standards for Secure Message

Handling," *IEEE Journal on Selected Areas in Communications*, v. 7, n. 4, May 1989, pp. 517–524.

1101. S. Miyaguchi, "Fast Encryption Algorithm for the RSA Cryptographic System," *Proceedings of Compcon 82*, IEEE Press, pp. 672–678.

1102. S. Miyaguchi, "The FEAL-8 Cryptosystem and Call for Attack," *Advances in Cryptology—CRYPTO '89 Proceedings*, Springer-Verlag, 1990, pp. 624–627.

1103. S. Miyaguchi, "Expansion of the FEAL Cipher," *NTT Review*, v. 2, n. 6, Nov 1990.

1104. S. Miyaguchi, "The FEAL Cipher Family," *Advances in Cryptology—CRYPTO '90 Proceedings*, Springer-Verlag, 1991, pp. 627–638.

1105. S. Miyaguchi, K. Ohta, and M. Iwata, "128-bit Hash Function (N-Hash)," *Proceedings of SECURICOM '90*, 1990, pp. 127–137.

1106. S. Miyaguchi, K. Ohta, and M. Iwata, "128-bit Hash Function (N-Hash)," *NTT Review*, v. 2, n. 6, Nov 1990, pp. 128–132.

1107. S. Miyaguchi, K. Ohta, and M. Iwata, "Confirmation that Some Hash Functions Are Not Collision Free," *Advances in Cryptology—EUROCRYPT '90 Proceedings*, Springer-Verlag, 1991, pp. 326–343.

1108. S. Miyaguchi, A. Shiraishi, and A. Shimizu, "Fast Data Encipherment Algorithm FEAL-8," *Review of the Electrical Communication Laboratories*, v. 36, n. 4, 1988.

1109. H. Miyano, "Differential Cryptanalysis on CALC and Its Evaluation," *Proceedings of the 1992 Symposium on Cryptography and Information Security (SCIS 92)*, Tateshina, Japan, 2–4 Apr 1992, pp. 7B.1–8.

1110. R. Molva, G. Tsudik, E. van Herreweghen, and S. Zatti, "KryptoKnight Authentication and Key Distribution System," *Proceedings of European Symposium on Research in Computer Security*, Toulouse, France, Nov 1992.

1111. P.L. Montgomery, "Modular Multiplication without Trial Division," *Mathematics of Computation*, v. 44, n. 170, 1985, pp. 519–521.

1112. P.L. Montgomery, "Speeding the Pollard and Elliptic Curve Methods of Factorization," *Mathematics of Computation*, v. 48, n. 177, Jan 1987, pp. 243–264.

1113. P.L. Montgomery and R. Silverman, "An FFT Extension to the p-1 Factoring Algorithm," *Mathematics of Computation*, v. 54, n. 190, 1990, pp. 839–854.

1114. J.H. Moore, "Protocol Failures in Cryptosystems," *Proceedings of the IEEE*, v. 76, n. 5, May 1988.

1115. J.H. Moore, "Protocol Failures in Cryptosystems," in *Contemporary Cryptology: The Science of Information Integrity*, G.J. Simmons, ed., IEEE Press, 1992, pp. 541–558.

1116. J.H. Moore and G.J. Simmons, "Cycle Structure of the DES with Weak and Semi-Weak Keys," *Advances in Cryptology—CRYPTO '86 Proceedings*, Springer-Verlag, 1987, pp. 3–32.

1117. T. Moriyasu, M. Morii, and M. Kasahara, "Nonlinear Pseudorandom Number Generator with Dynamic Structure and Its Properties," *Proceedings of the 1994 Symposium on Cryptography and Information Security (SCIS 94)*, Biwako, Japan, 27–29 Jan 1994, pp. 8A.1–11.

1118. R. Morris, "The Data Encryption Standard—Retrospective and Prospects," *IEEE Communications Magazine*, v. 16, n. 6, Nov 1978, pp. 11–14.

1119. R. Morris, remarks at the 1993 Cambridge Protocols Workshop, 1993.

1120. R. Morris, N.J.A. Sloane, and A.D. Wyner, "Assessment of the NBS Proposed Data Encryption Standard," *Cryptologia*, v. 1, n. 3, Jul 1977, pp. 281–291.

1121. R. Morris and K. Thompson, "Password Security: A Case History," *Communications of the ACM*, v. 22, n. 11, Nov 1979, pp. 594–597.

1122. S.B. Morris, "Escrow Encryption," lecture at MIT Laboratory for Computer Science, 2 Jun 1994.

1123. M.N. Morrison and J. Brillhart, "A Method of Factoring and the Factorization of F_7," *Mathematics of Computation*, v. 29, n. 129, Jan 1975, pp. 183–205.

1124. L.E. Moser, "A Logic of Knowledge and Belief for Reasoning About Computer Security," *Proceedings of the Computer Security Foundations Workshop II*, IEEE Computer Society Press, 1989, pp. 57–63.

1125. Motorola Government Electronics Division, *Advanced Techniques in Network Security*, Scottsdale, AZ, 1977.

1126. W.B. Müller, "Polynomial Functions in Modern Cryptology," *Contributions to General Algebra 3: Proceedings of the*

Vienna Conference, Vienna: Verlag Hölder-Pichler-Tempsky, 1985, pp. 7–32.

1127. W.B. Müller and W. Nöbauer, "Some Remarks on Public-Key Cryptography," *Studia Scientiarum Mathematicarum Hungarica*, v. 16, 1981, pp. 71–76.

1128. W.B. Müller and W. Nöbauer, "Cryptanalysis of the Dickson Scheme," *Advances in Cryptology—EUROCRYPT '85 Proceedings*, Springer-Verlag, 1986, pp. 50–61.

1129. C. Muller-Scholer, "A Microprocessor-Based Cryptoprocessor," *IEEE Micro*, Oct 1983, pp. 5–15.

1130. R.C. Mullin, E. Nemeth, and N. Weidenhofer, "Will Public Key Cryptosystems Live Up to Their Expectations?—HEP Implementation of the Discrete Log Codebreaker," *ICPP 85*, pp. 193–196.

1131. Y. Murakami and S. Kasahara, "An ID-Based Key Distribution Scheme," IEICE Japan, Technical Report, ISEC90-26, 1990.

1132. S. Murphy, "The Cryptanalysis of FEAL-4 with 20 Chosen Plaintexts," *Journal of Cryptology*, v. 2, n. 3, 1990, pp. 145–154.

1133. E.D. Myers, "STU-III—Multilevel Secure Computer Interface," *Proceedings of the Tenth Annual Computer Security Applications Conference*, IEEE Computer Society Press, 1994, pp. 170–179.

1134. D. Naccache, "Can O.S.S. be Repaired? Proposal for a New Practical Signature Scheme," *Advances in Cryptology—EUROCRYPT '93 Proceedings*, Springer-Verlag, 1994, pp. 233–239.

1135. D. Naccache, D. M'Raïhi, D. Raphaeli, and S. Vaudenay, "Can D.S.A. be Improved? Complexity Trade-Offs with the Digital Signature Standard," *Advances in Cryptology—EUROCRYPT '94 Proceedings*, Springer-Verlag, 1995, to appear.

1136. Y. Nakao, T. Kaneko, K. Koyama, and R. Terada, "A Study on the Security of RDES-1 Cryptosystem against Linear Cryptanalysis," *Proceedings of the 1995 Japan-Korea Workshop on Information Security and Cryptography*, Inuyama, Japan, 24–27 Jan 1995, pp. 163–172.

1137. M. Naor, "Bit Commitment Using Pseudo-Randomness," *Advances in Cryptology—CRYPTO '89 Proceedings*, Springer-Verlag, 1990, pp. 128–136.

1138. M. Naor and M. Yung, "Universal One-Way Hash Functions and Their Cryptographic Application," *Proceedings of the 21st Annual ACM Symposium on the Theory of Computing*, 1989, pp. 33–43.

1139. National Bureau of Standards, "Report of the Workshop on Estimation of Significant Advances in Computer Technology," NBSIR76-1189, National Bureau of Standards, U.S. Department of Commerce, 21–22 Sep 1976, Dec 1977.

1140. National Bureau of Standards, NBS FIPS PUB 46, "Data Encryption Standard," National Bureau of Standards, U.S. Department of Commerce, Jan 1977.

1141. National Bureau of Standards, NBS FIPS PUB 46-1, "Data Encryption Standard," U.S. Department of Commerce, Jan 1988.

1142. National Bureau of Standards, NBS FIPS PUB 74, "Guidelines for Implementing and Using the NBS Data Encryption Standard," U.S. Department of Commerce, Apr 1981.

1143. National Bureau of Standards, NBS FIPS PUB 81, "DES Modes of Operation," U.S. Department of Commerce, Dec 1980.

1144. National Bureau of Standards, NBS FIPS PUB 112, "Password Usage," U.S. Department of Commerce, May 1985.

1145. National Bureau of Standards, NBS FIPS PUB 113, "Computer Data Authentication," U.S. Department of Commerce, May 1985.

1146. National Computer Security Center, "Trusted Network Interpretation of the Trusted Computer System Evaluation Criteria," NCSC-TG-005 Version 1, Jul 1987.

1147. National Computer Security Center, "Trusted Database Management System Interpretation of the Trusted Computer System Evaluation Criteria," NCSC-TG-021 Version 1, Apr 1991.

1148. National Computer Security Center, "A Guide to Understanding Data Remembrance in Automated Information Systems," NCSC-TG-025 Version 2, Sep 1991.

1149. National Institute of Standards and Technology, NIST FIPS PUB XX, "Digital Signature Standard," U.S. Department of Commerce, DRAFT, 19 Aug 1991.

1150. National Institute of Standards and Technology, NIST FIPS PUB 46-2, "Data Encryption Standard," U.S. Department of Commerce, Dec 93.

1151. National Institute of Standards and Technology, NIST FIPS PUB 171, "Key Management Using X9.17," U.S. Department of Commerce, Apr 92.

1152. National Institute of Standards and Technology, NIST FIPS PUB 180, "Secure Hash Standard," U.S. Department of Commerce, May 93.
1153. National Institute of Standards and Technology, NIST FIPS PUB 185, "Escrowed Encryption Standard," U.S. Department of Commerce, Feb 94.
1154. National Institute of Standards and Technology, NIST FIPS PUB 186, "Digital Signature Standard," U.S. Department of Commerce, May 1994.
1155. National Institute of Standards and Technology, "Clipper Chip Technology," 30 Apr 1993.
1156. National Institute of Standards and Technology, "Capstone Chip Technology," 30 Apr 1993.
1157. J. Nechvatal, "Public Key Cryptography," NIST Special Publication 800-2, National Institute of Standards and Technology, U.S. Department of Commerce, Apr 1991.
1158. J. Nechvatal, "Public Key Cryptography," *Contemporary Cryptology: The Science of Information Integrity*, G.J. Simmons, ed., IEEE Press, 1992, pp. 177–288.
1159. R.M. Needham and M.D. Schroeder, "Using Encryption for Authentication in Large Networks of Computers," *Communications of the ACM*, v. 21, n. 12, Dec 1978, pp. 993–999.
1160. R.M. Needham and M.D. Schroeder, "Authentication Revisited," *Operating Systems Review*, v. 21, n. 1, 1987, p. 7.
1161. D.M. Nessett, "A Critique of the Burrows, Abadi, and Needham Logic," *Operating System Review*, v. 20, n. 2, Apr 1990, pp. 35–38.
1162. B.C. Neuman and S. Stubblebine, "A Note on the Use of Timestamps as Nonces," *Operating Systems Review*, v. 27, n. 2, Apr 1993, pp. 10–14.
1163. B.C. Neuman and T. Ts'o, "Kerberos: An Authentication Service for Computer Networks," *IEEE Communications Magazine*, v. 32, n. 9, Sep 1994, pp. 33–38.
1164. L. Neuwirth, "Statement of Lee Neuwirth of Cylink on HR145," submitted to congressional committees considering HR145, Feb 1987.
1165. D.B. Newman, Jr. and R.L. Pickholtz, "Cryptography in the Private Sector," *IEEE Communications Magazine*, v. 24, n. 8, Aug 1986, pp. 7–10.
1166. H. Niederreiter, "A Public-Key Cryptosystem Based on Shift Register Sequences," *Advances in Cryptology—EUROCRYPT '85 Proceedings*, Springer-Verlag, 1986, pp. 35–39.
1167. H. Niederreiter, "Knapsack-Type Cryptosystems and Algebraic Coding Theory," *Problems of Control and Information Theory*, v. 15, n. 2, 1986, pp. 159–166.
1168. H. Niederreiter, "The Linear Complexity Profile and the Jump Complexity of Keystream Sequences," *Advances in Cryptology—EUROCRYPT '90 Proceedings*, Springer-Verlag, 1991, pp. 174–188.
1169. V. Niemi, "A New Trapdoor in Knapsacks," *Advances in Cryptology—EUROCRYPT '90 Proceedings*, Springer-Verlag, 1991, pp. 405–411.
1170. V. Niemi and A. Renvall, "How to Prevent Buying of Voters in Computer Elections," *Advances in Cryptology—ASIACRYPT '94 Proceedings*, Springer-Verlag, 1995, pp. 164–170.
1171. I. Niven and H.A. Zuckerman, *An Introduction to the Theory of Numbers*, New York: John Wiley & Sons, 1972.
1172. R. Nöbauer, "Cryptanalysis of the Rédei Scheme," *Contributions to General Algebra 3: Proceedings of the Vienna Conference*, Verlag Hölder-Pichler-Tempsky, Vienna, 1985, pp. 255–264.
1173. R. Nöbauer, "Cryptanalysis of a Public-Key Cryptosystem Based on Dickson-Polynomials," *Mathematica Slovaca*, v. 38, n. 4, 1988, pp. 309–323.
1174. K. Noguchi, H. Ashiya, Y. Sano, and T. Kaneko, "A Study on Differential Attack of MBAL Cryptosystem," *Proceedings of the 1994 Symposium on Cryptography and Information Security (SCIS 94)*, Lake Biwa, Japan, 27–29 Jan 1994, pp. 14B.1–7. (In Japanese.)
1175. H. Nurmi, A. Salomaa, and L. Santean, "Secret Ballot Elections in Computer Networks," *Computers & Security*, v. 10, 1991, pp. 553–560.
1176. K. Nyberg, "Construction of Bent Functions and Difference Sets," *Advances in Cryptology—EUROCRYPT '91 Proceedings*, Springer-Verlag, 1991, pp. 151–160.
1177. K. Nyberg, "Perfect Nonlinear S-Boxes," *Advances in Cryptology—EUROCRYPT '91 Proceedings*, Springer-Verlag, 1991, pp. 378–386.

1178. K. Nyberg, "On the Construction of Highly Nonlinear Permutations," *Advances in Cryptology—EUROCRYPT '92 Proceedings*, Springer-Verlag, 1991, pp. 92–98.

1179. K. Nyberg, "Differentially Uniform Mappings for Cryptography," *Advances in Cryptology—EUROCRYPT '93 Proceedings*, Springer-Verlag, 1994, pp. 55–64.

1180. K. Nyberg, "Provable Security against Differential Cryptanalysis," presented at the rump session of Eurocrypt '94, May 1994.

1181. K. Nyberg and L.R. Knudsen, "Provable Security against Differential Cryptanalysis," *Advances in Cryptology—CRYPTO '92 Proceedings*, Springer-Verlag, 1993, pp. 566–574.

1182. K. Nyberg and L.R. Knudsen, "Provable Security against Differential Cryptanalysis," *Journal of Cryptology*, v. 8, n. 1, 1995, pp. 27–37.

1183. K. Nyberg and R.A. Rueppel, "A New Signature Scheme Based on the DSA Giving Message Recovery," *1st ACM Conference on Computer and Communications Security*, ACM Press, 1993, pp. 58–61.

1184. K. Nyberg and R.A. Rueppel, "Message Recovery for Signature Schemes Based on the Discrete Logarithm Problem," *Advances in Cryptology—EUROCRYPT '94 Proceedings*, Springer-Verlag, 1995, to appear.

1185. L. O'Connor, "Enumerating Nondegenerate Permutations," *Advances in Cryptology—EUROCRYPT '93 Proceedings*, Springer-Verlag, 1994, pp. 368–377.

1186. L. O'Connor, "On the Distribution of Characteristics in Bijective Mappings," *Advances in Cryptology—EUROCRYPT '93 Proceedings*, Springer-Verlag, 1994, pp. 360–370.

1187. L. O'Connor, "On the Distribution of Characteristics in Composite Permutations," *Advances in Cryptology—CRYPTO '93 Proceedings*, Springer-Verlag, 1994, pp. 403–412.

1188. L. O'Connor and A. Klapper, "Algebraic Nonlinearity and Its Application to Cryptography," *Journal of Cryptology*, v. 7, n. 3, 1994, pp. 133–151.

1189. A. Odlyzko, "Discrete Logarithms in Finite Fields and Their Cryptographic Significance," *Advances in Cryptology: Proceedings of EUROCRYPT 84*, Springer-Verlag, 1985, pp. 224–314.

1190. A. Odlyzko, "Progress in Integer Factorization and Discrete Logarithms," unpublished manuscript, Feb 1995.

1191. Office of Technology Assessment, U.S. Congress, "Defending Secrets, Sharing Data: New Locks and Keys for Electronic Communication," OTA-CIT-310, Washington, D.C.: U.S. Government Printing Office, Oct 1987.

1192. B. O'Higgins, W. Diffie, L. Strawczynski, and R. de Hoog, "Encryption and ISDN—a Natural Fit," *Proceedings of the 1987 International Switching Symposium*, 1987, pp. 863–869.

1193. Y. Ohnishi, "A Study on Data Security," Master's thesis, Tohoku University, Japan, 1988. (In Japanese.)

1194. K. Ohta, "A Secure and Efficient Encrypted Broadcast Communication System Using a Public Master Key," *Transactions of the Institute of Electronics, Information, and Communication Engineers*, v. J70-D, n. 8, Aug 1987, pp. 1616–1624.

1195. K. Ohta, "An Electrical Voting Scheme Using a Single Administrator," *IEICE Spring National Convention*, A-294, 1988, v. 1, p. 296. (In Japanese.)

1196. K. Ohta, "Identity-based Authentication Schemes Using the RSA Cryptosystem," *Transactions of the Institute of Electronics, Information, and Communication Engineers*, v. J72D-II, n. 8, Aug 1989, pp. 612–620.

1197. K. Ohta and M. Matsui, "Differential Attack on Message Authentication Codes," *Advances in Cryptology—CRYPTO '93 Proceedings*, Springer-Verlag, 1994, pp. 200–223.

1198. K. Ohta and T. Okamoto, "Practical Extension of Fiat-Shamir Scheme," *Electronics Letters*, v. 24, n. 15, 1988, pp. 955–956.

1199. K. Ohta and T. Okamoto, "A Modification of the Fiat-Shamir Scheme," *Advances in Cryptology—CRYPTO '88 Proceedings*, Springer-Verlag, 1990, pp. 232–243.

1200. K. Ohta and T. Okamoto, "A Digital Multisignature Scheme Based on the Fiat-Shamir Scheme," *Advances in Cryptology—ASIACRYPT '91 Proceedings*, Springer-Verlag, 1993, pp. 139–148.

1201. K. Ohta, T. Okamoto and K. Koyama, "Membership Authentication for Hierarchy Multigroups Using the Extended Fiat-Shamir Scheme," *Advances in Cryptol-*

ogy—EUROCRYPT '90 Proceedings, Springer-Verlag, 1991, pp. 446–457.
1202. E. Okamoto and K. Tanaka, "Key Distribution Based on Identification Information," *IEEE Journal on Selected Areas in Communication*, v. 7, n. 4, May 1989, pp. 481–485.
1203. T. Okamoto, "Fast Public-Key Cryptosystems Using Congruent Polynomial Equations," *Electronics Letters*, v. 22, n. 11, 1986, pp. 581–582.
1204. T. Okamoto, "Modification of a Public-Key Cryptosystem," *Electronics Letters*, v. 23, n. 16, 1987, pp. 814–815.
1205. T. Okamoto, "A Fast Signature Scheme Based on Congruential Polynomial Operations," *IEEE Transactions on Information Theory*, v. 36, n. 1, 1990, pp. 47–53.
1206. T. Okamoto, "Provably Secure and Practical Identification Schemes and Corresponding Signature Schemes," *Advances in Cryptology—CRYPTO '92 Proceedings*, Springer-Verlag, 1993, pp. 31–53.
1207. T. Okamoto, A. Fujioka, and E. Fujisaki, "An Efficient Digital Signature Scheme Based on Elliptic Curve over the Ring Z_n," *Advances in Cryptology—CRYPTO '92 Proceedings*, Springer-Verlag, 1993, pp. 54–65.
1208. T. Okamoto, S. Miyaguchi, A. Shiraishi, and T. Kawoaka, "Signed Document Transmission System," U.S. Patent #4,625,076, 25 Nov 1986.
1209. T. Okamoto and K. Ohta, "Disposable Zero-Knowledge Authentication and Their Applications to Untraceable Electronic Cash," *Advances in Cryptology—CRYPTO '89 Proceedings*, Springer-Verlag, 1990, pp. 134–149.
1210. T. Okamoto and K. Ohta, "How to Utilize the Randomness of Zero-Knowledge Proofs," *Advances in Cryptology—CRYPTO '90 Proceedings*, Springer-Verlag, 1991, pp. 456–475.
1211. T. Okamoto and K. Ohta, "Universal Electronic Cash," *Advances in Cryptology—CRYPTO '91 Proceedings*, Springer-Verlag, 1992, pp. 324–337.
1212. T. Okamoto and K. Ohta, "Survey of Digital Signature Schemes," *Proceedings of the Third Symposium on State and Progress of Research in Cryptography*, Fondazone Ugo Bordoni, Rome, 1993, pp. 17–29.
1213. T. Okamoto and K. Ohta, "Designated Confirmer Signatures Using Trapdoor Functions," *Proceedings of the 1994 Symposium on Cryptography and Information Security (SCIS 94)*, Lake Biwa, Japan, 27–29 Jan 1994, pp. 16B.1–11.
1214. T. Okamoto and K. Sakurai, "Efficient Algorithms for the Construction of Hyperelliptic Cryptosystems," *Advances in Cryptology—CRYPTO '91 Proceedings*, Springer-Verlag, 1992, pp. 267–278.
1215. T. Okamoto and A. Shiraishi, "A Fast Signature Scheme Based on Quadratic Inequalities," *Proceedings of the 1985 Symposium on Security and Privacy*, IEEE, Apr 1985, pp. 123–132.
1216. J.D. Olsen, R.A. Scholtz, and L.R. Welch, "Bent Function Sequences," *IEEE Transactions on Information Theory*, v. IT-28, n. 6, Nov 1982, pp. 858–864.
1217. H. Ong and C.P. Schnorr, "Signatures through Approximate Representations by Quadratic Forms," *Advances in Cryptology: Proceedings of Crypto 83*, Plenum Press, 1984.
1218. H. Ong and C.P. Schnorr, "Fast Signature Generation with a Fiat Shamir-Like Scheme," *Advances in Cryptology—EUROCRYPT '90 Proceedings*, Springer-Verlag, 1991, pp. 432–440.
1219. H. Ong, C.P. Schnorr, and A. Shamir, "An Efficient Signature Scheme Based on Polynomial Equations," *Proceedings of the 16th Annual Symposium on the Theory of Computing*, 1984, pp. 208–216.
1220. H. Ong, C.P. Schnorr, and A. Shamir, "Efficient Signature Schemes Based on Polynomial Equations," *Advances in Cryptology: Proceedings of CRYPTO 84*, Springer-Verlag, 1985, pp. 37–46.
1221. Open Shop Information Services, *OSIS Security Aspects*, OSIS European Working Group, WG1, final report, Oct 1985.
1222. G.A. Orton, M.P. Roy, P.A. Scott, L.E. Peppard, and S.E. Tavares, "VLSI Implementation of Public-Key Encryption Algorithms," *Advances in Cryptology—CRYPTO '86 Proceedings*, Springer-Verlag, 1987, pp. 277–301.
1223. H. Orup, E. Svendsen, and E. Andreasen, "VICTOR—An Efficient RSA Hardware Implementation," *Advances in Cryptology—EUROCRYPT '90 Proceedings*, Springer-Verlag, 1991, pp. 245–252.
1224. D. Otway and O. Rees, "Efficient and Timely Mutual Authentication," *Operating Systems Review*, v. 21, n. 1, 1987, pp. 8–10.

1225. G. Pagels-Fick, "Implementation Issues for Master Key Distribution and Protected Keyload Procedures," *Computers and Security: A Global Challenge, Proceedings of IFIP/SEC '83*, North Holland: Elsevier Science Publishers, 1984, pp. 381–390.
1226. C.M. Papadimitriou, *Computational Complexity*, Addison-Wesley, 1994.
1227. C.S. Park, "Improving Code Rate of McEliece's Public-key Cryptosystem," *Electronics Letters*, v. 25, n. 21, 12 Oct 1989, pp. 1466–1467.
1228. S. Park, Y. Kim, S. Lee, and K. Kim, "Attacks on Tanaka's Non-interactive Key Sharing Scheme," *Proceedings of the 1995 Symposium on Cryptography and Information Security (SCIS 95)*, Inuyama, Japan, 24–27 Jan 1995, pp. B3.4.1–4.
1229. S.J. Park, K.H. Lee, and D.H. Lon, "An Entrusted Undeniable Signature," *Proceedings of the 1995 Japan-Korea Workshop on Information Security and Cryptography*, Inuyama, Japan, 24–27 Jan 1995, pp. 120–126.
1230. S.J. Park, K.H. Lee, and D.H. Lon, "A Practical Group Signature," *Proceedings of the 1995 Japan-Korea Workshop on Information Security and Cryptography*, Inuyama, Japan, 24–27 Jan 1995, pp. 127–133.
1231. S.K. Park and K.W. Miller, "Random Number Generators: Good Ones Are Hard to Find," *Communications of the ACM*, v. 31, n. 10, Oct 1988, pp. 1192–1201.
1232. J. Patarin, "How to Find and Avoid Collisions for the Knapsack Hash Function," *Advances in Cryptology—EUROCRYPT '93 Proceedings*, Springer-Verlag, 1994, pp. 305–317.
1233. W. Patterson, *Mathematical Cryptology for Computer Scientists and Mathematicians*, Totowa, N.J.: Rowman & Littlefield, 1987.
1234. W.H. Payne, "Public Key Cryptography Is Easy to Break," William H. Payne, unpublished manuscript, 16 Oct 90.
1235. T.P. Pederson, "Distributed Provers with Applications to Undeniable Signatures," *Advances in Cryptology—EUROCRYPT '91 Proceedings*, Springer-Verlag, 1991, pp. 221–242.
1236. S. Peleg and A. Rosenfield, "Breaking Substitution Ciphers Using a Relaxation Algorithm," *Communications of the ACM*, v. 22, n. 11, Nov 1979, pp. 598–605.
1237. R. Peralta, "Simultaneous Security of Bits in the Discrete Log," *Advances in Cryptology—EUROCRYPT '85*, Springer-Verlag, 1986, pp. 62–72.
1238. I. Peterson, "Monte Carlo Physics: A Cautionary Lesson," *Science News*, v. 142, n. 25, 19 Dec 1992, p. 422.
1239. B. Pfitzmann, "Fail-Stop Signatures: Principles and Applications," *Proceedings of COMPUSEC '91, Eighth World Conference on Computer Security, Audit, and Control*, Elsevier Science Publishers, 1991, pp. 125–134.
1240. B. Pfitzmann and M. Waidner, "Formal Aspects of Fail-Stop Signatures," Fakultät für Informatik, University Karlsruhe, Report 22/90, 1990.
1241. B. Pfitzmann and M. Waidner, "Fail-Stop Signatures and Their Application," *Securicom '91*, 1991, pp. 145–160.
1242. B. Pfitzmann and M. Waidner, "Unconditional Concealment with Cryptographic Ruggedness," *VIS '91 Verlassliche Informationsysteme Proceedings*, Darmstadt, Germany, 13–15 March 1991, pp. 3-2-320. (In German.)
1243. B. Pfitzmann and M. Waidner, "How to Break and Repair a 'Provably Secure' Untraceable Payment System," *Advances in Cryptology—CRYPTO '91 Proceedings*, Springer-Verlag, 1992, pp. 338–350.
1244. C.P. Pfleeger, *Security in Computing*, Englewood Cliffs, N.J.: Prentice-Hall, 1989.
1245. S.J.D. Phoenix and P.D. Townsend, "Quantum Cryptography and Secure Optical Communication," *BT Technology Journal*, v. 11, n. 2, Apr 1993, pp. 65–75.
1246. J. Pieprzyk, "On Public-Key Cryptosystems Built Using Polynomial Rings," *Advances in Cryptology—EUROCRYPT '85*, Springer-Verlag, 1986, pp. 73–80.
1247. J. Pieprzyk, "Error Propagation Property and Applications in Cryptography," *IEE Proceedings-E, Computers and Digital Techniques*, v. 136, n. 4, Jul 1989, pp. 262–270.
1248. D. Pinkas, T. Parker, and P. Kaijser, "SESAME: An Introduction," Issue 1.2, Bull, ICL, and SNI, Sep 1993.
1249. F. Piper, "Stream Ciphers," *Elektrotechnic und Maschinenbau*, v. 104, n. 12, 1987, pp. 564–568.
1250. V.S. Pless, "Encryption Schemes for Computer Confidentiality," *IEEE Transactions on Computing*, v. C-26, n. 11, Nov 1977, pp. 1133–1136.

1251. J.B. Plumstead, "Inferring a Sequence Generated by a Linear Congruence," *Proceedings of the 23rd IEEE Symposium on the Foundations of Computer Science*, 1982, pp. 153–159.
1252. R. Poet, "The Design of Special Purpose Hardware to Factor Large Integers," *Computer Physics Communications*, v. 37, 1985, pp. 337–341.
1253. S.C. Pohlig and M.E. Hellman, "An Improved Algorithm for Computing Logarithms in GF(p) and Its Cryptographic Significance," *IEEE Transactions on Information Theory*, v. 24, n. 1, Jan 1978, pp. 106–111.
1254. J.M. Pollard, "A Monte Carlo Method for Factorization," *BIT*, v. 15, 1975, pp. 331–334.
1255. J.M. Pollard and C.P. Schnorr, "An Efficient Solution of the Congruence $x^2 + ky^2 = m \pmod{n}$," *IEEE Transactions on Information Theory*, v. IT-33, n. 5, Sep 1987, pp. 702–709.
1256. C. Pomerance, "Recent Developments in Primality Testing," *The Mathematical Intelligencer*, v. 3, n. 3, 1981, pp. 97–105.
1257. C. Pomerance, "The Quadratic Sieve Factoring Algorithm," *Advances in Cryptology: Proceedings of EUROCRYPT 84*, Springer-Verlag, 1985, 169–182.
1258. C. Pomerance, "Fast, Rigorous Factorization and Discrete Logarithm Algorithms," *Discrete Algorithms and Complexity*, New York: Academic Press, 1987, pp. 119–143.
1259. C. Pomerance, J.W. Smith, and R. Tuler, "A Pipe-Line Architecture for Factoring Large Integers with the Quadratic Sieve Algorithm," *SIAM Journal on Computing*, v. 17, n. 2, Apr 1988, pp. 387–403.
1260. G.J. Popek and C.S. Kline, "Encryption and Secure Computer Networks," *ACM Computing Surveys*, v. 11, n. 4, Dec 1979, pp. 331–356.
1261. F. Pratt, *Secret and Urgent*, Blue Ribbon Books, 1942.
1262. B. Preneel, "Analysis and Design of Cryptographic Hash Functions," Ph.D. dissertation, Katholieke Universiteit Leuven, Jan 1993.
1263. B. Preneel, "Differential Cryptanalysis of Hash Functions Based on Block Ciphers," *Proceedings of the 1st ACM Conference on Computer and Communications Security*, 1993, pp. 183–188.
1264. B. Preneel, "Cryptographic Hash Functions," *European Transactions on Telecommunications*, v 5, n. 4, Jul/Aug 1994, pp. 431–448.
1265. B. Preneel, personal communication, 1995.
1266. B. Preneel, A. Bosselaers, R. Govaerts, and J. Vanderwalle, "Collision-Free Hash Functions Based on Block Cipher Algorithms," *Proceedings of the 1989 Carnahan Conference on Security Technology*, 1989, pp. 203–210.
1267. B. Preneel, R. Govaerts, and J. Vandewalle, "An Attack on Two Hash Functions by Zheng-Matsumoto-Imai," *Advances in Cryptology—ASIACRYPT '92 Proceedings*, Springer-Verlag, 1993, pp. 535–538.
1268. B. Preneel, R. Govaerts, and J. Vandewalle, "Hash Functions Based on Block Ciphers: A Synthetic Approach," *Advances in Cryptology—CRYPTO '93 Proceedings*, Springer-Verlag, 1994, pp. 368–378.
1269. B. Preneel, M. Nuttin, V. Rijmen, and J. Buelens, "Cryptanalysis of the CFB mode of the DES with a Reduced Number of Rounds," *Advances in Cryptology—CRYPTO '93 Proceedings*, Springer-Verlag, 1994, pp. 212–223.
1270. B. Preneel and V. Rijmen, "On Using Maximum Likelihood to Optimize Recent Cryptanalytic Techniques," presented at the rump session of EUROCRYPT '94, May 1994.
1271. B. Preneel, W. Van Leekwijck, L. Van Linden, R. Govaerts, and J. Vandewalle, "Propagation Characteristics of Boolean Functions," *Advances in Cryptology—EUROCRYPT '90 Proceedings*, Springer-Verlag, 1991, pp. 161–173.
1272. W.H. Press, B.P. Flannery, S.A. Teukolsky, and W.T. Vetterling, *Numerical Recipes in C: The Art of Scientific Computing*, Cambridge University Press, 1988.
1273. W. Price, "Key Management for Data Encipherment," *Security: Proceedings of IFIP/SEC '83*, North Holland: Elsevier Science Publishers, 1983.
1274. G.P. Purdy, "A High-Security Log-in Procedure," *Communications of the ACM*, v. 17, n. 8, Aug 1974, pp. 442–445.
1275. J.-J. Quisquater, "Announcing the Smart Card with RSA Capability," *Proceedings of the Conference: IC Cards and Applications, Today and Tomorrow*, Amsterdam, 1989.

1276. J.-J. Quisquater and C. Couvreur, "Fast Decipherment Algorithm for RSA Public-Key Cryptosystem," *Electronic Letters*, v. 18, 1982, pp. 155–168.
1277. J.-J. Quisquater and J.-P. Delescaille, "Other Cycling Tests for DES," *Advances in Cryptology—CRYPTO '87 Proceedings*, Springer-Verlag, 1988, pp. 255–256.
1278. J.-J. Quisquater and Y.G. Desmedt, "Chinese Lotto as an Exhaustive Code-Breaking Machine," *Computer*, v. 24, n. 11, Nov 1991, pp. 14–22.
1279. J.-J. Quisquater and M. Girault, "$2n$-bit Hash Functions Using n-bit Symmetric Block Cipher Algorithms, *Advances in Cryptology—EUROCRYPT '89 Proceedings*, Springer-Verlag, 1990, pp. 102–109.
1280. J.-J. Quisquater and L.C. Guillou, "Des Procédés d'Authentification Basés sur une Publication de Problèmes Complexes et Personnalisés dont les Solutions Maintenues Secrètes Constituent autant d'Accréditations," *Proceedings of SECURICOM '89: 7th Worldwide Congress on Computer and Communications Security and Protection*, Société d'Édition et d'Organisation d'Expositions Professionnelles, 1989, pp. 149–158. (In French.)
1281. J.-J., Myriam, Muriel, and Michaël Quisquater; L., Marie Annick, Gaïd, Anna, Gwenolé, and Soazig Guillou; and T. Berson, "How to Explain Zero-Knowledge Protocols to Your Children," *Advances in Cryptology—CRYPTO '89 Proceedings*, Springer-Verlag, 1990, pp. 628–631.
1282. M.O. Rabin, "Digital Signatures," *Foundations of Secure Communication*, New York: Academic Press, 1978, pp. 155–168.
1283. M.O. Rabin, "Digital Signatures and Public-Key Functions as Intractable as Factorization," MIT Laboratory for Computer Science, Technical Report, MIT/LCS/TR-212, Jan 1979.
1284. M.O. Rabin, "Probabilistic Algorithm for Testing Primality," *Journal of Number Theory*, v. 12, n. 1, Feb 1980, pp. 128–138.
1285. M.O. Rabin, "Probabilistic Algorithms in Finite Fields," *SIAM Journal on Computing*, v. 9, n. 2, May 1980, pp. 273–280.
1286. M.O. Rabin, "How to Exchange Secrets by Oblivious Transfer," Technical Memo TR-81, Aiken Computer Laboratory, Harvard University, 1981.
1287. M.O. Rabin, "Fingerprinting by Random Polynomials," Technical Report TR-15-81, Center for Research in Computing Technology, Harvard University, 1981.
1288. T. Rabin and M. Ben-Or, "Verifiable Secret Sharing and Multiparty Protocols with Honest Majority," *Proceedings of the 21st ACM Symposium on the Theory of Computing*, 1989, pp. 73–85.
1289. RAND Corporation, *A Million Random Digits with 100,000 Normal Deviates*, Glencoe, IL: Free Press Publishers, 1955.
1290. T.R.N. Rao, "Cryposystems Using Algebraic Codes," *International Conference on Computer Systems and Signal Processing*, Bangalore, India, Dec 1984.
1291. T.R.N. Rao, "On Struit-Tilburg Cryptanalysis of Rao-Nam Scheme," *Advances in Cryptology—CRYPTO '87 Proceedings*, Springer-Verlag, 1988, pp. 458–460.
1292. T.R.N. Rao and K.H. Nam, "Private-Key Algebraic-Coded Cryptosystems," *Advances in Cryptology—CRYPTO '86 Proceedings*, Springer-Verlag, 1987, pp. 35–48.
1293. T.R.N. Rao and K.H. Nam, "Private-Key Algebraic-Code Encryptions," *IEEE Transactions on Information Theory*, v. 35, n. 4, Jul 1989, pp. 829–833.
1294. J.A. Reeds, "Cracking Random Number Generator," *Cryptologia*, v. 1, n. 1, Jan 1977, pp. 20–26.
1295. J.A. Reeds, "Cracking a Multiplicative Congruential Encryption Algorithm," in *Information Linkage Between Applied Mathematics and Industry*, P.C.C. Wang, ed., Academic Press, 1979, pp. 467–472.
1296. J.A. Reeds, "Solution of Challenge Cipher," *Cryptologia*, v. 3, n. 2, Apr 1979, pp. 83–95.
1297. J.A. Reeds and J.L. Manferdelli, "DES Has No Per Round Linear Factors," *Advances in Cryptology: Proceedings of CRYPTO 84*, Springer-Verlag, 1985, pp. 377–389.
1298. J.A. Reeds and N.J.A. Sloane, "Shift Register Synthesis (Modulo m)," *SIAM Journal on Computing*, v. 14, n. 3, Aug 1985, pp. 505–513.
1299. J.A. Reeds and B.J. Weinberger, "File Security and the UNIX Crypt Command," *AT&T Technical Journal*, v. 63, n. 8, Oct 1984, pp. 1673–1683.
1300. T. Renji, "On Finite Automaton One-Key Cryptosystems," *Fast Software Encryption*,

Cambridge Security Workshop Proceedings, Springer-Verlag, 1994, pp. 135–148.

1301. T. Renji and C. Shihua, "A Finite Automaton Public Key Cryptosystems and Digital Signature," *Chinese Journal of Computers*, v. 8, 1985, pp. 401–409. (In Chinese.)

1302. T. Renji and C. Shihua, "Two Varieties of Finite Automaton Public Key Cryptosystems and Digital Signature," *Journal of Computer Science and Tecnology*, v. 1, 1986, pp. 9–18. (In Chinese.)

1303. T. Renji and C. Shihua, "An Implementation of Identity-based Cryptosystems and Signature Schemes by Finite Automaton Public Key Cryptosystems," *Advances in Cryptology—CHINACRYPT '92*, Bejing: Science Press, 1992, pp. 87–104. (In Chinese.)

1304. T. Renji and C. Shihua, "Note on Finite Automaton Public Key Cryptosystems," *CHINACRYPT '94*, Xidian, China, 11–15 Nov 1994, pp. 76–80.

1305. Research and Development in Advanced Communication Technologies in Europe, *RIPE Integrity Primitives: Final Report of RACE Integrity Primitives Evaluation (R1040)*, RACE, June 1992.

1306. J.M. Reyneri and E.D. Karnin, "Coin Flipping by Telephone," *IEEE Transactions on Information Theory*, v. IT-30, n. 5, Sep 1984, pp. 775–776.

1307. P. Ribenboim, *The Book of Prime Number Records*, Springer-Verlag, 1988.

1308. P. Ribenboim, *The Little Book of Big Primes*, Springer-Verlag, 1991.

1309. M. Richter, "Ein Rauschgenerator zur Gewinnung won quasi-idealen Zufallszahlen für die stochastische Simulation," Ph.D. dissertation, Aachen University of Technology, 1992. (In German.)

1310. R.F. Rieden, J.B. Snyder, R.J. Widman, and W.J. Barnard, "A Two-Chip Implementation of the RSA Public Encryption Algorithm," *Proceedings of GOMAC (Government Microcircuit Applications Conference)*, Nov 1982, pp. 24–27.

1311. H. Riesel, *Prime Numbers and Computer Methods for Factorization*, Boston: Birkhaüser, 1985.

1312. K. Rihaczek, "Data Interchange and Legal Security—Signature Surrogates," *Computers & Security*, v. 13, n. 4, Sep 1994, pp. 287–293.

1313. V. Rijmen and B. Preneel, "Improved Characteristics for Differential Cryptanalysis of Hash Functions Based on Block Ciphers," *K.U. Leuven Workshop on Cryptographic Algorithms*, Springer-Verlag, 1995, to appear.

1314. R.L. Rivest, "A Description of a Single-Chip Implementation of the RSA Cipher," *LAMBDA Magazine*, v. 1, n. 3, Fall 1980, pp. 14–18.

1315. R.L. Rivest, "Statistical Analysis of the Hagelin Cryptograph," *Cryptologia*, v. 5, n. 1, Jan 1981, pp. 27–32.

1316. R.L. Rivest, "A Short Report on the RSA Chip," *Advances in Cryptology: Proceedings of Crypto 82*, Plenum Press, 1983, p. 327.

1317. R.L. Rivest, "RSA Chips (Past/Present/Future)," *Advances in Cryptology: Proceedings of EUROCRYPT 84*, Springer-Verlag, 1985, pp. 159–168.

1318. R.L. Rivest, "The MD4 Message Digest Algorithm," RFC 1186, Oct 1990.

1319. R.L. Rivest, "The MD4 Message Digest Algorithm," *Advances in Cryptology—CRYPTO '90 Proceedings*, Springer-Verlag, 1991, pp. 303–311.

1320. R.L. Rivest, "The RC4 Encryption Algorithm," RSA Data Security, Inc., Mar 1992.

1321. R.L. Rivest, "The MD4 Message Digest Algorithm," RFC 1320, Apr 1992.

1322. R.L. Rivest, "The MD5 Message Digest Algorithm," RFC 1321, Apr 1992.

1323. R.L. Rivest, "Dr. Ron Rivest on the Difficulty of Factoring," *Ciphertext: The RSA Newsletter*, v. 1, n. 1, Fall 1993, pp. 6, 8.

1324. R.L. Rivest, "The RC5 Encryption Algorithm," *Dr. Dobb's Journal*, v. 20, n. 1, Jan 95, pp. 146–148.

1325. R.L. Rivest, "The RC5 Encryption Algorithm," *K.U. Leuven Workshop on Cryptographic Algorithms*, Springer-Verlag, 1995, to appear.

1326. R.L. Rivest, M.E. Hellman, J.C. Anderson, and J.W. Lyons, "Responses to NIST's Proposal," *Communications of the ACM*, v. 35, n. 7, Jul 1992, pp. 41–54.

1327. R.L. Rivest and A. Shamir, "How to Expose an Eavesdropper," *Communications of the ACM*, v. 27, n. 4, Apr 1984, pp. 393–395.

1328. R.L. Rivest, A. Shamir, and L.M. Adleman, "A Method for Obtaining Digital Signatures and Public-Key Cryptosystems," *Communications of the ACM*, v. 21, n. 2, Feb 1978, pp. 120–126.

1329. R.L. Rivest, A. Shamir, and L.M. Adleman, "On Digital Signatures and Public Key

Cryptosystems," MIT Laboratory for Computer Science, Technical Report, MIT/LCS/TR-212, Jan 1979.
1330. R.L. Rivest, A. Shamir, and L.M. Adleman, "Cryptographic Communications System and Method," U.S. Patent #4,405,829, 20 Sep 1983.
1331. M.J.B. Robshaw, "Implementations of the Search for Pseudo-Collisions in MD5," Technical Report TR-103, Version 2.0, RSA Laboratories, Nov 1993.
1332. M.J.B. Robshaw, "The Final Report of RACE 1040: A Technical Summary," Technical Report TR-9001, Version 1.0, RSA Laboratories, Jul 1993.
1333. M.J.B. Robshaw, "On Evaluating the Linear Complexity of a Sequence of Least Period 2^n," *Designs, Codes and Cryptography*, v. 4, n. 3, 1994, pp. 263–269.
1334. M.J.B. Robshaw, "Block Ciphers," Technical Report TR-601, RSA Laboratories, Jul 1994.
1335. M.J.B. Robshaw, "MD2, MD4, MD5, SHA, and Other Hash Functions," Technical Report TR-101, Version 3.0, RSA Laboratories, Jul 1994.
1336. M.J.B. Robshaw, "On Pseudo-Collisions in MD5," Technical Report TR-102, Version 1.1, RSA Laboratories, Jul 1994.
1337. M.J.B. Robshaw, "Security of RC4," Technical Report TR-401, RSA Laboratories, Jul 1994.
1338. M.J.B. Robshaw, personal communication, 1995.
1339. M. Roe, "Reverse Engineering of an EES Device," *K.U. Leuven Workshop on Cryptographic Algorithms*, Springer-Verlag, 1995, to appear.
1340. P. Rogaway and D. Coppersmith, "A Software-Oriented Encryption Algorithm," *Fast Software Encryption, Cambridge Security Workshop Proceedings*, Springer-Verlag, 1994, pp. 56–63.
1341. H.L. Rogers, "An Overview of the Candware Program," *Proceedings of the 3rd Annual Symposium on Physical/Electronic Security*, Armed Forces Communications and Electronics Association, paper 31, Aug 1987.
1342. J. Rompel, "One-Way Functions Are Necessary and Sufficient for Secure Signatures," *Proceedings of the 22nd Annual ACM Symposium on the Theory of Computing*, 1990, pp. 387–394.

1343. T. Rosati, "A High Speed Data Encryption Processor for Public Key Cryptography," *Proceedings of the IEEE Custom Integrated Circuits Conference*, 1989, pp. 12.3.1–12.3.5.
1344. O.S. Rothaus, "On 'Bent' Functions," *Journal of Combinational Theory*, Series A, v. 20, n. 3, 1976, pp. 300–305.
1345. RSA Laboratories, "PKCS #1: RSA Encryption Standard," version 1.5, Nov 1993.
1346. RSA Laboratories, "PKCS #3: Diffie-Hellman Key-Agreement Standard," version 1.4, Nov 1993.
1347. RSA Laboratories, "PKCS #5: Password-Based Encryption Standard," version 1.5, Nov 1993.
1348. RSA Laboratories, "PKCS #6: Extended-Certificate Syntax Standard," version 1.5, Nov 1993.
1349. RSA Laboratories, "PKCS #7: Cryptographic Message Syntax Standard," version 1.5, Nov 1993.
1350. RSA Laboratories, "PKCS #8: Private Key Information Syntax Standard," version 1.2, Nov 1993.
1351. RSA Laboratories, "PKCS #9: Selected Attribute Types," version 1.1, Nov 1993.
1352. RSA Laboratories, "PKCS #10: Certification Request Syntax Standard," version 1.0, Nov 1993.
1353. RSA Laboratories, "PKCS #11: Cryptographic Token Interface Standard," version 1.0, Apr 95.
1354. RSA Laboratories, "PKCS #12: Public Key User Information Syntax Standard," version 1.0, 1995.
1355. A.D. Rubin and P. Honeyman, "Formal Methods for the Analysis of Authentication Protocols," draft manuscript, 1994.
1356. F. Rubin, "Decrypting a Stream Cipher Based on J-K Flip-Flops," *IEEE Transactions on Computing*, v. C-28, n. 7, Jul 1979, pp. 483–487.
1357. R.A. Rueppel, *Analysis and Design of Stream Ciphers*, Springer-Verlag, 1986.
1358. R.A. Rueppel, "Correlation Immunity and the Summation Combiner," *Advances in Cryptology—EUROCRYPT '85*, Springer-Verlag, 1986, pp. 260–272.
1359. R.A. Rueppel, "When Shift Registers Clock Themselves," *Advances in Cryptology—EUROCRYPT '87 Proceedings*, Springer-Verlag, 1987, pp. 53–64.
1360. R.A. Rueppel, "Security Models and Notions for Stream Ciphers," *Cryptogra-

phy and Coding II, C. Mitchell, ed., Oxford: Clarendon Press, 1992, pp. 213–230.

1361. R.A. Rueppel, "On the Security of Schnorr's Pseudo-Random Sequence Generator," *Advances in Cryptology—EUROCRYPT '89 Proceedings*, Springer-Verlag, 1990, pp. 423–428.

1362. R.A. Rueppel, "Stream Ciphers," *Contemporary Cryptology: The Science of Information Integrity*, G.J. Simmons, ed., IEEE Press, 1992, pp. 65–134.

1363. R.A. Rueppel and J.L. Massey, "The Knapsack as a Nonlinear Function," *IEEE International Symposium on Information Theory*, Brighton, UK, May 1985.

1364. R.A. Rueppel and O.J. Staffelbach, "Products of Linear Recurring Sequences with Maximum Complexity," *IEEE Transactions on Information Theory*, v. IT-33, n. 1, Jan 1987, pp. 124–131.

1365. D. Russell and G.T. Gangemi, *Computer Security Basics*, O'Reilly and Associates, Inc., 1991.

1366. S. Russell and P. Craig, "Privacy Enhanced Mail Modules for ELM," *Proceedings of the Internet Society 1994 Workshop on Network and Distributed System Security*, The Internet Society, 1994, pp. 21–34.

1367. D.F.H. Sadok and J. Kelner, "Privacy Enhanced Mail Design and Implementation Perspectives," *Computer Communications Review*, v. 24, n. 3, Jul 1994, pp. 38–46.

1368. K. Sakano, "Digital Signatures with User-Flexible Reliability," *Proceedings of the 1993 Symposium on Cryptography and Information Security (SCIS 93)*, Shuzenji, Japan, 28–30 Jan 1993, pp. 5C.1–8.

1369. K. Sakano, C. Park, and K. Kurosawa, "(k,n) Threshold Undeniable Signature Scheme," *Proceedings of the 1993 Korea-Japan Workshop on Information Security and Cryptography*, Seoul, Korea, 24–26 Oct 1993, pp. 184–193.

1370. K. Sako, "Electronic Voting Schemes Allowing Open Objection to the Tally," *Transactions of the Institute of Electronics, Information, and Communication Engineers*, v. E77-A, n. 1, 1994, pp. 24–30.

1371. K. Sako and J. Kilian, "Secure Voting Using Partially Compatible Homomorphisms," *Advances in Cryptology—CRYPTO '94 Proceedings*, Springer-Verlag, 1994, p. 411–424.

1372. K. Sako and J. Kilian, "Receipt-Free Mix-Type Voting Scheme—A Practical Solution to the Implementation of a Voting Booth," *Advances in Cryptology—EUROCRYPT '95 Proceedings*, Springer-Verlag, 1995, pp. 393–403.

1373. A. Salomaa, *Public-Key Cryptography*, Springer-Verlag, 1990.

1374. A. Salomaa and L. Santean, "Secret Selling of Secrets with Many Buyers," *ETACS Bulletin*, v. 42, 1990, pp. 178–186.

1375. M. Sántha and U.V. Vazirani, "Generating Quasi-Random Sequences from Slightly Random Sources," *Proceedings of the 25th Annual Symposium on the Foundations of Computer Science*, 1984, pp. 434–440.

1376. M. Sántha and U.V. Vazirani, "Generating Quasi-Random Sequences from Slightly Random Sources," *Journal of Computer and System Sciences*, v. 33, 1986, pp. 75–87.

1377. S. Saryazdi, "An Extension to ElGamal Public Key Cryptosystem with a New Signature Scheme," *Proceedings of the 1990 Bilkent International Conference on New Trends in Communication, Control, and Signal Processing*, North Holland: Elsevier Science Publishers, 1990, pp. 195–198.

1378. J.E. Savage, "Some Simple Self-Synchronizing Digital Data Scramblers," *Bell System Technical Journal*, v. 46, n. 2, Feb 1967, pp. 448–487.

1379. B.P. Schanning, "Applying Public Key Distribution to Local Area Networks," *Computers & Security*, v. 1, n. 3, Nov 1982, pp. 268–274.

1380. B.P. Schanning, S.A. Powers, and J. Kowalchuk, "MEMO: Privacy and Authentication for the Automated Office," *Proceedings of the 5th Conference on Local Computer Networks*, IEEE Press, 1980, pp. 21–30.

1381. Schaumuller-Bichl, "Zur Analyse des Data Encryption Standard und Synthese Verwandter Chiffriersysteme," Ph.D. dissertation, Linz University, May 1981. (In German.)

1382. Schaumuller-Bichl, "On the Design and Analysis of New Cipher Systems Related to the DES," Technical Report, Linz University, 1983.

1383. A. Scherbius, "Ciphering Machine," U.S. Patent #1,657,411, 24 Jan 1928.
1384. J.I. Schiller, "Secure Distributed Computing," *Scientific American*, v. 271, n. 5, Nov 1994, pp. 72–76.
1385. R. Schlafly, "Complaint Against Exclusive Federal Patent License," Civil Action File No. C-93 20450, United States District Court for the Northern District of California.
1386. B. Schneier, "One-Way Hash Functions," *Dr. Dobb's Journal*, v. 16, n. 9, Sep 1991, pp. 148–151.
1387. B. Schneier, "Data Guardians," *MacWorld*, v. 10, n. 2, Feb 1993, pp. 145–151.
1388. B. Schneier, "Description of a New Variable-Length Key, 64-Bit Block Cipher (Blowfish)," *Fast Software Encryption, Cambridge Security Workshop Proceedings*, Springer-Verlag, 1994, pp. 191–204.
1389. B. Schneier, "The Blowfish Encryption Algorithm," *Dr. Dobb's Journal*, v. 19, n. 4, Apr 1994, pp. 38–40.
1390. B. Schneier, *Protect Your Macintosh*, Peachpit Press, 1994.
1391. B. Schneier, "Designing Encryption Algorithms for Real People," *Proceedings of the 1994 ACM SIGSAC New Security Paradigms Workshop*, IEEE Computer Society Press, 1994, pp. 63–71.
1392. B. Schneier, "A Primer on Authentication and Digital Signatures," *Computer Security Journal*, v. 10, n. 2, 1994, pp. 38–40.
1393. B. Schneier, "The GOST Encryption Algorithm," *Dr. Dobb's Journal*, v. 20, n. 1, Jan 95, pp. 123–124.
1394. B. Schneier, *E-Mail Security* (with PGP and PEM) New York: John Wiley & Sons, 1995.
1395. C.P. Schnorr, "On the Construction of Random Number Generators and Random Function Generators," *Advances in Cryptology—EUROCRYPT '88 Proceedings*, Springer-Verlag, 1988, pp. 225–232.
1396. C.P. Schnorr, "Efficient Signature Generation for Smart Cards," *Advances in Cryptology—CRYPTO '89 Proceedings*, Springer-Verlag, 1990, pp. 239–252.
1397. C.P. Schnorr, "Efficient Signature Generation for Smart Cards," *Journal of Cryptology*, v. 4, n. 3, 1991, pp. 161–174.
1398. C.P. Schnorr, "Method for Identifying Subscribers and for Generating and Verifying Electronic Signatures in a Data Exchange System," U.S. Patent #4,995,082, 19 Feb 1991.
1399. C.P. Schnorr, "An Efficient Cryptographic Hash Function," presented at the rump session of CRYPTO '91, Aug 1991.
1400. C.P. Schnorr, "FFT-Hash II, Efficient Cryptographic Hashing," *Advances in Cryptology—EUROCRYPT '92 Proceedings*, Springer-Verlag, 1993, pp. 45–54.
1401. C.P. Schnorr and W. Alexi, "RSA-bits are $0.5 + \varepsilon$ Secure," *Advances in Cryptology: Proceedings of EUROCRYPT 84*, Springer-Verlag, 1985, pp. 113–126.
1402. C.P. Schnorr and S. Vaudenay, "Parallel FFT-Hashing," *Fast Software Encryption, Cambridge Security Workshop Proceedings*, Springer-Verlag, 1994, pp. 149–156.
1403. C.P. Schnorr and S. Vaudenay, "Black Box Cryptanalysis of Hash Networks Based on Multipermutations," *Advances in Cryptology—EUROCRYPT '94 Proceedings*, Springer-Verlag, 1995, to appear.
1404. W. Schwartau, *Information Warfare: Chaos on the Electronic Superhighway*, New York: Thunders Mouth Press, 1994.
1405. R. Scott, "Wide Open Encryption Design Offers Flexible Implementations," *Cryptologia*, v. 9, n. 1, Jan 1985, pp. 75–90.
1406. J. Seberry, "A Subliminal Channel in Codes for Authentication without Secrecy," *Ars Combinatorica*, v. 19A, 1985, pp. 337–342.
1407. J. Seberry and J. Pieprzyk, *Cryptography: An Introduction to Computer Security*, Englewood Cliffs, N.J.: Prentice-Hall, 1989.
1408. J. Seberry, X.-M. Zhang, and Y. Zheng, "Nonlinearly Balanced Boolean Functions and Their Propagation Characteristics," *Advances in Cryptology—EUROCRYPT '91 Proceedings*, Springer-Verlag, 1994, pp. 49–60.
1409. H. Sedlack, "The RSA Cryptography Processor: The First High Speed One-Chip Solution," *Advances in Cryptology—EUROCRYPT '87 Proceedings*, Springer-Verlag, 1988, pp. 95–105.
1410. H. Sedlack and U. Golze, "An RSA Cryptography Processor," *Microprocessing and Microprogramming*, v. 18, 1986, pp. 583–590.
1411. E.S. Selmer, *Linear Recurrence over Finite Field*, University of Bergen, Norway, 1966.

1412. J.O. Shallit, "On the Worst Case of Three Algorithms for Computing the Jacobi Symbol," *Journal of Symbolic Computation*, v. 10, n. 6, Dec 1990, pp. 593–610.
1413. A. Shamir, "A Fast Signature Scheme," MIT Laboratory for Computer Science, Technical Memorandum, MIT/LCS/TM-107, Massachusetts Institute of Technology, Jul 1978.
1414. A. Shamir, "How to Share a Secret," *Communications of the ACM*, v. 24, n. 11, Nov 1979, pp. 612–613.
1415. A. Shamir, "On the Cryptocomplexity of Knapsack Systems," *Proceedings of the 11th ACM Symposium on the Theory of Computing*, 1979, pp. 118–129.
1416. A. Shamir, "The Cryptographic Security of Compact Knapsacks," MIT Library for Computer Science, Technical Memorandum, MIT/LCS/TM-164, Massachusetts Institute of Technology, 1980.
1417. A. Shamir, "On the Generation of Cryptographically Strong Pseudo-Random Sequences," *Lecture Notes in Computer Science 62: 8th International Colloquium on Automata, Languages, and Programming*, Springer-Verlag, 1981.
1418. A. Shamir, "A Polynomial Time Algorithm for Breaking the Basic Merkle-Hellman Cryptosystem," *Advances in Cryptology: Proceedings of Crypto 82*, Plenum Press, 1983, pp. 279–288.
1419. A. Shamir, "A Polynomial Time Algorithm for Breaking the Basic Merkle-Hellman Cryptosystem," *Proceedings of the 23rd IEEE Symposium on the Foundations of Computer Science*, 1982, pp. 145–152.
1420. A. Shamir, "On the Generation of Cryptographically Strong Pseudo-Random Sequences," *ACM Transactions on Computer Systems*, v. 1, n. 1, Feb 1983, pp. 38–44.
1421. A. Shamir, "A Polynomial Time Algorithm for Breaking the Basic Merkle-Hellman Cryptosystem," *IEEE Transactions on Information Theory*, v. IT-30, n. 5, Sep 1984, pp. 699–704.
1422. A. Shamir, "Identity-Based Cryptosystems and Signature Schemes," *Advances in Cryptology: Proceedings of CRYPTO 84*, Springer-Verlag, 1985, pp. 47–53.
1423. A. Shamir, "On the Security of DES," *Advances in Cryptology—CRYPTO '85 Proceedings*, Springer-Verlag, 1986, pp. 280–281.
1424. A. Shamir, lecture at SECURICOM '89.
1425. A. Shamir, "Efficient Signature Schemes Based on Birational Permutations," *Advances in Cryptology—CRYPTO '93 Proceedings*, Springer-Verlag, 1994, pp. 1–12.
1426. A. Shamir, personal communication, 1993.
1427. A. Shamir and A. Fiat, "Method, Apparatus and Article for Identification and Signature," U.S. Patent #4,748,668, 31 May 1988.
1428. A. Shamir and R. Zippel, "On the Security of the Merkle-Hellman Cryptographic Scheme," *IEEE Transactions on Information Theory*, v. 26, n. 3, May 1980, pp. 339–340.
1429. M. Shand, P. Bertin, and J. Vuillemin, "Hardware Speedups in Long Integer Multiplication," *Proceedings of the 2nd Annual ACM Symposium on Parallel Algorithms and Architectures*, 1990, pp. 138–145.
1430. D. Shanks, *Solved and Unsolved Problems in Number Theory*, Washington D.C.: Spartan, 1962.
1431. C.E. Shannon, "A Mathematical Theory of Communication," *Bell System Technical Journal*, v. 27, n. 4, 1948, pp. 379–423, 623–656.
1432. C.E. Shannon, "Communication Theory of Secrecy Systems," *Bell System Technical Journal*, v. 28, n. 4, 1949, pp. 656–715.
1433. C.E. Shannon, *Collected Papers: Claude Elmwood Shannon*, N.J.A. Sloane and A.D. Wyner, eds., New York: IEEE Press, 1993.
1434. C.E. Shannon, "Predication and Entropy in Printed English," *Bell System Technical Journal*, v. 30, n. 1, 1951, pp. 50–64.
1435. A. Shimizu and S. Miyaguchi, "Fast Data Encipherment Algorithm FEAL," *Transactions of IEICE of Japan*, v. J70-D, n. 7, Jul 87, pp. 1413–1423. (In Japanese.)
1436. A. Shimizu and S. Miyaguchi, "Fast Data Encipherment Algorithm FEAL," *Advances in Cryptology—EUROCRYPT '87 Proceedings*, Springer-Verlag, 1988, pp. 267–278.
1437. A. Shimizu and S. Miyaguchi, "FEAL—Fast Data Encipherment Algorithm," *Systems and Computers in Japan*, v. 19, n. 7, 1988, pp. 20–34, 104–106.
1438. A. Shimizu and S. Miyaguchi, "Data Randomization Equipment," U.S. Patent #4,850,019, 18 Jul 1989.

1439. M. Shimada, "Another Practical Public-key Cryptosystem," *Electronics Letters*, v. 28, n. 23, 5 Nov 1992, pp. 2146–2147.
1440. K. Shirriff, personal communication, 1993.
1441. H. Shizuya, T. Itoh, and K. Sakurai, "On the Complexity of Hyperelliptic Discrete Logarithm Problem," *Advances in Cryptology—EUROCRYPT '91 Proceedings*, Springer-Verlag, 1991, pp. 337–351.
1442. Z. Shmuley, "Composite Diffie-Hellman Public-Key Generating Systems Are Hard to Break," Computer Science Department, Technion, Haifa, Israel, Technical Report 356, Feb 1985.
1443. P.W. Shor, "Algorithms for Quantum Computation: Discrete Log and Factoring," *Proceedings of the 35th Symposium on Foundations of Computer Science*, 1994, pp. 124–134.
1444. L. Shroyer, letter to NIST regarding DSS, 17 Feb 1992.
1445. C. Shu, T. Matsumoto, and H. Imai, "A Multi-Purpose Proof System, *Transactions of the Institute of Electronics, Information, and Communication Engineers*, v. E75-A, n. 6, Jun 1992, pp. 735–743.
1446. E.H. Sibley, "Random Number Generators: Good Ones Are Hard to Find," *Communications of the ACM*, v. 31, n. 10, Oct 1988, pp. 1192–1201.
1447. V.M. Sidenikov and S.O. Shestakov, "On Encryption Based on Generalized Reed-Solomon Codes," *Diskretnaya Math*, v. 4, 1992, pp. 57–63. (In Russian.)
1448. V.M. Sidenikov and S.O. Shestakov, "On Insecurity of Cryptosystems Based on Generalized Reed-Solomon Codes," unpublished manuscript, 1992.
1449. D.P. Sidhu, "Authentication Protocols for Computer Networks," *Computer Networks and ISDN Systems*, v. 11, n. 4, Apr 1986, pp. 297–310.
1450. T. Siegenthaler, "Correlation-Immunity of Nonlinear Combining Functions for Cryptographic Applications," *IEEE Transactions on Information Theory*, v. IT-30, n. 5, Sep 1984, pp. 776–780.
1451. T. Siegenthaler, "Decrypting a Class of Stream Ciphers Using Ciphertext Only," *IEEE Transactions on Computing*, v. C-34, Jan 1985, pp. 81–85.
1452. T. Siegenthaler, "Cryptanalyst's Representation of Nonlinearity Filtered ml-sequences," *Advances in Cryptology—EUROCRYPT '85*, Springer-Verlag, 1986, pp. 103–110.
1453. R.D. Silverman, "The Multiple Polynomial Quadratic Sieve," *Mathematics of Computation*, v. 48, n. 177, Jan 1987, pp. 329–339.
1454. G.J. Simmons, "Authentication without Secrecy: A Secure Communication Problem Uniquely Solvable by Asymmetric Encryption Techniques," *Proceedings of IEEE EASCON '79*, 1979, pp. 661–662.
1455. G.J. Simmons, "Some Number Theoretic Questions Arising in Asymmetric Encryption Techniques," *Annual Meeting of the American Mathematical Society*, AMS Abstract 763.94.1, 1979, pp. 136–151.
1456. G.J. Simmons, "High Speed Arithmetic Using Redundant Number Systems," *Proceedings of the National Telecommunications Conference*, 1980, pp. 49.3.1–49.3.2.
1457. G.J. Simmons, "A 'Weak' Privacy Protocol Using the RSA Cryptosystem," *Cryptologia*, v. 7, n. 2, Apr 1983, pp. 180–182.
1458. G.J. Simmons, "The Prisoner's Problem and the Subliminal Channel," *Advances in Cryptology: Proceedings of CRYPTO '83*, Plenum Press, 1984, pp. 51–67.
1459. G.J. Simmons, "The Subliminal Channel and Digital Signatures," *Advances in Cryptology: Proceedings of EUROCRYPT 84*, Springer-Verlag, 1985, pp. 364–378.
1460. G.J. Simmons, "A Secure Subliminal Channel (?)," *Advances in Cryptology—CRYPTO '85 Proceedings*, Springer-Verlag, 1986, pp. 33–41.
1461. G.J. Simmons, "Cryptology," *Encyclopedia Britannica*, 16th edition, 1986, pp. 913–924B.
1462. G.J. Simmons, "How to (Really) Share a Secret," *Advances in Cryptology—CRYPTO '88 Proceedings*, Springer-Verlag, 1990, pp. 390–448.
1463. G.J. Simmons, "Prepositioned Secret Sharing Schemes and/or Shared Control Schemes," *Advances in Cryptology—EUROCRYPT '89 Proceedings*, Springer-Verlag, 1990, pp. 436–467.
1464. G.J. Simmons, "Geometric Shares Secret and/or Shared Control Schemes," *Advances in Cryptology—CRYPTO '90 Proceedings*, Springer-Verlag, 1991, pp. 216–241.
1465. G.J. Simmons, ed., *Contemporary Cryptology: The Science of Information Integrity*, IEEE Press, 1992.

1466. G.J. Simmons, "An Introduction to Shared Secret and/or Shared Control Schemes and Their Application," in *Contemporary Cryptology: The Science of Information Integrity*, G.J. Simmons, ed., IEEE Press, 1992, pp. 441–497.
1467. G.J. Simmons, "How to Insure that Data Acquired to Verify Treaty Compliance Are Trustworthy," in *Contemporary Cryptology: The Science of Information Integrity*, G.J. Simmons, ed., IEEE Press, 1992, pp. 615–630.
1468. G.J. Simmons, "The Subliminal Channels of the U.S. Digital Signature Algorithm (DSA)," *Proceedings of the Third Symposium on: State and Progress of Research in Cryptography*, Rome: Fondazone Ugo Bordoni, 1993, pp. 35–54.
1469. G.J. Simmons, "Subliminal Communication is Easy Using the DSA," *Advances in Cryptology—EUROCRYPT '93 Proceedings*, Springer-Verlag, 1994, pp. 218–232.
1470. G.J. Simmons, "An Introduction to the Mathematics of Trust in Security Protocols," *Proceedings: Computer Security Foundations Workshop VI*, IEEE Computer Society Press, 1993, pp. 121–127.
1471. G.J. Simmons, "Protocols that Ensure Fairness," *Codes and Ciphers*, Institute of Mathematics and its Applications, 1995, pp. 383–394.
1472. G.J. Simmons, "Cryptanalysis and Protocol Failures," *Communications of the ACM*, v. 37, n. 11, Nov 1994, pp. 56–65.
1473. G.J. Simmons, "Subliminal Channels: Past and Present," *European Transactions on Telecommuncations*, v. 4, n. 4, Jul/Aug 1994, pp. 459–473.
1474. G.J. Simmons and M.J. Norris, *How to Cipher Fast Using Redundant Number Systems*, SAND-80-1886, Sandia National Laboratories, Aug 1980.
1475. A. Sinkov, *Elementary Cryptanalysis*, Mathematical Association of America, 1966.
1476. R. Siromoney and L. Matthew, "A Public Key Cryptosystem Based on Lyndon Words," *Information Processing Letters*, v. 35, n. 1, 15 Jun 1990, pp. 33–36.
1477. B. Smeets, "A Note on Sequences Generated by Clock-Controlled Shift Registers," *Advances in Cryptology—EUROCRYPT '85*, Springer-Verlag, 1986, pp. 40–42.
1478. M.E. Smid, "A Key Notarization System for Computer Networks," NBS Special Report 500-54, U.S. Department of Commerce, Oct 1979.
1479. M.E. Smid, "The DSS and the SHS," *Federal Digital Signature Applications Symposium*, Rockville, MD, 17–18 Feb 1993.
1480. M.E. Smid and D.K. Branstad, "The Data Encryption Standard: Past and Future," *Proceedings of the IEEE*, v. 76, n. 5., May 1988, pp. 550–559.
1481. M.E. Smid and D.K. Branstad, "The Data Encryption Standard: Past and Future," in *Contemporary Cryptology: The Science of Information Integrity*, G.J. Simmons, ed., IEEE Press, 1992, pp. 43–64.
1482. J.L. Smith, "The Design of Lucifer, A Cryptographic Device for Data Communications," IBM Research Report RC3326, 1971.
1483. J.L. Smith, "Recirculating Block Cipher Cryptographic System," U.S. Patent #3,796,830, 12 Mar 1974.
1484. J.L. Smith, W.A. Notz, and P.R. Osseck, "An Experimental Application of Cryptography to a Remotely Accessed Data System," *Proceedings of the ACM Annual Conference*, Aug 1972, pp. 282–290.
1485. K. Smith, "Watch Out Hackers, Public Encryption Chips Are Coming," *Electronics Week*, 20 May 1985, pp. 30–31.
1486. P. Smith, "LUC Public-Key Encryption," *Dr. Dobb's Journal*, v. 18, n. 1, Jan 1993, pp. 44–49.
1487. P. Smith and M. Lennon, "LUC: A New Public Key System," *Proceedings of the Ninth International Conference on Information Security, IFIP/Sec 1993*, North Holland: Elsevier Science Publishers, 1993, pp. 91–111.
1488. E. Snekkenes, "Exploring the BAN Approach to Protocol Analysis," *Proceedings of the 1991 IEEE Computer Society Symposium on Research in Security and Privacy*, 1991, pp. 171–181.
1489. B. Snow, "Multiple Independent Binary Bit Stream Generator," U.S. Patent #5,237,615, 17 Aug 1993.
1490. R. Solovay and V. Strassen, "A Fast Monte-Carlo Test for Primality," *SIAM Journal on Computing*, v. 6, Mar 1977, pp. 84–85; erratum in ibid, v. 7, 1978, p. 118.
1491. T. Sorimachi, T. Tokita, and M. Matsui, "On a Cipher Evaluation Method Based on Differential Cryptanalysis," *Proceedings of the 1994 Symposium on Cryptography*

and *Information Security (SCIS 94)*, Lake Biwa, Japan, 27–29 Jan 1994, pp. 4C.1–9. (In Japanese.)

1492. A. Sorkin, "Lucifer, a Cryptographic Algorithm," *Cryptologia*, v. 8, n. 1, Jan 1984, pp. 22–41.

1493. W. Stallings, "Kerberos Keeps the Ethernet Secure," *Data Communications*, Oct 1994, pp. 103–111.

1494. W. Stallings, *Network and Internetwork Security*, Englewood Cliffs, N.J.: Prentice-Hall, 1995.

1495. W. Stallings, *Protect Your Privacy: A Guide for PGP Users*, Englewood Cliffs, N.J.: Prentice-Hall, 1995.

1496. Standards Association of Australia, "Australian Standard 2805.4 1985: Electronic Funds Transfer—Requirements for Interfaces: Part 4—Message Authentication," SAA, North Sydney, NSW, 1985.

1497. Standards Association of Australia, "Australian Standard 2805.5 1985: Electronic Funds Transfer—Requirements for Interfaces: Part 5—Data Encipherment Algorithm," SAA, North Sydney, NSW, 1985.

1498. Standards Association of Australia, "Australian Standard 2805.5.3: Electronic Data Transfer—Requirements for Interfaces: Part 5.3—Data Encipherment Algorithm 2," SAA, North Sydney, NSW, 1992.

1499. J.G. Steiner, B.C. Neuman, and J.I. Schiller, "Kerberos: An Authentication Service for Open Network Systems," *USENIX Conference Proceedings*, Feb 1988, pp. 191–202.

1500. J. Stern, "Secret Linear Congruential Generators Are Not Cryptographically Secure," *Proceedings of the 28th Symposium on Foundations of Computer Science*, 1987, pp. 421–426.

1501. J. Stern, "A New Identification Scheme Based on Syndrome Decoding," *Advances in Cryptology—CRYPTO '93 Proceedings*, Springer-Verlag, 1994, pp. 13–21.

1502. A. Stevens, "Hacks, Spooks, and Data Encryption," *Dr. Dobb's Journal*, v. 15, n. 9, Sep 1990, pp. 127–134, 147–149.

1503. R. Struik, "On the Rao-Nam Private-Key Cryptosystem Using Non-Linear Codes," *IEEE 1991 Symposium on Information Theory*, Budapest, Hungary, 1991.

1504. R. Struik and J. van Tilburg, "The Rao-Nam Scheme Is Insecure against a Chosen-Plaintext Attack," *Advances in Cryptology—CRYPTO '87 Proceedings*, Springer-Verlag, 1988, pp. 445–457.

1505. S.G. Stubblebine and V.G. Glinor, "Protecting the Integrity of Privacy-Enhanced Mail with DES-Based Authentication Codes," *Proceedings of the Privacy and Security Research Group 1993 Workshop on Network and Distributed System Security*, The Internet Society, 1993, pp. 75–80.

1506. R. Sugarman, "On Foiling Computer Crime," *IEEE Spectrum*, v. 16, n. 7, Jul 79, pp. 31–32.

1507. H.N. Sun and T. Hwang, "Public-key ID-Based Cryptosystem," *Proceedings of the 25th Annual 1991 IEEE International Carnahan Conference on Security Technology*, Taipei, Taiwan, 1–3 Oct 1991, pp. 142–144.

1508. P.F. Syverson, "Formal Semantics for Logics of Computer Protocols," *Proceedings of the Computer Security Foundations Workshop III*, IEEE Computer Society Press, 1990, pp. 32–41.

1509. P.F. Syverson, "The Use of Logic in the Analysis of Cryptographic Protocols," *Proceedings of the 1991 IEEE Computer Society Symposium on Research in Security and Privacy*, 1991, pp. 156–170.

1510. P.F. Syverson, "Knowledge, Belief, and Semantics in the Analysis of Cryptographic Protocols," *Journal of Computer Security*, v. 1, n. 3, 1992, pp. 317–334.

1511. P.F. Syverson, "Adding Time to a Logic Authentication," *1st ACM Conference on Computer and Communications Security*, ACM Press, 1993, pp. 97–106.

1512. P.F. Syverson and C.A. Meadows, "A Logical Language for Specifying Cryptographic Protocol Requirements," *Proceedings of the 1993 IEEE Computer Society Symposium on Research in Security and Privacy*, 1993, pp. 14–28.

1513. P.F. Syverson and C.A. Meadows, "Formal Requirements for Key Distribution Protocols," *Advances in Cryptology—EUROCRYPT '94 Proceedings*, Springer-Verlag, 1995, to appear.

1514. P.F. Syverson and P.C. van Oorschot, "On Unifying Some Cryptographic Protocol Logics," *Proceedings of the 1994 IEEE Computer Society Symposium on Research in Security and Privacy*, 1994, pp. 165–177.

1515. H. Tanaka, "A Realization Scheme for the Identity-Based Cryptosystem," *Advances* in *Cryptology—CRYPTO '87 Proceedings*, Springer-Verlag, 1988, pp. 340–349.

1516. H. Tanaka, "A Realization Scheme for the Identity-Based Cryptosystem," *Electronics and Communications in Japan, Part 3 (Fundamental Electronic Science)*, v. 73, n 5, May 1990, pp. 1–7.

1517. H. Tanaka, "Identity-Based Noninteractive Common-Key Generation and Its Application to Cryptosystems," *Transactions of the Institute of Electronics, Information, and Communication Engineers*, v. J75-A, n. 4, Apr 1992, pp. 796–800.

1518. J. Tardo and K. Alagappan, "SPX: Global Authentication Using Public Key Certificates," *Proceedings of the 1991 IEEE Computer Society Symposium on Security and Privacy*, 1991, pp. 232–244.

1519. J. Tardo, K. Alagappan, and R. Pitkin, "Public Key Based Authentication Using Internet Certificates," *USENIX Security II Workshop Proceedings*, 1990, pp. 121–123.

1520. A. Tardy-Corfdir and H. Gilbert, "A Known Plaintext Attack of FEAL-4 and FEAL-6," *Advances in Cryptology—CRYPTO '91 Proceedings*, Springer-Verlag, 1992, pp. 172–182.

1521. M. Tatebayashi, N. Matsuzaki, and D.B. Newman, "Key Distribution Protocol for Digital Mobile Communication System," *Advances in Cryptology—CRYPTO '89 Proceedings*, Springer-Verlag, 1990, pp. 324–333.

1522. M. Taylor, "Implementing Privacy Enhanced Mail on VMS," *Proceedings of the Privacy and Security Research Group 1993 Workshop on Network and Distributed System Security*, The Internet Society, 1993, pp. 63–68.

1523. R. Taylor, "An Integrity Check Value Algorithm for Stream Ciphers," *Advances in Cryptology—CRYPTO '93 Proceedings*, Springer-Verlag, 1994, pp. 40–48.

1524. T. Tedrick, "Fair Exchange of Secrets," *Advances in Cryptology: Proceedings of CRYPTO '84*, Springer-Verlag, 1985, pp. 434–438.

1525. R. Terada and P.G. Pinheiro, "How to Strengthen FEAL against Differential Cryptanalysis," *Proceedings of the 1995 Japan-Korea Workshop on Information Security and Cryptography*, Inuyama, Japan, 24–27 Jan 1995, pp. 153–162.

1526. J.-P. Tillich and G. Zémor, "Hashing with SI_2," *Advances in Cryptology—CRYPTO '94 Proceedings*, Springer-Verlag, 1994, pp. 40–49.

1527. T. Tokita, T. Sorimachi, and M. Matsui, "An Efficient Search Algorithm for the Best Expression on Linear Cryptanalysis," IEICE Japan, Technical Report, ISEC93-97, 1994.

1528. M. Tompa and H. Woll, "Random Self-Reducibility and Zero-Knowledge Interactive Proofs of Possession of Information," *Proceedings of the 28th IEEE Symposium on the Foundations of Computer Science*, 1987, pp. 472–482.

1529. M. Tompa and H. Woll, "How to Share a Secret with Cheaters," *Journal of Cryptology*, v. 1, n. 2, 1988, pp. 133–138.

1530. M.-J. Toussaint, "Verification of Cryptographic Protocols," Ph.D. dissertation, Université de Liège, 1991.

1531. M.-J. Toussaint, "Deriving the Complete Knowledge of Participants in Cryptographic Protocols," *Advances in Cryptology—CRYPTO '91 Proceedings*, Springer-Verlag, 1992, pp. 24–43.

1532. M.-J. Toussaint, "Separating the Specification and Implementation Phases in Cryptology," *ESORICS 92, Proceedings of the Second European Symposium on Research in Computer Security*, Springer-Verlag, 1992, pp. 77–101.

1533. P.D. Townsend, J.G. Rarity, and P.R. Tapster, "Enhanced Single Photon Fringe Visibility in a 10 km-Long Prototype Quantum Cryptography Channel," *Electronics Letters*, v. 28, n. 14, 8 Jul 1993, pp. 1291–1293.

1534. S.A. Tretter, "Properties of PN^2 Sequences," *IEEE Transactions on Information Theory*, v. IT-20, n. 2, Mar 1974, pp. 295–297.

1535. H. Truman, "Memorandum for: The Secretary of State, The Secretary of Defense," A 20707 5/4/54/OSO, NSA TS CONTL. NO 73-00405, 24 Oct 1952.

1536. Y.W. Tsai and T. Hwang, "ID Based Public Key Cryptosystem Based on Okamoto and Tanaka's ID Based One-Way Communications Scheme," *Electronics Letters*, v. 26, n. 10, 1 May 1990, pp. 666–668.

1537. G. Tsudik, "Message Authentication with One-Way Hash Functions," *ACM Computer Communications Review*, v. 22, n. 5, 1992, pp. 29–38.

1538. S. Tsujii and K. Araki, "A Rebuttal to Coppersmith's Attacking Method," memorandum presented at Crypto '94, Aug 1994.
1539. S. Tsujii, K. Araki, J. Chao, T. Sekine, and Y. Matsuzaki, "ID-Based Key Sharing Scheme—Cancellation of Random Numbers by Iterative Addition," IEICE Japan, Technical Report, ISEC 92-47, Oct 1992.
1540. S. Tsujii, K. Araki, and T. Sekine, "A New Scheme of Noninteractive ID-Based Key Sharing with Explosively High Degree of Separability," Technical Report, Department of Computer Science, Tokyo Institute of Technology, 93TR-0016, May 1993.
1541. S. Tsujii, K. Araki, and T. Sekine, "A New Scheme of Non Interactive ID-Based key Sharing with Explosively High Degree of Separability (Second Version)," Technical Report, Department of Computer Science, Tokyo Institute of Technology, 93TR-0020, Jul 1993.
1542. S. Tsujii, K. Araki, T. Sekine, and K. Tanada, "A New Scheme of Non Interactive ID-Based Key Sharing with Explosively High Degree of Separability," *Proceedings of the 1993 Korea-Japan Workshop on Information Security and Cryptography*, Seoul, Korea, 24–26 Oct 1993, pp. 49–58.
1543. S. Tsujii, K. Araki, H. Tanaki, J. Chao, T. Sekine, and Y. Matsuzaki, "ID-Based Key Sharing Scheme—Reply to Tanaka's Comment," IEICE Japan, Technical Report, ISEC 92-60, Dec 1992.
1544. S. Tsujii and J. Chao, "A New ID-based Key Sharing System," *Advances in Cryptology—CRYPTO '91 Proceedings*, Springer-Verlag, 1992, pp. 288–299.
1545. S. Tsujii, J. Chao, and K. Araki, "A Simple ID-Based Scheme for Key Sharing," IEICE Japan, Technical Report, ISEC 92-25, Aug 1992.
1546. S. Tsujii and T. Itoh, "An ID-Based Cryptosystem Based on the Discrete Logarithm Problem," *IEEE Journal on Selected Areas in Communication*, v. 7, n. 4, May 1989, pp. 467–473.
1547. S. Tsujii and T. Itoh, "An ID-Based Cryptosystem Based on the Discrete Logarithm Problem," *Electronics Letters*, v. 23, n. 24, Nov 1989, pp. 1318–1320.
1548. S. Tsujii, K. Kurosawa, T. Itoh, A. Fujioka, and T. Matsumoto, "A Public-Key Cryptosystem Based on the Difficulty of Solving a System of Non-Linear Equations," TSUJII Laboratory Technical Memorandum, n. 1, 1986.
1549. Y. Tsunoo, E. Okamoto, and H. Doi, "Analytical Known Plain-Text Attack for FEAL-4 and Its Improvement," *Proceedings of the 1994 Symposium on Cryptography and Information Security (SCIS 93)*, 1993.
1550. Y. Tsunoo, E. Okamoto, T. Uyematsu, and M. Mambo, "Analytical Known Plain-Text Attack for FEAL-6" *Proceedings of the 1993 Korea-Japan Workshop on Information Security and Cryptography*, Seoul, Korea, 24–26 Oct 1993, pp. 253–261.
1551. W. Tuchman, "Hellman Presents No Shortcut Solutions to DES," *IEEE Spectrum*, v. 16, n. 7, July 1979, pp. 40–41.
1552. U.S. Senate Select Committee on Intelligence, "Unclassified Summary: Involvement of NSA in the Development of the Data Encryption Standard," *IEEE Communications Magazine*, v. 16, n. 6, Nov 1978, pp. 53–55.
1553. B. Vallée, M. Girault, and P. Toffin, "How to Break Okamoto's Cryptosystem by Reducing Lattice Values," *Advances in Cryptology—EUROCRYPT '88 Proceedings*, Springer-Verlag, 1988, p. 281–291.
1554. H. Van Antwerpen, "Electronic Cash," Master's thesis, CWI, Netherlands, 1990.
1555. K. Van Espen and J. Van Mieghem, "Evaluatie en Implementatie van Authentiseringsalgoritmen," graduate thesis, ESAT Laboratorium, Katholieke Universiteit Leuven, 1989. (In Dutch.)
1556. P.C. van Oorschot, "Extending Cryptographic Logics of Belief to Key Agreement Protocols," *Proceedings of the 1st Annual ACM Conference on Computer and Communications Security*, 1993, pp. 232–243.
1557. P.C. van Oorschot, "An Alternate Explanation for Two BAN-logic 'Failures,'" *Advances in Cryptology—EUROCRYPT '93 Proceedings*, Springer-Verlag, 1994, pp. 443–447.
1558. P.C. van Oorschot and M.J. Wiener, "A Known Plaintext Attack on Two-Key Triple Encryption," *Advances in Cryptology—EUROCRYPT '90 Proceedings*, Springer-Verlag, 1991, pp. 318–325.
1559. J. van Tilburg, "On the McEliece Cryptosystem," *Advances in Cryptology—*

CRYPTO '88 Proceedings, Springer-Verlag, 1990, pp. 119-131.
1560. J. van Tilburg, "Cryptanalysis of the Xinmei Digital Signature Scheme," Electronics Letters, v. 28, n. 20, 24 Sep 1992, pp. 1935-1938.
1561. J. van Tilburg, "Two Chosen-Plaintext Attacks on the Li Wang Joing Authentication and Encryption Scheme," Applied Algebra, Algebraic Algorithms and Error Correcting Codes 10, Springer-Verlag, 1993, pp. 332-343.
1562. J. van Tilburg, "Security-Analysis of a Class of Cryptosystems Based on Linear Error-Correcting Codes," Ph.D. dissertation, Technical University Eindhoven, 1994.
1563. A. Vandemeulebroecke, E. Vanzieleghem, T. Denayer, and P.G. Jespers, "A Single Chip 1024 Bits RSA Processor," Advances in Cryptology—EUROCRYPT '89 Proceedings, Springer-Verlag, 1990, pp. 219-236.
1564. J. Vanderwalle, D. Chaum, W. Fumy, C. Jansen, P. Landrock, and G. Roelofsen, "A European Call for Cryptographic Algorithms: RIPE; RACE Integrity Primitives Evaluation," Advances in Cryptology—EUROCRYPT '89 Proceedings, Springer-Verlag, 1990, pp. 267-271.
1565. V. Varadharajan, "Verification of Network Security Protocols," Computers and Security, v. 8, n. 8, Aug 1989, pp. 693-708.
1566. V. Varadharajan, "Use of a Formal Description Technique in the Specification of Authentication Protocols," Computer Standards and Interfaces, v. 9, 1990, pp. 203-215.
1567. S. Vaudenay, "FFT-Hash-II Is not Yet Collision-Free," Advances in Cryptology—CRYPTO '92 Proceedings, Springer-Verlag, pp. 587-593.
1568. S. Vaudenay, "Differential Cryptanalysis of Blowfish," unpublished manuscript, 1995.
1569. U.V. Vazirani and V.V. Vazirani, "Trapdoor Pseudo-Random Number Generators with Applications to Protocol Design," Proceedings of the 24th IEEE Symposium on the Foundations of Computer Science, 1983, pp. 23-30.
1570. U.V. Vazirani and V.V. Vazirani, "Efficient and Secure Pseudo-Random Number Generation," Proceedings of the 25th IEEE Symposium on the Foundations of Computer Science, 1984, pp. 458-463.

1571. U.V. Vazirani and V.V. Vazirani, "Efficient and Secure Pseudo-Random Number Generation," Advances in Cryptology: Proceedings of CRYPTO '84, Springer-Verlag, 1985, pp. 193-202.
1572. I. Verbauwhede, F. Hoornaert, J. Vanderwalle, and H. De Man, "ASIC Cryptographical Processor Based on DES," Euro ASIC '91 Proceedings, 1991, pp. 292-295.
1573. I. Verbauwhede, F. Hoornaert, J. Vanderwalle, H. De Man, and R. Govaerts, "Security Considerations in the Design and Implementation of a New DES Chip," Advances in Cryptology—EUROCRYPT '87 Proceedings, Springer-Verlag, 1988, pp. 287-300.
1574. R. Vogel, "On the Linear Complexity of Cascaded Sequences," Advances in Cryptology: Proceedings of EUROCRYPT 84, Springer-Verlag, 1985, pp. 99-109.
1575. S. von Solms and D. Naccache, "On Blind Signatures and Perfect Crimes," Computers & Security, v. 11, 1992, pp. 581-583.
1576. V.L. Voydock and S.T. Kent, "Security Mechanisms in High-Level Networks," ACM Computing Surveys, v. 15, n. 2, Jun 1983, pp. 135-171.
1577. N.R. Wagner, P.S. Putter, and M.R. Cain, "Large-Scale Randomization Techniques," Advances in Cryptology—CRYPTO '86 Proceedings, Springer-Verlag, 1987, pp. 393-404.
1578. M. Waidner and B. Pfitzmann, "The Dining Cryptographers in the Disco: Unconditional Sender and Recipient Untraceability with Computationally Secure Serviceability," Advances in Cryptology—EUROCRYPT '89 Proceedings, Springer-Verlag, 1990, p. 690.
1579. S.T. Walker, "Software Key Escrow—A Better Solution for Law Enforcement's Needs?" TIS Report #533, Trusted Information Systems, Aug 1994.
1580. S.T. Walker, "Thoughts on Key Escrow Acceptability," TIS Report #534D, Trusted Information Systems, Nov 1994.
1581. S.T. Walker, S.B. Lipner, C.M. Ellison, D.K. Branstad, and D.M. Balenson, "Commercial Key Escrow—Something for Everyone—Now and for the Future," TIS Report #541, Trusted Information Systems, Jan 1995.
1582. M.Z. Wang and J.L. Massey, "The Characteristics of All Binary Sequences with Perfect Linear Complexity Profiles,"

Abstracts of Papers, EUROCRYPT '86, 20–22 May 1986.

1583. E.J. Watson, "Primitive Polynomials (Mod 2)," *Mathematics of Computation*, v. 16, 1962, p. 368.

1584. P. Wayner, "Mimic Functions," *Cryptologia*, v. 16, n. 3, Jul 1992, pp. 193–214.

1585. P. Wayner, "Mimic Functions and Tractability," draft manuscript, 1993.

1586. A.F. Webster and S.E. Tavares, "On the Design of S-Boxes," *Advances in Cryptology—CRYPTO '85 Proceedings*, Springer-Verlag, 1986, pp. 523–534.

1587. G. Welchman, *The Hut Six Story: Breaking the Enigma Codes*, New York: McGraw-Hill, 1982.

1588. A.L. Wells Jr., "A Polynomial Form for Logarithms Modulo a Prime," *IEEE Transactions on Information Theory*, Nov 1984, pp. 845–846.

1589. D.J. Wheeler, "A Bulk Data Encryption Algorithm," *Fast Software Encryption, Cambridge Security Workshop Proceedings*, Springer-Verlag, 1994, pp. 127–134.

1590. D.J. Wheeler, personal communication, 1994.

1591. D.J. Wheeler and R. Needham, "A Large Block DES-Like Algorithm," Technical Report 355, "Two Cryptographic Notes," Computer Laboratory, University of Cambridge, Dec 1994, pp. 1–3.

1592. D.J. Wheeler and R. Needham, "TEA, A Tiny Encryption Algorithm," Technical Report 355, "Two Cryptographic Notes," Computer Laboratory, University of Cambridge, Dec 1994, pp. 1–3.

1593. S.R. White, "Covert Distributed Processing with Computer Viruses," *Advances in Cryptology—CRYPTO '89 Proceedings*, Springer-Verlag, 1990, pp. 616–619.

1594. White House, Office of the Press Secretary, "Statement by the Press Secretary," 16 Apr 1993.

1595. B.A. Wichman and I.D. Hill, "An Efficient and Portable Pseudo-Random Number Generator," *Applied Statistics*, v. 31, 1982, pp. 188–190.

1596. M.J. Wiener, "Cryptanalysis of Short RSA Secret Exponents," *IEEE Transactions on Information Theory*, v. 36, n. 3, May 1990, pp. 553–558.

1597. M.J. Wiener, "Efficient DES Key Search," presented at the rump session of CRYPTO '93, Aug 1993.

1598. M.J. Wiener, "Efficient DES Key Search," TR-244, School of Computer Science, Carleton University, May 1994.

1599. M.V. Wilkes, *Time-Sharing Computer Systems*, New York: American Elsevier, 1968.

1600. E.A. Williams, *An Invitation to Cryptograms*, New York: Simon and Schuster, 1959.

1601. H.C. Williams, "A Modification of the RSA Public-Key Encryption Procedure," *IEEE Transactions on Information Theory*, v. IT-26, n. 6, Nov 1980, pp. 726–729.

1602. H.C. Williams, "An Overview of Factoring," *Advances in Cryptology: Proceedings of Crypto 83*, Plenum Press, 1984, pp. 71–80.

1603. H.C. Williams, "Some Public-Key Crypto-Functions as Intractable as Factorization," *Advances in Cryptology: Proceedings of CRYPTO 84*, Springer-Verlag, 1985, pp. 66–70.

1604. H.C. Williams, "Some Public-Key Crypto-Functions as Intractable as Factorization," *Cryptologia*, v. 9, n. 3, Jul 1985, pp. 223–237.

1605. H.C. Williams, "An M^3 Public-Key Encryption Scheme," *Advances in Cryptology—CRYPTO '85*, Springer-Verlag, 1986, pp. 358–368.

1606. R.S. Winternitz, "Producing One-Way Hash Functions from DES," *Advances in Cryptology: Proceedings of Crypto 83*, Plenum Press, 1984, pp. 203–207.

1607. R.S. Winternitz, "A Secure One-Way Hash Function Built from DES," *Proceedings of the 1984 Symposium on Security and Privacy*, 1984, pp. 88–90.

1608. S. Wolfram, "Random Sequence Generation by Cellular Automata," *Advances in Applied Mathematics*, v. 7, 1986, pp. 123–169.

1609. S. Wolfram, "Cryptography with Cellular Automata," *Advances in Cryptology—CRYPTO '85 Proceedings*, Springer-Verlag, 1986, pp. 429–432.

1610. T.Y.C. Woo and S.S. Lam, "Authentication for Distributed Systems," *Computer*, v. 25, n. 1, Jan 1992, pp. 39–52.

1611. T.Y.C. Woo and S.S. Lam, " 'Authentication' Revisited," *Computer*, v. 25, n. 3, Mar 1992, p. 10.

1612. T.Y.C. Woo and S.S. Lam, "A Semantic Model for Authentication Protocols," *Proceedings of the 1993 IEEE Computer Soci-*

ety *Symposium on Research in Security and Privacy*, 1993, pp. 178–194.
1613. M.C. Wood, technical report, Cryptech, Inc., Jamestown, NY, Jul 1990.
1614. M.C. Wood, "Method of Cryptographically Transforming Electronic Digital Data from One Form to Another," U.S. Patent #5,003,596, 26 Mar 1991.
1615. M.C. Wood, personal communication, 1993.
1616. C.K. Wu and X.M. Wang, "Determination of the True Value of the Euler Totient Function in the RSA Cryptosystem from a Set of Possibilities," *Electronics Letters*, v. 29, n. 1, 7 Jan 1993, pp. 84–85.
1617. M.C. Wunderlich, "Recent Advances in the Design and Implementation of Large Integer Factorization Algorithms," *Proceedings of 1983 Symposium on Security and Privacy*, IEEE Computer Society Press, 1983, pp. 67–71.
1618. Xerox Network System (XNS) Authentication Protocol, XSIS 098404, Xerox Corporation, Apr 1984.
1619. Y.Y. Xian, "New Public Key Distribution System," *Electronics Letters*, v. 23, n. 11, 1987, pp. 560–561.
1620. L.D. Xing and L.G. Sheng, "Cryptanalysis of New Modified Lu-Lee Cryptosystems," *Electronics Letters*, v. 26, n. 19, 13 Sep 1990, p. 1601–1602.
1621. W. Xinmei, "Digital Signature Scheme Based on Error-Correcting Codes," *Electronics Letters*, v. 26, n. 13, 21 Jun 1990, p. 898–899.
1622. S.B. Xu, D.K. He, and X.M. Wang, "An Implementation of the GSM General Data Encryption Algorithm A5," *CHINACRYPT '94*, Xidian, China, 11–15 Nov 1994, pp. 287–291. (In Chinese.)
1623. M. Yagisawa, "A New Method for Realizing Public-Key Cryptosystem," *Cryptologia*, v. 9, n. 4, Oct 1985, pp. 360–380.
1624. C.H. Yang, "Modular Arithmetic Algorithms for Smart Cards," IEICE Japan, Technical Report, ISEC92-16, 1992.
1625. C.H. Yang and H. Morita, "An Efficient Modular-Multiplication Algorithm for Smart-Card Software Implementation," IEICE Japan, Technical Report, ISEC91-58, 1991.
1626. J.H. Yang, K.C. Zeng, and Q.B. Di, "On the Construction of Large S-Boxes," *CHINACRYPT '94*, Xidian, China, 11–15 Nov 1994, pp. 24–32. (In Chinese.)

1627. A.C.-C. Yao, "Protocols for Secure Computations," *Proceedings of the 23rd IEEE Symposium on the Foundations of Computer Science*, 1982, pp. 160–164.
1628. B. Yee, "Using Secure Coprocessors," Ph.D. dissertation, School of Computer Science, Carnegie Mellon University, May 1994.
1629. S.-M. Yen, "Design and Computation of Public Key Cryptosystems," Ph.D. dissertation, National Cheng Hung University, Apr 1994.
1630. S.-M. Yen and C.-S. Lai, "New Digital Signature Scheme Based on the Discrete Logarithm," *Electronics Letters*, v. 29, n. 12, 1993, pp. 1120–1121.
1631. K. Yiu and K. Peterson, "A Single-Chip VLSI Implementation of the Discrete Exponential Public-Key Distribution System," *IBM Systems Journal*, v. 15, n. 1, 1982, pp. 102–116.
1632. K. Yiu and K. Peterson, "A Single-Chip VLSI Implementation of the Discrete Exponential Public-Key Distribution System," *Proceedings of Government Microcircuit Applications Conference*, 1982, pp. 18–23.
1633. H.Y. Youm, S.L. Lee, and M.Y. Rhee, "Practical Protocols for Electronic Cash," *Proceedings of the 1993 Korea-Japan Workshop on Information Security and Cryptography*, Seoul, Korea, 24–26 Oct 1993, pp. 10–22.
1634. M. Yung, "Cryptoprotocols: Subscriptions to a Public Key, the Secret Blocking, and the Multi-Player Mental Poker Game," *Advances in Cryptology: Proceedings of CRYPTO 84*, Springer-Verlag, 1985, 439–453.
1635. G. Yuval, "How to Swindle Rabin," *Cryptologia*, v. 3, n. 3, Jul 1979, pp. 187–190.
1636. K.C. Zeng and M. Huang, "On the Linear Syndrome Method in Cryptanalysis," *Advances in Cryptology—CRYPTO '88 Proceedings*, Springer-Verlag, 1990, pp. 469–478.
1637. K.C. Zeng, M. Huang, and T.R.N. Rao, "An Improved Linear Algorithm in Cryptanalysis with Applications," *Advances in Cryptology—CRYPTO '90 Proceedings*, Springer-Verlag, 1991, pp. 34–47.
1638. K.C. Zeng, C.-H. Yang, and T.R.N. Rao, "On the Linear Consistency Test (LCT) in Cryptanalysis with Applications," *Advances in Cryptology—CRYPTO '89*

Proceedings, Springer-Verlag, 1990, pp. 164–174.

1639. K.C. Zeng, C.-H. Yang, D.-Y. Wei, and T.R.N. Rao, "Pseudorandom Bit Generators in Stream-Cipher Cryptography," *IEEE Computer*, v. 24, n. 2, Feb 1991, pp. 8–17.

1640. M. Zhang, S.E. Tavares, and L.L. Campbell, "Information Leakage of Boolean Functions and Its Relationship to Other Cryptographic Criteria," *Proceedings of the 2nd Annual ACM Conference on Computer and Communications Security*, ACM Press, 1994, pp. 156–165.

1641. M. Zhang and G. Xiao, "A Modified Design Criterion for Stream Ciphers," *CHINACRYPT '94*, Xidian, China, 11–15 Nov 1994, pp. 201–209. (In Chinese.)

1642. Y. Zheng, T. Matsumoto, and H. Imai, "Duality between two Cryptographic Primitives," *Papers of Technical Group for Information Security*, IEICE of Japan, Mar 1989, pp. 47–57.

1643. Y. Zheng, T. Matsumoto, and H. Imai, "Impossibility and Optimality Results in Constructing Pseudorandom Permutations," *Advances in Cryptology—EUROCRYPT '89 Proceedings*, Springer-Verlag, 1990, pp. 412–422.

1644. Y. Zheng, T. Matsumoto, and H. Imai, "On the Construction of Block Ciphers Provably Secure and Not Relying on Any Unproved Hypotheses," *Advances in Cryptology—CRYPTO '89 Proceedings*, Springer-Verlag, 1990, pp. 461–480.

1645. Y. Zheng, T. Matsumoto, and H. Imai, "Duality between two Cryptographic Primitives," *Proceedings of the 8th International Conference on Applied Algebra, Algebraic Algorithms and Error-Correcting Codes*, Springer-Verlag, 1991, pp. 379–390.

1646. Y. Zheng, J. Pieprzyk, and J. Seberry, "HAVAL—A One-Way Hashing Algorithm with Variable Length of Output," *Advances in Crytology—AUSCRYPT '92 Proceedings*, Springer-Verlag, 1993, pp. 83–104.

1647. N. Zierler, "Linear Recurring Sequences," *Journal Soc. Indust. Appl. Math.*, v. 7, n. 1, Mar 1959, pp. 31–48.

1648. N. Zierler, "Primitive Trinomials Whose Degree Is a Mersenne Exponent," *Information and Control*, v. 15, 1969, pp. 67–69.

1649. N. Zierler and J. Brillhart, "On Primitive Trinomials (mod 2)," *Information and Control*, v. 13, n. 6, Dec 1968, pp. 541–544.

1650. N. Zierler and W.H. Mills, "Products of Linear Recurring Sequences," *Journal of Algebra*, v. 27, n. 1, Oct 1973, pp. 147–157.

1651. C. Zimmer, "Perfect Gibberish," *Discover*, v. 13, n. 12, Dec 1992, pp. 92–99.

1652. P.R. Zimmermann, *The Official PGP User's Guide*, Boston: MIT Press, 1995.

1653. P.R. Zimmermann, *PGP Source Code and Internals*, Boston: MIT Press, 1995.

Stichwortverzeichnis

Zahlen
1/p-Generator 474
2-adische Zahlen 463
3-Way 395, 409
   Sourcecode 736

A
A5 446
   Sourcecode 744
Abadi, Martin 78
ACM 689
Adams, Carlisle 386
Adaptive-chosen-plaintext-Angriff 7
Additionsverkettung 285
additive Generatoren 449
Adleman, Leonard 191, 532
Adler, Roy 310
affine Approximation 437
Agnew, G.B. 484
aktive Angriffe 32
aktive Betrüger 32
algebraische Struktur von DES 329
Algorithmen 2
   (siehe auch Blockchiffrierungen und
     Stromchiffrierungen)
   Alles-oder-Nichts 620
   Arten 223
   Asmuth-Bloom 604
   Berlekamp-Massey 436, 463
   Betriebsmodi von DES 323
   Block Replay 225
   Brechen 9
   Cade 572
   CAST 386
   Chiffriermodus 246
   Cipher Block Chaining 245, 246
   Cipher Block Chaining of Plaintext Difference 246
   Cipher-Feedback-Modus 246
   Computer-Algorithmen 20
   Counter-Modus 247
   Datenkompression 266
   Diffie-Hellman (fair) 623
   digitale Signaturen 46
   Einsatz 251
   Einweg-Akkumulatoren 619
   erweiterter Euklidischer 289
   exponentieller 279
   Faktorisierung 299
   für den Export 253
   ISO/IEC 9979 registriert 687
   Karnin-Greene-Hellman 604
   Khafre 366
   Khufu 366
   Klassen 255
   Kombination mehrerer 424
   Komplexität 278
   konstanter 279
   konvertierbare verbindliche Signaturen 614
   kubischer 279
   Laufzeit 279
   linear syndrome 437
   linearer 279
   Münzenwerfen 617
   Oblivious Transfer 627
   Output-Feedback-Modus 240
   Plaintext Block Chaining 246
   polynomialer 279
   Propagating Cipher Block Chaining-Modus 244
   Public-Key 5, 39
   quadratischer 279
   Quantenkryptographie 632
   secret-sharing 602
   Sicherheit 8
   Stromchiffrierungen 232
   superpolynomiale 279
   symmetrische 4
   synchrone Stromchiffrierung 238
   uneingeschränkt sicher 9
   verdeckter Kanal in digitaler Signatur 95
   von Barrett 286
   von Montgomery 286
   Wahl 252
   zero knowledge-Beweise 624
Algorithmus M 452
Alles-oder-Nichts-Geheimnisenthüllung 115, 620
Wählen mit einer Wahlleitung 153
allgemeines Zahlkörpersieb 187
alternative S-Boxen für DES 345

alternierende Stop-and-Go-Generatoren 441, 470
Andersen, Ross 448
Angriff 6
  mit gekauftem Schlüssel 7
anonyme Nachrichtenverbreitung 163
ANSI
  DES-Standardisierung 312
  X3.105   312
  X3.106   312
  X3.92   312
  X9.17-Schlüsselerzeugung 205
  X9.19   312
  X9.26   312
  X9.8   312
anvertraute verbindliche Signaturen 99
Anzahl der Runden bei DES 330
AR-Hashfunktion 518
Arithmetik, modulare 283
Arms Export Control Act 691
Asmuth-Bloom 604
Association for Computing Machinery 689
asymmetrische Algorithmen, siehe Public-Key-Algorithmen
AT&T Model 3600 Telephone Security Device 675
Atomic Energy Act 691
Auffüllen beim ECB-Modus 224
Augmented-EKE 595
ausfallsicheres Diffie-Hellman-Verfahren 624
Auswahlstring 170
Authentifizierung 2, 62
  DASS 74
  Denning-Sacco-Protokoll 75
  formale Analyse der Protokolle 77
  ISO Framework 652
  Kerberos 72
  mit Einwegfunktionen 62
  mit Interlock-Protokoll 65
  mit Public-Key-Kryptographie 64
  Needham-Schroeder-Protokoll 69
  Neuman-Stubblebine-Protokoll 72
  Otway-Rees 71
  Salt 63
  Schnorr 583
  SESAME 650
  SKEY 64
  von Nachrichten 67
  Wide-Mouth-Frog-Protokoll 68
  Woo-Lam-Protokoll 76
  Wörterbuchangriffe 63
  Yahalom 69

Authentikatoren 644

B

BAN-Logik 78
Barretts Algorithmus 286
BaseKing 399
Battista, Leon 13
BBS-Generator 477
BC, siehe Block Chaining Modus
Beacons 77
Beaufort-Chiffrierung 13
Beglaubigungsinstanz 219
Bellovin, Steve 592, 648
Bennett, Charles 632, 634
berechenbare Probleme 280
Berechnungen mit verschlüsselten Daten 103
Berechnungskomplexität 9, 278
berechnungssicher 9
Berlekamp-Massey-Algorithmus 436, 463
Bernstein, Dan 697
Berson, Tom 503
Bestätigung elektronischer Post 145
Bestimmung von Koeffizienten 290
Betrüger 32
bidirektionaler Message Authentication Code 521
Biham, Eli 330, 335, 344, 350, 351, 354, 356, 359, 363, 416, 497
Biotechnologie als Kryptanalyse-Tool 184
Bit Commitment 104
  mit Einwegfunktionen 105
  mit Pseudozufallszahlengenerator 106
  mit symmetrischer Kryptographie 104
Blakley, George 85, 603
Blaze, Matt 399, 420
blinde Signaturen 133, 626
  Patente 136
  vollständige 133
  Wählen mit 150
Blindfaktor 133
Blobs 106
Block Replay 225
Block- und Stromchiffrierungen 249
Blockalgorithmen 4
Block-Chaining-Modus 244
Blockchiffrierungen 4, 223, 352
  BaseKing 399
  Blowfish 388
  CA-1.1 379
  CAST 386
  Counter-Modus 247

Crab 395
CRYPTO-MECCANO 399
doppelte Verschlüsselung 411
Double OFB/Zähler 419
Dreifachverschlüsselung 413
einfache Beziehungen 401
Einweg-Hashfunktionen 406
Entwurf 405
Entwurfstheorie 400
FEAL 356
Feistel-Netzwerke 401
GOST 383
Gruppenstruktur 402
IDEA 370
iterierte 400
Kaskadierung 423
Kombination mehrerer Algorithmen 424
Li-Wang-Algorithmus 399
LOKI 363
Lucifer 351
McEliece-Algorithmus 399
Mehrfachverschlüsselung 411
MMB 377
NewDES 355
Rao-Nam-Algorithmus 399
RC2 368
RC5 397
REDOC II 361
REDOC III 362
SAFER K-64   392
S-Box 403
Schlüsselverkürzung in CDMF 421
Schutz vor differentieller und linearer
   Kryptanalyse 402
schwache Schlüssel 402
Skipjack 380
Verdopplung 418
Verschlüsselungsgeschwindigkeit 410
Wahl 409
xDES^i 420
Blöcke 4
Blocklänge, Verdopplung 418
Blowfish 388, 409
   Sourcecode 729
Blum, Manuel 107, 125, 128
Blum-Blum-Shub-Generator 477, 630
Blum-Micali-Generator 477
Blumsche Zahlen 296
Boer, Bert den 497, 503
Boolesche Funktionen in S-Boxen 404
Bosselaers, Anton 498, 503
Boyar, Joan 425
Brassard, Gilles 632, 634

Brute-Force-Angriff 9, 177, 181
   Zeit- und Kostenabschätzung 178
Bureau of Export Administration 692
Burrows, Michael 78

C

CA-1.1   379
Cade-Algorithmus 572
Caesar-Chiffrierung 12
CAFE 686
Cantwell-Bill 697
Capstone 675
CAST 386
   S-Boxen 403
CBC, siehe Cipher Block Chaining
CBC-MAC 521
CBCPD 246
CCEP 313, 678
CDMF 421, 652
CFB 235, 246
Chambers, Bill 443
Charakteristiken 334
Chaum, David 101, 136, 159, 163, 612, 626
Chiffretext 1
   Paare bei differentieller Kryptanalyse 332
   Verbergen in Chiffretext 268
Chiffriermodus
   Auswahl 246
   Zusammenfassung 247
Chiffrierschlüssel 3
Chiffrierung
   auf Dateiebene und Treiberebene 261
   digitale Signaturen mit 49
   eines Laufwerks 263
   ElGamal 545
   ElGamal mit DSA 560
   End-to-End 257
   Erkennen 267
   Geschwindigkeit 410, 481
   gespeicherter Daten 260
   in Hardware 263
   in Software 265
   Link-by-Link 256
   mit einfacher Spaltentransposition 13
   mit fortlaufendem Schlüssel 13
   mit öffentlichem Schlüssel 5
   mit privatem Schlüssel 46
   mit Rucksackalgorithmen 529
   mit symmetrischem Algorithmus 4
   mit Verschränkung 248
   probabilistische 629
   RSA 532

RSA mit DSA 561
Rucksackalgorithmen 529
Substitution 11
Transposition 13
und Kompression 266
von Kommunikationskanälen 255
chinesische Lotterie 183
chinesischer Restsatz 292, 535
Chor-Rivest 531
chosen-ciphertext-Angriff 7, 537
chosen-key-Angriff 7
chosen-plaintext-Angriff 6, 413
chosen-text-Angriff 7
Cipher Block Chaining 227
    Auffüllen 229
    Fehlerfortplanzung 231
    Initalisierungsvektor 229
    mit Prüfsumme 245
    Sicherheitsprobleme 231
Cipher Block Chaining of Plaintext Difference 246
Cipher-Feedback-Modus 235, 246
    Fehlerfortpflanzung 237
    Initialisierungsvektor 237
ciphertext auto key 234
ciphertext stealing 225
ciphertext-only-Angriff 6
Clipper
    Chip 672
    Telefon 675
    Treuhändermechanismus 380
CoCom 691
Code 10
Codes zur Nachrichtenauthentifizierung 36
Commercial COMSEC Endorsement Program 313, 678
Commercial Data Masking Facility 421, 652
Common Cryptographic Architecture 650
Communications Setup 592
Computer Security Act von 1987 681
Computeruhr als Zufallsfolgengenerator 485
COMSET 592
Conditional Access for Europe 686
Coppersmith, Don 113, 310, 326, 329, 456, 522
Coppersmith-Algorithmus 307
Counter-Modus 243
Crab 395
Crépeau, Claude 632
Crypt Breakers Workbench 474
crypt(1) 474

crypt(3) 344
CRYPTO-LEGGO 474
CTAK 234
Cusick, Thomas 361
Cypherpunks 690

D

Daemen, Joan 377, 395, 403, 474
Damgård, Ivan 509
Damm, Arvid Gerhard 15
DASS 74
Data Encryption Standard 20, 309
    algebraische Struktur 329
    alternative S-Boxen 345
    Anzahl der Runden 330
    Beschreibung 315
    Betriebsmodi 323
    Charakteristiken 334
    crypt(3) 344
    Dechiffrierung 323
    Design der S-Boxen 331
    DESX 343
    differentielle Kryptanalyse 336
    Effizienz von Brute-Force-Angriff 178
    Eingangspermutation 316
    Entschlüsselung 323
    Entwurfskriterien für P-Boxen und S-Boxen 341
    Expansionspermutation 319
    Generalized DES 344
    Geschwindigkeit auf Mikroprozessoren und Computern 324
    halbschwache Schlüssel 327
    Hard- und Software-Implementierungen 323
    iterierte Blockchiffrierung 401
    kommerzielle Chips 324
    komplementäre Schlüssel 328
    Kompressionspermutation 318
    Kryptanalyse mit verwandten Schlüsseln 337
    lineare Kryptanalyse 338
    mehrfaches DES 342
    mit unabhängigen Teilschlüsseln 343
    möglicherweise schwache Schlüssel 328
    P-Box-Permutation 321
    RDES 346
    S-Boxen 403
    S-Box-Substitution 320
    schlüsselabhängige S-Boxen 347, 409
    Schlüssellänge 329
    Schlüsseltransformation 318

Schlußpermutation 321
schwache Schlüssel 326
Sicherheit 325, 326, 349
Sourcecode 705
Standardisierung 312
Überblick über den Algorithmus 316
Validierung und Zertifizierung von
  Geräten 313
Varianten 346
Vergleich mit GOST 385
Data Exchange Key 660
Datenbankschutz durch Verschlüsselung
  88
Datenkomplexität 9
Datenschlüssel 208
Davies, Donald 638
Davies-Meyer 511
  Abreast 515
  modifiziertes Verfahren 513
  parallel 514
  Tandem 515
Davies-Price 412
Dechiffrierschlüssel 3
Dechiffrierung
  Erkennung von Schlüsselfehlern 210
  mit öffentlichem Schlüssel 46
  mit Rucksackalgorithmen 529
  mit symmetrischem Algorithmus 4
Denning-Sacco-Protokoll 75
Dereferenzieren von Schlüsseln 261
DES, siehe Data Encryption Standard
Desmedt, Yvo 98
DESX 343
dicht 433
dichte Polynome 435
differentielle Kryptanalyse 332
  Angriffe gegen Lucifer 351
  gegen DES 336
  Schutz vor 402
differentiell-lineare Kryptanalyse 341
Diffie, Whitfield 44, 145, 254, 330, 479, 525,
  573, 642
Diffie-Hellman
  ausfallsicher 624
  EKE-Implementierung 594
  erweitertes Verfahren 588
  faires Verfahren 623
  Hughes-Variante 589
  mit drei oder mehr Parteien 588
  Patente 590
  Schlüsselaustausch ohne Austausch von
    Schlüsseln 589

Diffies randomisierte Stromchiffrierung
  479
Diffusion 277, 400
Digital Notary System 94
Digital Signature Algorithm 20
  Angriffe gegen k 563
  Beschleunigung 557
  Beschreibung 556
  ElGamal-Verschlüsselung 560
  Erzeugung von Primzahlen 558
  Gefahren durch gemeinsamen Modul
    563
  Geschwindigkeitsvergleich mit RSA 559
  Kritik 553
  NIST-Standard 553
  Patente 564
  RSA-Chiffrierung 561
  Sicherheit 561
  Varianten 565
  verdeckte Kanäle 563, 609
digitale Münzen 173
digitale Schecks 173
digitale Signaturen
  Algorithmen 46
  als Baumstruktur 43
  Angriffe gegen Public-Key-Verfahren 51
  anvertraute verbindliche 99
  Anwendungen 48
  blinde 133, 626
  Cade-Algorithmen 572
  Definition 46
  ElGamal 543
  ESIGN 570
  fail-stop 102
  Fiat-Shamir 579
  für Gruppen 101
  für Stellvertreter 100
  konvertierbare verbindliche 614
  Matsumoto-Imai 572
  mehrfach 582
  mit Chiffrierung 49
  mit designierter Bestätigung 99, 615
  mit diskreten Logarithmen 567
  mit GOST 566
  mit RSA 540
  mit symmetrischen Kryptosystemen und
    Vermittler 42
  nicht eindeutige 140
  ohne verdeckten Kanal 97
  Ong-Schnorr-Shamir 570
  Protokoll 47
  Public-Key-Algorithmen 553
  Public-Key-Kryptographie 44

Public-Key-Kryptographie und Einweg-Hashfunktionen 45
Schlüsselaustausch mit 60
Schnorr 584
Terminologie 46
verbesserte Lösung mit Vermittler 92
verbindliche 97, 612
Verbindlichkeit 47
Vereiteln von Zurücksendeangriffen 51
Zeitstempel 45
zelluläre Automaten 572
digitales Geld 165
  anonymes 166
  Chip-Karte 173
  das perfekte Verbrechen 172
  in der Praxis 172
  Kreditkarten 174
  Offline-Systeme 173
  Online-Systeme 173
  Problem der doppelten Bezahlung 167
  Schecks 166
  secret splitting 169
  weitere Protokolle 173
Dining Cryptographers Problem 163
diskrete Logarithmen 286, 306, 573, 616
  für Signaturverfahren 567
Distributed Authentication Security Service 74
DNRSG 445
DNS, Berechnungen mittels 191
DoD-Schlüsselerzeugung 206
doppelte Verschlüsselung 411
Double OFB/Zähler 419
Dreier-Erfüllbarkeit 283
Dreier-Hochzeitsproblem 283
Dreifachverschlüsselung 413
  Betriebsmodi 415
  mit drei Schlüsseln 414
  mit minimalem Schlüssel 414
  mit zwei Schlüsseln 413
  Varianten 416
DSA 553
DSA, siehe Digital Signature Algorithm
dynamic random-sequence generator 445

E

E-Box 319
ECB, siehe Electronic-Codebook-Modus
EFF 689
eigenständige Protokolle 31
einfache Substitutions-Chiffrierung 11
eingeschränkte Algorithmen 3

Einweg-Akkumulatoren 114, 619
Einwegfunktionen 34
  beim Bit Commitment 105
  mit Hintertür 35, 185
  zum Münzenwerfen 108
Einweg-Hashfunktionen 35, 406
  als ausgewogene Zufallsbitgeneratoren 127
  als MAC 523
  Davies-Meyer 515
  Dokumentunterzeichnung 45
  Geburtstagsangriff 194, 492
  HAVAL 508
  Hintergrund 491
  Karn 406
  Kompressionsfunktion 493
  Länge 492
  LOKI-Doppelblock 514
  Luby-Rackoff 407
  MD2   503
  MD3   508
  MD4   498
  MD5   498
  MDC-2   516
  MDC-4   516
  MD-strengthening 493
  Mehrfachsignaturen 47
  Message Authentication Codes 520
  Message Digest Cipher 408
  mit Public-Key-Algorithmen 519
  mit symmetrischen Blockalgorithmen 509
  modifiziertes Davies-Meyer-Verfahren 513
  N-Hash 495
  Preneel-Bosselaers-Govaerts-Vandewalle 513
  Quisquater-Girault 514
  RIPE-MD 508
  Sicherheit von Chiffrierungen 409
  Snefru 493
  verbesserte Lösung mit Vermittler 92
  Wahl 519
  zur Authentifizierung 62
EKE, siehe Encrypted Key Exchange
Electronic Frontier Foundation 689
Electronic Privacy Information Center 688
Electronic-Codebook-Modus 223
  Auffüllen 224
elektronische Signaturen, siehe digitale Signaturen
ElGamal 607
  Chiffrierung mit DSA 560

EKE-Implementierung 594
Geschwindigkeit 545
Patente 546
Signaturen 543, 544
ElGamal, Taher 307
Elliptische-Kurven-Kryptosysteme 548
Elliptische-Kurven-Methode 299
Ellison, Carl 417
Empfangsbestätigung, Nachricht als 50
encrypt-decrypt-encrypt 413
Encrypted Key Exchange
   Anwendungen 596
   Augmented 595
   grundlegendes Protokoll 592
   Implementierung mit Diffie-Hellman 594
   Implementierung mit ElGamal 594
   Implementierung mit RSA 593
   Stärkung 595
endliche Körper 298
   diskrete Logarithmen 306
End-to-End-Verschlüsselung 257
   Kombination mit Link-by-Link 259
Enigma 15, 474
Entropie 273
Entschlüsselung, siehe Dechiffrierung
Entwurfskriterien für S-Boxen und P-Boxen 341
EPIC 688
Erkennen von Verschlüsselung 267
erweiterter Euklidischer Algorithmus 289
Erzeugung von Primzahlen 302
Escrowed Encryption Standard 116, 675
ESIGN 570, 608
Euklidischer Algorithmus 287
Eulersche phi-Funktion 291
Eulersche Verallgemeinerung des kleinen Satzes von Fermat 291
Expansionspermutation 319, 365
Export Administration Act 691
Export von Algorithmen 253, 691
Exportable Protection Device 447
Exportbestimmungen in verschiedenen Ländern 698
EXPTIME 283

F

failsafe key-escrowing-Protokoll 118
Fail-stop-Signaturen 102
Faktorisierung 573
   Algorithmen 299
   allgemeines Zahlkörpersieb 187
   langfristige Entwicklungen 190
   mit quadratischem Sieb 186
   Public-Key-Verschlüsselungsalgorithmen 186
   spezielles Zahlkörpersieb 187
   Wettbewerb 301
FAPKC0 550
FAPKC1 550
FAPKC2 550
FEAL 356
   Beschreibung 356
   Kryptanalyse 359
   Patente 361
Fehlererkennung
   bei Dechiffrierung 210
   bei Schlüsselübertragung 210
Fehlerfortpflanzung
   beim CBC-Modus 231
   Output-Feedback-Modus 241
Feige, Uriel 575
Feige-Fiat-Shamir 575
   Verbesserungen 578
   vereinfachtes Identifizierungsverfahren 575
Feistel, Horst 310, 351
Feistel-Netzwerk 401
   Blowfish 390
   praktisch sicheres 403
FFT-Hash 509
Fiat, Amos 575
Fiat-Shamir, Signaturverfahren 579
Fibonacci-Generatoren 449
Fibonacci-Konfiguration 430, 435
Filtergenerator 438
FIPS PUB 112   311
FIPS PUB 46   311
FIPS PUB 74   311
FIPS PUB 81   311
Fish 449
flacher Schlüsselraum 207
Fortified Key Negotiation 597

G

Galois-Feld 298
Galois-Konfiguration
   lineare Schieberegister mit Rückkopplung 434
Garey, Michael 283
Gatekeeper 324
Geburtstagsangriff 194, 492
Geffe-Generator 438
geheimer Rundruf 598
Geheimnisse, gleichzeitiger Austausch 147

Geld, siehe digitales Geld
gemeinsame Geheimnisse mit Betrügern 605
Generalized DES 344
Generator mit zellulären Automaten 473
Generatoren 296
  taktgesteuerte 438
Gifford 451
Gifford, David 451
Gill, J. 573
gleichzeitiger Geheimnisaustausch 147
globale Deduktion 9
Goldwasser, Shafi 113, 629
Gollmann, Dieter 443
Gollmann-Kaskade 445
Goodman-McAuley-Kryptosystem 530
Goresky, Mark 463
GOST 383, 409
  für digitale Signaturen 566
  Hashfunktion 518
  R 34.10-94   566
  Sourcecode 725
Graham-Shamir-Rucksäcke 530
Graphenisomorphie 124
Grossman, Edna 310
größter gemeinsamer Teiler 287
Group Special Mobile 446
Gruppensignaturen 101
Gruppenstruktur 402
GSM 446
Guillou, Louis 121, 581
Guillou-Quisquater
  Identifizierungsverfahren 581
  Signaturverfahren 582
Gutmann, Peter 408
Guy, Richard 186

H

Haber, Stuart 91, 555
Hamiltonsche Wege 125
Hardware für RSA 534
Hardware-Verschlüsselung 263
Hashfunktionen, siehe Einweg-Hashfunktionen
Hashwert 35
Hauptquadratwurzel 294
HAVAL 508
Hellman, Martin 44, 306, 330, 341, 412, 525
Hinterlegungsbehörden 672
historische Begriffe 10
homophone Substitutions-Chiffrierung 12
Hughes 589

Hughes XPD/KPD 447
Hughes, Eric 690
hybride Kryptosysteme 38, 525

I

IACR 686
IBC-Hash 523
IBM Common Cryptographic Architecture 650
IBM-Protokoll zur Verwaltung geheimer Schlüssel 637
IDEA 370, 410
  Beschreibung 371
  Betriebsmodi 375
  Geschwindigkeit 373
  Kryptanalyse 373
  S-Boxen 403
  Schutz vor differentieller Kryptanalyse 402
  Sourcecode 719
  Überblick 370
  Varianten 376
ideale Sicherheit 277
Identifizierungsverfahren
  Feige-Fiat-Shamir 575, 576
  Guillou-Quisquater 581
  in Signaturverfahren umwandeln 585
  Ohta-Okamoto 580
  Schnorr 583
IEEE 689
Immunität gegen Korrelation 437
Importbestimmungen in verschiedenen Ländern 698
Informationen zerstören 269
Informationsdeduktion 9
Informationsgehalt einer Nachricht 273
Informationsrate einer Sprache 274
informationstheoretischer Ansatz 475
Informationstheorie 273
  in der Praxis 277
  Unizitätslänge 276
Ingemarsson, Ingemar 478
Inner-CBC 415
inner-product-Generator mit unterschiedlichen Geschwindigkeiten 444
Institute of Electrical and Electronics Engineers 689
Integrated Services Digital Network 639
Integrität 2
interaktive Protokolle 123
Interchange Key 661
interleaving 248

Interlock-Protokoll zur gegenseitigen
   Authentifizierung 65
International Association for Cryptologic
   Research 686
International Traffic in Arms Regulations
   692
interne Rückkopplung 240
Internet, Privacy-Enhanced Mail 656
Introducer 221
IPES 370
irreduzible Polynome 298, 549
ISDN 639
ISO 8732 413
ISO 9796 540, 555
ISO, Anerkennung von DES 312
ISO/IEC 9979 687
ITAR 692

J

Jacobi-Symbol 294
J-Algebren 572
Jam 474
Jennings-Generator 440
Johnson, David 283
Juenemans Verfahren 522

K

KAK (Key Auto Key) 238
Kaliski, Burt 395
Karn, Phil 406
Karnin-Greene-Hellman 604
Kaskadengeneratoren 468
Kaskadierung
   von Blockalgorithmen 423
   von Stromchiffrierungen 480
Kehrwert modulo einer Zahl 288
Kerberos 72, 642
   Abkürzungen 644
   Anfordern eines Dienstes 647
   Authentifizierungsschritte 644
   Bezug eines Anfangstickets 645
   Bezug von Servertickets 646
   Legitimationen 644
   Lizenzen 649
   Modell 643
   Nachrichten in Version 5 645
   Sicherheit 648
   Version 4 647
Kerckhoffs, A. 6
Kerckhoffs' Maxime 8
Kettenbruchmethode 300

Key Auto Key 238
Key Distribution Center (KDC) 52
key-encryption-Schlüssel 208, 217
key-notarization 638
Khafre 367, 403
Khufu 367, 403
Kilian, Joe 138
Kim, Kwangjo 347, 404
Kinetic Protection Device 447
Klapper, Mark 463
Klartext 1
   richtiges und falsches Paar 334
Klein, Daniel 63, 201
kleiner Satz von Fermat 290
known-plaintext-Angriff 6, 177, 413
Knudsen, Lars 9, 341, 363, 365, 402
Knuth 573
Koblitz, Neal 548
Kodierung 266
Koinzidenzerfassung 17
Koinzidenzindex 17
kollisionsfrei 36
Kollisionsresistenz 491
Kombinationsgenerator 438
Kommunikation
   mit Public-Key-Kryptographie 37
   mit symmetrischer Kryptographie 32
Kommunikationskanäle
   Chiffrierung 255
komplementäre Schlüssel 328
Komplementäreigenschaft 328
Komplexität
   von Algorithmen 278
   von Problemen 280
komplexitätstheoretischer Ansatz 475
Komplexitätstheorie 280
   Komplexität von Algorithmen 278
   Komplexität von Problemen 280
Kompression 266
Kompressionsfunktion 493
Kompressionspermutation 318
kompromittierte Schlüssel 215
Kompromittierung 5
Konfusion 277, 400
Kongruenz 284
Konheim, Alan 310, 326
Kontrollvektor 212
konvertierbare verbindliche Signaturen
   614
Korrelationen bei Zufallsfolgengeneratoren 486
Korrelationsangriffe bei Stromchiffrierungen 437

KPD 447
Kravitz, David 564
Kravitz-Reed 549
Kreditkarten, anonyme 174
Kryptanalyse 1, 5
  Arten 5
  differentielle 332
  FEAL 359
  GOST 385
  IDEA 373
  LOKI 365
  Madryga 354
  mit Gewalt 7
  mit verwandten Schlüsseln 337
Kryptanalytiker 1
Kryptographen 1
Kryptographie 1
kryptographisch sichere Pseudozufallsfolgen 54
kryptographische Einheit 638
kryptographischer Algorithmus, siehe Chiffrierung
kryptographischer Modus 223
kryptographischer Schutz von Datenbanken 88
kryptographisches Protokoll 26
KryptoKnight 649
Kryptologen 1
Kryptologie 1
Kryptosysteme 4
  elliptische Kurven 548
  faire 117
  hybride 38
  mit endlichen Automaten 550
  schwache 116
  Sicherheit 275

L

LaGrange-Interpolation 602
Lai, Xuejia 370, 513
Langford, Susan 341
Laufwerk
  verschlüsseltes 263
Lawineneffekt 319, 404
Legendre-Symbol 294
Lehmann-Algorithmus 303
Lenstra, Arjen 187, 191, 300, 555
LFSR 429
LFSR/FCSR-Kaskade mit Summierung und Parität 469
Lidl, Rudolph 549
linear syndrome algorithm 437

lineare fehlerkorrigierende Codes
  Algorithmen 548
lineare Komplexität
  Profil 436
  Stromchiffrierungen 436
lineare Kongruenzgeneratoren 425
  Kombination 427
  Konstanten 426
lineare Kryptanalyse 338
  Schutz vor 402
lineare Schieberegister mit Rückkopplung 429
  Galois-Konfiguration 434
  primitive Polynome mod 2   431
  Software-Implementierungen 434
linearer Konsistenztest 437
Link-by-Link-Verschlüsselung 256
Li-Wang-Algorithmus 399
lock-in-Angriff 445
Logarithmen, siehe diskrete Logarithmen
lokale Deduktion 9
LOKI 363
  Doppelblock 514
  Kryptanalyse 365
  S-Box 403
  Sourcecode 714
Luby, Michael 407
Luby-Rackoff 420
LUC 549
Lucas-Zahl 549
Luccio-Mazzone 572
Lucifer 310, 351
Lu-Lee-Kryptosystem 530
Lyndon-Wörter 573

M

MAA 521
MAC 36, 520
Madryga 352
Madryga, W.E. 352
Mafiabetrug 130
Manasse, Mark 187, 300
man-in-the-middle-Angriff 58
Masken bei REDOC II 361
Massey, James 370, 392, 444, 478, 513
Master-Key 637
Master-Terminal-Key 637
Matsui, Mitsuru 338
Matsumoto-Imai-Algorithmus 572
Mauborgne, Joseph 17
Maurer, Ueli 479

Maurers randomisierte Stromchiffrierung 479
maximale Periode 425
McEliece, Robert 546
McEliece-Algorithmus 399, 546
MD2 503
MD3 508
MD4 498
MD5 498
  Auffüllen 498
  Sicherheit 502
MDC 408
MDC-2 516
MDC-4 516
MD-strengthening 493
meet-in-the-middle-Angriff 412, 437
mehrfaches DES 342
Mehrfachsignaturen 47
Mehrfachunterschriften 582
Mehrfachverschlüsselung 411
mentales Pokern 110
Merkle, Ralph 40, 366, 413, 493, 519, 525
Merkles Rätsel 40
Merritt, Michael 80, 592, 648
Message Authentication Codes 36, 520
  bidirektionaler MAC 521
  CBC-MAC 521
  IBC-Hash 523
  Juenemanns Verfahren 522
  mit Einweg-Hashfunktionen 523
  mit Stromchiffrierungen 524
  RIPE-MAC 522
Message Authenticator Algorithm 521
Message Digest 498
Message Digest Cipher 408
Message Integrity Check 656
Message Security Protocol 663
message-meaning-Regel 79
Meyer, Carl 310, 326
Meyer, Joseph A. 695
Micali, Silvio 113, 580, 623, 629
Miller, Gary 304
Miller, V.S. 548
mimic functions 11
minimum-disclosure-Beweise 128
MITRENET 638
Miyaguchi, Shoji 356
MMB 377
Modular Multiplication Based Block Cipher 377
modulare Arithmetik 283
  Inverse 288
modulare Reduktion 284

monoalphabetische Chiffrierung 11
Montgomerys Verfahren 286
Moores Gesetz 179
MSP 663
Müller, Winfried 549
Multiplikator 425
Münzenwerfen 107
  faires 617
  in einen Schacht 110
  mit Blumschen Zahlen 619
  mit Einwegfunktionen 108
  mit Potenzierung modulo p 618
  mit Public-Key-Kryptographie 108
  Quadratwurzeln 617
  Schlüsselerzeugung 110
Mush 450
MYK-78T 672
MYK-80 675
Mykotronx Clipper-Chip 380

N

Nachrichten
  als Empfangsbestätigung 50
  Authentifizierung 67
  Privacy-Enhanced Mail 658
  Übermittlung 61
  Verteilung 82
Nachrichtenverbreitung, anonyme 163
Nachrichtenverteilung 61
Nachweis der Mitgliedschaft 133
Nanoteq 448
National Computer Security Center 679
National Institute of Standards and Technology 680
  Entwicklung von DES 309
  Memorandum of Understanding 681
National Security Agency 677
  Entwicklung von DES 309
  Export von Kryptographie 695
  Memorandum of Understanding 681
  Rolle bei der Entwicklung der S-Boxen 326
Navy Research Laboratory
  Protocol Analyzer 80
NCSC 679
Needham, Roger 69, 78, 254
Needham-Schroeder-Protokoll 69
Netze, Schlüsselverteilung 209
Neuman-Stubblebine-Protokoll 72
Neuronale Netze zum Brechen von Algorithmen 181
NewDES 355

NFS 299
N-Hash 495
  Kryptanalyse 497
nichtlinearer Schlüsselraum 206
Nichtreste, quadratische 294
Niederreiter, Harald 573
Niederreiter-Algorithmus 548
Niemi-Kryptosystem 530
NIST 680
Nöbauer, Wilfried 549
nonce-verification-Regel 79
Non-Interactive Key-Sharing-Systeme 137
Notz, Bill 310
NP-vollständige Probleme 281
  Graphenisomorphie 124
  Lösung 191
  McEliece 547
  Rucksackalgorithmen 526
NRL-Protocol Analyzer 80
NSA 677
NSDD-145sm 313
Nuclear Non-Proliferation Act 691
Number Field Sieve 299
Nyberg, Kaisa 402

O

oblivious transfer 138, 627
Observer-Chip 173
OFB, siehe Output-Feedback-Modus
öffentlicher Schlüssel 5
  Erzeugung aus dem privaten Schlüssel 528
öffentlicher Schlüsselring 664
Ohta, Kazuo 173, 573
Ohta-Okamoto 580
Okamoto, Tatsuaki 173, 573
One-Time-Pad 17
  Verbergen von Chiffretext in Chiffretext 268
Ong-Schnorr-Shamir 570, 606
Oorschot, Paul van 413
Orange Book 679
Otway-Rees-Protokoll 71
Outerbridge, Richard 418
Outer-CBC 415
Output-Feedback-Modus 240
  Fehlerfortplanzung 241
  Sicherheit 241
Overtake 678

P

Painvin, Georges 14
passive Angriffe 31
passive Betrüger 32
Patente 690
PBC, siehe Plaintext Block Chaining
P-Boxen, Permutation 321, 365
PCBC 244
PEM, siehe Privacy-Enhanced Mail
perfekte Sicherheit 275
Periode 13
Permutation 278
PES 370, 374
PGP 664
Photonen 632
Pike 450
PKCS 668
PKZIP 453
Plaintext Block Chaining 246
Pless-Generator 473
p-NEW-Verfahren 569
Pohlig, Stephen 306
Pohlig-Hellman 541
polarisierte Photonen 632
Pollards Monte-Carlo-Algorithmus 300
polyalphabetische Substitutions-Chiffrierung 12
polygraphische Substitutions-Chiffrierung 12
Polynome
  dichte 435
  dünn besetzt 446
  irreduzibel 298
Polynomgrad und Schieberegisterlänge 431
Pomerance, Carl 300
Powerline-System 531
Preneel, Bart 522
Preneel-Bosselaers-Govaerts-Vandewalle 513
Pretty Good Privacy 664
Price, William 638
Primfaktorzerlegung 299
primitiv 296
primitive Polynome 431
Primzahlen 286
  bei DSA 558
  Erzeugung 302
  relativ prim 287
  starke 305
Privacy-Enhanced Mail 656
  Dokumente 657
  Nachrichten 658

RIPEM 663
Sicherheit 662
TIS/PEM 662
Zertifikate 657
privater Schlüssel 5
   Erzeugung des öffentlichen Schlüssels 528
probabilistische Verschlüsselung 629
Problem der doppelten Bezahlung 167
Probleme
   berechenbare 280
   Dreier-Erfüllbarkeit 283
   Dreier-Hochzeit 283
   EXPTIME 283
   harte 280
   Komplexität 280
   nicht berechenbare 280
   NP-vollständige 281
   PSPACE 282
   Traveling-Salesman 283
   unentscheidbare 281
Produktchiffrierung 400
Propagating Cipher Block Chaining-Modus 244
Proposed Encryption Standard 370
Protokolle 25
   (siehe auch Authentifizierung und zero-knowledge-Beweise)
   Alles-oder-Nichts-Geheimnisenthüllung 115
   Analysekonzepte 77
   Angriffe gegen 31
   anonyme Nachrichtenverbreitung 163
   auf Identität basierende Public-Key-Kryptographie 137
   Authentifizierung 654
   BAN-Logik 78
   Bestätigung elektronischer Post 145
   Bit Commitment 104
   blinde Signaturen 133
   DASS 74
   Definition 25
   Denning-Sacco 75
   digitale Signaturen 47
   digitales Geld, siehe digitales Geld
   Eigenschaften 25
   eigenständig 31
   Einweg-Akkumulatoren 114
   elementare zero-knowledge 121
   faires Münzenwerfen 107
   gleichzeitige Vertragsunterzeichnung 140
   gleichzeitiger Geheimnisaustausch 147

   IBM Common Cryptographic Architecture 650
   interaktive 123
   Interlock 59, 65
   Kerberos 72, 642
   kryptographische 26
   KryptoKnight 649
   mentales Pokern 110
   mit Schiedsrichter 30, 83
   mit Vermittler 27
   Needham-Schroeder 69
   Neuman-Stubblebine 72
   nicht eindeutige Signaturen 140
   oblivious transfer 138
   Otway-Rees 71
   Schlüsselaustausch 57
   Schlüsselhinterlegung 116
   Schlußfolgerungen 77
   secret splitting 83
   SESAME 650
   sichere Berechnungen mit mehreren Parteien 159
   sichere circuit evaluation 163
   sichere Wahlen, siehe sichere Wahlen
   Typen 28
   uneingeschränkt sicher und mit mehreren Parteien 162
   verdeckte Kanäle 95
   von IBM zur geheimen Schlüsselverwaltung 637
   Wide-Mouth Frog 68
   Woo-Lam 76
   Yahalom 69
   Zeitstempel 91
   Zweck 26
Pseudo-Hadamard-Transformation 392
Pseudozufallsfolge 52
Pseudozufallsfunktionen 456
Pseudozufallszahlengenerator 53, 94, 477, 481
   beim Bit Commitment 106
   lineare Kongruenzgeneratoren 425
PSPACE 282
Public Key Partners 684
Public-Key Cryptography Standards 668
Public-Key-Algorithmen 39, 572
   Diffie-Hellman 587
   ElGamal 543
   Elliptische-Kurven-Kryptosysteme 548
   für Einweg-Hashfunktionen 519
   Hintergrund 525
   LUC 549
   McEliece 547

mit endlichen Automaten 550
mit mehreren Schlüsseln 601
Pohlig-Hellman 541
Rabin 541
RSA, siehe RSA
Rucksackalgorithmen 526
Sicherheit 525
Stärke 573
Public-Key-Kryptographie
  Angriffe gegen 51
  auf Identität basierende 137
  Dokumentunterzeichnung mit 44
  empfohlene Schlüssellänge 189
  Kommunikation mit 37
  mit mehreren Schlüsseln 81
  Schlüsselaustausch mit 58
  Schlüsselverwaltung 219
  und symmetrische Kryptographie 254
  zum Münzenwerfen 108
  zur Authentifizierung 64
Public-Key-Zertifikate 219
punktuelle Deduktion 9

Q

quadratische Nichtreste 294
quadratische Reste 293
quadratisches Sieb 299
  zur Faktorisierung 186
Quadratwurzeln
  modulo n 301
  Münzenwerfen 617
Quanten-Computer 193
Quantenkryptographie 632
Quisquater, Jean-Jacques 121, 581
Quisquater-Girault 514

R

Rabin 541
Rabin, Michael 123, 304, 592, 627
Rabin-Miller-Algorithmus 304
RACE 686
  Integrity Primitives Evaluation 686
Rackoff, Charles 407
Rainbow Books 680
Rambutan 448
randomisierter Ansatz 475
RAND-Tabellen 483
Rao-Nam-Algorithmus 399
Rauschen als Zufallsfolgengenerator 484
RC2 368
RC4 369, 455

RC5 397
  Sourcecode 741
RDES 346
Rechnen mit chiffrierten Daten 616
rechtliche Fragen 699
REDOC 361
REDOC III 362
Redundanz einer Sprache 274
Reeds, Jim 425
relativ prim 287
Renji, Tao 550
Replay-Angriffe 70
Reseach and Development in Advanced
   Communication Technologies 686
Residuum 284
Rest, quadratischer 293
RFC 1421   657
RFC 1422   657
RFC 1423   657
RFC 1424   657
Richter, Manfield 484
Riordan, Mark 663
Rip van Winkle-Chiffrierung 478
RIPE 686
RIPEM 663
RIPE-MAC 522
RIPE-MD 508
Rivest Cipher 368
Rivest, Ron 186, 191, 368, 397, 455, 498, 503,
   504, 532
Robshaw, Matt 395
Rogaway, Phil 456
ROM-Key 213
ROT13 12
Rotormaschinen 14
RSA 20, 531
  als de-facto-Standard 555
  Angriff bei gemeinsamem Modul 538
  Angriff bei kleinem Entschlüsselungsex-
     ponenten 539
  Angriff bei kleinem Verschlüsselungsex-
     ponenten 539
  Beschleunigung von Software-Imple-
     mentierungen 535
  blinde Signaturen 626
  Chiffrierung 532
  chosen-ciphertext-Angriff 537
  EKE-Implementierung 593
  Faktorisierungswettbewerb 301
  Geschwindigkeit 535
  Geschwindigkeitsvergleich mit DSA 559
  Hardware-Implementierungen 534
  mit DSA 561

Patente 541
Sicherheit 536
Signaturen 540
Standards 540
Vergleich mit DSA 555
RSA Data Security 343, 684
RSA-Generator 477
Rückkopplung 240
   Cipher Block Chaining 227
   Schieberegister 429
Rückkopplungsfunktion 429
Rucksackalgorithmen 526
   Chor-Rivest 531
   Dechiffrierung 529
   Sicherheit 530
   Superincreasing-Eigenschaft 527
   Varianten 530
Rucksackproblem 573
Rueppel, Rainer 443
Rundruf, geheimer 598

S

SAFER K-128   394
SAFER K-64 392
Salt 63
S-Boxen 403
   Blowfish 389
   Boolesche Funktionen 404
   Design 331
   Entwurfstheorie 403
   Lucifer 351
   Rolle der USA 326
   Substitution 320
Schachgroßmeisterproblem 130
Scherbius, Arthur 15
Schieberegister
   Länge 429
   mit nichtlinearer Rückkopplung 471
   mit Rückkopplung 429
   mit Rückkopplung durch Übertrag 461
Schiedsrichter 30
Schlafly, Roger 453
Schlüssel 3
   Aktualisierung 212
   Geltungsdauer 216
   halbschwache bei DES 327
   ISDN 639
   komplementäre bei DES 328
   kompromittierte 215
   kontrollierte Verwendung 212
   schwache 402
   schwache bei DES 326, 327

Sicherungskopien 214
Sitzungs- 39, 212
Speicherung 213
Übermittlung 61, 207
Verifizierung 209
Verkürzung in CDMF 421
Vernichtung 218
Verwendung 211
zur Schlüsselchiffrierung 208
schlüsselabhängige S-Boxen bei DES 347
Schlüsselaustausch 57, 587
   auf Konferenzen 598
   DASS 74
   Denning-Sacco-Protokoll 75
   Encrypted Key Exchange 592
   formale Analyse der Protokolle 77
   Fortified Key Negotiation 597
   Interlock-Protokoll 59
   Kerberos 72
   man-in-the-middle-Angriff 58
   mit digitalen Signaturen 60
   mit Public-Key-Kryptographie 58
   mit symmetrischer Kryptographie 57
   Needham-Schroeder-Protokoll 69
   Neuman-Stubblebine-Protokoll 72
   ohne Austausch von Schlüsseln 589
   Otway-Rees-Protokoll 71
   Schlüssel- und Nachrichtenübermittlung 61
   Schlüssel- und Nachrichtenverteilung 61
   Station-to-Station-Protokoll 590
   Tatebayashi-Matsuzaki-Newman 600
   Three-Pass-Protokoll 590
   Wide-Mouth-Frog-Protokoll 68
   Woo-Lam-Protokoll 76
   Yahalom 69
Schlüsselerzeugung 200
   ANSI X9.17   205
   DoD 206
   durch Münzenwerfen 110
   reduzierter Schlüsselraum 200
   Vorlagephrasen 204
   zufällige Schlüssel 203
Schlüsselhinterlegung 116, 214, 672
Schlüsselkontrollvektoren 638
Schlüssellänge
   Auswahl 195
   bei DES 329
   bei Quanten-Computer 193
   Biotechnologie als Kryptanalyse-Tool 184
   Brute-Force-Angriff 177
   chinesische Lotterie 183

Einschränkungen durch die Thermodynamik bei Brute-Force-Angriffen 185
Empfehlungen für öffentlichen Schlüssel 189
für DNS-Berechnungen 192
neuronale Netze 181
symmetrische 177
Vergleich von symmetrisch und Public-Key 194
Viren zur Verbreitung von Cracking-Programmen 181
Schlüsselraum 3
  flacher 207
  nichtlinearer 206
  reduziert 200
Schlüsselstromgenerator 232
  Counter-Modus 243
  periodischer 238
Schlüsselübertragung
  Fehlererkennung 210
Schlüsselverkürzung in CDMF 421
Schlüsselverteilung 61
  anonyme 113
  auf Konferenzen 598
  in großen Netzen 209
Schlüsselverwaltung 199
  bei Public-Key-Kryptographie 219
  verteilte 221
Schlüsselzertifizierungsinstanz 52
Schlüsselzurücknahmezertifikat 666
Schlußpermutation 321
Schneier, Bruce 388, 399
Schnorr, Claus 509, 583
Schnorr-Verfahren für Identifizierung und Signatur 583
Schroeder, Michael 69, 254
Schwartau, Winn 349
Schwellenwert-Generator 443
Schwellenwertverfahren 85, 604
sci.crypt 689
Scott, Robert 355
SEAL 456
  Sicherheit 459
  Sourcecode 749
secret sharing 84
  Algorithmen 602
  erweiterte Schwellenwertverfahren 604
  Karnin-Greene-Hellman-Algorithmus 604
  mit Ausschluß 87
  mit Betrügern 85
  mit Überprüfung 87
  ohne Schiedsrichter 86

  ohne Vorzeigen der Teilstücke 86
  Vektorverfahren 603
secret splitting 83
  digitales Geld 169
Secure And Fast Encryption Routine 392
Secure European System for Applications in a Multi vendor Environment 650
Secure Hash Algorithm 504
Secure Telephone Unit 641
selbststeuernde Generatoren 443
selbstsynchronisierende Stromchiffrierung 234
  Sicherheit 235
self-shrinking-Generator 446
Selmer, E.S. 438
SESAME 650
Shamir, Adi 85, 330, 335, 344, 351, 359, 363, 477, 497, 526, 532, 573, 575, 580, 590, 602
Shamirs Pseudozufallszahlengenerator 477
Shimizu, Akihiro 356
Shor, Peter 193
Shrinking-Generatoren 446, 470
sichere Berechnungen mit mehreren Parteien 159, 627
sichere circuit evaluation 163
sichere Wahlen 149
  Chiffrierung mit mehreren Schlüsseln 159
  einfache Abstimmungsprotokolle 149
  mit blinden Signaturen 150
  mit einer zentralen Wahlleitung 153
  ohne zentrale Wahlleitung 155
  vorhandene Protokolle 158
  zwei zentrale Wahlleitungen 152
Sicherheit
  Anforderungen bei verschiedenen Informationen 196
  bei Cipher Block Chaining 231
  Blowfish 391
  DSA 561
  eines Kryptosystems 275
  ideale 277
  Kerberos 648
  MMB 378
  Output-Feedback-Modus 241
  perfekte 275
  PKZIP 453
  Privacy-Enhanced Mail 662
  RSA 536
  Secure Hash Algorithm 507
  von Algorithmen 8

von Chiffrierungen mit Einweg-Hash-
  funktionen 409
von DES 326, 349
von DES und algebraische Struktur 329
von ESIGN 571
von MD5 502
von Rucksackalgorithmen 530
Signaturen, siehe digitale Signaturen
Signaturgleichung 567
Signaturverfahren
  aus Identifizierungsverfahren erzeugen
    585
  Guillou-Quisquater 582
Silverman, Bob 187
Simmons, Gustavus 85, 95, 563, 572, 606
Sitzungsschlüssel 39, 212
SKEY 64
Skipjack 311, 380
Smart-Cards 667
  Universal Electronic Payment System
    670
Smith, Lynn 310
s^nDES 347
Snefru 493
  Kryptanalyse 494
Software Publishers Association 689
Software-Implementierungen, RSA-
  Beschleunigung 535
Software-Verschlüsselung 265
Solovay, Robert 303
Solovay-Strassen-Algorithmus 303
SP network 400
SPA 689
Speicher, Anforderungen 10
Speicherung
  Datenverschlüsselung 260
  Schlüssel 213
spezielles Zahlkörpersieb 187
starke Primzahlen 305
Station-to-Station-Protokoll 590
Steganographie 10
StepRightUp 474
stereotype Anfänge und Enden 224
Stop-and-Go-Generator von Beth-Piper
  441
Stornetta, W. Scott 91
Strassen, Volker 303
Stromalgorithmen 4
Stromchiffrierungen 4, 223, 232
  1/p-Generator 474
  A5 446
  additive Generatoren 449
  Algorithmus M 452

als Message Authentication Code 524
alternierende Stop-and-Go-Generatoren
  441, 470
Auswahl 480
Blum, Blum und Shub 477
Blum-Micali-Generator 477
Counter-Modus 243
crypt(1) 474
Diffies randomisierte Stromchiffrierung
  479
DNRSG 445
Entwurf und Analyse 435
Fish 449
Geffe-Generator 438
Generatoren mit kombinierten FCSRs
  468
Generatoren mit zellulären Automaten
  473
Gifford 451
Gollmann-Kaskade 445
informationstheoretischer Ansatz 475
inner-product-Generator mit unter-
  schiedlichen Geschwindigkeiten 444
Jennings-Generator 440
Kaskadengeneratoren 468
Kaskadierung 480
LFSR/FCSR 469
lineare Komplexität 436
Maurers randomisierte Stromchiffrie-
  rung 479
mehrere Ströme erzeugen 481
mit FCSRs 468
mit linearen Schieberegistern mit Rück-
  kopplung 437
Mush 450
Nanoteq 448
Pike 450
PKZIP 453
Pless-Generator 473
Pseudozufallszahlengeneratoren 481
Rambutan 448
RC4 455
Rip van Winkle-Chiffrierung 478
RSA-Generator 477
Schieberegister mit nichtlinearer Rück-
  kopplung 471
Schieberegister mit Rückkopplung durch
  Übertrag 461
Schwellenwert-Generator 443
SEAL 456
selbststeuernde Generatoren 443
selbstsynchronisierend 234
self-shrinking-Generator 446

Shamirs Pseudozufallszahlengenerator 477
Shrinking-Generatoren 446, 470
Stop-and-Go-Generator von Beth-Piper 441
Summierungsgenerator 444
synchrone 238
systemtheoretischer Ansatz 475
verallgemeinerter Geffe-Generator 439
WAKE 459
XPD/KPD 447
zweiseitiger Stop-and-Go-Generator 442
STU-III 641
Substitutions-Chiffrierung 11
Substitutions-Permutations-Netzwerk 400
SubStream 474
Summierungsgenerator 444
Superincreasing-Eigenschaft 527
Suppress-Replay-Angriff 72
Surety Technologies 95
SXAL8 397
symmetrische Algorithmen 4
symmetrische Kryptographie
  beim Bit Commitment 104
  Dokumentunterzeichnung 42
  Kommunikation mit 32
  Schlüsselaustausch mit 57
  und Public-Key-Kryptographie 254
symmetrische Schlüssellänge 177
synchrone Stromchiffrierung 238
systemtheoretischer Ansatz 475

T

taktgesteuerte Generatoren 438
tap sequence 429
Tastaturverzögerung als Zufallsfolgengenerator 486
Tatebayashi-Matsuzaki-Newman 600
Tavares, Stafford 386
TEA 399
teile-und-wähle-Verfahren 123
Teilprotokolle 30
Teilschlüssel 326, 390
  Blowfish 390
  Crab 396
  IDEA 373
TEMPEST 264
Terminologie 1, 46
Terroristenbetrug 131
Thermodynamik, Einschränkungen bei Brute-Force-Angriffen 185
Three-Pass-Protokoll von Shamir 590

Ticket Granting Ticket 646
Ticket-Granting Service 643
Tickets 644
TIS/PEM 662
traffic-flow security 256
Transposition 278
  Chiffrierung 13
Traveling-Salesman-Problem 283
Treiber mit integrierter Verschlüsselung 261
TSD 675
Tsujii- Kurosawa-Itoh-Fujioka-Matsumoto 572
Tuchman, Walt 310, 326, 342, 351, 413
Tuckerman, Bryant 310
Turing, Alan 281
Turing-Maschine 281, 282

U

Überlagerung 193
Überschreiben 270
UEPS 670
unbedingte Anonymität von Sender und Empfänger 164
uneingeschränkt sichere Mehrparteienprotokolle 162
unentscheidbare Probleme 281
Universal Electronic Payment System 670
Unizitätslänge 276
Unsicherheit 273
Utah Digital Signature Act 700

V

Varianten von DES 346
Vektorverfahren 603
verallgemeinerter Geffe-Generator 439
Verbergen
  von Chiffretext in Chiffretext 268
  von Informationen vor einem Orakel 103
verbindliche digitale Signaturen 97, 612
Verbindlichkeit 2
Verbindungszahlen 464
verdeckte Kanäle 95, 606
  Anwendungen 97
  DSA 609
  ElGamal 607
  ESIGN 608
  in DSA 563
  Signaturalgorithmus 95
  verhindern 611
Verdopplung der Blocklänge 418

Vereinigte Staaten, Ausfuhrbestimmungen 691
Verifizierung von Schlüsseln 209
Verifizierungsblock 211
Verifizierungsgleichung 568
Verkehrsanalyse 259
Verleihen eines Passes 132
Vermittler 27
   Dokumentunterzeichnung mit 42
   Gruppensignaturen mit 102
   Zeitstempel 91
Vernam, Gilbert 17
Verschlüsselung, siehe Chiffrierung
Verschränkung von Daten 248
versuchsweise Division 300
verteilte Schlüsselverwaltung 221
Vertragsunterzeichnung, gleichzeitige 140
Vigenère-Chiffrierung 13, 16
Vino 399
Viren zur Verbreitung von Cracking-Programmen 181
VLSI 6868   324
vollständige Residuenmenge 284
vollständiges Aufbrechen 9
Vorlagephrasen 204
Vorwärtskopplung
   CBC-Modus 231

W

Wahlen, siehe sichere Wahlen
WAKE 459
Wayner, Peter 11
Wheeler, David 459
Whitening 417, 422
Wide-Mouth-Frog-Protokoll 68
Wiener, Michael 179, 330, 413
Williams 542
Wolfram, Steve 473, 509
Wood, Michael 361, 362
Woo-Lam-Protokoll 76
Word Auto Key Encryption Algorithm 459
Wörterbuchangriff 63, 201

X

X.509-Protokoll 652
$xDES^i$ 420
XOR 15
XPD 447

Y

Yagisawa-Algorithmus 572
Yahalom 69
Yaos Millionärsproblem 627
Yung, Moti 98
Yuval, Gideon 491

Z

Zahlen
   2-adische 463
   große 20
Zahlentheorie 283
   Bestimmung von Koeffizienten 290
   Blumsche Zahlen 296
   chinesischer Restsatz 292
   Euklidischer Algorithmus 287
   Eulersche phi-Funktion 291
   Galois-Feld 298
   Generatoren 296
   größter gemeinsamer Teiler 287
   Inverse modulo einer Zahl 288
   Jacobi-Symbol 294
   kleiner Satz von Fermat 290
   Legendre-Symbol 294
   modulare Arithmetik 283
   Primzahlen 286
   quadratische Reste 293
   Verfahren von Montgomery 286
Zahlkörpersieb 299
Zeitstempel
   digitale Signaturen 45
   Lösungen mit Vermittler 91
   patentierte Protokolle 94
   Protokoll mit verknüpften 92
   Protokolle 91
   verbesserte Lösung mit Vermittler 92
   Verbesserungen 94
zelluläre Automaten 572
zero-knowledge-Beweise 121, 624
   Arten 129
   für das Knacken von RSA 625
   für eine Blumsche Zahl 626
   Mafiabetrug 130
   minimum disclosure 128
   Nachweis der Mitgliedschaft 133
   nicht-interaktive 127
   parallele 126
   Schachgroßmeisterproblem 130
   Terroristenbetrug 131
   und diskrete Logarithmen 624
   Verleihen eines Passes 132
   zur Identität 129

zero-knowledge-Protokoll
  Graphenisomorphie 124
  Hamiltonsche Wege 125
Zerstören von Informationen 269
Zertifikate
  Privacy-Enhanced Mail 657
  Public-Key 219
  X.509 652
Zertifizierungspfad 654
Zierler, Neal 438
Zimmermann, Philip 664
Zufall destillieren 487
zufällige Schlüssel 203

zufälliges Rauschen 484
Zufallsfolgen, echte 54
Zufallsfolgengeneratoren 52, 482
  Computeruhr 485
  Destillieren von Zufall 487
  durch zufälliges Rauschen 484
  Korrelationen 486
  RAND-Tabellen 483
  Tastaturverzögerung 486
Zündschlüssel 640
Zurücksendeangriff vereiteln 51
zweiseitiger Stop-and-Go-Generator 442

THE SIGN OF EXCELLENCE

Linux-Unix-Grundlagen

Kommandos und Konzepte

Helmut Herold

Die 4., überarbeitete Auflage stellt die Arbeit unter dem Betriebssystem Unix (System V.3 und V.4) vor und geht insbesondere auf die Besonderheiten des frei verfügbaren und immer beliebteren Systems Linux ein.
„Linux-Unix-Grundlagen" eignet sich sowohl für Anfänger als auch für Fortgeschrittene, die ihr Wissen vertiefen möchten. Der Anhang gibt eine alphabetisch geordnete Beschreibung aller grundlegenden Kommandos.
Reihe: Linux/Unix und seine Werkzeuge
1120 S., 4., überarb. Aufl., geplant für 09/98,
DEM 99,90, ATS 729, CHF 88,00
ISBN 3-8273-1435-6

THE SIGN OF EXCELLENCE

Lokale Netze –
mit neuer Technik in das nächste Jahrtausend

Technologien, Konzepte, praktischer Einsatz

Andreas Zenk

Dieses Buch trägt dem schnellen Wandel auf dem Gebiet des Networking Rechnung. Neben grundlegenden Technologien und Konzepten werden aktuelle Produkte (NetWare 3, 4 und 5 sowie Windows NT 4 bzw. Windows 2000) vor dem Hintergrund ihres praktischen Einsatzes vorgestellt.
Weitere Themenschwerpunkte sind: Von Ethernet bis Gigabit Ethernet, Diskussion der Angebote anderer Anbieter neben der Telekom für LAN-LAN-Kopplungen, Aufbau von Intranets, Extranets und Virtual Private Networks (unter Berücksichtigung sicherheitstechnischer Aspekte). Damit unterstützt das Buch den Leser bei der effizienten Planung und Gestaltung seines Netzwerkes und hilft bei der täglichen Arbeit.

net.com
1072 S., 5., aktual. und erw. Aufl. 1998, geb.
DEM 119,90, ATS 875, CHF 108,00
ISBN 3-8273-1415-1

THE SIGN OF EXCELLENCE

XML in der Praxis

Professionelles Web-Publishing
mit der Extensible Markup Language

Henning Behme
Stefan Mintert

XML wird das Web verändern wie nichts zuvor. Das Buch erklärt Ihnen sowohl die Idee von XML als auch deren Anwendung. Es enthält nicht nur die vollständigen Spezifikationen, sondern auch praktische Tips für den Einsatz von XML im Web. Jeder Web-Publisher, der die Beschränkungen von HTML ablegen möchte, findet in diesem Buch eine unentbehrliche Grundlage und Referenz. Die beiliegende CD enthält freie Software, die den Einstieg in die Extensible Markup Language erlaubt. Selbstverständlich ist das Buch mit den darin beschriebenen Techniken verfaßt worden.

336 S., 1. Aufl. 1998, geb.,
DEM 69,90, ATS 510, CHF 63,00, CD
ISBN 3-8273-1330-9

THE SIGN OF EXCELLENCE

TCP/IP

Aufbau und Betrieb
eines TCP/IP-Netzes

2., aktualisierte
und erweiterte Auflage

Kevin Washburn, Jim Evans

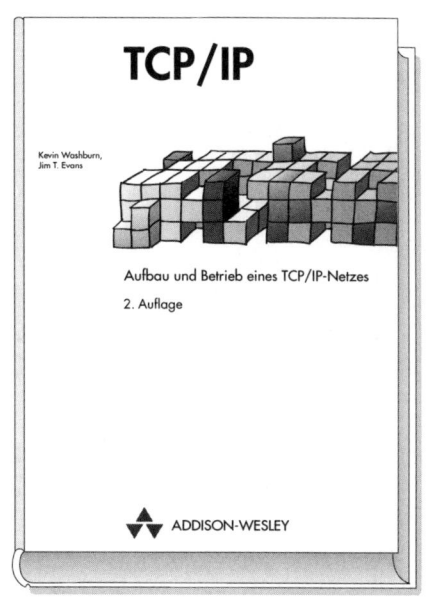

Das Buch behandelt die praktischen Probleme der Installation, Konfiguration und Pflege von Informationssystemen, die auf den TCP/IP-Standards basieren, von der allerersten Installation bis zur täglichen Verwaltung. Wenn ein System über einen längeren Zeitraum hinweg gut funktionieren soll, müssen ursprünglich gemachte Annahmen häufig revidiert werden; Systemverwalter müssen nicht nur technische, sondern auch soziale und organisatorische Gesichtspunkte berücksichtigen. Gut funktionierende Systeme werden erweitert und weiterentwickelt.

Seit der ersten Auflage hat sich in Bezug auf TCP/IP vieles geändert. Viele Vorteile dieser Technologie sind zum De-facto-Standard geworden. Andere wichtige Teile der Standards treten erst heute in den neuen IPv6-Standards in Erscheinung, die jetzt von ersten Produkten unterstützt werden.

Die zweite Auflage wurde aktualisiert und erweitert, um den relevanten Aspekten von IPv6 und den neuen Protokollen für die Anwendungsschicht Rechnung zu tragen.

ca. 600 Seiten, 2. Auflage 1997, gebunden
ca. 99,90 DM, ISBN 3-8273-1145-4

THE SIGN OF EXCELLENCE

Firewalls und Sicherheit im Internet

Schutz vernetzter Systeme vor cleveren Hackern

William R. Cheswick, Steven M. Bellovin

Schritt für Schritt zeigen die AT&T-Experten die Installation eines Firewall-Gateways: eines spezialisierten Computers mit Sicherheitseinrichtungen, der im Netz die Funktion eines „Sicherheitsfilters" hat. Die Autoren analysieren dabei den frühesten dokumentierten Hacker-Angriff (Fall Berford) und geben darüber hinaus die wichtigsten Informationen zur Kryptographie. Die deutsche Ausgabe bietet ein Zusatzkapitel, von Prof. Dr. Ulrich Seidel, das die rechtliche Situation in Deutschland behandelt. Ein Muß für jeden Systemadministrator!

Professional Computing
404 S., 79,90 DM, geb.
ISBN 3-89319-875-X

THE SIGN OF EXCELLENCE

Mehrseitige Sicherheit in der Kommunikationstechnik

Verfahren, Komponenten, Integration

Günter Müller
Andreas Pfitzmann (Hrsg.)

Um über ein Netzwerk Daten auszutauschen, Transaktionen vorzunehmen oder Informationen und Güter zu bestellen und zu bezahlen, muß die Sicherheit dieser Dienstleistungen, Daten und Güter gewährleistet werden. Die Autoren dieses die aktuelle Diskussion aufgreifenden Buchs erstellen nicht nur einen Katalog der dazu nötigen Anforderungen. Indem Sie u.a. das rechtliche Rahmenwerk erörtern, Konzepte und Komponenten für die Realisierung vorstellen und deren Integration in bestehende Architekturen diskutieren, offerieren sie Lösungsvorschläge und zeigen, wie mehrseitige Sicherheit integraler Bestandteil der Kommunikationstechnik wird.

592 S., 1997, geb., 89,90 DM
ISBN 3-8273-1116-0

ADDISON-WESLEY

THE SIGN OF EXCELLENCE

Mehrseitige Sicherheit in der Kommunikationstechnik

Band 2: Erwartung, Akzeptanz, Nutzung

Günter Müller, Kurt H. Stapf (Hrsg.)

In der modernen Kommunikationstechnik ist Sicherheit wichtigste Voraussetzung zur Schaffung einer grenzenlosen elektronischen Welt. Behandelte der erste Band vornehmlich technische Aspekte, widmet sich Band 2 den sozialwissenschaftlichen, wirtschaftlichen und rechtlichen Paradigmen zur technischen Gestaltung der Sicherheit auf dieser „Informationsbahn" und dem Umgang des Menschen mit dieser Welt. Im Mittelpunkt steht dabei das Verhalten des Menschen im Umgang mit Kommunikationstechnik. Erstmalig präsentiert das Buch den aktuellen Stand von Forschung und Praxis und ist somit ein Muß für Sicherheitsfachleute.

Informationssicherheit
528 S., 1. Auflage 1998, geb.
DEM 89,90, ATS 656, CHF 78,00
ISBN 3-8273-1355-4

THE SIGN OF EXCELLENCE

Internet-Kryptographie

Richard E. Smith

Dieses Buch gibt einen Überblick über den Einsatz kryptographischer Methoden im Internet. Es wendet sich hauptsächlich an Systemverwalter und Manager, die sichere Datenübertragungsmethoden planen und konfigurieren müssen. Daher wird der Leser nicht mit Implementierungsdetails belastet, sondern enthält eine praxisorientierte Anleitung zum Einsatz moderner kryptographischer Methoden für Datenübertragung, sichere E-Mail und Web-Transaktionen. Es werden unter anderem Verschlüsselung auf Netzebene, IPSEC, VPNs, Firewalls, SSL und PEM behandelt. Das Buch gibt außerdem einen Überblick über Public-Key-Infrastrukturen und digitale Zertifikate.

**384 S., 1. Auflage 1998, geb.,
DEM 79,90, ATS 583, CHF 73,00, CD
ISBN 3-8273-1344-9**

THE SIGN OF EXCELLENCE

Abenteuer Kryptologie

Methoden, Risiken und Nutzen der Datenverschlüsselung

Reinhard Wobst

Allen, denen das Werk von Bruce Schneier über „Angewandte Kryptographie" zu schwierig ist, bietet dieses Buch ein fundierte Einführung in die Kryptologie. Es zeigt, wonach in der Kryptologie geforscht wird, welche Verfahren und Methoden es gibt und welchen praktischen Nutzen Sie aus der Kryptologie ziehen können. Es vermittelt moderne Verschlüsselungstechniken, ohne zu hohe Ansprüche an den Leser zu stellen, und behandelt die Möglichkeiten und Gefahren des Codebreakings (Entschlüsselungsmethoden). Des weiteren befaßt es sich mit Themen wie z. B. PGP, E-Cash, digitale Signaturen, Mobilfunk-Sicherheit, Datenspionage und Gesetzgebungen verschiedener Länder.

**360 S., 2., überarb. Aufl. 1998, geb., CD
DEM 69,90, ATS 510, CHF 63,00
ISBN 3-8273-1413-5**

THE SIGN OF EXCELLENCE

Kryptologie
Interaktives Training auf CD-ROM

Technischer Datenschutz in Kommunikationsnetzen

Firoz Kaderali, Hagen Hagemann
HeinoHirsekorn, Heinz Müller
Andreas Rieke

Haben Sie sich schon einmal gefragt, wie sicher Ihre Daten vor Mißbrauch geschützt sind, wenn Sie diese über ein Netz übertragen? Mit diesem interaktiven Training erhalten Sie Antwort auf diese und zahlreiche andere Fragen rund um das Thema Kryptologie.

In zahlreichen Übungen können Sie selbst ausprobieren, wie ein bestimmtes Verfahren funktioniert. Der mitgelieferte Interpreter für kryptologische Verfahren ermöglicht Ihnen sofort Ihr neues Wissen anzuwenden.
CD mit Handbuch
unv. Preisempfehlung 89,90 DM
ISBN 3-8273-1220-5

ADDISON-WESLEY